AF332217

DICTIONNAIRE
DE L'ARMÉE DE TERRE,

OU

RECHERCHES HISTORIQUES

SUR L'ART ET LES USAGES MILITAIRES

DES ANCIENS ET DES MODERNES,

PAR LE GÉNÉRAL BARDIN,

AUTEUR DU MANUEL D'INFANTERIE,
DU MÉMORIAL DE L'OFFICIER D'INFANTERIE, MEMBRE DE L'ACADÉMIE DES SCIENCES DE TURIN,
COLLABORATEUR DU COMPLÉMENT DU DICTIONNAIRE DE L'ACADÉMIE FRANÇAISE,
DU DICTIONNAIRE DE LA CONVERSATION,
DE L'ENCYCLOPÉDIE DES GENS DU MONDE, ETC., ETC.

DOUZIÈME PARTIE.
MILICE GRECQUE. — NOMS PROPRES. 3505 A 3840.

PARIS,

LIBRAIRIE MILITAIRE, MARITIME ET POLYTECHNIQUE
DE J. CORRÉARD,

LIBRAIRE-ÉDITEUR ET LIBRAIRE-COMMISSIONNAIRE,
RUE CHRISTINE, 1.

1849.

L'ouvrage aura environ 4,000 pages grand in-8° à deux colonnes, petits caractères (contenant la matière c 0 volu es ordinaires) fondus xprès. Il sera p blié en 14 o 16 pa ties d'environ   400 pages chacune. La x   ntion se suivra sans interruption, afin de donner aux souscr pte rs la facilité de faire relier l'ouvrage en un ou plusieurs volun. s. Huit parties sont en vente. Il paraîtra une partie tous les trois mois.

Le prix de chaque partie est fixé à 7 francs, prix le plus bas qu'il soit possible d'établir.

Il sera tiré cent exemplaires sur papier vélin dont le prix sera double.

On ne payera rien d'avance.

La liste des souscripteurs sera imprimée à la fin de l'ouvrage.

N. B. Écrire avec soin le nom et l'adresse. Si c'est par la poste qu'on désire recevoir l'ouvrage, il faudra ajouter 1 fr. 60 c. par partie.

MM. les souscripteurs qui désireraient avoir des exemplaires sur papier vélin sont priés de l'indiquer sur leur souscription.

ON SOUSCRIT A PARIS:

CHEZ J. CORRÉARD, ÉDITEUR D'OUVRAGES MILITAIRES,
RUE DE TOURNON, 20.

J. DUMAINE, neveu et succ. de GAULTIER-LAGUIONIE, lib., rue Dauphine, 36.

AILLAUD, quai Voltaire, 11.

TREUTTEL ET WURTZ, rue de Lille, 17.

ARTHUS BERTRAND, rue Hautefeuille, 23.

HECTOR BOSSANGE, quai Voltaire, 11.

RORET, rue Hautefeuille, 10 *bis*.

JOSEPH BOCCA, à Turin.

Les frères VAN CLEEF, à Amsterdam.

Les héritiers DOORMAN, à la Haye.

JSSAKOFF, lib.-édit., commissionnaire officiel de toutes les bibliothèques des régiments de la garde impériale, à Saint-Pétersbourg.

MICHELSEN, à Leipzig.

Chez tous les Libraires de la France et de l'étranger, et pour les militaires chez MM. les Trésoriers ou Officiers-Payeurs des différents corps.

N. B. Les régiments qui souscriront pour 24 exemplaires en recevront 26, francs de port.

Munster qui introduit la république des Provinces-Unies dans la famille des nations. — Nº 2. COMPOSITION. — Dans le cours du dernier siècle, l'organisation de l'ÉTAT-MAJOR lui donnait de l'analogie avec celui de l'ANGLETERRE. Le grade de QUARTIER-MAÎTRE GÉNÉRAL répondait aux fonctions des modernes CHEFS D'ÉTAT-MAJOR. Le grade de BRIGADIER DES ARMÉES et de COMMISSAIRE AUX MONTRES était une imitation des usages français. — La HOLLANDE tirait un parti national et politique des ENFANTS TROUVÉS; ces PUPILLES de la nation devenaient l'INFANTERIE des Indes. — En 1789, l'armée était divisée en quarante RÉGIMENTS d'INFANTERIE, dix de CAVALERIE, etc., etc. — En 1795, la conquête ayant replacé le pays sous un régime républicain et l'ayant transformé, pour ainsi dire, en une province de FRANCE, l'organisation de l'ARMÉE ALLIÉE fut assise sur des bases françaises; elle consistait en sept DEMI-BRIGADES d'INFANTERIE à trois BATAILLONS et à neuf COMPAGNIES, en quatre RÉGIMENTS de CAVALERIE à quatre escadrons, en quatre BATAILLONS D'ARTILLERIE et deux COMPAGNIES D'ARTILLERIE légère, etc., non compris les TROUPES coloniales et trois RÉGIMENTS étrangers; cette ARMÉE, qui n'était BATAVE que de nom, s'appelait aussi franco-batave; elle avait, à peu près, la même organisation sous le règne de Louis Bonaparte. — Elle se fond dans l'ARMÉE FRANÇAISE à l'époque où l'abolition de la royauté démembre la Hollande et la partage en départements. — De 1795 à 1812, l'ARMÉE de HOLLANDE et celle de FRANCE rivalisèrent d'efforts et de bravoure en plus d'une circonstance. — En 1813 (décembre), les TROUPES d'origine HOLLANDAISE recouvrent leur nationalité; en 1815, elles deviennent MILICE NÉERLANDAISE par l'amalgame de la MILICE BELGE. — Le *Bulletin des Sciences militaires*, 1831, p. 151, donne un aperçu des modifications que cet événement a occasionnées dans l'ARMÉE HOLLANDAISE. Elle se divise surtout en ARMÉE DE LIGNE et en SCHUTTÉRY OU LANDWEHR en plusieurs BANS. La GARDE ROYALE est de cinq BATAILLONS; l'INFANTERIE de ligne est de onze RÉGIMENTS à trois BATAILLONS, un BATAILLON de dépôt, une compagnie-école; les BATAILLONS de guerre sont de six COMPAGNIES, dont une de GRENADIERS et une de CHASSEURS; la garde communale, ou SCHUTTERY, de douze régiments de deux ou trois BATAILLONS. C'étaient des CORPS vigoureux composés d'hommes de vingt-cinq à quarante ans. — La CAVALERIE comprend trois RÉGIMENTS de CUIRASSIERS, deux de DRAGONS LÉGERS, un de HUSSARDS, un de LANCIERS, formant un total de vingt-neuf ESCADRONS. — L'ARTILLERIE

de campagne était de cent huit bouches à feu. — L'ORDRE de Guillaume est une RÉCOMPENSE MILITAIRE dont le souverain est avare. — L'état-major se compose, en 1832, de GÉNÉRAUX MAJORS, GÉNÉRAUX LIEUTENANTS, de six GÉNÉRAUX D'INFANTERIE et de quelques feld-maréchaux. — A l'époque de la séparation, la population du royaume de Hollande est de 2,488,821. — En 1833 (décembre) l'organisation de l'ARMÉE ne reconnaissait que vingt RÉGIMENTS d'INFANTERIE, chacun de deux BATAILLONS de MILICE et de trois bataillons de SCHUTTERY, ce qui composait environ quarante mille fantassins sous les drapeaux. Ces régiments portaient le nom de division. — En 1835, les bataillons n'étaient que de six COMPAGNIES. — En 1836, il ne pouvait être admis comme remplaçants que des nationaux. — Nº 3. FORCE. — Les GUERRES que la Hollande soutint contre LOUIS QUATORZE, concoururent à développer les forces de terre qu'elle avait tenues sur pied dans la lutte précédente. — Au milieu du dix-septième siècle, la HOLLANDE entretenait en EUROPE, en temps de paix, trente-trois mille hommes de troupes réglées; elle les augmentait, en temps de guerre, jusqu'à cent mille hommes. Telle fut sa force en 1701 et 1702, non compris trente mille hommes que la compagnie des INDES orientales tenait sous les armes; ce fut, militairement parlant, l'époque brillante des PAYS-BAS. — Dans la GUERRE DE 1741, ses forces montaient à quatre-vingt mille hommes. — A l'époque de la GUERRE D'AMÉRIQUE, les forces militaires avaient tellement décru, que la HOLLANDE ne comptait pas trente mille SOLDATS, dont un tiers était étranger. — Avant la GUERRE DE LA RÉVOLUTION, elle pouvait être de trente-six mille hommes. — On a évalué à la tribune française, en 1831 (25 octobre), ses forces à soixante-dix mille hommes; d'autres orateurs, à plus de cent mille. Cette dernière assertion paraît peu croyable. — Le *Bulletin des Sciences militaires* (1831, p. 57), les évalue à soixante-huit mille cinq cent cinquante hommes, savoir:

62 bataillons d'infanterie régulière à 800 hommes. . . .	48,000 h.
8 régiments de cavalerie, 4 de cuirassiers et 4 légers. . . .	4,800
30 compagnies d'artillerie armées de 150 pièces. . . .	5,000
6 compagnies de mineurs. . .	750
34 bataillons de garde urbaine pouvant produire.	12,000
	68,550 h.

— Le *Journal de la Société française de*

Statistique (1832) évaluait l'infanterie seule à soixante-cinq mille hommes, y compris la schuttery mobilisée. — Le *Spectateur militaire* (t. XV, p. 85) présentait un autre chiffre. — On estimait en 1836 la superficie de la Hollande à 800,326 milles carrés ; la population à 2,302,000 âmes ; son revenu à 2,838 millions. — N° 4. UNIFORME. — L'ARMÉE DE MER déployait le pavillon aux trois COULEURS DE FRANCE. — L'OFFICIER DE TERRE conservait l'ÉCHARPE orange des NASSAU ; le DRAPEAU était orange, blanc et bleu, disposés par bandes verticales. — Depuis l'abolition des MOUSQUETS et des CHARGES A BANDOUILLIÈRES, etc., l'armement de l'INFANTERIE HOLLANDAISE était de même modèle que celui de l'INFANTERIE ANGLAISE ; il différait surtout du nôtre par la longueur de la BAIONNETTE et du canon et par quelques PIÈCES DE GARNITURE. — Les CORPS D'INFANTERIE LÉGÈRE y répondaient aux usages anglais et s'appelaient DEMI-LUNES. — Chaque bataillon avait son DRAPEAU depuis l'année 1592. Il s'est passé un siècle et demi avant que cette méthode simple et sage ait été imitée par les Français. — Chaque COMPAGNIE hollandaise avait son FANION. Dans ses guerres contre la Hollande, en 1667, l'ARMÉE FRANÇAISE en emprunta l'usage. — La manière dont les HOLLANDAIS de la GARDE IMPÉRIALE disposaient et paquetaient le HAVRE-SAC a fait école dans l'ARMÉE FRANÇAISE ; elle porte aujourd'hui le HAVRE-SAC à la hollandaise. — N° 5. INSTRUCTION, PEINES, ADMINISTRATION. — L'infanterie de BOURGOGNE jouait déjà un rôle important avant que FRANÇOIS PREMIER n'eût dressé la sienne et n'eût donné l'ARQUEBUSE A FOURQUINE à ses fantassins. Ceux de HOLLANDE héritèrent du savoir-faire de leurs devanciers, imitèrent les TERZES d'ESPAGNE, firent habilement la GUERRE DE SIÉGE, inventèrent les DEMI-LUNES, les BERMES, les CAMPS DE HUTTES. Ils formaient une TROUPE nationale quand l'INFANTERIE de la FRANCE n'était qu'un ramas d'AVENTURIERS. Ils faisaient l'EXERCICE quand nos ancêtres n'avaient pas encore idée de ce genre d'étude. — Une des causes qui concoururent à la supériorité des troupes de la Hollande, c'est que le pays n'était pas propre à la CAVALERIE, genre d'arme dont la FRANCE s'occupait presque exclusivement ; les HOLLANDAIS dirigèrent donc surtout leurs efforts vers le perfectionnement de l'INFANTERIE ; les COMPAGNIES de pied y avaient une organisation, une proportion déterminées, avant que rien de pareil ne fût réglé en FRANCE, comme le témoigne BILLON (1612, A). Ces circonstances expliquent comment l'HOMME DE PIED de HOL-

LANDE est devenu, en fait de TACTIQUE, le modèle des INFANTERIES de FRANCE et même d'ITALIE. — Cependant M. le colonel CARRION dit, en parlant de HENRI QUATRE, de COLIGNY, de ROHAN, que *ces capitaines sont les chefs de l'école française dont l'école flamande est elle-même sortie.* Sans doute l'ARMÉE de HOLLANDE dut beaucoup à HENRI QUATRE, qui avait protégé son berceau en le décorant des trois COULEURS de FRANCE, et nos guerres civiles purent lui fournir plus d'une leçon ; mais à son tour elle est devenue chef d'école. — Dès 1590, elle exécutait habilement, dans les SIÉGES, des CONTRE-VALLATIONS, et sur le terrain, des CONTRE-MARCHES, des CONVERSIONS ; elle appliquait, un jour d'action, les FEUX DE FILES l'ÉCHIQUIER, les MACHINES INFERNALES, toutes choses qu'on ignorait en France ; ses méthodes de FORTIFICATION et de CASTRAMÉTATION, sa TACTIQUE, ses FEUX DE SUBDIVISION furent apportés par TURENNE, furent enseignés par BILLON, BOXEL (1675), C), GHEYN, LOSTELNEAU, WALHAUSEN. La révolution de 1668 appela en ANGLETERRE une ARMÉE HOLLANDAISE, qui devint le modèle des corps ANGLAIS et leur imposa ses formes d'administration ; dans la même année, un CORPS de quatre mille HOLLANDAIS qui résidait à VENISE sous les ordres d'un comte de NASSAU, y donnait le spectacle d'une DISCIPLINE perfectionnée. — Dès le dix-septième siècle, elle se servait d'OBUSIERS et d'OBUS que les ANGLAIS avaient imités, et que les FRANÇAIS n'ont adoptés que dans le siècle suivant. — Les circonstances qui avaient développé l'énergie des HOLLANDAIS changèrent ; l'esprit de commerce amena d'autres intérêts ; l'ART MILITAIRE DE TERRE avait perdu ; les campagnes de 1793 et 1794 prouvèrent à la HOLLANDE combien le système d'organisation de son ARMÉE était débile et vicieux. — L'ARMÉE de terre des HOLLANDAIS reprit, de nos jours, un esprit militaire dont le voisinage de la PRUSSE et l'impulsion donnée par l'ANGLETERRE expliquent les progrès. Les études de la BALISTIQUE n'y avaient jamais été poussées aussi loin qu'elles l'ont été dans les polygones de HOLLANDE depuis 1820. Les camps de Aerschot, de Razen, de Ryen, de Zeist, firent revivre l'esprit militaire ; la courte lutte de 1831 a mis en campagne des corps résolus et manœuvriers ; la défense d'ANVERS dans la GUERRE DE 1832 fut vigoureuse et opiniâtre. — Une ordonnance de 1830 (29 novembre) ne fait manœuvrer que sur deux rangs l'INFANTERIE, et abolit le FEU A GÉNUFLEXION. — Depuis le mois d'octobre 1836, il paraissait à Bréda un ouvrage périodique militaire, sous le titre de *Spectateur militaire*. — Au nombre des peines figure encore la hart ; ainsi toute REDDITION de POSTE ou de PLACE ASSIÉGÉE, non reconnue inévitable et forcée, est punie de la corde. — En 1832, la dette hollandaise équivalait à trois milliards, son revenu encore mal déterminé était insuffisant, et le chiffre de son ARMÉE était disproportionné avec les ressources de l'Etat.

MILICE HONGROISE. V. BOUCHE A FEU. V. BRODEQUIN. V. CAVALERIE FRANÇAISE N° 4. V. GUERRE DE SIÉGE. V. HEIDUQUE. V. HONGROIS, adj. V. HUSSARD. V. MILICE AUTRICHIENNE N° 2. V. SELLE HONGROISE. V. TRESSE DE CHEVELURE.

MILICE ITALIENNE. V. ITALIEN adj.

MILICE MACÉDONIENNE. V. AGEMA. V. MACÉDONIEN (adj.). V. MILICE GRECQUE. N° 2, 4, 5, 6.

MILICE MEXICAINE (F). Sorte de MILICE dont la création ne remonte qu'aux époques de l'émancipation de l'AMÉRIQUE du Nord. — Si l'on en croit un long article inséré dans la *Gazette militaire de Darmstadt*, en 1836 (24 et 28 septembre), si l'on en croit la *Sentinelle de l'Armée* (t. II, p. 353), la composition de cette ARMÉE est loin de mériter des éloges. — Il n'existe pas dans le pays une seule école militaire. Les OFFICIERS sont sans instruction, et donnent les premiers exemples de pillage, d'indiscipline et de débauches ; une sorte de presse tient lieu de recrutement, et, à l'ancienne manière ESPAGNOLE, des hommes repris de justice peuplent les CORPS. Les GÉNÉRAUX se vendent à deniers comptants, eux et leur TROUPE, aux chefs de partis qui déchirent la république ; des châtiments injustes et atroces sont exercés sur le SOLDAT. — Mais le tableau que nous en avons sous les yeux est si rembruni, que nous aimons à le croire exagéré et partial. — Les documents officiels recueillis au commencement de 1825 distinguaient l'armée en TROUPES de ligne et en MILICE ACTIVE.

L'INFANTERIE de ligne
était de. . . . . . . 10,301 h. ⎫
La CAVALERIE. . . . . 11,055 ⎬ 22,534 h.
L'ARTILLERIE. . . . . 1,178 ⎭

L'INFANTERIE de la MILICE ACTIVE. . . . . 26,587 h. ⎫
CAVALERIE. . . . . . 12,279 ⎬ 40,018 h.
L'ARTILLERIE. . . . . 1,152 ⎭
____
62,552 h.

— Cette force différait peu en 1826, comme le témoigne le *Bulletin des sciences militaires* (p. 386) ; l'ARTILLERIE s'élevait à près de trois mille hommes ; l'INFANTERIE était de douze BATAILLONS, variant de huit cents à douze cents hommes, sur pied de paix ou de guerre. — La CAVALERIE était composée de treize RÉGIMENTS, qui variaient de cinq cent cinquante à huit cents hommes sur pied de paix ou de guerre. — Un rapport adressé, en 1826, par le MINISTRE de la guerre aux deux chambres du MEXIQUE, présente l'effectif suivant :

3 BRIGADES D'ARTILLERIE. . . . . 1,767 h. ⎫
12 BATAILLONS D'INFANTERIE. . . . . . . 9,876 ⎪
13 RÉGIMENTS DE CAVALERIE. . . . . . . 7,267 ⎪
31 COMPAGNIES DE GARNISON. . . . . . . 3,008 ⎬ 32,150 h.
12 COMPAGNIES fixes d'INFANTERIE et de CAVALERIE. . . . . 832 ⎪
______ ⎪
22,750 ⎪
Milices. . . . . 9,400 ⎭

— La force avait décru en 1837, comme le témoigne le *Journal de la Société de statistique* (t. IV, p. 544). — Un décret du congrès, rendu en 1838, voulait que l'armée fût portée à soixante mille hommes, à raison du blocus établi par la marine française ; mais ce chiffre était bien faible sur un sol de soixante-seize mille lieues carrées, c'est-à-dire quatre fois plus étendu que la France, et formant presque à lui seul l'Amérique centrale ; il était prodigieusement élevé chez un peuple de sept millions d'habitants, dont un cinquième à peine était de la race blanche. — Un article descriptif et critique concernant la Milice mexicaine était inséré dans le journal *le Commerce* du 29 octobre 1838.

MILICE NAPOLITAINE, OU MILICE SICILIENNE (F). Sorte de MILICE dont l'histoire appartient quelque peu aux temps anciens, mais davantage aux temps modernes. — En 1267, Charles d'Anjou, usurpateur de la couronne, introduit dans les DEUX-SICILES les coutumes françaises ; le royaume en reçoit des formes empreintes de plus de FÉODALITÉ que le reste de l'ITALIE ; l'ARMÉE participe de ce caractère politique ; c'était la contrée de la Péninsule où il se voyait le plus de CHEVALERIE et de CARROUSELS nommés FOULES, *fola*. NAPLES cependant n'a pas pris, parmi les MILICES ITALIENNES, le rang qu'elle eût dû occuper, et s'abaissa à recourir à l'épée des CONDOTTIERI ; l'un des plus célèbres parmi eux, SFORZE, y devint grand CONNÉTABLE. — Les alternatives d'un gouvernement agité, changeant et toujours faible, le rendaient inhabile à créer une

Milice nationale; elle fut tour à tour NOR-
MANDE, impériale, ESPAGNOLE, FRANÇAISE, et
jamais plus débile que quand elle était elle-
même. On lit dans M. le colonel CARRION
(1824, A) : *Dans les temps modernes, les
peuples du midi de l'Italie paraissent
avoir produit peu de bons soldats ; cet
état de choses existait avant Machiavel ;
mais les Samnites, les Brutiens habitaient
cette même terre.* — Peu d'ÉCRIVAINS se
sont occupés des détails de la constitution
du militaire napolitain. Il en est cependant
question dans les ouvrages de M. le général
Oudinot (1834), de M. le général COLLETTA,
du comte ORLOFF, dans le *Spectateur militaire* (t. XVI, p. 709 ; t. XVIII, p. 81, 115
et 225 ; t. XXVI, p. 371), dans le *Journal
des Sciences militaires* (1834, p. 159),
dans le *Journal de la Société de statistique* (t. V, p. 100), dans l'*Annuaire des
armées de terre* (1856, p. 521), dans le
journal *le Siècle* (8 octobre 1856), dans le
Journal de l'Armée (t. III, p. 54 ; t. IV,
p. 297 et 356). — A l'égard des formes du
SERVICE des places, on peut consulter l'ordonnance imprimée à Naples en 1778. —
En 1856, si l'on en croit l'*Echo de Milan*
(septembre), le budget de l'armée était de
6,907,674 ducats, ou de 33,538,000 fr. —
Traitons successivement de la CRÉATION,
COMPOSITION, FORCE, INSTRUCTION, UNIFORME,
PEINES, de l'armée napolitaine. — N° 1.
CRÉATION, COMPOSITION. — Ainsi que nous
l'avons insinué, on peut regarder cette Milice comme vieille par le nom, jeune par le
fait ; elle avait, il est vrai, un règlement,
un siècle et demi avant la FRANCE ; mais
c'était une traduction de celui d'ESPAGNE. —
Murat a donné en réalité naissance, en 1806,
à l'ARMÉE NAPOLITAINE. — Jusqu'à cette époque, si l'on en excepte quelques HALLEBAR-
DIERS, ou autres CORPS PRIVILÉGIÉS de la MAI-
SON, elle n'était qu'un bagne tempéré. La
puissance française y a introduit un autre
système de RECRUTEMENT ; la CONSCRIPTION y a
pris racine. Avant cette régénération, le
SERVICE militaire était, vulgairement et légalement, considéré comme infamant. *Bri-
cone* ou SOLDAT était tout un dans la bouche
des NAPOLITAINS ; années de SERVICE ou années de GALÈRES étaient synonymes dans la
langue des tribunaux comme dans le style
des condamnations ; s'il survenait des crises
publiques, le gouvernement agissant suivant
les mêmes errements que l'autorité judiciaire, ordonnait un transfert d'hommes qui
purgeait les bagnes et infectait les RÉGI-
MENTS, comme le témoigne SUCHET (t. I,
p. 199). — La GUERRE faisait une armée de
galériens ; ils les rejoignaient sous l'empire

des menottes, comme le témoigne M. le général OUDINOT (1834) ; la paix les dépouillait
de leur uniforme de circonstance, et les rendait à leurs chaînes originelles. L'abus et le
ridicule étaient poussés au point que l'autorité souveraine, au lieu de reconnaître
comme un droit à un allégement de peines
le danger qu'avaient pu courir ces défenseurs, tels quels, de la patrie, elle rayait
de leur vie de geôle le temps de leur vie de
SOLDAT, et prolongeait leur peine de deux
ans ; le remercîment de la patrie était le
contre-pied d'une indemnité. — L'avénement de Ferdinand quatre au trône n'apporta aucun changement à la CONSCRIPTION
de Murat ; son ministère eut la sagesse de
maintenir le seul mode propre à réhabiliter
l'ARMÉE ; il perfectionna même le système
en interdisant les REMPLACEMENTS, abolissant
les ENGAGEMENTS à prix d'argent, et n'accordant de DISPENSES à qui que ce soit ; sous de
tels auspices, la Milice de NAPLES est appelée à un rôle plus honorable. — Cependant, en 1818, les vieilles coutumes reprirent un instant crédit. Une famille illustre
par le rang qu'elle tenait et le brigandage
qu'elle exerçait était la terreur des voyageurs en Pouille. Ferdinand fit proposer au
chef, s'il voulait changer de vie, le brevet de
major et à ses deux fils des brevets de capitaines. Le marché eut un commencement
d'exécution ; mais l'indignation de l'armée
témoigna à la cour qu'elle avait commis un
anachronisme, et les trois officiers brigands
retournèrent à leurs habitudes. — Une
grande partie des soldats napolitains, nés
dans des pays montagneux, habitués à un
climat âpre, exercés à gravir les rochers, à
courir le long des précipices, à ne marcher
qu'armés, à faire eux-mêmes leurs souliers,
ou plutôt à s'en passer, à réparer eux-
mêmes leurs armes, sont propres à former
une excellente INFANTERIE légère. — Descendants de ces énergiques montagnards qui
luttèrent cinquante ans contre les ROMAINS,
ils rappellent la rudesse et la vaillance inculte de leurs ancêtres ; ils sont trapus,
sobres, souples, infatigables, dorment sur la
terre et au soleil, se contentent du moindre
vêtement, se chaussent d'une simple semelle
ou en espadrilles, et tirent juste. Dix d'entre
eux peuvent vivre où mourraient de faim
quatre hommes du Nord. — Les NAPOLITAINS
des rochers peuvent se comparer aux NÈGRES
des Mornes ; il n'y a qu'eux qui puissent y
subsister et y combattre. — Une partie de
cette INFANTERIE DE MONTAGNES s'appelait
MIQUELETS, et pouvait rivaliser avec ceux des
Pyrénées aux temps où ils étaient si redoutables. — Si le SOLDAT NAPOLITAIN et SICILIEN

a passé toujours pour mutin, criard, raisonneur, s'il a été jugé incapable de supporter la fatigue, le reproche en doit surtout être fait à ceux qui sortent des villes, où ils se sont amollis dans l'oisiveté, accointés avec les lazzaronis, et avilis dans la misère. — En 1820, le grade de CAPITAINE GÉNÉRAL jusque-là reconnu est aboli. — En 1830, l'ARMÉE se compose de la GARDE ROYALE et de la ligne. — L'INFANTERIE de la GARDE est de deux RÉGIMENTS de GRENADIERS et de deux RÉGIMENTS de CHASSEURS à pied; ils sont à trois BATAILLONS; elle se compose en tout de six mille six cents hommes. — La CAVALERIE est de deux RÉGIMENTS de CHEVAU-LÉGERS composant en tout quatorze cents hommes. — Le reste de la GARDE consiste en marins, en ARTILLERIE à cheval et en compagnies du TRAIN. — L'INFANTERIE de ligne se compose 1° de neuf RÉGIMENTS à trois BATAILLONS : les deux premiers BATAILLONS sont à six COMPAGNIES, dont une de GRENADIERS, une de CHASSEURS; le troisième BATAILLON n'est que de quatre compagnies de FUSILIERS; ils se montent au total de dix mille hommes; 2° de six RÉGIMENTS légers, à un BATAILLON; ils se montent en total à quatre mille cinq cents hommes. — Il existe trois RÉGIMENTS SUISSES à deux BATAILLONS formant quatre mille cinq cents hommes; ils sont chèrement rétribués, et la force s'en est élevée jusqu'à six mille hommes. — Deux RÉGIMENTS de CAVALERIE à quatre ESCADRONS sont de quatorze cents hommes. — Huit BATAILLONS de GENDARMERIE à pied composent six mille sept cents hommes. — Huit ESCADRONS de GENDARMERIE à cheval composent sept cent trente-six hommes. — L'ARTILLERIE, forte de deux mille hommes, est partagée en deux RÉGIMENTS divisés chacun en quatre BRIGADES. Elle est organisée suivant le système français; mais autrefois elle se servait d'une ARME mal connue nommée BRICOLE, ou, en ITALIEN, *trabocco*; ce mot avait laissé le nom de *Trabucchi* à une troupe qui existait encore au dix-septième siècle, et qui était sous les ordres du GRAND MAITRE DE L'ARTILLERIE. — Le reste de l'ARMÉE NAPOLITAINE se compose d'ouvriers, d'ARMURIERS, de POMPIERS, de SAPEURS, de VÉTÉRANS. — Toutes les COMPAGNIES D'INFANTERIE, la GENDARMERIE exceptée, sont à cent vingt-quatre hommes. — La plupart des établissements militaires sont à NAPLES. — En 1834, si nous nous en rapportons à un état détaillé que publie le *Constitutionnel* (24 juin), le roi commandait directement sa MAISON et sa GARDE; la MAISON comprenait cent dix-huit GARDES DU CORPS, quatre cent vingt HALLEBARDIERS, cent quarante GARDES DE POLICE et une division du TRAIN. La GARDE

royale ne comprend qu'un régiment de CHASSEURS à pied; elle avait un CORPS de PIONNIERS A CHEVAL et de CHASSEURS à cheval, et deux régiments de CHEVAU-LÉGERS. — La LIGNE, dont quatre RÉGIMENTS SUISSES faisaient partie, comprenait l'INFANTERIE, la CAVALERIE, l'ARTILLERIE, la GENDARMERIE dont nous avons parlé; elle avait un RÉGIMENT de SAPEURS. — Une GARDE d'honneur venait d'être créée. — Le roi faisait des efforts pour mettre sur un meilleur pied l'ARTILLERIE. — Le journal *le Siècle* (1836 [8 octobre]) témoignait que, à cette époque, l'infanterie se composait de trois régiments de la garde, douze de ligne, six bataillons d'infanterie légère, quatre régiments d'infanterie suisse. Les compagnies étaient sur pied de paix de cent hommes, sur pied de guerre de cent cinquante; elles avaient quatre officiers. — La cavalerie était de sept régiments à quatre escadrons sur pied de paix, et devait être portée à huit sur pied de guerre. — L'artillerie était de deux régiments à pied, une compagnie d'artillerie à cheval, une batterie suisse, une brigade d'ouvriers. — Des détails sur toutes les autres troupes étaient énoncés dans le même document. — N° 2. FORCE, INSTRUCTION, UNIFORME, PEINES. — A raison d'une population évaluée en 1830 à 7,160,794 habitants, le royaume pourrait, suivant les calculs généralement reçus, lever 50,000 hommes. BONAPARTE partant de cette donnée (M. MONTHOLON, t. III) affirme que, *en temps ordinaire, elles* (les TROUPES napolitaines) *se composent de* 60,000 *hommes*. L'évaluation est exagérée; dans le cours du dernier siècle, l'effectif n'était au contraire, en temps de paix, que de 30,000 hommes de TROUPES réglées, comme JABRO (1777, G) en fournit les preuves; mais les cadres étaient disposés pour un total de 50 ou de 60,000 hommes. — Un tableau statistique des forces militaires de l'Europe, qu'on trouve dans le *Spectateur militaire* (juin 1827), porte l'effectif de cette Milice, y compris la SICILE, à 50,000 hommes en temps de paix et à 50,000 hommes en temps de guerre. — Des renseignements différents sont donnés dans le *Bulletin des Sciences militaires* (1831, p. 107) : la force de l'ARMÉE y est portée à 51,500 hommes. La GARDE royale a 8,363 hommes. — Le *Spectateur militaire* (t. XII, p. 465) ne porte, en 1831, l'évaluation qu'à 40,000 hommes. — Le *Constitutionnel* (1834 [21 juin]) suppute la force de la MAISON et de la GARDE à raison de 7,255 hommes, et le total général de l'ARMÉE, y compris 6,708 INVALIDES et 1,795 VÉTÉRANS, à 58,220 hommes;

le *Journal de l'Armée* (t. III, p. 55) en porte le total à 46,275 hommes, et le pied de guerre à 90,000 hommes. — En septembre 1836, l'*Echo de Milan* contenait un article intitulé : Organisation actuelle des armées de terre du royaume des Deux-Siciles. Il portait le pied de paix de l'armée à 60,000 hommes, le pied de guerre à 80,000 : c'était un SOLDAT par 140 habitants, en estimant à 8,400,000 âmes la population. — L'infanterie, état-major y compris, composait 29,700 hommes.—La cavalerie était de 4,463 hommes sur pied de paix et de 7,864 sur pied de guerre. — L'instruction de l'armée a laissé beaucoup à désirer pendant longtemps. — Dans le dernier siècle, un besoin de perfectionnement s'était fait sentir, et, sur la demande du gouvernement séculier, LOUIS SEIZE avait autorisé le colonel d'artillerie POMMEREUIL à passer à NAPLES pour se livrer à l'instruction de cette ARME. Elle avait adopté, en 1786, le système de GRIBEAUVAL ; en 1806, elle avait imité le système français auquel l'an onze a donné son nom ; elle était, en 1836, s'il faut en croire le *Spectateur militaire* (t. XXII, p. 75), l'une des plus instruites de l'EUROPE, et un ouvrage qui développait son nouveau système de campagne était mis au jour par le colonel LANDI. — On lit dans M. le général MONTHOLON (t. III, p. 170) *que la cavalerie de Naples était excellente ;* mais BONAPARTE veut probablement parler surtout des chevaux. On peut tirer cette conjecture du jugement qu'il portait en général sur les MILICES ITALIENNES. — De 1815 à 1820, le général autrichien Nugent avait la haute direction de l'ARMÉE ; cinq ORGANISATIONS eurent lieu en quatre ans ; l'administration, la justice, le service, la tactique étaient dépourvus de règlements fixes ; législation et systèmes, tout était vague et confus ; l'ARTILLERIE, le GÉNIE, la CAVALERIE languissaient inhabiles et négligés, comme le témoigne le *Journal des Sciences militaires* (t. XVIII, p. 142). — En 1832, l'ARMÉE NAPOLITAINE s'étonnait que son monarque voulût la mettre au niveau de celles d'EUROPE, qu'il en mobilisât les CORPS, qu'il les réunît en des CAMPS D'INSTRUCTION ; des OFFICIERS et des SOUS-OFFICIERS, presque tous MARIÉS, et des TROUPES qui, pour ainsi dire, ne brossaient qu'une fois par an l'uniforme, s'étonnaient que leurs chefs les exerçassent, les fissent voyager, les tinssent en haleine. — Comme pour former contraste, cette même année voit éclore le *Progresso*, recueil périodique et mensuel, consacré aux sciences, aux lettres, et ouvert aux discussions de la science des armes. — Mais en 1834, comme

le témoigne M. le général OUDINOT, la composition, l'instruction, la discipline auraient fait de remarquables progrès. NAPLES, plus avancée en cela que la FRANCE, avait des BIBLIOTHÈQUES MILITAIRES. — Un bureau topographique est établi à Pezzo Falcone ; une école militaire est ouverte à Palerme. — En 1836, un journal militaire napolitain était créé : c'était l'*Antologia militare*, désignation plus prétentieuse qu'exacte, puisque antologie, suivant Boiste, signifie *choix de fleurs, de poésies, d'épigrammes grecques.* — Jusqu'en 1854, la GARDE avait, comme les Suisses, l'habit (elle allait le prendre bleu) ; elle portait les bonnets à poil. — La GARDE d'honneur avait l'habit vert et le schako rouge. — Le bleu allait devenir généralement la couleur de fond de l'infanterie, sauf les Suisses, dont le petit uniforme était blanc, le grand uniforme rouge. — Le DRAPEAU du pays était blanc. — Le DUEL y était puni comme insubordination ; le décret de 1838 (18 août) aggravait cette peine.

MILICE NÉERLANDAISE (F). Sorte de MILICE qui a pris cette dénomination depuis l'époque où les combinaisons de la sainte alliance avaient fondu en un seul peuple la BELGIQUE et la HOLLANDE. Historiquement elle appartient à une phase comprise entre l'époque où la MILICE HOLLANDAISE devient NÉERLANDAISE par l'incorporation de celle des PAYS-BAS, et où la Milice néerlandaise se brise en deux par la séparation des Belges. — Le tableau qui va être offert de cette Milice répondra donc à une période de temps comprise entre les années 1815 et 1830. — Les AUTEURS qu'on peut consulter sur ce sujet sont : DELFOSSE, KEUNAER, TREUPKEN, M. URBAIN, la *Sentinelle de l'Armée* (t. V, p. 37), le *Bulletin des Sciences militaires* (février 1830), le *Spectateur militaire* (t. IV, p. 687). — La Milice néerlandaise, non compris les troupes employées aux INDES orientales et occidentales, va être considérée sous les rapports suivants : COMPOSITION, FORCE, UNIFORME, ALLOCATIONS, INSTRUCTION, TACTIQUE, PUNITIONS, PEINES, ADMINISTRATION. — N° 1. COMPOSITION. — La Milice néerlandaise participait à plusieurs égards des institutions des MILICES ANGLAISE et PRUSSIENNE, FRANÇAISE et RUSSE ; elle avait emprunté de PRUSSE le système de la LANDWEHR, le TRIBUNAL D'HONNEUR, les PUNITIONS, les droits aux EMPLOIS CIVILS, les CONGÉS TEMPORAIRES de huit à dix mois par an ; elle avait adopté le système d'ARTILLERIE des ANGLAIS, et leur laissait le soin de fortifier ses PLACES. Elle recourait ainsi que la France à des mercenaires suisses. — En 1825 une RÉ-

COMPENSE de forme RUSSE avait été instituée ; elle consistait en MÉDAILLES de bronze et d'argent. — Les OFFICIERS et les SOLDATS obtiennent la première après douze ans de bons SERVICES, celle d'argent après vingt-quatre ans. — Quelque chose de français se retrouvait dans l'institution de l'ORDRE de Guillaume, créé en 1815 à l'instar de la Légion d'honneur, pour récompenser les SERVICES, la valeur, la fidélité ; il était divisé en grands-croix, commandeurs et chevaliers ; les hommes de troupe y étaient admissibles. — Mais la Milice néerlandaise avait la physionomie bien plus septentrionale que FRANÇAISE. Ses législateurs s'étaient appliqués à en repousser la plupart des modes françaises, et travaillaient même à y effacer l'usage vulgaire de l'idiome de FRANCE. — La Milice néerlandaise comprenait dans l'origine les TROUPES nationales et les RÉGIMENTS SUISSES ; mais le roi notifia en 1828 (1er juillet) aux seize cantons que ces corps seraient licenciés à la fin de 1829. — Les VÉTÉRANS étaient réunis en des lieux de colonisations où leur association commençait à prospérer. — En 1830 le licenciement des SUISSES capitulés s'effectue ; la majeure partie des OFFICIERS et des SOUS-OFFICIERS de cette nation s'enrôlent dans les TROUPES nationales. — Elles se composaient de l'ARMÉE permanente et des MILICES PROVINCIALES, ou GARDES NATIONALES, et de la MARÉCHAUSSÉE. — L'ARMÉE permanente comprenait, dans son organisation, l'ÉTAT-MAJOR, les CADETS, l'INFANTERIE, la CAVALERIE, l'ARTILLERIE, le GÉNIE ; il n'y figurait qu'une faible GARDE du souverain. — Les MILICES de province étaient assez exercées pour s'amalgamer au besoin à l'ARMÉE permanente ; elles en étaient regardées comme la ressource et l'appui. — Les TROUPES néerlandaises avaient fait des progrès marqués sous la direction du prince Frédéric, amiral, colonel général des armées de terre et de mer, GRAND MAITRE DE L'ARTILLERIE et intendant ; dans cette dernière qualité il était secondé par un directeur depuis que ce dernier titre avait remplacé celui de MINISTRE responsable. Le prince était ainsi le généralissime, le connétable, le commandeur de toute la Milice. — L'ARMÉE se recrutait de sujets nationaux par voie d'appels, d'ENGAGEMENTS, de RENGAGEMENTS, par la LEVÉE de la MILICE provinciale, par le rappel des hommes en congé, par l'introduction de la RÉSERVE. Les artilleurs étaient en général Hollandais, les cavaliers en général Belges. — Les MILICES provinciales se composaient de tous les hommes de dix-neuf à vingt-trois ans. — Une inspection des MILICIENS dans leurs foyers avait lieu tous

les trois mois. — Un âge avancé ou l'impossibilité de continuer à servir activement donnaient droit à un EMPLOI CIVIL ou à la VÉTÉRANCE. — Le GRADE d'officier était accessible à tous jusqu'aux GRADES supérieurs, l'ancienneté était le principe de l'avancement ; c'était la méthode prussienne. — La carrière des EMPLOIS CIVILS était un débouché ouvert aux SOUS-OFFICIERS mariés. — L'ÉTAT-MAJOR GÉNÉRAL comprenait un FELD-MARÉCHAL, un GÉNÉRAL, cinq GÉNÉRAUX D'INFANTERIE, un GÉNÉRAL D'ARTILLERIE, vingt et un GÉNÉRAUX LIEUTENANTS, deux GÉNÉRAUX DE DIVISION, cinquante-deux GÉNÉRAUX MAJORS, dix-sept COMMANDANTS DE PROVINCE, sept commandants de place, etc. Cette surabondance, ce faste des GRADES, est une imitation peu plausible des hauts grades de la MILICE RUSSE. — Un corps d'ÉTAT-MAJOR se composait de trente et un OFFICIERS. — Des AGENTS DE LA GUERRE exerçaient les fonctions D'INTENDANCE MILITAIRE. — La MAISON MILITAIRE ne comprenait que des ADJUDANTS DE PALAIS. — La GARDE royale ne consistait qu'en trois BATAILLONS de GRENADIERS et de CHASSEURS attachés aux résidences royales de la Haye et de Bruxelles. — Les RÉGIMENTS d'INFANTERIE s'appelaient DIVISIONS ; l'invention du mot n'est ni utile ni heureuse. — L'organisation promulguée en 1819 partageait l'INFANTERIE en dix-sept DIVISIONS, c'est-à-dire RÉGIMENTS. — Chaque DIVISION, *afdeeling*, était de quatre BATAILLONS, dont trois actifs, à six COMPAGNIES, et un de réserve à trois COMPAGNIES, plus un cadre nommé COMPAGNIE D'ÉCOLE. — Chaque BATAILLON ACTIF avait une COMPAGNIE de GRENADIERS et une de CHASSEURS. Les autres COMPAGNIES étaient de cent quarante-quatre FUSILIERS, distingués en ENROLÉS et en MILICIENS. Chaque DIVISION comprenait, sur pied de paix, trois mille cinq cent cinquante-quatre hommes, et sur pied de guerre, y compris les BATAILLONS de RÉSERVE, quatre mille cinq cent soixante-deux hommes. — Les COMPAGNIES D'ÉCOLE recevaient en subsistance les soldats qui venaient s'y instruire. — Vingt-deux COMPAGNIES effectives, vingt-huit compagnies, y compris les absents, formaient donc le RÉGIMENT, nommé DIVISION. — Dans l'organisation dernière, l'INFANTERIE était de dix-huit DIVISIONS à quatre BATAILLONS ; le troisième était FLANQUEUR, le quatrième RÉSERVE ; ces dix-huit DIVISIONS d'INFANTERIE formaient quatre DIVISIONS D'ARMÉE. On voit quelle confusion ce mot division produisait. La langue militaire était aussi pauvre, aussi ambiguë qu'en France. — Il y avait une BRIGADE de RÉSERVE. — Les BATAILLONS étaient commandés par des MA-

JORS; cette vicieuse méthode est empruntée des ANGLAIS. Les DIVISIONS étaient sous les ordres d'un COLONEL ou d'un LIEUTENANT-COLONEL. Cette alternative était peu plausible, ainsi que l'usage de placer les BRIGADES sous les ordres d'un GÉNÉRAL MAJOR ou d'un COLONEL, et la DIVISION d'ARMÉE sous les ordres d'un GÉNÉRAL MAJOR ou d'un LIEUTENANT GÉNÉRAL. — Les GRADES des OFFICIERS d'INFANTERIE ne se partageaient pas en CLASSES; c'était du moins plus sage que les coutumes françaises. — La CAVALERIE consistait en dix RÉGIMENTS à quatre ESCADRONS, dont quatre de CUIRASSIERS, deux de DRAGONS LÉGERS, deux de HUSSARDS, et deux de lanciers. Cette formation de la CAVALERIE et les ESCADRONS à deux COMPAGNIES étaient une imitation des formes ANGLAISES. — Les NUMÉROS des RÉGIMENTS étaient indépendants de la nature des armes; ainsi le premier et le neuvième étaient CUIRASSIERS. Chaque RÉGIMENT était de six cent soixante dix-huit hommes. — L'ARTILLERIE était de dix BATAILLONS, dont six de Milice provinciale et quatre de ligne. — En 1827 l'ARTILLERIE de campagne était évaluée à deux cents PIÈCES; les CHEVAUX D'ATTELAGE, tenus sur pied, y étaient en bien plus grand nombre que dans l'ARMÉE FRANÇAISE. — L'ARTILLERIE à cheval était de huit COMPAGNIES; elle était distincte de l'ARTILLERIE de bataille. Elle avait adopté le MATÉRIEL anglais, mais elle ne plaçait pas de CANONNIERS sur les COFFRETS; ils étaient tous à cheval. — Les TROUPES du GÉNIE formaient trois BATAILLONS; il y avait un BATAILLON de PONTONNIERS. — La MARÉCHAUSSÉE ne faisait le service que dans les provinces méridionales du royaume. — La GARDE NATIONALE ou communale, ou LANDSTURM, était formée à raison d'un homme sur cinquante âmes; elle était sur pied en HOLLANDE depuis 1815, mais n'avait été organisée dans les provinces du Sud que vers le milieu de l'année 1828; elle était composée des hommes de vingt-cinq à trente-quatre ans, appelés par le sort. Cette troupe, ne devait jamais dépasser la frontière; elle était exercée tous les quinze jours; les chefs étaient nommés par le roi; elle était organisée à peu près comme l'INFANTERIE; ses BATAILLONS comprenaient six COMPAGNIES; la première et la dernière étaient FLANQUEURS; un PREMIER, un SECOND, un TROISIÈME BAN en étaient la pépinière. — Le règlement de 1817 sur le service intérieur autorise les OFFICIERS à attacher à leurs personnes un SOLDAT chargé de soigner leurs effets. Ce SOLDAT DOMESTIQUE est dispensé des retenues imposées aux travailleurs. — Les OFFICIERS ne pouvaient se marier qu'avec AUTORISATION, qu'après avoir

déposé douze cents florins, qu'après avoir contracté l'engagement de ne point conduire leurs FEMMES dans les MARCHES ni en campagne. Ces dispositions sages sont dignes d'imitation. — N° 2. FORCE. — Si l'on s'en rapporte au tableau statistique des forces militaires de l'EUROPE qui se trouve dans le *Spectateur militaire* (juin 1827), l'effectif de l'ARMÉE néerlandaise était à cette époque évalué à 43,000 hommes sur pied de paix, et à 70,000 sur pied de guerre; il y a même des ÉCRIVAINS qui affirmaient, qu'en y comprenant ses ressources extraordinaires, elle pouvait mettre en campagne 120,000 hommes. Sa population était de 6,088,000 habitants. — Les relevés de 1829 témoignent que l'ARMÉE, en temps de paix, tenait sous les armes pendant onze mois 32,106 SOLDATS, non compris les OFFICIERS et SOUS-OFFICIERS, qui étaient sous les armes toute l'année. — L'ARMÉE permanente était donc de 50,000 hommes sur pied de paix, et de 82,000 sur pied de guerre; l'ARMÉE éventuelle, de 40,000 gardes nationaux sur pied de paix, et de 124,000 sur pied de guerre. — Le douzième mois de l'année il y avait sous les armes 91,704 SOLDATS. — En 1827 la population ne montait pas à 7,000,000 d'âmes, et les forces militaires étaient évaluées à 70,000 hommes, y compris la MARÉCHAUSSÉE et la RÉSERVE. — Dans les derniers temps une DIVISION (régiment) d'INFANTERIE n'étant sur pied de paix que de 1,424 hommes, le total de l'INFANTERIE était, ÉTAT-MAJOR non compris, de 25,504 hommes. La DIVISION étant, sur pied de guerre, de 4,250 hommes, le total de l'INFANTERIE augmentait en proportion. — Les gardes communales ou landsturm étaient évaluées, y compris la réserve, à 120,000 hommes; le premier ban, à 90 ou à 100,000. — En février 1839, alors qu'une guerre violente semblait devoir naître de la profonde haine que s'étaient vouée la Belgique et la Hollande, l'armée néerlandaise avait 73,000 hommes sous les drapeaux, et son total pouvait au besoin s'élever à 121,000 hommes, dont 6,300 de cavalerie, 5,800 d'artillerie et 1,400 du génie. — N° 3. UNIFORME, ALLOCATIONS. — L'HABIT bleu, boutonné droit, était l'UNIFORME général de l'INFANTERIE; les DRAPS de troupe, d'abord médiocres, s'étaient améliorés. — Le havre-sac était confectionné en peau passée; il était ainsi à la française, non à l'anglaise. — Un BAUDRIER supportait, ou le SABRE-BRIQUET, ou seulement la baïonnette, à la manière ANGLAISE. — En juin 1826, l'INFANTERIE de plusieurs GARNISONS a été affectée d'une violente ophthalmie qui semblait contagieuse;

et pourtant le mal respectait les citoyens. La seule GARNISON de TOURNAY a eu trois cents hommes frappés d'une cécité incurable ; on a regardé la pesanteur du schako et l'étranglement du col de l'homme comme la cause de ce ravage. — Il était institué dans l'ARMÉE un TRIBUNAL D'HONNEUR, genre de juridiction qui manque dans l'ARMÉE FRANÇAISE. — L'armée des PAYS-BAS est une des provinces qui ait fait usage de PIÈCES DE CAMPAGNE garnies de PLATINES A PERCUSSION. — M. JONGE a traité de quelques détails qui intéressent la Milice hollandaise. — L'ordonnance de 1814 (22 février) avait réglé le tarif des PENSIONS DE RETRAITE à raison d'un traitement unique qui excédait de plus du double le taux des RETRAITES de FRANCE. Quarante années de service étaient le maximum exigé ; mais chaque campagne et le SERVICE dans les colonies comptaient double. — Nº 4. INSTRUCTION. — En 1828, une académie militaire était instituée pour l'enseignement de la STRATÉGIE.—En 1829, la GYMNASTIQUE faisait partie des études militaires du pays ; des OFFICIERS réunis à Bruxelles, comme à un institut normal, étaient destinés à propager dans les CORPS la culture et les principes de cet utile exercice. — Un CAMP D'INSTRUCTION était annuellement formé à Zeist : à l'époque de ce rassemblement, il était alloué à l'INFANTERIE une livre de POUDRE, ou cent vingt-cinq coups par homme, pour l'étude de la CIBLE. — En 1828, une école ou académie royale militaire, comparable à l'ÉCOLE POLYTECHNIQUE, était instituée à Bréda ; les langues étrangères, la GYMNASTIQUE, la NATATION y étaient enseignées. Vingt-quatre professeurs étaient attachés à l'établissement. Il contenait trois cent huit élèves ou CADETS de quatorze à dix-huit ans. — Une notice intéressante concernant les ÉCOLES régimentaires néerlandaises est consignée dans le *Spectateur militaire* (t. x, p. 82). — Il y avait quinze écoles pour l'instruction des ENFANTS DES MILITAIRES et des employés. — Dans la plupart des GARNISONS, les OFFICIERS étaient membres d'un cercle militaire ou littéraire, et y trouvaient les papiers publics ; ils payaient à cet effet une rétribution légère, et allaient rarement au café.—Depuis 1826, chaque CORPS avait une BIBLIOTHÈQUE entretenue au moyen d'un prélèvement annuel sur les appointements des officiers, à raison d'une retenue de six pour cent par an, pour dépenses de BIBLIOTHÈQUE. — Les SOUS-OFFICIERS et CADETS qui aspiraient à être OFFICIERS, les LIEUTENANTS qui aspiraient à être CAPITAINES, ne pouvaient être nommés qu'après avoir subi de sévères examens. Un jury

s'assurait de leur capacité, et les interrogeait sur les MATHÉMATIQUES, les LANGUES, l'HISTOIRE, la GÉOGRAPHIE, la TOPOGRAPHIE, la TACTIQUE, l'ART DE LA FORTIFICATION, l'ARTILLERIE. — Nº 5. TACTIQUE. — L'instruction tactique a été calquée sur celle du réglement français, et sa traduction a été adoptée officiellement en 1818 ; cependant quelques différences notables existent. Ainsi, depuis 1818, la mesure du PAS D'INFANTERIE est de six cent quatre-vingts millimètres (26 pouces) ; la CADENCE du PAS ORDINAIRE est de quatre-vingt-deux à la minute ; celle du PAS DE ROUTE, de quatre-vingt-dix ; celle du PAS ACCÉLÉRÉ, de cent six ; celle du PAS DE CHARGE, de cent vingt à cent vingt-cinq. — Le PAS OBLIQUE est remplacé par un demi à droite ou à gauche par homme ; ainsi, une partie des innovations que l'INFANTERIE FRANÇAISE essayait en 1794 à l'école de CAMBRAY, se trouve réalisé quarante ans plus tard par l'INFANTERIE néerlandaise. — Il n'est pas compris de feux de rangs dans le réglement. — Les TIRAILLEURS formaient le troisième rang. — Les OBUSIERS LONGS y sont en usage. — Nº 6. PUNITIONS, PEINES. — Les formes de la pénalité militaire dans les PAYS-BAS ont été l'objet de quelques aperçus publiés par M. MERLIN (au mot *Délit*). — Le DUEL est puni à l'égal du meurtre ; l'OFFICIER qui se bat encourt DESTITUTION. — Les principales PEINES de l'homme de troupe étaient la PRIVATION de la COCARDE, la RÉCLUSION, les COUPS DE CANNE de vingt-cinq à cinquante, l'EXPULSION infamante. — Le code militaire (art. 34) reconnaissait trois degrés de FUSTIGATION : les COUPS DE PLAT DE SABRE et DE CANNE, ils n'entraînent pas la DÉGRADATION ; la BASTONNADE, elle était infamante et emportait DÉGRADATION. — Le MILICIEN déserteur était puni du bâton. — La justice militaire pouvait seule faire infliger les COUPS DE CANNE. — La BASTONNADE avait été abolie en 1830. — Un GRAND CONSEIL, composé de six GÉNÉRAUX, formait COUR D'APPEL et DE RÉVISION. — Les CONSEILS DE GUERRE PROVINCIAUX jugeaient les crimes et délits, ils ne prononçaient que sur une affaire ; ils se composaient de sept OFFICIERS, dont un supérieur ; les OFFICIERS y étaient appelés à tour de rôle ; un AUDITEUR y tenait la plume, et y faisait fonction de commissaire du roi et de RAPPORTEUR. — Nº 7. ADMINISTRATION. — De 1815 à 1830, l'ANGLETERRE a versé en BELGIQUE cent quarante millions pour la construction des FORTERESSES qui regardent les frontières de FRANCE. — En 1827, le BUDGET affecté à l'entretien de soixante-dix mille hommes ne s'élevait qu'à trente-sept millions. — La dépense totale qu'un invalide occasionne à l'Etat se montait à quatre cent soixante-dix francs. — Le soldat couchait seul dans un cadre ou hamac à fond sanglé ; il n'avait qu'une paillasse remplie de paille hachée. — Les chevaux d'artillerie, suivant l'ancienne manière prussienne, étaient tenus, en petite partie dans les écuries du train, en grande partie chez le paysan. Ce système mettait l'armée en état d'entrer à tout instant en campagne. — Le pain de munition était manutentionné par des militaires. — Les officiers subissaient une retenue pour fourniture d'effets d'uniforme faite des magasins du corps. — Des détails exacts et circonstanciés, sur tout ce qui intéressait l'administration, la solde, l'uniforme de cette Milice, se trouvent dans le *Bulletin des Sciences militaires* (1830 [janvier, février]); et, suivant le *Spectateur militaire* (t. xiii, p. 247), les Hollandais ont su fixer dans une brochure de cent quinze pages les règles générales sur lesquelles repose l'administration de leurs troupes.

MILICE norvégienne (F). Sorte de milice qui a conservé ses formes anciennes; car, quoique placée sous le même sceptre que la Suède, la Norwége a ses usages, ses lois, son armée. — La population du pays était évaluée, de 1827 à 1829, à un million cinquante et un mille trois cents habitants; le *Journal des Sciences militaires*, 1834, p. 167, donne à peu près ce même chiffre. — Le système de la composition de l'armée norwégienne répondait aux usages de Suède; les engagements volontaires concouraient au recrutement ; mais, depuis 1823, la diète a aboli le système des engagements. — Cette armée ne peut sortir du territoire que du consentement de l'assemblée nommée *storthing ;* la landwœrn ne peut dépasser les frontières. — La conscription s'exerce de vingt-deux à vingt-sept ans; les ecclésiastiques et les fonctionnaires n'en sont dispensés qu'à la charge de contribuer, en temps de guerre, aux frais des levées extraordinaires, *extra-rothering.* — La force de la Milice de Norwége consistait en treize régiments de miliciens, de mille seize hommes chacun; mais, depuis la paix générale de 1815, elle avait dû être réduite à douze mille hommes. — L'état-major général est de six généraux, de trente-quatre officiers d'état-major et de cinquante officiers du génie. L'infanterie se compose de cinq brigades divisées en vingt-quatre corps et formant onze mille cent vingt-huit hommes. La cavalerie consiste en une brigade divisée en trois corps; elle est forte de douze cent trente-sept hommes. — L'artillerie consiste en une brigade di-

visée en cinq compagnies de garnison et six batteries de campagne ; c'est un ensemble de mille cinq cent quatre-vingt-seize hommes. — Le total de l'armée, en temps de paix, s'élevait, dit-on, avant 1815, à vingt-deux mille hommes; elle était évaluée à quatorze mille cinquante et un hommes en 1830. — La landwœrn ou réserve de vétérans mise sur pied de guerre, serait de dix mille trois cent quatre-vingt-un hommes; ainsi l'armée norwégienne pourrait s'élever à vingt-quatre mille quatre cent trente-deux hommes, et augmenter d'autant l'armée suédoise, sauf les cas restrictifs que nous avons indiqués. — Il y a dix places fortes médiocrement entretenues. Le corps du génie est de cent cinquante officiers. — En 1829, il s'y forme une école militaire d'infanterie pour soixante élèves. — Il s'y voyait une arme qui ne se trouve que dans cette seule partie du monde, c'est celle des chasseurs patineurs. — Un tableau de l'effectif est tracé dans le *Bulletin des Sciences militaires*, 1831, p. 59, dans le *Bulletin de Statistique universelle*, 1831, p. 200, l'*Annuaire des Armées de terre*, 1836, p. 293, le *journal d'Art, Science, et Histoire de la guerre de Berlin*, 1834, 1835. Des détails concernant l'artillerie se trouvent dans le *Journal des Sciences militaires*, 1835, p. 150.

MILICE paraguéenne (F). Sorte de milice qui, dans le dernier siècle, consistait en des troupes, presque toutes d'infanterie, organisées par les jésuites. Plus d'une fois les pères de Loyola ont personnellement dirigé à la guerre leur armée. — Avant l'émancipation de l'Amérique du Sud, il n'existait au Paraguay qu'une armée qui ne mérite guère qu'on en parle. — Depuis la dictature du docteur Francia, il a été institué une armée composée de corps permanents et de milices provinciales; celles-ci comprennent vingt mille hommes ; l'armée de ligne est de cinq mille, presque toute de cavalerie; les noms de chaque genre de troupe rappellent les usages de France. — Les indigènes à peau blanche fournissent au recrutement de la ligne, sauf un régiment de lanciers mulâtres commandés par des officiers blancs. — Tous les hommes libres, sauf les riches et les savants, concourent, depuis l'âge de dix-sept ans, à former les milices; elles sont, en général, d'infanterie. — En 1828, l'artillerie est loin encore de la perfection; son matériel est de cinquante à soixante pièces. — Les troupes sont réparties, non par régiments et bataillons, mais par compagnies sous les ordres d'un enseigne ou d'un lieutenant. Il n'y a, dans toute l'armée, qu'un officier du grade de capitaine. — Les troupes de ligne sont habillées d'une veste bleue et coiffées d'un chapeau rond, les autres sont vêtues sans uniformité; la cocarde est aux trois couleurs nationales comme en France. La devise des drapeaux est: *La liberté ou la mort.* — Les troupes de ligne sont exercées passablement, mais leur tenue laisse beaucoup à désirer; elles sont soumises à la justice souveraine et sans appel du dictateur. — Il existe, à l'égard de la Milice du Paraguay, quelques renseignements plus étendus dans le *Spectateur militaire* (1828, 51e livraison), dans le *Bulletin des Sciences militaires* (1828), dans l'ouvrage intitulé: *Essais historiques sur la révolution du Paraguay,* par MM. Béranger et Longchamp; le journal l'*Armée,* p. 205.

MILICE PERSANE (F). Sorte de milice que nous distinguerons de la milice perse; la première est celle de la Perse moderne, l'autre rappelle la Perse antique. — Donnons quelque idée de ce qu'était la Milice Persane pendant la phase comprise entre les années 1813 et 1830; quelques détails plus étendus se trouvent dans le *Journal militaire autrichien,* 1831, 1re partie. Considérons successivement sa composition, sa force, son uniforme, son instruction. — N° 1. Composition. — L'armée persane se distingue en armée régulière, c'est-à-dire à l'européenne; irrégulière, c'est-à-dire nationale. — Les corps se divisent suivant le système décimal; une escouade est de dix hommes, une compagnie de cent, un bataillon de mille. — L'armée régulière comprenait en 1813, vingt-trois régiments d'infanterie de bataille formant un ensemble de cinquante bataillons. La cavalerie était partagée en trente escadrons, et l'artillerie à cheval en trois. — Plus de la moitié des régiments étaient commandés par des officiers anglais, au service de la compagnie des Indes orientales; les autres obéissaient à des indigènes, sauf un régiment entièrement composé de déserteurs russes. — L'armée irrégulière était à peu près sur le même pied qu'au temps où l'usage des armes à feu a commencé à se répandre; on y retrouve les armes névrobalistiques, les mêmes armures. — L'armée irrégulière se composait d'infanterie et de cavalerie; une partie de ses guerriers jouissait de bénéfices militaires et était connue sous le nom de zemindaris. — L'infanterie irrégulière se partageait en garde du souverain, *djambas,* forte de douze mille hommes, et en troupes de ligne, *schaytufanghis* ou fusiliers du prince, dont le nombre

était de trente mille; ils sont chargés de la garde des places. — La cavalerie irrégulière se divise en cinq corps de différente force; le premier ou les kurtchis, ancienne noblesse du pays, à ce que dit l'académie, est de quarante mille chevaux; il fournit quatre mille hommes à la garde du souverain. — Le second corps de cavalerie, nommé *golams* ou volontaires à cheval, n'a pas une force déterminée. — Le troisième corps rappelle le temps où nos dragons étaient arquebusiers; il sert à pied et à cheval; il s'appelle *golam tufanghi,* volontaires fusiliers. — Le quatrième corps est une troupe provinciale fort nombreuse, nommée *hatly.* — Le cinquième corps comprend les hommes trop vieux et trop jeunes, et se nomme *azavij.* — L'armée irrégulière est pourvue de pièces de deux; cette artillerie est portée à dos de chameaux. — Cette cavalerie irrégulière commence à se discréditer depuis qu'une infanterie régulière a été instituée. — En 1830, les tribus arabes, kurdes, turques, et celle de Lory, fournissent, par cinq familles, un cavalier armé; ils ne sont tenus tous sur pied qu'en temps de guerre. — Le schah, au besoin, en lève un plus grand nombre. — L'artillerie de campagne est de cent quarante bouches à feu dont dix-huit falconets ou fauconneaux. — Il existe depuis quelques années un ordre militaire du soleil et du lion; une étoile et des médailles en distinguent les classes. A l'exemple de son père, Abbas-Mirza a institué, en 1829, un ordre militaire consistant en une médaille d'or, destinée à être prix de la bravoure. — Le *journal militaire* de Pétersbourg (1828, n°1) a donné un aperçu de l'organisation persane; on y distingue les *falconets* de Perse et de Boukharie, ou artillerie à chameaux, et l'artillerie régulière ou dressée à l'européenne; la première est de quinze cents hommes et s'appelle *zembouraks.* — La garde du schah est de six mille sarbazes, de trois mille cavaliers ou gardes du corps nommés *goulams,* de six mille hommes armés à la persane, de trois mille hommes qui forment les garnisons des résidences du souverain; ainsi le total de cette garde est de dix-huit mille hommes. — N° 2, Force. — En 1817, le colonel Drouville, qui a concouru à la création de l'armée régulière de Perse, attestait qu'elle a mis en ligne dans la dernière guerre cinquante mille hommes. Avant cette époque, le nombre des bataillons d'infanterie était de trente-cinq; chaque bataillon, de mille à onze cents hommes. — On évaluait, en 1830, les forces de la Perse à cent trente-neuf mille hommes, dont trente-huit mille cinq cents d'INFANTERIE RÉGULIÈRE, cinq mille d'irrégulière, quatre-vingt-sept mille neuf cents de CAVALERIE irrégulière; huit cents de GARDES du corps ou *kulamys*, dont deux mille sont particulièrement attachés à la personne du schah ou chah. — Le *Journal des travaux de la Société de statistique* (1834, t. IV, p. 175 estimait l'infanterie à 158,000 hommes, la cavalerie à 190,000 hommes, l'artillerie à 35,000, ce qui offrait le total prodigieux et peu croyable de 563,000 hommes. — N° 3. UNIFORME. — Le premier CORPS de la CAVALERIE IRRÉGULIÈRE est cuirassé de COTTES DE MAILLES, et porte un CASQUE accompagné d'un COLLET DE MAILLES, il est armé de longues LANCES; le second se sert de LANCES et de DJÉRIDS; le troisième porte des ARQUEBUSES A FOURQUINE; le quatrième corps se sert à la fois d'ARCS, de MOUSQUETONS, de PIQUES, de RONDACHES. — L'INFANTERIE RÉGULIÈRE est habillée à peu près à l'européenne, mais elle porte le bonnet national et des bottines; ses ARMES sont de fabrique ANGLAISE; elle se sert de BAIONNETTES. — La CAVALERIE régulière ne fait pas usage d'ARMES DÉFENSIVES d'ancienne forme; elle était presque toute vêtue à la FRANÇAISE et composée d'hommes d'élite. — L'ARTILLERIE était formée sur le pied FRANÇAIS; son matériel était de fabrique ANGLAISE, mais il manquait de caissons; elle faisait usage de PIÈCES DE SIX et d'OBUSIERS DE HUIT POUCES. Des CHAMEAUX transportaient les munitions. — Les TROUPES de TURCOMANS sont armées d'ARCS et de flèches. — L'INFANTERIE de la GARDE a des FUSILS, des SABRES, des POIGNARDS, des AGIEM-CLICHS. L'INFANTERIE des MILICES porte des MOUSQUETS A MÈCHE, des FLÈCHES, des MASSUES. — L'INFANTERIE IRRÉGULIÈRE a des FAUCHONS, des HERPÉS. — Des CHAPERONS DE MAILLES sont encore en usage. — N° 4. INSTRUCTION. — M. Allou (1828) rapporte que, suivant M. le colonel Drouville, l'héritier présomptif Abbas Mirza avait fait traduire en persan les œuvres de GUIBERT et les réglements de TACTIQUE français. — On ne peut guère donner idée du savoir-faire des troupes de PERSE qu'en traçant un aperçu des expéditions modernes où, pour la première fois, des PERSANS dressés à l'européenne se sont mesurés avec des TROUPES à l'orientale. — Le capitaine Devaux, natif de Calais et fils d'un général français, a porté en PERSE la TACTIQUE française; il s'y est montré instructeur habile et y est devenu GÉNÉRAL du premier rang. — Arrivé à BAGDAD, en 1816, avec trois autres officiers supérieurs, ils se rendirent en PERSE, sur l'invitation de Mohammed-Ali-Mirza, fils du roi. — En peu de temps, sept bataillons furent exercés à l'européenne et armés de FUSILS à BAIONNETTES. — En 1818, Mirza marche contre les TURCS; Devaux était le GÉNÉRAL en chef de l'armée. Ce Français, à la tête de quatorze mille hommes, attaqua vingt-deux mille TURCS et les défit, ce qui lui valut le grand ORDRE DU SOLEIL et du Lion. — Sans la mort inattendue de Mirza, Bagdad tombait au pouvoir des Persans. — Le général Devaux, nommé kban, fut revêtu par un firman du *droit de couper la tête à qui bon lui semblerait*. Son image et ses actions, représentées par le premier peintre du schah, ornent les salles de la cour de Téhéran. — En 1826, le général Devaux, poussé par quelques mécontentements, passa au service du vice-roi de Bagdad, Daoud-Pacha, et en 1828 il était général en chef et gouverneur de Hella (l'ancienne Babylone). Les papiers publics ont annoncé (*Constitutionel*, 10 juillet, 1834) qu'il était mort en 1834 à Kermanchah, où il aurait été empoisonné par le gouverneur. — Soit que depuis son départ les progrès de l'armée persane aient été faibles ou se soient interrompus, soit qu'on en ait fait plus de récit qu'il n'y avait lieu, les dernières expéditions des armées RUSSES du Caucase, à la suite des imprudentes attaques des PERSANS, ne donnent pas à croire qu'à nombre égal, les TROUPES de PERSE soient en état de tenir tête à des Européens. — Si l'on en croit le *Spectateur militaire* (t. XVII, p. 477), en 1834, le BRIGADIER anglais Pasmor passait en PERSE avec quantité d'OFFICIERS de toutes armes, pour y perfectionner l'instruction de la Milice persane.

MILICE PERSE (F). Sorte de MILICE de l'antiquité dont l'histoire, mal éclaircie, peu classique, offre cependant des souvenirs curieux. — Entourés de peuples peu belliqueux et amollis par les délices, les PERSES sont, parmi les ASIATIQUES, les seuls qui se soient montrés vraiment guerriers; la vingtième année était l'AGE MILITAIRE; l'ACINACE, le CANDJIAR, le DAMAS ont accompagné de tout temps leur costume; leurs ÉVOLUTIONS étaient savantes longtemps avant CYRUS; l'ART, la DISCIPLINE, la science et l'ordre des MARCHES firent, sous le règne de ce prince, des progrès; il arma de FAUX les CHARS; il dressa des CAMPS A DEMEURE; il tenait sur pied des CORPS comparables aux modernes DIVISIONS D'ARMÉE 550 avant J.-C. — L'INFANTERIE perse était divisée en COMPAGNIES de cent hommes et partagées en quatre subdivisions et en huit ESCOUADES. Dix COMPAGNIES formaient un RÉGIMENT, dix régiments constituaient une division. Des INStruments a corde jouaient à la tête des troupes.— La combinaison du système décimal et ce même usage d'instruments, étaient en vigueur dans la milice grecque dix ou douze siècles avant J.-C. La Grèce avait-elle en cela inventé ou imité? Probablement l'Orient peut réclamer la priorité de cette organisation, aussi bien que la découverte de l'art de fabriquer les armures. — Xénophon (370 avant J.-C.) et, sur ses traces, Diodore de Sicile, nous montrent, peu après la retraite des dix mille, une armée perse de douze cent mille hommes; ce nombre passe toute croyance. — Les précautions les plus minutieuses témoignaient d'une discipline déjà mûre chez les Perses. Hérodote atteste que le bouclier de chaque soldat était empreint d'un caractère ou d'un emblème distinctif et personnel. — Cet écrivain et Quinte-Curce parlent, l'un, des dix mille immortels, ou athanates, l'autre, des quinze mille doryphores, ou porteurs de lances, qui composaient la garde du souverain, et portaient, en manière de pennon, son manteau écarlate. D'autres porte-lances de cette garde étaient distingués dans les écrivains grecs sous le nom d'aichemophores. — Xénophon (370 avant J.-C.) mentionne l'aigle d'or comme un insigne qui annonçait la présence du général d'armée ; Quinte - Curce dépeint l'enseigne nationale comme une image du soleil enchâssée dans le cristal : *Imago solis, cristallo inclusa, fulgebat.* — Nous avons vu dans la milice moderne des Persans un ordre décoratif rappeler ce soleil de leurs ancêtres. — Le feu grégeois n'était pas inconnu des Perses. Leurs ouvrages de fortification passagère étaient, comme ceux des modernes, construits en sacs a terre. — La cavalerie, à la réserve de celle de la garde, était équipée à la légère, et portait des armures a écailles et à brassards. L'infanterie était armée pesamment, se coiffait de casques ou de tiares et portait la demi-pique. Les troupes irrégulières s'appelaient cardaces, comme le témoigne Raymond. — Une cavalerie sur chevaux, distincte par là de la cavalerie sur chars et des archers sur dromadaires, fut instituée par Cyrus; il ne s'était point vu jusque-là d'agrégations de cavaliers agissant en grandes masses; ceux-ci s'ordonnaient par escadrons de cent hommes sur huit de hauteur. On retrouve ce même nombre de rangs dans la milice grecque plus moderne. — Mais apparemment l'histoire a exagéré la force numérique, le mérite militaire, le savoir tactique des Perses, puisqu'au temps de leur splendeur, on les voit réduits à soudoyer déjà des troupes étrangères; dans leurs luttes contre les Grecs, ils n'opposèrent qu'une molle résistance à de faibles armées; et Alexandre, à Issus, détrône Darius, en écrasant avec quarante mille Macédoniens six cent mille Perses vêtus de fer. — Tout ce qu'on sait des Perses de l'antiquité, tout ce qu'en a redit Royou (1805), nous vient d'Hérodote ; malheureusement cet historien en a traité avec peu de clarté, et était dépourvu de connaissances positives touchant les choses de la guerre. — Le *Dictionnaire de la Conversation* (au mot *Armes*) a mis au jour quelques données sur le même sujet.

MILICE piémontaise (F). Sorte de Milice improprement dénommée aussi milice sarde ou de Sardaigne. — Nous ne saurions nous occuper avec détails de cette armée qu'à partir de l'époque où le grand-duché de Savoie s'est transformé en royaume. — Dans un pays privé de droit commun, dépourvu d'une législation civile, et où, de nos jours encore, certaines provinces usaient d'un code particulier, ou suivaient de simples coutumes locales, l'organisation de l'armée pouvait-elle ne pas se ressentir de ces imperfections ? et, pourtant le mérite intrinsèque du soldat, la bravoure de l'indigène, l'intelligence de l'officier, ont tenu dans un rang honorable cette armée. Le poids qu'elle jetait dans la balance politique lui donnait une importance marquée vis-à-vis de deux puissances souvent rivales dont elle délimitait les frontières; Catinat et Eugène se disputaient autant son alliance que ses champs de bataille ; Bonaparte, comme le témoignent ses Mémoires, la regardait comme incomparablement la première entre toutes les milices italiennes. — Par un résultat de sa position, elle a été travaillée par de continuelles variations, suivant que son monarque s'est regardé comme vassal de l'Autriche, comme souverain italien, comme client du roi très-chrétien ; elle tenait une ligne bien différente suivant qu'elle était une annexe de la France ou la *geôlière des Alpes ;* elle s'est ressentie des temps où les Valois mettaient en quartier, à Turin, les terribles bandes noires, levaient dans les Alpes les fameuses bandes du Piémont, y attachaient des dragons dont le Piémont est la terre natale, subordonnaient le pays à un mestre de camp, à un lieutenant de roi, au colonel de delà les monts; elle se rappelle et la scission savoisienne, et la république subalpine, et les départements napoléoniens. — Il en est resté à l'armée une physionomie peu arrêtée, et le décousu du militaire italien à côté d'une certaine assurance et d'une tournure dégagée qui rappelle les modes et les manières de notre Occident; elle a gardé l'aristocratique hiérarchie des temps passés; elle a adopté l'économique formation des AUTRICHIENS; elle a imité le luxe des uniformes FRANÇAIS; elle a conservé la manie ruineuse des GARDES à la Napoléon; elle a acheté son MATÉRIEL des ANGLAIS. — Elle aurait pu cependant, en fait d'institutions, se suffire à elle-même; sa littérature militaire le prouve. A cet égard, le PIÉMONT ne s'est montré inférieur à aucun autre peuple: PICTET en a été le GUIBERT; BOUSSANELLE, le BOHAN et le Melfort; SILVA, le MAIZEROY; DULACQ, le GRIBEAUVAL. — Quelques renseignements plus étendus pourraient être puisés dans GUICHARDIN, MIRABEAU (1788, p. 120), PICTET (1761, F), M. le général OUDINOT (1834), SALUCES, SILVA, le *Bulletin des Sciences militaires* (1830, p. 297 et 361), le *Journal des Sciences militaires* (1834, p. 157, 165 et 273), le *Bulletin de la Société de statistique* (1831, p. 89), le *Spectateur militaire* (t. XVI, p. 705), le *Journal de l'Infanterie et de la Cavalerie* (t. I, p. 257), l'*Annuaire des armées de terre* (p. 285). — Nous entrerons dans quelques développements que le sujet exige, en en parcourant les questions de COMPOSITION, FORCE, UNIFORME, ALLOCATIONS, INSTRUCTION, TACTIQUE, PUNITIONS, PEINES, SERVICE, ADMINISTRATION. — N° 1. COMPOSITION. — La COMPOSITION de la Milice piémontaise demande à être considérée sous trois caractères : ce qu'elle était avant la réunion du PIÉMONT à la France, ce qu'elle était sous le régime français, ce qu'elle est redevenue par l'émancipation de 1814. — En dépit du CONCILE DE TRENTE, ses AUMÔNIERS pouvaient procéder aux CÉLÉBRATIONS DE MARIAGES. — Elle a tiré un utile parti des CHIENS DE GUERRE; elle a dressé, une des premières, des ARQUEBUSIERS A CHEVAL analogues aux DRAGONS FRANÇAIS; elle avait, à la manière ESPAGNOLE, des CAPITAINES GÉNÉRAUX; elle avait, à la manière AUTRICHIENNE, des CAPORAUX de CAVALERIE; il s'y voyait encore, en imitation des vieux usages de FRANCE, un GRAND MAITRE DE L'ARTILLERIE, et dans chaque BRIGADE un SERGENT-PRÉVÔT et quatre ARCHERS DE POLICE. — Mais, de 1830 à 1834, il s'y était introduit de notables changements en fait d'organisation, de comptabilité, de personnel et de matériel. — Jusque-là, sa constitution primitive s'était maintenue, sauf les faibles modifications que la force des choses avait imposées, sous quelques règnes, à un gouvernement qui visait à l'immobilité. — Une Milice dans laquelle on ne pouvait être OFFICIER, si l'on ne faisait

preuve de QUARTIERS de NOBLESSE du côté du père et de la mère, était distante de plus d'un siècle de toutes les Milices de l'EUROPE; elle en était éloignée de plus que l'épaisseur des Alpes. — Elle comprend l'ÉTAT-MAJOR général, l'ÉTAT-MAJOR de places, le corps d'ÉTAT-MAJOR. Le premier est de huit LIEUTENANTS GÉNÉRAUX et de vingt et un GÉNÉRAUX MAJORS, grade qui répond à celui de MARÉCHAL DE CAMP. Le corps spécial d'ÉTAT-MAJOR comprend un QUARTIER-MAITRE GÉNÉRAL, des ADJUDANTS GÉNÉRAUX et vingt-sept OFFICIERS de divers grades; ils sont chargés des travaux de TOPOGRAPHIE et de délimitation; ils avisent ou aviseraient à la levée et à la répartition des CONTRIBUTIONS de guerre ainsi qu'au partage du BUTIN. Le total des trois catégories d'ÉTAT-MAJOR est de cent quatre-vingt-dix-huit OFFICIERS. — L'AUDITORAT, ou corps judiciaire institué à l'allemande, est de vingt-trois membres, sous un régent; ils s'appelaient AUDITEURS, avocat fiscal, substitut et greffiers. — Le COMMISSARIAT, dirigé par deux INTENDANTS, se compose de neuf ordonnateurs, vingt-quatre COMMISSAIRES, cinquante SOUS-COMMISSAIRES. — La Milice piémontaise comprenait une GARDE royale à pied, une MAISON militaire à pied, et des GARDES DU CORPS, supprimés en 1834, une espèce de maréchaussée, des troupes de ligne, un corps administratif, des CORPS DE PUNITIONS, une RÉSERVE comparable aux LANDWEHRS d'ALLEMAGNE, un HOTEL D'INVALIDES. — Les TROUPES de ligne se divisent en INFANTERIE, CAVALERIE, ARTILLERIE et GÉNIE; l'ENROLEMENT LIBRE et la CONSCRIPTION alimentent l'ARMÉE. L'AGE des ENGAGEMENTS est de dix-huit à trente ans; la durée du SERVICE, d'abord de douze ans, a ensuite été fixée à huit ans; les deux premières années obligent à un SERVICE suivi; les deux dernières permettent un SERVICE en congé. Le contingent des LEVÉES FORCÉES est annuellement de douze mille hommes; il en était ainsi en 1832. — Les MILICES PROVINCIALES, formées par le TIRAGE AU SORT des hommes de vingt à trente-deux ans, alimentaient le contingent; ceux qui n'en faisaient pas partie restaient enrôlés douze ans. — La haute estime que l'INFANTERIE piémontaise s'est acquise s'explique d'elle-même. — Le PIÉMONT est un des pays d'EUROPE le plus propres à ce genre d'ARME. Tous les paysans et les montagnards y manient le fusil; des PRIX DE CIBLE sont institués dans tous les villages; la chasse, si difficile, si périlleuse de la grande bête, y est permise à tous, et forme des tireurs robustes et habiles. Les PIÉMONTAIS sont en général rompus à la fatigue, bien faits et bons marcheurs; ils ont été de tout temps belliqueux; ils rappellent ces fameux GÉSATES des mêmes contrées qui louaient, dans l'antiquité, leur épée, leur GÈZE aux nations les plus éloignées. — L'INFANTERIE piémontaise s'est ordonnée, suivant les temps, ou en RÉGIMENTS à deux BATAILLONS, deux RÉGIMENTS formant BRIGADE, ou en RÉGIMENTS nommés BRIGADES; les BATAILLONS ont été de sept cents hommes, GRENADIERS y compris, ou de mille hommes. — Ses PORTE-ENSEIGNES s'appellent encore CORNETTES comme au MOYEN AGE. — A l'instar des blâmables coutumes d'AUTRICHE et d'ANGLETERRE, il n'y était pas attaché de chefs de bataillon; le LIEUTENANT-COLONEL en commandait un, le MAJOR commandait l'autre; l'un de ces officiers, en temps de paix, était alternativement en congé. — Les RÉGIMENTS de CAVALERIE étaient de six cents hommes en trois DIVISIONS et six ESCADRONS. Il n'y était pas reconnu de chefs d'escadron. — En 1814, le royaume de SARDAIGNE mit sur pied deux RÉGIMENTS de GRENADIERS à pied, douze RÉGIMENTS d'INFANTERIE de ligne à quatre BATAILLONS, chacun de mille hommes, six BATAILLONS de CHASSEURS, une CAVALERIE et une ARTILLERIE proportionnées. — Les BAS OFFICIERS, les AUMONIERS, les FOURRIERS-MAJORS (ou sergents-majors), les fraters, les CADETS furent rétablis. La NOBLESSE seule fut appelée à la possession des GRADES; l'ancien régime replâtra sa décrépitude. — Un hôtel des INVALIDES a été institué, en 1817 (4 septembre), à l'instar de celui de la France; mais l'état-major de cet établissement y est sans faste ni sinécures. — En 1820, la fraction de l'ARMÉE qui a pris parti pour la constitution a été licenciée; les RÉGIMENTS qui, par circonstances, se sont déclarés pour un autre parti ont été maintenus : de là un système nouveau de COMPOSITION. — Depuis cette époque, l'ARMÉE était de quarante-deux BATAILLONS d'INFANTERIE, dont une BRIGADE de GRENADIERS de la garde, dix-huit ESCADRONS de DRAGONS de ligne, seize de CHEVAU-LÉGERS de ligne, un RÉGIMENT de CAVALERIE de la GARDE, un RÉGIMENT d'ARTILLERIE et des CARABINIERS ROYAUX comme maréchaussée. — En 1838, une COMPAGNIE de CHASSEURS à pied armés de CARABINES DELVIGNE était mise sur pied. — En vertu du règlement de 1825 (25 avril), le QUARTIER-MAITRE de chaque CORPS est un financier non militaire portant uniforme; il est le receveur des fonds, dont un OFFICIER PAYEUR est le répartiteur sous la direction du MAJOR. — Une ordonnance de 1825 (19 août) formait l'infanterie de ligne en neuf RÉGIMENTS de bataille, six BATAILLONS de chasseurs et deux BATAILLONS de garnison. — Les RÉGIMENTS étaient

en temps de paix de deux bataillons, en temps de guerre de quatre, et prenaient alors le nom de BRIGADES. — Chaque BATAILLON avait sept COMPAGNIES, dont une de GRENADIERS. — L'ensemble de l'infanterie de ligne était évalué sur pied de paix à 18,106 hommes. — A cette même époque, la cavalerie était de quatre régiments, non compris les carabiniers royaux. Ces régiments consistaient en un régiment de cavalerie de bataille, un de dragons, deux de chevau-légers; chacun d'eux comprenait huit escadrons et quatre divisions; ils n'étaient pas susceptibles d'être dédoublés comme l'infanterie; leur effectif général était de 5,528 hommes. — Les carabiniers royaux, espèce de maréchaussée, se partagent en huit divisions, subdivisées par brigades à pied et à cheval; une des divisions est en Sardaigne. — L'ordonnance de 1823 (5 janvier) réorganisait l'artillerie; elle formait quatre bataillons et un d'artillerie légère; elle était sous les ordres d'un grand maître; elle se dédoublait, en TEMPS DE GUERRE, pour former régiment ou brigade de quatre bataillons; son effectif sur pied de paix est de 2,574 hommes. — Le personnel de l'administration comprenait, en 1834, 198 personnages, savoir, un intendant général, des vice-intendants, des commissaires des guerres, des sous-commissaires, etc. — Des COMMISSAIRES DES GUERRES sont les surveillants de l'administration. Chaque MAJOR GÉNÉRAL a deux AIDES DE CAMP et un lieutenant d'ordonnance. — La MAISON comprenait des gardes suisses. — Les simples GARDES du corps avaient le titre de CADETS; ils étaient tirés des classes aisées, et devaient, pour être admissibles, jouir d'une pension de trois cents francs. — Les mêmes abus, le même luxe qu'en FRANCE régnaient en PIÉMONT; les OFFICIERS des GARDES y avaient grade supérieur, les GÉNÉRAUX y surabondaient. — En 1831, le pays était partagé en cinq DIVISIONS militaires; des GÉNÉRAUX DE DIVISION les commandaient. La population du pays est de 4,300,000 âmes. — L'ordre de l'Annonciade, ou de Sainte-Annonciade, dont l'origine remonte à 1351, est, en quelques cas, une récompense militaire; mais il n'y a en PIÉMONT qu'un ordre de chevalerie militaire, c'est l'ORDRE royal et militaire de SAVOIE, institué en 1815 (4 août) par Charles-Albert, pour récompenser les belles actions et dédommager les militaires PIÉMONTAIS qui avaient été décorés de l'étoile de la Légion ou de la Couronne de fer. — Cet ORDRE était peu prodigué, mais celui des saints Maurice et Lazare, qui date de 1572 et qui est civil et militaire, était donné largement. — Une médaille d'or et une médaille d'argent, comportant haute paye, ont été instituées, comme marque d'honneur, en 1833; un ruban bleu suspend ces décorations, comme le témoigne le *Spectateur militaire* (t. xvi, p. 455). — N° 2. Force. — Au milieu du siècle dernier, l'armée était de 20 à 22,000 hommes qui se doublaient en temps de guerre; elle comprenait en outre 6,000 hommes de troupes irrégulières. — Elle était en 1790 de 56,192 hommes, y compris les milices provinciales, composées de 9,000 hommes. — Avant la conquête de l'Italie, en 1796, le royaume de Sardaigne, dont la population était de 5,000,000 d'habitants, entretenait, sur pied de paix, 25,000 hommes qui pouvaient être portés au double en temps de guerre, au moyen des milices provinciales. — Pendant toute la guerre de la révolution, la Sardaigne fut constituée trop précairement pour qu'on puisse rechercher quelles forces elle pouvait fournir. — En 1814, au mépris des promesses faites par lord Bentinck aux Génois, l'Angleterre donne en cadeau le peuple ligurien au peuple sarde; cet accroissement de territoire donna lieu à un grand accroissement des forces militaires. — L'armée organisée en 1814, y compris les vétérans et les invalides, ne s'éleva pas à moins de 70,000 hommes, nombre démesuré, mais exigé par l'Autriche; cette surcharge imposée au pays prouvait quelle crainte inspirait encore la France, toute abattue qu'elle fût. — Une statistique des forces européennes, insérée dans le *Spectateur militaire* (juin 1817), porte son effectif, l'île de Sardaigne y comprise, à 24,000 hommes en temps de paix et 70,000 en temps de guerre. — Le *Bulletin des Sciences militaires* (mai 1830, p. 361) témoigne que son armée active est d'environ 51,000 hommes sur pied de paix, et de 62,000 hommes sur pied de guerre, les milices provinciales non comprises. — A la mort de Charles-Félix, en 1831, la population était évaluée à 4,400,000 âmes, et la force de l'armée à 75,000 hommes sur pied de guerre. — On a affirmé cependant à la tribune française, en 1831 (25 octobre), que le maximum de l'armée de guerre du Piémont n'excéderait pas 55,000 hommes. — M. Sicard (1830) en évalue la force, sur pied de paix, à 29,600, sur pied de guerre, à 59,149 hommes. — Suivant l'organisation de 1834, le pied de guerre devait être porté à 60,000 hommes, s'il en faut croire le *Journal de l'Infanterie*, etc. (t. i, p. 237). — Comparées à ce qu'elles étaient, les forces sardes ont décru considérablement, parce

que le Piémont, autrefois hérissé de places de guerre, n'est plus couvert du côté de l'Autriche, et est accessible du côté de la France. Il n'a plus que dix forteresses : Alexandrie, Exiles, Fénestrelles, Gavi, Gènes, l'Esseillon, Nice, Savone, San-Remo, Turin. — Gênes exigerait à elle seule 40,000 hommes pour sa défense. — En 1836, la surface du Piémont et de la Sardaigne était évaluée à 228,000 milles carrés; la population à 4,300,000 âmes; le revenu à 65,000,000. — N° 3. Uniforme. — Jusqu'en 1798, la maison militaire avait conservé la hallebarde. — Le drapeau est blanc, relevé d'une croix rouge. — Toutes les armes ont le fond de l'uniforme bleu; leur coupe diffère, ainsi que les parements, revers et doublure. — L'habit de l'infanterie de ligne est boutonné droit; elle a le casque en cuivre à la Minerve, le pantalon large, la demi-guêtre en toile blanche; une capote beige, une veste à manches de drap blanc. — Les grades sont distingués par l'épaulette, les adjudants-majors ont la poche galonnée en or. — Les sous-officiers (bas officiers) y portent le galon sur la manche. — L'habillement des officiers respire un luxe excessif. — Les officiers généraux ont des broderies en argent; l'état-major des galons d'or. — *Quoique les uniformes soient riches*, dit le *Bulletin des Sciences militaires* (1830, p. 364), *la tenue laisse beaucoup à désirer. L'armée n'a rien de l'uniformité des Autrichiens, ni de la propreté des Français.* — A dater de 1832, l'infanterie sarde devait être habillée à la manière de celle de France, disaient quelques journaux; d'autres, au contraire, tels que le *Constitutionnel* (1833 [25 mai]), attribuaient en partie l'agitation qui se manifestait dans l'armée, au mécontentement qu'elle éprouvait de l'adoption de l'uniforme autrichien et de l'abolition des épaulettes de certains grades, *le roi affectant de se montrer au public sans épaulettes.* — Le fusil d'infanterie est moins long que celui de la milice française, mais la baïonnette l'est davantage : c'est le système anglais. — L'armement a la même durée qu'en France. — Le Piémont a acheté de l'Angleterre, depuis 1815, son matériel de batteries légères. En 1837, il empruntait aux Français la carabine Delvigne. — Des espingardes, ou fusils de rempart, ainsi que des fusées de guerre, sont comprises dans son artillerie de montagnes; elle est portée à dos de mulets. — Ses fusées sont ou incendiaires ou chargées d'un obus de quatre, de huit ou de seize livres piémontaises. Les fusées le plus en usage pèsent de un à trois kilogrammes. — N° 4. Allocations. — Les hommes de troupe de la garde ont un sixième de solde en sus; les officiers, un quart en sus. — Le soldat de ligne touche environ trente-cinq centimes, dont dix de poche. — Les premières mises, l'habillement, le chauffage de compagnies, sont l'objet de masses d'abonnement. — Une masse d'économie pourvoit aux grandes réparations d'habillement. — La pension de retraite répond à peu près au quantum et aux conditions des retraites de France. — N° 5. Instruction. — Ce que nous avons dit de la littérature militaire du Piémont explique comment ce royaume avait un règlement de police, longtemps avant qu'il n'en fût donné un à l'armée française; ce document date du règne de Victor-Amédée : il a été imprimé, en 1717, à Turin, in-4°. Les notions élémentaires sur l'artillerie ont été introduites, vers le milieu du dernier siècle, par le savant Dulacq. La tactique et la cavalerie ont eu d'habiles instituteurs dans Pictet et dans Boussanelle. Les Saluces, les Solar ont laissé de remarquables ouvrages. — Mais l'esprit militaire s'est engourdi; le goût des études ne s'est pas soutenu, la littérature des armes a cessé d'être en honneur; le dernier tribut qui leur ait été payé, on le doit à l'académicien Grassi (1817, II ; 1821, K), savant dont la profession est étrangère aux armes. — Parmi les officiers, dit le *Bulletin des Sciences militaires* (1830, p. 567), on voit *peu d'hommes instruits et studieux, tandis que la foule encombre les cafés et les églises, et y cherche à y tuer l'ennui de son désœuvrement.* — Suivant d'autres renseignements, les officiers, surtout ceux d'état-major, ne manquent ni de capacité ni de savoir. — L'avénement de Charles-Albert fait espérer des modifications à l'ancien ordre des choses ; en 1831, l'instruction de l'infanterie commence à être entièrement ordonnée à la française. — N° 6. Tactique. — Le règlement sur les manœuvres de l'infanterie est la traduction du règlement français de 1791. Il a paru en 1816 sous le titre *Regolamento per l'escercizio dell' infanteria piemontese.* Il a été corrigé et complété en 1818 ; une partie de son contenu est consacrée à l'exercice des bataillons de chasseurs qui y font fonctions de tirailleurs; cette partie est empruntée à la milice autrichienne. — Depuis l'invention de la carabine Delvigne, une compagnie de chasseurs a pied avait été dressée au tir de cette arme. — N° 7. Punitions, peines. — A l'égard des fautes légères, la discipline diffère tant soit peu de la nôtre ; on y connaît la prison avec les fers

courts, longs, croisés, *ferri corti, ferri longhi, ferri incrociati;* tout homme au cachot est condamné au pain et a l'eau. — Les officiers sont punis, soit de réprimandes, *rimproveri,* ou privées, ou publiques, soit d'arrêts de divers genres. — Les corps de discipline s'appellent en Piémont corps francs, ou chasseurs francs. Là sont envoyés, sur la demande du colonel, les sujets jugés incorrigibles ; les punitions y sont extra-légales; les coups de baton y sont le châtiment des fautes. — Les délits et crimes sont justiciables ou de conseils mixtes où siégent des sénateurs, ou de conseils de guerre, soit régimentaires, soit divisionnaires ; mais, après examen d'un conseil d'équité, les crimes qui affectent la morale générale sont répressibles des conseils mixtes. Les crimes purement militaires le sont des conseils de guerre. — Les hommes de troupes sont sous la juridiction des conseils régimentaires ; les officiers, sous celle des conseils divisionnaires. — Des conseils prévotaux, nommés *subitanei,* prononcent en temps de guerre. — Un auditeur de guerre est le rapporteur et le commissaire du roi attaché à chacun de ces conseils. — Les jugements sont sans appel ni révision; le seul recours en grace, sollicité par le rapporteur, y peut apporter modification. — Le code pénal de 1812 (27 août) règle la forme et la mesure des moyens répressifs. — Les exécutions a mort sont de plusieurs genres: la mort simple par le feu des camarades, et reçue, suivant le jugement, soit par devant, soit par derrière; ou la mort ignominieuse qui comporte dégradations, brûlement de vêtements et amende honorable au drapeau avant d'être passé par les armes. — N° 8. Service. — La Milice piémontaise avait reçu, en 1814, un règlement sur le service de l'infanterie: *Regolamento dei doveri della infanteria piemontese.* — En 1815, elle en avait reçu un propre à la cavalerie : *Regolamento internale dei doveri degli uffiziali, bassi uffiziali, é soldati, é sulla disciplina , servizio interno del quartiere, per le truppe di cavalleria.* — Cette Milice a la première donné l'exemple, en 1822 (15 janvier), d'une armée dont les diverses garnisons prêtent entre les mains de leurs évêques respectifs le serment militaire; comme si le Dieu de paix et le dieu Mars avaient quelque chose de commun. Le gouvernement jugeant ce serment trop peu individuel , il le fait répéter par chaque corps dans les derniers jours de janvier. Cette cérémonie a lieu en une église particulière et entre les mains des desservants de la paroisse. — Ces précautions, si elles eussent été prises plus tôt, eussent-elles empêché que, en 1820, une partie de l'armée ne fût rebelle par hasard quand le reste était fidèle par hasard? car tel a été le caractère du mouvement de cette époque : c'était un jeu de dés. — Le service intérieur a été l'objet du règlement de 1822 (7 septembre): il est calqué sur celui de FRANCE. Mais le soldat piémontais est de plus dans l'obligation, et c'est une affaire de service, de faire le soir et le matin la prière de l'angelus. — De minutieuses mesures adoptées relativement à la préséance des CORPS entre eux seraient ici un détail sans intérêt : on en trouve la description dans le *Bulletin des Sciences militaires* (1830, p. 157). — Nous aimons à croire qu'au temps où ce que nous écrivons sera en lecture, un usage, que déjà, en 1788, MIRABEAU appelait barbare, ne sera plus toléré par les règlements de police; nous voulons parler du droit que tout OFFICIER PIÉMONTAIS a de s'introduire en toute réunion particulière où l'on danse, en toute maison bourgeoise où il y a cercle et fête; aussi les habitants de Chambéry, qui se souvenaient d'avoir, naguère, été Français, et d'avoir pu rire et danser sans contrôle et sans convives officiels, s'étaient-ils interdit la satisfaction, depuis 1815, d'avoir maison ouverte. — N° 9. ADMINISTRATION. — L'administration intérieure des CORPS était assez bien entendue en général; elle était, en quelques parties, plus simple que celle de FRANCE; elle s'est compliquée depuis le règlement de 1822 (25 avril); il a institué un CONSEIL d'ADMINISTRATION, un CAPITAINE d'HABILLEMENT, un OFFICIER D'ARMEMENT. — Il y a deux CAISSES à argent : l'une à trois CLEFS; elle est comparable à celle des RÉGIMENTS français; l'autre à deux CLEFS pour les dépenses courantes; elle est alimentée par quinzaine par la CAISSE A TROIS CLEFS; le MAJOR est dépositaire d'une des deux CLEFS; l'autre est aux mains de l'OFFICIER PAYEUR. — Une MASSE DE PETIT ÉQUIPEMENT répond des FOURNITURES analogues; le DÉCOMPTE et les LIVRETS individuels sont à l'instar de ceux des troupes françaises. — La SOLDE d'OFFICIER subit une RETENUE d'un dixième pour frais d'UNIFORME; il est fait un décompte trimestriel de cette MASSE.

MILICE POLONAISE (F). Sorte de MILICE qui, dans les vicissitudes politiques, a joué un rôle des plus brillants, soit qu'on la suive sous l'AIGLE blanche de ses anciens rois, sous SOBIESKI à VIENNE, sous KOSCIUSKO à PRAGA, sous BONAPARTE en ITALIE, sous LECLERC à SAINT-DOMINGUE, dans l'armée de RUSSIE en 1806, dans l'ESPAGNE en 1809, enfin dans les graves événements de 1830.

Laissons aux historiens le soin de développer ce grand drame et sa péripétie; bornons-nous à dire qu'en 1838 l'ORDRE DE L'AIGLE BLANC et celui de SAINT-STANISLAS étaient devenus des DÉCORATIONS RUSSES, et que la POLOGNE recrutait l'ARMÉE de RUSSIE. — Des notions sur ce sujet et quelques détails sur l'ADMINISTRATION, les désastres, la dissolution de cette Milice se trouvent dans les écrits de M. BEHM, DANZIGER, SCHODZKO, SOLTIK, le *Spectateur militaire* (t. XVIII, p. 81), l'*Armée* (Journal, 1837, p. 29), le *Journal des travaux de la statistique française*, 1837 (t. VIII, p. 256). — Contentons-nous de quelques recherches techniques qui embrasseront : CRÉATION, COMPOSITION, FORCE, UNIFORME, LOGEMENT, ALLOCATIONS, INSTRUCTION, PUNITIONS, PEINES, ADMINISTRATION. — N° 1. CRÉATION, COMPOSITION. — La Milice polonaise est sans doute aussi ancienne que le renom des POLONAIS; mais si ce qu'on appelle Milice est un ensemble de CADRES permanents, une proportion bien combinée d'INFANTERIE, de CAVALERIE, d'ARMES auxiliaires, une AGRÉGATION d'hommes en uniforme, cette Milice est toute moderne. — Elle ne comprenait, jusqu'à la fin du dernier siècle, que de la CAVALERIE; elle avait pour grand GÉNÉRAL ou pour colonel général un HETMAN, un GRAND RÉGIMENTAIRE; elle se formait à la manière féodale, c'est-à-dire qu'un rang de gentilshommes lanciers ou *towareys* avait pour second rang des roturiers armés de sabres; une ROSPOLITE l'alimentait : c'était en SOLDATS une LEVÉE en MASSE; c'était un BAN tumultuaire de NOBLES à cheval ou de PAYSANS, dont le SERVICE n'était obligatoire que pour six semaines. — Avant Vladislas sept, qui régnait dans la première moitié du dix-septième siècle, et pendant qu'il occupa le trône, les ARMÉES POLONAISES eurent un grand éclat : la mort de ce prince fut le présage d'un avenir moins brillant. — Les catastrophes qui, depuis cette époque, désolèrent ou démembrèrent le royaume, comprimèrent l'esprit militaire plutôt qu'elles ne l'éteignirent; le trône des Jagellon et des SOBIESKI resta privé de l'appui d'une armée et bien faiblement appuyé sur les FIEFS nommés STAROSTIES que gouvernaient les STAROSTES, seigneurs divisés entre eux. — L'INFANTERIE polonaise est née de la révolution de 1790; vaincue malgré les efforts de Kosciusko, cette TROUPE préféra les hasards et les dégoûts de l'émigration à la honte de l'asservissement. — Etonnante nation que celle où un UNIFORME suffisait pour métamorphoser un SERF en un SOLDAT dur, sobre, obéissant, brave, infatigable et toujours patriote : tel est le POLONAIS. Si le destin n'avait pas courbé ce peuple sous la verge d'une FÉODALITÉ trop tardivement prolongée, si son gouvernement eût été monarchique au lieu d'être anarchique, son ARMÉE eût été sans seconde. — L'année 1795 marqua la dissolution du royaume. La POLOGNE alors était en FRANCE et en ITALIE. — Quand Varsovie fut érigée sous forme de grand-duché en 1807, le besoin d'une ARMÉE permanente cessa d'être une question ; l'assiette et la répartition régulière des impôts en devint le moyen. — L'année 1809 vit s'agrandir la POLOGNE par l'adjonction de la Valachie autrichienne. — Cet aperçu, qu'on jugerait peut-être étranger à notre sujet, pouvait seul donner une image de la composition des TROUPES polonaises, ou plutôt servir à expliquer pourquoi nous avons si peu à dire des anciennes formes d'organisation et comment il se fait pourtant que les HULLANS polonais, leurs ARMES, leur COSTUME soient devenus communs à toute l'EUROPE. On commença par tourner en dérision les HULLANS d'AUTRICHE, on finit par ne pouvoir se passer de LANCIERS à l'instar des Polonais ; ceux que BONAPARTE mit sur pied devinrent type modèle dans toutes les ARMÉES. — Le congrès de VIENNE reconstitua, nominalement du moins, le royaume de POLOGNE ; ALEXANDRE PREMIER lui redonna une ARMÉE que les ukases appelèrent nationale, mais dont il déféra à son frère le haut commandement. — Depuis 1814, la CONSCRIPTION en masse était organisée en POLOGNE. L'armée POLONAISE formait treize RÉGIMENTS d'INFANTERIE à deux BATAILLONS, chacun de quatre COMPAGNIES de deux cents hommes l'une ; un RÉGIMENT était attaché à la GARDE ; les douze RÉGIMENTS de ligne se distinguaient en huit de bataille et quatre de CHASSEURS. Dans chaque COMPAGNIE, vingt hommes étaient armés de FUSÉES DE GUERRE nommées FUSÉES DE TIRAILLEURS. — La CAVALERIE était de neuf RÉGIMENTS dont un de la garde, tous à quatre ESCADRONS ; les RÉGIMENTS de ligne se divisaient en quatre de LANCIERS et quatre de CHASSEURS. — L'ARTILLERIE comprenait onze COMPAGNIES dont une de la GARDE ; dans la ligne, six COMPAGNIES étaient ARTILLERIE à pied, deux étaient ARTILLERIE de garnison, trois étaient ARTILLERIE à cheval. — Il y avait en outre un corps de RAQUETIERS, une COMPAGNIE d'OUVRIERS, un BATAILLON de SAPEURS, un CORPS de GENDARMERIE, un du GÉNIE et d'ÉTAT-MAJOR, et les COMPAGNIES de VÉTÉRANS ou INVALIDES. — Les RÉGIMENTS étaient ordonnés deux à deux en BRIGADES, et les BRIGADES deux à deux en DIVISIONS, d'une manière permanente ; les GÉNÉRAUX commandants étaient à la fois les INSPECTEURS de leur TROUPE. — L'ARMÉE était

partagée en deux DIVISIONS d'INFANTERIE de trois BRIGADES chacune, et en une DIVISION de CAVALERIE de deux BRIGADES. — Les CHEVAUX de l'ARTILLERIE et du TRAIN y étaient au complet. Cette ARMÉE était une de celles qui le plus promptement pouvait entrer en campagne au premier ordre. — Il était compris des POLONAIS dans les COLONISATIONS russes. — Le culte était desservi par un ARCHIDIACRE sous lequel exerçaient vingt-deux PRÊTRES. — Telle était encore l'organisation en 1828. — En 1831, à cette époque où la *marche de Chlopicki* était la MARSEILLAISE des POLONAIS, des CORPS de FAUCHEURS à pied se nommaient KOSSINIERS ; des LANCIERS ou faucheurs à cheval se nommaient CRAKOUSES ou KRAKOUSES, comme on eût dit cavaliers de Cracovie. — Nº 2. FORCE. — L'ARMÉE de POLOGNE a originairement compris des COSAQUES ; les premiers qui aient été civilisés le furent par la POLOGNE. — Avant les troubles qui l'ont déchirée dans les derniers siècles, avant les démembrements qu'elle a subis, la POLOGNE, si l'on s'en rapporte à quelques ÉCRIVAINS, pouvait mettre sur pied jusqu'à 140 ou 150,000 hommes ; des SEIGNEURS FIEFFÉS et des NOBLES en étaient les officiers, des SERFS en étaient les SOLDATS. — MONTÉCUCULI (1704, D) regardait la Pologne comme en état de lever presque subitement 100,000 HOMMES DE CHEVAL. — Mais, dépourvue d'INFANTERIE, parce que la FÉODALITÉ n'en comporte pas, mais agitée par les tourmentes d'un gouvernement anarchique, elle resta désarmée seule, à l'époque où s'instituèrent partout les armées permanentes. Cette absence d'un état militaire fut la plaie originelle ; des publicistes ne sont pas éloignés de croire que si cette nation eût eu de l'INFANTERIE, elle n'aurait pas subi l'humiliation du partage ; il fut le châtiment cruel de la turbulence et de l'indiscipline d'une noblesse aveugle. — Avant que ce partage se consommât, la population était de plus de 16,000,000 d'âmes ; en 1774, elle ne s'élevait plus qu'à 9,000,000. Le reste avait changé de maîtres. — La diète de 1775 avait proportionné l'effectif de l'armée au nombre d'âmes ; la diète de 1788 avait élevé à 100,000 hommes le complet des troupes. — En 1790, 45,000 Polonais luttent seuls contre les Russes. — En 1792, l'ARMÉE permanente était de 17,000 hommes. — En 1794, l'effectif était à peu près pareil et comprenait 8,000 hommes de CAVALERIE. — En 1807, l'ARMÉE était évaluée à 30,000 hommes. — En 1812, il y avait, outre ce nombre, 50,000 POLONAIS qui suivaient les drapeaux français dans la campagne de RUSSIE. — Depuis les traités de la sainte alliance, le pied de paix était évalué à 55,000 hommes. — En outre des FORTIFICATIONS de Praga qui étaient le boulevard de Varsovie, ses forces inertes consistaient en deux forteresses qui défendaient la Vistule : c'étaient Modhin et Zamosc. — En comptant en total l'ARMÉE POLONAISE, celle de Lithuanie et la réserve russe, la POLOGNE et la Lithuanie étaient occupées par 82,000 hommes partagés en 79 BATAILLONS et 72 ESCADRONS ; une ARTILLERIE de 256 pièces y était attachée. — En 1828, la population était évaluée à 4,088,000 habitants. — Quand l'insurrection éclata en 1850 (29 novembre), la force se montait sur papier à 56,000 hommes, et sous les armes elle était à peine de 27 ou de 50,000 et 7,220 chevaux, si l'on en croit le *Spectateur militaire* (t. XV, p. 547). L'ARMÉE n'avait ni fonderies, ni poudrières, et pourtant la nation osa engager la lutte avec le géant du Nord et porta bientôt son effectif à 70,000 hommes — N° 3. UNIFORME. — MAURICE DE SAXE (1757, A) a francisé le mot POLONAIS POUNCHOUC, qui était autrefois une sorte de PENNON DE GÉNÉRAL. — S'il en faut croire l'ENCYCLOPÉDIE (1785, C), les Polonais portaient autrefois des PLASTRONS confectionnés de manière à pouvoir, au besoin, devenir le cuilleron d'une BÊCHE. — SOBIESKI avait dans son ARMÉE des cavaliers à CUIRASSE AILÉE : c'étaient les PANSERNES, GARDES DU CORPS ARMÉS DE TOUTES PIÈCES. — La Milice de POLOGNE a été une des dernières à prendre l'uniforme et à quitter l'ARMURE défensive et la LANCE de CHEVALIER ; elle avait encore, dans le siècle passé, des GENS D'ARMES, des CATAPHRACTAIRES ; ses hommes d'INFANTERIE, qui n'avaient pas encore endossé l'uniforme avant que le général de l'armée d'Italie les en revêtît, ont donné depuis 1850 à l'Europe l'HABIT nommé KURTKA, espèce de caraco à deux RETROUSSIS plaqués, et la coiffure SCZAPKA ; ses CRAKOUSES ont donné à la France un hanarchement à la polonaise. — De ses anciens usages la POLOGNE avait conservé un DRAPEAU national, un drapeau d'armée. — De 1815 à 1850, les MUNITIONS de l'INFANTERIE étaient portées dans des CHARIOTS DE CAMPAGNE à deux roues ; chaque BATAILLON en était pourvu ainsi que de tous ses APPROVISIONNEMENTS DE CAMPAGNE. — N° 4. LOCALISATIONS, ALLOCATIONS. — En aucune Milice le casernement n'a atteint la perfection où il est arrivé en POLOGNE et en RUSSIE. Les CASERNES de Varsovie et leurs SALLES D'EXERCICE peuvent être citées pour modèles. — Une CASERNE D'INFANTERIE contient trois RÉGIMENTS ; les toits en sont plats et couverts en zinc. Chaque CORPS occupe un bâtiment oblong et en ligne droite ; la totalité du terrain est enfermée par un mur d'enceinte. Les cours sont plantées d'arbres. — Les dortoirs sont vastes et élevés ; les lits sont en fer et pour deux hommes ; les chambres sont chauffées dans l'hiver par des poêles. Un coffre, fermant à cadenas et peint à l'huile, est mis à la disposition de chaque SOUS-OFFICIER et SOLDAT et placé sous son lit. — Un corps d'armoire à plusieurs faces et à plusieurs étages occupe le milieu de la chambre ; chaque rangée de planches y est consacrée à une certaine nature d'effets d'uniforme ; ils y sont régulièrement placés et ployés. — Le SOLDAT ne mange de la VIANDE que trois fois par semaine ; il a journellement deux livres de PAIN et une RATION D'EAU-DE-VIE. Sa nourriture habituelle est une SOUPE médiocre et du lait. — N° 5. INSTRUCTION. — MONTÉCUCULI (1704, D) tenait en grande estime les règlements militaires qui étaient en usage de son temps en POLOGNE ; mais MONTÉCUCULI avait plutôt en vue les traditions ou les coutumes POLONAISES, et cette LEVÉE qu'on appelait la POSPOLITE, que des règles proprement dites ; car aucun document polonais qui ait caractère réglementaire ne nous est resté de ces époques. — La pospolite était une ARMÉE à cheval, comparable à l'ancien BAN ; elle se réunissait en vertu de la notification émanée du roi ou des universaux de la diète. Cette coutume perpétuée chez un peuple qui se privait ainsi d'une ARMÉE PERMANENTE, au milieu de forces ennemies constamment sur pied, a été la cause fatale de son affaiblissement, de son morcellement, de sa chute. — Les POLONAIS paraissent s'être des premiers servis de CHEVAUX DE FRISE. A leur exemple, les armées qui ont eu à combattre les TURCS ont adopté ce moyen de défense. — L'emploi des BOMBES tirées sans MORTIERS est aussi de leur invention. Ils leur donnaient pour réceptacle une cavité creusée dans le roc, ou une construction de maçonnerie analogue. — Après la paix de FONTAINEBLEAU ou de 1762, l'AUTRICHE et la RUSSIE, à l'envi de la PRUSSE, perfectionnèrent l'art et l'organisation militaire, et laissèrent dans une infériorité marquée la POLOGNE. Ce progrès des monarchies fut fatal à la république, parce que ces trois puissances restèrent en armes malgré cette paix, tinrent sur pied sept cent mille hommes, se décidèrent au premier démembrement de la POLOGNE et l'effectuèrent, en 1772, sans opposition possible et sans qu'aucune autre puissance pût réellement jeter un contre-poids dans la balance militaire de l'époque. — En 1790, les TROUPES polonaises, peu exercées, point aguerries, médiocrement commandées, n'en déploient pas moins contre les RUSSES une valeur brillante.—A la mort de l'empereur ALEXANDRE, en 1826, l'armée polonaise était arrivée à un degré d'habileté et de savoir tactique qui la laissait sans égale.—La NATATION y était poussée à une aussi grande perfection qu'en PRUSSE et y participait des mêmes méthodes. Si la localité le permettait, l'ÉCOLE DE NATATION attenait à la CASERNE, sinon elle était peu distante de la ville. — Le moderne PAS REDOUBLÉ DES TIRAILLEURS DE FRANCE a été imité de celui de POLOGNE. — En 1828, l'INFANTERIE et l'ARTILLERIE de Varsovie étalaient aux CAMPS de Polosk les merveilles de la DISCIPLINE et de l'apertise d'armes. Nous n'avons pu nous refuser à consacrer quelques lignes aux récits de ces méthodes de CASTRAMÉTATION. — En 1830, une école militaire avait été créée en faveur des orphelins des hommes de troupe polonais. — Les FUSÉES DE GUERRE étaient l'objet d'expériences savantes et suivies; il en était confectionné à l'usage des TIRAILLEURS. — N° 6. PUNITIONS, PEINES, ADMINISTRATION.—La justice militaire était représentée et administrée en POLOGNE, depuis 1814, par un AUDITEUR général, sept AUDITEURS divisionnaires, vingt-deux AUDITEURS régimentaires. — L'administration des VIVRES chez les anciens POLONAIS consistait, suivant ce qu'en rapporte l'ENCYCLOPÉDIE (1785, C), à conduire en campagne de légères charrettes dont les roues étaient faites d'un arbre courbé en rond. Des bœufs traînaient ces équipages chargés de BISCUIT: à mesure de la consommation, les charrettes servaient à faire cuire les bœufs qui les avaient traînées. — Chaque RÉGIMENT et chaque COMPAGNIE confectionnaient eux-mêmes tous les EFFETS dont ils se servaient; le gouvernement ne fournissait que les matières brutes; il n'y avait, pour ainsi dire, que les carreaux de vitres d'une caserne qui n'y fussent pas fabriqués par les SOLDATS. — Chaque COMPAGNIE avait sa boulangerie, ses divers ateliers, etc. — Chaque CASERNE avait son HOPITAL RÉGIMENTAIRE; il existait en outre un hôpital général.

MILICE PORTUGAISE (F). Sorte de Milice qui a donné au MOYEN AGE ses CLAIRONS, à l'ART HÉRALDIQUE ses MARMITES, et aux temps modernes les TOURS FORTIFIÉES, qu'on a nommées MARTELLO. Son ARMÉE DE MER a pesé puissamment dans la balance du monde; mais ses efforts se sont exercés trop loin de la métropole pour qu'il soit resté mémoire de tout ce qui a pu être fait de grand ou de classique par les SOLDATS de terre de cette nation jadis si brave et si entreprenante; de nos jours elle s'est mise tour à tour en ligne avec les TROUPES FRANÇAISES et ANGLAISES, et n'est restée inférieure ni aux unes ni aux autres en vigueur et en bravoure. BONAPARTE (M. le général MONTHOLON, t. II) lui rendait lui-même cette justice. — Les recherches dont cette Milice peut être l'objet ne sauraient être étendues; quelques renseignements plus détaillés se trouveraient dans James Murphey, dans Busching, dans le *Bulletin des Sciences militaires* (1827, p. 121), dans le *Journal de l'Armée* (t. II, p. 250), dans le *Journal des Sciences militaires* (1827, 20ᵉ livraison), dans le *Journal des travaux de la société de statistique* (t. IV, p. 157), et dans l'ouvrage de M. Adrien Balbi, *Essai statistique sur le Portugal* (1822, Paris), BERWICK (t. II), DUMOURIEZ (1775), le général FOY (t. II), ELIOT, LIPP-BUCKEBURG, SERVAN (1780, p. 463), le journal *l'Armée* (p. 245). — Jetons un coup d'œil sur la COMPOSITION, FORCE, UNIFORME, INSTRUCTION, PUNITIONS, PEINES, ADMINISTRATION. — N° 1. COMPOSITION. — Une institution aussi ancienne que la monarchie, une espèce de LANDSTURM, se nommait les ORDONNANCES, *ordenanzas;* c'étaient des CORPS de deux cent cinquante hommes chacun; tout PORTUGAIS, jusqu'à l'âge de soixante ans, y était enrôlé; il ne pouvait se dispenser, s'il en était requis, de prendre les armes; ceux qui n'avaient pas de FUSILS portaient une longue pique nommée *chuco.* L'institution était un composé de combinaisons féodales, communales et royales. Le principal propriétaire d'un canton était CAPITAINE. Au nom du roi il était tenu d'avoir un de ses domestiques qui sût BATTRE LE TAMBOUR. S'il était homme de cheval, il commandait une COMPAGNIE montée. Le SEIGNEUR TENANCIER, s'il résidait dans l'arrondissement, était CAPITAINE, *mor,* c'est-à-dire MAJOR, et faisait fonction d'inspecteur et de CHEF supérieur. Si ce SEIGNEUR ne résidait pas, le roi nommait le capitaine mor, *capitan mor.* Ce seigneur avait pour second un simple MAJOR nommé *sargento mor.* — A la manière des ARMÉES ROMAINES, celle de PORTUGAL conservait l'usage idolâtre des augures. Les GÉNÉRAUX tiraient de l'astrologie judiciaire, à ce que dit le général FOY (t. II, p. 16), certains horoscopes sur lesquels ils réglaient les OPÉRATIONS MILITAIRES. — L'armée avait pour GÉNÉRALISSIME SAINT ANTOINE DE PADOUE, qu'il serait plus correct d'appeler SAINT ANTOINE DE LISBONNE, car l'autre nom est une erreur de routine. Don Pedro deux, régent, ordonna, le 24 janvier 1668, que ce saint, quoiqu'il n'eût pas PORTÉ de son vivant le MOUSQUET, fût inscrit comme SOLDAT sur les contrôles du RÉGIMENT de Lagos, second CORPS de l'INFANTERIE; cette nomination n'était pas plus surprenante, l'était moins que la nomination de la vierge MARIE, que LOUIS ONZE avait brevetée COLONEL de ses ARCHERS ÉCOSSAIS; mais ce que l'enrôlement avait de curieux, c'est que la sainte Vierge fut déclarée responsable des bons SERVICES de saint ANTOINE, parce qu'il était d'usage qu'en PORTUGAL l'HOMME DE RECRUE eût un répondant, qui, en CAS DE DÉSERTION, le remplaçât. Le 16 septembre 1683, SAINT ANTOINE fut promu au grade de CAPITAINE. Dans la GUERRE DE 1701 il justifia cet avancement en se montrant à pied, à la tête du RÉGIMENT qui se rendait d'Olivença à Jérumenha; ce qui sauva le CORPS d'une EMBUSCADE que lui avaient TENDUE les ESPAGNOLS. — Sous le règne de Juan cinq les vieux chrétiens, *cristaos velhos*, ne doutaient pas de ce miracle. — A l'avénement de la reine Marie, le CAPITAINE Antoine, qui avait alors quatre-vingt-dix ans de grade, fut proposé dans les formes par son COLONEL, pour être nommé MAJOR; mais le gouvernement se montra plus généreux, et en janvier 1780 un décret royal éleva le sujet proposé au grade de MARÉCHAL DE CAMP sans qu'il cessât d'appartenir au RÉGIMENT de Lagos; quoique simple maréchal, il fut considéré comme chef suprême par droit d'ancienneté. En 1807 le général JUNOT, gouverneur du PORTUGAL, se fit remettre les pièces justificatives et les états de services réguliers d'Antoine, et décida que la solde à laquelle il avait droit, continuerait à être touchée pour l'embellissement de sa chapelle; il en fut ainsi jusqu'à la réorganisation de l'ARMÉE. — Après cette notice sur le chef, occupons-nous, à partir des mêmes époques, de l'histoire des subordonnés et de l'armée de ligne. — Les FIDALGUES, ou FIDALQUES, suivant Vertot, que les ESPAGNOLS nomment *Hidalgos*, c'est-à-dire, suivant le général FOY, les *fils de quelque chose*, étaient, par droit de naissance et sans même exercer, propriétaires des grades de GÉNÉRAUX et de chefs de corps, et donnaient à leurs valets, ou vendaient les places d'OFFICIERS; mais il n'en avait pas toujours été ainsi. — Une ARMÉE vigoureuse avait assuré à la famille régnante le trône du PORTUGAL; mais les TROUPES formées à la française, par le comte de Schomberg (Armand) en 1665, perdirent bientôt et leur énergie et leur discipline; elles ne reprirent point ou reprirent peu de vigueur pendant la GUERRE DE LA SUCCESSION D'ESPAGNE. — En 1704, dit le général FOY, *les troupes de ligne paraissaient peuple, parce qu'elles n'avaient pas l'ensemble que donne une bonne organisation, et les paysans res-*

semblaient à des soldats, tant ils montraient d'ardeur martiale. — Depuis la paix d'UTRECHT en 1713 une longue trêve plongea dans l'engourdissement le gouvernement; il négligea les institutions militaires. Au milieu du siècle il y avait à peine, comme le témoigne le général FOY, huit à dix mille soldats ou plutôt dix mille mendiants, sans habit, sans solde, sans instruction, réduits souvent à assassiner pour vivre; les COLONELS faisaient monter les CAPITAINES derrière leur carrosse; ils se faisaient servir à table par eux. — Les *ordenanzas* ou *ordenances* étaient ou abolies ou tombées en oubli. — Le gouvernement de PORTUGAL conçut pourtant le besoin d'une ARMÉE; en 1762 le comte de Lalipp, ou Lipp-Buckeburg, envoyé en PORTUGAL par l'ANGLETERRE, créa et organisa, à l'allemande, quatre RÉGIMENTS D'ARTILLERIE, vingt-sept régiments d'INFANTERIE, dont trois étrangers, formant trente-trois BATAILLONS, douze RÉGIMENTS DE CAVALERIE ou vingt-six ESCADRONS; il introduisit la TACTIQUE PRUSSIENNE; il donna aux pelotons d'infanterie une AMUSETTE servie par cinq hommes. — Mais cette composition éprouva bien des changements, et jusqu'aux premiers lustres du siècle actuel l'ARMÉE portugaise a été alternativement, FRANÇAISE, ALLEMANDE, ANGLAISE; ses usages, sa composition, son uniforme se ressentaient de ces alternatives; nulle part il ne se rencontrait plus d'anomalies dans la législation et moins d'harmonie avec les systèmes modernes généralement admis. — Les TROUPES, après avoir subi plusieurs refontes, étaient en 1792 composées d'une ARMÉE de ligne et des MILICES PROVINCIALES; celles-ci étaient l'organisation en quarante-huit bataillons des anciennes ordonnances. — La ligne était de vingt-quatre BATAILLONS qu'on nommait RÉGIMENTS, de douze RÉGIMENTS DE CAVALERIE à quatre ESCADRONS et de quatre RÉGIMENTS D'ARTILLERIE; elle était destinée, au commencement de la GUERRE DE LA RÉVOLUTION, à concourir à l'invasion du Roussillon. Le 26 novembre 1793 elle y contribua au gain de la bataille de Céret. — Quand l'ESPAGNE conclut la paix avec la FRANCE, le roi de PORTUGAL sentit la nécessité de remettre sur un pied plus respectable les forces de l'Etat. — En 1804 les ORDONNANCES (*ordenanzas*) furent rétablies; cette LEVÉE EN MASSE s'opéra avec plus de méthode qu'auparavant; quatre cent quarante et une LÉGIONS, dans lesquelles étaient classés tous les hommes non militaires ayant de seize à quarante ans, *capitanea mores*, y devinrent une sorte de LANDWEHR. — Mais c'étaient de bien faibles ressources ; depuis un demi-siècle le PORTUGAL, devenu colonie des Anglais, à qui il avait vendu toute activité, tout commerce, vivait à l'ombre de ce patronage, et n'avait plus que le souvenir de sa splendeur passée ; ses SOLDATS continuèrent à être dénués de tout. Qui donc aura compassion d'eux, disait piteusement quelquefois le prince régent quand il les rencontrait déguenillés, demandant la charité. — En 1807 le décret de BONAPARTE qui prononça la déchéance de la maison de Bragance décida de l'émigration du prince. Le général JUNOT s'empara de Lisbonne ; l'invasion en fut facile. Le pays, privé de ses hommes les plus valides, était affaibli par le départ de plusieurs CORPS DE TROUPE pour le BRÉSIL, par l'introduction de plusieurs CORPS portugais dans l'ARMÉE FRANÇAISE et par une grande désertion. — Quand les ANGLAIS se rendirent à leur tour maîtres du PORTUGAL, il n'y existait plus d'ARMÉE. Bientôt elle sembla renaître comme par enchantement, parce que l'ANGLETERRE pourvut à sa solde, à son armement, à son habillement. — Quatre ans suffirent à lord BERESFORD pour créer et rassembler, avec l'assentiment national, plus de cent huit mille hommes de ligne, non compris un nombre presque pareil de PIQUIERS des *ordenanzas*. Les CORPS de ligne furent mis tous sous les ordres d'OFFICIERS d'origine anglaise ; l'ARMÉE devint tout à fait anglo-portugaise. A peine créée depuis deux ans, elle rivalisait avec les meilleurs CORPS et servit utilement, surtout en combattant en TIRAILLEURS. — Une décision des cortès institua en 1822 une ARMÉE de ligne, ou troupes de première ligne, et des MILICES PROVINCIALES ou troupes de seconde ligne ; ces dernières remplaçaient les *ordenanzas* qui venaient d'être réformées ; elles étaient armées et équipées aux frais de l'Etat, mais n'avaient pas de solde permanente ; elles se composaient de campagnards qui devaient être appelés au service quand le besoin l'exigerait. — Le roi était chef suprême de l'ARMÉE ; il avait pour intermédiaire le MINISTRE de la guerre. Des INSPECTEURS AUX REVUES étaient chargés de la surveillance de l'administration. Le pays était partagé en DIVISIONS territoriales. — En 1826 l'ARMÉE comprenait l'ÉTAT-MAJOR général, le CORPS du GÉNIE, vingt-quatre RÉGIMENTS d'INFANTERIE de bataille, six RÉGIMENTS de CHASSEURS à pied, douze RÉGIMENTS de CHASSEURS à cheval, quatre RÉGIMENTS d'ARTILLERIE, un CORPS d'OUVRIERS d'ARTILLERIE, un CORPS d'OUVRIERS du TRAIN, des COMPAGNIES de VÉTÉRANS. — Le 17e et le 24e d'INFANTERIE, ainsi que le 2e de CAVALERIE, avaient été cassés

pour cause de dissidence lors de la promulgation de la charte ; leurs numéros restaient vacants, et un 13e de CAVALERIE, un 25e et un 26e d'INFANTERIE, avaient été créés en remplacement. — L'ÉTAT-MAJOR comprenait un MARÉCHAL GÉNÉRAL (c'était le duc de WELLINGTON), des LIEUTENANTS GÉNÉRAUX dans une proportion indéterminée, seize MARÉCHAUX DE CAMP, vingt-quatre BRIGADIERS, douze OFFICIERS supérieurs et particuliers et douze AIDES DE CAMP ; le total en était environ de cent, y compris des employés et des subalternes. — Le corps des INGÉNIEURS, *corpo de engenheiros*, était de soixante-quatre OFFICIERS. Leurs travaux embrassaient neuf PLACES DE GUERRE. — Il y était attaché des OUVRIERS, *artifices engenheiros*, formant un BATAILLON de trois COMPAGNIES dont le total excédait deux cents hommes. — Tous les CORPS avaient à leur tête un COLONEL, un LIEUTENANT — COLONEL, un MAJOR ; ce nombre d'OFFICIERS supérieurs et celui des SOUS-OFFICIERS du petit ÉTAT-MAJOR étaient hors de proportion avec l'ensemble. En général il n'y avait pas de Milice où la multiplicité des GRADES fût plus abusive. — En supposant complets les CORPS, il s'y trouvait un commandant par trois à quatre commandés. — Les AUMONIERS d'INFANTERIE et de CAVALERIE s'appelaient CHAPELAINS, comme dans les pays protestants ; c'est une trace des usages d'ANGLETERRE ; les CHAPELAINS d'ARTILLERIE se nommaient au contraire AUMONIERS ; les uns et les autres n'étaient classés que comme BAS OFFICIERS, et n'occupaient même pas la tête de cette classe ; c'était une trace des usages primitifs de FRANCE. Les RÉGIMENTS à pied n'étaient qu'à un BATAILLON de dix COMPAGNIES ; c'est le système anglais. L'ÉTAT-MAJOR de chaque RÉGIMENT d'INFANTERIE légère ou de bataille était de vingt et un OFFICIERS. — Le petit ÉTAT-MAJOR comprenait un ADJUDANT, un QUARTIER-MAITRE, un CHAPELAIN, un CHIRURGIEN - major, un CHIRURGIEN aide-major, deux SERGENTS ADJUDANTS, un CHARPENTIER, un ARMURIER, neuf MUSICIENS, dont un chef, un TAMBOUR-MAJOR et deux FIFRES. — Chaque COMPAGNIE était de trois OFFICIERS, dont un CORNETTE, de quatre SERGENTS dénommés CHEFS D'ESCADRE, à la vieille manière d'ESPAGNE, de quatre CAPORAUX dénommés ANSPESSADES, à la vieille manière de FRANCE, de cinquante-six FUSILIERS, un TAMBOUR ou un CLAIRON. Leur total, OFFICIERS compris, était de soixante - sept hommes ; le total d'un RÉGIMENT était de sept cent quatre-vingts hommes de troupe et quarante-quatre OFFICIERS. — Il n'était reconnu qu'une seule ARME de CAVALERIE ; c'était du moins une simplification. — La

CAVALERIE avait des SAPEURS, des SERGENTS, des PIQUEURS, comme en AUTRICHE ou dans les cercles d'Allemagne. — Les sous-lieutenants s'y appelaient ENSEIGNES, le maréchal des logis chef s'y appelait SERGENT. Les RÉGIMENTS de CAVALERIE étaient à trois ESCADRONS divisés chacun en deux COMPAGNIES ; le total du RÉGIMENT était de trois cent soixante hommes et de vingt OFFICIERS. — Le petit ÉTAT-MAJOR de CAVALERIE était composé d'un ADJUDANT, un QUARTIER-MAITRE, un CHAPELAIN, un CHIRURGIEN-MAJOR, un PIQUEUR, trois PORTE-ÉTENDARDS, un ADJUDANT-SERGENT, un VÉTÉRINAIRE, un SELLIER, un SAPEUR, un ARMURIER, un TROMPETTE-MAJOR. — Les COMPAGNIES de CAVALERIE étaient commandées par un CAPITAINE, un LIEUTENANT, un ENSEIGNE, un premier SERGENT, un FOURRIER, trois CHEFS D'ESCADRE, trois ANSPESSADES ; elles étaient fortes de quarante-deux cavaliers, un TROMPETTE et un MARÉCHAL FERRANT. — Chaque RÉGIMENT D'ARTILLERIE comprenait six cent cinquante hommes de troupe et trente-trois OFFICIERS. — Le petit ÉTAT-MAJOR d'ARTILLERIE était d'un ADJUDANT, un QUARTIER-MAITRE, un AUMONIER, un CHIRURGIEN-MAJOR, un CHIRURGIEN AIDE-MAJOR, un TAMBOUR et deux FIFRES. — Chaque COMPAGNIE était commandée par un CAPITAINE, un LIEUTENANT en premier, deux LIEUTENANTS en second, un premier SERGENT, ou SERGENT-MAJOR, deux seconds SERGENTS, un FOURRIER, six CHEFS D'ESCADRE, un TAMBOUR et cinquante SOLDATS. — Elle avait une COMPAGNIE du TRAIN de quarante-deux hommes, *artilheros conductores*, et soixante-dix MULETS pour attelages. — Il était tenu sur pied trente COMPAGNIES de VÉTÉRANS et une GARDE de police de Lisbonne, qu'on appelle pompeusement GARDE ROYALE. — Les Milices formaient quarante-huit anciens RÉGIMENTS D'INFANTERIE pareils à ceux de l'ARMÉE de ligne, et six CORPS nouveaux, dont trois à pied, deux à cheval et un d'ARTILLERIE, formés à l'époque de l'invasion de 1808. Ces Milices, véritable LANDWEHR, se recrutaient au moyen d'une CONSCRIPTION qui comporte de nombreuses exceptions ; elle s'exerce sur les PORTUGAIS de dix-sept à quarante ans. Des OFFICIERS, tirés des notables du pays, les commandent ; elles doivent s'assembler une fois par an pour être exercées. L'ORDRE DE LA TOUR et de l'ÉPÉE, ou littéralement de la Tour et du Glaive, de valeur, loyauté et mérite, créé en 1459, était la récompense militaire de l'ARMÉE PORTUGAISE. — Un décret d'août 1834 créait à Lisbonne une garde nationale de vingt bataillons composant treize mille quatre cent dix-sept hommes. — Nº 2. FORCE. — Pendant le cours du dernier siècle les [forces de terre du PORTUGAL, qui avaient varié de 22 à 25,000 hommes, étaient tombées, comme on l'a vu, à 8 ou 10,000 hommes. — En 1790 la population du royaume était de 3,190,184 habitants, ce qui pouvait tout au plus permettre d'enrégimenter 30,000 hommes. — Murphey les évaluait en 1797 à 25,000 hommes. Busching les estimait en 1801 à 19,987 hommes ; mais Beaufort, Duchâtelet, Guthrie accusaient d'autres nombres, tant les renseignements de cette nature sont incertains. — Ce fut à peu près le pied de l'ARMÉE de ligne et des *ordenanzas* en 1804 et en 1807. — En 1810 les troupes réglées du PORTUGAL se composaient de 30,000 hommes. Il y avait en outre 30,000 MILICIENS enrégimentés et habillés uniformément. — En 1811, suivant le *Journal des travaux de la société de statistique* (t. IV, p. 137), l'armée de ligne était de 60,508 hommes, les Milices de 58,500, les *ordenanzas* portant fusil, de 82,843, les *ordenanzas* armées de piques, de 144,588 hommes ; ce qui eût offert le total énorme de 335,359 hommes. — En 1812 son total était de 108,429 hommes — En 1814 le chiffre s'abaissa, mais le PORTUGAL, resté sous la domination anglaise, fut encouragé à conserver un militaire nombreux, démesuré même, eu égard à ses finances, à ses ressources, à son territoire. — L'ARMÉE resta forte de 49,268 hommes, dont 5,000 chevaux ; ce qui portait le total de l'ARMÉE à 60,000, y compris les Milices ; c'était plus de 10 SOLDATS sur 500 habitants. Ce système acheva d'anéantir les finances du pays. — En 1816 la population était de 4,176,000 habitants ; cette proportion et celle des revenus ne permettaient pas d'élever à plus de 40,000 hommes l'ARMÉE ; aussi l'État se vit endetté bientôt ; force fut de mettre un terme à cette prodigalité, et en 1820 l'effectif n'était plus que de 42,000 hommes, y compris les Milices, et 16,000 à peine étaient tenus sous les armes. En 1821 le gouvernement revint à de plus sages idées ; il abaissa l'effectif à 29,645 hommes, dont 4,411 chevaux. — Six BATAILLONS ayant été envoyés au BRÉSIL, l'ARMÉE, lors de l'équipée du marquis de Chaves, ne dépassait guère 24 ou 25,000 hommes. — En 1823 la formation sur papier fut comme il suit :

Première ligne ou force active :

24 régiments d'infanterie. .	37,258
6 régiments de CHASSEURS. .	8,316
	45,574

	45,574
12 régiments de cavalerie. .	7,140
4 régiments d'artillerie. .	5,658
1 bataillon d'artificiers. .	681
4 compagnies de vétérans.	261
	57,514
40 vieux régiments.	55,000
4 nouveaux régiments. . .	4,360
Total.	116,674

— Un tableau statistique des forces militaires européennes, tracé dans le *Spectateur militaire* (juin 1827), porte l'effectif de cette milice à trente mille hommes en temps de paix; en temps de guerre, à quatre-vingt-six mille. — En 1826, le *Bulletin des Sciences militaires* évalue les milices de formation ancienne à trente-cinq mille deux cent trente-deux hommes, celles de formation plus moderne à trois mille trois cent dix ; le total est de trente-huit mille cinq cent quarante-deux hommes, et l'ensemble général de l'armée est de soixante-huit mille cent quatre-vingt-sept hommes. — En 1828, en Europe seulement, les forces du Portugal, en temps de paix, étaient de 23,000, et en temps de guerre, de 50,000 hommes. Avouons cependant que la plupart de ces chiffres ne sont pas ceux que présentent les renseignements fournis par le *Journal des travaux de la Société de statistique* (t. iv, p. 157). — L'étendue du sol était, en 1856, de 29,150 milles carrés, la population, de 3,530,000 âmes, le revenu, de 54,096,000 francs. — N° 5. Uniforme. — Au commencement du siècle actuel le harnachement de la cavalerie répondait au reste des effets d'uniforme ; Bonaparte disait en 1807 au maréchal Berthier les propres paroles que voici : *Devinez à quelle époque le régiment de cavalerie portugaise qui passe à mon service, a reçu le harnachement dont il se sert ? Devinez-donc ?.... Eh bien il l'a reçu en 1742. Depuis lors on n'y a fait que quelques légères réparations.* — Les fusils étaient tirés d'Angleterre. — Depuis 1825, les effets d'uniforme, jusque-là fournis par des marchés particuliers, ont commencé à l'être par l'arsenal. L'adoption de ce système était une conséquence des améliorations en administration que produisait l'influence exercée en Portugal par l'Angleterre. — Le drapeau était bleu avec un carreau rouge. Avant 1804 toutes les armes étaient en bleu; l'uniforme alors fut changé; celui des officiers d'état-major était bleu de roi et accompagné d'épaulettes à étoiles. — L'uniforme du génie était bleu et analogue à celui de France. — L'infanterie de bataille avait l'habit veste bleu avec collet, passe-poil, parements, doublures de couleurs tranchantes ; elle portait pour coiffure la casquette et le plumet blanc. — La cavalerie avait l'habit veste brun avec parements et collet de couleurs tranchantes; elle était coiffée d'une casquette. Chaque escadron avait son étendard. — L'artillerie avait l'habit bleu avec collet, passe-poil et doublure rouge. — L'uniforme de l'infanterie des milices provinciales était, quant au fond, le même que celui de la ligne; mais elles avaient le chapeau rond à plumet jaune. — N° 4. Instruction. — Les tours maximiliennes, qui redeviennent de mode, sont en réalité portugaises et arabes; elles s'appelaient alatayas. — Un dépôt de la guerre, *archivio militar*, contient un bureau de statistique; dix employés composent le personnel de l'établissement. — Une académie de fortification, contenant de quatre-vingts à cent élèves, est une pépinière d'officiers de toutes armes; la connaissance de la langue française et celle des mathématiques sont exigées pour y être admis ; cinq professeurs, dont un de tactique, y sont attachés. — Une école préparatoire, nommée Collége royal militaire, *Real collegio do luz*, a été fondée en 1802; elle est ouverte aux fils d'officiers ou à la jeunesse noble. — N° 5. Punitions, peines. — Une loi aussi vieille que la monarchie, et qui rappelait les guerres contre les Maures, punissait du dernier supplice quiconque n'eût pas sacrifié sa vie pour la défense de l'étendard royal. — Des auditeurs, *auditor de guerre*, sont les principaux rouages de la justice. — Un conseil suprême de justice, *concelho supremo de justiça*, est une cour supérieure où se révisent les procédures. — N° 6. Administration. — Cette partie était si peu avancée que, dans le dernier siècle, il n'y avait ni corps administratif, ni commissaires chargés de surveiller l'administration de l'armée. — En 1821, le gouvernement constitutionnel essaya d'établir de l'équilibre dans l'administration, en proportionnant à la population et aux ressources pécuniaires l'état militaire du pays. Des inspecteurs aux revues furent institués. Le Portugal aussi eut un budget; il ne s'élève pas tout à fait de nos jours à quatre millions de francs. — *Aucune troupe*, dit le général Foy, *ne recevait une solde plus modique que les soldats du Portugal, et encore la volait-on avec impudence, surtout dans la cavalerie où les compagnies étaient au compte des capitaines.* — Le tableau de la solde portugaise est inséré dans le *Bul-

letin des Sciences militaires (1827, p. 126, 127). On y voit que l'aumônier, quoique établi dans le petit état-major, a paye de sous-lieutenant, comme cela se faisait originairement en France. — Les MILICES, lorsqu'elles sont sur pied, jouissent des mêmes allocations que la ligne.

MILICE (milices) PROVINCIALE OU MILICE CONSCRIPTIVE (F). Sorte de MILICE qui, dans la langue française, a pris au singulier absolu le simple nom de Milice, mais qui, dans les autres gouvernements, a été plutôt généralement exprimée au pluriel absolu, par la locution MILICES PROVINCIALES; cette dernière appellation est plus correcte et plus claire. — Le BAN ET ARRIÈRE-BAN de France étant devenu une ressource impuissante, ayant même paru d'un effet dangereux ou inapplicable depuis que l'autorité royale se substituait aux formes féodales, Louvois se décida à faire un appel direct aux paysans et aux artisans. L'intention fut d'abord de provoquer des ENROLEMENTS LIBRES; ainsi chaque paroisse devait choisir et présenter un homme armé, équipé, enrôlé pour deux ans, et à qui elle assurait une paye de deux sous par jour; mais l'ENROLEMENT ayant été loin de suffire, il fallut recourir aux appels forcés et à la voie du sort; chaque paroisse fut tenue de contribuer à raison du nombre de ses feux; les grandes villes étaient exemptes de cet impôt en hommes. — Les premières LEVÉES eurent lieu dans toutes les généralités, depuis 1668, sous la direction des INTENDANTS DE PROVINCE; elles formèrent des RÉGIMENTS D'INFANTERIE de Milice. — Les ORDONNANCES DE 1688 (5 et 29 NOVEMBRE) levèrent, pour un service de deux ans, des CORPS DE MILICIENS, au nombre de trente; c'étaient des RÉGIMENTS à un BATAILLON, ou des BATAILLONS RÉGIMENTAIRES qui devaient être forts de cinq cents hommes; mais ils produisirent un total de vingt-cinq mille cinquante hommes. Ils se conduisirent d'une manière brillante à l'affaire de LA MARSAILLE; ils furent rappelés par l'ORDONNANCE DE (1697, 20 MARS), au nombre de 55,345 hommes, et licenciés dans la même année à la PAIX DE RISWICK; cet essai devint une institution, un véritable SERVICE CONSCRIPTIF. — On leva des miliciens pour la GUERRE DE 1701; mais, au lieu d'en faire des CORPS, on en fit le noyau de recrutement de l'armée; il en fut ainsi jusqu'à la PAIX D'UTRECHT. — Une ORDONNANCE DE 1711 (26 JANVIER) avait permis aux hommes que désignait le sort, de se racheter à prix d'argent. — En 1719, un nouvel appel donna vingt-trois mille quatre cents hommes. — L'ORDONNANCE DE 1726 (26 FÉVRIER)

leva quatre-vingt-treize BATAILLONS de Milice de douze COMPAGNIES chacun; elle leur donna rang dans l'INFANTERIE. — L'ORDONNANCE DE 1726 (16 DÉCEMBRE) formait les BATAILLONS de six cents hommes et de six COMPAGNIES; il était tenu sur pied cent vingt-deux BATAILLONS, formant soixante-dix-sept mille cent hommes, dont trois mille neuf cents OFFICIERS; vingt-neuf BATAILLONS étaient nommés BATAILLONS DE GARNISON, le reste formait cinquante-trois RÉGIMENTS PROVINCIAUX. — A partir de cette époque les CONSCRIPTIONS de MILICIENS devinrent annuelles et générales; elles devaient subvenir, en TEMPS DE GUERRE, à l'insuffisance des ENROLEMENTS LIBRES et constituer une ARMÉE DE RÉSERVE; la portion de cette ARMÉE qui n'était pas tenue sous les armes s'assemblait une fois l'an. — Les LOIS DE 1716 (2 JUILLET) et DE 1727 (50 MARS), punissaient de mort les absents sans congé. — En 1734 il fut formé quarante RÉGIMENTS DE MILICE de deux BATAILLONS chacun. — En 1736 il fut levé soixante mille hommes formés en BATAILLONS. — On conserva, à la PAIX DE VIENNE, cent BATAILLONS; ils furent portés, dans la guerre de 1741, à cent douze. — En 1742, trente-six mille miliciens sont levés. — En 1744, la durée du service est fixée à six ans; elle l'a été plus tard à huit. — En 1746, des COMPAGNIES POSTICHES étaient créées. — L'ORDONNANCE DE 1748 (10 AVRIL) les organisait. — Les Milices sont mises sur pied pour la GUERRE DE 1756 : c'est leur époque de gloire; elles la doivent à DARGENSON. — En 1761, il y a sous les armes, OFFICIERS non compris, soixante-quinze mille quatre cent trente-cinq MILICIENS; ils sont licenciés en 1763. — Par les ordonnances de 1765 (10 janvier et 27 novembre), la taille des miliciens était fixée, au minimum, à cinq pieds. Il en est levé soixante-quinze mille; ce même nombre existait encore en 1784. — L'ordonnance de 1771 (4 avril) désignait sous le nom de Milice provinciale les CORPS DE MILICIENS. — L'institution de la Milice est abolie par acclamation en 1789 (4 AOUT); cette disposition devient définitive par le DÉCRET DE 1791 (4 MARS). On lit dans LESSAC (1785, A) : *La moitié de ces hommes périt dans le cours de chaque campagne, sans être présentés à l'ennemi.* — Mais la manière d'employer les MILICES, injustement méprisées alors par les TROUPES DE LIGNE, contribuait pour beaucoup à ces résultats fâcheux, et l'histoire attestera que les MILICIENS ont rendu d'importants services; ils ont été la souche de ces excellents GRENADIERS ROYAUX, qui eux-mêmes alimentaient le beau corps des GRENADIERS DE FRANCE. —

L'ORDONNANCE DE 1771 (4 AOUT) abrogeait le nom de Milice et y substituait le nom de RÉGIMENTS PROVINCIAUX ; mais l'habitude, plus puissante que la loi, avait maintenu la primitive dénomination. — Des variations continuelles dans la forme des BATAILLONS, dans le nombre des COMPAGNIES, dans la force des corps, les dispenses multipliées, les abus sans nombre qui viciaient l'institution, rendent rebutantes les recherches sur ce sujet. Comme troupes à part, les Milices sont supprimées en 1776 par SAINT-GERMAIN ; mais le système est maintenu sous le nom d'INSCRIPTION. — Son successeur remet à peu près les choses sur l'ancien pied. — On pourrait suppléer aux éclaircissements ici omis en consultant : ARGENVILLERS (1815, H), AUDOUIN (t. III, p. 519), BENETON (1742, A), BOURGELAT (1760, P), BRIQUET (1761, H), CHENNEVIÈRES (1750, C), M. CARRION (1824, A, t. II, p. 586, 591), DANIEL (1721, A), DARU (an X), DESPAGNAC (1751, D), DESPOMELLES, l'ENCYCLOPÉDIE (1751, C, au mot *Levée de troupe;* 1785, C, suppl.), GUIGNARD (1725, B), LACHESNAIE (1758, 1; 1767, F), POTIER (1779, X), POULTIRET (1786, B), M. SICARD, le *Spectateur militaire* (t. XVI, p. 658). — Les puissances étrangères ont pour la plupart imité plus ou moins les LEVÉES françaises de MILICIENS; ainsi, il existe ou a existé des corps de ce genre, nommés : LANDWEHR, LANDSTURM, MILICES PROVINCIALES, ORDONNANCE, RÉSERVES, TROUPES MILICIENNES, YEOMANRY, etc., dans les MILICES ANGLAISE, COLOMBIENNE, DANOISE, ESPAGNOLE, NÉERLANDAISE, NORWÉGIENNE, PORTUGAISE, RUSSE, SUÉDOISE, SUISSE, etc.

MILICE PRUSSIENNE (F). Sorte de MILICE qui, parmi celles des Etats modernes, présente les plus curieux éléments d'étude ; car il n'est pas une ARMÉE qui ne lui doive une partie de ses institutions, de ses usages, de son savoir. Pour en fournir les preuves, il suffirait de citer les ALIGNEMENTS, les BATAILLONS CARRÉS, les BATAILLONS DE DIRECTION, les BOULETS ROUGES, les CHASSEURS, les DÉPLOIEMENTS, les ÉCHELONS, les FEUX RÉGLÉS, les INSPECTEURS GÉNÉRAUX, le JALONNEMENT, le MOULINET, la manière de DÉFILER, de DONNER L'ORDRE, de MANŒUVRER, etc. — Dans l'armée FRANÇAISE, DUMOURIEZ, GISORS, GUIBERT, KÉRALIO, LACLOS, PIRSCH, ont été les principaux importateurs des méthodes prussiennes, et GRIBEAUVAL, en modifiant l'ARTILLERIE de FRANCE, fit plus d'un emprunt à celle de PRUSSE, imitatrice elle-même des SUÉDOIS. — Ce que le sujet offre de remarquable se rattache à deux périodes : l'une embrasse le siècle qui s'est écoulé depuis le grand électeur jusqu'aux catastrophes de la PRUSSE;

l'autre est comprise entre la PAIX générale de 1815 et l'année 1830. Ce sont deux âges de gloire. La PRUSSE, dans ses beaux jours, a enseigné à ses aînés la TACTIQUE du dix-huitième siècle ; la PRUSSE, quand son rôle semblait fini, est sortie de ses cendres et a pris l'initiative de l'ORGANISATION militaire du dix-neuvième siècle ; à ce double titre elle a éveillé l'émulation de l'EUROPE. Nos examens vont faire constamment distinction de ces deux phases également classiques. — La première rend belliqueux le trône et procrée la nation ; la seconde trouve belliqueuse la nation et y associe le trône. — La première étonne par l'habileté et surtout la persévérance de ses rois ; dans la seconde, le cabinet est sage : il a pu, sans être traversé, suivre la voie des améliorations ; il s'y est engagé avec précaution ; il a su s'y avancer sans bruit ; il a organisé avec discernement l'ARMÉE ; il a mis d'accord, mieux que nulle autre part, les institutions civiles et militaires ; ses systèmes ont fait école ; l'AUTRICHE a imité sa LANDWEHR ; la FRANCE a modelé, en 1815, sur l'organisation prussienne ses LÉGIONS DÉPARTEMENTALES, et en 1818 ses RÉSERVES de VÉTÉRANS; les MILICES ALLEMANDES de second ordre ont modifié plus ou moins, à l'instar de la PRUSSE, leur CONSTITUTION, et l'on verra prévaloir généralement un jour ses TRIBUNAUX D'HONNEUR, ses méthodes de PROMOTIONS sur concours et examen, ses distributions d'EMPLOIS CIVILS aux MILITAIRES congédiés ou en retraite. — Après avoir humilié la FRANCE à ROSBACH, la Prusse vit ses lauriers se flétrir en CHAMPAGNE. Le traité de Bâle, dont Hardenberg fut le sage promoteur, était un aveu de la supériorité acquise par l'ARMÉE FRANÇAISE; mais des événements bien plus sinistres se préparaient. — En 1806, sept mois suffisent pour raser le pénible échafaudage consolidé par le grand FRÉDÉRIC ; son tombeau est dépouillé par le vainqueur; la maison régnante accepte de BONAPARTE une souveraineté réduite de moitié, et ne peut porter qu'à un effectif donné ses troupes ; la nation est instituée pourvoyeuse des GARNISONS FRANÇAISES et surchargée de contributions écrasantes. — Elle rappelle de cet anéantissement ; en 1814 elle se relève plus forte, se rasseoit mieux partagée, et se classe sans contestation au rang des grandes puissances. — Les AUTEURS qui peuvent être consultés, soit sur l'ensemble, soit sur les détails de ce sujet, sont : MM. BAGENSKI, BLANKENBURG (1795, F), BOHAN (1781, H, t. II, p. 105), BONAPARTE (5e volume des *Mémoires de Sainte-Hélène*), BEURMANN (1836, B), BRUECKNER, BURG, CANCRIN, CA-

RAMAN, CARRION (1824, A), le général CHAM-
BRAY (1835), DANCKO, DANZIGER, DECKER,
DOHNA, ENCYCLOPÉDIE (1785, C), ERHARD,
FOERSTER (1823, K), FRÉDÉRIC DEUX (1778,
N, et *Histoire de mon temps*), FRIEDERICI,
le général GIRARDIN (p. 155), GISORS (1770,
M), GRIMOARD (1809, D), GUIBERT (1775, K,
Eloge du roi de Prusse)., JOMINI (1805,
F), KÉRALIO (1770, M), KLAATSCH, LAVERNE
(1808, F), LINDENAU (1780, G; 1808, F),
LLOYD (1801, A), MAUVILLON (1788, C),
MIRABEAU (1788, C), MUELLER (1759, E),
MUELLER (LUDWIG), NETTO, PLUEMICKE, ROC-
QUANCOURT, RUMPF, SAINT-PAUL, SAINT-GER-
MAIN, SALA, SCHÆDEL, SILVA (1778, F), TEM-
PELHOF (1789), WALHAUSEN (1814, I) et des
AUTEURS anonymes (1774, K; 1780, G);
enfin le *Bulletin des Sciences militaires*
(1826, p. 417, 461, 541; 1827, p. 4), le
Journal des Sciences militaires (t. VI, p.
444; t. VII, p. 193, et année 1854, p. 146;
1855, p. 114, 120; t. III, p. 171), le *Spectateur militaire* (t. XIII, p. 577 et 591;
t. XVI, p. 252; t. XVIII, p. 82; t. XXII, p.
454, 663), le *Journal militaire autrichien* (1821, 1851), le *Journal de l'armée*
(t. I, p. 89, 278, 521, 341; t. IV, p. 1, 67
et 147), le journal anglais *United service
Journal* (mai 1833, n° 4), le *Journal des
travaux de la Société de statistique* (t. V,
p. 10, 170, 455), la *Sentinelle de l'armée*,
l'*Annuaire des armées de terre* (1836, p.
257), l'*Encyclopédie des Gens du monde*
(au mot *Garde*). — La Milice prussienne
sera examinée ainsi qu'il suit : CRÉATION,
COMPOSITION, FORCE, UNIFORME, LOCALISATION,
ALLOCATIONS, INSTRUCTION, TACTIQUE, PUNI-
TIONS, PEINES, ADMINISTRATION. — N° 1.
CRÉATION. — Le grand électeur Frédéric-
Guillaume est le créateur de l'ARMÉE de
Brandebourg, devenue ARMÉE PRUSSIENNE; il
est le père du moderne système conscriptif,
aujourd'hui si répandu. Il lui devait, suivant
sa propre expression, *une armée immor-
telle.* —En 1701, un pays de sable est élevé
au rang des royaumes. Le fils du grand électeur, ébloui de la réputation de son père,
dissimule sous le manteau royal la difformité
de sa petite taille. L'EUROPE lui conteste et
lui laisse la couronne qu'il se décerne ou
qu'il se fait donner par Léopold. Cet empereur usait en cela d'un droit que personne
ne lui connaissait, et qui n'en eut pas moins
force de chose jugée. — Le duché de PRUSSE,
à peine connu avant la GUERRE DE TRENTE
ANS, devient une monarchie du second ordre; elle s'érige en puissance militaire depuis la PAIX D'UTRECHT. — La stature gigantesque des SOLDATS du roi Frédéric-Guillaume
devient l'épouvantail de ses voisins; cepen-

dant l'ARMÉE PRUSSIENNE n'exécute rien d'important pendant son règne, car la prise de
STRALSUND et celle de l'île de Rugen, en
1715, furent des avantages partagés par ses
DANOIS.—En 1735, le roi mène en personne
ses TROUPES joindre l'armée de Charles six,
commandée par EUGÈNE; mais le RHIN oppose
une barrière que les PRUSSIENS auraient eu
à franchir pour se mesurer avec les FRAN-
ÇAIS. — La PRUSSE devient, sous FRÉDÉRIC
DEUX, un large corps de garde, comme disait
Alfiéri. Le secret de la supériorité des TROU-
PES est dans le génie de son souverain; le
ressort, ailleurs inconnu, de leur mobilité
est caché dans les caves de POTZDAM; un trésor de trois cent millions assure leur sou-
daine entrée en campagne. — L'ARMÉE PRUS-
SIENNE joue un rôle brillant dans la GUERRE
DE 1741 et dans celle de 1756; elle se perfectionne encore dans la GUERRE insignifiante
de 1778. Quoiqu'elle fût la plus jeune ARMÉE
de l'EUROPE, elle avait surpassé, régenté ses
aînées, et donnait le ton à toutes les autres.
— Le vieux prince de Dessau était comme
le dictateur de l'INFANTERIE; Seydlitz était le
législateur de la CAVALERIE. — La PRUSSE
avait eu la singulière bonne fortune d'être
gouvernée sans interruption par cinq princes qui avaient eu précisément et les qualités et les défauts propres à fonder une CONS-
TITUTION militaire. — FRÉDÉRIC DEUX disait
dans son testament : *L'armée prussienne,
cette armée élevée à la victoire......* Mais
l'avenir s'est joué de ce pronostic. Quoiqu'en 1806 elle fût encore sur l'ancien pied,
elle n'était plus elle-même depuis longtemps; elle avait cessé d'être quand son
grand roi avait cessé de régner. — Le traité
de TILSITT, en diminuant de moitié la surface et la population de la PRUSSE, réduisit
à quarante mille hommes son ARMÉE; mais
elle prit dans l'ombre une organisation plus
forte. Le général SCHARNHORST la recomposa
en entier : RECRUTEMENT, DISCIPLINE, SERVICE,
tout y fut nouveau et savant; ce qu'elle avait
perdu en forces apparentes, elle le regagnait
en esprit national. Une sourde constance,
une habileté opiniâtre dressèrent une ARMÉE
formidable, dont il n'y avait d'ostensible
que le cadre tel que le réglaient les traités.
Son armée morte, dit M. BALLYET (1817,
D, p. 452), *se leva toute organisée derrière nous, comme un fantôme terrible
évoqué de la tombe par le génie de la
vengeance; ses cadres s'élargirent pour
y recevoir la population entière, et il n'y
eut que des armes à lui donner.* — La
campagne de SAXE était une ère nouvelle.
La PRUSSE substituait à ses STIPENDIAIRES de
tous pays une ARMÉE nationale. HARDENBERG

aurait voulu que cette importante révolution s'opérât après les échecs d'IÉNA et de FRIEDLAND ; mais ce ne fut qu'au milieu de la commotion qui ébranlait l'ALLEMAGNE, en 1813, que le gouvernement prussien se décida à recourir à l'APPEL au peuple. Il tira de l'élan national un puissant parti, et pesa d'une manière inattendue dans la balance des événements. — N° 2. COMPOSITION. — Les institutions qu'avait confirmées, perfectionnées ou créées FRÉDÉRIC DEUX, et qui rendaient la Milice prussienne supérieure à toutes celles de l'EUROPE, consistaient en ce qui suit : — Tout PRUSSIEN naissait SOLDAT et était immatriculé dès le berceau. Les peines contre la désertion devenaient dès lors applicables, soit aux individus mâles qui auraient disparu de PRUSSE, soit à leurs parents. La famille était déclarée responsable et tenue à fournir un REMPLAÇANT. — Le royaume était distribué en généralités ou cantons ; chacun d'eux devait tenir un RÉGIMENT au complet, en y appelant, à mesure du besoin, des sujets disponibles, c'est-à-dire des hommes dont les bras et la présence étaient le moins nécessaires dans leur famille. Les SOLDATS indigènes passaient annuellement dix mois en congé dans leurs foyers, sous la surveillance des autorités civiles et militaires ; ceux des classes indigentes se livraient, pendant la durée de leur congé, à des occupations serviles. L'époque des MANŒUVRES les rappelait tous aux drapeaux. — La CAVALERIE différait presque toute de l'INFANTERIE, en ce qu'elle n'était recrutée que parmi des fils de propriétaires, mais toujours en des cantons assignés et fixés. — Les CHASSEURS étaient pris parmi les fils des gardes-chasses.—Les RÉGIMENTS occupaient à demeure leurs GARNISONS. — Des DOMESTIQUES militaires étaient attachés aux OFFICIERS et entretenus au compte du roi. — L'existence de la PRUSSE, de ses villes, de sa Milice, étant un état hors nature, le pays ne pouvait suffire au RECRUTEMENT ; une nécessité fatale l'obligeait à faire un APPEL aux autres nations, ou plutôt à exercer un embauchage inhumain. Les bords du RHIN étaient peuplés de RECRUTEURS PRUSSIENS à qui toutes les voies semblaient permises, et qui exerçaient une traite ou une presse que les pays limitrophes avaient la lâcheté de subir. Ce système, désastreux pour les indigènes, était pour la PRUSSE de peu d'utilité en cas de guerre ; car ces ramas d'hommes violentés ou de DÉSERTEURS tarés, cette lie des peuples se dispersait dès la première campagne. Mais il y a des peuples dont la puissance est dans la peur qu'ils font plus que dans les forces réelles dont ils disposent ;

tel était le secret du système. Mais en temps de paix ce colosse, gouverné à la nègre, offrait le plus formidable aspect. — Par ce genre d'enrôlement, l'ARMÉE de PRUSSE comptait dans ses rangs plus de vingt-cinq mille FRANÇAIS. La plupart n'entendant pas l'allemand, force était de les dresser et de les faire manœuvrer aux signes ou au langage télégraphique du FLIEGELMAN.—A la mort de Frédéric, les nationaux entraient à peine pour moitié dans l'armée. — Les ENGAGEMENTS VOLONTAIRES étaient à vie ; la récompense des vieillards et des estropiés consistait dans le droit de demander l'aumône en vertu d'un brevet. — FRÉDÉRIC DEUX avait cinquante-cinq RÉGIMENTS d'INFANTERIE de ligne ou de CAMPAGNE, douze d'INFANTERIE de GARNISON, quatre d'INFANTERIE légère, treize de CUIRASSIERS, douze de DRAGONS, dix de HUSSARDS, quatre d'ARTILLERIE, un CORPS du GÉNIE, quelques PONTONNIERS attachés à l'ARTILLERIE. — L'ARTILLERIE À CHEVAL était le quinzième de l'ARTILLERIE A PIED, suivant MIRABEAU (1788, C). — Les hommes les plus robustes étaient donnés à l'ARTILLERIE et à l'INFANTERIE. — Presque tous les RÉGIMENTS d'INFANTERIE étaient à deux BATAILLONS ; le RÉGIMENT des GARDES n'en avait qu'un. — Les BATAILLONS étaient de six COMPAGNIES, dont une de GRENADIERS. Le premier BATAILLON avait une COMPAGNIE GÉNÉRALE. La force des COMPAGNIES était telle qu'elles pussent tenir cent SOLDATS sous les armes ; MIRABEAU (1788, C) les présente même comme de cent soixante ou de deux cents FACTIONNAIRES. Le cadre n'en était composé que de trois à quatre OFFICIERS et de quatorze SOUS-OFFICIERS, y compris huit CAPORAUX. — Une DISCIPLINE de fer, comme celle du grand FRÉDÉRIC, pouvait seule rendre maniables des COMPAGNIES ainsi constituées. — Une fois en campagne, ou même dans les CAMPS D'INSTRUCTION, les COMPAGNIES de GRENADIERS quittaient leur RÉGIMENT et se formaient en BATAILLONS. — FRÉDÉRIC maintenait cette disposition tout en l'improuvant, si l'on en croit MIRABEAU (1788, C), mais il s'y soumettait par respect pour les usages reçus. Pendant quatre-vingts ans la machine militaire a gardé les mêmes formes, et elle leur a dû cette solidité qui s'est enfin évanouie devant l'inflexible puissance des révolutions. — La PRUSSE d'alors était un colosse aux pieds d'argile, dont l'équilibre tenait à la vie du roi. — La CAVALERIE de FRÉDÉRIC ne se partageait pas toute en un même nombre d'ESCADRONS ; les CUIRASSIERS et la plupart des RÉGIMENTS de DRAGONS n'en avaient que cinq, les HUSSARDS en avaient dix. Les RÉGIMENTS n'étaient même pas tous d'une forme égale sur le terrain ; il y en avait encore quelques-uns qui se formaient, à l'ancienne manière, sur trois RANGS. — Depuis l'existence du marquisat de BRANDEBOURG, les PRUSSIENS non NOBLES ne pouvaient servir comme OFFICIERS que dans un seul RÉGIMENT D'INFANTERIE, dans les HUSSARDS, dans l'ARTILLERIE. La noblesse prussienne ne montrait aucun goût pour les ARMES SAVANTES, soit qu'elle trouvât rebutantes les études graves, soit qu'elle craignît de s'abaisser en s'y mêlant avec des officiers plébéiens ou avec des étrangers qui y étaient appelés pour leur savoir, non pour leurs parchemins. — L'admission des roturiers s'étendit ensuite un peu plus; ils eurent accès dans le CORPS du GÉNIE et dans les BATAILLONS DE GARNISON. — FRÉDÉRIC maintint le fond de ces dispositions. Sous son règne, les officiers non NOBLES ne jouissaient d'aucunes faveurs comme avancement, comme décorations. Peut-être le dégoût qu'ils en ressentaient contribua-t-il au peu de relief dont jouissaient l'ARTILLERIE et le GÉNIE, ARMES qu'on regardait comme médiocres en PRUSSE. — On a blâmé FRÉDÉRIC de cette prédilection pour sa noblesse, mais des motifs politiques pouvaient la justifier. — On comptait dans le siècle dernier, en PRUSSE, un noble par cinq cents âmes. FRÉDÉRIC, qui ne savait à quoi occuper des gentilshommes en général mal élevés, peu fortunés, peu laborieux, leur accordait presque tous les emplois d'OFFICIERS, parce qu'il regardait cette mesure comme lui offrant seule des garanties au sein d'une ARMÉE en grande partie composée d'étrangers, de DÉSERTEURS, de vagabonds enrôlés par force ou attirés par surprise. — On sent ce qu'avec de pareils hommes pouvait valoir le SERMENT de fidélité prêté par ordre aux renouvellements de drapeaux; aussi était-il ordonné à l'aumônier de prononcer à haute voix une prière, *implorant*, dit KÉRALIO (1757, F), *la bonté de Dieu, le suppliant de faire à tout soldat la grâce de n'être pas parjure*; mais cette prière n'est pas toujours montée au ciel. — D'autre part, FRÉDÉRIC ne voulait dans ses TROUPES ni princes, ni nobles titrés; ceux qui, par exception, y entraient, renonçaient à leur livrée pour ne plus arborer que les couleurs prussiennes. — Les PREUVES DE NOBLESSE n'étaient exigées que comme premier titre d'admission au SERVICE. Un gentilhomme, devenu SOUS-OFFICIER ou SOUS-LIEUTENANT, ne tirait plus aucun avantage de ses quartiers et de son blason; l'ORDRE seul du TABLEAU lui assurait de l'AVANCEMENT, et il ne l'obtenait que lentement, parce que les CAPITAINES et les COLONELS, pour qui leur EMPLOI était une ferme lucrative, restaient au service jusqu'à

l'âge le plus avancé. La débilité de ces vieillards contribua aux mauvais succès des héritiers du trône de Frédéric deux. *Une armée*, dit M. le colonel CHAMBRAY (1824), *dans laquelle tous les capitaines et officiers supérieurs de l'infanterie étaient montés et avaient au delà de cinquante ans d'âge, pouvait-elle lutter contre une armée dans laquelle ces mêmes officiers, jeunes et dans la force de l'âge, marchaient dans les rangs et bivouaquaient à côté du soldat.* — FRÉDÉRIC préférait les OFFICIERS peu aisés, les regardait comme plus attachés au métier, plus soumis, moins vains; il n'eût pas breveté de sujets ou conservé en place des GÉNÉRAUX qui auraient eu la passion du jeu; il ne permettait que la passion des armes. — Il n'entretenait que les GRADES strictement nécessaires : jusqu'à sa mort, les sinécures, les titres sans emploi ont été presque sans exemple; le seul abus consistait en quelques GRADES SUPÉRIEURS dans le RÉGIMENT des GARDES. — Le SERVICE DE SANTÉ était une des branches les plus défectueuses. Il n'y avait d'HÔPITAUX publics que pour les VÉNÉRIENS; les autres MALADES étaient traités dans des HÔPITAUX RÉGIMENTAIRES, ou plutôt dans de misérables chambres, par le CHIRURGIEN-MAJOR du RÉGIMENT. Il fallait que, par un abonnement à raison de trente-six sous par chaque SOLDAT et par an, cet OFFICIER DE SANTÉ fournît les MÉDICAMENTS et pourvût aux DÉPENSES de logement, chauffage, blanchissage. — Les AIDES que le CHIRURGIEN-MAJOR se choisissait étaient chargés de faire en personne la BARBE aux soldats. — Plus d'un pamphlétaire ont dirigé contre FRÉDÉRIC DEUX d'odieuses imputations que nous aimons à croire mal fondées; nous en avons dit quelques mots en parlant des CHIRURGIENS-MAJORS. — Les RÉGIMENTS étaient, en tout temps, formés en BRIGADES; l'INFANTERIE avait en DÉPÔT son ARTILLERIE complète, tous les harnois, tous les EFFETS DE CAMPEMENT en état; les CHEVAUX existaient dans les campagnes environnantes; l'ARMÉE, sans presque aucun délai, pouvait ENTRER EN CAMPAGNE; elle était comparable à un SOLDAT tout habillé qui repose près de ses armes et de son bagage. — En toute circonstance la FORMATION SOUS LES ARMES était l'affaire de quelques minutes. — Prête à surprendre l'ENNEMI, l'armée était elle-même à l'abri de toute surprise. L'invasion de la Silésie en 1740 apprit à MARIE-THÉRÈSE comment la Prusse improvisait la guerre. — Chaque régiment d'infanterie avait une musique d'harmonie peu nombreuse et un chef; l'institution en fut imitée par les troupes françaises. — L'INFANTERIE contenait un tiers au moins d'étrangers et quelquefois plus ; il y en avait peu dans les HUSSARDS ; quant aux CUIRASSIERS, aux DRAGONS et aux CHASSEURS, ils étaient la partie toute nationale de l'ARMÉE. — FRÉDÉRIC DEUX a toujours été le MINISTRE de la guerre, le GÉNÉRAL en chef et le premier INSPECTEUR GÉNÉRAL de son ARMÉE ; il ne signait les moindres brevets qu'en connaissance de cause et après avoir pesé les renseignements donnés par les chefs de corps et les INSPECTEURS ; il ne quittait jamais l'uniforme ni les INSIGNES D'OFFICIER. Ce n'est que sous un tel souverain qu'une Milice peut arriver à ce haut degré où la sienne était montée ; mais les avantages sociaux et la solidité du trône des successeurs, répondent-ils à cette prééminence des armes sous un roi guerrier ? — L'expérience a prouvé que non. — Cette organisation précaire, défectueuse, ne s'était en rien modifiée encore quand la GUERRE DE 1792 éclata. Après ses échecs en CHAMPAGNE, FRÉDÉRIC-GUILLAUME, au lieu d'observer et de suivre les progrès de l'ART, se contenta de la précision des manœuvres de parade à POTZDAM. Il vivait imprudemment sur le souvenir des merveilles du dernier siècle. — Cet aperçu de la PRUSSE ancienne pouvait seul témoigner combien elle différait de la nouvelle ; nous allons examiner celle-ci sous le rapport des formes générales de l'ARMÉE de ligne et de la GARDE royale, des règles sur l'AVANCEMENT aux différents GRADES, et des RÉMUNÉRATIONS accordées aux MILITAIRES ; nous passerons ensuite à l'examen de l'organisation de l'ÉTAT-MAJOR général, de l'INTENDANCE, de l'ÉTAT-MAJOR MÉDICAL, du CORPS JUDICIAIRE MILITAIRE, des MINISTRES SACERDOTAUX, de l'INFANTERIE, de la CAVALERIE et des ARMES SAVANTES ; enfin nous jetterons un coup d'œil sur l'état des FORTERESSES. — L'année 1806 discrédita les chefs vieillis dans leurs GRADES, les OFFICIERS tirés de la seule classe des gentilshommes et les étrangers MERCENAIRES ; IÉNA témoigna l'infériorité où étaient tombées les TROUPES DE PRUSSE. — Les sources de l'ancien RECRUTEMENT étaient taries ; les catastrophes, le démembrement de la monarchie exigeaient des mesures promptes, et le secours de systèmes nouveaux. — Le gouvernement prussien reconnut que cet esprit de persévérance, ce respect pour les vieux usages, qui avaient assuré les succès de FRÉDÉRIC, devaient céder à la puissance des changements que l'EUROPE et l'ART MILITAIRE ont éprouvés ; il sentit que son intérêt était de relever l'État en relevant l'ARMÉE, de rabaisser la FRANCE par les entraves des traités, de la brider par la combinaison des

frontières, de déployer un appareil plus menaçant que réel ; ce miracle, commencé en 1807, continué en 1814, s'est consommé en 1820 ; les événements de Valmy, Iéna, Averstaedt, Halle, Lubeck, ont porté leurs fruits, quoique tardivement. Ces règles plus fiscales que patriotiques, qui faisaient des GRADES militaires un privilège et un monopole, se sont effacées ; une carrière nouvelle s'est ouverte au courage et aux talents ; des vues plus libérales ont aboli presque entièrement les verges et le BATON. Le RECRUTEMENT à l'étranger a cessé ; une CONSCRIPTION générale et sans dispenses a pris naissance. — De cet héritage militaire que FRÉDÉRIC DEUX avait reçu de son père, et dont il avait respecté plus de soixante ans les formes, il n'existe presque plus rien : ce ne sont plus des SOLDATS liés par un ENGAGEMENT A VIE, ce sont les hommes de l'EUROPE qui servent le moins longtemps ; ce n'est plus un ramas d'étrangers saisis par surprise, retenus par des moyens odieux ; ce n'est plus une INFANTERIE énervée par le prélèvement et le service à part de ses GRENADIERS et de ses régiments de campagne : ce sont les enfants de la nation ; c'est, au besoin, la nation même, mise debout, en vertu de lois dont elle apprécie l'utilité. — A vingt ans tout homme susceptible de porter les armes est soumis aux lois de l'appel et doit servir trois ans effectifs. — Un statut de 1806 admit tous les volontaires à presque tous les EMPLOIS D'OFFICIERS. En 1807, le concours fut ouvert à tous les HOMMES DE RANG ; une loi de 1808 a sanctionné ces dispositions. L'organisation de 1812 fortifia encore ce principe en perfectionnant la CONSCRIPTION ; un nouvel esprit anima la nation, une nouvelle CONSTITUTION retrempa l'ARMÉE. — Les jeunes gens de dix-sept ans qui s'enrôlent volontairement, pour suivre la carrière des armes dans un corps de leur choix, peuvent, au bout de six mois, subir un examen à titre d'aspirants à un emploi d'ENSEIGNE, GRADE intermédiaire entre le SERGENT-MAJOR et le SOUS-LIEUTENANT. — Les jeunes gens du même âge qui ne se destinent qu'à un service de peu de durée, peuvent s'engager pour un an, en pourvoyant à tous leurs frais d'équipement et d'entretien. Ils sont libres de suivre les études de leur éducation, sans préjudice aux exercices militaires. — Tout HOMME DE TROUPE qui contracte l'engagement de servir au delà du terme fixé, acquiert le droit de se présenter à un examen comme candidat à une place d'ENSEIGNE. L'obtention des EMPLOIS CIVILS est la récompense des HOMMES DE TROUPE qui, après avoir satisfait à la loi, contractent un ENGAGEMENT VOLONTAIRE de six ans, puis un second ENGAGEMENT ; ainsi quinze ans de service donnent droit à un EMPLOI CIVIL. — En 1851, la population est évaluée à 12,093,826 âmes. Telle nation une fois plus nombreuse s'appuie sur une armée qui n'est pas d'un plus fort nombre. — La Milice comprend l'armée permanente, deux BANS de LANDWEHR, un de LANDSTURM. — L'ARMÉE permanente se recrute et s'entretient par une CONSCRIPTION annuelle de l'AGE de vingt à vingt-cinq ans ; par l'ENGAGEMENT VOLONTAIRE ; par l'admission des jeunes gens de famille qui embrassent, par goût et dans l'espoir d'avancer, la carrière des armes ; par l'admission de VOLONTAIRES ENGAGÉS pour un an et qui s'entretiennent à leurs frais, et peuvent ainsi devenir OFFICIERS dans la LANDWEHR ; par l'admission de VOLONTAIRES soldés, de l'âge de dix-sept à quarante ans ; par la prolongation du SERVICE auquel les VÉTÉRANS souscrivent au delà du terme légal de libération. — La CONSCRIPTION y fournit bien plus de sujets propres aux ARMES qu'en FRANCE ; elle en donne huit sur dix appelés, et l'ENROLEMENT LIBRE fournit plus que nulle autre part, à raison des avantages que le gouvernement a su ménager aux VOLONTAIRES. — L'ARMÉE permanente est l'âme et l'école normale du MILITAIRE PRUSSIEN ; c'est dans son sein que deux cents mille HOMMES DE RÉSERVE font ou ont fait leur apprentissage. — La DURÉE du SERVICE OBLIGÉ dans l'armée permanente est, en principe, de cinq ans, mais en réalité de trois, parce que les HOMMES de la RÉSERVE passent dans leurs foyers les deux dernières années de leur SERVICE ; mais avantage et désavantage, tout se balance ; cette simple durée de trois ans suffit à peine à l'apprentissage du mineur, aux études du tireur de canon ; elle est ruineuse pour la CAVALERIE, parce que les CHEVAUX sont perpétuellement montés par des RECRUES ; elle a un autre inconvénient : des OFFICIERS astreints à être éternellement les répétiteurs de l'ÉCOLE DU SOLDAT en éprouvent une fatigue, un dégoût qui ont occasionné plus d'une DÉMISSION ; l'ESPRIT MILITAIRE semble en recevoir quelque atteinte ; les SOUS-OFFICIERS eux-mêmes trouvent intolérable un préceptorat sans repos. — Les hommes sortant de l'ARMÉE active, entrent dans la classe nommée *Kriegs-reserve* ; ils en font partie pendant deux ans, et sont, en cas de guerre, tenus de rejoindre immédiatement. — A l'expiration de la cinquième année du SERVICE conscriptionnel, ou de la seconde année du SERVICE de la RÉSERVE, l'inscription dans le PREMIER BAN de la LANDWEHR commence ; elle dure jusqu'à trente-deux ans ; c'est l'époque de l'AGE du SECOND BAN. — D'ENROLE-

MENTS en ENROLEMENTS d'un effet progressivement plus adouci, la loi suit pas à pas le citoyen valide jusqu'à son AGE APOMAQUE, jusqu'à cinquante ans. — La LANDWEHR est une garde nationale mobilisable au besoin ; l'institution en fut essayée au commencement du siècle ; elle fut organisée plus solidement par une loi de 1814 (13 septembre) ; elle devint propre à fournir, à peu de frais, une puissante quantité de TROUPES. Ce système de réserve devint le modèle imité par la Bavière, le Hanovre, la Saxe, le Wurtemberg et toute la confédération du Rhin. L'Autriche elle-même, si mesurée dans ses imitations, a puisé en PRUSSE l'idée de sa LANDWEHR ; mais elle n'en a pas tiré de résultats si avantageux ; l'institution n'a fleuri réellement qu'en Prusse. — Les contrées où règne encore la servitude sont les seules qui n'aient rien demandé aux institutions prussiennes ; encore ne faudrait-il pas jurer que la Turquie et l'Egypte négligent de les étudier. — Le PREMIER BAN de LANDWEHR a des cadres soldés ; il comprend tous les jeunes Prussiens de vingt à vingt-cinq ans qui ne sont pas de l'ARMÉE active, et tous les hommes de vingt-cinq à trente-deux qui ont accompli le SERVICE exigé. — Le SECOND BAN n'a pas de cadres soldés ; il comprend les hommes propres à porter les armes et ayant de trente-deux à trente-neuf ans ; il devient ainsi une RÉSERVE solide, puisque tous ceux qui en font partie ont servi ou dans l'armée permanente ou dans le premier ban. — En cas de guerre le PREMIER BAN serait l'auxiliaire de l'ARMÉE permanente ; le SECOND BAN garderait les FORTERESSES et fournirait des détachements qui s'échelonneraient en arrière des TROUPES agissantes. — La LANDWEHR comprend INFANTERIE, CAVALERIE et ARTILLERIE ; elle forme seize BRIGADES ; elle répond, par son organisation, à l'ARMÉE permanente ; elle en est, en quelque sorte, la doublure. Ainsi les CORPS d'INFANTERIE et de CAVALERIE de l'ARMÉE de ligne sont comme les chefs de file des RÉGIMENTS de la LANDWEHR qui sont de même ARME, qui y correspondent numéralement, et qui sont appelés à les grossir en temps de guerre. — La LANDWEHR est levée par BATAILLONS et ESCADRONS ; ils se réunissent par RÉGIMENTS de deux BATAILLONS du PREMIER BAN, de deux BATAILLONS du SECOND BAN, et de quatre ESCADRONS. — Le rassemblement de ces CORPS a lieu sur différents points du royaume ; le succès de l'institution est tel que, fréquemment, ceux dont le tour de marcher n'est pas encore arrivé, sollicitent leur convocation ; la LANDWEHR s'efforce de n'être inférieure aux TROUPES permanentes, ni par l'extérieur, ni par l'instruction; beaucoup de citoyens concourent à des souscriptions dont le montant est consacré à l'élégance de la TENUE. Les dons faits de la sorte à deux RÉGIMENTS de LANDWEHR se sont montés, en 1829, à plus de treize mille francs. — Le LANDSTURM est destiné à servir extraordinairement comme ARRIÈRE-BAN. C'est plutôt une prévision qu'une institution positive; ce devait être, au besoin, la LEVÉE en masse des hommes de dix-sept à cinquante ans, n'appartenant ni à l'ARMÉE active, ni à la RÉSERVE, ni à la LANDWEHR; c'était un projet de GARDE NATIONALE SÉDENTAIRE, distinguée en COMPAGNIES, soit urbaines, soit rurales, commandées par des OFFICIERS à la nomination du roi. — Après la MILICE RUSSE, c'est dans celle de Prusse que le chiffre de la LEVÉE est le plus rigoureux; conformément aux calculs établis en 1828, vingt-deux individus donnent un SOLDAT; la MYOPIE même n'est pas un cas d'exemption; une décision de 1829 place au second rang les myopes et porteurs de besicles. — Des éclaircissements sur tous ces sujets se trouvent dans le *Spectateur militaire* (t. IV, p. 554). — Un rescrit de 1818 (9 septembre) composait la Milice prussienne de quatre ARMÉES; chacune d'elles était de deux CORPS, chaque CORPS de deux DIVISIONS, chaque DIVISION de deux BRIGADES dont une PERMANENTE et une de LANDWEHR. La science des détails n'a pas exclu le don de voir de haut. — En 1827, la Milice se partageait en neuf CORPS, dont un de la garde; chaque CORPS était de deux DIVISIONS et se nommait *armée-abtheilung;* chaque DIVISION était de quatre BRIGADES de diverses ARMES, ou AGRÉGATIONS, tant de LANDWEHR que de ligne. — Chaque CORPS D'ARMÉE se recrute et stationne dans une même DIVISION territoriale; il comprend cinq RÉGIMENTS d'INFANTERIE, deux COMPAGNIES de CHASSEURS ou TIRAILLEURS, quatre RÉGIMENTS de CAVALERIE, une BRIGADE d'ARTILLERIE, deux COMPAGNIES de PIONNIERS, six COMPAGNIES de GARNISON, deux COMPAGNIES d'INVALIDES, quatre RÉGIMENTS et un BATAILLON de LANDWEHR, treize ESCADRONS de CAVALERIE landwehrienne. — Chaque CORPS D'ARMÉE et chaque DIVISION sont commandés par un GÉNÉRAL LIEUTENANT, chaque BRIGADE par un GÉNÉRAL MAJOR ou un COLONEL, chaque RÉGIMENT par un COLONEL ou un LIEUTENANT-COLONEL, chaque BATAILLON par un MAJOR. — C'est une imitation des DIVISIONS militaires dont la FRANCE a fait l'essai dans le dernier siècle; la MILICE RUSSE en a fait également l'application dans celui-ci. — Cette organisation est savante et sage, mais compliquée, peu solidement assurée sur ses

DICTIONNAIRE DE L'ARMÉE.

bases politiques, et difficilement appropriée à un sol mal configuré. Il faut le flegme et la persévérance allemande pour en tirer parti. — Du reste, elle ne respire nullement la conquête: les SOLDATS n'y veillissent pas assez pour en concevoir le goût en se passionnant aux récits des vieux faits d'armes. L'ARMÉE est éminemment défensive, puisqu'elle est le cœur même de la nation, et qu'en recourant, en cas de guerre, aux renforts bientôt indispensables de la LANDWEHR, la patrie appelle aux armes quantité de pères de famille peu disposés à la vie aventureuse des INVASIONS ou même à dépasser les frontières. Pour eux, la cessation des HOSTILITÉS et une paix avantageuse triompheront toujours des amorces de la gloire. — Dans toutes les institutions, le nom de patrie se trouve à côté de celui de roi; c'est l'expression d'une tendance à la vie de paix. — Un des principes de l'organisation est d'avoir peu d'OFFICIERS, mais de les traiter favorablement et d'en exiger une haute capacité; dans les dernières guerres, il y avait dans l'INFANTERIE un OFFICIER sur trente-cinq SOLDATS; maintenant il y en aurait, en temps de guerre et sur le grand pied, un sur cinquante SOLDATS. L'ARMÉE RUSSE est la seule où la proportion des OFFICIERS, comparée au nombre des SOLDATS, soit moindre qu'ici. — En 1827, dans l'ARMÉE permanente, on compte deux mille quatre cent sept plébéiens; dans la LANDWEHR, le nombre des NOBLES n'est que le tiers du total des OFFICIERS; mais dans la GARDE royale, il est dans la proportion de dix à un. Dans le GÉNIE, au contraire, il n'y a qu'un NOBLE sur cinq OFFICIERS. Dans l'ARTILLERIE, il y en a un sur quatre. — La GARDE royale marche en tête de l'ARMÉE de ligne, mais les APPOINTEMENTS des OFFICIERS sont les mêmes dans la GARDE et la LIGNE; il n'y a pas cumul des honneurs et des honoraires. — La GARDE compose à elle seule la neuvième partie de l'ARMÉE; cette proportion démesurée est un luxe imité de la FRANCE impériale et des CORPS PRIVILÉGIÉS de la restauration. La GARDE, en PRUSSE, comprend des TROUPES de toutes ARMES et même de la LANDWEHR; ce qui rappelle cet essai avorté de la GARDE NATIONALE IMPÉRIALE française. — Les OFFICIERS de plus de trois ans de GRADE qui se distinguent par la rédaction des mémoires militaires, peuvent être appelés à la haute école de Berlin et passer ensuite au corps d'ÉTAT-MAJOR. — Les PROMOTIONS aux GRADES d'OFFICIERS n'ont lieu qu'à la suite d'un EXAMEN passé à BERLIN; la connaissance de la LANGUE FRANÇAISE est exigée des aspirants; on n'admet à titre de CANDIDATS que les CADETS de première classe; car il y a encore en 1850, dans cette Milice, des CADETS, des ENSEIGNES, des CORNETTES; c'est un vestige des routines que nous avons abandonnées. — Les jeunes gens de famille, en satisfaisant aux EXAMENS voulus, peuvent également devenir OFFICIERS, car l'accès à ce GRADE n'est fermé à qui que ce soit. Ce système de concours commence à être apprécié et goûté par plusieurs gouvernements; les princes mêmes ne sont pas dispensés, en PRUSSE, de s'y soumettre. Il est sans exemple que le roi, qui sanctionne en dernier ressort les décisions des examinateurs, ait été plus indulgent qu'eux; souvent il l'est moins. Le fils d'un maréchal président de la commission, dans ces dernières années, n'a pu être reçu sur un premier EXAMEN. — Un CANDIDAT jugé admissible comme ENSEIGNE, n'est pas pour cela admis : une espèce d'ÉLECTION est exercée par les OFFICIERS des RÉGIMENTS; ils proposent, sur trois CANDIDATS désignés, celui qui leur paraît mériter la préférence. — Depuis le SOUS-LIEUTENANT, exclusivement, jusqu'au GRADE de major, inclus, l'ancienneté procure l'AVANCEMENT. Cette règle ne pourrait être intervertie que dans l'état de guerre, et par la transcendance du mérite; au delà de l'emploi de major, les grades sont à la nomination du roi. — En 1854 (8 novembre), le *Constitutionnel* affirmait que les officiers non nobles qui avaient fait partie de la garde en avaient été successivement éloignés; il est difficile pour les gouvernements de n'avoir qu'un poids et qu'une mesure. — Une des plus avantageuses rémunérations est le droit, à l'obtention des EMPLOIS CIVILS qui viennent à vaquer; ce droit dont nous avons parlé est acquis aux SOUS-OFFICIERS et hommes de troupe qui ont contracté un second engagement après neuf ans d'activité; il est assuré aux OFFICIERS quittant le service. En 1827, quatre-vingt-six OFFICIERS et mille seize hommes de troupe ont pris leur CONGÉ d'ANCIENNETÉ pour être placés dans les administrations des postes, des finances, de la justice, de l'intérieur, etc. En 1855, suivant le *Militair Wochenblatt*, soixante et un officiers et mille soixante-dix hommes de troupe avaient été pourvus d'emplois civils. — L'ANCIENNETÉ de SERVICE des hommes de troupe est indiquée par une MÉDAILLE, *dienst-médaille*. — Le roi est le chef suprême de l'ARMÉE. En 1855, il avait quatre AIDES DE CAMP du grade d'OFFICIERS GÉNÉRAUX et douze OFFICIERS D'ORDONNANCE. — Les princes du sang sont à la tête de certaines branches. — Le MINISTRE de la guerre, tiré de la classe des GÉNÉRAUX marquants, transmet à l'ARMÉE les ordres du roi. — Un GÉNÉRAL distingué est à la tête du CORPS D'ÉTAT-MAJOR. — Il y a à faire distinction de l'ÉTAT-MAJOR GÉNÉRAL et du CORPS D'ÉTAT-MAJOR. — L'état-major général, formé sur des principes économiques, comprenait d'abord dix GÉNÉRAUX D'INFANTERIE et DE CAVALERIE, (grade qui tient le milieu entre les feld-maréchaux et les LIEUTENANTS GÉNÉRAUX), trente GÉNÉRAUX LIEUTENANTS, soixante-trois généraux majors. — Tous les généraux employés sont à poste fixe et sont tenus à résidence. — Des cavaliers d'ordonnance demeurent aux ordres des généraux employés. — Un relevé dressé en 1824 présentait le tableau suivant : — Trois GÉNÉRAUX D'INFANTERIE, vingt-neuf GÉNÉRAUX LIEUTENANTS, quatre-vingt-trois GÉNÉRAUX MAJORS, c'était le grand état-major; quarante-trois COLONELS ou LIEUTENANTS-COLONELS, et vingt-quatre MAJORS, c'était le corps d'état-major. — Il y avait en outre un petit nombre d'OFFICIERS particuliers attachés aux DIVISIONS. — Depuis la mort des derniers FELD-MARÉCHAUX, les emplois de ce genre étaient vacants, sauf celui du général WELLINGTON; il en était encore ainsi en 1832. — Si l'on compare ces cent quinze OFFICIERS GÉNÉRAUX et ces soixante-sept OFFICIERS SUPÉRIEURS du CORPS D'ÉTAT-MAJOR, aux personnages d'un rang correspondant en FRANCE, on s'étonnera des différences du chiffre. — Le CORPS D'ÉTAT-MAJOR se recrute dans toute l'ARMÉE; nul OFFICIER n'y passe qu'après avoir servi dans un RÉGIMENT, avoir subi un EXAMEN et avoir fait partie d'une ÉCOLE de guerre pendant trois ans; c'est à peu près la méthode anglaise. — Les sujets jugés admissibles sont attachés aux DIVISIONS ou à l'ÉTAT-MAJOR de BERLIN, et employés ou comme professeurs dans les écoles, ou comme directeurs de travaux topographiques; mais ce n'est pas de leur corps que les AIDES DE CAMP sont tirés. — Ces OFFICIERS sont loin d'être dans l'inaction où languissaient, d'abord, ceux de FRANCE; on exige d'eux des projets étudiés, des mémoires militaires, tous se livrent à l'étude de la défensive du pays; les uns voyagent à l'étranger; ceux de BERLIN tiennent entre eux des conférences scientifiques. Une partie de ces OFFICIERS est chargée de lever la carte de la PRUSSE, et s'acquitte de tous les travaux de même genre. C'est sur cet exemple qu'on a appuyé le projet du fatal amalgame des topographes français et du corps d'état-major français. — Une section de l'ÉTAT-MAJOR prussien, qu'on appelle bureau central, est chargée de la conservation des archives, qu'en, FRANCE on appelle DÉPOT DE LA GUERRE. — Un CORPS administratif ou d'IN-

TENDANCE, créé depuis la suppression du CORPS des COMMISSAIRES, n'étend pas, comme en FRANCE, ses attributions sur les détails de l'intérieur des CORPS ; il ne lui est pas rendu d'HONNEURS MILITAIRES ; il ne passe jamais de REVUES D'EFFECTIF ; l'AUTORITÉ MILITAIRE en a seule le droit. — En 1850, le corps administratif n'était que de trente-sept membres, savoir : un INTENDANT GÉNÉRAL, neuf INTENDANTS, vingt-sept CONSEILLERS d'intendance. — Il y a, par chaque CORPS D'ARMÉE, un INTENDANT et trois CONSEILLERS d'INTENDANCE ; ainsi trente-six ou quarante administrateurs s'acquittent des fonctions confiées en FRANCE, en 1830, à deux cent trente-cinq personnages. — L'ÉTAT-MAJOR MÉDICAL se compose de trois cent cinquante OFFICIERS DE SANTÉ ; il est attaché un CHIRURGIEN en chef à chaque CORPS D'ARMÉE. — La haute procédure occupe quarante-cinq fonctionnaires ; ils sont présidés par un AUDITEUR supérieur ; il y a, par chaque DIVISION d'armée, deux AUDITEURS ordinaires ; le total des membres de la justice militaire est de quatre-vingts fonctionnaires. — Il y a, par chaque DIVISION D'ARMÉE, deux ou trois MINISTRES protestants, ou deux à trois AUMONIERS, suivant le culte qui y est observé ; soixante-sept fonctionnaires sacerdotaux suffisent aux besoins des consciences. Ainsi le nombre des prêtres prussiens était comme un est à dix, par rapport au nombre des AUMONIERS que la France entretenait, de 1815 à 1830, dans les CORPS, les GARNISONS, les HOPITAUX, les ÉCOLES, marine non comprise. — L'ÉTAT-MAJOR des RÉGIMENTS D'INFANTERIE est très-restreint ; point de LIEUTENANT-COLONEL dans un corps, s'il y a un COLONEL, et réciproquement ; point de MAJORS administrateurs, il n'y en a que de militaires ; point d'ADJUDANTS sous-officiers. — En 1824, on ne comptait dans toute l'INFANTERIE que trente-neuf COLONELS, seize LIEUTENANTS-COLONELS, cent soixante-sept MAJORS ; ce n'était pas moitié du nombre des OFFICIERS supérieurs reconnus en France. — En 1824, un RÉGIMENT D'INFANTERIE était, en temps de paix ou de guerre, de soixante-neuf OFFICIERS ; il était, en temps de paix, de dix-sept cent quarante hommes de troupe, non compris les TAMBOURS et les MUSICIENS ; en temps de guerre, il était de dix-huit cent soixante-douze hommes. — En 1827, l'INFANTERIE comprenait quarante-cinq régiments, dont trente-six à trois BATAILLONS et neuf RÉGIMENTS DE RÉSERVE à deux BATAILLONS ; il y avait, en outre, six BATAILLONS de CHASSEURS et de CARABINIERS OU TIRAILLEURS. Le total général des BATAILLONS de l'INFANTERIE était de cent trente-deux ; chaque BATAILLON était accompagné d'une COMPAGNIE

DE CANONNIERS servant deux pièces de six. Ce système était le même en 1832. — L'INFANTERIE de bataille et l'INFANTERIE légère sont encadrées dans le même RÉGIMENT ; les deux premiers BATAILLONS s'appellent MOUSQUETAIRES, le troisième ou BATAILLON LÉGER s'appelle FUSILIERS ; les RÉGIMENTS à deux BATAILLONS n'ont pas d'INFANTERIE légère ; ces BATAILLONS sont à quatre COMPAGNIES de cent cinquante-cinq hommes de troupe ; il n'y a pas de GRENADIERS ; il y a par compagnie trois TAMBOURS OU FIFRES. — Ces désignations de FUSILIERS et de MOUSQUETAIRES sont peu plausibles et ne présentent aucune idée juste à l'esprit. Voici l'explication de cette coutume. — Au temps de FRÉDÉRIC DEUX, les RÉGIMENTS de GARNISON étaient le rebut et du personnel et du matériel de l'ARMÉE ; à mesure des perfectionnements de l'ARMEMENT, les nouvelles ARMES étaient délivrées aux RÉGIMENTS DE CAMPAGNE ; les ARMES réformées servaient aux RÉGIMENTS DE GARNISON. Le FUSIL étant postérieur au mousquet, les RÉGIMENTS DE CAMPAGNE prirent, de cette ARME, le nom de FUSILIERS ; tandis que ceux des GARNISONS étaient restés MOUSQUETAIRES. La routine a maintenu ce nom de MOUSQUETAIRE, quoique les mousquets aient disparu. — Ce mélange d'INFANTERIE de bataille, d'INFANTERIE légère, d'ARTILLERIE, rassemblées dans un même RÉGIMENT depuis la régénération de la PRUSSE, reposait sur un principe blâmable, sur une fausse idée de simplification qui alourdit, complique, embrouille. Ce système avait été imité par GOUVION SAINT-CYR, lors de la création des LÉGIONS DÉPARTEMENTALES de 1815 ; la CONSTITUTION MILITAIRE qu'on devait à GOUVION n'en a pas moins été prônée.... (1). — L'organisation de l'INFANTERIE prussienne encourait quelques autres critiques. Elle n'a pas d'adjudants, quoique leur emploi soit un rouage utile ; des priviléges nobiliaires ont survécu dans le maintien de l'institution des CADETS ; c'est une anomalie peut-être inévitable. — Le respect pour des coutumes surannées a conservé les noms impropres de CORNETTES et d'ENSEIGNES — Le défaut de règles positives quant au grade du chef ou COMMANDEUR d'un RÉGIMENT, la non existence du GRADE essentiel et du titre nominal de CHEF DE BATAILLON, quoique l'emploi en existe réellement, sont autant de traces des modes surannées de l'AUTRICHE et de l'ANGLETERRE. — L'INFANTERIE LÉGÈRE des RÉGIMENTS PRUSSIENS était destinée à être détachée en temps de guerre pour former des BRIGADES légères ; c'était une imperfection de plus : à quoi bon former des corps pour les mor-

____

(1) Voir la note, p. 3067.

celer à l'instant où leur service devient plus sérieux, et leur administration plus difficile. — Le total de l'infanterie de ligne était de quatre-vingt-trois mille hommes. Cent trente-sept bataillons de la garde et de la ligne composaient l'infanterie prussienne en 1834 ; suivant le *Spectateur militaire,* (t. xvi, p. 261), il y est attaché trois mille soixante-sept officiers, dont deux cent trois officiers supérieurs. — L'infanterie de la landwehr était de trente-six régiments, dont trente-deux à six bataillons , trois du premier ban, trois du second ban; il y en avait quatre qui n'étaient qu'à deux bataillons. — Les bataillons étaient à quatre compagnies de quatre cent six hommes l'une. — Le premier ban de la landwehr présentait les cadres de cent seize bataillons. — La force de la cavalerie prussienne était calculée, comme en France et en Russie, à raison du sixième de l'armée. — La quantité des chevaux que la Prusse possède étant dans la proportion d'un par sept habitants, tandis qu'il n'y en a en France qu'un par quatorze habitants. l'armée prussienne a moitié plus de facilité que celle de France pour fournir aux remontes de ses régiments ; mais les chevaux y étant continuellement montés par des recrues, se ruinent rapidement; le pays n'y peut suffire, et la dépense qui en résulte est lourde. — Cependant, en vertu d'une mesure sage, chaque cavalier a, en propre, son cheval. — La cavalerie de l'armée permanente était de trente-huit régiments à quatre escadrons, savoir : dix de cuirassiers, cinq de dragons, treize de hussards, dix de hullans ; ainsi la grosse cavalerie était dans la proportion d'un quart et un peu plus, par rapport au total des hommes de cheval. — La cavalerie de ligne était de trente-deux régiments, dont huit de cuirassiers, quatre de dragons, douze de hussards, huit de hullans ; cette inutile variété de dénominations dans la cavalerie légère est une imitation blâmable de vicieuses coutumes partout reçues.— La cavalerie de la landwehr était de trente-six régiments divisés en autant d'escadrons que l'infanterie de la landwehr comprend de bataillons. Les escadrons étaient de quatre-vingt-cinq hommes. — Le premier ban de la landwehr présentait les cadres de cent quatre escadrons. — La totalité des escadrons prussiens, landwehr y comprise, montait à deux cent cinquante-six; ceux de la ligne et de la garde ne montaient en 1834 qu'à cent cinquante-deux, suivant le *Spectateur militaire* (t. xvi, p. 263); ils étaient sous les ordres de neuf cents huit officiers dont soixante-dix-sept supérieurs.

— Les officiers de cavalerie sont dans la proportion d'un sur vingt-quatre hommes de troupe. — Les régiments de cavalerie étaient, sur pied de paix, de cinq cent cinquante hommes, et sur pied de guerre, de six cent vingt. Jadis l'artillerie d'infanterie se composait de pièces de trois. — L'artillerie de Prusse était regardée, depuis la régénération de l'armée, comme théoriquement la plus savante de l'Europe. — Dans la campagne de 1813, il n'y avait pas dans l'armée de Blücher, comme le remarque M. Courtin (1827, au mot *Etat-major*), de général qui commandât particulièrement cette arme.— Depuis la paix, elle a été mise sous les ordres du prince Auguste. — Elle répondait par sa force, comme l'usage en existe en France, au dixième de l'armée. — Une image des corps à cheval était donnée dans le *Journal de l'Armée* (t. iv, p. 67). — En vertu de l'organisation de 1816 , elle se divisait en neuf brigades ou régiments ; une d'elles faisait partie de la garde ; chaque brigade, forte de quinze cents hommes environ, était de trois sections et de seize compagnies, dont douze a pied, trois a cheval, et une d'ouvriers. Les canonniers conduisaient eux-mêmes les chevaux des pièces; cependant il existait un corps du train, mais non à l'usage de l'artillerie. — On s'est appuyé de cet exemple pour fondre ou plutôt confondre, en France, les artilleurs de pied et de cheval et les conducteurs. Des motifs plus personnels que patriotiques ont amené cette perturbation. — Les vingt-sept compagnies a cheval de Prusse avaient, en tout temps, quatre pièces attelées ; les cent huit compagnies a pied avaient, en tout temps, deux pièces attelées; le total des pièces attelées était, en temps de paix, de trois cent vingt-quatre et de dix-huit cents chevaux, tenus, soit dans les campagnes chez les propriétaires, soit dans les écuries des corps. En temps de guerre, les artilleurs, ceux de garnison non compris, suffisaient au service de huit cent soixante-quatre pièces, à raison de douze batteries par brigade. — Les batteries sont de huit pièces, dont deux obusiers. — L'artillerie est, au dire du *Spectateur militaire* (t. xvi, p. 263), commandée par huit cent vingt-huit officiers, dont quarante-cinq supérieurs. — Le corps du génie est le soixantième de l'armée. Il ne formait d'abord, comme en France, qu'un corps d'officiers ; il a maintenant, pour troupes, des pionniers, des mineurs, des sapeurs, et des pontonniers ; le total de ces troupes, nommées divisions, ne monte pas à deux mille hommes; le corps se partage en trois inspections. Le total des officiers est de soixante-dix-huit, dont huit supérieurs. — La Prusse, en raison du nombre de ses FORTERESSES, marche en second ordre après la FRANCE ; elle n'en comptait au temps de FRÉDÉRIC DEUX que quinze ; Spandaw, commencée en 1560, était la plus ancienne de système régulier. La Prusse possédait vingt-six places en 1832, dont cinq de première classe, quinze de seconde, et six de troisième. La nomenclature, mais à raison de vingt-cinq seulement, se trouve dans le *Bulletin des Sciences militaires*, 1827, p. 4, et dans le *Spectateur militaire* (t. XIII, p. 591). Cette quantité de points défendus influe puissamment sur la composition de l'ARMÉE et fâcheusement sur ses dépenses ; le trésor ne peut qu'à grand'peine tenir en bon état ces dispendieuses constructions. — Une GENDARMERIE d'armée (*armée-gens-d'armerie*), créée en 1820, est la force publique des QUARTIERS GÉNÉRAUX ; une GENDARMERIE de territoire (*land-gens-d'armerie*), divisée en huit BRIGADES, est forte de douze cents hommes ; il y a une GENDARMERIE de frontières ou de douanes (*granz-gens-d'armerie*). Ces maréchaussées diverses ne forment pas le huitième de la gendarmerie de FRANCE. — Dans toute l'ARMÉE, des CONGÉS DE SEMESTRES étaient délivrés ou suspendus suivant les cas. L'ORDRE DE PRUSSE marche à l'égal des plus recherchés ; il rappelle un grand roi et un règne brillant. — N° 3. FORCE. — Le grand électeur n'ayant que 24 millions de revenu et moins de 6,000,000 d'habitants, avait, comme forces habituelles, 60,000 hommes ; le nombre s'en éleva jusqu'à 80,000. — A son avènement au trône, FRÉDÉRIC DEUX porta l'ARMÉE à 80,000 hommes sur pied de paix. En janvier 1756, son revenu n'était que de 40 millions, il avait sous les armes 140,000 hommes. — Son état de paix fut porté à 200,000 hommes ; une CONSCRIPTION plus rigoureuse que celle d'AUTRICHE permettait de les accroître jusqu'à 300,000. — En 1787, peu après la mort de FRÉDÉRIC DEUX, FRÉDÉRIC-GUILLAUME deux a 182,000 hommes, dont 55,000 chevaux. A la moindre apparence de guerre, tout était disposé pour élever l'effectif à 250,000 hommes. — Dans la campagne de 1806, quoique la population ne s'élevât pas à plus de 10,000,000 d'âmes, il y eut sous les armes 250,000 hommes, dont 12,000 d'ARTILLERIE et 43,000 de CAVALERIE. Le nombre des OFFICIERS, tant GÉNÉRAUX que particuliers, y était de 7,104 ; cette ARMÉE pourtant ne coûtait que 74,000,000 de francs. — Quoique dépouillée de la moitié de son sol, dépourvue de ressources, réduite à une ARMÉE de 40,000 hommes, la Prusse parvint,

en 1812, à organiser 130,000 soldats, et à mettre en service 200 PIÈCES de canon. — Après l'armistice de DRESDE, elle avait 250,000 hommes et 452 bouches à feu ; 170,000 hommes entrèrent en campagne, répartis en cinq CORPS. — En 1813, la TROUPE nommée *krempers-système* donna, comme par enchantement, 51 bataillons. L'instruction avait été préparée en silence depuis 1810. La jeunesse de PRUSSE courut tout entière aux armes ; la LANDWEHR, qui venait d'être organisée, fournit 152 bataillons. En trois mois, la PRUSSE avait en première ligne 58,000 hommes ; en deuxième, 44,000, et en RÉSERVE dans les places, 28,000. — Depuis la création de l'ARMÉE CONFÉDÉRÉE, la PRUSSE lui fournit les quatrième, cinquième et sixième CORPS D'ARMÉE ; c'est un total de 79,234 hommes et 160 pièces de campagne. Elle a changé en FORTERESSES Coblentz, Minden, Posen ; a rétabli les fortifications de STRALSUND et de Schweidnitz qui avaient été démantelées ; a réparé à grands frais Cologne, Ehrenbreistein, Juliers, Munster, Wesel, et a augmenté ou perfectionné les défenses de Custrin, Erfurt, Gratz, Juliers, Neisse, Sarrelouis, Torgau, Wittemberg ; elle a dépensé à ce genre de travaux plus de 20 milions en moins de 15 ans. — Le *Spectateur militaire* (t. XVI, p. 258) évalue, en 1834, le total des FORTERESSES à trente et une. — Depuis sa réorganisation et la paix de 1815, la puissance de la PRUSSE s'est largement développée ; mais on regarde cependant ses forces militaires comme plus imposantes que réelles. Nous en avons dit quelques mots en parlant de leur composition. — En 1824, l'INFANTERIE, LANDWEHR et LANDSTURM non compris, était de 75,000 hommes et de 3,791 OFFICIERS. — La CAVALERIE, de 20,000 hommes. — L'ARTILLERIE, de 12,000. — Il s'en fallait alors d'un tiers que le PIED DE PAIX ne fût atteint. — L'ARMÉE comptait au total, en 1826, 200,000 soldats, non compris les BATAILLONS de LANDWEHR et de LANDSTURM. — On croit la PRUSSE en état de mettre sur pied et de jeter en campagne, un mois après la guerre déclarée, 100,000 hommes de l'ARMÉE permanente, et 80,000 de la LANDWEHR du PREMIER BAN ; l'EFFECTIF pourrait s'élever même, dit-on, à 350,000 hommes ; on va jusqu'à affirmer (*Bulletin des Sciences militaires*, 1826, p. 427), que sans avoir recours au SECOND BAN, elle peut armer 900,000 hommes exercés ; mais ce nombre est bien enflé. Cette multitude donnerait plus d'un soldat médiocre et embarrassant ; d'ailleurs une population qui ne compte pas tout à fait 11,000,000 et demi d'âmes, peut-elle mobiliser, non pas 900,000 hommes, mais seulement 500,000 ? pourrait-elle du moins les entretenir au delà d'une campagne ? — Un tableau statistique des forces militaires européennes (*Spectateur militaire*, juin 1827) porte l'effectif de la Milice de PRUSSE à 165,000 hommes en temps de paix, et à 514,000 hommes en temps de guerre, y compris 79,234 hommes appartenant à l'ARMÉE CONFÉDÉRÉE. On voit combien sont différentes et peu sûres les évaluations. — En 1828, la population est évaluée de 11 à 12,000,000 d'âmes, et le BUDGET à 90,000,000 ; malgré ce faible nombre, la PRUSSE était regardée comme la seconde puissance militaire après la RUSSIE, ou du moins elle était alors, sur le continent de l'EUROPE, la plus formidable ; car si les forces de l'AUTRICHE semblent plus grosses, elles sont moins aisément rassemblées et ne sont pas animées par le même élan. — A la tribune française, le général GÉRARD, lors de la discussion du BUDGET de 1828, regardait la population comme de 13,000,000 d'habitants environ ; ce chiffre est exagéré. Il évaluait le pied de guerre de la PRUSSE comme de 500,000 hommes, mais il paraît réellement n'être que de 520,000, en y comprenant pour moitié la LANDWEHR. — En 1830, le nombre des OFFICIERS, tant GÉNÉRAUX que particuliers, se monte à 6,073. — On a prétendu, mais gratuitement, s'il en faut croire le *Spectateur militaire* (t. x, p. 499), que la PRUSSE pouvait, avec le secours de sa landwehr, mettre sur pied, en 1830, 300,000 hommes, et en réunir un million en appelant le landsturm; c'est une rêverie. — On peut évaluer en général qu'elle tient sous les armes, en temps ordinaire, 80,000 hommes, le reste est dans ses foyers ; que le pied de paix est d'environ 120,000 hommes, rassemblés pendant la saison des MANOEUVRES ; que le pied de guerre est de 350,000 à 380,000 hommes, y compris sa RÉSERVE qui est de 200,000, mais qu'au premier coup de baguette elle peut, en y adjoignant la LANDWEHR, ranger en bataille 500,000 hommes, dont une grande partie serait, il est vrai, hors d'état de franchir la frontière ; elle passe pour la seule qui puisse compter, au besoin, sur les ressources d'une thésaurisation. — Le *Spectateur militaire* (t. xii, p. 468) estime, en 1831, à 330,598 hommes ses soldats exercés et instruits, et à 200,000 sa RÉSERVE organisée. — M. le général de CHAMBRAY (1833) évaluait l'ARMÉE de ligne à 100,000 hommes, la RÉSERVE de guerre à 50,000 et la LANDWEHR du PREMIER BAN à 150,000. D'autres renseignements se trouvent dans le *Journal de la Société de statistique* (t. v, p. 170). — Dans une discussion de la chambre des pairs en 1834 (22 mai), les forces de la PRUSSE étaient évaluées à 450,000 hommes. — En 1836, sa population était regardée comme de 12,726,000 âmes ; son sol, comme de 80,150 milles carrés ; son revenu, comme de 215 millions — Nº 4. UNIFORME. — L'ARMÉE n'avait, sous FRÉDÉRIC, rien qui sentît le colifichet ; elle manquait même d'uniformité ; tels RÉGIMENTS avaient le COL ÉCARLATE, tels le COL. noir ; ceux-ci avaient des CHAPEAUX, ceux-là des BONNETS de cuir et de cuivre ; les HABITS étaient les uns à REVERS, les autres sans REVERS ; ils étaient d'une coupe inégale dans les divers RÉGIMENTS, suivant que telles ou telles modes régnaient à la création des CORPS ; ces usages se maintenaient autant par esprit d'économie que par répugnance pour le changement. — Hors du service, les SOLDATS étaient mal vêtus, déguenillés même ; à cet égard les TROUPES de PRUSSE étaient bien inférieures à celles d'AUTRICHE. — Une tenue plus rigide, plus soignée, s'établit dans le règne suivant. — LLOYD (1762, M) tournait en ridicule ces *habits étroits*, ces *petits chapeaux* (ceux de l'infanterie), ces *culottes bien blanches*, ces *souliers haut montés.* — Les CHAPEAUX de cavalerie étaient démesurés. La coiffure était sans COCARDE. — La couleur nationale était le blanc et le noir. — GUIBERT (1803, D) a dépeint les imperfections des CHAPEAUX de l'infanterie prussienne ; ils étaient si petits de calotte, qu'il fallait les retenir au moyen d'un cordon qui passait en dessous de la QUEUE ou du CATOGAN. — Ce même AUTEUR (1806, G), en parlant des troupes de Hesse-Darmstadt, qu'il dit une *caricature de celles de Prusse*, donne idée de la tenue des unes et des autres. — Au temps où il écrivait, il passe en revue *les talons ou plutôt les échasses sur lesquels ils (les soldats) sont montés ; les faux mollets, les ventres et les poitrines de carton, les frisures ridicules,* etc., etc. La frisure des officiers était à cinq rangs de boucles du côté gauche et à deux rangs du côté droit ; les cheveux des hommes de troupe n'étaient pas poudrés comme dans d'autres services. — La CHEVELURE de troupes à BONNETS était en CADENETTES ou TRESSE ; celle des troupes à CHAPEAUX était en QUEUE d'une longueur démesurée, en dépit de toutes les raisons qui devaient s'y opposer. — Les BONNETS A POIL de Prusse sont devenus une mode générale. — L'HABILLEMENT se renouvelait chaque année ; la mauvaise qualité des étoffes l'exigeait. — Les OFFICIERS d'INFANTERIE portaient la GUÊ-

TRE; ils n'allaient même qu'en GUÊTRES à la cour. — Les RÉGIMENTS DE CAMPAGNE avaient en tout temps un CHARIOT par COMPAGNIE; ils étaient pourvus de leurs TENTES et autres EFFETS DE CAMPEMENT, et d'une COUVERTE par six hommes. — L'ARMEMENT était BRONZÉ. — La CHARGE du soldat d'INFANTERIE se montait, sous FRÉDÉRIC DEUX, à peu près à trente kilogrammes. — La CAPOTE D'INFANTERIE n'était pas encore en usage en 1792. — Examinons avec plus de détails les règles actuelles de l'uniforme, en embrassant successivement, HABILLEMENT, COIFFURE, ARMEMENT, ÉQUIPEMENT, HARNACHEMENT. — On apporte actuellement à toutes ces parties bien plus de soin que jadis; aussi l'UNIFORME coûte-t-il une fois plus qu'en 1806. — Les détails des EFFETS qui le composent se trouvent dans le *Spectateur militaire* (1828, t. V, p. 82). — Le BLEU FONCÉ a continué à être la couleur de l'INFANTERIE de bataille; l'habit est à deux rangs de boutons jaunes; le VERT est la couleur des CHASSEURS à pied et des TIRAILLEURS. — Toute la LANDWEHR est en BLEU. — Le DRAPEAU est blanc. — La VESTE, le PANTALON d'hiver et la CAPOTE de l'INFANTERIE sont GRIS. Le PANTALON d'été est de toile blanche; les deux PANTALONS sont A GUÊTRES et à la russe, hormis dans la GARDE; cette forme de pantalon est abandonnée en 1855 pour le pantalon à la française. Les CUIRASSIERS sont en BLANC; les DRAGONS et les HULLANS, en BLEU; les HUSSARDS, de diverses couleurs. — L'ARTILLERIE est en BLEU, avec COLLET NOIR. — L'armée prussienne est toujours pourvue à l'avance d'un HABILLEMENT tout confectionné et d'un MATÉRIEL égal aux EFFETS EN SERVICE. — Le remplacement s'en opère à mesure de la consommation. Quelquefois, à force de sages économies et sans qu'aucune plainte en résulte, tels CORPS ont jusqu'à quatre et cinq HABILLEMENTS d'avance; si la guerre éclatait, ils seraient ainsi en mesure de vêtir cinq fois plus d'hommes que n'en reconnaît le pied de paix. — Une CASQUETTE sert de BONNET DE POLICE. Le SCHAKO est la COIFFURE de tenue de toute l'INFANTERIE. — Les CUIRASSIERS et les DRAGONS ont le CASQUE DE CUIR. — Le FUSIL avec BAIONNETTE pèse dix à onze livres de PRUSSE, il coûte trente-huit francs environ; il a pris quelques-unes des formes françaises, telles que celles de la PLATINE; cependant, au moyen d'une LUMIÈRE évasée, il se charge sans s'amorcer, et la BAGUETTE, quoique allégée, est encore cylindrique. Le calibre est de dix-huit BALLES; la BAIONNETTE a un demi-mètre de long. Tous les hommes de troupe de l'infanterie portent le SABRE: une CARABINE RAYÉE ou un

FUSIL A PERCUSSION sont donnés aux TIRAILLEURS et aux CHASSEURS à pied. — Les FUSÉES DE GUERRE ont commencé à être employées en 1813, et les FUSILS A PISTON étaient en usage pour certaines troupes en 1834. — La CAVALERIE landwehrienne a la LANCE; tout cavalier a les PISTOLETS; les CUIRASSIERS ont le SABRE DROIT; les DRAGONS et les HUSSARDS, le SABRE COURBE et le MOUSQUETON; on le voit dans une gravure du *Journal de l'armée*, t. IV, p. 67. — L'ARTILLERIE à pied a le FUSIL de DRAGONS, à la française. — L'artillerie prussienne a, des premières, adopté l'OBUSIER LONG, à la russe. — Les gibernes d'infanterie contiennent soixante cartouches. Les HAVRE-SACS portent, en avant, une traverse qui rapproche leurs BRETELLES, pour répartir plus également la charge sur le buste de l'homme. — Les BRETELLES PORTE-CAISSE ont été le modèle de celles de France. — Le COR OU CLAIRON de l'INFANTERIE LÉGÈRE, *Buegel*, a été généralement imité et s'est perfectionné en FRANCE. — L'ARTILLERIE et le GÉNIE sont équipés comme les MOUSQUETAIRES. — Les CHASSEURS à pied, les TIRAILLEURS, la CAVALERIE de l'ARMÉE permanente ont la BUFFLETERIE NOIRE. — La CAVALERIE de la LANDWEHR a la BUFFLETERIE BLANCHE. — Les OFFICIERS de l'INFANTERIE et l'INFANTERIE de la GARDE royale ont pour CHAUSSURE la BOTTINE. — En 1824, tout RÉGIMENT avait ses FOURGONS, tout LIEUTENANT D'INFANTERIE son HAVRE-SAC, tout SOUS-OFFICIER sa MARMITE DE CAMPAGNE. — Le HARNACHEMENT est simple et pareil pour tous les CORPS; la SELLE est à PALETTE et à petite SCHABRAQUE. — N° 5. LOCALISATION. — Dans l'état de paix une partie des OFFICIERS D'ÉTAT-MAJOR réside auprès des CORPS D'ARMÉE tenus sur pied. — En temps de guerre, ces OFFICIERS sont attachés au commandement des armées agissantes. — Une faible partie des corps est casernée; le reste loge chez l'habitant. La permanence des BRIGADES dans les DIVISIONS, de celles-ci dans les CORPS D'ARMÉE, des CORPS dans une même province, favorise l'établissement des ÉCOLES, des BIBLIOTHÈQUES, des MAGASINS, et les économies de toute espèce; mais elle contrarie l'unité de travaux, et l'instruction de l'ARTILLERIE et du GÉNIE; elle les prive de communications en les répartissant en quarante-deux GARNISONS. — N° 6. ALLOCATIONS. — SERVAN (1780, B) donne un aperçu des anciennes prestations prussiennes. — Avant 1806, le SOLDAT n'avait de NOURRITURE régulière qu'un PAIN de SEIGLE à peine mangeable, délivré à raison de deux livres par jour; il est actuellement mieux nourri. — En route, l'hôte est tenu de pourvoir à la subsistance de l'HOMME DE

TROUPE ; le gouvernement donne, en dédommagement, quatre gros à l'HABITANT, ou soixante centimes environ, dont moitié est retenue sur la paye. — En 1852, la dépense individuelle du soldat est évaluée à deux cent trente-quatre francs cinquante-quatre centimes. — La SOLDE est augmentée ordinairement d'un quart en TEMPS DE GUERRE ; mais c'est une munificence royale, non le fait d'une loi ou d'un droit. — La SOLDE s'acquitte par mois, et à l'avance, aux OFFICIERS, par dix jours, et à l'avance, aux hommes de troupe. ODIER (1824, E, t. III) la regardait comme plus forte que celle de France. — Les deniers de poche sont de quinze centimes environ ; les deniers d'ordinaire sont de même taux. — Le système des masses individuelles n'étant pas admis, il est délivré annuellement aux SOLDATS deux paires de SOULIERS et du cuir pour deux RESSEMELAGES ; les SOUS-OFFICIERS en reçoivent trois paires ; les cavaliers reçoivent une paire de bottes. — L'ÉQUIPEMENT des OFFICIERS leur est fourni au moyen d'une RETENUE mensuelle sur leurs APPOINTEMENTS. — Les OFFICIERS, en TEMPS DE GUERRE comme DE PAIX, jouissent de la FOURNITURE du CHAUFFAGE en nature, à raison de quatre stères environ par an. — Le taux des indemnités de logement et de route qui leur sont allouées est plus favorable qu'en FRANCE. — Les RATIONS de FOURRAGES se distinguent en grosse et en petite. Dans l'INFANTERIE, l'OFFICIER qui commande un BATAILLON perçoit trois petites RATIONS ; les CAPITAINES en premier et les ADJUDANTS en perçoivent une. — La SOLDE des OFFICIERS de la GARDE ne diffère de celle de la ligne que par la haute paye accordée à raison du séjour à BERLIN. Cette égalité dans la répartition des honoraires est fondée sur ce texte des institutions prussiennes : *L'honneur d'entourer le monarque doit suffire.* — La dépense que le corps d'intendance entraîne ne s'élevait en 1851 qu'à quatre-vingt-quinze mille francs. — Le taux de la SOLDE en 1839 était indiqué dans le *Dictionnaire de la Conversation,* au mot *Solde.* — Un ordre du cabinet, promulgué en 1824 (15 août), règle sur un taux très-favorable les PENSIONS MILITAIRES ; le SERVICE en temps de guerre compte double. Cette disposition est plus claire et plus généreuse que celles qui s'appliquent aux MILITAIRES FRANÇAIS. — Les OFFICIERS pauvres peuvent obtenir la RETRAITE après quinze ans de SERVICE. — Les RETRAITES sont basées sur les deux principes du maximum et du minimum : celui-ci est de quinze à vingt-cinq ans ; le maximum est au-dessus et sans délimitation prévue. Le GÉNÉRAL LIEUTENANT reçoit

en RETRAITE, sept mille six cent quarante et un francs ; le COLONEL, quatre mille trois cent quatre ; le CAPITAINE, deux mille six cent dix-huit ; le LIEUTENANT, huit cent trente-cinq, etc., etc. — Si la PENSION D'OFFICIER est plus forte qu'en FRANCE, celle des hommes de troupe est bien plus faible. Il est vrai que les RETRAITES, en PRUSSE, ne sont qu'un moyen secondaire de RÉMUNÉRATION ; les véritables RÉCOMPENSES consistent dans l'obtention des EMPLOIS CIVILS qui viennent à vaquer et que les MILITAIRES RETRAITÉS sont aptes à remplir. Si les émoluments de l'EMPLOI ne s'élèvent pas au taux de la PENSION acquise, l'Etat y subvient. — C'est une imitation du système que, dans les dernières années de son règne, BONAPARTE avait institué en faveur des MILITAIRES FRANÇAIS. — Tous les OFFICIERS ont droit à ces EMPLOIS ; tous les sous-officiers ayant servi neuf ans y ont droit aussi. — Cette forme de RÉCOMPENSE est tellement avantageuse aux finances de l'Etat, qu'en 1827 il n'y a eu, dans toute l'ARMÉE, que cent sept OFFICIERS pensionnés et neuf admis aux INVALIDES ; dans le même espace de temps, il y a eu onze cent deux MILITAIRES admis à des EMPLOIS CIVILS. — En 1853, soixante et un officiers, mille soixante-dix sous-officiers et soldats, ont été pourvus d'emplois civils. En 1835, le nombre d'officiers placés était de cinquante ; celui des hommes de troupe, de mille cinquante-cinq. — N° 7. INSTRUCTION. — Il n'existait pas de règlements militaires avant FRÉDÉRIC deux, et pourtant le PAS CADENCÉ était depuis longtemps connu, les choses allaient d'habitude ; mais les SOLDATS étaient dressés au moyen de démonstrations imperturbablement égales ; elles suffisaient à leur éducation, malgré la quantité des CONGÉS de semestre qui leur étaient délivrés. L'INFANTERIE et la CAVALERIE étaient parvenues, pendant le règne de ce prince, à un haut degré de savoir ; la CAVALERIE, surtout, joue un rôle aussi nouveau qu'important dans les affaires de Czaslaw, Hohenfriedberg, Soor, Rosback, Zorndorf, Freyberg. Une révolution dans l'art de manier la CAVALERIE d'EUROPE en est le fruit ; la gloire en appartient, en grande partie, au général Seidlitz. — L'ARTILLERIE de siége et le GÉNIE avaient fait moins de progrès ; ces ARMES ont, de tout temps, attaqué mollement et malhabilement les postes ou les places qu'elles ont assiégés ; cependant les TRAVAUX de la FORTIFICATION DE CAMPAGNE s'exécutaient avec rapidité et habileté. — L'ARTILLERIE DE CAMPAGNE était sur un bon pied, mais la quantité en était démesurée ; elle a donné à l'EUROPE l'ARTILLERIE VOLANTE et l'ARTILLERIE

D'INFANTERIE. — Depuis la régénération de 1806, les minuties du MANIEMENT DES ARMES, accompagnées du coup de pied à l'allemande, la symétrie de la CHARGE du FUSIL, le charlatanisme des ÉVOLUTIONS disparurent : les MANOEUVRES furent plus simples, plus militaires ; l'éducation fut nécessairement plus rapide, à cause de la courte durée du temps de service ; le terrain, les bois, les champs furent parcourus comme théâtres d'études ; le tir à la CIBLE devint fréquent ; il n'était pas brûlé, annuellement, moins de deux mille cartouches par homme. La GYMNASTIQUE prit faveur ; l'importance des EXERCICES des TROUPES légères fut appréciée, et le mécanisme en fut décrit dans une quantité d'ouvrages élémentaires. Tous les SOLDATS furent exercés à la NATATION ; des CORPS entiers d'INFANTERIE et de CAVALERIE passaient et repassaient la Sprée, près BERLIN, avec armes et bagages. Les CORPS à pied marchèrent sur les traces de l'INFANTERIE ANGLAISE, se livrèrent aux mêmes études, aux mêmes EXERCICES de TIRAILLEURS et au tir des FUSÉES D'INFANTERIE ; la CASTRAMÉTATION devint savante, comme le témoigne le *Bulletin des Sciences militaires* (1830, p. 140). — La CAVALERIE n'était pas regardée comme aussi instruite ; elle était éparpillée en trop de GARNISONS pour acquérir de l'ensemble ; le temps ne suffit pas à l'éducation d'hommes la plupart transformés en palfreniers de plusieurs CHEVAUX ; la fréquence des EXERCICES écrase ces animaux ; la CAVALERIE landwherienne surtout, montée sur des CHEVAUX mal dressés, n'aurait que peu de vigueur sous des officiers plus citoyens que militaires et superficiellement instruits. — Les TROUPES du génie n'étaient pas regardées non plus comme habiles. — Quant aux INGÉNIEURS PRUSSIENS, ils se jettent dans des voies nouvelles de FORTIFICATION et sacrifient VAUBAN à Montalembert, comme le témoigne M. le général de CHAMBRAY (1833). — L'artillerie a fait plus de progrès ; les ouvrages de SCHARNHORST ont, en quelque sorte, renouvelé l'ART ; de nos jours, les écrits de M. DECKER en embrassent tous les détails ; les CAISSONS de tout genre ont été confectionnés, ainsi que tous les accessoires, sur un même type ; la VIS DE POINTAGE a fait oublier le coin de mire ; le MATÉRIEL s'est simplifié, consolidé, allégé ; le système en a été imité des ANGLAIS, et est devenu, en 1830, le modèle de celui de la FRANCE. — Des expériences BALISTIQUES ont été habilement suivies à BERLIN, et depuis que le prince Auguste a pris la direction de l'ARTILLERIE, il lui a été donné un règlement des manœuvres à pied. — La PRUSSE est, de tous les pays, le plus riche en institutions militaires destinées à propager, à perfectionner l'instruction et à former des OFFICIERS. Chaque nouveau grade qui leur est accordé, non compris ceux qui sont au choix du roi, est le résultat d'un examen spécial et la preuve d'une capacité reconnue. — Il existe à BERLIN, depuis 1802, une ACADÉMIE sous le nom de *Société savante militaire ;* il est institué en PRUSSE des ACADÉMIES de MÉDECINE MILITAIRE. — Les études historiques et la LANGUE FRANÇAISE ne sont nulle part mieux cultivées que dans les ÉCOLES de PRUSSE. — Des classes s'ouvrent pour tous les HOMMES DE TROUPE studieux, pour tous les jeunes gens bien élevés ; elles leur offrent une perspective d'AVANCEMENT. Ces établissements ont pour objet, les uns, l'éducation des ENFANTS DE MILITAIRES, les autres, le développement des facultés des vieux SOLDATS. Il y a des INSTITUTS pour les ARMES diverses ; il y en a pour la culture des sciences utiles aux OFFICIERS. Ainsi existe : — La maison d'orphelins de Potzdam ; c'est la plus ancienne ÉCOLE de ce genre ; elle était érigée par un sentiment de reconnaissance nationale et de justice. La Rochefoucault-LIANCOURT a vainement essayé, en France, d'élever à ses frais un monument pareil. Celle de PRUSSE préparait au service les orphelins que la GUERRE avait laissés sans appuis ; une ÉCOLE de MUSIQUE y était fondée et donnait des MUSICIENS aux RÉGIMENTS. Ainsi existent également : l'INSTITUT d'éducation des ENFANTS DE TROUPE à Annabourg ; la maison militaire des ENFANTS à Stralsund ; les trois ÉCOLES DE CADETS (la plus ancienne existait sous le grand électeur) ; les BATAILLONS et ESCADRONS d'instruction ; l'ÉCOLE des CHASSEURS de campagne ; les ÉCOLES de DIVISIONS, de RÉGIMENTS, d'ARTILLERIE, du GÉNIE ; les INSTITUTS ou ACADÉMIES de MÉDECINE, de CHIRURGIE, d'art vétérinaire. — L'ÉCOLE MILITAIRE, comparable à celle de SAINT-CYR en FRANCE, se nomme institut de BERLIN ; on y appelle CADETS ceux qui sont destinés à passer OFFICIERS. L'épée qu'on prétend que BONAPARTE a perdue à WATERLOO est suspendue dans un salon d'honneur de cet établissement. — Une ÉCOLE générale de la GUERRE ou de l'ART DU GÉNÉRAL, *allgemeine kriegsschule,* récemment créée, était en pleine vigueur en 1828 ; elle répond à l'ÉCOLE d'ÉTAT-MAJOR de FRANCE, mais elle est sur un pied différent, préférable peut-être, et analogue aux formes adoptées dans la MILICE ANGLAISE ; ce ne sont pas des écoliers qui y sont admis, au sortir d'une autre ÉCOLE, mais des OFFICIERS ayant déjà servi au moins trois ans, ayant rédigé avec succès des mémoires militaires, et s'étant distingués par leur capacité ; c'est une institution de laquelle les officiers sortent, les uns pour passer à l'état-major, les autres pour retourner à leur corps avec perspective d'un avancement plus assuré. —L'ARTILLERIE possède autant d'ÉCOLES que de BRIGADES; la GARNISON où il y a le plus d'artilleurs est celle où l'ÉCOLE est établie. — Depuis 1830, une LITHOGRAPHIE militaire de campagne a été créée. — Une ÉCOLE militaire secondaire est instituée en chaque chef-lieu de DIVISION. — Les artilleurs prussiens sont les premiers qui aient appliqué à l'ARTILLERIE DE CAMPAGNE le système des PLATINES A PERCUSSION. — Les environs de BERLIN sont le théâtre de fréquentes MANŒUVRES et des études de la PETITE GUERRE; elles ont lieu sous les yeux du roi; de jeunes OFFICIERS sont chargés de dresser une relation raisonnée des MOUVEMENTS qui s'exécutent; ces rapports sont ensuite remis au roi et servent à déterminer son choix dans les nominations aux emplois d'OFFICIERS d'ÉTAT-MAJOR. — En 1831, l'ARMÉE de PRUSSE était une des plus riches en journaux militaires. — Le CORPS D'ÉTAT-MAJOR publie à BERLIN la feuille militaire hebdomadaire (*Militair-wochenblatt*); des GÉNÉRAUX distingués y coopèrent.— Un autre journal militaire, nommé *Militair-literatur-Zeitung*, in-4°, paraissant de deux en deux mois, est publié par MM. DECKER, BLESSON et autres. Ils y insèrent des notices savantes sur tous les OUVRAGES qui paraissent en EUROPE. — Il y a un journal d'ART et de science de la guerre qui a paru depuis 1824, *Zeitschrift fur kunst, wissenschaft und geschichte des krieges*, petit in-8° de trois cahiers ou volumes par an. Il est rédigé par des OFFICIERS du GÉNIE, de l'ARTILLERIE, de l'ÉTAT-MAJOR, et le plan en avait, dit-on, été révisé par le roi lui-même. — En 1836, un journal plus répandu s'appelait l'*Ami du soldat*. — Dès l'année 1806, chaque RÉGIMENT était pourvu d'une BIBLIOTHÈQUE militaire. L'instruction fut traversée alors par les désastres d'une GUERRE malheureuse; mais, dix ans plus tard, une impulsion nouvelle était donnée; il fut fondé dans chaque DIVISION militaire une BIBLIOTHÈQUE allemande et française. Chaque FORTERESSE, chaque BRIGADE d'ARTILLERIE, chaque portion de TROUPE eut la sienne. Il fut pourvu à ces dépenses par des dons patriotiques, et par des legs en nature, offerts par des GÉNÉRAUX ou même par de simples OFFICIERS. Le fonds ou les intérêts des GRATIFICATIONS pour PARTS DE PRISE reçurent la même destination; les fruits du butin en furent ainsi ennoblis. Les secours du gouvernement complétèrent l'insuffisance des autres ressources. — L'ÉTAT-MAJOR dépensa à lui seul, en achats de LIVRES, plus de neuf mille francs (plus de dix-huit cents rix-

dalers). Pendant le cours de 1817, chaque BIBLIOTHÈQUE des autres armes consacra aux dépenses courantes plus de cinq mille francs par an. — La BIBLIOTHÈQUE de la onzième DIVISION, provenue de celle des ENSEIGNES de Breslaw, contenait près de huit cents OUVRAGES; les autres bibliothèques des ÉCOLES de DIVISION renferment de deux cents à cinq cents traités. — A chaque chef-lieu de DIVISION, les fonds primitifs pour acquisition de livres étaient de deux mille francs. — Le gouvernement a pourvu aux premiers frais des écoles d'hommes de troupe dans chaque CORPS D'ARMÉE et dans chaque portion de TROUPE. — Le chant même est cultivé avec ardeur, comme le témoigne le *Journal de la Société de statistique universelle* (t. V, p. 454); il y a dans chaque corps, en outre du maître de musique, un précepteur de musique vocale aux leçons duquel les *soldats vont aussi régulièrement qu'à l'exercice*. — Il est alloué par an, par chaque BATAILLON OU ESCADRON, pour acquisition et entretien de LIVRES, cent vingt francs. — On voit dans le *Spectateur militaire* (juillet 1827) que les dépenses pour achats de livres à l'usage des CORPS montent annuellement à soixante-dix mille francs; que la dépense du même genre en faveur des ÉCOLES et des instituts se monte annuellement à cinquante mille francs; qu'enfin la totalité des ouvrages militaires mis à la disposition de l'ARMÉE PRUSSIENNE est, en 1831, de trente-cinq mille cent cinquante-six traités, formant plus de cent mille volumes. — Tous les moyens ont été combinés et mis en usage, tant pour obliger les anciens OFFICIERS à l'étude, que pour n'admettre, comme OFFICIERS, que des sujets dont la capacité est constatée. — L'ENSEIGNEMENT MUTUEL est pratiqué dans les ÉCOLES régimentaires; chaque compagnie a la sienne; les études y sont plus fortes que nulle autre part, parce que la PRUSSE est le royaume où il y a le plus d'individus sachant lire et écrire. — La CAVALERIE se livre à une ESCRIME du sabre suivant les principes de M. EISELEN. — La courte durée du service est un avantage accompagné d'inconvénients; le temps manque pour former les hommes de certaines ARMES; et ce renouvellement triennal de tous les SOLDATS de l'ARMÉE, harasse et dégoûte les OFFICIERS et les SOUS-OFFICIERS en les transformant sans relâche en précepteurs de RECRUES, en répétiteurs de l'école du soldat et en piqueurs de manége. Aussi plusieurs relations affirment-elles que la CAVALERIE est médiocre, parce qu'il est impossible qu'en trois ans l'éducation des hommes soit satisfaisante, à moins qu'on n'ait mis sur les dents les chevaux. A peine formé, l'homme obtient sa libération, et un cheval énervé reste à ses successeurs. — Les GÉNÉRAUX DE BRIGADE inspectent en détails leurs TROUPES à la fin de mai ou en juin; ils les font ensuite manœuvrer. — Les GÉNÉRAUX DE DIVISION se livrent à leurs inspections à la fin de juillet, et exercent aux pratiques du service de campagne et aux études de la petite guerre leur troupe pendant le mois d'août. — Les GRANDES MANOEUVRES ont lieu en automne; elles durent quinze jours ou trois semaines; elles diffèrent ainsi des grandes manœuvres de l'ancienne armée qui avaient lieu au printemps et à l'automne. — Les troupes d'un CORPS D'ARMÉE, ou même plusieurs CORPS D'ARMÉE, se réunissent tous les deux ans pour les GRANDES MANOEUVRES. Le roi ou un prince y assiste. — M. XILANDER (1831) affirme qu'en trois ans un RÉGIMENT prussien fait plus d'EXERCICES de toute espèce qu'un RÉGIMENT français pendant huit ans. — La LANDWEHR ne se rassemble plus maintenant qu'au chef-lieu de son district le premier dimanche de chaque mois. On la réunit en automne pendant quinze jours; la moitié la plus instruite du BAN assiste aux GRANDES MANOEUVRES ou aux ÉVOLUTIONS de ligne; on convoque seulement pendant huit jours le SECOND BAN en automne. — En 1833, le génie essayait de mettre en pratique le système des TOURS A LA MONTALEMBERT. — L'instruction du corps des BOMBARDIERS passe pour forte; il y est admis des fils de famille, ou des jeunes gens de douze à quinze ans, au nom desquels leurs parents ont contracté un ENGAGEMENT A VIE; ces jeunes gens deviennent OFFICIERS s'ils satisfont aux EXAMENS. — Les TROUPES du GÉNIE, les PIONNIERS, les SAPEURS, restant sédentaires dans trente GARNISONS, n'y acquièrent que peu d'habileté, d'autant qu'une partie, n'étant enrôlée que pour un an, ne mène qu'une vie d'ouvrier ordinaire. — En 1834, l'escrime DE BAIONNETTE faisait de remarquables progrès. — Le *Spectateur militaire* (t. XII, p. 37) donne un tableau intéressant du degré actuel de l'instruction littéraire de l'ARMÉE de PRUSSE. — Nº 8. TACTIQUE. — Le marquis de BRANDEBOURG a eu le triste honneur de l'invention des BOULETS ROUGES. — Dans la GUERRE DE 1741, la supériorité naissante de la TACTIQUE prussienne se manifeste.—L'INFANTERIE manœuvre par BRIGADES de cinq BATAILLONS avec direction au centre. On appelait avec raison GÉNÉRAL DE BRIGADE le chef de cette TROUPE. — Elle est la première qui ait fait usage du CARRÉ simple ou double, c'est-à-dire A TROIS OU A SIX RANGS, du PAS DE DÉPLOIEMENT et du RANG DE TAILLE. — Elle était déjà formée sur trois RANGS quand les AUTRICHIENS se tenaient encore sur quatre et sur cinq; elle fournissait un FEU non interrompu et plus meurtrier, parce qu'elle tirait sur une masse plus profonde, que ses COUPS étaient plus sûrs, que le FEU partant d'une ligne plus mince, mais plus étendue, aucun FUSIL ne se reposait pendant l'ACTION. — Une manœuvre d'AMINCISSEMENT réduisait au besoin les trois RANGS à deux. — Serrée sans être gênée, l'INFANTERIE s'avançait au DEMI-PAS, tout en faisant FEU; modifiait avec un accord parfait le PAS; se maintenait imperturbablement sur les directions et dans les dimensions ordonnées; se déployait, au besoin, par ÉCHELONS, vers l'un ou l'autre flanc; multipliait à son gré et brusquement le poids de sa masse; la jetait au point où elle voulait faire effort; refusait à volonté une aile, couvrait un flanc, accomplissait une CHARGE, ou une FORMATION EN AVANT EN BATAILLE sans cesser de marcher. — Cette ARMÉE déguisait longtemps l'attaque projetée, tout en menaçant des points nombreux; elle choquait où et quand il lui plaisait; renforçait incessamment les têtes chargées de l'offensive; ébréchait, perçait le front attaqué, ou bien elle échancrait, par une double conversion, des flancs que l'ennemi ne supposait pas compromis. — Le prince d'Anhalt traverse la plaine de Hochstedt à la tête d'un CARRÉ de huit mille hommes d'INFANTERIE que la CAVALERIE FRANÇAISE chercha vainement à entamer. — Dans les temps modernes, un pareil exemple n'avait encore été donné que par Schulembourg, lorsqu'il brava les trabans à la tête desquels CHARLES DOUZE chargeait en personne : tels sont les premiers, les grands exemples de la puissance et de l'importance des CARRÉS. — Ce jeu des COLONNES, cette ressource des CARRÉS, ce DÉPLOIEMENT des BRIGADES, cet appui des RÉSERVES, cette conservation des INTERVALLES, cette série de secrets alors nouveaux ou à peine connus, ne parurent dans leur ensemble que dans la GUERRE DE 1756, quand le génie et la persévérance de FRÉDÉRIC eurent porté à la perfection les instruments qu'il mettait en action. — La CAVALERIE, d'abord débile et battue, fut dressée ensuite par FRÉDÉRIC lui-même. Les LIGNES de chevaux fournissent les CHARGES en franchissant au galop deux mille PAS, soit en MURAILLE, soit par BATAILLONS de cinq ESCADRONS, soit en ESCADRONS espacés, sans CREVER, sans que l'ALIGNEMENT, les DISTANCES ou les INTERVALLES en souffrent. Un pareil résultat n'avait pas encore été obtenu. — Sous les ordres de Seidlitz, une CHARGE de CAVALERIE fut exécutée par six mille hommes galopant sans désunion. — Depuis la GUERRE DE 1756, et surtout depuis Mollwitz, le TROISIÈME RANG de l'INFANTERIE garda pendant les feux la BAIONNETTE au bout du FUSIL. — Chaque SOLDAT d'INFANTERIE reçut soixante CARTOUCHES; jusque-là, il n'en avait été délivré que trente par homme. — Pendant cette GUERRE, l'ARMÉE se composait ordinairement de deux LIGNES; l'usage n'en était point encore adopté généralement dans les autres services. — L'INFANTERIE prussienne avait quelquefois recours, comme le témoigne MIRABEAU (1788, C), à un ORDRE EN COIN sur deux LIGNES; elle avait d'abord pratiqué les feux à génuflexion, elle y avait renoncé. — Les TROUPES prussiennes, intrinsèquement considérées, étaient médiocres, et, comme le remarque LESSAC (1783, A), *toutes les fois que le sort du combat a dépendu de leur valeur, et que leurs généraux n'ont pu manœuvrer, elles ont été battues.* Mais leur supériorité tenait surtout à l'habileté des GÉNÉRAUX et des COLONELS élevés à l'école de FRÉDÉRIC; elle tenait à la capacité et au zèle des OFFICIERS qui se vouaient à un état récompensé par une grande considération; mais, disait LESSAC (1783, A), *L'illustration des Prussiens tient à leur monarque, et peut finir avec lui.* — L'événement a justifié d'une manière inattendue ce pronostic. — Plus d'une fois, dit ce même AUTEUR, *Le roi de Prusse a été obligé de braquer du canon contre ses propres troupes pour soutenir leur faible courage. C'est là le moindre aveu que cette discipline ait fait de son impuissance; voilà pourquoi ces troupes, plus manœuvrières que braves, ont été battues; malheur qu'elles auraient éprouvé plus souvent avec un ennemi entreprenant.* — Habituellement c'étaient les HALLEBARDES des SERRE-FILES qui s'accrochaient l'une à l'autre pour former barrière et interdire la retraite. — Quintus Icilius (GUISCHARDT) (1758, H), jugeant sans prévention la Milice prussienne, disait à GUIBERT, s'il faut en croire ce qu'il rapporte, que *les plus belles dispositions y péchaient souvent par l'exécution et par le défaut d'accord entre les parties; qu'il s'en fallait que tout y fût approfondi et perfectionné; que la routine l'emportait sur l'art; mais que sa force était dans le maintien de l'ordre et la rigueur de la discipline, et qu'une histoire impartiale de la guerre de 1756 étonnerait et rappellerait de leur engouement bien des gens.* — GUIBERT aussi, tout admirateur qu'il fût de FRÉDÉRIC, avait reconnu, aux GRANDES MANOEUVRES, et il a démontré

que la Milice prussienne *n'avait pas poussé à perfection la théorie des manœuvres ni leur pratique.* — Quoique les BATAILLONS ne fussent, non compris les GRENADIERS, que de cinq COMPAGNIES, ils se divisaient pourtant pour les MANOEUVRES en deux AILES, quatre DIVISIONS et huit PELOTONS. Ce défaut d'harmonie entre la FORMATION constitutive et la FORMATION tactique était un grand vice. Si la COMPAGNIE de GRENADIERS était présente, le BATAILLON se partageait en six DIVISIONS et douze PELOTONS; c'était une complication de plus. — La CADENCE du PAS était moindre que celle de notre PAS actuel; elle était, au temps de FRÉDÉRIC, de soixante-dix à la minute; sa MESURE était de deux pieds de France à peu près. — Les BATAILLONS étaient proportionnés à raison de six cents HOMMES de RANG ou de deux cents FILES sous les armes, GRENADIERS non compris. — Les JOURS DE BATAILLE, l'ARTILLERIE D'INFANTERIE, composée de PIÈCES DE TROIS et DE SIX, se partageait à la PREMIÈRE et à la SECONDE LIGNE; les PIÈCES DE TROIS étaient à la PREMIÈRE. — Passons à l'examen des choses plus modernes. — Quand la GUERRE DE LA RÉVOLUTION éclata, l'ARTILLERIE VOLANTE était encore dans l'enfance, elle ne faisait usage que de quelques PIÈCES DE TROIS attelées de médiocres CHEVAUX. — Un jour a mis au néant le chef-d'œuvre de FRÉDÉRIC: plus de deux cent mille PRUSSIENS sont tués, pris ou mis en fuite à IÉNA, et le trône de PRUSSE est renversé. *Les Prussiens n'y ont pas fait la résistance qu'on attendait de leur réputation,* a dit BONAPARTE (M. LAS-CAZES, t. II, p. 179). — La révolution qui s'est opérée depuis cette époque a influé sur la TACTIQUE non moins que sur tout le reste. — Le TROISIÈME RANG fait le service de TIRAILLEURS. Les FEUX DE PELOTONS, DE CHAUSSÉE, DE PARAPET sont abolis. — Depuis 1809, l'INFANTERIE adopte le système des MASSES tenues en RÉSERVE derrière un rideau déployé. Quelquefois elle pratique les CARRÉS PLEINS. — Le service des TIRAILLEURS et la PETITE GUERRE sont démontrés avec habileté. — Le PREMIER BAN s'exerce dans ses foyers, mais par petits détachements et rarement. — L'instruction de la LANDWEHR à pied répond à celle de l'INFANTERIE de ligne; mais d'abord il n'en était pas ainsi, et suivant les paroles de BONAPARTE (M. LAS-CAZES, t. II, p. 179), *les multitudes de 1813 et de 1814 n'étaient rien.* — Le règlement de 1812 sur l'EXERCICE de l'INFANTERIE forme, en ORDRE DE BATAILLE, une BRIGADE sur deux LIGNES en QUINCONCE; la SECONDE est subordonnée à la PREMIÈRE, elle est le plus souvent en COLONNE D'ATTAQUE. — Pour l'attaque à la baïonnette, la FORMATION s'ordonne sur deux LIGNES, la PREMIÈRE composée de trois MASSES et la SECONDE de quatre, à DISTANCE de cent cinquante pas. — Pour l'attaque ordinaire, la FORMATION est sur trois LIGNES à DISTANCE de cent cinquante : la PREMIÈRE est de deux BATAILLONS déployés ; la SECONDE, de trois BATAILLONS en MASSE ; la troisième, de deux MASSES. Dans ces différentes FORMATIONS, la CAVALERIE se tient en arrière sur trois COLONNES. — Les PLOIEMENTS et DÉPLOIEMENTS se font au PAS DE COURSE. — L'ARMÉE se servit en 1815 de plusieurs BATTERIES de FUSÉES à Wittemberg et à LEIPZIG ; c'était une innovation empruntée des ANGLAIS. Elle faisait aussi quelque usage de CARTOUCHES INCENDIAIRES à la manière autrichienne. — Dans les MANOEUVRES qui veulent de la célérité, cette ARTILLERIE plaçait une partie de ses hommes sur les SOUS-VERGES et le COFFRET de l'AVANT-TRAIN. Ce moyen, pratiqué aussi par les ANGLAIS, est devenu français en 1830. — Depuis 1806, les BATTERIES de l'ARTILLERIE A PIED étaient réglées à raison de six PIÈCES, dont quatre de SIX ou de DOUZE et deux OBUSIERS COURTS de sept à neuf livres. — Les batteries de l'ARTILLERIE A CHEVAL étaient de six PIÈCES DE SIX et de deux OBUSIERS de vingt-quatre, en tout de quinze VOITURES à six CHEVAUX. — Deux cent soixante-dix BOUCHES A FEU sont, en tout temps, pourvues de leurs attelages dans le meilleur état. — Les CAMPS D'INSTRUCTION dont FRÉDÉRIC avait su tirer un parti si profitable n'ont pas cessé d'être en honneur ; là s'exécutent les GRANDES MANOEUVRES annuelles, dans lesquelles on n'épargne pas la poudre ; le roi ou ses fils les commandent en personne. — En 1828 (août), le CAMP près de Breslaw, sur la route de Schweidnitz, comprend près de quatre-vingt-dix mille hommes de toutes armes ; l'INFANTERIE seule y campe, l'ARTILLERIE et la CAVALERIE sont cantonnées aux environs. — En 1829, le gouvernement fait faire de nombreux essais pour appliquer, même à l'ARTILLERIE, les AMORCES FULMINANTES. — N° 9. PUNITIONS, PEINES. — Sous FRÉDÉRIC DEUX, manquer au service entraînait, suivant la gravité du cas, le CHATIMENT du BATON ou des VERGES pour l'homme de troupe, les ARRÊTS, la PRISON ou la PEINE des FERS pour l'OFFICIER ; mais un règlement déterminait, à partir du moindre GRADE jusqu'au roi lui-même, l'espèce et les degrés de PUNITIONS, et le droit d'en ordonner l'application. Suivant diverses circonstances, la forme des CONSEILS judiciaires se modifiait ; le nombre des JUGES variait entre neuf et vingt-deux. — Les nombreuses précautions alors prises pour la répression de l'INDISCI-

PLINE sont mentionnées dans KÉRALIO (1770, H) et dans MIRABEAU (1788, C). — Un nouveau système pénitenciaire s'est introduit dans l'ARMÉE depuis la publication de la loi martiale, *kriegs-artikel*, en 1808. L'institution des COURS MARTIALES est une combinaison des lois pénales de l'ARMÉE FRANÇAISE, promulguées en 1790 et 1791, et des lois pénales de l'ARMÉE ANGLAISE adoptées plus récemment. — La FUSTIGATION, jusque-là arbitraire, a cessé d'être pratiquée, si ce n'est dans des cas rares, quand l'inconduite est déclarée incorrigible et que le fait est constaté par un jugement d'un CONSEIL de guerre, qui fait descendre l'homme de troupe dans une classe où il est passible de CHATIMENTS corporels. — Les PUNITIONS de la DISCIPLINE se rapprochent de celles de FRANCE, sauf les répressions, qui consistent en une sorte de cassation ou de RÉTROGRADATION à la SECONDE CLASSE de l'état militaire. La DISCIPLINE et la pénalité consistent, pour les hommes de troupe : 1° dans les CORVÉES et les TOURS DE SERVICE ; 2° la CONSIGNE ; 3° la PRISON ; 4° la PRISON RIGOUREUSE ; 5° la RÉTROGRADATION à la SECONDE CLASSE. — Tout OFFICIER peut infliger aux SOUS-OFFICIERS, et même aux SOLDATS bien nés, la CONSIGNE, en répression de FAUTES LÉGÈRES. — Les punis gardent la chambre ; s'ils violent leurs ARRÊTS, ils encourent la PRISON. — La PRISON est du genre de celle que la MILICE ANGLAISE appelle solitaire ; elle consiste en une cellule et une demi-fourniture ; elle est de deux degrés. — Le second degré motive privation de SOLDE et de TABAC à fumer ; le CONDAMNÉ est AU PAIN ET A L'EAU, hormis le troisième jour. — La PRISON RIGOUREUSE s'appelait aussi les LATTES ; elle était imitée dans la MILICE NÉERLANDAISE. Le coupable est dans un CACHOT dont le plancher est façonné en lattes, ou plutôt en chevrons triangulaires ou taillés en prisme, sur lesquels il ne peut poser sans douleurs ; il n'a ni souliers, ni habit, et ne jouit que le troisième jour de la permission de coucher dans un lit et de prendre les aliments ordinaires. — Tout SOUS-OFFICIER qui méritait cette PUNITION encourait en même temps la CASSATION. Un ordre du cabinet de 1832 (19 novembre) a aboli la punition des lattes. — En campagne, des CORVÉES pénibles et la PRISON RIGOUREUSE étaient imposées ; mais au lieu d'être dans un cachot, l'homme était garotté debout, pendant un certain nombre d'heures, contre un mur ou un arbre, vers lesquels il avait la figure tournée. — Pour certains méfaits, le CONSEIL de guerre régimentaire renvoie à la SECONDE CLASSE l'homme de troupe puni, lui impose la PRIVATION de la COCARDE, lui en fait porter une de la couleur du pantalon, ou lui fait administrer vingt-cinq à quarante cours de baguettes, si déjà il appartenait à la SECONDE CLASSE. — La punition des BAGUETTES est infligée à huis-clos par un SOUS-OFFICIER, en présence des camarades. — Les PUNITIONS des OFFICIERS sont les ARRÊTS simples ou de rigueur. — La forme des ARRÊTS répond aux usages français; la PUNITION est consignée dans l'ORDRE DU JOUR et sur le LIVRE DE CONDUITE; en cas de récidive, l'EMPRISONNEMENT a lieu. — Le roi seul peut ordonner plus de douze jours d'ARRÊTS. — La VIOLATION des ARRÊTS est punie de DESTITUTION. — L'EXPULSION des officiers peut avoir lieu sur la demande du corps d'officiers, si le coupable manque de respect pour ses supérieurs ou ne sait pas lui-même se faire respecter. — S'il vit dans le désordre, le corps d'officiers assemblé peut le déclarer incapable d'AVANCEMENT. — La DISCIPLINE de la landwehr diffère peu de celle de l'ARMÉE; elle est la même en cas de RASSEMBLEMENT. — ERHARD, le *Journal des Sciences militaires* (1827, 20ᵉ livraison), le *Bulletin des Sciences militaires* (1826, p. 462; 1827, p. 5 et 77), donnent à cet égard des détails étendus. — La JUSTICE est rendue par des TRIBUNAUX, composés de neuf membres, et par des CONSEILS DE DISCIPLINE; les derniers jugent les hommes de troupe, si le cas n'emporte pas réclusion dans une FORTERESSE. — Les TRIBUNAUX se distinguent en inférieurs ou supérieurs; les supérieurs s'appellent AUDITORIAT général et AUDITORIAT supérieur de campagne. — L'AUDITORIAT général a juridiction sur les officiers GÉNÉRAUX et supérieurs; il instruit comme COUR DE CASSATION. — Les AUDITORIATS supérieurs exercent dans le CORPS D'ARMÉE auquel ils sont attachés. — Les TRIBUNAUX inférieurs sont spécialement affectés, les uns aux PLACES DE GUERRE, les autres aux DIVISIONS, les autres aux CORPS. — La composition des TRIBUNAUX se modifie suivant le rang ou le GRADE du PRÉVENU et suivant la gravité de la PROCÉDURE. — Les OFFICIERS EN RETRAITE restent justiciables des JUGES militaires; mais toute infraction commune est punie suivant le CODE PÉNAL commun. — Il est créé, dans quelques circonstances particulières, des COMMISSIONS extraordinaires de justice, mais le cas est rare. — Au roi seul est réservé le droit de confirmer les JUGEMENTS qui emportent PEINE de DÉGRADATION ou d'EMPRISONNEMENT prolongé des OFFICIERS et SOUS-OFFICIERS; il peut les adoucir, non les aggraver. — Le CODE PÉNAL est plus simple et plus conséquent que celui de FRANCE; il ne regarde comme INFRACTIONS purement militaires que l'INSUBORDINATION

et la DÉSERTION; les autres INFRACTIONS sont punies conformément au code commun. — Une sorte de justice exceptionnelle, imitée par les MILICES BAVAROISE et NÉERLANDAISE, est un emprunt amélioré de ces établissements informes ou capricieux qu'on appelait autrefois en FRANCE la CALOTTE et le POINT D'HONNEUR. Un ordre du cabinet de 1818 (5 août) a créé dans chaque CORPS un TRIBUNAL D'HONNEUR, ou plutôt une censure de famille; les JUGES, pris parmi les camarades, sont en même temps jurés, et leur conscience seule règle le degré de la PEINE. — Leur mission est de veiller, comme l'indique une espèce de considérant, *à ce que le renom du corps reste intact.* — Tous les OFFICIERS du CORPS sont MEMBRES de ce TRIBUNAL; ils connaissent de ce qu'il y aurait de répréhensible dans la conduite privée: ainsi, les vices habituels, la fréquentation de la mauvaise compagnie, l'ivrognerie, la disposition à emprunter ou à faire des DETTES sont de leur ressort. — Ce cercle d'attributions a reçu de l'extension par l'ordre du cabinet de 1825 (15 février) et de 1828 (13 juin). Un acte qu'en beaucoup de pays la loi n'osait pas saisir franchement, le duel entre officiers, a commencé à ressortir aux TRIBUNAUX D'HONNEUR; leur devoir n'est pas de les punir, mais de les prévenir, *l'officier ne devant* (dit la loi prussienne) *exposer sa vie que pour la défense de son pays.* Dans cet esprit, il est enjoint aux TRIBUNAUX D'HONNEUR d'appeler devant eux les duellistes, et de livrer à la JUSTICE ordinaire *ceux surtout qui se seraient battus au pistolet.* — Les séances n'ont lieu que sur convocation ordonnée par le GÉNÉRAL LIEUTENANT. Le CONSEIL ne procède que sur un rapport d'enquête dressé par une commission composée d'un CAPITAINE, un LIEUTENANT et un SOUS-LIEUTENANT, et assistée d'un AUDITEUR. Cette commission cite l'inculpé, l'interroge par écrit et appelle même, si elle le juge à propos, des témoins; sa PROCÉDURE est secrète. — Ce que cette forme présenterait d'irrégulier, ce serait qu'un CAPITAINE inculpé fût interrogé par des inférieurs, et même par son LIEUTENANT ou son SOUS-LIEUTENANT; le cas est à prévoir et à éviter. — La commission qui a fait l'enquête ne concourt point au JUGEMENT à rendre, non plus que les parents au degré prohibé par la loi. — Un CONSEIL composé d'OFFICIERS d'un autre CORPS prononce la pénalité qu'un TRIBUNAL D'HONNEUR applique, et prive le coupable d'un ou de plusieurs TOURS D'AVANCEMENT; c'est ainsi, en quelque sorte, une interdiction ou une annulation momentanée d'ANCIENNETÉ. Le TRIBUNAL peut aussi exiger une DÉMISSION pure et simple ou ordonner la radiation sur les contrôles. Le JUGEMENT peut être déféré par le condamné au roi, qui, dans ce cas, convoque un autre TRIBUNAL D'HONNEUR. — Le pouvoir de ces TRIBUNAUX n'a d'action que sur les OFFICIERS particuliers. Au roi seul reste le droit de connaître de l'inconduite des OFFICIERS supérieurs. — On voit que pour un OFFICIER, fût-il même absous, avoir été mis en JUGEMENT est déjà une circonstance fâcheuse ; le retard de son AVANCEMENT, la perte de son état, peuvent être la conséquence de ses imprudences ou de sa culpabilité. — Une pareille création manquait dans les MILICES modernes et dans l'état actuel des mœurs ; mais ces effets salutaires devraient-ils être restreints à la seule classe des officiers ? une censure de soldats ne devrait-elle pas exister, puisqu'il ne suffit plus du BATON du supérieur pour châtier les désordres, et que l'ignoble punition nommée SAVATE par les soldats, et infligée entre camarades, ne saurait être tolérée ? — N° 10. ADMINISTRATION. — FRÉDÉRIC DEUX, avec une population de cinq millions d'habitants et un revenu net de quarante à cinquante millions de livres, tenait sur pied deux cent mille combattants et subvenait aux frais, alors coûteux et maintenant nuls, de l'enrôlement. — Le système administratif de l'ARMÉE s'est modifié complétement depuis 1806. *Les Prussiens*, a dit le *Spectateur militaire* (t. XIII, p. 247), *semblent avoir fait le plus de progrès pour ramener la comptabilité des troupes à des résultats simples et positifs.* — De nos jours, l'entretien de l'ARMÉE revient au double de l'ancienne dépense ; mais les habitants des campagnes ont cessé d'être vexés et pressurés par les OFFICIERS de CAVALERIE. — La population est aujourd'hui de douze à treize millions ; le revenu de la PRUSSE est de cent quatre-vingt-cinq millions de francs. — Pour faire face à toutes les branches administratives, le gouvernement perçoit des contributions un peu moins que la FRANCE ne dépense pour une seule branche, pour l'ARMÉE. — Sur pied de paix, cent vingt mille hommes occasionnent au gouvernement prussien une dépense de quatre-vingt-cinq millions environ. Le *Spectateur militaire* (t. XII, p. 468) n'élève même la somme qu'à soixante-dix-huit millions ; M. de CHAMBRAY (1833) la porte à quatre-vingt-trois millions trois cent cinquante-deux mille six cents francs. — Le budget militaire de 1828 n'était que de soixante-dix-huit millions ; l'ARMÉE prussienne était alors moins chère d'un tiers que l'ARMÉE FRANÇAISE, et elle aurait pu, aux jours du danger, mettre sur pied une fois plus

d'hommes. — Le principal moyen d'économie, en PRUSSE, a toujours été une grande distribution annuelle de CONGÉS temporaires. — Le rapport sur le budget de France, en 1831 (30 décembre), contient une assertion erronée ; il y est avancé que l'armée de PRUSSE ne coûterait guère moins que celle de FRANCE. — En 1832 (24 juin), le rapport fait à la chambre des députés sur le même sujet déclarait que la Prusse dépense un million par mille hommes. Nous croyons exagéré ce calcul. — Nous tirons de la même source que la dépense commune de l'HOMME COMMUN serait de mille francs. Les deux évaluations ci-dessus, offertes en sommes si exactement rondes, nous sont suspectes. — Dans une séance de la chambre des pairs, en 1834 (22 mai), M. le général LAROCHE-AYMON estimait à cent vingt millions la dépense que l'ARMÉE entraînait ; c'était la moitié du revenu de l'État. — En 1832, la dette de la Prusse était de huit cent millions ; ses revenus étaient de deux cent millions, l'intérêt de la dette payé. — L'usage de la MASSE DE PETIT ÉQUIPEMENT étant inconnu en PRUSSE, les EFFETS de ce genre y étaient distribués comme le sont les EFFETS d'HABILLEMENT ; chaque CAPITAINE autrefois y pourvoyait, mais actuellement les CONSEILS D'ADMINISTRATION, à l'instar de ceux de FRANCE, sont chargés de la gestion du PETIT ÉQUIPEMENT. — L'État fournit aux CORPS les ARMES, les DRAPS, les matières premières ; ainsi, l'ADMINISTRATION des CORPS se borne à la CONFECTION et à la RÉPARATION des EFFETS. — Des FEUILLES DE PRÉSENCE et de DÉCOMPTE sont dressées sous la surveillance du CORPS de l'INTENDANCE ; elles constatent les EFFECTIFS et sont les éléments des REVUES. — Les anciennes CASERNES étaient en petit nombre, mal distribuées et incommodes ; ces défauts ont disparu. Les CASERNES modernes contiennent de spacieuses SALLES D'EXERCICE, des appartements d'étude pour les OFFICIERS, des chambres d'ÉCOLE pour les hommes de troupe, et des locaux particuliers pour CUISINES et RÉFECTOIRES. Les SOLDATS couchent un à un, et leurs DORTOIRS sont échauffés par des poêles. — La PRUSSE est le royaume où il existe le plus d'établissements militaires, soit en vue de perfectionner, soit en vue de récompenser les services rendus. — Une caisse des VEUVES est instituée par une sage prévoyance ; le fonds s'en compose de versements prélevés sur la dot des épouses. Ainsi, la mesure n'obère en rien l'État, et, en cas de veuvage, elle assure aux femmes d'officiers une jouissance d'intérêts favorables et proportionnels. L'OFFICIER qui se marie supporte, il est vrai, un sacrifice ; mais la quotité du dépôt qu'il engage est facultative, et la famille qui délivre une dot est rassurée sur son emploi. L'obligation de cette retenue prévient des MARIAGES désavantageux, disproportionnés et mal assortis. — Rien de mieux entendu, en grande ADMINISTRATION, que l'obtention assurée d'un EMPLOI CIVIL après l'accomplissement régulier du SERVICE que la loi exige; ce véhicule est aussi politique que moral. Cette mesure, qui est le dédommagement de l'impôt du sang, le contre-poids de la CONSCRIPTION, s'étend et s'étendra dans tous les pays où le RECRUTEMENT FORCÉ a pris racine. Il est juste que, à mérite égal, celui qui a payé sa dette publique comme militaire soit appelé par préférence aux places que l'État salarie. — Une manufacture d'armes, établie par un Français près de Dusseldorf, livre le FUSIL de munition au prix de huit thalers et demi ou trente-quatre francs environ. — Quand les distributions de vivres en nature ont lieu, le fantassin prussien doit porter en campagne dans son HAVRE-SAC, suivant les évaluations de M. CANCRIN, six livres et quatorze onces de PAIN ou autres objets de SUBSISTANCE. — On peut consulter, à l'égard des formes de l'administration actuelle, M. BRUECKNER, M. CANCRIN, DANZIGER, RUMPF (1820), le *Bulletin des Sciences militaires* (1826, p. 545 et 548), le *Spectateur militaire* (t. v, p. 86). On y trouve un devis de la solde et un tableau des dépenses d'entretien.

MILICE ROMAINE (F). Sorte de MILICE qui n'a, ici, rien de commun avec les neuf ou douze mille hommes de l'armée papale; ne nous occupons que de ce qui concerne l'antiquité. — La description aura moins d'étendue qu'elle ne semble en exiger, parce que nous avons traité à part de la LÉGION, des MANIPULES, des COHORTES, des ENSEIGNES, des CAMPS, des DICTATEURS, des CONSULS, des QUESTEURS, des PRÉTEURS, des PRÉFETS et de la LANGUE. — Bossuet (*Histoire universelle*), GUIBERT (1773, E), MABLY (*Observations sur les Romains*), MONTESQUIEU (*Grandeur et décadence*, etc.), ODIER (1824, E), ont traité la partie politique, philosophique, morale du sujet; il s'agit ici de considérer didactiquement la partie militaire. — La Milice romaine a eu un caractère particulier. La cité est sortie de l'ARMÉE, tandis que dans la GRÈCE l'ARMÉE est sortie de la cité. A ROME, le gouvernement était le soutien de l'ARMÉE, ailleurs les armées étaient le soutien du gouvernement. C'était en vue de combattre que ROME administrait. Les autres peuples ne combattaient que pour rester en position d'administrer. — Toutes les habitudes des citoyens portaient, à ROME, une empreinte des coutumes militaires. La CONSCRIPTION avait créé l'ÉTAT CIVIL; la manière de subdiviser l'ARMÉE avait donné naissance aux TRIBUS POLITIQUES. L'usage des TESSÈRES, des SYNTHÈMES OU ORDRES DU JOUR avait appris à lire au peuple; les GRADES militaires se confondaient avec les fonctions publiques de l'intérieur; la toge et l'ÉPÉE appartinrent également aux ROIS, aux CONSULS, aux DICTATEURS, aux PRÉFETS, aux CHEVALIERS, aux TRIBUNS, aux QUESTEURS, aux EMPEREURS. Les proverbes avaient, pour la plupart, une origine soldatesque. — Dans le SOLDAT se retrouvait l'homme des champs, le manouvrier; c'est autant par les chemins que ROME a construits, que par les distances que son armée a parcourues; c'est autant par la PIOCHE et la doloire de ses TRAVAILLEURS, que par le PILUM et le clype, que le Capitole a gouverné le monde. — La vie commune avait emprunté au SOLDAT la division horaire; les voyageurs disaient, par exemple, *partons à la première, à la quatrième garde*, c'est-à-dire à l'instant de la relevée ou cessation de la FACTION de la première, de la quatrième SENTINELLE. — Une remarque curieuse, c'est que dans un pays bien éloigné, bien différent par ses institution, en CHINE, le même usage règne de nos jours encore; on lit dans le *Courrier français* (1851, 30 avril), *que le quinzième jour de la septième lune (20 août 1830), deux étoiles se sont fait voir à l'heure où la garde de nuit est relevée pour la quatrième fois (à minuit).* — Chez les peuples mêmes qui ont cessé d'être guerriers, des traditions guerrières se sont conservées; chez tous la civilisation primitive a été un fruit de la GUERRE. — Nos études de collèges et quantité d'ÉCRIVAINS ne nous donnent que de fausses idées de la Milice romaine. On s'est habitué à l'admirer sur ouï-dire, à en composer de quelques faits particuliers l'histoire générale, et à regarder comme une série de périodes enchaînées, ce qui n'est qu'un ensemble de phases éloignées, dissemblables, entrecoupées. Cette Milice a eu, comme toutes les autres, ses temps de faiblesse, ses vicissitudes, son éclat, sa dégénérescence, ses formes variées suivant les époques. La questure et la préture se sont disputé des fonctions mal connues; la Milice des CONSULS n'est plus celle des ROIS; elle brille de tout son lustre pendant l'âge des SCIPIONS; l'ARMÉE de MARIUS ne ressemble point à la leur; celle de CÉSAR diffère des troupes de SYLLA et de POMPÉE; le militaire d'AUGUSTE s'éloigne encore davantage de celui de CÉSAR; la décadence date de cette époque, et les soldats de BYSANCE ne sont plus qu'une image méconnaissable de leurs ancêtres. — MONTESQUIEU a dit (*Grandeur des Romains*, chap. 3), que Rome a tiré son éclat, et l'armée son mérite, de ce que les soldats qui la composaient, n'étaient pas d'une classe obligée de sacrifier sa liberté pour assurer sa subsistance. — Cette pensée maniérée, peu claire et incomplète, est plus spécieuse que juste : bien d'autres causes plus puissantes ont concouru à la prépondérance de ROME ; conquérir a été la pensée unique; tous les détails ont répondu au plan. Le ROMAIN, obligé d'être SOLDAT vingt ans, souvent même à vie, ne sacrifiait-il rien de sa liberté? Ce n'est pas parce que l'enrôlement était forcé que ROME a conquis le monde, c'est parce que sa politique, visant à cette conquête, fonda l'ENROLEMENT FORCÉ ; chacun de ses CAMPS était une PLACE DE GUERRE, une GARNISON sous une sévère police, un ARSENAL suffisamment approvisionné ; le prestige des COURONNES MURALES, OBSIDIONALES, ROSTRALES, la simple ou la divine HASTE, *hasta pura*, la magnificence des OVATIONS, l'enivrement que causait la vue des DÉPOUILLES OPIMES, la JURISPRUDENCE sévère du partage du BUTIN, ces pompeux spectacles qui étaient comme une étude des productions, des coutumes d'un monde inconnu, l'austérité de l'éducation, la dureté des MARCHES et des travaux, faisaient des Romains une race d'hommes à part; leur persévérance dans les bons usages égalait leur disposition à accueillir ce qui était digne d'imitation. La règle de ne consentir à la paix qu'après la victoire, a donné l'empire du monde à un peuple de brigands valeureux par cupidité, obéissants par orgueil, disciplinés par amour du sang. — Mais autant cette armée fut admirable dans son beau temps, autant le gouvernement sombre, sanguinaire, spoliateur qui la mettait en jeu, mérite peu d'être offert en exemple. — Or, comme ce gouvernement et cette Milice étaient tour à tour causes et conséquences; comme leur existence se liait inséparablement, ne regrettons pas que l'imitation de ces merveilles militaires soit à jamais devenue impossible. — Gardons-nous d'un engouement qui a trop duré; comparons la chose militaire des Romains à une machine d'un art infini qu'un tyran aurait composée pour tuer à la fois et à son bénéfice le plus d'hommes possible. Un jugement sévère, mais fondé, en a été porté dans ce passage de M. DELORME DUQUESNEY : *Représentons-nous le légionnaire à l'époque où les institutions militaires étaient dans toute leur force. Fier*

de son titre de citoyen qu'ambitionnaient les rois, et que sollicitèrent en vain si longtemps les peuples de l'Italie, ses fidèles alliés, vainqueur en tant de batailles, maître de l'univers connu, chez lui l'orgueil du conquérant vient se joindre à celui du privilégié; aussi quel mépris pour les vaincus, quel oubli des lois de l'humanité! L'ennemi qu'il a épargné dans la fureur du combat, il le fait servir à l'ornement de son triomphe, et ne rougit pas de l'immoler ensuite au fond de son cachot! — Ainsi l'impitoyable CÉSAR assassinait froidement sans utilité son vieux prisonnier, le vaillant et infortuné Vercingétorix. — Les AUTEURS dont la plume a décrit les coutumes militaires de ROME sont : ABAUZIT, ALEXANDRI, ALFIO GRASSI, AMMIAN MARCELLIN (380, A), APPIAN, ARRIEN (110, A), BARRAL, BEAUFORT, BEAUSOBRE (1757, I), BÉNETON, BLONDEL, CONTARÉNUS, CARRION, CAVALCANTI (1552), CÉSAR (51 ans avant J.-C.), CHÉNIER (1838), CIRIACY (1820), COURTIN (1823, E, au mot *Armée*), CREVIER, DABLANCOURT (1660, B), DAGOBERT (1793), DANDRÉ-BARDON, DANIEL, DEIST (1809, A), DENIS D'HALICARNASSE, DILICH, DILLON, DION, DUCHOUL (1555), DUNCAN, ELIEN (70, A), ENCYCLOPÉDIE (1751, C, aux mots *Milice, Romains*, etc.), ENCYCLOPÉDIE (1785, C, au mot *Levée*), ENCYCLOPÉDIE (1785, C, supplément, au mot *Forces*), EUTROPE, FABRETTI, FOLARD, FRONTIN (85, A), GAIGNÉ (1801, C), GENTILIS, GRASSI (1815), GUIBERT (introduction), GUISCHARDT (1758, H), JABRO (au mot *Castramétation*), JOSÈPHE, JUSTE LIPSE (1638), KAUSLER (1826), KENNET, KIESEWETTER, LACHESNAIE (1758; t. III, p. 37; id. au mot *Paye*), LEBEAU, LISKENNE (t. II), LIPENIUS, MABLY (*Observations sur les Romains*), MACHAULT (1618, B), MACHIAVEL, MAIZEROY (1767; t. I, p. 7; t. II, p. 109, note), MAURICE DE SAXE (1753, C), MONTESQUIEU, M. de MONTVERAN, MORETTI (D.-F.), NAUDET (*Des changements survenus dans l'administration de l'empire romain*; t. I, p. 114; t. II, p. 188), NEBEL, ONOZANDRE, OTTENBERG, PALLADIO (1619, D), PANCIROLI (1617, F), PATRIZZI (1583; 1594), PLUTARQUE, POLYBE, POTIER, PRAISSAC (1622, A), PROCOPE, PUYSÉGUR (1748, C), RAM, RHOTE, M. ROCQUANCOURT, ROHAN (1757, L), ROESCH (1785, I), M. le général ROGNIAT (1816, B), ROLLIN, ROYOU, SAINT-CYR, SALMASIUS, SAVILES (1652), SEDLER, STEWECHIUS, STIERNEMAN, TITE-LIVE, TURNÈBE, TURNER (1685), TURPIN (1785), VALTRINUS, VALTURIN, M. le général VAUDONCOURT (1822 ou 23), VÉGÈCE (390, A), VELLEIUS, VOLCMAR, WAGNER, WALHAUSEN (1606, A;

1615, A ; 1616, A), Zinuzzi, un auteur anonyme (1751, A), le *Spectateur militaire*, t. xiii, p. 287 ; t. xvii, p. 405 ; le *Dictionnaire de la Conversation*, au mot *Art militaire* ; l'*Armée* (journal), p. 85| ; le manuscrit de la bibliothèque du roi, sous le n° 671. — Le sujet va être considéré sous les rapports suivants : création, composition, force, uniforme, allocations, solde, instruction, tactique, subordination, punitions, peines, service, administration. — N° 1. Création. — La Milice romaine est royale de l'an 750 avant J.-C. jusqu'à l'an 508 avant J.-C., époque où elle devient consulaire ; elle combat, depuis sa naissance, les Etrusques limitrophes du Tibre, et ne les soumet entièrement qu'en l'an 282 avant J.-C. Elle emprunta beaucoup d'usages militaires de ce peuple ; mais ce qu'elle imita de ses ennemis est difficile à particulariser, parce que longtemps elle ne combattit que pour tuer et se substituait aux défunts ; aussi son berceau est-il entouré de fables ; Beaufort témoigne qu'elle a guerroyé cinq cents ans avant qu'aucun annaliste ait rien tracé d'authentique. Parmi eux Ennius, né 230 ans avant J.-C., mort en l'an 169, figure le premier ; Fabricius Pictor est son contemporain, et tous deux n'ont qu'un crédit contesté. Caton le Censeur, au dire de Cicéron, doit être regardé comme le plus ancien historien dont la plume soit véridique. — Un noyau de force permanente commença à s'établir l'an 365 de Rome, suivant Jean le Lydien, historien grec de Byzance ; mais la plupart des auteurs ne regardent l'armée de Rome comme permanente que depuis le règne d'Auguste. — Les terres, d'abord cultivées par des mains libres, étaient des pépinières de citoyens et de soldats. Quand le territoire de l'empire fut démesuré, quand les travaux corporels devinrent le partage des ennemis réduits en servitude, quand il n'y eut plus de citoyens que dans la métropole, et quand bientôt ils se prostituèrent dans la servilité des cours, la partie virile de la nation s'était évanouie ; il fallut enrôler des esclaves, amalgamer des alliés dans les rangs des Romains, enfin solder des corps de barbares, ayant leurs rois pour généraux. Telle est l'histoire de la Milice, florissante, décroissante, déchue. La liberté, le despotisme, l'esclavage marquent ces périodes. — N° 2. Composition. — Un sénatus-consulte réglait le chiffre des troupes, et déterminait la proportion et l'époque des levées. Ce rescrit désignait les officiers qui devaient accompagner les consuls ; c'était à peu près sous cette même acception que Bonaparte avait rajeuni et francisé le mot sénatus-consulte. — L'organisation des corps romains a subi de mémorables variations ; elles ont été une conséquence des révolutions politiques, et tantôt une cause, tantôt une conséquence des modifications de la tactique. Les manipulaires, soldats primitifs, devinrent légionnaires, soldats des beaux temps des armées. Ces dernières redevinrent phalangites, soldats de la décadence. Les résultats de la bataille de Cannes, l'ambition de Marius, introduisirent dans les rangs quantité d'hommes jusque-là jugés indignes de faire partie des légions. La pauvreté, qui en était exclue (et cette pauvreté consistait à n'avoir pas cent cinquante francs de rente), y fut au contraire appelée ; ce fut une immense et fatale révolution. Licenciée par Auguste, l'armée ancienne fut remplacée par une armée nouvelle qu'il institua sous forme permanente. — Le commandement des armées a appartenu d'abord aux rois ; il est passé sous la république aux mains des consuls, proconsuls, dictateurs, préteurs, propréteurs ; le lieutenant qui secondait le chef de l'armée était comparable à nos primitifs lieutenants généraux, et s'appelait légat, *legatus*. Le lieutenant du dictateur s'appelait maître de la cavalerie, *magister equitum*. Mais ce n'était pas aux mêmes époques que ces divers emplois étaient exercés. — Sous le régime impérial les armées étaient commandées par les empereurs, les préfets des armées, les questeurs, les comtes de la milice, les maîtres de l'infanterie, les patrices, les ducs. — Un préfet exerçait les fonctions judiciaires. — Un tribun major commandait deux cohortes ; un tribun minor en commandait une. — L'Encyclopédie (1751, C, au mot *Officier*) fournit à cet égard quelques lumières, mais les recherches de M. de Montvéran sont les plus neuves et les plus profondes. — Le fond des usages romains répondait d'abord aux systèmes qui régnaient en Grèce. — Les célères, ou *selecti*, hommes d'élite, institués par Romulus, formaient sa garde et composaient une poignée de cavaliers qui, au besoin, combattaient à pied ; leur nom a plusieurs fois changé ; ils s'appelèrent *equites* quand ils furent attachés aux légions et employés uniquement comme cavaliers, par escadrons ou turmes de quarante hommes. Le substantif chevalier en a été la traduction, mais en rend mal l'idée. — Les chevaliers romains devaient être possesseurs d'un revenu qui pût subvenir aux dépenses que la profession d'homme de cheval exigeait ; aussi, des Romains de famille patricienne étaient-ils réduits, faute de fortune suffisante, à servir comme fan-

TASSINS.—TULLUS HOSTILIUS apporta plusieurs tempéraments aux systèmes encore imparfaits de ROMULUS ; il institua les QUESTEURS, il organisa les HASTAIRES. — SERVIUS TULLIUS fixa l'AGE MILITAIRE, créa des ACCENSES, accrut la LÉGION, établit une sixième TRIBU, ou cens ; ces TRIBUS devinrent une pépinière de SOLDATS et une démarcation politique. — Les PRINCES, ou plutôt les principaux, *principes*, étaient le CORPS DE BATAILLE dont les HASTAIRES étaient les VÉLITES. — A une époque mal connue, et qui répond suivant quelques auteurs au règne de SERVIUS TULLIUS, les HASTAIRES, par suite de la création des VÉLITES, devinrent PREMIÈRE LIGNE ; plus tard une création de TRIAIRES eut lieu, l'ordre en quinconce en fut la conséquence, la formation grecque fut abandonnée ; le MANIPULE, commandé par un CENTURION, devint l'UNITÉ élémentaire, et plus tard se partagea en deux CENTURIES ; les ESCOUADES en furent commandées par les DÉCURIONS. — Au temps des Gracques, les CÉLÈRES commencèrent à former un ordre politique, nommé ordre équestre. — On a comparé les CENTURIONS des PRINCES aux MAJORS D'INFANTERIE du dernier siècle ; on a comparé aux COLONELS modernes un préfet de LÉGION, ou un TRIBUN MAJOR. — On suppose que les LUCUMONIES ÉTRUSQUES et les systèmes tactiques des Sabins et des SAMNITES, furent le modèle de l'organisation que les ROMAINS adoptèrent en combattant ces peuples et en luttant contre les Eques, les Volsques, pendant plusieurs siècles ; cette supposition rend moins merveilleux les succès des ROMAINS, qui ne furent que des imitateurs adroits et heureux. Tout pour eux était BUTIN, même la science. — La questure militaire fut, selon les époques, une AUTORITÉ ADMINISTRATIVE, un contrepoids du gouvernement absolu du GÉNÉRAL, un vicariat de son pouvoir ; mais il est difficile de dépeindre au juste les QUESTEURS ; ils ne furent pas uniquement, ou toujours, comme l'insinue ODIER (1824, E), des INTENDANTS D'ARMÉE ; le PRÉTEUR a été QUESTEUR ; le QUESTEUR a été PRÉTEUR. Fabius ou César, CATON ou SYLLA ont ordonné, en vertu de règles peu pareilles, l'économie de leurs ARMÉES et les fonctions de leurs OFFICIERS D'ÉTAT-MAJOR ; ainsi les études les plus scrupuleuses ne peuvent prendre pour point de vue que les sommités de l'histoire. — Une ARMÉE CONSULAIRE était de deux LÉGIONS romaines et de deux LÉGIONS D'ALLIÉS. — Dans les armées impériales des derniers temps, après un noviciat subi, le JEUNE SOLDAT, *tyro*, recevait le titre de *miles* ; une MARQUE ineffaçable, comparable à celle des esclaves et du bétail, imprimée sur son front ou sur sa main en vertu d'une loi d'Honorius et d'Arcadius, datée de Constantinople en 388 (1ᵉʳ janvier), avait pour objet de prévenir la désertion ; elle devenait comme le brevet de SOLDAT. On ignore le procédé qui produisait cette espèce de stigmate inconnue aux beaux temps de la république ; c'était ou l'empreinte d'un fer chaud, ou un tatouage comparable à celui des Egyptiens dont parle Moïse, ou à celui qui était connu des pèlerins au MOYEN AGE, que les matelots imitèrent et qui est pratiqué de nos jours encore par les HOMMES DE TERRE. JABRO (1777, G) suppose que la marque du SOLDAT ROMAIN était ou un monogramme, ou un chiffre, ou les initiales du nom d'un César. — Ceux qui exécutaient les CORVÉES s'appelaient *munifices* ; ceux qui les ordonnaient ou qui y présidaient s'appelaient *munifici*. — *Munificus munera largitur, munifex munère fungitur*, a dit le grammairien Carisius. — Toutefois Végèce explique mal quelle différence il y avait entre *munifices* et *simplares*. — POLYBE (150 avant J.-C.) remarque que les ARMÉES ROMAINES n'étaient composées que de citoyens ; mais les modernes se sont bien trompés sur ce nom de citoyen, car, dans un pays fondé sur le régime de l'esclavage, un citoyen occupe un rang bien supérieur à celui dont jouissent de nos jours les nobles, dans les pays où existe l'égalité devant la loi. — Ce même ÉCRIVAIN vante le système admirable qui réglait l'AVANCEMENT dans les TROUPES ROMAINES ; c'était la perfection des règles inventées par les GRECS. Devenir SOLDAT DE RANG animait l'ambition du soldat HORS RANG. — FESTUS rapporte que SCIPION l'Africain se composa une GARDE de PRÉTORIENS ou de SOLDATS D'ÉLITE, qui entouraient le PRÉTOIRE pendant les ALLOCUTIONS, les HARANGUES, les jugements. PLUTARQUE attribue une invention pareille au Thébain Gorgidas. — Après la bataille de CANNES l'enrôlement des esclaves fut une nécessité ; cette mesure n'était jusque-là qu'une exception, MARIUS en fit un principe et pervertit par là la COMPOSITION. Ces enrôlements se renouvelèrent sous CÉSAR, POMPÉE, AUGUSTE, NÉRON, MARC-AURÈLE ; mais des affranchis ne commencèrent à être appelés au service qu'au temps de la guerre sociale. — Depuis MARIUS l'ORDRE ÉQUESTRE et la CAVALERIE ROMAINE cessèrent d'être identiques ; en d'autres termes, les CHEVALIERS ne furent plus, absolument parlant, cavaliers. — Il fut d'abord sans exemple que des FEMMES suivissent les ARMÉES ; on les vit plus tard exercer sur la chose militaire une déplorable influence. — DENYS D'HALICARNASSE dit que le SOLDAT ROMAIN le moins favorisé de la fortune devait posséder au moins neuf cents francs, somme immense si l'on considère qu'une once d'argent équivalait à soixante-dix livres pesant de cuivre, suivant les calculs du *Spectateur militaire* (t. XV, p. 597). Mais il ne faut croire qu'avec réserve des assertions telles que celles de DENYS, quand l'auteur n'explique pas quel est le genre de troupe dont il parle, ni quelle est la phase de temps qu'il a en vue. Effectivement il n'en était point ainsi, s'il s'agit des VÉLITES, de la MARINE, des prolétaires de MARIUS, etc. —Depuis l'origine des ARMÉES ROMAINES, la CAVALERIE était restée attachée aux LÉGIONS; CÉSAR l'en sépara; c'était une conséquence de l'abolition du système manipulaire; l'ordre par COHORTES se rapprocha de nouveau des formes GRECQUES; ce n'était plus une législation raisonnée qui réglait l'organisation et la coordonnait aux MANŒUVRES; des circonstances fortuites et locales en décidaient. — Chaque chef de six turmes commença à s'appeler *sevir equitum romanorum*; plus tard le prince de la jeunesse, *princeps juventutis*, fut le commandant des sévirs. — Ces altérations successives, l'invention des COHORTES MILLIAIRES, l'admission des remplaçants, les mutilations, l'institution des corps PRIVILÉGIÉS, dénaturèrent la LÉGION; l'enrôlement immodéré des ALLIÉS, *hospites, fœderati*, la multiplication des MERCENAIRES, l'appauvrissement de la TAILLE et de la stature, les EXPÉDITIONS lointaines, dans lesquelles le GÉNÉRAL s'arrogea une sorte de royauté et adopta les manières de combattre qu'il jugeait préférables, entraînèrent d'innombrables changements en fait de GRADES, d'EMPLOIS, d'usages et de TACTIQUE. — On appelait, du temps de César, *pugillares*, la partie active de l'ARMÉE, c'est-à-dire les COMBATTANTS; c'est ce qu'on appelle de notre temps baïonnettes, lances, sabres, suivant le genre de l'ARME. — On manque de renseignements exacts relativement aux modifications que l'INFANTERIE éprouva depuis MARIUS jusqu'à l'altération de l'ART. — Nous touchons aux époques où les fonctionnaires comparables aux INGÉNIEURS militaires ou aux TOPOGRAPHES, s'appelaient GROMATICIENS, MAITRES DES MACHINES, MENSEURS, MÉTATEURS. — Les EMPEREURS ajoutèrent aux grades d'officiers qu'ils trouvèrent établis, celui de PRÉFET DU PRÉTOIRE, ou de colonel de la GARDE PRÉTORIENNE. — TACITE témoigne qu'AUGUSTE avait à sa solde quelques TROUPES ÉTRANGÈRES; cependant, jusqu'au temps de TIBÈRE, l'ARMÉE se composait en général de sujets ROMAINS. — Du troisième au quatrième siècle de l'ère chrétienne, l'INFANTERIE n'était plus ordonnée qu'à la manière des TAGMES OU CATERVES des barbares; les MACHINES DE GUERRE roulantes encombraient l'ARMÉE; la CAVALERIE l'inonda; il fallait au simple soldat des VALETS, des VASIFÈRES, à la manière des SKEUOPHORES grecs. — En vain une loi de Valentinien, de Théodose et de Gratien, rendue en 380, chercha-t-elle à faire revivre la pureté de la composition en interdisant l'enrôlement des esclaves, des entrepreneurs de prostitution, des cabaretiers, des boulangers, des cuisiniers; il n'était plus temps, le remède était inefficace. — Une loi d'Honorius, publiée en 406 (15 avril), porta à l'armée le dernier coup, en offrant une prime de deux sous d'or aux esclaves qui s'enrôleraient. Les Francs n'eurent pas grande peine à vaincre de pareils soldats. — Quand les EMPEREURS gouvernaient les GAULES, un PRÉFET du PRÉTOIRE administra les choses de la guerre, transmit ses ordres à dix-sept provinces, correspondit avec les DUCS, les CENTURIONS, les TRIBUNS, se fit représenter dans chaque division de sa préfecture par un VICAIRE. Le VICAIRE des GAULES siégeait à Trèves. — CONSTANTIN changea l'organisation de l'armée, cassa les TROUPES PRÉTORIENNES, augmenta de quatre le nombre des PRÉFETS du PRÉTOIRE, leur adjoignit des MAITRES DE LA MILICE, et dans chaque préfecture il substitua aux VICAIRES un MAITRE DE LA CAVALERIE et un MAITRE DE L'INFANTERIE. La séparation trop brusque de l'autorité militaire et de l'autorité civile, dont le code théodosien (l. I, tit. 21) témoigne, ébranla la puissance gouvernementale; tout devint nouveau, formes, dénominations, EMPLOIS, AGRÉGATIONS. Depuis les prédécesseurs de CONSTANTIN et surtout depuis son règne, on vit exister les ABLECTES, ACCENSES, ACTUAIRES, ALARES, ANTÉSIGNAIRES, ARBALÉTRIERS, ARMATURES, BARBARICAIRES, BÉNÉFICIAIRES, BUCELLAIRES, BUCCINATEURS, CANDIDATS, CASSIDAIRES, CENTENIERS, CENTONAIRES, CHRYSASPIDES, COMMENTARISTES, COMTES, CONNÉTABLES, CONQUISITEURS, CORNICINES, CORNICULAIRES, CORNISTILES, CORVINAIRES, DENDROPHORES (*charpentiers*), DÉPOTATS (*infirmiers*), DIXAINIERS, DOMESTIQUES, DRACONNAIRES, DUCS, DUCENAIRES, ÉCUYERS, ÉVOCATS, EXTRAORDINAIRES, FÉRENTAIRES, FLAVIALES, FRONDEURS, FRUMENTAIRES, FUSTIBALAIRES, GENTILS, GÉSATES, HERCULIENS, HONORIAQUES, IMAGINIFÈRES, JOVIENS, MAITRES DE LA MILICE, MANUBALISTAIRES, MANSIONNAIRES, MÉDECINS, OBÉISSANTS (*obsequentes*), OPTIONS, OURAGUES, POST-SIGNAIRES, PRÉFETS, RORAIRES, SAGITTAIRES, SCUTIFÈRES, SELECTES, STATEURS, TERGIDUCTEURS, TRAGULAIRES ou tireurs de grands DARDS, TYRONS OU JEUNES SOLDATS. — Au déclin de l'EMPIRE, les BÉNÉFICIAIRES et les VÉTÉRANS étaient comparables aux INVALIDES modernes. — Les fonctions qui répondaient à celles des MARÉCHAUX DES LOGIS des ARMÉES, dans les derniers siècles, étaient exercées par les COMTES DES LOGEMENTS, *comes mansionarius*. — Il fut un temps où il y avait, dit M. DELORME-DUQUESNEY, deux classes de VALETS : les uns étaient au service personnel des SOLDATS ; les autres étaient employés à un service commun, ils préparaient la nourriture, ils entretenaient la propreté. — La Milice romaine n'existait plus que de nom ; elle s'était fondue dans la MILICE BYZANTINE. Au sixième siècle, elle ne consistait plus qu'en un ramas de barbares levés pour la plupart dans l'ILLYRIE par les EMPEREURS. — Un état de situation très-curieux des légions et cohortes romaines au cinquième siècle, est reproduit dans M. de MONTVÉRAN. — N° 3. FORCE. — Sous ROMULUS, l'armée pouvait déjà être portée à 45,000 hommes. — Après le cinquième recensement, sous le deuxième consulat de Valérius, elle pouvait être de 150,000 hommes. — POLYBE parle de l'armée romaine comme étant de son temps peu nombreuse. — A Asculum, Cneius Pompée commandait 75,000 hommes. — Sous AUGUSTE, l'armée est de 150,000 soldats. — A la fin de ce règne, suivant BEAUSOBRE (1757, 1), elle était de 197,250 hommes, et la population romaine de 13,151,178 âmes ; c'était un GUERRIER par 75 à 76 âmes. Des renseignements différents se trouvent dans M. de MONTVÉRAN : suivant lui, AUGUSTE réduisit l'armée à 24 LÉGIONS formant 164,000 hommes, non compris les COHORTES de sujets et d'ALLIÉS ; les COHORTES PRÉTORIENNES comprenaient 12,000 hommes, les COHORTES URBAINES 8,000 hommes, les gardes de nuit 3,000, ce qui produirait un total général de 537,000 hommes. — 25 LÉGIONS étaient réparties dans les provinces. TRAJAN en porta le nombre à 50. Le chiffre de l'ARMÉE était sous ADRIEN, au dire d'APPIAN (150, 1), de 200,000 HOMMES DE PIED, 40,000 CAVALIERS, 2,000 CHARS et 300 ÉLÉPHANTS. — L'ARMÉE s'élevait, dit M. de MONTVÉRAN, à la fin du règne de TIBÈRE, à 450,000 hommes, et sous CONSTANTIN, y compris les CORPS PRIVILÉGIÉS, la GARDE, les écoles, à 650,200 hommes. — Depuis AUGUSTE jusqu'à CONSTANTIN, 8 légions qu'on suppose au plus composant un total de 48,000 hommes, campent sur la ligne du Rhin et ont pour quartier général Cologne et MAYENCE. Sur un territoire dépeuplé comme l'était l'intérieur de la GAULE, il suffisait, dit M. SISMONDI, de 1,200 soldats pour brider le pays. — Les AUTEURS ont estimé que, comme maximum de forces agissantes, 100,000 hommes effectifs suffirent au sénat pour réduire à l'obéissance le monde

alors connu. — N° 4. UNIFORME. — Les EFFETS des TROUPES, le BAGAGE du SOLDAT, les ÉQUIPAGES des ARMÉES ont été examinés comme objets d'HABILLEMENT, MARQUES DISTINCTIVES, ARMEMENT, ÉQUIPEMENT. — Avant que des colonies grecques ou orientales eussent abordé le Latium, les habitants de la péninsule avaient les bras nus et regardaient comme efféminés ceux qui portaient des TUNIQUES : VIRGILE en donne la preuve en parlant de ces manches longues et de ces MITRES à martingale qui appartenaient au costume des Troyens. — D'abord plusieurs des usages grecs furent empruntés par ROMULUS, si l'on en croit PLUTARQUE ; une CUIRASSE, un CASQUE de cuir furent donnés à l'INFANTERIE. SERVIUS TULLIUS y ajouta le BRODEQUIN en métal qu'on a nommé GRÈVE OU JAMBIÈRE, *ocrea* ; il fit fabriquer en airain les ARMES DÉFENSIVES. — Le costume commun consistait dans une CHEMISE juste en lin, *camisia* ; elle était arrêtée par un HAUT-DE-CHAUSSES depuis nommé *campestre*, parce qu'il servait comme seul VÊTEMENT aux exercices du CHAMP DE MARS et se portait à la guerre. En paix, le ROMAIN n'avait rien sous la TUNIQUE. — La CUIRASSE, *lorica*, ou corps de cuir, se mettait sur la TUNIQUE et s'arrêtait au moyen de la CEINTURE, à laquelle étaient suspendus l'ÉPÉE ou les ÉPÉES et le COIN D'AIRAIN ; le tout se recouvrait du MANTEAU, OU COTTE OU CAPOTE, nommé, suivant les temps, *abolla*, *chlamys*, *lacerna*, *paludamentum*, *sagum*. — La couleur des COTTES OU CHLAMYDES paraît avoir été arbitraire jusqu'en l'an 600 de Rome : elle était principalement grise ou brune ; sauf la couleur, les habits étaient probablement pareils les uns aux autres, surtout aux temps où on les tirait des magasins nommés *cinœgium*, et où ils étaient confectionnés par des ouvriers nommés *rudiœrius*. — Des détails sur ce sujet se trouvent, comme le témoigne M. de MONTVÉRAN, dans Léon Clavius. — Au temps de la décadence, les PORTE-ENSEIGNES avaient pour COIFFURE une espèce de BONNET A POIL. — La CHAUSSURE du SOLDAT était garnie de clous ; aussi, sous le régime impérial, appelait-on *clavarium*, la masse destinée à subvenir à la dépense des clous. Par allusion, on appelait aussi *clavarium*, comme le témoigne GANEAU, des largesses en argent que les EMPEREURS faisaient aux ARMÉES : les distributeurs de ces RÉCOMPENSES s'appelaient *clavarii*. Le père de SUÉTONE était *clavarius*. — On a avancé que le chef de l'ARMÉE avait une CHAUSSURE particulière montant jusqu'aux genoux ; des savants ont révoqué ce fait en doute. — Le soldat était chaussé du caligula ou CALIGE, mots qu'on trouve francisés dans Raymond et dans Ro-

QUEFORT (1835). — EUTROPE se récrie sur le luxe du COSTUME de Dioclétien qui surchargea de pierreries sa CHAUSSURE même ; jusque-là, un EMPEREUR à la tête des TROUPES n'était reconnaissable que par le MANTEAU pourpre. — Comme DÉCORATIONS, des PANACHES rouges et noirs, imités des SAMNITES, surmontaient le CASQUE des LÉGIONNAIRES ; des DISTICTIONS résultaient de là dimension du CIMIER ou de la forme du CORNICULE. Les explications latines de la colonne trajane mentionnent le *pileus* ou *pileum* comme un bonnet servant de doublure au CASQUE. — On s'est servi du mot *cornicularii*, suivant les uns, pour distinguer ceux qui portaient une AIGRETTE, suivant d'autres, pour distinguer des LÉGIONS qui formaient AILE OU CORNE TACTIQUE. Le nom de *cornicularius* a désigné aussi les MUSICIENS qui jouaient du CORNET, et GANEAU appelle CORNICULAIRE un officier de haut grade. —Des BRACELETS donnés comme RÉCOMPENSES, et nommés *armillæ*, devenaient comme une pièce d'uniforme et un SIGNE DISTINCTIF ; de là le nom de *armillati* appliqué à ceux qui portaient cette DÉCORATION ; suivant PLINE, elle n'était accordée qu'aux ROMAINS, non aux ALLIÉS. POLYBE dit que ce fut une RÉCOMPENSE de l'INFANTERIE, TITE LIVE que ce fut une RÉCOMPENSE de la CAVALERIE. — Les ANNEAUX DE CHEVALIERS étaient une DISTINCTION sur laquelle les ÉCRIVAINS ne sont pas d'accord. Etait-ce un anneau de doigt? était-ce un BRACELET ? — Des ARMES D'HONNEUR, des COURONNES TRIOMPHALES étaient aussi des témoignages ostensibles d'une conduite honorable. AULUGELLE décrit quantité de ces COURONNES. —Un CEP de vigne était le BATON DE COMMANDEMENT des CENTURIONS. — Le GÉNÉRAL avait pour MARQUE DISTINCTIVE le COSTUME nommé *vestis russata, coccinea* ; il prenait la cotte écarlate (*paludamentum*) en sortant de Rome ; il la quittait avant d'y rentrer ; il se faisait précéder des CORNETS, des FAISCEAUX. — A l'égard de l'ARMEMENT de l'INFANTERIE, CÉSAR, JULES AFRICAIN, GUISCHARDT surtout et VÉGÈCE (590, A) peuvent être consultés. — SERVIUS TULLIUS donna aux HASTAIRES le PILUM et substitua au CLYPE un BOUCLIER plus grand ; ceux des diverses TROUPES se sont nommés, suivant les temps, CÉTRES, PARMES, PELTES, TARGES. — Les HASTAIRES avaient en outre des DARDS A MAIN et une DEMI-PIQUE ou JAVELINE.—Les PRINCES et les TRIAIRES avaient la PIQUE.—Des étrangers au service de ROME combattaient avec le GÈSE. — Les ARMES DÉFENSIVES étaient marquées du nom de la TROUPE et de l'homme. — Pierius Valerianus parle de CENTURIES qui avaient un épervier peint sur le BOUCLIER ; il dit aussi que c'était l'ENSEIGNE de quelques LÉGIONS ; elles l'avaient peut-être empruntée de la MILICE ÉGYPTIENNE. — Au temps de POLYBE, ceux des LÉGIONNAIRES qui appartenaient à la classe la moins riche portaient le PECTORAL ; le soldat qui jouissait de plus d'aisance avait la CUIRASSE DE MAILLES. — Les CASQUES, d'abord en peau, *codo*, se fortifièrent ensuite de bandes d'airain ou furent même totalement en métal. Un anneau propre à suspendre le CASQUE était attaché à sa sommité. — La colonne antonine nous montre les CASQUES garnis de PLUMETS ; la colonne trajane ne représente aucun ornement en PLUMES. Quoique d'une de ces constructions à l'autre il y ait à peine un demisiècle, d'aussi brusques variations en fait de modes doivent mettre en garde contre toutes les assertions trop générales. — CAMILLE changea en COIFFURE de fer celles d'airain. — Depuis LUCULLUS, les GUERRIERS ARMÉS DE PIED EN CAP s'appellent CATAPHRACTES ; l'usage des CUIRASSES A ÉCAILLES est emprunté aux SCYTHES. — Les BALISTES, longtemps armées immobiles, devinrent sous les EMPEREURS roulantes ou LOKOBALISTES. — La Milice romaine persévéra plus de cinq siècles à améliorer ses ARMES ; elle adopta successivement le BOUCLIER DES SAMNITES, l'ÉPÉE des ESPAGNOLS, la SARISSE des PHALANGES.—Avant l'invasion d'Annibal, la cavalerie de Rome était sans armure et à peine défendue par la parmule ; ce n'était pour ainsi dire qu'une infanterie légère à cheval ; mais après cet événement elle prit le CASQUE et la CUIRASSE à la manière des GRECS ; elle chaussa les grèves, adopta leur cêtre, la LANCE de dix à onze pieds romains (neuf à dix pieds français), le javelot, l'épée à lame courbe ; mais elle n'avait encore ni SELLE ni étriers à la création de l'empire bysantin, elle se servait tout au plus de PANNEAUX comme les muletiers. — Au temps de l'historien JOSÈPHE, les cavaliers portaient un carquois garni de trois dards fort longs ; ils avaient à droite une épée longue, ce qui ferait croire qu'ils montaient à cheval de droite à gauche. — Au temps des EMPEREURS, les ARMÉES avaient des MACHINES nommées TAUPES (*talpa*) et RENARDEAU (*vulpecula*) : elles étaient analogues aux CATTUS. — Le ROMAIN n'est devenu maître du monde, si l'on en croit MONTESQUIEU, que parce qu'ayant combattu successivement tous les peuples, il avait toujours renoncé à ses usages sitôt qu'il en avait trouvé de préférables. Cet esprit d'imitation raisonnée a pu concourir aux succès, mais MONTESQUIEU s'arrête à des causes bien secondaires. C'est l'accord admirable des institutions civiles et militaires, et non ces minuties du costume ou de l'armement, qui a fait la force des ROMAINS et qui a créé parmi eux tant de grands hommes. — Suivant l'expression de Cicéron, les ARMES du SOLDAT étaient devenues comme une partie de lui-même. On croit en général que la CHARGE que portait le FANTASSIN équivalait à vingt ou vingt-deux kilogrammes ; mais le détail que nous en avons donné prouve qu'elle a été bien plus lourde suivant les temps. — M. de Montvéran mentionne sous le nom de THORACOMAQUES, des JAQUES ou TUNIQUES à manches, confectionnées en drap piqué et recouvertes de cuir ; ces ARMES DÉFENSIVES furent portées d'abord par les BALISTAIRES et les ouvriers ; sous l'EMPEREUR Gratien, toute l'INFANTERIE en adopta l'usage, puis bientôt abandonna CASQUE et CUIRASSE : leur poids semblait écrasant à des hommes amollis. — Jetons un regard sur les choses de l'équipement, les INSTRUMENTS SONORES, les ÉTENDARDS. — Pendant plusieurs siècles, le seul INSTRUMENT DE MUSIQUE en usage fut le CORNET ou corne de bœuf. — Les ENSEIGNES ont présenté de grandes variétés suivant les temps, le genre d'ARMES personnelles, la forme du gouvernement. Elles ont été, en général un moyen de CÉLEUSTIQUE ou de télégraphie. — Elles furent d'abord une poignée de foin, *manipulus*, attachée au fer d'une LANCE ; le perfectionnement des arts introduisit les ENSEIGNES en ronde bosse, la louve, la tablette portant les initiales S. P. Q. R. — M. Rey donne à cet égard quelques éclaircissements. — Jabro (1777, G) pense que du temps de la république les LÉGIONS n'avaient d'autres ENSEIGNES que celles du genre nommé *signa*. C'étaient des HAMPES surmontées de différentes figures sans accompagnement de DRAPERIES ; il induit de quelques passages de Tite Live que les ALLIÉS et la CAVALERIE seuls portaient des DRAPEAUX ou ENSEIGNES à DRAPERIES (*vexilla*) ; cependant on conjecture, d'après la lecture de Virgile, que l'usage s'en établit plus tard, et d'après celle de Lucain, qu'il n'en fut ainsi que depuis Néron. — Le CANTABRE (*cantabrum*) était un genre d'enseigne qu'on trouve francisé dans Raymond. — L'AIGLE date du second consulat de Marius ; les DRAGONS, du règne de Trajan ; les IMAGES ou les emblèmes des EMPEREURS furent ajoutés ou se substituèrent aux symboles des ARMÉES CONSULAIRES. Le LABARUM et les VEXILLES devinrent d'un usage général depuis l'abolition du paganisme ; les ENSEIGNES des LÉGIONS eurent alors une DRAPERIE, *velum*, *labarum*. Au cinquième siècle, suivant M. de Montvéran, on les gardait dans une espèce de tabernacle ou de coffre nommé *sacellum*, lieu sacré. — Les DRAPEAUX de cavalerie s'appelaient, comme le dit Végèce (570, A), *flammulæ*, FLAMMES, parce qu'ils

étaient terminés en pointe et voltigeaient. — Quand les TROUPES commencèrent à faire usage de SIGNES à DRAPERIES, les DRAPEAUX, FLAMMES et VEXILLES furent à HAMPE courte, parce qu'il eût été d'un présage funeste que le vent ou un autre accident eût renversé ces SIGNES des mains du PORTE-ENSEIGNE. — Après le règne de Julien, les initiales S. P. Q. R. disparaissent des ENSEIGNES. — Dans maintes occasions, mais probablement dans les CÉRÉMONIES et les fêtes, on couvrait de métaux précieux, de fleurs ou de rubans les ENSEIGNES. Témoins ces vers :

..... *Mavortia signa rubescunt,*
Floribus et subitis animantur frondibus hastæ.

..... On voit, sur les drapeaux,
Briller les dons de Flore et l'éclat des métaux.

— Les ROMAINS poussaient la recherche jusqu'à frotter de parfums leurs ENSEIGNES, apparemment aux époques où l'on ne pouvait se procurer ni verdure, ni feuillage. — Pline tourne en dérision cette toilette des ENSEIGNES..... *Signa pulverentula inunguentur*. On va jusqu'à oindre d'essences parfumées nos aigles poudreuses et décrépites. — La vénération qu'on témoignait en présence des ENSEIGNES était une véritable adoration. On lit dans Suétone parlant de Caligula : *Aquilas, signa, Cæsarumque imagines, adoravit.* — Claudius rend la même idée plus convenablement, en disant de Rufin : *Augustus veneranda prior vexilla salutat.* Le premier soin de l'EMPEREUR est de saluer les VEXILLES avec la vénération qui leur est due. — Le paganisme nous a transmis ces usages ; on les retrouve dans l'appareil, les ornements, les bannières, l'encens des processions catholiques marchant à l'ombre des baïonnettes et des fleurs qui s'y implantent. — Toutes les assertions qui viennent d'être produites ont été vraies suivant les temps divers ; mais les époques précises des modes et leur durée ne sont pas connues et ne le seront jamais ; on s'abuserait étrangement en regardant comme positives ou générales des coutumes qui n'ont été qu'éventuelles ou locales ; les colonnes antonine et trajane le témoignent à plus d'un égard. — M. Liskenne (t. II, p. 59) donne quelques détails touchant l'UNIFORME, et les honneurs que les Romains rendaient à leurs drapeaux ont fait l'objet d'une dissertation que Wada, professeur de droit à Kœnigsberg, a insérée dans les Mémoires de la société des antiquités de Cassel. — N° 5. ALLOCATIONS, SOLDE. — La RATION de BLÉ, donnée journellement au LÉGION-

TAIRE, était à peu près la même que chez les Grecs. Elle se composait d'un *chœnix*, ce qui était aussi la mesure de la NOURRITURE d'un esclave. Trois *chœnixs* composaient le médimne attique. — Le fantassin romain, ou ALLIÉ, recevait par mois quatre boisseaux romains qui équivalaient à trente-deux *chœnixs*; ce total s'appelait *menstruum,* comme on eût dit le mensuel; l'ensemble des aliments se nommait *buccellatum.* — Le CHEVALIER ROMAIN recevait par mois deux médimnes de BLÉ, ou douze boisseaux, pour lui et deux VALETS; il recevait mensuellement pour ses deux CHEVAUX, dont un de charge et un de selle, sept médimnes ou quarante-deux boisseaux d'ORGE. Ce boisseau romain répondait aux trois quarts et un peu plus du boisseau français; ce dernier était en capacité de seize litrons, en pesanteur, de dix-neuf à vingt livres, et comme fraction, le douzième de septier; ainsi le *chœnix* était de deux litrons environ. — Le cavalier ALLIÉ, n'ayant qu'un CHEVAL et qu'un VALET, recevait par mois un médimne et un tiers, ou huit boisseaux de BLÉ, et cinq médimnes ou trente boisseaux d'ORGE, pour chaque CHEVAL. On conçoit mal ce que ce cavalier faisait d'une pareille provision, si une MARCHE était ordonnée peu après la distribution, puisqu'il ne lui était pas alloué de BÊTE DE SOMME; mais de pareilles absurdités rendent douteux presque tous les récits de l'antiquité.— Le nombre des RATIONS se proportionnait aux GRADES; de simples SOLDATS avaient RATION DOUBLE comme RÉCOMPENSE ou comme privilége; apparemment, ils trafiquaient de ce surplus, ou le percevaient par rachat en valeur monnayée. — Les GRATIFICATIONS qu'on distinguait sous les noms de *donativum* et de *pretium,* pouvaient être regardées comme des suppléments d'ALLOCATIONS. — En cas d'EMBARQUEMENT, l'Etat faisait fournir du PAIN ou du BISCUIT au SOLDAT; en outre du BLÉ ou du PAIN, il lui était alloué du SEL, des LÉGUMES SECS, du FROMAGE, et quelquefois du PORC. — La BOISSON ordinaire s'appelait *posca;* elle consistait en une certaine dose de VINAIGRE étendue d'eau. — Le partage proportionnel du BUTIN était assuré au SOLDAT ROMAIN; il consistait surtout en esclaves. Leurs bras fécondaient la terre que l'absence du guerrier romain eût laissée inculte. — La PAYE des FANTASSINS ROMAINS, instituée, dit FLORUS, au siége de VÉIES, ou, suivant FESTUS (*Pompeius Sextus*), peu avant la prise de ROME par les GAULOIS (390 avant J.-C.), ne fut d'abord que de trois as, équivalant à trois sous et quelques deniers, ou, suivant POLYBE, elle était de deux oboles, somme à peu près égale. Depuis la dictature de Fabius, cette SOLDE monta à cinq sous : c'était une somme considérable, puisque, au rapport de POLYBE, on payait de son temps, en ITALIE, quatre oboles ou six sous et demi un boisseau de FROMENT qui suffisait pendant huit jours à la nourriture d'un SOLDAT. — La paye des CHEVALIERS ROMAINS fut instituée trois ans après celle de l'INFANTERIE, ou, suivant Jean le Lydien, historien grec du Bas-Empire, dans son *Traité sur les magistrats,* l'an 365 de Rome; elle était, suivant POLYBE, de six oboles ou de dix sous. Ce même ÉCRIVAIN nous fait connaître que la paye d'un centurion était de quatre oboles ou de six. Ainsi un capitaine d'infanterie était moins rétribué qu'un simple soldat de cavalerie. — Au temps où les ROMAINS ne servaient que six mois, la PAYE leur était cependant acquise pour l'année entière. — La paye supportait des RETENUES pour le prix de l'habillement, de l'armement, des effets de campement et du blé. — On est mal éclairé au sujet des émoluments des CONSULS, des PROPRÉTEURS, des QUESTEURS; on sait que la république leur fournissait l'habillement, les chevaux, les tentes, et un certain nombre d'esclaves. — CÉSAR porta à dix sous la solde des simples LÉGIONNAIRES, comme le témoigne SUÉTONE; il leur prodigua le BLÉ; il donna à chacun une portion de terre et un esclave. Zonare, dans son *Histoire universelle,* dit que Domitien éleva la solde au delà de tous les anciens usages. — Le droit à la répartition du sol conquis et colonisé constituait aussi une PRESTATION, et l'obtention d'ARMES D'HONNEUR donnait droit à une PAYE plus avantageuse. — On pouvait regarder comme équivalent à un supplément de SOLDE, comme un véritable BÉNÉFICE, ce changement de condition de la plébécule que la profession de GUERRIER élevait à la classe des propriétaires. — Il ne commença à circuler à ROME de l'argent frappé au type national que l'an 482 de la fondation, ou l'an 268 avant J.-C. C'était donc une Milice bien imparfaite encore que celle d'une nation qui ignora, pendant cinq siècles, le système des payements et des échanges au moyen de valeurs métalliques, et surtout d'or ou d'argent. — Il paraît, si cette opinion de plusieurs savants et de M. Cuvier (*Cours public d'histoire naturelle*) est exacte, que cette SOLDE du siége de VÉIES, inventée trois siècles et demi après la création de ROME, était une SOLDE en nature, en denrées, ou tout au plus peut-être en monnaies d'airain. — Vers l'an 600 de ROME, Sempronius Gracchus, tribun, fit rendre une loi qui mettait à la charge du TRÉSOR

D'ARMÉE les vêtements des militaires; jusque-là, comme le témoigne POLYBE (150 avant J.-C.), la SOLDE avait dû subir la RETENUE au moyen de laquelle le SOLDAT était habillé. Jules CÉSAR augmenta les allocations du SOLDAT, et AUGUSTE accrut de nouveau la SOLDE et donna à la CAVALERIE le triple de ce que recevait l'INFANTERIE. — La PAYE primitive de l'INFANTERIE fut, dit-on, par jour, de trois as, ce qui eût fait un peu plus de quinze centimes; mais ces évaluations, comparées à des valeurs modernes, sont toujours fort douteuses, à raison des grandes variations que l'as romain a subies, comme le témoigne M. COURTIN (1825, E, au mot *As*). Cette somme de trois as eût été considérable alors, à raison du prix auquel montait l'hectolitre de blé.— SERVAN (1780, B) est persuadé qu'avant le régime impérial la paye n'avait jamais été fixée; qu'elle avait varié avec les monnaies; que, d'abord, elle fut d'un peu plus de trois sous (trois as) pour les fantassins et de dix sous pour les cavaliers; il dit que *le denier de dix as ayant été porté à seize, le fantassin eut alors plus de cinq sous et le cavalier quinze. Jules César porta la paye des fantassins à dix sous et augmenta en proportion celle du cavalier.* SUÉTONE (*Vie de Jules* CÉSAR), qui le rapporte, dit qu'il couvrit d'armes brillantes ses SOLDATS, et leur donna même à chacun plusieurs esclaves. — *La* SOLDE *était*, dit ODIER (1824, E), *de six onces de cuivre lors de la première* GUERRE PUNIQUE; *de cinq, durant la deuxième; de dix, au temps de César; de treize, pendant le règne de* DOMITIEN; *on n'en est guère plus avancé, on ignore ce que valait le cuivre relativement au prix du blé ou du bœuf.* — La SOLDE commença sous AUGUSTE à être servie, à ce que rapporte Rosin, par un TRÉSOR MILITAIRE que ce prince créa; jusque-là, le seul TRÉSOR de l'Etat, le fisc public pourvoyait à tout. — La solde (*stipendium*) du fantassin était, sous ce règne, de dix as par jour, ou, si l'on en croit SERVAN (1780, B), de douze, et celle des chevaliers trois fois plus forte; des séditions militaires s'émurent parmi les légions aspirant à obtenir seize as. — En général, la paye du CENTURION était double de celle du CHEVALIER; elle était le triple de celle du LÉGIONNAIRE. On voit de quelle simplicité était le tarif; il se composait de trois à quatre chiffres, y compris les appointements du GÉNÉRAL D'ARMÉE. — DION rapporte qu'AUGUSTE donna aux PRÉTORIENS PAYE DOUBLE; ils jouissaient en outre d'un LOGEMENT à demeure dans le CAMP PRÉTORIEN; c'était, comme le témoigne SUÉ-

TONE, une caserne vaste et fortifiée. Dans les premiers temps de la république, les rémunérations en BLÉ, en nature, soit éventuelles, soit périodiques, comme prix d'une ACTION D'ÉCLAT, étaient un accessoire de PRESTATIONS qu'on nommait *adorea*. Ce substantif *adorea*, francisé par quelques ÉCRIVAINS, a été synonyme de gloire, TRIOMPHE, mérite. — DOMITIEN eut la faiblesse d'élever d'un quart le taux qu'AUGUSTE avait fixé; CARACALLA donna les mains à une augmentation nouvelle, de façon, dit MONTESQUIEU, *que l'empire ne pouvant plus subsister sans ses soldats, ne pouvait plus subsister avec eux.* —Bouchaud (*De re pecuniariâ*), Gronovius (*De pecuniâ vetere*), M. LISKENNE (t. II, p. 60), M. de MONTVÉRAN, POTTIER (1779, X) peuvent être utilement consultés sur ces matières. — Les COURONNES, considérées comme RÉCOMPENSES, se changeaient quelquefois en don pécuniaire; de là vient qu'on appelait *aurum coronarium* les sommes d'argent que des vainqueurs recevaient et exigeaient, comme les modernes se faisaient rembourser le prix des cloches de forteresse ou le plat d'or qui supporte les clefs d'une place rendue. — JUSTE LIPSE a traité de la SOLDE romaine, mais le sujet est trop obscur, trop incertain, les méthodes ont trop varié pour que des recherches satisfaisantes soient possibles. Comment offrirait-on des renseignements positifs sur la valeur de la SOLDE, puisque le gouvernement romain a été faux-monnayeur comme l'ont été nos princes du MOYEN AGE, et que l'as qui, au temps de la première GUERRE PUNIQUE, était de douze onces de cuivre, finit par n'en plus peser que deux. — N° 6. INSTRUCTION. — Tout ce qu'on dit du savoir-faire des premiers ROMAINS ne doit être accueilli qu'avec beaucoup de défiance. — L'art de partager le temps en divisions horaires était encore inconnu l'an de Rome 585. Les premières clepsydres parurent alors. Combien devaient être imparfaits, jusque-là, l'ART et la DISCIPLINE chez une peuplade grossière! Aussi emprunta-t-elle presque tout des autres nations : elle reçut des GRECS les ARMES; des TOSCANS, la FORTIFICATION; des Epirotes, les CAMPS RETRANCHÉS; elle apprit des SAMNITES les finesses de la GUERRE; des ORIENTAUX, la PORTÉE de l'ARC; mais il était de la destinée des élèves d'effacer et de subjuguer leurs maîtres, parce que la guerre, dit JOSÈPHE, *devint pour les Romains une méditation, la paix, un exercice.* —On développait le SOLDAT par la GYMNASTIQUE, l'ESCRIME, les PROMENADES, la gestation des fardeaux, la VENTILATION, la SCIAMACHIE; on le dressait aux fatigues du CHAMP DE MARS et à la natation.

On l'habituait, par de fréquents EXERCICES dans les CAMPS D'INSTRUCTION, à se rompre, se mêler, se rallier ; c'était l'art de la VÉLITATION. — Il avait pour professeurs, pour INSTRUCTEURS, les docteurs d'armes, les RUDIAIRES, les CAMPIDUCTEURS, auxquels succédèrent les CAMPIGÈNES ; mais il y avait loin de là aux ÉCOLES TACTIQUES de la Grèce. — Les TIRONS étaient exercés deux fois par jour sous le FOUET des CAMPIDUCTEURS ; les anciens SOLDATS l'étaient une fois par jour ; tous faisaient de fréquentes et longues MARCHES dans des terrains difficiles et accidentés. — La CAVALERIE, longtemps faible et souvent battue par celle d'ANNIBAL, ne devint redoutable que quand SCIPION se fut appliqué à l'améliorer et à l'instruire. — Les MENSEURS, les GROMATICIENS (on nommait ainsi les MARQUEURS de CAMP) traçaient, au moyen de CORDEAUX et de FANIONS de différentes couleurs, le CAMPEMENT. — Les MÉTATEURS choisissaient et faisaient mettre en état les CHEMINS et avaient le département du LOGEMENT. — Les soins de l'éducation furent poussés au point qu'on exigeait que tout soldat sût écrire. — Telle était l'instruction physique et manuelle. — Quant à l'instruction morale et intellectuelle, il fut créé des officiers dont la fonction était de conserver et de transmettre les traditions ; on les appelait *magister memoriæ* ; JABRO (1777, G) a traduit cette expression par les mots MAITRE DES ANECDOTES. — La perfection de l'INFANTERIE devint telle, que dans les âges suivants, les hommes de génie qui ont travaillé à dresser les troupes, n'y sont parvenus qu'à l'aide d'une imitation plus ou moins fidèle, plus ou moins entière des institutions de ROME. — Peu après la dernière GUERRE PUNIQUE, les EXERCICES militaires cessent d'être imposés à tous les citoyens comme une dette publique, comme une contribution patriotique. Ce fut le signal de la corruption de la Milice. Depuis la fondation du régime impérial, il commence à être dressé, sinon des CARTES GÉOGRAPHIQUES, du moins des itinéraires de troupes. — La branche la moins avancée de l'ART fut, de tout temps, la CHIRURGIE MILITAIRE. — N° 7. TACTIQUE. — Dans le principe, les ROMAINS ont appris des Toscans, ou reçu de la GRÈCE, les éléments de TACTIQUE que les GRECS avaient puisés chez les peuples de l'INDE. La CHINE moderne et ROME primitive ont, militairement, plus d'analogie qu'on ne le croirait. — L'ORDRE, cependant, fut toujours moins DENSE chez les ROMAINS que chez les GRECS. — L'ABDUCTION romaine était toute grecque. — TULLUS HOSTILIUS, troisième roi de ROME , institua les EXERCICES et la GYMNASTIQUE ; SERVIUS TULLIUS conforma

davantage aux méthodes grecques la TACTIQUE encore grossière que ROMULUS avait introduite ; elle s'entremêla de coutumes sabines, volsques, SAMNITES, ÉTRUSQUES. — Les CHIENS qui gardaient le CAPITOLE étaient une imitation de pareilles coutumes bien plus anciennes dans l'Hellénie. — Sous le régime consulaire, la TACTIQUE devint purement romaine, vraiment originale. — L'ARMÉE romaine se forma dans l'ART militaire plus par imitation et à force de pratique, que par la science de la combinaison et la supériorité de la théorie ; la TACTIQUE GRECQUE eut pour point de départ la science des mathématiques ; la Milice romaine introduisit, dans ses procédés de tactique, quelques idées de mathématiques ; l'ART était, dans la MILICE GRECQUE, plus savant quant à la composition et à la nature des éléments ; à ROME, il l'emporta, comme le témoigne TURPIN (1783, O), par la mobilité de ses parties et la conception de ses ORDRES DE BATAILLE. — La tortue tactique, essayée d'abord dans les jeux publics, devint plus tard une manœuvre de guerre. — Dans la GUERRE contre PYRRHUS, roi d'Epire, les ROMAINS apprirent de lui les secrets de la CASTRAMÉTRATION et l'emploi des ÉLÉPHANTS de guerre ; ils firent, à l'école de cet ennemi, de remarquables progrès ; ils le durent, soit aux revers, soit aux succès des batailles d'Héraclée, d'Ascoli, de BÉNÉVENT. — C'est de ce moment, à ce que croit M. LISKENNE, que la légion devint plus mobile ; telle n'est pas l'opinion de TITE-LIVE, et, en effet, cette révolution ne s'opéra que depuis MARIUS et CÉSAR. — L'étoile romaine pâlit dans les GUERRES PUNIQUES ; mais dans la troisième, les LÉGIONS réparèrent les défaites que le génie et l'ascendant d'ANNIBAL leur avait infligées. — La Milice ne pouvait que devenir supérieure chez un peuple sans entrailles, pour qui la GUERRE était un but politique ; le besoin des conquêtes, un préjugé national ; la victoire, un moyen d'opulence et un chemin conduisant aux honneurs ; tout était organisé dans cet esprit, l'état de paix était l'école des combats. Les blessures étaient des décorations qu'on avait soin de ne pas tenir voilées. Quel avantage, aussi, n'avait pas une armée qui sut longtemps se suffire à elle-même, se passer d'ATTIRAILS, de CAVALERIE, de LIGNES D'OPÉRATION, de bagages et de manutentionnaires ! — Par une combinaison savante, que la TACTIQUE moderne a négligée , mais que la MARINE a en partie conservée , les ordres sur le champ de bataille du centre aux AILES, ou d'une AILE à l'autre, étaient donnés par des signaux soit visibles, soit retentissants, par le mouvement des DRAPEAUX ; on reviendra un jour, à l'emploi de ce genre de COMMANDE-MENT INSTRUMENTAT, de cette TÉLÉGRAPHIE dont notre armée de terre conservait encore quelques vestiges dans la SÉMANTIQUE du siècle dernier. — La MUSIQUE romaine, qui jusqu'au temps de CICÉRON fut toute GRECQUE, était ainsi le ressort de la TACTIQUE et la langue du champ de bataille. Cette musique n'était qu'une espèce de plain-chant instrumental. — L'INFANTERIE romaine agissait au son du CLASSICON; c'était un concert, un *tutti* CÉLEUSTIQUE, que les divers INSTRUMENTS exécutaient à l'effet d'annoncer le COMBAT et d'exciter les courages; mais le jeu isolé des BUCCINES, CORS, CORNETS, TROMPETTES, donnaient chacun un SIGNAL différent. Ainsi le son du CORNET annonçait l'exécution d'une CHARGE au pas de course (*eruptio*); il indiquait l'heure où finissait le service de l'ANCIENNE GARDE; là TROMPETTE donnait le SIGNAL du CRI DE GUERRE, sonnait la CHARGE, et annonçait la GARDE MONTANTE; la BUCCINE faisait connaître l'heure des poses, jouait devant le général pour annoncer son passage et transmettait ses COMMANDEMENTS; mais, sur ces détails, les ÉCRIVAINS ne sont point d'accord, parce que l'usage de ces instruments et leur mélodie ou genre d'airs se rapportent à des époques différentes. — La CAVALERIE romaine ne fut jamais qu'un ressort secondaire et non une ARME habile; ROME n'eut réellement des HOMMES DE CHEVAL qu'en faisant un appel à d'autres peuples. Celle des ALLIÉS était plutôt un corps de guides, d'ordonnances, et d'éclaireurs qu'une cavalerie de bataille. — Celle qui se composait de nationaux, faible par le nombre, bornée dans ses opérations, nulle dans sa TACTIQUE, ne mérite guères qu'on en étudie le mécanisme, si ce n'est à partir de l'époque où commandaient les SCIPIONS; mais malheureusement ce qu'en a écrit ARRIEN (110, A) est perdu; on sait seulement qu'au temps où florissaient ces grands GÉNÉRAUX, elle imite quelques MANOEUVRES GRECQUES, telles, entre autres, que les CONVERSIONS par ECPÉRISPASMES, par ÉPISTROPHES, etc., mais elle se tient sur quatre RANGS; et en cela elle diffère de la CAVALERIE de la MILICE GRECQUE, qui, longtemps, se rangeait sur huit. — La CAVALERIE ROMAINE, comme le dit MONTESQUIEU, était loin de valoir celle de CARTHAGE, parce que les CHEVAUX italiques étaient bien inférieurs aux CHEVAUX NUMIDES et ESPAGNOLS; mais MONTESQUIEU n'eût pas dû citer ce fait comme une vérité de tous les temps. — La CAVALERIE de ROME et l'espèce de ses CHEVAUX s'améliorèrent à mesure que des CORPS africains devinrent TROUPES ROMAINES. — Plus d'un trait de res-

semblance avec la TACTIQUE grecque se conservèrent, alors même que celle de ROME eut pris une physionomie à elle; ainsi l'infanterie pratiquait les ABDUCTIONS à l'instar de l'APOGOGE; mais, dans l'histoire de la tactique romaine, quantité de questions restent insolubles; on est mal éclairé sur la mesure des intervalles ménagés entre les SUBDIVISIONS tactiques, sur la manière dont s'exécutaient les DÉPLOIEMENTS, sur les règles des MARCHES EN BATAILLE, sur les moyens de FAIRE FACE AU FLANC; on suppose que les ROMAINS appliquaient à cette ÉVOLUTION les ÉPISTROPHES, et qu'ils connaissaient, comme les GRECS, la CLISE. L'ORDRE EN QUINCONCE a-t-il été précisément usité au temps des MANIPULES? C'est croyable; M. le colonel CARRION et quantité d'ÉCRIVAINS l'affirment; M. le général ROGNIAT le conteste; et à ce sujet les historiens ne s'expliquent pas avec clarté, non plus qu'à l'égard des SERREFILES. — La même ambiguïté règne à l'égard du COIN OU TÊTE DE PORC, *caput porcinum*, de la TENAILLE, *forceps*, du GLOBE OU ORDRE ORBICULAIRE, *orbis*, et du carré, *quadratum agmen*; cette expression ne signifiait nullement, suivant M. LISKENNE (t. II), un CARRÉ tactique, une masse à quatre fronts, comme il serait naturel de le supposer, mais elle peignait une MARCHE PAR LE FLANC d'une LÉGION s'avançant en trois COLONNES, l'une de HASTAIRES, l'autre de PRINCES, l'autre de TRIAIRES. Suivant son opinion, qu'il fonde sur le récit de TACITE, l'ordre en carré n'aurait été pratiqué qu'une seule fois; Germanicus y aurait eu recours en traversant une forêt. C'est pourtant dans une forêt que l'ORDRE PAR LE FLANC est le seul possible, et que l'ORDRE EN CARRÉ est impossible. — Les AUTEURS anciens paraissent s'être égarés eux-mêmes, puisque TITE LIVE et VÉGÈCE confondent, suivant GUISCHARDT, *la tactique de César et celle des guerres puniques.* — Les TROUPES faisaient route ayant le CASQUE pendant sur les épaules. L'ordre de se coiffer était donné, s'il y avait lieu, par la formule: *jubet galeari imperator;* le GÉNÉRAL veut qu'on mettre le CASQUE. — Nous avons indiqué, en parlant de la COMPOSITION, les modifications successives que firent éprouver à la LÉGION la transformation des HASTAIRES en TROUPE solide, l'adjonction de la CAVALERIE, l'institution des VÉLITES comme TROUPE LÉGÈRE, l'arrangement tactique des PRINCES, la RÉSERVE d'élite formée de TRIAIRES, et l'agencement des CENTURIES et des MANIPULES. Les TRIAIRES, au temps de CÉSAR et probablement depuis MARIUS, avaient cessé d'en constituer la TROISIÈME LIGNE; l'ÉPIEU ou *pilum* avait cessé d'ar-

mer les HASTAIRES. — VÉGÈCE (590, A) dépeint les LÉGIONNAIRES, c'est-à-dire les PIÉTONS
de ligne, rangés à trois pieds de distance ;
la mesure de ce TERRAIN INDIVIDUEL répondait à un peu moins de trente-trois pouces
français. — La GRÈCE transformée en province romaine ; la GRÈCE dont les arts sur-
passaient de beaucoup ceux de ROME, redevint l'école de ses vainqueurs ; mais en s'y
modifiant, l'ART s'y abâtardit par le mélange
informe des différentes ARMES et par l'adoption de la COHORTE PHALANGIQUE à laquelle
s'adaptait mal le genre d'ARMEMENT conservé
par les ROMAINS. — AULUGELLE et FESTUS
témoignent de cette décadence dans leurs
descriptions confuses des divers ORDRES
TACTIQUES, et dans les récits où ils rappellent le BATAILLON ROND OU TRIANGULAIRE, le
COIN, les RÉSERVES, la SCIE, la TENAILLE, etc.
— Les CORBEAUX DÉFENSIFS, les CATARACTES
OU HERSES, les GABIONS basculants nommés
metellœ, les CHAUSSES-TRAPES, le palissade-
ment, étaient les moyens de défendre les
FORTERESSES et les camps ; les BÉLIERS abrités
de CILICES, de CENTONS, de peaux crues, les
GALERIES, les MANTELETS ou VIGNES fermées
de CLAIES en manière de BLINDES, les FALARI-
QUES, les TOLLENONS, les TORTUES MÉCANIQUES,
les TOURS ROULANTES, étaient les moyens de
les attaquer. — Cette ARMÉE, qui avait su
vaincre sans MACHINES et sans CAVALIERS, ne
faisait plus consister sa force, sur le champ
de bataille, que dans le secours des ARMES
NÉVROBALISTIQUES, des MARTIOBARBULES, des
CHIROBALISTES, des FLÈCHES, des FRONDES, des
CESTRES. La MUTILATION VOLONTAIRE y était
fréquente, et à son déclin elle regorgeait
tellement de CAVALIERS, qu'ils étaient souvent réduits à mettre pied à terre pour COM-
BATTRE. Une des erreurs de MONTESQUIEU
(*Grandeur et décadence*, chap. 2) est
d'avoir considéré cette corruption comme
l'époque la plus brillante. — ROHAN (1757, Q),
M. le colonel CARRION (1824, A), l'ENCYCLOPÉ-
DIE (1751, C, aux mots : *Guerre, Officier, Ordre de bataille, Tactique*, et aux planches),
JUSTE LIPSE (1638, A), MAIZEROY (1771, A),
M. de MONTVÉRAN, PRAISSAC (1622, A),
peuvent être consultés sur la tactique romaine. — N° 8. SUBORDINATION. — Sous le
nom de subordination nous comprenons
ici ce qui appartient aux règles de HIÉRAR-
CHIE, de DISCIPLINE, de POLICE, qui étaient en
vigueur dans les armées de ROME, depuis
leur création jusqu'au régime impérial. —
Le GÉNÉRAL avait un ou plusieurs LIEUTE-
NANTS ; il recevait des mains du sénat, s'il
n'était que CONSUL, le MAITRE DE LA CAVA-
LERIE qui devait le seconder ; mais s'il était
DICTATEUR, il choisissait lui-même son se-

cond. — Pour la formation de la cavalerie
et dans les revues qu'elle subissait, le censeur passait un examen sévère, à la fois
moral et militaire, qui s'appelait *equitum
probatio* ; il avait pour objet ou de maintenir le cavalier dans le droit qu'il avait
d'être pourvu d'un cheval aux frais du
trésor, ou de le priver de cette faveur en le
réduisant à servir à pied. — Les lois ou du
moins les usages voulaient que les CONSULS, les
GÉNÉRAUX, les DICTATEURS même, marchassent
à pied à la tête des LÉGIONS. — On voit dans
PLUTARQUE (*in Fabio*), que quand le DICTATEUR
n'était plus d'âge à supporter cette fatigue,
il demandait personnellement et directement au peuple, à l'instant d'ENTRER EN
CAMPAGNE, l'autorisation de faire route à
cheval. SUÉTONE et PLINE disent à la louange
de CÉSAR et de TRAJAN, qu'ils ne commandaient qu'à pied leurs TROUPES. Les fleuves
mêmes n'arrêtaient point CÉSAR, il les traversait à la nage ou sur une OUTRE. — Les
FAISCEAUX et les HACHES portés par les licteurs
étaient le signe du COMMANDEMENT, le ressort de la SUBORDINATION, les moyens correc-
tionnels. — FRONTIN (86, A) cite comme
preuve de la DISCIPLINE des SOLDATS, au temps
d'Aurélius, le pommier chargé de fruits qui
était resté intact dans le CAMP de Scaurus.
— N° 9. PUNITIONS, PEINES. — Nulle part
le raffinement cruel de la PÉNALITÉ, les recherches de la RÉPRESSION et la variété de
leurs formes ne furent poussés aussi loin
que chez les ROMAINS. L'arbitraire seul décidait de l'application des CHATIMENTS et des
SUPPLICES. Exposons cependant ce qui a été
du fait des usages le plus connus pendant
une plus ou moins longue durée de temps.
— Les PEINES CAPITALES étaient la FOURCHE
ou le FOUET jusqu'à la MORT ; à cet effet le
patient avait le col pris dans les dents d'une
fourche fichée dans un arbre ou dans un
poteau ; l'ÉCARTELEMENT, qu'on appelait,
suivant ROQUEFORT (1855), DIASPHENDONÈSE,
déchirement du patient attaché par les
pieds et les mains à la cime de deux arbres
rapprochés de force avec des cordages qu'on
coupait pour qu'ils fissent brusquement
ressort ; la DÉCIMATION de la main des
licteurs, la LAPIDATION de la main des compagnons d'armes, la HACHE, la CRUCIFIXION,
etc. Ces deux dernières peines étaient répressives de la DÉSERTION chez l'ennemi. La
DÉCIMATION sévissait contre une TROUPE qui
avait fui. La mort était prononcée en réparation de l'abandon des ARMES ou de la perte
du BOUCLIER ; la FUSTIGATION simple était encourue par le déserteur à l'intérieur. RAY
DE SAINT GENIES (1755), et l'ENCYCLOPÉDIE
(1751, C, au mot *Tactique des Romains,*

et 1785, C, au mot *Discipline*), rendent témoignage à ce sujet. — Les PEINES MUTILANTES étaient aussi nombreuses que pouvaient le suggérer l'amour du sang et l'habitude de le répandre. Les PEINES AFFLICTIVES consistaient dans les AMENDES ou la suppression de la PAYE, répression utile depuis l'établissement du consulat, la BASTONNADE, la SAIGNÉE. Les PEINES INFAMANTES consistaient dans l'EXPOSITION ou le renvoi au delà du CAMP, dans la modification ou la diminution de la NOURRITURE, dans l'exposition sans armes au milieu de la rue *principia*, dans la TRANSCORPORATION en une TROUPE d'un ordre inférieur, dans l'EXPULSION hors de l'ARMÉE. — Aux beaux temps de la Milice romaine, les PUNITIONS de tout genre atteignaient sans distinction tous les GRADES, tous les rangs; le caractère d'OFFICIER impliquait même aggravation. Le mérite des services rendus était effacé par les FAUTES commises; le CHATIMENT encouru les suivait immédiatement; il frappait jusqu'à des CENTURIES, jusqu'à des LÉGIONS entières. — Donnons quelques exemples des punitions exercées sur de hauts personnages, et de quelques peines collectivement subies. — MANLIUS TORQUATUS et POSTUMIUS envoyèrent leurs fils à la MORT, tout vainqueurs qu'ils fussent. Rullialonus, chef de la CAVALERIE, est battu de VERGES à la tête de l'ARMÉE pour avoir combattu sans ordre. Titius, général de la cavalerie de Pison, est dégradé, revêtu de haillons, condamné à servir comme fantassin et pieds nus. — VALÈRE MAXIME nous montre, au siége de Lipare, Cotta remettant momentanément le commandement des troupes à son parent Pecuniola qui se laisse battre par les assiégés. A son retour, Cotta le fait frapper de VERGES et l'envoie dans l'INFANTERIE comme simple soldat. — VELLEIUS témoigne que DOMITIEN fit subir la peine du FOUET jusqu'à la mort au premier CENTURION Vibilius qui avait tourné le dos à l'ennemi. HIRTIUS rapporte qu'on exécuta de même un soldat assassin de son frère. Appius Claudius prononce la DÉCIMATION contre des fuyards et fait tuer à COUPS DE BATON ceux que désigne le sort. Une LÉGION de quatre mille hommes saccage REGGIO; un décret du sénat ordonne qu'elle soit mise à mort, et défend d'enterrer les coupables, d'en porter le deuil, de les pleurer. — Les FAUTES LÉGÈRES encouraient la privation de certaines NOURRITURES, l'exposition en public et sans CEINTURE, les AMENDES. Ceux qui les subissaient se nommaient *œre diruti*, c'est-à-dire SOLDATS dont la PAYE tournait au profit du fisc : *diruti, quia œs diruebat in fiscum, non in militis sacculum.* — Des PUNITIONS touchaient à l'honneur ou s'attaquaient à l'amour-propre. Il y en avait qui étaient une privation de BÉNÉFICES ou de RÉCOMPENSES; il y en avait qui consistaient à être réprimandé publiquement, à perdre son droit d'ANCIENNETÉ, à ne point faire partie des PRISONNIERS rachetés ou échangés, à n'être nourri que d'ORGE au lieu de BLÉ, à être exposé sans VÊTEMENTS. — FESTUS nous entretient de la confiscation des ARMES : *ad hastæ redditionem condemnari : armorum redditio : censio hastaria.* Cette espèce d'inhabileté militaire n'était que momentanée, de même que la relégation hors de l'enceinte du CAMP; TITE LIVE l'appelle *tentendi locum mutare;* elle s'exerçait quelquefois sur l'individu, quelquefois sur une TROUPE. — TACITE dépeint Corbulon condamnant un de ses GÉNÉRAUX à camper ignominieusement en dehors du parapet. — Quelquefois l'exil hors du CAMP se changeait en un BIVAC aussi long que l'hiver; TITE LIVE explique cette peine ignominieuse par *ne in oppidum hibernare.* — AMMIEN MARCELLIN rapporte qu'une TROUPE qui avait fui fut reléguée à l'ESCORTE des ÉQUIPAGES et des PRISONNIERS, et eut le DRAPEAU arraché et les ARMES brisées. — Quelquefois le SOLDAT était condamné à manger debout : *cibum stantem capere.* Les CORVÉES de campagne étaient aussi une PUNITION. PLUTARQUE parle des SOLDATS devenant PIONNIERS par CORVÉE, c'est ce qu'on appelait *fossam fodere.* — Quelquefois le coupable était chassé sans CEINTURE; TITE LIVE appelle ce cas : *discinctus destitui;* cette honte fut encourue par Caïus Titius, général de la CAVALERIE, pour avoir capitulé en rase campagne. — Ce qu'on appelait *hordeo pasci, hordeum accipere*, était la substitution de l'ORGE au FROMENT. — On voit des COHORTES, des LÉGIONS entières soumises à ce changement de NOURRITURE. — AULUGELLE fait récit d'une PEINE singulière, mal imaginée même : elle consistait à exercer sur l'homme puni l'opération de la saignée; cela s'appelait *venam solvi, sanguinem emitti.* FRONTIN donne à entendre que les SOLDATS DE GARDE qui se permettaient quelques INFIDÉLITÉS, quelques LARCINS, étaient flétris de cette SAIGNÉE. — La TRANSCORPORATION ou le renvoi d'un CORPS dans un CORPS considéré comme d'une classe infime, était aussi un moyen de RÉPRESSION; ainsi on mettait à pied un cavalier, on changeait en VÉLITE un LÉGIONNAIRE, on incorporait un SOLDAT de ligne dans la MARINE. — L'épuration par le renvoi des DÉLINQUANTS s'appelait *a castris segregatio.* — Etre relégué dans les FORTERESSES, au lieu de FAIRE CAMPAGNE, était aussi considéré comme déshonneur, parce que, comme le dit CICÉRON, par un jeu de mots entaché d'afféterie, *custodia castellorum non honoris, sed oneris existimatur.* TENIR GARNISON est une CORVÉE, loin d'être un honneur. — On appelait EXPULSION, *missio ignominiosa,* ce qui répondait à la CARTOUCHE JAUNE des derniers siècles. CICÉRON, du haut du PRÉTOIRE, prononce cette peine contre des OFFICIERS d'un GRADE analogue à celui de nos GÉNÉRAUX de division. — La BASTONNADE que le CENTURION infligeait, s'appelait : *vite verberari.* Ce CEP DE VIGNE ou ce SCIPION était tellement la MARQUE DISTINCTIVE du GRADE, que FESTUS prend dans le sens de notre mot servir ou être au service, *sub vite prœliari,* ce qui peut se rendre par FAIRE LA GUERRE sous l'empire du bâton. — Résister aux COUPS de CEP infligés par PUNITION et briser le CEP, c'était encourir PEINE DE MORT. — Cléarque représente l'officier tenant de la main gauche sa DEMI-PIQUE et de la droite sa CANNE : *in manu sinistrâ hastam tenens, in dextrâ scipionem.* Cette désignation de l'emploi de chaque main semblerait, dans l'esprit de nos usages, exprimer qu'il s'agissait moins pour l'officier de se battre que de surveiller le SOLDAT qui combat, et de maintenir la DISCIPLINE. Cette BASTONNADE, comparable à la SCHLAGUE allemande, s'appliquait sans forme de procès; la FUSTIGATION à coups de VERGES, PEINE quelquefois suivie de la mort, était prononcée par un JUGEMENT. VALÈRE MAXIME appelle ce châtiment *virgis cædi*; il peut se comparer aux anciennes BAGUETTES françaises ou au KNOUT russe. — Les PEINES MUTILANTES consistaient dans l'AMPUTATION de la langue, des mains, des jambes. Ces effroyables SUPPLICES, que la FRANCE avait en partie imités, et dont quelques-uns étaient encore pratiqués dans ses ARMÉES pendant les derniers siècles, s'appelaient, suivant AMMIAN Marcellin, *linguæ obscisio, manuum amputatio, crurum exsectio.* —Lampride fait mention de la condamnation à l'esclavage, *in servitutem adactio.* ALEXANDRE SÉVÈRE donna comme esclave à une vieille femme un SOLDAT qui lui avait fait quelques torts. POLYBE et TITE LIVE dépeignent souvent la PEINE des BAGUETTES, *fuste verberari fustuarium*; c'était un SUPPLICE infligé de la main des camarades à coups de PIERRES ou de BATON; le signal de cette EXÉCUTION était donné quand le TRIBUN touchait d'une BAGUETTE le condamné. Ce SUPPLICE, qui allait ordinairement jusqu'à la MORT, s'infligeait surtout à ceux qui quit-

taient sans ordre leurs rangs, qui se rendaient coupables de lâcheté ou de l'ABANDON DU POSTE, qui portaient un faux témoignage, qui étaient convaincus de VOL. Si le condamné n'expirait pas sous les COUPS, il était ordinairement expulsé après la DÉGRADATION. On voit dans VÉGÈCE (390, A) que l'exercice de la magie était compris au nombre des délits militaires susceptibles d'être châtiés. — TACITE occupe mainte fois ses lecteurs de la DÉCIMATION. — Les SOLDATS condamnés à l'INCARCÉRATION (*carcer*) étaient enchaînés à un autre prisonnier par le poignet; s'il n'y avait pas d'autre prisonnier, l'homme à la chaîne était attaché au poignet à gauche du geôlier; SÉNÈQUE le dit formellement et en fait le texte d'une remarque philosophique. Suivant Raymond, au mot *Custodia militaris,* on enchaînait quelquefois le prisonnier à deux SOLDATS chargés de sa garde, ou bien au COMMENTARISTE. — La PEINE DE MORT s'infligeait aussi avec les FAISCEAUX de HACHES, hors de l'enceinte du CAMP; être ainsi décapité s'appelait *securi percuti.* Le condamné était attaché tout nu à un arbre; ce SUPPLICE fut employé jusqu'à ce que le cimeterre le remplaçât, parce que, comme le dit LUCAIN :

.... *Nundum artis erat caput ense rotare.*

Le sabre ignorait l'art qui fait voler les têtes.

Quand cet art se perfectionna, il ne fut point infamant, à ce que dit ULPIEN, d'être décapité avec le COUTELAS, mais il l'était de périr de la HACHE. —Les jeux sanglants du cirque étaient aussi un moyen de SUPPLICE; c'est ce que VALÈRE MAXIME exprime par *ad bestias damnari.* — SCIPION le dernier Africain donna au peuple ce genre de spectacle; il fit livrer aux animaux féroces les SOLDATS ALLIÉS qu'il avait repris dans CARTHAGE, comme TRANSFUGES des ARMÉES romaines. — Les DÉSERTEURS romains périssaient attachés à un poteau et battus de VERGES; d'autres fois on les crucifiait, ou bien on les vendait comme esclaves, ou bien on les faisait fouler aux pieds des ÉLÉPHANTS. — Il y avait aussi la PEINE de MORT sans désignation de SUPPLICE; cet usage s'est perpétué jusque dans nos lois françaises du dernier siècle; c'était ce que les ROMAINS appelaient *capitis pœna.* — Chez eux le SUPPLICE s'étendait quelquefois au delà de la mort. Rester sans sépulture, *sepulturæ privatio,* était une peine. — Ce que nous appelons être PASSÉ PAR LES ARMES, par les piques, était une imitation du SUPPLICE romain où l'on périssait sous l'épée des compagnons d'armes, *legionarium gladiis conscidi* : sauf les moyens, c'était la même chose que le *fustuarium*. — Ammian traite aussi du supplice du feu, *vivos comburi*. Sous Valentinien, sous Constantin, ce supplice était pratiqué. — Vers le temps de la corruption, la Milice romaine connut les supplices à coups de flèches ; Paul Diacre en parle et les nomme *sagittus, sagittis eminus configi*. Vers les mêmes temps on fit aussi traîner à la queue des chars les coupables. — Jules Capitolin dit que l'empereur Macrin fit supplicier ainsi un tribun. — Les officiers de grades élevés pouvaient être recherchés pour avoir signé une paix honteuse, avoir donné les mains à des traités dommageables pour la république ou l'empire, s'être livrés à des exactions, avoir abusé de l'autorité, avoir attenté aux droits publics. Des peines terribles attendaient les coupables, comme le témoignent Appien, Frontin, Tite Live. — Depuis la domination des empereurs la toute-puissance juridique des généraux fut restreinte ; les souverains, comme cela arrive toujours, consentent bien à laisser à leurs lieutenants la répression des fautes commises par la classe plébéienne de l'armée, mais ils se réservent la punition des hauts grades, et cette prétention, quand elle émane d'un monarque qui n'est pas en personne à la tête de l'armée, est le commencement de la perte de la discipline. — Diodore et Dion témoignent que Mécène donnait conseil à Auguste de ne confier aux légats du prétoire que la punition des hommes de troupe, et en exceptant même la mort et les peines infamantes. Ce conseiller de la cour ajoutait qu'au monarque seul devait appartenir la connaissance de la conduite des centurions. — La juridiction sur les troupes variait suivant que les empereurs employaient, comme généraux d'armée, des légats du prétoire ou des légats consulaires. — Que le lecteur n'espère pas, au surplus, trouver dans aucun écrivain, quelque érudit qu'il soit, un tableau où seraient exprimés avec exactitude les cas de l'application de ces peines, les époques et la durée de leur usage, le témoignage de leur légalité, l'indication de leur emploi simultané, de leur non contemporaineté ou de leur régulière substitution les uns aux autres ; il ne faut accepter qu'en masse ce que nous en pouvons savoir, se persuader que les usages ne furent les mêmes ni sous les différents gouvernements, ni sous les généraux revêtus de grands pouvoirs ; le vague qui règne dans les récits historiques prouve que le droit et la juridiction avaient moins pour base un texte

légal que des traditions banales, des usages consacrés, ou même des innovations capricieuses, qui prenaient force de loi. — Les écrivains n'en traitent, en général, que comme de faits accomplis, non comme d'un objet d'observations philosophiques ; aucun n'en fait l'énumération sous le point de vue d'une législation méthodique, ou comme une question de jurisprudence ou de droit commun ; aucun ne distingue de la discipline la justice. — Les auteurs qui ont laissé sur ces sujets des aperçus sont : Alexandri, l'Encyclopédie (1751, C, au mot *Peines*, au mot *Romains*, et 1785, C, au mot *Discipline*) ; Jabro (1777, G, au mot *Peines*) ; Juste Lipse ; le jurisconsulte Paul ; Sigonius (*Histoire de l'Empire d'Occident*) ; Silva (1768, K) ; Stéwéchius. — N° 10. Service. — Examinons le service romain comme profession des armes, ou acquittement d'une dette à la patrie, comme complément d'émancipation pour qui aspirait au droit de cité, comme l'accomplissement mécanique des devoirs intérieurs de l'emploi et du grade. — La conscription alimentait l'armée ; les engagements volontaires concouraient à la compléter. Des conquisiteurs, suivant Raymond, étaient les recruteurs du temps. — Les affranchis ne parvenaient pour la plupart à acquérir les priviléges de citoyen qu'à la suite de bons services dans les légions. — Mais on s'abuserait en se persuadant que le gouvernement romain n'ait pas maintes fois éprouvé de graves difficultés à l'occasion des appels, même pour un service qui pendant longtemps ne fut que de quelques mois ; ainsi les longues luttes entre le peuple et les patriciens s'entrecoupent de plus d'un refus de s'enrôler ; c'était la manifestation de l'opposition du peuple mécontent, c'était son refus d'acquitter l'impôt. Aussi, pour alléger la rigueur du tribut conscriptionnel, la république, et surtout les empereurs, furent-ils contraints d'avoir recours aux auxiliaires, aux alliés, aux mercenaires. — Dans les dangers de la patrie, dit Tite Live, l'appel au service, l'évocation, était proclamé par le général chargé du commandement. Il déployait sur le Capitole deux étendards, l'un blanc pour l'infanterie, l'autre rouge pour la cavalerie. Il prononçait la formule :

Qui vult rempublicam salvam esse, me sequatur.

A moi ceux à qui la patrie est chère.

— Les enrôlés prononçaient alors le serment nommé préjuration — Auguste, créateur d'une armée permanente, assujettit à un SERVICE de douze ans les PRÉTORIENS, et de seize ans les LÉGIONNAIRES ; un peu plus tard il étendit de quatre ans cette durée. — VELLÉIUS témoigne que l'époque des APPELS était toujours une cause d'agitation et d'inquiétude publique ; c'était le fruit inévitable de la dureté du SERVICE, de sa longue durée et d'une menaçante expatriation ; des révoltes qui eurent lieu sous le règne d'AUGUSTE avaient pour objet d'obtenir que le SERVICE fût de nouveau borné à seize ans ; c'était pourtant un bien faible dégrèvement. — La TAILLE du SOLDAT se mesurait par palmes, qu'on a aussi nommées pan ou enpan. La palme avait huit pouces six lignes et demie. On toisait aussi les hommes par pieds ; cette mesure était de dix pouces dix lignes sept dixièmes. — Le SOLDAT de cinq pieds six pouces était regardé comme de grande TAILLE ; car les ROMAINS étaient d'une stature moins élevée que les GAULOIS et les GERMAINS. Ce fut un phénomène que la TAILLE de l'empereur Maximin qui, suivant JULES CAPITOLIN, avait huit pieds ; ce qui pourrait répondre à sept pieds deux pouces de France ; mais Maximin n'était pas Romain, il était né en Thrace. — La MARQUE indélébile dont nous avons parlé, l'empreinte sur la peau du SOLDAT, était une mesure d'administration publique, une conséquence de la prestation du SERMENT, un témoignage de l'accomplissement du SERVICE, une précaution contre la DÉSERTION ; car, quoique des écrivains célèbres aient professé l'opinion contraire, le crime de désertion n'était pas inconnu des Romains. — La DURÉE du SERVICE de la CAVALERIE était de dix ans ; celle de l'INFANTERIE, de seize et même de vingt ans, quand les circonstances l'exigeaient. — On appela *missio*, le CONGÉ D'ANCIENNETÉ ; *graciosa missio*, le CONGÉ DE GRACE ; *turpis missio*, le CONGÉ INFAMANT, ou l'EXPULSION avec DÉGRADATION. — Un des vices du SERVICE des ARMÉES ROMAINES était la communauté de pouvoir délégué à deux CONSULS ; plus d'une catastrophe en furent la conséquence ; la dictature en fut le dangereux remède. — On appelait *vigiliæ*, les RONDES ; mais c'était plus particulièrement le nom des factions. Les SENTINELLES n'y portaient pas le BOUCLIER, de peur qu'elles ne s'endormissent en s'y appuyant. — La GARDE se montait avant la fin du jour, et, par exemple, à sept heures du soir, si l'on était à l'époque où l'aurore paraît à quatre heures du matin. Le service des POSTES se partageait, au moyen de la clepsydre ou du sablier, en huit veilles, pendant les vingt-quatre heures ; ainsi les FACTIONS étaient de trois heures ; elles se tiraient au sort et s'accomplissaient au son de la TROMPETTE. Les TERGIDUCTEURS présidaient aux POSES. Les COMMENTARISTES tenaient le rôle du SERVICE. — Les RONDES étaient d'abord du ressort de la CAVALERIE avant de concerner de hauts grades ; il s'en faisait quatre de jour, quatre de nuit ; le TRIBUN en réglait le détail. — Le premier CENTURION de TRIAIRES, OU PRIMIPILE, décidait du placement et du mouvement des GARDES. — Quelques détails à cet égard sont fournis par l'ENCYCLOPÉDIE (1751, C, au mot *Garde*). — A l'ARMÉE, une TUNIQUE de pourpre, ou une COTTE D'ARMES, suspendue sur la tente du GÉNÉRAL, ou arborée sur le PRÉTOIRE, donnaient l'ordre du rassemblement des TROUPES, ou le signal d'un prochain COMBAT. PLUTARQUE et TITE LIVE en rendent témoignage. — Si l'on en croit le *Dictionnaire de la Conversation*, au mot *Licteurs*, l'ordre leur était donné, dans les villes prises d'assaut, d'éventrer femmes et chiens. — Dans les MARCHES et les CAMPEMENTS, le GÉNÉRAL se tenait entre les PRINCES et les TRIAIRES, ce qui semble indiquer qu'il était d'usage que tous les PRINCES défilassent en avant de tous les TRIAIRES, et non en ordre entremêlé. — Le général s'entourait de ses GARDES et de ses VÉTÉRANS, s'il les tenait en troupe, et s'il ne préférait les répartir dans les divers corps pour qu'ils en fussent l'exemple et l'appui. — Il avait seul le droit de dévouer, pour le salut de l'ARMÉE, un de ses SOLDATS, de l'immoler sur les autels ou de lui ordonner de se faire tuer. — A l'issue d'une victoire, on ornait de lauriers les FAISCEAUX des LICTEURS, on en suspendait des branches aux ENSEIGNES ; on brûlait devant elles des parfums. Si la victoire était importante, le GÉNÉRAL en faisait part au sénat, en décorant ou accompagnant de feuilles de laurier sa missive ; par cet emblème il sollicitait un décret nommé *triumphi prerogativa*. Il en fut du moins ainsi au beau temps de la république ; car, une fois que les Alpes, les mers, eurent été franchies par les ARMÉES, leurs GÉNÉRAUX, désaccoutumés pour ainsi dire de se regarder comme sujets, s'arrogèrent à leur gré les honneurs du triomphe. — ISIDORE dit qu'on appelait *russati* (les rouges) les SOLDATS qui obéissaient à l'ENSEIGNE rouge ou à la COTTE D'ARMES ; c'était peut-être une sorte de GENDARMERIE. — Les ALLOCUTIONS et les TESSÈRES, espèce de MARRONS, étaient les moyens de transmission du MOT et des ORDRES DU JOUR au CAMP. Ils étaient communiqués à la diligence des TESSERAIRES. — Les DÉCLARATIONS DE GUERRE regardaient les FÉCIAUX OU HÉRAUTS. — Il entrait dans les attributions et les services du CENTURION PRIMIPILE d'assister aux CONSEILS convoqués les JOURS D'ACTION ou dans les circonstances difficiles. — Servius, parlant du mécanisme de la MARCHE des ROMAINS, distingue *agmen pilatum*, ou MARCHE AVEC ARMES, pour de courtes EXPÉDITIONS, sans y porter de BAGAGES, la TROUPE marchant à rangs plus serrés; l'autre MARCHE s'appelait *agmen quadratum*, ou MARCHE AVEC ARMES ET BAGAGES. Cependant, plus d'un passage de TITE LIVE pourrait faire croire qu'il s'agissait, dans le dernier cas, d'une ordonnance tactique et d'une MARCHE D'ARMÉE sous une forme spéciale qui nous est mal connue. — Sous le rapport de l'administration publique et de la DISCIPLINE militaire, les lois romaines, aux temps des EMPEREURS, réglaient les MARCHES des TROUPES dans l'intérieur et déterminaient les droits au LOGEMENT; il était défendu à l'HOMME DE GUERRE d'exiger plus que le simple couvert, de demander rien pour lui ni pour ses chevaux, et de consentir à recevoir du bois, de l'huile, un matelas, etc. — Spartian dit que l'empereur Piscenius poussait cette défense jusqu'à enjoindre aux habitants de ne rien donner aux TROUPES; mais autre chose est la lettre de la loi et son exécution. — Sous l'empereur VALENTINIEN, les TROUPES en route s'étaient arrogé un droit, ou s'étaient habituées à une PRESTATION qu'on nommait *cœnatica*, mot qu'on peut traduire par collation, rafraîchissement. — Les constitutions de VALENTINIEN et de Valens défendirent nominalement cette exaction. Si, malgré ces précautions, ou par suite de circonstances extraordinaires, les HABITANTS avaient à se plaindre de quelques dommages, les EMPEREURS, à ce que rapporte CASSIODORE, en faisaient supporter les frais au trésor public. Ce même AUTEUR va jusqu'à affirmer que Théodoric, roi des Goths, tenait sur ses troupes un œil si vigilant, que leur conduite était aussi régulière que celle des provinces les plus policées; *ut ab armatis custodiretur intacta civilitas.* — Sertorius, suivant les récits de PLUTARQUE, voyageant en ESPAGNE à la tête de ses TROUPES, avait tellement à cœur qu'elles ne fussent point onéreuses aux HABITANTS, qu'il évitait de traverser les villes, et passait ainsi des hivers entiers sans exiger des peuples ni contributions, ni vivres, ni CORVÉES; mais il n'en était pas toujours ainsi, et le sévère TACITE nous dévoile l'avarice des GÉNÉRAUX ROMAINS qui entraient en composition avec des particuliers ou avec des villes, et leur faisaient chèrement acheter le droit d'être dispensés du PASSAGE des TROUPES. — JUSTI-

NIEN réprima les concussions de ce genre et ordonna la restitution des sommes ainsi extorquées. — Le SOLDAT chargé de lourdes ARMES, d'un BAGAGE écrasant, de provisions pour plusieurs semaines, arrivait à peine, après une MARCHE pénible et longue, qu'on l'occupait à se retrancher, à s'entourer de larges FOSSÉS; on ne lui accordait de repos qu'après ce TRAVAIL. Dans les CAMPS DE SÉJOUR il ne cessait d'en accomplir les CORVÉES, d'en reconstruire l'intérieur, d'en entretenir les remparts, d'y transporter et d'y emmagasiner des provisions; pendant la paix il ne quittait son CAMP que pour créer des routes, percer des forêts, creuser des canaux, couper des montagnes. — Que de fois n'a-t-on pas conseillé aux gouvernements modernes de se faire Romains et d'employer leurs régiments à construire des voies romaines. — PAGEZI s'est appliqué à démontrer qu'un pareil système ne peut convenir qu'à un gouvernement conquérant ou despotique. — N° 11. ADMINISTRATION. — Quantité de points de ce sujet ne sauraient être éclaircis; l'ADMINISTRATION était trop dépendante du droit de COMMANDEMENT pour avoir eu de la stabilité. Elle agissait en vertu de coutumes plus qu'elle ne se soumettait à des règles. Il faut en quelque sorte surprendre le secret de sa marche chez les ÉCRIVAINS de l'antiquité; il n'est aucun d'eux qui ait considéré l'ADMINISTRATION autrement que comme une partie de l'art du GÉNÉRAL, ou comme une conséquence du droit des PRÉFETS DE LÉGION. Ce qu'ils disent des REVUES, qu'ils nomment ARMILUSTRES, donne à croire que ce n'étaient que de GRANDES PARADES ou des CÉRÉMONIES en partie sacrées. Quant aux revues d'enrôlement, elles s'appelaient *electio*, c'est-à-dire choix d'hommes, ou *transvectio*, comme on dirait, prise de costume, ou endossement de l'uniforme. — Le QUESTEUR, lorsque cette fonction fut instituée, commença à exercer la surintendance et la haute ADMINISTRATION des VIVRES; il tenait la clef du TRÉSOR MILITAIRE; il employait des ACTUAIRES comme AGENTS subalternes de son ADMINISTRATION. — VELLEIUS (1825) fait mention du PRÉFET DES OUVRIERS, *præfectus fabrum*, espèce de GRAND MAITRE DE L'ARTILLERIE. Suivant le traducteur, *la quantité d'objets qu'il avait sous la main en faisait une source de profits immenses.* Ainsi l'ADMINISTRATION romaine n'était pas plus irréprochable que tant d'autres. — Les APPROVISIONNEMENTS DE BOUCHE furent transportés pendant longtemps, dit-on, à dos de SOLDATS; mais ce récit est suspect comme tant d'autres points d'HISTOIRE. S'il est vrai que les SUBSISTANCES se délivraient pour quinze jours, pour vingt jours et même pour un mois, la CHARGE eût excédé toute proportion raisonnable. Du BLÉ pour vingt jours seulement eût pesé le premier jour quarante-huit livres ; si l'on y ajoute le poids des armes, des outils, des pieux, du MOULIN, le Romain eût eu sur les épaules la CHARGE d'un CHEVAL ; peut-être n'était-ce que dans les CAMPS STABLES qu'on délivrait en une fois, au fantassin, ses trente-deux *chœnix* du mois. — Depuis les époques où l'HISTOIRE s'éclaircit, les APPROVISIONNEMENTS étaient transportés, suivant les temps et les différentes circonstances de GUERRE, par des esclaves, ou sur des CHARS, ou par mer, ou à dos de BÊTES DE SOMME. Le service des subsistances était régi par l'INTENDANT DES VIVRES, nommé *præfectus annonæ*. — Constance établit des règles de FOURNITURES, comme le témoigne ODIER (1824, E, t. III, p. 10, note). Des LIEUX D'ÉTAPE gardés par des GARNISONS s'appelaient MANSIONS. — Le SOLDAT ROMAIN moulait son GRAIN soit entre des pierres plates, soit au moyen d'un MOULIN PORTATIF quand ce MOULIN devint d'un usage commun ; mais par quel procédé séparait-il le SON de la FARINE ? C'est ce qu'on ignore. Il fabriquait non pas du PAIN comparable au nôtre, mais des galettes qu'il cuisait sous la cendre, ou sur une plaque de fer posée sur des charbons ardents, suivant la mode antique et encore subsistante des Orientaux. — Il composait aussi une bouillie où il mêlait du lait, s'il pouvait s'en procurer. Il employait de la FARINE dans l'assaisonnement des légumes ; mais comme le SON en était imparfaitement extrait, on n'a qu'une mince idée de la cuisine dont il se contentait. — Jusqu'aux règnes des derniers EMPEREURS, le SOLDAT fabriquait lui-même son PAIN ou recevait du BISCUIT ; des corps de BOULANGERS ne furent attachés aux ARMÉES qu'au déclin de la DISCIPLINE. — Sous le règne de Constance, le SOLDAT recevait du BISCUIT pour deux jours, du PAIN pour un, deux jours du PORC, un jour du MOUTON ; il était distribué alternativement du VINAIGRE et du VIN. — L'édit de ce prince mentionne cette dernière boisson. — A raison de la difficulté des TRANSPORTS, VALENTINIEN et THÉODOSE LE GRAND autorisèrent pendant une partie de l'année, au profit des TROUPES sur les frontières, le payement d'indemnités en argent en équivalent des allocations en nature. — ULPIEN témoigne que les preuves en fait de TESTAMENT oral ou de vive voix étaient admises. Les soldats étaient dans l'usage, avant de combattre, de faire un testament verbal. FESTUS et VELLÉIUS, qui nous

en instruisent, rapportent que cette manière de tester s'appelait *testamenta in procinctu facere*, tester sous le harnais. Il suffisait de désigner son HÉRITIER devant trois ou quatre TÉMOINS ; les dernières volontés étaient ainsi confiées à la mémoire des survivants. — Mais ne cherchons chez les Romains aucun souvenir, aucun exemple de comptabilité et d'ADMINISTRATION élémentaire ; tout ce qu'en disent les ÉCRIVAINS, tout ce qu'on a cru se rattacher à une théorie n'appartenait qu'à des coutumes locales ou à des pratiques éphémères. Le TRÉSOR de ROME et les dépouilles des vaincus se prêtèrent à toutes les prodigalités, et jamais le sénat n'obtint de reddition de comptes et n'exerça un vrai et utile contrôlement. — Il se présente d'ailleurs tant de disparates et de contradictions dans les dispositions réglementaires que contient le code théodosien, elles ont été si fréquemment violées qu'on n'en saurait tirer d'inductions satisfaisantes. Aussi, dans ce qu'il dit de l'ADMINISTRATION des CONVOIS, etc., M. de MONTVÉRAN puise-t-il plutôt ses preuves dans la Notice de l'empire de 595 et dans les récits des faits historiques. — ODIER (1824, E, t. VII, p. 148) témoigne combien de points et de détails de l'administration romaine seront à jamais ignorés. — M. LISKENNE (t. II, p. 60) a fait quelques recherches concernant l'ADMINISTRATION romaine.

MILICE RUSSE (F). Sorte de MILICE dont l'histoire présente d'autant plus d'intérêt qu'elle est moins connue. Par un phénomène sans exemple, les plus anciennes coutumes de l'ASIE et de l'ORIENT s'y retrouvent au milieu des plus récentes découvertes de l'ART MILITAIRE. Le CARQUOIS des KALMOUCKS, le TAMTAM des BASKIRS, le JAVELOT des TARTARES, la COTTE DE MAILLE des CIRCASSIENS, y figurent à côté du FALCONET du dix-septième siècle, de la LICORNE du dix-huitième, de la FUSÉE du dix-neuvième. — La longue barbe des Cosaques et du régiment musulman y rappelle la tenue que Pierre le Grand avait eu tant de peine à moderniser. — En incendiant la ville sainte, l'ARMÉE RUSSE a donné une épouvantable preuve de l'ancien génie scythique ; en apportant jusque sous les murs de PARIS, en 1814, le BISCUIT fabriqué en RUSSIE, elle a fourni le plus étonnant témoignage du génie de l'ADMINISTRATION moderne. — Quel surprenant spectacle que ces masses, qu'on peut comparer à celles de GENGIS, qu'on croirait du même siècle, et qui sont guidées par des chefs qui, par leurs relations, leur éducation, leur savoir, la culture des arts, marchent les égaux des officiers les plus distingués du siècle actuel ! Un tableau de ces contrastes est tracé dans le passage suivant, où M. le général SÉGUR (Philippe) rappelle l'incendie combiné et volontaire de Moscow : *Leur sacrifice a été complet, sans réserve, sans regrets tardifs ; depuis, ils n'ont rien réclamé, même au milieu de la capitale ennemie qu'ils ont préservée ; leur renommée en est restée grande et pure : ils ont connu la vraie gloire, et quand une civilisation plus avancée aura pénétré dans tous leurs rangs, ce grand peuple aura son grand siècle et tiendra à son tour ce siècle de gloire, qu'il semble que les nations de la terre doivent se céder successivement.* — A quelques égards, la Milice russe est maintenant prise plus ou moins pour modèle par les MILICES FRANÇAISE, NÉERLANDAISE, PERSANE, PRUSSIENNE. — Des détails du présent sujet ont été traités aux mots *Colonisation, Cosaque,* etc., etc. — Les AUTEURS à consulter sont en petit nombre ; ils ne fournissent, à quelques exceptions près, que des notions peu étendues, tels sont : M. AMBERT (1858), ALGAROTTI (*Lettre sur la Russie*), M. de BISMARK (1856), le général de CHAMBRAY (1855), DANTZIGER, DECKER (1856), M. Ch. DUPIN (1822, B), le général GIRARDIN (p. 159), HUOT, continuateur de MALTE-BRUN (*Plans de Géographie universelle*), M. LYALL, MANSTEIN, M. le colonel OKOUNEFF, SCHMIDT (1798), SÉGUR (*Mémoires du comte de ****, 1826), TRANSKI, TONICHKOF, WARNERY (1771, D), M. le colonel WILSON (Robert), le *Journal de Pierre le Grand*, les *Annales militaires* (1819), le *Journal militaire autrichien* (1819), le *Spectateur militaire* (t. II, p. 357 ; t. XIII, p. 82, 519 ; t. XVIII, p. 86 ; t. XXI, p. 379, 495, 601 ; t. XXII, p. 121, 318, 455 ; t. XXIII, p. 101), la *Revue des armées* (p. 22), le *Journal des Travaux de la statistique* (t. IV, p. 591), l'*Annuaire des armées de terre*, etc. (1856, p. 271), le *Bulletin des sciences militaires* (1824, p. 273, 550 ; 1826, p. 489 ; 1851, p. 255), le *Bulletin de la Société de statistique française* (1851, août), le *Journal de l'armée* (1855, p. 24 et 277), le *Journal des Sciences militaires* (1834, juillet, p. 111, 169), la *Sentinelle de l'armée* (1855, n° XVII, p. 113 ; t. III, p. 171) et l'*Encyclopédie des Gens du monde* (au mot *Garde*). — La Milice russe va être considérée par rapport aux questions de CRÉATION, COMPOSITION, FORCE, UNIFORME, ALLOCATIONS, SOLDE, INSTRUCTION, TACTIQUE, PUNITIONS, PEINES, SERVICE, ADMINISTRATION. — N° 1. CRÉATION. — Un voyageur du seizième siècle, dont le *Bulletin des sciences militaires* (1827, p. 425) retrace les souvenirs curieux, mais n'indique pas le nom, donnait une idée de ce que cette Milice était alors sous *le grand prince de Moscow.* — Il avait autant de SOLDATS qu'il voulait, parce qu'il leur donnait des terres pour RÉCOMPENSES. — Après la levée effectuée, il fallait que chaque SOLDAT, c'est-à-dire chaque cavalier des FIEFS, défilât devant le tzar et lui remît une pièce de monnaie nommée *diengov* ; sa valeur répondait au grosch POLONAIS ; c'était comme le prix d'achat du titre de soldat. La somme, recueillie en un petit trésor, formait les éléments de l'état de situation de l'ARMÉE, sans cela la chancellerie n'aurait pas pu savoir l'effectif des forces. A la fin de la campagne, le prince comptait ses soldats et ses *diengvi* ; il savait ce qu'il avait gagné d'argent et perdu de monde. — Le RECRUTEMENT était un APPEL féodal, mais les BANS marchaient avec une soumission absolue. Chaque gentilhomme était tenu d'entrer en campagne avec six esclaves et six CHEVAUX portant leurs provisions. Les hommes vivaient de gruau et de viande salée ; les gentilshommes pauvres suppléaient à l'exiguïté des approvisionnements en comestibles en ordonnant à leurs esclaves, par la bouche des popes, de jeûner par semaine deux ou trois jours ; les jours d'alimentation, ils les nourrissaient d'ail, d'oignons et d'un peu de farine d'avoine ou de gruau délayée dans de l'eau. — Peu avant le seizième siècle, dit le même auteur, les RUSSES ne connaissaient ni ARTILLERIE, ni INFANTERIE ; depuis peu, des bannis ou des transfuges d'ITALIE, de Lithuanie, d'ALLEMAGNE, leur apprenaient l'usage du CANON ; ils commençaient à y réussir et à se livrer avec quelques succès à l'ATTAQUE des PLACES, mais n'avaient pas de PLACES eux-mêmes. — Dans l'opinion du peuple et même des ECCLÉSIASTIQUES, le souverain participait presque de la divinité ; *Dieu et le grand prince* était l'invocation accoutumée, le CRI DE GUERRE, le HOURRA. — A peine cent vingt ans se sont écoulés depuis qu'un peuple inconnu de l'EUROPE et une Milice ignorée de MONTÉCUCULI, qui a énuméré dans ses esquisses les armées de son temps, ont paru sur la scène du monde. Une nation, différant en cela de toutes les autres, si ce n'est des ROMAINS, est venue au monde en armes. L'OCCIDENT a appris le même jour qu'il existait et une large ARMÉE qu'un ordre du cabinet recrutait, et un sol immense sous un seul souverain. — C'était PIERRE PREMIER. — Avant lui, il n'y avait d'autres TROUPES permanentes que trente mille STRÉLITZ. En vue de réprimer la turbulence de ces espèces de JANISSAIRES, et de soustraire à leur dépendance la couronne et même la tête du souverain, Lefort et Goulon pressèrent l'empereur de créer à l'européenne des CORPS réguliers. — Il commença, vers l'an 1700, à mettre sur pied de l'INFANTERIE et prit pour modèle celle de LOUIS QUATORZE, s'inscrivit comme TAMBOUR dans une COMPAGNIE d'étrangers, et servit ensuite comme BAS OFFICIER avant de se faire reconnaître OFFICIER. Le premier emploi qu'il fait des RÉGIMENTS nouveaux le délivre des STRÉLITZ. — Ce prince avait, à la prise d'Azoff, jeté ses regards vers l'ORIENT et la mer Noire; le choc de deux ARMÉES barbares se préparait. — A NARVA, en 1700, CHARLES DOUZE fit chanceler la puissance du tzar; la défaite des RUSSES devint le signal d'une révolution considérable, et l'ARMÉE, instruite par ses revers mêmes, grandit à l'égal de ses voisins. — La bataille de Pultawa, en 1709, est le prélude du changement que devait éprouver, un demi-siècle plus tard, la balance militaire du monde. — L'affaire de Pruth, en 1711, rend au croissant un éclat qui commençait à s'affaiblir, et la Milice russe est refoulée loin de l'ORIENT. La fondation de PÉTERSBOURG tient à cet événement. — Un ÉTAT-MAJOR général est institué; le règlement de 1616, nommé *woinskiouslaf*, en règle la composition. — Un QUARTIER-MAITRE GÉNÉRAL était, en campagne, le CHEF D'ÉTAT-MAJOR de l'ARMÉE; sous sa direction, des QUARTIERS-MAITRES divisionnaires exerçaient, dans chaque DIVISION ou CORPS D'ARMÉE, des fonctions analogues. Ce n'était plus la Milice de France que la Russie imitait; elle prenait pour modèles les formes, les termes usités par EUGÈNE, par MARLBOROUGH. — Pour la première fois la RUSSIE va figurer dans les dissensions de l'EUROPE. A la fin de la GUERRE DE 1753, Charles six appelle douze mille RUSSES dans son armée d'ALLEMAGNE. — Les talents de Munich, passé des Etats allemands au service russe, dégrossissent l'armée et l'initient à la tactique de MONTÉCUCULI et de ses successeurs. La guerre entre les TURCS, habilement conduite en 1736 par Munich, décide de la supériorité des armes moscovites; elle prépare l'affaiblissement irréparable des OTTOMANS. — Par suite des continuels désastres de l'ARMÉE autrichienne, alliée aux RUSSES dans ces campagnes, la possession d'Azoff fut le seul fruit de cette guerre. — L'ARMÉE joue un rôle insignifiant dans la GUERRE DE 1741. En 1747, l'ANGLETERRE soudoie quarante mille RUSSES; mais à peine rejoignent-ils leurs alliés, que la paix est signée. — Dans la GUERRE DE 1756, la Russie sonde et essaye le terrain de l'ALLEMAGNE; elle exerce un certain contre-poids, mais elle se fatigue en contre-marches sans résultats, n'entreprend rien d'important et ne profite d'aucune des chances que lui offre le sort des armes; à peine si, par campagne, elle perd ou gagne une bataille; elle n'ose même pas se hasarder à biverner sur le champ d'opérations. *Elle ne fit*, dit BONAPARTE (MONTHOLON, t. v), *que satisfaire à cet instinct ambitieux qui la portait à essayer ses armées contre des armées manœuvrières.* — Ce début ne donnait guère à augurer que, avant qu'un demi-siècle s'écoulât, des Baskirs tendraient leurs arcs à l'extrémité des routes que l'imprévoyance des Occidentaux leur a enseignées. — L'ARMÉE RUSSE brille d'un grand éclat sous CATHERINE DEUX; l'attitude de l'impératrice, le renom de ses TROUPES, l'apathie de LOUIS QUINZE décident du partage de la POLOGNE. — L'ARMÉE RUSSE résiste à cinq cent mille TURCS, et la moitié de ce nombre est écrasé par les soldats que guidaient Romanzof et Repnin. — La nouvelle Servie, la libre navigation de la mer Noire, la possession consolidée d'Azoff, de Taganrok, l'indépendance de la Crimée, le Kuban, l'île de Taman, l'extinction des COSAQUES de Zaporof, sont les fruits de ces étonnants succès et de ce règne gigantesque. — CATHERINE DEUX attira à son service le général hanovrien Bauer, en réputation comme ingénieur géographe. Il institua un CORPS D'ÉTAT-MAJOR permanent de cent OFFICIERS; les travaux de topographie étaient de leur ressort; un uniforme particulier leur fut affecté. — Un COLONEL était l'aide du QUARTIER-MAITRE GÉNÉRAL; un LIEUTENANT-COLONEL, sous le titre de grand maître du QUARTIER, fut investi du commandement du QUARTIER GÉNÉRAL; des CAPITAINES ou des LIEUTENANTS exercèrent à titre de QUARTIERS-MAITRES DE DIVISION. — La fondation d'une ÉCOLE du CORPS DES GUIDES eut pour objet de former des sujets pour ces diverses fonctions. — Paul premier substitua au CORPS D'ÉTAT-MAJOR un CORPS de soixante OFFICIERS, sous la dénomination mal choisie de *suite de l'empereur*. D'anciens OFFICIERS D'ÉTAT-MAJOR, des GUIDES, des CADETS y furent introduits. Ce CORPS fut supprimé après les désavantages éprouvés par les RUSSES contre les FRANÇAIS en HOLLANDE. — ALEXANDRE PREMIER remit sur pied un CORPS D'ÉTAT-MAJOR sous les ordres d'un GÉNÉRAL du GÉNIE; il s'éleva à deux cent trente-deux OFFICIERS, dont soixante GUIDES. Un aide de camp du souverain fut créé directeur général du CORPS D'ÉTAT-MAJOR, et donna à ce service une organisation savante. — Une CHANCELLERIE d'armée, c'est-à-dire des BUREAUX D'ÉTAT-

MAJOR appropriés au temps de guerre, furent institués à l'instar des bureaux que dirigeait, sous BONAPARTE, le major général. — En 1827, un RÉGIMENT DE CAVALERIE LÉGÈRE CIRCASSIENNE, équipé à la manière du MOYEN AGE, est mis sur pied. — N° 2. COMPOSITION. — Au milieu du dix-septième siècle, le tzar Alexis opposait aux POLONAIS une ligne de COSAQUES, devenus ses auxiliaires d'ennemis qu'ils étaient; il faisait faire volte-face à des avant-postes qui, jusque-là, avaient regardé et insulté ses frontières. — CHARLES DOUZE, à NARVA, triomphe facilement d'une ARMÉE qui, dans son propre sein, renfermait ses plus cruels ennemis. En effet, des SOLDATS, presque tous ASIATIQUES, indignés qu'on voulût les discipliner à l'européenne, massacraient leurs OFFICIERS pendant la bataille; leurs BATTERIES, composées de cent quarante CANONS, ne faisaient qu'un feu mal nourri, mal dirigé. Le duc de Crony et Dolgorouki étaient en zizanie; le czar était absent de son armée *pour aller chercher un corps destiné à la renforcer.* — La CAVALERIE des czars ne devient respectable que plus tard, parce que, comme nous l'apprend MANSTEIN, on n'avait guère pu parvenir à attirer sur les bords de la Néva que des OFFICIERS D'INFANTERIE. Ceux de la CAVALERIE des grandes puissances étaient des seigneurs d'un trop haut rang pour s'exiler par esprit d'aventure. — PIERRE PREMIER ayant purgé de ses STRÉLITZS l'armée, ayant augmenté la troupe des GARDES, alors nommée la grande compagnie, en compose deux RÉGIMENTS D'INFANTERIE; ce sont les gardes Préobasinski; c'est la souche de cette GARDE impériale aujourd'hui si colossale. — Bientôt il crée quelques autres RÉGIMENTS D'INFANTERIE, et en 1706 il partage toute l'ARMÉE en RÉGIMENTS; Mentsikoff commande celui d'Ingermanland, il y appelle d'habiles OFFICIERS étrangers. Cet exemple, suivi par toute l'ARMÉE, la met au niveau de celles de l'EUROPE, et y introduit une DISCIPLINE que des chefs nationaux eussent été alors incapables d'établir. — Des MILICES PROVINCIALES étaient chargées de la garde des frontières; elles furent fondues dans l'armée en 1784. Des peuplades successivement soumises grossirent le chiffre de l'ARMÉE; telles étaient les KALMOUKS enfants des HUNS, et presque aussi sauvages encore que leurs ancêtres; les KIRGHIS, tribus nombreuses, guerriers nomades, maintes fois vaincus, jamais entièrement domptés; enfin les corps PERSANS et les montagnards du Caucase. — L'ARTILLERIE fit de rapides progrès sous la direction du général BAUCR; à Pultava, ses pièces firent deux fois voler en éclats le brancard sur lequel se faisait

porter CHARLES DOUZE. — Le peu d'énergie que déployèrent, à Pultava, les DRAGONS RUSSES, jusque-là la seule CAVALERIE grave qui fût sur pied, fut une conséquence de la composition médiocre de leurs OFFICIERS; mais l'INFANTERIE promettait dès lors tout ce qu'elle tiendrait un jour; dressée d'abord par le maréchal Ogilwi, exercée et disciplinée par Munich, elle paya, plus tard, les efforts faits pour son perfectionnement par LASCY, Keith, LOWENDAL. — En 1714, le czar organisait sa marine, imitée des ANGLAIS et des HOLLANDAIS; l'armée de terre comprenait des bandes de CHANTEURS imitées de BYSANCE, des HOMMES DE PIED imités de la SUÈDE, des HUSSARDS imités de l'AUTRICHE, des DRAGONS imités de la FRANCE; elle avait treize mille PIÈCES DE FONTE. — PIERRE PREMIER avait attaché à chaque RÉGIMENT de DRAGONS et à chaque BATAILLON D'INFANTERIE deux PIÈCES DE TROIS; il imitait l'ARTILLERIE D'INFANTERIE des Suédois; il inventait l'ARTILLERIE VOLANTE imitée par la PRUSSE. — Après son règne, la CAVALERIE RUSSE qui, faute de CHEVAUX de taille, n'avait consisté qu'en DRAGONS et en HUSSARDS, prenait en 1732 une physionomie nouvelle. — Munich décide l'impératrice Anne à mettre sur pied trois RÉGIMENTS DE CUIRASSIERS, dont les CHEVAUX sont tirés du Holstein, et cette cavalerie reçoit de la main du roi de PRUSSE ses OFFICIERS et ses BAS OFFICIERS. — Portons nos regards sur l'ORGANISATION moderne, les formes du RECRUTEMENT, l'AVANCEMENT, l'ÉTAT-MAJOR et la COMPOSITION de l'INFANTERIE, de la CAVALERIE, de l'ARTILLERIE, du GÉNIE et les établissements militaires. — *La Russie, a dit* MIRABEAU (1788, C), *produit les meilleurs soldats de l'univers et les hommes les plus malléables du globe.* — BONAPARTE les regarde, si l'on en croit M. O'MÉARA, comme une *Milice formidable, parce qu'elle ne désarme jamais; un soldat est toujours soldat, tout pays lui convient mieux que le sien; la pauvreté de son sort lui inspire l'amour de la conquête.* — La même bouche aurait prononcé, suivant M. LASCASES (t. II, p. 179), qu'à Austerlitz, *les Russes se montrèrent des troupes excellentes qu'on n'a jamais retrouvées depuis. L'armée russe d'Austerlitz n'aurait pas perdu la bataille de la Moskowa.* — M. Ch. DUPIN (1822) a dit : *Elle est bien plus civilisée que le peuple russe; l'avancement y est établi sur des bases libérales; la conscription, entée sur le servage; la discipline, appuyée sur la superstition; le châtiment, terrible; l'intrépidité, à toute épreuve; le dévouement, sans bornes.* — L'ORGANISATION de l'ARMÉE russe est celle qui a le plus d'uniformité. — L'armée de terre a compris, suivant les temps, l'armée permanente, les milices, les colonisations. — L'armée permanente se distingue en armée de ligne et en garde impériale. — L'armée de ligne se distingue en armée régulière et irrégulière. — L'armée régulière est constamment ordonnée en corps d'armée partagés en divisions; elle est fournie de tout le matériel nécessaire; elle est toujours en grande partie cantonnée sur d'immenses terrains. A l'instar des légions romaines sous les empereurs, son état de paix est tout guerrier. — Elle a imité de l'Allemagne et de l'Angleterre le grade des feld-maréchaux, celui des généraux en chef, ou généraux d'infanterie et de cavalerie, celui des généraux lieutenants, des généraux majors, celui des adjudants généraux; elle a pris de la France de Louis quatorze ses brigadiers, ses colonels, ses lieutenants-colonels, ses enseignes, ses cornettes; elle a emprunté à la France de Bonaparte son organisation de guerre et ses chefs d'état-major; de là sont provenus plus d'un grade inutile. — Dans le siècle passé il y avait quatre généraux en chef, dont deux de cavalerie et deux d'infanterie; mais ce titre ne donnait pas droit de commander une armée; c'était un échelon plus honorifique qu'utile, il avait le pas sur les généraux lieutenants et était au-dessous des feld-maréchaux. — En 1852, la population russe s'élevait à peu près à cinquante-deux millions d'âmes, savoir :

Population d'Europe. . . 38,690,452.
    —   d'Asie. . . . 13,200,000.

— En 1852, le nombre des feld-maréchaux était de trois. — Dans cette même année, le ministère de la guerre était chargé, par un ukase, de l'administration générale des forces de l'empire, et la fonction de chef de l'état-major impérial, qui concourait jusque-là au mécanisme de cette administration, était supprimée, sauf en temps de guerre. Un collège de la guerre, espèce de département aulique, *était la pensée ou la tête du département dont le ministre était le bras.* — Les domestiques d'officiers étaient soldats et comptaient dans les rangs; mais ils suivaient leurs maîtres quand ils changeaient de corps. Le total des valets d'armée, des ouvriers, des écrivains, équivalait à un dixième du total général; mais, depuis quelques années, les règlements s'appliquaient à réduire le nombre des valets. — L'armée russe est la seule qui ait des sous-enseignes, des auditeurs de chancellerie, des élèves guides, des bandes de chanteurs, des pionniers à cheval, des ouvriers de toute profession. — Plusieurs armées de la Milice russe se divisent en corps d'armées; la composition en est uniforme quant à l'espèce des armes; quelques-uns, cependant, n'ont point de cavalerie. — En 1812, suivant M. le colonel Chambray (1823, B), les divisions russes comprenaient six et huit mille hommes; les corps d'armée douze et seize mille hommes. — Ils ont ensuite compris deux à trois divisions d'infanterie, une division de cavalerie, des pontonniers, des troupes d'administration, un bataillon de pionniers, un bataillon du train, un détachement de gendarmerie, une compagnie d'ambulance et tout le matériel de guerre. — Le plus ordinairement, les corps d'armée étaient de douze régiments d'infanterie de bataille, de six d'infanterie légère, tous, en général, à trois bataillons; il y était joint quatre régiments de cavalerie à sept escadrons chacun, et cent soixante-huit pièces réparties en six batteries de position, six de campagne et deux à cheval. Ainsi un corps d'armée comprenait cinquante-quatre bataillons et vingt-huit escadrons. — La garde est une armée; elle comprend des chevaliers, des cosaques, des uhlans, des hussards, des tscherkes, etc.; l'avancement n'y porte pas préjudice à celui de la ligne; l'ancienneté y donne les grades jusqu'à celui de lieutenant-colonel inclusivement; au-dessus de ce grade, l'avancement roule par ancienneté avec celui de toute l'armée. — La garde se recrute d'hommes d'élite pris de la ligne et y rejette tous ceux qui se conduisent mal; elle n'admet pas de soldats de race noble, ni de volontaires, ni de rengagés. — Elle comprend dix régiments d'infanterie et neuf de cavalerie, neuf compagnies d'artillerie; ses officiers ont deux grades au-dessus de ceux de la ligne. — L'armée irrégulière se compose surtout des Cosaques. — Les milices provinciales étaient employées à la garde des frontières; en 1784, elles ont cessé d'être tenues habituellement sur pied, elles ont été fondues dans l'armée régulière. En temps de paix, elles n'étaient convoquées que quelques semaines par an pour les exercices. En 1812, les bataillons de Milices ont été appelés pour renforcer l'armée. — Ce que nous avons dit des colonisations rend superflues ici de nouvelles explications; quelques mots suffiront. La possession de la Crimée et des parties de la Moldavie conquises de 1737 à 1739, fut assurée par des camps à demeure; tel fut le germe si développé ensuite des colonisations: quelques-unes ont prospéré; elles devaient, disait-on, se monter à deux millions d'âmes ; elles contenaient déjà neuf cent mille individus ; la portion virile en était organisée comme en temps de guerre, s'exerçait tous les dimanches, se livrait toute la semaine à la culture, n'attendait qu'un signal, et eût laissé, en cas de départ, une réserve respectable et des ressources assurées. — Les résultats espérés ne se sont pas réalisés tous ; de sanglantes émeutes ont fait douter, en 1851, de la solidité de l'institution. — Les BATAILLONS des COLONIES ont paru, pour la première fois, à la guerre en 1828 ; ils sont entrés en MOLDAVIE et en Valachie en juillet. — L'ENROLEMENT LIBRE et la CONSCRIPTION alimentent l'ARMÉE régulière ; elle a ordinairement lieu de trois en trois ans. — Les ENROLEMENTS ont un caractère particulier ; ils sont un changement d'esclavage ; ils soustraient nominalement le SOLDAT à la servitude civile, mais ne l'émancipent totalement qu'après vingt-deux ans de servitude militaire. De pareils calculs ne peuvent s'appliquer que chez des peuples bien malheureux. — Des ukases déterminent le nombre et l'âge des RUSSES de main morte que la population doit fournir pour le RECRUTEMENT. L'AGE est ordinairement de dix-huit à vingt-cinq ans, quelquefois de dix-huit à trente, rarement de dix-huit à quarante : cependant, on a vu des pères de famille de cinquante ans être traînés aux ARMÉES. — Ce sont, en général, les meilleurs sujets que les seigneurs désignent pour soldats. — Les SERFS de la couronne ou des propriétaires et les classes les moins élevées étaient seules mises à contribution ; mais la loi atteint, actuellement, des classes moyennes. — On rase les cheveux de l'homme que le sort fait SOLDAT, et on lui fait prendre un vêtement gris pour qu'il ne puisse pas se soustraire au service. — La population russe, évaluée en 1855 à cinquante-six millions d'âmes, fournit, toute proportion gardée, plus de SOLDATS qu'aucune autre ; le nombre est réglé sur la quantité des habitants conscriptibles du district, et se monte, au moins, à un sur cinq cents âmes, ou bien au tiers ou au quart des hommes susceptibles d'être levés. De curieux détails sur ces questions sont insérés dans l'*Armée* (journal), p. 57. — En 1827 (septembre), une levée générale est ordonnée à raison de deux recrues par cinq cents habitants, et une simple durée de deux mois est accordée pour que l'opération s'achève. — Un ukase du 7 du même mois oblige, à l'avenir, les juifs à entrer en personne (*in naturá*) dans l'ARMÉE ; la faculté de se racheter à prix d'argent leur est interdite. *Les Hébreux*, dit le

rescrit, *acquerront dans le service, des qualités et une civilisation qui, à leur retour dans leurs foyers, tourneront au profit de leur nation.* — Ainsi, en 1852, commencera l'amélioration du peuple hébraïque. — En 1828, il est levé en temps de paix un soldat sur quatre-vingt-dix-sept individus ; en temps de guerre, un sur cinquante-sept. — En 1829, la Valachie a donné des PANDOURS à la Russie. — Un ukase de 1830 astreint au service les fils de prêtres, PAPAS, qui jusque-là en avaient été dispensés. — Un ukase de la même année (20 février) autorise les seigneurs des districts où sont situées les COLONIES militaires, à racheter de la CONSCRIPTION, en temps de paix, leurs vassaux, moyennant mille roubles ; le montant de cette contribution entrait dans la caisse de la COLONIE. — Un propriétaire qui cède un serf pour l'ARMÉE permanente regarde sa fortune comme diminuée de quatre cents roubles. — En 1851, à raison des pertes occasionnées par la guerre de TURQUIE, par le fléau épidémique, par la lutte si sanglante contre les POLONAIS, cent habitants devaient fournir un homme. — En 1855, six régiments valaques étaient incorporés dans l'armée russe. — On a induit de ce système d'une CONSCRIPTION progressivement plus exigeante, que l'ARMÉE RUSSE était la plus nationale de toutes. Cependant, peut-on regarder comme membres de la nation ces enfants de l'ancienne Scythie d'EUROPE, cette multitude d'auxiliaires si différents entre eux par les usages, la langue, la religion, et qui tous conservent quelques traits natifs d'une origine étrangère et ne combattent qu'avec les armes mêmes de leurs ancêtres ? — La DÉSERTION individuelle, la DÉSERTION à l'intérieur étaient presque inconnues, disent les historiens, parmi les Russes d'ancienne souche ; mais de larges migrations de COSAQUES, de BASKIRS, etc., se sont plus d'une fois répétées ; la MILICE CHINOISE comptait dans sa GARDE un corps russe ; la PERSE soudoie un RÉGIMENT de DÉSERTEURS RUSSES, et quand la POLOGNE fut envahie, l'ARMÉE RUSSE perdit quantité de transfuges. Dans la première campagne de BONAPARTE, aussi bien qu'en 1851, la dissidence militaire y eut lieu par peuples. — Depuis 1855 le SOLDAT RUSSE, autrefois SOLDAT A VIE, n'était plus astreint qu'à un service de vingt ans dans l'ARMÉE, et de cinq ans dans la RÉSERVE ; le SOUS-OFFICIER, qu'à quinze ans dans l'ARMÉE et cinq ans dans la RÉSERVE. — Dans le siècle dernier, les nobles faisaient inscrire sur le contrôle d'un RÉGIMENT leurs enfants mâles du jour même de la naissance ;

à quinze ans, il était censé avoir quinze ans de service, et il se trouvait promu, par ancienneté, au rang d'officier : cet abus ridicule a cessé. — Les ÉLÈVES des ÉCOLES militaires ou les ÉLÈVES ENSEIGNES des RÉGIMENTS deviennent SOUS-LIEUTENANTS ; l'AVANCEMENT a lieu ensuite par ancienneté, sauf en temps de guerre, ou bien par le passage dans la garde impériale, parce qu'elle jouit d'un rang supérieur. — La nomination au GRADE D'OFFICIER produit de fait la NOBLESSE PERSONNELLE ; l'AVANCEMENT au GRADE D'OFFICIER SUPÉRIEUR donne la NOBLESSE héréditaire et le droit de prendre des armoiries. — Un AVANCEMENT extraordinaire n'est point sans exemple : tel vieux général RUSSE, tout couvert de décorations, s'était jadis engagé comme simple soldat ; mais, en revanche, Mentzicoff, Munich et tant d'autres tombèrent du faîte des honneurs militaires à l'emploi de simples soldats, ou furent relégués en Sibérie. — Chaque événement résultant de l'AVANCEMENT, de la réforme, de la retraite des OFFICIERS, etc., est à mesure porté à la connaissance de toute l'ARMÉE. Cette publication est un hommage rendu à de sages principes. — L'empereur NICOLAS a entouré le GRADE D'OFFICIER de plus de considération qu'il ne lui en avait été accordé jusque-là. — Les INGÉNIEURS géographes font partie du CORPS de l'ÉTAT-MAJOR. — En 1812, un règlement nouveau a arrêté les bases du service de l'ÉTAT-MAJOR ; le titre de CHEF D'ÉTAT-MAJOR fut reconnu ; ses fonctions devinrent ce qu'elles étaient en FRANCE depuis la GUERRE DE LA RÉVOLUTION. Ce fonctionnaire avait le personnel et l'administration ; mais le grade de QUARTIER-MAITRE GÉNÉRAL fut maintenu ; cet OFFICIER prit rang après le CHEF D'ÉTAT-MAJOR ; il avait le maniement des choses purement de guerre, la prévision et les soins du champ de bataille : c'était l'ancien ARRAIOUR, le topographe en chef, le répartiteur des ordres, le rédacteur du JOURNAL HISTORIQUE. — A chaque CORPS D'ARMÉE il est attaché un CHEF D'ÉTAT-MAJOR ; c'est un chef de bureau de premier ordre et un quartier-maître en chef : c'est un chef d'état-major pour la partie exécutive. — La fonction de capitaine des guides en RUSSIE ressemble encore, en quelques points, à ce qu'elle était en FRANCE il y a un siècle et plus. Ce capitaine est chargé de rechercher et de rassembler, sur le théâtre même de la guerre, des hommes du pays possédant la connaissance des localités. Il est accompagné de TROUPES à cheval chargées de surveiller et de garder les GUIDES ; ces cavaliers s'appellent ÉLÈVES GUIDES, font partie de l'ÉTAT-MAJOR et s'acquittent d'un service analogue à celui des

DRAGONS D'ÉTAT-MAJOR autrichiens ; ils apprennent ainsi les éléments des fonctions de l'état-major par la pratique de ce qu'elles ont d'aventureux et de pénible. — Les OFFICIERS D'ÉTAT-MAJOR ont ce qu'on est convenu d'appeler, à tort ou à raison, le GRADE SUPÉRIEUR ; ceux de la suite de l'empereur ont deux GRADES. — Le passage de l'ÉTAT-MAJOR de l'ARMÉE à l'état-major de l'empereur est une récompense, s'il n'est une faveur. — Les OFFICIERS D'ÉTAT-MAJOR ne peuvent être distraits de leurs fonctions spéciales, ni comme aides de camp, ni comme commandants de place. — L'état de paix ne fait pas cesser l'organisation de guerre de l'ÉTAT-MAJOR. Les OFFICIERS continuent à être occupés à l'étude des terrains, à la levée des plans, etc. Quelques-uns d'entre eux sont attachés utilement aux ambassades, et tiennent le gouvernement au courant des modifications de l'ART MILITAIRE dans toute l'EUROPE. Un *collège de la guerre,* suivant les expressions du *Spectateur militaire* (t. XIV, p. 498), *peut s'appeler la pensée ou la tête du département de la guerre. Le ministre de la guerre n'en est que le bras.* — Le culte a de tout temps été desservi par des personnages sacerdotaux nommés POPES ou PAPAS. — En 1850, le chef de ces ECCLÉSIASTIQUES se nommait le grand POPE ; il avait sous ses ordres des POPES ou AUMONIERS divisionnaires, ou de CORPS D'ARMÉE, et des POPES régimentaires. — En 1779, Brezé regardait l'INFANTERIE RUSSE comme réunissant la plus grande partie des qualités désirables. — L'INFANTERIE de bataille est désignée sous le nom peu juste de MOUSQUETAIRES : c'est une trace des modes PRUSSIENNES. — L'INFANTERIE de bataille de ligne n'a pas une organisation uniforme ; il y a des RÉGIMENTS à un, à deux, à trois BATAILLONS ; chaque BATAILLON est de quatre COMPAGNIES ; une d'elles est composée par moitié de GRENADIERS et par moitié de CHASSEURS. Ce système ne semble justifié par aucune utilité. — Un ukase de 1825 composait le BATAILLON à quatre cents hommes en temps de paix, et à mille en temps de guerre. — L'INFANTERIE de ligne comprend quatorze RÉGIMENTS de GRENADIERS, sept de CARABINIERS, quatre-vingt-seize de MOUSQUETAIRES, des troupes de marine et des DIVISIONS de CHASSEURS. — En 1829, il y avait, dans plusieurs ARMÉES, des CORPS modèles nommés BATAILLONS nobles. — Des ordres du jour de 1855 (5 et 15 juin), dont il est rendu compte dans le *Spectateur militaire* (t. XVI, p. 455), modifiaient quelques principes d'organisation. — L'INFANTERIE s'ordonne par DIVISIONS de six RÉGIMENTS de bataille et deux d'INFANTERIE LÉGÈRE ; ces DIVI-

SIONS sont un des éléments constitutifs des CORPS D'ARMÉE. — A l'instar de la MILICE de PRUSSE et de FRANCE, la CAVALERIE de RUSSIE forme à peu près le sixième de toute l'ARMÉE, ou, suivant M. de BISMARK (1836), le cinquième. Elle est par sa beauté au premier rang de toutes ; elle diffère sous beaucoup de rapports de celles de l'EUROPE ; son organisation actuelle a été réglée en 1812. — En 1828 elle se divise en RÉGULIÈRE et IRRÉGULIÈRE. — La RÉGULIÈRE a fait d'immenses progrès depuis 1815, et avait même plus anciennement un renom mérité. BONAPARTE disait, si l'on en croit les *Maximes, etc. du prisonnier de Sainte-Hélène* (1820) : *Je n'ai trouvé de supérieur que la cavalerie régulière ; les Cosaques sont faciles à disperser*. — La CAVALERIE RÉGULIÈRE comprend huit RÉGIMENTS de la GARDE, soixante-quinze de LIGNE. — Celle de la GARDE est de quatre RÉGIMENTS de CUIRASSIERS et quatre légers. Au nombre des premiers sont : un RÉGIMENT de CHEVALIERS GARDES, un de GARDES à cheval, les CUIRASSIERS de l'empereur, ceux de l'impératrice. Au nombre des seconds sont les DRAGONS, HULLANS, HUSSARDS, CHASSEURS. Les CHASSEURS et CUIRASSIERS proprement dits sont JEUNE GARDE. — La CAVALERIE de ligne comprend neuf RÉGIMENTS de CUIRASSIERS, dix-sept de DRAGONS, huit de CHASSEURS, douze de HUSSARDS, vingt-deux de HULLANS. — Les RÉGIMENTS réguliers ont six ESCADRONS et un de dépôt. — Les RÉGIMENTS colonisés ont six ESCADRONS disponibles et six de dépôt. — Un RÉGIMENT de CAVALERIE est de cinquante et un OFFICIERS, dont vingt-deux CORNETTES. Les ESCADRONS sont à deux cent et un hommes, OFFICIERS non compris. Le total d'un RÉGIMENT était de quatorze cent cinquante-neuf hommes. — Les DRAGONS, au lieu de CORNETTES, ont comme l'INFANTERIE des SOUS-LIEUTENANTS et des CADETS, *fœndrich*. — Une organisation de 1835 les reconstituait en véritable ARME A PIED et A CHEVAL, formant huit RÉGIMENTS à dix ESCADRONS dont deux armés de LANCES. La totalité de l'ARME se transformait en huit BATAILLONS non compris les LANCIERS. Il était attaché deux ESCADRONS de PIONNIERS au total de l'ARME. — La CAVALERIE RÉGULIÈRE se composait de neuf CORPS D'ARMÉE, y compris la GARDE ; chaque CORPS est de deux DIVISIONS, chacune d'ARME différente ; chaque DIVISION, de deux BRIGADES ; chaque BRIGADE, de deux RÉGIMENTS. — Chaque CORPS est un ensemble de quarante-huit ESCADRONS, quarante-huit BOUCHES A FEU d'ARTILLERIE A CHEVAL et un demi-ESCADRON de GENDARMERIE de campagne. —Les hommes de troupe se distinguent en cavaliers et en FRANCS TIREURS. — La robe ou

couleur des CHEVAUX est un objet regardé comme important ; les CHEVAUX pies ou isabelles sont rejetés de la grosse CAVALERIE. — La seule CAVALERIE LÉGÈRE se sert de CHEVAUX à robe mélangée, isabelles, blancs, gris et cap-de-more. Les CHEVAUX étaient en général de grande taille. — Une DIVISION de CUIRASSIERS ne monte que des CHEVAUX bais, une autre que des chevaux alezans, une troisième que des chevaux noirs. — Les HULLANS lithuaniens ont des CHEVAUX dont la couleur est assortie par RÉGIMENT. Les CHEVAUX de la CAVALERIE LÉGÈRE sont assortis par ESCADRONS. — Depuis la GUERRE DE LA RÉVOLUTION, le gouvernement avait renoncé à donner à la CAVALERIE LÉGÈRE des CHEVAUX sauvages du Don, de l'espèce de ceux des KALMOUKS et des KIRGHIS, à raison de la difficulté de dresser ces animaux ; mais l'accroissement de la CAVALERIE a rendu rares les CHEVAUX, et il a fallu en revenir à cette ressource. — La CAVALERIE IRRÉGULIÈRE appelée à servir en temps de guerre est à peu près de vingt mille Cosaques ; au retour de la paix, ils sont rendus à la vie nomade. — Les KALMOUKS sont aussi une ARMÉE du même genre, et rappellent les anciens ARCHERS A CHEVAL ; ils se composent de peuplades nomades ; la principale de ces hordes, mécontente en 1771 du joug russe, le secoua, leva ses tentes et les emporta dans la Tartarie chinoise ; sa lignée y est encore errante. — Des BASKIRS, cavaliers armés d'ARCS et de FLÈCHES, organisés à la manière des Cosaques, servent aussi depuis le milieu du dernier siècle dans les ARMÉES RUSSES. — En 1835, le 15 mars, on voyait pour la première fois à VARSOVIE un RÉGIMENT de CAVALERIE russo-mahométane, composé de KURDES et d'Anti-Caucasiens. Ces MUSULMANS, arrivant de huit cents lieues, étaient richement équipés à la JANISSAIRE ; une partie avait des ARCS et des FLÈCHES : plusieurs étaient décorés de MÉDAILLES D'HONNEUR. Leurs armes rehaussées d'argent, un costume TARTARE OU PERSAN, des visages à BARBE offraient aux curieux un spectacle tout nouveau. — La garde impériale comprenait, en 1836, un escadron des montagnards du Caucase ; les sous-officiers y étaient réputés nobles, les soldats s'y appelaient HOMMES D'ARMES, leur costume était représenté dans une gravure du *Spectateur militaire* (t. XXI, livraison 126). — En 1835 (15 septembre), ces MUSULMANS et les Cosaques de ligne de l'Oural, des Circassiens, des Gruses, des Tscherkesses, donnaient au camp de Kalisch une représentation de tours de force et de voltige à l'instar des cirques olympiques. — Sur ces matières et les détails de CAVALERIE on peut consulter le *Bulletin des Sciences mili-*

taires (1827, p. 489). — L'ARTILLERIE est commandée par des GÉNÉRAUX ad hoc ; il en est de même du GÉNIE. — Un frère de l'empereur régnant, le grand-duc Michel, est GRAND MAITRE de l'ARTILLERIE ; il a apporté dans cette branche des améliorations marquées. — Le MATÉRIEL est dirigé par un grand QUARTIER-MAITRE GÉNÉRAL ; c'est lui qui donne les ordres relatifs au campement, aux mouvements, aux opérations. — L'ARTILLERIE est à peu près le douzième de l'armée ; elle se divise soit par COMPAGNIES, soit par ESCADRONS, ce qui équivaut à une BATTERIE de douze PIÈCES ; ce sont, numériquement, les plus fortes BATTERIES de l'EUROPE ; aussi se divisent-elles en DEMI-BATTERIES ou SECTIONS. — Des RAQUETTIERS font partie de l'ARME. — L'ARTILLERIE colonisée est organisée par BRIGADES formant deux COMPAGNIES. — L'ARTILLERIE se distingue en COMPAGNIES de position, COMPAGNIES légères, COMPAGNIES à cheval. Ses PIÈCES de campagne sont surtout de QUATRE. — En temps de paix, le nombre des BATTERIES est de cent trente ; c'est un ensemble de mille PIÈCES, dont une grande partie est fournie de ses attelages. — Les TROUPES d'ARTILLERIE et du GÉNIE, qui se trouvent réunies, sont sous les ordres d'un seul et même chef, ordinairement OFFICIER d'ARTILLERIE. — L'ARTILLERIE russe est restée divisée en corps spéciaux, les uns à pied, les autres à cheval, comme l'était l'artillerie de FRANCE avant que ces deux genres fussent fondus dans les mêmes régiments. — En temps de guerre, l'ARTILLERIE russe se forme en BRIGADES qui se distinguent par le numéro, et qui s'attachent, à raison de trois ou de plusieurs, aux DIVISIONS d'ARMÉE. — Une BRIGADE de quarante-huit PIÈCES est attachée à une DIVISION d'INFANTERIE. — Une BRIGADE d'ARTILLERIE A CHEVAL ou BATTERIE à cheval est attachée à une DIVISION de CAVALERIE ; elle a huit PIÈCES DE SIX et quatre LICORNES de dix ou quatre OBUSIERS DE VINGT-QUATRE ; le personnel de la BATTERIE s'élève à trois cent douze hommes ; ses CHEVAUX sont au nombre de quatre cent un. — L'ARTILLERIE DE POSITION se servait de PIÈCES DE DOUZE et de LICORNES de vingt. — L'ARTILLERIE LÉGÈRE avait des PIÈCES DE DOUZE et des LICORNES de dix. — L'ARTILLERIE de siége avait des PIÈCES DE DOUZE, de DIX-HUIT, de VINGT-QUATRE et des LICORNES de quarante. — Il a été particulièrement traité de l'organisation et du service de l'artillerie russe dans le *Bulletin des Sciences militaires* (1825, p. 495), dans le *Spectateur militaire* (t. XXI, p. 496, 509), dans le *Journal des Sciences militaires* (octobre 1836, p. 96). — En 1833, la Russie avait quatre fabriques d'armes à feu, cinq fonderies, quatorze écoles et peu de places fortes qui méritassent ce nom. — En

1836], les expressions princesse couronnée et homme de guerre conservaient une ombre de synonymie. Le *Constitutionnel* de 1835 (25 septembre) rapporte que le 12 novembre, à Kalish, l'impératrice de Russie *a pris elle-même le commandement de son régiment de cavalerie et l'a fait défiler devant les deux monarques* (son père et son mari). — Jusqu'en 1856, tout enfant mâle dont le père était SOLDAT devait être SOLDAT A VIE ; mais un ukase de cette année déclarait que tout SOLDAT blessé, toute VEUVE d'un homme de troupe mort au service, pouvaient à leur choix retenir près d'eux un de leurs enfants mâles. — N° 3. FORCE. — Longtemps avant l'apparition d'ALEXANDRE LE GRAND, les SCYTHES avaient ravagé l'ASIE et désolé une grande partie du continent. — Sous le nom de MOGOLS et de TARTARES, ils ont asservi la CHINE et les INDES ; sous le nom de TURCS, ils ont refoulé de l'ASIE les ARABES qui s'en étaient rendus maîtres ; sous le nom de HUNS, ils ont fondé le royaume de HONGRIE. La Scythie d'EUROPE est la RUSSIE d'aujourd'hui. Ce vaste empire occupe le point du globe qu'on a nommé le *grand arsenal du monde, la grande fabrique du genre humain* ; Montesquieu a traduit par là le mot de Jornandez : *humani generis officina*. Ses indigènes, suivant les termes de M. COURTIN (au mot *Armée*), *débouchent des glaces du pôle comme d'une immense citadelle.* — La nation RUSSE ne comprenait en 1462 que six millions d'habitants ; elle en avait quinze millions, sous le règne de PIERRE LE GRAND, en 1689. — Depuis 1772, elle s'est grossie de quatorze millions sept cent soixante-cinq mille POLONAIS. — En 1809, elle a incorporé au gouvernement de PÉTERSBOURG deux millions deux cent trente mille FINLANDAIS. La population était, en 1827, de quarante-sept millions et demi d'âmes. — Elle était regardée, en 1836, comme étant de cinquante-deux millions 576,600 âmes. — Mais le journal *la Presse*, (5 janvier, 1837) ne lui reconnaissait que 47,592,427 habitants en Europe, en Asie 1,827,935, et au total 49,420,362 âmes. — L'empire des tzars, plus vaste que ne le fut celui des ROMAINS, et en apparence plus formidable, a de l'est à l'ouest plus de quatre mille lieues d'étendue, et du midi au nord plus de neuf cents. D'autres données évaluaient sa surface à un million cinq cents mille milles carrés ; mais il est vrai qu'il est telle partie de l'empire où l'on compterait à peine trois habitants par mille carré. — La puissance est compacte ; ses principales forces sont homogènes ; les sujets se courbent sous un seul sceptre, sont animés d'une seule religion, parlent en général un même idiome, et donnent le spectacle nouveau et unique d'une masse d'esclaves vigoureux et soumis qui se meut sous les inspirations de chefs mûris par la science et la civilisation — L'agrandissement d'un empire sans limites vraies, sans frontières naturelles, a excité et entretenu la passion de s'agrandir; il en a presque fait naître le besoin. — Inquiétée, insultée par ces hordes turques qui campaient sur une partie du territoire de l'Europe, la Russie n'a pas oublié que leurs ancêtres avaient exterminé sur les rives du Pruth l'armée naissante de Pierre premier, elle a dû songer à les refouler en Asie ; le projet, de défensif qu'il était, est devenu gigantesque et demandait de longs préliminaires. Pour mettre à fin une telle entreprise, il fallait que la base du sol russe s'élargît, que la Crimée fût conquise, que le flanc droit de l'empire fût assuré par l'affaiblissement de la Pologne, que la possession de la Finlande laissât le czar sans inquiétude sur les intentions de la Suède. Cette série d'empiétements pouvait seule détacher de l'armée turque cette formidable cavalerie tartare, ces riverains de la mer Caspienne qui, sous le nom de Cosaques, ont passé du service du croissant à celui de l'autocrate. — Tout ce qui s'est fait n'a été que l'acheminement de ce qui reste à faire. — Parmi les publicistes, les uns ont prétendu que s'il y a pour l'Europe du danger à ce que le rêve de Catherine deux s'accomplisse, la faute en sera à ces armées de l'Europe dont la défection a fait tomber le conquérant qui avait seul la force de mettre son épée dans l'un des bassins de la balance. — Suivant d'autres, l'accomplissement du succès tant désiré serait peut-être le commencement d'un déchirement intérieur. Mais bien hardi qui prétend soulever le voile de l'avenir. — Les yeux des czars se tournaient depuis un siècle vers l'Orient, quand des événements inattendus ont montré aux Russes une route qui semblait hors de leur itinéraire. Les fourriers ont porté la craie vers l'Occident, l'armée a franchi le Niémen, campé sur la Vistule et planté des jalons à deux journées de l'Oder. — Bonaparte, (Lascases, t I, p. 566) *croyait aux armées de Gengis et de Tamerlan, quelques nombreuses qu'on les ait prétendues. Il ne serait pas impossible que l'Europe finît un jour de cette manière; la révolution opérée par les Huns et dont on ignore la cause, parce que la trace s'en perd dans le désert, peut se renouveler. La Russie est admirablement située pour amener une telle catastrophe ; elle peut aller puiser à son gré d'innombrables auxiliaires et les déverser sur nous.* — Un état de situation dressé par le maréchal Munich, en 1752 (avril), et publié dans le *Bulletin des Sciences militaires* (1827, p. 555), témoigne que le bataillon des gardes du corps, et la garde impériale, dès lors la plus démesurée de l'Europe, étaient de 10,224 hommes, et l'artillerie de 10,961 ; la cavalerie de ligne, uniquement composée alors de dragons et d'un régiment de cuirassiers, était, sur pied de paix, de 42,290 hommes, et sur pied de guerre de 45,992 hommes. Le total de l'armée sur pied de paix était de 252,352 hommes, et sur pied de guerre de 241,182 hommes. — L'armée russe n'était que la cinquième partie de ce qu'elle est devenue au commencement du siècle suivant. — La cavalerie de ligne, comparée à l'infanterie de ligne, n'était pas tout à fait ce que un est à cinq. — L'artillerie était déjà la plus nombreuse de l'Europe. — La Russie comptait à peine, au milieu du siècle passé, une force de 550,000 hommes, en y comprenant ses régiments de cantons ou milices provinciales, ses Cosaques et ses autres troupes légères. — Avant le règne de Catherine elle eût pu mettre en campagne à peine 160,000 hommes, pourvu que des subsides étrangers lui fussent venus en aide. — Dans la seconde moitié du siècle passé, elle était regardée comme en état de lever 400,000 hommes. — Dans la guerre de 1806 à 1807, l'armée russe qui marche avec celle de Prusse est de 150,000 hommes. Ce qui pouvait entrer en campagne ne dépassait guère 260,000 hommes. — M. Butturlin témoigne qu'en 1812 les forces russes, de trois armées agissantes, ne s'élevaient qu'à 217,000 hommes ; une seconde ligne occupant les garnisons était de 55,000 hommes ; l'armée de Moldavie montait à 50,000 ; les troupes qui arrivaient de Finlande étaient de 14,000. — C'était un total de 316,000 hommes, et à cette époque l'existence de la Russie était en question. — L'incendie de Moscow fut comme le signal de l'appel d'une sorte de landwehr; les revers momentanés de cette puissance lui ont révélé sa force. — Peut-être eût-elle pu s'épargner le sacrifice héroïque de Moscow, car l'immensité du territoire répond de sa défensive ; une armée d'envahissement viendra toujours s'y détruire devant les descendants de ces Scythes qui portaient, en fuyant, leurs coups les plus dangereux. — En 1815, l'armée russe qui passait le Niémen était, suivant M. Plotho, de 111,936 hommes, dont 17,455 Cosaques, en soixante-douze régiments. — La Russie ne présenta en ligne, à Lutzen, que 35,775 hommes. — En août, les forces russes étaient de 193,298 hommes pour l'ARMÉE active de première ligne ; avec l'ARMÉE de réserve et les corps de blocus, elle était évaluée à 249,298 hommes. — Les troupes russes entrées en FRANCE en 1814 étaient de 141,000 hommes. — M. MAUVILLON (1820, G) et le *Journal des Sciences militaires* donnent l'idée qui suit. Le front des armées regarde l'Ouest. L'ARMÉE POLONAISE et le CORPS D'ARMÉE de Lithuanie en forment l'avant-garde, sous les ordres du grand-duc Constantin, et composent 80,000 combattants. — Cette troupe est cantonnée dans une profondeur de cent cinquante lieues sur un front de cent quarante-deux. Elle peut se concentrer sur Varsovie en trois semaines. — L'ARMÉE de droite, composée de trois corps, rivalise seule avec celle de Constantin ; elle occupe cent trente-deux lieues. Elle est de même force et peut, dans le même espace de temps, se concentrer sur le Niémen. — L'ARMÉE de gauche est de la même force et se rassemble sur le Pruth dans le même espace de temps ; elle occupe la Chersonèse ; sa profondeur est de cent six lieues ; sa largeur est de cent quatre-vingts. — L'ARMÉE du centre, ou première armée, ou grande armée, est d'une force équivalente aux trois corps précédents ; elle est donc de 240,000 hommes. Ses cantonnements occupent un terrain de deux cent trente-quatre lieues sur plus de trois cents lieues ; elle peut se réunir en six semaines. — Plusieurs autres corps détachés excèdent 267,000 hommes. Ainsi en 1826, à l'instant de la mort d'ALEXANDRE, la Milice russe était composée comme il suit :

Quatre armées	480,000
Corps de Finlande, Orenbourg, Sibérie.	45,000
Corps du Caucase.	85,000
Colonies militaires	67,000
Troupes de garnison.	70,000
	747,000

— Les hordes de BASKIRS, de COSAQUES, de KIRGHIS élèvent probablement à près de 1,000,000 d'hommes cette Milice. Le *Bulletin des Sciences militaires* (1826, p. 585) donne un aperçu pareil ; il suppute qu'en 1831, p. 259, le total, y compris 20,000 officiers, était de 870,000 hommes. — Mais, suivant M. LYALL, cet état était plus menaçant que réel, à raison de la composition hétérogène de plus d'une ARMÉE, de leur dissémination, de la difficulté et de la lenteur de leurs rassemblements, de la rareté des métaux monnayés en Russie. — Quant aux TROUPES irrégulières, elles ne sauraient être évaluées exactement ; peut-être la force positive en est-elle inconnue de l'HETMAN lui-même. On estime approximativement que le pays du Don en peut fournir de 60 à 80 PULKS, de 500 hommes l'un environ. — Un relevé publié en 1824 (mai) présente quatre ARMÉES en activité, désignées sous le nom de première et de seconde ARMÉE, ARMÉE de Géorgie, ARMÉE de Lithuanie. La première, dont le quartier général est à Mohilow, est de 320,000 hommes ; la seconde, assise sur le Pruth, est de 100,000 hommes. Celle de Géorgie, dont le quartier général est à Téflis, est de 60,000 hommes ; celle de Lithuanie, dont le quartier général est à Wilna, est de 80,000 hommes. L'ARMÉE POLONAISE est de 30,000 hommes ; la GARDE impériale et la garnison de PÉTERSBOURG sont de 80,000 hommes ; les COSAQUES réguliers sont de 80,000 hommes, en y comprenant les COLONIES militaires des gouvernements de Novogorod, Kherson et Charkon ; le total était près de 1,000,000 d'hommes. En 1824, vers la fin de juin, une partie de cette Milice se réunit au camp d'exercice formé à Krasmojesclo. — Un tableau statistique des forces militaires européennes, publié par le *Spectateur militaire* (juin 1837), porte, en temps de paix, cette Milice à 610,000 hommes, et, en temps de guerre, à 1,080,000 hommes. — En 1827, son état de paix était de 610,000 hommes et de 126,000 chevaux, son état de guerre de 1,039,000 hommes. — Dans ce nombre n'étaient pas compris les COSAQUES, excepté dix régiments réguliers formant 5,000 hommes. — En 1827, sur un effectif de 747,000 hommes, on ne compte que 14,244 officiers, c'est-à-dire un pour 52 hommes. — En 1828, le pied de paix est évalué à 700,000 hommes ; le pied de guerre à 1,039,000 hommes. — En 1828, le total de la garnison de PÉTERSBOURG se montait, suivant M. XILANDER (*Journal périodique de Munich*), à 57,100 hommes. — Si on y ajoutait les institutions, les PAGES, les ÉCOLES, les manutentions, les arsenaux, les infirmeries, les employés, etc., etc., la population militaire se monterait à 75,700 hommes ; aussi se voyait-il en 1823, au Champ de Mars de PÉTERSBOURG, des parades de 30,000 hommes. — De 1829 à 1830, les vingt RÉGIMENTS de CAVALERIE colonisés dans le Kherson offrent un total de 22,800 cavaliers ; l'INFANTERIE colonisée autour de Novogorod présente 24,000 soldats sous les armes et une réserve de 8,000 hommes. Cette INFANTERIE doit s'élever bientôt à 56,000 fantassins en activité, réserve non comprise ; l'armée de

Géorgie est elle-même une espèce d'ancienne colonisation. — La *Gazette russe* de 1829 (22 mars) annonce officiellement que le pied de guerre est porté à 1,059,000 hommes. — Mais sur pied de paix un état général de situation présente les résultats suivants :

Garde impériale. 54,000
Infanterie de ligne. 555,800
Soldats colonisés et vétérans. . . 160,000
72 régiments de cavalerie. . . 58,000
Cosaques réguliers. 41,000
Cosaques irréguliers. 50,000
Artillerie, etc. 93,000
                    Total 791,800

— Dans ce nombre seraient compris 77,000 hommes de garnison, ou hors ligne. — D'autres renseignements portent l'infanterie à 540,000 hommes répartis en dix corps dans les provinces; la garde à 50,000 hommes, dont dix de cavalerie; le corps des grenadiers à 14,000 hommes; le total général à 912,000 hommes, non compris l'armée polonaise et les forces non encore connues de la colonisation de la Sibérie. — On a contesté cet effectif, parce que le revenu de l'empire russe n'y suffirait pas, et que la Russie n'a pu réellement opposer que 500,000 hommes à Napoléon. — Des rapports officiels insérés dans la *Revue de Westminster* portaient l'effectif à 950,000 hommes. M. Lyall ne la croyait que de 667,500 hommes, y compris l'armée de Pologne, et non compris les colonies qu'il estimait de 80,000 hommes. — Il y a dans les diverses opinions si peu d'harmonie, que le *Spectateur militaire* (t. xii, p. 48), n'évalue, en 1851, les forces disponibles qu'à 505,000 hommes, et p. 476, qu'à 276,200 hommes. — Le *Bulletin de la Société de statistique* (août 1851) prétend que l'effectif n'est que de 265,000 hommes. — Le *Constitutionnel* (1855, 23 janvier) présente des tableaux dont le chiffre total est de 459,720 hommes. Le *Journal des Débats*, (1855, 29 janvier) offre, dans un aperçu tiré du continuateur de Malte-Brun, un total de 686,000 hommes, dont 76,000 de cavalerie, 34,000 d'artillerie, etc. Le *Spectateur militaire* (t. xv, p. 85) présente des calculs différents, et le *Journal de l'Armée* (t. i, p. 277) ne porte pas le chiffre au delà de 450,000 hommes. Le *Journal des Sciences militaires* (1854, p. 125), l'évalue à 800,500 hommes. — M. Tanski, et le *Spectateur militaire* (t. xvi, p. 290), donnaient d'autres aperçus. — M. Beurmann (1836, B) évaluait, en 1836, cette armée à 765,000, dont 80,000 d'infanterie légère. — Des écrivains ont dit que le nombre de ses pièces de campagne était

de 1,756 ; le *Journal de l'Armée* (1855, p. 22) prétend ce nombre enflé de moitié. M. Tanski les évalue à raison de quatre par 1,000 hommes. — Le développement des forces russes est-il commandé par des vues d'agression, par de pures précautions défensives, par le besoin de la consolidation d'un trône que plus d'une secousse a ébranlé? C'est le secret du cabinet russe, et peut-être les intentions de ce cabinet sont-elles mal arrêtées.— N° 4. Uniforme. — L'armée moscovite s'est servie pour la première fois de canons, en 1482, au siège de Felling, en Livonie. — Dans le seizième siècle, comme le témoigne le *Bulletin des Sciences militaires* (1827, p. 425), les armes principales des Moscovites étaient l'arc, le carquois, les flèches, les brassards et des couteaux allongés; l'infanterie avait une longue pique; la cavalerie une lance plus courte; elle portait la cuirasse pleine, les cuissards, le casque. La plupart des cavaliers étaient vêtus à l'orientale et se tenaient accroupis à la manière des Turcs ; ils avaient quantité de trompettes discordantes. — A Narva, les trois quarts de l'armée ne se défendaient qu'à coups de flèches et de massues. — Jusqu'au dix-septième siècle, les boulets des pièces de plus fort calibre que le huit étaient encore en pierre, faute de hauts fourneaux et de minerai. Les boulets de moindre calibre étaient en fer forgé. — Au commencement du dix-huitième siècle un genre d'obusiers se nommait suwalof. — Donnons successivement quelque attention aux choses plus modernes, et à l'habillement, coiffure, marques distinctives, armement et équipement de l'infanterie et de la cavalerie. — Le drapeau est rouge et coupé d'une croix bleue, dont les branches répondent aux quatre angles de la draperie. — Depuis l'expédition de l'armée russe en France, le costume est devenu plus simple et plus sage. Les tailles sont encore étranglées, mais les fausses poitrines se sont affaissées; les schakos ont pris une forme moins maniérée. — En 1828, le nombre des effets qui alourdissaient par trop le havre-sac a été réduit, et en vertu de diverses mesures qui restreignent le nombre des domestiques que les officiers traînaient après eux, il a été enjoint aux officiers particuliers de porter eux-mêmes une partie de leurs effets d'uniforme. — Un ordre du général Uwarow, commandant les gardes du corps, et faisant partie de l'armée contre les Turcs, a prohibé le ridicule usage des corsets lacés dont s'affublaient les jeunes officiers et même les soldats. — L'habit des hullans est bleu et à revers ; celui des dragons et des chasseurs est vert. — Les officiers de hus-

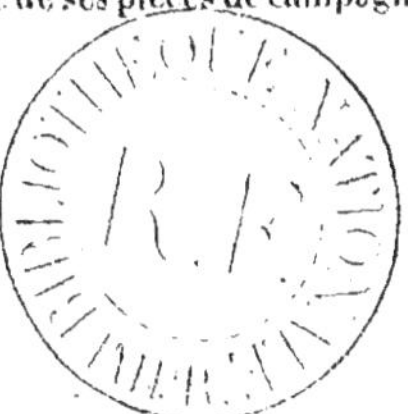

SARDS sont autorisés à porter, en temps de guerre, les TRESSES et GANSES en laine et en soie. — Depuis 1827, le RÉGIMENT de CAVALERIE LÉGÈRE CIRCASSIENNE porte une COTTE DE MAILLES pendante jusqu'aux genoux ; elle recouvre un HABIT bleu cosaque garni de fourrures ; elle a des longs GANTELETS à écailles et le CASQUE d'acier. — Toute l'INFANTERIE porte le SCHAKO ; les DRAGONS l'ont substitué au CASQUE. Les GRENADIERS ont conservé des derniers le BONNET en MITRE. — Le CHAPEAU russe est d'une forme embarrassante et bizarre ; les Français l'ont adopté et auraient pu faire au Nord de plus utiles emprunts. — Les CEINTURES DE COMMANDEMENT, à réseaux d'or ou d'argent, ont été imitées par la MILICE FRANÇAISE. — Au siége de Dantzig, les SOLDATS de l'INFANTERIE RUSSE étaient pourvus d'un petit nécessaire en drap qui se partageait en dix cases dont chacune arrêtait, au moyen d'une couture légère, une PIERRE A FUSIL. — Les Russes ont des premiers reconnu la préférence que l'OBUSIER LONG mérite sur l'autre. — Le FUSIL français de 1777, corrigé, a été adopté en 1828 pour toute l'INFANTERIE russe ; mais, suivant le système anglais, il a été raccourci de deux pouces, et sa baïonnette a été allongée d'autant. Suivant M. TANSKI et le *Spectateur militaire* (t. XVI, p. 296), il est à baguette cylindrique. — Les FUSILS russes avaient le défaut d'être montés en BOIS d'essence tendre. — La fabrique de Tula les établit au prix de seize à dix-sept roubles ; le BRIQUET y coûte sept à huit roubles. — Certains CORPS de CAVALERIE ont quelques hommes armés de CARABINES. — Le SABRE des OFFICIERS d'infanterie est pareil au modèle français. — Dans la guerre de 1828, l'armée russe a fait grand emploi de fusées nommées RAQUETTES. — Il n'est pas de nation chez laquelle les MARQUES DISTINCTIVES aient eu le caractère politique qu'elles ont pris en RUSSIE, parce que PIERRE LE GRAND fit de sa nation un peuple de SOLDATS. *Tous les rangs*, dit ODIER (1824), *toutes les prérogatives dépendirent du grade qu'on obtenait dans l'armée ; tout, jusqu'au nombre des chevaux à mettre à son carrosse.* — Les MARQUES DISTINCTIVES de l'INFANTERIE consistent surtout dans les ÉPAULETTES EN DRAP ; elles indiquent, par leur numéro et leur couleur, la DIVISION dont le RÉGIMENT fait partie. — Les HULLANS sont distingués par la couleur du REVERS et des PAREMENTS ; elle est indicative de la DIVISION à laquelle ils sont attachés. — Les RÉGIMENTS de HULLANS sont distingués entre eux par la COULEUR du TZCHAPKAS et de la FLAMME DE LANCE. — Pour tous les hommes

de troupe les MÉDAILLES D'HONNEUR sont à la fois et des marques personnelles d'honneur, et des RÉCOMPENSES remémoratives et collectives. — Un ordre du jour de 1828 a fait prendre la LANCE à toute la CAVALERIE mise en campagne. — En outre du SABRE et des PISTOLETS, le cavalier CIRCASSIEN porte un DJERID, un ARC d'acier et un CARQUOIS garni de FLÈCHES. — A la manière indienne et égyptienne, les BASKIRS se rassemblent et manœuvrent au son du TAMTAM. — Les BRETELLES PORTE-CAISSES des TAMBOURS étaient en usage en RUSSIE, quand les TAMBOURS français ne se servaient encore que d'un cordage grossier et peu commode. — Le HAVRE-SAC russe a de larges BRETELLES rapprochées par une courroie horizontale ; il est en carré aplati à la manière française ; il se porte par-dessus la CAPOTE en sautoir, comme sur un coussin, qui rend moins fatiguant l'appui des BRETELLES. — L'INFANTERIE russe, après s'être longtemps servi de BOTTES, a adopté les souliers et les PANTALONS à GUÊTRES. La MILICE PRUSSIENNE a imité cette CHAUSSURE. — En 1856, les Circassiens de l'armée russe avaient encore et la cotte de mailles et le chaperon de mailles. — N° 5. ALLOCATIONS, SOLDE. — Une MASSE de prévoyance établie au profit des hommes de troupe leur assure, à l'époque de leur LIBÉRATION, une somme assez forte, et qu'ils touchent en argent métallique ; elle se monte quelquefois à soixante-dix ou quatre-vingts roubles. — Les hommes de TROUPE de l'INFANTERIE reçoivent tous les ans un uniforme. — La CAVALERIE reçoit, tous les deux ans, un HABIT, un PANTALON gris de cheval, un collet, trois CHEMISES, dont une payée en argent, deux paires de BOTTES et un SARRAU de coutil ; elle reçoit, tous les trois ans, un MANTEAU gris, et tous les quatre ans, une SCHABRAQUE. — Le décompte de linge et chaussure est nul le plus souvent. — Il est délivré par an, à chaque soldat, trois barils de farine, vingt-quatre livres de sel, et du gruau de SARRAZIN. — DUANE (1810, E) raconte que, plus anciennement, c'était du grain qui était délivré au soldat ; il le grillait sur des plaques de fer ; il en composait une pâte nommée *toloqueno*. Chaque homme habituellement pourvu d'une certaine quantité de cette préparation, la mixtionnait d'eau, et l'acidulait d'une petite dose de vinaigre ; il y joignait, s'il se pouvait, des légumes ou des choux, et composait une sorte de potage épais, appelé, à raison de cette manipulation, *chety*. Un petit verre de brandevin, ou de liqueur fermentée, nommée *tcharotcheka* complétait le repas. — Jusqu'au règne de CATHERINE l'ARMÉE russe n'avait pu figurer parmi les troupes des puissances de l'EUROPE qu'à l'aide de subsides étrangers ; car la SOLDE russe était presque nulle en temps de paix, elle s'acquittait presque en entier en fournitures et en denrées.— Les appointements et la SOLDE sont servis en papier monnaie. — Depuis CATHERINE DEUX, en 1768, jusqu'en 1814, le taux n'en n'avait pas varié, quoique le rouble en papier, qui s'était maintenu au pair jusqu'en 1787, se fût successivement déprécié au point de ne valoir plus que le quart du rouble en argent. — La SOLDE a été augmentée à l'issue de la GUERRE DE LA RÉVOLUTION, mais elle est encore très-faible ; celle des OFFICIERS inférieurs est insuffisante, au point qu'au temps où écrivaient ODIER (1824, E, t. III) et Mueller (*Lettres sur la Russie*), les LIEUTENANTS servaient sans SOLDE. Celle du simple SOLDAT D'INFANTERIE de ligne n'excède guère trente francs par an ; la presque totalité des TROUPES ne la perçoit encore qu'en papier ; mais, si elles franchissaient les frontières, elles la toucheraient en valeurs métalliques ; cette différence en triple ou en quadruple la valeur, et entretient dans l'armée le goût de la GUERRE. — Il est donné un aperçu des tarifs de la solde dans le *Bulletin des Sciences militaires* (1827, p. 492). — La SOLDE n'est servie que sur un DÉCOMPTE après quatre mois écoulés ; c'est la primitive manière française ; il en résulte, en temps de guerre, un bénéfice pour le trésor public : le gouvernement hérite des morts, des DÉSERTEURS, des prisonniers. — Le DÉCOMPTE de SOLDE de quatre mois est à peu près, pour le simple SOLDAT de cavalerie, de quatre francs. Le *Dictionnaire de la Conversation* présentait, au mot *Solde*, le tarif en vigueur en 1839. — Il n'existe de CASERNES que dans les grandes villes ; les troupes sont la plupart du temps logées chez l'habitant ; cette circonstance atténue d'autant le chiffre de la dépense que les allocations militaires entraînent dans d'autres armées. — En 1830, le grand POPE jouissait de trois mille roubles d'appointements ; les POPES divisionnaires, de deux mille cinq cents ; ceux des CORPS, de dix-huit cents. Une partie des COSAQUES n'est point soldée par l'Etat ; en 1826, la RUSSIE ne soudoyait, sur pied de paix, que quarante-deux PULKS à cheval et dix RÉGIMENTS de COSAQUES A PIED. — L'empereur ALEXANDRE institua, en 1814, un comité chargé de prononcer sur les RÉCOMPENSES dues aux militaires blessés. — Un ukase de 1827 (18 décembre) publié à la parade, a réglé le taux des PENSIONS DE RETRAITE ; après vingt ans de service, un tiers de la solde d'activité du GRADE était acquis aux retraités ; à trente

ans, ils jouissaient de deux tiers ; après trente-cinq, dela solde entière. — En 1830, l'empereur NICOLAS améliora le système des RÉCOMPENSES par de nouvelles concessions, comme le témoigne le *Spectateur militaire*, t. XIII, p. 319 ; des PENSIONS furent acquises aux OFFICIERS blessés pour en jouir leur vie durant, s'ils n'aimaient mieux remplir des EMPLOIS CIVILS ; dans ce dernier cas, ils sont pensionnés jusqu'à la vacance de la place à laquelle leur GRADE leur donne droit. — Les SOLDATS blessés peuvent obtenir et toucher une PENSION, sans préjudice aux émoluments de l'EMPLOI CIVIL ou à la jouissance des droits d'INVALIDES. — Une blessure était ainsi une bonne fortune pour les hommes de troupe, puisqu'elle leur valait leur congé et une place salariée ; tandis que, revenus sains et saufs des combats, ils avaient à accomplir, dans la ligne vingt-cinq ans, dans la GARDE vingt-deux ans de SERVICE. — Le *Journal des Sciences militaires* (1829 mars) évalue la retraite du LIEUTENANT général à deux mille six cent soixante six francs, celle du COLONEL à huit cents francs, celle du CAPITAINE à quatre cent quatre-vingts francs, celle du LIEUTENANT à quatre cents francs ; la retraite du militaire de la classe moyenne peut se comparer au minimum de la retraite en usage en France. — Le tarif russe est le plus faible de ceux de l'EUROPE ; mais des MAJORATS, souvent accordés aux OFFICIERS, leur assurent un avantageux dédommagement. — N° 6. INSTRUCTION. — L'ARMÉE russe fit, à Pultava, l'essai de son savoir faire. — Des traditions étrangères, quelques ouvrages français et allemands, furent d'abord les seules sources de l'instruction. Le plus ancien règlement russe est le code militaire, *Kriegs-artikel*, avec des observations, publié par ordre de l'empereur et réimprimé en langue allemande, in-8°, Pétersbourg (1755). Ce document était calqué sur ceux d'ESPAGNE. — Alors l'impératrice Anne travaillait à jeter les fondements de l'instruction. Par les conseils de Munich, elle forma le corps des CADETS de terre ; sept cents jeunes gens y étaient instruits dans les études et les EXERCICES de la PROFESSION DES ARMES. Le palais de Menzikoff était devenu leur hôtel. — En 1762, il existait trois ÉCOLES de CADETS. — Le code militaire se réimprimait en 1776, in-8°, Pétersbourg, en langue allemande et russe ; il contenait les formes de la procédure, l'exercice, etc., etc. — Il y avait aussi, comme le témoigne WALTER (1785, C), *un nouveau règlement pour les troupes impériales russes à pied et à cheval, avec un essai de tactique et des planches*, in-8°, Copenhague. — Les LICORNES, les OBUSIERS-CANONS étaient une particularité de l'ARTILLERIE. — Avant la fin du siècle passé, les OFFICIERS de toutes les ARMES et les INGÉNIEURS russes avaient peu de réputation. Nous lisons dans MIRABEAU (1788, C, p. 196) : *Les ingénieurs russes sont de tristes faiseurs de siéges ;* et (p. 224) : *La Russie faisait mal la guerre ; ses officiers, ses généraux sont d'une ignorance extrême. Ses campagnes contre les Ottomans n'ont été, des deux côtés, qu'une suite de fautes plus folles les unes que les autres ; mais l'incomparable bravoure des soldats,* etc., etc. — Sous ALEXANDRE premier, la Milice russe a pris dans toutes ses branches un essor marqué. — En 1811, l'ÉCOLE des GUIDES a été établie pour former des OFFICIERS d'ÉTAT-MAJOR ; il y est attaché des professeurs distingués. Le mode des examens pour l'admission des sujets fut consacré ; la connaissance des LANGUES ALLEMANDES et FRANÇAISE fut exigée. On s'y livre aux études de l'attaque et de la défense des places, de la castramétation, de la fortification, des évolutions, et du service en paix et en guerre.— L'obtention du GRADE d'OFFICIER devint les prix de la capacité reconnue. — Depuis la GUERRE DE LA RÉVOLUTION, d'immenses progrès ont été faits par les OFFICIERS d'ÉTAT-MAJOR russes ; ils sont au premier rang parmi ceux de toute l'EUROPE. — Leur corps forme un centre d'action comparable à l'établissement du dépôt central du génie en France. — Plus de la moitié des SOUS-OFFICIERS ne sait ni lire ni écrire, et pourtant il y en a d'une habileté remarquable. Ils suppléent à ce qui leur manque en faisant usage de marques ou de tailles de bois, dont l'arrangement ou la forme rappellent la nature de l'ordre à exécuter, ou certain détail de comptabilité. Au reste, le nombre des illettrés diminue de jour en jour. — Depuis 1812, l'ARMÉE russe n'est point reconnaissable. — La manufacture d'armes de Tula ou Toula a été portée à une grande perfection ; elle fabrique par an cinquante mille armes à feu et vingt-cinq mille armes blanches. — La CASTRAMÉTATION , toute différente de celle des PRUSSIENS, est supérieure, et c'est aisé à croire, à celle des FRANÇAIS ; elle se rapproche des formes antiques du CAMPEMENT romain. Les camps russes sont carrés et composés de TENTES carrées. Les détails de ce système sont consignés dans le *Spectateur militaire,* t. XX. p. 650. — L'ÉQUITATION a gagné ; des écuyers se sont formés, de vastes manéges couverts ont été construits. ALEXANDRE premier en a fait bâtir aux chefs-lieux des RÉGIMENTS, et en a ensuite affecté à tous les ESCADRONS.—La CAVALERIE russe, qui ne connaissait que la bride, commence à se servir du bridon. Sa manière de brider est celle de la CAVALERIE ANGLAISE ; elle regarde comme le chef-d'œuvre de l'art, de faire galoper circulairement, sous lui, l'ESCADRON, sur la jambe droite.—Si l'on en croit M. OKOUNEFF (1831), la Milice russe, à raison de la perfection de sa CAVALERIE, est l'ARMÉE qui a le moins besoin qu'elle soit nombreuse ; ses CUIRASSIERS tiendraient le premier rang parmi tous ceux d'EUROPE. — L'étude et le maniement du sabre, longtemps ignorés, gagnent de plus en plus ; une ÉCOLE spéciale d'ESCRIME est établie à PÉTERSBOURG et dirigée par un Français ; la CAVALERIE y envoie ses hommes. — Suivant M. MAUVILLON (1820, G), aucune ARMÉE n'était alors comparable à celle de RUSSIE quant à la perfection de la tactique. — Une ÉCOLE de sous-OFFICIERS de la GARDE, créée en 1823, était sous la surveillance du grand-duc Nicolas ; l'instruction la plus étendue était donnée à cent ÉLÈVES appartenant aux premières familles du pays ; ils y étaient admis comme sous-OFFICIERS. Le *Journal des Sciences militaires,* t. IX, en donne un aperçu. — En 1825 les grandes manœuvres d'automne sont exécutées par cent vingt mille hommes. — Depuis 1825 (2 janvier) une ÉCOLE militaire a été instituée à Orenbourg; on l'appelle école *Nepluyer,* on y parle russe et tartare ; les ÉLÈVES y sont vêtus à la COSAQUE. — Dans les écoles militaires fondées par ALEXANDRE, toutes les branches sont étudiées au moyen de l'ENSEIGNEMENT MUTUEL. — En 1826 ·, deux généraux français au SERVICE russe ont été chargés , dit le *Spectateur militaire* (mai, 1827), de diriger la construction d'une SALLE D'EXERCICE immense qui embellit aujourd'hui MOSKOU. Mille hommes à cheval ou deux mille hommes à pied y manœuvrent à l'aise. La hauteur du monument est de quarante-quatre pieds du Rhin, sa largeur est de cent soixante-dix, sa longueur est de cinq cent soixante-huit. — L'ARMÉE russe a , en 1829, plusieurs JOURNAUX MILITAIRES , tels que le *Journal de Guerre,* l'*Invalide russe,* le *Slave,* ou *Slawanien,* rédigé par M. Wojeckow, enfin un journal d'hygiène ; elle reçoit toutes les publications périodiques de FRANCE, d'ALLEMAGNE et d'ANGLETERRE ; elle a fait d'importantes découvertes en BALISTIQUE ; elle s'occupe du perfectionnement des FUSÉES DE GUERRE, qu'elle nomme, ainsi que la MILICE POLONAISE, *kaketi race.* — On a prétendu que déjà on en avait trouvé à MOSKOU, lors de l'incendie de cette capitale ; l'effet devait s'en combiner avec l'ascension d'un AÉROSTAT. — L'ÉTAT-MAJOR des GARDES a une BIBLIOTHÈQUE choisie et une ÉCOLE académique où vont travailler tous les OFFICIERS. — Le nombre des ÉLÈVES des ÉCOLES DES CADETS, joint à celui des autres ÉCOLES de l'ARMÉE DE TERRE, forme un total de quatre mille cinq cent soixante-cinq. Il est attaché au premier CORPS des CADETS cinq cents soldats, qui sont comme les employés, les ouvriers de tous les genres de l'établissement : ce sont ceux qui confectionnent, dans la maison même, tous les EFFETS D'UNIFORME des ÉLÈVES. Cette ÉCOLE de CADETS a une BIBLIOTHÈQUE précieuse, une vaste collection de modèles propres à l'artillerie et au génie, et même une imprimerie. — Le *Spectateur militaire* affirme que, en 1831, *les études des cadets sont faibles, et que l'instruction des corps savants s'en ressent.* Mais ne croyons que ce qui est bien évidemment démontré, et telle ne semble pas être la marche des choses. — A l'imitation de l'ÉCOLE POLYTECHNIQUE de FRANCE, il s'en est élevé une en RUSSIE. — Les écoles destinées aux enfants de soldats ont fourni, de 1824 à 1832, vingt-neuf mille cinq cent deux hommes au recrutement de l'armée. — Dans la guerre de 1828 contre les TURCS, la supériorité du feu des ALBANAIS a été bien plus préjudiciable aux RUSSES que la MOUSQUETERIE de ceux-ci n'a produit d'effet sur les rangs ennemis : les canonniers du czar étaient sans cesse frappés derrière leurs épaulements, comme le témoigne le *Journal de l'Armée* (1833, p. 15), tandis que, à peine garantis par leurs barbettes, les artilleurs du sultan souffraient peu du feu de l'infanterie moscovite. Aussi, depuis cette époque, le TIR du FUSIL est-il devenu l'objet d'une BALISTIQUE pratique et théorique. — En 1831, le corps des PAGES, sept écoles de CADETS, l'école de Népluieff à Orenbourg, celle du GÉNIE, celle de l'ARTILLERIE, celle des PORTE-ENSEIGNES et SOUS-OFFICIERS de la GARDE, le RÉGIMENT noble, le LYCÉE impérial de Tsarskoésélo, comprenaient, en outre des CADETS OU ÉLÈVES de la MARINE, quatre mille sept cent soixante-sept ÉLÈVES, dont quatre cent soixante-huit étaient passés comme OFFICIERS. — En 1832, une ÉCOLE de cent AUDITEURS avait été instituée pour l'étude des lois judiciaires; en 1835, elle fournissait à l'armée vingt-cinq SOUS-OFFICIERS AIDES-AUDITEURS. — Le *Spectateur militaire* (t. XVI, p. 339) donne un aperçu du nombre et de la composition des écoles russes. — N° 7. TACTIQUE. — Les ARMES A FEU, depuis longtemps répandues en Europe avant le quatorzième siècle, ne commencent à être connues des RUSSES, si l'on en croit M. MORITZ-MEYER, qu'en 1379; les BOULETS dont ils faisaient usage étaient coulés, en 1475, à Bologne par un artisan nommé Aristoteles.

— Dans la guerre de 1735, Munich essaye contre les TARTARES et les TURCS une armée vieille à peine de vingt ans; alors se manifeste, comme le témoigne MANSTEIN, la supériorité de son INFANTERIE, l'utilité des CHEVAUX DE FRISE PORTATIFS, la solidité des CARRÉS A SIX RANGS, fraisés de PIQUES, la symétrie des FEUX RÉGLÉS. — En 1744, la BAGUETTE DE FER et le PAS CADENCÉ sont adoptés. — Dans la GUERRE DE 1756, les Russes ont six cents pièces attelées. — Ces FEUX, ces CARRÉS, ces CHEVAUX DE FRISE, pratiqués par SOUWAROW, nouveau MANSTEIN, ont concouru à détruire, dans la guerre de 1787, les JANISSAIRES et leur réputation. — Ce système tactique s'était conservé comme on en trouve les preuves dans le passage suivant, tracé par un témoin oculaire, M. DE SÉGUR, fils du maréchal (1826) : *Toutes leurs manœuvres, à l'époque où je les vis (en 1787), consistaient à marcher sur quatre colonnes, en se couvrant d'un rideau de tirailleurs précédés d'un corps de Cosaques. Supposant que l'ennemi s'avançait en force, les colonnes formaient quatre bataillons carrés, à centre vide, sur trois de hauteur. Les Cosaques se retiraient derrière elles et se formaient sur un rang dans leurs intervalles, de sorte que la ligne de bataille offrait l'apparence de quatre bastions et de deux courtines; l'artillerie se plaçait au centre des carrés. — Dans ce moment, comme il fallait supposer qu'on était entouré, parce que c'est le genre d'attaque des Turcs, on exécutait un feu très-vif, après lequel, supposant encore que l'ennemi avait été mis en désordre, les carrés marchaient en avant, les tirailleurs sortaient de leurs rangs, et les Cosaques, la lance à la main et jetant de grands cris, volaient à la poursuite des vaincus pour compléter leur défaite.* — Ce tableau n'est pas sans analogie avec celui des CARRÉS D'ÉGYPTE; ainsi on a longtemps cru d'invention prussienne et française les carrés, et réellement ils sont russes. — A une époque plus voisine de nous de quelques lustres, M. le général DE SÉGUR (fils du précédent), en parlant de ces *peuples qui n'en étaient encore qu'aux sensations, soldats d'autant plus redoutables, moins distraits de leur obéissance par le raisonnement,* donne une grande idée de leur tactique, de leurs RETRAITES, puisque, après la bataille de la Moskowa, la route n'offrait ni débris, ni objets abandonnés, ni traînards; leurs blessés étaient emportés, leurs morts enterrés. *Ils (les Français) marchèrent deux jours sans trouver ni hommes, ni choses qui désolassent l'armée russe. Celle-ci, quoique son infanterie ne formât qu'une masse confuse, n'abandonna pas un débris, tant il y avait d'amour-propre national et d'habitude d'ordre dans l'ensemble et les détails.* — Le même historien ajoute (p. 343) : *Cette retraite des Russes se faisait avec un ordre admirable; le terrain seul le dictait; leurs positions étaient si bien choisies, prises à propos, défendues chacune tellement en raison de leur force et du temps que leur général voulait gagner, que leurs mouvements semblaient tenir à un plan arrêté depuis longtemps, tracé soigneusement et exécuté avec la plus scrupuleuse exactitude; ils n'abandonnaient un poste qu'un instant avant de pouvoir y être battus.* — Si une RETRAITE habile est aussi méritoire sous le rapport de l'art qu'un succès, la Milice russe marche au premier rang. En 1812, ses ARMÉES agissantes commencent à se partager, à l'instar de celles des FRANÇAIS, en grands CORPS D'INFANTERIE et de CAVALERIE et en DIVISIONS : telle était, en 1813, l'organisation des troupes que commandait Miloradowitz. — Mais, suivant un usage plausible et inusité chez les FRANÇAIS, un OFFICIER *ad hoc* est en quelque sorte l'inspecteur, le surveillant des LIGNES DE COMMUNICATION; les retrancher, les assurer est son devoir; il dispose à cet effet de PIONNIERS A CHEVAL, et est secondé du nombre nécessaire d'officiers. — Entrons un peu plus avant dans l'examen technique de la TACTIQUE moderne; ses principes ont fait oublier les règlements prussiens jusque-là en usage. — La CAVALERIE russe a renoncé des dernières à manœuvrer sur trois RANGS à l'ancienne manière de Prusse; ses TROUPES IRRÉGULIÈRES, ses ORIENTAUX ne se tiennent que sur un RANG; elle suit le règlement que le grand-duc a fait rédiger, en 1826, par le général Patapow; il participe des règles françaises; il est remarquable par la clarté, la précision et la profondeur, si l'on en croit l'éloge qu'en fait le *Bulletin des Sciences militaires* (1827, p. 349). — Le premier rang des CUIRASSIERS est armé de lances. — L'ESCADRON, de trente FILES au moins, se partage en SECTIONS OU PELOTONS de quinze à vingt FILES; les plus petits CHEVAUX sont aux ailes et progressivement; les plus grands sont à l'opposé. — Les FRANCS TIREURS ou cavaliers porteurs d'une CARABINE RAYÉE occupent les ailes de l'ESCADRON. Les NULLANS eux-mêmes ont de ces CARABINIERS aux flancs des ESCADRONS. — Il paraît que l'exécution des MANŒUVRES pèche par le défaut de célérité, défaut qui résulte de la multiplicité des COMMANDEMENTS. — Le RÈGLEMENT DE 1791, concernant les manœuvres de l'INFANTERIE FRANÇAISE, était en grande partie suivi par l'INFANTERIE RUSSE en 1828, sauf les FEUX A GÉNUFLEXION et quelques légères modifications; ainsi elle accomplit uniformément les CHANGEMENTS DE DIRECTION EN COLONNE, soit du côté du guide, soit du côté opposé; tandis que TOURNER et CONVERSER sont deux évolutions distinctes en FRANCE. — L'INFANTERIE RUSSE était peu propre à la GUERRE DE MONTAGNES; c'était du moins le prétexte que, en SUISSE, SOUWAROW donnait, en 1799, pour se séparer des armées alliées et prendre ses QUARTIERS DE REPOS, sans s'être concerté avec les GÉNÉRAUX D'AUTRICHE. — Jusqu'au commencement de ce siècle, l'INFANTERIE RUSSE ne combattait qu'après avoir déposé à terre le HAVRE-SAC à l'ancienne manière française; elle en agissait encore ainsi à AUSTERLITZ; mais en 1812 le fantassin ne quittait plus son sac. — En 1830, l'INFANTERIE RUSSE était la seule qui exécutât encore des FEUX DE TROIS RANGS; mais elle employait habituellement les feux de deux rangs. Sa tactique, suivant M. TANSKI et le *Spectateur militaire* (t. XVI, p. 293), était *un amalgame des règlements prussiens, français, anglais.* — Son INFANTERIE légère faisait usage du pas de course. — Elle a commencé, dans de grandes manœuvres, à se placer sur deux RANGS; mais elle ne s'est encore présentée dans les batailles que sur trois RANGS; elle s'amincit par des moyens qui ont de l'analogie avec le système PRUSSIEN. Son ordre de FORMATION habituelle est en COLONNE D'ATTAQUE. Un certain nombre de TIRAILLEURS sort du SECOND RANG, soit en avant, soit en arrière, et les hommes du TROISIÈME RANG remplissent les vides du SECOND. Cette MANŒUVRE occasionne un inévitable et fâcheux désordre. — L'INFANTERIE n'a exécuté au moyen des COMMANDEMENTS vocaux les MANIEMENTS d'armes que depuis 1814; l'empereur ALEXANDRE les fit adopter à l'imitation, on peut même dire sous le professorat des POLONAIS, qui les avaient eux-mêmes appris des FRANÇAIS. — Elle pratiquait depuis longtemps le maniement nommé ARME SUR L'ÉPAULE, quand l'ORDONNANCE française DE 1831 (4 MARS) l'a introduit à son imitation, dans l'INFANTERIE FRANÇAISE. — Le pas ordinaire de l'infanterie était de cinquante-cinq à la minute; mais rarement ou jamais il n'était employé dans les derniers temps. — L'infanterie faisait un usage habile de la COLONNE PAR BATAILLON. — L'INFANTERIE RUSSE exécutait au son du TAMBOUR les grandes FORMATIONS à un pas REDOUBLÉ de cent cinquante à cent soixante à la minute.

ainsi que les POLONAIS; cependant le SOLDAT RUSSE est, de tous, le plus chargé de bagage. — Ses PELOTONS D'INFANTERIE étaient, en 1830, de vingt-six à trente-six FILES et se divisaient en DEMI-PELOTONS, et les DEMI-PELOTONS en SECTIONS. — Les charges d'infanterie avaient lieu en colonne double, rarement en bataille. De curieuses notions touchant la grande tactique russe peuvent être tirées des écrits de M. le général de BISMARK et des relations intéressantes qui concernent le camp de Kalisch en 1835. Le *Journal des Sciences militaires* (1836, p. 521 et 581) en donne un aperçu. — Les Russes avaient, suivant ce que rapporte l'*Encyclopédie du dix-neuvième siècle* (au mot *Air*), leur Marseillaise depuis 1812; c'est un air nommé d'Elisabeth et d'Alexandre. — N° 8. PUNITIONS, PEINES. — La rigueur à l'orientale avec laquelle PIERRE PREMIER purgea sa capitale et son palais de la présence des STRÉLITZ, indique quelle était la DISCIPLINE du temps. — A la journée de Léesno, *ce prince, dit* BRÉZÉ *(1779), voyant que ses soldats commençaient à lâcher pied, plaça des troupes derrière l'armée, avec ordre de tuer indistinctement tous les fuyards, et lui-même, s'il se retirait; usage que les Russes ont toujours suivi depuis.* — Le GRADE de GÉNÉRAL n'exemptait ni des COUPS DE CANNE, ni d'une CASSATION qui faisait redevenir SIMPLE SOLDAT l'OFFICIER puni; un simple geste du czar en décidait; MANSTEIN rend témoignage de cette RÉTROGRADATION. — Dans sa campagne de 1735, Munich, chef infatigable et soldat de fer, amène à l'obéissance passive, à l'immobilité d'automates ses TROUPES par l'effroi des SUPPLICES; pour les retenir dans les rangs, il fait enterrer vivants, et ceux que la fatigue fait tomber évanouis, et ceux que la crainte de l'ennemi empêche d'avancer. Cette effroyable rigueur change en bastions ses BATAILLONS; les effets de sa défensive sur place deviennent aussi admirables que les moyens sont acerbes. — En des temps plus voisins de nous, les OFFICIERS après avoir été dégradés pouvaient même être soumis à des PEINES AFFLICTIVES; mais plus ordinairement on les reléguait dans des corps frontières analogues à des CORPS DE PUNITION. — Tout SOUS-OFFICIER avait droit de distribuer vingt-cinq COUPS DE BATON ou de KNOUT; le FOUET était le moyen d'apprentissage des SOLDATS, quand on en voulait faire des tailleurs, des cordonniers, etc., etc. — Jusqu'à l'époque où ALEXANDRE PREMIER a introduit un régime plus doux, l'arbitraire seul décidait et des PUNITIONS et des PEINES; le terrible KNOUT se jouait de la vie des hommes; maintenant

les COUPS ne s'en administrent plus que dans des cas rares, en vertu de jugements légaux et par les mains d'un criminel qui s'est racheté de la peine de mort sous condition de devenir bourreau. Mieux vaut mille fois verser le sang des coupables par de telles mains que de réduire des compagnons d'armes à s'entr'égorger légalement, comme le font les lois françaises; singulière leçon d'humanité que la Sarmatie donne à la France. — La PUNITION des BAGUETTES s'inflige encore en RUSSIE; mais un CONSEIL de guerre peut seul prononcer la FUSTIGATION. Dans le cas de FAUTES graves, le minimum de la PEINE est de mille COUPS; le condamné passe entre deux rangs de cinq cents SOLDATS chacun; souvent la MORT suit le SUPPLICE. — Si les SOUS-OFFICIERS encourent cette PUNITION, ils ne sont dispensés de la subir qu'autant qu'ils sont décorés de la croix de Saint-Georges, où qu'ils sont de l'ORDRE de la NOBLESSE russe. — Du reste, des formes de la LÉGISLATION PÉNALE de l'ARMÉE FRANÇAISE ont pénétré dans les COURS MARTIALES RUSSES. — Les PEINES répressives du DUEL sont des plus sévères. Un enseigne qui avait provoqué en duel un capitaine démissionnaire, recevait en 1847, quoiqu'il fût gentilhomme saxon, mille coups de baguettes. Le jugement et les formes de l'exécution étaient relatés dans le journal *la Presse*, du 19 juillet 1837. — La garde impériale est traitée avec douceur; les formes de la DISCIPLINE s'y rapprochent de la nôtre. — Le *Bulletin des Sciences militaires* (1827, p. 551) atteste que, dans toute l'ARMÉE, la DISCIPLINE est moins acerbe qu'on ne le suppose généralement; le *Spectateur militaire* prétend au contraire *que, sur un caprice de l'empereur, un général, un colonel, passent à la queue d'un régiment;* mais cette assertion renferme un anachronisme. Si des actes d'un arbitraire révoltant ont lieu, ce serait loin des yeux de l'empereur. On a dit que la POLOGNE gardait en 1830 le souvenir de quelques griefs de ce genre. — Une des PUNITIONS regardées comme des plus efficaces contre l'INDISCIPLINE des hommes de troupe est la RÉTROGRADATION à l'état de recrues; ce qui équivaut à l'obligation d'un SERVICE sans terme, au lieu d'un SERVICE de vingt-cinq ans, parce que le temps du SERVICE déjà accompli est regardé comme nul et non avenu. — Un ukase de 1836 soustrayait les soldats à la flétrissante obligation d'être conduits au supplice, garottés et la corde au cou. — N° 9. SERVICE. — Considérons ici le SERVICE comme une obligation nationale, comme un devoir intérieur. — Tout serf entrant au SERVICE cesse, dès ce moment, d'appartenir à son seigneur. Un simple paragraphe d'ukase l'appelle sous les armes, un ordre du jour le met en campagne. — De tous les Etats de l'EUROPE, la RUSSIE est celui où le SERVICE conscriptionnel est le plus dur, le plus prolongé ; il peut, par suite de PUNITIONS, se changer en un SERVICE A VIE. — Et pourtant le SERVICE FORCÉ est une sorte de bienfait, un chemin vers le privilège, puisqu'il conduit à l'affranchissement. — La DURÉE du SERVICE exigé était de vingt-cinq ans, ou de vingt-deux, ou de vingt ans au moins, suivant qu'il s'agissait des RUSSES, des POLONAIS, des COLONIES. — En 1812 et 1814, l'empereur ALEXANDRE avait pris l'engagement public de modérer la durée du SERVICE ; elle a été réduite en 1830 par l'empereur NICOLAS, et n'est plus que de vingt-deux ans. — Quand un serf est désigné, ses parents éplorés lui font la conduite, et à l'instant de lui dire un adieu qu'ils présument éternel, ils lui donnent une pincée de la terre natale qu'il enferme dans un sachet de peau attaché à la médaille, ou amulette de dévotion, qu'il emporte à son cou. Cette pincée de terre se joindra à celle qui doit le couvrir sur un sol étranger. Il y a, dans cet acte de sensibilité, de la tendresse, du patriotisme et de la religion. — L'ordre et la régularité président au SERVICE intérieur des RÉGIMENTS ; les sous-OFFICIERS y coopèrent avec une remarquable habileté. — Les OFFICIERS observent pendant le cours du SERVICE une exacte DISCIPLINE ; mais ils redeviennent pour ainsi dire égaux durant la vie commune. — Les HULLANS font faction le sabre à la main et ayant un pistolet suspendu au ceinturon. — N° 10. ADMINISTRATION. — Nous avons donné une légère idée de l'administration au seizième siècle, si le mot administration peut s'appliquer à ces époques ; il en est resté, dans les cas d'une pénurie de vivres, l'usage commode du jeûne religieux. Le POPE ordonne au besoin à l'ARMÉE de s'abstenir de nourriture. — L'administration était si vicieuse encore à la fin du règne de CATHERINE deux, que tels COLONELS de CAVALERIE ne rougissaient pas, à ce que dit M. de SÉGUR (le fils du maréchal, 1826), de se faire de leur RÉGIMENT vingt-cinq ou trente mille roubles de rente. — Actuellement, l'ADMINISTRATION est dirigée par un MINISTRE de la guerre et par le CHEF de l'ÉTAT-MAJOR ; tous deux ont des attributions distinctes. Ce mécanisme est en partie emprunté de la MILICE ANGLAISE. — L'ADMINISTRATION militaire est détestable, si l'on en croit le *Spectateur militaire* (t. XI, p. 575) et M. le colonel Robert Wilson ; *les colonels sont*

les fermiers de l'armée. — Des reproches articulés d'une manière si tranchante, si générale, ont toujours quelque chose d'injuste. Sans doute bien des usages peuvent encourir le blâme ; mais quand en 1814 l'armée de Moldavie, campée sous les murs de PARIS, achevait d'y consommer, à ce qu'affirme M. CANCRIN, le BISCUIT venu de RUSSIE, à sa suite, et dont elle avait vécu en Bohême et à Troyes, c'était en ce genre le plus étonnant exemple que pût donner une armée de terre.—C'est surtout l'ADMINISTRATION intérieure des CORPS, suivant M. TANSKI, qui pèche par ses principes. Les COLONELS sont personnellement responsables de tout le MATÉRIEL du RÉGIMENT, ils peuvent être ruinés s'ils en négligent les détails ; il en résulte que, dans beaucoup de CORPS, les CHEVAUX et les EFFETS D'UNIFORME sont constamment en bon état. Le général JOMINI dit qu'au bivac le soldat russe pousse le soin jusqu'à cirer les harnais des chevaux du train, par un froid de quinze degrés ; mais aussi que d'embarras, que de difficultés, que de querelles, quand un COLONEL vient à mourir ou quitte son CORPS ! Si quelques parties défectueuses s'y laissent remarquer, il est rare qu'il n'en résulte pas un procès entre le chef qui arrive et celui qui part, ou les héritiers du défunt. La fortune des uns et des autres s'y trouve également compromise. En outre, et à part des écritures des bureaux du trésorier, il est établi, dans chaque CORPS, une CHANCELLERIE dirigée par un AUDITEUR ayant rang de CORNETTE ; il s'appelle *kasnatchei* ; il dirige les comptes sans dépendre de l'administration du CORPS ; il n'est pas comme l'auditeur ALLEMAND un jurisconsulte ; c'est un administrateur, un commissaire, un contrôleur. — La comptabilité, qu'on peut appeler manuelle, se règle encore au moyen de tailles en bois, comme cela se faisait au MOYEN AGE dans toute l'EUROPE, et pourtant la masse des ÉCRITURES, quoique tenues par un petit nombre de mains, n'en est pas moins volumineuse. — La méthode des allocations et l'esprit de précautions garantissent le trésor public contre les gestions infidèles, et les mesures prises à l'égard de la SOLDE sont à la fois un gage de RÉMUNÉRATION des bons services, une assurance contre le gaspillage des ressources, un moyen d'attacher à ses drapeaux le SOLDAT. — — La quantité de recrues qui périssent avant de rejoindre, ou peu à près, la mortalité qui afflige les grandes réunions d'hommes, les pertes qui résultent d'un état de guerre presque perpétuelle sur un point ou sur l'autre, les abus en administration, le dommage qu'un recrutement démesuré occasionne à la fortune des seigneurs et aux travaux agricoles, l'impôt qui oblige l'habitant à loger le soldat, sont autant de preuves que l'ARMÉE RUSSE doit coûter à l'Etat et à la société beaucoup plus cher qu'on ne le croit communément; mais la proportion n'en saurait être exprimée positivement. — Dans le dernier siècle, comme le témoigne SAINT-GERMAIN (1779, C), c'étaient les SOLDATS eux-mêmes qui, en campagne, moulaient leurs grains et cuisaient leur PAIN; ils faisaient grand usage de BISCUIT et de CHOUCROUTE; ce genre de comestible se nomme *tchi*. — La boisson des TROUPES, le *kouafs*, est le produit de farine légèrement fermentée. — Le PAIN est de pur SEIGLE et rarement bien cuit. — La dépense totale d'un SOLDAT de la GARDE, vivres y compris, n'est évaluée qu'à cent treize roubles par an; c'est un chef-d'œuvre d'économie; mais il est vrai qu'il y a telle partie de la RUSSIE où la nourriture d'un cheval de troupe ne revient pas par jour à plus de vingt et un centimes. — La fabrique d'armes est établie, depuis plus de deux siècles, à Toula ou Tula, ville éloignée de quarante-sept lieues de Moscou et de cent quatre-vingts de PÉTERSBOURG. Il y était employé, en 1820, jusqu'à sept mille ouvriers; il en était occupé moitié moins depuis la paix. — L'arsenal de Toula peut contenir l'armement de cent mille hommes. — Depuis un siècle le régime sanitaire a fait des progrès marqués. Au temps de Catherine deux, il périssait autant de soldats par le défaut d'HOPITAUX, qu'il en était moissonné par la guerre. — De nos jours, l'organisation des HOPITAUX de Moscou et de PÉTERSBOURG est régulière et satisfaisante. — A l'issue d'une guerre, il est d'usage qu'une princesse consacre ses impériales mains au soulagement de quelques blessures de SOLDATS; la pratique en a été singée en 1831, en Hollande, où elle convient mal à des mœurs un peu infiltrées de républicanisme. A PÉTERSBOURG, cette philanthropie de sœur grise s'exerce sur des malades d'élite dont les blessures ne blessent pas la modestie. C'est une parodie de la vie patriarcale dans laquelle le rôle de la ménagère est de contribuer manuellement à la conservation du bétail et des esclaves. — En 1832, on n'estimait pas à plus de quatre cents millions les tributs en numéraire que le gouvernement prélevait; il avait à acquitter l'intérêt d'une dette d'un milliard et demi. On voit quelle disproportion entre les ressources du trésor et le chiffre de l'armée!—Le *Spectateur militaire* (n. 16, p. 294) traite de l'administration russe.

MILICE SARDE (F). Sorte de MILICE que l'on confond avec la MILICE PIÉMONTAISE, mais que nous ne considérerons ici que comme la force armée habituellement tenue sur pied dans l'île de SARDAIGNE. — Elle se divise en TROUPES RÉGULIÈRES et en MILICES à pied et à cheval. — Les TROUPES RÉGULIÈRES forment trois mille à trois mille deux cents hommes; les MILICES, y compris les CHASSEURS à pied et à cheval qui sont de deux mille cent dix-neuf hommes, se montent en tout à seize mille quatre cents hommes au moins, et à deux mille trois cent soixante-trois au plus.

MILICE SAXONNE (F). Sorte de MILICE créée sur un pied permanent en 1681; elle a subi autant de variations que la constitution politique du pays; le sort de l'ARMÉE y a dépendu des alliances de la nation, de son érection en royaume, de son démembrement, de la réduction du territoire et du fardeau des dettes. Il n'y a pas d'ARMÉE qui, de lustre en lustre, se soit moins ressemblée à elle-même depuis quarante ans. — La partie de l'ALLEMAGNE où les lumières sont le plus répandues, est celle où la chose et la SCIENCE MILITAIRES jouissent de moins d'importance et de stabilité. — Les renseignements qui pourraient être donnés sur quelques points de ce sujet se trouvent dans DANZIGER; dans le *Journal militaire autrichien* (1819 et 1831, quatrième trimestre), dans le *Bulletin des Sciences militaires*, dans le *Journal des Sciences militaires* (1834, p. 152), dans le *Spectateur militaire* (t. XVIII, p. 86; t. XXV, p. 629; t. XXVI, p. 686), dans l'*Annuaire des Armées de terre* (1836, p. 290). — Partageons cet examen dans la forme suivante : COMPOSITION, FORCE, UNIFORME, INSTRUCTION. — N° 1. COMPOSITION. — L'électorat de SAXE tenait sur pied, en 1792, un RÉGIMENT DE GRENADIERS, douze de FUSILIERS et neuf de CAVALERIE; le chiffre de ces TROUPES répondait au soixante-sixième de la population. — L'ORGANISATION et la discipline étaient empruntées de la PRUSSE; c'était une trace de l'alliance forcée qui avait uni les deux pays dans la GUERRE DE SEPT ANS. — L'ARMÉE prit une nouvelle organisation en 1800, 1802, 1806, 1810. — A cette dernière époque, son INFANTERIE consistait en un RÉGIMENT DE GRENADIERS de la GARDE formé de deux BATAILLONS à quatre COMPAGNIES; en six RÉGIMENTS D'INFANTERIE de ligne formés de deux BATAILLONS à cinq COMPAGNIES; en deux RÉGIMENTS D'INFANTERIE légère formés de deux BATAILLONS à quatre COMPAGNIES; en un CORPS de CHASSEURS à pied. C'était un total de vingt-six BATAILLONS formés en cinq BRIGADES et en deux DIVISIONS de force à peu près égale.

— La cavalerie consistait en un régiment des gardes du corps, un de cuirassiers, quatre de chevau-légers, tous à quatre escadrons formant deux compagnies, et en un régiment de hussards à huit escadrons; c'était un total de trente-six escadrons. — L'artillerie était de dix-huit compagnies, dont deux à cheval. — Avec cette armée reconstituée sur le pied français, les Saxons prirent part, mais mollement et comme à contre-cœur, aux opérations des armées françaises, jusqu'à leur défection à Leipzig, en 1813 (18 octobre). — Dissoute à l'époque de la pacification de l'Europe, la milice de Saxe ne consista plus qu'en une landwehr de douze mille hommes. — Depuis l'affaiblissement de la Saxe, passée en partie sous le sceptre prussien, il a été créé quatre faibles régiments d'infanterie à deux bataillons, chacun de quatre compagnies; il y avait trois bataillons d'infanterie légère, trois régiments de cavalerie formés de quatre escadrons, chacun de deux compagnies, et un régiment d'artillerie de quatorze compagnies dont deux à cheval. — En 1824, nouvelle organisation en trois brigades, dont une de cavalerie. — L'état-major consistait dans un général d'armée, huit généraux lieutenants, huit généraux majors, soixante officiers supérieurs ou particuliers, douze officiers du génie, deux écoles, dont une de cadets nobles, l'autre nommée Académie. — L'armée consistait en deux compagnies de grenadiers gardes du corps, quatre régiments de ligne à trois bataillons, deux bataillons d'infanterie légère, un de carabiniers, un de chasseurs, tous à quatre compagnies; il n'en restait annuellement aux drapeaux que le tiers. — Toute l'ancienne cavalerie s'est fondue en quatre régiments de chevau-légers à quatre escadrons formés de deux compagnies, au complet de quatre cent soixante-sept hommes. — Cette arme l'emportait sur l'infanterie. — L'artillerie est d'un régiment en douze compagnies dont deux à cheval. — La conscription, admise en principe au temps où florissait la confédération du Rhin, est tombée en désuétude; un système de recrutement établi en 1817 a été abandonné; l'ancienne forme des levées, qui écrasent les campagnes et l'indigence et qui ménagent les villes, y a succédé et rappelle les anciens miliciens de France. — Le service est de six ans dans l'infanterie et de huit dans la cavalerie; peu de rengagements, quoique encouragés par des primes, sont contractés; le dégoût du service a gagné la nation, et celle qui devrait le mieux sentir le besoin de la solidité des institutions, a sans cesse remis en question l'organisation militaire. — En 1830, une commission militaire permanente a été créée comme jury d'examen des cadets ou des candidats aspirant à des places d'officiers. — L'annuaire de l'armée saxonne indique le chiffre des généraux et officiers de tout grade qui sont de naissance plébéienne, comparativement à ceux qui font preuves de noblesse. — Le 1er janvier 1832 on estimait la population du royaume à 1,435,676 âmes. — Une loi de 1834 (26 octobre) réglait le recrutement de l'armée, basé sur la conscription, l'enrôlement volontaire, le remplacement suivant les conditions, et une durée illimitée de service en temps de guerre, et limitée en temps de paix à raison de six ans dans l'armée et de trois ans dans la réserve. Les princes, comtes et seigneurs étaient dispensés de conscription. — En 1835, l'usage de la médecine homoeopathique était permis aux militaires malades aux hôpitaux. — N° 2. Force. — En 1792, l'infanterie de Saxe était de 20,760 hommes; sa cavalerie, de 6,650 hommes, son artillerie, mineurs et pontonniers y compris, de 1800 hommes. — En 1800, elle fut portée à 38,000 hommes, ou au cinquante-sixième de la population. — En 1802, elle fut réduite à 31,600 hommes, dont 22,000 d'infanterie et 6,700 de cavalerie. — En 1806, l'électorat étant érigé en royaume, sa milice fut portée à 36,000 hommes, ce qui répondait au soixante-troisième de la population. — En 1810, l'infanterie était de 21,706 hommes, la cavalerie de 9,569 chevaux; l'artillerie, tant à pied qu'à cheval, était de 2,090 hommes. — En 1812, la force de l'armée de Saxe était de 31,650 hommes et de 6,388 chevaux. — L'état militaire de Saxe, au lieu de s'être accru à l'envi des autres armées, ne dépassait pas l'effectif qu'il avait en 1793, et répondait, par son chiffre, au soixante-douzième de la population. — Après la réduction du territoire et le partage des âmes, décrété par le congrès de Vienne, l'armée de Saxe s'éleva à peine à 10,000 hommes, dont les deux tiers étaient en congé pendant dix mois. La Sainte-Alliance châtiait le roi de Saxe pour avoir suivi les drapeaux français, et oubliait que la nation les avait désertés. — En 1824, l'infanterie était de 9,984 hommes. — La cavalerie, de 1868 hommes. — L'artillerie de 1,000 à 1100 hommes, y compris les pontonniers. — 12,700 hommes de toutes armes étaient le reste d'une armée jadis si près de 40,000 hommes. — En 1828, le pied de paix était estimé à 13,000 hommes, le pied de guerre à 24,000. — La force au 1er janvier 1832 était de 13,308 hommes et de 1,708 chevaux. — Une seule place forte, Kœnigstein, restait debout, pour mettre au besoin à couvert le trésor et les archives.—N° 3. UNIFORME. — Le DRAPEAU est blanc et bleu, entrecoupé de bandes verticales. — La couleur de fond de toute l'ARMÉE est blanc; l'INFANTERIE a les revers et les collets verts, elle porte le SCHAKO; la buffleterie est blanche dans l'INFANTERIE de bataille, noire dans l'INFANTERIE légère. — Ces TROUPES ont plus de ressemblance avec celles d'AUTRICHE que de PRUSSE. — La CAVALERIE a le casque en cuir bouilli de forme antique, des épaulettes à écailles, des revers et collets bleu clair, et le pantalon gris. — En 1829, le système des armes BRONZÉES s'y établissait à l'instar des coutumes anglaises. En 1838, les FUSILS A PISTON et à CAPSULE FULMINANTE y étaient en usage. — N° 4. INSTRUCTION. — La SAXE est la principauté où il a été publié, s'il faut en croire DELIGNE (1781, I), le premier grand traité technique et original que les MILICES ALLEMANDES aient possédé, concernant la science des armes; on le devait à Flemming (1726, B). Cette assertion explique comment le PORT D'ARMES vertical est originaire de SAXE. — L'ÉCOLE des CADETS, l'académie militaire, l'ÉCOLE du GÉNIE sont habilement dirigées; elles ont eu, pour professeurs, des ÉCRIVAINS estimés, tels que MM. Horrer, Lecoq, etc. — Les CORPS ont des BIBLIOTHÈQUES. — Une partie des OFFICIERS saxons passés au service de PRUSSE, depuis la pacification de l'EUROPE et la décadence de la SAXE, ont joué un rôle distingué dans les ARMES SAVANTES. — L'ARMÉE SAXONNE a une gazette militaire universelle qui s'imprime à Leipzig. — Depuis 1816, elle s'est livrée à la fabrication et au TIR des FUSÉES DE GUERRE.— Depuis 1825, l'ESCRIME de la baïonnette y devient savante et y est étudiée avec fruit. — Depuis 1828, des PLATINES A PERCUSSION ont été attachées à des PIÈCES DE CAMPAGNE.

MILICE SICILIENNE. V. MILICE NAPOLITAINE. V. SICILIEN, adj.

MILICE SUÉDOISE (F). Sorte de MILICE considérée à part de la MILICE NORWÉGIENNE, quoique les deux nations reconnaissent un même souverain. — Des historiens ont nommé armée weymarienne les TROUPES SUÉDOISES de GUSTAVE-ADOLPHE, quand, après la mort du duc de Saxe-Weymar qui en avait pris le commandement, une partie de ces CORPS si valeureux et si disciplinés vint grossir l'ARMÉE FRANÇAISE, à l'issue de la GUERRE DE 1635. — On peut consulter, à l'égard de la Milice suédoise, M. CANCRIN, M. DAUMONT, M. le colonel CARRION (1824, A, t. II, p. 54), DELIGNE (1780, I), DESPAGNAC (1751, D, p. 316), FOLARD (1727, A), GUI-

BERT (1775, E), Hagelstam, Hessenstein (1786, G), M. DE RUMIGNY (*Mémoires sur les forces militaires de la Suède*), SCHILLER, SERVAN (1780, B), SINCLAIRE (1786, G), TROBPITZ, le *Journal des Sciences militaires* (1834, p. 167), le *Journal militaire autrichien* (1818), le *Bulletin des Sciences militaires* (1824, p. 246, 1830; août, p. 139; 1831, p. 59), *Bulletin de statistique universelle* (1851, mai, et 1835, t. VI, p. 209), le *Spectateur militaire* (t. XIV, p. 424, et t. XVI, p. 94; t. XVIII, p. 31; t. XXII, p. 456), le *Journal de la Société de statistique* (t. III, p. 159), le *Journal de l'Armée* (t. II, p. 264; t. IV, p. 380), l'*Annuaire des Armées de terre* (1836, p. 293), le journal l'*Armée* (p. 141, 148, 181), le *Journal d'art, science et histoire de la guerre de Berlin* (1834, 1835). —Le sujet va se développer dans les chapitres suivants: CRÉATION, COMPOSITION, FORCE, INSTRUCTION, TACTIQUE, UNIFORME, SERVICE, ADMINISTRATION.—N° 1. CRÉATION, COMPOSITION.— Depuis les fameuses et sanglantes irruptions des DANOIS, des NORMANDS, qui au commencement du MOYEN AGE inondaient la France et l'Angleterre, un pays dont les primitifs indigènes avaient travaillé si rudement l'Europe, un pays qui s'était longtemps laissé oublier, se révélait de nouveau comme formidable et militaire; ce pays, c'était la Suède; cet événement, c'était la guerre de 1618; l'ORGANISATION et l'administration qui ont élevé si haut les troupes suédoises, datent de là et du siècle suivant. — En 1522, après l'expulsion des DANOIS par Gustave Vasa, la SUÈDE n'avait pas d'ARMÉE RÉGULIÈRE; ce prince prit à sa SOLDE en 1543 dix-huit cents LANSQUENETS. — En 1577 un RÉGIMENT de CAVALERIE SUÉDOISE était encore armé d'ARCS. — Diverses guerres, une longue suite de combats, avaient ajouté au royaume la Finlande, l'Estonie, la Livonie, la Courlande, l'Ingrie, la Poméranie. La prépondérance de la SUÈDE, devenue éminemment et savamment guerrière, se maintenait depuis Gustave Vasa sous des souverains aussi remarquables, presque tous, comme militaires que comme hommes d'Etat. — GUSTAVE-ADOLPHE porta à la plus haute perfection connue la conduite d'une ARMÉE; Charles dix réunit à ses Etats la Scanie et le Jutland; Charles onze créa ce système qu'on a nommé l'ARMÉE indelta; CHARLES DOUZE, moins heureux, moins habile, ne fut pas moins extraordinaire comme homme de guerre; Gustave quatre engageait témérairement contre les RUSSES, en 1809, une admirable ARMÉE digne d'un meilleur sort, et qui s'éteignit dans les désastres de cette époque. La SUÈDE se vit dépouiller de

Stralsund, de Rugen, de Sweaborg, qui portaient ombrage à ses puissants voisins et que convoitaient la Russie et la Prusse. Elle obtint, en dédommagement de la Poméranie et de la Finlande, la Norwége. Telles avaient été les vicissitudes politiques qui avaient décidé du sort et de l'organisation des troupes, quand Bernadotte fut appelé au trône par le vœu de la nation. L'armée conserva une forme unique en Europe, offrit le phénomène d'une économie qui pouvait entretenir, avec vingt-deux millions par an, cent soixante-dix mille hommes, et resta divisée en indelta, ou à propriétés foncières; en vaerfvade, ou permanente active; en bevaering ou bevilring, ou landwehr. — Cette armée renouvela par les travaux qu'elle entreprit et qu'elle accomplit, s'il faut en croire M. Daumont, les merveilles romaines. Des améliorations marquées en firent, depuis Charles-Jean, la force militaire la plus distinguée des Etats du second ordre. Mais ce n'était qu'une force naissante, un personnel renouvelé; aussi, quand le souverain crut que sa patrie d'adoption lui ordonnait de tourner les armes contre sa patrie natale, eut-il la sagesse de n'engager que mollement, dans les opérations, son armée imberbe. — Examinons d'abord le système fondamental de la composition et les modes de recrutement; nous nous occuperons plus particulièrement ensuite de l'état-major, de la garde du souverain, de l'infanterie, de la cavalerie, de l'artillerie et du génie. En 1832, la population de la Suède était de 2,860,000 âmes, et celle de Norwége de 1,051,310 âmes. En 1838, elle s'était accrue d'un cinquième depuis le règne de Charles-Jean. — La Milice suédoise est presque toute nationale; elle se divise en troupes permanentes et en réserve éventuelle. — Les troupes permanentes sont en partie à la solde de l'Etat, en partie le résultat d'un service par tenure, qui a sa racine dans un système de colonisation et de fiefs. — Les troupes à la solde de l'Etat sont le produit, ou de la conscription, ou de l'enrolement libre stimulé par une prime; elles se nomment *vaerfvade* (service actif). — La conscription, *bevilring*, saisit tous les célibataires valides de vingt à vingt-cinq ans; ils ont le choix du service de terre ou de mer; ils sont divisés en cinq classes; une d'elles, en temps de paix, est exercée pendant une durée de temps déterminée; en temps de guerre, le souverain appelle dans l'armée de terre les classes qu'il juge nécessaires. — Les troupes conscrites, *vareat*, composent l'artillerie, le génie et la garde du souverain, sauf la troupe des gardes qui est seule recrutée par enrolement volontaire. — Le service par tenure est celui des feudataires, ou tenanciers de la couronne, nommés *rusthall*, ou *rothall*. Ces bénéficiers jouissent, à titre viager, d'un domaine, sous condition d'un service obligé et à vie. Montécuculi (1704, D) comparait aux timars des Turcs ce genre de troupes; on les appelle entretenues, colonisées, provinciales, nationales. Ces colonies (*indella*), ces fiefs (*bostallen*), ne sont pas sans analogie avec les colonisations d'Autriche et de Russie, et avec les camps de vétérans de Bonaparte; les terres en sont cultivées par les soldats, et les produits administrés par les officiers. — La réserve éventuelle comprend et une levée extraordinaire, *extra rothering*, sur les terres nobles et à ce titre exemptes de recrutement, et une levée nommée *landvœrn*; c'est une landwehr de vétérans qui, après leur libération du service actif comme conscrits, sont susceptibles encore, pendant trois ou cinq ans, d'être rappelés. — Le collége de la guerre est chargé de tout ce qui regarde le matériel et les approvisionnements de l'armée. — L'état-major se composait, de 1827 à 1829, de deux feld-maréchaux, cinq généraux en chef, onze généraux lieutenants, vingt-six généraux majors. — Le corps d'état-major se composait de trente adjudants généraux, quinze colonels, quatorze lieutenants-colonels, seize majors, quarante-deux capitaines; mais le chiffre de ce tableau n'est pas le même dans le *Bulletin de statistique universelle* (1851, p. 198). — Le total général de l'état-major était de cent soixante et un officiers. — Le ministère de la guerre se nommait collége; un président le dirigeait. — Une école militaire de cent trente cadets était établie à Carlberg, près Stockholm. — Les officiers invalides ont pour habitation le château d'Ulrichsdal; les simples invalides occupent un ancien couvent. — Rien en Suède ne rappelle la gendarmerie moderne des autres pays. — La garde du souverain, ou maison du roi, se compose de trois régiments d'infanterie, d'un bataillon de chasseurs à pied, de deux compagnies de trabans, d'un régiment de gardes à cheval, d'un régiment de hussards. — Un corps de volontaires norwégiens est attaché à cette garde. — Elle se divise en une brigade de cavalerie de mille hommes et en une brigade d'infanterie. — La force totale de la garde est de quatre mille neuf cents hommes. — Déjà en 1614 l'armée suédoise se partageait en régiments d'infanterie et de cavalerie. — Les régiments d'infanterie sont à deux bataillons en temps de paix, à trois bataillons en temps de guerre; les uns étaient en quatre, les autres en cinq COMPAGNIES; ils étaient tous, en 1832, de six COMPAGNIES chacune de cent hommes; ils se rassemblent en neuf BRIGADES. — L'infanterie de l'ARMÉE active soldée comprend deux RÉGIMENTS DES GARDES, le RÉGIMENT du roi et un BATAILLON de CHASSEURS. — L'INFANTERIE de ligne, ou des TROUPES colonisées, est de vingt-trois RÉGIMENTS. — La CAVALERIE de l'ARMÉE active soldée se compose des cinq escadrons des GARDES à cheval et des trois escadrons des HUSSARDS du prince. Le total de l'infanterie de ligne ne dépasse guère vingt-deux mille hommes. La CAVALERIE de ligne, ou des TROUPES colonisées, consistait en un RÉGIMENT de CARABINIERS, un de DRAGONS, trois RÉGIMENTS de HUSSARDS, un escadron de CHASSEURS; les DRAGONS sont devenus HUSSARDS. — Les sept RÉGIMENTS de CAVALERIE se divisaient en quarante-cinq ESCADRONS, et composaient sept mille hommes. — Le RÉGIMENT de CARABINIERS montait des CHEVAUX de taille, les autres CHEVAUX étaient de l'espèce de ceux des HUSSARDS; tous étaient armés, équipés, harnachés en CAVALERIE LÉGÈRE; ils portaient le SABRE COURBE et les PISTOLETS en ceinture. — Le principal OFFICIER de l'ARTILLERIE s'appelle GRAND MAITRE et chef; c'est le titre porté par le prince royal depuis 1824; il réorganisait l'ARTILLERIE en 1830. — L'ARTILLERIE comprenait trois RÉGIMENTS et une COMPAGNIE de RAQUETIERS; ce qui répond à trois mille hommes environ. — L'ARTILLERIE se divisait en ARTILLERIE à pied et en ARTILLERIE de campagne; elle formait trois RÉGIMENTS en deux BATAILLONS, chacun de six COMPAGNIES; l'un d'eux était ARTILLERIE de campagne; il avait, en 1828, deux BATTERIES à cheval, et les autres volantes, *fahrende*, c'est-à-dire montées sur des bancs qui garnissent les COFFRETS et affûts; il était attaché à cette ARTILLERIE des FUSÉES DE GUERRE depuis 1815; les CHEVAUX des BATTERIES étaient conduits par des CANONNIERS.—Suivant M. SICARD, cette *arme, très-négligée, laissait beaucoup à désirer.* — La SUÈDE ne comptant que quatre forteresses, le CORPS du GÉNIE n'était que de trois cent soixante et dix hommes; il était de plus du double en y comprenant les INGÉNIEURS TOPOGRAPHES et les hommes de troupe. — L'ORDRE DE L'ÉPÉE, ordre fort ancien et qui avait joui d'une haute estime dans le Nord, avait été aboli depuis la réformation, puis rétabli plus tard : l'arrêt du roi et du sénat de 1748 (23 février) déterminait le nombre des membres qui en pouvaient faire partie. — Une ordonnance de 1835 (24 juin) décidait que les officiers du moindre grade se nommeraient sous-lieute-

nants. — Nº 2. FORCE. — La poignée de LANSQUENETS achetée en 1543 par la SUÈDE, s'éleva progressivement à 6 et même à 8,000 hommes. — En 1611, GUSTAVE-ADOLPHE ne trouva sur pied que ce nombre de TROUPES; il parvint à créer une ARMÉE nationale et conduisit en ALLEMAGNE, en 1630, 14,000 Suédois. — La Milice prit un grand accroissement sous les règnes plus modernes. Charles onze pouvait disposer, en 1693, de 60,000 hommes. — CHARLES DOUZE en avait, à Pultava, 92,000. — De Frédéric-Adolphe à Charles quatorze, le pied ordinaire de l'ARMÉE fut de 40 à 50,000 hommes; c'était considérable par rapport à une population évaluée de nos jours à 2,860,000 habitants. — De 1827 à 1829 la GARDE du souverain est de 2,546 fantassins et de 1,140 CAVALIERS; c'est un total de 3,686 hommes environ. — En 1830, l'INFANTERIE de ligne est de 24,874 hommes. — La CAVALERIE de ligne est de 4,944 hommes. — L'ARTILLERIE est de 2,801 hommes, et ses BATTERIES contenaient surtout des PIÈCES DE SIX. Le GÉNIE était de 570 hommes. — L'ensemble des TROUPES colonisées est de 29,818 hommes. — Le total des TROUPES actives soldées est de 6,867 hommes. — Le total de l'ARMÉE permanente est de 36,846 hommes. — La CONSCRIPTION générale est de 95,518 individus; celle de l'île de Gothland, de 7,598; ainsi le total de l'ARMÉE de terre en temps de guerre pourrait être de 142,649 hommes; ou bien, suivant d'autres renseignements, elle ne s'élèverait qu'à 110,625 hommes, auxquels il faudrait ajouter le total de l'ARMÉE NORWÉGIENNE. — Des aperçus numériques qui ne sont pas entièrement d'accord entre eux, sont donnés dans le *Bulletin des Sciences militaires* (1831, p. 59). — Dans le siècle dernier, on estimait que les TROUPES volontaires soldées pouvaient s'élever à 6,400 hommes, dont 1,000 de CAVALERIE; les TROUPES entretenues, ou de tenanciers, à 26,800 hommes environ, dont 3,600 de CAVALERIE. — La RÉSERVE pouvait donner 80,000 hommes à l'ARMÉE de terre et 11,500 à l'ARMÉE de mer. — En 1824, l'INFANTERIE de SUÈDE est de 26,200 hommes, qui, avec celle de Norwége, composent 35,860 hommes. — La CAVALERIE est de 4,580 hommes qui, avec celle de NORWÉGE, se montent à 5,650 hommes. L'ARTILLERIE est de 2,400 hommes qui, avec celle de NORWÉGE, s'élèvent à 3,680 hommes. Ainsi, non compris l'ÉTAT-MAJOR et le landvoern, le total des deux ARMÉES est de 45,200 hommes. — Un tableau des FORCES EUROPÉENNES qu'on trouve dans le *Spectateur militaire* (juin 1827) porte l'effectif de cette Milice (NORWÉGE comprise) à 47,000 hommes en temps de paix ; le RE-CRUTEMENT s'élève à 138,000 hommes en temps de guerre. — Un relevé de la population militaire est donné, en 1829, dans le *Spectateur militaire* (8e vol., p. 99).—La CAVALERIE est de 5,640 hommes, OFFICIERS compris ; l'INFANTERIE, de 26,884. — Son total, TROUPES de marine y comprises, est de 42,341. — La RÉSERVE de VÉTÉRANS ou land-voern constitue une force de 10,000 hommes. — La LEVÉE extraordinaire, *extra ro-thering*, donnerait 3,547 hommes. — Lés forteresses, en général négligées, si l'on en croit M. SICARD, sont au nombre de douze, dont trois sont sans objet depuis la réunion de la NORWÉGE. — En 1836, la surface de la Suéde et de la Norwége était de 223,000 milles, la population de 3,866,000 âmes, le revenu de 52 millions. — N° 3. UNI-FORME. — L'armée de GUSTAVE-ADOLPHE est la première où les régles de l'UNIFORME aient été admises, ou du moins c'est l'AR-MÉE où l'uniformité des couleurs des JUSTE-AU-CORPS et l'égalité des formes des EFFETS de tout genre aient eu pour but la simpli-cité, l'ordre et la TACTIQUE. Ainsi furent ca-ractérisés les divers genres de TROUPES dans les BRIGADES, la fameuse BRIGADE jaune et bleue, l'ESCADRON à chevaux noirs de la GARDE de GUSTAVE, etc. — CHARLES DOUZE fit doubler de peaux de mouton les HABITS de ses SOLDATS, comme l'étaient les JUSTE-AU-CORPS de l'ARMÉE de GUSTAVE. — Le DRAPEAU est bleu, orné d'une croix jaune. — L'IN-FANTERIE SUÉDOISE est une de celles qui ait conservé des derniéres la PIQUE ; elle n'adop-tait le FUSIL, à ce que dit M. MEYER (Mo-ritz), qu'en 1721 ; elle est une des pre-miéres qui ait adopté les FUSÉES DE GUERRE, elle commençait à s'en servir en 1813. — Elle fait usage de CANONS-OBUSIERS DE DOUZE et de VINGT-QUATRE, et a renouvelé, en 1834, le système de ses AFFUTS DE CAMPA-GNE, comme le témoigne le *Journal des Sciences militaires* (1835, avril, p. 343), qui s'étend sur les détails de son ARTILLERIE (p. 328). — N° 4. INSTRUCTION. — L'habileté et la DISCIPLINE que les troupes de GUSTAVE-ADOLPHE avaient acquises étaient sans exem-ple depuis les ARMÉES CONSULAIRES. — On vit ensuite l'INFANTERIE de CHARLES DOUZE accomplir des miracles ; mais des désastres furent le fruit de l'extravagante valeur de ce monarque. Il pouvait être, en 1707, l'ar-bitre de l'EUROPE ; mais sa chute comprima l'essor que les SUÉDOIS prenaient, et la PRUSSE, qui leur a emprunté beaucoup, hé-rita de leur supériorité militaire. — Long-temps rivale de la RUSSIE, la SUÈDE a donné à la MILICE RUSSE les premières leçons de

l'ART DE LA GUERRE. — GUIBERT (1803, D) prétend que les PRUSSIENS regardaient l'AR-MÉE suédoise comme déchue depuis cette époque et dépourvue de GÉNÉRAUX. — Plu-sieurs ÉCRIVAINS militaires que la SUÈDE a pro-duits ont approfondi surtout l'art DES MINES et l'ARTILLERIE. L'OUVRAGE intitulé *Kriegs-Biblioteck* contient la plupart de leurs traités. — *Le Bulletin des Sciences mili-taires* (1827, p. 274) attribue à l'ancien GRAND MAITRE de l'ARTILLERIE, le lieutenant général Helwig, une partie des progrés que l'ARTILLERIE a faits ; la série des expériences auxquelles elle s'est livrée sont résumés dans les annales de Gilbert. — En 1825, elle s'occupait du perfectionnement des FU-SÉES DE GUERRE ; cette partie était confiée au colonel Schroderstierna. — La SUÈDE est le royaume qui, le premier, ait eu une uni-versité ou ACADÉMIE MILITAIRE. Ailleurs, il n'existait encore, en 1831, aucune institu-tion pareille. — Cette société s'occupe de l'amélioration de toutes les branches et de toutes les méthodes militaires. Les membres en sont choisis avec autant de soin que dans les corporations savantes le mieux consti-tuées. Les preuves en sont fournies dans le *Spectateur militaire* (1827, août). — En 1828 (juin), le roi assiste aux manœuvres du CAMP de Schonen, où sont réunis douze bataillons d'INFANTERIE, huit d'ARTILLERIE et vingt-six ESCADRONS. — La SUÈDE possède deux journaux militaires ; l'un renferme des mémoires estimés que l'ACADÉMIE MILITAIRE publie, l'autre est rédigé par d'habiles OFFI-CIERS d'ARTILLERIE et du GÉNIE. — Des dé-tails touchant l'instruction et les écoles de l'armée suédoise étaient mis au jour dans le *Journal des Sciences militaires* (1835, avril, p. 330). — N° 5. TACTIQUE. — Les Finlandais, qui pendant longtemps ont fait partie de la SUÈDE, connaissaient encore, dans le cours du seizième siècle, l'usage des CHIENS DE GUERRE. — Un système nou-veau de CONSCRIPTION avait fourni à GUSTAVE-ADOLPHE cette ARMÉE qui avait donné à l'EU-ROPE de si grandes leçons en fait d'art de la GUERRE ; trente mille Suédois devinrent les arbitres de l'ALLEMAGNE. — On a trop peu cité une admirable preuve de la DISCIPLINE suédoise. Le jour où l'ARMÉE triomphait à Gadelsbuch, elle se trouve subitement ali-gnée et formée après avoir accompli une charge impétueuse. Les SOLDATS ne se bais-sent pour dépouiller les morts que quand le général Steimboch leur en donne l'ordre. — Dès le commencement du dix-septième siècle, l'ordre tactique suédois devenait, comme le témoigne TROUPITZ, l'objet de l'é-mulation de toutes les ARMÉES. — Les OFFI-

GIERS secondaires et les SOUS-OFFICIERS de l'IN-FANTERIE suédoise se tenaient en SERRE-FILES. Cette coutume est devenue une règle de toutes les armées. — La CAVALERIE de Suède est une des premières qui se soit rangée par petits ESCADRONS amincis, qui ait manœuvré sur trois RANGS et même sur deux quand le petit nombre de ses CHEVAUX l'y obligeait; elle ne faisait jamais feu dans une affaire, ne chargeait qu'en pointant la main en tierce, visait à la tête. En ORDRE DE BATAILLE, elle occupait principalement les AILES: le reste entrecoupait par petites fractions les MOUSQUETAIRES A PIED. — L'ordre en ÉCHIQUIER, la formation en BRIGADES, l'emploi des CANONS à la suédoise, le système des INTERVALLES D'INFANTERIE, ont été empruntés aux Suédois par l'ARMÉE FRANÇAISE. — Cette Milice est une de celles qui, la première, ait fait l'essai des FUSÉES DE TIRAILLEURS. — En 1824, elle a substitué au règlement de tactique d'INFANTERIE de 1815, un règlement en grande partie calqué sur celui de FRANCE de 1791; mais ses rédacteurs l'ont rendu supérieur à son modèle en y ajoutant deux chapitres intitulés : ÉCOLE DE BRIGADE, ÉCOLE DE DIVISION. — Si l'on s'en rapporte à M. SICARD (*Bulletin de statistique universelle,* 1851, p. 197), *l'armée est peu ou mal exercée.* — La durée du SERVICE qui résulte de l'ENROLEMENT volontaire est de six ans. — Les RÉSERVES sont inspectées chaque dimanche par petits détachements, et sont passées en revue annuellement par les CAPITAINES. — Le roi ne peut réunir aux CAMPS DE MANŒUVRES que pendant six semaines au plus, soit en SUÈDE, soit en NORWÉGE, les ARMÉES de ses deux royaumes. — Un règlement de 1825 prescrit les formes à suivre dans le commandement de l'armée. — Une loi fondamentale, une espèce de contrat détermine les moyens de la LEVÉE et de l'entretien des TROUPES, et fixe la répartition, la quotité, l'emploi des contributions qui doivent y pourvoir. — Chaque *ruthlare* ou propriétaire rural est tenu d'équiper et d'entretenir un militaire. — Les tenanciers, les possesseurs de BORSTELLES n'ont pas de SOLDE en temps de paix; ils en touchent une en temps de guerre, sans préjudice au produit des terres qui leur sont concédées. — Mais sous le rapport financier, rien n'étant déterminé à l'égard des rassemblements de TROUPES en temps de paix, les CAMPS d'instruction de l'ARMÉE de SUÈDE sont l'objet de difficultés administratives; le trésor du prince et celui du gouvernement ne sont pas toujours en état de subvenir à cette dépense; le ministère n'y peut faire face qu'à l'aide de mesures spéciales presque extra-légales;

elles engendrent ordinairement des débats nuisibles à l'instruction et à la DISCIPLINE. — Le BUDGET de la guerre est de 3,380,000 écus de banque (7,000,000 de francs environ). — Le BUDGET des dépenses que les provinces supportent pour les TROUPES colonisées est de 2,680,000 écus (6,000,000 de francs environ). — Les revenus des domaines occupés par des OFFICIERS sont évalués à 335,000 écus (700,000 francs environ). — Depuis le milieu du dix-huitième siècle, des HOPITAUX MILITAIRES ont été fondés. — Depuis 1824, l'établissement des CUISINES dans les CASERNES a été une amélioration administrative; une retenue sur la SOLDE subvient à l'entretien d'une cuisine commune par régiment.—Un aperçu de l'histoire de la législation militaire de la SUÈDE et des institutions de son ARMÉE se trouve dans le *Bulletin des Sciences militaires* (1830, p 159), dans le traité de M. CANCRIN, dans le *Journal des Sciences militaires* (1833, 9e année, p. 218), dans le *Spectateur militaire* (t. XVII, p. 487; t. XVIII, p. 89).

MILICE SUISSE (F). Sorte de MILICE considérée comme la force ARMÉE, soit permanente, soit en réserve, que les CANTONS helvétiques ont tenue sur pied ou pouvaient lever. Chronologiquement, la Milice de Suisse est la seconde depuis le MOYEN AGE; avant elle, sont celles de VENISE et de l'ITALIE. Après elle, vient la Milice d'ESPAGNE.—Depuis le règne de Marie SFORZE, duc de MILAN, la SUISSE a fourni, en vertu de contrats politiques, des SOLDATS mercenaires ou des ARMÉES AUXILIAIRES aux milices ANGLAISE, ESPAGNOLE, FRANÇAISE, NAPOLITAINE, NÉERLANDAISE, PAPALE. Au milieu du siècle dernier quarante mille Helvétiens étaient au service de diverses puissances. — Cette disposition à guerroyer loin de la patrie existait déjà chez leurs ancêtres, les GÉSATES. — Ce que nous avons dit de l'INFANTERIE FRANCO-SUISSE témoigne combien étaient imparfaites, dans les derniers siècles, les règles relatives aux SUISSES capitulés ou appelés à un service étranger; des principes plus sages se sont fondés, et ceux qui servent hors frontières, en vertu des CAPITULATIONS, ne peuvent se battre ni contre leur pays, ni contre les ARMÉES dans lesquelles il se trouverait des CORPS suisses. — Les AUTEURS qu'on peut consulter sur l'histoire militaire de la SUISSE, sur les détails qui s'y rapportent et sur l'importance européenne de la nation, sont : BONAPARTE (Napoléon-Louis), M. le colonel CARRION (1824, A), M. CIRIACY (1830), DANIEL (1721, A), DARU (1824), M. DUFOUR, DUBELLAY (1525, A), M. le colonel GUSTAWSON, LACHESNAIS

(1758, 1), Louis onze (1616, B), Machiavel (1546, B), May de Romaine-Motiers, Tavell, Thellung, Wieland, Zurlauben (1760, G), le *Bulletin des Sciences militaires* (1825, p. 275; 1831, p. 105), le *Dictionnaire de la Conversation* (au mot *Suisse*), la *Gazette militaire de Darmstadt* (26 janvier 1833), le *Journal des Sciences militaires* (1834, p. 155), le *Spectateur militaire* (t. xvii, p. 489; t. xviii, p. 101; t. xxii, p. 109, 111, 457, le *Journal de l'Armée* (t. iii, p. 55), l'*Annuaire des armées de terre* (1856, p. 391), le *Journal de la Statistique universelle* (t. vii, p. 191). — Le sujet va être examiné par rapport à la création, composition, force, uniforme, instruction, tactique, punitions, peines, service, administration. —Nᵒ 1. Création. — Depuis que Guillaume Tell, en 1307, arracha à la maison d'Autriche la domination de la Suisse, une infanterie vigoureuse fut sur pied; la prépondérance qu'elle acquit força, en 1500, Maximilien à reconnaître l'indépendance du pays; mais l'organisation d'une Milice vraiment nationale ne saurait remonter au delà de l'année 1668, ni avant la convention de Sempach. Jusque-là, chacun des Etats de cette confédération nommée *staatenbund,* appelait et soldait, suivant des modes différents, les troupes qu'il jugeait utiles à sa sûreté. — La convention de Sempach institua sur papier une armée fédérale, en conformité d'un plan concerté de défense commune. — La tranquillité dont la Suisse a joui depuis la guerre de trente ans, fermait toute carrière à un peuple naturellement belliqueux; il fallait un écoulement à l'exubérance de sa population; le pays devint donc, plus qu'il ne l'avait été encore, la pépinière des mercenaires d'une partie de l'Europe. — Nᵒ 2. Composition. — Les Suisses sont le premier peuple moderne qui ait formé de gens de pied une armée nationale; tandis que dans le reste de l'Europe, l'orgueil d'une chevalerie puissante et indisciplinée s'opposait à toute organisation de ce genre; mais les Suisses, comme le dit Voltaire, semblaient n'avoir conquis leur liberté que pour la vendre ainsi que leurs vies; ils vendaient même, dit le même écrivain, leur bonne foi à Louis douze en lui livrant Louis le Maure. — Des enfants de la Suisse, oubliant la patrie pour de l'or, figurèrent, dès le quatrième siècle, dans les guerres de la Lombardie. — Des corps suisses entrèrent à la solde du duc de Milan; l'exemple de Sforze fut imité par d'autres souverains; l'exemple des Suisses le fut par les Albanais, les lansquenets, les reitres. — Le renom que les troupes suisses s'étaient acquis contribua à les faire rechercher comme d'utiles auxiliaires; l'empressement des puissances à se les attacher, entretint chez les Helvétiens le goût des armes; telle est la double cause de la réputation méritée qu'ils se sont faite. — Cependant l'espèce des soldats y était médiocre; Machiavel les dépeint comme bien moins grands, bien moins beaux que ceux d'Allemagne. — Le titre de colonel était en usage en Suisse avant d'être admis en France. — En Suisse, il n'existait pas une armée permanente et soldée; mais tout garçon y était, au besoin, soldat dès l'âge de seize ans, enrôlé alors, exercé ensuite, et toujours prêt à prendre les armes; il devait en tout temps être pourvu d'un fusil, de quatre livres de plomb, de quatre livres de poudre, et, au premier signal, se munir de vivres pour huit jours. Quarante mille hommes choisis pouvaient à tout instant être levés. — Quand la république helvétique fut créée en 1798, l'armée fut constituée sur le pied de soixante-quatre bataillons de mille soixante-quatre hommes chacun; vingt-cinq de ces bataillons étaient à la disposition de la France. — Un nouveau système sortit du pacte de 1815; l'antique usage fut confirmé dans la loi génevoise (art. 1ᵉʳ): *Tout homme est soldat, et se doit au service de la patrie.* — Mais chacun des vingt-deux cantons restait encore le maître de régler lui-même ses propres moyens de défense, ce qui privait d'ensemble l'armée fédérale. — Les soldats, autrefois rassemblés, armés, habillés suivant des usages disparates, commencèrent cependant à l'être conformément à des principes concertés; une commission centrale de la confédération y donna ses soins, et promulgua des règlements militaires généraux. — Celui qui fut publié en 1817 partagea la Milice suisse, ou wehrstand, en deux bans appuyés, au besoin, d'une levée en masse. Chaque Etat de la confédération devait un contingent proportionné. — Une résolution de la diète fédérale, en 1818, assujettit au service tout Suisse de dix-huit à quarante-cinq ans, et détermine la levée et l'organisation des Milices cantonnales. — La population de la confédération se montait, en 1833, à 2,081,159 âmes. — Le premier ban, ou landwehr, était le noyau de l'armée fédérale, et répondait à ce qu'on appelle en d'autres pays garde nationale ou milices provinciales; il était formé des indigènes les plus jeunes, les plus propres au service; il pourvoyait à l'organisation de deux cent dix-sept compagnies d'infanterie, vingt compagnies de carabiniers, vingt-cinq compagnies d'artillerie, deux de sapeurs, une de pon-

TONNIERS, un corps du train, un corps de CAVALERIE. — Le SECOND BAN, ou *bundes-cheer*, était l'ARMÉE sédentaire ou la première RÉSERVE; on le nommait aussi second contingent; il se composait de MILITAIRES qui avaient satisfait aux obligations du PREMIER BAN; il donnait deux cent dix-huit COMPAGNIES d'INFANTERIE et seize COMPAGNIES de CARABINIERS. — Le LANDSTURM, ou seconde RÉSERVE, ou LEVÉE EN MASSE des grandes crises, comprendrait, sans exception, tous les Helvétiens n'appartenant pas aux deux BANS et tous les hommes valides de quarante-cinq à soixante ans. — SIX COMPAGNIES d'INFANTERIE de cent vingt à cent trente-cinq hommes formaient un BATAILLON. — Sous le nom de CONSEIL de guerre, une commission annuelle exerçait une sorte d'administration de la guerre sous les ordres de la diète. — Un GÉNÉRAL en chef commandait temporairement; un chef d'ÉTAT-MAJOR s'acquittait au contraire de fonctions permanentes. — Le CORPS de l'ÉTAT-MAJOR se partageait en sections qui embrassaient l'ARTILLERIE, la TOPOGRAPHIE, la direction des MOUVEMENTS, le SERVICE. — Un AUDITEUR du rang de LIEUTENANT-COLONEL remplissait des fonctions de GRAND JUGE militaire. — Un COMMISSAIRE des guerres en chef avait le maniement actif de l'ADMINISTRATION. — Il était accordé à certains SOLDATS des MÉDAILLÉS d'honneur, soit comme RÉCOMPENSES, soit comme témoignages d'une durée de service déterminé. — N°. 3. FORCE. — Autrefois la SUISSE était regardée comme renfermant au besoin quarante mille défenseurs. — En 1668, le total du contingent habituel des CANTONS devait être de treize mille quatre cents hommes. — Ce total fut ensuite doublé. — En 1712, quatre-vingt mille SUISSES étaient enrégimentés. — Jusqu'en 1797, la proportion de l'ARMÉE répondait au soixante-septième de la population; la force de l'INFANTERIE était, en 1798, de soixante-sept mille hommes dont vingt-cinq mille à la disposition de la France. — BONAPARTE, par l'acte de médiation de 1803, fixa à quinze mille deux cent trois hommes le total de l'ARMÉE FÉDÉRALE qui devait être tenue sur pied par dix-neuf CANTONS reconnus. — Passons à l'examen des choses plus modernes. — En 1817, le produit du PREMIER BAN était évalué à trente-trois mille sept cent cinquante-huit hommes. — Le *Journal des Sciences militaires* (1826, 14° livraison) suppose l'ARMÉE FÉDÉRALE forte de deux cent mille hommes, si elle se levait en totalité. — Un tableau général des forces militaires de l'EUROPE, qu'on trouve dans le *Spectateur militaire* (juin 1827), porte l'effectif

suisse, en temps ordinaire, à trente-huit mille hommes. — En 1850, les CONTINGENTS fédéraux s'élevaient à soixante-six mille trois cent trente-deux hommes, et les TROUPES capitulées qui devaient, dans le cas où la patrie serait attaquée, y rentrer, étaient au nombre de 18,000 hommes. — Les RÉSERVES nationales, évaluées à six pour cent de la population mâle valide, devaient donner cent vingt mille SOLDATS âgés de moins de quarante-cinq ans, ayant servi tous dans les CONTINGENTS et pourvus à l'avance de l'ARMEMENT et de l'ÉQUIPEMENT; tel était l'élément d'une ARMÉE vigoureuse de plus de deux cent mille HOMMES DE PIED, pourvus d'ARTILLERIE légère et de TIRAILLEURS adroits. — Une seconde RÉSERVE ou LANDSTURM se composerait des hommes valides de quarante-cinq à soixante ans. — Suivant d'autres calculs, le total des FORCES serait de soixante-dix mille hommes, toujours prêts à entrer en campagne, et appuyés au besoin de cent mille bons tireurs. — La SUISSE n'a jamais appuyé sa défense sur des FORTERESSES; mais Genève est devenue la place d'armes du pays et le boulevard du Rhône. — En 1836, le territoire suisse était évalué à 11,200 milles carrés; la population se montait à 1,980,000 âmes; le revenu était de dix millions. — Suivant le *Journal de Statistique universelle* (t. VIII, p. 595), la Suisse pouvait, en 1838, mettre sur pied :

En contingents fédéraux	72,000
En troupes capitulées	10,000
En réserves cantonales organisées fédéralement	120,000
	202,000

— Le *Spectateur militaire* (t. XXVII, p. 95) évaluait, en 1838, la population à 2,133,914 individus, et la force de l'armée fédérale à 64,017 hommes. — N° 4. UNIFORME. — L'INFANTERIE suisse a porté la première et abandonné la dernière le HAUT-DE-CHAUSSES d'uniforme; les CENT-SUISSES et les TRABANS de ROME l'avaient encore de nos jours. — L'INFANTERIE suisse avait quitté, vers le treizième siècle, l'ARC pour des PIQUES de dix-huit pieds; les rangs de PIQUIERS étaient entremêlés d'ESPADONS ou de HALLEBARDES à DAGUES et à HACHE; des ESCOPÉTIERS, dans la proportion d'un dixième, étaient porteurs d'ARMES A FEU. — FROISSARD prétend qu'à MORAT, en 1476, il se voyait dans la MILICE SUISSE dix mille COULEVRINES A MAIN; mais c'est probablement une exagération, puisque les historiens s'accordent à reconnaître qu'au commencement du dix-septième siècle, l'INFANTERIE suisse se servait presque exclusivement encore de ses longues piques, quand, depuis longtemps, l'INFANTERIE FRANÇAISE avait les deux tiers de ses SOLDATS armés d'arquebuses. — Les couleurs de Suisse étaient le rouge et le jaune. — N° 5. — INSTRUCTION. — Une société sous forme d'ACADÉMIE MILITAIRE se réunit chaque année à Yverdun. — Une partie de l'ARMÉE suisse se rassemble annuellement dans des CAMPS D'INSTRUCTION pour y exécuter de grandes manœuvres; elles ont lieu vers le mois d'août dans les plaines de Thun et dans le camp fédéral de Schwarzenbach; le GÉNIE, l'ARTILLERIE et l'élite de l'armée s'y rassemblent. Des détails intéressants sont donnés à cet égard dans le *Bulletin des Sciences militaires* (1831, p. 249). — L'ARTILLERIE était sur un pied respectable; ses OFFICIERS et SOUS-OFFICIERS s'exerçaient à une ÉCOLE ouverte deux mois par an à Thun; le tir des BALLES INCENDIAIRES y était étudié; ses équipages se perfectionnaient sur le modèle de ceux des ANGLAIS, et différaient en plusieurs points de ceux de FRANCE. Ces différences dignes d'être étudiées sont indiquées dans le *Spectateur militaire* (t. xx, p. 665). — Le tir fédéral, qui avait lieu tous les deux ans le premier juillet à Saint-Gall, durait huit jours. — Les MANŒUVRES exécutées par les deux RANS, en 1822, au camp de Bière, ont prouvé que les TROUPES de la confédération n'avaient pas encore atteint le degré d'instruction où elles peuvent parvenir. — En 1826, la GYMNASTIQUE était profitablement cultivée; les CARABINIERS et TIRAILLEURS étaient dressés habilement. — Un journal militaire publié depuis 1833 (décembre) est intitulé *Helvetische-militair Zeitung*. — Le *Spectateur militaire* (t. xxvii, p. 94,) affirmait qu'en 1838 il y avait en Suisse vingt à trente mille tireurs de carabine, qui étaient en état de percer à cent pas de distance une assiette d'étain. — N° 6. TACTIQUE. — Dépourvus de CAVALERIE, agiles comme le sont des montagnards, opiniâtres comme tous les peuples qui ont peu de besoins, les Suisses ne pouvaient vivre en corps de peuple qu'à l'aide d'une INFANTERIE solide; ils disciplinèrent la leur; elle se rassemblait au son des CORS ou CORNETS à bouquins, avant de connaître les TAMBOURS et les FIFRES. — Après s'être servie de la lourde MASSE D'ARMES, nommée morgenstern, *étoile du matin*, l'INFANTERIE SUISSE adopta, au commencement du quatorzième siècle, des formes qui rappelaient la PHALANGE de la MILICE GRECQUE, ses principales ÉVOLUTIONS et le jeu de ses FILES; elle en pratiquait les DÉDOUBLEMENTS, le HÉRISSON, le LIMAÇON, les CONTRE-MARCHES; elle connaissait l'ORDRE EN ÉCHELONS, les BATAILLONS GÉOMÉTRIQUES CARRÉS, EN CROIX; ces derniers étaient garnis d'ESCOPETIERS (mousquetaires) dans l'entre-deux de leurs branches, si besoin était; une PIQUE, pour offrir plus de résistance, était tenue immobile par plusieurs PIQUIERS, tandis que d'autres soldats faisaient jouer d'énormes ESPADONS. — On comptait à la fin du quinzième siècle une hallebarde par trois piques. Ainsi, derrière trois rangs de PIQUIERS en bataille, était un rang de HALLEBARDIERS, plus tard nommés TRABANS. — La hauteur totale des rangs, d'abord portée jusqu'à VINGT, s'était raccourcie jusqu'à DOUZE. — La Milice suisse était manœuvrière; elle bravait les CHARGÉS DE CAVALERIE quand les HOMMES DE PIED des autres nations n'avaient encore ni tactique ni solidité; elle triompha, pour son coup d'essai, des ducs d'Autriche; elle extermina en 1375 une bande d'AVENTURIERS, quand l'EUROPE n'opposait aucune résistance à ces brigands. — En 1444, elle repoussait LOUIS ONZE, alors dauphin, qui combattait à la tête d'une compagnie d'ARMAGNACS. — En 1465, à MONTLHÉRY, la vaillante conduite de quelques centaines de SUISSES, qui avaient grossi le parti des princes, inspira au roi de FRANCE le désir d'en prendre à son service. — La Milice suisse écrasa le duc de Bourgogne à Granson et à MORAT en 1476; elle n'opposa pas moins de résistance à l'affaire de NANCY, en 1477. — Elle soutint sa réputation pendant le siècle suivant. — La bataille de MARIGNAN, la dernière où elle ait combattu comme nation, effleure sa réputation. Voulant surprendre FRANÇOIS PREMIER, les SUISSES étaient arrivés sur le terrain sans bruit de CAISSE ni de FIFRES, mais ils portaient avec eux les fameuses TROMPES d'Uri et d'Unterwald dont le son s'entendait à une distance prodigieuse. Ces INSTRUMENTS ne leur furent pas inutiles pour rallier les fuyards. — La célébrité dont ils ont joui jusqu'à cette époque, a fait considérer les Suisses comme les régénérateurs de l'ART MILITAIRE DE TERRE et les restaurateurs de la TACTIQUE de l'antiquité; peut-être cependant se modelèrent-ils sur les troupes commandées en ITALIE par d'habiles CONDOTTIERI. Les milices ESPAGNOLE et SUÉDOISE marchèrent des premières sur les traces des SUISSES; les milices HOLLANDAISE et FRANÇAISE se dressèrent ensuite à leur instar; mais voici les nuances qui ont caractérisé ces peuples, successivement imitateurs et modèles. Les SUISSES, ainsi que les ESPAGNOLS qui les imitaient, soutenaient un choc avec opiniâtreté, et conduisaient avec persévérance et habileté le combat; mais l'ARMÉE suisse était peu propre, dit M. CARRION

(1824, A), *aux siéges, aux assauts, aux affaires de poste.* Les Suédois poussèrent bien plus loin l'organisation de l'INFANTERIE et la rendirent plus mobile ; les Espagnols brillèrent dans l'art des siéges, et les Français avaient le plus de fougue dans l'attaque et les charges. — De nos jours l'exercice de l'infanterie suisse est français, si ce n'est qu'elle ne manœuvre que sur deux rangs, à l'instar des Anglais, et qu'elle cultive, à l'instar des Prussiens, ou même antérieurement à eux, le tir de la carabine dont l'armée française ne s'occupe pas. — N° 7. Punitions, peines, service. — La bastonnade était restée en usage dans les régiments suisses capitulés, mais leur discipline tendait à s'adoucir dans l'armée française. Peu avant le licenciement de l'infanterie franco-suisse, la *Gazette de Zurich* annonçait que le canton de Fribourg avait adressé au grand conseil une proposition tendante à l'abolition de la fustigation. — Ce que nous avons dit des peines pratiquées dans l'infanterie franco-suisse et du code pénal suisse éclaire le sujet. — En 1831, l'assemblée constituante de Berne décrète que tout citoyen établi en Suisse est obligé au service militaire, et qu'à l'avenir il ne sera plus conclu de capitulations avec les puissances étrangères. — N° 8. Administration. — L'administration suisse présente peu d'unité, parce que chaque canton pourvoit à la solde plus ou moins largement, selon son degré d'opulence ; mais les effets d'uniforme diffèrent peu. — Les deux bans sont, en temps de paix, soldés par les cantons ; ils le seraient, en temps de guerre, par la caisse fédérale.

MILICE syke (F). Sorte de milice qui est la plus jeune de celles dont la création, ou du moins l'organisation, a été le résultat inattendu et surprenant de la révolution française. Il y a peu de différence d'âge entre elle et les Milices de toutes couleurs organisées en Haïti et dans l'Amérique méridionale ; mais la plupart de celles-ci ne se sont que faiblement dégrossies, tandis que l'armée dont nous allons nous occuper l'emporte même sur celles des Egyptiens et des Turcs, parce qu'il est plus aisé de créer de jetun système nouveau, en un pays nouveau, que de modifier et d'amender de vieux usages. — Ce qui va en être dit a été effleuré dans les lettres plus spirituelles qu'instructives de Victor Jacquemont ; il s'est montré conteur agréable plus qu'observateur attentif. On peut consulter sur le même sujet l'intéressant voyage du lieutenant Burns, les renseignements qu'on doit à M. Mill, les récits du voyageur anglais Forster ; ce der-

nier a judicieusement prédit les destinées qui paraissent réservées aux Sykes, ou Sikhs, ou Sikhs, ou Scykes ou Sciks suivant le *Dictionnaire de la Conversation.* Leur histoire a été tracée aussi, mais avec partialité, par Prinsep, et quelques détails sur le même sujet se trouvent dans le *Journal des Travaux de l'académie de l'industrie* (t. iv, p. 25), et dans le *Journal de l'Armée* (n° XXXVII, p. 295), la *Sentinelle de l'Armée* (t. v, p. 6). — Esquissons ce qui intéresse cette armée naissante, en l'observant sous les points de vue que voici : création, composition, force, uniforme, localisation, allocations, instruction, tactique, subordination, punitions, service, administration. — N° 1. Création. — Entre l'Hindoustan et le royaume de Caboul, sur des cours d'eau qui sont parallèles à la frontière, Lahore est situé par le soixante et onzième et soixante et douzième degré de longitude, et par les trente et unième et trente-deuxième de latitude ; c'est la principale ville du Pendjab (mot français) ou Punjaab, Punjab (mots anglais), ou royaume des Cinq-Rivières. Ce pays n'est soumis à un même trône que depuis les premières années du siècle. — Rendjit Sing Bahador (Sing veut dire le lion ; Bahador veut dire le héros, le vainqueur à la guerre ; d'autres l'appellent Runjeet, Ranajet ; les Français disent Rendjit, les Anglais Runjit), qui gouverne Pendjab, n'était jusque-là que le nabab de la principauté ou province de Lahore, dont son sabre avait reculé les frontières, en se rendant maître de la délicieuse vallée de Cachemire et en refoulant les Afghans, peuplade voisine et guerrière par qui le territoire avait été souvent envahi. Une nation nouvelle commençait comme elles ont toutes commencé, à l'exception de la Pensylvanie ; le succès des armes et la pointe d'un sabre l'inscrivaient dans le catalogue des nations. — Rendjit n'avait eu jusque-là pour armée que les cavaliers irréguliers que lui fournissaient et que commandaient des princes moins puissants que lui. Ses succès, sa sagacité, le voisinage de l'armée anglo-indienne, les exemples de l'armée persane lui avaient révélé de plus habiles moyens de faire la guerre ; l'institution d'une armée à l'européenne était devenue son rêve et son avenir. — Des inspirations parties d'Europe avaient changé la face du militaire de l'Egypte et de la Turquie ; la Perse avait donné le signal d'une ère nouvelle en adoptant la baïonnette. Cette révolution voyageuse allait encore s'étendre plus loin ; un officier français l'importait vers le pays d'où nous viennent les châles.

— A l'époque où l'histoire de FRANCE s'entrecoupait de cette phase pâle qu'on a appelée la restauration, un soldat vigoureux et habile, passé de la garde impériale française à l'état-major de l'infortuné BRUNE, se voyait, après l'assassinat de son général, poursuivi par une proscription aveugle; il était réduit, comme on disait jadis, à se jeter aux aventures. Quitter une patrie ingrate est douloureux, mais s'en éloigner en enfant qui l'aime trop pour porter les armes contre elle est toujours noble. Le capitaine de cavalerie ALLARD (Jean-François), né à Saint-Tropez en 1785, tourna le cap vers l'ORIENT, emportant avec lui sa fortune, et portant à LAHORE celle que le pays allait lui devoir. — Le maha radjah ou grand radjah Rendjit n'attendait, pour consolider sur son TURBAN une couronne, que des instructeurs EUROPÉENS; il en trouva dans MM. Allard et Ventura, élevés bientôt par lui au rang de GÉNÉRAUX. Ils étaient *partis de Perse ensemble, étaient arrivés ensemble, avaient partagé la même fortune et les mêmes périls, étaient restés égaux en commandement et liés d'une amitié fraternelle;* c'est ce que nous écrivait de sa main et sous sa tente le général Allard lui-même à Daulet-Noguer, le 25 octobre 1837. — Ces deux Européens, commandant en chef suivant que l'un ou l'autre était présent, avaient appelé pour les seconder MM. Court et Avitabile; leurs efforts réunis ont fondé un trône, en faisant sortir de terre une ARMÉE disciplinée à la FRANÇAISE. — N° 2. COMPOSITION, FORCE. — Levée sur une population de 3,500,000 âmes, l'ARMÉE SYKE se composait, depuis 1815, d'OFFICIERS zélés et subordonnés, et de VOLONTAIRES robustes et sobres; ils sont dévoués et obéissants si l'on est juste envers eux. Ils sont répartis en TROUPES RÉGULIÈRES: il y avait 20 ou 25 RÉGIMENTS D'INFANTERIE comprenant 33,000 hommes, 10 RÉGIMENTS de CAVALERIE formant 6,000 CAVALIERS, propriétaires de leurs CHEVAUX, et 43,000 hommes de cavalerie irrégulière, dont l'Afghanistan fournit les chevaux. — Les COMPAGNIES, soit d'INFANTERIE, soit de CAVALERIE, étaient à peu près de 100 hommes. — L'ARTILLERIE n'était pas formée en RÉGIMENTS, mais en 24 derés commandées par plusieurs officiers ou serdars, et réparties, suivant les besoins, dans les ARMÉES ou les DÉTACHEMENTS. Leur MATÉRIEL de campagne était de 108 PIÈCES et de 12 OBUSIERS; leur ARTILLERIE de siège était de 91 bouches à feu. Dans une expédition que commandait Allard, en octobre 1837, il avait sous ses ordres 4 derés avec 16 pièces d'artillerie à cheval, 12 d'artillerie à pied et 4 obusiers. — L'ARTILLERIE légère

était attelée de 6 et de 8 chevaux; la grosse ARTILLERIE était tirée par 8, par 12 chevaux, quelquefois par 20 paires de bœufs. — On comptait en tout plus de 150 PIÈCES attelées, 9 mortiers, 500 pierriers portés sur chameaux, 108 pièces de rempart. — Umritzér contenait un vaste arsenal et, dit-on, un riche trésor. — Des OUVRIERS D'ÉTAT étaient chargés de la fabrication du MATÉRIEL, et M. Court avait commencé à faire fabriquer des fusées de guerre avec quelque succès. — L'ORGANISATION et la HIÉRARCHIE étaient à peu près les mêmes qu'en FRANCE; mais l'ARMÉE n'avait point d'ÉTAT-MAJOR GÉNÉRAL, elle ne connaissait ni GARDE DE SOUVERAIN, ni CORPS DU TRAIN, ni INTENDANCE, ni COMMISSARIAT, ni MANUTENTIONS. Supposez une ARMÉE de FRANÇAIS, s'administrant à peu près à la RUSSE ou comme au vieux temps des CONNÉTABLES, se nourrissant à peu près à la ROMAINE ou à la DANOISE, n'ayant pour VIVRIERS et GARDES-MAGASINS que des SOLDATS, pour administrateurs et pour ministre de la guerre que le roi ou le général en chef qui le représente, vous aurez une idée assez juste de la Milice syke. — La FORCE de l'ARMÉE SYKE, les TROUPES IRRÉGULIÈRES non comprises, était de 45 à 50,000 hommes, susceptibles de s'accroître à l'infini, si son souverain le voulait et si son trésor le lui permettait. — Nous supposons qu'il y a exagération dans l'assertion du *Journal de Statistique universelle* (t. VIII, p. 675); il estimait, en 1837, les forces sykes à 240,000 hommes. Il y a même exagération dans un article du journal *la Presse* du 1er octobre 1838, qui déclarait cette armée forte de 80,000 hommes, dont 50,000 de cavalerie régulière. Nous croyons plus vrais les chiffres que nous avons établis. — Le pays trouvait abondamment sur lui-même le fer propre à la fabrication de lames estimées, ainsi que le soufre, le salpêtre et le charbon propres à la fabrication de la poudre à canon. — L'AVANCEMENT était conforme aux règles françaises, sauf un peu plus de bon plaisir. Les RÉCOMPENSES consistaient en argent monnayé ou en dons de terres; ces dotations s'appellent *djaguir*. Le RADJAH distribuait aussi des COLLIERS d'honneur et des BRACELETS d'or massif. — Un ORDRE DE CHEVALERIE, représenté par une ÉTOILE à trois branches, était établi; mais les statuts n'en étaient pas arrêtés définitivement, quoique déjà un certain nombre de DÉCORATIONS eussent été délivrées. — N° 3. UNIFORME. — Le DRAPEAU TRICOLORE de FRANCE s'était réfugié à LAHORE. — L'HABIT était court, de COUPE FRANÇAISE; il était, en hiver, de drap rouge et à REVERS, qui diffèrent de couleur suivant les corps ; il était en été de coton blanc, ainsi que la veste et la jaquette. La buffleterie, d'abord en drap noir, et non en buffle, par suite de répulsions superstitieuses, a été ensuite en cuir noir ; un petit turban serré servait de coiffure ; la couleur de la schabraque de la cavalerie en distinguait les régiments. — Le trésor du souverain pourvoyait directement aux dépenses de l'uniforme. — Les marques distinctives, l'armement, le harnachement étaient de forme française. — Le matériel de l'artillerie rappelait celui des Anglais et provenait d'eux ; il était en bon état. — L'armée régulière avait le fusil a platine, mais quantité de troupes des provinces conquises conservaient encore le mousquet a mèche. — Le généralissime Allard qui, dans un voyage au sein de la patrie natale, avait été accrédité par le roi des Français comme agent politique auprès du souverain de Lahore, avait reçu en cadeau quatre cents cuirasses françaises et de curieux modèles de pièces d'artillerie qu'il reportait à Lahore. — N° 4. Localisation, allocations. — Les corps étaient ou baraqués ou campés sous des tentes. Une compagnie d'infanterie occupait deux baraques. Une tente de cavalerie contenait cinq ou six hommes ; les rangées de tentes étaient perpendiculaires au front du camp. Les chevaux étaient attachés sur deux rangées, à des piquets alignés entre deux rangs de tentes de soldats. Ces animaux étaient entravés des pieds de derrière ; leurs têtes se regardaient ; un espace était ménagé entre les lignes de chevaux pour la distribution de leur nourriture. Les tentes des officiers de cavalerie étaient parallèles au front du camp, et en arrière de celles des cavaliers. — Les soldats pourvoyaient à leur nourriture au moyen de leur paye ; elle consistait, pour l'infanterie, en huit roupies, ou vingt francs par mois ; la cavalerie touchait vingt-six roupies, et nourrissait à son compte ses chevaux. — N° 5. Instruction, tactique. — L'armée, en temps de paix, manœuvrait cinq fois par semaine ; car quoique les Indous ne connaissent pas de jour de repos, leurs instituteurs chrétiens en ont établi un ; c'est le dimanche, ou, en d'autres termes, c'est le jour de l'inspection. — L'armée ne concourait, en temps de paix, à l'exécution d'aucuns travaux publics, mais, en temps de guerre, elle construisait ses ouvrages de fortification, ses batteries. — Les troupes de Lahore étaient comparables aux Français pour l'instruction en fait de manœuvres ; elles s'y livraient avec ardeur ainsi que leurs officiers. Quelques-uns d'entre eux étaient

lettrés, mais il n'existait pas d'écoles régimentaires pour les hommes de troupe ; le pays n'avait du reste d'autres règlements que ceux de France. — Les premiers sous-instructeurs ont été dressés par les officiers français et en formaient d'autres. Le commandement des évolutions se faisait en français ; l'artillerie manœuvrait habituellement au galop et au son de la trompette. Ses pièces étaient attelées de six et huit chevaux montés par des canonniers ; deux canonniers seulement étaient montés sur un caisson ; c'était le système anglais déjà pratiqué à Lahore avant que les Français l'eussent adopté. Quant aux fusées de guerre, on ne les y connaissait pas encore en 1836. — N° 6. Subordination, punitions. — Le généralissime, ou plutôt le connétable, puisque c'était un grade à perpétuité, était revêtu d'un pouvoir absolu ; le roi et lui étaient tout, faisaient tout. — Les punitions étaient analogues à celles de France ; elles comprenaient les chaines ou fers, qu'en France on appelle le boulet ; mais il n'y avait pas de conseils de guerre, la souveraine autorité prononçait, et quelquefois elle appliquait des peines mutilantes que nos ancêtres pratiquaient au seizième siècle ; ainsi on coupait le nez ou les oreilles, on pendait. — N° 7. Service, administration. — Le service se faisait, les gardes se montaient, les ordres du jour se donnaient suivant les mêmes règles qu'en France. — L'administration était dans l'enfance, ou plutôt était à naître. Il n'existait ni fabriques, ni manufactures ; le pays confectionnait seulement des canons de fusil. — Les colonels administraient sans contrôle, et sous la prétendue mais impossible surveillance du monarque. — Le soldat fabriquait lui-même son pain, ou plutôt les gâteaux sans levain, qu'il préparait comme le faisaient les anciens Romains et comme le pratiquent les Orientaux ; il cuisait sur une palette de fer la pâte qu'il avait manipulée ; il mangeait aussi du riz, des haricots, appelés dal, du beurre, de la viande de chèvre ou de mouton, mais jamais de bœuf ; cet animal était en haute vénération, et malheur à qui eût osé lui donner la mort. — La solde se payait mensuellement de la main à la main, et par bataillon rassemblé. Des secrétaires préposés par le monarque faisaient cette répartition sous la surveillance des chefs ; mais ce n'est pas par l'exactitude des payements que se recommandait l'administration de l'armée ; de là de fréquentes mutineries, ainsi que le rapporte Jacquemont.

MILICE toscane. V. bande agrégative.

v. chef de bataillon d'infanterie française de ligne n° 2. v. toscan, adj.

MILICE Turco-égyptienne (F). Sorte de milice dénommée ainsi, afin qu'on ne la confonde point avec la milice égyptienne dont il a été traité comme d'un point d'antiquité, tandis que le présent sujet est une question des temps modernes. — Des notions relatives à l'armée turco-égyptienne se trouvent dans le *Bulletin des Sciences militaires*, 1828 (août) et 1831 (juillet); le *Spectateur militaire*, 1829 (avril), et t. xxi, p. 63, 81; le *Journal des Sciences militaires*, 1831, p. 309, 384; l'*Annuaire des Armées de terre*, 1836, p. 312; le journal *l'Armée*, p. 157; le journal *la Presse*, 3 octobre 1838. — Les parties de ce sujet vont être traitées dans l'ordre qui suit : création, composition, force, uniforme, allocations, solde, instruction, punitions, administration. — N° 1. Création. — La naissance de la Milice turco-égyptienne date de l'époque où les anciens beys et les mameloucks ont cessé de régner, et où les Arnautes ont été exterminés. — En 1811 (1er mars), dans le château du Caire, et en 1812, à Esneh dans la haute Égypte, les mameloucks sont massacrés; leur destruction laisse aux mains du vice-roi la domination entière du pays. — En 1815 (juillet), les Arnautes, indignés de la proclamation de Méhémet-Ali, qui instituait le *nizam-djedid*, se révoltent et saccagent le Caire; ces troupes désordonnées ayant péri dans les combats livrés contre les Wechabittes, ou Wahabis, et les noirs du Sennaar, la discipline à l'européenne, *nizam-djedid*, s'institua. — Un ancien militaire français, plein de résolution, a été le créateur de l'armée égyptienne. On ignore en quelle qualité il servait en France, aucun renseignement à cet égard ne se trouvant dans les dossiers du ministère de la guerre. — A l'aide de quelques sous-officiers français et italiens qu'il arracha aux professions mécaniques, qu'ils exerçaient à Alexandrie, M. Sèves commença à policer des vagabonds turcs et des Arabes qui furent ses premières recrues; des difficultés et même des dangers de tout genre contrarièrent ses essais. Une armée expéditionnaire, dressée sur le nouveau pied, marcha enfin vers la haute Égypte, et réalisa un projet médité dès longtemps; le second fils du vice-roi la commanda et y périt. — La guerre de la Morée nécessita un accroissement de troupes; des réfugiés napolitains et piémontais affluèrent en Égypte. Cette époque fut véritablement celle où apparut une armée régulière; dans les années suivantes, les Grecs la détruisirent en partie. — En 1829,

il n'en était organisé qu'une partie à l'européenne. — La cavalerie et l'artillerie n'ont pris leurs formes nouvelles que plus récemment. — N° 2. Composition, force. — L'armée turco-égyptienne, d'abord entièrement irrégulière, se distinguait, en 1827, en troupes régulières et irrégulières. — En 1827, l'infanterie régulière comprenait ou devait comprendre 12 régiments à 4,000 hommes chacun et quelques corps non enrégimentés. — L'infanterie irrégulière était de 1,200 Maugrabins et de 5,000 Turcs. — Les régiments réguliers étaient formés à 5 bataillons de 8 compagnies chacun; le cinquième était un dépôt commandé par un adjudant-major. C'était l'organisation française, si ce n'est qu'il y avait dans chaque bataillon un instructeur étranger. — A la même époque, les mameloucks formaient la cavalerie principale; les Bédouins en composaient une d'un ordre inférieur, qui exerçait des fonctions tant soit peu analogues à celles des gendarmes d'Europe. — On estimait cette cavalerie à 6,000 hommes qui dépendaient des différents beys d'Égypte et se réunissaient par régiments de 1,000 hommes. — L'armée n'avait encore ni cavalerie régulière, ni artillerie à cheval. — Tel a été le premier essai ou du moins le premier progrès de l'organisation militaire d'Égypte. — Le lien de la confiance, la fraternité d'armes, la cohésion manquaient jusque-là à l'armée. — La défiance des officiers d'infanterie, à l'égard de leurs subordonnés, était telle, qu'ils les obligeaient à déposer, pendant la nuit, leurs fusils chez leur capitaine respectif, comme on l'exigeait en France sous les règnes de Louis quatorze et de Louis quinze pendant les routes de l'infanterie. — Les précautions des officiers égyptiens allaient jusqu'à ne laisser faire le service de nuit qu'avec des bâtons, au camp de *Dgiad-Abad*. — Nous allons actuellement nous occuper d'une ère nouvelle, celle où le système de toute l'armée devient régulier. — Embrassons successivement ce qui concerne l'organisation générale, l'état-major, la garde du souverain, l'infanterie, la cavalerie, l'artillerie, le génie, la gendarmerie, le recrutement, l'avancement. — Les indigènes et les hommes appelés au service commencent à reconnaître la supériorité d'une armée régulière sur des masses tumultuaires, et ils apprécient la persévérance que Méhémet-Ali a mise à introduire dans ses Etats le *nizam-djedid*. — Bien commandée, l'armée égyptienne deviendrait excellente; le soldat arabe est intelligent, observateur, brave et zélé; sa taille est, en général, avantageuse, sa tournure leste, son air martial ; mais c'est un paria à qui l'accès des grades est interdit; il devient étranger à tout esprit d'émulation et doit se courber sous la verge des OFFICIERS TURCS, presque tous orgueilleux, paresseux et ignorants. — Sous les ordres d'Ibrahim-PACHA, ses fils ou ses parents ont seuls le rang de lieutenants GÉNÉRAUX; le titre de PACHA est la traduction du nom de ce grade. — Les BRIGADES, soit d'INFANTERIE, soit de CAVALERIE, sont de 2 RÉGIMENTS sous un GÉNÉRAL de BRIGADE. Le nombre des GÉNÉRAUX de ce grade est de 15; il est exprimé par le titre de BEY. — Des MAMELOUCKS font fonctions d'aides de camp. — Les RÉGIMENTS à pied et à cheval de la GARDE DU SOUVERAIN sont commandés par des BEYS. — Les années 1829 et 1830 ont été celles de l'accomplissement du système nouveau. — Un RÉGIMENT d'INFANTERIE, formé en 1830, est attaché à la GARDE du prince ; il se compose des hommes d'élite de l'ARMÉE. — Deux RÉGIMENTS de CAVALERIE, entièrement recrutés de TURCS, en font aussi partie. — L'INFANTERIE de ligne est de 14 RÉGIMENTS. — Tous les OFFICIERS sont TURCS; un préjugé funeste leur attribue ce privilége, car un grand nombre de leurs inférieurs seraient plus dignes d'occuper leurs grades. — Les RÉGIMENTS d'INFANTERIE sont à 4 BATAILLONS, et les BATAILLONS de 1,000 hommes en 8 COMPAGNIES ; chaque RÉGIMENT a une MUSIQUE, des TAMBOURS, des CLAIRONS, une PHARMACIE et deux instructeurs européens. — Quatre BATAILLONS de dépôt sont le refuge de tous les TURCS vagabonds, de tous les hommes sans aveu qui arrivent en EGYPTE. — La CAVALERIE régulière a commencé à se former en 1828, elle a été dressée par des OFFICIERS français passés au service du PACHA. — Plusieurs RÉGIMENTS de LANCIERS et de HUSSARDS à la française ont été mis sur pied en 1829 ; l'adoption du HARNACHEMENT français a été regardée surtout comme une singulière innovation. — La CAVALERIE de ligne est de 10 RÉGIMENTS ; leur organisation répond à celle de la CAVALERIE française en 1816. — Chaque RÉGIMENT est de 4 ESCADRONS, et chaque ESCADRON est fort de 125 chevaux en 4 pelotons. — Jusqu'en 1831, la CAVALERIE est campée le long des bords du Nil, et occupe une lieue et demie de terrain. — Les SOLDATS sont sous la tente, les OFFICIERS sous des baraques. — Chaque SOLDAT peut être marié; il y en a même qui ont deux femmes et leurs parents avec eux ; cette famille est logée en dehors du camp dans des huttes ; il est accordé permission deux fois par semaine aux hommes mariés d'aller voir leurs femmes. — L'ARTILLERIE et le train forment un RÉGIMENT évalué à

6,000 hommes. — Il y a 2 BATAILLONS du GÉNIE de 600 hommes de TROUPE ; ils se divisent en six COMPAGNIES. — Une COMPAGNIE de GENDARMERIE, commandée par un Français renégat, est de 200 hommes. — Le recrutement est une presse à l'anglaise, ou plutôt il s'opère comme on traquerait des bêtes sauvages; des TROUPES entourent un village, se saisissent des hommes propres au métier des armes, quels que soient leur âge, leur profession ; elles les garottent deux à deux avec des cordes et les conduisent au camp ; on les y enregistre et on les présente à un conseil de santé qui attache au SERVICE ceux qu'il y croit propres et met les autres en liberté. — Un tel système donne pourtant des SOLDATS dévoués et résolus. — Ils étaient si malheureux, que l'état de SOLDAT leur semble meilleur ; leur position nouvelle les range au-dessus des autres habitants; aussi n'y a-t-il presque pas de déserteurs. — L'avancement est arbitraire, il dépend du généralissime Ibrahim-Pacha. — Les LIEUTENANTS et SOUS-LIEUTENANTS sont tirés du BATAILLON de dépôt; cependant les grades élevés sont, en général, donnés à des hommes de capacité. — En 1827, la FORCE de l'ARMÉE turco-égyptienne était évaluée à 50,000 hommes presque tous d'INFANTERIE, mais il n'y avait encore en 1828 que trois RÉGIMENTS disponibles. — En 1831, l'ARMÉE était portée à 60,000 hommes; mais, suivant d'autres renseignements (*Spectateur militaire*). (t. XII, p. 461), elle n'était en 1831 que de 42,984 soldats de terre. Le *Journal de l'Armée* (t. I, p. 71) donne quelques détails sur sa force en 1833. — Une feuille anglaise et le *Journal des Débats* du 7 avril 1837 donnaient des renseignements plus récents. — Le *Journal de Statistique universelle* (t. VIII, p. 694) prétendait qu'en 1837 les forces égyptiennes se montaient à 180,000 hommes; nous n'en croyons rien. — Le journal *la Presse* (3 octobre 1838) comptait 24 régiments d'infanterie de ligne, 2 de la garde, 15 de cavalerie, 4 d'artillerie, formant un effectif de 69,000 hommes, non compris 19,000 hommes de troupes irrégulières. — N°. 3. UNIFORME. — L'HABILLEMENT se confectionne en drap. Il a été fait usage, en été, d'une petite tenue en toile de coton blanche ; l'habit de drap était autrefois de toutes couleurs ; celui du *nizam-djedid* en a pris maintenant de régulières qui sont distinctives, soit du grade, soit des armes. — La coupe de l'HABILLEMENT participe des formes orientales ; le PANTALON des troupes à pied est à la mameloucke, très-large à sa partie supérieure et juste à sa partie inférieure; il est un peu plus long dans les TROUPES à cheval. La veste est ronde et en manière de dolman, les manches en sont amples ; celle de l'INFANTERIE est plus simple ; celle des OFFICIERS et de la CAVALERIE est garnie extérieurement de tresses et de boutons à la hussarde ; elle est accompagnée généralement d'une CEINTURE. — Les passementeries, les broderies, les tresses, ou de laine ou de soie, sont de couleurs tranchantes. — Il est donné à chaque SOLDAT un MANTEAU en forme de dalmatique et en laine blanche ; il se nomme *abaïl*. — L'HABIT des GÉNÉRAUX, de l'ÉTAT-MAJOR, des OFFICIERS turcs, de la CAVALERIE, de la GARDE DU SOUVERAIN, de l'ARTILLERIE et du GÉNIE est écarlate. — Les fonctionnaires du SERVICE DE SANTÉ ont le bleu clair. — L'INFANTERIE de la GARDE est en brun. — L'INFANTERIE de ligne, en bleu foncé, bleu clair, rouge, brun. — Les MUSIQUES sont en bleu. — Les couleurs de la CAVALERIE de ligne sont le vert, le brun, le bleu foncé et le bleu clair. — Le système de COIFFURE est le même pour tous ; elle se compose du bonnet grec, de drap, nommé *tarbousche*, et d'une espèce de serre-tête nommé *tequi*. — La CAVALERIE a des bottes noires et l'ÉPERON en fer noirci. — Le SOLDAT d'INFANTERIE, lorsqu'il n'est pas pieds nus, a des babouches en maroquin rouge. — Les MARQUES DISTINCTIVES des VÊTEMENTS consistent dans la richesse et le nombre des broderies, et pour certains grades dans des DÉCORATIONS en diamants. — Les GÉNÉRAUX et les OFFICIERS portent sur chaque côté de la poitrine un CROISSANT. — Le grade qui répond à celui de lieutenant GÉNÉRAL est distingué par deux CROISSANTS ornés de trois ÉTOILES de diamants. — Le GÉNÉRAL de BRIGADE n'a que deux de ces étoiles. — Le COLONEL n'en a qu'une. — Le LIEUTENANT-COLONEL a les croissants en or ; un seul porte l'ÉTOILE en diamants. — Les chefs d'ESCADRONS ou de BATAILLONS ont les croissants garnis en ÉTOILES d'or. — Les CAPITAINES en ÉTOILES d'argent. — Les LIEUTENANTS et SOUS-LIEUTENANTS n'ont qu'un seul croissant en argent. — Les SOUS-OFFICIERS ont des broderies de laine sur les manches. — L'ARMEMENT et l'ÉQUIPEMENT de toutes les TROUPES à pied sont à l'européenne ; chaque BATAILLON a un DRAPEAU blanc. — Le HAVRE-SAC est de toile cirée ou de peau. — Les TENTES ont conservé l'ancienne forme orientale en pavillon chinois ; leur capacité permet à douze hommes d'y loger, ils y couchent sur des nattes de jonc marin. — L'ARMEMENT, l'ÉQUIPEMENT, le harnachement de la CAVALERIE est à l'instar de celui de la CAVALERIE légère de FRANCE ; tous les EFFETS D'UNIFORME de TROUPE sont

confectionnés dans la citadelle du Caire. — Nº 4. ALLOCATIONS, SOLDE. — Les RATIONS se nomment *taïm*. — Celles de la GARDE sont doubles de celles de la ligne ; leur quotité varie suivant les grades, depuis celui du GÉNÉRAL qui en reçoit trente-cinq, jusqu'au SOLDAT de ligne qui n'en a qu'une. — Les RATIONS DE VIVRES consistent en BEURRE, FÈVES, HUILE, PAIN, RIZ, SEL ; il est délivré de la VIANDE deux fois par semaine. — Les RATIONS DE FOURRAGE consistent, à l'instar des ESPAGNOLS, en PAILLE hachée et en ORGE ; à défaut d'ORGE, il est distribué des FÈVES. — La SOLDE est payée en piastres, dont la valeur répond à trente-huit centimes. — Le SOUS-OFFICIER a, par jour, une piastre ; le COLONEL en a par an huit mille ; les autres grades sont payés en proportion, en outre des PRESTATIONS EN NATURE et de l'INDEMNITÉ d'habillement. — En 1830, les SOLDATS ne touchent aucune SOLDE ; les OFFICIERS particuliers sont faiblement rétribués ; les OFFICIERS supérieurs et GÉNÉRAUX le sont largement et reçoivent environ les deux tiers en argent, l'autre en marchandises. — Le taux de la SOLDE est mentionné dans le *Journal des Sciences militaires* (t. XXIII p. 527, et dans le *Bulletin des sciences militaires* (1831, p. 8). — Nº 5. INSTRUCTION. — Un GÉNÉRAL distingué et parlant arabe, le général Boyer, a contribué puissamment aux premiers succès de l'ARMÉE turco-égyptienne ; mais il se retira, après peu d'années, par suite de quelques mécontentements. Divers établissements consacrés à l'INSTRUCTION ont été créés depuis 1820, mais n'avaient pas encore fait de progrès sensibles en 1828. — L'INSTRUCTION de l'INFANTERIE et de la CAVALERIE est confiée principalement à des Européens qui, sans être précisément OFFICIERS des CORPS, ont cependant, dans une certaine sphère, plus d'autorité que s'ils l'étaient. — Ces instructeurs sont au nombre de deux par RÉGIMENT, *Talemgui-Bachi, Talemgui-Benbachi*. — L'INSTRUCTION de la CAVALERIE est loin d'avoir atteint celle de l'INFANTERIE. — Le nombre des instructeurs de l'ARTILLERIE n'est pas limité. — L'ARTILLERIE et le GÉNIE sont peu avancés ; ces ARMES ont vainement essayé de créer une BATTERIE de FUSÉES DE GUERRE. — Une ÉCOLE de MUSIQUE MILITAIRE et de TAMBOURS, qui était instituée à Kauké, a déjà fourni des sujets dont se compose la MUSIQUE des GARDES à pied du souverain. Cette ÉCOLE a été abolie en 1829. — Une ÉCOLE de CHIRURGIE MILITAIRE est établie à Bouza-a-Bel. Elle est destinée à fournir aux corps, des CHIRURGIENS-PHARMACIENS qui, jusqu'ici, sont tous Européens. — Une ÉCOLE D'ÉTAT-MAJOR est fondée à Kauké ; elle renfermait soixante-douze élèves ; elle ne passe pas pour avoir fait encore de sensibles progrès. — Une ÉCOLE de CAVALERIE occupe, à Gizeh, le palais de Mourad-Bey ; un Français la dirige ; cent élèves y sont reçus. Enfin une sorte d'ÉCOLE POLYTECHNIQUE était établie à Boulac en 1835. — La PHARMACIE, la VÉTÉRINE, le jeu de la TROMPETTE ont aussi leurs ÉCOLES. — N° 6. PUNITIONS, ADMINISTRATION. — La PRISON serait sans efficacité vis-à-vis d'hommes qui trouveraient doux de s'y reposer et d'y dormir ; aussi les punitions s'infligent-elles en général à coups de cravaches nommées *kourbasche* ; pour les fautes légères on prive ceux qui sont mariés d'aller passer la nuit avec leurs FEMMES. — Les principes d'ADMINISTRATION sont encore vagues et les formes peu régulières ; il n'y a pas d'administration intérieure pour les CORPS ; toutes les dispositions, toutes les mesures émanent directement du ministère de la guerre ; de grands abus en résultent ; les distributions et la SOLDE sont souvent en retard. Il y a à la vérité, un QUARTIER-MAITRE ou un TRÉSORIER par chaque RÉGIMENT ; mais ses fonctions consistent uniquement à aller chercher de l'argent chez le TRÉSORIER militaire, quand le ministère fait savoir qu'il en sera délivré.

MILICE TURQUE (F). Sorte de MILICE que le MOYEN AGE a léguée à un gouvernement à demi civilisé ; elle n'a pas encore dépouillé sa rudesse primitive et a perdu le ressort national et religieux qui la rendait formidable ; elle a décliné, moins parce qu'elle s'est affaiblie que parce que ses rivaux et ses ENNEMIS sont devenus trop forts pour qu'elle ait pu reprendre son rang et entrer dans la famille des armées européennes ; elle se voue à un apprentissage tardif et laborieux ; mais, en fait d'ART MILITAIRE, elle est encore loin de ses modèles. — La description de la Milice turque exige un double examen : ce qu'elle était, ce qu'elle s'efforce de devenir. Ce sont deux pages également intéressantes ; l'une, quoiqu'elle rappelle des événements pour ainsi dire d'hier, fait passer sous nos yeux les antiques armées d'Asie ; l'autre révèle combien de préjugés et de périls traversent les plus judicieuses entreprises ; le chemin de l'amélioration est bordé d'abîmes. — L'importance du rôle que la TURQUIE a joué dans les affaires de l'OCCIDENT peut en partie se mesurer par le nombre des termes turcs ou mogols devenus français, tels que : AGA, AGIAMOGLAN, BEGLERBEY, BEX, OU BAY (suivant GANEAU), CHIAOUX, DIVAN, ÉMIR, imam ou iman, JANISSAIRE, NIZAM-DJEDID, ODA, ORTA, PACHA,

SERASKIER, SEYMENS, sipahi, ou SPAHI, SULTAN, TIMAR, timariot, TURBAN, ULEMA, VISIR. — MONTÉCUCULI (1704, D) a le premier esquissé un tableau de la COMPOSITION, des usages, des mœurs et de la TACTIQUE des TROUPES turques ; ce qu'il en disait, il y a un siècle et demi, était vrai encore il y a peu d'années. — Les AUTEURS qu'on peut consulter sur le même sujet sont : ALFIO-GRASSI, M. CIRIACY (1830), DOHSSON, DUANE (aux mots *Acanzi, Infanterie* et *Instrument*), DELIGNE (1827, D, *Lettres sur la dernière guerre des Turcs*), ENCYCLOPÉDIE (1751, C, planch. et 1785. C), ESSAD-EFFENDI, EUGÈNE (*Mém.* de 1827, D), HAMMER, HANNE, HAYNE, IBRAHIM-EFFENDI, le général JUCHEREAU (1819), LACHESNAIE (1758, I, aux mots *Arme, Delhis, Infanterie turque*), MAHMOUD, MANESSON (1685, B), MARSIGLI, NIÉBUHR, POTIER (1779, X, au mot *Azape*), SILVA (1778, F), TOTT, TURPIN (1769, C), M. VALENTINI, VOLNEY, WARNERY (1771, D), le *Spectateur militaire* (t. XI, p. 239 ; t. XVIII, p. 294 et 564 ; t. XIX, p. 695 ; t. XXI, p. 63 ; t. XXII, p. 115 ; t. XXIV, p. 254 ; t. XXV, p. 223 et 564), le *Bulletin des Sciences militaires* (1824, p. 401 ; 1851, p. 223 et 260), la *Revue britannique* (novembre 1850), le *Journal militaire autrichien* (1831), le *Journal des Sciences militaires* (1834, p. 172). — Ce que nous avons dit avec détails des JANISSAIRES, des SPAHIS, des TIMARIOTS, permet d'abréger ici le sujet ; il va être traité sous les rapports suivants : CRÉATION, COMPOSITION, FORCE, UNIFORME, ALLOCATIONS, SOLDE, INSTRUCTION, TACTIQUE, PUNITIONS, PEINES, ADMINISTRATION. — N° 1. CRÉATION. — La création des forces militaires de la TURQUIE est, comme tout le reste du sujet, une question double ; il faut remonter d'abord à la naissance de l'ARMÉE primitive, et franchir ensuite toute la distance qui répond aux premiers essais du *nizam-djedid*, mot qui signifie réforme. — Le fanatisme des SARRASINS, la conduite inexperte ou désordonnée et la molle résistance des héros qui figurent aux CROISADES ; l'impéritie des GÉNÉRAUX chrétiens, l'ignorance, le peu d'union des peuples qui combattent la CAVALERIE SARRASINE, enfin la lâcheté de la MILICE BYSANTINE et des descendants des aventuriers occidentaux font triompher le croissant. — Les sectateurs de Mahomet se persuadent que des houris ceintes d'une écharpe bleue versent aux guerriers martyrs du sorbet dans le crâne de leurs ENNEMIS ; sous l'empire de ce prestige, l'Ottoman soumet plus de nations dans le cours d'un siècle, que les GRECS et les ROMAINS n'en avaient vaincu en six cents ans. — En 1529, ORKAN organise la Milice TURQUE : il y institue une SOLDE ; il crée les JANISSAIRES, troupe intrépide et dévouée dont Amurath premier perfectionne, en 1362, la formation. — En 1453, MAHOMET DEUX est à la tête d'une ARMÉE où la superstition le dispute à la bravoure ; il fait transporter pour ainsi dire à bras, du rivage du Bosphore dans le sein même du port de CONSTANTINOPLE, quatre-vingts galères ; un ASSAUT le rend maître de la ville. La puissance byzantine s'éteint ; les églises se changent en mosquées. — SOLIMAN, couronné en 1520, donne au corps des JANISSAIRES tout son éclat ; mais ses successeurs les laissent se dépraver et s'avilir. — Osman, couronné en 1618, et ses successeurs réduisent en TIMARS, ou BÉNÉFICES, les terres conquises sur les chrétiens d'ASIE, et gratifient de ces dépouilles les SOLDATS MUSULMANS ; les TIMARIOTS, possesseurs de ces MAJORATS féodaux, forment le fond des premières ARMÉES qui combattent en EUROPE ; mais bientôt les empereurs reconnaissent combien il y a peu à compter sur les levées des hommes de FIEFS. — Un empire si vigoureux il y a deux siècles, si puissant encore il y a cent ans, chancelle sous la protection des lances du Nord. — Avant l'expédition des FRANÇAIS en EGYPTE, divers essais avaient été faits déjà pour dresser à l'européenne quelques CORPS TURCS. On lit dans les *Mémoires* de BONAPARTE (M. le général GOURGAUD, t. II, p. 299 et 512) qu'il y avait, lors du siége d'ACRE, *douze cents canonniers turcs exercés à l'européenne.................. On fit dans cette affaire sept à huit cents prisonniers armés de baïonnettes à l'européenne : ils venaient de Constantinople.* — En 1807, Sélim trois commence à donner plus de développement au système des Milices régulières ; il travaille à établir le *nizam-djedid*, ou la DISCIPLINE à l'européenne. Cette tentative lui coûte le trône et la vie. — En 1809, le célèbre Mahmoud, son neveu et son successeur, encourage Mustapha Baïraktar, grand VISIR, à transformer en CORPS réguliers les SEYMENS de l'ancienne INFANTERIE ; ce ministre essaye d'y introduire l'usage de la BAIONNETTE, les signaux par le TAMBOUR et la TACTIQUE européenne ; les JANISSAIRES s'indignent que des Turcs obéissent à des OFFICIERS FRANÇAIS OU ALLEMANDS ; ils se refusent à toute innovation, attaquent les TROUPES organisées sur le nouveau pied, et à l'aide des soldats de la marine ils les égorgent ou les dispersent. Baïraktar en est réduit à se faire sauter avec une partie du sérail. — En 1826, Mahmoud concerte mieux ses efforts, par-

vient à se faire seconder par le chef des Ulémas, déploie une infatigable énergie et se déclare ouvertement contre les JANISSAIRES dont la tyrannie désolait depuis longtemps l'empire ; en vain renouvellent-ils l'insurrection de 1807, une partie d'entre eux est massacrée du 15 au 19 juin, par les *Toptchis* (CANONNIERS) ; le SULTAN livre au tranchant du sabre ce qui en reste, ou les force à se dissoudre. Pour tout moyen de salut, un CORPS de VOLONTAIRES régulier se forme sous le nom de *Eskindschi* ou *Echkindji*. Ces événements ont été décrits par l'historien TURC ESSAD-EFFENDI. — A peu d'intervalle, et par des moyens également sanglants, la TURQUIE et l'EGYPTE étaient purgées des JANISSAIRES et des MAMELOUCKS. — Deux hommes doués d'un grand génie avaient entrepris, à la fois, deux rénovations parallèles et pourtant rivales ; c'étaient Méhémet et Mahmoud. — En 1829, le mot ORTA, qui signifiait autrefois RÉGIMENT, cesse d'être employé ; les réglements nouveaux vont jusqu'à défendre de le prononcer, sous peine de mort. — N° 2. COMPOSITION. — L'ORGANISATION et la direction politique du pays décidaient de la CONSTITUTION de la MILICE ; la forme de l'ARMÉE s'est ressentie suivant les temps de la vigueur du despotisme, des rivalités de la FÉODALITÉ, de l'affaiblissement du pouvoir, des désordres de l'anarchie ; sous le célèbre Mahmoud une autre tendance se manifestait, le pouvoir souverain travaillait à se relever. — Sept BACHAS, ou PACHAS principaux, étaient GOUVERNEURS DE PROVINCES, à peu près à la manière de l'OCCIDENT. — Une grande partie des SOLDATS sortit longtemps de hordes à demi sauvages ; ce genre de TROUPE se dissipait à la guerre, comme des nuées de timides oiseaux, et si quelques braves s'opiniâtraient d'abord, leur constance se lassait quand le PILLAGE n'en était pas le prix. — Pour y remédier, le gouvernement partagea des terres entre des bénéficiers nommés ACANZI ; l'usufruit des concessions nommées TIMARS devint le salaire et la condition du SERVICE obligé. — Quand l'empire des SULTANS se divisa par pachaliks, les PACHAS furent soumis à six GÉNÉRAUX EN CHEF, nommés AGAS du cercle ou du foyer, et à des BEGLER-BEYS. Le CASSI-ASCHER, CAZIASKER, CAZIASQUIER secondait, comme GRAND PRÉVOT, les CHEFS D'ARMÉE. — Au-dessous des PACHAS étaient des chefs de districts, nommés sandjak-beys, comme on dirait GÉNÉRAL à DRAPEAU, ou du DRAPEAU. Chacun d'eux devait fournir ou lever, au besoin, une ORTA, un RÉGIMENT, et faire appel aux JANISSAIRES, à la CAVALERIE des SPAHIS, aux

PANDOURS, aux CHEFS OU SOLDATS féodaux, nommés TIMARIOTS, aux COSAQUES alliés, aux VOLONTAIRES de tout rang, à qui l'espoir de butiner mettait les ARMES A LA MAIN. Un CACHEF était le lieutenant d'un BEY. — Les CAPICOULYS, OU CAPICULI, OU CAPIKHOULY, suivant Raymond, étaient les TROUPES SOLDÉES et PERMANENTES, par opposition aux topraklis, ou MILICES FÉODALES ; les premières comprenaient les JANISSAIRES et leurs novices, nommés AGEMOGLANS, OU AGIAMO-GLANS, les SPAHIS OU CAVALIERS, les toptchis, ou TOPCHIS, ou topgis, suivant DUANE (1810, E), ou CANONNIERS, les djebedjys, ou gebesys, suivant l'ENCYCLOPÉDIE (1751, C), ou ARMURIERS et gardiens d'arsenaux ; les sakkas ou porteurs d'eau. Ces quatre dernières dénominations se sont conservées. — Des TROUPES à la fois DE TERRE et DE MER, nommées azapes, levées en Natolie, avaient ARC et FLÈCHES, CIMETERRE et JAVELINE ; c'étaient ou des VOLONTAIRES à pied, ou des Arméniens et des GRECS, requis comme PIONNIERS OU GASTADOURTS. — Les soldats de marine s'appelaient : CALLIONGIS. — L'INFANTERIE (sehrad-couly), ou TROUPES des frontières, dépendait des PACHAS, et comprenait les SEYMENS, etc. — Les ARMURIERS, divisés en soixante ODAS, résidant à CONSTANTINOPLE, montaient à neuf ou dix mille hommes. — Des aventuriers nommés CARIPI, mot qui, en turc, dit GANEAU, signifiait pauvre ou étranger, formaient un CORPS de CAVALERIE de la GARDE du souverain. — Depuis que les SULTANS se sont dispensés de paraître aux ARMÉES, le grand VISIR était devenu généralissime ; un SÉRASKIER était son lieutenant, un canakdji était son CHEF D'ÉTAT-MAJOR ; en l'absence du VISIR, le SÉRASKIER commandait en chef. — A mesure que les COLONISATIONS d'Asie dégénéraient, et c'est le fait des colonisations que la guerre et les vétérans n'alimentent pas, les JANISSAIRES étaient devenus un CORPS privilégié, par conséquent amolli, une ARMÉE considérable, par conséquent tyrannique, une troupe indisciplinable ; le reste du militaire TURC avait perdu son élan, son homogénéité et ce besoin d'aventures qui est le ressort des conquêtes. — On n'appelait qu'extraordinairement à l'ARMÉE les MILICES FÉODALES. La force de l'EMPIRE ne consistait plus que dans les JANISSAIRES, les *schradcoulys*, les SPAHIS, TROUPE peu subordonnée, et quelques CORPS d'ARTILLERIE, TROUPE peu habile. — Des CORPS auxiliaires s'appelaient *jamaks*, d'autres *delhis*, c'est-à-dire SOLDATS hardis ; c'étaient des CAVALIERS ALBANAIS ou bosniaques. — Un système différent s'est introduit : les JANISSAIRES ont été détruits ; le *nizam-djedid*, ou

règle nouvelle, longtemps essayé et toujours paralysé par ces satellites mutins, prévalut. La Milice turque s'est divisée surtout en ARMES organisées à la manière d'EUROPE, et en SEYMENS OU INFANTERIE non exercée ; telle est la définition que donne des SEYMENS le *Spectateur militaire* (t. II, p. 279), etc. — A la manière de l'ex-almanach impérial français, la liste des GÉNÉRAUX maintenus ou appelés en service est publiée le premier jour du ramadan. Les GÉNÉRAUX GOUVERNEURS s'appellent *muschir-pacha*, les GÉNÉRAUX DE DIVISION *ferick-pacha*, les GÉNÉRAUX DE BRIGADE *mirlira-pacha* ; car les TURCS ont eu le bon esprit de créer à la française des GÉNÉRAUX DE BRIGADE et DE DIVISION, que les FRANÇAIS ont fait la faute d'abolir. — Qu'on ne s'imagine pas cependant que les TURCS nous doivent tout et que nous ne leur devrions rien ; il ne manquait aux Osmaniis, disait EUGÈNE, que de l'ensemble pour conquérir le monde. — L'EUROPE, après avoir tremblé au seul nom des OTTOMANS, à la seule idée de leur approche, a cru ne pouvoir les égaler qu'en les imitant ; leur système de COLONISATION s'est successivement introduit et s'est plus ou moins modifié dans les MILICES AUTRICHIENNE, FRANÇAISE, RUSSE, SUÉDOISE. L'Occident doit à l'ORIENT ses TAMBOURS, ses TAMTAMS, ses HUSSARDS, ses LANCIERS ; les FRANÇAIS en ont emprunté les SPAHIS, les PANTALONS, les COIFFURES, les CYMBALES, les TIMBALES et quelques autres INSTRUMENTS. A leur tour les Français, de copistes qu'ils étaient, redeviennent, en TACTIQUE et en MUSIQUE, les modèles de l'ORIENT. — En 1824, les CANONNIERS étaient au nombre de trente mille, sous les ordres d'un GÉNÉRAL nommé *Toptchi-Baschi*. — L'INFANTERIE régulière s'appelle *massouris*, les bombardiers *coumbaradjis*, les MINEURS *lagoumdjis*, les soldats du train *arabadjis*. — En 1828, le journal de Russie, intitulé *l'Invalide russe*, compte dans l'ARMÉE turque plus de deux mille cinq cents chrétiens, une GARDE impériale de six BATAILLONS, recrutée parmi les fils des grands, soixante-huit BATAILLONS de ligne exercés à l'européenne, huit BATAILLONS D'INFANTERIE légère (*meschterdi*), quarante BATAILLONS d'équipage de marine nommés *levends*, ou vulgairement et par corruption *lévantis*. — Les BATAILLONS d'infanterie de ligne sont, en 1830, à huit cent vingt-sept hommes. — Des aperçus sur ces matières diffèrent suivant la source des renseignements. Une traduction d'un document TURC, publié en 1829 par la *Gazette militaire de Darmstadt*, et mentionné dans le *Bulletin des Sciences militaires* (juin 1829), nomme *eschkendchis* les hommes disciplinés à l'européenne ; il y est dit que les nouvelles odas, ou compagnies, sont chacune de cent cinquante hommes. — A l'ancienne manière, les compagnies ont encore leurs *sakkas*, ou porteurs d'eau. — Les sous-officiers d'infanterie ne consistent qu'en un sergent et des caporaux ; c'est la forme autrichienne. — En vertu du règlement de 1829, les compagnies sont de cent hommes. — Suivant d'autres renseignements, les régiments d'infanterie organisés à l'européenne sont à quinze cents hommes, et commencent à avoir, en 1828, une compagnie d'artillerie à leur suite. Un iman ou *imam* (aumônier), un chirurgien, un auditeur (officier comptable), font partie de l'état-major du corps ; les officiers de compagnie répondent à ceux d'Europe. Le *Spectateur militaire* (t. ii, p. 279) offre l'indication des dénominations turques qui représentent les grades français ; le *Bulletin des Sciences militaires* (1831, p. 261) s'étend aussi à cet égard. — On y voit que l'armée commence à se diviser en brigades, divisions et corps. — Les chefs de bataillon s'appellent *bim-bachi*, les colonels *beys*, les aides de camp du sultan *javeri-harp*, les généraux de division *ferik-pacha*. — La population, vers cette époque, était de dix millions trois cent quatre-vingt-dix mille âmes. — Ce qui a le mieux réussi, c'est la création des musiques militaires, imitées des musiques françaises, et pourtant ces dernières se nommaient musiques turques depuis que l'Orient nous avait donné les grosses caisses, les triangles, les instruments a sonnettes, et tout ce que Jean-Jacques (*Dictionnaire de musique*) appelle la percussion et la ferraille.—En 1830, il n'existe ni corps d'intendance, ni officiers de santé, ni quartier-maître, si ce n'est l'auditeur, ni ouvriers de régiments ; point d'armuriers de corps, point de barbiers de compagnies. — L'empire turc est redevenu un vaste camp ; il se partage en quatre-vingts généralats, ou gouvernements, *ayalets*. Ces espèces de divisions militaires se subdivisent en *sandjaks*, c'est-à-dire drapeaux ; leur ensemble a pour centre Constantinople, et se partage en ailes droite et gauche. — Chaque ayalet est ou est censé être commandé par un chef de bataillon (*bim-bachi*) ; il est secondé par un capitaine (*yuz-bachi*), et a sous ses ordres quelques instructeurs chargés de lever et de dresser des bataillons. — L'ordre du Croissant, tout moderne qu'il soit, est la plus ancienne institution de chevalerie de l'Orient et de l'Asie. — En 1856, une assimilation de fonctions publiques, par catégories, s'établissait à l'instar des systèmes

russes : ainsi, un décret du 17 janvier déclarait que le séraskier, espèce de sous-connétable, ou de général en chef, ou de représentant du grand visir, marchait de pair avec le mufti ; elle regardait comme de même rang les *feriks*, ou généraux de division, et les ministres de première classe ; les *mirli-vas*, ou généraux de brigade, étaient assimilés aux fonctionnaires civils de seconde classe. — Leurs aides de camp s'appelaient *javery-harp*. — Les colonels, ou beys, avaient pour chefs de bataillon, ou chefs de mille, les *bim-bachi*, et pour majors les *alhaï*. — N° 3. Force. — Ce qu'on a dit de l'état militaire des Ottomans n'a jamais présenté qu'un chiffre incertain ou exagéré. En pouvait-il être autrement dans un pays où il n'est point établi de dénombrement public, et dans des armées où il n'est point dressé de situations périodiques et comparatives? Ainsi, il paraît impossible d'asseoir des supputations précises. — Des auteurs ont élevé jusqu'à un million d'hommes le total de la milice ; pourtant un bien plus petit nombre se présentait aux jours du danger, et même une grande partie quittait les camps où se dissipait bien avant d'être licenciée. — Volney dit que, de 1783 à 1785, 100,000 janissaires faisaient partie des forces ottomanes. — Un tableau détaillé, qu'on trouve dans le *Courrier français* (1821, 16 avril), élevait à plus de 400,000 hommes l'armée dont un peu moins de moitié était à cheval ; la répartition était comme il suit : 120,000 janissaires, 2,000 bombardiers (*coumbaradjis*), 16,000 canonniers (*toptchis*), 12,000 jardiniers du sérail (*bostandjis* ou *bostangis*), 20,000 hommes disciplinés à l'européenne, 50,000 soldats de marine (*levends*), 6,000 Valaques et Moldaves, 6,000 valets de campement (*methers*), 10,000 hommes de cavalerie régulière (*spahis*), 1,000 garde-bagage (*segbans*), 130,000 hommes de cavalerie féodale ou à majorats (*zaims* et *timariots*), 10,000 hommes de cavalerie légère (*délhis*), 20,000 hommes tant de train (*serradjis*) que du corps des armuriers (*djébédjis*). — A la même époque, d'autres feuilles publiques (*Quotidienne* 1821, 25 septembre), ne portaient pas la force de cette Milice à plus de 180,000 hommes, dont 100 ou 120,000 janissaires, 40,000 spahis, 50,000 cavaliers ordinaires et 2,500 artilleurs. — On évaluait approximativement à 10 millions d'âmes la population de la Turquie d'Europe, et si l'on en croit quelques auteurs, son armée ne dépassait pas, depuis longtemps, 125,000 hommes effectifs, dont les ortas de janissaires formaient les deux tiers.

— En 1824, on évaluait à peu près la FORCE de la Milice à 200,000 hommes, dont 50,000 JANISSAIRES, 15,000 SPAHIS, 25,000 *toptchis*, 90,000 SOLDATS réguliers. — Il y avait en outre 120,000 *topraklys*, ou ARMÉE FÉODALE ayant, comme ARRIÈRE-BAN, la Milice soldée des PACHAS nommée *schrad-coulis*. — Un relevé un peu plus fort est donné dans le *Bulletin des Sciences militaires*, (1824, p. 201). — Au commencement de 1828, la *gazette de Berlin* estimait la FORCE à 80,000 hommes organisés à l'européenne, et à 65,000 hommes formés suivant l'ancien système par les PACHAS; d'autres calculs élevaient ces dernières TROUPES à 115,000 hommes; le *Spectateur militaire* (t. IV, p. 632) porte en cette même année le pied de guerre à 218,000 hommes. — En 1828, le total de l'INFANTERIE tant régulière qu'irrégulière est évalué à 159,000, l'ARTILLERIE à 40,000, la CAVALERIE à 196,000; la FORCE générale était de 374,900 hommes, mais on ne regardait comme disponibles pour la GUERRE, que 240,000 hommes, non compris les TROUPES ASIATIQUES. — La Porte entretenait en outre 100,000 SOLDATS irréguliers, pour alimenter les CORPS de ligne. — Un tableau statistique des FORCES militaires européennes, tracé dans le *Spectateur militaire* (juin 1827), portait l'effectif à 80,000 hommes en temps de paix, à 220,000 en temps de guerre. En 1851, l'ARMÉE régulière n'est encore estimée qu'à 80,000 hommes. — La garnison de CONSTANTINOPLE comprenait 20,000 hommes; les garnisons de l'EMPIRE, 65,000 hommes; la GARDE du SULTAN, 9,500. — En 1850, le *Spectateur militaire* (t. XI, p. 274) porte le nombre total des BATAILLONS d'INFANTERIE dressés à l'européenne à 66, leur FORCE, s'ils étaient complets, à 800 hommes, la FORCE des COMPAGNIES à 97. — Il y a peu d'accord dans ces effectifs; nous en avons indiqué les causes. — En 1856, la superficie de la Turquie était évaluée à 154,700 milles carrés, le nombre des habitants à 8,900,000 âmes, le revenu du pays à 560 millions. — N° 4. UNIFORME. — Parlons des coutumes anciennes avant de traiter des règles modernes. — L'habillement était aussi divers que les peuplades nombreuses qui entraient dans la COMPOSITION de l'ARMÉE turque; telles descriptions, et par exemple celle que font MANESSON (1685, B) et son plagiaire LACHESNAIE (1758, I) au sujet des DÉLIS ou DELHIS, semblent romanesques; les jeunes ours, les vieux léopards, les aigles de grande espèce étaient, disent-ils, mis à contribution pour fournir aux VÊTEMENTS de cette CAVALERIE et à la décoration de ses

RONDACHES. Elle portait des BOTTES accompagnées d'ÉPERONS d'un pied de long, etc., etc. — Le DOLMAN sans manches, espèce de robe de chambre, était l'habit des JANISSAIRES; il rappelait l'antique CHLAMYDE, et se retroussait au besoin à l'aide d'une CEINTURE. Le PANTALON juponnant était d'un usage général. — La COIFFURE qui s'était substituée au TURBAN, ou *dulbend*, était surtout le bonnet en feutre des JANISSAIRES et le *kalpak* des Valaques. Ces deux genres de coiffure, modifiés par les caprices des Européens d'Occident, sont devenus le SCHAKO et le COLBACH qui, aujourd'hui, retournent en ORIENT et y prennent faveur comme des nouveautés. — Rien n'était plus disparate que l'ARMEMENT de l'INFANTERIE; elle avait des ARCS, des MOUSQUETS A MÈCHE, des FUSILS à l'albanaise ou longues canardières, de courts MOUSQUETONS, le CANDJIAR et tout l'attirail décrit dans l'ENCYCLOPÉDIE (1785, C, au mot *Arme*). — Les TROUPES d'ASIE, composées principalement d'ARCHERS, avaient le CARQUOIS garni d'une cinquantaine de FLÈCHES. — Les ARMES DÉFENSIVES de la CAVALERIE turque comprenaient des COTTES DE MAILLES, des GANTELETS ou des BRASSARDS nommés *koltchak*, des RONDACHES, des CASQUES à la sarrasine garnis de CHAPERONS DE MAILLES; les CHEVAUX étaient garantis par des CERVICALES nommés *boyounduruq*; les ARMES OFFENSIVES de la CAVALERIE consistaient en LANCES, *karki-mesrak*, JAVELOTS, MASSUES, HACHES D'ARMES, PISTOLETS de ceinture et d'arçon, SABRES COURBES nommés *chichs*, SABRES DROITS nommés PALAS, TROMBLONS, POIGNARDS et quelquefois en un bâton ou ARZEGAIE sans fer. — L'ÉQUIPEMENT surtout avait un caractère spécial. C'est aux Turcs que nous devons les CYMBALES et la GROSSE CAISSE. LACHESNAIE (1758, I, au mot *Instrument*) traite de ces objets. — L'INSIGNE par excellence, l'espèce d'ORIFLAMME OTTOMANE était le DRAPEAU du prophète; c'était une hampe surmontée d'un globe d'argent qui renferme, dit-on, la veste de Mahomet et qui n'a jamais été ouverte. Ce sandjack-schérif ne sort de la mosquée de Sainte-Sophie que quand la sûreté de l'État est menacée. Ensuite venaient les QUEUES désignatives du rang des PACHAS, les MARMITES des JANISSAIRES, la GROSSE CAISSE portée à cheval pour tenir en éveil les POSTES et les SENTINELLES. — Le DRAPEAU sacré ne se déployait que dans de solennelles cérémonies; on l'appelait *sandjiak-scherif* ou *sandjak-cherif*, sands *chaki-scherif*. MANESSON (1685, B), au contraire, l'appelle *bajarad*, et POTIER (1779, X) *bajurac*. Quelques ODAS de JANISSAIRES étaient préposées à sa garde; il a été déroulé encore aux regards des croyants en 1828. Il était porté par un officier ou premier gardien, *nakib-ol-eschraf*. Sa draperie peu grande est d'une étoffe de soie verte, et sa hampe est surmontée d'un ornement d'or figurant une main fermée. Douze chanteurs entourent le char doré ou carrouze qui le porte; ils saluent sa marche par des cantiques; un carrouze de rechange les suit par précaution. — On a donné le nom de queues de cheval (*toug, tough, tug*) aux étendards distinctifs de l'autorité du visir et des pachas; mais c'était la dépouille d'une espèce de taureaux ou de buffles à queue de cheval; elle pend en projetant des crins à l'entour de la hampe; une boule de cuivre doré la surmonte. Les contrées centrales voisines du Thibet fournissaient ces guidons, ainsi que l'affirmait le savant Cuvier; il en fait remonter l'usage au temps où les ancêtres des Turcs habitaient la Tartarie. — Le visir était pacha à trois queues; les pachas avaient droit de se faire précéder de trois ou de deux de ces queues; les beglierbeys de deux, les deys d'une seule. Mais en 1832, tel pacha n'était que général de brigade dans la garde ottomane, tel bey n'y était que capitaine. — Nous avons dit quelle influence morale exerçait sur le janissaire le déplacement de sa marmite. — Plusieurs points de ressemblance se trouvent entre ce qui vient d'être dit et les vieux usages des Occidentaux. — Quoi de plus comparable au carrouze de la chape de saint Martin que le carrouze de l'étendard du prophète? Les queues sont visiblement des pennons de général; les trois queues ont du rapport avec les trois queues ou fanons de la chape de saint Martin; enfin on a vu l'analogie qui s'est perpétuée entre les marmites de l'Orient, la noblesse de chaudière de l'Aragon et les chaudières de l'art héraldique. — L'infanterie n'avait en général ni bas ni chemises et souvent point de souliers; une grande culotte et un petit gilet sans manches composaient tout l'accoutrement. — Les cavaliers s'enveloppaient en guise de manteau dans trois ou quatre pelisses. — Les tentes étaient la partie la mieux entendue de l'équipement. — Montécuculi témoigne que de son temps les officiers de marque avaient autant de bagages qu'ils voulaient, et qu'il n'y avait pas de soldat qui ne couchât sous la tente. — La cavalerie portait des outils de pionniers et construisait, à ce que rapporte Deligne (1827, D), les retranchements que l'infanterie trouvait tout préparés à son arrivée au camp. Cet utile usage, peu familier aux Occidentaux, était imité en partie par l'institution des pionniers a cheval de la milice

russe; il avait été essayé en France, quand les dragons devinrent cavalerie et quand les grenadiers à cheval de la maison furent mis sur pied. — Les Ottomans, d'abord créateurs en fait d'artillerie, à l'aide il est vrai du savoir italien, faisaient depuis longtemps usage d'obusiers que les Russes ont imités. — Le harnachement était à la genette, ou à selle d'armes. En 1826, le divan institue l'uniforme; les couleurs en étaient principalement le vert et le rouge. — En 1829, l'habillement était fourni par l'Etat; il est de couleurs diverses dans les régiments; celui de l'infanterie consiste en une veste ronde et rouge, un pantalon de même couleur, ample par le haut, juste par le bas. On a essayé aussi l'usage des capotes à capuchon et des manteaux à la française. — La coiffure consiste en un bonnet nommé *kaban*, ou *kalpak*; l'usage du schako commence à s'introduire. — La cavalerie a la veste à tresses et le pantalon français. — Les marques distinctives diffèrent peu de ce qui a été indiqué à l'égard de la milice turco-égyptienne; ainsi le colonel n'a qu'une étoile et un croissant, le lieutenant-colonel n'a qu'une seule de ces deux marques. — L'armement est médiocre; les sous-officiers ne portent que le sabre. — Le col n'est pas en usage; le havre-sac est admis. Les gants commencent à être portés par quelques élégants. — Les drapeaux et étendards sont verts, et portent des étoiles et des croissants brodés en or. — Les tentes des hommes de troupe sont blanches et contiennent dix soldats; celles des capitaines sont vertes. — Des tentes sont organisées pour le service des bains; chaque compagnie porte, en campagne, un falot, des plateaux de tables en cuir, etc. On peut consulter sur ce sujet le *Bulletin des Sciences militaires* (1829, juin). — N° 5. Allocations, solde. — Des écrivains ont prétendu que les armées turques étaient des mieux approvisionnées, parce que des troupeaux et des convois de riz les suivaient; mais il n'était point fait de distributions à la plus grande partie des soldats; les janissaires seuls recevaient des rations de riz ou de biscuit; le reste des troupes se pourvoyait comme il pouvait, soit au moyen du revenu des timars, soit à l'aide d'une paye régulière; ils se nourrissaient surtout du biscuit nommé *togachi*; quant aux auxiliaires, ils avaient le butin pour solde. — Manesson (1685, B) affirme que de son temps la solde se réglait, non sur un tarif général, mais sur le degré de bravoure du soldat; elle était acquittée en aspres qui répondaient à huit deniers, monnaie du temps. Les janissaires recevaient depuis deux jusqu'à douze aspres par jour. Ser-van (1780, B, p. 506) fournit sur le même sujet quelques renseignements. — Depuis l'imitation du système européen, des mesures plus positives ont été adoptées. — En temps ordinaire la ration de vivres se compose de deux cents drachmes de pain, vingt-six drachmes de riz, six drachmes et demi de petits pois, vingt-cinq drachmes de viande, deux drachmes et demi de beurre. Il est dis-tribué tous les quatre jours du pilaw, à raison de soixante drachmes la ration. La qualité de ces denrées est médiocre, et en 1850 il n'est point encore établi d'ordinaire par compa-gnie; la cuisine d'un corps se fait en masse; il est alloué par mois aux cuisiniers d'un régi-ment six cent cinquante piastres. — Le Bul-letin des Sciences militaires (1831, p. 266) offre un tableau de ces détails. — En 1828 la paye était réglée par mois et comme il suit:

	Piastres turques.	Francs.
Soldat (*Nefer*)	15	21
Sergent ou plutôt caporal (*Ombaschi*)	50	42
Sergent-major (*Tschaousch*)	60	84
Lieutenant (*Mulazim*)	120	168
Capitaine (*Yuzbachi*)	180	252
Chef de bataillon (*Bimbachi*)	500	700
Colonel (*Miralaï*)	1,200	1,680

— Ces évaluations étaient différentes en 1850, et des détails plus étendus se trouvent dans le *Spectateur militaire* (t. xi, p. 280). — N° 6. Instruction. — Les Turcs, ou du moins leurs précurseurs, connaissaient, au temps des croisades, le secret et l'em-ploi du feu grégeois, alors ignoré des Occi-dentaux. En 1450, del Velly, ils étaient beaucoup plus habiles que les chrétiens à fondre de grosses pièces de canon; c'était dans leur camp même, et pour ainsi dire sur place, qu'ils jetaient en moule leurs principales pièces de siége, qu'on appelait alors perrières ou pierriers, *petrariæ*. — Guichardin rapporte qu'après la mort de Mahomet deux, la prise d'Otrante par les Napolitains, en 1481, leur révéla l'habileté avec laquelle les Turcs avaient fortifié la place qu'ils venaient de défendre, en l'en-tourant de dehors dont les chrétiens n'a-vaient alors aucune idée. — Soliman deux, qui régnait de 1520 à 1566, a donné le premier aux Turcs une espèce de code militaire. Ce monument est resté en haute estime tant que les janissaires ont existé: il était conservé à côté de l'Alcoran. — Sous ce même règne, l'armée turque était plus habile en castramétation et en poliorcéti-que qu'aucune de l'Europe; au siége de Rho-des, elle se servait de bombes et de mortiers; dans le même siècle, elle attaquait les places au moyen de cavaliers de tranchée; elle résistait en campagne au moyen de camps de forteresse et de camps retranchés que les contemporains nommaient palangues; elle avait des casernes avant que les Occi-dentaux en eussent compris l'utilité. — Des Français étaient déjà au service de la Porte, à titre d'instructeurs, sous le règne de Mahomet trois, couronné en 1595; la création du corps de l'artillerie et les tra-vaux de défense des Dardanelles sont leur ouvrage. — La fortification permanente se perfectionna dans les seizième et dix-septième siècles, à l'aide des lumières et des travaux des ingénieurs italiens, Cornaro, Sardi, etc., appelés à grands frais en Tur-quie; ce dernier, chargé de la direction du génie et de l'artillerie, y avait appliqué les leçons de l'école d'Italie, et avait fait faire de tels progrès à ces deux armes qu'elles n'avaient pas de rivales en Europe. — Les Turcs avaient adopté les obusiers russes et substitué, dans l'artillerie de bataille, des pièces légères aux bombardes que des buffles traînaient à la guerre; mais cet état floris-sant de la science ne fut pas de longue durée. Manesson (1685, B) témoigne quelle insouciance les Turcs mettaient de son temps à la conservation des forteresses qu'ils possédaient. — En 1820, le comte de Bonneval, ce renégat valeureux et célèbre qui avait changé, comme il avait coutume de le dire, son chapeau en bonnet, essaya avec peu de succès de faire refleurir l'artillerie dont il était devenu grand maître. — Au milieu du dix-huitième siècle, Osman deux est forcé de faire de nouveau un appel au sa-voir des étrangers; il charge des Français d'enseigner à ses artilleurs le perfection-nement des théories d'Europe. En 1770, le baron de Tott y concourt avec ardeur; c'é-tait l'époque de la guerre contre les Russes, auxquels le Turc était réduit à opposer des artilleurs et des ingénieurs chrétiens. — Les ambassadeurs Vergennes, Saint-Priest, et les officiers d'artillerie envoyés par Louis seize, cherchèrent à relever le mili-taire turc; mais le savoir de l'armée con-tinue à décroître malgré les efforts de

Mustapha trois. — Cependant une école militaire instituée à Sulitzé recevait quelques développements par les soins du général Lafitte, de 1788 à 1793, époque de l'ambassade de Choiseul-Gouffier. — L'artilleur anglais Campbell fit faire des progrès aux bombardiers. — En 1796, le général Aubert Dubayet, ambassadeur, conduisit de France à Constantinople une escouade d'artillerie volante qui fit l'admiration de Selim ; ce prince s'efforça de créer sur ce modèle quelque artillerie a cheval. Aubert Dubayet fut ainsi le promoteur du système du *nizam-djedid*. Au temps de son ambassade, Bonaparte fut autorisé à passer au service turc. — L'art des mineurs, *taghoumdjis*, et des ingénieurs, *muhendis*, acquérait quelque perfectionnement. — Sous le règne de ce sultan, des instructeurs français, anglais, russes, améliorèrent l'artillerie de campagne. Déjà des troupes régulières étaient sur pied, lors de l'expédition des Français en Égypte. — L'armée possédait une traduction turque de Vauban qu'elle devait à un prince de Valachie ; elle avait même une bibliothèque militaire ; six mille hommes étaient déjà dressés à l'européenne et avaient une batterie à cheval ; mais le fanatisme des imans et l'avarice des ulémas firent avorter ces essais, qui coûtèrent la vie au sage et malheureux Sélim et à toutes ses troupes régulières. — Elles avaient fait les premiers essais de leurs armes en combattant les Français à Acre ; mais c'est réellement de 1826 que date la révolution militaire du pays. — Un ouvrage publié en Angleterre en 1827, sous le titre de *Sketches on Turkey* (Recherches sur la Turquie), témoigne combien étaient faibles encore les progrès du *nizam-djedid*. — Dans la guerre de 1828 et de 1829, l'armée turque flotte entre les tactiques d'Europe et d'Asie ; elle essaye infructueusement de faire usage de fusées de guerre importées d'Angleterre et qui devaient rendre inexpugnable le Balkan. — Dans la seconde campagne de cette guerre, des troupes régulières montrèrent de l'aplomb et de la résolution. A la bataille de Koulaktché on vit les jeunes Turcs mourir héroïquement à leurs rangs. — En mai 1829 (dernier jour du mois de dzilkide de l'hégire) un vrai code, un nouveau règlement général militaire est publié à Constantinople, sous le titre de *Kanounnameh*, etc., c'est-à-dire règles ou principes ; il comprend quatre cent cinquante-sept articles analogues, pour la plupart, aux dispositions des règlements de l'Europe. Une seconde édition est de 1830 ; quantité de termes nouveaux s'y trouvent introduits ; ceux que la langue turque ne pouvait rendre que par des expressions inventées, puisqu'il s'agissait de choses nouvelles, y sont composés spécialement, soit à l'aide de racines turques, soit dans l'esprit de la langue. Cette attention du législateur, cette interprétation des expressions devenues légales ne peuvent trop être applaudies, et sont trop souvent négligées dans des contrées depuis longtemps orgueilleuses de leur civilisation. — Dans ce règlement, les fonctions du général (*miri alaï*) sont déterminées ; en cela la Turquie est plus avancée que la France. — A cette même époque l'armée turque imite les usages de France, introduit ses théories et ses ordonnances, et recherche nos instructeurs.— Déjà, sous les armes, les troupes turques ne manquent pas d'une certaine apparence ; cependant le zèle du sultan, qui dans les commencements assistait deux fois par semaine aux exercices et aux revues, semblait se refroidir. — En 1835, l'école des pages ou ikoglans, établie à Galata Serai, se changeait en une école militaire, et des espèces d'écoles normales s'établissaient dans les villes où stationnent des états-majors de corps ; une école polytechnique prenait même naissance en 1835. — Mahmoud demandait en mars 1836, au roi de Prusse, douze officiers et vingt-quatre sous-officiers de toutes armes pour l'instruction des troupes turques, et en avril cette cargaison d'instructeurs cinglait vers Constantinople ; le vent politique avait changé, la France perdait le monopole de la tactique musulmane. — N° 7. Tactique. — La manière de combattre était un mélange des usages de l'antiquité, des formes byzantines et des méthodes du moyen age. Ainsi, à la manière des anciens, le poste d'honneur était à gauche ; si la guerre se faisait en Asie, l'armée asiatique tenait la gauche ; si l'on combattait en Europe, la gauche était le poste de l'armée d'Europe. Cette armée asiatique étant très-inférieure à l'autre, l'ennemi, s'il réglait en conséquence son point d'attaque, savait où frapper le plus utilement, et était sûr de la victoire. — De nos jours encore, des couleuvrines nommées pierriers, destinées à la défense de l'Hellespont, lançaient des boulets en pierre du poids de cinq cents à neuf cents livres ; des fauconneaux sur fourchette garnissaient le Bosphore. — Les troupes turques ont commencé à s'aider du secours de la fortification permanente depuis qu'elles se furent emparées de la Natolie, contrée accidentée et hérissée de forteresses byzantines à tours rondes ou carrées. — L'habileté et le génie de Mahomet deux créèrent la FORTIFICATION de campagne, la science des MARCHES, la CASTRAMÉTATION; des règles étendues et étudiées prirent naissance; sans doute elles étaient loin de la perfection, mais si l'on s'en rapporte au témoignage de MARSIGLI, les TROUPES TURQUES l'emportaient, quant à ce genre de savoir, sur toutes celles de l'Europe. — La promptitude à se retrancher distinguait encore le TURC au temps du prince EUGÈNE; ce grand général en a témoigné dans ses mémoires son admiration; il ne doutait pas que ce ne fût une trace des usages des ROMAINS et de leurs colonies orientales. — Dans les guerres défensives, les TURCS fermaient l'entrée d'un pays en y construisant un grand CAMP RETRANCHÉ, d'où ils LANÇAIENT de puissantes SORTIES. Cet usage, goûté et imité par leurs ENNEMIS, avait produit les PLACES A L'ALLEMANDE, que MONTÉCUCULI (1704, D) et FEUQUIÈRES (1750, A) recommandent sous le nom de PALANQUES, et qui ont donné naissance aux CAMPS RETRANCHÉS dressés en FRANCE depuis LOUIS QUATORZE. — Un principe sage s'était conservé; pour la facilité des subsistances, la CAMPAGNE commençait tard, et la GUERRE s'entamait avec le plus de vigueur possible, afin que sa durée fût d'autant moindre. Quantité de motifs, que nous avons énoncés, faisaient de cette loi une nécessité. — Depuis que l'éclat des armes TURQUES s'était éclipsé, le CAMPEMENT ne consistait plus qu'à grouper les TENTES des subordonnés autour de celle du chef qui, autant que possible, s'établissait sur un tertre. — Quelques SENTINELLES posées çà et là s'asseyaient, fumaient, faisaient la conversation ou dormaient. — LA TACTIQUE proprement dite était restée à peu près la même que celle des TURCOMANS, ancêtres des TURCS, quand au treizième siècle ils habitaient le bord oriental de la mer Caspienne. — A l'imitation des anciens peuples de l'ORIENT et des PERSES, la MILICE TURQUE recherchait les plaines rases, se formait pour le combat par peuples, par BANNIÈRES, par masses; elle TENDAIT assez habilement DES EMBUSCADES, combattait en hurlant, et avait pour ÉCLAIREURS OU VÉLITES, des ENFANTS PERDUS, nommés *bravi*. — Des nuées d'ARCHERS ENGAGEAIENT LES ACTIONS au bruit des HOURRAS et des CRIS DE GUERRE qui rappelaient les croyances de leur religion. — Des PARTIS de chevaux habiles aux ESCARMOUCHES vives, aux CHARGES à toute carrière, se lançaient avec fureur, cédaient tout à coup le terrain, fuyaient à VAU DE ROUTE, contrevoltaient, puis revenaient bientôt et plusieurs fois de suite sur le même point ou sur ceux qu'ils

jugeaient plus vulnérables. — L'INFANTERIE destinée à combattre en troupe, était ordonnée par petites agrégations qui toutes avaient leurs GUIDONS; ils les conduisaient à la CHARGE; ils les ralliaient après le choc. — Les TROUPES ASIATIQUES, incapables de garder leurs rangs, ne participaient que pêle-mêle AUX ACTIONS, et même, quand elles le jugeaient à propos, elles se tenaient à l'écart. — Les GÉNÉRAUX ignoraient ou négligeaient l'artifice des LIGNES COMBINÉES, des INTERVALLES symétriques, des RÉSERVES. — Un COIN ou triangle vide, qui rappelait l'EMBOLON ou plutôt l'antique manière des THRACES et des SCYTHES, était l'ordre de combat des TURCS; les JANISSAIRES en occupaient le point saillant et agressif; en arrière d'eux était l'INFANTERIE féodale, formée en masse serrée. Après que la pointe avait reçu ou donné le choc, les deux bras ou lignes diagonales se déployaient, tendaient à se redresser, à se courber en sens contraire pour former TENAILLE OU COELEMBOLON. — La CAVALERIE, ordonnée en masses épaisses, à l'imitation des TURMES BYSANTINES, et flanquant les deux AILES, saisissait l'instant de ce passage de l'ORDRE CONVEXE à l'ORDRE CONCAVE pour s'élancer brusquement et prendre de côté ou à revers l'ENNEMI. — Si l'on en croit DELIGNE (1827, D), l'abus que cette CAVALERIE faisait de ses CHEVAUX les mettait promptement hors de service. — Pour cette ARMÉE, aussi ardente que facilement rebutée, la victoire n'était pas un profit, la défaite n'était pas une leçon; cette troupe n'offrait, dit WARNERY (1771, D), que l'image d'une *cohue qui attaque sans ordre et se retire en désordre, passant de l'arrogance au découragement.* — DELIGNE (1827, D) disait des TURCS que tantôt ils donnaient vigoureusement, tantôt ils se dégoûtaient à la première résistance; *qu'ils ne se battent que quand il leur convient de le faire; que la moitié de l'armée s'en dispense quelquefois.* — Suivant le même ÉCRIVAIN, les JANISSAIRES chargeaient le FUSIL si lentement, qu'il était possible de les aborder avant qu'ils pussent FAIRE FEU une seconde fois. — Pour les TURCS, la CAMPAGNE était une incursion, la MARCHE un pillage, l'ARTILLERIE un embarras, les BATAILLES une MÊLÉE, etc. Suivant les expressions de VOLNEY: *Le plus fort ou le plus hardi va chercher l'autre, qui souvent fuit sans combat; s'il attend de pied ferme, on s'aborde; la terreur se répand souvent sans raison; un parti fuit, l'autre le presse et crie victoire; le vaincu subit la loi du vainqueur, et souvent la campagne finit avant la bataille.* — L'automne était l'époque où l'armée avait affaire à l'ennemi le plus cruel, à la famine ; mais le froid seul suffisait pour rappeler les troupes aux pays plus chauds qui les avaient vus naître. La rigueur de la saison était le signal de la défection ; le fatalisme étouffait tout sentiment d'honneur ; chaque peuplade retournait en désordre vers le lieu natal ; le brigandage était à son comble ; le fantassin s'embusquait pour tuer le cavalier et s'emparer de son cheval ; le soldat que les chances de la guerre n'avaient pas enrichi égorgeait le brigand endormi dont la ceinture contenait de l'or. — Parfois le chef de quelques troupes non encore débandées barrait le passage aux fuyards, les faisait dépouiller, noyer ou décapiter, et s'appropriait la meilleure part du butin ; il envoyait le reste à Constantinople. — Quelques qualités militaires qui sont propres aux musulmans contrastaient avec ce tableau. — Leur sobriété est grande ; les liqueurs spiritueuses ne sont pas pour eux un besoin ; leur courage est aveugle, leur choc terrible ; leur résistance derrière les remparts, infatigable ; le soldat réduit à défendre la garnison qui contient à demeure sa famille et ce qu'il possède, se bat sans espérer de quartier, sans même croire possible une capitulation. — De nos jours encore, les châteaux de l'Hellespont étaient armés de pièces de soixante, ou même de pierriers de plus fort calibre. — Depuis le triomphe du *nizam-djedid* ou *nizame-gedid*, la baionnette et le tambour sont adoptés ; l'exercice de l'infanterie est conforme au règlement français de 1791 ; la troupe est par rang de taille, et manœuvre sur trois rangs. — Déjà en 1831 (mai), si l'on en croit quelques papiers publics, les exercices à l'européenne commençaient à n'être suivis que mollement ; les instructeurs Colasso et Gaillard avaient cependant encore quelque occupation, l'un dans la cavalerie, l'autre dans l'infanterie ; mais les autres démonstrateurs étrangers restaient inoccupés. — N° 8. Punitions, peine. — Jusqu'à l'adoption du système moderne, l'arbitraire seul décidait du genre des peines. — Le règlement qui a été promulgué en 1829 a conservé une teinture de ces usages ; on y voit à chaque article se répéter la même formule : *Peine de mort, ou toute autre peine à la discrétion du conseil de guerre ;* ces autres peines sont habituellement la fustigation et les coups sous la plante des pieds. — A cette disposition près, on pourrait croire que ce règlement est rédigé en France, et cependant la discipline est sans force, les punitions sont appliquées rarement, les officiers et sous-officiers sont peu res-

pectés du soldat, ils en sont même quelquefois insultés. — N° 9. Administration. — L'administration était nulle. Dans les armées turques, la maraude, le pillage, les fourrageurs pourvoyaient à tout, le luxe des maîtres traînait à sa suite des nuées d'esclaves des deux sexes. Tout militaire au-dessus du simple soldat, ainsi que toute escouade, avait ses valets de campement et ses porteurs d'eau ; c'était une conséquence du besoin des bains et de l'usage des ablutions religieuses ; les routes et les camps étaient encombrés d'hommes inutiles ; les longues colonnes de bagages et l'immense attirail du campement rendaient presque immobiles les armées turques, et cette lourdeur y engendrait promptement la famine. — Dans les derniers temps, cependant, un système encore bien imparfait d'approvisionnements et de magasins a été essayé ; mais jamais armée turque n'a pu trouver sur un même point sa subsistance pendant un ou deux mois de suite ; il n'y a pas de corps administratifs qui prévoient les besoins des troupes ; on se fie à des convois, à des ressources que mille événements contrarient. — L'administration intérieure des corps n'avait pas fait de progrès en 1830, si ce n'est que les casernes sont en général bien situées, spacieuses et commodes ; les officiers ignorent le nombre de leurs subordonnés et n'en tiennent pas de rôle ; ils mangent le pilaw, pêle-mêle avec les sous-officiers et les simples soldats ; aucune mesure n'est adoptée pour le blanchissage ; les masses de petit équipement sont inconnues ; il n'est pas fait de réparations régulières aux armes ; les effets de casernement manquent ; l'administration de la cavalerie surtout est déplorable. — Les hôpitaux sont dépourvus d'officiers de santé ; leur gestion occasionne de grandes dépenses ; les secours qu'ils donnent sont faibles ; la mortalité y est considérable, et pourtant l'administration coûte deux fois plus que celle de France qui n'est pas elle-même à bon marché. — Mahmoud cependant a tempéré quelques abus et a créé un surintendant des troupes.

MILICE vénitienne (F). Sorte de milice qui a le droit d'aînesse sur quantité d'autres ; elle jouait déjà un rôle important peu de siècles après la création de cette métropole puissante que l'année 726 avait vu sortir des lagunes. — La force, d'abord toute nationale de Venise, a consisté dans son armée de mer ; elle lui a dû son accroissement et ses premiers succès ; mais bientôt, à l'instar de Carthage, elle a créé pour les expéditions de terre une armée d'étrangers ; le gouvernement de Venise est le premier qui ait donné aux MILICES ITALIENNES l'exemple des TROUPES MERCENAIRES ; il commençait à en faire emploi en 1143. — Un ORDRE de CHEVALERIE militaire qui existait, dit-on, presque aussi anciennement que la république, aurait la priorité sur toutes les institutions de ce genre en EUROPE ; il s'appelait l'ORDRE de la Chausse (*Calza*) ou confrérie de Saint-Marc. — Cet ORDRE fut renouvelé en 1562 et n'avait pas de statuts ; les chevaliers qui y entraient se vouaient au service de la république. — L'insigne figurative de cette CHEVALERIE était une bottine d'or, relevée de couleurs diverses, enrichie de pierreries, et ayant le talon émaillé de sable. — Le GONFALON de Saint-Marc, espèce de LABARUM ou d'ORIFLAMME, est porté à la CROISADE DE 1202 ; l'importance attachée à cet insigne avait fait donner le nom de GONFALONIER au personnage qui était à la fois le chef de la république et le MAITRE DE LA MILICE. — En 1830, des BOMBARDES, des PIERRIERS démesurés lançaient d'énormes PROJECTILES en marbre. Dans le même siècle, plus d'un CONDOTTIÈRE s'élevèrent au premier rang, comme en fait foi le livre d'or. — Le BÉLIER était encore une ARME en usage dans les TROUPES vénitiennes, comme le témoigne le siége de ZARA, en 1345. — Les possessions de terre ferme fournissaient au RECRUTEMENT de l'INFANTERIE de VENISE ; des ALBANAIS, des ARGOULETS armés du DJÉRID, constituaient sa CAVALERIE légère, qui fut le modèle de la nôtre ; son ARTILLERIE perfectionnée, d'abord à l'usage de la MARINE, est la première, dit l'histoire, qui ait accompagné sur le champ de bataille des TROUPES de terre ; Coléone, GÉNÉRAL vénitien dans le cours du quinzième siècle, passe pour le père de l'ARTILLERIE de campagne. — Dans le même siècle, l'INFANTERIE de la seigneurie était solide, bravait la CAVALERIE TURQUE, et combattait, dit-on, en BATAILLON TRIANGULAIRE. — Dès 1506, Venise possédait une ÉCOLE D'ARTILLERIE. — Au commencement de ce même siècle, les INGÉNIEURS de VENISE inventaient et construisaient les BASTIONS à cinq PANS. En 1571, ils défendaient Famagouste à l'aide de DEMI-LUNES, genre de DEHORS encore peu connus. — En 1647, VENISE acquiert pour auxiliaires les Monténégrins, peuplade belliqueuse jusque-là l'alliée des TURCS. — Dans les derniers siècles et jusqu'aux changements que la GUERRE de la RÉVOLUTION lui a fait subir, le territoire vénitien comptait trois millions et demi d'habitants ; son état militaire était habituellement de trente mille hommes et plus ; il pouvait même en mettre sur pied cinquante mille en les tirant, soit des pro-

vinces de terre ferme, soit du pays des ESCLAVONS. Ces derniers, à eux seuls, lui fournissaient de dix à quinze mille HOMMES DE PIED et quatre à cinq mille bons CAVALIERS. — Au milieu du siècle passé, VENISE entretenait, en temps de paix, seize mille hommes de TROUPES réglées et dix mille de TROUPES miliciennes. — Le nom et l'usage du BISCUIT de mer, considéré comme un des comestibles des TROUPES, appartient primitivement aux TROUPES de VENISE. — Le nom donné aux divers ADJUDANTS de l'EUROPE est originaire de la LANGUE VÉNITIENNE. — Au nombre des MILICES ITALIENNES, VENISE est celle qui a fait faire le plus de progrès à la SCIENCE DES ARMES, par le nombre de ses AUTEURS, le savoir de ses mathématiciens, l'habileté de ses imprimeries. Déjà elle avait un règlement d'INFANTERIE publié par le feld-maréchal SCHULEMBOURG (1724, C), quand rien d'officiel sur ce sujet n'existait encore avec la même étendue en FRANCE. — L'AUTEUR le plus moderne qui puisse être consulté touchant la MILICE VÉNITIENNE est DARU (*Histoire de Venise*).

MILICE WURTEMBERGEOISE (F). Sorte de MILICE qui serait incomparablement au premier rang de toutes, si la sagesse de l'organisation était un titre de prééminence, un gage de force, une cause d'influence. — Parmi les principes qui y sont en vigueur, plusieurs mériteraient d'être imités dans des royaumes bien plus puissants. — Il est traité de cette MILICE dans les œuvres de M. le général BISMARK ; dans l'ouvrage militaire périodique intitulé *Zeitschreif fur Kunst*, etc. (4ᵉ cahier) ; dans l'Almanach militaire de Wurtemberg ; dans l'État militaire, annuellement publié à *Stuttgard* ; dans le Manuel militaire du royaume de Wurtemberg, 1856 ; dans le *Journal des Sciences militaires* (t. IX, et année 1834, p. 151) ; dans le *Spectateur militaire* (juin 1827, t. XIX, p. 696 ; t. XXII, p. 115 ; t. XXIII, p. 108) ; dans le *Bulletin des Sciences militaires* (1827, p. 404) et le *Journal de la Société de statistique*, (1855, t. VI, p. 51) ; la *Sentinelle de l'armée* (t. III, p. 171). — Ce qui intéresse le sujet va se développer sous les titres : CRÉATION, COMPOSITION, FORCE, UNIFORME, ALLOCATIONS, SOLDE, INSTRUCTION, TACTIQUE, PUNITIONS, PEINES, SERVICE, ADMINISTRATION. — Nᵒ 1. CRÉATION, COMPOSITION. — L'ARMÉE de WURTEMBERG était un bien faible noyau quand, en 1797, une principauté de trois cent mille âmes se changeait en un duché ; car tel était l'héritage de Frédéric l'énorme. En 1803, il avait substitué à sa couronne ducale le bonnet électoral, et ayant eu l'habileté de s'unir à

Napoléon, il laissait à son fils la souveraineté d'un royaume érigé en 1806 et comprenant un million cinq cent mille habitants. Quoique moins vaste que le Hanovre,
il n'était pas moins peuplé; il l'emporte
aujourd'hui sur la Saxe et peut répondre
par sa richesse au grand-duché de Bade. —
Embrassons successivement le système général de l'organigation, les formes du recrutement, le rang des différentes troupes,
les règles de l'avancement, les formes
rémunératoires, les détails qui concernent
l'état-major, l'infanterie, la cavalerie, la
gendarmerie, l'artillerie. — Au 1er janvier 1832 la population du pays était de
1,594,671 âmes. — A l'exception de quelques emprunts dont cette milice aurait pu
se passer, son système d'organisation est
bien à elle; il est d'autant meilleur qu'il
imite moins. — Peut-être sa constitution
ne s'adapterait-elle pas aussi avantageuse-
ment aux grands Etats; elle convient à un
royaume peu étendu. Il faut en offrir les
principes à la méditation de tous les gouvernements; car l'esprit dans lequel l'armée a été créée, la met au rang de celles qui
approchent le plus de la perfection. La di-
gression ici sera donc moins succincte que
s'il s'agissait de telle ou telle armée plus
importante, mais moins classique, moins
originale. — Si celle de Wurtemberg doit
encourir quelques reproches, c'est que le
chiffre des généraux y reste indéterminé;
qu'à la manière autrichienne et russe, elle
donne à des généraux d'artillerie, de
cavalerie, d'infanterie, le titre de généraux en chef; qu'à l'instar de l'Autriche et
de l'Angleterre, les bataillons sont commandés, non par des chefs ad hoc, mais par
des majors ou des lieutenants-colonels, et
que les grades d'officiers sont brisés par
classes, comme l'armée française en donne
le blâmable exemple. — Il est un autre
vice. Le cadre, c'est-à-dire les militaires
gradés, prend accroissement en temps de
guerre; à l'instant de combattre, il faut
que les meilleurs soldats deviennent caporaux, que les meilleurs caporaux deviennent sergents. Ainsi s'appauvrit chaque
catégorie qu'on dépouille de ses chefs de
file; personne n'est préparé à cet avancement en masse, nul n'est rompu aux devoirs, aux fonctions qu'il va être appelé à
remplir. Si la guerre est de peu de durée, le
gouvernement ne sait que faire des hommes
gradés, il est réduit à s'en débarrasser
comme d'un fardeau, et l'enfance de l'armée
recommence. — Passons à l'examen des
dispositions, en général plausibles, qui lui
sont particulières; c'est peu surprenant dans

un pays dont tous les princes ont été bons
militaires. — Suivant des usages qui lui sont
propres, tout y est préparé pour la paix
comme pour la guerre; les auditeurs, les
chirurgiens, les vétérinaires, les écuyers de
brigade ont le rang de sous-lieutenant;
les aumoniers et les musiciens n'y sont point
régimentaires, mais attachés aux brigades. —
On ne voit pas régner, comme presque partout, une vaine et confuse distinction entre
une garde royale, des troupes de ligne, des
régiments de bataille, des corps légers etc.
etc. Il n'y a, dans le Wurtemberg, que des
gardes du corps, une gendarmerie de guerre, une armée; son équilibre n'est dérangé
par aucun corps d'élite, par aucun corps
privilégié; des dénominations blessantes,
des disparates grotesques de corps lourds et
de corps légers, n'y sont pas une source de
rivalités, de jalousies, de querelles. — Il y
a par chaque bataillon d'infanterie et chaque régiment de cavalerie un cadet. — Un
hôtel des Invalides est institué. — Il n'y a,
dans chaque arme, qu'une catégorie; les
mêmes régiments contiennent en eux les
troupes de bataille et les troupes légères. —
Les cadres sont disposés de façon que tout
ce que l'organisation de guerre exigerait
est prévu. L'état-major des corps se subdi-
vise en haut état-major ou officiers supérieurs, en état-major moyen ou officiers
particuliers, en petit état-major. — La partie des troupes de réserve ou landwehr est
dans la proportion d'un soldat sur trois
cents âmes; les hommes de cette réserve
figurent sur les contrôles des régiments. —
En temps de paix, il ne reste qu'un petit
nombre de soldats dans les cadres; les autres y sont rappelés pendant un mois à l'é-
poque des exercices. — Une partie de l'armée porte le titre de troupes de garnison. —
Le complet de guerre est presque le triple
du complet de paix. — Deux régiments forment une brigade sous un général major;
deux brigades forment division permanente
sous un feld maréchal lieutenant. — L'é-
tat-major des brigades et des divisions de
l'infanterie est le même que celui des brigades et divisions de cavalerie, à l'exception de l'écuyer, *bereiter*, ou piqueur, qui
fait partie des brigades de cavalerie. —
L'armée wurtembergeoise se recrute par enrolement libre, parmi les hommes de dix-
huit à trente ans; l'enrolement qui alimente
les musiques est permis à quinze ans. Une
conscription qui diffère peu de la loi française,
subvient à l'insuffisance de l'enrolement libre
et permet le remplacement. Un rescrit royal
de 1818 (7 mai) a réglé cette matière, et
faisait tirer au sort les hommes de vingt

vingt et un ans. — Des motifs légitimes d'EXEMPTION sont prévus par la loi ; mais il n'y a d'exception qu'en faveur des anciens princes et comtes de l'empire. C'est une concession faite, à tort ou à raison, aux vieux usages. — Le rang que les différentes ARMES tiennent entre elles a un caractère particulier. — L'ÉTAT-MAJOR du QUARTIER-MAITRE GÉNÉRAL marche en tête. Viennent ensuite les INVALIDES, les CHASSEURS de campgane, la GARDE du souverain, l'ARTILLERIE à cheval, l'ARTILLERIE à pied et les PIONNIERS, l'INFANTERIE. — Cet ordre est plus sagement réglé qu'en FRANCE, si ce n'est que l'ARTILLERIE ne formant qu'un seul RÉGIMENT, il est singulier que les hommes à cheval de ce RÉGIMENT marchent avant la CAVALERIE, tandis que l'ARTILLERIE à pied ne marche qu'après la CAVALERIE. — Les emplois de SOUS-LIEUTENANTS dans l'INFANTERIE et la cavalerie sont donnés par moitié aux élèves ou CADETS et aux SOUS-OFFICIERS. — Les nominations n'ont lieu qu'en vertu d'EXAMEN. — Les SOUS-OFFICIERS sont choisis parmi les FRANCS TIREURS et les VOLTIGEURS, parce que le SERVICE des combattants hors rangs, SERVICE qui répond à celui de nos TROUPES légères, est regardé comme exigeant plus d'études et plus d'intelligence que le SERVICE qui s'accomplit en masse, tel que celui des CORPS de bataille. Pour assurer la bonté des choix et entretenir l'émulation des SOUS-OFFICIERS, les NOMINATIONS faites par les chefs de CORPS ne sont que provisoires et pour une durée de trois mois ; si le sujet promu n'a pas répondu après ce laps de temps aux espérances de ses chefs, il redevient simple SOLDAT. — Les RÉCOMPENSES décoratives, auxquelles peuvent aspirer des MILITAIRES de tous rangs, consistent en des MÉDAILLES D'HONNEUR qui sont de deux classes : la MÉDAILLE d'or et celle d'argent. Il est défendu à qui que ce soit de les postuler ; le roi seul les décerne ; elles se délivrent en des cérémonies publiques. — Les hommes de TROUPE peuvent obtenir l'une ou l'autre ; cette RÉCOMPENSE leur assure a vie le traitement de l'emploi, en outre de certains privilèges. — Les OFFICIERS peuvent obtenir la MÉDAILLE d'or ; elle est, pour eux, l'acheminement à l'ORDRE DU MÉRITE MILITAIRE, dont le *bulletin des sciences militaires* (1827, p. 440) donnait un aperçu. Les MÉDAILLES ne sont pas distribuées collectivement, comme en PRUSSE, en RUSSIE etc ; elles ne sont pas une espèce de certificat de présence à telle ou telle affaire ; mais elles sont accordées comme le prix d'une ACTION D'ÉCLAT, comme un témoignage ostensible et non sollicité de valeur personnelle. La feuille du gouvernement (1835, 12 oc-

tobre) mentionne la création d'une DÉCORATION D'HONNEUR en or pour les OFFICIERS, en argent pour les hommes de troupe ; elle est remémorative du nombre d'années de service ; elle est suspendue à un ruban rouge et bleu. — Le droit à l'obtention des EMPLOIS CIVILS, à mesure qu'il y en a de vacants, est acquis aux MILITAIRES libérés, s'ils ont la capacité que la place exige. — Le roi est le chef de l'ARMÉE ; il a dix AIDES DE CAMP. — Le MINISTRE de la guerre est son intermédiaire ; il est secondé par un CONSEIL D'ADMINISTRATION DE LA GUERRE. — Le bureau du ministère qui, en FRANCE, est consacré à l'ORGANISATION, est représenté en WURTEMBERG par une institution nommée comité des revues (*assentiruns commission*). — L'ÉTAT-MAJOR GÉNÉRAL comprend : l'ÉTAT-MAJOR combattant, ou commandant, le CORPS D'ÉTAT-MAJOR, l'ÉTAT-MAJOR DE PLACE, l'ÉTAT-MAJOR ADMINISTRATIF. — Le premier se compose des généraux et des aides de camp. — A la manière allemande, les hauts GRADES sont nombreux, et trop peut-être ; les FELD-MARÉCHAUX ont au-dessous d'eux des GÉNÉRAUX dénommés, avec peu d'exactitude, GÉNÉRAUX EN CHEF ; ces derniers sont secondés par des GÉNÉRAUX LIEUTENANTS et par des GÉNÉRAUX MAJORS ; mais les GÉNÉRAUX, sauf les FELD-MARÉCHAUX, ne sont pas destinés à vieillir inutiles et rouillés ; leur GRADE n'est pas un brevet d'oisiveté. — Chaque GÉNÉRAL n'a qu'un AIDE DE CAMP ; il a pour SECRÉTAIRE un FOURRIER D'ÉTAT-MAJOR ; ainsi les GÉNÉRAUX ne peuvent pas détourner des RÉGIMENTS, au grand déplaisir du COLONEL, les ÉCRIVAINS qu'il leur plairait de s'attacher. — Le CORPS D'ÉTAT-MAJOR se compose d'OFFICIERS qui n'y sont admis qu'après avoir servi plusieurs années dans une autre ARME. Ce corps s'acquitte des fonctions qui, dans d'autres ARMÉES, sont exercées particulièrement par le GÉNIE et les TOPOGRAPHES ; il se divise en sections ; la première a dans son ressort la TACTIQUE ; les autres, la FORTIFICATION, la TOPOGRAPHIE. — L'ÉTAT-MAJOR de place est un ensemble de quelques OFFICIERS du GÉNIE pour le SERVICE des deux forteresses du pays. — L'ÉTAT-MAJOR administratif se divise en trois catégories, savoir : le SERVICE médical ou les OFFICIERS de santé, le CORPS judiciaire ou les AUDITEURS, les administrations économiques qu'on appelle OFFICIERS d'approvisionnements. — Les EMPLOYÉS supérieurs de la justice, de l'approvisionnement et des hôpitaux, ont le caractère d'OFFICIERS D'ÉTAT-MAJOR avec assimilation à divers GRADES. — Cette simplification, cette distribution hiérarchique est particulière au WURTEMBERG.

— Il y a par BRIGADE un AUMONIER, ce qui est considéré comme suffisant, puisque les TROUPES ont la ressource des églises, des prêches, etc. — La COMPOSITION de l'INFANTERIE est réglée en nombres carrés, comme offrant le système le plus clair, le plus concordant avec les lois de sa TACTIQUE. — Il y a par RÉGIMENT deux COMPAGNIES de VÉTÉRANS sédentaires, formant une RÉSERVE ou un dépôt dont les CORPS tirent encore d'utiles services. — L'INFANTERIE est de deux divisions, celles-ci de deux BRIGADES, celles-ci de deux RÉGIMENTS, VÉTÉRANS non compris; les RÉGIMENTS sont de deux BATAILLONS, ceux-ci de quatre COMPAGNIES. — L'INFANTERIE n'est point énervée par la fâcheuse existence des GRENADIERS et autres COMPAGNIES d'élite; les COMPAGNIES de FUSILIERS, loin d'être un vil rebut, un timide troupeau de chétifs enfants, sont le cœur même de l'ARMÉE; elles contiennent, sous le nom de FRANCS TIREURS, l'INFANTERIE légère. — Ces FRANCS TIREURS, ou TIRAILLEURS A PIED, ne le deviennent qu'après cinq mois de SERVICE; ils sont, en temps de paix, au nombre de dix par COMPAGNIE; en temps de guerre, au nombre de trente; ils jouissent d'une HAUTE PAYE. — L'ÉTAT-MAJOR de chaque RÉGIMENT contient des OFFICIERS de FRANCS TIREURS; il s'accroît, en temps de guerre, de plusieurs fonctions ou GRADES, tels qu'un MAJOR, deux CAPITAINES de francs tireurs, un AUDITEUR, un FOURRIER d'ÉTAT-MAJOR, deux CHIRURGIENS sous-aides, un PRÉVOT, un second ARMURIER, un CONDUCTEUR DE MALADES, deux CHARPENTIERS, dix SOLDATS du TRAIN et seize CHEVAUX. — Les fonctions de chefs de bataillon sont remplies, comme autrefois en FRANCE, par des LIEUTENANTS-COLONELS ou des MAJORS. La puissance des habitudes maintient cet usage peu plausible. — Le nombre des OFFICIERS inférieurs, des SERGENTS, des caporaux, des appointés, se double sur le pied de guerre par chaque COMPAGNIE. — Chaque COMPAGNIE est de force et de forme pareilles; ses OFFICIERS et ses hommes de TROUPE s'accroissent dans une proportion déterminée de manière qu'un RÉGIMENT soit, sur pied de paix, de cinq cent vingt et un hommes, et en temps de guerre de quatorze cent vingt-six. — Le HAUT ÉTAT-MAJOR des CORPS d'INFANTERIE comprend un COLONEL et deux LIEUTENANTS-COLONELS ou MAJORS. — L'ÉTAT-MAJOR moyen est d'un ADJUDANT major, deux lieutenants de FRANCS TIREURS, un QUARTIER-MAITRE, un CHIRURGIEN-major. Il y a dans le petit ÉTAT-MAJOR deux ADJUDANTS sous-officiers, un FOURRIER d'ÉTAT-MAJOR, un TAMBOUR-MAJOR, quatre CHIRURGIENS sous-aides, un TAMBOUR MAITRE, un PRÉVOT, un ARMURIER. — Chaque BRIGADE d'INFANTERIE a un AUDITEUR, un FOURRIER d'ÉTAT-MAJOR, un AUMONIER, trente MUSICIENS, en outre des TAMBOURS. — Les TROUPES à cheval comprennent un escadron de GARDES du CORPS, la CAVALERIE de ligne et un ESCADRON de GENDARMERIE de guerre nommée CHASSEURS de campagne. — La CAVALERIE de ligne n'est que médiocrement montée, parce qu'elle ne se sert que de CHEVAUX tirés du pays même; elle se compose d'une DIVISION, celle-ci de deux BRIGADES, chacune de deux RÉGIMENTS, chaque RÉGIMENT de quatre ESCADRONS-COMPAGNIES. — Chaque ESCADRON est, sur pied de paix, de quatre-vingt-cinq hommes, et sur pied de guerre, de cent soixante-trois hommes. — La CAVALERIE n'est que d'une espèce, et dans chaque ESCADRON elle trouve, comme CAVALERIE légère, ses VOLTIGEURS. — Chaque ESCADRON se divise en cinq ESCOUADES; la cinquième se nomme TIRAILLEURS, elle est ESCOUADE d'élite. Les cavaliers ne deviennent TIRAILLEURS qu'après six mois de service; leur manière de combattre dépend de règles particulières. — En temps de guerre il y a, en outre de l'ARMURIER, un FORGEUR de LANCES par RÉGIMENT. — L'ARTILLERIE forme un RÉGIMENT de trois COMPAGNIES à pied et trois à cheval, et une COMPAGNIE de garnison. Cet ensemble, dont le TRAIN fait partie intégrante, est considéré et commandé comme une BRIGADE. — Les SERVANTS de l'ARTILLERIE à cheval se tiennent sur le premier CAISSON et sur le coffret; ainsi le nom d'ARTILLERIE légère convient mieux à cette arme que celui d'ARTILLERIE à cheval. — Les BATTERIES sont de quatre PIÈCES en temps de paix, et de huit en temps de guerre, savoir: deux OBUSIERS et six CANONS. — Le train d'ARTILLERIE est destiné à fournir, en temps de guerre, des détachements comme TRAIN d'équipages. — Une DÉCORATION accordée comme récompense de vingt ans de service a été instituée en 1833 et distribuée le 20 septembre. (*Annuaire des armées de terre*, 1836, p. 516). — N° 2. FORCE. — Le WURTEMBERG contient un million et demi d'habitants. — La matricule de la CONFÉDÉRATION GERMANIQUE ayant coté les CONTINGENTS sur la force connue de la population, à raison d'un homme sur cent âmes, l'ARMÉE du WURTEMBERG, en cas de guerre, est de 13,955 hommes; elle s'élève à 18,607 combattants en y comprenant la réserve ou LANDWEHR. — Un tableau statistique des forces militaires de l'EUROPE, qu'on trouve dans le *Spectateur militaire* (juin 1827), ne porte l'effectif, en temps de guerre, qu'à 13,065 hommes. — D'autres calculs (*Bulletin des Sciences militaires*, 1827, p. 404, 409) n'établissent la force que dans la proportion suivante:

PIED DE PAIX.	PIED DE GUERRE.
368 officiers.	520 officiers.
1,504 sous-off.	2,302 sous-off.
5,184 soldats.	14,510 soldats.
7,056	17,332

—Mais il ne reste dans les cadres que les hommes dont l'instruction est incomplète ; la cavalerie et l'ARTILLERIE conservent, en temps de paix, la moitié de l'effectif de guerre ; l'INFANTERIE ne retient, hormis à certaines époques, que 200 hommes par RÉGIMENT. Ainsi, en hiver, l'ARMÉE est à peu près de 3,000 hommes, aux grandes manœuvres de septembre de 8,000, et pendant les autres mois de 5,000. — Les forteresses du royaume ne comprennent que la place d'ULM et le fort de Kohentwiel. — Nº 3. UNIFORME. — Toute l'ARMÉE a l'habit et le pantalon bleu de ciel ; l'INFANTERIE a le collet rouge, la CAVALERIE a le parement rouge, l'ARTILLERIE et l'ÉTAT-MAJOR les collets et les parements noirs. — Cette simplicité de |costume, cette véritable et parfaite uniformité ne saurait recevoir trop d'éloges. — Un HABILLEMENT neuf de réserve pour le complet des TROUPES sur pied de guerre est constamment tenu [en MAGASIN ; on renouvelle et on remplace à mesure ce qu'on en distrait pour les besoins courants. — En 1837, toute l'INFANTERIE a pris les revers rouges. L'ARTILLERIE à cheval, les CHASSEURS de campagne et les GARDES ont imité le lourd et disgracieux COLBACH français ; le reste des TROUPES porte le SCHAKO. L'ÉTAT-MAJOR général a seul des CHAPEAUX. — Les OFFICIERS ont les ÉPAULETTES à écailles et à franges différentes, suivant le rang ; ils portent une CEINTURE-ÉCHARPE en soie rouge et noire ; c'est une vieille mode qu'ils ont cru devoir respecter, malgré ce qu'elle a d'inutile, pour ne pas dire plus. — Le FUSIL A PISTON était, en 1836, l'objet de sérieuses expériences. — Le SABRE est l'arme de tous les OFFICIERS. Les TIRAILLEURS A CHEVAL ont un long MOUSQUETON et un SABRE ; le premier rang de la CAVALERIE porte la LANCE, le second le MOUSQUETON court. — Le HARNACHEMENT est de la plus grande simplicité ; il n'est admis qu'un seul modèle de selles et de bride. La SCHABRAQUE est en drap bleu de ciel et bordée d'un passe-poil rouge ; deux étoiles d'or sont brodées sur celle des GÉNÉRAUX. — Nº 4. ALLOCATIONS, SOLDE. — La RATION de PAIN est de deux livres ; en route, la moitié des deniers d'ordinaire est représentée par une distribution de farine. — Pendant les marches dans l'intérieur, l'HABITANT est tenu de nourrir le SOLDAT ; il est remboursé de cette avance à raison d'une

allocation de huit kreutzers par homme. — Le tableau de la SOLDE est donné dans le *Bulletin des Sciences militaires* (1827, p. 449). — La loi relative aux PENSIONS DE RETRAITE a été rendue en 1819 (13 septembre) ; les infirmités y donnent droit ; vingt ans de SERVICE autorisent à la réclamer. Les CAMPAGNES n'augmentent pas le montant de la RETRAITE ; les OFFICIERS pensionnés restent à la disposition du MINISTRE de la guerre ; il a le droit d'exiger d'eux les services qu'ils sont susceptibles de rendre encore. — Les ALLOCATIONS de la SOLDE de RETRAITE se divisent en quatre classes : de dix à quinze ans de SERVICE, de quinze à vingt, de vingt à trente et au-dessus. La moindre classe équivaut au *minimum* de France ; la classe supérieure excède de beaucoup le *maximum* des pensions françaises. — Le COLONEL a quatre mille quatre-vingts francs, le CAPITAINE deux mille quarante francs, le LIEUTENANT mille vingt francs. — Nº 5. INSTRUCTION. — M. XILANDER regarde l'ARMÉE de WURTEMBERG comme une école théorique et pratique où tous les MILITAIRES viennent successivement acquérir, chacun dans leur sphère, toute l'instruction qui leur est propre. — Non-seulement les SOUS-OFFICIERS savent lire et écrire, mais on exige même qu'ils possèdent la langue allemande et FRANÇAISE, qu'ils soient habiles en ESCRIME et en GYMNASTIQUE. — A Louisbourg, une ÉCOLE d'OFFICIERS et de GUIDES d'ARMÉE est sous la direction du QUARTIER-MAITRE GÉNÉRAL. — Les OFFICIERS d'INFANTERIE doivent savoir le dessin, la géométrie, la FORTIFICATION DE CAMPAGNE. — Les PONTONNIERS doivent savoir nager et conduire un bateau, etc. — L'instruction est donnée aux jeunes OFFICIERS des CORPS pendant les mois d'hiver, soit par des maîtres soldés par l'État, soit par des professeurs publics du lieu. — La cavalerie doit à M. le général BISMARK son organisation et sa nouvelle théorie. — Une BIBLIOTHÈQUE militaire est instituée dans chaque CORPS, et la lecture des JOURNAUX MILITAIRES y est spécialement recommandée aux officiers ; mais cette BIBLIOTHÈQUE occasionne une RETENUE SUR APPOINTEMENTS ; c'est une mesure fâcheuse. — A la suite des examens théoriques et des EXERCICES, les GRANDES REVUES ont lieu ; en septembre, le roi y assiste en personne. Le champ des opérations embrasse une vaste étendue ; les GÉNÉRAUX adverses cantonnent leurs TROUPES, placent leurs avant-postes, prennent à volonté l'offensive, et disputent de stratagèmes et d'habileté. — En 1830, les TROUPES du WURTEMBERG ne le cèdent à aucune autre Milice sous le rapport du savoir et de la discipline. — Nº 6. TACTIQUE.

— La première division du corps d'état-major s'occupe des études de la tactique, des méthodes de sa propagation, des modifications qui pourraient être apportées à cette science. Cette branche importante a ainsi un centre académique; la fortification et la topographie ne sont regardées avec raison que comme les accessoires de la tactique. — Il n'y a pas de pays où un principe aussi juste soit appliqué aussi sagement; on pourrait, au contraire, citer un grand royaume où le ministère ne renferme pas même un bureau, un commis qui ait le département de la tactique. — L'armée de Wurtemberg résout la question, partout si indéterminée, du feu ajusté ou non : c'est aux francs tireurs à ajuster; c'est au reste de l'infanterie à faire les feux d'ensemble, en tirant à hauteur d'hommes. — Les tirailleurs a cheval sont commandés par les plus habiles officiers. — En ordre de bataille, les tirailleurs forment ligne; en colonne serrée, ils se tiennent soit derrière l'escadron, soit derrière le régiment. — Le *Journal de l'Armée* (t. iii, p. 166, note) témoigne qu'en 1835 les amorces fulminantes étaient adoptées. — N° 7. Punitions. — La discipline se ressentait encore de quelques formes tudesques. Pour certaines fautes, les simples soldats étaient passibles de trente coups de baton ; mais ce châtiment ne peut être prononcé que par les généraux et les chefs de corps. — Le rescrit de 1818 tempéra l'ancienne rigueur, interdit l'arbitraire, borna à peu de cas les punitions corporelles, et promit à l'armée un code pénal approprié à l'esprit du temps. — En 1825, il est interdit aux sous-officiers de porter une canne. — La désertion est punie suivant divers degrés; mais, dans aucun cas, la peine capitale n'y est appliquée. — Les punitions des généraux, des officiers et des hommes de troupe, qu'on nomme arrêts, diffèrent peu des formes françaises; on y retrouve arrêts simples et de rigueur, prison et cachot. — La justice militaire se partage en tribunaux de régiments et de garnisons; un auditoriat supérieur de campagne, *feldober auditoriat*, en a la révision; une haute cour, *ober-kriegs gerichte*, exerce la juridiction suprême. — Des détails plus circonstanciés sont donnés à ce sujet dans le *Bulletin des Sciences militaires* (1827, p. 415). — Les conseils de guerre sont ordinaires ou extraordinaires; ils connaissent des délits et des crimes; leurs jugements sont soumis à révision. — Leur composition varie s'il s'agit de juger pour un fait de discipline un homme de troupe, ou, pour un délit ou un crime, un officier ou un homme de troupe. — La justice évoque ainsi, suivant le besoin, au même prétoire, les causes qui ressortissent soit à la discipline, soit à une juridiction plus grave, soit à un tribunal de révision. — Un auditeur *ad hoc* remplit les fonctions de rapporteur et de procureur du roi. — Le conseil de révision comprend un officier général président, trois officiers supérieurs et trois juristes, *rechtsgelehrten*. — Les conseils extraordinaires jugent les espions et les embaucheurs. — Un tribunal d'honneur (*ehren gericht*) a juridiction sur les officiers qui, sans avoir encouru de peines de la compétence des conseils de guerre, ont commis des actions blâmables, ou mènent une conduite répréhensible ; le tribunal d'honneur peut prononcer l'expulsion de l'inculpé; le roi confirme toujours le jugement. — N° 8. Service. — Détourner le moins possible de sa profession habituelle ou de la culture du sol l'homme appelé au service, a été la pensée dominante du législateur. — Un rescrit royal de 1818 (7 mai) fixe la durée du service à six ans dans toutes les armes; il est illimité en temps de guerre. — Le service actif n'est exigé des enrôlés que jusqu'à l'époque où leur éducation militaire en fait des soldats formés; ils obtiennent alors la faculté de rentrer dans leurs familles jusqu'à ce qu'ils soient rappelés aux drapeaux. — En temps de paix, les hommes de l'infanterie ne restent sous les armes que sept mois la première année et un mois les années suivantes. — Monter des gardes et faire des patrouilles est ce qui les occupe le moins. — Les hommes de l'artillerie et de la cavalerie restent à leurs corps deux ans de suite. — N° 9. Administration. — Le budget annuel se monte par aperçu à deux millions soixante-dix-sept mille florins : c'est presque le tiers du revenu de l'Etat. Le détail de ses articles est énoncé dans le *Bulletin des Sciences militaires* (1827, p. 449). — Le système adopté dans la Milice wurtembergoise, quant à l'uniforme, est économique et simple, ne sacrifie pas l'essentiel au frivole, facilite l'administration, et rend le costume vraiment national, en n'y appliquant qu'une seule couleur principale et deux couleurs accessoires. — Il est reconnu une fonction qui rappelle les dépotats des anciens; c'est le conducteur des malades qui, en temps de guerre, est attaché à l'état-major de chaque régiment. — Les corps sont casernés; mais les hommes couchent encore deux à deux, quoique le petit nombre de troupes habituellement sur pied doive faciliter l'usage des lits à une seule place. — Les cuisines sont garnies toutes de fourneaux économiques. — Les corps ont des INFIRMERIES RÉGIMENTAIRES pour les hommes dont la maladie n'est pas assez grave pour exiger le traitement de l'hôpital. — Dans les garnisons où plusieurs corps stationnent, leurs INFIRMERIES se fondent en une seule. Cette mesure doit être une occasion de tiraillements et de difficultés; elle serait inadmissible dans un royaume d'une grande étendue, et dont les garnisons ne seraient pas sédentaires. — Les formes administratives et comptabiliaires ne sont pas sans mériter quelques reproches; la quantité de RETENUES proportionnelles opérées sous diverses dénominations rend inextricables les écritures, et occasionne des réclamations perpétuelles. Ces RETENUES frappent sur les appointements pour invalides, musique, bibliothèques, chevaux, etc. — Les masses nombreuses que les corps perçoivent embrouillent aussi la comptabilité. — Le *Spectateur militaire* (t. XVIII, p. 91) témoigne que, en 1834, on essayait, au moyen du système homœopathique, la guérison des maladies cutanées.

MILICES ALLEMANDES. V. ADJUDANT D'INFANTERIE FRANÇAISE DE LIGNE Nº 1. V. ALLEMAND, adj. V. ARME A FEU PORTATIVE. V. ARME DÉFENSIVE PORTATIVE. V. ARMÉE FRANÇAISE Nº 7. V. ART MILITAIRE DE TERRE. V. AUMONIER Nº 2. V. AVANCEMENT. V. BALISTIQUE. V. CAVALERIE FRANÇAISE Nº 2, 7. V. CHEF D'ÉTAT-MAJOR D'ARMÉE. V. CLARINET. V. CLOCHE INSTRUMENTALE. V. COMPAGNIE D'INFANTERIE FRANÇAISE DE LIGNE Nº 4. V. COMPAGNIE D'ORDONNANCE Nº 6. V. CORPS DE GARDE. V. CRIME. V. COUP DE FUSIL. V. CUIRASSE. V. ÉCONOMIE MILITAIRE. V. ÉVOLUTION. V. EXERCICE D'INFANTERIE. V. FLEMMING (1726, B). V. FRIEDERICI. V. GARDE DE PRINCE. V. GRENADE. V. HOURT. V. HUSSARD Nº 5. V. INFANTERIE Nº 1. V. MARCHE TACTIQUE. V. MÉDAILLE D'HONNEUR. V. METTINGH. V. MILICE ALLEMANDE. V. MILICE AUTRICHIENNE Nº 7. V. MILICE FRANÇAISE Nº 5. V. MILICE PRUSSIENNE. V. MILICE SAXONNE Nº 4. V. MOULIN PORTATIF. V. MUSICIEN Nº 1. V. MUSIQUE. V. NON COMBATTANT. V. PAS DE FLANC. V. PIQUE. V. RANGS D'INFANTERIE. V. RÉGIMENT DE CAVALERIE. V. SENTINELLE. V. SERGENT DE BATAILLE.

MILICES ANCIENNES. V. ANCIEN, adj. V. ANCIENNETÉ DE GRADE. V. ASTIOCHE. V. AVANT-GARDE D'ARMÉE AGISSANTE. V. BAGUETTES CORRECTIONNELLES. V. BOUCLIER. V. CLAIRON. V. CORPS DE BATAILLE. V. CORPS RÉGULIER. V. CROMORNE. V. CUGNOT (1766, C). V. DAUTHVILLE (1750, F). V. DILICH. V. FALOT. V. GUNNA. V. GENS DE TRAIT. V. GRAND'GARDE. V. HÉRISSON. V. LIEUTENANT D'INFANTERIE FRANÇAISE DE LIGNE. V. LIEUTENANT GÉNÉRAL Nº 2. V. MARÉCHAL DE CAMP Nº 6. V. MÊLÉE. V. ORDRE DU JOUR. V. PROJECTILE.

MILICES BOURGEOISES. V. BOURGEOIS, adj. V. GARDE NATIONALE. V. MILICE.

MILICES COMMUNALES. V. COMMUNAL, adj. V. HOPITAL MILITAIRE. V. GARDE NATIONALE. V. INFANTERIE COMMUNALE Nº 1, 4, 5. V. INFANTERIE FRANÇAISE Nº 1. V. TAMBOUR INSTRUMENTAL. V. TIMARIOT.

MILICES du MOYEN AGE. V. CASQUE FERMÉ. V. CORNET IDIOPLIQUE Nº 1. V. ENFANT PERDU Nº 2. V. GARDE NATIONALE.

MILICES ÉTRANGÈRES. V. ADJUDANT GÉNÉRAL. V. ADMINISTRATEUR. V. AMORCE DE FUSIL. V. ARCHER A PIED. V. ARME PERSONNELLE Nº 3. V. ARMÉE FRANÇAISE Nº 2. V. ART MILITAIRE. V. ART MILITAIRE DE TERRE. V. AUDITEUR. V. BARIL A EAU. V. BASSINET DE FUSIL. V. BATAILLON DE MILICE ÉTRANGÈRE. V. BATAILLON FRANÇAIS. V. BOTTES. V. BOTTES A RETROUSSIS. V. BRANDT (1829). V. BRUIT DE CAISSE. V. CAISSON D'ARTILLERIE. V. CAMP D'INSTRUCTION. V. CAMPEMENT POLÉMONOMIQUE. V. CAPOTE DE SENTINELLE. V. CARABINE. V. CARABINIER A CHEVAL. V. CARTOUCHE INCENDIAIRE. V. CAVALERIE FRANÇAISE Nº 7. V. CHARPENTIER. V. CHEF DE BATAILLON D'INFANTERIE FRANÇAISE DE LIGNE Nº 1. V. CHEF D'ÉTAT-MAJOR. V. CHEMISE D'ÉQUIPEMENT. V. CHEVELURE MILITAIRE. V. CHIRURGIEN. V. CHIRURGIEN DE CORPS. V. CHIRURGIEN EN CHEF. V. CHIRURGIEN-MAJOR D'INFANTERIE FRANÇAISE DE LIGNE Nº 2, 9. V. COLONEL. V. COLONEL D'INFANTERIE FRANÇAISE DE LIGNE Nº 4. V. COLONEL GÉNÉRAL DE L'INFANTERIE FRANÇAISE Nº 1. V. COMBAT D'INFANTERIE. V. COMPAGNIE DE VOLTIGEURS D'INFANTERIE LÉGÈRE Nº 4. V. COMPAGNIE D'INFANTERIE FRANÇAISE DE LIGNE Nº 4. V. COMPAGNIE D'ORDONNANCE Nº 6. V. COMPAGNIE-FRANCHE. V. CONSEIL D'ADMINISTRATION Nº 1. V. CONSEIL D'ENQUÊTE DISCIPLINAIRE. V. CONSEIL JUDICIAIRE. V. CORDON DE BONNET. V. COUP CORRECTIONNEL. V. CUISINE DE CASERNE. V. DÉPOT DE LA GUERRE. V. DEUIL. V. DIVISION D'ARMÉE. V. DUEL. V. ÉCOLE DE BRIGADE. V. ÉCOLE DE MARS. V. ÉCOLE MILITAIRE. V. ENSEIGNE AGRÉGATIVE. V. ENSEIGNE IDIOPLIQUE. V. ÉTAT-MAJOR DE CORPS. V. ÉTRANGER, adj. V. ÉVOLUTION. V. FEU D'INFANTERIE. V. FIFRE. V. FOURRIER. V. FUSIL. V. FUSIL A PISTON. V. GARDES DU CORPS Nº 3. V. GÉNÉRAL DE BRIGADE Nº 1. V. GÉNIE IDIOPLIQUE Nº 1. V. GRENADIER D'INFANTERIE FRANÇAISE Nº 4. V. GUERRE. V. GYMNASTIQUE. V. HABILLEMENT. V. HAUSSE-COL. V. HAVRE-SAC. V. HISTORIQUE MILITAIRE. V. HOMME DE TROUPE Nº 4. V. HOPITAL MILITAIRE. V. HUSSARD. V. INFANTERIE. V. INFANTERIE FRANÇAISE Nº 2, 8. V. INFANTERIE FRANÇAISE DE LIGNE Nº 5. V. INFANTERIE LÉGÈRE Nº 1, 2, 4, 5. V. JACQUINOT. V. JUGE-

RENT MILITAIRE. V. JUSTICE MILITAIRE. V. LAME DE BRIQUET. V. LANCIER. V. LANDWEHR. V. LANGUE FRANÇAISE. V. LÉGUME SEC. V. LETTRE AVOCATOIRE. V. LIGNE DE BATAILLE. V. LIGNE IDIOPLIQUE. V. MAJOR GÉNÉRAL. V. MARÉCHAL DE CAMP N° 2. V. MARÉCHAL DE FRANCE N° 4. V. MARÉCHAL DES LOGIS D'ARMÉE N° 2. V. MESSE MILITAIRE. V. MILICE ÉTRANGÈRE. V. MILITAIRE, subs. V. MUSIQUE. V. NON COMBATTANT. V. OFFICIER DE COMPAGNIE. V. OFFICIER DE SANTÉ. V. OFFICIER D'ÉTAT-MAJOR GÉNÉRAL. V. OFFICIER D'INFANTERIE ÉTRANGÈRE. V. OFFICIER DU GÉNIE N° 2. V. ORDRE TACTIQUE. V. PAS ORDINAIRE. V. PASSER PAR LES ARMES. V. PEINE. V. PRISONNIER DE GUERRE ÉTRANGER. V. RANG DE TAILLE. V. RÉGIMENT DE CAVALERIE FRANÇAISE N° 1. V. SOIE DE COCHON. V. SOUS-OFFICIER N° 3, 4, 9. V. SUBORDINATION. V. TÉLÉGRAPHIE. V. TRAVAIL.

MILICES ITALIENNES (F). Sorte de MILICES qui ont concouru, plus ou moins, toutes à la renaissance de l'ART MILITAIRE DE TERRE et DE MER. Nous avons considéré une à une les principales d'entre elles ; nous en avons amené l'histoire jusqu'aux époques présentes ; nous avons tiré de l'examen de la LANGUE les preuves de l'influence générale qu'elles ont eue. Traitons collectivement ici des Milices trop peu importantes pour avoir été décrites à part ; reportons surtout l'examen à la période du MOYEN AGE. — Un tableau particulier de plusieurs de ces Milices ne serait que d'un faible intérêt, puisque, à l'exception de NAPLES, du PIÉMONT, etc., les principaux gouvernements de la Péninsule, tels que GÊNES, PISE, VENISE, ont plus contribué aux progrès de la MARINE militaire qu'à ceux des ARMÉES DE TERRE. — L'ITALIE a été la patrie ou le principal théâtre des AVENTURIERS et des CONDOTTIERI ; elle a disputé à l'ESPAGNE la fabrication des ARMURES et le grand commerce des MANUFACTURES D'ARMES ; elle nous a donné les MOUSQUETS et les PISTOLETS ; elle a été le pays natal des GARDES NATIONALES et des BEFFROIS communaux. Ces circonstances, ce retour au système des ARMÉES PERMANENTES et civiques, expliquent l'organisation et l'importance que l'INFANTERIE (*fanteria grave*), tant mercenaire que nationale ou municipale, avait prises dès le onzième siècle. Par rapport aux HOMMES DE CHEVAL, le chiffre proportionnel était, suivant les contrées, de cinq, de sept, de dix à un. — Des ALFIERS (*aquilifer*), des BANNERETS, des CONSULS, des GONFALONNIERS étaient ou CAPITAINES GÉNÉRAUX ou porte-enseigne du DRAPEAU de leurs TROUPES. — L'INFANTERIE cultivait les EXERCICES et la TACTIQUE au douzième siècle, longtemps avant que les FANTASSINS de FRANCE méritassent quelque estime ; elle se servait, à la

GUERRE, D'ARMES A FEU PORTATIVES, plus d'un demi-siècle avant nos ancêtres ; elle appelait *nome* le NOM DE NUIT ou mot du guet que nous avons emprunté d'elle. Au treizième siècle, elle avait des ARMES (IDIOPLIES) GRAVES et LÉGÈRES ; au nombre des SOLDATS LÉGERS étaient, suivant GRASSI (1817, H), les STAMBECCHINI, ZAMBECCHINI, ARBALÉTRIERS montagnards ou littéralement petits chamois. — GÊNES vendait à la France ses ARCHERS A PIED et ses ARBALÉTRIERS A PIED. — Les CARROUZES dont nous avions perdu l'usage et oublié le nom depuis le onzième siècle, étaient communs en ITALIE, au douzième et au treizième. — M. HALLAM dit qu'au quatorzième siècle il ne se voyait plus d'HOMMES DE PIED dans les Etats péninsulaires, mais l'assertion est exagérée : il est vrai que les GARDES NATIONALES s'étaient éteintes ; les villes, comme MACHIAVEL, (1510, A) leur en fait si amèrement le reproche, tiraient d'ALLEMAGNE la CAVALERIE GRAVE nommée LANCES FOURNIES et les GENS D'ARMES nommés BARBUTES ; mais l'INFANTERIE était encore, par rapport aux HOMMES DE CHEVAL, dans la proportion du double. — Du reste, les autres branches de l'ART se perfectionnaient dans le quinzième siècle ; de puissantes CATAPULTES étaient employées encore, et pourtant les CANONS commençaient à se substituer aux BOMBARDES ; le CAMPEMENT florissait ; MILAN s'enrichissait du commerce des CUIRASSES. Les titres italiens de COLONEL, de CAPITAINE, de CAP D'ESCOUADE, et la dénomination des BATAILLONS, *battaglione*, des FILES, des RECRUES, passaient dans toutes les LANGUES. — Ce que les Milices italiennes ont valu, BRANTOME (1600, A) l'attribue aux hommes distingués de ces époques, aux CAPITAINES illustres, tels que COLONNE, Ursin, GONZALVE, Malatesta, Martinengues, Doria, Malespina, Spinola, etc. — Pendant le cours du seizième siècle, les ÉCRIVAINS militaires de l'ITALIE enrichissaient de leurs productions les imprimeries de tous les peuples ; ils leur enseignaient la FORTIFICATION bastionnée, la BALISTIQUE, l'ESCRIME, l'ÉQUITATION mantouane et à la GENETTE ; l'ITALIE nous donnait le modèle de la CAVALERIE LÉGÈRE d'origine GRECQUE, multipliait les ENGINS FULMINANTS, inventait l'ARTILLERIE DE CAMPAGNE et découvrait l'art de faire jouer les MINES ; elle était le lieu de la fabrication des ARQUEBUSES et des FOURNIMENTS ; PISTOIA, en TOSCANE, donnait leur nom et peut-être leurs armes aux PISTOLIERS. — Au dix-septième siècle, l'ITALIE était le pays central des ARSENAUX ; ainsi, dans la GUERRE DE TRENTE ANS, elle fournissait à WALSTEIN ses MUNITIONS ; on ne savait point encore en fabriquer en

ALLEMAGNE, quoique l'empire germanique fût couvert de FORTERESSES qui eussent pu contenir des ARSENAUX. — Depuis les guerres de religion et jusqu'à LOUIS QUATORZE, les machinistes, les BOMBARDIERS, les MAITRES D'ARTILLERIE, les INGÉNIEURS des ARMÉES FRANÇAISES étaient ITALIENS. — La position des contrées italiques, l'esprit aventureux et ingénieux de leurs habitants, les communications fréquentes des indigènes avec d'autres peuples, ont influé partout sur les LANGUES, les arts, les ARMÉES. D'impérissables résultats sont dus aux relations longtemps entretenues entre les GRECS et les VÉNITIENS, entre les ESPAGNOLS et les NAPOLITAINS, entre les GÉNOIS, les ARABES, les BYZANTINS, les TURCS, entre les AUTRICHIENS, ROME et les MILANAIS, entre les FRANÇAIS et les PIÉMONTAIS. L'ITALIE a été comme l'école normale où tant de grandes leçons ont été reçues et données tour à tour par les ARMÉES FRANÇAISE, SUISSE, tudesque, ESPAGNOLE, suivant que leurs armes y ont été victorieuses ou abattues. — La rivalité constante d'une quantité de petits et de grands peuples toujours en armes, les perfectionnements de la MARINE italienne, les progrès du beau siècle des Médicis, avaient donné à cette métropole de la GUERRE et des sciences une supériorité qui pour elle seule devait être sans avenir. — Il n'y avait plus, au dix-huitième siècle, que quelques principautés qui eussent conservé des inclinations martiales ; la CAVALERIE NAPOLITAINE, où se retrouvait quelque chose des temps des CAROUSELS et des FOULES, était la seule qu'on pût citer, et *tout ce qui n'était pas Piémontais ou Esclavon était de peu de valeur*, a dit BONAPARTE, (M. le général MONTHOLON t. III). — Depuis que le duché de MILAN était propriété autrichienne, les RÉGIMENTS d'ITALIENS que l'AUTRICHE en tirait étaient déconsidérés ; au commencement de la GUERRE DE LA RÉVOLUTION et des campagnes d'ITALIE, on les voyait fuir au premier feu ; mais les TROUPES cispadanes que BONAPARTE y forma reprirent du ressort. Jusque-là, la DISCIPLINE allemande avait été intolérable pour des hommes dont le sang est si vif, et qui combattaient pour une cause si peu patriotique ; mais leur métamorphose résulta de l'espoir de la nationalité, de la différence de la discipline, de la perspective de l'AVANCEMENT. — Des ÉCRIVAINS qui traitent, soit anciennement, soit récemment, des questions qui viennent d'être agitées sont : AMPOGNANI, M. Balbi (Adrien), M. Grassi (1817, II), M. le général OUDINOT (1834), RUSCELLI, M. SISMONDI, M. VACANI, le *Journal de la Société de statistique universelle* (vol. II, p. 27), l'*Annuaire des Armées de terre* (1836, p. 520, etc.) ; enfin un tableau récapitulatif complet des forces de tous les Etats italiens était offert en 1835, (t. XX, p. 319, p. 220). — Il faut ajouter à ces noms une grande partie des AUTEURS qui ont écrit sur la GUERRE DE LA RÉVOLUTION, et ceux qui ont été cités à l'occasion des MILICES NAPOLITAINE, PIÉMONTAISE, VÉNITIENNE.

MILICES PROVINCIALES. V. CONSCRIPTION. V. GARDE NATIONALE. V. LANDWEHR. V. MILICE ANGLAISE Nº 2, 3, 9, 11. V. MILICE ANGLO-AMÉRICAINE Nº 5. V. MILICE COLOMBIENNE. V. MILICE DANOISE. V. MILICE ESPAGNOLE. V. MILICE NÉERLANDAISE Nº 1. V. MILICE NORWÉGIENNE. V. MILICE PARAGUÉENNE. V. MILICE PERSANE Nº 3. V. MILICE PIÉMONTAISE Nº 1, 2. V. MILICE PORTUGAISE Nº 1. V. MILICE PROVINCIALE. V. MILICE RUSSE Nº 2, 3. V. MILICE SARDE. V. MILICE SUISSE Nº 2. V. PROVINCIAL, adj.

MILICIEN (milicienne), adj. V. TROUPE MILICIENNE.

MILICIEN, subs. masc. V. APPEL CONSCRIPTIF. V. BAN ET ARRIÈRRE-BAN. V. BATAILLON DE GRENADIERS. V. BATAILLON DE GARNISON. V. BATAILLON DE MILICIENS. V. CORPS DE MILICIENS. V. FORCE ARMÉE. V. HAVRE-SAC. V. LANDWEHR. V. LEVÉE. V. MILICE ANGLO-AMÉRICAINE Nº 1. V. MILICE FRANÇAISE Nº 2. V. MILICE PROVINCIALE. V. PENSION DE RETRAITE. V. RECRUTEMENT. V. SERVICE PERSONNEL. V. SOLDE. V. TAILLE DE MILITAIRE.

MILIEU, subs. masc. V. BOUCLE DE M... V. CORPS DU M...

MILITAIRE, adj. V. ABONNEMENT M... V. ACADÉMIE M... V. ACCUSATEUR M... V. ACCUSATION M... V. ACCUSÉ M... V. ACTIVITÉ M... V. ADMINISTRATEUR M... V. ADMINISTRATION M... V. AGE M... V. AGENT M... V. AGRÉGATION M... V. AÉROSTAT M... V. ANCIEN M... V. ANCIENNETÉ M... V. ANNÉE M... V. APPROVISIONNEMENT M... V. ARCHITECTE M... V. ARCHITECTURE M... V. ARMEMENT M... V. ARPENTAGE M... V. ART M... V. AUTEUR M... V. AUTORITÉ M... V. AUTORITÉS M... V. AVANCEMENT M... V. BARBE M... V. BASE M... V. BATIMENT M... V. BÉNÉDICTION M... V. BÉNÉFICE M... V. BIBLIOTHÈQUE M... V. BIENS M... V. BOUCHER M... V. BOULANGER M... V. BOULANGERIE M... V. BRUIT M... V. BUCHERON M... V. CANDIDAT M... V. CATÉGORIE M... V. CAVALIER M... V. CEINTURE M... V. CÉRÉMONIAL M... V. CÉRÉMONIE M... V. CERTIFICAT M... V. CHANCELLERIE M... V. CHANSON M... V. CHANT M... V. CHANTEUR M... V. CHAPEAU M... V. CHARGE M... V. CHARROIS M... V. CHEF M... V. CHEMIN M... V. CHEVALERIE M...

V. CHEVELURE M... V. CHIRURGIE M... V. CHIRUR-
GIEN M... V. CHOSE M... V. CODE PÉNAL M...
V. COIFFURE M... V. COLLÉGE M... V. COLONNE
M... V. COLONISATION M... V. COMBUSTIBLE M...
V. COMITÉ M... V. COMMANDANT M... V. COM-
MANDEMENT M... V. COMMISSION M... V. COM-
PAGNIE M... V. COMPOSITION M... V. COMPTA-
BILITÉ M... V. CONCORDAT M... V. CONSEIL M...
V. CONSTITUTION M... V. CONTINGENT M... V.
CONVOI M... V. CRIME M... V. CORPS JUDICIAIRE
M... V. CORPS M... V. DÉCOMPTE M... V. DÉCORA-
TION M... V. DÉLIT M... V. DEVOIR M... V.
DIALECTIQUE M... V. DICTIONNAIRE M... V. DIS-
CIPLINE M... V. DISTINCTION M... V. DIVISION
M... V. DOMESTIQUE M... V DROIT M... V.
DROIT PUBLIC M... V. ÉCHARPE M... V. ÉCOLE M...
V. ÉCOLE SPÉCIALE M... V. ÉCONOMIE M... V.
ÉCRIVAIN M... V. ÉDUCATION M... V. EFFET M...
V. EMPLOI M... V. EMPLOYÉ M... V. ENTREPRE-
NEUR M... V. ÉQUIPAGES M... V. ÉQUITATION
M... V. ESPRIT M... V. ÉTABLISSEMENT M... V.
ÉTAT M... V. EXPÉDITION M... V. EXÉCUTION M...
V. EXERCICE M... V. FAUTE M... V. FONCTION
M... V. FORCE M... V. FOURNITURE M... V. FOUR-
RAGE M... V. GÉNIE M... V. GÉOGRAPHE M... V.
GOUVERNEMENT M... V. GRADE M... V. GRAND
JUGE M... V. GRATIFICATION M... V. HABILLE-
MENT M... V. HABIT M... V. HARANGUE M... V.
HARNACHEMENT M... V. HIÉRARCHIE M... V.
HISTOIRE M... V. HISTORIQUE M... V. HONNEURS
M... V. HOPITAL M... V. INGÉNIEUR M... V.
INITIATION M... V. INSTITUT M... V. INSTRUC-
TEUR M... V. INSTRUCTION M... V. INTENDANCE
M... V. INTENDANT M... V. JOURNAL M... V.
JUGE DE PAIX M... V. JUGE M... V. JUGEMENT
M... V. JURISPRUDENCE M... V. JUSTICE M... V.
LANGUE M... V. LANGUE MILITAIRE FRANÇAISE.
V. LÉGISLATION M... V. LEVÉE M... V. LIT M...
V. LITTÉRATURE M... V. LIVRE M... V. LOI M...
V. MACHINE M... V. MAGASIN M... V. MAISON
M... V. MARCHE M... V. MÉDECIN M... V. MÉ-
DECINE M... V. MÉMOIRE M... V. MÉRITE M...
V. MINE M... V. MOT M... V. MOUVEMENT M...
V. MUSIQUE M... V. NOBLESSE M... V. NON M...
V. OBÉISSANCE M... V. OFFICE M... V. OFFICIER
M... V. ORDONNANCE M... V. ORDRE M... V.
ORGANISATION M... V. OUVRIER M... V. PAIN
M... V. PAYE M... V. PAYEMENT M... V. PAYEUR
M... V. PEINE M... V. PELOTON M... V. PÉNI-
TENCIER M... V. PENSION M... V. PIQUET COR-
RECTIONNEL. V. POLICE M... V. PONT M... V.
POSITION M... V. POSTE M... V. POUVOIR M...
V. PRÉPOSÉ M... V. PRESTATION M... V. PRÊT
M... V. PRÉVENU M... V. PRÉVOT M... V. PRI-
SON M... V. PRISONNIER M... V. PROCÉDURE
M... V. PROCÈS M... V. PROMENADE M... V.
PUNITION M... V. RANG M... V. RAPPORT M...
V. RATION M... V. RÉCOMPENSE M... V. RÈGLE
M... V. RÈGLEMENT M... V. REMPLAÇANT M...
V. REMPLACEMENT M... V. RÉMUNÉRATION M...

V. RÉPRESSION M... V. RÉQUISITION M... V.
RÉSERVE M... V. RETENUE M... V. REVUE M...
V. ROUTE M... V. SALUT M... V. SCIENCE M...
V. SELLE M... V. SERMENT M... V. SERVICE M...
V. SERVITUDE M... V. SIGNAL M... V. SIGNE
M... V. SOLDE M... V. SOUS-INTENDANT M... V.
STATURE M... V. SUBORDINATION M... V. SUBSIS-
TANCE M... V. TAILLE M... V. TAILLEUR M... V.
TAMBOUR M... V. TENUE M... V. TERRAIN M...
V. THÉORIE M... V. TOPOGRAPHIE M... V. TRÉSO-
RIER M... V. TRIBUN M... V. TRIBUNAL M...

MILITAIRE, subs. masc. V. ARGENT DE
M... V. ARME DE M... V. ARRIVÉE DE M... V.
BARBE DE M... V. BILLET DE M... V. CEINTURE
DE M... V. CÉLÉBRATION DE MARIAGE M... V.
CHARGEMENT D'ARGENT DE M... V. CHEVELURE
DE M... V. CRÉANCE DE M... V. DÉCÈS DE M...
V. DÉCOMPTE DE M... V. DÉPART DE M... V.
DETTE DE M... V. DEVOIR DE M... V. ECCLÉSIASTI-
QUE. V. EMPRISONNEMENT DE M... V. ENFANT
DE M... V. ÉPOUSE DE M... V. FEMME DE M... V.
FONCTION DE M... V. GRADE DE M... V. HÉRITIER
DE M... V. LOGEMENT DE M... V. MARIAGE DE
M... V. NOM DE M... V. NOURRITURE DE M...
V. NUMÉRO DE M... V. OEIL DE M... V. ORPHELIN
DE M.. V. ORPHELINE DE M... V. PARENT DE
M... V. RÉCEPTION DE M... V. RÉFORME DE M...
V. SERVICE DE M... V. SIGNALEMENT DE M... V.
SUCCESSION DE M... V. TAILLE DE M... V. TESTA-
MENT DE M...

MILITAIRE, subs. masc. (A, 1). Mot
d'origine LATINE qui signifie, par syncope,
ÉTAT MILITAIRE; il exprime aussi l'ensemble
de la FORCE ARMÉE d'une nation, et se prend
par opposition au substantif CIVIL; il est plutôt
du style historique ou du langage vulgaire qu'il n'est technique dans les ORDON-
NANCES. — Dans la LANGUE de la LÉGISLATION
de l'ARMÉE, le terme n'a pas un sens clair;
originairement il n'y avait de Militaires que
les membres de la NOBLESSE, mais ce droit de
GENTILHOMME a été effacé par l'institution de
l'INFANTERIE. Tantôt le Militaire est synonyme d'HOMME DE GUERRE ou HOMME D'ÉPÉE;
tantôt il comprend le PERSONNEL, soit des
GUERRIERS, soit des NON COMBATTANTS, qu'une
nation ou qu'un souverain emploient et
soldent dans des vues militaires; ce qu'il a
de louche vient surtout de ce que les prévi-
sions de l'ÉTAT CIVIL et la mesure des DROITS
civiques, varient par rapport à des classes
différentes d'hommes faisant également partie intégrante de l'ARMÉE, et quelquefois
qualifiés de Militaires, quelquefois non.
Voici des preuves de ce défaut de précision.
— La LOI DE 1791 (30 SEPTEMBRE et 19 OCTO-
BRE, art. 16) appelait Militaires les individus qui composent l'ARMÉE, sans distinction de GRADE, de profession, de position,

et sur quelque PIED qu'ils fussent. — La LOI DE L'AN CINQ (13 BRUMAIRE) semblait établir distinction entre les Militaires et les individus attachés à l'ARMÉE, ou, en d'autres termes, les COMBATTANTS et les NON COMBATTANTS. Cette loi donnait, dans cet esprit, une longue nomenclature de ces individus, à titre de justiciables des CONSEILS PERMANENTS. — Un MARÉCHAL DE FRANCE et les aides d'un EMPLOYÉ peuvent-ils, l'un comme l'autre, se dire Militaires ? On pourrait également appuyer sur des autorités le pour et le contre ; cependant le MINISTÈRE DE LA GUERRE caractérise sous la qualification de Militaires, les OFFICIERS, les TROUPES ; tandis que l'ADMINISTRATION considère à part ce qu'elle appelle les divers SERVICES ; mais il reste bien du vague. — Dans plusieurs MILICES ÉTRANGÈRES, ces difficultés n'existent pas ou sont moindres, parce que les rangs et emplois des NON COMBATTANTS y sont assimilés aux fonctions et GRADES des COMBATTANTS ; tandis qu'en FRANCE et dans les MILICES qui en imitent les formes, on pourrait, comme plus d'un exemple le témoignerait, n'appliquer le titre de Militaires qu'aux personnages maniant l'épée et IMMATRICULÉS dans des CORPS DE TROUPE ou dans l'ÉTAT-MAJOR. — Il resterait douteux si la cessation de l'ACTIVITÉ, la jouissance d'une MORTE-PAYE, le droit de revêtir encore l'UNIFORME, comme témoignage d'un SERVICE accompli, autorisent la conservation du titre de Militaire. Un Militaire ANGLAIS est Militaire à jamais et en quelque lieu qu'il soit ; un Militaire FRANÇAIS en état de retraite n'est plus Militaire. Un MARÉCHAL DE FRANCE, au contraire, est Militaire perpétuel. La coutume est, en cela, peu raisonnable, et le privilége blâmable, puisqu'à l'exception de ces seuls dignitaires, tous les Militaires français accomplissent un service à terme. — La GUERRE DE LA RÉVOLUTION a substitué momentanément à l'ancienne qualité de Militaire l'appellation DÉFENSEURS DE LA PATRIE. Cette dénomination plus civique avait pour objet d'échauffer, d'exalter les sentiments généreux, et de classer plus noblement le Militaire dans l'échelle sociale. — Le terme avait de la précision, mais sa prolixité était un défaut. — Le général BONAPARTE s'abstint des appellations camarades et DÉFENSEURS ; il fit revivre, à la manière de CÉSAR, l'expression soldat ; mais le commilitones de César avait quelque chose de plus fraternel. BONAPARTE cachait une pensée profonde sous ce terme plus concis, qu'il ennoblissait d'un lustre nouveau ; l'ARMÉE dépouillait insensiblement le caractère national, pour devenir l'instrument de la gloire du chef et le piédestal du trône. —

Après la chute de la restauration, l'esprit d'effervescence qui agitait l'ARMÉE porta plus d'un MILITAIRE FRANÇAIS à déposer dans des feuilles publiques ses RÉCLAMATIONS ou ses PLAINTES, souvent plus passionnées que fondées. Une DÉCISION DE 1835 (17 JUILLET) interdisait avec raison cette forme de recours, et se prononçait contre les prétentions à un DROIT si abusif. — La difficulté de soumettre à une définition satisfaisante le terme qui vient d'être examiné, ne permet pas qu'il prenne ici plus de développements. Les renvois dont il est précédé et suivi y suffiraient au besoin. — Il a été traité nominalement du Militaire par ARNOULD, DARUT (1787, D), GENCY, GRANDPRÉ.

MILITAIRE A L'HOPITAL. V. A L'HOPITAL. V. HOMME A L'HOPITAL. V. HOMME DE TROUPE N° 5. V. HOPITAL MILITAIRE. V. OFFICIER FRANÇAIS N° 9.

MILITAIRE A PIED. V. A PIED. V. PONTONNIER.

MILITAIRE ABSENT. V. ABSENT, adj. V. FEUILLE DE RETENUE. V. JUGEMENT MILITAIRE. V. JURISPRUDENCE. V. LONGUE ABSENCE. V. PROPRIÉTÉ DE MILITAIRE. V. RONDE.

MILITAIRE ABSOUS. V. ABSOUS. V. MINISTRE DE LA GUERRE N° 9.

MILITAIRE ANGLAIS. V. ANGLAIS. V. MILICE ANGLAISE N° 10. V. MILITAIRE, adj.

MILITAIRE ASSIÉGÉ. V. ASSIÉGÉ. V. SIÉGE DÉFENSIF.

MILITAIRE AU SERVICE. V. AU SERVICE. V. SERVICE. V. SERVICE JOURNALIER.

MILITAIRE AUTRICHIEN. V. AUTRICHIEN. V. MILICE AUTRICHIENNE N° 2.

MILITAIRE CHANGEANT DE CORPS. V. CHANGEANT DE CORPS. V. DÉCOMPTE DE MILITAIRE.

MILITAIRE CONDAMNÉ. V. CONDAMNÉ.

MILITAIRE DE CORPS. V. APPEL ÉNUMÉRATIF. V. ARGENT ADRESSÉ AUX M.... V. ARGENT D'ENVOI. V. CORPS. V. BUREAU DE POSTE. V. CASE DE CONTROLE. V. CASERNEMENT. V. COLONEL D'INFANTERIE FRANÇAISE DE LIGNE N° 12. V. DÉCÈS DE M... V. FIÉVREUX. V. MAJOR LIEUTENANT-COLONEL N° 2. V. HOPITAL MILITAIRE. V. ORDRE DE CORPS. V. PRISONNIER DE GUERRE FRANÇAIS. V. SERVICE PERMANENT. V. SOUS-INTENDANT N° 2. V. TITRE D'AVANCE.

MILITAIRE DE CORVÉE. V. CORVÉE. V. INHUMATION.

MILITAIRE DE GARDE. V. GARDE. V. HOMME DE GARDE.

MILITAIRE de la GARDE. V. GARDE. V. SERVICE JOURNALIER.

MILITAIRE de LIGNE. V. GARDE ROYALE Nº 2. V. LIGNE. V. SERVICE JOURNALIER.

MILITAIRE de MER. V. DROGUE. V. MER.

MILITAIRE de RÉGIMENT FRANCO-SUISSE. V. DÉCOMPTE DE M... V. RÉGIMENT FRANCO-SUISSE.

MILITAIRE de RONDE. V. REMPART DE FORTERESSE. V. RONDE.

MILITAIRE de SEMAINE. V. SEMAINE. V. SERVICE DE SEMAINE.

MILITAIRE de SERVICE. V. HOMME DE SERVICE. V. SERVICE. V. SERVICE JOURNALIER.

MILITAIRE de TERRE. V. ADMINISTRATION MILITAIRE DE TERRE. V. DROGUE. V. TERRE.

MILITAIRE DÉCÉDÉ. V. ARGENT DE MILITAIRE DÉCÉDÉ. V. CÉRÉMONIE FUNÈBRE. V. CHEF D'ÉTAT-MAJOR D'ARMÉE. V. CRÉANCIER DE M... V. DÉCÉDÉ. V. DETTE DE M... V. EFFET DE DÉCÉDÉ A L'HOPITAL. V. EFFET DE DÉCÉDÉ EN GARNISON. V. HÉRITIER DE M... V. LÉGISLATION. V. MINISTRE DE LA GUERRE Nº 9. V. SOLDE. V. TRAITEMENT PÉCUNIAIRE.

MILITAIRE d'ÉTAT-MAJOR. V. ÉTAT-MAJOR. V. SERVICE DE SEMAINE.

MILITAIRE DÉTENU. V. DÉTENU. V. PRÉFET DE DÉPARTEMENT.

MILITAIRE d'INFANTERIE. V. CARRURE. V. ÉTAPE. V. HAUSSE-COL. V. INFANTERIE. V. PIVOTEMENT DE TÊTE. V. SERGENT-MAJOR Nº 10.

MILITAIRE d'ORDONNANCE. V. ORDONNANCE. V. ORDONNANCE IDIOPLIQUE.

MILITAIRE EN ACTIVITÉ. V. EN ACTIVITÉ. V. PAYE. V. RAPPEL DE JOURNÉES.

MILITAIRE EN CAMPAGNE. V. ACTE DE DÉCÈS. V. ALGARADE. V. ARGENTI. V. BEHREN. V. DÉLIT COMMUN. V. EN CAMPAGNE. V. HOPITAL MILITAIRE. V. INDEMNITÉ DE ROUTE. V. INHUMATION. V. PROCÉDURE. V. SERVICE EN CAMPAGNE. V. TRAITEMENT D'ACTIVITÉ.

MILITAIRE EN CONGÉ. V. EN CONGÉ. V. RAPPEL PÉCUNIAIRE. V. SOUS-INTENDANT Nº 7. V. TRAITEMENT D'ACTIVITÉ.

MILITAIRE EN DEMI-SOLDE. V. EN DEMI-SOLDE. V. PAYE.

MILITAIRE EN GARNISON. V. EN GARNISON. V. GARNISON. V. QUI VIVE.

MILITAIRE EN MARCHE. V. EN MARCHE. V. MARCHE, subs. fém.

MILITAIRE EN RECRUTEMENT. V. RECRUTEMENT.

MILITAIRE EN RÉFORME. V. EN RÉFORME. V. PAYE. V. RÉFORME.

MILITAIRE EN RETRAITE. V. EN RETRAITE. V. ENFANT DE CORPS. V. JUGE MILITAIRE. V. MILICE. V. MINISTRE DE LA GUERRE EN 1850 (1 NOVEMBRE).

MILITAIRE EN ROUTE. V. EN ROUTE. V. ÉCURIE. V. ÉTAPE. V. FEUILLE DE ROUTE. V. GITE. V. HOTE. V. INDEMNITÉ DE ROUTE. V. PASSAGE D'EAU.

MILITAIRE EN SAUVEGARDE. V. EN SAUVEGARDE. V. SAUVEGARDE.

MILITAIRE EN SUBSISTANCE. V. EN SUBSISTANCE. V. HOMME EN SUBSISTANCE.

MILITAIRE EN TÉMOIGNAGE. V. EN TÉMOIGNAGE. V. TÉMOIN JUDICIAIRE.

MILITAIRE ÉTRANGER. V. ÉTRANGER, adj. V. JURISPRUDENCE MILITAIRE. V. MILICE. V. MILICE ESPAGNOLE Nº 2. V. PROMOTION D'OFFICIER.

MILITAIRE FRANÇAIS. V. ABSENCE AUTORISÉE. V. ACTIVITÉ DE SERVICE. V. ADMISSION A LA RETRAITE. V. ADMISSION DANS LA LÉGION. V. AGE APOMAQUE D'OFFICIER. V. ALLOCATION. V. ANCIEN DE TROUPE. V. APPEL CÉLEUSTIQUE. V. APPEL ÉNUMÉRATIF. V. APPOINTÉ. V. APPOSITION DE SCELLÉS. V. ARME A VAPEUR. V. ARMÉE FRANÇAISE Nº 9. V. ARMES DE SUPPLICE. V. ARRIÈRE-BAN. V. ARTILLERIE IDIOPLIQUE. V. ARTILLEUR. V. ASCENDANT. V. ATTENTION. V. AUTORITÉS MILITAIRES. V. BALANCES. V. BAGUETTES CORRECTIONNELLES. V. BAN ET ARRIÈRE-BAN. V. BARBE. V. BAS OFFICIER. V. BÉNÉFICE. V. BLESSURE. V. BON ORDRE. V. BOURGEOIS. V. BUREAU DE POSTE. V. CANCER HUMAIN. V. CATOGAN. V. CAVALIER DE TROUPE. V. CHASSEUR. V. CÉLÉBRATION DE MARIAGE. V. CERCLE D'ORDRE. V. CÉRÉMONIE. V. CÉRÉMONIE FUNÈBRE. V. CERTIFICAT DE CESSATION DE PAYEMENT. V. CERTIFICAT D'EXISTENCE. V. CHAPEAU A TROIS CORNES. V. CHEF DE COMPLOT. V. CHIRURGIEN DE CORPS. V. CHIRURGIEN-MAJOR D'INFANTERIE FRANÇAISE DE LIGNE Nº 13, 14. V. CITOYEN. V. CLAMEUR SÉDITIEUSE. V. CLASSE TACTIQUE. V. CODE PÉNAL. V. COLLET D'HABILLEMENT. V. COLLET D'HABIT. V. COLONEL D'INFANTERIE FRANÇAISE DE LIGNE Nº 12. V. COMBAT. V. COMÉDIE. V. COMITÉ PERMANENT. V. COMMANDANT DE PLACE Nº 6. V. COMMANDANT SUPÉRIEUR. V. COMMISSION D'EXAMEN. V. COMPAGNIE DE GENTILSHOMMES. V. COMPAGNIE DE VOLTIGEURS D'INFANTERIE LÉGÈRE Nº 4. V. COMPAGNIE D'INFANTERIE FRANÇAISE DE LIGNE Nº 10. V. COMPOSITION. V. CONGÉ. V. CONGÉ D'ANCIENNETÉ. V. CONGÉDIÉ. V. CONNÉTABLE; id. Nº 4. V. CONNÉTABLIE; id. Nº 2. V. CONSIGNE A LA CHAMBRE. V. CONSIGNE-PORTIER. V. CONTRAINTE PAR CORPS. V. CONTRIBUTION INDIVIDUELLE. V. CONVALESCENT. V. CORPS D'INTENDANCE Nº 6, 7. V. CORRESPONDANCE MINISTÉRIELLE. V. CORVÉE. V. COUCHAGE. V. COUPABLE. V. CRÉDIT COMMERCIAL. V. CRIME. V. CROIX DE

Saint-Louis. v. cuirasse. v. Darut (1787, D). v. décompte de petit équipement. v. délit commun. v. demi-solde. v. désertion. v. désertion d'officier. v. devoir. v. diastasis. v. discipline française. v. droit de la guerre. v. duc. v. duel. v. emplacé. v. enceinte de forteresse. v. enfant de corps. v. escrime. v. espion. v. état civil. v. état de situation. v. feu d'éclairage. v. formation constitutive. v. forteresse. v. fourniture de campagne. v. fourrage. v. garde constitutionnelle. v. garde royale n° 1. v. gardes du génie. v. garnison de bord. v. gendarmerie de police n° 4. v. général d'armée n° 5. v. général français n° 2. v. générale. v. gentilhomme. v. géolage. v. gouvernement stratonomique. v. gouverneur. v. grace. v. grande tenue. v. grègues. v. guerre civile. v. gymnase. v. habillement. v. hallebardier. v. hausse-col. v. haute paye. v. homme de troupe. v. hotel des Invalides. v. indemnité de route. v. infanterie franco-suisse n° 2, 4. v. infirmité. v. ingénieur géographe n° 4. v. honneurs. v. inhumation. v. inspecteur général d'infanterie n° 2. v. insubordination. v. intendant militaire n° 5. v. invalide. v. juge militaire. v. justaucorps. v. justice militaire. v. Légion d'honneur. v. législation. v. lettre avocatoire. v. lieutenant-colonel d'infanterie française de ligne n° 1. v. livre de punitions. v. localisation. v. maire de commune. v. mande. v. maréchal de France n° 1. v. maréchaussée. v. mariage. v. masse comptabiliaire. v. masse de casernement. v. milice. v. milice anglaise n° 2. v. milice prussienne n° 6. v. ministère de la guerre. v. ministre de la guerre n° 8, 9, 13, 15. v. montre administrative. v. munitionnaire. v. noblesse. v. nourriture. v. officier d'artillerie n° 1. v. officier de fortune. v. officier d'infanterie française n° 1. v. officier français n° 15. v. ordonnance d'uniforme. v. ordonnance officielle. v. ordre de Saint-Lazare. v. ordre de Saint-Louis. v. otage. v. pain de munition. v. pantalon d'infanterie. v. parade générale. v. parrain de condamné. v. patrouille. v. pavillon de camp. v. paye. v. peine. v. pension de retraite. v. pionnier. v. platine à piston. v. police. v. pontonnier. v. port d'armes. v. porte-drapeau. v. porte-enseigne. v. position administrative. v. position individuelle. v. poste aux lettres. v. poste d'hommes de garde. v. poste d'honneur. v. poudre à feu. v. pourpoint. v. préfet de département. v. prestation. v. prestation en nature. v. prévot. v. prévot d'armée. v. prison. v. prison de caserne. v. prison de place. v. prisonnier de guerre. v. procédure. v. rang honorifique. v. rappel céleus-

tique. v. rappel de journées. v. rappel pécuniaire. v. récompense. v. reconnaissance de terrain. v. reconnaissance en campagne. v. réforme. v. régie. v. régiment. v. régiment de marche. v. régiment d'infanterie française n° 5. v. règlement. v. rempart de forteresse. v. remplaçant. v. remplacement d'enrolé. v. retenue. v. revue. v. ronde. v. rosette de chevelure. v. roturier. v. salut. v. salut sans armes. v. sapeur. v. selle de cavalerie. v. serment. v. serre-file. v. service de santé. v. service journalier. v. service personnel. v. siège. v. signal. v. signalement. v. soldat. v. solde. v. sous-inspecteur. v. sous-intendant n° 5, 8. v. sous-officier n° 2, 5. v. stratégie. v. subsistance. v. suspension disciplinaire. v. tabac. v. tactique, subs. v. traitement d'activité. v. traitement de guerre. v. traitement de présence. v. traitement en nature. v. traitement pécuniaire. v. traitement sanitaire. v. transcorporation. v. travailleur. v. travaux militaires. v. tribunal.

MILITAIRE franco-suisse. v. franco-suisse. v. justice militaire.

MILITAIRE gradé. v. à l'ordre aux tambours. v. ancienneté de grade pour commandement. v. artillerie de ligne. v. bataillon d'Afrique. v. cérémonial. v. consigne de police en garnison. v. consigne de police à la chambre. v. compagnie d'infanterie française de ligne n° 10. v. corvée. v. glacis. v. grade. v. grade d'officier. v. gradé. v. infanterie française n° 2, 7. v. réception de militaire gradé. v. recevoir un militaire gradé. v. service de semaine. v. sous-officier n° 2.

MILITAIRE hollandais. v. hollandais, adj. v. pupille n° 1.

MILITAIRE indisposé. v. dispense de M... v. exercice d'infanterie.

MILITAIRE invalide. v. invalide. v. hotel des Invalides.

MILITAIRE isolé. v. convoi militaire. v. détachement en route. v. feuille de route. v. hopital militaire. v. indemnité de route. v. isolé. v. ordre de route. v. ordre du jour. v. passage d'eau. v. rappel pécuniaire. v. rapport de compagnie. v. revue de militaire. v. route de militaire isolé. v. sergent-major n° 10. v. signalement. v. signalement de militaire isolé. v. titre d'avance. v. transport de militaires.

MILITAIRE non rentré. v. non rentré.

MILITAIRE pensionné. v. appointements. v. école militaire de Saint-Cyr.

V. MILICE AUTRICHIENNE N° 5. V. PEN-SIONNÉ.

MILITAIRE PRUSSIEN. V. MILICE PRUSSIENNE ; id. N° 2, 6. V. PRUSSIEN, adj.

MILITAIRE PUNI. V. CHEF DE BATAILLON D'INFANTERIE FRANÇAISE DE LIGNE N° 11. V. PUNI. V. RÉGIMENT COLONIAL.

MILITAIRE RÉFORMÉ. V. RÉFORMÉ. V. REMPLAÇANT.

MILITAIRE RENTRANT. V. RAPPEL PÉCUNIAIRE. V. RENTRANT, adj.

MILITAIRE RETRAITÉ. V. MILICE PRUSSIENNE N° 6. V. RETRAITÉ, adj.

MILITAIRE SANS TROUPE. V. CHAPEAU DE TROUPE. V. MATRICULE. V. OFFICIER D'ÉTAT-MAJOR. V. REVUE ÉCRITE. V. SANS TROUPE.

MILITAIRE SOUS LES ARMES. V. ANCIEN. V. BUSTE DE MILITAIRE. V. DISPONIBLE. V. HONNEURS FUNÈBRES. V. TERRAIN INDIVIDUEL.

MILITAIRE SUISSE. V. MILICE SUISSE N° 2. V. SUISSE, adj.

MILITAIRE TURC. V. TIMARIOT. V. TURC, adj.

MILITAIRE WURTEMBERGEOIS. V. MILICE WURTEMBERGEOISE N° 1, 5. V. WURTEMBERGEOIS, adj.

MILITE, subs. fém. V. MILICE.

MILLEZEA ; **MELL.** V. NOMS PROPRES.

MILLE-DIABLES, subs. masc. plur. V. ARMÉE INFERNALE. V. AVENTURIER. V. DIABLE.

MILLE CINQ CENT QUARANTE. V. PIÈCE DE TROIS MILLE CINQ CENT QUARANTE. V. TROIS MILLE CINQ CENT QUARANTE.

MILLE HUIT CENTS. V. HUIT CENTS. V. PIÈCE DE HUIT MILLE HUIT CENTS.

MILLER. V. NOMS PROPRES.

MILLERIE, subs. fém. V. ÉCOLE DE MARS, N° 2.

MILLERION, subs. masc. V. ÉCOLE DE MARS N° 2.

MILLIAIRE, adj. V. COHORTE M...

MILLOT ; **MILLS** ; **MINA.** V. NOMS PROPRES.

MINANT (minante), adj. V. BATTERIE M...

MINCE, adj. V. AMINCISSEMENT. V. ADDUCTION M... V. CAMP M... V. ORDRE M...

MINCEUR de TONNERRE. V. CANON DE FUSIL. V. TONNERRE DE FUSIL.

MINDÉRER. V. NOMS PROPRES.

MINE, subs. fém. V. A M... V. AMORCE DE M... V. BRANCHE DE M... V. CHAMBRE DE M... V. CHARGE DE M... V. CHARGER UNE M... V. CHASSIS DE M... V. COFFRAGE DE M...

V. COFFRE DE M... V. COFFRET DE M... V. CONTRE-M... V. ENTONNOIR DE M... V. ÉVENT DE M... V. ÉVENTER UNE M... V. FAIRE JOUER LA M... V. FEU DE M... V. FOURNEAU DE M... V. FOYER DE M... V. FUSÉE DE M... V. GALERIE DE M... V. JEU DE M... V. LUMIÈRE DE M... V. MÈCHE DE M... V. MOINDRE M... V. OEIL DE M... V. PAR M... V. POUDRE DE M... V. POUSSER LA M... V. PUITS DE M... V. RAMEAU DE M... V. RAMPE DE M... V. RETOUR DE M... V. TÉMOIN DE M., V. TRÉPANER UNE M...

```
                            ┌ DÉFENSIVE...
              ┌ A FEU... MINE┤                    ┌ DIRECTE.
              │             └ OFFENSIVE... MINE ┤ DOUBLE.
        MINE ┤                                   └ TRÉFLÉE.
              │ A RUINE.
              │
              └ DU MOYEN AGE.
```

MINE (term. génér.), OU MINE MILITAIRE. Le mot Mine provient des substantifs LATINS *minera, mineralia*, changés dans l'ITALIEN en *miniera, mina*, donnant originairement idée des excavations dont on extrait le minerai. — Autre est le sens du mot dans les traducteurs des historiens de l'antiquité, dans les annalistes des bas siècles et de la CHEVALERIE, dans les professeurs de la SCIENCE moderne. Trois phases exigent donc trois dissertations sur cette circonstance ou ce TRAVAIL de la GUERRE DE SIÉGE. — Le terme est bien plus ancien que la découverte de la POUDRE ; les annales de Flodoard nous entretiennent des mines ou TRANCHÉES qui se pratiquaient vers la fin de la SECONDE RACE. Mais la matière s'éclaircit surtout depuis PHILIPPE AUGUSTE ; ce prince tenait sur pied des MINEOURS, des MINOURS. — L'expression Mine répond au LATIN *cuniculus*, signifiant lapin ; c'était l'expression qu'employaient les peuples d'ESPAGNE. FESTUS prétend cependant que *cuniculus* venait de *cuneus*, parce que la Mine s'enfonce comme un coin ; mais STRABON, VÉGÈCE (390, A) et VARRON la comparent positivement, au contraire, au TRAVAIL des lapins ; de là étaient venus *cuniculum*, conduit souterrain ; *cunicularius*, MINEUR. — L'art des Mines modernes est une des branches qui compte le moins d'ÉCRIVAINS spéciaux ; cependant bien des AUTEURS ont traité plus ou moins superficiellement des divers genres de Mines ; tels sont : ANTONY, ARLETAN, BARDET (1740, A), BELAIR (1792), BÉLIDOR (1755, F), BORGSDORF, BRUGSDORF, CARRÉ (1783, E), CAZAUX, M. CHOUMARA, CLAZEN, COLLADIO, CORMONTAINGNE, CONTELF, DANIEL (1721, A),

DEIDIER, DESPREZ (1755, E), DEVILLE (1674), DUANE (1810, E), DUPAIN (1757, B), DURTUBIE; ENCYCLOPÉDIE (1751, C; id. au mot *Puits*), ETIENNE, FLAVIGNY, FOISSAC, FOLARD (1727, A; 1761, A), M. FRANCOEUR, au mot *Mineur*, GASSENDI, GEISSLER; GERSTEMBERG, GEUSS, GOETZMAN, GILLOT, GORET, GRIVET, GUIGNARD (1725, B), GUILLET (1686, B), GUMPERTZ, HOYER, JABRO (1777, G), JOMBERT (1768, F), LACHESNAIE (1758, I; id. aux mots *Chemin couvert, Place, Prise, Reddition, Sortie*), LAISNÉ, LANDMANN, LANTERIE, M. LEBAS, LEBLOND (1745, A), LECOUTURIER 1825, A), LEFÉBURE, LEGRAND (1857, A), au mot *Fusée poriefeu*), LEHNBERG, LEROUGE, MAIZEROY (1775, B), MALTHUS, MANESSON (1685, B), MANNINGHAM, MARTENA, MARZAGLIA, MERKÈS, MILLER (Maurice), MONTGOMMERY, MOUZÉ, MUELLER (Ludov, 1757), MULLER, (JOHN 1757), POTIER (1779, X, au mot *Feu*), PRUDHOMME, QUINCY (1741, E), ROBILANT, M. ROEDE, ROSENSTHAL, ROUVROY, RUGY, SAINT-JULIEN, SAINT-REMY, SERULLAS, SIONVILLE (1756, E), TRINCANO, VALLIÈRE, VAUBAN (1742, B; 1779), VELLY (t. VI, p. 416), VILLENEUVE (1826), le *Journal des Sciences militaires* (1834, novembre, p. 20), le *Dictionnaire de la Conversation*. — Les Mines vont être examinées ici comme il suit : MINE A FEU, — A POUDRE, — A RUINE, — DU MOYEN AGE, — MILITAIRE, — PASSAGÈRE, — PERMANENTE, — SIMPLE, — VOLANTE.

MINE (mines) A FEU (G, 4) OU MINE A POUDRE. Sorte de MINES ou de cavités qui sont le moyen et le théâtre de la GUERRE SOUTERRAINE; on peut appeler volcans artificiels leurs effets. M. MEYER (Moritz) rapporte l'usage de ces mines à l'année 1400; elles étaient analogues à des inventions CHINOISES d'une haute antiquité. — RUINER des OUVRAGES, FAIRE SAUTER des troupes ennemies, telle est leur destination. — Les Mines ont été essayées en ITALIE à la fin du quinzième siècle, et empruntées, dans le siècle suivant, aux MILICES ITALIENNES par les TURCS. — Tiraboschi en attribue l'invention à Georges de Sienne, architecte de Frédéric, duc d'Urbin. Cette découverte aurait eu lieu en 1482. — CARRÉ (1785, E) et MARINI (1810) en font honneur, au contraire, à un INGÉNIEUR au service des GÉNOIS; mais le *Journal de l'Armée* (p. 564), dit que cet officier ne put parvenir à endommager, par ce moyen, Sarazanella, ville dépendante de FLORENCE, et défendue par les Florentins en 1487. — PAUL JOVE, et d'après lui VOLTAIRE, rapportent que PIERRE DE NAVARRE avait réussi à FAIRE JOUER des FOURNEAUX à l'attaque de Céphalonie, reprise en 1501 sur les

Turcs par les ESPAGNOLS. Cet habile homme, qui avait assisté en simple volontaire au siége de Sarazanella, y avait deviné, dit DARU (1821), les causes du non-succès des Mines; il en donna par la suite plus d'une preuve. — En 1503, il reprit sur les FRANÇAIS la ville de NAPLES, par l'effet nouveau et prodigieux de la Mine POUSSÉE sous le château de l'Œuf; l'explosion en fut suivie de l'ASSAUT; cependant Folard, ou plutôt son abréviateur (1761, A), prétend que ce fut un architecte italien au service de NAPLES, et nommé François Georges, qui conseilla à Navarre l'usage d'une Mine, et qui en fit exécuter le TRAVAIL sous les forts de cette PLACE. — En 1522, le SIÉGE de RHODES, célèbre par plus de cinquante mines et plus de cent CONTRE-MINES, vit revivre l'art antique des ÉCOUTES. Martinengue, gentilhomme bressan qui s'illustra à ce siége, avait recours à des fûts de tambours dont la peau, chargée de quelques BALLES D'ARQUEBUSES A ROUET, frémissait à l'approche des MINEURS de SOLIMAN DEUX. L'ASSIÉGÉ, ainsi que le rapporte POTIER (1779, X), avait ainsi connaissance de la direction et des progrès des TRAVAUX de l'ENNEMI. — Le SIÉGE de FAMAGOUSTE, en 1571, célèbre par la vigueur de la RÉSISTANCE des VÉNITIENS, donna une première idée de toutes les ressources de la GUERRE SOUTERRAINE; elle fut surtout poussée avec un grand acharnement aux siéges de CANDIE, qu'en 1648 et en 1667 ils défendirent contre les Turcs; les uns et les autres y firent un grand et savant emploi des FOURNEAUX. — Quand l'invention de la POUDRE était récente encore, on continuait à pratiquer des Mines spacieuses, comme l'a dit STRADA au sujet de la ville de Deventer, dont les HOLLANDAIS s'emparèrent en 1578; on livra dans ces OUVRAGES des COMBATS acharnés; les troupes se mêlèrent aux MINEURS, se servirent d'abord de la lance, en vinrent ensuite à l'épée, et il s'y fit un tel carnage que les cadavres engorgeant la GALERIE, presque tous les COMBATTANTS trouvèrent leur prison et leur tombeau dans la Mine. — Pendant les trois années que dura le SIÉGE d'OSTENDE, rendue aux ESPAGNOLS en 1605, on combattit sous terre plus que dessus. — Qu'on ne cherche dans ce qui va être dit ni des systèmes, ni les démonstrations d'une SCIENCE, car le sujet exigerait des volumes; il ne s'agira donc que de quelques souvenirs historiques et de quelques notions générales. — Les termes mines et CONTRE-MINES, pris à peu près dans le sens de MINES DÉFENSIVES et OFFENSIVES, s'emploient souvent sous une acception louche les unes par rapport aux autres. Ce défaut de logique est une des obscurités de la langue ; mais le *Journal des Sciences militaires* (1834 , novembre, p. 206), résout la difficulté en appelant galerie de mines celles des assiégeants, galeries de contre-mines celles des forteresses. — Les Mines fulminantes ont laissé loin d'elles tout l'artifice des anciennes machines. — On s'est peu servi de Mines à feu dans les guerres civiles de France ; mais au siége d'Amiens, en 1597, suivant Mézeray, on en fit un grand emploi. *Tel pensoit, dit-il, en faire jouer une, qui se voyoit tout d'un coup enlever en l'air et enfouir en terre.* — Suivant les temps, les Mines ont été du domaine de l'artillerie ou du génie. Leur théorie est en rapport intime avec les sciences exactes, avec plusieurs arts mécaniques et avec la géologie. — L'art du mineur français était encore dans l'enfance à la fin du règne de Louis treize. Deville (1674) fit faire des progrès à cette science; mais Vallière est le premier qui ait calculé les effets de la fulmination; avant lui on n'en croyait pas le jeu susceptible de démonstrations et de préceptes théoriques, et ce n'est que bien plus tard que cette étude a été cultivée dans des écoles d'artillerie. — Vauban dut supputer mathématiquement les effets obtenus. — Il a donné la table du poids de la charge des Mines. — Les Mines et les contre-mines sont ou permanentes , ou passagères; leurs zigzags s'appellent retours. On regarde, mais avec peu de justesse, un fourneau comme une Mine chargée; mais c'est une chambre chargée, car un fourneau n'est qu'une partie d'une Mine. — On appelle rampes de Mines les descentes en terre ; escaliers, les descentes en maçonnerie. On appelle puits la descente quelquefois verticale qui conduit à une Mine. — Les mines permanentes sont en maçonnerie, leur hauteur doit offrir un libre passage aux hommes de la plus grande taille; il y est pratiqué des évents ou ventilateurs ; ce sont des ouvertures cylindriques, ou en cône tronqué, qui servent de jours ou de soupiraux pour renouveler l'air ou dégorger la fumée. — Dans les Mines creusées en terre, ces évents et les ouvertures qui y sont pratiquées le sont au moyen de trépans et de tarières. — Les mines passagères, soit offensives, soit défensives, ont peu d'élévation ; on en soutient les terres au moyen de planches, de chassis, de traverses; l'agencement de cette charpente s'appelle coffrage. — On appelle amorce d'une Mine, le lieu de son entrée, son commencement, son ébauche. — Les rameaux, suivant le plus ou moins de profondeur où ils pénétrent, s'appellent grands rameaux ou rameaux ordinaires. — Dans

la guerre de siége, l'habileté du mineur, consiste à asseoir le fourneau sur le point le plus avantageux à l'ouvrage, à y mettre le feu en se garantissant de tout danger, ainsi que ses compagnons, et à amener l'explosion de la charge à sa plus grande énergie, du côté voulu, au moyen du calcul des résistances qu'il lui oppose du côté qui ne doit pas céder. — La partie qui résiste, et qu'on peut comparer à une culasse d'arme à feu, s'appelle solide d'excavation ; la partie opposée, et destinée à crever, s'appelle ligne de moindre résistance. — L'attaque et la défense du chemin couvert d'une place assiégée exercent avec le plus de furie l'art du mineur. — On peut ranger au nombre des Mines, les bombes enterrées, les caissons d'artifice, les contre-mines, les contre-puits, les fougasses; on peut ranger dans la classe des contre-mines, les globes de compression et les pétards. — Les fougasses sont de moindres mines ; les bombes enterrées, les caissons d'artifice sont des mines volantes, en général défensives, et pratiquées à mesure du besoin. — La ligne de moindre résistance des mines, contre-mines, fougasses, bombes, caissons, est en dessus le plus ordinairement. — La fulmination ou rupture des Mines ouvre un angle de chemin couvert, culbute une escarpe ou une contrescarpe revêtue, élargit une brèche, enfonce une galerie, fait sauter un ouvrage ou un point attaqué. — La ligne qui, du centre du fourneau, arrive à l'extrémité de la périphérie, se nomme périphérie, ou, en d'autres termes, la masse de terrain comprise du milieu à la circonférence où cesse l'effet de l'explosion, s'appelle cercle d'action, ou sphère d'activité, de friabilité, de rupture. — On a chargé les Mines suivant divers procédés; on y a employé des barriques de poudre qu'on défonçait ou qu'on débondait ; on a préféré ensuite l'usage des sacs de poudre ; on a pris le parti de répandre en un tas la poudre même sur le fond de la chambre préparée à cet effet, et garantie d'humidité par un lit de paille et par des sacs a terre. — Quelquefois on dépose la charge de la Mine dans un coffret qu'on fixe au moyen d'étançons; on y fait aboutir l'auget qui contient le saucisson ; on bouche la chambre et les retours de la galerie aussi solidement qu'on peut, au moyen de madriers, de massifs de maçonneries, de fumier, etc., etc.; mais on a soin de ménager et de laisser libre la lumière ou oeil, et le passage de la mèche jusqu'au foyer. Cette opération constitue le bourrage de la Mine. — Les globes de compression détruisent des Mines, ou des contre-mines, etc.; ils ont leur ligne de moindre résistance de côté ou en dessous. Leur invention a rendu, pour ainsi dire, impuissantes les mines des forteresses. — Le pétard crève la séparation d'une Mine et d'une contre-mine; sa ligne de moindre résistance est du côté de la Mine. — Les machines infernales et les pétards sont des fourneaux portatifs. On a mis depuis 1745, suivant M. Meyer (Moritz), le feu à la saucisse d'une Mine au moyen de la planchette, ou souricière, ou boites de Boules (nom d'un mineur), ou boulois, suivant Laveaux, au moyen d'un moine en amadou et de son témoin en amadou aussi, au moyen de la souris porte-feu, enfin au moyen d'une petite fusée porte-feu, qui parcourt un auget. Une partie de ces moyens est décrite dans Gassendi et dans le *Dictionnaire de l'Académie*, au mot *Souris*. — On appelle foyer, le point de départ de l'inflammation. — La milice danoise s'est étudiée, dans les premiers lustres de 1800, à enflammer les Mines au moyen de la pile de Volta. Ce système a l'avantage de communiquer le feu d'une très-grande distance et même à travers des fossés inondés. Mais ce moyen ne réussit qu'autant que l'atmosphère le favorise. Une expédition de ce genre, ou l'ignition était produite à l'aide du galvanisme, avait lieu près de Pétersbourg, sous les yeux de l'empereur Nicolas, le 24 juillet 1857; elle réussit en faisant sauter deux ponts minés, mais elle pensa être fatale à ce prince près duquel une poutre vint tomber. — On lit dans le journal *la Presse* (du 16 novembre 1857) : « Aux rapides de la Neva, en » face de Pella, deux rochers qui entravaient » la navigation ont été brisés par des Mines » allumées sous l'eau, à l'aide du fulmifère » du chevalier Lemelt. Les spectateurs ont » été frappés de la puissance de cet ingé- » nieux appareil, qui transporte au comman- » dement le feu électrique à de grandes » distances à travers la terre et l'eau. » — Il y a des Mines à une chambre ou à plusieurs. — L'art de compasser les mines, ou de disposer le compartiment des feux, consiste à rendre instantanée l'explosion des fourneaux des différentes branches d'une araignée, ou à la rendre successive en proportion des effets qu'on se propose. — L'effet d'une Mine qu'on a fait jouer se juge en partie par le tourbillon de poussière et de débris qui s'en élèvent; on reconnaît qu'elle était bien construite, si son entonnoir a une embouchure double de sa profondeur. — Entre plusieurs entonnoirs simultanément formés, quand le feu prend, les terres restées debout s'appellent dames. — Un principe de guerre est de s'emparer de

toute Mine qui vient de sauter, pour en faire un logement. — Les écrivains de la milice suédoise se sont distingués surtout dans les recherches relatives aux Mines. — Un des beaux vers du poëme de Frédéric deux (1760, E) est celui où il parle de ces diverses inventions :

Tout l'enfer s'associe aux fureurs des humains.

— Les Mines à feu se distinguent en mines défensives et mines offensives.

MÈRE à poudre. v. à poudre. v. mine à feu. v. mine du moyen age.

MINE (mines) à ruine (F). Sorte de mines de l'antiquité; c'étaient des abîmes non visibles pratiqués sous le passage des machines de guerre de l'assiégeant, ou sous les murailles de l'assiégé. Dans ce dernier cas, on creusait une vaste caverne sous les fondements de la construction qu'on attaquait; on soutenait les terres avec des étançons goudronnés; on entassait des matières combustibles; leur conflagration détruisait les points d'appui de la voûte, et ruinait, abîmait ce qui se trouvait en dessus de la Mine. Les Mines de cette poliorcétique des anciens ont été ainsi défensives et offensives. — Végèce (590, A) attribue aux Rhodiens l'invention des Mines; mais cet artifice est aussi ancien que l'attaque des places. — Enée (330 avant J.-C.) parle des Mines comme ayant été pratiquées en Egypte (570 avant J.-C.); il atteste qu'au siége de Barce, une des cinq villes du pentapole cyrénaïque, un chaudronnier découvrit l'art de reconnaître l'approche des mineurs en appliquant un bouclier de cuivre contre les murailles. — Ce qu'on appelle techniquement être aux écoutes, est donc d'une haute antiquité. — L'art de donner, dans les Mines, le camouflet, *calami flatus*, est mentionné avec détail dans Tite Live (liv. 38). Il décrit la forme et l'emploi d'un tonneau rempli de plumes et armé de lances; on le dirigeait vers les mineurs; on enflammait la plume au moyen de longs chalumeaux dans lesquels on soufflait, et la Mine devenait inhabitable. — Quinte-Curce parle mainte fois des galeries couvertes qu'Alexandre faisait creuser quand il assiégeait une place. — Appian et plusieurs historiens font le récit des combats sanglants qui se livraient dans les Mines; ce même auteur parle d'une guerre de mine défensive d'un genre étrange : il dit que quand Lucullus assiégeait Thémisyre, ceux de la ville ayant percé des contre-mines, lâchèrent et chassèrent sur les mineurs romains des ours et d'autres bêtes carnassières, ainsi que des essaims de mouches à miel. — César (51 avant J.-C.) mentionne surtout les Gascons comme habiles dans l'art de pousser les Mines. — Claudien, dans son poëme de l'enlèvement de Proserpine, donne une image de la prise des villes par le moyen des Mines. — Vitruve parle des procédés auxquels les Marseillais eurent recours, pendant le siége, contre les mineurs romains. — Les anciens se terraient moins que les modernes, mais leurs Mines avaient des dimensions bien plus grandes; le travail en était considérable, il exigeait une prodigieuse quantité de charpentes; la voie était tenue assez large, et pour la facilité des travaux, et pour que plusieurs hommes y pussent combattre de front. — Les mines du moyen age ont été, mais non uniquement, Mines à ruine.

Mine (mines) défensive (G, 4) ou contre-mines de forteresse. Sorte de mines a feu dont l'art était encore si peu avancé en plusieurs parties de l'Italie, au temps de Paul Jove, qu'il suppose que ce furent les Allemands qui en pratiquérent des premiers, quand Vienne était assiégée par Soliman deux en 1529; mais, dès la plus haute antiquité, les mines a ruine étaient défensives. — La construction des contre-forts des forteresses modernes et celle des contres-carpes se combinent ordinairement avec la construction de galeries de mine. — Les forteresses bâties en totalité ou en partie sur le roc, sont ordinairement accompagnées de Mines défensives permanentes, qui sont dirigées du chemin couvert vers les points par lesquels les approches de l'assaillant seraient menaçantes; on les appelle aussi contre-mines de dehors; de là elles se divisent en rameaux qui répondent aux ouvrages avancés. — Le creusement des cunettes a en partie pour objet de rendre plus difficile le cheminement des Mines d'un assiégeant. — Depuis le perfectionnement de l'attaque des places, les mines permanentes ont le plus ordinairement deux à trois mètres de haut sur quatre pieds de large. — Une importante précaution de la part des assaillants est d'éventer les Mines qui menaceraient leur sûreté. Après la prise du dehors, et avant de construire des logements, ils creusent à cet effet de larges puits de Mines. — Dans la guerre de contre-mines, prendre le dessous est le nœud et le chef-d'œuvre de l'art. — Les sorties que font les assiégés ont quelquefois pour objet d'attirer l'assiégeant sur un point miné. — Quand la reddition d'une place a lieu, les galeries des Mines sont, en vertu de la capitulation, remises intactes au vainqueur. — Mouzé a traité particulièrement des Mines défensives.

Mine directe (G, 4), ou mine simple. Sorte de mine offensive à un seul fourneau situé à l'extrémité de la galerie.

Mine double (G, 4). Sorte de mine offensive en forme de T; elle perce le revêtement, se partage en deux rameaux, s'étend en arrière, et gagne la racine des deux contre-forts voisins; elle a ses chambres dans le solide de ces contre-forts.

Mine (mines) du moyen age (F). Sorte de mines qui ont en général été, et mines a ruines, et un champ clos, une lice, où des chevaliers de la garnison et du parti ennemi se livraient combat; c'étaient des galeries souterraines, les unes à ciel ouvert, les autres blindées, qui pénétraient sous les fondements et dans le cœur de la place. — Dans la croisade de 1188, au siége d'Acre, les Pisans et les Génois étaient particulièrement employés au travail des Mines; c'est là que Philippe Auguste reçut d'eux les premières leçons de la science du mineur. — Dans le treizième siècle ce prince entretenait quantité d'ingénieurs habiles; il tira de grands services de leurs travaux souterrains dans les luttes qu'il soutint contre les Anglais. — Le nom de Mines ou de tranchées se donnait indistinctement alors au même travail. — Le siége de Commercy en 1560, de Limoges en 1372, d'Orléans en 1428, furent célèbres par le travail des Mines. — En outre de ce genre de mines offensives, il y en avait, au temps de la chevalerie, que les assiégeants et les assiégés creusaient courtoisement d'un commun accord, ou bien qui étaient d'anciennes issues qui communiquaient au loin dans la campagne, et dont les assiégeants se rendaient maîtres. On allait s'y battre par défi, par partie de plaisir, après y avoir élevé de frêles barrières qu'on s'engageait par serment à ne point franchir; là, les chevaliers créés pendant le siége faisaient leur veille d'armes et leurs premières prouesses. Ce champ de bataille des pas d'armes était plus ou moins spacieux, suivant qu'on devait s'y engager ou seul à seul, ou par quadrilles. On s'y escrimait en présence de témoins, à la lueur des torches, ou à l'aide d'écus a lanterne. C'était se préparer bien des difficultés quand il eût été si facile de ferrailler à l'aise, en plein air et en plein jour. — En 1388, le duc de Bourbon, assiégeant Verteuil ou Verneuil en Angoumois, se bat en duel réglé dans la Mine avec l'écuyer qui commandait la place. Ce simple gentilhomme, qui croyait n'avoir affaire qu'à un égal, se trouve si honoré de CROISER LE FER avec un prince, que le respect lui fait tomber les armes des mains et rendre la PLACE. MÉNESTRIER raconte au long ce fait. — En 1411, dit VILLARET, SOUS CHARLES SIX, la Mine du siége d'Etampes fut percée par André Roussel, ingénieur renommé. — En 1420 on fit de fort beaux coups d'épée à Melun ; on ne s'y servit que d'armes courtes, parce que, dit l'historien de Charles six, *les Mines se tournent souvent en biaisant et sont étroites.* — Jusqu'à CHARLES SEPT, les Mines n'étaient que de simples APPROCHES à la SAPE et des GALERIES de communications inaperçues. CHARTIER en parle fréquemment ; elles devinrent MINES A POUDRE dans le siècle suivant.

MINE MILITAIRE. V. MILITAIRE, adj. V. MINE.

MINE (mines) OFFENSIVE (term. sousgénér.). Sorte de MINES A FEU qui se dirigent contre des ASSIÉGÉS. — MAIZEROY (1775, B) témoigne qu'au MOYEN AGE et jusqu'au temps où écrivait DEVILLE (Antoine), on commençait l'ouverture des Mines offensives trèsloin du point à insulter, parce qu'on ignorait l'art d'en dérober la vue à l'ENNEMI en se couvrant au moyen des travaux d'APPROCHES. On creusait à cet effet un PUITS qu'on appelait GALERIE à cascades ; c'était une espèce d'escalier dont chaque marche avait presque la hauteur d'un homme. — VAUBAN donna à l'ART DU MINEUR une face nouvelle ; il renonça à l'usage de pousser une Mine à travers le FOSSÉ même du BOULEVARD intérieur ; il porta de suite le MINEUR dans son TROU. Cette OPÉRATION s'appelait l'ATTACHEMENT au corps de la PLACE. — Les progrès de la science des Mines offensives ont amené l'abolition de CAVALIERS que l'on construisait dans les BASTIONS des FORTERESSES. — Les Mines offensives se distinguent en MINES DIRECTE, — DOUBLE, — TRÉFLÉE. DESPREZ (1755, B) donne les images de ces diverses formes.

MINE PASSAGÈRE. V. FOUGASSE. V. GALERIE DE MINE. V. MINE A FEU. V. PASSAGER, adj.

MINE PERMANENTE. V. FOUGASSE. V. GALERIE DE MINE. V. MINE A FEU. V. MINE DÉFENSIVE. V. PERMANENT.

MINE SIMPLE. V. MINE DIRECTE. V. SIMPLE.

MINE TRÉFLÉE (G, 4). Sorte de MINE OFFENSIVE disposée en trident. Son RAMEAU du milieu pénètre au delà des CONTRE-FORTS de la FORTERESSE attaquée.

MINE VOLANTE. V. CAISSON D'ARTIFICE. V. DÉFENSE DE CORPS DE PLACE. V. GRENADIERS RÉUNIS. V. VOLANT, adj.

DICTIONNAIRE DE L'ARMÉE.

MINEOUR, subs. masc. V. MINE. V. MINEUR FRANÇAIS.

MINER, verbe act. et neut. V. CONTREMINER. V. SAPE. V. TRENCHEOR.

MINÉRAL (minérale), adj. et subs. V. EAUX M...

MINEUR, subs. masc. V. ÉTAT CIVIL. V. MINEUR ANGLAIS. V. MINEUR FRANÇAIS. V. MOUSQUETON DE M... V. OUTIL DE M... V. PASSAGE DE FOSSÉ. V. PISTOLET DE M... V. RÉGIMENT DE M... V. SAPEUR M... V. TARIÈRE DE M... V. TÉMOIN DE M...

MINEUR ANGLAIS. V. ANGLAIS, adj. V. ARTIFICIER. V. MILICE ANGLAISE Nº 2, 3.

MINEUR AUTRICHIEN. V. AUTRICHIEN, adj. V. MILICE AUTRICHIENNE Nº 1, 2, 3.

MINEUR BELGE. V. BELGE, adj. V. MILICE BELGE.

MINEUR D'ARTILLERIE. V. ARTILLERIE. V. MINEUR FRANÇAIS.

MINEUR du GÉNIE. V. GÉNIE. V. MINEUR FRANÇAIS. V. OFFICIER DU GÉNIE Nº 3. V. RÉGIMENT DU GÉNIE.

MINEUR ESPAGNOL. V. ESPAGNOL, adj. V. MILICE ESPAGNOLE Nº 7.

MINEUR FRANÇAIS (A, 1), OU MINEOUR suivant PHILIPPE MOUSKES, OU MINEUR IDIOPLIQUE, OU MINOUR, OU TRACHEOUR. — Le mot Mineur, dont le substantif MINE explique l'étymologie et qui répond au mot SOLDAT, est pris ici par opposition au substantif MINEUR, dont le mot LATIN *minor* est la racine ; cette similitude de deux termes ayant un sens si différent est une des taches de la LANGUE. — Le mot Mineur, considéré par rapport à la GUERRE SOUTERRAINE, s'emploie surtout et uniquement depuis l'usage des MINES A FEU ; mais plus anciennement on disait, dans un sens analogue, FOSSEUR, FOSSIER, FRANC TAUPIN, HURON, TRENCHEOR. Il en était ainsi au temps où ces artisans dépendaient du GRAND MAITRE DE L'ARTILLERIE sans être encore enrégimentés. Cet état de choses dura jusqu'en 1673, comme le témoigne le *Journal de l'Armée* (t. III, p. 255). — Les Mineurs sont, suivant les circonstances, des ouvriers de MINES ou de CONTRE-MINES ; la définition est louche, mais la faute n'en est pas à nous. — Pour plus de clarté il vaut mieux, sous le point de vue des fonctions, les distinguer en Mineurs ASSIÉGEANTS et Mineurs ASSIÉGÉS ; ce sont ces derniers qui s'appellent CONTRE-MINEURS : ce sont les premiers dont un des TRAVAUX de DESTRUCTION est de DÉMANTELER. — L'institution des Mineurs en CORPS de troupes spéciales peut être regardée comme d'invention FRANÇAISE. Là première création de ce genre est due à LOUIS QUATORZE; elle eut lieu, suivant MAIZEROY (1775, B), en 1675, et suivant DANIEL (1721, A), en 1679. Quatre COMPAGNIES de force inégale existèrent successivement en 1679, en 1695, en 1705, en 1706, et furent classées dans l'ARTILLERIE par l'ORDONNANCE DE 1720 (5 FÉVRIER). VAUBAN employa au SIÉGE de LUXEMBOURG, en 1683, la première COMPAGNIE qui eût été créée; elle l'avait été sur sa proposition. — Tour à tour les soldats de ces COMPAGNIES ont été MINEURS D'ARTILLERIE et MINEURS DU GÉNIE. Ces deux ARMES se sont disputé toujours l'adjonction d'une SOUS-ARME chargée de la construction et de la conservation des CONTRE-MINES; ces prétentions contraires viennent de ce que l'ART des mines participe des travaux du GÉNIE par les procédés qu'il met en œuvre, et participe de l'ARTILLERIE par l'emploi de la POUDRE et les effets que ses travaux produisent. — En 1758 (5 NOVEMBRE), les Mineurs ont été retirés de l'ARTILLERIE et attachés au GÉNIE par l'ORDONNANCE DE 1759 (10 DÉCEMBRE); ils ont été rendus à l'ARTILLERIE en 1761. — En 1772, il était donné une COMPAGNIE de Mineurs à chaque RÉGIMENT D'ARTILLERIE. — En 1789, le MINISTRE LATOUR DU PIN essayait de les attacher au GÉNIE, comme le témoigne le rapport de BOUTHILLIER à l'ASSEMBLÉE CONSTITUANTE (1790, 9 septembre). — En 1793 (15 décembre), AN DEUX (2 BRUMAIRE), le GÉNIE réussit à replacer dans ses attributions les six COMPAGNIES de Mineurs alors existantes; elles étaient fortes, en 1794, de trente-quatre officiers et de trois cent quatre-vingts hommes de troupe. — En l'an quatre, leur force était de six cents hommes. — Leur nombre s'est élevé à neuf COMPAGNIES en 1804. — Il a été formé des BATAILLONS DE MINEURS en 1809 (17 juin); ils ont été progressivement portés à trois RÉGIMENTS, secondés d'un ESCADRON de TRAIN. — L'ordonnance de 1824 (27 octobre) réglait leur organisation et les attachait aux RÉGIMENTS DU GÉNIE. — Dans les SIÉGES entrepris sous le règne de Louis QUATORZE, on attachait beaucoup plus d'importance aux fonctions des Mineurs et de leurs OFFICIERS, et on les récompensait plus généreusement qu'on ne l'a fait depuis VAUBAN; ce grand homme regardait l'ART du Mineur comme aussi difficile que compliqué et périlleux. — L'homme qui creusait une MINE était coiffé d'un robuste POT; il ne travaillait qu'en se tenant continuellement aux ÉCOUTES; la moindre inadvertance, la plus légère erreur, pouvaient lui coûter la vie; il recourait, pendant le CHEMINEMENT, à une quantité de ruses pour dérouter les gardiens des GALERIES D'ÉCOUTE et tromper les CONTRE-

MINEURS sur la direction de ses TRAVAUX; il n'avançait qu'à genoux ou accroupi; il transportait presque en rampant la terre contenue dans des paniers nommés BOURSIQUETS. Il n'avait d'autre marteau que les bras; il fallait que ce fût de la paume de la main qu'il frappât le ciseau destiné à percer la terre; faute d'air, il était obligé souvent de se coucher pour respirer; il n'avançait que la SONDE, la TARIÈRE, le TRÉPAN à la main. Il était muni de PORTE-FEU pour épouvanter son adversaire; il lui préparait des FOUGASSES pour le renverser; il faisait jouer, pour l'étouffer, des BOMBES, des GRENADES, des PÉTARDS, de la POUDRE PUANTE ou des BALLES PUANTEUR, suivant l'expression de M. MEYER (Moritz). — On relevait fréquemment les TRAVAILLEURS, à raison de la difficulté de faire circuler l'air, et quelquefois l'arrivant trouvait son prédécesseur asphyxié. — Si le Mineur voyait percer vers lui la SONDE de l'ennemi, il attendait en silence qu'elle fût retirée pour en boucher l'ouverture avec un canon de PISTOLET; pour se soustraire lui-même à un danger pareil, il portait une espèce de BOUCLIER de bois armé extérieurement d'un bâton qu'il introduisait dans le trou de la TARIÈRE, ou bien il dirigeait à travers le même trou une LANCE OU CANNE A FEU PUANT, pour donner le CAMOUFLET à l'ENNEMI et le chasser de son TRAVAIL. S'il lui fallait pratiquer un trou pour le pétard, il y employait l'AIGUILLE OU BARRE A MINE. — Il n'était pas très-exposé, s'il travaillait à miner un REVÊTEMENT ou le corps de la PLACE sous la protection des BATTERIES DE BRÈCHE, ou bien quand il lui était préparé, après la DESCENTE du FOSSÉ, un trou pour son ATTACHEMENT à une FACE DE BASTION; mais s'il devait traverser à la nage un FOSSÉ INONDÉ, s'il MARCHAIT A LA SAPE entre la CUNETTE et la CONTRESCARPE, et sous le frêle abri des mantelets à dôme de fer-blanc, il servait à lui seul de point de mire aux PIÈCES des flancs, à la MOUSQUETERIE des TENAILLES et des FLANCS HAUTS et BAS, aux BOMBES, aux GRENADES, aux FEUX D'ARTIFICE des PARAPETS. Il avait tout à craindre de l'effort des SORTIES, des effets des CONTRE-MINES et de l'explosion des FOUGASSES; il n'avait pas moins de précautions à prendre quand il devait ÉVENTER les FOURNEAUX au milieu des engagements de l'ASSAILLANT et des ENTONNOIRS qui venaient de se former. — VAUBAN (1779) a exposé tous les périls du métier, et surtout des Mineurs ASSIÉGEANTS, dont le rôle est bien plus difficile que celui des CONTRE-MINEURS ou Mineurs ASSIÉGÉS, qui, sauf quelques PUITS, quelques RAMEAUX de circonstance, connaissent d'avance les détours de la MINE et y marchent de plain-pied. — Le DÉCRET DE L'AN QUATORZE (10 BRUMAIRE) réglait l'espèce de leurs OUTILS, mais ils en avaient autrefois quantité d'autres. GRASSI (1817, H) en a donné la nomenclature. — Il a été question en 1807, comme le témoignent M. le général COTTY et M. RÉVERONI, d'armer de CARABINES A VENT ou de FUSILS A VENT les Mineurs. — L'ORDONNANCE DE 1824 (27 OCTOBRE) reconnaissait dans chaque BATAILLON des RÉGIMENTS DU GÉNIE deux COMPAGNIES DE MINEURS. — Dans l'armement des forteresses on compte un PISTOLET et un MOUSQUETON de Mineur par soixante et dix fusils d'infanterie. — Les ÉCRIVAINS qui ont traité spécialement des Mineurs français, sont : BUREAUX DE PUSY, M. COTTY (1822, A, aux mots *Notice, Service*), DANIEL (1721), l'ENCYCLOPÉDIE (1751, C), M. FRANCŒUR, GEUSS, GRASSI (1817, H), GUILLET (1686, B), LACHESNAIE (1758, I, aux mots *Paye, Trou*), LECOUTURIER (1825, A), PAJOT, PASLEY, PASTEUR, POTIER (1779, X), RUGY, RUMPF (1824, F), VILLENEUVE, le *Dictionnaire de la Conversation*.

MINEUR IDIOPLIQUE. V. MINEUR FRANÇAIS.

MINEUR PRUSSIEN. V. MILICE PRUSSIENNE N° 2. V. PRUSSIEN, adj.

MINEUR SAXON. V. MILICE SAXONNE N° 2. V. SAXON, adj.

MINEUR TURC. V. MILICE TURQUE N° 2, 6. V. TAMBOUR INSTRUMENTAL. V. TURC, adj.

MINISTÈRE ANGLAIS. V. ANGLAIS, adj. V. MILICE ANGLAISE N° 2. V. MINISTÈRE DE LA GUERRE.

MINISTÈRE AUTRICHIEN. V. AUTRICHIEN, adj. V. MILICE AUTRICHIENNE N° 2.

MINISTÈRE BAVAROIS. V. BAVAROIS, adj. V. MILICE BAVAROISE. V. MINISTÈRE DE LA GUERRE.

MINISTÈRE D'ARMÉE. V. ARMÉE. V. BUREAU DE LA GUERRE. V. MINISTÈRE DE LA GUERRE.

MINISTÈRE de la GUERRE (A, 1), ou BUREAU DE LA GUERRE, ou DÉPARTEMENT DE LA GUERRE, ou, par ellipse, la GUERRE. — Le mot Ministère, dont le substantif MINISTRE est la racine, désigne une CHANCELLERIE dont la dénomination, considérée par rapport au génitif qui s'y adjoint, est peu plausible ; mieux vaudrait se servir, à l'instar de la MILICE BAVAROISE, de la qualification MINISTÈRE D'ARMÉE, ou dire Ministère des ARMES ; car la GUERRE est une éventualité, tandis que le Ministère des TROUPES est une institution aussi permanente que l'ARMÉE ou les ARMES ; c'est autant, c'est même plus pour la PAIX que pour la GUERRE, qu'un peuple vraiment

civilisé entretient une ARMÉE, et en organise le Ministère. *Si vis pacem, para bellum.* — La plupart des MILICES ÉTRANGÈRES nomment CHANCELLERIE, COLLÉGE, CONSEIL DES ARMES, COUR, OFFICE, ce que les FRANÇAIS appellent BUREAU, ou Ministère, ou département de la guerre. — Sous LOUIS QUATORZE et LOUIS QUINZE, on disait plutôt la COUR qu'on ne disait le Ministère ; *être bien en cour*, c'était être favorablement noté au ministère. Cette manière de s'exprimer rappelait le temps où LOUIS QUATORZE évoquait à sa COUR les attributions dont il dépouillait peu à peu le CONNÉTABLE, le COLONEL GÉNÉRAL DE L'INFANTERIE, les COMMISSAIRES GÉNÉRAUX, les MESTRES DE CAMP PROPRIÉTAIRES, les MESTRES DE CAMP GÉNÉRAUX. L'amoindrissement ou l'abolition successive de leur CHARGE qui, jusque-là, en avait fait des MINISTRES au petit pied, opéra une immense révolution gouvernementale, et donna l'importance et le ressort au CORPS ADMINISTRATIF, dont le Ministère de la guerre est devenu la tête. — La locution Ministère de la guerre commençait surtout à être usitée au temps de CHAMILLART ; mais, bien plus tard encore, on disait également ou la cour ou le Ministère. — Considérons la nature et les progrès du Ministère de FRANCE ; les variétés de sa composition ; les époques où la marche des affaires y a été savante ; les DÉPENSES qu'il a occasionnées ; ce qui s'y rapproche ou y diffère de quelques autres ÉTABLISSEMENTS analogues ; les imperfections qui lui ont été reprochées ; les améliorations qui s'y sont introduites et celles qui y seraient désirables. Qu'on ne s'étonne pas si cette forme d'examen va contrarier l'ordre chronologique ; car la série par millésimes et les recherches par spécialités sont inconciliables. — En FRANCE, les affaires publiques, d'abord administrées, non par nature d'objets, mais par arrondissements territoriaux sous l'autorité centrale du CHANCELIER DE FRANCE, n'ont été réparties en BUREAUX de la couronne que depuis 1588, et surtout depuis l'ÉDIT DE 1589 ; les dissensions intestines des membres du cabinet et les tiraillements des partis politiques ne permirent le développement du système que depuis HENRI QUATRE. — Cependant SULLY, quoiqu'on ne le compte pas au nombre des MINISTRES DE LA GUERRE, le fut réellement ; il n'a été surpassé en habileté par aucun autre, puisqu'avec le moins de moyens et ayant à vaincre le plus de résistance, quelquefois même à se débattre contre les prodigalités et les déréglements de son maître, il a obtenu, proportion gardée, les plus favorables résultats. RICHELIEU et MAZARIN ont été aussi ministres de la guerre, si jamais GRAND FONCTIONNAIRE le fut. — Le RÈGLEMENT DE 1619 (29 AVRIL) commençait à approfondir les choses du DÉPARTEMENT DE LA GUERRE; on y voit que les SECRÉTAIRES D'ETAT étaient mal d'accord entre eux touchant l'accomplissement du travail de la GUERRE. Ce RÈGLEMENT avait pour objet d'y remédier, mais il n'y apportait que de faibles correctifs. — La marche de la haute ADMINISTRATION était restée embarrassée et confuse jusqu'à LOUIS QUATORZE : les prétentions du CHANCELIER, la prépondérance du CONTROLEUR GÉNÉRAL, l'autorité du CONNÉTABLE, des GOUVERNEURS, des INTENDANTS DE PROVINCE, du COLONEL GÉNÉRAL, des GRANDS PRÉVOTS, du CHEVALIER DU GUET, du lieutenant de police, etc., s'opposaient à toute unité d'action; le Ministère de la guerre ne devint un pouvoir que depuis LETELLIER, et surtout depuis 1661, époque où le roi abolit la charge de COLONEL GÉNÉRAL DE L'INFANTERIE. — Dans la première moitié du dix-huitième siècle, le Ministère était une institution peu spéciale encore; aussi n'en est-il question ni dans le livre de DANIEL (1721, A), ni même dans les compilations de LACHESNAIE (1758, I). — Le SECRÉTAIRE D'ETAT qui présidait aux choses de la GUERRE était plus souvent tiré de la finance ou de la robe que de la classe des MILITAIRES : tels furent LOUVOIS, LEBLANC, DARGENSON. Louvois était secondé par le PREMIER COMMIS Alexandre; les employés qui portèrent plus tard ce même titre de PREMIER COMMIS, sortaient en général du COMMISSARIAT; tels furent CHENNEVIÈRES et BRIQUET. Ces choix des COMMIS administrateurs et des MINISTRES financiers tenaient à ce que le DÉPARTEMENT n'était en réalité qu'un cabinet d'administration de finances, qu'un entrepôt de transmission d'ordres, mais non un ressort direct de gouvernement ou un centre de COMMANDEMENT. Cette dernière attribution restait en partage à la COUR, c'est-à-dire au conseil du ROI ou au ROI; c'était une trace des temps où il n'existait ni règles fixes ni principes écrits, où l'ART DE LA GUERRE, la GRANDE TACTIQUE, la science de l'INFANTERIE étaient abandonnés au savoir-faire des OFFICIERS GÉNÉRAUX, et où l'ADMINISTRATION était comme une manipulation que s'entr'arrachaient le pouvoir qui manie l'épée et l'autorité qui tient la clef du TRÉSOR; mais l'avancement de la SCIENCE DES ARMES allait modifier cet état de choses. — Le Ministère, éveillé par les ouvrages de BOMBELLES (1746, A), de FOLARD (1727, A), de FEUQUIÈRES, de MAURICE DE SAXE (1753, C), de PUYSÉGUR (1748, C), s'essaya, au milieu du dernier siècle, dans une voie nouvelle,

en instituant des principes touchant la POLICE, le SERVICE, l'UNIFORME, les CAMPS D'INSTRUCTION, la TACTIQUE, les RÉCOMPENSES, le SERVICE DE SANTÉ, les BATTERIES DE CAISSE, objets jusque-là laissés à la discrétion et à la direction des INSPECTEURS GÉNÉRAUX et des CHEFS DE CORPS, ou plutôt des MAJORS. Le Ministère mettait en jeu le système des MASSES PÉCUNIAIRES, commençait à passer directement des MARCHÉS, et centralisait la tenue d'une MATRICULE; ce furent les premiers pas d'une marche mieux entendue; des GÉNÉRAUX distingués devenus ministres, tels que BELLE-ISLE, DUMUY, SAINT-GERMAIN, SÉGUR, développèrent ces améliorations. — La révolution imprima un caractère de spécialité à chacun des Ministères du gouvernement d'alors; ce fut un de ses bienfaits; ils eurent leurs AGENTS directs, leurs relations déterminées; jusque-là le DÉPARTEMENT DE LA GUERRE correspondait de nécessité avec les AUTORITÉS des gouvernements militaires et les INTENDANTS DE PROVINCE, AGENTS plus spéciaux du CONTROLEUR GÉNÉRAL; par une conséquence de cet état de choses, chaque GOUVERNEUR ou COMMANDANT DE PROVINCE avait autant affaire aux divers DÉPARTEMENTS du cabinet qu'à celui de la GUERRE; de là, une confusion, une lenteur, un conflit qui entravaient tout; de là, cette distinction, maintenant presque indéchiffrable, de l'ORDINAIRE et de l'EXTRAORDINAIRE des guerres. — En 1788, suivant M. BALLYET, chaque Ministère commença à former un département distinct et spécial; mais M. BALLYET se trompe de trois ans : ce fut réellement la refonte politique de 1791 qui porta remède au mal ancien. Les intendances disparurent; les DIVISIONS MILITAIRES TERRITORIALES furent créées; chacune d'elles fut soumise à un GÉNÉRAL COMMANDANT et administrée par un ORDONNATEUR. Ces autorités nouvelles correspondirent directement avec le MINISTRE DE LA GUERRE, et en dépendirent uniquement. — L'HOTEL DES INVALIDES résista seul à l'esprit de simplification et de HIÉRARCHIE; ses chefs aimèrent mieux passer dans le département de l'intérieur que de ne pas rester un gouvernement indépendant, un Etat dans l'Etat. Rendu à la guerre, l'HOTEL DES INVALIDES y redevint une anomalie ruineuse, le temple de l'engourdissement, le triomphe de la routine. — LOUVOIS dirigeait l'armée, d'abord avec douze, ensuite avec vingt et un COMMIS. Il n'avait pas un registre, pas un volume à consulter. Toute la conduite des affaires était dans sa volonté. En outre des COMMIS, il avait des scribes au mois ou à la journée; mais les INTEN-

DANTS DE PROVINCE, le CONTROLEUR GÉNÉRAL, le CHANCELIER, les MARÉCHAUX, les COLONELS GÉNÉRAUX avaient leurs scribes militaires; chaque ministère avait ses BUREAUX militaires, et malgré l'éloge que les antibureaucrates ont fait du travail de ces temps-là, il reste démontré que rien n'allait bien, ou même que rien n'allait, et que le nombre des hommes de BUREAU était moins restreint que bien des écrivains critiques ne se le sont persuadé dans leur ignorance; mais ces BUREAUX étaient éparpillés. En 1777, il y avait, suivant POTIER (1779, X), cent trent-huit EMPLOYÉS, ou COMMIS, non compris quatorze chefs et les INGÉNIEURS GÉOGRAPHES. Le total était de cent cinquante-six. En 1787 cent cinquante EMPLOYÉS étaient soldés. SERVAN occupait, non compris les chefs, quatre-vingts scribes, secondés par quarante auxiliaires. — PACHE porta le personnel à douze cents individus. — En l'an cinq, si l'on en croit l'ENCYCLOPÉDIE (Supplément), il y avait cent vingt COMMIS, apparemment sans compter les copistes. — Sous la restauration l'ensemble du Ministère s'est élevé, dit-on, jusqu'à mille personnes. — En 1814 se décida la grande injustice de la réduction du TRAITEMENT DE LA LÉGION D'HONNEUR. — En 1830, on comptait au ministère de la guerre trois cent quatre-vingt-dix-sept chefs ou COMMIS. En 1832, les EMPLOYÉS y étaient au nombre de quatre cent quarante-deux, non compris portiers, huissiers, garçons de bureau, hommes de peine, etc. — En 1820, il y avait jusqu'à vingt-huit FONCTIONNAIRES DE L'INTENDANCE attachés au Ministère. Ravir ainsi à leurs vrais travaux les SOUS-INTENDANTS, c'était comme si l'on eût déplacé les sous-préfets pour en faire des commis au département de l'intérieur. — Par l'abus contraire à celui qui avait inféodé à l'épée le terrain de l'ADMINISTRATION, elle était devenue comme une alchimie dont les arcanes ne pouvaient être fouillés que par le CORPS ADMINISTRATIF; le haut CONTROLE était ainsi confié à un corps contrôlable pourtant lui-même, et qui se constituait juge en dernière instance dans sa propre cause. — Ce qu'on appelait sous LOUIS QUINZE l'ADMINISTRATION était le BUREAU DES GRACES, c'est-à-dire, des RÉCOMPENSES, de l'AVANCEMENT, des CONGÉS; ce terme musqué était assorti à la frivolité de l'époque. Ce que depuis le consulat on appelait ADMINISTRATION, était au contraire le maniement du MATÉRIEL et le résultat d'un système qui avait scindé le Ministère en un BUREAU de distribution d'ordres impératifs et un d'opérations financières. Ce dernier était un second ou moindre Ministère présidé par un DIRECTEUR MINISTRE, ou par un MINISTRE DIRECTEUR, ou par un MINISTRE DE L'ADMINISTRATION DE LA GUERRE; con-

fusion de synonymes et de pléonasmes, qui était une image de la confusion des systèmes en fait d'ADMINISTRATION et de langage. — Veut-on des preuves de cette confusion? — Le ministre du COMMANDEMENT ou du PERSONNEL continuait à gérer le GÉNIE et l'ARTILLERIE dans lesquels il entre tant d'objets du matériel; le MINISTRE DIRECTEUR ou du MATÉRIEL dirigeait le PERSONNEL des COMMISSAIRES DES GUERRE, etc., le SERVICE DE SANTÉ dont une considérable partie concerne le PERSONNEL. — Ce qu'on appelait, dans le Ministère du COMMANDEMENT, le personnel, comprenait : COMPTABILITÉ des corps, CONTROLEMENT, EMBRIGADEMENT, ÉQUIPEMENT, HABILLEMENT, HARNACHEMENT, LICENCIEMENT, ORGANISATION, REVUES, SOLDE. — C'était la part de travail du MINISTRE DE LA GUERRE et du CORPS DE L'INSPECTION. — Des MEMBRES du COMMISSARIAT et de l'INSPECTION AUX REVUES se partageaient les principaux emplois de ces deux ÉTABLISSEMENTS. — La composition ou l'action organique du personnel du Ministère a été sans cesse mise en question. — Jusqu'à la GUERRE DE LA RÉVOLUTION le Ministère a été ordonné en BUREAUX; de là son nom de BUREAU DE LA GUERRE. — Supprimé en 1794 (12 germinal an deux), il se transforma, ou du moins prit une forme plus républicaine en apparence, plus despotique de fait, sous le titre de COMMISSION DE L'ORGANISATION ET DU MOUVEMENT DES ARMÉES DE TERRE. Cette COMMISSION, dont CARNOT était l'âme, se partageait en divisions. — Le Ministère était rétabli par la constitution de l'an trois; mais, dans le fait, l'appellation seule était changée. — A des époques postérieures il s'est formé en DIRECTIONS; ces modifications, ces fractionnements, ces amalgames, avec institution ou suppression de SECRÉTAIRE GÉNÉRAL, ont résulté du DÉCRET DE 1793 (6 FÉVRIER), de la LOI DE L'AN DEUX (12 GERMINAL), de l'organisation de brumaire an cinq, de celle DE L'AN HUIT (20 MESSIDOR), de l'ARRÊTÉ DE L'AN NEUF (2 THERMIDOR), de l'ARRÊTÉ DE L'AN DIX (17 VENTOSE) qui scindait en deux le Ministère, de l'organisation de l'an onze (1er vendémiaire), de la refonte unitaire en 1814, de l'organisation en DIRECTIONS, en vertu de l'ORDONNANCE DE 1830 (7 DÉCEMBRE), de l'organisation de décembre 1837, et de toutes les autres transformations aussi inutiles que coûteuses dont le *Moniteur*, les Annuaires, les Almanachs royaux donnent les détails fastidieux, sans dévoiler jamais les causes rarement avouables. Comment justifier, du moins depuis le commencement du siècle, ces séries d'essais et de tâtonnements, puisque, depuis la conscription et la création de l'intendance, la nature des travaux du Ministère de la guerre n'avait en rien changé? mais ayons des dieux pour rois et des anges pour ministres, et les institutions seront en France plus durables! — Il s'est vu, dans ces différentes institutions, des ADJOINTS, des CHEFS DE DIVISION et de BUREAU, des archivistes, des bibliothécaires, des COMMISSAIRES EXÉCUTIFS, des DIRECTEURS, des SOUS-SECRÉTAIRES D'ETAT, un PREMIER et ensuite des PREMIERS COMMIS, des SECRÉTAIRES GÉNÉRAUX, des CHEFS DE DIVISION et de BUREAU, des SOUS-CHEFS; il s'y est formé à plusieurs reprises un CONSEIL DE LA GUERRE; il y a été attaché un CONSEIL DE SANTÉ, un DÉPOT DE LA GUERRE, des COMITÉS, des COMMISSIONS, un DIRECTOIRE D'HABILLEMENT, une AGENCE DES TRANSPORTS, des AUMONIERS, des EXPERTS en divers arts mécaniques, des INSPECTEURS de MANUFACTURES D'ÉTOFFES. — En 1816, une place de SOUS-SECRÉTAIRE D'ETAT était créée en faveur de M. Tabarié. Elle était occupée en 1817 par Allent. Supprimée bientôt, elle fut rétabli en 1830 en faveur de M. de Champagny. Elle s'est éteinte avec le Ministère dont il faisait partie. — Le SECRÉTARIAT GÉNÉRAL était le centre des ordres, le ressort des MOUVEMENTS, l'entrepôt des ARCHIVES, le régulateur des DÉPENSES intérieures. — Lorsque le Ministère, proprement dit, était organisé par DIVISIONS, l'une d'elles comprenait le PERSONNEL de l'ARMÉE, ARTILLERIE et GÉNIE non compris, le DÉPOT DE LA GUERRE et certaines ÉCOLES SPÉCIALES. Cette division tenait le contrôle ou la MATRICULE des OFFICIERS de l'état-major de l'ARMÉE. — Une DIVISION s'occupait du PERSONNEL et du MATÉRIEL de l'ARTILLERIE, de l'ÉCOLE POLYTECHNIQUE et de celle d'APPLICATION. — Une autre gérait le PERSONNEL et le MATÉRIEL du GÉNIE.— Une embrassait la POLICE, la POLITIQUE, le RECRUTEMENT, les autorisations de REMPLAÇANTS. — Deux DIVISIONS, l'une relative aux FONDS, l'autre aux DÉPENSES, se livraient à tout ce qui avait rapport au BUDGET. — Les DIVISIONS de l'ADMINISTRATION DE LA GUERRE avaient l'organisation qui a été indiquée.— Le Ministère a pris, passagèrement, une forme particulière, en 1715, par l'adjonction du CONSEIL DE GUERRE dont VILLARS est le président; en 1774, par la convocation des COMITÉS, maintenus en 1786, sous la présidence du maréchal de Contades; en 1787, par les travaux qui ont fondé la célébrité de GUIBERT; en 1828, par la création du CONSEIL SUPÉRIEUR DE LA GUERRE, système qui donnait au Dauphin la haute main sur le PERSONNEL, tout en laissant au MINISTRE la responsabilité de la légalité des mesures relatives aux formes de l'A-

VANCEMENT. Cette insoluble problème de bon plaisir et de constitutionalité était une source de difficultés et de débats. — Ce système se maintenait à l'avénement de M. de BOURMONT, puis il fit place à d'autres méthodes en 1829. Des CONSEILS SPÉCIAUX succédèrent au conseil supérieur, en vertu des ORDONNANCES DE 1829 (27 DÉCEMBRE), (1830 5 JANVIER et 14 FÉVRIER). — Divers projets relatifs à la CONSTITUTION à donner au Ministère ont été proposés par quantité d'ÉCRIVAINS, tels que M. BALLYET (1817, D), BOHAN (1781, H), l'ENCYCLOPÉDIE (1785, C, suppl., aux mots *Bureau* et *Ministère*), LECOUTURIER, MORIN (1798), ODIER (1817, E), M. le général PRÉVAL (1827). SAINT-GERMAIN (1779, C)., M. BALLYET divisait, dans sa pensée, l'action soit propre, soit communiquée, de l'administration ministérielle, en CONTROLEMENT, EXÉCUTION et GESTION; le CONTROLEMENT, suivant lui, est le résultat de la direction donnée par le MINISTRE; l'exécution est l'effet de la surveillance du CORPS ADMINISTRATIF; la gestion est le travail comptabiliaire et les soins de main-d'œuvres confiés aux RÉGIES, aux ENTREPRENEURS, aux EMPLOYÉS COMPTABLES, aux CONSEILS D'ADMINISTRATION. Nous nous dispenserons d'analyser les autres systèmes, la plupart plus anciens. — Cette émulation des créateurs de projets, et les considérations sur lesquelles ils se fondent, témoignent que la constitution du Ministère n'est pas le produit d'une combinaison irréprochable; cet ÉTABLISSEMENT s'est construit pièce à pièce; ses architectes ont travaillé à se faire, chacun, une maison à son goût; chaque pouvoir naissant avait en vue de créer des places ou d'évincer des titulaires du pouvoir déchu, bien plus que d'améliorer des principes. ODIER (1824, E, t. III, p. 340), témoigne les erreurs qui y régnaient en fait de règles d'ADMINISTRATION; jamais prince, jamais MINISTRE français ne s'est demandé si le Ministère des ARMES devait, dans l'intérêt des affaires et du royaume, différer des autres ministères du même cabinet, ou être de forme identique, avoir une organisation analogue, une distribution de travail, une nomenclature d'agents qui se répétassent symétriquement. La politique a négligé ce calcul, et la loi n'a point encore assis de bases. Le BUREAU DE LA GUERRE est un royaume dépourvu de constitution; chaque MINISTRE arrivant lui octroie une charte viagère. Or, de 1814 à 1831, le Ministère de la guerre avait dévoré treize MINISTRES. — Des ministres ont fait beaucoup pour l'ARMÉE. SULLY avait amassé un trésor, et rassemblé des APPROVISIONNEMENTS précieux et un MATÉRIEL considérable pour le temps; la capacité de LOUVOIS a eu une grande influence sur les succès de LOUIS QUATORZE; il avait donné, en créant l'ordre du tableau, un caractère positif aux GRADES. LEBLANC, quoiqu'il ne fût pas militaire, avait assujetti à un ordre jusque-là inconnu les MARCHES ROUTES, s'était occupé du CASERNEMENT et des CAMPS D'INSTRUCTION, et avait légué à DANGERVILLERS la plus belle ARMÉE que la FRANCE eût encore eue : ce fut celle qui figura dans la GUERRE DE 1755. DARGENSON a donné à l'ADMINISTRATION générale un ensemble inaccoutumé; à sa voix les HOPITAUX MILITAIRES sortent du chaos, et les CASERNES commencent à se construire. — CHOISEUL tire du néant le mécanisme administratif des CORPS, et, quoique bien imparfaite, cette partie promettait des améliorations dont ses successeurs ont étouffé le germe. — SAINT-GERMAIN, militaire recommandable, mais plus nerveux que persévérant, s'est évertué en essais louables plus que profitables; il avait conçu l'importance de l'uniformité et de la simplicité du MATÉRIEL, sondé le cancer de la DÉSERTION, reconnu la nécessité d'un CODE PÉNAL, les abus des CORPS PRIVILÉGIÉS, et l'urgence des améliorations de la TACTIQUE; il avait senti l'importance de l'INSTRUCTION des OFFICIERS D'INFANTERIE. — Le CONSEIL DE LA GUERRE travaillait, en 1788, à perfectionner une LÉGISLATION dont les principes survécurent quand l'harmonie s'en évanouissait. — CARNOT, simple capitaine, luttait contre l'EUROPE. — BONAPARTE, imitateur en cela de FRÉDÉRIC DEUX, était son propre MINISTRE. Nous l'avons vu appeler maintes fois à son tapis vert, à son prétoire intime, les simples CHEFS DE DIVISION et même de BUREAU, ne s'en fiant pas aux explications souvent ambiguës, diffuses, dilatoires des MINISTRES eux-mêmes. A son instar, le laborieux ministre Soult, en 1831, ne répugnait pas à se mettre en rapport avec un grand nombre de chefs de service. En 1836 le partage du Ministère en deux directions, l'une du matériel, l'autre du personnel, rendait plus doux l'oreiller du ministre, qui ne correspondait qu'avec eux. Le même ministre, en 1837, détachait de la direction du matériel l'administration, admettait, en dehors, des directions, renonçait au moyen de contrôle d'un secrétaire général, et tombait dans les inconvénients que signalait le journal *la Presse* du 8 décembre 1837. — On lit, dans le *Spectateur militaire* (1828, février) : *Il est curieux de voir, sous un conquérant chef de l'Etat, comment se traitaient les affaires de l'armée : le ministre de la guerre proposait un décret, soit de son propre mouvement, soit par ordre; ce projet était envoyé au président de la section (du CONSEIL D'ETAT), qui en nommait le rapporteur; celui-ci en faisait l'objet d'un travail complet et pour lequel il puisait librement au Ministère tous les documents dont il avait besoin; son rapport était soumis à la discussion du comité; les résultats de la discussion produisaient un nouveau rapport qui était imprimé et distribué à domicile aux membres de la section. Si ce rapport donnait lieu à un nouveau travail, il était recommencé, imprimé et distribué autant de fois qu'il était nécessaire; la section d'accord, il était réimprimé et distribué à la totalité des membres du conseil d'Etat. Lorsqu'il avait quelque connexion, soit avec les finances, soit avec l'administration intérieure, ou l'ordre judiciaire, le rapporteur s'entendait d'abord avec le président ou un rapporteur nommé des autres sections, qui elles-mêmes se réunissaient à celle de la guerre, s'il y avait lieu; enfin, après toutes ces précautions, le conseil d'Etat en délibérait en présence des ministres qui subissaient ainsi le contrôle rigoureux. Chaque fois que les questions ne touchaient en rien à la haute politique, le chef du gouvernement ranimait la discussion quand elle commençait à s'éteindre, et y entrait lui-même avec le plus entier abandon; mais lorsqu'un motif politique le dominait, il faisait entendre habilement qu'il n'était pas bon de s'engager sur un terrain qu'il s'était réservé.* — Depuis les premiers essais du système constitutionnel on comprit, et depuis BONAPARTE on démontre, qu'à la manière anglaise, le Ministère de la guerre ne pouvait se composer que de deux éléments : l'ADMINISTRATION et le COMMANDEMENT, avec droit d'émission de règlements, et que leur concours embrassait deux objets, jusque-là mal définis, le MATÉRIEL et le PERSONNEL; que là tout venait s'embrancher. — Le Ministère de la guerre est devenu le plus important de tous; il embrasse des SERVICES nombreux, il régit des intérêts délicats et compliqués; il modifie, en des circonstances déterminées, l'ÉTAT CIVIL commun; il absorbait en 1832 le cinquième des revenus publics, non compris quarante-trois millions sept cent mille francs pour PENSIONS MILITAIRES. Dans une quantité de circonstances graves, il entre indispensablement et seul dans la confidence des projets du gouvernement et dans le secret des négociations extérieures. — En 1828, la dépense domestique que le département de la guerre entraîne est d'un million deux cent trente-deux mille francs, ce qui, non compris les garçons de bureaux, suppose chaque COMMIS payé à raison de trois mille cent francs. Les capitaines de l'armée ne coûtent pas si cher, comme si l'encre était plus rare que le sang, et la plume plus lourde que l'épée. — En 1829, le traitement du MINISTRE et des EMPLOYÉS montait à un million deux cent soixante-deux mille francs. — En 1832 (budget, séance de 1832, 24 janvier) le Ministère consommait trois mille livres de bougies par mois ; ce serait environ cent mille francs par an pour le seul éclairage. — Dans les discussions de cette même année, on reprochait au MINISTRE de comprendre, comme employés, quantité de membres de l'INTENDANCE et d'OFFICIERS GÉNÉRAUX OU SUPÉRIEURS. On y déclarait *que les traitements des employés supérieurs y sont trop élevés ; le nombre des employés inférieurs trop considérable*, notamment dans les bureaux des décorations et des grâces, etc., etc. — Jetons les yeux un peu plus loin que n'ont fait jusqu'ici nos législateurs ; interrogeons l'Europe après nous être restreints aux choses de France.—La COUR AULIQUE de VIENNE est le plus ancien des Ministères militaires ; mais WALSTEIN en déclinait la juridiction, et EUGÈNE n'en goûta l'autorité que quand il en devint le président. Il la laissa telle qu'il l'avait trouvée, c'est-à-dire plus routinière que créatrice. Depuis le maréchal de LASCY, elle s'est montrée propre à constituer, en temps de paix, des ARMÉES ; mais elle est restée peu habile à les manier en temps de guerre ; un FELD-MARÉCHAL y est le représentant et l'interprète du pouvoir absolu. — Le MINISTÈRE ANGLAIS n'a complété qu'à des époques modernes [ses formes actuelles, en les appropriant à la marche du gouvernement ; mais l'espèce d'indépendance des bureaux de l'ordonnance, c'est-à-dire du ministère de l'ARTILLERIE, du GÉNIE et de l'ÉTAT-MAJOR, y produit de fâcheux frottements ; la complication des affaires de terre et de mer y est devenue un vice, depuis qu'une véritable ARMÉE de terre a pris naissance ; un prince du sang ou un personnage éminent représente dans cette branche du cabinet le droit royal du COMMANDEMENT MILITAIRE, tempéré par le vote du *mutiny-act*. — Le ministère de RUSSIE s'est rapproché à quelques égards des formes anglaises du département de la guerre. — Ces ministères et celui de FRANCE sont les seuls qui aient une importance historique ; partout ailleurs, les COLLÉGES de guerre n'ont été, plus ou moins, que des

sous-chancelleries ou des BUREAUX subalternes, qui n'avaient pour règles ou pour guides que des caprices de cour. — Ce que le MINISTÈRE FRANÇAIS a fait d'utile et de grand a été le fruit, non de la sagesse ou de l'équilibre des institutions, mais de l'habileté de quelques MINISTRES ou du bon vouloir de quelques hommes qui étaient ministres de fait, sinon de titre. — Ce que la COUR AULIQUE de Vienne a produit de louable a été un résultat de la solidité des institutions plus que du savoir-faire de ses présidents ; le mérite du MINISTÈRE ANGLAIS, au contraire, n'a pas moins résulté, depuis un demi-siècle, de son organisation que de la capacité des personnages qui en ont eu la direction, tels que Dundas et Yorck. — Le gouvernement anglais a senti les inconvénients des mutations de MINISTRES à chaque souffle du vent politique ; pour que la direction de l'ARMÉE n'en souffrît pas, il a attaché aux affaires de la GUERRE deux CHEFS, l'un financièrement responsable, l'autre militairement inamovible. Le premier reste étranger aux systèmes d'ORGANISATION, d'INSTRUCTION, de SERVICE et de DISCIPLINE ; le second dépend du cabinet en tout ce qui est moral, et en demeure indépendant en tout ce qui est COMMANDEMENT, MOUVEMENTS, TACTIQUE et PLANS DE GUERRE. — Une séparation utile et franche en résultait, celle du COMMANDEMENT et de l'ÉCONOMIE, ou de l'économique, comme disait à la manière allemande l'ENCYCLOPÉDIE (1751, C). — Nous ne prétendons pas que le mécanisme anglais doive précisément être admis en France ; que le système autrichien y soit applicable ; car une autorité calquée sur leur modèle pourrait former un apanage de prince, une tenure à sous-inféodation, et tomber en des mains peu capables ; mais le parti que nos voisins ont pris donne matière à réflexion. — On lit dans M. Ch. DUPIN : *Quand nous comprendrons la marche du gouvernement représentatif, nous placerons au second rang, en chaque Ministère, des hommes à peu près inamovibles, sans prétentions politiques, et bornés à la direction constante des travaux techniques ; jusque-là nous compterons en vain sur quelque stabilité dans le système et dans la marche de nos services publics.* — M. DUPIN, on le voit, n'a proposé qu'un terme moyen ; il a entrevu la difficulté d'instituer un COMMANDEUR EN CHEF à la manière anglaise. — Des écrivains qui, pour la plupart, font autorité, tels que BOHAN (1781), GUIBERT, LECOUTURIER (1819), LESSAC (1785, A), MAIZEROY, SERVAN (1780), WIMPFEN, n'ont pas épargné aux systèmes et au jeu du Ministère de FRANCE, de vives censures ; suivant eux, un CONSEIL SUPÉRIEUR, un tribunal financier, une ACADÉMIE militaire auraient pu seuls remédier aux erreurs, à l'arbitraire, à l'esprit de versatilité de notre chancellerie des armes. — Les incertitudes, les obscurités, les disparates de la LÉGISLATION étaient, s'il faut les en croire, la conséquence des vices de mécanisme ; il n'y avait que les ÉTATS, les ÉCRITURES, le RECRUTEMENT, les PAYEMENTS, les APPROVISIONNEMENTS, les DENRÉES, dont les commis s'occupassent réellement ; mais l'imperfection inhérente à la constitution de l'établissement laissait en souffrance les branches les plus importantes de l'ART. Tout était à faire ou à démêler s'il s'agissait de la conception des PLANS DE CAMPAGNE, de la question tracassière et creuse du RANG des ARMES entre elles, des expériences comparatives à faire touchant la sonorité des INSTRUMENTS et des TAMBOURS, du plus convenable emplacement des FORTERESSES, de la construction des CASERNES et des PAVILLONS, de la constitutionnalité des formes d'AVANCEMENT et de RÉCOMPENSES, des CAMPS D'INSTRUCTION, et de la création d'une LANGUE technique qui ne restât pas à la merci de soldats incultes, et qui ne donnât pas droit de nationalité à des mots barbares, tels que HAVRE-SAC, GIBERNE, etc.... — Bien d'autres reproches avaient été faits : COLOMBIER (1772, C) avait frappé d'un vif blâme le SERVICE DE SANTÉ. — Le NON-COMPLET était la MASSE NOIRE du Ministère. — La mobilisation inutile et arbitraire des troupes était sa poule d'or. Les fonds secrets étaient les plats sucrés du festin. — Cet orage de reproches éclatait depuis soixante et dix ans ; le bien que cette censure a produit est faible, comparé aux abus qui se sont maintenus. — La puissance des anciennes habitudes a retenu des MEMBRES DE L'INTENDANCE à la tête des BUREAUX DE LA GUERRE. Si le jeu central de la machine ministérielle ne peut se passer d'INTENDANTS, il faudrait donc, par analogie, que les bureaux des affaires étrangères fussent dirigés par des consuls, des viceconsuls, des secrétaires d'ambassade ; les bureaux de la marine, par des préfets maritimes ; les mairies, par des commissaires de police ; le ministère des cultes, par des marguilliers. On voit à quels abus conduirait ce système. Chacun se donnerait à luimême les ordres qu'il aurait à exécuter. Mais il est juste de reconnaître que si, pendant leur activité de service, des membres de l'intendance sont déplacés dans les bureaux de la guerre, une grande partie des emplois de ce Ministère devraient appartenir à des membres de l'intendance en re-

traite, après avoir bien mérité de l'armée et du pays dans l'accomplissement de leurs fonctions. — Dépourvu d'une impulsion forte, unique, constante, contrarié par les exigences, les empiétements, les prérogatives mal définies des MARÉCHAUX DE FRANCE, courbé devant les sinécures et les corps privilégiés, tiraillé entre les COMITÉS puissants du GÉNIE et de l'ARTILLERIE, les comités éphémères et pâles des autres ARMES et l'influence cachée du CORPS DE L'INTENDANCE, le Ministère n'a, pendant longtemps, produit que des ORDONNANCES décousues et des décisions contradictoires, parce que des mains différentes les élaborent sans concert ou les glissent sans confrontation. Nous avons témoigné de ce vice en fait de LANGUE et de LÉGISLATION en traitant des QUARTIERS-MAITRES, que tels documents abolissent, que tels autres maintiennent. — Des ARMÉES avaient marché nu-pieds, des CORDONNIERS s'étaient faits millionnaires en fournissant des SOULIERS de cartons, avant que le Ministère s'avisât, en 1817, de décrire ce qu'était et devait être une PAIRE de souliers. — Le général FOX disait à la tribune (20 juin 1820) : *Les bureaux de la guerre pèsent non-seulement sur le trésor, mais encore sur l'armée ; la tendance des bureaux de la guerre à un accroissement indéfini et à une domination absolue est constante et monstrueuse. Aujourd'hui, une circonstance particulière vient se joindre aux vieilles habitudes pour agrandir et gonfler les bureaux outre mesure, c'est l'existence des intendants. Tout ce mouvement stérile (la multiplicité des ÉCRITURES de l'INTENDANCE) vient de l'excessive influence des bureaux. — Pourquoi le ministre est-il absorbé par la masse des rapports qui lui sont adressés? pourquoi reçoit-il douze cents lettres par jour? parce qu'il a mille commis pour les lire et y répondre ; ce sont les commis qui provoquent cette correspondance oiseuse et qui multiplient les affaires ; ce sont les commis qui sont les maîtres réels du Ministère de la guerre.* — En 1821 (21 juin), le même orateur disait : *Les innovations ministérielles tendent à attirer chaque jour plus d'affaires aux bureaux de la guerre, et à grossir la masse déjà excessive des écritures ; au nombre des innovations qui doivent avoir ce résultat, je compte avant tout l'augmentation du corps des intendants.* — Nous trouvons, du reste, qu'ici le reproche et les inductions sont outrés. — En 1822, Labbey de Pompières dit à la tribune : *J'ai fait remarquer l'inconvenance d'employer dans les bureaux les sous-intendants, etc. Est-il raisonnable de leur confier le contrôle des opérations de leurs supérieurs, de leurs collègues, quelquefois la vérification de leur propre gestion. Depuis que l'intendance a envahi le ministère, les employés restent sans avenir.* — M. le général Preval, dans un manuscrit, a dit : *De leur élévation les ministres n'ont pas aperçu ces empiétements de détail, qui forment à la longue des droits, et étayent toutes les prétentions ; ils n'ont pas même aperçu de graves transgressions à l'esprit et à la lettre des lois organiques.* — Les COMITÉS, cette autre plaie du Ministère, les COMITÉS ou les COMMISSIONS, qui pourtant, dans l'état actuel des choses, peuvent seuls discuter de tout ce qui intéresse l'INSTRUCTION et le SERVICE, se composent de GÉNÉRAUX, ou absorbés dans de plus importantes fonctions, ou désireux de faire prévaloir leur ARME, pour briller un jour avec plus d'avantage dans le poste plus élevé qu'ils ambitionnent ; de là le défaut d'ensemble, l'insignifiance des travaux, et la jalousie qu'entretiennent les prérogatives. Dans des séances rares et peu nombreuses, on émet des opinions improvisées ; on les débat avec nonchalance, quand on ne les soutient pas avec aigreur ; elles sont sans harmonie avec les institutions précédentes ou contemporaines, parce que des architectes à la journée, des réformateurs sans préparation ne sont en rien dans la confidence du plan général, s'il y en a un, et sont restés étrangers aux modifications successives de la SCIENCE. Il faut des années pour l'enfantement d'un principe quand il n'avorte pas. — Les délibérations prises viennent tomber ensuite devant des chefs de COMMIS ; vis-à-vis d'eux, les membres de COMMISSIONS sont obligés à d'obséquieux ménagements, soit pour faire prévaloir leurs opinions, soit pour perpétuer leur intervention, ou, comme on dit vulgairement, se rendre utiles. — Si l'ART MILITAIRE et l'ADMINISTRATION ont des branches peu avancées, peu en harmonie, la faute en est en partie au système qui appelle aux emplois des BUREAUX DE LA GUERRE des citadins que la faveur y introduit, et qui transforment ensuite leurs honoraires en un domaine de famille, comme si des invalides et des retraités judicieusement choisis n'y conviendraient pas davantage. — Nous avons vu prospérer deux intendants habiles joueurs de piano et un sous-intendant habile violon. — Nous avons vu le célèbre violon Alexandre Boucher émarger la feuille d'appointements du BUREAU de l'HABILLEMENT : il

figurait dans ce personnel où il ne faisait rien, parce que le MINISTRE aimait la musique. Ce ministre était pourtant le grave GOUVION SAINT-CYR. — Secondé par des subalternes comme nous en avons connu, un ministre, fût-il MARÉCHAL, fût-il homme d'Etat du premier mérite, n'est plus dans son HOTEL qu'un homme de bureau et un chef de COMMIS ; il est sous leur captation ; dans leur partie ils sont plus ministres que lui-même, et le rapetissent à leur taille, parce qu'ils lui parlent d'une science qu'ils font varier d'heure en heure. Tel d'entre eux prononce sur le HARNACHEMENT sans avoir possédé en sa vie un cheval ; cet autre sur l'UNIFORME, sans avoir vu un RÉGIMENT ; celui-ci sur l'INSPECTION GÉNÉRALE, sans avoir fréquenté une CASERNE. — En 1826, le Ministère est condamné par jugement du tribunal de Lunéville, confirmé en appel, à payer, comme dédommagements, et non compris les frais, vingt-deux mille francs à un capitaine (1824, C), pour s'être emparé de son ouvrage sur l'ESCRIME. Un MINISTRE bien avisé n'aurait-il pas dû désintéresser sans bruit l'auteur, ou faire composer (ce qui eût été si facile) un ouvrage de ce genre, au lieu de descendre au rôle de plagiaire ? Mais quel commis s'en fût occupé dans un Ministère qui, à cet égard, était moins avancé que celui du WURTEMBERG, et où il n'existait pas un bureau de TACTIQUE ? Ce vice d'organisation est cause que l'ARMÉE FRANÇAISE n'avait, il y a quelques années, qu'une TACTIQUE provisoire de CAVALERIE, manquait d'une tactique d'ARTILLERIE et de LANCIERS, restait privée d'une ESCRIME DE BAIONNETTE et d'une ESCRIME A CHEVAL, ne possédait pas le moindre document sur la GYMNASTIQUE et la NATATION, et n'a vu, en 1831, se renouveler qu'en un remaniement verbeux, incomplet et délayé, la TACTIQUE d'INFANTERIE de 1791. — Le ministre était obligé à une marche évasive dans la solution de presque toutes les questions qui tiennent à la HIÉRARCHIE, aux assimilations, aux TIERCEMENTS, aux CLASSES ou au classement d'OFFICIERS. — Les relations réciproques du Ministère et de ses AGENTS eussent été moins compliquées s'il n'eût abusé de l'esprit de centralisation, en se réservant entièrement l'ORDONNANCEMENT du CHAUFFAGE, des CONVOIS, d'une partie de l'HABILLEMENT, des LITS MILITAIRES, des TRANSPORTS, et même des impressions de JUGEMENTS DES CONSEILS DE GUERRE. — Telle réflexion du matin mettait au pilon le travail sanctionné la veille, parce que le Ministère manquait de deux qualités : le savoir qui agit avec maturité, la force qui conserve avec persévérance. Les ordonnances de 1828 (4 et 17 janvier) sont une preuve de cette versatilité. — Le Ministère n'avait fait faire à l'ART DE LA GUERRE proprement dit aucuns progrès depuis cent ans; il n'avait su, jusque-là, se prononcer encore, ni à l'égard de ces DÉDOUBLEMENTS qui réussirent si mal dans la GUERRE DE 1741, ni à l'égard de ces BATAILLONS DE MARCHE qui ont coûté si cher dans la GUERRE DE LA RÉVOLUTION. Si la SCIENCE a fait quelques pas, on le doit aux ÉCRIVAINS laborieux qui ont suppléé à l'insouciance des COMMIS; on le doit à la sagacité des grands capitaines qui, dans l'absence des règles, ont fait leur propre éducation, ont appliqué les inspirations de leur génie, ont légué des traditions encore vivantes. — Sans doute le GÉNIE et l'ARTILLERIE ne sont pas restés au-dessous du savoir qui s'est répandu dans les autres Etats; ils le doivent à ce que tous deux s'étaient arrogé dans le Ministère un droit de cité, une individualité que les autres ARMES n'ont pas su se donner. Cependant notre ARTILLERIE, autrefois modèle, s'est traînée dans les voies de l'imitation, et pendant longtemps elle n'a fait que de molles expériences à l'égard des FUSÉES DE GUERRE, des ARMES A VAPEUR, du TIR nocturne, de la grenade, de la BOMBE, des CAPSULES FULMINANTES, des affûts en fer, et de la simplification des CALIBRES DE GRANDES ARMES. — Le Ministère a surpayé les AUMÔNIERS et fait revivre l'éclat des MESSES MILITAIRES; il a toléré l'accroissement des MUSIQUES créées, pour ainsi dire, malgré lui; il a gaspillé le TRÉSOR par les transformations perpétuelles des CORPS et surtout de la CAVALERIE, par les modifications sans utilité du HARNACHEMENT, par l'espèce plus coûteuse des REMONTES tirées de l'étranger, par des changements d'HABITS, huit ou dix fois répétés en quinze ans, par l'assimilation des formes des VÊTEMENTS de la ligne et de ceux de la GARDE, par ces AIGUILLETTES et ces ÉPAULETTES en passementerie, prodiguées à la CAVALERIE, par l'adoption des ÉPAULETTES EN DRAP, façonnées à la prussienne, par les variétés de l'espèce des DRAPS ou mieux teints ou moins gros, par cette fabrication de FUSILS à l'anglaise, ordonnée à la légère en 1822. Avant qu'on eût décidé la question de la FORMATION SUR DEUX RANGS, il s'est jeté dans d'énormes dépenses par la BUFFLETERIE PIQUÉE, les GIBERNES et les SABRETACHES vernissées, les DRAGONNES DE TROUPE de l'INFANTERIE, par la multiplication des BONNETS A POIL, par sa condescendance aux mille caprices des CORPS PRIVILÉGIÉS, par ce luxe d'ÉQUIPEMENT et ces ÉPAULETTES DE TAMBOURS-MAJORS, aussi chères que

celles des colonels, enfin par l'invention des inutiles SABRES-POIGNARDS. Il y avait là-dessous des millions. Ces dépenses de caprice ont échappé, pour la plupart, aux vaines discussions du BUDGET et à ses réductions oiseuses. Ces scandaleux abus, bien autrement ruineux que l'entretien des SUISSES et des GARDES DU CORPS, ces prodigalités n'auraient pas eu lieu si l'ARMÉE eût possédé un CODE MILITAIRE, dont une des importantes parties eût été un RÈGLEMENT complet sur l'UNIFORME. — En fait de COMPOSITION, de TACTIQUE et d'ADMINISTRATION, les erreurs du Ministère étaient-elles moindres? — Il a pris, à l'égard des CAPITAINES DE GRENADIERS plus d'une mesure évidemment fausse. — Il n'a pas profité, pour la composition de ses BUREAUX et leurs travaux, de l'habileté des OFFICIERS que la RETRAITE atteignait, mais s'est contenté d'y employer des membres de l'intendance jouissant de leur avantageuse PENSION. — Il a institué des CARABINIERS D'INFANTERIE qui ne sont pas CARABINIERS, une INFANTERIE LÉGÈRE qui n'est pas INFANTERIE LÉGÈRE; il a classé numériquement dans les corps les COMPAGNIES DE GRENADIERS et de VOLTIGEURS, suivant une méthode incompatible avec les circonstances et les usages de la GUERRE. La question des CAMPS MINCES est encore à résoudre. — Il s'est préparé par l'ORDONNANCE DE 1831 (4 MARS) mille vaines difficultés dans le numérotage routinier des COMPAGNIES D'INFANTERIE et dans le TIERCEMENT de leurs CAPITAINES. — Il a adopté les CORNETS et les CLAIRONS sans examen d'artistes et de MUSICIENS, sans concours de fabricants; aussi, les INSTRUMENTS dont les CORPS se servaient n'étaient pas ceux que le Ministère allouait. L'imprévoyance de son ADMINISTRATION a percé dans les GUERRES DE 1823 et DE 1828. — Il laissait la JUSTICE MILITAIRE prêter à mille questions douteuses; il avait livré à une discussion parlementaire une ébauche de loi sur le DUEL. — En 1836, dit le *Journal de l'Armée* (t. IV, p. 384), les comités se réorganisaient pour la vingtième fois. — En 1837, il y avait vingt-deux ans que le Ministère s'occupait de la procréation d'un SCHAKO, et l'enfantement n'était pas encore à terme. — Cependant plus d'une règle utile, plus d'un principe plausible ont pris naissance de nos jours, ou ont amendé l'ADMINISTRATION. — La CONSCRIPTION adoucie par les REMPLACEMENTS est devenue le véritable niveau de l'égalité politique; l'ARMÉE a eu un ÉTAT CIVIL; les lois sur l'AVANCEMENT ont fondé pour les HOMMES DE TROUPE un avenir; la publicité des NOMINATIONS a été un frein du bon plaisir. Ce sont de mémorables progrès, mais ce n'est pas au Ministère qu'on les doit. — L'ESTAMPILLE appliquée aux ÉCHANTILLONS et aux TYPES MATRICES adressés aux CORPS, est devenue un gage d'uniformité, un garant d'harmonie en fait de DÉPENSES. — Les coupures par EXERCICES ont fait concorder les opérations financières et comptabiliaires. — Les CONSOMMATIONS de DÉCOMPTE ont balancé le trop ou le MOINS PERÇU des créanciers du Ministère. — Les LIVRETS D'INSPECTION ont donné une forme plus méthodique aux opérations générales. — En se centralisant au Ministère, les MANDATS de FOURNITURES acquittées justifient d'une COMPTABILITÉ compliquée et délicate. — Les CONTROLES ANNUELS et les FEUILLES D'APPEL régularisés, centralisés, comparés, sont devenus les éléments de SITUATIONS plus vraies et de BUDGETS plus facilement dressés ; les IMPUTATIONS des FEUILLES DE RETENUES ont assuré au TRÉSOR la restitution d'AVANCES compromises ; les FEUILLES DE ROUTE délivrées des seuls BUREAUX DE LA GUERRE ont rendu impossible l'illégalité des MOUVEMENTS DE TROUPE ; des LIVRETS DE PAYEMENT fournis aux OFFICIERS SANS TROUPE ont rendu plus difficiles les perceptions frauduleuses ; des TRIBUNAUX D'HONNEUR ont été créés, quoique un peu tard. Voilà les améliorations dont il est juste de faire honneur au Ministère. Quant à ses dépenses il ne mérite pas les mêmes éloges : sous LOUIS QUATORZE il coûtait de quatre-vingts à quatre-vingt-dix mille livres par an ; sous les Ministères d'ANGERVILLERS et BRETEUIL, deux cent quarante mille livres ; vers la fin du dernier siècle, un million. Les BUDGETS disent actuellement avec plus ou moins de véracité quels frais il entraîne. Celui qui était discuté en février 1837 portait la dépense à un million sept cent trente-deux mille francs, y compris les appointements du MINISTRE et ceux des DIRECTEURS GÉNÉRAUX ayant chacun trente mille francs.—Ce qui serait à désirer, ce qu'on peut augurer pourrait se formuler dans un vœu qui embrasserait la CONSTITUTION du MINISTÈRE, la COMPOSITION de l'ARMÉE, son UNIFORME, son INSTRUCTION, sa JUSTICE, son SERVICE, son ADMINISTRATION.— La GUERRE DE TERRE aurait son amirauté ou une ACADÉMIE consultative ; une autorité spéciale et permanente y prendrait le maniement du COMMANDEMENT et l'initiative des ORDONNANCES ; les BUREAUX de COMMIS ne seraient que les interprètes du CODE de l'ARMÉE, les conservateurs de la loi, les surveillants de la JUSTICE, les distributeurs d'ordres, les comités indicateurs de l'opportunité des DÉPENSES, les rédacteurs des projets de BUDGETS, enfin le point de centre de la reddition des

COMPTES. — On ne verrait plus d'EMPLOYÉS étrangers à la SCIENCE DES ARMES, en agir à la manière d'un conseil suprême, prononcer comme cabinet des GRACES, et s'ériger en législature au petit pied. — A l'instar de la PRUSSE, de l'AUTRICHE et de plusieurs gouvernements d'ALLEMAGNE, il ne serait admis dans les BUREAUX DE LA GUERRE, à titre d'EMPLOYÉS, que des MILITAIRES libérés qui y entreraient par forme de RÉCOMPENSE ; le CONGÉ D'ANCIENNETÉ d'un HOMME DE TROUPE possédant le savoir requis, serait la clef d'un EMPLOI à obtenir à mesure de la vacance ; les OFFICIERS et les ADMINISTRATEURS en retraite occuperaient les EMPLOIS plus relevés. — Ainsi, des hommes spéciaux seraient employés dans le Ministère de la guerre à des détails qui leur sont familiers ; ils géreraient d'autant mieux qu'ils n'en seraient distraits par aucune idée d'ambition ; des nuées de MILITAIRES et d'ADMINISTRATEURS en activité ne seraient plus détournés si préjudiciablement de leurs fonctions publiques, et ne regarderaient plus le Ministère comme un asile de repos anticipé, comme le marche-pied des GRADES par privilége, comme le doux oreiller des protégés. — Le gouvernement, par cette perspective et par la consécration du droit à quantité d'autres EMPLOIS CIVILS, rendrait plus léger le tribut de la CONSCRIPTION, et moins rigoureux l'impôt du sang ; il exciterait le goût et la culture de l'étude dans les ÉCOLES RÉGIMENTAIRES ; il verrait se diminuer le nombre des REMPLACEMENTS et des DÉSERTEURS ; il économiserait les deniers de l'Etat, en faisant entrer comme partie des émoluments de l'EMPLOI le montant de la retraite du FONCTIONNAIRE. — La COMPOSITION des ARMES PERSONNELLES et de l'ÉTAT-MAJOR serait coordonnée aux lois de l'ÉCONOMIE et à la marche de la SCIENCE ; on verrait revivre des GÉNÉRAUX DE BRIGADE et DE DIVISION, et s'asseoir le système divisionnaire ; on réduirait cette quantité de GRADES si fâcheusement encore entrecoupés de CLASSES. — La loi réglerait la nature et la quantité des EFFETS D'UNIFORME, non sur de vains motifs d'élégance ou sur des prétextes d'une utilité douteuse, mais sur le calcul de la pesanteur de la CHARGE du SERGENT et du SOLDAT, et sur une COMPOSITION plus simple de toutes les ARMES ; les BUREAUX s'interdiraient la faculté d'y rien changer, ou ne proposeraient pas de changements avant une époque déterminée. — On ne repousserait plus, par des motifs que nous ne voulons pas qualifier, les essais de SOULIERS CORIOCLAVES et de coupe mécanique d'HABILLEMENT. La loi rendrait plus clair le calcul financier des DURÉES D'HABILLEMENT. Elle déterminerait s'il faut des CHEFS DE DI-

VISION, ou s'il faut des DIRECTEURS. En 1853 il y avait un SECRÉTAIRE GÉNÉRAL DIRECTEUR, un DIRECTEUR DU DÉPOT, un du PERSONNEL, un des opérations, un des fonds, un de l'ARTILLERIE, un du GÉNIE, trente-quatre CHEFS DE BUREAU, autant de SOUS-CHEFS, et quatre cent cinquante EMPLOYÉS étaient sous leurs ordres. — Les ordonnances donneraient des bases à l'instruction des GÉNÉRAUX, ou combleraient une inconcevable lacune en traçant enfin leurs devoirs. La TURQUIE est, à cet égard, moins en arrière que notre patrie. — L'AVANCEMENT ne s'obtiendrait, jusqu'aux GRADES SUPÉRIEURS, qu'au CONCOURS, comme dans la plus grande partie de l'ALLEMAGNE. — On prendrait, à l'instar de la PRUSSE, des mesures franches et complètes à l'égard des BIBLIOTHÈQUES octroyées aux CORPS, aux ARMES diverses, aux GARNISONS. — On attacherait un peu plus d'importance aux études des CHIRURGIENS et des MÉDECINS D'ARMÉE et au soulagement que réclament, en temps de guerre, les BLESSÉS du champ de bataille, comme l'a fait le WURTEMBERG. — A l'exemple de la SUÈDE, on introduirait dans la TACTIQUE de l'INFANTERIE une ÉCOLE DE BRIGADE et de DIVISION qui servirait de liens à l'ÉCOLE DE BATAILLON et aux ÉVOLUTIONS DE LIGNE. — On mettrait au jour un système de CAMPEMENT, on arrêterait un système d'ARTILLERIE DE CAMPAGNE, on déciderait la question des CAMPS D'INSTRUCTION, des CHAMPS DE MANOEUVRES, et des CIBLES. — On arriverait à reconnaître que le régime de la CONSCRIPTION est antipathique avec les formes pratiquées dans les EXÉCUTIONS A MORT, et que la même sévérité de JURISPRUDENCE ne saurait s'exercer indistinctement sur des IMMATRICULÉS, les uns spontanés, les autres forcés. — On se prononcerait pour les GARNISONS alternantes ou fixes, pour la périodicité des déplacements, pour le droit alternatif à la résidence en des GARNISONS ou plus salubres ou d'une vie à meilleur compte, et pour le roulement ou rotation plus symétrique des corps à jeter en Afrique. — On s'attacherait à découvrir des moyens plus simples d'une COMPTABILITÉ plus claire. Que de papier, de temps et d'argent ont mal à propos coûté les GARDES DU CORPS et la GARDE ROYALE, à raison de leur régime exceptionnel! — Mais l'espoir de ces améliorations ne se réalisera peut-être pas de longtemps; la puissance des BUREAUX ne périt pas; une patience silencieuse, une solidarité monacale l'entretiennent. Des hommes dont l'importance s'évanouirait s'ils cessaient de produire de leur propre fonds, s'abstiendront-ils de présenter à la signature du MINISTRE les décisions partielles et les mesures excen-

triques qu'ils ont un intérêt secret à créer et à faire prévaloir. — Il manque au Ministère de la guerre un BUREAU académique de LANGUE FRANÇAISE, ou du moins un employé linguiste, un savant omnilingue qui serait consulté et prononcerait dans les cas où des expressions non employées demanderaient consécration; il faudrait qu'il sût discerner quelle analogie les termes à admettre pourraient avoir avec les langues anciennes, et en quels rapports ils seraient avec les langues étrangères. Si un tel moyen d'épuration linguistique existait, des documents officiels n'eussent pas admis irrégulièrement des CROIX de la Légion qui ne sont pas des CROIX, mais des ÉTOILES; des FUSÉES à la CONGRÈVE, qui seraient mieux nommées à la Tipoo-Saïb ou à la chinoise; des PELOTONS HORS RANG qui sont des COMPAGNIES et non des PELOTONS, et mille autres aberrations semblables dont quelques-unes ont été signalées à l'article LANGUE; mais probablement une institution telle que celle qui vient d'être indiquée manquera longtemps, parce que chaque subalterne fabricateur de projets se persuade qu'il sait sa langue. — Concluons. — Jamais on n'avait su et pu faire aussi bien qu'à présent. On fait à présent moins bien qu'on n'avait encore fait jusqu'ici. — Les AUTEURS qu'on peut consulter sur le sujet, sont : AUDOUIN, M. BALLYET (1817, D; id., p. 497), M. BERRIAT, BOHAN (1781), BRIQUET (1761, H), M. de CHAMBRAY (1828), CHENNEVIÈRES (1750, C), M. DENIZET, M. Ch. DUPIN (1820, B), l'ENCYCLOPÉDIE (1785, C, suppl., aux mots *Bureau, Distributions, Ministres*), GUIBERT (1789, I), LECOUTURIER, LESSAC (1789, E), MAIZEROY (1766, E), M. MAUDUIT, ODIER (1818, E), POTIER (1779, X), M. le général PREVAL (1827), QUILLET, SAINT-GERMAIN (1779, C), SERVAN (1780, B), SICARD (1850), TURPIN (1783), M. VAUCHELLE, WIMPFEN (1780, A), le *Journal de l'Armée* (t. IV, p. 355), la *Sentinelle de l'Armée* (t. V, p. 83), le *Journal des Sciences militaires* (t. II, 51e livraison), le *Spectateur militaire* (t. V, 27e livraison, p. 254), le *Journal de l'Armée* (t. II, p. 226, 258; t. IV, p. 273, 588, 592).

MINISTÈRE FRANÇAIS. V. ÉPÉE D'OFFICIER. V. ÉTAT QUATRIDIAIRE. V. FRANÇAIS, adj. V. LANGUE MILITAIRE. V. MINISTÈRE DE LA GUERRE. V. PASSE-VOLANT.

MINISTÈRE HESSOIS. V. HESSOIS, adj. V. MILICE HESSOISE.

MINISTÈRE PUBLIC. V. ACCUSATEUR MILITAIRE. V. CAPITAINE RAPPORTEUR. V. COMMISSAIRE DES GUERRES Nº 4, 6. V. CONSEIL PERMA-

nent. v. information. v. justice militaire.
v. ministre de la guerre n° 14. v. procédure.
v. public, adj.

MINISTÈRE suédois. v. milice suédoise
n° 1. v. suédois, adj.

MINISTÉRIEL (ministérielle) adj. v.
crédit m... v. fourniture m... v. marché m...
v. permission m... v. masse m... v. matricule
m...

MINISTRE, subs. masc. v. allocations
de m... v. art du m... v. audience de m... v.
autorité de m... v. commandement de m...
v. correspondance avec le m... v. création
de m... v. dénomination de m... v. droits de
m... v. fonctions de m... v. honneurs aux
m... v. instruction de m... v. nombre de m...
v. nomination de m... v. prérogatives du
m... v. rang de m... v. responsabilité de
m... v. sous-ministre.

MINISTRE anglais. v. anglais, adj.
v. commandeur en chef. v. milice anglaise
n° 2.

MINISTRE autrichien. v. autrichien,
adj. v. milice autrichienne n° 11.

MINISTRE badois. v. badois, adj. v.
milice badoise.

MINISTRE bavarois. v. bavarois, adj.
v. milice bavaroise n° 4.

MINISTRE colombien. v. colombien,
adj. v. milice colombienne.

MINISTRE de guerre. v. guerre. v. aumonier de corps n° 2.

MINISTRE (ministres) de la guerre
(F; A, 1), ou secrétaire d'Etat au départ-
tement de la guerre. Le mot Ministre est
tout latin par l'étymologie, tout espagnol
par application au cas présent; il vient du
latin *ministerialis*, qui signifiait domestique d'un certain rang, valet d'un ordre
élevé. Ainsi, techniquement, le chirurgien
était le ministre du médecin, le ménestrel
était le ministre du jongleur, tant une
source commune peut produire des résultats
dissemblables, puisque les mots ménestrel
et ministre sont frères. — Le terme Ministre de la guerre, dans son application
logique, et par le genre de la fonction,
n'est pas sans analogie avec le préfet du
prétoire des Romains, et avec le maitre de
la milice chez les Byzantins. — Rappro-
chons nous des temps modernes et des
usages de France. Passons en revue les Ministres qui ont régi les troupes depuis les
Valois jusqu'à nos jours; car, auparavant et
jusque-là, la haute administration de l'armée, ou les conceptions, les opérations ar-
bitraires qui y répondaient, étaient une

branche du pouvoir du dapifer, des sénéchaux, des seigneurs fieffés, du maire du
palais, des chevetains, du connétable, du
chancelier de France, des colonels généraux, du controleur général des finances,
des généraux d'armée. — Le mérite intrinsèque des Ministres, leur vie privée, leur
conduite politique n'est pas ce qui doit nous
occuper; car nous ne sommes pas leur historien, mais l'historien de la science des armes. — Il s'agit d'abord de rechercher les
institutions qu'ils ont créées ou améliorées;
mais la justice distributive est si rarement
irréprochable, que souvent les institutions
que la raison humaine attribue comme bienfait, comme méfait à un Ministre, ne lui appartiennent que par la date, non par la conception, et ont été exhumées d'un carton où
le projet dressé pour des prédécesseurs dormait depuis des lustres. Sur de tels faits il
n'y a pas d'éclaircissements possibles à fournir; ce n'est donc que sous réserve qu'il faut
regarder comme étant le propre d'un Ministre ce qui semble le plus incontestablement
émaner de lui. — Un Ministre n'est souvent
aussi que le père putatif de ses œuvres.
Telle ordonnance qu'il signe n'a pu être lue
de lui, et si un débat polémique s'élevait
touchant la valeur du document, le Ministre
n'y pourrait plaider qu'en disant : Un tel
m'a assuré que la chose était bien. — En
déroulant la série des Ministres nous nous
occuperons de signaler les progrès qu'ils ont
fait faire à l'art; de rappeler la protection
qu'ils ont accordée aux militaires savants,
l'impulsion qu'ils ont donnée à la littérature
des armes, à la langue de l'école, au savoir
de l'armée française; de constater ces avantages ou d'accuser les aberrations qui ont
produit l'effet contraire. — Dans quelle voie
ont marché les Ministres? Quels monuments
d'utilité publique ont-ils laissés? Toute la
question est là : c'est à leurs œuvres à répondre; *a fructibus eorum agnoscetis eos.*
Chaque nom de Ministre va donc être appelé dans un ordre chronologique. — En
outre des renseignements qui en sortiront,
il sera ouvert trois routes aux recherches
plus approfondies des lecteurs : la liste chronologique des auteurs indiquera quelles productions littéraires françaises ont paru pendant le cours de chaque ministère, et ce
synchronisme est important à observer; l'article noms propres facilitera la recherche des
pages du présent livre où sont mentionnés les Ministres; enfin l'article législation
résumera, par ordre de dates, les documents législatifs émanés des bureaux de
chacun des titulaires. — Les Ministres qui
marchent en première ligne sont : Sully,

qui a compris l'importance des APPROVISION-
NEMENTS ; LETELLIER, qui a deviné que l'AD-
MINISTRATION est l'art de dépenser le moins
possible en se procurant le plus de choses
possible ; LOUVOIS, qui a créé la force gouvernementale par la concentration des choses ministérielles ; LEBLANC, qui, sans appartenir à la profession des armes , a tant fait
pour elle ; DARGENSON et CHOISEUL, qui ont
senti et fait sentir le besoin de la loi ; SAINT-
GERMAIN , qui a saisi les rapports de la COM-
POSITION, de l'ADMINISTRATION et de la TACTI-
QUE. — Deux hommes, s'ils eussent pu
agir de leur propre impulsion, auraient
avancé la SCIENCE administrative, mais ils
n'ont fait que traverser le MINISTÈRE ; ce furent PETIET et surtout DARU, remarquables,
l'un par l'esprit d'ordre et le savoir technique,
l'autre par la hauteur des vues. — Un parti a
exalté GOUVION SAINT-CYR, et a pris pour talent
ce qui était caractère : il y avait en lui un
homme d'État, plus qu'un Ministre. — Des
personnages distingués , des militaires devenus MARÉCHAUX , VICE-CONNÉTABLE , PRINCES ,
ROI, ont tenu le portefeuille ; mais les circonstances ne les ont pas mis à même de
perfectionner une machine que les crises
politiques ont perpétuellement désaccordée.
— En jugeant les Ministres, l'histoire doit
s'armer d'indulgence ; leur rôle est si difficile, qu'il y a plus à compatir qu'à blâmer.
Souvent le mal qu'ils causent ne leur est pas
uniquement imputable, souvent le bien
qu'ils font vient d'eux, et on ne leur en sait
pas toujours gré ; SAINT-GERMAIN (1779, C,
p. 8) en donne de touchantes preuves. —
Tel censeur qui reconnaît la fausse route
des Ministres éviterait-il les mêmes écueils ?
Le général FOY, s'il fût monté à ce poste,
serait-il parvenu à abolir à l'hôtel de la
guerre ce qu'il proscrivait à la tribune, à sim-
plifier les rouages , à diminuer les ÉCRITURES,
à repousser du personnel de l'hôtel les sous-
INTENDANTS et à y étouffer l'influence que
l'INTENDANCE y exerce ? Tels vieux capitaines, arrivés au timon de l'ADMINISTRATION!,
se sont-ils rappelé la philosophie qu'ils
avaient semée dans l'ENCYCLOPÉDIE en 1785,
ou les blâmes qu'ils avaient proférés sur le
champ de bataille ? Tels GÉNÉRAUX devenus
Ministres après avoir été les émules du général FOY, se sont-ils souvenus qu'ils s'é-
taient montrés à la tribune les défenseurs
ardents des intérêts de la LÉGION D'HONNEUR ?
leur sensibilité éloquente était d'opposition ;
leur silence, leur manque de mémoire
étaient de politique. — Une conspiration est
toujours flagrante autour des Ministres , celle
des flatteurs à petites vues, des faiseurs
adroits, et des conseillers intéressés ; aussi

les meilleures intentions expirent-elles à
l'instant de la possession du portefeuille, et
toutes les censures que le récipiendaire a
entendu proférer contre le devancier, ou qu'il
a articulées lui-même pour aider à l'évincer, viennent se résoudre en de fugitifs souvenirs, en d'impuissants essais. — Que de
conditions il faut pour qu'un ministre ob-
tienne quelque célébrité, ou seulement désarme l'injustice. Sa position exige talent,
génie, fermeté de caractère, esprit d'économie, assiduité au travail, sens droit, influence sur l'esprit du prince et longue jouissance
du portefeuille ; une de ces qualités ou de
ces circonstances manque-t-elle, le Ministre,
dont on augurait trop favorablement, n'est
plus qu'un administrateur vulgaire, quand
même il aurait uni l'équité et le patriotisme
à l'incorruptibilité. — La machine militaire
s'est construite, dit-on, sans que les Ministres en aient calculé la construction ; ils ne
le pouvaient pas ; ils n'étaient appelés qu'à
en maintenir à peu près l'action. Des princes,
la plupart peu habiles, ne demandaient
pas que cette action fût savante, mais dura-
ble autant qu'ils dureraient ; aussi, royauté
et Ministère ont été mis en viager. — Des
Ministres, en petit nombre, ont été des
hommes de génie ; d'autres, en plus grande
quantité, ont eu des idées élevées et de sages intentions ; à presque tous il a manqué
la célébrité préliminaire qui est un gage de
succès, le temps qui crée l'influence, l'influence qui crée les grandes choses. — Les
encouragements ne sont pas prodigués à un
Ministre, l'enthousiasme ne le salue jamais ;
les portes de ses salons sont les frontières
du vivat, et tel GÉNÉRAL heureux qui peut-
être n'a eu que le mérite de l'action, quand
le Ministre auquel il doit sa renommée a eu
le mérite de la pensée, jouit de l'ovation à
laquelle personne ne songe à associer le dé-
tenteur du portefeuille. — Quelques circonstances heureuses peuvent suffire à l'illustra
tion d'un GÉNÉRAL, et le grand CONDÉ eût été
un bien mauvais Ministre. — Que de difficultés grossissent les difficultés naturelles
de la fonction ? Un avenir éloigné peut
seul témoigner de l'habileté des opérations ; le public les juge sans les connaître,
les désapprouve sans les comprendre. Il
faut que le Ministre se défende contre
l'obsession ou le déchaînement des courtisans, la prépotence des maîtresses, les
insinuations des confesseurs, les exigences
ou l'humeur de la famille royale, les séductions des solliciteuses, les haros des brouil-
lons, les couplets de garnison ; il faut qu'il
triomphe de la faiblesse, de l'insouciance ou
de la préoccupation du prince, et qu'il ré-

siste, du moins en quelques pays, aux rudes atteintes du gouvernement représentatif. — LES ÉCRIVAINS se sont montrés ou panégyristes vendus, ou juges insensibles aux excuses. Reproduisons leurs censures pour mettre en garde contre leur exagération. — M. de SÉGUR, fils d'un Ministre, édulcorait ses attaques, emmiellait ses reproches : *L'ordre et la règle sont les meilleurs remparts pour défendre leur considération et leur place ; ils ignorent que ceux-là même qui les engagent et les forcent à sacrifier l'intérêt général à l'intérêt privé, les en puniront promptement et se rallieront avec ingratitude à l'opinion publique qui les renversera.* — JEAN-JACQUES (*Contrat social*) tranchait plus dans le vif : *La Maxime commune à tous les ministres et presque à tous les rois, est de prendre en toutes choses le contre-pied de leur prédécesseur.* — On lit dans GUIBERT (1773, E) : *Les Ministres sont le plus souvent conduits par leurs bureaux.* — Ce même écrivain a dit (*Discours préliminaire*) : *Le système des prédécesseurs n'est jamais celui des Ministres actuels ; ils gouvernent comme ils vivent, au jour la journée ; au lieu de maîtriser les événements, ils sont maîtrisés par eux ; les détails les absorbent; ils tiennent en leurs mains quelques fils de l'administration, et en laissent aller les grands ressorts. — Ne voyant jamais l'armée que dans les dossiers d'un bureau, étranger presque toujours aux premières études du métier, environné de séductions, d'erreurs, de piéges, retenu loin des camps et au centre de l'intrigue, pour y veiller à la conservation de sa place et à l'extension de son pouvoir, comment le Ministre discernera-t-il la vérité et récompensera-t-il le mérite ? Combien y a-t-il de Ministres qui aient été vraiment militaires, et ceux qui l'ont été, où avaient-ils fait leur éducation!* — GUIBERT reproduit à peu près la même critique dans la *Préface de l'Histoire de la constitution militaire* : *On nommerait à peine, depuis une longue suite d'années, trois ou quatre Ministres qui aient été appelés à leur poste par la voix publique.* — Chacun des Ministres, suivant les paroles de LESSAC (1783, A), *ayant pour première maxime de prendre une route contraire à celle de son prédécesseur, ajoute aux erreurs involontaires toutes celles que doit produire une pareille disposition d'esprit.* — Dans son rapport officiel de 1790 (20 septembre) ALEXANDRE-LAMETH disait : *Chaque Ministre, intéressé à se faire des créatures,*

bouleversait l'ordre établi, pour favoriser les hommes qu'il voulait attacher à sa fortune, et le gouvernement semblait se plaire à marquer sa puissance en méconnaissant les règles que lui-même avait établies. — Un ÉCRIVAIN spécial s'exprimait dans le même esprit : *A quoi se sont-ils appliqués ? A signaler leur avénement au ministère par un bouleversement de fond en comble, par la destruction des essais de leurs prédécesseurs; à s'entourer de créatures, tendre la main aux intrigants, n'encourager que les chimères, ne prendre l'endosse de rien, et enfin à léguer perfidement à leurs successeurs une machine entravée, sans rudiments, sans moteur fixe.* — *Depuis la restauration,* a dit M. PREVAL (1824), *que d'ordonnances ont créé et détruit les mêmes dispositions ? Que d'empressement de la part de chaque Ministre à repousser les choix et les projets de son prédécesseur, que de changements ruineux dans les uniformes,* dans l'ADMINISTRATION, dans le PERSONNEL ! — On lit dans le *Spectateur militaire* (t. XIII, p. 245) : *On reproche aux bureaux de la guerre de n'avoir d'idées arrêtées sur rien; c'est une injustice; il faut s'en prendre à ce système déplorable qui permet à chaque individu appelé au ministère, de recommencer les travaux de l'administration avec ses seules lumières, d'introduire dans les places supérieures de son département, des hommes étrangers aux détails du service,* etc. — Le résumé de ces accusations présenterait les Ministres comme ne se fiant, dès leur début, qu'à leurs seules lumières, prenant en pitié les travaux du devancier et s'efforçant d'en effacer les œuvres, pour s'éviter la peine d'en approfondir les vices. Ses successeurs, répudiant l'héritage, ne verreient que deux rôles à jouer, celui de créateur ou de régénérateur, quoiqu'ils n'aient étudié ni ce qu'il y a de bien à faire, ni ce qu'il y a de mal à détruire ou à éviter. Le premier acte officiel serait de saluer d'une désorganisation les bureaux dont on a accueilli la veille des salamalecs. S'il advenait que la sagesse du ministre répugnât aux bouleversements, ses conseillers, voyant plus de profit à innover qu'à maintenir, intéresseraient sa vanité et appelleraient en complicité son amour-propre. Les Ministres n'auraient jamais encouragé la publication d'aucunes productions périodiques militaires; ils n'auraient chargé le DIRECTOIRE D'HABILLEMENT d'aucun travail fondamental en fait d'UNIFORME ; ils n'auraient exigé du DÉPOT DE LA GUERRE aucune publication raisonnée en fait de CASTRAMÉTATION, de bibliographie, de littérature, de TÉLÉGRAPHIE; ils décideraient du chiffre proportionnel des CORPS, de leurs dédoublements, de leurs AMALGAMES, sans s'être rendu compte de ce qu'il convient d'appeler CLASSES D'OFFICIERS, GRADES EN SECOND, GROSSE CAVALERIE, ARMES PERSONNELLES. Ils ne se seraient souciés ni de faire dresser une bibliographie militaire, ni de constituer sur des éléments raisonnés une langue des armes; ils repousseraient la création d'un CODE MILITAIRE et d'une CONSTITUTION de troupes comme une entrave du pouvoir; ils ne prohiberaient que pour la forme les DÉPENSES DE LUXE, et concourraient perpétuellement à accroître les prodigalités, à varier les couleurs tranchantes; ils consumeraient mécaniquement en signatures, en vaines audiences, le temps qu'il faudrait mettre à réfléchir et à ordonner; ils obéiraient aux impulsions de la flatterie, se cabreraient contre les conseils de la raison, exigeraient qu'au prix de leurs bonnes grâces on se courbât devant leurs caprices; ils prononceraient légèrement sur des matières profondes ou mal éclaircies, se débattraient au milieu des minuties, useraient l'encre en notes évasives, et enfin quitteraient sans laisser de résultat un portefeuille gonflé d'interprétations et vide de principes.—Mais ces mordantes déductions viennent s'évanouir devant une courte remarque. Il est impossible que les choses aillent mieux, et il s'en faut de beaucoup que jamais elles aient été aussi passablement. Il s'est vu sans doute en plusieurs pays, et peut-être en FRANCE, quelques-uns de ces abus; mais il ne faut pas de toutes les imperfections composer un Ministre, comme l'imagination de nos ancêtres composait, de toutes les imperfections humaines, l'ange des ténèbres. Nous allons constater que le nombre des Ministres dans l'ADMINISTRATION desquels il y a eu des parties louables, l'emporte sur le nombre des Ministres qui ne méritent que des censures, et nous imiterons la politesse des cours et des historiens qui ne parlent presque jamais que de la démission des Ministres; rien pourtant de plus fréquent que leur chute par renvois, rien de plus rare que leur départ par démission. — Les AUTEURS qui donnent des éclaircissements à l'égard des Ministres sont : M. AMIOT (1830), AUDOUIN, BALLYET (1817, D, p. 114), DARUT (1787, D), ENCYCLOPÉDIE (1785, C, supplém.), GUIGNARD (1725, B, t. I, p. 184), LABAUME (Eugène, 1834), ODIER (1818, E; 1824, E, t. VI), PINARD, POTIER (1779, X), SAINT-GERMAIN (1779, G), M. SAINTE-CHAPELLE, DICTIONNAIRE DE L'ARMÉE.

SERVAN (1806, C), M. SICARD (TURPIN, 1783, O, t. I, p. 324), VITON, WIMPFEN (1780, A), le *Journal de l'Armée* (t. II, p. 225, 258; t. IV, p. 588), le *Journal des Sciences militaires* (1835, p. 226; 1836, p. 5), la *Sentinelle de l'Armée* (t. III, p. 50). Mais la vérité est si difficile à saisir dans ce qui semble le plus simple, que, à l'égard de la série des Ministres et des dates de leur avénement, il n'y a pas d'accord entre MM. AUDOUIN, SERVAN, SICARD, VITON et la table du *Bulletin des lois* (4e vol. in-8°, 1816). — Le sujet est de nature à se développer sous les points de vue que voici: CRÉATION, NOMBRE, NOMINATION, ALLOCATIONS, DROITS, AUTORITÉ, PRÉROGATIVES, RANG, FONCTIONS, INSTRUCTION, RESPONSABILITÉ. — Nº 1. CRÉATION. — Les AUTEURS ne sont pas d'accord à l'égard de l'époque à laquelle commence la série des Ministres de la guerre. — LACHESNAIE (1758, I, au mot *Ministre*) prétend que sous HENRI DEUX, en 1549, la *dignité de Ministre et secrétaire d'Etat de la guerre est créée;* il s'appelait alors, suivant Audouin, MINISTRE DU TAILLON. — POTIER (1779, X) mentionne, en 1558, Jean Bochetel; en 1567, Jacques Bourdin; en 1570, Claude de l'Aubespine; en 1588, Claude Pinard. — M. SICARD (1830, p. 398) mentionne au contraire ce Claude de l'Aubespine comme ayant exercé de 1549 à 1567; il n'indique pas quel eût été son successeur jusqu'en 1588. — Le *Journal de l'Armée* (t. II, p. 131) relate également cette date 1549; mais toutes ces assertions contiennent des erreurs. — Claude de l'Aubespine n'a jamais été précisément Ministre de la guerre; mais il porta, le premier, le titre de secrétaire d'Etat au lieu de celui de secrétaire des finances (*Biographie universelle*). Depuis 1545 jusqu'en 1567 (11 novembre), jour de sa mort, ce fut un négociateur, un plénipotentiaire, dont le nom se trouva mêlé à tous les événements militaires, à tous les traités de paix de ces orageuses époques; il avait probablement l'ADMINISTRATION du TAILLON, mais ce n'était pas un Ministre de la guerre. — M. BALLYET (1817, D, p. 110) prétend que, en 1567, à la fin d'octobre, un VILLEROY était déjà titulaire de la CHARGE. — POTIER (1779, X), se contredisant quant à ce qui a été dit plus haut, rapporte que, par l'ORDONNANCE DE 1588 (15 SEPTEMBRE) et le RÈGLEMENT DE 1589 (1er JANVIER), HENRI TROIS créait quatre ministères: la GUERRE était le premier; les affaires étrangères, le commerce, la MARINE formaient le second; la maison, le troisième; l'intérieur, le quatrième. Mais ces Ministres continuèrent à être chargés chacun de l'ADMINISTRATION d'un certain nombre de provinces ce qui occasionnait des conflits et des embarras sans fin. LOUIS TREIZE y remédia par le RÈGLEMENT DE 1626 (11 MARS). — Puisque ce n'est qu'à partir de 1589 que ce partage s'opère, on conçoit mal comment il y aurait eu un Ministre de 1549 à 1567, et un autre de 1567 à 1588; mais il faut dire pourtant qu'il a existé depuis 1549 des MINISTRES DU TAILLON dont il va être parlé bientôt, et on peut voir, de fait sinon de titre, un Ministre de la guerre dans la personne de François de GUISE. Ce passage de BRANTOME (1600 A), le prouve: *Le cardinal de Lorraine s'était réservé la surintendance des finances; mais Guise n'y jetait que plus l'œil, sinon pour les gens de guerre et pour leurs payes, desquels il avait pris la charge, et de toutes les affaires de la guerre qu'il entendait mieux qu'homme de France.* — L'extinction de la charge de COLONEL GÉNÉRAL DE L'INFANTERIE et la suppression de la dignité du CONNÉTABLE ont été le signal, sinon précisément de la création, du moins du développement de l'autorité du Ministre : ainsi la fonction comprise telle qu'on la conçoit de nos jours ne remonterait pas au delà de Louis quatorze. — SERVAN (1806, C), qui, ayant été Ministre lui-même, mérite créance, ne fait remonter qu'à 1588 l'érection de la CHARGE des Ministres, ou du moins donne à supposer que c'est à partir de là que des SECRÉTAIRES D'E-TAT ont rempli des fonctions analogues à celles que les Ministres de la guerre ont exercées plus tard. Mais, en réalité, les fonctions étaient fort différentes de ce qu'elles sont devenues; toutefois cette époque va être le point de départ de la série des titulaires. Jusqu'en 1630, cette série diffère tant soit peu de celle que donne PINARD, tant ces détails restaient mal débrouillés. — N° 2. DÉNOMINATION. — Dans les usages des ROMAINS, sous la république et sous les EMPEREURS, le QUESTEUR, le LOGISTE (*logista*), le COMTE approvisionneur, *comes annonæ*, le directeur de la chose militaire, *comes rei militaris*, répondaient par leur dénomination aux modernes Ministres de la guerre. — Les MAIRES DU PALAIS, les SÉNÉCHAUX DE FRANCE, les CONNÉTABLES, ont été les Ministres du MOYEN AGE. — Les Valois ont chargé des finances militaires les MINISTRES DU TAILLON. — Le nom que les FRANÇAIS donnent au Ministre de la guerre a été emprunté aux ESPAGNOLS. Ces derniers l'avaient adopté quand la GUERRE de terre et de mer était, pour eux, un état permanent, on peut presque dire un gage d'exis-

tence. L'esprit d'imitation s'est emparé maladroitement de cette locution, alors que la GUERRE n'était pas en France en état forcé et permanent; la dénomination est devenue tout à fait fausse quand la MARINE n'a plus dépendu de ce FONCTIONNAIRE. La qualification de ministre de l'ARMÉE DE TERRE eût mieux convenu, elle eût été analogue au mot ministre de la marine; car si l'un d'eux est Ministre de la guerre, l'autre l'est également; aussi les ANGLAIS ne confiaient-ils qu'à un seul personnage les deux fonctions, comme cela se voyait en FRANCE au temps de CHOISEUL. — Les SECRÉTAIRES D'ETAT DE FRANCE, dont le DÉPARTEMENT comprenait les affaires de la GUERRE, s'appelaient d'abord, comme le témoigne AUDOUIN, MINISTRES DU TAILLON, c'est-à-dire de la TAILLE ou subvention pour entretien des GENS D'ARMES. Cette qualification, usitée en 1549, s'était conservée longtemps après que cette TAILLE était abolie. — Les Ministres FRANÇAIS, n'étant dans l'origine que les chefs d'une section du CONSEIL D'ETAT ou d'une secrétairerie, prirent, quand les affaires se partagèrent par DÉPARTEMENTS, le titre de SECRÉTAIRE AU DÉPARTEMENT DE LA GUERRE. Les ANGLAIS, qui en fait de chose militaire ont tout imité de nos usages, admirent et conservèrent le titre de *secretary at war*. — En FRANCE, la qualification de SECRÉTAIRE D'ETAT DE LA GUERRE devint inexacte quand les successeurs de DARGENSON furent, non plus des conseillers, des hommes de finance ou de robe, détachés ou censés détachés du secrétariat, mais des militaires détachés de l'ARMÉE. Le titre de Ministre de la guerre prévalut; il avait de la précision et de la brièveté, quoique non plausible en tout, comme on l'a vu. La langue molle, jalouse et routinière de la restauration a fait revivre sans raison le titre devenu prolixe et faux de MINISTRE SECRÉTAIRE D'ETAT AU DÉPARTEMENT DE LA GUERRE; c'est ainsi que l'appelaient les ORDONNANCES DE 1814, DE 1818, DE 1828, etc. Elles reprenaient des ANGLAIS le titre qu'ils nous avaient emprunté; mais dans leur LANGUE la désignation était plus juste, à raison de l'infériorité de position de ce FONCTIONNAIRE, par rapport au COMMANDEUR EN CHEF et au Ministre de la guerre et des colonies; en FRANCE, il peut être désobligeant pour un MARÉCHAL de n'être appelé que monsieur le SECRÉTAIRE. — N° 3. NOMBRE. Tant que l'OFFICE de GRAND SÉNÉCHAL et celui de CONNÉTABLE ont existé, et que ces DIGNITAIRES ont joui de leur puissance primitive, ils ont exercé la principale partie des FONCTIONS qui sont devenues celles du Ministre de la guerre ; ils les cumulaient avec celles de GÉNÉRALISSIME : quelquefois la COUR les leur disputait ; rien n'était réglé ni combiné ; il y avait, de fait, autant de Ministres que de CHEFS puissants. Le GRAND MAITRE DES ARBA-LÉTRIERS et celui DE L'ARTILLERIE étaient en hostilité ; le GRAND PRÉVOT de l'ARMÉE et le GRAND PRÉVOT DE L'HOTEL ne s'entendaient pas mieux ; tous voulaient être Ministres dans leur partie, c'était la bataille perpé-tuelle des pouvoirs. — Au temps où GUISE est LIEUTENANT GÉNÉRAL, le COMMANDEMENT ministériel lui est dévolu. — Quand le co-LONEL GÉNÉRAL DE L'INFANTERIE devient plus puissant que le CONNÉTABLE, il s'arroge la puissance gouvernementale du MINISTÈRE. — Quand LOUIS QUATORZE se déclare son propre CONNÉTABLE, deux branches distinctes s'établissent, l'action et les ÉCRITURES ; ce qu'on appelait les papiers était le fonds du MINISTÈRE ; les GRACES et la direction restaient le fait de la COUR, ou ne tombaient dans le res-sort du Ministre que par une délégation ta-cite. — L'insouciance de LOUIS QUINZE laisse s'évanouir ces usages, dont d'ailleurs le dé-veloppement de la SCIENCE MILITAIRE amenait de force la modification. La COUR et les cour-tisans eussent-ils minuté des ORDONNANCES, inventions alors nouvelles ? il fallait bien que ce fût le Ministre ; dès lors il exerce les détails du COMMANDEMENT, dont la pensée seule reste ou est censée rester à la couronne. —BONAPARTE, habitué à cette soudaineté de volontés (*imperatoria brevitas*) qui avait assuré ses succès, ne vit dans la fonction de Ministre que celle d'un CHEF D'ÉTAT-MAJOR : il ne convenait pas à l'homme qui se créait législateur et se perpétuait GÉNÉRAL EN CHEF, que son Ministre de la guerre réunît ce dou-ble caractère. CARNOT le sentit, l'éprouva, et le portefeuille ne lui convint pas long-temps. Après lui, BERTHIER, excellent CHEF D'ÉTAT-MAJOR, ne fut qu'un Ministre de peu d'influence ; CLARKE, plus laborieux, moins grand seigneur, convenait mieux aux be-soins du maître et de la chose. — L'exten-sion du pouvoir et la multiplicité des affaires amenèrent le partage du MINISTÈRE en deux ÉTABLISSEMENTS ; le souverain donna un aide à son CHEF D'ÉTAT-MAJOR impérial ; cet aide fut le DIRECTEUR DE L'ADMINISTRATION ; deux Ministres furent censés exister, et en réalité il n'y avait que deux grands CHEFS DE BUREAU. La COUR, c'est-à-dire le ministère à la LOUIS QUATORZE, avait ressaisi le positif du pouvoir monarchique, et le souverain se ré-servait, même au conseil d'Etat, le manie-ment des grandes mesures financières et comptabiliaires. — Quand la FRANCE passa de l'état de géant à une stature raccourcie,

le MINISTÈRE à la LOUIS QUINZE et l'ancien laissez-aller royal reparurent ; mais la GUERRE DE 1823 fut l'occasion d'un événement sans exemple, et dont la FRANCE s'est à peine aperçue, car elle dormait, quoique tiraillée entre trois pouvoirs, la légitimité, le sacer-doce, et le généralissimat : deux Ministres de la guerre, deux MAJORS GÉNÉRAUX furent à la fois sur pied, et ces quatre fonctionnaires ne composaient que trois personnages. Le Ministre de la guerre BELLUNE était devenu MAJOR GÉNÉRAL d'Espagne, et le MAJOR géné-ral en activité qu'il devait remplacer refusait de se démettre, tandis que le général DIGEON prenait un portefeuille que le maréchal de BELLUNE ne lui cédait pas. C'était le plus co-mique imbroglio qui jamais eût excité gor-ges-chaudes de sous-ordres. — N° 4. NOMI-NATION. — Une question a été maintes fois agitée : Est-il indispensable qu'un Ministre soit HOMME D'ÉPÉE ? LESSAC, en reproduisant cette question, dit *qu'un Ministre homme de robe, exempt de prévention, d'envie, de haine envers les gens de guerre, les jugera comme le public et les jugera bien ; il choi-sira mieux les commandants des armées ; il les secondera plus et les génera moins ; car l'illusion de l'orgueil ne va pas jus-qu'à persuader à un homme étranger à l'art de la guerre, qu'il y est plus habile que ceux dont la guerre est le métier.* — Ce sont les sophismes d'un homme d'es-prit et les erreurs d'un militaire de conscien-ce ; les choses étaient changées, la révolution dans les idées s'opposait, depuis le milieu du dix-huitième siècle, depuis que la science s'infiltrait dans les ordonnances, à la conser-vation de l'ancien mécanisme politique, et à la nomination des Ministres de la guerre tirés d'une autre classe que celle des MILI-TAIRES. Il n'en pouvait être autrement, à moins qu'une nouvelle balance des pou-voirs ministériels n'amenât la séparation du COMMANDEMENT et de l'ADMINISTRATION. — L'idée du besoin de cette séparation germe-ra, puisque, née en FRANCE, et sortie des discussions relatives aux ACADÉMIES et aux CONSEILS DE GUERRE, elle fait maintenant le tour du monde. On lit dans le *Spectateur militaire* (1828, février):*Je rappellerai que dans aucune monarchie, même absolue, on ne livre l'armée à l'influence et à la direction exclusive d'un Ministre ; que nulle part, si ce n'est en France, il n'est tout à la fois législateur, administrateur et généralissime ; que partout on a eu la sage prévoyance d'établir des institutions pour se préserver de cette puissance dan-gereuse, bien que les souverains et les princes s'occupent eux-mêmes des affai* res militaires.—N° 5. ALLOCATIONS.—La LOI DE L'AN VII (23 FRUCTIDOR) portait la totalité du traitement du Ministre, l'entretien du mobilier, les réparations locatives de la maison (car alors il n'y avait pas d'HOTEL) à soixante-dix mille deux cent cinquante francs.—Sous BONAPARTE, les accumulations d'accessoires et le bon plaisir gonflèrent bien plus l'allocation. — La LOI DE 1807 (11 SEPTEMBRE) comprenait les Ministres au nombre des GRANDS FONCTIONNAIRES, et permettait que le maximum de leur PENSION fût porté à vingt-mille francs, *s'ils y ont droit par des services distingués et si l'état de leur fortune le rend nécessaire.* Les personnages ministériels ne quittaient le MINISTÈRE qu'avec une fortune grossie de vingt mille francs ; tous déclaraient y avoir des droits, tous arguaient de services distingués , nul n'avait de fortune. —Le Ministre avait, sous la restauration, cent vingt mille francs d'appointements, et tel qui apparut à peine vingt jours à l'HOTEL, en sortait avec douze mille francs de PENSION ; remerciement un peu cher pour la finance de l'Etat ; récompense un peu exagérée pour un mérite négatif, celui de n'avoir pas eu le temps de commettre des bévues. — Le budjet discuté en 1837 (février) allouait au Ministre cent mille francs. — N° 6. DROITS. — Les DROITS du Ministre considéré comme législateur étaient immenses, quand il n'existait pas encore de STRATONOMIE ou de lois écrites. — Les DROITS du Ministre , considéré comme un ADMINISTRATEUR, embrassent ses relations avec l'INTENDANCE, avec les AGENS DE SERVICES, les ENTREPRENEURS, les FOURNISSEURS, les COMPTABLES , les CONSEILS D'ADMINISTRATION , les CONSEILS DE PRÉFECTURE ; il est chargé de la PASSATION des MARCHÉS , de l'alimentation des APPROVISIONNEMENTS et des MAGASINS, du renouvellement ou de l'entretien du MATÉRIEL ; il peut envoyer en MISSION des OFFICIERS, avec jouissance de toutes les ALLOCATIONS que la MISSION comporte. — Comme représentant du souverain, il peut agir de son propre mouvement ; mais comme ADMINISTRATEUR, le cas est différent ; il ne devrait pouvoir ordonner aucune innovation que de l'avis d'un CONSEIL *ad hoc,* et du consentement de la législature , sauf à en solliciter un bill d'indemnité, s'il prend, par urgence, des dispositions qui s'écartent de la LOI ou des RÈGLEMENTS. Nous n'aurons un ministère que quand il sera établi qu'à son avénement un Ministre ne doit proposer aucun changement, en fait de principes, qu'après y avoir réfléchi dix ans.— Mais, au contraire, il décide à son gré des quantités et des qualités des ÉTOFFES, de la nature des ARMES, des prix du HARNACHEMENT, de l'espèce des SELLES, de la modification des ORGANISATIONS. Ce sont de ruineux abus, surtout depuis le ministère de 1821. — Cette difficulté du double rôle d'un Ministre, cette complication d'attributions séparables, ont décidé des formes et de la marche admises en ANGLETERRE et en RUSSIE. Le grand délégué militaire du prince est à part du personnage chargé de la branche économique de l'ARMÉE. — Rassemblons quelques détails en les présentant sous les divisions que voici : DROITS relatifs à la COMPOSITION, à la FORMATION, à l'intimation des ordres ; — RELATIFS A L'ADMINISTRATION GÉNÉRALE, — RELATIFS A L'ADMINISTRATION DES CORPS, — RELATIFS AUX NOMINATIONS, — RELATIFS A L'INSPECTION, A L'INSTRUCTION, — RELATIFS AUX PERMISSIONS, AUTORISATIONS, etc.; — RELATIFS A LA JUSTICE, AUX PUNITIONS, etc.— N° 7. DROITS relatifs à la COMPOSITION, à la FORMATION, à l'intimation des ordres, à la LANGUE de la science. — Le Ministre a l'initiative de toutes les mesures d'ORGANISATION de la FORCE ARMÉE ; nous ne le disons pas comme une approbation, mais comme un fait ; il détermine les dispositions relatives à l'AMALGAME des CORPS, aux CHANGEMENTS DE CORPS OU TRANSCORPORATIONS, aux PASSAGES DANS LES COMPAGNIES DE DISCIPLINE, dans les COMPAGNIES SÉDENTAIRES, dans la GENDARMERIE, à l'admission des REMPLAÇANTS, à la RÉINCORPORATION des CONDAMNÉS AUX TRAVAUX, après expiration du temps de la PEINE. — Il autorise, en vertu des ORDONNANCES, les SUBSTITUTIONS de REMPLAÇANTS ; il prononce sur les CAS DE RÉFORME des HOMMES DE TROUPE. — Il est chargé du RECRUTEMENT, de l'INSPECTION et de l'ADMINISTRATION de la GENDARMERIE, corps mixte qui, quant au SERVICE, dépend des AUTORITÉS CIVILES. — Il affecte, en TEMPS DE PAIX, aux différents CORPS leur LOCALISATION, c'est-à-dire qu'il détermine les GARNISONS ou QUARTIERS qu'ils doivent occuper, les lieux de RASSEMBLEMENT, les CAMPS D'INSTRUCTION où ils doivent se rendre. — Il transmet aux GÉNÉRAUX D'ARMÉE les ordres du ROI ; il y joint ses instructions particulières, les PLANS à accomplir, l'indication de la LIGNE à tenir et des MARCHES à suivre. — Il exige en tout temps, de la part des GÉNÉRAUX, des GOUVERNEURS , des COMMANDANTS DE DIVISION, une communication périodique de l'ÉTAT DE SITUATION des CORPS, de leurs MOUVEMENTS MUTATIONNAIRES, de tout ce qui intéresse le SERVICE, la POLICE, de toutes les circonstances de DÉPART et de RENTRÉE des ABSENTS, de tous les JUGEMENTS rendus par les CONSEILS DE GUERRE, de toutes les PUNITIONS infligées aux

OFFICIERS qui auraient dépassé leurs CONGÉS; il se fait rendre compte par les COMMANDANTS DE PLACE de tous les abus qui se commettraient dans les HOPITAUX MILITAIRES; il reçoit périodiquement des COLONELS les ÉTATS DE SITUATION, le tableau des ÉCOLES DE SOUS-OFFICIERS. — Ces renseignements, ainsi que les DEMANDES, les RÉCLAMATIONS, etc., lui parviennent surtout par l'intermédiaire des lieutenants généraux, et sont accompagnés du visa et des observations des AUTORITÉS qui font l'envoi. — La CIRCULAIRE DE 1817 (17 NOVEMBRE) et l'ordonnance de 1833 (2 NOVEMBRE, art. 295) réglaient les formes de ces RÉCLAMATIONS. — Le Ministre exige en TEMPS DE GUERRE, des CHEFS D'ÉTAT-MAJOR, un RAPPORT circonstancié des OPÉRATIONS DE GUERRE, un relevé des travaux des COMMISSIONS D'ÉCHANGE, un envoi des BULLETINS avec énonciation des ACTIONS D'ÉCLAT; les MAJORS étaient autrefois chargés de ce dernier genre d'envoi. — Le Ministre prend toutes les mesures relatives à l'entretien, aux réparations, au démantèlement des PLACES. — Il ordonne seul l'impression des FEUILLES DE ROUTE et en règle la délivrance. — Il transmet directement aux CHEFS DE CORPS les ordres de DÉPART, en même temps qu'il en donne avis à toutes les AUTORITÉS et ADMINISTRATIONS qui doivent en être informées. — Il signe les BREVETS des CHEVALIERS DE SAINT-LOUIS, il se fait rendre compte du DÉCÈS des MEMBRES militaires de la LÉGION D'HONNEUR et de l'ORDRE DE SAINT-LOUIS. — Il notifie les cas où les HONNEURS MILITAIRES doivent être rendus aux AMBASSADEURS ÉTRANGERS. — Le Ministre décide, ou plutôt devrait décider, (car ici ce n'est pas un point d'histoire que nous énonçons, c'est une lacune que nous dénonçons), de tous les termes que les modifications de l'ART MILITAIRE introduit dans l'ARMÉE. Ce qui manque à cet égard, ce qu'il y aurait à faire ressort de ce qui a été dit des BATTERIES D'ARTILLERIE, de la LANGUE MILITAIRE, etc. — N° 8. DROITS relatifs à l'ADMINISTRATION générale. — La signature des SECRÉTAIRES D'ETAT n'a ouvert le TRÉSOR que depuis CHARLES NEUF. VILLEROI, dans les besoins d'argent, poursuivait ce monarque jusqu'au jeu de paume; ce prince, pour qui la paume était une affaire sérieuse, s'en impatientait, et criait, à ce que raconte AUDOUIN: *Signez, père Villeroi;* celui-ci se le tint pour dit, et l'usage s'en établit. — Le Ministre est le chef des INTENDANTS, l'ORDONNATEUR suprême des CRÉDITS, le juge de la légalité des DÉPENSES et du quantum des RETENUES SUR SOLDE, le dispensateur des MASSES, le répartiteur des ORDONNANCES DE PAYEMENT. — Il

se fait informer, par les COMMANDANTS DE PLACE, des PASSAGES DE TROUPE. — Il décide du mode et de la forme des SERVICES ADMINISTRATIFS qu'on a nommés SERVICES DE LA GUERRE, et que malheureusement chaque Ministre modifie. — Il reçoit, franche de port, sa CORRESPONDANCE, et par son CONTRE-SEING il communique à ses LETTRES le DROIT DE FRANCHISE; mais il ne correspond pas avec les MILITAIRES en sous-ordre; ils ne peuvent entrer avec lui en relation directe qu'en cas de DÉNI DE JUSTICE. — Il décide de la création et de la composition des COMMISSIONS D'EXAMEN. — Il désigne les MANUFACTURES D'ÉTOFFES où sont faits les ACHATS du gouvernement; il agrée leurs propositions, s'il les juge admissibles; il les charge de ses commandes. — Il s'occupe directement des MARCHÉS de COMBUSTIBLES, de CONVOIS, de FOURRAGES, D'EFFETS DE CASERNEMENT, de GRAND ÉQUIPEMENT, de LITERIES, et enfin de FOURNITURES D'ÉTAPES, etc. — Il ordonne les constructions de BATIMENTS MILITAIRES, prononce sur le système des TRANSPORTS, l'ASSIETTE du CASERNEMENT et le LOGEMENT des MILITAIRES, nomme les CASERNIERS, règle le chiffre des CLASSES des CORPS DE GARDE des GARNISONS, comme principe déterminant du chiffre des FOURNITURES autorisées. — Il fournit à qui de droit et ensuite recueille les MANDATS DE FOURNITURES faites en vertu de ses ordres directs. — Il alloue les FRAIS DE POSTE, mais il peut déléguer ce droit aux COMMANDANTS des DIVISIONS TERRITORIALES. — Il décide seul des cas de SUBSTITUTION de DENRÉES DE DISTRIBUTION. — Il lui est loisible de reconnaître si elles sont régulières, et de faire solder, en cas de PERTE DE MATÉRIEL EN CAMPAGNE, certaines INDEMNITÉS, etc. — L'ORDONNANCE DE 1825 (19 MARS) l'autorisait à ordonner des RETENUES sur solde ou deniers, s'il y avait lieu à OPPOSITION. — N° 9. DROITS relatifs à l'ADMINISTRATION des CORPS. — Le Ministre règle la nature et la proportion des ABONNEMENTS ADMINISTRATIFS, les TARIFS D'HABILLEMENT, D'ÉQUIPEMENT, DE SOLDE, etc., les prix de CONFECTION; il transmet aux CORPS les MODÈLES D'EFFETS DE PETIT ÉQUIPEMENT, etc. — Il est le grand examinateur des DÉCOMPTES DE LIQUIDATION et de tous les COMPTES des ACHATS effectués par les CONSEILS D'ADMINISTRATION. — Il prononce à l'égard des déclarations D'AVARIES D'EFFETS EN MAGASIN, et des cas de force majeure qui peuvent abréger la DURÉE LÉGALE des EFFETS D'UNIFORME. — Il ne fait délivrer qu'en vertu de DEMANDES en forme l'ARMEMENT des HOMMES DE TROUPE. — Il autorise, s'il y a lieu, les REMISES D'ARMES EXCÉDANTES que les CORPS demandent à déposer aux arsenaux; il adresse aux corps les échantillons des draps et étoffes comman-dés aux fabriques, et en acquitte les man-dats après fournitures admises et constatées. — Il charge les colonels d'effectuer la res-titution des insignes ou décorations d'ordres nationaux que portaient des militaires dé-cédés dans le corps. — Il se fait adresser par les conseils d'administration des corps, les états des hommes de troupe susceptibles de libération, les états des libérations effec-tuées, les listes des semestriers partants, les détails relatifs aux décès, les signalements des enrolés volontaires ou des militaires absous qui ne rejoignent pas, les états des enrolés renvoyés comme impropres au ser-vice, ceux des non rentrés, les déclarations de désertion ou de congés outre-passés, l'état mensuel des rayés, les procès-verbaux de réception d'étoffes. — Mensuellement il recueille tous les états de situation, les états de recrues, les situations d'officiers. — Deux fois par an il rassemble les états des effets de remplacement. — Il ne reçoit de réclamation administrative des conseils que par l'intermédiaire de l'intendance. — Il importerait au trésor que cette toute-puis-sance du Ministre, en fait d'administration du matériel, fût restreinte en des limites réglementaires; car chaque chef de porte-feuille, par une tendance sans terme, semble s'évertuer à élever le taux des dépenses mili-taires; cette émulation, en vue d'un perfec-tionnement douteux et ruineux, cette pas-sion progressive et insurmontable pour l'élégance, la tenue, forceront tous les gou-vernements à une réduction des forces ar-mées; les leçons d'un inévitable appauvris-sement suppléeront à l'impuissance des conseils de la raison. — Il est une remarque curieuse à faire en fait d'administration. Plus le gouvernement a été absolu, plus les Ministres se sont imposé d'écono-mie; quand le gouvernement a été dissipa-teur, quelques-uns se sont montrés dilapi-dateurs; mais jamais les Ministres n'ont moins travaillé à épargner que depuis l'ins-titution du gouvernement représentatif. Ce que la comparaison a de fâcheux est tempéré par quelque compensation. Au temps de la monarchie pure, les épargnes faites sur l'homme de troupe tournaient au profit des hauts grades et de l'homme de cour; la par-cimonie était un moyen de gouvernement. Quand la corruption des Ministres gaspillait le trésor, l'exemple, on peut presque dire l'ordre, en était donné par le pouvoir ré-gnant; c'étaient les courtisans qui profitaient. Quand la restauration a amené les profu-sions ministérielles, elles ont bonifié le sort des hommes de troupe, presque autant qu'elles ont tourné à l'avantage des militai-res de haut rang; mais comme ces bouffées de générosité, au profit de la plébécule, ré-sultaient des caprices d'un dignitaire, non d'un système concerté, elles n'amélioraient en rien l'art et ont été peu profitables à l'ar-mée, considérée comme instrument de guerre. Les déclamations de tribune, souvent amères et rarement justes, ont tonné en vain; l'im-puissance ou l'impossibilité où étaient les accusateurs de descendre dans les détails des fautes reprochées et d'en signaler les remè-des, assuraient d'avance le bill d'indemnité. — No 10. Droits relatifs aux nominations, aux récompenses, à l'inspection, à l'instruction. — Le Ministre confère, avec l'autorisation du roi, les grades d'officiers, conformément aux règles que détermine la loi; mais la loi seule opère le retrait des emplois ou l'annu-lation des grades obtenus, et frappe de desti-tution les officiers. — Il approuve, s'il y a lieu, la nomination des capitaines appelés à être membres des conseils d'administration. — En cas de vacance au tour d'ancienneté dans la catégorie des sous-lieutenants, il désigne, sur le mémoire de proposition dressé par le colonel, le sujet à avancer, et le propose à la nomination du roi. — Il nomme les officiers de santé et les chirurgiens-majors, soit sur la présentation du con-seil de santé, soit sur celle du chef de bureau des hôpitaux. — Il prononce à l'é-gard des propositions d'admission à la re-traite, etc. — Suivant les temps, il s'est concerté avec le grand aumônier touchant la nomination des aumôniers. — Il choisit et commissionne les employés des services. — En diverses circonstances, il nomme ou a nommé les juges militaires qui devaient former certains tribunaux. — Il contre-signait les brevets de chevalier de Saint-Louis. — Il désigne et met en fonctions ceux des membres des conseils de recrute-ment ou de révision qui appartiennent à l'ordre militaire. — Il fait commencer ou cesser, suivant les besoins du service, l'état de disponibilité. — Il accorde, s'il y a lieu, sur la demande des inspecteurs généraux, les gratifications sollicitées par eux en faveur des sous-officiers d'école. — Il dé-termine les époques des inspections, désigne les inspecteurs généraux, leur donne ses instructions, et les fait aider dans la visite spéciale de l'armement par des officiers d'artillerie qu'il attache à ce genre d'exa-men. — Il ordonne la réunion des camps d'instruction. — Il prononce à l'égard des récompenses proposées. — No 11. Droits relatifs aux congés, ou permissions, etc.

Le Ministre ne laisse délivrer qu'avec son agrément, et en vertu de DEMANDES régulières, les CONGÉS ABSOLUS, — DE PASSE, — DE RENVOI, — LIMITÉS ; il peut accorder, avec solde entière, des CONGÉS DE CONVALESCENCE. — Il accorde, sur le vu des certificats de CONTRE-VISITE, les CONGÉS DE RÉFORME. — Il prononce à l'égard des DÉMISSIONS transmises dans les formes de la HIÉRARCHIE. — Il autorise seul les GOUVERNEURS DE PLACES à s'absenter de leur poste. — Il prononce à l'égard des CONGÉS DE SEMESTRE à accorder aux AUMONIERS, aux CAPITAINES DE RECRUTEMENT, aux MAJORS, aux LIEUTENANTS-COLONELS, aux COLONELS ; il autorise seul les ABSENCES des OFFICIERS ou des CHIRURGIENS DE CORPS, si les PERMISSIONNAIRES doivent sortir de la DIVISION où leur CORPS réside, ou s'absenter de leur GARNISON plus de huit jours ; il décide si les CONGÉS D'OFFICIERS sont avec ou sans SOLDE. — Sur le vu des CERTIFICATS voulus, et après avoir pris connaissance des DEMANDES revêtues de l'avis motivé du COLONEL, il donne ou refuse aux OFFICIERS DES CORPS et aux OFFICIERS DE SANTÉ les AUTORISATIONS DE MARIAGE qu'ils sollicitent. — N° 12. DROITS relatifs à la JUSTICE, aux PUNITIONS, aux PEINES. — Le Ministre de la guerre est, ou du moins devrait être le seul personnage de l'ARMÉE qui fût au-dessus de l'action du CODE PÉNAL MILITAIRE. — Il est informé directement, par les COMMANDANTS DE PLACE, des PUNITIONS d'une nature grave infligées à des OFFICIERS SUPÉRIEURS ; il est informé par les CONSEILS DE GUERRE des cas de COMPLICATION DE DÉLIT. — Il fait passer dans les PIONNIERS les hommes reconnus coupables de MUTILATION VOLONTAIRE ; il dirige les poursuites contre les RÉFRACTAIRES. — Il autorise la CASSATION des SOUS-OFFICIERS LÉGIONNAIRES qui ont encouru cette PEINE ; sans son consentement, cette CASSATION ne peut avoir lieu. — Il est informé des DÉGRADATIONS que subissent, en vertu de JUGEMENTS, des MEMBRES DE LA LÉGION D'HONNEUR. — Il ordonne des RETENUES sur les APPOINTEMENTS des OFFICIERS en cas de PLAINTES au sujet de BILLETS par eux souscrits pour DETTES et non acquittés. — Il fait passer, s'il y a lieu, d'un CORPS à un autre les SOUS-OFFICIERS CASSÉS. — Il dresse un rapport dans le cas où des COMMANDANTS DE PLACE seraient justiciables d'un CONSEIL DE GUERRE EXTRAORDINAIRE. — Il se fait remettre, aussitôt que possible, les JUGEMENTS rendus par les CONSEILS DES PLACES ASSIÉGÉES. — Il recueille et conserve les COPIES DE JUGEMENTS. Il se fait déférer, avant l'application de la PEINE DE MORT, les JUGEMENTS qui y donneraient lieu. — Du reste, l'autorité du Ministre ne va pas jusqu'à pouvoir mettre en JUGEMENT des MEMBRES du CORPS DE L'INTENDANCE ; l'ORDONNANCE DE 1819 (27 JUILLET) lui en dénie le droit, quoique, jusqu'à nos jours, les DESTITUTIONS D'OFFICIERS aient, à tort ou à raison, dépendu de lui, et quoique la LOI DE L'AN QUATRE (4 BRUMAIRE), non abrogée, lui eût conféré celui de punir le GÉNÉRAL EN CHEF qui manquerait à la DISCIPLINE. Telles étaient les incohérences de la LÉGISLATION française. — N° 13. AUTORITÉ, PRÉROGATIVES, RANG. — L'AUTORITÉ du MINISTRE DE LA GUERRE est un héritage, une fusion des pouvoirs militaires des anciens GRANDS FONCTIONNAIRES ; c'est un composé mieux réglé des DROITS exercés jadis par le CONNÉTABLE, les MARÉCHAUX, le CHANCELIER de l'ARMÉE, les primitifs LIEUTENANTS DE ROI, les GRANDS PRÉVOTS, les GOUVERNEURS DE PROVINCE, les INSPECTEURS GÉNÉRAUX, les COLONELS GÉNÉRAUX, voire même le GRAND AUMONIER. Le Ministre a absorbé la branche militaire des attributions de l'ancien CONTROLEUR GÉNÉRAL ; il jouit, par une cession volontaire et à terme, d'une partie de l'autorité royale ; mais il a eu, en certains temps, à vaincre les résistances des RÉGIMENTS DE PRINCES, les désobéissances des chefs de l'HOTEL DES INVALIDES, la disposition que les CORPS PRIVILÉGIÉS ont toujours eue à décliner l'AUTORITÉ qui s'interpose entre eux et le ROI. — La délégation que le Ministre exerce découle de deux sources, le DROIT gouvernemental, la LOI écrite. — A raison du COMMANDEMENT dont il est revêtu depuis un siècle environ, le Ministre est indispensablement tiré de la classe des MILITAIRES, tandis qu'il pouvait être financier ou homme de robe aussi longtemps qu'il n'a exercé qu'une AUTORITÉ administrative, et tant qu'il n'a eu qu'à demi les attributions qu'il a plus tard réunies en entier. — LOUVOIS, BARBEZIEUX, CANY, à l'imitation de RICHELIEU et de MAZARIN, se faisaient rendre par les troupes les mêmes HONNEURS que le ROI, non que la loi les y autorisât, comme le dit en termes formels GUIGNARD (1725, B), mais parce que la déférence des TROUPES allait au-devant de la vanité des Ministres. — BONAPARTE substitua la loi à l'usage ; il tempéra cette usurpation de RANGS ; seulement ses Ministres de la guerre prirent le pas sur les autres ministres ; quant aux HONNEURS MILITAIRES, le canon les salua de quelques coups de plus. — Maintenant le Ministre de la guerre assume l'AUTORITÉ que, en temps de paix, le CONNÉTABLE avait ou aurait dû avoir dans l'esprit des institutions du temps ; c'est un CONNÉTABLE l'épée dans le fourreau ; mais il y a cette différence que les inspirations du bon plaisir décidaient seules de l'ADMINISTRAtion du connétable, tandis que nos institutions, quoique susceptibles encore d'être améliorées, tracent pourtant à l'administrateur quelques règles. — Il faut donc examiner, à part du pouvoir qui ordonne, le fonctionnaire qui administre. — Sous les ordres immédiats du prince, dont il est le représentant en uniforme, le Ministre de la guerre est le chef immédiat de la famille des soldats et l'intermédiaire entre le roi et les généraux comme ceux-ci le sont entre lui et les officiers. Il transmet à qui de droit les portions d'autorité dont la délégation lui est permise : *Le commandement*, dit Odier (1818, E), *passe sur sa tête sans s'y arrêter*, ce qui, dans l'esprit de l'écrivain, veut dire en termes plus clairs, qu'il est en dehors de la hiérarchie de l'armée. Et en effet, il n'est dit nulle part qu'il soit passible de peines de discipline, quoique, à la rigueur, il en eût pu être ainsi. — A titre de chef, il est représenté sur les points divers du royaume par des subdélégués à qui il intime les ordres du monarque. Il marche en tête des grands officiers. — La mesure du commandement déféré au Ministre est une question qui n'a jamais été résolue complétement par la loi : si le commandement d'un général d'armée est ordinairement et doit être, comme le dit Odier (1818, E), dictatorial en temps de guerre, dans quelles limites renfermer le commandement du grand fonctionnaire qui, en vertu de la loi de l'an quatre (4 brumaire), peut punir de peines de discipline le général en chef? Mais le développement de cette question appartient au chapitre des fonctions. — N° 14. Fonctions. — Guibert (1806, G) a dit : *Bien ordonner et bien choisir est tout le talent d'un Ministre.* — Cet écrivain se retranchait ainsi dans une commode et banale généralité; mais il est vrai que le talent ou la fonction des Ministres, ce qui est ici même chose, est difficile à dépeindre : rien n'avait été esquissé encore sur ce sujet, à l'exception des lourds aperçus de Guignard (1725, B). — Avant que Michel Letellier descendît dans quelques détails administratifs, le savoir-faire et l'emploi des Ministres se bornaient à peu près à expédier les lettres patentes des généraux et des officiers, à minuter les traités relatifs aux levées d'hommes, à dresser, tant bien que mal, des relevés sommaires des forces, à ordonner les monstres, ou revues, quand ils ne s'en reposaient pas à cet égard sur les maréchaux de France, ou sur les conducteurs des gens de guerre. — Le peu que chaque Ministre a ajouté, depuis Letellier jusqu'à Dargenson, à la science des armes,

aux combinaisons de la stratégie, à l'art du ministre, est indiqué aux détails nominalement donnés sur chacun des chefs de ce département. — Jusqu'au ministère de Choiseul, les fonctions n'ont été qu'administratives; le Ministre n'eût pas pris de décision emportant commandement; on ne disait pas le Ministre ordonne, on disait la cour ordonne; on ne disait pas être bien noté dans les bureaux, on disait être bien en cour. — La correspondance avait lieu entre le Ministre et les intendants de provinces, quant à l'ordinaire des guerres; mais ces intendants correspondaient directement avec le controleur général, quant à l'extraordinaire des guerres. Les généraux écrivaient directement en cour. — L'organisation de l'armée, les mouvements de troupes, les confections des ordonnances étaient censés ne ressortir qu'au monarque même; si le ministère s'en occupait, c'était de tolérance. De ce vague dans les moyens d'action résultaient, et l'indépendance que l'hotel des Invalides avait su conserver, et le peu de relief des aumoniers ainsi que des chirurgiens de corps, et les prérogatives entravantes des gardes et de la maison, qui prétendaient ne relever que du souverain, et s'obstinaient à confectionner eux-mêmes, sauf sa sanction toute nominale, leurs lois propres dont ils étaient en réalité les rédacteurs. Cet abus s'est reproduit même sous Bonaparte. — Depuis l'éveil donné par la Prusse, depuis les expériences fâcheuses de la guerre de 1756, la cour, c'est-à-dire le cabinet particulier du roi, était chaque jour plus incapable de se tenir au niveau de la science; le trône laissait échapper la législature militaire dont le ministère héritait de nécessité. — Mais il résulta du nouvel état de choses un conflit entre le ministère et la cour, c'est-à-dire entre le pouvoir répartiteur des grâces et les courtisans ou la famille du prince; ceux-ci voulaient bien un ministre qui eût du pouvoir, mais pourvu qu'avec lui et ses sous-ordres les favoris pussent tout faire. C'est une prétention vieille comme les couronnes. Les personnages qui avoisinaient le trône de France ne pardonnaient pas à ceux qu'on appelait des faiseurs, c'est-à-dire aux Ministres qui l'étaient réellement. Dargenson, le plus méritant entre tous les Ministres, est exilé à Tours; Choiseul, tout habile fonctionnaire, tout délié courtisan qu'il fût, est renversé par une intrigue de boudoir; le vertueux Dumuy est décrié par les courtisans; Saint-Germain, animé d'intentions droites, succombe sous le haro de l'Œil de bœuf; le conseil de la guerre, qui a fait immensément, est foudroyé de l'artillerie des chansons, et GUIBERT, quasi-Ministre, GUIBERT le premier de nos écrivains, était poursuivi de toutes les haines qui ouvrirent et entourèrent son tombeau. — A côté du mérite de quelques Ministres ont été les abus reprochables à tant d'autres; cependant les censures dont ils ont été l'objet n'ont pas été toujours équitables, BOHAN (1784, H), LESSAC (1783, A), AUDOUIN, ont quelquefois été trop loin. — On lit dans GUIBERT (1773, E) : *Les bureaux sont ennemis-nés de tout système qui tend à remettre l'administration des détails militaires entre les mains du militaire.* — Il y a, dans cette assertion, de l'injustice et une erreur en histoire : le MINISTÈRE a été impuissant et trompé tant qu'il s'est reposé sur les CORPS du libre accomplissement des détails ; il n'a acquis de l'importance, de la capacité, que quand il s'est fait le centre des détails, et qu'il a donné de l'unité aux habitudes jusque-là capricieuses et disparates des CORPS. —Suivant LESSAC (1783), *la législation et l'administration militaire forment un fardeau dont la pesanteur a accablé tous ceux qui ont osé s'en charger* — *Un Ministre de la guerre ne saurait en même temps conduire avec succès la branche immense d'exécution et faire les lois.* — *Cette surcharge exigeait, elle seule, l'établissement d'un tribunal de législation que réclament tant de puissants motifs.* — Cette opinion était l'écho des propositions faites par les AUTEURS nombreux et estimés dont les noms sont indiqués aux articles : ACADÉMIE et CONSEIL DE LA GUERRE. Des tentatives infructueuses ont témoigné combien était facile le blâme et difficile le remède. —Le CONSEIL DE LA GUERRE DE 1787 en fut une preuve. — L'ADMINISTRATION de la GUERRE, instituée par BONAPARTE pour alléger un fardeau trop pesant, était la source de fâcheuses collisions. — Un essai renouvelé en 1828 modifiait les fonctions du Ministre. L'ORDONNANCE DU 4 JANVIER et celle DU 17 qui en était interprétative, réservaient au dauphin la présentation aux GRADES et EMPLOIS dans l'ARMÉE, et chargeaient seulement le Ministre de vérifier la légitimité des droits à l'AVANCEMENT ; mais cet aréopage, ce conseil supérieur de la guerre composé de personnages plus puissants que le Ministre, le subjuguait au lieu de l'aider, et dominait, tiraillait le prince, au lieu d'en être dirigé. Le but était encore manqué. — Nulle part, si ce n'est en France, dit le *Spectateur militaire* (t. XIV, p. 497), le ministre n'est, à la fois, *législateur, administrateur, généralissime.* — Le Ministre doit-il demeurer, demeurera-t-il législateur unique et suprême? un CONSEIL à demeure sera-t-il investi de ce genre de fonctions, ou du moins discutera-t-il les projets qui concernent la LÉGISLATION? C'est une question difficile. Supposons la négative, ce FONCTIONNAIRE sera seulement, à la manière anglaise, un haut administrateur militaire responsable. Supposons l'affirmative, le Ministre sera responsable de nom, irresponsable de fait, puisqu'il lui suffira de se renfermer dans la légalité des ORDONNANCES qu'il aura dépendu de lui de créer ; il sera son CONTROLEUR réel où se constituera son propre contrôleur; car, tout l'examen des chambres à l'égard du matériel consommé, n'est qu'une vaine enquête ; si annuellement le corps législatif ne passe pas avec le Ministre un marché qui fixe l'HOMME MOYEN, le cheval moyen, le canon moyen, le Ministre restera le maître des dépenses du département; car à titre de promoteur de la LÉGISLATION, et d'ajusteur des lois à l'aide des ordonnances, il changera les tarifs, les devis, les uniformes, les armes, les constructions, sans prendre même la peine de démontrer l'utilité des dépenses, qu'à titre d'ordonnateur il allouera en d'autres termes; et tout cela adviendra sans peut-être que le Ministre signataire s'en doute. — L'incarnation de l'ADMINISTRATEUR et du GÉNÉRAL législateur étant jusqu'ici un fait accompli, que l'avenir seul modifiera, il y a à distinguer le régime de la volonté et le régime de la loi. — De la première espèce est le haut COMMANDEMENT dont le Ministre ne doit compte qu'au roi. Ce COMMANDEMENT embrasse la défense de l'Etat par les FORTERESSES et par les TRAVAUX de FORTIFICATION, les relations avec les AUTORITÉS MILITAIRES, la COMPOSITION et l'ORGANISATION des CORPS, leur POLICE, leur DISCIPLINE, leur SERVICE, la direction des ÉCOLES MILITAIRES, l'établissement et la marche de la JUSTICE, les interprétations dont ses ACTES ou ses règles peuvent être l'objet, les LEVÉES DE TROUPES, leurs MOUVEMENTS, leurs RASSEMBLEMENTS en CORPS D'ARMÉE, la conception des PLANS DE GUERRE, l'exécution des mesures adoptées par le cabinet, la confection des projets de LOIS, des ORDONNANCES royales qu'il contresigne, des RÈGLEMENTS qu'il a droit de signer, *proprio motu*, comme analogues aux DÉCISIONS, CIRCULAIRES, INSTRUCTIONS et interprétations, la promulgation des documents de la LOI dont il est le dépositaire, l'expédition des ORDRES du monarque, les PERMISSIONS à accorder, les RÉCOMPENSES à décerner, les GRATIFICATIONS à distribuer, l'examen des demandes d'AVANCEMENT, l'initiative des PROPOSITIONS aux PROMOTIONS, les INSPECTIONS à régler, l'INSTRUCTION à formuler et à répandre. — Sous le régime de la loi, le Ministre de la guerre est l'administrateur principal de l'armée, il exerce le controle général des consommations ; il se fait représenter, à ce titre, par les membres de l'intendance, et les charge d'exécuter, sous son attache ou sa sanction, ce que les règlements prescrivent. Il tient l'état-civil de l'armée ; il est l'autorité centrale du ministère public près les tribunaux de judicature militaire. — Il délègue comme ses fondés de pouvoir près des troupes les inspecteur généraux, s'éclaire de leurs opinions et conserve, comme renseignement, les résumés des travaux de leurs tournées. — Il correspond, en certains cas, directement avec les colonels et les officiers d'état-civil ; mais, plus ordinairement, sa correspondance administrative a lieu avec eux par le canal des membres de l'intendance, et sa correspondance gouvernementale, par l'intermédiaire des généraux sous les ordres desquels sont les corps, ou de l'inspecteur général chargé de leur surveillance. — Il correspond directement avec les capitaines de recrutement. — Il délivre et recueille les livrets de payements des officiers sans troupe. — Il reçoit tous les mois, des présidents de conseils judiciaires, le relevé numérique et nominatif des jugements intervenus. — Il reçoit des comptables des hopitaux, dans les premiers jours de chaque mois, un état des malades. — Il reçoit, dans les trois premiers jours de chaque mois, l'état de situation des magasins et les mutations d'officiers. — Il reçoit trimestriellement des chefs de corps, l'état de situation des écoles régimentaires. — Il reçoit trimestriellement le compte numérique des remplaçants. — Il reçoit, le 1er et le 15 de chaque mois, les rapports directs des généraux de divisions actives non réunies en corps d'armée. — Conformément à l'instruction de 1851 (20 septembre), il correspond directement avec les lieutenants généraux commandants de division, relativement au personnel des officiers et aux objets de police et de discipline. — Il prend, aux époques voulues, les mesures que nécessite l'emploi des eaux minérales. — Il administre l'ordre de Saint-Louis. — Il donne des audiences périodiques ou extraordinaires. C'est un tribut qu'au préjudice des affaires et de son temps il paye aux usages de France ; mais en Autriche, en Prusse, on ne connaissait pas d'audiences de ministres ; tout s'y décidait sur les rapports des supérieurs ; l'influence des femmes, l'obsession des intrigues, la puissance des coteries en étaient d'autant affaiblies. — N° 15. Instruction. — Comment les Ministres auraient-ils le talent que leur position exige, puisque l'art militaire se débrouille à peine, qu'il est dépourvu de bases, qu'il lui manque une langue, des dictionnaires et des classiques ? Le temps qu'il faudrait mettre à suivre une route se perd à la chercher ou à la demander. — Un art du ministre, une dialectique militaire, un rudiment d'administration transcendante, n'ont donc pu jusqu'ici prendre racine ; aucune tradition ne survivait intacte ; la vie ministérielle s'usait en essais ; les écrivains blâmaient la marche tenue plus qu'ils n'éclairaient la route à suivre ; les Ministres nouveaux n'arrivaient au timon des affaires que pour donner à la machine un jeu différent, et la profession des armes était une continuelle énigme. La seule barrière à ces abus eût été une constitution militaire, problème que tentèrent vainement de résoudre le régent aidé de Villars et de Puységur ; il en fut de même sous Choiseul, secondé par les capacités de l'époque ; même impuissance sous Saint-Germain aidé de Guibert, et le conseil de la guerre de 1787, composé des plus savants militaires du temps, ne fut pas plus heureux. — Qu'après une guerre longue, vive, glorieuse, un souverain habile et puissant choisisse pour Ministre le guerrier qui aura mérité par ses efforts et sa capacité ce poste important, le point de perfection sera atteint, pourvu que l'armée ait un code et le Ministre une règle, un itinéraire. Cette règle serait de penser et d'agir plus que d'écrire ; car les chefs du département de la guerre ont tant abusé de la loquacité de la législation, que le plus habile sera celui qui, dans un temps donné, fera le moins figurer son nom dans le *Bulletin des lois* et dans le *Journal militaire*. C'est sur cinq ou six règlements que l'armée de Frédéric deux a vécu soixante ans ; on n'en saurait dire autant de celle de Napoléon, où la surabondance des lois avait amené le système non moins vicieux des ordres du jour. — La France a eu beaucoup de grands généraux, même quand l'art était à peine dégrossi, parce qu'avec du génie, du bonheur et de la bravoure, un guerrier peut arriver à la célébrité et justifier sa réputation, s'il sait tirer de l'art, tel qu'il est, tout le parti possible ; mais le génie et le bonheur ne font pas seuls un grand Ministre : il faut du savoir positif, des mains pures, des études préparatoires, profondes et variées, une influence acquise par une réputation non contestée, le discernement qui estime ce que l'art militaire a été, ce qu'il est dans le pays par rapport à celui des Etats voisins, ce qu'il est susceptible de devenir chez les différents peuples. — Un grand Ministre serait à lafois un GÉNÉRAL habile, un homme d'Etat profond, un ADMINISTRATEUR à grandes vues, un citoyen voué au culte de la loi ; il aurait assez de capacité pour régler seul les relations des ARMES entre elles ; il aurait assez de nerf et de sagesse pour tempérer ou faire taire leurs collisions ; il ne s'entourerait que de praticiens éclairés qu'il serait capable de départager en cas de dissentiment ; il fonderait une JURISPRUDENCE, une ACADÉMIE MILITAIRE et une LANGUE des armes, créerait un bureau de TACTIQUE, instituerait une ÉCOLE DE BRIGADE et DE DIVISION, donnerait à l'INFANTERIE et à la CAVALERIE des CHAMPS DE MANŒUVRES, à l'ARTILLERIE une tactique définitive, ferait étudier tous les problèmes de balistique, le tir en brèche, le CHEMINEMENT respectif des ARMES diverses, réglerait le train des CHARGES OFFENSIVES qu'elles exécutent, proportionnerait la mesure des CHARGES PORTATIVES qui constituent leur BAGAGE. — Il favoriserait le développement des études de la MÉDECINE MILITAIRE et de la GYMNASTIQUE. — Il tirerait un plus utile parti de l'HÔTEL DES INVALIDES. — Si la MILICE ANGLAISE, inférieure à la nôtre en quelques parties, l'emporte en plusieurs autres, elle le doit au duc d'YORK qui en a été comme le colonel Ministre : il s'est entouré d'hommes spéciaux ; pour lui un fauteuil de bureau ne remplaçait pas le cheval de grande revue, et le terrain d'inspection n'était pas circonscrit dans une salle d'audience ; aussi l'ARMÉE ANGLAISE a plus gagné, de 1803 à 1814, que ne l'a fait depuis SAINT-GERMAIN l'ARMÉE FRANÇAISE ; jamais, au contraire, Ministre français ne s'est occupé de l'ARMÉE comme un colonel zélé et soigneux s'occuperait de son régiment ; à peine quelques-uns ont-ils visité des CAMPS D'INSTRUCTION et quelques PLACES DE GUERRE ; depuis qu'ils ont été investis du COMMANDEMENT, il n'y en a presque aucun qui n'ait continué à se considérer comme étant, avant tout, un surintendant d'ADMINISTRATION, et il n'y en a point encore, SAINT-GERMAIN excepté, qui ait travaillé personnellement à faire faire des progrès à la TACTIQUE et à la CASTRAMÉTATION. Le Ministre le plus savant serait celui qui obtiendrait de chaque spécialité militaire une réponse à la question : *Qu'y a-t-il en votre partie qu'il faudrait que l'on sût et que l'on ignore ?* — N° 16. RESPONSABILITÉ. — Dans le siècle passé, le mot responsabilité n'existait pas ; le progrès c'est que le mot existe. — LESSAC (1785, A) disait : *Le cri public est en France le châtiment des Ministres les plus coupables ; car, loin d'être punis par le gouvernement, leur retraite est accompagnée d'une pension énorme.*

L'ensemble de ces pensions forme à la longue une somme qui fait passer une partie des revenus de l'Etat dans les mains de ceux qui ont fait souvent son malheur et son opprobre. — Dans une cour, théâtre de révolutions perpétuelles, la grande affaire d'un Ministre est de se maintenir en place ; voilà la cause de cette impunité qui perd tout. Celui qui voudrait sévir contre un coupable d'un rang distingué aurait à combattre, non-seulement la cabale à laquelle serait liée la famille de ce coupable, mais encore la foule des courtisans qui cherchent à établir une tolérance dont ils ont besoin pour eux-mêmes. — Il y a maintenant dans le MINISTÈRE DE LA GUERRE de France deux personnages responsables, l'un envers le ROI comme commandant des TROUPES, l'autre envers le cabinet et la législature, comme mandataire et interprète de la LOI et comme chef d'ADMINISTRATION. — En certaines circonstances, la responsabilité des GÉNÉRAUX commandants participe de cette double nature, ou du moins il en devrait être ainsi ; tel est le cas où, livrés à eux-mêmes, ils ont le maniement des FORCES agissantes et de l'ADMINISTRATION de l'ARMÉE, quelquefois même du pays ; telle eût dû être la responsabilité de BONAPARTE en ÉGYPTE, de LECLERC à SAINT-DOMINGUE, de JUNOT à Lisbonne. — En ne considérant la responsabilité du Ministre qu'à titre de chef d'ADMINISTRATION, ce FONCTIONNAIRE pourrait être recherché dans deux cas de forfaiture, savoir : l'illégalité de l'initiative ou l'inexécution de la LOI. Sa responsabilité est donc différente et double de celle du CORPS de l'INTENDANCE, à laquelle des ÉCRIVAINS l'ont inexactement comparée. — Tant que rien de fondamental ne sera statué à l'égard du MATÉRIEL des REMONTES, de l'UNIFORME, il conviendrait que la responsabilité, sous le rapport financier, portât, non uniquement sur la légalité de la DÉPENSE, puisque cette dépense peut être la conséquence juste d'un principe faux et arbitrairement fondé, mais sur l'utilité de la mesure, l'opportunité et la pureté des PAYEMENTS. L'enquête, si elle n'est ainsi dirigée, restera illusoire, comme le sont les examens admirablement arithmétiques de la cour des comptes, et les vociférations de la tribune en fatigueront en vain les échos. — Démontrons cette proposition par une parabole. — Si un riche particulier s'assure que son intendant a réellement soldé tous les fournisseurs, il n'a fait que de la COMPTABILITÉ ; mais il eût fait de l'ADMINISTRATION en se pénétrant que les objets fournis étaient d'une utilité évidente, et que l'ordonnancement a été désintéressé. Le système routinier de vérification qu'il a suivi pourrait, tout correct qu'il soit, compromettre sa fortune, puisque la dépense a pu outre-passer le nécessaire, et même le raisonnable; c'est ce que l'esprit d'ADMINISTRATION eût constaté. — La nation est le riche particulier; la chambre des députés régle en gros les intérêts financiers, au nom de ses commettants, avec le Ministre qui est en cela dans la position d'un intendant de grande maison; la cour des comptes s'assure en détail qu'il n'y a rien de soldé au delà de la dépense faite; mais le Ministre de la guerre, qui a décidé du quantum des achats, de la quantité et du genre des fournitures, de tous les changements qu'il a jugé utiles, a-t-il agi avec économie et mesure? La DÉPENSE sera parfaite dans la position des chiffres; elle pourra être absurde moralement. On n'a pourtant pas encore inventé d'autres systèmes de reddition de comptes, d'autre manière de scruter les MARCHÉS, de savoir si tels frais étaient inévitables, si tels autres ne sont pas de capricieuses ou de futiles innovations. — La difficulté restait inextricable; les subventions, les grades ruineux et sans mesure de la MAISON DU ROI résistaient aux réformes des abus sans nombre; la plupart, en dépit même du ministère, étaient encouragés. Puisse-t-il en être autrement quand l'œil du lecteur parcourra nos réflexions! — Un Ministre de la guerre qui serait homme d'esprit, et tiendrait à ne pas compromettre sa responsabilité morale et sa réputation d'homme sage, devrait dire en entrant au ministère : Je n'abattrai rien que lentement; je ne veux pas que mon successeur ait le plaisir de bouleverser tout ce que j'aurai fait. Si mon règne est court, que mon remplaçant démolisse ensuite tout ce qu'il voudra ; ce sera avec mes prédécesseurs qu'il aura maille à partir. Nous attendons la venue d'un sage qui parlerait ainsi ; et s'il nous était donné de pétrir un Ministre qui assumerait les qualités de ses devanciers, leur capacité, leurs inclinations, nous le voudrions estimable comme LEBLANC, intelligent comme CHOISEUL, éclairé comme DARGENSON, zélé comme SAINT-GERMAIN, persuasif comme NARBONNE, administrateur comme PETIET, intègre comme CLARKE, droit comme DARU, sage comme DECAUX, laborieux comme SOULT.

Liste des secrétaires d'État et des Ministres de la guerre depuis l'institution du MINISTÈRE.

1588 (15 septembre). REVOL (Louis de). Il meurt le 24 septembre 1594.

1594 (30 septembre). VILLEROI (Nicolas de Neufville, seigneur de), SECRÉTAIRE D'ÉTAT SOUS CHARLES NEUF et HENRI TROIS. Dès le 25 octobre 1567, il est appelé à la secrétairerie par HENRI QUATRE. Il avait été le conseil de Catherine de Médicis, ce qui a induit quelques écrivains à faire remonter à 1567 l'existence du MINISTÈRE DE LA GUERRE.

1606 (4 mars). BRULART (Pierre, seigneur de Puysieux et de Sillery), nommé à la survivance de VILLEROI, exerce conjointement; peu après, est congédié par Marie de Médicis, en 1616 (9 août).

1616 (9 août). VILLARCEAUX (Mangot de) arrive au ministère en 1616, est nommé garde des sceaux le 25 novembre de la même année.

1616 (30 novembre). DUPLESSIS, devenu ensuite cardinal de Richelieu, mais alors évêque de Luçon, est renvoyé après l'assassinat du maréchal d'Ancre son protecteur.

1617 (1er mai). BRULART est rappelé, il est congédié en 1624 (février).

1624 (5 février). BEAUCLERC (Charles, sieur Dachères) était intendant des finances avant d'arriver au ministère ; il meurt le 15 février 1630.

1630 (11 décembre). SERVIEN (marquis de Sablé), SURINTENDANT DES FORTIFICATIONS, donne sa démission en février 1636, mais figure plus tard comme membre d'un conseil de LÉGISLATION MILITAIRE.

1636 (12 février). SUBLET DESNOYERS, SURINTENDANT DES FORTIFICATIONS, est pourvu du portefeuille, mais n'est en réalité que l'ordonnateur des dépenses: c'est Richelieu qui est Ministre. Sublet est remercié le 10 avril 1643. C'est lui-même, dit l'histoire, qui désigne son successeur.

1643 (13 avril). LETELLIER (Michel, seigneur de Chavelle et de Louvois), ancien INTENDANT de l'ARMÉE d'Italie en 1640, exerce le ministère, en vertu d'une commission, jusqu'en octobre 1645, et y joint le titre de SURINTENDANT DES FORTIFICATIONS. Il est le premier dont le MINISTÈRE mérite qu'on y arrête ses regards; il avait éprouvé combien l'ADMINISTRATION DE LA GUERRE est un ART difficile, un mécanisme compliqué; il en avait vu de ses yeux les affreux désordres; il essaya en 1651 d'y apporter remède, d'établir des principes fixes et une LÉGISLATION écrite. Avant lui, tout le travail se bornait à l'expédition des COMMISSIONS D'EMPLOI, à la passation des traités relatifs aux LEVÉES D'HOMMES, à l'enregistrement plus ou moins exact des EFFECTIFS, et à un ordonnancement souvent sans valeur, puisque rarement le CONTROLEUR GÉNÉRAL ou les administrateurs des finances étaient en mesure de faire honneur à la signature ordonnatrice. — Letellier, succédant à des Ministres sans expérience, se propose pour problème *d'avoir au meilleur marché le plus de soldats.* C'était une inspiration dont la confection d'un BUDGET devait un jour sortir. — Il n'autorisa plus de nominations, même des LIEUTENANTS, ENSEIGNES et CORNETTES, que celles octroyées par le ROI, ou prononcées par le Ministre. Ces brevets, jusque-là délivrés au gré des COLONELS GÉNÉRAUX ou des MESTRES DE CAMP, le furent depuis sur papier du Ministre, ce qui a perpétué, dans les usages du commerce, le nom de papier à la Tellière. — Il réduisit l'excessive dépense de l'INFANTERIE FRANCO-SUISSE, imprima à la machine militaire une impulsion toute nouvelle, donna aux fonctions des COMMISSAIRES DES GUERRES une utilité et une importance qu'elles n'avaient pas encore eues. Il créa le SERVICE DES VIVRES et des CHARROIS, comme le témoigne NODOT. *Plus que Sully, enchaîné aux détails,* dit M. le colonel CARRION (1824, A), *il porta dans l'administration une régularité plus minutieuse et plus rapide, un esprit plus raffiné de spéculation et de prévoyance.* — Le président Hénault, l'abbé de Saint-Pierre et AUDOUIN ont tracé son portrait. Il avait, suivant eux, plus de savoir-faire que de savoir, et était encore plus courtisan qu'habile homme ; mais ses actes parlent pour lui, puisque son administration embrasse et combine la forme des REVUES et des LEVÉES, les ÉTAPES, l'USTENSILE, la répression des violences des SOLDATS, les SUBSISTANCES, la POLICE, la SOLDE, l'AVANCEMENT, la HIÉRARCHIE, le SERVICE DES PLACES et les HONNEURS à rendre. Le pouvoir avait déjà eu en vue quelques-uns de ces objets ; la LÉGISLATION ne s'en était pas occupée avant le ministère de LETELLIER. — La DÉCLARATION DE 1651 (4 NOVEMBRE) et les ORDONNANCES DE 1655 (28 AVRIL), DE 1665 (25 JUILLET) ont été des promulgations importantes dont l'effet a été d'une longue durée. — Letellier se démet à la fin de 1665, et cède le portefeuille à son fils qui lui était adjoint depuis 1662 ; il a eu les talents d'un administrateur, nullement les qualités d'un homme d'Etat. La proscription des calvinistes a donné aux ennemis de la France quantité de chefs expérimentés et valeureux, tels que les Schomberg, les Galloway ; on ne peut que maudire la mémoire de leur persécuteur, quelque respect qu'on ait pour la magnifique oraison funèbre inspirée à Bossuet par le fanatique révocateur de l'édit de Nantes.

1665. Louvois (Letellier marquis de), fils du précédent, après avoir exercé conjointement avec son père depuis 1662 (24 juillet), et après avoir obtenu sa survivance en 1664, agit de son chef depuis 1665. — Nul Ministre n'a eu plus de célébrité ; des causes nombreuses y ont concouru ; tels furent la haute influence et le nom de son précurseur, l'éclat du règne dont le père et le fils ont reçu un reflet, le crédit que Louvois sut obtenir, et la longueur d'un ministère de vingt-neuf ans. L'histoire avoue qu'il a fait de grandes choses, mais elle ne peut l'absoudre de plus d'une faute en ADMINISTRATION et ne lui pardonnera pas les guerres inutiles et désastreuses qu'il a allumées dans son intérêt, et que Duclos lui a reprochées avec justice. — Le frondeur FEUQUIÈRES (1750, A) est sorti de son caractère pour préconiser Louvois comme habile, impénétrable, infatigable. Il possédait, il est vrai, l'art de faire les PRÉPARATIFS DE GUERRE avec mystère et diligence, d'assurer les LOGEMENTS, de régler et de combiner la MARCHE DES TROUPES. Il était laborieux et absolu, deux grandes conditions de succès ; il affectionnait la GUERRE DE SIÉGE, parce que c'est celle dont un Ministre tient dans sa main le ressort et qu'il peut diriger du fond de son cabinet. — GUIBERT (1773, E) dit que *ses adulateurs l'appelaient le général des généraux, parce qu'il assura des approvisionnements sur toutes les frontières...... Pour quelques succès passagers, auxquels contribuèrent pendant sa vie sa prépondérance de génie et sa supériorité à manier le nouveau système de guerre, sur les cabinets des autres puissances, il occasionna de grands maux, trompa Louis quatorze sur sa puissance réelle, introduisit un système de guerre désastreux, n'y gagna rien, et força seulement les autres princes à se liguer contre Louis quatorze et à ruiner leurs Etats comme lui.* — AUDOUIN regarde Louvois comme le créateur de l'ADMINISTRATION. SERVAN (1806) prétend que les perfectionnements qu'il y apporta, enfantèrent les succès de LOUIS QUATORZE. M. BALLYET (1817) est d'avis, au contraire, qu'il n'a avancé en rien cette SCIENCE ; nous avons donné quelques preuves des imperfections qui s'y perpétuèrent. — SERVAN (1806) dit qu'il était *dur et hautain comme son père, dissipé, libertin, mais spirituel.* — Ce reproche de hauteur rappelle que Louvois refusait aux ducs le titre de monseigneur qu'il exigea pour lui-même ; c'est de cette époque que cette qualification a été acquise aux Ministres jusqu'à l'instant où ils ont perdu le titre souvent dérisoire d'excellence. — DULAURE a dit : *Dur, inflexible, sanguinaire, zélé partisan des jésuites, il organisa l'armée, changea les vieux règlements, en fit de meilleurs.* — Tout dans cette assertion n'est pas exact ; ses règlements, qui n'étaient la plupart que de circonstance, ne lui ont pas survécu, à l'exception de celui DE 1665 (25 JUILLET), de ceux qui organisaient les miliciens, etc. — Son ministère n'a pas enfanté une seule idée en TACTIQUE, et avant d'avoir apporté quelque régularité dans le RECRUTEMENT par l'institution des MILICES PROVINCIALES, il ne RECRUTAIT l'ARMÉE qu'en faisant rechercher les hommes comme on traque des bêtes sauvages. — M. BALLYET (1817 , D, p. 117) a dit de lui : *Il manie avec habileté les instruments disposés par Richelieu ; mais, habile à s'en servir, il n'éprouve pas le besoin de les perfectionner. Si les abus sont comprimés, la source n'en est pas tarie ; les lacunes d'une organisation incomplète ne sont pas comblées..... On dirait qu'avare de son secret, il voulut l'emporter avec lui.* — Les ressources de Louvois étaient dans son génie plus que dans son savoir ; il menait les choses au jour la journée. Il a fait faire peu de progrès à l'ART DES ARMES, n'a récompensé ni encouragé aucun ÉCRIVAIN militaire, n'a pas su se donner de successeur, ne laissa que des souvenirs, non des principes. — Il improvisait habilement une ADMINISTRATION toute despotique et imagina d'assurer la SUBSISTANCE des armées par le système des MAGASINS ; mais sa manière était d'exécution plus que de théorie ; après lui et sans lui elle ne pouvait se soutenir, comme le témoigne SAINT-GERMAIN (1779). — Louvois a ruiné par ses victoires la FRANCE, en élevant un échafaudage que la GUERRE DE LA SUCCESSION a fait écrouler. — On a vanté les efforts qu'il fit pour introduire la DISCIPLINE dans l'ARMÉE ; mais alors ce terme n'avait pas le même sens que de nos jours, et l'ARMÉE de LOUIS n'était rien moins que disciplinée dans l'acception pure et actuelle du mot. — Il fit en 1665 d'infructueux efforts pour fonder un système de CASERNEMENT. — Il créa en 1668 les premières COMPAGNIES D'ARTILLERIE et de BOMBARDIERS que la FRANCE ait eues sur pied d'une manière permanente. C'est un de ses titres les plus méritoires ; mais jouissant de la charge de GRAND MAITRE DE L'ARTILLERIE, il agissait dans son propre intérêt. — Il institua en 1670 des académies de CADETS qui réussirent mal. — La répression des CRIMES, les ENROLEMENTS, les CONGÉS, l'ARMEMENT et l'ÉQUIPEMENT commencèrent à être l'objet de publications officielles. — Les premières règles sur l'AVANCEMENT lui sont dues, elles avaient pour objet de restreindre

les droits de la NOBLESSE, en les contrebalançant par l'importance des GRADES D'OFFICIERS ; mais ces règles étaient un mélange indigeste de dispositions fiscales, de droits d'ANCIENNETÉ établis sur l'ORDRE DE TABLEAU, et de NOMINATIONS de faveur. — Il rattacha aux rouages du MINISTÈRE les COMMISSAIRES DES GUERRES, jusque-là hommes des MARÉCHAUX ou INSPECTEURS des troupes plus qu'ADMINISTRATEURS, mais ne leur donna pas le relief que nécessitait la qualité de gens du ROI. Quand il voulait récompenser un de ses domestiques il le faisait commissaire. — Par des motifs personnels et sur des raisons frivoles, il poussa LOUIS QUATORZE à la GUERRE. On déplore la condition des hommes et l'on se dépite contre les historiens, quand on recherche à quoi tiennent le rang et la gloire. — Dans la GUERRE DE 1688, il s'empara par artifice de Strasbourg, il ordonna avec une froide barbarie la dévastation du PALATINAT ; en 1689, le second incendie de cette malheureuse contrée et le projet de la submersion de la HOLLANDE le dénoncent à l'inflexible postérité. — On lui attribue l'invention de l'HABILLEMENT D'UNIFORME, mais c'est à tort : de grandes vues ne présidaient pas à ce qu'il établit ; ce n'était qu'un bariolage. La fabrication des ARMES ne fit que d'insensibles progrès ; l'ARTILLERIE ne devina point un convenable système de CALIBRE ; le vieux schisme entre la PIQUE et le MOUSQUET se perpétua. L'ARMÉE s'habitua à un luxe extravagant ; LESSAC (1783) juge *Louis quatorze et Louvois inexcusables d'en avoir souffert l'introduction.* — Louvois essaya, mais sans résultat, d'introduire l'usage de la poudre nutritive. — Il avait voué une haine implacable à COLBERT, bien plus savant ADMINISTRATEUR que lui ; à Turenne, moins par jalousie de ses succès que de sa faveur auprès du roi ; aux grands GÉNÉRAUX, s'ils osaient aspirer au droit de CARTE BLANCHE et cesser de le reconnaître comme chef. TURENNE l'avait osé. VOLTAIRE dit que LOUVOIS s'était réjoui de sa mort : *il s'en était réjoui seul.* Saint-Simon attribue à ce système de prépotence de LOUVOIS les longs malheurs de la FRANCE. — LOUVOIS a construit l'HOTEL DES INVALIDES, monument édifié par le faste plus que par la philanthropie. — Son intolérance tournait au profit de l'ennemi ; le prince d'Orange s'enrichissait d'excellents régiments de TRANSFUGES français. Il avait réduit à la misère, au désespoir et à la fuite un million de sujets, et dans les dernières années de son MINISTÈRE il désolait de riches provinces par les DRAGONNADES. — GUIGNARD raconte (t. I, p. 187) que vers le temps où il écrivait, on venait de trouver, au *décès* d'une servante d'une hôtellerie de Metz, des lettres que lui écrivait de sa propre main Louvois, pour en obtenir des renseignements sur ce que disaient et faisaient les militaires qui s'arrêtaient à cette auberge. Il payait deux cents livres de rente cet espionnage. L'exploration par de pareilles voies, et partout, était son grand moyen de gouvernement. — Depuis son ministère, le titre de SURINTENDANT DES FORTIFICATIONS se fond dans celui de Ministre. — Un panégyrique étendu de Louvois se trouve dans la *Vie de Louis quatorze*, par Lagarde. — M. le colonel CARRION est un des plus modernes auteurs qui aient examiné militairement la conduite ministérielle de LOUVOIS. POTIER aussi (1779, X) fournit sur lui un long article.

1685 (5 décembre) ou plutôt 1691 (16 juillet), année de la mort de Louvois, BARBEZIEUX (Letellier, marquis de, fils de Louvois) obtient la survivance de son père : il entre en exercice en 1691, mais il ne fut pas Ministre en ce sens qu'il n'eut pas accès au conseil d'État. — DANGEAU rapporte que LOUIS QUATORZE disait à BARBEZIEUX en l'appelant au MINISTÈRE : *J'ai formé votre père, je vous formerai de même.* VOLTAIRE en citant ces paroles ajoute : *Mais sa confiance et ses lumières le trompèrent.* — BARBEZIEUX, bien moins investi de la confiance du roi que ne l'avait été son père, a laissé peu de traces de son passage ; l'ARMÉE n'a été qu'en déclinant pendant son MINISTÈRE. — Il meurt en 1701, (5 janvier).

1701 (8 janvier). CHAMILLART (Michel), *homme modéré et doux*, est nommé par l'influence de Mme de Maintenon, et parce que, dit VOLTAIRE (*siècle de Louis quatorze*), *il avait plu à Louis quatorze par la modestie de sa conduite lorsqu'il était chargé de Saint-Cyr*; il osait, ajoute le même ÉCRIVAIN, *se charger des deux fardeaux que Colbert et Louvois avaient à peine soutenus.* VOLTAIRE aurait pu ajouter qu'une des causes de l'élévation de Chamillart avait été sa grande habileté au billard. — Allié de LA FEUILLADE, il compromit l'intérêt de la FRANCE en donnant à ce GÉNÉRAL ignorant et présomptueux le COMMANDEMENT d'une ARMÉE. — Des appartements de la protectrice il décidait sur quel point on devait livrer bataille. — *Ni politique, ni guerrier, ni homme de finances, dans l'impuissance où il était de faire des arrangements par lui-même, il les recevait de plusieurs mains subalternes.* Tels sont les reproches que lui font VOLTAIRE et FEUQUIÈRES, et que Mme de Maintenon répétait dans ses lettres. — *Chamillart*, dit AUDOUIX, *réunissait à l'avantage de jouer avec le roi sans le*

fâcher, celui de parler à la veuve de Scarron sans lui donner de maux de nerfs. — Quoique LOUIS QUATORZE reconnût le peu de capacité de ce Ministre, il le maintint au timon de la GUERRE. Les dignités et les récompenses furent prodiguées, les RÉGIMENTS furent donnés aux enfants assez riches pour en devenir COLONELS; les CROIX DE SAINT-LOUIS se vendirent, la DISCIPLINE se perdit, la COMPOSITION s'altéra, la vénalité des COMMISSAIRES et la corruption des chefs de compagnie furent sans frein ; les MAGASINS ne furent plus approvisionnés, la qualité même des ARMES s'altéra; il ne se fit plus que des fautes, et la GUERRE DE LA SUCCESSION fut une suite de désastres. — CHAMILLART se démit des finances en 1708, les laissant dans un affreux désordre. Il renonça en 1709 au MINISTÈRE DE LA GUERRE, qui n'était pas dans un état plus prospère. — On lui doit le premier RÈGLEMENT publié sur l'EXERCICE de l'INFANTERIE en 1703, et une ORDONNANCE DE MARCHES DE 1707 qui a eu une durée de plus d'un siècle.

1707 (3 janvier) ou plutôt 1709. CONY (Chamillart de) obtient la survivance de son père et donne sa démission le 9 juin 1709. Il passe colonel dans un régiment d'infanterie.

1709 (17 juin). VOISIN (seigneur du Plessis), chancelier et secrétaire au département de la guerre. ADMINISTRATEUR habile, il fit ses efforts pour réparer les fautes de CHAMILLART, mais *ne put*, dit VOLTAIRE, *faire des plans de guerre plus heureux.* Il était dur et despotique. — On lui doit en 1710 une ORDONNANCE SUR L'ARMEMENT. Il se démet le 15 septembre 1715.

1715 (14 octobre). LA VRILLIÈRE (Philippeaux, marquis de) quitte le ministère en 1716, (4 février).

AUDOUIN, M. SICARD, le *Spectateur militaire* (1828, février) regardent la charge de Ministre comme supprimée de 1715 à 1718, parce que le maréchal de VILLARS, à titre de président du CONSEIL DE LA GUERRE, signa les lettres et expéditions particulières ; mais cette mesure fut une modification de la charge, une restriction d'autorité, non son abolition.

1716 (4 février). DARMENONVILLE (Fleurieu, marquis de). Une ORDONNANCE sur la composition de 1818 (6 avril) et une ORDONNANCE sur les marches, du 8 avril, sont publiées sous ce Ministre. — DARMENONVILLE quitte en 1718 (24 septembre).

1718 (24 septembre). LEBLANC, administrateur habile, éclairé, zélé, est mis à la Bastille comme dilapidateur, le 1er juillet 1723, sur une fausse accusation intentée par le cardinal Dubois. — LEBLANC a préparé par ses ordonnances la supériorité que l'ARTILLERIE FRANÇAISE a acquise ; il n'a laissé au ministère que d'honorables souvenirs, comme le témoignent AUDOUIN, M. le colonel CARRION, etc. Quoiqu'il ne fût pas militaire, il avait acquis des lumières sur la GUERRE et les ARMÉES dans l'exercice des fonctions d'intendant de Flandre ; il avait sondé les abus en fait de SOLDE ; il se faisait aider par BELLE-ISLE, alors maréchal de camp, et par les financiers Pâris ; aussi a-t-il fait plus comme Ministre de la guerre que tels autres qui appartenaient à la profession des armes. On lui doit les premiers documents législatifs un peu détaillés dont les HOPITAUX et la CHIRURGIE aient été l'objet.

1725 (4 juillet). BRETEUIL (Letonnelier, marquis de), ancien intendant de Limoges, avait eu l'occasion d'y rendre quelques services au cardinal Dubois ; le MINISTÈRE en fut la récompense. Il passait pour appliqué et instruit, mais laissa dans le désordre les affaires à son successeur. — Le premier CAMP D'INSTRUCTION a été formé sous son MINISTÈRE. Il se démit le 16 juin 1726.

1726 (19 juin). LEBLANC est rappelé ; d'importantes promulgations concernant la JUSTICE MILITAIRE, les GARNISONS, les MARCHES-ROUTES, les CADETS, appartiennent à son MINISTÈRE ; le CAMP D'INSTRUCTION de Richemond est rassemblé par ses ordres. La FRANCE lui doit la belle ARMÉE qui figure dans la GUERRE DE 1733. — Il meurt en 1728 (19 mai), emportant la réputation d'un des meilleurs Ministres.

1728 (22 mai). DANGERVILLERS (Bauyn), Ministre laborieux, a conduit avec habileté la GUERRE DE 1733. — L'ARMÉE FRANÇAISE lui doit une ordonnance de CONSTITUTION, des mesures répressives contre les DETTES, contre les CONCORDATS, et des règles de CAMPEMENT ; ce furent les premières dispositions ministérielles de ce genre. Les ÉQUIPAGES, la JUSTICE, le SERVICE EN GARNISON, la POLICE des CAMPS, les HONNEURS FUNÈBRES, les CONGÉS, la SOLDE, ont été l'objet de ses travaux. C'est lui qui donne aux OFFICIERS l'UNIFORME. — Il meurt en 1740 (15 février).

1740 (20 février). BRETEUIL, malgré le peu de réputation que lui avait fait son premier MINISTÈRE, est nommé de nouveau. — Une ordonnance sur le SERVICE EN CAMPAGNE de 1741 (20 JUILLET) et un nouveau système de COMPOSITION sont les fruits de son rappel. — Il meurt en 1745 (7 janvier).

1745 (8 janvier). DARGENSON (Marc-Pierre Voyer de Paulmy, comte), second fils du garde des sceaux, sentit en arrivant au MINISTÈRE l'importance de sa mission. Il avait à remédier à tout : *erreurs en matière de guerre et de politique, empire des femmes, désordre des finances.* — Il se montra grand homme par la puissance de volonté qu'il déploya, et homme habile par les résultats qu'il obtint ; il travailla à alléger le fardeau du RECRUTEMENT, apporta de l'ordre dans les LEVÉES, de la fidélité dans les LIBÉRATIONS, donna de l'éclat à la MILICE par l'institution des GRENADIERS ROYAUX et des GRENADIERS DE FRANCE, tempéra les rigueurs de la GUERRE par le renvoi des PRISONNIERS SUR PAROLE, amena le clergé à des subventions militaires, prépara une ADMINISTRATION mieux entendue, en fit surveiller rigidement les règles par des INSPECTEURS GÉNÉRAUX, donna une plus habile direction aux APPROVISIONNEMENTS, perfectionna le SERVICE DES VIVRES et de l'HABILLEMENT, et prouva qu'il pouvait y avoir de la probité dans un ministère et de grandes idées militaires dans le cerveau d'un homme de robe. — Il donna à l'ARMÉE une CONSTITUTION, opposa des LÉGIONS et de l'ARTILLERIE D'INFANTERIE aux TROUPES LÉGÈRES de l'ennemi, et restreignit le luxe des OFFICIERS GÉNÉRAUX. Jusque-là un RÉGIMENT était un domaine, une COMPAGNIE était une ferme ; il prépara l'abolition de ce scandale, et fixa le prix du SOLDAT MOYEN comme premier élément de BUDGET. — Il érigea des CASERNES, institua à MÉZIÈRES une ÉCOLE DE GÉNIE ; à PARIS, l'ÉCOLE MILITAIRE ; anima l'étude de la TACTIQUE à l'instar des méthodes de Prusse, fit sortir du chaos l'EXERCICE D'INFANTERIE et quelques autres parties de l'ART, assit dans l'intérieur de la France des HOPITAUX MILITAIRES, et leur donna ce RÈGLEMENT DE 1747 (1er JANVIER), qui a servi de modèle à tous les règlements postérieurs sur ce sujet. Il centralisa le pouvoir ministériel, en lui subordonnant l'ARTILLERIE et le GÉNIE, corps toujours impatients du frein ; il amalgama ces ARMES pour en rendre plus sûre et plus égale l'instruction, et créa l'école de Mézières en 1748. — Quantité de conceptions d'un ordre moins élevé, mais d'une utilité incontestable, complétèrent ses plans ; il améliora l'espèce et la forme des MATELAS des TROUPES et le PAIN DE MUNITION ; il perfectionna les FOURS DE CAMPAGNE, régularisa les ABONNEMENTS AU THÉATRE, réprima les CONCORDATS, régla la série des COULEURS distinctives de l'HABIT BLANC, donna l'UNIFORME aux COMMISSAIRES DES GUERRES, augmenta les ÉMOLUMENTS des CHIRURGIENS-MAJORS, et fonda le système des MASSES pécuniaires. — Il fit renouveler, mais sans résultats, des essais à l'égard de la POUDRE NUTRITIVE. — On a reproché à DARGENSON la complication de quelques ordonnances, la difficulté de les modifier et de les appliquer à l'entrée des CAMPAGNES ou des QUARTIERS D'HIVER, et la profusion de solde accordée aux OFFICIERS SUISSES; mais ce qu'il fit d'important et d'utile fit oublier d'inévitables erreurs. — DARGENSON, qui sut lutter contre des adversaires puissants, resta désarmé contre une femme perdue qui lui avait proposé, sans succès, d'unir leur crédit et d'agir dans des vues communes; il fut renvoyé par une intrigue de boudoir. Mᵐᵉ de Pompadour, devenue son antagoniste, puisqu'elle ne pouvait l'avoir pour complice, le fit exiler, et le courage manqua à DARGENSON pour supporter ce malheur honorable: il eut la faiblesse d'être inconsolable de sa disgrâce. — Il se retira aux Ormes, près Tours, le 1ᵉʳ février 1757. — M. BALLYET le regarde comme un des Ministres dont la mémoire est en plus haute estime. *C'est celui de tous*, a dit VOLTAIRE (*Essai sur les mœurs*) *qui a fait le plus de bien aux troupes*. Il emporta, dit SERVAN (1806), l'estime et les regrets de l'ARMÉE dans son exil. M. le colonel CARRION (t. II, p. 56) l'a jugé légèrement en le comparant à ceux qui *n'introduisirent et ne réformèrent rien d'important*. — AUDOUIN a consacré un article étendu à ce mémorable MINISTÈRE.

1751 (8 octobre), ou plutôt 1757 (1ᵉʳ février). PAULMY (marquis de), neveu de Dargenson, lui est adjoint, mais n'exerce seul qu'en 1757 et donne sa démission en 1758 (25 février).

1758 (3 mars). BELLE-ISLE (Fouquet de …), maréchal de France et petit-fils du malheureux ministre Fouquet. — Elevé à l'école de LEBLANC, il était devenu son conseil et avait partagé les rigueurs de sa prison; il arrive au ministère avec la réputation d'un des plus habiles GÉNÉRAUX qui eussent figuré dans la GUERRE DE 1741, où il s'était surtout illustré par la surprise et la retraite de Prague; mais il passait pour avoir entraîné dans cette lutte injuste et impolitique la FRANCE; *il avait*, dit VOLTAIRE, *allumé une guerre universelle; il la regardait*, dit Duclos, *comme le moyen d'obtenir le bâton de maréchal de France*. — Il est à la tête de la série qu'on a désignée sous le titre de Ministres militaires. — Il est secondé dans son MINISTÈRE par Crémilles, qui lui est adjoint en 1758 (9 avril). — Belle-Isle, animé par des vues droites et cité pour sa capacité, avait été le rédacteur de toutes les ordonnances militaires publiées pendant le MINISTÈRE du cardinal de Fleury, depuis 1733 jusqu'au ministère de Breteuil. — VOLTAIRE (*Siècle de Louis quinze*) en fait un flatteur éloge: *Son corps pliait sous les efforts de son âme, on aimait en lui la politesse d'un*

courtisan aimable et la franchise apparente d'un soldat. — Il dédouble l'ARTILLERIE et le GÉNIE amalgamés par son prédécesseur. — Il promulgue une ordonnance répressive des surprises et des violences en fait de RECRUTEMENT. — L'ARMÉE lui doit de sages dispositions concernant les LEVÉES, les AMBULANCES, les CAMPS D'INSTRUCTION, la TACTIQUE, les CONCORDATS, l'AVANCEMENT; il le subordonne à un nombre déterminé d'ANNÉES DE GRADE. — Lui qui, à peine adolescent, avait été fait COLONEL, travailla surtout à réprimer l'abus des colonels à la bavette, comme on les appelait ironiquement alors. — Les GRANDES MANŒUVRES datent de son MINISTÈRE; le comte de GISORS, son fils, avait été envoyé par lui en Prusse pour les y étudier. — Il établit l'usage des ÉPAULETTES des OFFICIERS PARTICULIERS. — Il avait eu, dit AUDOUIN, *de nombreuses occasions de mûrir ses idées dans le tumulte des camps, l'éclat des cours, les travaux du cabinet, la solitude des prisons*. — *Sa sévère probité*, dit le même AUTEUR, *son désir d'améliorer le sort de l'armée, ses travaux dans les ministères de Leblanc et de Fleury, lui assurent des droits à la reconnaissance ……… Trop asservi à la Pompadour, ses torts dans les intrigues de cour ne nuisirent pas à l'armée*. — Quant à la direction des finances de son département, ses talents ou son pouvoir ne répondirent pas à ses vues militaires. — L'ENCYCLOPÉDIE (1785, C, supplément, p. 142) nous a transmis, à l'article *Colonel*, un mémoire en forme de conseils adressés par Belle-Isle au comte de Gisors qui venait d'être placé à la tête d'un régiment: c'est un modèle de raison et un ensemble de préceptes dictés par une profonde expérience. — Il existe une *Vie politique et militaire du maréchal de Belle-Isle*; DELIGNE (1805, A), censeur amer et tranchant, prétend *que l'écrivain est encore moins militaire que le héros*. — CHEVRIER a donné la vie et le testament politique de Belle-Isle, et le marquis Dargenson a tracé son portrait. — On trouve dans le livre d'ANDREU quelques détails à son sujet. — Il a été imprimé en allemand (Francfort, 1759) un recueil de lettres de Belle-Isle adressées au maréchal de Contades. — Perpétuellement obsédé par les courtisans, qui tous voulaient un régiment, Belle-Isle conserva cette préoccupation pendant la fièvre chaude de ses derniers instants: ses gens, songeant à son salut, réclamèrent les secours spirituels; le moribond, entendant quelque bruit, en demanda la cause; on lui répondit que c'était le bon

Dieu ; il comprit mal la réponse, et reprit : Dites que je sais pourquoi il vient, que je n'ai pas le temps de le recevoir, que je donnerai un régiment à son fils. — Belle-Isle mourut en 1761 (26 janvier).

1761 (27 janvier, ou, suivant Audouin, 16 janvier). CHOISEUL (Stainville, duc de) réunit le DÉPARTEMENT DE LA GUERRE à celui des affaires étrangères, qu'il occupait depuis 1758 (décembre). C'est un des Ministres sur le compte duquel les ÉCRIVAINS sont le moins d'accord ; homme de talent, d'esprit, de caractère, il avait des qualités brillantes, mais de l'inconséquence et de la légéreté ; *il donnait souvent*, dit GUIBERT (1806, G), *beaucoup au hasard :* il a fait de grandes choses, mais il eût pu faire plus ; en cela il est au-dessous de DARGENSON, qui, au milieu des résistances de toute nature, et dans l'état où était alors la science, a atteint l'apogée du possible. Celui-ci avait agi dans le silence du cabinet, suivant ses propres inspirations, tandis que CHOISEUL, grand seigneur, livré à la dissipation, plongé dans les intrigues de cour, pliant sous le faix de plusieurs portefeuilles, plus occupé de politique que d'intérêts militaires, s'en rapportait à des conseillers et à des sous-ordres qu'on appelait ses faiseurs ; son mérite consistait à les choisir judicieusement, à s'emparer avec sagacité de leurs conceptions et à en tirer un utile parti. Suivant l'opinion peut-être outrée du général FOY, Choiseul a été *le plus habile Ministre de France dans le dix-huitième siècle.* — CRÉMILLES lui fut adjoint au DÉPARTEMENT DE LA GUERRE en 1770 (30 janvier), avec des attributions qui comprenaient les INVALIDES, les CORPS SAVANTS, l'ÉCOLE MILITAIRE ; cette adjonction contraria vivement CHOISEUL. — Les uns ont accusé ce Ministre de profusion, les autres de lésinerie ; voici l'explication de ces jugements si opposés. CHOISEUL, habitué à la prodigalité, CHOISEUL, qui disait *qu'un gentilhomme doit être volé et avoir des dettes,* se montra trop accessible aux exigences des CORPS PRIVILÉGIÉS ; c'était sur les SOLDATS DE LIGNE qu'il exerçait les économies ; il était magnifique dans la distribution des RÉCOMPENSES au grand préjudice du TRÉSOR ; mais elles allaient au-devant du mérite. Les PENSIONS DE RETRAITE qu'il accordait lui étaient souvent arrachées par l'obsession des courtisans et l'empire des femmes ; mais il avait l'art et l'attention de distribuer des éloges à qui en était digne, monnaie si rare et qui coûte si peu ; enfin il avait établi un tel ordre, à ce qu'affirme WIMPFEN (1780, A, p. 195), que son MINISTÈRE dépensait quatre ou cinq millions de moins que ne coûta celui de ses successeurs. Il est vrai de dire qu'une réduction considérable de troupes avait eu lieu, ce qui rend moins méritoire le résultat. — SERVAN (1806, C) témoigne que peu avant la PAIX DE FONTAINEBLEAU, en 1762, il remit au taux de paix la SOLDE accordée aux TROUPES pendant la GUERRE DE 1756, et supprima, comme cela s'est toujours fait depuis, la fourniture de PAIN DE SUPPLÉMENT dont les TROUPES faisant campagne avaient joui. Il parvint plus tard à abaisser le prix de l'HOMME MOYEN. Ainsi il y avait deux personnages opposés dans CHOISEUL, le grand seigneur faisant sa cour, l'administrateur faisant son devoir. — Le projet de Choiseul fut de tenir habituellement sur pied dans le royaume trois ARMÉES, ayant en tout temps leur ÉTAT-MAJOR ; telle a été la pensée originaire des DIVISIONS MILITAIRES TERRITORIALES, dont le projet a été repris sous SAINT-GERMAIN. — Dans des vues analogues, Choiseul décidait qu'une partie de l'ARMÉE se réunirait annuellement au CAMP DE COMPIÈGNE ; les CAMPS D'INSTRUCTION de FRÉDÉRIC DEUX lui avaient suggéré cette sage résolution. — CHOISEUL compléta l'œuvre de DARGENSON, et promulgua une CONSTITUTION qui renfermait le germe des CONSEILS D'ADMINISTRATION ; les QUARTIERS-MAITRES sont institués comme chefs des FOURRIERS et comme administrateurs du logement ; les DÉCOMPTES DE LIQUIDATION deviennent une opération ministérielle. CHOISEUL met au compte de l'Etat les COMPAGNIES qui cessent d'être des propriétés particulières ; il donne par là une nouvelle face à l'ADMINISTRATION des CORPS ; il met un terme à la tyrannie des COLONELS et aux déprédations des CAPITAINES ; ceux-ci, qui géraient comme des fermiers militaires, sont réduits aux simples APPOINTEMENTS, et les MAJORS deviennent la cheville ouvrière de l'ADMINISTRATION. — La législation des PENSIONS DE RETRAITE succéde aux gaspillages du bon plaisir. — L'organisation des HOPITAUX est soumise à de nouveaux examens. — Les FOURNITURES de l'HABILLEMENT et la fabrication des FUSILS D'INFANTERIE commencent à être au compte du MINISTÈRE ; la confection de tous les EFFETS D'UNIFORME fut même sur le point d'être organisée à l'instar de ceux de l'ARMÉE AUTRICHIENNE ; les couleurs des VÊTEMENTS sont plus régulièrement déterminées ; des NUMÉROS distinguent les RÉGIMENTS jusque-là mal désignés par des noms de ville, de province ou de colonel. Un UNIFORME est donné, par un RÈGLEMENT, aux GÉNÉRAUX. — Choiseul est le second des Ministres qui ait senti l'importance des règles en fait de TACTIQUE. — Les ÉVOLU-

TIONS des trois ARMES et surtout l'EXERCICE de l'INFANTERIE DE BATAILLE prennent plus de régularité, et les GRANDES MANŒUVRES plus de hardiesse; les autres parties de l'ART font des progrès analogues. — L'ARMEMENT d'OFFICIER, le RECRUTEMENT, les REMONTES, la CAVALERIE se perfectionnent. — Les CONGÉS D'ANCIENNETÉ et ABSOLUS ne sont plus retardés ou refusés par la fraude ou par la force. — *Choiseul extirpa*, dit M. le colonel CARRION (1824, A), *les derniers restes des abus, et effaça les dernières traces des routines administratives. — La révolution de 1765*, dit BOHAN (1781), *excita le mouvement, produisit l'émulation. tira le militaire du sommeil léthargique où il était resté pendant la dernière paix; la cavalerie sortit de ses écuries, on fit manœuvrer les escadrons deux ou trois fois par semaine .....; les escadrons galopèrent enfin; c'était avoir beaucoup gagné.* — SAINT-GERMAIN (1779) témoigne, p. 265, que l'armée n'était pas reconnaissable, sous le rapport de l'instruction, au commencement et à la fin du MINISTÈRE de CHOISEUL. — Il n'est plus admis d'OFFICIERS enfants, l'AGE de leur ENROLEMENT licite est réglé plus raisonnablement. — La SOUS-LIEUTENANCE ne s'obtient qu'après un novicial de six mois exigé sous l'habit d'HOMMES DE TROUPE; c'était une immense victoire remportée sur les préjugés du temps. — Les règles relatives à l'AVANCEMENT fondé sur les principes d'un nombre réglé d'ANNÉES DE GRADE se développent. — Les TROUPES sont mieux tenues et les cadres plus complets. — Un PIED DE PAIX et un PIED DE GUERRE sont fixés et assurent une plus facile AUGMENTATION DE FORCE. — Des ADJUDANTS-lieutenants, porteurs d'une CANNE comme le MAJOR, sont attachés aux RÉGIMENTS SUISSES, et deviendront plus tard le type des ADJUDANTS-MAJORS. — La COMPOSITION et la DISCIPLINE s'améliorent, des SALLES DE POLICE sont établies, et les SOLDATS punis cessent d'être jetés dans les PRISONS et les CACHOTS des villes avec le rebut de la société. — Une refonte de la LÉGISLATION militaire est entreprise, un CODE MILITAIRE (1er MARS) est ébauché; l'ORDONNANCE DE 1768 (1er MARS) a réglé jusqu'à la fin de la restauration le SERVICE EN GARNISON. — La conquête de Corse illustrait un Ministre qui, suivant VOLTAIRE, avait habilement dirigé cette guerre. — CHOISEUL a fait beaucoup, parce qu'il a osé et voulu beaucoup, parce qu'il avait du crédit, de la puissance et de la sagacité, et que, dans un temps où l'administration de terre était dans l'enfance, il en éclairait la marche au moyen des lumières empruntées à la MARINE, dont le

ministère était également dans son ressort. Le mécanisme administratif reste pourtant empreint des imperfections de l'époque et contrarié par l'existence des CORPS PRIVILÉGIÉS; ainsi l'uniformité des principes, que CHOISEUL cherche à établir par l'ORDONNANCE DE 1762, se trouve contredite presque par l'ORDONNANCE DE 1764 (29 JUIN) qui lui est arrachée par la toute-puissance des chefs des GARDES FRANÇAISES. Les ordonnances avaient supprimé dans l'armée de ligne les PRÉVOTS, les ARCHERS, les EXÉCUTEURS, etc.; le RÉGIMENT des GARDES exige que, pour ne ressembler à aucun autre, CHOISEUL lui donne ou lui laisse des PRÉVOTS, des ARCHERS, un EXÉCUTEUR, des SERGENTS D'ARMES, des SERGENTS D'ORDRE, des CANONNIERS, des SOUS-TAMBOURS-MAJORS, un JUGE AUDITEUR. — De plus graves reproches peuvent être faits à Choiseul. Il ne comprit pas l'importance de l'INFANTERIE LÉGÈRE, parce que, dans la GUERRE DE SEPT ANS, celle de FRANCE ne s'était pas montrée à la hauteur de celle des autres puissances; et s'il maintint sur pied les VOLONTAIRES de SOUBISE et de Clermont, la légion royale, Conflans, Hainault, ce ne fut pas par un système de COMPOSITION rationnelle, mais par une déférence de courtisan pour les chefs puissants qui étaient à la tête de ces corps, ou qui leur donnaient leur nom. — En 1767 (14 décembre), Choiseul commit une inconséquence, une injustice; il expulsa du GÉNIE et de l'ARTILLERIE les OFFICIERS non nobles; les BUREAUX appelèrent cette élimination *l'expurgat*, comme on eût dit le *vomitif*. — Carré (1785, E) fut une des victimes de cette mesure, et son livre se ressent du mécontentement que *l'expurgé* en conserva. — Le coûteux entretien des CORPS ÉTRANGERS et les dilapidations du trésor au profit des favoris, obligèrent CHOISEUL à dresser des tarifs trop parcimonieux pour les CORPS FRANÇAIS; il ne parvint à tenir sur pied que cent soixante ou cent soixante-dix mille hommes à peine; par là, il mit la France hors d'état de s'opposer au partage de la Pologne et de tendre la main à Hyder-Aly. Des voisins plus habiles dans l'art d'entretenir à peu de frais de grosses ARMÉES, cessèrent de regarder la FRANCE comme un adversaire à craindre; elle ne pesa plus que faiblement dans la balance de l'EUROPE, et perdit une influence qu'elle ne ressaisit que dans la GUERRE D'AMÉRIQUE. — BOUILLÉ blâme avec amertume et passion tout son MINISTÈRE; *il changea*, dit-il, *la constitution* (de l'armée), *qui, toute extraordinaire qu'elle était, la rendait une des meilleures de l'Europe.* — Ce sont autant d'erreurs. CHOISEUL donne une CONS-

TITUTION à une ARMÉE dont toutes les institutions posaient à faux, et qui, sous le point
de vue militaire et administratif, était alors
bien inférieure à celle de PRUSSE et d'AUTRI-
CHE. — CHOISEUL est éloigné du ministère par
les intrigues de Mme Dubarry, et exilé le
24 décembre 1770.

1771 (4 janvier). MONTEYNARD (marquis
de..., lieutenant général) est placé au MI-
NISTÈRE par une sorte d'intérim ; le crédit
de Mme Dubarry l'y avait porté ; elle saisissait en cela, dit Audouin, *l'occasion d'être
agréable au prince de Condé.* — MONTEY-
NARD était, suivant SERVAN (1806), *probe,
mais médiocre* ; ses détracteurs ont répandu
cependant le bruit qu'il vendit ou laissa
vendre quinze cents BREVETS DE CAPITAINE, et
qu'il en avait fait une dot de cent mille
francs à sa fille ; si ce n'était pas vrai, du
moins il l'était que la profusion des GRADES
accordés par la favorite dépassa toute mesure. — MONTEYNARD était secondé par trois
DIRECTEURS GÉNÉRAUX , et le matériel de son
ministère était passé dans les attributions du
département des finances. — Il employait à
la rédaction des ordonnances DUMOURIEZ, qui
dans ses Mémoires le surnomme le vertueux
Monteynard. — Il signala son avénement au
ministère par l'offre de sa démission , si le
conseil adoptait la proposition émise par
l'abbé Terray pour la suppression des AP-
POINTEMENTS. — Il renonça au systéme de fabrication des EFFETS D'UNIFORME adopté par
CHOISEUL. — Il créa la PLAQUE DE VÉTÉRANCE
et les HAUTES PAYES ; il augmenta les BATAIL-
LONS DE MILICIENS ; il maintint le principe qui
soumettait l'AVANCEMENT aux conditions d'un
certain nombre d'ANNÉES DE GRADE. Il substitua
un droit raisonnable à un droit absurde , en
créant l'ANCIENNETÉ DE GRADE POUR COMMAN-
DEMENT. — Il se démet en 1774, 28 janvier,
ou, pour parler plus vrai, Mme Dubarry lui
fait retirer le portefeuille à l'instigation de
Condé, qui ne pardonne pas au Ministre de
n'avoir pas fait rétablir la charge de grand
maitre de l'artillerie.

1774 (28 janvier). DAIGUILLON (Duplessis
de Richelieu, duc de), petit-neveu du cardinal, joint aux affaires étrangères le MINISTÈRE
de la guerre ; il l'obtient à titre de favori de
la favorite et des jésuites, dit AUDOUIN ; cet
ÉCRIVAIN du reste s'est fait son panégyriste.
— On a dépeint Daiguillon comme travailleur et économe; mais SERVAN (1806, C) et
M. le colonel CARRION (1824, A) attestent
qu'il augmenta les dépenses de l'ADMINISTRA-
TION et la dette de l'Etat, qu'il multiplia
abusivement les GRADES , qu'il prodigua les
COMMISSIONS DE CAPITAINE et les BREVETS DE
COLONEL pour se faire des créatures. — Sous

son MINISTÈRE, dit M. ROCQUANCOURT, l'ARMÉE
FRANÇAISE *coûtait le double de l'armée impériale , le triplé de l'armée prussienne ;
sa gestion ne fut pas moins préjudiciable
au trésor qu'à l'esprit militaire.* — Il se
démit le 8 juin 1774, car la politesse du
temps appelait démissions les destitutions et
les exils.

1774 (8 juin). DUMUY (Félix , comte et
maréchal), recommandable par de longs services et de brillants faits d'armes dans la
GUERRE DE 1741, arrive au MINISTÈRE pour
ainsi dire à son corps défendant. — Les courtisans lui ont reproché d'être dur et farouche,
parce qu'il ne prodiguait pas comme ses prédécesseurs les grâces de son MINISTÈRE ; mais
la plupart des écrivains qui parlent de lui,
déclarent qu'il eût été un grand Ministre
sous un autre règne , et qu'il était remarquable par la droiture des vues, l'application
et l'esprit. — AUDOUIN seul le peint comme
un homme faible et dominé par les intrigants,
mais probe. — M. LABAUME (1834) le représente comme dominé par les préjugés religieux. Le *Journal des Sciences militaires*
(1855, p. 227) le frappe d'une censure aigre
et tranchante. — GUIBERT (1803, t. v, p. 12)
a dit de lui : *Il aurait lentement rétabli la
constitution militaire par le régime austère de ses principes et de sa vertu; il ne
voulait pas proposer au roi une ordonnance ou une décision, sans lui mettre
sous les yeux une notice raisonnée des
anciennes ordonnances, méthode respectable,.,... etc.* — SERVAN (1806, C) le représente comme austère et même rude,
doué d'une fermeté inébranlable, et ayant
horreur des innovations si elles n'étaient pas
éminemment utiles. Suivant cet écrivain, il
était seul capable, s'il eût vécu, de s'opposer
à l'envahissement des places par les courtisans ou leurs créatures. — DUMUY se fit seconder par GRIMOARD: il créa les COMITÉS des
INSPECTEURS GÉNÉRAUX de toutes ARMES ; il les
réunissait comme en une espèce de CONSEIL
DE LA GUERRE et s'entourait de leurs lumières. — Avant lui, la LÉGISLATION MILITAIRE
était un dédale ; aucun recueil officiel d'ordonnances n'existait; DUMUY y fit travailler
et y joignit des mémoires qu'il rédigea lui-
même; on y voit qu'il aspirait à garantir
d'arbitraire l'ARMÉE, à en accroître la force,
à en améliorer la situation, à fonder une
CONSTITUTION sur d'immuables méthodes :
c'était le grand et noble rêve d'un bon
Français. La brièveté de son MINISTÈRE ne
lui permit pas de toucher le but. — Il supprima sagement les COLONELS EN SECOND, il
exigea que les militaires promus au grade de
COLONELS fussent âgés au moins de vingt-trois

ans. — Il se refusa à licencier, par mesure d'économie, une partie de l'armée, parce qu'il regardait avec raison toute création subite ou toute réforme non prévue comme une grande faute politique. — Il tomba au reste dans une fausse route en recourant à la mesure des dédoublements ; il eut le malheur d'attacher en pleine paix, mais peut-être malgré lui, son nom à la promotion blâmable et ridicule de cinq maréchaux de France courbés sous le poids de l'âge et des infirmités ; de là la nécessité où se trouva le gouvernement de donner, dans la guerre d'Amérique, le commandement en chef à des lieutenants généraux. — Dumuy rétablit l'ancien usage des commandants de bataillon et leur donna le nom de chefs de bataillon ; leur fonction n'était que celle de premier capitaine ; ce n'était encore qu'une mesure fausse et une faible amélioration. — Par l'ordonnance de 1775 (26 avril) il forma à deux bataillons les régiments qui n'en avaient qu'un ; c'était bien, mais il en conserva douze à quatre bataillons, ce qui brisait tout système d'unité. — Ce Ministre, regretté et d'une vertu rigide, meurt le 10 octobre 1775.

1775 (8 octobre). Saint-Germain (comte de, lieutenant général) est jeté à l'improviste dans le ministère à l'âge de soixante-huit ans. — Il avait adressé au Ministre Dumuy un mémoire longtemps oublié, où il retraçait les imperfections des institutions militaires de France. Turgot mit sous les yeux du roi ce mémoire ; la nomination de Saint-Germain en fut le résultat ; elle fut saluée par un enthousiasme inexprimable. On tirait de ce choix les plus favorables augures ; on se persuadait que, bien différent de ses prédécesseurs, le jeune roi rechercherait pour les places, non la naissance ou les courtisans, mais le mérite modeste. Le nom de Saint-Germain avait reçu quelque célébrité de l'ambiguïté de sa premiè e vocation, de la singularité de ses succès. Le hasard l'avait jeté dans la carrière militaire ; il s'y était conduit en soldat éprouvé. Il avait été protégé par Eugène, sous lequel il était devenu feld-maréchal lieutenant ; il avait été goûté et recherché par le maréchal de Saxe qui l'avait rappelé en France ; s'il n'avait pas eu l'occasion de se montrer grand général, il jouissait cependant d'un renom mérité. — Lessac (1783, A) a porté de lui un jugement trop sévère : *Attaché successivement au service de quatre couronnes, on pourrait présumer qu'il n'en a bien servi aucune ; connu plutôt par la singularité et les vicissitudes de la fortune que par des actions d'éclat ; ayant plus d'intrigue et d'esprit que de talents et de génie, son*

exemple a prouvé qu'il est plus aisé parvenir aux grandeurs qu'à la gloire.
— Il est vrai que quelques-uns de ses censeurs l'accusaient d'avoir, en Danemarck, comme maréchal général et organisateur de l'armée, perdu la belle cavalerie danoise, et d'avoir occasionné dans l'infanterie une désertion avant lui inconnue. — On convenait pourtant et il prouva qu'il était homme de bien et versé dans la connaissance des choses de la guerre ; en le mentionnant à titre d'écrivain nous en avons rendu témoignage. — Précédé d'une renommée qu'il n'était pas appelé à justifier, et revenu dans sa patrie, il s'y trouva étranger. — Appelé, trop tard pour sa réputation, à un ministère si épineux, il y convenait mal et y eût peut-être réussi mieux à toute autre époque ; car ses intentions n'étaient pas appuyées d'assez d'esprit et de caractère ; il commençait es attaques contre les abus et n'y persévérait point. Louis seize d'ailleurs contrariait, par sa faiblesse et ses temporisations, ce que les plans du Ministre avaient de mâle, ou bien il les paralysait en y insérant des clauses contradictoires, comme il fit à l'occasion des colonels en second. — Avant d'être au timon des affaires, Saint-Germain avait sondé les plaies de la milice de France ; Ministre, il se rebuta de la difficulté de faire le bien sous un monarque qui se bornait à désirer l'emploi des remèdes, sans avoir l'énergie ni la capacité d'appliquer les topiques. — Saint-Germain, Français dévoué, citoyen bien intentionné, militaire soupçonneux et insociable, Ministre plus empressé de détruire que préparé à réédifier, dépourvu de méthode, consultant sans croire aux conseils, fixe dans ses projets et vacillant dans leur exécution, tomba dans de graves erreurs et se montra plein de droiture et de malhabileté.
— Il se crut destiné à effacer par une nouvelle constitution celle de Choiseul, à extirper des abus qu'il avait su découvrir et dont il avait été victime ; l'intention était louable, les résultats n'y répondirent que faiblement ; il ne l'emporta sur Choiseul que par le perfectionnement des règles de tactique. — A l'instar des étrangers, il adopta le système de la compagnie division ; il leur donna des capitaines en second et des lieutenants en second. — Il institua une compagnie de grenadiers et une de chasseurs par régiment d'infanterie ; il donna la compagnie colonelle aux colonels en second. — Il supprima les aides-majors, mesure qui fut peu applaudie, mais qui était dictée par une louable pensée, celle de contraindre aux travaux de leur profession les officiers de compagnie, qui ne savaient pas même alors

s'habiller en uniforme et tenir l'esponton. — Comme par compensation de cette suppression, il créa les ADJUDANTS. — Il se proposait de fonder un séminaire militaire qui eût été une pépinière d'AUMONIERS, et de fonder un établissement où des ENFANTS des hommes de troupe eussent été élevés. — Il prescrivit aux CONSEILS JUDICIAIRES de l'ARMÉE de ne faire exécuter les JUGEMENTS qu'après en avoir référé au Ministre. Il supprima la PEINE DE MORT jusque-là appliquée aux déserteurs. Par les ORDONNANCES DE 1776 (5 NOVEMBRE, 31 DÉCEMBRE) il donna une constitution à l'ARTILLERIE et au GÉNIE; il en donna une au COMMISSARIAT dans l'ORDONNANCE DE 1776 (25 MARS), et il établit les CONSEILS D'ADMINISTRATION, abolit la VÉNALITÉ des EMPLOIS, institua une hiérarchie dans le COMMISSARIAT et promit à l'ARMÉE un CODE. — En général, il essaya, mais mollement, de mettre en pratique les principes élevés et tranchants mais intempestifs de GUIBERT; il ne persuada qu'à demi le roi; il n'osa tenir tête au premier Ministre par qui il fut joué. Les intentions qu'il manifesta froissèrent les courtisans; ses antagonistes se liguent, le décrient; leurs railleries adroites le perdent dans l'opinion publique et dans l'esprit de l'ARMÉE. Les oppositions de la cour le réduisent à des essais infructueux. Il dut renoncer le 23 septembre 1777 à un portefeuille dont le poids l'écrasait. — Après être descendu de la scène des grandeurs, il a fait le naïf et respectable aveu de la stérilité de ses efforts ou de la marche malhabile de ses travaux; aucun autre Ministre n'a eu le courage ou la candeur d'une pareille confession. — Ses Mémoires (1779, C, p. 8 et 524) témoignent, et la difficulté de faire du bien et le regret de n'avoir pas réussi mieux; l'amertume de son cœur débordait. Voilà, disait-il, où m'ont conduit *le manque de fermeté, une confiance et une défiance à la fois déplacées.* — Il laissait la cour indignée, l'ARMÉE mécontente, les railleurs triomphants et le MINISTÈRE bouleversé; l'odieux dont on le flétrissait n'était tempéré que par le ridicule dont on le couvrait. — Résumons ce qu'il a fait de louable et de blâmé. — Il y avait dans Saint-Germain deux personnages, le militaire vigoureux, animé de vues excellentes, l'administrateur entêté ou pusillanime; il avait la force qui conçoit, non la persévérance qui parachève : tous ses actes se ressentent de ces disparates. — Il améliora les APPOINTEMENTS et la solde. — Il essaya du système des DIVISIONS MILITAIRES dont les chefs étaient à la fois INSPECTEURS GÉNÉRAUX. L'épreuve ne fut pas heureuse : il n'y eut unité de vues et de principes dans aucune division; on ne vit pas deux chefs introduire un régime semblable. — Il se proposa la refonte de l'ARMÉE par la création d'un CODE élaboré par un CONSEIL DE LA GUERRE, car il attachait avec raison une haute importance à l'uniformité de composition des corps, comme le témoigne WIMPFEN (1780, A) qui était un de ses collaborateurs; mais contrecarré par les courtisans, il fut forcé de laisser quatre RÉGIMENTS D'INFANTERIE à quatre BATAILLONS, tandis qu'il en formait cinquante-six à deux BATAILLONS. — Ces dissonances forcées dans sa conduite lui ont été plus reprochées qu'elles ne méritaient. — Il travailla à la suppression des CORPS PRIVILÉGIÉS, abolit par l'ORDONNANCE DE 1775 (25 MAI) les deux COMPAGNIES DE MOUSQUETAIRES et une partie de la CAVALERIE de la MAISON MILITAIRE; par là, il déchaîna contre lui la cour et la noblesse. — Il projeta de restreindre le nombre de cette nuée de COLONELS qui infestait l'ARMÉE; il s'y préparait en rendant plus difficiles les conditions de leur NOMINATION. — Il s'occupa du perfectionnement de l'HABILLEMENT, et l'HABIT VESTE qu'on lui a si injustement reproché était plus que compensé par l'invention de la REDINGOTE DE SOLDAT. — Il chercha à corriger des abus que la faiblesse des COMMISSAIRES DES GUERRES entretenait dans l'ADMINISTRATION. Il créa à cet effet des INTENDANTS D'ARMÉE. — Il liquida les dettes de ses prédécesseurs et laissa en coffre six millions. — Il introduisit l'usage du HAVRE-SAC de peau. — Il améliora les principes de l'EXERCICE de l'infanterie, prépara les progrès du mécanisme des CONVERSIONS EN COLONNE, et abolit l'emploi des FLIEGELMAN. — Il transforma en INSCRIPTIONS les corps spéciaux que formait la MILICE PROVINCIALE; c'est-à-dire qu'au lieu de les tenir sur pied, il les considérait comme une grande réserve, comme un dépôt de recrutement; c'était le germe de la pensée de la CONSCRIPTION. — Il sentit le besoin de faire plier à l'utilité de la TACTIQUE et à la réussite des OPÉRATIONS DE GUERRE le préjugé de l'ANCIENNETÉ des CORPS, il y réussit. — Il avait appelé près de lui, dès son avénement au ministère, GUIBERT, alors colonel de la légion corse; il s'était entouré d'OFFICIERS instruits et laborieux; il s'était reposé sur GRIBEAUVAL du soin de l'ARTILLERIE. Tout ce qu'il avait entrepris, il l'accomplit en partie à l'aide seulement de cent cinquante commis, et acheva en un an plus de travaux qu'on n'en mènerait à terme maintenant en plusieurs années et avec des légions d'EMPLOYÉS. — L'ARMÉE lui fut redevable de la création des CONSEILS D'ADMINISTRATION, de l'abolition des EMPLOIS A FINANCE; la DÉCLARATION DE 1776 (25 MARS) fit disparaître cette vicieuse fiscalité.—Il avouait que l'établissement des Invalides était *un monument de vanité plutôt que de bienfaisance de Louis quatorze.* Il voulait les répartir sur toute la France. — Il environna les CHIRURGIENS-MAJORS d'une considération qui leur était injustement refusée. — Enfin son MINISTÈRE et celui de Ségur donnèrent la vie aux principes que le CONSEIL DE LA GUERRE consacra savamment en 1787. — A part quelques bizarreries, telles que la CEINTURE DE COURSE, le POKALEM, coiffure meilleure pourtant que notre BONNET DE POLICE, le CHAPEAU A QUATRE CORNES, pas plus ridicule pourtant que celui à trois, et malgré d'inévitables erreurs, ce Ministre marchait à d'importants résultats. — Après l'aperçu de ce qu'il a fait de grand, de louable, reproduisons les reproches qu'on lui a adressés. — Il abolit l'emploi des CHEFS DE BATAILLON, alors nommés COMMANDANTS DE BATAILLON. — S'il accorda du crédit à des conseillers habiles, tels que DUMOURIEZ, GUIBERT, PIRSH, WIMPFEN, il se reprochait ensuite ou de n'avoir pas suivi leurs conseils, ou de ne les avoir accomplis qu'en partie ; il gâtait ainsi les meilleures vues par des demi-volontés. — Il a donné aux ADJUDANTS la CANNE à l'allemande ; il institua les COUPS DE PLAT DE SABRE ; il travailla à introduire en partie la DISCIPLINE septentrionale : l'ARMÉE FRANÇAISE se souleva ; l'opinion, dit LESSAC, *vainquit le pouvoir, et la loi fut étouffée par les mœurs.* — Touchant le Ministère de Saint-Germain on peut consulter principalement M. AMBERT, AUDOUIN, BOHAN (1781), M. le colonel CARRION (1824, A), l'ENCYCLOPÉDIE (1785, C, suppl.), GUIBERT (1775), LESSAC, SAINT-GERMAIN (1779, C ; 1780, O ; 1789, M), WIMPFEN (1780) et les *Mémoires de la Société d'émulation du Jura* (1822). — SAINT-GERMAIN perdit le portefeuille le 23 septembre 1777 et sortit du MINISTÈRE aussi peu fortuné qu'il y était entré.

1777 (23 septembre). MONTBARREY (Saint-Maurice, prince de ...), maréchal de camp, longtemps simple comte, ancien colonel d'infanterie, capitaine des Cent-Suisses de Monsieur, était secrétaire d'Etat en survivance de SAINT-GERMAIN ; il avait obtenu le titre de DIRECTEUR DE LA GUERRE, le 15 janvier 1776, et passait pour avoir pris quelque part aux modifications des institutions de l'ARMÉE et de l'HOTEL DES INVALIDES. — D'abord courtisan obscur, il dut à Maurepas, dont il était la créature, sa nomination au ministère ; elle était une nouvelle preuve de la frivolité du temps ; elle eût étonné l'ARMÉE, si alors on se fût étonné de quelque chose. — Pourvu du portefeuille, il se fit nommer bientôt LIEUTENANT GÉNÉRAL. — Les écrivains qui ont traité ce Ministre avec le plus de ménagement, disent qu'il était spirituel et brave, mais incapable d'application, livré aux plaisirs, aux intrigues, et nullement occupé de son MINISTÈRE. — M. le comte de SÉGUR (Mémoires) est l'AUTEUR qui l'a traité avec le moins de sévérité. Suivant lui, *il voulait le bien, mais n'avait pas la fermeté de le faire, cédant aux importunités, aux sollicitations des courtisans : il échouait contre un écueil où se brisèrent et où se briseront tant de Ministres. Le poids de l'opinion amena la chute de Montbarrey.* — Le premier acte de ce Ministre fut d'exhumer l'action héroïque de Dassas, tombée dans l'oubli depuis 1757, et dont l'authenticité a été contestée ; c'était le moyen de faire du bruit à peu de frais. — On doit à la justice de dire qu'il eut l'intention de rendre du relief à l'ORDRE DE SAINT-LOUIS, de ne l'accorder que comme récompense de guerre, de ne payer que par des PENSIONS le maximum des années de services rendus, en temps de paix, par les officiers. — Son MINISTÈRE n'est marqué administrativement par rien d'utile, si ce n'est qu'il employa un régiment suisse aux travaux de Cherbourg. Il introduisit le luxe ruineux des sinécures dans l'HOTEL DES INVALIDES, et laissa se relâcher la DISCIPLINE des troupes. Gouverné par ses COMMIS et ne sachant rien refuser aux sollicitations du beau sexe, il souffrit, par faiblesse peut-être, de frauduleuses dilapidations.—BOHAN (1781, H ; t. I, p. 182) lui reproche ses *prodigalités extravagantes* en fait de grades accordés ; elles firent croire qu'il participait aux bénéfices résultant du prix des places vendues ; il en est accusé dans les Mémoires de LOUIS DIX-HUIT, ouvrage le plus digne de foi, entre tant de productions apocryphes. — GUIBERT (1806, G) en a dit ce qui suit : *Un M. le comte et une Madame la comtesse de .... sont lieutenant de roi à Sisteron, et ont été placés par M. de Montbarrey dont elle a été la maîtresse. J'ai raison de dire qu'ils sont lieutenants de roi ; car c'est elle qui l'est, et M. de C... n'a servi que deux ans ; on ne lui a pas moins donné cette place avec la croix de Saint-Louis.* — Voici le jugement porté sur Montbarrey par M. le colonel CARRIÈRE (1824, A ; t. II, p. 400). — *Il n'a marqué son passage par aucune innovation, par aucune mesure importante, quoiqu'il ait eu à pourvoir aux premiers instants de la guerre d'Amérique. Il a passé pour s'être plus occupé de ses intérêts, de son ambition et de ses plaisirs, que de ses de-*

voirs et d'un système quelconque d'administration. Cette accusation de nullité ne
serait pas fondée, si l'on en croyait la *Biographie universelle* (t. LXIII), article *Dumouriez* ; car ce général, suivant M. Mi-
chaud, aurait été appelé aux travaux du
ministère par Montbarrey, pour aviser *à
introduire les manœuvres prussiennes
dans l'armée française*. Mais cette modification en fait de tactique s'étant opérée
par le règlement de 1776 (1er juin), et Montbarrey n'ayant été Ministre que depuis la
fin de 1777, il faut en faire honneur à
Saint-Germain et non à Montbarrey. — Si
l'on en croit les Mémoires de LOUIS DIX-HUIT
(p. 46), la maîtresse du Ministre, nommée la
Renaud, *rançonnait les militaires de haut
grade, les croix de Saint-Louis, les officiers à la retraite*. Cette femme ayant
vendu un grade que la reine sollicitait pour
un favori et s'étant refusée à en restituer le
prix, *le protégé de la reine est supplanté
par celui de la fille de joie. Marie-Antoi-
nette met sous les yeux du roi les dilapidations du Ministre et réclame son renvoi* ; il a lieu le 18 octobre 1780. La perte
de sa place fut sa seule punition ; on ne
sévit pas contre les grands. — On peut à
son égard consulter : AUDOUIN (t. III,
p. 562, 593), SAINT-GERMAIN (1779, C),
les mémoires que MONTBARREY a laissés, ou
qu'on lui attribue, et le *Journal des Sciences militaires* (1855, p. 227).

1780 (25 octobre). SÉGUR (le comte de),
colonel de Soissonnais à l'âge de dix-neuf
ans, LIEUTENANT GÉNÉRAL distingué, INSPEC-
TEUR d'infanterie, est créé MARÉCHAL peu
après son entrée au MINISTÈRE. — On lit
dans les Mémoires de LOUIS DIX-HUIT, que sa
nomination fut le fruit d'un quiproquo :
Maurepas proposait depuis longtemps au roi
de donner le portefeuille de la guerre à
PUYSÉGUR (le comte de); la reine le sollicitait pour le marquis de SÉGUR. LOUIS SEIZE,
trompé par la similitude de deux syllabes,
nomme l'un, croyant choisir l'autre, ou se
figurant qu'ils ne faisaient qu'un. — Le maréchal de SÉGUR n'a laissé que d'honorables
souvenirs dans l'ARMÉE et dans le MINISTÈRE :
sa rigidité fut mainte fois aux prises avec les
exigences de la reine et des grandes dames,
qui prétendaient peupler de leurs créatures
l'ARMÉE; mais on lui a reproché le RÈGLEMENT
DE 1781 (22 MAI), qui réservait aux gentilshommes la possession des GRADES militaires
et en excluait tout OFFICIER qui ne pouvait
pas faire preuve de quatre degrés de NO-
BLESSE. AUDOUIN a prétendu que le mécontentement que cette mesure occasionna, dis-
posa quantité de NOBLES à hâter la révolution

et à se ranger du parti des novateurs. —
Exiger qu'on fût NOBLE pour être OFFICIER,
s'accordait sans doute avec la vieille politique de la monarchie ; mais le tort consistait
à vouloir appliquer dans sa rigueur une
mesure dont l'esprit des temps et l'exemple
des armées voisines amenait inévitablement
la modification. — Cependant, s'il en faut
croire M. le comte de SÉGUR (1824, fils du
maréchal), cette ordonnance que le Ministre
*reconnaissait injuste, intempestive, et
contenant des germes de révolutions,
avait passé, dans le conseil, contre son
opinion et à la majorité de quelques voix.*
— Ce qui pourrait jeter sur ces excuses du
doute, c'est l'importance que SÉGUR attachait personnellement à créer pour la haute
NOBLESSE une échelle d'avancement plus
favorable et plus rapide. Sa correspondance
confidentielle avec le comité des INSPEC-
TEURS, à l'égard des GRADES EN SECOND, correspondance que nous avons lue et qui appartenait à la bibliothèque de M. DARU, en
donne la preuve. — Plusieurs innovations
sages entraient dans les vues de SÉGUR. Il
fut question, comme on le voit dans cette
correspondance, de faire garnir de cuir rem-
bourré les LITS DE CORPS DE GARDES comme
moyen de conservation de l'HABILLEMENT du
SOLDAT ; il fut question, puisque la plupart
des corps avaient une MUSIQUE, de reconnaître
enfin des MUSICIENS. — On y voit aussi que
SÉGUR fit faire à STRASBOURG des essais qui
n'étaient pas sans analogie avec le système
ou les effets des ARMES A VAPEUR modernes.
— En 1781, il sentit l'utilité de la création
d'un CORPS D'ÉTAT-MAJOR, et travaillait à
réaliser ce projet. — Il fut paralysé par les
prétentions et les résistances du COMITÉ DES
INSPECTEURS. Les mêmes difficultés firent
échouer le projet de créer un CODE MILITAIRE.
—Il rendit un service immense aux SOLDATS,
en décidant qu'à l'avenir les LITS DE CASER-
NES ne seraient plus qu'à deux places au
lieu d'être à trois — Les HOPITAUX lui doivent des règles mieux étudiées, et il a
donné à l'ARMÉE son INFANTERIE LÉGÈRE.
Des LÉGIONS portaient le CHAPEAU A DEUX
CORNES, il le supprima. — Il obtint de la
cour de ROME le bref qui permettait aux
TROUPES de faire gras tous les jours. Le pape
autorisait avec raison ce qu'il n'avait pas en
la puissance d'empêcher. La difficulté existait depuis le siége d'ORLÉANS sous CHARLES
SEPT. — On lui doit le RÈGLEMENT DE 1786
sur l'HABILLEMENT ; il a été à peine observé
durant quelques années, il était cependant
le seul document existant sur la matière jusqu'au régime impérial. — SÉGUR créa un
ADJUDANT par BATAILLON. — SÉGUR avait fait

entrer BONAPARTE à l'école militaire. Cette particularité et la réputation que SÉGUR s'était conservée, expliquent les honorables distinctions que, dans sa vieillesse, il reçut de BONAPARTE, premier consul. — M. le colonel CARRION a dit de SÉGUR, qu'il avait *un esprit droit et éclairé; une grande habitude des détails militaires, en paix et en guerre; de la fermeté, beaucoup de prudence et d'application; peut-être trop de modestie. Il déféra beaucoup au comité des inspecteurs. Les effets de sa déférence furent funestes.* — SÉGUR donna sa démission le 27 août 1787. — Peu d'années après, le livre rouge révéla, à ce que rapporte l'historien Labaume (t. IV, p. 234), que *le maréchal, peu satisfait de quatre-vingt-dix-huit mille livres de traitement, demandait un duché héréditaire et des pensions reversibles à ses enfants, et qu'au nombre de dix gentilshommes qu'il fit pensionner comme militaires, se trouvèrent quatre demoiselles de Ségur-Montazeau.* Mais on voit dans le *Dictionnaire de la Conversation* les récriminations que Ségur opposa à ces inculpations.

1787 (27 août). BRIENNE (Loménie, comte de), lieutenant général, frère de l'archevêque de Sens, premier Ministre, entre au MINISTÈRE à l'instant où l'archevêque allait cesser d'être à la tête des affaires. — Les ancêtres des Loménie avaient créé l'administration en France; mais les talents ne sont pas héréditaires, et l'institution du CONSEIL DE LA GUERRE fut la plus marquante opération d'un Ministre probe et bien intentionné, mais au-dessous de sa place, s'il faut en croire Servan (1806). Le CONSEIL DE LA GUERRE, où GUIBERT avait été appelé, était créé pour réformer les abus; à peine installé en novembre, il avait déjà publié un plan de CONSTITUTION et quantité de documents savants et précieux dans le mois de mars suivant. Jamais, sous aucun Ministre, autant d'importants travaux ne s'étaient accomplis en aussi peu de temps.

1788 (30 novembre). PUYSÉGUR (comte de), lieutenant général, sort au milieu de l'année suivante du ministère, dont il était repoussé par l'assemblée nationale.

1789 (12 juillet). BROGLIE (maréchal de), illustré dans les GUERRES DE 1733, 1741, 1756, prend le portefeuille; il supprime les COUPS DE PLAT DE SABRE et le CONSEIL DE LA GUERRE, dont il regardait comme ses ennemis personnels les membres. Son ministère dure quatre jours. Il se démet le 16 juillet.

1789 (5 août). LA TOUR DUPIN GOUVERNET (comte de), lieutenant général, militaire loyal et animé des meilleures intentions,

crée les DENIERS DE POCHE; il se propose d'attacher au génie les MINEURS. Il donne sa démission le 9 novembre 1790.

1790 (15 novembre). DUPORTAIL, maréchal de camp, avait servi dans la GUERRE D'AMÉRIQUE, et rendit comme ingénieur d'importants services à WASHINGTON. Il quitte le portefeuille le 5 décembre 1791.

1791 (6 décembre). NARBONNE LARA (comte de), maréchal de camp, ancien officier d'infanterie, était jeune, ardent, spirituel. Dans un ministère orageux et court, il se montre actif, chevaleresque et véritablement Ministre; il veut voir par ses yeux et faire, non ce que lui suggèrent des commis, mais ce que lui enseignent l'état des choses et de l'Europe. — Il devient suspect au roi, qui s'effrayait de sa popularité, et qui redoutait qu'on ne le lui imposât pour premier Ministre. Il est renvoyé le 9 mars 1792, et peut-être sa destitution fut-elle hâtée par l'intérêt même que lui portaient les généraux Luckner, Rochambeau et Lafayette, qui avaient manifesté par écrit combien ils jugeaient utile sa présence au ministère. — De tous les Ministres de France, Narbonne est celui qui a publié le document le plus savant; il a eu l'honneur d'attacher son nom au RÈGLEMENT DE 1791 (1er AOÛT), qui est devenu européen. — Du reste, ce RÈGLEMENT était la production des travaux de GUIBERT, et le remaniement des ordonnances qu'il avait composées en 1776 et en 1788. — Narbonne est le créateur de l'ARTILLERIE A CHEVAL. — Il donne le premier exemple d'un compte officiellement rendu à la nation sur la situation de l'ARMÉE.

1792 (10 mars). DEGRAVE, maréchal de camp, jeune, inexpérimenté, irrésolu, entre au ministère sous le patronage de Dumouriez, ministre des affaires étrangères, mais en réalité Ministre de la guerre. Degrave s'épouvante des désastres de Quiévrain, de Tournay, et du massacre d'Arthur Dillon; il donne sa démission le 8 mai 1792.

1792 (9 mai). SERVAN, ancien officier d'infanterie et du génie, est l'auteur de plusieurs ouvrages dans l'un desquels (1806) il fait son propre éloge; Mme Rolland l'accusait au contraire d'être d'une capacité bornée. — Servan, animé de bonnes intentions, mais se trompant sur le choix des moyens, se montra Ministre imprudent et indiscipliné, en agissant dans de graves circonstances politiques sans le concours de ses collègues et à leur insu; Dumouriez le lui reprocha vivement en plein conseil, à l'occasion d'un CAMP de vingt mille FÉDÉRÉS. Cette réunion était destinée à effrayer le roi et à contrecarrer la garde nationale parisienne. L'opposition que la cour apportait à cet appel fut le prétexte des scènes de désordres de juillet 1792. Les Tuileries furent envahies. La populace contraignit Louis seize à coiffer le bonnet rouge ; et la résolution prise par Servan prépara le hideux spectacle du camp de Soissons en août et en septembre 1792. — Servan est renvoyé le 12 juin 1792, mais replacé ensuite. Il y a eu ainsi entre l'un et l'autre de ses ministères l'énorme distance du 10 août.

1792 (13 juin). Dumouriez, connu comme écrivain, célèbre comme général, arrive à la guerre au sortir du ministère des affaires étrangères où il était entré depuis peu. Il quitte le 16 juin 1792, et Mourgues lui succède pour vingt-quatre heures.

1792 (17 juin). Lajard, adjudant général. Se démet le 22 juillet 1792.

1792 (23 juillet). Dabancourt, colonel de cavalerie. Décrété d'accusation le 10 août, conduit à la haute cour d'Orléans et massacré à Versailles.

1792 (10 août). Servan, employé comme maréchal de camp dans le Midi, est appelé de nouveau au ministère par décret du 11 août. Le ministre des finances Clavières exerce par intérim jusqu'au 20 août. — On doit tenir compte à Servan d'avoir accepté ce scabreux emploi, au lieu de désespérer du salut public au milieu des orages qui accompagnaient le renversement de la monarchie et l'établissement de la république ; mais quelques biographies l'accusent de beaucoup d'irrésolution pendant le mois de septembre 1792. Dumouriez, général en chef, l'accusait d'incapacité ; Servan, devenu général en chef, accusait son successeur Bouchotte d'incapacité. — Sous son ministère, on vit commencer la plus étonnante résistance : celle d'une nation qui, n'ayant pas d'armée, se métamorphosait en armée vis-à-vis des troupes les plus habiles et les plus réputées de l'Europe. — Sectateur de Folard et de Montécuculi, Servan s'est montré fidèle à ses systèmes, et c'est le fait de peu de Ministres. Écrivain (1780), il avait autrefois prôné la pique ; Ministre, il créa des bataillons de piquiers. — Servan se démet le 3 octobre, sous prétexte du délabrement de sa santé.

1792 (3 octobre), ou, suivant la table du *Bulletin des lois*, 1793 (24 janvier). Pache, ancien secrétaire du maréchal de Castries et précepteur de ses enfants, est appelé de Toulon, où il était commissaire de marine, et n'arrive que le 20 octobre. Jusque-là Lebrun, ministre des affaires étrangères, exerce l'intérimat. — Dumouriez, dans ses *Mémoires*, remplis de contradictions, re-

garde Pache, tantôt comme un fanatique révolutionnaire, tantôt comme un homme d'esprit et un honnête homme ; il est avéré qu'il mourut pauvre ; mais *son administration à laquelle prirent part*, disent ses biographes, *Vincent, Ronsin, Musnier, coûta plus à la France que n'eût pu le faire l'invasion d'une armée européenne.* Servan l'accuse d'une profonde incapacité ; mais Servan était un ancien ministre mécontent. — M. Thiers le dépeint comme un *homme simple, laborieux, éclairé, qui s'était distingué dans les bureaux de l'intérieur par un esprit et une application rares, portant dans sa poche un morceau de pain, et ne quittant pas même le ministère pour manger ;* mais il avoue à la suite de cet éloge que c'était un *fort mauvais Ministre : son caractère souple et faible le portait à plaire à tout le monde, surtout aux jacobins ; Pache leur avait ouvert le ministère ; il avait remplacé par des membres de clubs tous les anciens employés ; on se tutoyait dans ses bureaux ; il s'y trouvait quantité de prêtres mariés, introduits par Audouin, gendre de Pache, et prêtre marié lui-même ; l'un des chefs de ce ministère était Hassenfratz, autrefois habitant de Metz, et expatrié pour banqueroute ; la femme, les filles de Pache allaient dans les clubs, dans les sections, dans les casernes des fédérés qu'on voulait gagner à la cause .... : de là le dénuement des armées, leurs plaintes amères, et la violence des reproches entre les généraux et les Ministres.* — Pache est renvoyé le 2 février 1793.

1793 (6 février), ou, suivant la table du *Bulletin des lois*, 4 février. Beurnonville, lieutenant général, ancien officier d'infanterie et ancien exempt dans la maison du roi. Sous son ministère, l'embrigadement commence, les chefs de bataillon sont créés, et un comité des achats est substitué aux agences collectives de chaque service, agences qui avaient succédé aux munitionnaires. Beurnonville est arrêté le 2 avril par Dumouriez, et jeté dans les prisons de l'ennemi.

1793 (4 avril). Bouchotte, ancien quartier-maître des hussards d'Esterazi, a été le Ministre le plus tourmenté par la Convention, à laquelle il avait, de son côté, suscité le plus d'obstacles. — Il avait composé l'armée révolutionnaire de gens de sac et de corde, et l'avait mise sous les ordres de Ronsin. *Il avait inondé l'armée,* dit M. Thiers, *de ses affidés, choisis tous parmi les jacobins et les cordeliers.* — Le remplacement de Bouchotte était décidé le 15 juin 1793, et Alexandre Beauharnais avait été nommé, mais n'avait pas accepté. — Sous le ministère Bouchotte, la France commence à tenir sur pied jusqu'à quatorze armées. — L'école de tactique de Cambray est établie, pour ainsi dire à son insu, et bientôt dissoute. — La circulaire de l'an deux (17 brumaire), relative au tutoiement, est restée comme un modèle des extravagances de l'époque. — Les bureaux de Bouchotte envoyaient à profusion aux armées les feuilles de Rougiff et du père Duchêne. Le fougueux Rougiff fulminait contre les épaulettes d'or ou d'argent. L'extravagant Hébert y disait aux soldats : *Eh! comment souffrez-vous que ces épauletiers (on appelait ainsi les officiers) viennent voir comment on mange la soupe ; chassez-les des chambres.* M. Thiers rapporte que *Bouchotte avait donné à Hébert, sur les fonds de la guerre, deux cent mille francs pour les exemplaires du Père Duchêne distribués aux armées ; que ces exemplaires ne valaient que seize mille francs, que le surplus avait été volé à la nation.* — Bouchotte cesse d'être Ministre le 12 germinal an deux (1er avril 1794), époque où le ministère est transformé en COMMISSION DE L'ORGANISATION ET DU MOUVEMENT DES ARMÉES DE TERRE.

AN DEUX (29 germinal), ou 1794 (18 avril). PILLE, adjudant général, n'a que le titre de commissaire de l'organisation et du mouvement des armées de terre. — Suivant M. Sicard, la commission exécutive qu'il présidait n'est créée qu'en juillet 1794 ; c'est une erreur. — Pille cesse ses fonctions le 14 brumaire an quatre.

AN QUATRE (14 brumaire), ou 1795 (6 novembre), ou, suivant la table du *Bulletin des lois*, 12 brumaire. AUBERT DUBAYET, général de division et ex-constituant, exerce sous le titre de Ministre qui venait d'être rétabli. Il passe ambassadeur à Constantinople le 18 pluviôse an quatre.

AN QUATRE (18 pluviôse), ou 1796 (7 février). PÉTIET, commissaire ordonnateur, a laissé, dans son passage au ministère, des traces de l'esprit d'ordre et de la justesse des vues en fait d'administration. L'armée et la France lui doivent le rétablissement des masses, la pensée créatrice des budgets, le recrutement par conscription. — Il se trouve dans la nécessité de recourir au système des entreprises, obligé, comme le témoignait son rapport, *d'appeler le crédit des particuliers au secours de la détresse de l'État.* — Il quitte le ministère le 29 messidor an cinq, ou 17 juillet 1797.

AN CINQ (6 thermidor), ou 1797 (24 juillet), ou, suivant la table du *Bulletin des lois*, 5 thermidor. SCHÉRER, général de division, ancien officier suisse au service de France, laisse s'introduire dans les ENTREPRISES des abus criants : quitte le ministère le 9 ventôse an sept, pour prendre le commandement de l'armée d'Italie.

AN SEPT (9 ventôse), ou 1799 (27 février), ou, suivant la table du *Bulletin des lois*, 5 ventôse. MILET MUREAU, ingénieur, est remercié le 14 messidor an sept.

AN SEPT (14 messidor), ou 1799 (2 juillet). BERNADOTTE, général de division et ancien adjudant, puis officier d'infanterie, a passé par toute la hiérarchie de l'ARMÉE FRANÇAISE, le MINISTÈRE y compris, pour arriver à un trône où sa haute habileté l'a maintenu. — BONAPARTE, dans ses *Mémoires* (M. le général Gourgaud, t. i, p. 82), a écrit : *Il avait été deux mois au ministère de la guerre, et ensuite renvoyé par Sieyès ; il n'y faisait que des fautes.* — Bernadotte n'a été en effet que soixante-quinze jours Ministre, mais il y avait fait de grandes choses ; ses torts prétendus consistaient à avoir adressé au DIRECTOIRE deux mémoires dans lesquels il énumérait et relevait toutes les erreurs de ce gouvernement, et dans lesquels il déduisait les motifs qui lui faisaient refuser le commandement de l'armée d'Italie. — M. le général Montholon répète la même phrase (t. i, p. 215). Voici au contraire ce qu'on lit dans SERVAN (1806) ; après une peinture animée des désordres, des déficit, de l'appauvrissement de l'ARMÉE FRANÇAISE sous le DIRECTOIRE, cet écrivain ajoute : *Il importait d'opposer sans délai aux maux des remèdes efficaces ; Bernadotte les trouva dans son activité, sa fermeté et les ressources de son esprit fécond en expédients ; il accéléra la conscription, fit rejoindre un grand nombre de soldats, tira des dépôts ce qui était en état de servir, et bientôt les armées se trouvèrent sur le pied où on les voit depuis le milieu de 1799. Quelque difficiles qu'ils fussent (ses arrangements), il y apporta tant d'application et de célérité, que dans les premiers jours de septembre (fructidor), le plan de campagne était réglé et transmis aux généraux ; les armées suffisamment renforcées pour résister à l'ennemi, même pour agir offensivement, et tous les services assurés. Des opérations aussi salutaires, loin de concilier à leur auteur la juste admiration et la reconnaissance de ceux dont elles couvraient les mauvaises mœurs et les fautes multipliées, qui avaient désor-*

ganisé ou presque anéanti nos moyens, ainsi que nos ressources militaires, excitèrent au contraire l'inquiétude et la jalousie de quelques membres du directoire, qui songeaient sans doute déjà à changer pour leur avantage personnel la forme du gouvernement. Défiants, en raison des torts qu'ils se sentaient et de la malveillance dont ils étaient l'objet, les talents et le caractère du général Bernadotte leur faisant ombrage, ils affectèrent de le croire dangereux pour l'ordre de choses existant, oublièrent ou feignirent d'oublier qu'à lui seul appartenait le mérite d'avoir rétabli les armées avec assez de promptitude pour assurer le succès des armes françaises pendant cette campagne et les suivantes, et lui ôtèrent le département de la guerre (l'an sept [29 fructidor]), injustice qui augmenta sa considération loin de la diminuer. — L'Encyclopédie des Gens du monde, dans un article bien fait, où la vie de ce GÉNÉRAL illustre est dessinée, insinue que son renvoi du MINISTÈRE coïncidait avec le retour préparé de BONAPARTE, que son antagoniste BERNADOTTE n'eût pas laissé débarquer impunément à Fréjus, où il abordait au mépris des lois de la discipline.

AN SEPT (28 fructidor), ou 1799 (14 septembre). DUBOIS CRANCÉ, général de division, ancien officier d'artillerie, ex-conventionnel, ex-constituant, ex-président du comité d'insurrection militaire en 1790, comité dont la mission, suivant LABAUME (t. IV, p. 590), était de fomenter la révolte et l'indiscipline. — Il avait, le premier, proposé, en 1790, de déclarer que tout homme en FRANCE était SOLDAT. Cette proposition, rejetée alors comme ne pouvant convenir qu'à la PRUSSE ou à la SUISSE, a été le germe de la CONSCRIPTION. — SERVAN (1806, C) assure que DUBOIS CRANCÉ voulait former un CONSEIL d'officiers généraux par qui les mesures administratives eussent été discutées : c'était une réminiscence des tentatives faites pour instituer un CONSEIL DE LA GUERRE. — Bonaparte (M. le général Gourgaud, t. I, p. 107) dit : *Il était incapable de remplir de telles fonctions ; c'était un homme de parti, peu estimé, et qui n'avait aucune habitude du travail et de l'ordre.* — Une arrière-pensée est cachée sous ces reproches : Dubois de Crancé avait fait tous ses efforts pour traverser et prévenir la conspiration du 18 brumaire. — Il est renvoyé par Bonaparte.

AN HUIT (20 brumaire), ou 1799 (11 novembre). BERTHIER.

AN HUIT (12 germinal), ou 1800 (2 avril). CARNOT.

AN HUIT (15 floréal), ou 1800 (5 mai). LACUÉE.

AN NEUF (16 vendémiaire), ou 1800 (8 octobre). BERTHIER, général de division et ancien topographe. — Il donne à la cavalerie une ordonnance provisoire de TACTIQUE qu'on cherchait à approprier mieux à l'esprit de la guerre nouvelle et à la rapidité de certaines manœuvres. Ce travail, fait avec légèreté, a eu peu de succès. — Il promulgue un règlement de campement que ses COMMIS avaient recopié sans discernement des anciennes ordonnances. — Sous un prince ex-artilleur, la pensée n'est venue, ni à lui, ni à son Ministre, ni à ses successeurs, de faire rédiger pour et par l'artillerie un règlement d'exercice : elle ne manœuvrait que par routine, et sur les documents qu'elle devait à GRIBEAUVAL, DURTUBY, GASSENDI. — Berthier quitte le portefeuille le 2 avril 1800, pour prendre le commandement en chef de l'armée de réserve.

AN HUIT (12 germinal), ou 1800 (2 avril). CARNOT, alors simple chef de bataillon du génie, ex-conventionnel, arrive au ministère croyant y être Ministre ; mais il se dégoûte bientôt de n'être qu'un chef de commis, et il résigne le portefeuille le 16 vendémiaire an neuf.

AN NEUF (16 vendémiaire), ou 1800 (8 octobre). BERTHIER reprend le MINISTÈRE, qui bientôt se divise en deux grandes fractions : tout ce qui n'a pas trait directement aux troupes tombe dans le ressort du DIRECTEUR MINISTRE. — Sous le patronage de BERTHIER, l'ouvrage de M. QUILLET a paru. Il faut citer pour la rareté du fait les Ministres qui ont encouragé les ÉCRIVAINS didactiques. — Par suite du peu d'harmonie qui règne entre les principes de la TACTIQUE et ceux de la COMPOSITION, les fonctions de CHEFS DE DIVISION de l'INFANTERIE deviennent fausses et louches. — Les BREVETS D'OFFICIERS, dont la délivrance était depuis longtemps suspendue, commencent à être délivrés avec plus d'ordre et à redevenir le gage du grade. — Berthier, devenu un personnage trop élevé pour rester simple Ministre, se démet le 9 août 1807.

AN DIX (21 ventôse) ou 1802 (12 mars). DEJEAN, général de division, ancien ingénieur, est promu au ministère de l'ADMINISTRATION de la guerre, grande fraction du MINISTÈRE DE LA GUERRE proprement dit. — Il cesse ses fonctions le 15 janvier 1810.

1807 (9 août). CLARKE, ancien officier d'infanterie irlandaise et passé dans la cavalerie française, est devenu général de division, ensuite comte d'Hunebourg, ensuite duc de Feltre, etc., puis il a été décoré du BÂTON de maréchal. — Feltre est le premier et presque le seul entre les Ministres qui se soit intéressé à la littérature militaire, ait favorisé les ÉCRIVAINS spéciaux, ait concouru à appliquer les beaux-arts à la SCIENCE DES ARMES. Jamais le DÉPOT DE LA GUERRE ne s'était livré à d'aussi importantes études, n'avait achevé d'aussi précieuses productions que sous son ministère; un travail qui devait renouveler l'admirable collection des gouaches des Parrocel, exécutées sous Louis quatorze, et perdues ou dépareillées en 1790, était entrepris en 1812, et de nouveaux dessins coloriés, sortis du pinceau de Vernet, allaient composer une galerie de toutes les armes et de tous les UNIFORMES de l'armée. Cette collection avait pour base un règlement (1818, B) composé suivant une méthode neuve; les événements politiques en suspendirent la publication. Les successeurs de Feltre en interdirent l'impression. — Feltre a été le promoteur du travail didactique relatif à l'ÉCOLE DE FONTAINEBLEAU (1814, E); il avait encouragé la publication du *Manuel d'infanterie,* 1813, A; il en avait adopté, pour l'usage de l'école de Saint-Cyr, la troisième édition; il avait adressé à tous les corps l'ouvrage intitulé *Examen de la Législation sur le service en campagne* (1816, E). — CLARKE s'est occupé, en 1810, des CHAMPS DE MANŒUVRES; ses devanciers y avaient, jusque-là, à peine songé. Il avait l'intention de tracer des règles de CAMPEMENT. — Il avait aboli sagement, dans l'INFANTERIE de L'ARMÉE DE LIGNE, les BONNETS A POIL et les DRAGONNES d'infanterie; il lui avait donné l'HABIT VESTE; il ne permettait aux OFFICIERS PARTICULIERS que des ÉPAULETTES d'une seule et même forme et d'un prix peu élevé. Il n'a pas dépendu de lui que le costume de la GARDE IMPÉRIALE et de la GARDE ROYALE ne fût soumis aux mêmes règles que celui du reste de l'ARMÉE; il eût réprimé et prévenu, par là, des dépenses démesurées. — Si l'on en croit les mémoires de M. OMÉARA, BONAPARTE, dans ses conversations de Sainte-Hélène, déclarait que *Clarke était un employé laborieux, utile, incorruptible, excellent rédacteur, un bon commis, mais point soldat.* — L'éloge est pâle; à côté de quelques vérités il y perçait de l'humeur. — FELTRE, à son entrée dans la carrière des armes, s'était fait connaître à l'armée du Rhin par des actions de vigueur que cite GOUVION (1829) qui était loin d'être de ses amis. — Feltre a été l'objet d'attaques violentes, mais la furie et l'injustice des partis ne sentent que ce qui blesse leur cause; ceux qui lui ont déclaré la guerre n'ont voulu lui tenir compte ni des actes, ni des

efforts, ni des institutions qui ont pu profiter à la chose publique. Sous son ministère les pièces historiques du DÉPOT DE LA GUERRE étaient en sûreté. — Feltre quitte le ministère le 3 avril 1814. *L'Encyclopédie des Gens du monde* contient sa biographie.

1810 (3 janvier). LACUÉE (comte de CESSAC), ancien officier d'infanterie, général de division, collaborateur de l'*Encyclopédie méthodique* (1785, C), succède au Ministre Dejean dans la direction de l'ADMINISTRATION de la guerre; les dissentiments entre ses bureaux et ceux du Ministre Feltre décidèrent BONAPARTE à créer une commission chargée de la composition d'un règlement général sur l'uniforme de l'armée (1818).

1813 (20 novembre). DARU, ancien commissaire ordonnateur, ancien intendant d'armée, aussi célèbre par ses talents littéraires que par sa droiture, la fermeté du caractère, la hauteur des vues en administration, remplace le général Lacuée. Il cesse ses fonctions par suite de la suppression du département administratif dont il était chargé, le 26 avril 1814.

1814 (3 avril). DUPONT, général de division, est désigné sous le titre de COMMISSAIRE AU DÉPARTEMENT DE LA GUERRE par le gouvernement provisoire; il est maintenu dans le même poste, le 13 mai, par Louis dix-huit. Voici ce qu'on lit dans M. Fleury de Chamboulon (t. I, p. 31): *L'un (Dupont), chargé du département de la guerre, avait dû ce poste éminent au mérite d'avoir été proscrit par l'empereur; car on appela proscription l'exil imposé pour avoir conduit sous le joug les légions qui lui avaient été confiées; faible, timide, irrésolu, dénué de caractère et de moyens, il n'eut jamais ni l'ambition ni le talent d'être un seul jour le Ministre de la nation et du roi; il ne fut et ne pouvait être que le Ministre complaisant de la cour et des courtisans en crédit.* — L'amertume d'un tel jugement ne nous permet pas de le partager. — Le général DUPONT avait été, jusqu'à la guerre d'Espagne, cité pour la vigueur de ses dispositions et l'à-propos de ses manœuvres sur le champ de bataille; la victoire d'Austerlitz lui est due, rigoureusement parlant, (consulter Clément), ainsi que l'avoua la bouche même de Napoléon après la bataille, et comme doit s'en souvenir le comte de Lobau. Dupont allait être créé maréchal, si Lannes ne fût venu exiger, exiger est le mot propre, que le général Victor, qui était son chef d'état-major, fût promu à cette dignité. Pour dédommager Dupont, pour lui assurer ce bâton, l'empereur l'envoya en chef en Espagne où la fortune lui faillit; son commandement lui valut une célébrité malheureuse ; sa vie ministérielle s'est ressentie des fâcheuses exigences des temps, et des erreurs d'une cour qui prétendait replâtrer l'Œil de bœuf. — Le Ministre se vit dans la nécessité de s'occuper de BÉNÉDICTIONS DE DRAPEAUX ; il rétablit, par ordonnance, l'ORDRE de Saint-Louis aboli par les lois ; il décerna plus de décorations que ne l'avaient fait LOUIS QUATORZE et BONAPARTE ; six mille ÉTOILES de la LÉGION furent distribuées ; tels personnages puissants, lui forçant la main, se firent, au mépris de la LOI, créer OFFICIERS dans cet ORDRE, sans y avoir été LÉGIONNAIRES. LOUIS DIX-HUIT, qui se plaisait à parler latin, correspondait souvent en vers avec son Ministre de la guerre, littérateur lui-même, et qui a traduit avec talent Horace en vers français, en même temps qu'il composait un poëme de l'art de la guerre. Dans ce commerce littéraire, le roi répétait sans cesse ce vers de Virgile :

Manibus date lilia plenis,

répands à pleines mains une moisson de lis. — Le général Dupont dut s'y résigner ; il créa le bureau de l'ORDRE DU LIS qui occupait quinze COMMIS. — Sous le gouvernement d'alors, les journées du Ministre se passaient à signer des brevets de généraux, des brevets honorifiques, à prodiguer des rubans blancs, à donner audience aux solliciteurs de croix de Saint-Louis, et à accueillir les vieilles baronnes, les hobereaux accourus de tous les points de la France pour faire valoir, au nombre des services à récompenser, la fidélité qu'ils avaient mise à passer dans de paisibles retraites une période de vingt ans. — Il a eu le tort de faire revivre en 1814 (16 mai) les MARÉCHAUX DE CAMP, les LIEUTENANTS GÉNÉRAUX, les LIEUTENANTS DE ROI, dénominations inintelligibles, titres qui n'étaient pas ou n'étaient plus français. — Mais il faut dire à la louange du général DUPONT, qu'en reconstituant l'ARMÉE, il appela, presque généralement, à la tête des corps des OFFICIERS ayant fait la guerre, tandis que la cour n'y eût voulu que ses créatures. Mais elle n'y parvint qu'imparfaitement et guère que dans l'INFANTERIE, parce que les autres armes eurent l'habileté ou le crédit de se défendre contre l'intrusion. — Le Ministre DUPONT cède le portefeuille le 12 décembre 1814.

1814 (12 décembre). SOULT (maréchal de France), dont la brillante carrière avait commencé comme soldat et caporal de Royal-Infanterie, exerce jusqu'au 15 mars 1815. La prodigalité des ORDRES DÉCORATIFS n'est pas moindre que sous le MINISTÈRE précédent. Une révision de la JUS-

TICE MILITAIRE est entreprise sans résultat.

1815 (15 mars). FELTRE (le duc de), ancien Ministre sous le nom de CLARKE ; le fameux 20 mars décide de sa retraite.

1815 (20 mars). DAVOUST (prince d'Eckmulh). Son ministère ne dure pas jusqu'à la fin des cent jours.

1815 (9 juillet). GOUVION SAINT-CYR, maréchal de l'empire, ancien officier de volontaires et d'état-major, est récompensé de n'avoir pas pris part aux affaires des cent jours. Il est du petit nombre des Ministres qui, tels que Choiseul, Saint-Germain, Servan, aient pris rang au nombre des ÉCRIVAINS. Ses *Mémoires* ont été accueillis avec intérêt et prônés avec exagération. Les vues en sont élevées, les opinions y ont de l'indépendance ; mais le style en est incorrect, les principes qui y sont professés en fait d'art militaire n'en sont pas toujours justes, et pèchent souvent par l'obscurité. — Ses conceptions, comme Ministre, n'ont pas été non plus à l'abri de quelques reproches. — Il fait prendre aux COMPAGNIES DE FUSILIERS le nom de leur CAPITAINE ; c'était faire revivre une coutume féodale, que CHOISEUL avait si sagement abolie. — Il met sur pied les LÉGIONS DÉPARTEMENTALES par l'ordonnance du 5 août, dans laquelle se trouve cette phrase si peu réglementaire : *On pourra y ajouter une compagnie d'éclaireurs et une compagnie d'artillerie* (1). — Il créa des LÉGIONS à quatre, à trois et à deux bataillons ; il en composa qui étaient en partie INFANTERIE LÉGÈRE et en partie INFANTERIE DE BATAILLE ; d'autres qui, sans que cela tînt à un ordre numérique, à une méthode raisonnée, n'étaient que d'une espèce. Ces CORPS LÉGERS étaient à nombreux BATAILLONS ; des CORPS LOURDS étaient à peu de BATAILLONS ; telle des LÉGIONS qu'il organisa était de sept couleurs. De ce tohu-bohu il nous est resté le TIERCEMENT. — On y devait voir entrer, par un indigeste MÉLANGE D'ARMES, de la CAVALERIE, des CAISSONS, des CANONS ; c'était le renversement de tout ce qui est régulier et rationnel : c'était une maladroite imitation de la LANDWEHR de la MILICE PRUSSIENNE ; c'était ramener le chaos dans la composition et la tenue de l'INFANTERIE (1). — Le Ministre imagine d'adopter, à l'instar des ANGLAIS, le HAVRE-SAC de toile imperméable ; à peine la décision est promulguée qu'elle est contremandée. — Les magasins regorgeaient d'EFFETS D'ÉQUIPEMENT, quand une ordonnance irréfléchie donna aux CHASSEURS D'INFANTERIE la GIBERNE A LA CORSE, reconnue par expérience d'un si mauvais usage ; elle veut que la BUFFLETERIE des CHASSEURS soit en

(1) Voir la note page 3067.

peau jaune étirée, ou veau fauve, au lieu d'être en buffle blanc à l'eau. — Les COMMIS DE LA GUERRE ne pouvaient ignorer pourtant qu'on avait maintes fois essayé sans succès et reconnu d'un mauvais usé la BUFFLETERIE de veau jaune : par cette innovation qui brisait l'uniformité, ils imposaient des tarifs différents, et nécessitaient des descriptions à inventer, des devis à créer. — Le successeur de Gouvion abolit cette capricieuse disposition ; mais financièrement le mal était fait : un BAUDRIER, une BANDEROLE, une BRETELLE, une GIBERNE A LA CORSE, coûtent près de vingt francs. Ces EFFETS servirent peu de temps pour être à jamais réformés. S'il a été confectionné vingt mille équipements de ce genre, quatre cent mille francs ont été gaspillés. Jamais l'UNIFORME n'avait été plus dispendieux, plus disparate, moins appuyé sur des principes raisonnés que sous ce MINISTÈRE. — Gouvion quitte le DÉPARTEMENT DE LA GUERRE le 26 septembre 1815.

1815 (26 septembre). — FELTRE (le duc de) reprend pour la troisième fois le portefeuille. C'est le seul qui jusque-là ait eu les honneurs d'une triple investiture ; il est créé maréchal de France en juillet 1816. — Feltre, ramené au MINISTÈRE dans des temps où les passions, les partis, la vengeance décidaient de tout ; Feltre, tiraillé entre de nobles souvenirs et les princes du clergé, entre le gouvernement occulte et le gouvernement patent, s'est vu contraint à associer ces catégories de criminalités que ses antagonistes lui ont si amèrement reprochées. — Il avait sagement ordonné quelques essais en fait de SOULIERS CORIOCLAVES. — Il avait renoué le projet, conçu en 1811, de mettre au jour un large et complet règlement sur l'UNIFORME de l'ARMÉE. Le document de 1817 (3 septembre) fut comme un chapitre d'essai que la publication de trois volumes in-folio, dont un des planches, allait suivre de près. Le premier acte du successeur de Clarke, dans ce même mois, fut d'ordonner qu'on mit au pilon le manuscrit, les parties déjà imprimées et les dessins exécutés. — Ainsi fut perdu le fruit d'une dépense de plusieurs cent mille francs ; ainsi s'ensevelirent les productions consciencieuses de quantité d'hommes habiles et laborieux. — Au contraire, la création du corps de l'intendance, qu'une adroite obsession avait imposée au duc de Feltre, obtint l'adhésion de Gouvion, quoique antagoniste des corps privilégiés. — CLARKE perdit le portefeuille le 12 septembre 1817.

1817 (12 septembre). GOUVION SAINT-CYR est appelé pour la seconde fois au ministère. Il le bouleverse comme il venait de culbuter celui de la MARINE. — Il met à exécution l'ORDONNANCE DE 1817 (29 JUILLET), élaborée sous son prédécesseur et relative à l'INTENDANCE ; il l'adopte. Quoique dans l'ordonnance qui créait ce CORPS, tout sentît la faveur et le privilége, Gouvion prit la responsabilité de la mesure sans avoir invoqué l'assentiment des chambres ; c'était une double faute. — Il proscrit comme système vicieux et abolit comme coûteuses et indolentes les COMMISSIONS d'examen qu'il trouve établies ; à peine quelques semaines étaient écoulées depuis son entrée au ministère, que, sous prétexte de travaux préparatoires, neuf COMMISSIONS nouvelles offraient leurs sinécures à des favoris nouveaux. — Gouvion se prononce contre une ordonnance sur l'UNIFORME de l'ARMÉE, que son prédécesseur avait été à la veille de promulguer. Il n'a égard ni à l'utilité de la production, ni à l'immensité des dépenses, ni au mérite de la difficulté vaincue. Les fruits de cinq années d'un travail laborieux sont sacrifiés à de petites inimitiés, à d'étroites jalousies. On relègue aux greniers du DÉPOT DE LA GUERRE les cuivres de soixante-dix planches, grand in-folio, terminées. On enterre dans des cartons ignorés les aquarelles des plus habiles peintres. Nous verrons plus tard un autre Ministre punir GOUVION de cette faute en en commettant une semblable. Ce sont de fréquents épisodes dans l'histoire du MINISTÈRE. — L'ORDONNANCE DE 1818 (2 FÉVRIER), relative à la solde, et conçue avec trop de précipitation, avait subi, peu d'années après, cent vingt modifications. — La loi célèbre à laquelle le maréchal Gouvion a attaché son nom, la LOI DU 10 MARS sur le recrutement et la RÉSERVE lui était imposée par la nécessité ; un parti peu national la lui a injustement reprochée. Ainsi l'on doit à la fermeté de ses intentions et de ses actes la confirmation du système conscriptif. — Il crée, en 1818 (6 MAI), sans la participation des chambres, un corps à privilége, le CORPS D'ÉTAT-MAJOR ; il y attache sans utilité, on peut même dire, contre raison, des GÉNÉRAUX ; il y fait entrer, par la création d'un grade superflu, trente LIEUTENANTS-COLONELS ; il en repousse, en dépit des promesses de la Charte, cent cinquante vieux colonels. On le lui a reproché à la tribune. Il institue le grade inutile de PORTE-DRAPEAU, et le charge des fonctions d'OFFICIER DE CASERNEMENT malgré une sorte d'incompatibilité. — Par la même ordonnance, il établit des AIDES-MAJORS dont la fonction n'est pas d'aider les majors. — L'ORDONNANCE DE 1818 (15 MAI) sur le service intérieur des corps, était un remaniement du RÈGLEMENT PROVISOIRE DE 1816 (24

JUILLET). Gouvion eût pu, en l'étudiant, y effacer quelques-unes des taches qui la déparent; mais la pensée et la rédaction de ce document ne lui appartiennent pas. — Le titre sur l'AVANCEMENT dans la loi du 10 mars 1818, et l'ordonnance d'exécution du 2 août, étaient utiles et plausibles; mais ils n'étaient qu'une application des principes professés en 1790 par Lameth. Cette application demandait, au reste, une volonté forte qui blessait bien des susceptibilités. Gouvion eut cette volonté. — Mais sa fermeté a échoué plus d'une fois, parce qu'il n'avait pas l'esprit propre aux détails; ainsi, en dépit de ses décisions, les brevets, les grades, les ÉPAULETTES, le costume des OFFICIERS de la garde royale différèrent de ce qui était admis pour les officiers de la LIGNE. L'inutile PIQURE DE BUFFLETERIE fut autorisée; l'armement différa; tout devint une occasion de comparaisons blessantes pour les militaires qui ne faisaient pas partie des corps privilégiés. — Gouvion faisait travailler à un règlement sur le service en garnison et à un autre sur le service en campagne qu'il n'a pas vu achevé. — Un CODE PÉNAL MILITAIRE fut élaboré; l'amélioration de la justice militaire eût fait honneur à un MINISTÈRE qui a détruit, promis et entrepris beaucoup, et qui a achevé peu. — Incapable de créer, trop peu appliqué aux travaux d'administration pour agir en personne, heureux quand les instruments qu'il mettait en œuvre étaient bons, Gouvion avait la vigueur qui fait exécuter; aussi est il le Ministre qui, le premier, ait mis des comptes à jour et les ait rendus d'une manière satisfaisante, arithmétiquement parlant. — Honneur aussi à Gouvion pour son bon vouloir à l'égard des écoles d'enseignement primaire. — Méditatif plus que studieux, observateur plus que savant, Gouvion avait été son propre et seul instituteur, et ses occupations, la veille du jour où il prenait le mousquet, étaient loin de promettre ses succès comme général. — Arrivé au département de la guerre, il s'y montre homme d'Etat plus que Ministre. Il sentit qu'il y avait à emprunter à la république, à l'empire, à la nouvelle Prusse et à quelques institutions anglaises et suédoises. Il a osé faire sa loi d'avancement et de recrutement, et son arrière-ban de vétérans; il a fondé l'école d'état-major, il a fait appel aux légions; mais en tout cela il s'est montré imitateur mieux intentionné qu'habile. — Gouvion, ou spontanément, ou par une fâcheuse nécessité politique, établit d'iniques démarcations quant à l'AGE MILITAIRE des officiers en non activité. Il a donné de force leur retraite ou leur demi-solde, en

1818, à tous les colonels et autres officiers non employés; il a au contraire laissé en disponibilité et n'a pas jeté dans l'amortissement de la retraite les officiers généraux. Cette mesure, qui déclarait inhabile au service un colonel en demi-solde, et ayant quarante-huit à cinquante ans d'âge, cette mesure, qui n'appliquait qu'à cinquante-cinq ans d'âge la même répulsion aux généraux, leur a donné, en définitive, le temps d'échapper à la radiation; elle a privé l'armée d'une quantité d'excellents colonels qui avaient passé par tous les GRADES, et elle a grevé le trésor en laissant la jouissance de leurs larges émoluments à quantité de GÉNÉRAUX de l'émigration qui, en réalité, n'avaient jamais servi et étaient arrivés au travers des antichambres jusqu'aux GRADES à broderies. — Aussi, en 1830 et 1831, par une réaction inévitable, par une mesure qui n'était pas non plus sans inconvénients, des GÉNÉRAUX ont, à leur tour, été radiés d'une manière blessante, et des officiers supérieurs, qui avaient été mis à la retraite, en ont été relevés, au mépris des lois anciennes, et rétablis sur les contrôles à la hâte, sans examen suffisant, peut-être sans justice. — Les panégyristes de GOUVION ont remarqué que sous son MINISTÈRE aucune conspiration militaire ne s'était manifestée; ses antagonistes auraient pu combattre cet éloge, en supputant le nombre considérable de DÉSERTEURS français qui passèrent à l'étranger pendant son ministère. Une grande partie des militaires en activité goûtaient ce Ministre, parce que, s'il n'était pas de premier ordre comme administrateur, il avait le renom d'un militaire de haute distinction; mais tous les éloges qu'il a recueillis comme Ministre pourraient être revendiqués par les généraux Dalbignac et Préval. — Considéré comme ÉCRIVAIN, il a été en général prôné par ceux qui ont rendu compte de ses ouvrages. Ce qui est sorti de sa plume n'est pas du ressort de nos études ni de notre censure; quant à son *Journal de l'armée de Catalogne*, le style, les pensées, les gravures surtout, ne sont pas sans mérite; mais de ce gros in-octavo et de cette campagne de peu d'importance, il n'y a pas, disait Lemontey, quatre ou cinq pages à extraire au profit de l'histoire. Ses *Mémoires* (1829), production pleine de vues élevées, ont excité plus d'une récrimination qui les ont fait regarder comme contenant des critiques plus scientifiques qu'équitables. Il y prétend qu'un quart des blessés français pendant la GUERRE l'ont été par le feu de leur troisième rang; c'est ce que les Anglais appellent un *non-sense*. — Son oustage de 1831 contient, en fait de préceptes, des vérités qui courent les rues, et plus d'une hérésie en tactique. — Il perd le portefeuille le 18 novembre 1819.

1819 (18 novembre). LATOUR MAUBOURG (le général, *marquis de*), militaire amputé d'une jambe depuis la bataille de Leipzig. — Suivant l'usage, il prend le contre-pied du ministère précédent, mesure qui, à certains égards, ne pouvait être critiquée, et était justice. — Il prépare l'amélioration des ÉTATS A UNE PLACE. — Il abolit l'institution discréditée des LÉGIONS DÉPARTEMENTALES, rétablit les RÉGIMENTS D'INFANTERIE à NUMÉRO par ARME et à désignation numérale, fait revivre le numérotage des COMPAGNIES par BATAILLON, au lieu de les laisser numérotées par RÉGIMENT; il reconstitue une INFANTERIE DE BATAILLE distincte de l'INFANTERIE LÉGÈRE, et abolit ces chasseurs à la prussienne procréés dans un des avortements du cabinet précédent. — L'infanterie qu'il forme redevient une fusion de Français sans distinction de départements; l'organisation qu'il adopte redonne à l'ARMÉE une forme plus nationale, en faisant cesser ce fédéralisme militaire qui, au lieu de mélanger les races, et d'amalgamer l'ESPRIT MILITAIRE, ne groupait les enfants de la grande famille que par LÉGIONS PROVINCIALES, par agrégation sans harmonie, et, pour ainsi dire, par paroisse. — LATOUR MAUBOURG paralysa ou laissa dormir l'institution des VÉTÉRANS, et ne réalisa pas le remplacement successif des officiers à demi-solde; c'étaient les projets les plus sages de son prédécesseur. — Il envoya deux mille OFFICIERS en congé illimité. Il est vrai que le nombre des officiers était démesuré dans les LÉGIONS; mais on attribua cette mesure à des motifs politiques ou à l'influence de l'esprit de parti; aussi a-t-elle été l'occasion d'un blâme qui, s'aveuglant sur ce que les institutions avaient de bon, attaquait sans restriction les moyens adoptés. — Le général Danthouard professait l'opinion que voici (*Courrier français* [10 mars 1823, p. 5, 2e colonne]) : — *Il propose et fait agréer le licenciement d'une partie des régiments de l'armée que son prédécesseur venait de créer à grands frais. Cette mesure était-elle un prétexte pour congédier d'anciens militaires, ou bien est-elle la conséquence de l'imprévoyance et de l'ineptie? On est autorisé à ces questions en voyant le Ministre actuel* (1823) *recréer ce que le précédent a détruit.* — Le général Sébastiani, dans son *Discours sur le budget*, en 1821 (2 juin), avançait que *c'était par un subterfuge indigne d'un Ministre qu'on employe un mot nouveau* (congé illimité), *et qu'on grossit ainsi la dépense de demi-solde qu'une loi défendait d'augmenter.* — Ces reproches sont bien amers. — Latour Maubourg avait promis de mettre au jour un CODE PÉNAL; il a simplifié l'UNIFORME de l'INFANTERIE, et en a effacé les bigarrures; il s'est occupé des ARMES des OFFICIERS, de leurs BAUDRIERS, et du HARNACHEMENT des CHEVAUX D'AUMÔNIER; il s'est appesanti sur les détails des FRAIS du CULTE. Le GRAND AUMÔNIER n'était pas étranger à cette sollicitude. Il change le système des ÉPAULETTES et CONTRE-ÉPAULETTES des CAPITAINES, LIEUTENANTS et SOUS-LIEUTENANTS par la DÉCISION DE 1821 (10 JUILLET). Nous avons montré le côté blâmable de cette disposition que rien ne motivait; fallait-il aller chercher dans les troupes espagnoles le modèle des ÉPAULETTES du CAPITAINE français? — M. de Latour Maubourg minuta, un peu avant la clôture de son portefeuille, une ordonnance de promotions d'OFFICIERS supérieurs et GÉNÉRAUX choisis parmi les favoris du MINISTÈRE et de la cour. Dans la seule année 1821, deux larges et inutiles créations ont eu lieu, l'une en actions de grâces de la naissance du duc de Bordeaux, l'autre comme un adieu au MINISTÈRE; c'était un moyen adroit d'escompter le revenu du successeur en le privant de la douceur de se faire des créatures; ces nominations nombreuses, ruineuses ont été reprochées au Ministre par M. le général Brun de Villeret en 1822, dans la séance du 29 mars. — M. le général Laveaux a poussé plus loin la censure; il a accusé le MINISTRE, à la tribune, en 1821 (21 février), *d'accabler l'armée sous le joug le plus arbitraire et l'administration la plus vicieuse.* — Mais le langage de la tribune n'est pas toujours mesuré et rigoureusement exact. — Une DÉCISION DE 1821 (23 OCTOBRE) accroît les DÉPENSES de l'État en donnant de brillants EFFETS D'UNIFORME aux TAMBOURS-MAJORS de la ligne; jusque-là, le MINISTÈRE s'étudiait à tempérer les DÉPENSES DE LUXE; le contraire est arrivé depuis la restauration; les BUREAUX DE LA GUERRE semblaient pousser eux-mêmes à ce genre de DÉPENSES. — M. de la Tour Maubourg cesse d'être Ministre le 3 décembre 1821. — Le bouquet d'artifice d'un Ministère qui s'éteignait est une large PROMOTION de GÉNÉRAUX dans une armée qui en regorgeait; des fournées de ce genre exciteraient les ambitieux à désirer la chute des Ministres, et la médiocrité, s'embusquant aux alentours du ministère, y serait à l'affût des grâces jetées par les fenêtres les jours de déménagement.

1821 (5 décembre). VICTOR, duc de Bellune, maréchal de France. — A son arrivée au MINISTÈRE la COMMISSION que Gouvion avait instituée pour la rédaction d'un règlement général d'ADMINISTRATION est supprimée ; ce travail, en partie imprimé déjà (1821, C), était à la veille de recevoir la dernière main. Gouvion avait eu un tort pareil envers son prédécesseur, au sujet d'un règlement d'uniforme (1818, B) ; c'était un prétérendu. — La DÉCISION DE 1822 (30 AVRIL) faisait confectionner en DRAP particulier l'HABIT des SOUS-OFFICIERS ; l'ORDONNANCE DE 1822 (8 MAI), allongeait de cent millimètres les BASQUES des HOMMES DE TROUPE de l'INFANTERIE DE LIGNE. En accordant ce DRAP plus fin équivalant à deux francs par HOMME et par an, le Ministre accroissait annuellement ainsi les dépenses de vingt mille francs ; il les accroissait de cinquante mille francs, et peut-être du double, en donnant une plus grande longueur aux HABITS. — Un galon de laine d'une COULEUR DISTINCTIVE ajouté au bord supérieur des SCHAKOS des HOMMES DE TROUPE de l'INFANTERIE, en ne l'évaluant qu'à un franc, augmentait de cinquante mille francs la dépense annuelle de l'HABILLEMENT. — En ne parlant que de la seule INFANTERIE, de son HABILLEMENT, de sa COIFFURE, de son ADMINISTRATION, ses dépenses allèrent chaque jour croissant. — L'INFANTERIE DE LIGNE n'avait, jusque-là, qu'un seul et même HABIT D'UNIFORME ; de nouveau, il se distingue par des COULEURS réglées de huit en huit SÉRIES. La poitrine des habits est bombante et ouatée, à la manière de ceux de PRUSSE. Ainsi le voulait la DÉCISION DE 1822 (9 MAI, art. 8). Les PATTES DE PAREMENTS, supprimées sous l'avant-dernier MINISTÈRE, sont rétablies. Des changements peu utiles s'introduisent à l'instar des modes RUSSES ; l'INFANTERIE DE LIGNE leur doit la forme et l'espèce des ÉPAULETTES EN DRAP. — Le système était de donner à l'infanterie de ligne un HABILLEMENT dont l'HABILLEMENT de la garde fût le type ; de là l'allongement de l'HABIT DE TROUPE, l'allocation du DRAP fin aux sous-officiers, l'augmentation de dépense dans l'accoutrement des MUSICIENS, etc. — Le COMITÉ D'ARTILLERIE fait faire ou laisse faire, dans les MANUFACTURES D'ARMES, cent mille fusils de MODÈLE anglais ; ils n'ont pas servi, et cette commande a coûté plus de trois millions. — L'ARTILLERIE fait fabriquer, en 1822, des BAIONNETTES de forme ANGLAISE, mais il restait à établir une concordance entre ce système et la TACTIQUE de l'INFANTERIE. — On avait donné aux CHASSEURS A CHEVAL le SABRE DROIT ; le SABRE COURBE leur est rendu. — L'ARMEMENT des OFFICIERS de l'INFANTERIE

DE LIGNE commence à comprendre un SABRE. — On doit au MINISTÈRE de cette époque une importante innovation, celle des COUCHETTES en fer ; mais quand l'accroissement de dépenses est ce qui occupe le moins les BUREAUX, il leur est aisé d'arriver à des résultats brillants ; telle est l'histoire des MARCHÉS relatifs aux LITS MILITAIRES. — Une DÉCISION DE 1822 (9 DÉCEMBRE) s'occupait d'un journal d'harmonie, et de morceaux de musique *propres à être exécutés dans les cérémonies religieuses.* — Une discussion entre le MINISTÈRE et un CAPITAINE EN NON ACTIVITÉ, au sujet de ses droits comme électeur, fut l'objet d'un grave reproche comme excès de pouvoir en fait d'EMPRISONNEMENT ; une pétition fut adressée, à ce sujet, à la chambre des députés en 1829 ; si l'on en croit le *Courrier français* (1829, 29 avril), le procès n'a pas tourné à l'avantage du Ministre. — Les préparatifs et la marche de la GUERRE DE 1823 ont occasionné de vives contrariétés au Ministre Victor. Le système adopté par une subite AUGMENTATION DE FORCES fut au nombre de ceux que l'expérience démontre défectueux ; les dispositions pour les appels, pour les fournitures, furent prises à faux ou furent traversées ; des tracasseries sans nombre résultèrent de cette campagne sans combat, de cette guerre de caprice et de patrouille, où M. le maréchal ne savait plus s'il était major général ou Ministre. — Le MINISTÈRE de 1821 à 1823 a été marqué par les épurations, l'abandon du sage projet de la RÉSERVE et des VÉTÉRANS, l'exagération des DÉPENSES, dans des vues frivoles pour la plupart. — Le maréchal Victor cède ou paraît céder le ministère le 23 mars 1823, et part pour l'armée d'Espagne.

1823 (23 mars). DIGEON (le vicomte) exerce une espèce de ministère postiche ; il arrive à l'hôtel de la guerre comme Ministre secrétaire d'Etat par intérim, et n'en tranche pas moins dans le vif comme Ministre. — Son premier soin, suivant l'usage, est d'adopter une marche nouvelle. Il fait créer de suite une place de secrétaire général supprimée à peine depuis six mois, et change la forme du MINISTÈRE qui était partagé seulement en deux directions ; vingt et un jours suffisent pour ces bouleversements. L'autorité ministérielle du secrétaire d'Etat expire le 14 avril.

1823 (14 avril). VICTOR, duc de BELLUNE, après avoir non exercé l'emploi, mais porté le titre de major général, rentre au ministère pour le quitter le 19 octobre 1825.

1823 (19 octobre). DAMAS (le général comte de ...) arrive au MINISTÈRE le 28 oclobre, mais il était nommé du 19. Il était colonel russe en 1814. — Un rapport signé de sa main déclarait la poudre anglaise supérieure à celle de France, mais promettait aux poudres des chasses royales quelques améliorations. — Par ordonnance de 1824 (4 août), il passe aux affaires étrangères.

1824 (4 août). CLERMONT-TONNERRE (le général, marquis de), ancien officier d'artillerie sous l'empire, ancien aide de camp de Joseph Bonaparte et colonel espagnol de cavalerie légère en 1814, fait lieutenant général par une ordonnance spéciale, quand il était ministre de la marine. — Répétons qu'il faut distinguer la cause de chaque MINISTRE de la cause du MINISTÈRE et du cabinet; s'il y a ici, comme presque toujours, matière à la louange et à la critique, les fautes n'appartiennent pas au Ministre seul. — Récapitulons d'abord les actes utiles, les mesures justes. — La GYMNASTIQUE, d'abord répudiée, est ensuite mieux accueillie. — La NATATION est stimulée. — L'ESCRIME, jusque-là plus recommandée que pratiquée ou conseillée, puisqu'aucun secours en argent n'en favorisait les écoles, devient une étude réelle et réglée. — L'utilité des CAMPS D'INSTRUCTION, comme ÉCOLES DE MANŒUVRES D'ENSEMBLE, est reconnue; c'était un pas vers la création d'une ÉCOLE DE BRIGADE et d'une école de DIVISION, qui, un jour, prendront naissance. — Des prix de CIBLE sont distribués. — Le mode d'artillerie anglaise, imaginé en 1808, étudié en France depuis 1814, est adopté en 1827. — Pour le perfectionnement des cuirasses, un appel est fait aux sciences et à l'habileté; un prix de cinq mille francs y est consacré. — Les APPOINTEMENTS des LIEUTENANTS et SOUS-LIEUTENANTS sont bonifiés; des règles de COMPOSITION plus unes, plus méthodiques s'établissent; le système du PIED DE GUERRE et du PIED DE PAIX est franchement adopté, mais mal à propos étendu à la GARDE ROYALE. — Le zèle des INSTRUCTEURS est récompensé. Des circulaires citent honorablement les corps dont l'ARMEMENT est entretenu dans l'état le plus satisfaisant. — Ainsi ce MINISTRE est un des premiers qui répande d'utiles gratifications bien gagnées, il est le premier dont la bouche ait dispensé publiquement quelques louanges rémunératoires. — Le DRAP DE TROUPE s'améliore, mais s'enchérit. — L'usage des dénominations départementales s'éteint dans la CAVALERIE; les désignations numérales y succèdent. — Mais les changements d'ARMES, les transformations de CORPS, les créations nouvelles rendent ruineuse la mise en œuvre de la CONSTITUTION militaire de 1825. — Elle instituait deux fois plus

d'INFANTERIE DE BATAILLE que d'INFANTERIE LÉGÈRE, et deux fois plus de CAVALERIE LÉGÈRE que de CAVALERIE DE BATAILLE; elle tenait d'une même force les CORPS de ces deux genres de CAVALERIE, quoique les uns soient destinés plutôt à agir détachés, les autres à rester en état de cohésion. Cette égalité de force est-elle plausible? — Le débat de cette question serait déplacé ici. — Passons à l'examen de quelques dispositions que l'ARMÉE et surtout plusieurs orateurs des chambres n'ont pas approuvées. — La rédaction des documents émanés des BUREAUX manque d'accord; ainsi les descriptions de HARNACHEMENT faites en 1826 sous la dictée d'artisans routiniers, ne présentent les calculs qu'en mesures anciennes et abolies; tandis que l'ORDONNANCE sur le CASERNEMENT, élaborée par des hommes éclairés, n'emploie que des dénominations métriques et décimales. — Les décisions relatives à cette dernière branche ne sont pas exemptes de quelques ridicules; dans l'une, les COMMIS DE LA GUERRE proposent un recrutement de chats pour remédier au désordre commis par les souris et les rats des casernes; et, en ce qui concerne le logement des GÉNÉRAUX, un des articles importants est *la chambre à coucher de Madame.* — Les ÉCOLES D'ENSEIGNEMENT MUTUEL étaient loin d'être protégées. — Des CHASSEURS à cheval sont métamorphosés en DRAGONS et des DRAGONS en CUIRASSIERS, tandis qu'il eût été moins inutile peut-être d'opérer une transformation inverse. — Un second RÉGIMENT DE CARABINIERS est créé, comme si des CORPS PRIVILÉGIÉS ne surabondaient pas déjà. Mais c'était un débouché ouvert à de jeunes capitaines de grande famille; c'était une flatterie adressée à l'ancien colonel général des carabiniers. — Ainsi des hommes de plus grande stature étaient appelés dans des CORPS de prédilection, quand déjà l'espèce des HOMMES DE TAILLE était si rare, et quand la TAILLE moyenne de l'INFANTERIE tombait au faible chiffre de quatre pieds onze pouces. — Les AUMONIERS, qui, sous Louis quatorze, tout dévot qu'il fût, n'étaient classés que comme bas officiers, devinrent de hauts personnages; en 1824, nul MINISTRE n'avait fait autant en leur faveur: ils montèrent à un rang équivalent presque au grade des chefs de bataillon; ils étaient reçus devant les troupes comme OFFICIERS, étaient salués du PORT D'ARMES, obtenaient de larges APPOINTEMENTS. Comment se fussent-ils maintenus dans des sentiments d'humilité chrétienne, entourés qu'ils étaient de prérogatives, de distinctions et d'honneurs? Les SOLDATS étaient des ouailles, les prêtres devenaient une autorité militaire. — Le Ministre travaille à l'extinction des MASSES D'ÉCONOMIE, cette plaie invétérée, honteuse de l'ADMINISTRATION INTÉRIEURE ; mais ses CIRCULAIRES DE 1827 (1ᵉʳ et 22 JANVIER) ne combattent le mal qu'au grand détriment du trésor public ; elles surchargent annuellement le BUDGET de l'ARMÉE de ligne de quatorze cent mille francs, consacrés à des dépenses d'une utilité douteuse. Dans leurs supputations, les BUREAUX se contentaient d'une côte mal taillée, comme eût fait un grand seigneur du dix-huitième siècle, et non un administrateur du dix-neuvième. — L'intérêt des CORPS rachetait-il le laisser-aller financier ? un rapide ordre du jour émané du cabinet particulier suffisait-il à la justification d'une charge si onéreuse qui eût dû émaner, ou d'une ordonnance du roi, ou au moins d'un règlement ministériel ? — Un maître de maison se montrerait peu économe et serait un administrateur malhabile s'il disait à ses gens : Si vous voulez me promettre de ne pas me friponner, je consens à satisfaire à toutes les fantaisies qui motivaient jusqu'ici vos infidélités. Donnez-en le détail ; je l'enregistre et je passe contrat. Il ne resterait plus qu'à deviner si, après la concession, les gens ne seraient pas travaillés de nouvelles fantaisies satisfaites à l'ancienne manière. — La dépense a été le moindre souci d'un MINISTÈRE qui a dépassé en cela le précédent ; le brillant était le but où il visait ; il a administré par voies d'ordres du jour ; il prodiguait à la LIGNE des EFFETS D'UNIFORME jusque-là réservés à la GARDE ROYALE ; rien n'était assez bien, assez cher pour vêtir et équiper le SOLDAT, tandis qu'on tenait sur pied à peine assez de CHEVAUX pour atteler en campagne trente-six PIÈCES. Le BUDGET de la guerre eût été doublé, à ce train, au bout de dix ans, sans que l'armée en eût été meilleure ou plus forte. — La CIRCULAIRE DE 1825 (31 JUILLET) témoigne que, par DÉCISION DU 12, une adjudication de trois mille CASQUES de nouveau modèle est ordonnée à vingt-cinq francs l'un ; ce caprice coûtait à l'État soixante-quinze mille francs. — En 1826, le plausible système du couchage solitaire conçu par LATOUR MAUBOURG se réalise. — La DÉCISION DE 1827 (22 JANVIER) augmente le taux des FRAIS DE BUREAU de corps déjà grossis en 1824 (24 JANVIER). La MASSE D'ENTRETIEN est surchargée d'une HAUTE PAYE aux TAMBOURS-MAJORS et aux SAPEURS ; les FRAIS DE CULTE vont s'accroissant ; un supplément de DÉPENSE D'ORDINAIRE, le jour de la fête du ROI, est autorisé ; des MUSIQUES sont rendues à la CAVALERIE. Une DÉCISION DE 1827 (23 MARS)

double de basane les BONNETS DE POLICE ; c'est une dépense de trois cent mille francs. — Les MANTEAUX DE CAVALERIE se garnissent d'un grand collet. Trente mille MANTEAUX, augmentés de dix francs l'un, donnent trois cent mille francs. — En 1827 (6 avril), les SOLDATS MUSICIENS sont vêtus en DRAP DE SOUS-OFFICIER. En en évaluant le nombre à trois mille, et supposant l'excédant de dépense égal à cinq francs, c'est quinze mille francs. — Un CHAUFFAGE de chambre est alloué ; innovation utile en certaines provinces, mais non également dans toutes. Si deux cent mille hommes coûtent chacun, par an, dix francs, c'est deux millions. Le CHAUFFAGE DES CORPS DE GARDE DE POLICE qui, jusque-là, était prélevé sur le CHAUFFAGE du CORPS, est mis au compte de l'État ; c'était une générosité toute bénévole. Supposez en France mille CORPS DE GARDE DE POLICE, supposez que le taux de la dépense réponde à cinquante francs ; c'est, annuellement, un accroissement de dépense de cinquante mille francs. — L'ancien dictum, PLACE AU FEU ET À LA LUMIÈRE, perd sa valeur ; on alloue en station chez l'HABITANT le combustible de cuisine. C'est une augmentation éventuelle de dépense qu'on ne saurait évaluer. — L'ensemble des approximations donnerait en une seule année :

```
1827, 22 janvier. . . . . fr. 1,400,000
      23 mars. . . . . .        500,000
      Id. . . . . . . .         300,000
      6 avril. . . . . .         15,000
      13 août. . . . . .      4,000,000
      Id. corps de garde
         de police. . . .        50,000
                              ──────────
                               6,065,000
```

— Ce n'est qu'une faible part des surcroîts de frais en tant d'autres branches. Nous ne mettons en ligne de compte ni la GARDE ROYALE, ni les MUSIQUES, ni les AUMÔNIERS, ni les FRAIS DE CULTE, ni la surabondance des MESSES MILITAIRES, ni la création du second régiment de CARABINIERS, ni les ruineux bouleversements de CAVALERIE, au mépris de l'ART MILITAIRE et de la raison, ni les faux frais incalculables du HARNACHEMENT, ni le CASERNEMENT et ses nouvelles CUISINES, ni le COUCHAGE, ni les prodigieuses sinécures de vingt-six COMMISSIONS. — Sans doute les intentions du Ministre étaient bonnes ; les innombrables conseillers et le MINISTÈRE seuls avaient tort ; il y avait plus de laisser-aller et d'illusions que de désordres ; mais l'effet fut désastreux, parce qu'aucun gouvernement n'est le maître de ramener à l'économie une ARMÉE qui a goûté de la douceur des profusions. — En 1828, après quelques années de lutte entre le Ministère et son comité d'artillerie, qui répugnait aux innovations, M. de Clermont-Tonnerre ordonne la création de batteries d'essai ; de là l'immense changement de système de l'artillerie, dont la considérable dépense ne sera pas à regretter, si les résultats répondent à ce que les partisans de sa nouvelle méthode ont promis. — La cour, qui fermait les yeux sur quelques erreurs, en provoquait d'autres ; elle exigeait un holocauste de GÉNÉRAUX de l'ancienne ARMÉE. — Une Saint-Barthélemy de guerriers distingués fit germer une conspiration sourde qui devait un jour renverser le trône, amener une réaction d'épurations ; les victimes engendraient des victimes. — La cour voulait aussi des PROMOTIONS comme chaque Ministre est tenu d'en faire ; M. de Vitrolles fut fait OFFICIER GÉNÉRAL en même temps que des brevets étaient donnés à trente-sept LIEUTENANTS GÉNÉRAUX OU MARÉCHAUX DE CAMP. — On lit dans le discours du général Lamarque, à l'occasion du budget de 1829, les paroles suivantes : *Tel Ministre se prêtant à toutes les fantaisies des courtisans et des ambassadeurs, fit en un seul jour plus d'officiers généraux que Marengo, Austerlitz et Wagram réunis.* — Benjamin Constant disait dans la séance du 4 mai 1828, en un langage qui sortait de la modération habituelle de son style : — *Qu'a-t-il fait des millions prodigués pendant qu'il était Ministre ? — Tandis qu'à cette tribune il parlait de son armée puissante prête à jeter un poids immense dans la balance européenne, cette armée qu'il vexait, qu'il opprimait, qu'il décourageait, dépérissait entre ses mains.* — *Ministre également fatal à la France et à ses colonies ! Nous avons hérité du vide qu'il a laissé dans les rangs de nos guerriers, et nos colonies héritent des germes de dissensions qu'y sema sa tyrannie.* — Ces jugements ne sont pas sans exagération. — Une biographie insérée dans l'*Encyclopédie des Gens du monde* le montre sous un jour tout différent. — Le portefeuille passe en d'autres mains le 4 janvier 1828.

1828 (4 JANVIER). DECAUX (le général, vicomte), OFFICIER du génie, ancien chef de division de la guerre, ancien DIRECTEUR du personnel par ordonnance de 1823 (26 mars), ancien directeur général de l'administration de la guerre le 5 novembre 1823. — Il prend le portefeuille avec des attributions restreintes et sous la qualification verbeuse et obscure de MINISTRE SECRÉ-TAIRE D'ÉTAT de l'ADMINISTRATION DE LA GUERRE ; ce titre ambigu était la conséquence d'un projet qui devait donner au dauphin la haute main dans les affaires, et constituer le MINISTÈRE à peu près à la manière anglaise. La qualification du nouveau MINISTRE semblait rétablir, avec plus ou moins de modifications, l'emploi de MINISTRE DE L'ADMINISTRATION institué sous le régime impérial ; cet essai tenait à un plan mal arrêté ; aussi, sur un rapport signé de sa propre main, le général DECAUX est-il nommé MINISTRE SECRÉTAIRE D'ÉTAT DE LA GUERRE le 17 janvier 1828. — Cependant les formes du Ministère vont être tout autres. Un CONSEIL SUPÉRIEUR DE LA GUERRE est créé. Le prince héréditaire est mis à la tête de la principale branche ; le personnel lui est dévolu. Il a la présentation aux EMPLOIS vacants, et, sous son patronage, le Ministre n'est chargé que du contre-seing des NOMINATIONS. — Tel est à peu près le système en ANGLETERRE, mais là les attributions de COMMANDEUR EN CHEF ne se bornent pas au personnel ; il régit l'ARMÉE, mais sans pouvoir y ordonner des changements qui entraîneraient la responsabilité, parce qu'elle pèse tout entière sur le secrétaire de la guerre, *secretary at war*. — En FRANCE, à raison des lois en vigueur concernant l'AVANCEMENT, le dauphin, chargé de présider au travail des NOMINATIONS, ne pouvait plus être que l'intermédiaire placé entre le Ministre et le roi, et pour ainsi dire le messager du Ministre, puisque ce dernier était chargé de constater le droit à l'AVANCEMENT, même à l'égard des NOMINATIONS au choix du souverain, telles que celles des colonels et des généraux. Ainsi le système français posait à faux. — En ANGLETERRE, le COMMANDEUR EN CHEF, tout frère du roi qu'il fût, était un fonctionnaire qui n'assistait point au conseil privé, tandis que le fils de France assistant aux conseils du roi, était inhabile à s'occuper de fonctions publiques, puisqu'il prenait part au gouvernement ; il dérogeait donc à sa dignité en se livrant à une fonction ministérielle. — La cour avait bien plus en vue de diminuer l'importance de l'emploi de Ministre et de mettre en évidence le prince, que d'apporter une amélioration dans les rouages généraux de la machine gouvernementale, puisque la même méthode n'était adoptée, ni pour les nominations dans l'armée navale, ni pour celles des hauts fonctionnaires civils. — Considérons cependant le Ministre comme s'il n'eût pas été subordonné à une autorité mal pondérée, et contrarié par un CONSEIL SUPÉRIEUR. — Le général DECAUX a été de tous les Ministres celui qui avait le mieux l'expérience du MINISTÈRE, puisqu'il en était pour ainsi dire un enfant ; il a été un de ceux dont l'élocution facile témoignait le plus d'esprit et de mesure ; la société et la tribune se le rappellent : *vir bonus, dicendi peritus.* — Bien différent de son prédécesseur, il n'a pas mis à la charge du trésor le bien qu'il a fait à l'ARMÉE. — Officier de l'arme du génie et doué d'un esprit juste et symétrique, il a senti l'utilité des plantations d'arbres sur les terrains des forteresses. C'était une idée aussi simple que profitable. — Il a cherché à donner aux ÉCOLES D'ENSEIGNEMENT PRIMAIRE l'impulsion dont cette branche avait été privée. — Il a fait, sur le RECRUTEMENT, des rapports mieux étudiés et plus instructifs. — Il a provoqué la création d'un CONSEIL SUPÉRIEUR DE LA GUERRE, afin, disait le rapport, d'*établir la législation militaire sur des principes fixes, et de soumettre l'organisation des forces de terre aux rectifications que les circonstances ont rendues nécessaires.* — Il a avoué le ridicule attaché au titre de LIEUTENANT DE ROI, et il l'a fait supprimer. — Il a fait reconnaître à l'HOTEL DES INVALIDES le grade de sous-lieutenant qui jusque-là y était inconnu. — Il a cherché à apporter de l'économie dans son département, en restreignant le nombre des aides de camp et des officiers généraux. Quelques inutiles commandements de divisions sont supprimés. On cesse de payer comme colonel d'un régiment étranger un maréchal de France ; mais quant à la direction du personnel, quant à la marche et au travail des nominations, le Ministre était contrarié, était subjugué par les exigences du pavillon Marsan. — Le Ministre Decaux présentait le 16 février 1829 un projet de Code pénal à la chambre des pairs. Les événements s'opposèrent à ce qu'il fût discuté. — On peut tirer des propres paroles de ce Ministre les preuves d'un système mieux entendu : *profiter de la voie sage et rapide des extinctions ; discuter la nécessité de tout emploi dès qu'il devient vacant ; refuser toute création qui ne serait pas jugée indispensable :* telles sont les vues énoncées au budget de 1830 ; mais les hommes de cour ne se rendaient pas garants de l'exécution. — Le Ministre DECAUX était moins heureux quand il cherchait généreusement, dans la discussion du budget de 1829, à excuser, relativement à l'ADMINISTRATION de l'ARMÉE, ses prédécesseurs dont il ne pouvait intérieurement se dissimuler les erreurs.

1829 (8 AOUT). BOURMONT (le général, comte de) préfère aux RÉGIES le système si

décrié des ENTREPRISES ; il rétablit au MINISTÈRE deux DIRECTEURS GÉNÉRAUX, tandis qu'un seul avait suffi aux ARMÉES de Bonaparte. Ses détracteurs ont prétendu que c'étaient des places dispendieusement créées pour des protégés. Ses conseillers le décident à bouleverser, par l'ORDONNANCE DE 1830 (21 FÉVRIER), le système des TARIFS et des MASSES, et la COMPTABILITÉ intérieure ; l'étude de l'ADMINISTRATION de compagnie était à recommencer ; les méthodes que lui suggèrent ses BUREAUX visaient à une ponctualité imaginaire, applicable tout au plus pendant une longue paix, mais impraticable aux moindres agitations d'une campagne ; aussi le maréchal SOULT s'empressa-t-il, à la sollicitation de tous les corps, d'abroger des innovations ruineuses. — Le chiffre du CORPS D'ÉTAT-MAJOR était dépassé contrairement aux lois et ordonnances ; mais il est juste de dire que ce fut sous ce ministère que fut projetée et préparée la LOI importante et plus libérale qui élevait le taux des pensions, et qui ne vit le jour qu'en 1831 (11 avril). — M. de Bourmont, tout en restant Ministre titulaire, est revêtu du commandement de l'ARMÉE D'AFRIQUE le 11 avril 1830, et se met à sa tête le 21, après avoir contre-signé la nomination de M. de POLIGNAC comme chargé de le remplacer par intérim. — Ce cumul inouï de deux fonctions inconciliables n'a pas été une des moindres singularités de la GUERRE DE 1830. — M. de Bourmont obtient, en récompense des succès d'une expédition qui lui fait honneur ainsi qu'à son ARMÉE, le bâton de MARÉCHAL ; on doit dire à sa louange que le projet avoué de la GUERRE D'ALGER avait été de trouver en AFRIQUE les moyens d'acquitter l'arriéré de la LÉGION D'HONNEUR, dont la révolution de juillet a consacré la banqueroute. De tous les Ministres c'est le seul qui ait eu cette équitable pensée. — Dans les derniers jours de juillet 1830, le général en chef cesse d'être Ministre, sans que son nom apparaisse dans les lettres de nomination du successeur. — L'*Encyclopédie des Gens du monde* vante comme un des *bienfaits de son administration,* les soins qu'il prit des officiers de la vieille armée en faisant examiner leurs titres.

1850 (18 AVRIL). POLIGNAC (le comte et prince de), chef du cabinet, est Ministre postiche de la guerre. — Nous n'avons pas parlé des intérimats qui ont entrecoupé les ministères, parce qu'il n'était point encore arrivé qu'un Ministre se déplaçât sans quitter sa place, et se maintînt Ministre en servant l'épée à la main dans une autre partie de monde ; si ce fonctionnaire était momentanément dispensé de ses travaux journaliers, la responsabilité de ses actes ne lui en restait pas moins, et c'était le côté bizarre de la circonstance. Nous parlerons au contraire de l'intérimat de 1830, parce que le Ministre Bourmont ne conservait que par une fiction palpable le portefeuille. — M. de Polignac est le premier qui se soit demandé ce que c'est que le MINISTÈRE DE LA GUERRE, dans quelles mains il avait passé, de quelle manière il avait été manié et dirigé. Un maréchal, un capitaine vieilli dans les routines, s'ils eussent abordé le ministère, n'auraient pas songé à une telle enquête, parce qu'ils se seraient, comme c'est l'usage, cru la science infuse. Il y a des aveux d'ignorance qui valent mieux que le demi-savoir de tels ou tels Ministres en pied. Celui-ci s'étonna que dans les BUREAUX DE LA GUERRE, personne ne sût lui indiquer une chronologie biographique des SECRÉTAIRES D'ÉTAT de ce DÉPARTEMENT. Il en fut réduit à faire rechercher dans la bibliothèque du Louvre les ÉCRIVAINS qui pourraient jeter des lumières sur la série de ses prédécesseurs. Le bibliothécaire consulté indiqua ce qu'il en savait et cita l'ouvrage de VITON : il eût mieux fait de mentionner ceux d'AUDOUIN et de SERVAN. Mais comme le sujet n'avait jamais été traité spécialement et à fond, le renseignement puisé à de si faibles sources fut insignifiant, et les bonnes intentions du questionneur et des questionnés n'aboutirent à rien. — La première théorie officielle que notre ARTILLERIE ait eue, celle de JUIN 1830, est revêtue de la signature de M. DE POLIGNAC ; ce n'est pas une des moins curieuses particularités de l'époque. — Les discussions du BUDGET en 1832 ont été l'occasion d'une vive censure des MARCHÉS D'HABILLEMENT passés pendant que M. DE POLIGNAC avait la signature de la guerre. Mais ce sont de ces mystères, de ces revirements de partis dont bien peu de personnes connaissent le fond et le fin ; ce sont de ces accusations vaines jetées à la légère, repoussées par de faciles sophismes ; accusateurs et accusés sont en communauté de tort. — M. DE POLIGNAC est violemment dépouillé de son portefeuille par la catastrophe politique de l'époque.

1830 (29 JUILLET). GÉRARD (le général, depuis maréchal) est investi du titre de COMMISSAIRE provisoire au MINISTÈRE DE LA GUERRE par le gouvernement provisoire ; il est confirmé dans cet emploi par le lieutenant général du royaume le 5 août suivant ; il reçoit la qualification de SECRÉTAIRE D'ÉTAT DE LA GUERRE le 11 août. — Les principales opérations de son MINISTÈRE consistent dans quelques économies imposées au dispendieux HOTEL DES INVALIDES, qui se voit retrancher sa musique d'harmonie, dans la réduction de l'ÉTAT-MAJOR de l'ARMÉE, ou du moins dans l'intention manifestée de le réduire, dans la suppression des AUMONIERS attachés aux CORPS de troupe, dans l'ÉTABLISSEMENT d'une ÉCOLE PRIMAIRE et SECONDAIRE dans chaque RÉGIMENT, dans l'autorisation de l'ENROLEMENT d'une durée facultative. — L'ORDONNANCE DU 10 NOVEMBRE, qui sapait les bases de l'ÉCOLE DE SAINT-CYR, a été l'occasion de quelques censures ; on a reproché cette mesure aux conseillers du MINISTRE. Le CORPS D'ÉTAT-MAJOR a été aussi un objet de critiques. — Le Ministre GÉRARD s'est vu forcé, ainsi que le CONSEIL D'ÉTAT, de ratifier les MARCHÉS D'HABILLEMENT passés onéreusement par le Ministre POLIGNAC. — Le maréchal GÉRARD donne sa démission pour cause de santé le 17 novembre.

1830 (18 NOVEMBRE). SOULT (duc de Dalmatie, maréchal de France), Ministre pour la seconde fois. — Les ÉCRIVAINS qui ont scruté la carrière ministérielle d'un guerrier illustre, d'un homme de tête et de cœur, ont entremêlé aux louanges quelque blâme. — Rassemblons d'abord les approbations laudatives. Après la chute de la GARDE et de la MAISON MILITAIRE, il restait un abîme, des dettes, une débile infanterie, une cavalerie qui rêvait l'expulsion de ses officiers ; le maréchal SOULT a créé habilement et rapidement une armée ; il a montré sa main de fer à l'indiscipline ; il a assuré le salut de la FRANCE. Ce sera le bill d'indemnité des erreurs commises par les alentours d'un MINISTRE qui, tous les jours, en toutes saisons, était dès cinq heures du matin à son bureau, où il travaillait, entouré de ses sous-ordres, jusqu'à midi ; c'est le seul Ministre qui ait fourni une carrière si laborieuse. — Il a promulgué une instruction neuve, depuis longtemps invoquée, mais minutée avant son avénement ; c'est celle qui a trait aux détails de l'emploi et de la manœuvre des CAISSONS D'AMBULANCE. — On doit à son ministère le RÈGLEMENT DE SERVICE DE CAMPAGNE DE 1832 (3 MAI). — Les DEVIS D'EFFETS D'HABILLEMENT adressés aux CORPS commencent à en contenir l'image lithographiée ; c'est une imitation en petit du projet que le Ministre CLARKE allait mettre à exécution en 1817 dans un règlement complet (1818, B). — Un système de HARAS propres aux REMONTES est institué ; le temps seul fera connaître si le succès justifiera l'intention. — L'INSTRUCTION DE 1831 (20 SEPTEMBRE) reconnaissait que rien n'avait été encore tracé officiellement concernant les DEVOIRS DES GÉNÉRAUX ; ce candide aveu d'une si inexcusable lacune était déjà un progrès. — En 1832 une ORDONNANCE sur le SERVICE EN CAMPAGNE voit le jour ; c'est la première, depuis 1788, où il y ait harmonie entre le système de la COMPOSITION et les formes du SERVICE ; elle est de la même main que l'ORDONNANCE DE 1818 (13 MAI). — L'impulsion est donnée aux ÉCOLES D'ENSEIGNEMENT PRIMAIRE. — En 1832 (5 avril) le maréchal manifeste à la tribune l'intention de ne confier ultérieurement qu'à des MILITAIRES EN RETRAITE les travaux des BUREAUX du MINISTÈRE ; on doutait que le projet se réalisât ; mais en supposant qu'il se consacrât en principe au lieu de s'évanouir en promesse, le système ne serait complet qu'autant que l'État y trouverait une économie soit sur le montant de la PENSION, soit sur le montant du TRAITEMENT D'EMPLOI. La mesure serait blâmable si le montant réuni de la RETRAITE et des émoluments d'EMPLOI excédaient le total des APPOINTEMENTS d'activité qui étaient touchés avant la RETRAITE obtenue ; car ce serait pour quelques protégés une prime d'encouragement à la RETRAITE, et l'occasion d'une plus grande dépense pour l'État. — A l'aurore de ce MINISTÈRE l'ARMÉE avait compté sur plusieurs autres améliorations ; elle espérait une ORDONNANCE moins volumineuse, plus positive que celle du 4 MARS 1831 sur les MANŒUVRES de l'INFANTERIE ; elle s'attendait au rétablissement des GRADES des GÉNÉRAUX de BRIGADE et de DIVISION, dont l'INSTRUCTION DE 1831 (20 SEPTEMBRE) avouait en partie l'utilité ; enfin les membres de la LÉGION D'HONNEUR, privés de leur arriéré, espéraient que la déchéance serait relevée. Mais le Ministre a éludé la discussion relative à cette spoliation, quoique interpellé à cet égard du haut de la tribune par un GÉNÉRAL en 1832. — Si tout ce qui semblait promis ne s'est pas réalisé, le maréchal SOULT, cependant, comparé à ses prédécesseurs, est celui qui a développé le plus d'activité et d'énergie ; il a prouvé quelles sont les ressources et la magie d'un nom célèbre ; mais l'économie et la légalité n'ont pas été son principal souci. — Si l'on en croit des orateurs distingués et des GÉNÉRAUX qui sont juges experts, une autre marche eût pu être suivie au MINISTÈRE dans la distribution des GRADES, dans les formes de l'AVANCEMENT, dans la répartition des emplois du CORPS D'ÉTAT-MAJOR et dans son organisation. Des fils, des neveux de GÉNÉRAUX ont emporté de haute lutte des places que le droit et l'équité eussent autrement réparties ; trente CAPITAINES D'ÉTAT-

MAJOR ont été promus à la fois au grade de CHEFS DE BATAILLON ; les uns étaient jeunes encore, d'autres avaient peu servi, d'autres n'avaient pas quatre ans de GRADE, et cependant l'ARMÉE fourmillait de CAPITAINES qui depuis quinze et vingt ans en exerçaient les fonctions. — De simples CHEFS DE BATAILLON ont été nommés COLONELS sans avoir été LIEUTENANTS-COLONELS ; tel était le chef du cinquante-troisième de ligne ; tels COLONELS EN RETRAITE que mentionne le *Spectateur militaire*, ont été nommés MARÉCHAUX DE CAMP en activité ; des NOMINATIONS de CHEFS DE BATAILLON ont eu lieu au choix par une violation du droit d'ANCIENNETÉ, et tandis que trois mille OFFICIERS étaient jetés en DISPONIBILITÉ, deux mille OFFICIERS EN RETRAITE, tout rouillés par quinze ans d'inactivité, en étaient relevés et reprenaient une activité fictive, pour rentrer bientôt dans une oisiveté mieux émolumentée. Ainsi la LOI DE 1818 (10 MARS) et les ORDONNANCES sur les RETRAITES étaient enfreintes, dans l'esprit et dans la lettre, par les mêmes BUREAUX qui avaient jadis mis cette loi en vigueur. — Quant *aux nominations multipliées (de GÉNÉRAUX) que rien ne commandait, le ministère actuel n'est pas sans reproches,* disait le général LAMARQUE à la tribune en 1832 (14 mars). — La veille M. le général Demarçay avait dit : *Les abus des avancements prodigués depuis la révolution de juillet sont moins motivés que les grades conférés pendant la restauration.* — Dans la séance de 1832 (15 mars) M. le général LAYDET proposait, par amendement, de ne faire compter que d'une époque légale l'ANCIENNETÉ des *grades donnés en contravention à la loi de 1818 depuis le 1er novembre 1831.* — M. Dupin, dans la discussion du budget en 1832, a fait à cet égard des discours admirables pour la justesse des remarques et l'à-propos mesuré du blâme. — Les dispositions relatives aux PENSIONS laissaient percer un certain esprit de famille ; par un privilège blâmable comme tous les privilèges, les veuves de MARÉCHAUX jouissaient de faveurs particulières. — Il n'a pas dépendu du MINISTÈRE que les GÉNÉRAUX ne fussent aussi l'objet d'exceptions et de faveurs propres à indisposer à bon droit les autres GRADES. — Le Ministre manifestait à la tribune l'opinion que les GÉNÉRAUX ne devaient pas être mis à la RETRAITE, quoique une loi toute fraîche sur les pensions, celle de 1831 (11 avril), mentionnât dans ses tarifs les GÉNÉRAUX. L'inadvertance était forte et l'assertion curieuse. — Pour l'obtention de la RETRAITE, les OFFICIERS GÉNÉRAUX étaient plus favorablement traités que les autres quant à la mesure et aux calculs du temps des SERVICES exigés. M. Boyer de Pierreleau a relevé cette injustice et cet abus dans un discours à la tribune, en 1832 (5 avril). — Une DÉCISION DE 1839 (25 DÉCEMBRE) interdisait, dans le contexte des correspondances militaires et dans les obséquiosités du langage, l'emploi des titres nobiliaires ; ce rescrit, qu'on ne peut qu'approuver, était contresigné *duc de Dalmatie* ; il eût été plus conséquent que, sous un tel texte, la signature rappelât des titres non moins honorables pour le Ministre et le MARÉCHAL, qu'elle rappelât le nom glorieux de SOULT. Si l'on osait faire dans un sujet grave un rapprochement trivial, on citerait cette affiche sur la porte des anciennes municipalités : *Ici l'on se tutoie, Fermez la porte s'il vous plaît.* — En 1832, une loi rendue sur l'AVANCEMENT prêtait plus à la faveur que celle de 1818, et le Ministre proclame qu'il regarderait le système de l'AVANCEMENT par voie de CONCOURS comme une *insulte faite au caractère des officiers.* Si l'on soumettait ces questions à un aréopage pertinent, il ne pencherait probablement pas en faveur de l'opinion du Ministre. — La LANGUE MILITAIRE a gagné peu en clarté ; les mots ÉCOLE RÉGIMENTAIRE avaient eu jusque-là un autre sens. — L'INSTRUCTION DE 1831 (9 MARS) appelait FUSIL DE REMPART ce qui au contraire était un FUSIL DE CAMPAGNE. — La LÉGION D'ÉTRANGERS, comme dit la LOI DE 1831 (9 MARS), s'appelle LÉGION ÉTRANGÈRE dans l'ORDONNANCE DU 21, et celle-ci, qui crée les ZOUAVES, témoigne que les BUREAUX n'entendent plus par LÉGION un CORPS comme on l'avait fait jusque-là, mais au contraire un ensemble de CORPS divers, un large composé de cadres différents et indépendants l'un de l'autre sous le point de vue et du COMMANDEMENT et de l'ADMINISTRATION. C'est une élasticité commode et un langage d'acception nouvelle. — L'expression PELOTON HORS RANG n'est pas rationnelle ; le mot PELOTON ne s'applique qu'en TACTIQUE, tandis que c'est le mot COMPAGNIE qui s'applique en fait de COMPOSITION. Pour parler français, il eût fallu dire COMPAGNIE HORS RANG, puisqu'il n'y a rien de commun entre cette institution et la TACTIQUE. — Les PELOTONS HORS RANG sont utiles sans doute, le service y gagne ; mais les dépenses de solde en ont été sensiblement accrues. — Le CORPS DE L'INTENDANCE s'est grossi, sans grande utilité, de vingt-cinq membres ; l'ÉTAT-MAJOR des CORPS de l'INFANTERIE s'est accru ; le nombre proportionnel des OFFICIERS et des SOUS-OFFICIERS a été augmenté. — La fusion des INGÉNIEURS

GÉOGRAPHES dans l'ÉTAT-MAJOR a été un sacrifice fait à des intérêts ou à des vues personnelles. — Les SABRES BRIQUETS des fantassins, changés on ne sait pourquoi en POIGNARDS, occasionnèrent une dépense inutile de dix à douze millions ; l'ancien matériel d'armes blanches d'HOMMES DE TROUPE D'INFANTERIE se gaspillait quand, pour colorer l'innovation, on distribuait à la garde nationale les briquets réformés. Glissons sur une disposition dont il pourrait être tiré des conjectures fâcheuses par des esprits frondeurs ; regrettons que cette somme perdue ne soit pas préférablement venue secourir les créanciers légionnaires. — Au lieu de se défaire d'animaux inutiles et dispendieux, ou d'imiter FRÉDÉRIC DEUX ou BONAPARTE, le ministère se refusait à confier les CHEVAUX de l'ARTILLERIE à des cultivateurs chargés de les nourrir : il laissait l'artillerie montée en temps de paix ; c'était par jour une vaine dépense de vingt à trente mille francs. — Pour satisfaire des réclamations dictées par la vanité, les ÉPAULETTES en drap des DRAGONS se changent en épaulettes de passementerie à franges ; c'est au moins un surcroît de dépenses d'un franc par homme et par an. Le Ministre qu'un pinceau habile a si bien drapé sous un manteau, ne se souvenait-il plus que sous un manteau d'homme de cheval des épaulettes proéminentes sont un *bourras* intolérable. — La demi-mesure qui a rendu aux DRAGONS un FUSIL sans baïonnette, a occasionné une dépense sans objet, puisque le MOUSQUETON avait la même portée, et que le fusil sans baïonnette n'est pas de meilleure défense que le mousqueton. — Les HUSSARDS demandent le PLUMET pleureur ou tombant à la wurtembergeoise ou à la russe ; ce changement en l'honneur d'une mode étrangère est adopté. Une distinction sollicitée par la manie de la gloriole et la passion de privilége s'établit dans la composition de la CAVALERIE. Une CAVALERIE DE RÉSERVE est distincte d'une cavalerie de ligne ou plutôt de bataille, comme si jamais les TROUPES de France pouvaient se réunir en une seule ARMÉE où la CAVALERIE LÉGÈRE serait en avant-ligne, les DRAGONS et les LANCIERS en ligne, et les CARABINIERS et CUIRASSIERS en réserve. — Des RÉGIMENTS de CHASSEURS ont été transformés en LANCIERS ; c'était se jouer de plusieurs millions de francs. L'exigence de quelques variétés particulières imposait à l'énergique Soult un rôle de courtisan. L'obséquiosité d'un vieillard caressait le caprice d'un enfant. Cette métamorphose sans excuse nécessita en faveur de chaque OFFICIER passant dans les nouveaux CORPS, une GRATIFICATION de quatre cent cinquante francs ;

l'INSTRUCTION DE 1831 (6 MAI) et la CIRCULAIRE DE 1831 (7 JUIN) en font foi. Ainsi, trois cents OFFICIERS ont coûté cent trente-cinq mille francs qu'on eût évité de dépenser en ne bouleversant pas les numéros des RÉGIMENTS. Mais quelle plus énorme dépense a entraînée le changement d'UNIFORME et le HARNACHEMENT des hommes de troupe des six RÉGIMENTS devenus LANCIERS! On l'eût évitée en leur donnant des lances sans changer leur costume; mais, au contraire, les LANCIERS ont reçu un accoutrement plus étriqué que jamais et le plus incommode qui ait pu être imaginé, et encore à cet égard de simples décisions ont modifié des ordonnances du roi. — Un tarif d'EFFETS DE CAMPEMENT publié en 1831 n'est en harmonie avec aucun RÈGLEMENT D'ADMINISTRATION ou de CAMPEMENT. Il présente autant d'obscurités que de descriptions; c'est plutôt un inventaire de vieux magasins qu'une lumière jetée sur les principes jusqu'ici si confus du CAMPEMENT français. Cette partie de l'ART est restée dans le chaos. — L'ORDONNANCE DE 1830 (21 FÉVRIER), conception indigeste par laquelle le MINISTÈRE précédent instituait la MASSE INDIVIDUELLE, est abolie; mais il en résulte un excédant considérable de DÉPENSE. — Le Ministre BOURMONT avait accru les charges de la MASSE INDIVIDUELLE; mais, par compensation, il avait augmenté les deniers dont elle se composait. L'ordonnance d'abolition a diminué une forte partie des EFFETS que la MASSE devait acquitter, sans abaisser à proportion les allocations dont la solde s'était accrue. — Enfin, des FUSILS pour trente-cinq millions de francs ont été livrés aux mains des GARDES NATIONAUX, sans précautions, sans garanties, sans application de mesures de police pour leur entretien, sans mesure prévue de répression contre ceux qui mésuseraient de ces armes. Un matériel de si grande valeur a été dépérissant, et quand une GARDE NATIONALE est dissoute, la loi est vainement invoquée par l'autorité pour faire restituer judiciairement aux récalcitrants leurs fusils. Que sont devenus plus d'un MOUSQUETON de l'artillerie de Paris, plus d'un fusil de Grenoble et de Lyon? — On lit dans le *Spectateur militaire* (t. XIII, p. 247): *Les lois constitutives ont reçu une rédaction qui les a mises en harmonie; les règlements ont été revisés, ce qui formera, avec le code pénal, le code complet de l'armée. Ce grand travail suffirait pour illustrer son administration* (celle de M. Soult) *et lui assurer la reconnaissance des militaires.* — Désirons que ce jugement et ces louanges se ratifient et que l'horoscope se réalise. — Dans la guerre de 1832, le Ministre fait former temporairement des bataillons de grenadiers; c'était une mesure en contradiction avec la formation constitutive de l'infanterie, qui ne se prêtait plus à cette dislocation, ainsi que le témoigne le *Journal des Sciences militaires* (1833, janvier) dans un article qui embrasse à fond cette grave question. — L'ORDONNANCE DE 1832 (26 JANVIER) grossissait annuellement de deux millions deux cent mille francs la dépense de la MASSE D'ENTRETIEN, et de deux millions cent cinquante-trois mille francs la MASSE INDIVIDUELLE. Elle consacrait inutilement la dépense de boucles de pantalon; en les supposant au prix de vingt-cinq centimes, c'était pour quatre cent mille hommes un surcroît de dépense de cent mille francs. — Le Ministre disait dans sa CIRCULAIRE DE 1832 (25 JANVIER) que l'abaissement du prix des laines et des matières colorantes avait permis d'améliorer la qualité des draps, comme s'il n'eût pas mieux valu modérer d'autant le budget, plutôt que de rendre plus luxueux l'habillement. — Il disait dans l'INSTRUCTION DE 1832 (10 FÉVRIER), *que les ordonnances de 1829 (27 septembre) et 1830 (21 février) avaient accordé aux hommes de troupe une augmentation de solde devenue indispensable par le renchérissement progressif des denrées.* — Une LOI DE 1832 (21 MARS), qui créait un genre de RÉSERVE, a été blâmée par plus d'un antagoniste du Ministre. — Mais plus tard les denrées pourront diminuer, la solde ne diminuera plus. — Cette CIRCULAIRE DE 1832 (25 JANVIER) voulait que les sous-pieds de guêtres fussent attachés avec des boutons en cuivre à double tête. En n'évaluant cette acquisition peu utile qu'à vingt-cinq centimes par homme, c'était pour trois cent cinquante mille hommes une dépense fausse qui montait à quatre-vingt-deux mille cinq cents francs. Elle changeait sans nécessité et enchérissait sans excuse la giberne; elle voulait que, suivant les armes, les havre-sacs variassent de dimension, comme si rien justifiait et cette complication des règles et ce surplus de dépense. — Si les quatre planchettes du havre-sac et les deux planchettes de l'étui d'habit coûtaient vingt-cinq centimes par homme, c'était encore quatre-vingt-deux mille cinq cents francs. — Cette circulaire était une de ces dispositions brusques, discordantes, qui viennent bouleverser les usages, les règles, et jettent au hasard quelques principes indigestes et fugitifs. — La DÉCISION DE 1832 (18 AOUT) accordait aux HOMMES DE TROUPE de l'ARTILLERIE un CORDON DE SCHAKOS au compte de la masse individuelle. Cette surcharge ajoutée à une courture déjà trop lourde, cet ornement dispendieux pour l'officier et embarrassant pour le soldat, peut équivaloir à un excédant annuel de dépenses qui ne doit pas être moindre de cinquante mille francs. — Le Ministre Soult a reconnu, en temps de paix comme en temps de guerre, des officiers d'ordonnance. — Le *Spectateur militaire* (t. xv, p. 598) reprochait à l'instruction de 1832 (15 août) de violer la loi sur l'avancement. — Une feuille publique (*le Constitutionnel*) reprochait en 1833 au Ministre, d'avoir fait admettre irrégulièrement dans le corps d'état-major un officier qui n'avait pas satisfait aux épreuves exigées par la loi ; mais il eût fallu à cet égard éclairer la question obscure des permutations de nature à être autorisées. — Le même journal (1833, 19 décembre, 2ᵉ col., 1ᵉʳ al.) disait : *Après avoir organisé une armée à grands frais, il prononce, sous le nom de réserve, sa dislocation dans le but de regagner, par quelque économie de soldats, les folles dépenses engagées par des marchés onéreux.* — Les déplacements nombreux de quantité de corps voyageant sans utilité, sans but, de garnison en garnison, ont jeté sous ce ministère l'État dans de considérables dépenses. — Le Ministre a souffert qu'un enterrement coûtât à l'hôtel des Invalides vingt mille francs. — Il a accru hors mesure le nombre des officiers d'artillerie. — Il a fait revivre la romantique mode de la moustache ; le moindre défaut de la décision est d'être impraticable dans l'infanterie, faute de barbes. — Jamais l'organisation de l'infanterie n'avait été plus tourmentée en temps de paix ; la création des compagnies hors rang, les projets de réserve, les quatrièmes demi-bataillons, les agglomérations de grenadiers et de voltigeurs dans des cadres exceptionnels, ont fait le désespoir des comptables et le bouleversement des contrôles. — Au mépris des ordonnances sur la matière, à ce que prétendaient les adversaires du Ministre, il introduisait en 1832, dans le corps d'état-major, à titre de capitaine, un lieutenant de marine qui avait fait partie de l'expédition d'Anvers (M. Sercey, officier d'ordonnance du roi et parent du maréchal Gérard). — Il a limité l'âge d'activité des généraux, mais a maintenu dans leur droit d'une inaliénable activité les maréchaux. — Le duc de Dalmatie donne sa démission le 17 juillet 1834. — Dans un style à la fois de censure et d'éloge, une feuille publique (*le Constisutionnel*) disait au sujet de son départ : *Il ouvre une porte à la réforme des scandaleux abus que la presse et la tribune ont vainement*

signalés. *La loyauté du maréchal Gérard est un gage que le scandale de certains marchés ne se renouvellera plus, et qu'une rigide économie régnera, enfin, dans ce coûteux ministère.* — Le ministère du maréchal Soult a été marqué par l'apparition, eu trois années, de quatre lois : premièrement sur le recrutement, c'est le berceau de l'armée ; sur l'avancement, c'est la constatation des droits aux récompenses ; sur l'état des officiers, c'est la consolidation, la consécration des droits acquis ; sur les retraites, c'est l'encouragement des bons services et l'ouverture des voies d'avancement. Si ces lois n'ont pas désarmé une censure modérée et patriotique, elles ont du moins rassemblé des principes que l'avenir coordonnera mieux. — Quelques remarques touchant ce ministère se trouvent dans le *Journal de l'Armée* (t. ii, p. 225).

1834 (9 juillet) ou 18 juillet, suivant la *Presse* de 1859 (8 janvier). Le maréchal Gérard rentre au ministère ; il donne sa démission le 29 octobre même année. L'intérimat est confié à l'amiral de Rigny, nommé le 10 novembre.

1834 (10 novembre). Le général Bernard tient le portefeuille quelques jours.

1834 (18 novembre). Le maréchal Mortier, duc de Trévise, prend le portefeuille après vingt jours d'intérimat ou d'interrègne. C'est le Ministre qui a été le plus remarquable par la beauté de son écriture ; il burinait la calligraphie anglaise et s'y complaisait. Il se retire le 12 mars 1835.

1835 (1ᵉʳ mai). Le maréchal Maison, rappelé de l'ambassade de Saint-Pétersbourg, arrive au ministère. Il modifie la législation relative aux officiers généraux, perpétue sous des noms déguisés leur solde d'activité, les dispense de tomber dans la retraite ; le bienfait de l'avancement en est ainsi suspendu. Mais les maréchaux ayant eu le crédit de se déclarer à vie, le Ministre crut qu'il y avait prudence à étouffer les réclamations des généraux, à les faire participer en partie à ce privilége, à ne pas les exclure de cette fiction du service sans terme. Le cadre de vétérance, qu'il instituait par l'ordonnance de 1835 (27 juillet), avait pour prétexte de *conserver à l'armée active, en temps de guerre, le concours des grandes notabilités militaires, que la retraite eût pour toujours éloignés du service.* — Le ministre Maison constitue en corps permanents les officiers de santé ; il y avait en cela raison et justice. — L'ordonnance employait un argument faux dans cette proposition : *Les hommes de troupe, les officiers, trouvent dans les vétérans, les états-majors* de place, un temps d'arrêt entre la cessation de l'ACTIVITÉ et l'ADMISSION A LA RETRAITE. Les MILITAIRES DE CORPS ne trouvent là que de faibles dédommagements et y sont astreints à des services encore actifs et réels, tandis que, dans le CADRE D'ÉTAT-MAJOR, les GÉNÉRAUX trouvent de bons émoluments sans travaux. — Un autre argument faux est également mis en avant : *La république ne mettait pas en retraite ses généraux, mais elle les décimait et ne les payait pas; l'empire les conservait, mais il ne leur donnait pas le temps de vieillir, et les tributs imposés à l'Europe pourvoyaient aux émoluments.* Enfin on dit : *les autres royaumes conservent leurs généraux ;* oui, mais leurs armées en sont-elles engorgées comme l'armée française? — Un journal du soir et la *Sentinelle de l'armée,* (n° 24, p. 65, 1re colonne), lui ont reproché des avancements de faveur dans sa propre famille. — Un règlement sur les écoles régimentaires de 1835 (28 décembre), et qui intéresse l'avancement des sous-officiers, est un rêve, sinon une déception. Par une violation de toutes les règles, un officier de marine, qui était devenu le deux cent soixante-sixième capitaine d'état-major, est promu par le Ministre au grade de chef d'escadron, après l'expédition de Mascara... (M. Sercey). — Dans une séance de la chambre des députés (1856, 5 juin) on lui a reproché *d'avoir violé les art. 20 et 27 du règlement en vigueur sur les subsistances. L'article 20 porte : Ne peuvent être admis dans les cadres des agents entretenus du service des subsistances, que les agents auxiliaires, les anciens employés de l'administration des subsistances ayant été commissionnés au compte du gouvernement.* — L'emploi le plus élevé dans les subsistances venait, contrairement à la loi, d'être donné à un ancien commissaire des guerres de quatrième classe. — Des questions amères, touchant les récentes difficultés élevées entre le Ministre et le gouverneur des Invalides, venaient aussi d'être adressées au Ministre. — On lui reprochait à la tribune des députés, le 6 juin 1856, d'avoir paralysé une loi par une ordonnance, en créant le CADRE DE VÉTÉRANCE. — Le COMITÉ PERMANENT D'INFANTERIE ET DE CAVALERIE a décidé sous son ministère que le casque en cuir, à la romaine, serait donné à l'INFANTERIE, et le contraire a eu lieu; il a décidé que l'ARMÉE porterait MOUSTACHES, comme s'il était logique d'exiger qu'une INFANTERIE imberbe eût de la BARBE. Il a décidé que la ROYALE serait une marque de GRADE SUPÉRIEUR, comme s'il

était possible d'empêcher, dans l'ORDRE CIVIL, le premier venu de se décorer de la ROYALE. — La fâcheuse innovation qui étend à tous les hommes de troupe l'usage des gants, restera comme un souvenir d'une prodigalité sans excuse. C'était jeter à l'eau un demi-million par an.

1856 (20 septembre). Par ordonnance du 19 septembre 1856, le lieutenant général BERNARD, ancien officier du génie, aide de camp du roi, occupe le ministère après une vacance de 14 jours. Son avénement était l'occasion du bouleversement des BUREAUX réorganisés par l'ORDONNANCE DE 1856 (19 SEPTEMBRE). Au sujet de cette perturbation, voici ce qu'on lit dans le *Journal de l'armée,* (t. IV, p. 589) : *Était-il réservé à M. le lieutenant-général Bernard de rejeter le fruit de longues expériences, de reculer de quinze années, et de calquer exactement son organisation sur celle de M. de Bellune (maréchal Victor) en 1824. M. le général ministre a en effet remis au creuset l'administration, et l'a divisée en deux sections distinctes : la première, sous le nom de direction générale du personnel et des opérations militaires; l'autre sous le nom de direction générale de l'administration et de la comptabilité; le secrétariat général a été fondu, les deux directions générales ont été divisées chacune en quatre divisions, etc.* — Le journal *la Presse,* tout dévoué qu'il se montrât ordinairement au MINISTÈRE, censurait cette organisation en 1857 (8 décembre), en 1858 (11 juin). — Le général Bernard essayait de remettre en vigueur les règles relatives au port de l'habillement d'uniforme. — Les dispositions relatives à l'usage des gants de troupe d'infanterie se confirmaient et s'étendaient sous son ministère, et dans la séance du 12 juin 1858, le général Demarcay blâmait cette innovation et la reprise des pantalons de toile blanche, comme une surcharge imposée à une infanterie déjà trop chargée. Les seuls gants étaient une dépense inutile d'un demi-million par an. — Quand il arrivait au ministère, un procès violent existait entre le corps du génie d'un côté, l'état-major et l'artillerie de l'autre; l'ordonnance de 1776 avait réglé le service du génie et de l'artillerie sous l'empire d'une pensée rationnelle, formulable ainsi : deux opérations composent un siége, le cheminement, la brèche. Que le génie aidé de l'artillerie conduise le cheminement; que l'artillerie, aidée du génie, rende praticable la brèche. Cependant la législation était si peu d'accord avec elle-même, qu'en 1776 les instructions données d'une part au génie, d'autre part à l'artillerie, comme pour l'application coordonnée d'un même principe, semblaient l'une et l'autre donner une sorte de suprématie à l'arme à laquelle elles s'adressaient, parce que les rédacteurs de l'une étaient des ingénieurs, les rédacteurs de l'autre des artilleurs. — L'ordonnance de campagne de 1832, obligée de combiner avec les attributions des vieux corps du génie et de l'artillerie les attributions des nouveaux corps d'état-major, était partie du même principe promulgué en 1776, mais en évitant de le fausser par des instructions discordantes, dont le génie ou l'artillerie pussent exciper comme de priviléges. Le siége d'Anvers en 1832 fut une occasion de réclamation pour le génie, qui exigeait une sorte de domination que le corps d'état-major et l'artillerie lui contestaient. Le Ministre Soult, peu avant de quitter le ministère, avait débouté de ses prétentions le génie. — Mais le général Bernard, ancien officier du génie, arrivant au ministère, pouvait-il tenir parfaitement juste la balance, et ne pas pencher en faveur du corps où il avait fait ses premières armes et obtenu de si grands succès. Au commencement de la restauration, une injuste proscription avait obligé le général Bernard, ex-aide de camp de Napoléon, de fuir loin de la patrie à laquelle il avait consacré d'une manière brillante sa vie et ses services. — Il avait trouvé aux Etats-Unis une nouvelle patrie où il s'était livré à d'immenses et admirables travaux, qui avaient entraîné une dépense de plus de cent millions. Il y avait construit quatorze forteresses; il avait mis en état de défense une frontière de quatorze cents lieues. — A sa mort les Américains témoignèrent à sa mémoire la reconnaissance qu'ils lui avaient vouée. Un ordre du jour enjoignit aux militaires de porter son deuil pendant trente jours. — Un éloge nécrologique du général Bernard a été prononcé à la chambre des pairs, séance du 22 février 1840, par M. le comte Molé ; c'est une biographie savante, instructive, touchante. — Le siége de Constantine, en 1837, rendait cependant illusoires les bonnes intentions de la camaraderie, et la fermeté du général en chef, qui sortait du corps de l'artillerie, prouva qu'il était pénétré d'un sage principe : c'est que quand il s'agit du SERVICE DE CAMPAGNE, c'est au général en chef, et non à des ordonnances souvent impraticables, à déterminer, un jour d'affaires, du rang des armes entre elles. — L'ordonnance de 1837 (8 avril) favorable au génie, a excité, comme le témoigne le *Spectateur militaire*, (t. XXIV, p. 474), les récla-

mations vives de l'artillerie et de l'état-major. — On doit dire, à la louange du général Bernard, que la circulaire de 1837 (24 mai), dans laquelle il encourageait les OFFICIERS D'INFANTERIE à se livrer à la composition de travaux scientifiques, de mémoires militaires, de reconnaissance de terrain, promettait à l'armée que ce serait en vertu de concours que l'avancement au choix aurait lieu à l'avenir. — Une ordonnance de 1811 (8 mars) réservait aux militaires en retraite un certain nombre d'emplois civils; elle était tombée en désuétude sans avoir été abrogée. L'utilité de cette disposition l'avait fait admettre dans la législation prussienne. Une pétition adressée aux chambres par le général de Chambray tendait à faire revivre ce principe. Le général Bernard s'est prononcé contre le rajeunissement de cette mesure, qui a été repoussée par la chambre des députés, comme le témoigne la *Sentinelle*, (t. IV, p. 45). — Vers les derniers temps de son ministère, le maréchal Soult, interpellé à la tribune sur la même question, avait au contraire déclaré que son intention était de tirer parti des militaires en retraite ; il est vrai que ses bonnes dispositions s'étaient bornées à donner des emplois aux intendants et sous-intendants retraités. — Un corps d'officiers d'administration et un corps de commis d'intendance sont créés par ordonnance de 1838 (28 février). C'est un accroissement de dépenses, et une mesure en partie repoussée par la chambre des députés. — Le général Bernard donne aux LANCIERS le MOUSQUETON, dépense inutile et mesure inexécutable. — La législation sur les SIÉGES, essayée en 1832, est modifiée en 1837. — La militarisation des AGENTS du SERVICE DES SUBSISTANCES, proposée en 1838 à l'approbation de la chambre des députés, y avait été repoussée. — Le *Moniteur* de 1839 (28 janvier) récapitulait les actes de l'administration du général Bernard depuis son entrée au ministère. C'était l'époque présumée d'un changement de cabinet, et des journaux de l'opposition avaient qualifié de testament administratif ce compte rendu. — Il y était question de toutes les expériences ordonnées à l'égard des FUSILS D'UNIFORME et des AMORCES FULMINANTES, dont toute l'Europe travaillait à améliorer le système.

1839 (avril). Par suite de la démission que le cabinet donne en masse, le général Cubières est chargé du portefeuille de la guerre, et, par une disposition jusque-là sans exemple, est Ministre intérimaire. — Il promulgue l'ordonnance du 25 avril sur le défilé, considéré comme honneurs rendus aux autorités militaires. L'intendance cesse d'y avoir droit. Il met au jour les dispositions relatives à la rédaction de l'historique de chaque corps français.

1859 (15 mai). Le général Schneider, ancien directeur du personnel, entre au ministère. On lui doit quelques établissements en vue d'encourager le CHANT MILITAIRE.

MINISTRE de la MARINE. V. ENFANT TROUVÉ. V. MARINE.

MINISTRE de l'ADMINISTRATION DE LA GUERRE. V. ADMINISTRATION DE LA GUERRE. V. DEJEAN. V. DECAUX. V. DIRECTEUR. V. LACUÉE.

MINISTRE-DIRECTEUR. V. ADMINISTRATION DE LA GUERRE. V. DIRECTEUR. V. DIRECTEUR-MINISTRE. V. DIRECTION D'HABILLEMENT. V. HABILLEMENT. V. INFIRMERIE. V. MAJOR LIEUTENANT-COLONEL N° 1. V. MILICE ESPAGNOLE N° 2. V. PUPILLE N° 2.

MINISTRE du TAILLON. V. MINISTRE DE LA GUERRE N° 1, 2. V. TAILLE FISCALE. V. TAILLON.

MINISTRE ECCLÉSIASTIQUE. V. AUMONIER N° 5. V. CAPITULATION DE SIÉGE. V. CULTE DIVIN. V. ECCLÉSIASTIQUE. V. INFANTERIE FRANCO-SUISSE N° 6. V. MILICE PRUSSIENNE N° 2. V. PRIÈRE.

MINISTRE ESPAGNOL. V. ESPAGNOL, adj. V. MILICE ESPAGNOLE N° 2.

MINISTRE MEXICAIN. V. MEXICAIN, adj. V. MILICE MEXICAINE.

MINISTRE NÉERLANDAIS. V. MILICE NÉERLANDAISE N° 1. V. NÉERLANDAIS, adj.

MINISTRE PORTUGAIS. V. MILICE PORTUGAISE N° 1. V. PORTUGAIS, adj.

MINISTRE PRUSSIEN. V. MILICE PRUSSIENNE N° 2. V. PRUSSIEN, adj.

MINISTRE RUSSE. V. MILICE RUSSE N° 10. V. RUSSE, adj.

MINISTRE SECRÉTAIRE D'ETAT. V. MINISTRE DE LA GUERRE N° 2. V. SECRÉTAIRE D'ETAT.

MINISTRE WURTEMBERGEOIS. V. MILICE WURTEMBERGEOISE N° 1 et 4. V. WURTEMBERGEOIS, adj.

MINOR (minore), adj. V. ETAT M... V. TRIBUN M...

MINOUR, subs. masc. V. COMMANDÈRE. V. GRAND MAITRE DES ARBALÉTRIERS. V. GRAND MAITRE DES M... V. INGÉNIEUR MILITAIRE. V. MAITRE DES M... V. MILICE FRANÇAISE N° 2. V. MINE. V. MINEUR. V. MINEUR FRANÇAIS. V. OFFICIER DU GÉNIE N° 1. V. SOLDAT.

MINOYDES, subs. masc. V. PÉPHLEGMENON.

MINUTE de JUGEMENT. V. JUGEMENT. V. JUGEMENT MILITAIRE.

MIOT. V. NOMS PROPRES.

MIQUELET (miquelets), subs. masc. (F). Mot dont l'étymologie se trouve dans le nom de Michel, ou Miquel, soit qu'un pays, un village, un homme, un saint aient été la cause de l'usage de ce nom. — Les Miquelets, que les Espagnols appellent *somatens*, ou *sommatins* (*somatenes*), suivant Duhesme, parce qu'ils se rassemblaient au son du tocsin, étaient des paysans des PYRÉNÉES qui s'adjoignaient parfois, soit volontairement, soit par appel, aux TROUPES de la MILICE ESPAGNOLE; ils servaient comme PARTISANS, ou SOLDATS de GUÉRILLAS. En cas d'appels, ils étaient assimilés aux TERZES, aux MILICES DES PROVINCES. Ils étaient armés de longs FUSILS A ROUET, ou CHENAPANS, et chaussés d'ESPADRILLES ou de SOULIERS en cordes. — En 1807 et 1808, l'ESPAGNE avait des terzes de Miquelets. — Un faible corps d'INFANTERIE DE MONTAGNES avait conservé, dans la MILICE NAPOLITAINE, le nom de Miquelets. — L'ARMÉE FRANÇAISE a eu aussi ses Miquelets; des ARQUEBUSIERS A PIED du Roussillon s'appelaient ainsi en 1759. — L'ARRÊTÉ DE L'AN HUIT (26 VENTOSE) incorporait les compagnies de Miquelets dans les corps les plus voisins. — Il a été remis sur pied, en 1808, des Miquelets français. Ils servaient comme TIRAILLEURS. Ils ont été licenciés en 1814. Leur uniforme était brun. — Dans l'insurrection péninsulaire, la Catalogne levait en 1808 quarante bataillons, ou TERCES de Miquelets, *tercios de Miquelets*. — On peut consulter à l'égard des Miquelets : M. BEURMANN (1836, B), DANIEL (1721, A), FURETIÈRE, GAIGNE (1801, C), GUIGNARD (1725, B), LACHESNAIE (1758, I), LECOUTURIER, PUYSÉGUR (1748, C), le *Dictionnaire de la Conversation*.

MIRABEAU ; MIRANDOLE ; MIRAULMONT ; MIRGEUS. V. NOMS PROPRES.

MIRE, subs. fém. V. ANGLE DE M... V. COIN DE M... V. FRONTEAU DE M... V. GRAIN DE M... V. LIGNE DE M...

MIRE, subs. masc. V. MYRE.

MIRE (subs. fém.) d'ARBALÈTE. V. ARBALÈTE. V. GRAIN DE M...

MIRE (subs. fém.) de FUSIL. V. GRAIN DE MIRE DE FUSIL. V. FUSIL. V. POINT DE M... V. VISIÈRE DE FUSIL.

MIRER, verb. neut. V. BUT EN BLANC. V. MIROIR.

MIREUR, subs. masc. (G, 2, 3). Mot qui a la même étymologie que MIROIR. Il exprime un instrument au moyen duquel les CANONNIERS qui défendent une BATTERIE DE CÔTE estiment si des VAISSEAUX peu distants du rivage sont ou non à la portée des PIÈCES de la BATTERIE. — Le général COTTY (1832, A) donne la description du Mireur appliqué à l'ARTILLERIE DE COTE.

MIRMILONIUM, subs. masc. (F). Mot LATIN qui signifiait BOUCLIER de rempart, à l'instar de ceux des GAULOIS, ou de certains GLADIATEURS nommés *mirmillones*. CHARRON et BOREL (Pierre) peuvent être consultés à cet égard.

MIROIR, subs. masc. (B, 1). Mot qui dérive, ainsi que MIREUR, du bas LATIN *mirari*, regarder, MIRER, dont l'ESPAGNOL a fait *mirar*. Il exprime ici un des EFFETS D'AMEUBLEMENT de PAVILLON D'OFFICIER. — La DÉCISION DE 1826 (28 AOUT) accorde un Miroir de deux cent soixante-dix millimètres de hauteur sur deux cent quarante de large par CHAMBRE D'OFFICIER à un lit, et deux par CHAMBRE à deux lits.

MIROITER, verb. act. v. BRUNIR. v. CIRAGE DE GIBERNE.

MIRRE, subs. masc. v. MYRE.

MISE, subs. fém. v. PREMIÈRE M...

MISE EN ACCUSATION. v. ACCUSATION. v. CONDAMNÉ. v. CRIME. v. EN ACCUSATION.

MISE EN ACTIVITÉ. v. ACTIVITÉ. v. EN ACTIVITÉ. v. JEUNE SOLDAT.

MISE EN BATAILLE. v. EN BATAILLE. v. INTENDANT MILITAIRE N° 2.

MISE EN ÉTAT DE SIÉGE. v. COLONEL D'INFANTERIE FRANÇAISE DE LIGNE N° 24. v. EN ÉTAT DE SIÉGE. v. ÉTAT DE SIÉGE.

MISE EN JUGEMENT. v. ABSENCE PAR MISE EN JUGEMENT. v. ABSOUS. v. ACCUSÉ. v. ACTE DE JUGEMENT. v. AUDITION DE TÉMOINS. v. COMMANDANT DE DIVISION N° 2. v. CONSEIL D'ÉTAT. v. CONSEIL PERMANENT N° 2. v. DÉTENU MIS EN JUGEMENT. v. EFFET D'UNIFORME. v. EN JUGEMENT. v. HÉRITIER DE MILITAIRE. v. PAR MISE EN JUGEMENT. v. PRÉVENU.

MISE EN LIBERTÉ. v. COMMISSAIRE DU ROI. v. DÉCHARGE JURIDIQUE. v. EN LIBERTÉ. v. TRAITEMENT DE DÉTENTION.

MISE EN RÉFORME. v. EN RÉFORME. v. SERVICE PERSONNEL.

MISE EN SUBSISTANCE. v. ADMINISTRATION DE CORPS. v. EN SUBSISTANCE.

MISÉRICORDE, subs. fém. (F), ou DAGUE DE MISÉRICORDE, ou COURTE ÉPÉE, ou GLAIVE DE MERCI, ou MERCI DE DIEU. — Le mot Miséricorde est tout LATIN, et s'est employé par allusion, ou plutôt par antiphrase, pour donner idée d'une ARME A MANCHE à l'aide de laquelle les CHEVALIERS DU MOYEN AGE

tuaient l'adversaire abattu s'il ne demandait pas merci. — L'usage de la Miséricorde, ou du moins du nom de ce POIGNARD, appartient aux douzième et treizième siècles; il a duré depuis le temps où écrivait GUILLAUME DE TYR jusqu'en 1516 environ. — CARRÉ (1785, E) dit que c'est un grand POIGNARD; LACHESNAIE (1758, I), un petit POIGNARD; BOREL (Pierre), une dague à deux roëllés; CHAMPIER, un petit couteau ayant une croix à la poignée. Ces dissentiments autorisent à supposer que c'était un mot générique et non d'espèce. — Après avoir combattu de l'ÉPÉE LONGUE, on présentait la pointe de la Miséricorde en guerrier OULTRÉ (*ultra defessus*), épuisé de fatigue, renversé à terre, HORS DE COMBAT, et on l'achevait en l'égorgeant après avoir rompu les lacets du GRAND CASQUE, ou on éventrait le BLESSÉ après avoir relevé les PANS de la COTTE DE MAILLES. — On peut consulter à l'égard des Miséricordes : BOREL (Pierre), CARRÉ (1785, E), CHAMPIER, CHRESTIENS, DANIEL (1721, A), DESCAMGE (au mot *Misericordia*), DESPAGNAC (1751, B), l'ENCYCLOPÉDIE (1785, C), FAUCHET, GOETZMAN (1777), LACHESNAIE (1758, I).

MISSE, subs. masc. v. MÉDECIN.

MISSION, subs. fém. v. ABSENCE AUTORISÉE. v. ACTIVITÉ DE SERVICE. v. COUPON D'INDEMNITÉ DE ROUTE. v. EN MISSION. v. FEUILLE DE JOURNÉE. v. GÉNÉRAL EN CHEF N° 2. v. INDEMNITÉ DE M... v. MINISTRE DE LA GUERRE N° 6. v. OFFICIER EN MISSION. v. PAR MISSION. v. PIED DE M...

MISSIVE, subs. fém. v. BANDE CROISÉE. v. BANDE DE MISSIVE. v. CONTRE-SEING. v. LETTRE MISSIVE. v. MEMBRE DE LA LÉGION D'HONNEUR. v. POSTE AUX LETTRES.

MISZELHORN; **MITHRIDATE**. v. NOMS PROPRES.

MITRAILLE, subs. fém. v. A MITRAILLE. v. BARIL DE M... v. BOITE DE M... v. COUP DE M... v. PAQUET DE M... v. TIR A M... v. TIRER A M...

MITRAILLE (G, 5, 4). Mot dont les étymologistes n'ont pas recherché la racine, car les expressions le moins anciennement en usage sont celles dont l'origine est la plus inconnue; on doit ce terme à la MARINE qui, la première, a tiré à Mitraille. C'est un vieux mot imaginé par les artisans en fer; dans leur langage, il signifiait : déchet en métal, objets de rebut, fragments hors de service et réunis comme en un dépôt; de là, cette vieille locution : *mettre à la Mitraille*, pour signifier jeter au rebut; de là, cette comparaison établie entre les

monnaies de peu de valeur et la Mitraille.
— Les ITALIENS, nos maîtres en fait de LAN-GUE MILITAIRE, se sont d'abord servi du mot *scaglia*, éclat de marbre ou de pierre, parce que, dans l'origine, les BOULETS de leurs BOUCHES A FEU n'étaient que de ces matières, et que leurs débris, c'est-à-dire le résidu des travaux des tailleurs de boulets, s'embarquaient et s'employaient en Mitraille. L'usage des BOULETS DE FER a fait tomber en désuétude le mot *scaglia*, et les ITALIENS se sont servi du mot *metraglia*; c'est un de ceux, en très-petit nombre, qu'ils nous ont empruntés. — La Mitraille est une pensée de toute antiquité; les faisceaux ou GERBES DE FLÈCHES ou de TRAITS que lançaient les GRANDES ARMES des anciens, étaient un ensemble de PROJECTILES de ce genre. — La MILICE CHINOISE se servait, deux cents ans après l'ère chrétienne, de Mitraille pareille à celle des modernes. — L'usage du TIR A MITRAILLE des CANONS et des OBUSIERS appartient au seizième siècle. M. MORITZ MEYER rapporte qu'en 1515 on se servait de CARTOUCHES A MITRAILLE, et qu'on les disposait en BOITES cylindriques et en GRAPPES DE RAISIN en 1596; mais c'était, dit-il, seulement dans les SIÉGES. Suivant lui, ce fut GUSTAVE-ADOLPHE qui, en 1620, en appliqua l'usage à la GUERRE DE CAMPAGNE. Mais ce même écrivain, se contredisant, affirme ailleurs qu'à MARIGNAN les FRANÇAIS avaient trois cents CANONS de deux pieds de long, portés à dos de mulets, et que ces PIÈCES tiraient chacune cinquante BALLES à la fois. Dans cette même année, devant Vérone, dit aussi M. MEYER, des PIÈCES étaient chargées de morceaux de fer jusqu'à la bouche, et des AUTEURS français vont jusqu'à prétendre que nos troupes n'ont commencé à pratiquer, dans la GUERRE de campagne, le TIR A MI-TRAILLE, que depuis le commencement du dix-huitième siècle. Les PIÈCES de canon qu'on y employait s'appelaient, au dire de GANEAU, GRÊLIER, comme on dirait : qui lance la grêle. — Cet AUTEUR et LACHESNAIE (1758) témoignent que la Mitraille était contenue d'abord dans des SACS OU SACHETS de toile; elle l'a été ensuite dans des BOITES de fer-blanc, que SAINT-REMY prenait comme synonymes de BOULETS CREUX et que GANEAU appelle LANTERNES A MITRAILLE. L'ARTILLERIE DE CAMPAGNE, DE COTE, DE REMPART, sont principalement celles qui s'en servent; ses COUPS ou PAQUETS se composent de BISCAIENS, de BALLES de tout calibre et de tout métal, de clouterie, et même, au besoin, de cailloux ou de PIERRES. — Dans les SIÉGES DÉFENSIFS, l'AR-TILLERIE des CASEMATES accueille les assaillans à COUPS DE MITRAILLE OU à CARTOUCHES;

dans ce cas, le mot CARTOUCHE se prend par opposition à GARGOUSSE. — GRIBEAUVAL a perfectionné le TIR de la Mitraille, et a substitué aux BALLES DE PLOMB les BOITES DE BALLES DE FONTE, nommées BISCAIENS. — La Mitraille protége les PASSAGES DE RIVIÈRES; elle s'envoie à faible PORTÉE. Elle se tire à cent pas contre l'INFANTERIE et à cinquante ou soixante contre la CAVALERIE. L'OBUSIER passe pour la porter mieux et plus loin que le CANON. — On commence à approprier aux FUSÉES DE GUERRE la Mitraille; telles sont certaines FUSÉES D'INFANTERIE, etc. — On peut consulter sur ces matières CARRÉ (1785, E), M. le général COTTY, FURETIÈRE, GASSENDI, LACHESNAIE (1758, I), LECOUTURIER (1825), M. LEGRAND (1837, A, au mot *boîte à balle*), SAINT-REMY, le *Journal des Sciences militaires*, 1836, (p. 317, et pl. 16), le *Spectateur militaire* (t. XXIV, p. 315).

MITRE, subs. fém. V. BONNET A POIL. V. CASQUE. V. GRENADIER D'INFANTERIE FRANÇAISE N° 4. V. MILICE RUSSE N° 4.

METTLEIS. V. NOMS PROPRES.

MIXTE, adj. V. ARMÉ M... V. BRIGADE M... V. CAVALERIE M... V. COMMANDEMENT M... V. DÉTACHEMENT M... V. FORTIFICATION M... V. ORDRE M... V. REMPART M...

MOBILE, adj. V. APPUI M... V. ARDILLON M... V. BATTERIE M... V. CHAMBRE M... V. COLONNE M... V. ENGIN M... V. ÉTOILE M... V. GUÉRITE M... V. PIVOT M... V. PONT M... V. TOUR M...

MOBILE, subs. masc. V. AMPLITUDE. V. ARME DE JET. V. ARME DE TRAIT. V. ASSIÉGÉ. V. BALISTIQUE. V. BALLE A FEU. V. BALLE DE FRONDE. V. BATTERIE DE PLEIN FOUET. V. BATTRE. V. BLINDAGE. V. BOMBE. V. BOULET. V. BUT EN BLANC. V. CAMP RETRANCHÉ. V. CARCASSE. V. CARONADE. V. CATAPULTE. V. CHAMP DE FEU. V. CHARGE D'AME. V. CHARGE D'ARME A FEU. V. COLONNE MOBILE. V. CORPS PRIVILÉGIÉ. V. ENGIN. V. FRONDE. V. FUSÉE DE GRAND ÉCHANTILLON. V. FUSÉE DE GUERRE. V. GIBERNE. V. GRENADE A MAIN. V. MOLIÈRE. V. MOUCHETTE. V. OFFICIER D'ARTILLERIE N° 6. V. PIERRE. V. PIERRIER. V. PROJECTILE. V. SAC DE VILLE. V. TACTIQUE, subs. V. TRAJECTOIRE.

MOBILE CREUX. V. ARME A FUSÉE. V. CREUX, adj.

MOBILIER, subs. masc. V. EFFET DE CAMPEMENT. V. EFFET DE CASERNEMENT. V. HOPITAL MILITAIRE. V. PAVILLON DE CASERNE. V. PRESTATION. V. PRISON DE CASERNE. V. QUARTIER-MAITRE D'INFANTERIE FRANÇAISE DE LIGNE N° 2.

MOBILE, adj. et subs. masc. V. CHAMBRE

MODÈLE. V. ANCIEN M... V. EFFET M... V. NOUVEAU M...

MODÈLE de FUSIL. V. CANON DE CARABINE. V. CAPUCINE. V. FACE DE BATTERIE. V. FUSIL. V. FUSIL A VAPEUR. V. FUSIL D'INFANTERIE. V. FUSIL KOPTIPTEUR. V. MANUFACTURE D'ARMES. V. MINISTRE DE LA GUERRE EN 1821. V. PLATINE DE FUSIL. V. SOUS-GARDE.

MODÈLE de SABRE. V. BRIQUET. V. SABRE. V. SABRE DE SAPEUR. V. SABRE D'HOMME DE TROUPE. V. SABRE-POIGNARD.

MODÈLE d'EFFETS D'ÉQUIPEMENT. V. EFFET D'ÉQUIPEMENT. V. ÉQUIPEMENT D'HOMME DE TROUPE. V. MASSE DE LINGE ET CHAUSSURE.

MODÈLE d'EFFET D'HABILLEMENT. V. EFFET D'HABILLEMENT. V. HABILLEMENT.

MODÈLE d'EFFET D'UNIFORME. V. CONSEIL D'ADMINISTRATION N° 6. V. EFFET D'UNIFORME. V. HABILLEMENT. V. MINISTRE DE LA GUERRE N° 9. V. RÉGIMENT FRANÇAIS N° 4. V. SCHAKO D'HOMME DE TROUPE. V. SCHAKO D'INFANTERIE. V. SOULIER. V. SOUS-INTENDANT N° 8.

MODÈLE d'ÉPÉE. V. ÉPÉE. V. ÉPÉE D'OFFICIER. V. LAME D'ÉPÉE.

MODESTE; MODESTUS; MODIUS. V. NOMS PROPRES.

MŒNUEL, subs. masc. V. COR DE CHEVALIER.

MOGOL. V. MOHEAU. V. NOMS PROPRES.

MOIENEAU, subs. masc. V. COR DE CHEVALIER.

MOINDRE MINE. V. FOUGASSE. V. GALERIE MEURTRIÈRE. V. MINE.

MOINDRE RÉSISTANCE. V. LIGNE DE M... V. RÉSISTANCE.

MOINE, subs. masc. V. FOURNEAU DE MINE. V. MINE A FEU. V. TÉMOIN DE MINEURS.

MOINE (moines) (subs. masc.) LAY (F), ou FRÈRE LAI, OU OBLAT, OU RELIGIEUX LAY, comme les appelaient les RESCRITS DE 1578 (4 MARS) et DE 1628 (12 OCTOBRE). — Le mot Moine est une corruption du LATIN; nous avons expliqué l'étymologie de l'adjectif LAI et de l'adjectif devenu substantif OBLAT. — Les Moines lays étaient de vieux SOLDATS ou des estropiés que les ROIS de France plaçaient dans des monastères de fondation royale, dans des abbayes ou prieurés à la nomination du souverain, dans des communautés électives. — Ces OBLATS étaient tenus de rendre certains services, tels que sonner les cloches, balayer l'église, chanter au lutrin, s'ils avaient de la voix. Ils étaient enfin les valets des moines ou de l'abbé. Ces récompenses avilissantes, et alors les seules en usage dans la MILICE FRANÇAISE, étaient cependant des faveurs qui dispensaient un petit nombre d'INVALIDES de mendier pour vivre. Cet usage datait du règne de PHILIPPE AUGUSTE et s'est maintenu jusqu'à HENRI TROIS. — Dans la langue de l'HOTEL DES INVALIDES, on distingue les MOINES LAIS des MANICROTS; ces derniers ont une paye plus favorable. — On y appelle Moines lais, les caducs voués à une inaction forcée, les octogénaires, les trembleurs, les paralytiques, les mâchoires brisées et les INVALIDES affligés de mutilations ou d'infirmités qui les mettent dans l'impossibilité de vivre au réfectoire commun, et qui nécessitent des aliments particuliers et leur résidence au dortoir.

MOINEAU, subs. masc. (F), ou MOINEAUL, OU MOYNEAU, OU MOINIAU suivant ROQUEFORT. — Mot qui paraît signifier conduit ou galerie de COMMUNICATION; il proviendrait du vieux verbe moiner (mener). — BOREL (Pierre) et M. ROQUEFORT emploient à peu près dans le même sens les termes MOYRIAUX, MOYRIEAUX, MURIAX, pour signifier espace laissé au pied d'une MURAILLE ou d'un REMPART, en manière de BASSE ENCEINTE. — On peut tirer une même induction du livre de PHILIPPE DE CLÈVES qui dit: *Est la chose bien faisable* (arriver au moyen de la SAPE jusqu'à se loger dans un fossé sec), *spécialement quand il y a nuls Moyneaux au bas des douves qui le peuvent empêcher.* — Le Plessis-les-Tours, où LOUIS ONZE faisait sa résidence en 1478, avait à chacun des quatre angles un Moyneau avec dix ARBALÉTRIERS pour le défendre. GAIGNE (1801, C) dit que ces Moineaux étaient en fer. — GUIGNARD (1725, B) prend Moineau comme synonyme de RAVELIN. — Suivant BÉLAIR (1792), LACHESNAIE (1758, I), et SIONVILLE (1756, E), un Moineau est un petit BASTION PLAT, construit devant une COURTINE trop longue pour que les BASTIONS de ses extrémités se défendent l'un l'autre; quelquefois il y est adossé et en flèche, quelquefois il en est détaché par un FOSSÉ. — HENRI ÉTIENNE prétend que le Moineau répond au mot ITALIEN *cazamata.* — RABELAIS appelle MOINEAUL l'ENGIN qui portait l'ARBALÈTE DE PASSE.

MOINEAUL, subs. masc. V. MOINEAU.

MOINEL, subs. masc. V. COR DE CHEVALIER.

MOINIAU, subs. masc. V. COR DE CHEVALIER. V. MOINEAU.

MOINS PAYÉ. V. PAYÉ. V. RETENUE SUR APPOINTEMENTS.

MOINS PERÇU, subs. masc. (B, 1). Mot

dont l'étymologie ne demande pas à être ex-pliquée, et qui se prend par opposition à TROP PERÇU. Ces expressions s'appliquent à la SOLDE, aux VIVRES, etc., dont les REVUES ont résumé le chiffre. Le relevé des FEUILLES DE JOURNÉES DE COMPAGNIE et les CONSOMMATIONS DE DÉCOMPTE DE LIQUIDATION qui ont lieu tri-mestriellement, établissent cette BALANCE en fait de PRESTATION. — Financièrement, si le Moins perçu provient de PAYEMENTS inférieurs à ceux que le DROIT établit en fait de SOLDE, le TRÉSOR acquitte la différence. — Quant au Moins PERÇU en RATIONS par suite de non DISTRIBUTION DE DENRÉES, le gouvernement profite de la valeur des VIVRES non consom-més; car si les hommes ou les chevaux ont jeûné et pâti, ils ont pourtant vécu et ne pourraient consommer au de là du besoin à venir, ni manger par cumul l'arriéré des RATIONS. — Les corps parvenaient à avoir plutôt du TROP PERÇU que du Moins perçu, puisqu'en ce cas il s'établissait BALANCE, et que les militaires aimaient mieux redevoir au TRÉSOR que d'être créanciers du MINISTRE DE LA GUERRE. — L'ORDONNANCE DE 1825 (19 MARS, art. 815, 817) expliquait le sujet.

MOIS, subs. masc. V. DEMI-M... V. ÉTAT DE M... V. PREMIER DU M... V. QUINZE DU M... V. TRENTE ET UN DU M...

MOIS d'APPOINTEMENTS. V. APPOINTEMENTS. V. OFFICIER FRANÇAIS Nº 10. V. REVUE D'ADMI-NISTRATION. V. SERMENT.

MOIS de CHAUFFAGE. V. CHAUFFAGE DE CAMPAGNE.

MOIS de SOLDE. V. APPOINTEMENT. V. DEMI-MOIS. V. GÉNÉRAL FRANÇAIS Nº 4. V. JOURNÉE ADMINISTRATIVE. V. MARÉCHAL DE FRANCE Nº 6. V. PAYE. V. PRÊT. V. REVUE D'ADMINISTRATION. V. REVUE ÉCRITE. V. SÉNÉ-CHAL. V. SOLDE.

MOIS d'ÉTÉ. V. CHANDELLE. V. CHAUFFAGE DE POSTE DE GARNISON. V. COMBUSTIBLE DE CUI-SINE DE CASERNE. V. CORPS DE GARDE DE GAR-NISON. V. ÉTÉ. V. MASSE DE CHAUFFAGE.

MOIS d'HIVER. V. CAPOTE DE SENTINELLE. V. CHAUFFAGE DE POSTE DE GARNISON. V. CHAN-DELLE. V. COMBUSTIBLE DE CUISINE DE CASERNE. V. GRAND MOIS D'HIVER. V. HIVER. V. MASSE DE CHAUFFAGE. V. PREMIER MOIS D'HIVER.

MOIS d'OFFICIER. V. OFFICIER FRANÇAIS Nº 10. V. REVUE D'ADMINISTRATION.

MOISE. V. NOMS PROPRES.

MOISNEAU, subs. masc. V. COR DE CHEVALIER.

MOISNEL, subs. masc. V. COR DE CHE-VALIER.

MOITTE; MOLDAVIE; MOLLIÈRE. V. NOMS PROPRES.

MOLETTE, subs. fém. V. ÉPERON. V. ÉPERON DE BOTTE. V. BLASON.

MOLIÈRE, subs. fém. (F), ou BEDAINE. Le mot Molière est tout LATIN; il exprime un ancien genre de PROJECTILE; il se pre-nait comme synonyme de pierre meulière ou de BOULET EN PIERRE. — SILIUS ITALICUS appelle *vastos molares* les MOBILES que lan-çaient les CATAPULTES ou autres ENGINS du MOYEN AGE.

MOLINELLA; MOLWITZ. V. NOMS PROPRES.

MOLLIÈRE. V. NOMS PROPRES.

MOMENT, subs. masc. V. PLACE DU MO-MENT.

MONANCONE, adj. et subs. masc. (F), ou MONANGON suivant nos anciennes chroni-ques. Mot tout GREC qui signifie qui n'a qu'un coude. — Les MACHINES Monancones étaient une sorte de CATAPULTES ou d'AN-GONS à un seul BRAS ou STYLE, dont la MILICE BYZANTINE faisait usage pour lancer des PIERRES. — HÉRON (625, A) appelait *fundas* les Monancones.

MONANGON, subs. masc. V. MONAN-CONE.

MONCEY; MONCHABLON. V. NOMS PROPRES.

MONCLABITE, subs. masc. V. BARDA-RIOTE.

MONCLAVITE, subs. masc. V. BARDA-RIOTE.

MONDA; MONDESIR; MONET; MONEY; MONFÉRIN; MONGE. V. NOMS PROPRES.

MONITEUR, subs. masc. V. CAMPIDUC-TEUR. V. ÉCOLE RÉGIMENTAIRE. V. ESCRIME.

MONITEUR GÉNÉRAL. V. COMPAGNIE HORS RANG. V. ÉCOLE D'ENSEIGNEMENT PRIMAIRE. V. GÉNÉRAL, adj. V. SERGENT-MAJOR Nº 7.

MONNAIE, subs. fém. V. RÉDUCTION DE MONNAIE.

MONNAIE ÉTRANGÈRE. V. ÉCHANGE DE MONNAIES. V. ÉTRANGER, adj.

MONNAIE OBSIDIONALE (F). Les mots monnaie, MONNOIE, sont dérivés, comme le témoignent DUCANGE et FURETIÈRE, du LATIN *moneta*, resté dans l'ITALIEN. Nous en avons dit quelques mots en traitant de la PAYE des FANTASSINS. Il est question ici des PIÈCES MONNOIÉES que, pendant le cours d'un SIÈGE DÉFENSIF, le GOUVERNEUR de la PLACE est dans la nécessité de faire confectionner, si la DÉ-FENSE se prolonge, et si le TRÉSOR est vide. L'histoire en fournit de fréquents exemples. Il y a eu de ces monnaies faites en cuir; il y en a eu de frappées en plomb. Ipres, assiégée en 1583 par les ESPAGNOLS, frappa des PIÈCES de PLOMB, dont quelques empreintes sont conservées par les curieux, et qui portaient en légende : *Nil restat reliqui;* ou cette autre exergue : *Quid non cogit necessitas.* En 1709, le marquis de Surville, gouverneur de TOURNAY, sacrifia sa vaisselle à la prolongation de sa DÉFENSE, et marqua de son effigie les PIÈCES qu'il fit fabriquer. La cour eut la ridicule faiblesse de s'en offenser, et le MINISTÈRE consulta l'académie des belles-lettres, afin qu'elle le mît à même de peser la nature du délit. L'académie déclara innocent le GOUVERNEUR, parce que ce genre de valeurs, disait-elle, *ne pouvoit être appelé qu'improprement monnaies et qu'on n'y devoit voir que de véritables méreaux.* — A ANCONE, en l'an six, de la monnaie obsidionale fut fabriquée avec des cloches et des débris de canon; elle est maintenant fort rare. A ANVERS, en 1814, CARNOT fit frapper des PIÈCES de cuivre de cinq et de dix centimes; il s'en voit encore en quantité dans la circulation. On peut trouver quelques détails concernant ces Monnaies dans M. LEBER et dans TOBIESEN-DUBY.

MONNIER. V. NOMS PROPRES.

MONNOIE. V. NOMS PROPRES.

MONNOIE, subs. fém. V. MONNAIE OBSIDIONALE.

MONNOIÉ (monnoiée), adj. V. ARGENT M... V. ÉCU M... V. ESPÈCES M... V. PLOMB M... V. SOU M...

MONOFLASQUE, adj. V. AFFUT M... V. ARTILLERIE M...

MONOMACHIE, subs. fém. V. COMBAT DE JUGEMENT. V. COMBAT EN CHAMP CLOS.

MONOTAXE, subs. fém. (F). Mot tout GREC, signifiant ORDRE unique, et exprimant une ORDONNANCE TACTIQUE que pratiquait la MILICE GRECQUE, quand elle était RANGÉE EN BATAILLE sur une seule LIGNE. — Les MANIPULES primitifs des ROMAINS ne se RANGEAIENT qu'en Monotaxe. — On appelait Monotaxe, l'action de se RANGER ainsi, et, par catachrèse, cet ORDRE DE BATAILLE même.

MONPINOT; MONRO; MONS. V. NOMS PROPRES.

MONSTRE, subs. masc. et adj. V. MORTIER MONSTRE.

MONSTRE, subs. fém. V. ABSENT ILLÉGALEMENT. V. ADMINISTRATION MILITAIRE. V. COMMISSAIRE DES GUERRES N° 6. V. COMPAGNIE D'ORDONNANCE N° 5, 6. V. FÉODALITÉ. V. GARNISON. V. GENDARME DU MOYEN AGE N° 5. V. GRAND MAITRE DES ARBALÉTRIERS. V. INFANTERIE FRANCO-SUISSE N° 5. V. LANCE FOURNIE. V. LÉGISLATION MILITAIRE, 1525 (12 AOUT); 1534 (13 FÉVRIER). V. LETTRES DE MONSTRE. V. MARÉCHAL DES LOGIS D'ARMÉE N° 5. V. MANTEAU D'HABILLEMENT. V. MONTRE. V. PAYE. V. PENSION DE RETRAITE. V. PÉTRINAL. V. PRÊT. V. REVUE. V. SERGENT D'ARMES. V. TAILLE FISCALE.

MONSTRE EN ARMES. V. EN ARMES. V. MONTRE ADMINISTRATIVE.

MONSTRE EN ROBE. V. COMPAGNIE D'ORDONNANCE N° 5. V. EN ROBE. V. MONTRE ADMINISTRATIVE.

MONSTRELET. V. NOMS PROPRES.

MONT, subs. masc. (term. génér.). Mot tout LATIN qui a produit le substantif AMONT; il exprime un point culminant, un PIC, un ACCIDENT d'une CHAINE, un noyau pyramidal, un des supports d'un PLATEAU; il diffère du mot MONTAGNE en ce qu'il est plus relatif et moins abstrait. Ainsi, on dit le Mont Jura et non pas la montagne Jura. Traitons particulièrement ici du MONT PAGNOTE

MONT PAGNOTE (F, H, 2, 5) ou Mont pagnotte suivant GANEAU. Sorte de MONT ou de point culminant, soit naturel, soit artificiel, dont parlent DUPAIX (1785, F), GAIGNE (1801, C), GUILLET (1686, B), LACHESNAIE (1758, I), MANESSON (1685, B). Ils disent que le Mont pagnote était une éminence assez éloignée du lieu du combat, pour que les oisifs et les curieux y fussent hors d'atteinte, et pussent en sûreté y examiner la marche et les circonstances de l'affaire; c'était l'observatoire des HÉRAUTS, c'était l'amphithéâtre des MARÉCHAUX DE CAMP de LOUIS QUATORZE. — Peut-être le terme pagnote serait-il synonyme de PAIGNOTE ou de PAGES, signifiant escorte de GENTILSHOMMES, puisqu'en ITALIEN, comme le témoigne MÉNAGE, *pagnotta* a un sens analogue; on appelait *gentilhuomini di pagnotta*, ceux qui se louaient comme escorte à des seigneurs d'Italie pour des jours de cérémonie. Leur nom venait de ce qu'on leur donnait un petit pain nommé *pagnotta*. MÉNAGE en conclut que le français pagnotte signifiait lâche. — M. ROQUEFORT dit qu'on appelait PAIGNOTES des GENTILSHOMMES de la classe inférieure.

MONT PAGNOTTE. V. MONT PAGNOTE. V. PAGNOTTE.

MONTAG. V. NOMS PROPRES.

MONTAGE, subs. masc. V. MONTANT.

MONTAGE de BRIQUET. V. BRIQUET.

MONTAGE de FUSIL. V. BOIS DE FUSIL. V. FUSIL. V. FUSIL DE REMPART. V. MONTE-RESSORT.

MONTAGNE, subs. fém. V. ARTILLERIE DE M... V. BOUCHE A FEU DE M... V. CAMP DE M... V. CHAINE DE M... V. COL DE M... V. COURONNER UNE M... V. CRÊTE DE M... V. EMBRANCHEMENT DE M... V. FLANC DE M... V. FORGE DE M... V. GORGE DE M... V. GUERRE DE M... V. INFANTERIE DE M... V. LÉGION DES M... V. OBUSIER DE M... V. PAS DE M... V. PAYS DE M... V. PIECE DE M... V. PORT DE M... V. RAMEAU DE M... V. REVERS DE M...

MONTAGNE (G, 7; H). Ce mot, qui a la même origine que le mot MONT, est considéré ici sous les rapports de la GÉOLOGIE, de la DÉFENSE DES FORTERESSES, de la MARCHE DES ARMÉES, des ACTIONS DE GUERRE, de la sûreté des FRONTIÈRES. — Il importe à l'ART MILITAIRE que les CARTES TOPOGRAPHIQUES indiquent les parties boisées des Montagnes, les PAS ou PORTS qui les unissent, les PICS, les CHAINES qui les surmontent, les EMBRANCHEMENTS, les SINUS, les GORGES qui les divisent, les ARÊTES, les défilés qui les entrecoupent, les BASSINS, les RAVINS qui s'y sont creusés, les REVERS qui les accidentent, les AFFLUENTS et leurs BERGES, les VERSANS qui y correspondent, les VALLÉES qui les ondulent, les ROCS qui les dénudent, les COTEAUX qui en sont comme le piédestal. — Un GÉNÉRAL profite des Montagnes pour COUVRIR une ARMÉE; il en tire parti comme d'un APPUI FIXE; il y manœuvre en en COURONNANT les HAUTEURS, les CRÊTES, en en retranchant les GORGES, en en détournant les RAVINS, en en barrant les CHEMINS, mais en ménageant des issues aux DÉTACHEMENTS qui les explorent. — Les Montagnes sont des groupes de MONTS ou des relèvements plus ou moins considérables, plus ou moins étendus, et partant d'un NOEUD. Ce qu'on en appelle les CREUX, sont des déchirements qui en échancrent les FLANCS par suite d'éboulements ou par le travail des eaux qui y filtrent. On appelle COMBE un entre-deux de Montagne. — La forme des CAMPS et une ARTILLERIE particulière sont appropriées à la GUERRE de Montagnes.

MONTAIGNE; MONTAIGU; MONTALEMBERT. V. NOMS PROPRES.

MONTANT (montante), adj. et part. V. COLLET M... V. GARDE M...

MONTANT, subs. masc. (term. génér.). Le mot Montant dérive du LATIN barbare *montare*, accompagner, fournir, resté dans l'ITALIEN; de là aussi sont venus les substantifs DÉMONTAGE, MONTAGE, MONTURE, et le verbe monter pris dans une acception autre que celle qui a pour racine le substantif latin *mons, montis*. — Distinguons ici le mot Montant en MONTANT DE BATTANT DE BARRIÈRE et en MONTANT DE TRAVERSE DE TENTE.

MONTANT de BATTANT DE BARRIÈRE (G, 4). Sorte de MONTANT considéré par rapport aux TRAVAUX DE FORTIFICATION. — Chaque Montant de BATTANT a seize centimètres d'épaisseur; ils forment CHASSIS par leur adjonction avec les TRAVERS OU TRAVERSES; ils sont consolidés par l'ÉCHARPE; ils sont creusés d'un étranglement ou coche embrassé par un collier de fer et fixé à de gros poteaux.

MONTANT de BLINDE. V. BLINDE. V. MER DE BLINDE.

MONTANT de MANTEAU D'ARMES. V. ARME AU CAMP. V. MANTEAU D'ARMES.

MONTANT de TENTE (C, 2; E, 1) OU MAT. Sorte de MONTANT en bois ou de SUPPORT du toit d'une CANONNIÈRE ou d'une TENTE. — Les Montants de tente sont surmontés d'un piton qui est reçu dans un trou pratiqué à la TRAVERSE, OU FAITIÈRE, OU FAITAGE; leur hauteur est de deux mètres, leur équarrissage est de quatre-vingts millimètres ou trois pouces.

MONTANT PÉCUNIAIRE. V. A BON COMPTE. V. ABONNEMENT. V. A-COMPTE. V. ADJUDANT D'INFANTERIE FRANÇAISE DE LIGNE N° 18. V. APPOINTEMENT. V. FEUILLE DE PRÊT. V. MASSE COMPTABILIAIRE. V. PÉCUNIAIRE. V. QUINZAINE.

MONTARGNES; MONTARGUES; MONTBARREY; MONTCONTOUR. V. NOMS PROPRES.

MONTÉ (montée), adj. V. ARTILLERIE M... V. BATTERIE M... V. CAVALIER M... V. HOMME M... V. NON MONTÉ. V. OFFICIER D'INFANTERIE M... V. OFFICIER MONTÉ.

MONTÉCUCCOLE; MONTÉCUCULI; MONTEIL. V. NOMS PROPRES.

MONTER (verb. neut.) à l'ABORDAGE. V. ABORDAGE. V. ESPONTON.

MONTER A CHEVAL. V. A CHEVAL. V. CAVALERIE. V. SAUTOIR. V. SOLERET.

MONTER à l'ASSAUT. V. A L'ASSAUT. V. ASSAUT OFFENSIF. V. CHARDON. V. COMPAGNIE D'ORDONNANCE N° 6. V. ÉCUYER DE SUITE N° 4. V. FUSIL D'INFANTERIE. V. GIROUETTE. V. GRENADIER D'INFANTERIE FRANÇAISE N° 4. V. INFANTERIE N° 8. V. PLUTEUS. V. RONDELLE.

MONTER à l'ESCALADE. V. ESCALADE. V. SATELLITE.

MONTER en GRADE. V. GRADE.

MONTER la GARDE. V. CASERNE. V. CAVALERIE FRANÇAISE N° 8. V. ÉCHAUGUETTE. V. ÉCOLE DE BATAILLON. V. FACTIONNAIRE. V. GARDE. V. GARDE ARMÉE. V. GENTILHOMME. V. GUET. V. GUET DE PARIS. V. HAVRE-SAC. V. HOMME DE GARDE. V. LIEUTENANT GÉNÉRAL N° 6. V. MASSE DE PROPRETÉ. V. NUIT DE REPOS. V. OFFICIER DE COMPAGNIE. V. OFFICIER D'ÉTAT-MA-

...OR DE CORPS. V. OFFICIER DU GÉNIE N° 7. V. POSTE D'HOMMES DE GARDE. V. SERGENT-MAJOR N° 9. V. SIÉGE OFFENSIF.

MONTER la PARADE. V. PARADE. V. PARADE DE TROUPE.

MONTER (verb. act.) la TRANCHÉE. V. CHAMADE. V. GARDE DE TRANCHÉE. V. SORTIE D'ASSIÉGÉS. V. TRANCHÉE.

MONTER le BIVAC. V. BIVAC.

MONTER le FEU. V. FEU V. FEU DE BILLEBAUDE.

MONTER un CHAR. V. CAVALERIE. V. CHAR. V. CHAR DE GUERRE.

MONTER un CHEVAL. V. CAVALERIE. V. CHEVAL.

MONTER un FUSIL. V. DÉMONTAGE. V. FUSIL.

MONTER une BATTERIE DE BOUCHES A FEU. V. BATTERIE. V. BATTERIE DE BOUCHES A FEU.

MONTER une TROUPE. V. CAVALERIE. V. TROUPE.

MONTE-RESSORT, subs. masc. (B, 1). Ce mot, dont l'étymologie n'exige pas qu'on l'explique, donne idée d'un instrument employé au DÉMONTAGE et au MONTAGE ou REMONTAGE de la PLATINE d'un FUSIL DE MUNITION. — L'usage du Monte-ressort actuel ne date que du commencement du siècle. La CIRCULAIRE DE 1808 (30 JANVIER) s'en occupait la première; elle mettait cet EFFET au compte de la MASSE DE COMPAGNIE à raison d'un par ESCOUADE. — Avec l'ancien Monte-ressort, le DÉMONTAGE d'une PLATINE finissait par le GRAND RESSORT; avec le nouveau, il commence de la manière contraire, ce qui offre plus de facilité. — La CIRCULAIRE DE 1819 (24 DÉCEMBRE) et les INSTRUCTIONS DE 1822 (30 MARS et 7 OCTOBRE) régissaient la matière. — Les Monte-ressort sont fournis par les MANUFACTURES D'ARMES; ils sont délivrés à raison d'un par ESCOUADE et confiés à la garde du CAPORAL ou du CHEF D'ESCOUADE; ils sont entretenus ou remplacés au compte de la MASSE D'ENTRETIEN; ainsi le voulait la NOTE DE 1837 (22 JUILLET). Mais si un Monte-ressort se perd ou se brise par la faute d'un des membres de l'ESCOUADE, il est remplacé au compte de celui à qui la faute est imputable, ou, s'il reste inconnu, la dépense tombe aux frais de l'ORDINAIRE. — Le prix des RÉPARATIONS de cet instrument était indiqué dans le *Manuel d'infanterie* (1811, H). — Le Monte-ressort est porté dans la GIBERNE des SOUS-OFFICIERS D'INFANTERIE; une LOGE ou COMPARTIMENT y est à cet effet pratiqué dans la CLOISON. — Il doit être mensuellement passé en REVUE des Monte-ressort, ainsi que des autres EFFETS DE PETIT ÉQUIPEMENT, par les OFFICIERS DE COMPAGNIE. — Le Monte-ressort se compose du CORPS, de la BRANCHE TRANSVERSALE, de la VIS DE PRESSION et du CLOU A VIS; il agit en comprimant à volonté le GRAND RESSORT et le RESSORT DE BATTERIE, et en insérant soit l'un, soit l'autre, entre le CRAMPON et la BRANCHE au moyen du jeu de la VIS DE PRESSION à travers l'ÉCROU A CYLINDRE, en dessous de la GRIFFE. — M. le général COTTY, GASSENDI et l'INSTRUCTION DE 1806 (19 JUIN) donnent la description du Monte-ressort; on en trouve le dessin dans BARDIN (1811, F; 1818, B).

MONTESQUIEU; **MONTESQUIOU**; **MONTESSON**. V. NOMS PROPRES.

MONTEUR, subs. masc. V. ÉQUITEUR-MONTEUR.

MONTFAUCON; **MONTFERRAT**; **MONTGEON**; **MONTGERY**; **MONTGOMERY**; **MONTHION**; **MONTHOLON**; **MONTI**; **MONTIGNOT**; **MONTIGNY**; **MONTIUS**; **MONTLHÉRY**; **MONTLOZIER**; **MONTLUC**; **MONTMORENCY**; **MONTONE**; **MONTPELLIER**; **MONTPINOT**. V. NOMS PROPRES.

MONTRE, subs. fém. V. A LA MONTRE. V. AIGUILLE DE M... V. BAN DE M... V. COMMIS AUX M... V. COMMISSAIRE AUX M... V. DEMI-MONTRE. V. FAIRE MONTRE. V. FAUSSE MONTRE. V. LIEUTENANT AUX M... V. PASSER A LA M... V. PASSER LA M... V. ROLE DE M... V. TAILLE DE M...

MONTRE (term. génér.) ou MONSTRE. Ces mots viennent du LATIN *monstrare* et de l'ITALIEN *mostra*; ils sont restés dans l'ANGLAIS *muster*. Ils vont être examinés sous un point de vue d'histoire et d'ADMINISTRATION; il n'en sera mention qu'accessoirement comme terme d'horlogerie et de TACTIQUE. — Traitons des MONTRES ADMINISTRATIVES.

MONTRE (montres) ADMINISTRATIVE (F) ou REVUE. Sorte de MONTRE ou de MONSTRE (car le mot s'est longtemps écrit et prononcé ainsi); il est resté dans l'ANGAIS *muster*; le *muster-roll* est un EXTRAIT DE REVUE, comme le témoigne DUANE (1810, E). — Dans ce qui est dit des usages antiques de la MILICE ROMAINE, on ne retrouve rien qui éclaire la question du mécanisme des MONTRES ou REVUES. Les ARMILUSTRES y avaient peut-être quelque analogie. — On a pris Montre dans le même sens que solde. Voilà pourquoi GANEAU dit qu'on appelait MONTRES SÈCHES, celles dans lesquelles on ne donnait pas d'argent aux SOLDATS. — Dès que la FÉODALITÉ adopta quelques formes régulières, et bien avant l'usage des TROUPES STIPENDIAIRES, il y eut des MONSTRES, sinon nominalement, au moins de fait. Les GUERRIERS à fournir étaient des tributs; les HOMMES DE POESTE étaient des troupeaux menés aux ARMÉES ; or, il est bien forcé de se rendre compte, ainsi qu'à ses chefs ou à ses maîtres, du montant des contributions et du chiffre des têtes de bétail. La SITUATION et la FEUILLE D'APPEL n'étaient pas toujours écrites, pas toujours sincères ; le calcul se faisait avec des tailles comme en ont encore les boulangers. Les VASSAUX tenus de METTRE SOUS LES ARMES un nombre donné de GENS D'ARMES fraudaient tant qu'ils pouvaient les droits de leur SEIGNEUR, et trompaient ses agents, ses COMMISSAIRES, nommés AVOUÉS, BAILLIS, SÉNÉCHAUX, VIDAMES, VIGUIERS, ou tous autres personnages chargés de PASSER LA MONTRE. Ces supercheries se nommaient FAUSSE POSTE ou POESTE (*potestas*) : on prenait alors POSTE ou POESTE comme synonymes de ROTURE ou de ROTURIER. FAIRE FAUSSE POSTE, c'était fasciner les yeux du SUZERAIN ou de ses délégués ou TRÉSORIERS, en leur faisant accroire qu'on satisfaisait militairement aux obligations du FIEF. — Au temps des CROISADES, la CHEVALERIE commença à être une TROUPE vénale ; il sortit de cette altération un avantage public ; l'Etat politique se réorganisa par cette désorganisation d'un CORPS jusquelà indisciplinable. Les CHEVALIERS durent se soumettre aux MONSTRES ROYALES, c'est-à-dire à l'exhibition des STIPENDIAIRES rassemblés sur un même terrain, inscrits sur un ROLE, soumis à un APPEL. Il fallait bien que l'AUTORITÉ qui achetait ou prenait à location les services des CHEVALIERS et des GENS D'ARMES, s'assurât de l'existence et de l'état de la LANCE FOURNIE. Il y avait des MONSTRES EN ARMES, ou de toutes pièces, et des MONSTRES EN ROBE, c'est-à-dire sans ARMURE, ou le MANTEAU cachant l'ARMURE. — La CHEVALERIE se fit aussi un jeu des fausses Monstres ; duper les COMMISSAIRES AUX MONSTRES, tromper les souverains ou l'AUTORITÉ, n'a presque jamais été regardé que comme un tour d'adresse, une peccadille ; ce n'était pas un acte qui impliquât déshonneur et dont on fît mystère. Un MILITAIRE en GRADE empruntait à ses collègues des SOLDATS qu'il montrait (*monstroit*) comme siens ; ceux-ci PASSAIENT ainsi A LA MONTRE dans plusieurs CORPS ; de là le nom de PASSE-VOLANTS, mot qui ne se rapporte pas au substantif voleur, mais au verbe voler avec des ailes, à la manière d'un oiseau. — Les CONDOTTIERI d'ITALIE, propriétaires de TROUPES d'AVENTURIERS qu'ils regardaient comme une espèce de mobilier, comme un avoir financier, en constataient l'EFFECTIF, ou en opéraient le louage au moyen des MONSTRES, ce qui s'appelait *dar, far la mostra* ; de là ce dictum encore en usage, mais dans un sens détourné, FAIRE MONTRE de ses forces. — Les

mots MONSTRE, COMMISSAIRE AUX MONSTRES, LIEUTENANT AUX MONSTRES, sont devenus, en FRANCE, des termes de la loi, depuis l'institution de l'ARMÉE de PHILIPPE LE BEL, au commencement du quatorzième siècle. Il y avait Montre par le CAPITAINE et revue par le COMMISSAIRE ; on en retrouve des ROLES dès 1340, et la grande charte rendue sous le roi JEAN, charte surtout relative aux subsides, prescrit, dit VILLARET, *que les surintendants des Etats assisteront aux revues ; que nul ne sera cru sur son écrit, ni sur sa parole, sans en excepter les seigneurs et princes du sang ; qu'il ne sera rien payé qu'à ceux qui se présentent réellement en armes ; que les chevaux seront marqués, et que les commissaires feront, du tout, bonne mention dans leurs revues.* — C'est surtout depuis la création des COMPAGNIES D'ORDONNANCE, événement qui se rapporte au règne de CHARLES CINQ, que fut usité le mot Monstre. Les ORDONNANCES DE 1373 (13 JANVIER) avaient en partie pour objet de rendre sincères les ROLES des MONTRES qui étaient une série de noms, la plupart imaginaires, au mépris de l'ORDONNANCE DE 1355 (DÉCEMBRE), répressive des FAUSSES MONTRES. — Depuis ces époques et depuis l'ORDONNANCE DE 1413 (25 MAI), le mot Monstre prit trois acceptions ; il signifiait : action de PASSER LA REVUE ; moyen de constater, par écrit ou par ROLES, la FORCE NUMÉRIQUE des hommes présents ; droit aux DENIERS de la solde, ou même positivement ARGENT du PRÊT. — Nulle TROUPE, comme on vient de voir, ne devait être exempte de se présenter aux MONSTRES ; mais, dès le règne de LOUIS ONZE, la GARDE DE CORPS du CONNÉTABLE était dispensée de l'obligation des REVUES, au nom du ROI. Les MARÉCHAUX, les GOUVERNEURS, les PRINCES, ne se prêtaient pas davantage aux MONSTRES de leurs HOMMES DE GUERRE. — Les Monstres écrites distinguaient les SOLDATS des COMPAGNIES D'ORDONNANCE en CHEVALIERS et en ÉCUYERS ; le premier de ces titres commençait à ne signifier que GENS D'ARMES. — BONNOR (1488, A), le plus ancien de NOS ÉCRIVAINS militaires, parle des MONSTRES ; les PATENTES DE 1412 (JANVIER), le RÈGLEMENT DE 1517 (24 JANVIER), l'ORDONNANCE DE 1525 (12 AOUT), témoignent que la cour commençait à sentir l'importance des Montres et tâchait de les tourner au plus grand avantage de l'ADMINISTRATION publique ; mais les MINISTRES DE LA GUERRE n'ont réussi que bien plus tard à en coordonner les principes, à en centraliser les éléments. — Il y avait des MAIRES de grandes communes qui, en vertu des chartes d'affranchissement, avaient le droit d'exercer la Montre de la GARNISON du lieu. — Le CONnétable passait, ou faisait passer par ses commissaires, les Montres des troupes royales, et personne n'avait le droit de passer la Montre de la compagnie d'ordonnance du connétable; en réalité, il percevait la solde de cette compagnie, soit qu'il la tint complète ou non, soit même qu'il l'eût ou non. — Les maréchaux de France héritèrent en partie des prérogatives du connétable et de ses droits relatifs aux Montres. — Les gouverneurs eurent mission de faire la Montre des bans. — Le grand maître des arbalétriers avait la Montre des gens soumis à son commandement spécial. — Les primitifs inspecteurs généraux ont eu la surveillance des montres. — En 1476, le maréchal de France Rouault fut banni du royaume à raison de plusieurs méfaits, et, entre autres, pour fausses montres. — Des ordonnances avaient déjà substitué Montre à monstre, quand Brantome (1600, A) n'employait encore que ce dernier mot; la manière dont il parle de ce genre d'opération témoigne combien la comptabilité était peu avancée de son temps, et combien était imparfaite la surveillance des controleurs des guerres. Il rapporte que le capitaine Montemas disait à Henri deux : *Vos commissaires de guerre sont venus contrôler ma compagnie et crient que je ne l'ai pas complète, etc. Mais l'argent que je donne à peu* (à un petit nombre de stipendiaires), *il me le faudroit pour plusieurs soldats, lesquels j'appointe* (je solde) *de ce que je donnerois aux autres; aussi les sçais-je appointer et choisir si bien, qu'avec le petit nombre que j'ai, je battray toujours une autre compagnie complete, etc.* — Ainsi Montemas prétendait démontrer au roi qu'il opérait pour le plus grand avantage du trône en octroyant, de son chef, double solde à ses gens, et en tenant sur pied moitié moins de monde qu'il n'avait mission d'en entretenir. — Gustave-Adolphe, comme le témoigne Montécuculi (1704, D), gratifiait d'une sorte de prime les capitaines dont la Montre était satisfaisante; il payait un onzième homme aux capitaines qui lui en présentaient dix en bon état. — On appelait première, seconde monstre, le premier et le second payement de l'année. — Les monstres se faisaient à raison d'une par mois; mais dans des cas où le trésor était obéré, l'argentier (le payeur) du roi, déclarait que le mois avait quarante-cinq jours. Par ce subterfuge, il ne donnait plus que huit monstres par an, à la manière des Hollandais. — Les ordonnances de 1620 (26 septembre) et de 1655 (14 février) s'appliquaient à remédier aux criantes malversations dont les Montres étaient

l'occasion. — Le règlement de 1657 (8 novembre) commençait à employer le mot revue, au lieu du mot Montre; ce terme reparaissait cependant encore dans des documents plus modernes; ainsi le règlement de 1649 (4 décembre) connaissait des demi-monstres. — Daniel (1721, A) témoigne qu'il y avait quatre Montres de gens d'armes dont deux Montres générales. — L'ordonnance de 1660 (20 juillet) établissait six montres d'officiers, c'est-à-dire qu'ils étaient payés tous les deux mois. Il y avait douze Montres d'hommes de troupes; ils étaient payés tous les mois. — Aux montres mensuelles succéda, en 1668, le payement décadaire par avance, et à celui-ci succéda le prêt par cinq jours. — Dans le dix-septième siècle on distinguait la Montre de l'ustencile: l'une était un payement fait par le roi; l'autre, une allocation à la charge de la ville de garnison. — Les dignitaires, les fonctionnaires que nous avons désignés, avaient la haute main sur la passation des Montres, ou étaient censés y procéder en personne; chacun d'eux le faisait à sa guise ou se dispensait de s'en acquitter; c'était le chaos. Il en fut ainsi jusqu'au temps où ce soin regarda directement les commissaires des guerres et surtout les commissaires ordinaires; ils prononçaient les bans, considérés comme un remède aux dilapidations. — L'ordonnance de 1705 (22 janvier) se servait, non plus du mot Montre, mais du mot revue. Feuquières (1725, D) n'emploie également que ce dernier terme. — On peut consulter au sujet des Montres et monstres : Audouin (t. ii, p. 29), Bonnor (1488, A), Brantome (1600, A), Carré (1783, E), Carrion (1824, A, t. ii, p. 605); Delamont 1671, A), Daniel (1712, A), Ducange (au mot *Monstrum*), l'Encyclopédie (1783, C, au mot *Chevalerie*), Guillet (1686, B), Lachesnaie (1758, I, aux mots *Bataillon, Commissaire ordinaire, Montre, Revue, Solde*), Ménage.

MONTRE de forces. v. faire montre. v. force. v. revue.

MONTRE de tournoi. v. comparse. v. tournoi.

MONTRE d'homme de troupe. v. homme de troupe n° 11. v. montre administrative. v. taille fiscale.

MONTRE d'officier. v. montre administrative. v. officier. v. officier français, n° 10.

MONTRE (subs. fém.) métronomique. v. métrobate. v. métronomique.

MONTRE sèche. v. montre administrative. v. sec.

MONTREUIL ; MONTROZARD. v. NOMS PROPRES.

MONTURE, subs. fém. v. CHEVAL DE M... v. MILICE AUTRICHIENNE Nº 11. v. MONTANT. v. PETITE MONTURE. v. TENUE.

MONTURE CHEVALINE. v. ARTILLERIE D'ARMEMENT. v. CHEVALIN. adj. v. NOBLE. v. QUACHEOR. v. ROUSSIN. v. TOURNOI.

MONTURE d'ARME A FEU. v. ARME A FEU. v. CANON A MAIN.

MONTURE d'ARME BLANCHE. v. ARME BLANCHE. v. CORPS DE MONTURE. v. GARDE D'ARME BLANCHE. v. GARDE DE SABRE.

MONTURE de COUTELAS. v. COUTELAS.

MONTURE de FUSIL. v. AFFUT. v. BASTON A FEU. v. BOIS DE FUSIL. v. FUSIL. v. FUT DE FUSIL. v. MARQUE DE FUSIL. v. POIGNÉE DE FUSIL.

MONTURE de SABRE. v. GARDE DE SABRE. v. MONTURE DE CHAPITEAU DE CHAPE. v. PALATRE. v. SABRE.

MONTUREUX ; MONTVERAN ; MONTVERT ; MOORE ; MORA. v. NOMS PROPRES.

MORA, subs. fém. (F). Mot tout GREC qui appartient à la composition des MILICES de l'Attique, et exprimait une de leurs SUBDIVISIONS. Il n'avait pas dans toutes une signification pareille ; dans quelques PHALANGES il était synonyme de LOCHOS. La Mora de SPARTE différait de celle d'ATHÈNES, et avait de la ressemblance avec la MÉRARCHIE macédonienne. Un POLÉMARQUE était le chef de la Mora lacédémonienne, qui pouvait équivaloir à deux mille OPLITES ; il commandait en outre les autres Mora. — XÉNOPHON (370 avant J.-C.) divisait la MILICE de LACÉDÉMONE en six Mora, parce qu'il y faisait entrer, comme sixième corps, les SCIRITES. — L'abbé BARTHÉLEMY ne partageait au contraire cette MILICE qu'en cinq Moras, qui répondaient aux cinq tribus dans lesquelles étaient répartis les citoyens de SPARTE. — Chaque Mora lacédémonienne ou CORPS D'ARMÉE se divisait en quatre LOCHOS. — M. le colonel CARRION (1824, A, t. I, p. 98) et ROBINSON, entrent dans quelques développements sur ces matières.

MORAILLON, subs. masc. v. LACER LE HARNAIS.

MORALITÉ, subs. fém. v. COLONEL D'INFANTERIE FRANÇAISE DE LIGNE Nº 19. v. LIEUTENANT-COLONEL D'INFANTERIE FRANÇAISE DE LIGNE Nº 9. v. NOTE DE MORALITÉ. v. REGISTRE DE MORALITÉ.

MORAND ; MORARDO ; MORAT ; MORAY. v. NOMS PROPRES.

MORDRE (verb. act.) la POUSSIÈRE. v. LANGUE FRANÇAISE. v. POUSSIÈRE.

MOREAU ; MORÉE ; MOREL ; MORERY ; MORETTI ; MORGARTEN ; MORIAL ; MORIN. v. NOMS PROPRES.

MORION, subs. masc. (term. génér.), ou HORION, suivant GÉBELIN. Il dérive ces mots du CELTIQUE *hur*, tête. ROQUEFORT (1833) veut voir dans l'adjectif bas LATIN *morus*, noir, l'origine de Morion pris dans le sens de CASQUE. BOCHARD, FURETIÈRE, MÉNAGE, supposent qu'il a pour racine le mot more ou MAURE, parce que cette ARME DÉFENSIVE aurait été d'origine moresque ; ils s'appuient sur l'ancienne orthographe du MEUBLE DE BLASON nommé TÊTE DE MAURE (more). L'usage du mot se serait introduit à raison de la couleur noire et de la forme ronde du Morion. Ces suppositions manquent de fondement. — L'ITALIE ayant été, par excellence, le pays de fabrication des Morions, on a pu croire que cette contrée avait prêté aux autres ce terme ; mais comme il s'est d'abord écrit en français MORRION, il vient probablement de l'adjectif ESPAGNOL *morro*, rond ; tel était de même la forme du CASQUE OUVERT, du CABASSET, de la CAPELINE, du POT DE FER. — Il convient de distinguer ici le terme en MORION CORRECTIONNEL et en MORION DE COIFFURE.

MORION CORRECTIONNEL (F). Sorte de MORION ou de BASTONNADE, dont on retrouve la description dans M. MONTEIL et dans MONTGEON (1615, D). — La LANGUE ITALIENNE prenait aussi *morione* comme synonyme de *sculacciata*, signifiant FUSTIGATION sur les fesses ; de même, en français, sous le règne de CHARLES NEUF, le mot avait cette double acception. On trouve dans MONTGEON (1615, D) les longues et dégoûtantes descriptions du CHATIMENT nommé le *Morion* et *les honneurs*. On donnait le *Morion* aux sentinelles ou SOLDATS qui commettaient quelques fautes au corps de garde ; on l'infligeait avec la CROSSE du MOUSQUET ou la hampe de la HALLEBARDE. Cette PUNITION s'entremêlait des invocations dévotes ; ces momeries s'appelaient honneurs. — DANIEL (1721, A, t. II, p. 188) parle aussi du Morion de *dix en bas*, sans expliquer ce que cela signifie, sans paraître même le comprendre ; c'était une imitation de la *sculacciata* des ITALIENS amenés en FRANCE par CATHERINE DE MÉDICIS. — La même punition s'appelait DONNER UNE SALADE, et cette dernière locution est restée dans les dictons proverbiaux. — Ce moyen de châtiment était une espèce d'amende honorable envers le CASQUE nommé MORION et SALADE ; c'était une affaire de tradition, non un précepte de la loi. Cette punition ne s'exerçait pas à l'égard des HOMMES DE CHEVAL. L'HOMME DE PIED, condamné à RENDRE LES HONNEURS au Morion, ou bien à demander pardon d'avoir manqué à sa profession de SOLDAT, était tenu de se choisir un PARRAIN, c'est-à-dire un bourreau. Ce PARRAIN le décoiffait, et plaçait sur le fer d'une pique le Morion ou la coiffure du patient, qui tenait en ses mains cette pique en s'y appuyant dans la position d'un enfant qui joue au cheval fondu, et qui fait le cheval. Le parrain, armé d'une hampe de hallebarde ou d'une arquebuse, demandait à son filleul : *S'il est gentilhomme ; il doit répondre qu'il l'est en sa qualité de soldat ; il lui dit qu'un gentilhomme doit avoir tant de pages, de valets, de chiens, de faucons ; autant de réponses, autant de coups ; combien de tours à son château ; quels sont les princes de la famille royale..., autant de coups ; on passe aux maréchaux de France, aux officiers de régiment ; autant de coups. De temps en temps le parrain ajoute : Honneur au roi, service du roi, tout pour lui, rien pour moi.* — Un BAN avait précédé l'exécution ; un BAN la terminait. — FURETIÈRE dit qu'on ne punissait guère du Morion les SOLDATS de plus de trente ans. — La moderne et ignoble SAVATE est une imitation moins acerbe du Morion.

MORION DE COIFFURE (F). Sorte de Morion pris dans le sens de CASQUE. — M. ROQUEFORT prétend qu'on disait ARMET avant de dire Morion ; cette assertion n'offre pas à l'esprit un sens complet et satisfaisant. D'autres AUTEURS regardent le Morion comme ayant été abandonné par quelques troupes pour la BOURGUIGNOTE ; c'est également rapporter un fait bien vague. — Le Morion commence à figurer dans les ordonnances rendues de HENRI DEUX à CHARLES NEUF ; c'était un CASQUE OUVERT, un POT DE FER, tant soit peu conique, à CRÊTE peu élevée, mince, affilée ; son bord antérieur s'étendait et se retroussait au lieu de faire auvent. Quelquefois un crochet, un anneau, un bec, une aiguille, une PLUME, surmontaient le sommet du TIMBRE. Les COIFFURES de ce genre sont celles qui se sont conservées en plus grande quantité ; elles étaient principalement à l'usage des ARBALÉTRIERS, des ARQUEBUSIERS A CHEVAL et des PIQUIERS ; ils les portaient avec le CORSELET. — Le Morion des ARQUEBUSIERS était échancré d'un côté pour faciliter le placement de la CROSSE de l'ARQUEBUSE. — Le Morion des GUERRIERS de haut rang était à PANACHE. — On lit dans BRANTOME (1600, A) : *A la revcue que nostre général fist à Troyes, il se trouva quarante mille hommes à pied dont il y*

avoit dix mille Morions gravés. — Rien n'était plus riche que les Morions des ARQUEBUSIERS A CHEVAL que commandait STROZZI, et qu'il avait amenés d'ITALIE à FRANÇOIS PREMIER ; ils avaient tous le Morion doré. — BRANTOME dit ailleurs qu'ils étaient *fabriqués, gravés et dorés à Milan. Il n'y avoit Morion gravé d'or qui ne coustat quatorze écus ; mais Strozzi (1580) mit ordre qu'on acheteroit du dit Négro (riche traficant de Milan établi à Paris) le Morion blanc gravé, à bon compte, et puis on le donnoit aux doreurs de Paris, et ne revenoit qu'à huit escus.* BRANTOME ajoute que Strozzi se plaignoit qu'on ne faisoit pas en France les Morions si bien qu'à Milan, car ils ne les vendoient pas si bien, et leur faisoient la crête trop haute. — On voit, dans la satire Ménippée, qu'au temps de la Ligue les moines de Paris avaient coiffé le Morion et endossé le CORSELET. — WALHAUSEN (1615, A) nous montre les MOUSQUETAIRES A PIED et les PIQUIERS coiffés du Morion. Les MOUSQUETAIRES le quittèrent pour le CHAPEAU, comme GHEYN (1608, A) le fait connaître. GAYA (1678, B) témoigne que ce furent les PIQUIERS DES GARDES SUISSES qui s'en servirent des derniers ; et cependant FURETIÈRE, mort en 1688, dit *que depuis longtemps on ne faisoit plus de Morions, mais des bourguignotes.* C'était vrai à l'égard de la CAVALERIE, non de l'INFANTERIE. — Des ordonnances de FRANÇOIS PREMIER, de CHARLES NEUF, de HENRI TROIS parlent de Morions à BAVIÈRES, ce qui veut probablement dire, Morion se fermant en avant du menton. C'étaient des Morions d'HOMMES D'ARMES ou de CAVALERIE. L'ORDONNANCE DE 1574 (1er FÉVRIER) interdisait aux HOMMES D'ARMES et aux ARCHERS A CHEVAL les Morions, fussent-ils à bavières. — L'ENCYCLOPÉDIE (1785, C, au mot *Arme*) dit que le Morion s'attachait au moyen d'une courroie qui passait sous le menton. — M. le colonel CARRION (1824, A) regarde le Morion comme plus léger que le POT EN TÊTE, et comme une SALADE D'INFANTERIE. — CARRÉ (1785, E) le décrit *comme aplati des côtés et terminé par un rebord qui s'élève en pointe devant et derrière :* il en donne des dessins qui en font clairement comprendre la forme. — M. PLANCHE retrace sa forme au quinzième siècle ; il en est traité par M. ALLOU (1855), M. BONNARD, BRANTOME (1600, A), CHAMPOLLION (1826), GAYA (1678, A), GHEYN (1608), M. MEYRICK, SMITH (Hamilton), WILLEMIN, l'*Encyclopédie du dix-neuvième siècle*, au mot *Armure*.

MORLA ; **MORLAI**. V. NOMS PROPRES.

MORNE, subs. fém. (F), ou FRET suivant

Carré (1783, E), ou mornette, ou verrou. Le mot Morne, dont l'étymologie est ignorée, a donné naissance au verbe morner et à l'adjectif morné; il servait à dénommer un cercle en métal ou une boule, dont on garnissait la pointe d'une arme, d'une estocade de chevalerie, pour en faire une arme courtoise. Le mot frette a continué à être employé jusqu'à nos jours dans le sens de cercle en métal. — On appelait armes frettées, mornées, rabattues, innocentes, celles qui étaient émoussées, sans pointe, sans taillant, ou accompagnées d'un cylindre, d'une virole, d'un étui. — Depuis quelques années les haches des sapeurs d'infanterie sont garnies d'une mornette en cuivre qui, au besoin, en rend inoffensif le tranchant.

MORNÉ (mornée), adj. v. arme courtoise. v. morne.

MORNER, verbe act. v. infanterie communale n° 6. v. morne. v. moucheter.

MORNETTE, subs. fém. v. arme courtoise. v. hache de sapeur. v. morne.

MOROGUES. v. noms propres.

MORRION, subs. masc. v. matachinade. v. morion.

MORS (subs. masc.) de bride. v. bride. v. genetaire. v. genette. v. milice grecque n° 7.

MORT, adj., subs. masc. et subs. fém. v. abandon de drapeau. v. abandon de faction. v. abandon de poste. v. abandon en troupe. v. abandon pour piller. v. acte de décès. v. action de guerre. v. a mort. v. angle mort. v. arme de mort. v. armes de supplice. v. assassin. v. assaut de corps de place. v. attentat a la vie. v. balle morte. v. blessé. v. brèche praticable. v. capitulation déshonorante. v. chatiment. v. chef de complot. v. chef de révolte. v. clameur séditieuse. v. colonel d'infanterie française de ligne n° 19. v. commandant de place assiégée. v. condamné a mort. v. conseil d'administration de corps n° 4. v. conseil judiciaire. v. coup de baton. v. crime. v. criminel. v. décédé. v. décès. v. dégat. v. dépouillement. v. déserteur. v. déserteur a l'ennemi. v. droit de vie et de mort. v. effet de rayé. v. exécution a mort. v. gagiste. v. héraut. v. inhumation. v. milice anglaise n° 10. v. milice romaine n° 9. v. officier d'état civil. v. orgue de mort. v. peine de mort. v. punition. v. remplaçant. v. répression. v. sentinelle. v. supplice. v. tête de mort.

MORT (subs. fém.) violente. v. par m... v. violent, adj.

MORTAISE, subs. fém. v. clou de

monte-ressort. v. corde de timbre. v. corps de monte-ressort. v. corps de platine de fusil. v. détente.

MORT-gage, subs. masc. v. gage. v. morte-paye.

MORTE-paye (morte-payes), subs. fém. (F), ou rocantin. Terme composé de deux mots dont il serait superflu d'indiquer l'étymologie; il donne idée d'une récompense, ou d'une espèce de pension de retraite, autrefois accordée dans l'armée française à de vieux soldats. Il désignait également les militaires eux-mêmes qui jouissaient d'une demi-paye dans des chateaux, des citadelles, des garnisons dont le service leur était confié. — Les Espagnols connaissaient les Morte-payes sous le nom de *paga muerta*, et nos pères les appelaient rocantins, parce qu'ils étaient gardiens de rocs ou de roces, c'est-à-dire de lieux forts. — L'institution des légions de François premier assurait aux soldats qui vieilliraient au service l'état de Morte-paye. — Les Morte-payes, imitées de celles d'Espagne, étaient les invalides ou les vétérans de la milice française, avant que ces dernières désignations y fussent en usage. — M. Monteil dit qu'au quatorzième siècle on nommait soudoyers les soldats des garnisons, *seigneuriales stabilitates*, avant de les nommer Morte-payes; ces derniers étaient en effet des soudoyers, mais nous ne supposons pas que ce nom fût uniquement applicable aux Mortes-payes. — Coquille dit au sujet de l'article 276 de l'ordonnance de Blois : *D'ancienneté sont établies Morte-payes en temps de paix et de guerre en certaines villes, comme Pontorson, Cherbourg, Château-Trompette, etc., et y doibvent, avec leurs mesnages, faire séjour ordinaire.* — Il est question dans Brantome (1600, A) des archers à Morte-paye du temps de François premier. Bouchel appelle morts-gages ceux dont il traite, et nous apprend que leur solde était de quinze deniers par jour. — Les chatelains, les capitaines ou gouverneurs de forteresses, enrôlaient leurs Morte-payes; c'étaient comme leurs gardes du corps et leur garnison stable. — Le nom de demi-payes était applicable aussi aux Morte-payes, parce que le roi, comme on le voit dans Kérenvéyer, ne les soldait que six mois par an. Ils étaient pendant le reste du temps à la charge du gouverneur, qui leur accordait alternativement des permissions de s'absenter jusqu'à l'époque où recommençait le droit à la solde royale, de sorte qu'en réalité le gouverneur réussissait à peu près à ne leur rien donner. — Cet usage avait engendré un abus. Il y avait des GOUVERNEURS qui, pour pouvoir toute l'année entretenir, sans qu'il leur en coûtât rien, leurs Mortes-payes, percevaient, en vertu de FAUSSES MONTRES, la solde de la COMPAGNIE entière, quoiqu'ils n'en tinssent que la moitié sur pied. — En définitive, le GOUVERNEUR ne payait pas, et le ROI ou le pays payait. L'ADMINISTRATION des temps anciens était toute de déception. — L'ORDONNANCE DE 1661 (1er DÉCEMBRE) confiait aux Morte-payes la garde des PLACES; ils figuraient sur les états de l'ORDINAIRE DES GUERRES. — Le RÈGLEMENT DE 1665 (25 JUILLET, art. 42) donnait à l'INFANTERIE employée dans des GARNISONS la droite sur les Morte-payes qui s'y trouvaient, parce que l'une des TROUPES était regardée comme royale, l'autre comme seigneuriale. — L'ORDONNANCE DE 1685 (20 MARS) cassait et licenciait les Morte-payes, comme inutiles ou onéreux. — Depuis longtemps déjà le nombre en était faible. L'HOTEL DES INVALIDES venait d'être ouvert aux vieux soldats. Cette suppression était une mesure politique. Le ROI retirait à des châtelains qui avaient porté ombrage au trône les Morte-payes, que les uns considéraient comme leurs satellites ou qui, dans plus d'une capitainerie, n'étaient que des soldats sur papier. — Le DÉCRET DE 1792 (30 AVRIL), relatif à l'HOTEL DES INVALIDES, désignait encore, sous le nom de Morte-payes, l'ensemble des INVALIDES et des VÉTÉRANS.

MORTIER. V. NOMS PROPRES.

MORTIER, subs. masc. V. AFFUT DE M... V. AME DE M... V. BATTERIE DE M... V. CALIBRE DE M... V. CANON-M... V. CHAMBRE DE M... V. CHARGE DE M... V. CHEVET DE M... V. COUSSINET DE M... V. CRAPAUD DE M... V. PLATEAU DE M... V. PORTÉE DE M... V. POUDRE DE M... V. PROJECTILE DE M... V. SEMELLE DE M... V. TIR DE M...

MORTIER (term. génér.), ou MORTIER A FEU. Ce mot dérive, suivant GÉBELIN et MÉNAGE, du LATIN *mortarium*, vase à piler. La LANGUE militaire s'est servi du terme Mortier, à raison de l'analogie de la forme du Mortier de guerre et du Mortier des alchimistes; l'expression est restée dans l'ITALIEN *mortajo* et dans l'ESPAGNOL *mortero*. — Les ÉCRIVAINS ne sont pas d'accord touchant l'époque de l'invention des Mortiers. — M. MORITZ MEYER parle, à la date 1562 et 1480, des Mortiers d'ITALIE, que les ALLEMANDS appelaient *wurfkessel* et les ITALIENS *mortare*. Il parle des Mortiers TURCS qui, en 1556, lançaient des BOMBES DE SIX CENTS. — BLONDEL (1685) croit les Mortiers aussi anciens que les CANONS; DANIEL (1721, A) partage cette opinion; MAIZEROY (1775,

A, p. 286, note) prétend retrouver les Mortiers dès le temps des ENGINS VOLANTS, dont parle MONSTRELET en traitant du règne de CHARLES SIX; M. FRANCOEUR déclare qu'ils sont de deux cents ans plus modernes. VELLY, à la date 1422, parle de Mortiers qui lançaient des QUARTIERS DE PIERRE de cent cinquante à deux cents livres. Ces dissentiments résultent des acceptions différentes du mot, suivant les temps et les pays. DANIEL, qui ne considérait que comme PIERRIERS les Mortiers, dit (p. 447), en parlant des CANONS primitifs : *Qu'on s'en servait pour jeter des pierres comme on fait aujourd'hui* (au commencement du dix-huitième siècle) *avec des Mortiers; c'étaient des Mortiers auxquels on donnait le nom de canons.* — Cependant, au temps de DANIEL, les Mortiers n'étaient plus uniquement à PIERRES, mais aussi à BOMBES; ces dernières PIÈCES prenaient le nom absolu de Mortier; les autres prenaient le nom absolu de PIERRIER. — En résumé, les CANONS ont d'abord été des PERRIERS, OU PERRIÈRES, OU PIERRIERS, des BOUCHES A FEU, SOIT A TIR DIRECT, SOIT A TIR COURBE; quelques-uns se sont ensuite accourcis, ont été façonnés à CHAMBRE cylindrique, et ont FAIT FEU non horizontalement; ils sont devenus par là distincts des PIÈCES DE CANON dont on se sert de nos jours; les uns sont restés PIERRIERS; les autres sont devenus Mortiers en prenant le mot dans son sens actuel, et ils ont servi au jet des BALLES A FEU, des BALLONS A GRENADES, des BOMBES, des PANIERS A FEU, des CARCASSES, des POTS DE PUANTEUR, des traits à feu. Cet avant-dernier genre de PROJECTILE était usité par les DANOIS; en 1711, ils en inondaient la forteresse de Bahus qu'ils assiégeaient; ils y lançaient aussi des GRENADES de douze avec des MORTIERS DE BOIS. — Les BOITES DE RÉJOUISSANCES ont été de petits Mortiers à TUBE vertical. — La mobilisation des Mortiers, devenus roulants, a donné naissance aux OBUSIERS; l'AFFUT des Mortiers était d'abord, comme le témoigne GANEAU, à roues sans rais, ou d'une seule pièce de bois, ainsi que les affûts de MARINE et de CASEMATE. — VILLARET, à la date de 1580, rapporte qu'on voyait, dans le dix-huitième siècle, l'ARTILLERIE qui avait défendu la ville d'Eu contre les ANGLAIS en 1340: *Elle consiste en deux grosses boîtes de fer qu'on chargeait avec des cailloux ronds.* — Les MORTIERS-PIERRIERS appartiennent ainsi au genre le plus ancien. — Les MAURES, défendant Algésiras, assiégée par le roi de Castille ALPHONSE ONZE, en 1343, y employaient des Mortiers de fer *bruyants à l'égal du tonnerre,* suivant l'ENCYCLOPÉ-

DIE (1785, C); c'étaient également des MOR-
TIERS A PIERRE ou des BOITES A FEU. — Quant
aux MORTIERS A BOMBES, MAHOMET DEUX passe
pour en avoir fait le premier usage en 1481.
— FURETIÈRE n'a retrouvé la dénomination
française donnée aux Mortiers qu'à partir de
l'année 1495, et surtout qu'à dater des essais faits au siége de NAPLES sous CHARLES
HUIT. On ne s'était servi jusque-là que d'AC-
QUERAUX, de BOMBARDES, de DONDAINES, de
FEU GRÉGEOIS. — Au commencement du siècle
suivant, la MILICE ESPAGNOLE avait modifié la
forme de cette ARME; de là le nom de MOR-
TIERS A L'ESPAGNOLE, c'est-à-dire à CHAMBRE
concave ou sphérique, au lieu d'être, comme
auparavant, à CHAMBRE cylindrique; CHARLES-
QUINT avait amené quinze PIÈCES de ce genre
au siége de METZ. — En 1522, les TURCS se
servent de Mortiers au siége de RHODES; en
1588, les ESPAGNOLS emportent par le même
moyen WACTENDOOCK, après un siége de peu
de durée. MALTHUS, Irlandais passé au service de France, emploie des Mortiers et des
LANCES A FEU au siége de la Mothe en 1654.
— M. FRANCOEUR remarque que, quoiqu'ils
fussent connus depuis cinquante ans des
FRANÇAIS, c'était la première fois qu'ils s'en
servaient pour jeter des BOMBES. — BLONDEL
rapporte que, en 1659, les POLONAIS, assiégeant Thorn, en Prusse, que défendaient les
SUÉDOIS, jetaient dans la place des PIERRES
monstrueuses et des *carreaux* de plus de
huit cents pesant, sans le secours de Mortiers, ou plutôt à l'aide d'un Mortier non
en métal, mais construit comme la CHAMBRE
d'une mine à ciel ouvert, et consistant en
une excavation faite dans la terre ou le roc,
suivant un degré d'inclinaison calculé. —
Selon FEUQUIÈRES (1750, A), ce fut un
ecclésiastique, ce fut l'évêque de Munster,
qui, le premier, fit un large et puissant
emploi des Mortiers dans la GUERRE DE 1672;
en cette même année, il laissa au maréchal
de LUXEMBOURG le soin des ATTAQUES, et se
chargea du placement de soixante-cinq Mortiers qui, en quatre heures, mirent en feu la
ville de Groll, dans la Gueldre hollandaise.
— En 1674, COEHORN employait de petits
MORTIERS A GRENADES, ou à petites BOMBES:
de là était venu le nom de MORTIERS A LA
COHORN; mais, suivant M. MORITZ MEYER,
ils avaient été inventés en 1668 par Holst.
Il y en avait de cette espèce dans l'armée
de DUMOURIEZ en 1792. Les HOLLANDAIS faisaient grand emploi de ces Mortiers portatifs,
dans la GUERRE DE 1832, en défendant la
citadelle d'ANVERS; les ASSIÉGEANTS leur ri-
postaient par la même ARME. — Les Mortiers
perdreaux étaient inventés en 1695. — On
a jeté des POTS A FEU et des SACS A FEU au
moyen de Mortiers. — On voit dans VOL-
TAIRE (*Siècle de Louis quatorze*) que, jusqu'en 1681, les OFFICIERS D'ARTILLERIE ne
croyaient pas que des Mortiers pussent se
tirer s'ils ne reposaient sur un terrain solide; les GALIOTES A BOMBES furent alors inventées, et en 1682 elles réduisirent en
cendres une partie de la ville d'ALGER. —
Belidor fait en 1731 ses premières expériences touchant les PORTÉES des Mortiers. —
Jusqu'en 1751, le TIR s'en exécutait à deux
feux; on plaçait la POUDRE à la main ou à la
LANTERNE; on la recouvrait de fourrage ou de
gazon; on la damait fortement; on y posait la
bombe qu'on assujettissait en l'entourant de
terre; un BOMBARDIER mettait le feu à la BOMBE
à l'instant où un autre mettait le feu à la
PIÈCE. De graves accidents résultèrent de ce
TIR A DEUX FEUX, et l'on commença à tirer
le Mortier sans mettre le feu à la BOMBE.
On reconnaissait que l'inflammation de la
CHARGE du Mortier y suffisait; on substituait
le TIR A UN FEU au TIR A DEUX FEUX. — Il y
a eu des Mortiers de SIX, SEPT, HUIT, neuf,
DIX, ONZE, DOUZE, quinze et dix-huit POUCES,
en prenant cette mesure comme diamètre
du tube intérieur. Ces derniers lançaient
des COMINGES; ceux de DOUZE POUCES portent
leurs mobiles jusqu'à deux mille sept cents
mètres. — En 1825, il fut établi au siége de
Cadix une BATTERIE DE MORTIERS de neuf pouces
et demi. — Il y a eu des Mortiers à AFFUT,
soit en bois, soit plus ordinairement en fer
ou en fonte, et s'ajustant à COINS DE MIRE ou
à CHEVETS; d'autres Mortiers étaient coulés
d'un même jet avec leur SEMELLE. Il y a eu,
sous le nom de BOITES, de petits Mortiers
employés dans les cérémonies ou réjouissances publiques. Il y a eu des Mortiers en
fer coulé; tels étaient ceux que la MARINE
employait à la défense des côtes. — Ceux
des TROUPES DE TERRE sont en général de
même métal que les PIÈCES DE CANON. GRI-
BEAUVAL les avait réglés à trois CALIBRES de
PORTÉES diverses; en 1765, il avait adopté le
CALIBRE de DOUZE, DIX et HUIT POUCES. — Il y
a eu des MORTIERS-PERDREAUX ou à PERDREAUX,
c'est-à-dire tirant de leur milieu une BOMBE,
et de leurs bords des GRENADES. Ce système
a été abandonné comme dangereux pour les
BOMBARDIERS. — M. MEYER (Moritz) rapporte
que, en 1731, les SAXONS mirent le feu à un
couvent de Wertha, en ajoutant des morceaux de lard aux PROJECTILES des Mortiers.
— Les plus grands Mortiers jetaient des
BOMBES de cinq cents dès le règne de LOUIS
QUATORZE. Il a encore été fait usage de ces
énormes PROJECTILES au siége de Cadix: ils
étaient lancés par des MORTIERS A LA VILLAN-
TROYS. — Il a été fondu à Liége, en 1832,

des Mortiers en fer, à ame cylindrique, coulés d'une seule pièce avec la semelle; c'étaient de doubles cominges pesant quinze milliers, et destinés aux attaques de la citadelle d'Anvers. Ils portaient une bombe de cinq cents kilogrammes, susceptible d'être introduite dans le tube au moyen d'une grue, et chassée par cinquante kilogrammes de poudre. Les premiers essais dans la plaine de Herstals, près de Liége, le 10 décembre, furent peu satisfaisants; un d'eux jeta cependant avec succès huit à dix bombes à la fin du siége. Si l'on en croit le *Spectateur militaire* (t. xiv, p. 476), le mortier monstre ne tira que les deux derniers jours du siége, et ses bombes, y est-il dit, *ne causèrent aucun dommage*. Des assertions différentes se sont accréditées, comme le témoigne le *Journal des Sciences militaires* (1833, p. 125). — Les excavations produites par la chute des projectiles ont eu une profondeur de trois mètres, et tels de ses éclats ont pesé jusqu'à soixante-dix-huit livres. Mais la dépense de ce genre de fulmination est considérable; chaque coup coûterait quatre cent quarante-six francs, dont cent soixante-seize francs de poudre, à raison de quatre-vingts kilogrammes à deux francs vingt centimes, et deux cent soixante-dix francs pour le projectile à raison de soixante centimes le kilogramme de fonte. — Le Mortier monstre qui avait servi au siége d'Anvers a éclaté dans un exercice, dans le mois de mai 1833. — En 1834 (*Constitutionnel*, 9 août), un nouveau Mortier monstre est fondu à Liége, pèse quatorze milliers et porte une bombe de mille, y compris sa charge de cent livres de poudre. — La portée des Mortiers a varié de quatorze cents mètres à cinq et six mille mètres. — Les Mortiers de l'armée de terre font partie des pièces de siége et de l'artillerie des forteresses; ce sont les bouches a feu a tir courbe; mais on s'en servait quelquefois dans une position horizontale pour obtenir, à ce que dit Saint-Remy, des tirs directs; telle a été la pensée première qui a amené l'emploi des obusiers, qui ne sont que des Mortiers sur roues et à tourillons différents. Les caronades aussi sont une modification des Mortiers. — Les Mortiers sont des pièces qui diffèrent des canons par la manoeuvre, par le plateau, par les dimensions, surtout par la chambre; elle a contenu, suivant les proportions de l'arme, suivant son calibre et sa portée, depuis un kilogramme de poudre jusqu'à cinquante kilogrammes. On les a tirés, suivant les temps et les opinions, a un ou a deux feux. — On appelle ventre la partie du Mortier qui repose sur l'affut. — La forme de la chambre,

après avoir varié beaucoup, est restée cylindrique ou tronc conique. En cela, les licornes avaient du rapport avec les Mortiers. — Le reproche grave et fondé que les ministres de la guerre ont encouru pour n'avoir pas soumis au système décimal le matériel de l'artillerie, subsiste ici dans toute sa force; on doit regarder comme devenues barbares les désignations nominales qui se rapportent aux mesures d'étendue ou de pesanteur, employées à l'égard des Mortiers. Cette question a été soulevée par M. Francoeur. — On essaye à Toulon en 1795, et à Strasbourg en 1796, des mortiers bilboquets. — Une décision de 1822 (20 juillet) s'occupe des mortiers-éprouvettes. — M. le général Cotty (1832, A) en donne la description. — Mais à l'égard des variétés, de la destination, de la pesanteur, de la matière composante et de toutes les parties élémentaires des Mortiers, nous renverrons aux ouvrages spéciaux de M. le général Cotty (1822, A), Gassendi, Lachesnaie (1758, I). — On peut consulter en général sur le sujet: Bardet (1740, A), Belair (1792), Belidor (1755, F), Boillot, Bonaparte (Napoléon-Louis, 1836), Carré (1783, E), Decker (1837), Despagnac (1751, D), Duane (au mot *Mortier*), Dulacq, Durtubie, l'Encyclopédie (1751, C, et 1785, C, au mot *Arme*), Gaigne (1801, C), Leblond (1745, A), Lebourg, Malthus, Meyer (Moritz), Potier (1779, X), Saint-Remy, Sionville (1756, E), Ufano, le *Journal des Sciences militaires* (1836, p. 14), le *Dictionnaire de la Conversation*, le *Spectateur militaire* (t. xxiv, p. 316). — Quelques éclaircissements vont être donnés au sujet des mortiers a la Gomer et a la Villantroys.

MORTIER a bombes. V. a bombes. Ve bombe. V. carte graphique. V. guerre de 1672. v. mortier.

MORTIER a feu. V. a feu. V. mortier.

MORTIER a grenades. V. a grenades. V. batterie de pierriers. V. chemin couvert. V. forteresse. V. grenades a main. V. mortier.

MORTIER a la Coehorn. V. a la Coehorn. V. forteresse. V. guerre de 1832. V. mortier.

MORTIER a la cominge. V. a la cominge. V. cominge.

MORTIER a la Gomer (G, 2). Sorte de mortier à chambre, tronc conique ou en cône tronqué; le grand diamètre de la chambre est égal au diamètre de l'ame. Ils ont été inventés en 1785 par le maréchal de camp Gomer. Il en proposa le projet en 1774; il fut adopté en 1786. Ils sont de HUIT, DIX ou DOUZE POUCES. — En 1829, des Mortiers à la Gomer faisaient partie du matériel de GALIOTES envoyées contre ALGER. — M. LEGRAND (1837, A) témoigne qu'on ne coule plus que des Mortiers à la Gomer.

MORTIER A LA PAIXHANS. V. COMINGE. V. MORTIER. V. PAIXHANS.

MORTIER A LA VILLANTROYS (F) ou MORTIERS DE SÉVILLE, comme les appelle BONAPARTE (t. I, p. 54). Sorte de MORTIERS énormes qui furent fondus en quelques mois, ainsi que leurs BOMBES, à SÉVILLE, par l'ordre du maréchal SOULT lors du blocus de Cadix. A l'aide de ces PIÈCES on parvint à y jeter quelques BOMBES qui, parties du Trocadéro, avaient plus de quatre mille mètres à parcourir ; elles étaient remplies de plomb en grande partie, n'éclataient point pour la plupart ; on fit par cette raison peu d'usage de ces Mortiers. — L'un d'eux était exposé depuis 1814, en manière de trophée, dans le parc Saint-James à LONDRES, en face de la caserne des gardes à cheval.

MORTIER A L'ESPAGNOLE. V. A L'ESPAGNOLE. V. MILICE ESPAGNOLE N° 7. V. MORTIER.

MORTIER A PERDREAUX. V. A PERDREAUX. V. GRENADE. V. MORTIER.

MORTIER A PIERRES. V. A PIERRES. V. MORTIER. V. PIERRIER.

MORTIER BILBOQUET. V. BILBOQUET. V. MORTIER.

MORTIER de BOIS. V. BOIS. V. MORTIER.

MORTIER de COIFFURE. V. CHAPERON DE COIFFURE. V. CHEVALIER DU MOYEN AGE N° 4. V. COIFFURE. V. HABILLEMENT. V. HÉRAUT D'ARMES N° 2. V. TROUPE.

MORTIER de dix POUCES. V. ARTILLERIE DE SIÉGE OFFENSIF. V. FORTERESSE. V. MORTIER. V. MORTIER A LA GOMER. V. POUCE.

MORTIER de douze POUCES. V. ARTILLERIE DE SIÉGE OFFENSIF. V. FORTERESSE. V. GALIOTE A BOMBES. V. MORTIER. V. MORTIER A LA GOMER. V. POUCE.

MORTIER de huit POUCES. V. ARTILLERIE DE MONTAGNE. V. ARTILLERIE DE SIÉGE OFFENSIF. V. FORTERESSE. V. MORTIER. V. MORTIER A LA GOMER. V. POUCE.

MORTIER de sept POUCES. V. MORTIER.

MORTIER de SÉVILLE. V. MORTIER A LA VILLANTROYS. V. SÉVILLE.

MORTIER-ÉPROUVETTE. V. ÉPROUVETTE. V. MORTIER.

MORTIER MONSTRE. V. MONSTRE, subs. masc. V. MORTIER.

MORTIER PERDREAUX. V. MORTIER. V. PERDREAU.

MORTIER PIERRIER. V. ARME NATURELLE PORTATIVE. V. MORTIER. V. PERRIER. V. PIERRIER.

MORTON ; **MORTONVAL**. V. NOMS PROPRES.

MORTUAIRE, adj. V. EXTRAIT MORTUAIRE.

MORVE, subs. fém. V. ABATTAGE DE CHEVAUX.

MOSCH ; **MOSCOU** ; **MOSQUERA**. V. NOMS PROPRES.

MOT, subs. masc. V. CONTRE-MOT. V. DONNER LE M... V. ORDRE ET M... V. PRENDRE LE M... V. RECEVOIR LE M... V. RENDRE LE M... V. RÉVÉLATION DE M... V. SÉRIE DE M... V. VIOLATION DE M...

MOT (term. génér.) ou MOT DE L'ORDRE, comme le témoigne MAIZEROY (1767, E), ou MOT DU GUET, ainsi que le dit l'ENCYCLOPÉDIE (1785, C), ou MOT MILITAIRE, ou PAROLE, suivant l'expression de SAINT-GERMAIN (1779, C). — Le substantif Mot vient, si l'on en croit ROQUEFORT, du GREC *muthos* ; il dérive, suivant MÉNAGE, du vieux terme LATIN *muttum*, dont les ITALIENS ont fait *motto*. — Le MOT MILITAIRE est une précaution contre les SURPRISES et un SIGNE au moyen duquel des MILITAIRES d'une même ARMÉE, d'un même PARTI, se reconnaissent. — Les GRECS et les ROMAINS disaient dans le même sens : *castrense verbum, synthema, tessera*. Ils avaient aussi des SIGNES muets, nommés *parasynthema*. — L'usage du MOT MILITAIRE est de toute antiquité ; PLINE le naturaliste en attribue l'invention à Palamède. — DANIEL (1721, A) prétend qu'on ne retrouve dans les historiens aucune indication de l'origine de cette coutume ; il se trompe. Il en conclut qu'elle a existé de tout temps : en cela il a raison. — CYRUS, à Thymbrée, DONNE pour Mot à ses troupes *Jupiter Sauveur*. — POLYEN rapporte que les OFFICIERS d'Acues, général arcadien, qui attaquait à Tégée les LACÉDÉMONIENS pendant la nuit, s'étant présentés pour qu'il leur communiquât le Mot, répondit : *Je ne vous en donnerai pas ; tuez hardiment ceux qui vous en demanderont, car leur question prouvera qu'ils sont ennemis. Suis militibus signum non dedit, ut interficerint eos qui tesseram requierent.* — IPHICRATE, CÉSAR, etc., donnaient pour Mot mille noms divers, dont l'histoire a transmis le souvenir ; mais les historiens ont pris souvent pour MOTS DU GUET ce qui était des CRIS DE GUERRE. — VÉGÈCE (590, A) déclare que le Mot comprenait une ou deux PAROLES soldatesques ou mystiques. — La tessère ou tablette carrée servait dans la milice romaine à inscrire l'ordre et le mot ; de là est venue la synonymie des termes mot, ordre, tessère. — Au moyen age, les cris d'armes et les cris de guerre ont longtemps tenu lieu, comme le témoigne Beneton (1741, A), de ce qu'on a absolument ensuite appelé le Mot, puisque dès la croisade de 1096 on disait donner cri, dans le sens de transmettre un signe verbal. — Ainsi, chez nos ancêtres, les cris étaient les Mots *non mystérieux*. Depuis la renaissance de l'art, le nom de nuit était la parole mystérieuse. Quand on commença généralement à savoir écrire, on prit comme synonymes, suivant M. Roquefort, bulletin et mot du guet. — Les guets, depuis que l'art militaire les posa avec quelques principes, ont eu pour leur sûreté un Mot de convention ; l'usage du nom de nuit existait sous Louis onze, c'était un nom de saint donné à l'entrée de la nuit ; plus anciennement il s'appelait absolument *nome* dans les milices italiennes, il était synonyme de *tessera*. — Au lieu du nom de nuit, les Français ont dit ensuite mot du guet, locution qui a été usitée depuis Rabelais, qui la mentionne un des premiers, jusqu'à Laroche (1770, L) qui s'en sert un des derniers. — Dans le seizième siècle, le sergent de bataille recevait du général le Mot. — Billon (1641, A) est le plus ancien auteur didactique qui parle du Mot du guet. — Le règlement de 1661 (12 octobre) et les ordonnances de 1663 (29 mars), 1664 (3 novembre), 1665 (25 juillet) traitaient de l'emploi et de la transmission du Mot ; il se composait uniquement alors d'une seule parole ; voilà pourquoi il s'appelait absolument le Mot. — Manesson (1685, A) dit que de son temps le Mot est un nom de saint et de ville, comme sainte *Croix d'Orléans*, etc.: il dit aussi que l'usage, dans les cas d'alarme, est de donner un contre-mot ; c'est ce que plus tard on a appelé le ralliement. — La mode fut ensuite d'unir un nom de saint et de ville commençant par la même lettre. — Folard (1727, A) blâmait la mysticité du Mot ; il l'eût voulu plus militaire et moins dévotieux. — Chez les anciens et les modernes, les signaux et les contre-signaux ont remplacé, en quelques circonstances, le Mot et le contre-mot, si l'on en croit le *Bulletin des Sciences militaires*, année 1826, p. 179. — La milice cochinchinoise emploie, comme signe de reconnaissance, un colloque muet qui consiste dans le jeu ou le bruit de deux petites baguettes habituellement attachées à cet effet en dehors de la

giberne ; la manière particulière de les frapper l'une contre l'autre équivaut aux effets du mot du guet. — Le droit de donner le mot a été de temps immémorial regardé comme faisant partie des honneurs militaires, comme une des prérogatives des personnages de distinction, comme un attribut d'un haut grade. Le roi, les généraux d'armée, le connétable, le grand maitre des arbalétriers, les maréchaux de France, le donnaient aux troupes sous leurs ordres. Le maréchal des logis de l'armée était chargé du soin de le transmettre aux troupes en campagne. — Souvent la galanterie française a déféré à de grandes et belles dames l'honneur de donner le mot. — Avoir communication du Mot était également un honneur, une prérogative, un droit ; ainsi le Mot était adressé aux inspecteurs généraux qui se trouvaient momentanément dans la place ; il était porté aux chefs du génie et de l'artillerie. — Il était porté par les aides-majors aux commissaires des guerres, à raison de l'ancien droit qu'ils avaient de faire nuitamment des visites de postes ; il a été décidé qu'il serait de même communiqué aux membres du corps de l'intendance, parce que l'ignorance des rédacteurs d'ordonnances a regardé comme un privilége à maintenir, ce qui n'était réellement dans le principe que le moyen de l'accomplissement d'un devoir aboli. Est-il besoin, en effet, que le corps d'intendance reçoive par quinzaine la série des Mots ? C'est plus qu'un abus, c'est une faute. — Dans la milice française les commandants de place donnaient le mot aux majors de place ou autres officiers majors qui le distribuaient ensuite. Les commandants de citadelles, ou ceux des chateaux ou des forts attachés à une place, étaient tenus, depuis l'ordonnance de 1663 (29 mars), d'envoyer chercher le Mot de la forteresse et de s'y conformer ; mais une fois leurs portes fermées, ils pouvaient eux-mêmes faire au besoin emploi d'un Mot particulier, s'il y avait pont levis et fossé entre la place et leur poste. — Dans les places exposées aux surprises, il était d'usage de changer le Mot chaque fois que, pendant la nuit, il y avait eu lieu d'ouvrir extraordinairement les portes. — Daniel (1721, A) dit que de son temps le Mot se compose encore, à l'instar des usages des Romains, d'une ou deux courtes paroles ; ainsi, ce que depuis on a appelé ralliement, n'était pas encore d'un usage absolu. — Lachesnaie (1758, I, au mot *Ronde*) témoigne que, dans la première moitié du siècle, on commençait à sentir qu'il était utile de donner deux Mots, c'est-à-dire le mot d'ordre, de deux paroles, et le mot

DE RALLIEMENT, d'une PAROLE. — L'ORDONNANCE DE 1768 (1er MARS) a soumis à des règles nouvelles et plus fixes la manière de DONNER LE MOT; elle appelait MOT GÉNÉRAL, celui de l'intérieur de la PLACE; elle connaissait un MOT DE RALLIEMENT pour les POSTES EXTÉRIEURS; il leur était transmis avant la fermeture des portes. — On donnait le MOT ENTIER en passant devant les POSTES; mais des CAPORAUX DE PATROUILLE ou des RONDES qui se rencontraient, se reconnaissaient en se DONNANT l'une le premier, l'autre le second de ces noms. — La RONDE MAJOR était censée faite en vue de constater l'exactitude, l'intégrité du Mot dans chaque POSTE; l'OFFICIER qui faisait cette RONDE le RECEVAIT au lieu de le DONNER. Cet OFFICIER étant le même qui avait présidé à l'ASSEMBLÉE de la GARDE, il était ainsi un personnage connu; il n'y avait pas d'inconvénient à ce que le Mot lui fût DONNÉ; mais toute autre RONDE devait au contraire DONNER LE MOT au caporal de consigne ou au CHEF DE POSTE. — Les OFFICIERS SUPÉRIEURS de service prenaient le Mot du commandant du poste par lequel ils devaient commencer leur RONDE. — TURPIN (1785, O) dit en parlant du mot : *on y ajoute souvent un troisième Mot que l'on nomme de ralliement;* c'est donc à partir de là qu'une modification de système a eu lieu. — Il était défendu à ceux qui RECEVAIENT le Mot au CERCLE DU SOIR, EN GARNISON, de l'écrire à l'effet de se le rappeler; ils devaient le retenir de mémoire. —Le RÈGLEMENT DE 1792 (5 AVRIL) consacra plus formellement l'emploi du MOT DE RALLIEMENT; il voulait que le MOT D'ORDRE et LE MOT de RALLIEMENT fussent DONNÉS tous les jours l'un et l'autre à midi; transmis par la voie du CERCLE D'ORDRE, soit par un OFFICIER et de vive voix, soit par écrit; envoyés à tous les postes; adressés, cachetés, aux GRANDES GARDES OU GARDES EXTÉRIEURES, et envoyés à l'entrée de la nuit, par chaque CHEF DE POSTE, aux OFFICIERS OU SOUS-OFFICIERS de ses DÉTACHEMENTS. — Depuis la GUERRE DE LA RÉVOLUTION, le Mot se DONNAIT aux PRÉFETS, au temps de l'existence des COMPAGNIES DÉPARTEMENTALES dont ils dirigeaient le SERVICE; il se donnait, en campagne, par SÉRIES de quinzaine en quinzaine, adressées par le CHEF de l'ÉTAT-MAJOR GÉNÉRAL à chaque GÉNÉRAL DE DIVISION ou à chaque COMMANDANT de CORPS D'ARMÉE. —L'ORDRE GÉNÉRAL du jour, envoyé du CAMP aux CORPS DÉTACHÉS, contenait les MOTS D'ORDRE et le MOT DE RALLIEMENT. — En garnison, les COMMANDANTS DE PLACE DONNENT LE MOT, une heure avant la FERMETURE des PORTES, à l'OFFICIER MAJOR chargé de le donner au CERCLE du soir; il l'y communique aux SOUS-OFFI-

CIERS OU SOLDATS venus à cet effet des POSTES; cet OFFICIER, ou les ADJUDANTS DE PLACE, ou le MAJOR DE PLACE, le transmettent s'il y a lieu aux POSTES EXTÉRIEURS, parce qu'aucun des militaires qui gardent les DEHORS ne doivent plus pénétrer dans la ville une fois les PORTES fermées. — Le Mot, quand il est communiqué verbalement, ne se donne qu'à l'oreille, à voix basse, et le chapeau à la main ou la main gauche au schako. — La RÉVÉLATION OU VIOLATION du Mot était punissable de PEINES graves. — A l'ancien usage de ne donner pour Mot que des noms de saint et de ville, avait succédé la coutume de choisir des expressions propres à exciter l'enthousiasme, à animer le patriotisme; mais les inventeurs de la SÉRIE tombaient souvent dans l'abus des termes prétentieux, savants, peu connus. Un officier qui faisait une revue de postes de cavalerie, un jour où célébrité était le MOT DU GUET, ne put recueillir partout que sellé et bridé. — A la fin des GUERRES de BONAPARTE, l'usage du Mot était tombé en désuétude. Dans la campagne de Saxe, il ne se donnait plus de MOT DU GUET dans la GARDE IMPÉRIALE. — L'instruction de 1831 (20 septembre) voulait que le Mot fût envoyé aux GÉNÉRAUX des DIVISIONS ACTIVES par le GÉNÉRAL de la DIVISION TERRITORIALE dans laquelle se trouverait la DIVISION ACTIVE. Ainsi la loi maintenait l'ancien usage. — DANIEL (1721, A) et DEVILLE (1674) ont écrit longuement à l'égard du Mot, sans en éclairer un seul point historique. M. BONJOUAN en a traité didactiquement. — Il convient de distinguer le MOT MILITAIRE en MOT DE RALLIEMENT et en MOT D'ORDRE.

MOT de l'ORDRE. V. GARDE ROYALE N° 1. V. MOT. V. MOT D'ORDRE. V. ORDRE.

MOT de NUIT. V. MOT. V. MOT D'ORDRE. V. NUIT.

MOT de RALLIEMENT (E). Sorte de MOT MILITAIRE qui était autrefois un CRI DE GUERRE, et qui consistait dans une brève devise ou dans le nom d'un GÉNÉRAL D'ARMÉE. — BARDET (1740, A) mentionne, dans les détails du SERVICE EN CAMPAGNE, le MOT DU GUET par opposition au MOT DE RALLIEMENT; ce dernier se composait, dit-il, du nom d'une personne. — C'est surtout dans la GUERRE DE 1756 qu'on se sert du ralliement. MAIZEROY (1767, E) en parle comme d'un usage qui s'introduisait de lui-même, non du fait de la loi. — Le Mot de RALLIEMENT est devenu réglementaire depuis que des principes sur le SERVICE EN CAMPAGNE se sont établis. — DUBOUSQUET (1769, B) témoigne que, de son temps, le Mot donné en campagne est toujours accompagné du RALLIEMENT. — Le RÈGLEMENT DE 1792 (5 AVRIL) voulait que tout CHEF DE DÉTACHEMENT commandé en temps de guerre pour MARCHER A L'ENNEMI, donnât à sa troupe un Mot de RALLIEMENT en même temps qu'il lui assignait un RENDEZ-VOUS, pour qu'elle se réunît si elle venait à être dispersée. — Le Mot de ralliement est un CONTRE-MOT prononcé dans quelques circonstances par celui qui donne le MOT D'ORDRE, ou bien il est le signe par lequel une TROUPE se fait reconnaître par une SENTINELLE détachée de son CORPS DE GARDE. — Dans les GARNISONS, le Mot de ralliement est reçu et transmis par les ADJUDANTS DE PLACE. — Les POSTES des DEHORS d'une FORTERESSE envoient, au déclin du jour, un SOUS-OFFICIER à l'AVANCÉE de la PORTE la plus voisine pour y chercher le Mot de ralliement. — Quelquefois, en campagne, un Mot de ralliement se donne particulièrement, en outre du MOT GÉNÉRAL, à l'entrée de la nuit; il sert à reconnaître ceux qui rentrent au POSTE après en avoir été détachés en PATROUILLE ou autrement.

MOT d'ORDRE (E), ou COY suivant PHILIPPE DE CLÈVES, ou MOT DE L'ORDRE. Sorte de mot MILITAIRE particularisé sous une dénomination très-moderne; le simple substantif MOT en a tenu lieu pendant un siècle et demi. — Libre aux étudiants de croire que Palamède soit l'inventeur du Mot d'ordre. Bien peu d'origines sont avérées. — L'EMPEREUR Claude donnait, dit-on, des vers d'Homère pour Mots d'ordre aux COHORTES PRÉTORIENNES. — Les livres militaires et les règlements depuis 1663 disent sans cesse l'ORDRE et le MOT, parce qu'à la suite de l'ORDRE donné, soit de vive voix, soit par écrit, venait le MOT communiqué comme signe de RECONNAISSANCE, et plus anciennement appelé NOM DE NUIT ou MOT DU GUET. — Le MOT DE L'ORDRE commençait à être désigné sous cette locution dans le cours du dernier siècle. — Les SOLDATS, seuls créateurs de la LANGUE MILITAIRE, que négligeaient les ministres, ont senti ce qu'avait d'incomplet et d'obscur le terme Mot pris sous acception de garantie contre les SURPRISES. Pour lui donner de la précision, ils l'ont appelé le MOT DE L'ORDRE, puisqu'il était inséparable de l'ORDRE DU JOUR. On a abrégé ensuite la locution en l'appelant le Mot d'ordre. — On trouve la preuve de ces assertions dans GUILLET (1686, B) et dans les ORDONNANCES DE 1663 (29 MARS), 1664 (3 NOVEMBRE), 1665 (25 JUILLET), 1768 (1er MARS), etc. — Quand on disait primitivement le mot, il ne se composait que d'une seule parole; mais ensuite, tant la LANGUE était imparfaite, le mot fut fait de deux mots: l'un était comme la première syllabe de

l'autre; quand on avait prononcé cette première syllabe, la dernière se donnait en réplique; c'était un moyen réciproque de sûreté. — Ensuite, en campagne, un MOT DE RALLIEMENT a été donné en troisième ou comme supplément du mot; le Mot d'ordre alors est devenu indivisible, le ralliement a été la réplique. — Il n'était encore uniquement question que du mot dans la LOI DE 1791 (10 JUILLET) et dans le RÈGLEMENT DE 1792 (24 JUIN). La LOI DE 1791 (19 OCTOBRE) est la première qui ait consacré la locution Mot d'ordre. — On appelle en campagne, SÉRIE, l'ensemble secret des mots d'un demi-mois. — Les LOIS DE L'AN CINQ (21 BRUMAIRE) et DE 1816 (24 JUILLET) ont considéré comme CRIME la RÉVÉLATION ou la VIOLATION du Mot d'ordre.

MOT DU GUET. V. BULLETIN. V. GUET. V. MILICES ITALIENNES. V. MOT. V. MOT D'ORDRE. V. MOT DE RALLIEMENT. V. PARASYNTHÈME. V. SIGNAL VOCAL. V. TESSÈRE.

MOT EN CAMPAGNE. V. EN CAMPAGNE. V. MOT. V. MOT D'ORDRE.

MOT EN GARNISON. V. EN GARNISON. V. MOT. V. PLACE D'ARMES DE GARNISON.

MOT ENTIER. V. CAPORAL DE PATROUILLE. V. ENTIER. V. MOT.

MOT GÉNÉRAL. V. GÉNÉRAL, adj. V. MOT. V. MOT DE RALLIEMENT.

MOT MILITAIRE. V. MILITAIRE, adj. V. MOT. V. MOT D'ORDRE.

MOTION, subs. fém. V. ÉVOLUTION. V. MANŒUVRE. V. MOUVEMENT ÉVOLUTIF. V. TACTIQUE, subs.

MOTTERET, subs. masc. V. CHENET.

MOTTEN. V. NOMS PROPRES.

MOU (molle), adj. V. RICOCHET MOU.

MOUCHE, subs. fém. V. MOUSTACHE. V. ROYALE.

MOUCHE de FLEURET (G. 4), ou BOUTON, ou RONDELLE. Le mot Mouche est emprunté du nom de l'insecte qui s'appelle de même, parce qu'il était d'usage dans les SALLES D'ARMES, les jours d'ASSAUT, de noircir d'un peu de charbon la peau garnissant la RONDELLE de fer du FLEURET, ou son BOUTON, ou sa fleur, comme le dit ROQUEFORT (1855), qui croit que c'est ce mot fleur qui aurait produit le mot fleuret. On en agissait de la sorte, afin qu'en tirant sur l'adversaire, son PLASTRON de peau ou sa veste de buffle conservassent la marque des coups portés, marques que l'on comparait à des MOUCHES. On disait, comme évaluation de l'adresse de chaque TIREUR: un tel a eu tant de MOUCHES, son adversaire n'en a eu que tant. Ou bien

on disait : c'est un tel qui est le plus MOU-
CHETÉ, le plus BOUTONNÉ.

MOUCHETER, verbe actif (G, 4). Mot
dont les substantifs MOUCHE OU MOUCHETURE
sont la racine, et qui renferme en lui une
des incertitudes de la LANGUE. Suivant le
Dictionnaire de l'Académie, Moucheter
c'est garnir, ou, comme on disait autrefois,
c'est MORNER la POINTE d'une ARME BLANCHE ;
mais, quoi qu'en dise l'ACADÉMIE, on n'a jamais, de nos jours, moucheté SABRE ni ÉPÉE.
— Le langage soldatesque et M. FRANCOEUR
donnent au mot FLEURET moucheté un sens
tout contraire. Suivant eux, ce serait le FLEU-
RET dégarni de sa MOUCHE et aiguisé pour
être changé en ARME DE DUEL. — Dans ce
dernier cas, plusieurs arrêts de cours judiciaires disent, les uns ÉMOUCHER, les autres
DÉMOUCHETER, verbes que l'ACADÉMIE a eu l'in-
attention d'omettre. — Moucheter un FLEU-
RET, c'est en compléter le BOUTON ; le DÉMOU-
CHETER, c'est supprimer le BOUTON.

MOUCHETTE (mouchettes), subs. fém.
(F), OU MOUCHETTE-PROJECTILE, OU MOUCHETTE,
OU MOUSQUETTE. Ces mots, dont l'augmenta-
tif MOUSQUETON est dérivé, et dont DUCANGE,
GANEAU, MÉNAGE donnent l'étymologie et les
définitions, sont dérivés du bas LATIN ou de
l'ITALIEN, *moschetta*, petite mouche, parce
que l'on comparait des FLÈCHES DE BALISTE,
des MOBILES DE CATAPULTES, à des insectes qui
volent, qui bourdonnent, ou, suivant GÉBE-
LIN, à des mosquites, à des moustiques. —
CARRÉ (1785, E) appelle Mouchettes les PRO-
JECTILES des GRANDES ARMES NÉVROBALISTI-
QUES, telles que BEDAINES, BEDONS, PIERRES,
TRAITS, etc. ROQUEFORT dit que les MACHINES
des anciens renversaient les MURAILLES au
moyen de Mouchettes. CAZENEUVE témoigne
qu'avant l'usage de l'ARTILLERIE, on nommait
MOUSQUÈTES certaines ARBALÈTES, et il rappelle cette définition : *balistæ quæ mu-
schetæ vulgariter appellantur.* Cela prouve que le MOBILE lancé a donné son nom à
l'ENGIN qui lançait. De là l'expression italienne *moschetto.* VILLANI s'en servait un
des premiers, et bien avant l'usage des AR-
MES A FEU, pour exprimer de grosses ARBA-
LÈTES. — Quand l'ARQUEBUSE NÉVROBALISTI-
QUE, devenue ensuite ARME A FEU, a été remplacée par une ARME A FEU plus grosse,
celle-ci s'est appelée MOUSQUET, parce qu'elle
chassait des Mouchettes comparables à celles
des anciennes ARBALÈTES de grande dimension.

MOUCHETTE PROJECTILE. V. MOUCHETTE.
V. PROJECTILE, adj.

MOUCHETTES, subs. fém. plur., ou
PAIRE DE MOUCHETTES. V. AMEUBLEMENT DE PA-

VILLON. V. CHAMBRE D'OFFICIER DE GARDE. V.
EFFET DE CORPS DE GARDE.

MOUCHETURE, subs. fém. v. MOUCHE-
TER.

MOUCHOIR, subs. masc. (B, 1). Mot
qui a succédé aux termes VISAGIÈRE et VISIÈRE.
MÉNAGE le tire du LATIN, *mucus, mucato-
rium.* — LES RÈGLEMENTS DE 1779 (21 FÉVRIER)
et 1791 (1er JANVIER) voulaient que chaque
SOLDAT eût deux Mouchoirs ; ils faisaient partie de la PETITE MONTURE. La DÉCISION DE L'AN
TROIS (16 VENTOSE) et la LOI DE L'AN SEPT
(14 MESSIDOR) confirmaient cette disposition.
— Le RÈGLEMENT DE L'AN HUIT (8 FLORÉAL,
tit. IV, art. 55) mettait les Mouchoirs au
compte de la MASSE DE PETIT ÉQUIPEMENT, et
au titre V (art. 14) il mentionne les EFFETS
DE PETIT ÉQUIPEMENT sans y faire figurer de
Mouchoirs. — La DÉCISION DE L'AN DIX (4 BRU-
MAIRE) tombait dans le même oubli. — La
DÉCISION DE 1821 (8 DÉCEMBRE) reproduisait
l'ancienne règle. Ainsi, un Mouchoir par
HOMME DE TROUPE était compris dans le BLAN-
CHISSAGE de chaque semaine, conformément
au RÈGLEMENT DE 1816 (24 JUILLET).

MOUFFLARD, subs. masc. v. MOU-
FLARD.

MOUFLARD, subs. masc. (F), ou MOUF-
FLARD, OU NAZAL, OU NAZEL. Le mot Mouflard dérive du substantif muffle ; il exprimait, suivant CARRÉ (1785, E), la partie du
CHANFREIN qui couvrait le nez du CHEVAL
D'ARMES. Quelquefois il n'était pas distinct
du chanfrein ; quelquefois il formait pièce à
part.

MOULE (subs. masc.) A BALLES. V. A BAL-
LES. V. CARABINE.

MOULE (subs. masc.) DE BOUTON. V. BOU-
TON. V. BOUTON A MOULE.

MOULIN, subs. masc. (term. génér.), ou
MOULIN A FARINE. Mot dérivé, suivant GÉBE-
LIN, du CELTIQUE *meul.* — L'expression Mou-
lin a donné à la langue tactique le mot MOU-
LINET. Sous le point de vue administratif,
des recherches sur le service des Moulins
se trouvent dans ODIER (1824, E, t. VI et VII).
— Le terme, uniquement considéré ici par
rapport à l'ADMINISTRATION MILITAIRE et au
SERVICE DE CAMPAGNE, sera distingué en MOU-
LIN A BRAS, — A CHEVAL, — PORTATIF,
ROULANT.

MOULIN (moulins) à BRAS (F). Sorte de
MOULINS qui ont été quelquefois PORTATIFS,
quelquefois ROULANTS, quelquefois à demeure ; il en était jadis attaché de cette dernière
espèce aux casernes de la MILICE ROMAINE.
Depuis que les troupes cessèrent de se nourrir de grains broyés, ou concassés et pré-

parés en bouillie, chaque SOLDAT EN CAMPAGNE eut même son Moulin particulier, parce que la RATION DE VIVRES des légionnaires ne leur était fournie qu'en GRAINS et qu'ils fabriquaient eux-mêmes leur PAIN.

MOULIN (moulins) à CHEVAL (F). Sorte de MOULINS qui ont été en usage dans quelques PLACES EN ÉTAT DE SIÉGE. — SAINT-REMY traite dans son ouvrage des Moulins de cette espèce qui fonctionnaient dans la CITADELLE du Havre. JABRO (1777, G) en donne et la description et le dessin.

MOULIN A EAU. V. A EAU. V. MOULIN ROULANT.

MOULIN A FARINE. V. A FARINE. V. CITADELLE. V. MOULIN.

MOULIN A POUDRE. V. A POUDRE. V. CODE MILITAIRE. V. MILICE AUTRICHIENNE N° 6. V. POUDRERIE.

MOULIN A VENT. V. A VENT. V. ARME A VENT.

MOULIN (moulins) PORTATIF (B, 1; H). Sorte de MOULINS dont on s'est servi dans l'antiquité. Parmi les modernes, la MILICE ANGLAISE en avait dès le quatorzième siècle et les conservait encore au seizième, suivant l'assertion de M. MONTEIL. Les MILICES ALLEMANDES, et surtout leur CAVALERIE, en faisaient usage au temps des guerres de LOUIS QUATORZE, comme le témoigne FEUQUIÈRES. — Sous le ministère de LOUVOIS, la MILICE FRANÇAISE fit l'essai d'un Moulin en fer de forme sphérique, à meule d'acier; il avait seize pouces de diamètre et pesait cent livres; un homme le mettait en jeu; il pouvait moudre, en vingt-quatre heures, le GRAIN nécessaire à la subsistance de cinq cents hommes. — Les meules des petits Moulins portatifs ont, en général, été d'acier et de cinq à six pouces de circonférence. — DUPRÉ DAULNAY donne la description de ceux qu'on a perfectionnés dans le commencement du siècle passé, et dont il a fait usage. — SAINT-GERMAIN (1779, C) témoigne que, au temps où il écrivait, le SOLDAT RUSSE était dressé à moudre ses GRAINS et cuire son PAIN. — Vers les derniers temps de la GUERRE DE LA RÉVOLUTION, quelques CORPS FRANÇAIS qui faisaient la guerre en ESPAGNE étaient pourvus de Moulins, mais ils en tirèrent peu d'utilité. — On voit dans les récits de M. le baron FAIN que, pendant l'expédition de Russie, il fut envoyé par le ministre de la guerre à cette ARMÉE, à Smolensk, cinq cents Moulins portatifs qui avaient été construits à Paris; ils pesaient dix-huit livres chacun et produisaient par heure trente à quarante livres de FARINE. On en fit faire, dit M. le général

Ph. de SÉGUR (p. 558), pour toute l'ARMÉE. Il fallait par Moulin seize hommes et douze heures pour fournir de FARINE cent trente hommes pendant un jour. Ces Moulins, qui devaient être portés à la suite des RÉGIMENTS, ne leur servirent pas; l'ARMÉE était presque détruite quand on en fit une tardive et bien inutile distribution à Dorogobush (le 4 novembre 1812). — Un MOULIN ROULANT inventé quelques années plus tard a été un perfectionnement de ce système. — Il a été spécialement traité des Moulins par BRAUN. ODIER (1818, E) propose d'en faire délivrer, en campagne, à chaque COMPAGNIE.

MOULIN (moulins) ROULANT (B, 1; H), ou VOITURE-MOULIN. Sorte de MOULINS qui participent des MOULINS A BRAS, des MOULINS A EAU, des MOULINS PORTATIFS. — En 1819, M. SAGET, habile mécanicien, avait imaginé un Moulin traîné sur une charrette par un seul cheval et conduite par un homme placé en cocher. La machine avait quelques rapports avec la figure d'un tonneau à eau; en cheminant, elle moulait et blutait en même temps. La force motrice était communiquée par le mouvement des roues. Le conducteur suspendait à volonté le jeu du mécanisme, sans interrompre le roulage de la charrette. La construction de ce Moulin était combinée de manière que, dans l'état de non roulage, il pût devenir un MOULIN A EAU, ou un MOULIN A BRAS susceptible d'être mis en jeu par la seule force d'un enfant, et de rendre à volonté la farine plus ou moins belle. — L'académie des sciences, belles-lettres et arts de Bordeaux en faisait, en séance publique, l'examen le 6 mai 1819. L'extrait des registres qui mentionnent cette séance, et l'éloge que les examinateurs en faisaient, étaient constatés dans une brochure publiée par l'inventeur. — La facilité de rapprocher ou d'espacer un peu plus les meules permettait d'y broyer toute espèce de GRAINS, depuis la fève jusqu'au millet. — *La machine de M.* SAGET, disait le procès-verbal, *rend la mouture possible en toute saison, tout lieu, tout instant; elle remédie aux suspensions de service qu'amène le calme de l'air dans les contrées servies par les moulins à vent, et les sécheresses de l'été dans celles qui le seraient par des moulins à eau; il donne des produits dont on peut augmenter ou diminuer à volonté la qualité et la quantité; il peut moudre sans interruption.* — Le produit moyen du Moulin est comme il suit : avec un homme seul, deux hectolitres et demi par jour; avec deux hommes, cinq hectolitres; avec un cheval, neuf hectolitres environ.

MOULINET, subs. masc. (F), ou CONVERSION CENTRALE. Le mot Moulinet a la même racine que MOULIN ; il exprime une ÉVOLUTION qui opérait un CHANGEMENT DE FRONT A DEUX MOUVEMENTS ; il s'exécutait par une double CONVERSION sur un point intermédiaire ou sur le CENTRE d'un BATAILLON EN BATAILLE. Ces CONVERSIONS, dans le principe, avaient lieu en AIGUILLE DE MONTRE ; elles s'exécutèrent ensuite en ROMPANT par SUBDIVISION , à la manière des PRUSSIENS, comme on le voit dans MIRABEAU (1788, C). — Le MOULINET CENTRAL s'accomplissait sans que les AILES MOUVANTES sortissent de leur orbe, tandis qu'une partie du BATAILLON en sort nécessairement dans tout autre CHANGEMENT DE FRONT ; une moitié de la LIGNE avançait, l'autre moitié reculait au moyen du DEMI-TOUR. L'angle de chaque CONVERSION se proportionnait de manière que, après un MOUVEMENT plus ou moins prolongé, l'ORDRE DE BATAILLE se rétablit. — Les DÉTAILS de l'évolution sont donnés par BARDET (1740, A), BOMBELLES (1754, D), DESPAGNAC (1751, D), DESPAR (1753, A, p. 17), ENCYCLOPÉDIE (1751, C, suppl., au mot *Conversion*), LEBLOND (1758, B), PICTET (1761, I, planch. 2), PUYSÉGUR (1748, C), TRAVERSE (1758, D).

MOULINET CENTRAL. V. CENTRAL. V. MOULINET.

MOUNIER ; MOUNTAIN ; MOURGUES. V. NOMS PROPRES.

MOUSCHETTE, sub. fém. v. MOUCHETTE.

MOUSKES. V. NOMS PROPRES.

MOUSQUET, subs. masc. V. AME DE M... V. AMORCE DE M... V. A MOUSQUET. V. BAGUETTE DE M... V. BAIONNETTE DE M... V. BALLE DE M... V. CALIBRE DE M... V. CANON DE M... V. CHAPEAU A L'ÉPREUVE DU M... V. CHARGE DE M... V. CLEF DE M... V. COUP DE M... V. CROSSE DE M... V. ÉPREUVE DU M... V. FOURCHETTE DE M... V. FUT DE M... V. MÈCHE DE M... V. PLATINE DE M... V. PORTÉE DE M... V. PORTER LE M... V. SERPENTIN DE M...

MOUSQUET (F), ou MOUSCHE, suivant BOREL, Pierre (au mot *Sarre*). Le mot Mousquet dérive, suivant DUANE (1810, E, au mot *Espringale*), suivant DUCANGE, suivant GÉBELIN, du LATIN barbare *muchetta, muscheta, muschetta, musqueta*, signifiant originairement BALISTE Il a une racine commune avec le vieux substantif MOUCHETTE ; il exprime une ARME MÉCANIQUE portative, que les ITALIENS appelaient *moschetto*. Il a produit MOUSQUETADE, MOUSQUETAIRE, MOUSQUETERIE, MOUSQUETIER, MOUSQUETON ; il s'est conservé dans l'expression ANGLAISE *musquet*. — Essayons de débrouiller son histoire, jusqu'ici confuse. — Si l'on en croyait le *Spectateur militaire* (1826, novembre) et RAY DE SAINT-GÉNIES (1755, A), le Mousquet serait dû aux MOSCOVITES. Cette assertion est une méprise à laquelle COVARRUVIAS a donné naissance ; il s'est laissé tromper par la similitude de consonnance qui rapproche MOSCOVITE et Mousquet. Ce qui a pu accréditer aussi l'erreur, c'est que les RUSSES, par leurs communications avec les TARTARES, paraissent avoir connu la POUDRE quand elle était inconnue encore au reste de l'EUROPE ; mais leur principale TROUPE, les STRÉLITZ, ne prirent le Mousquet que fort tard. — Des ÉCRIVAINS confondent ARQUEBUSE , CARABINE , ESCOPETTE et Mousquet ; ainsi VOLTAIRE, si exact ordinairement en fait de termes militaires (*Essai sur les mœurs, France, Charles sept*, dit du Mousquet : *cet instrument de destruction ne fut connu que du temps de Louis onze*. — C'étaient les ARQUEBUSES A FEU qui, en FRANCE, se répandaient surtout alors ; cependant, en 1378, le nom du Mousquet, considéré comme ARME A FEU, se trouve dans la description du combat de Vellétri ; M. MORITZ MEYER en rend témoignage. — Sous CHARLES HUIT, les ESCOPETTES étaient les Mousquets du temps ; ceux des PISTOLIERS s'appelaient PISTOLES. Des ESCOPETTES moins anciennes s'appelaient PÉTRINAUX. Quand les CARABINS existaient, leurs Mousquets s'appelaient CARABINES. — Le Mousquet a été d'abord NÉVROBALISTIQUE, c'était une sorte d'ARBALÈTE ; il a été ensuite A FEU, c'était un FUSIL A MÈCHE SE TIRANT comme le CANON , et recevant des BALLES dont le CALIBRE a grandement varié, puisque primitivement les Mousquets à feu portaient deux livres de BALLES, et qu'on a tiré à POSTES d'autres Mousquets. — Le vrai nom du Mousquet névrobalistique était MOUSQUÈTE suivant CASENEUVE. Nous définirons le Mousquet à feu sous le nom absolu de Mousquet. — Le ou la MOUSQUÈTE, *muschetta*, car, en FRANÇAIS, le genre en était indéterminé, était une MACHINE qui lançait des MATRAS, gros TRAITS que les ALLEMANDS appelaient *print* ; d'où proviennent, dans un sens à peu près pareil, SPRINGARDE, ESPINGARDE. — VILLANI, qui vivait avant que l'usage des ARMES A FEU se fût répandu, et qui écrivait dans le quatorzième siècle, avait dit, comme le rapporte MÉNAGE, *molti ne furo feriti e morti di moschetti e di balestri di genovesi :* grand nombre d'hommes furent frappés et tués par les MOUSQUÈTES OU MOUCHETTES, et par les coups d'ARBALÈTES des GÉNOIS. Ce mot *moschetti* s'appliquait-il, dans VILLANI, à l'instrument qui lance ou à son projectile ? La première de ces suppositions est admissible. L'autre n'est pas improbable. — Du nom donné à ces ARMES et de l'analogie du terme MOUCHETTE, est provenu le nom du MOUSQUET A FEU, OU FUSIL SANS PIERRE, suivant la définition de l'ENCYCLOPÉDIE (1751, C). Il y avait de ces Mousquets qui lançaient des FLÈCHES, comme le témoigne l'*Echo britannique*. — MURATORI et M. MORITZ MEYER disent que Sigismond deux, lorsqu'il était en ITALIE, en 1452, avait une GARDE de cinq cents hommes armés de Mousquets, et qu'on vit pour la première fois, en cette année, ce genre d'ARMES en TOSCANE. Ce fait n'est pas d'accord avec ce qui a été dit plus haut. — Mais les assertions des traducteurs sont quelquefois trompeuses; il est rare qu'ils emploient le terme propre. — M. SISMONDI avance (t. IX, p. 341) qu'en 1449, la MILICE de Milan *fut armée de vingt mille Mous quets qui jetèrent la terreur parmi les vieux généraux. Il fallait un quart d'heure pour les charger et les tirer;* ils ne se soutenaient qu'à l'aide d'une FOUR-CHETTE. — C'étaient des ARQUEBUSES A CROC; c'est du moins ce qu'on peut induire de l'INSTRUCTION MINISTÉRIELLE DE 1806 (19 JUIN). Mais ce nombre de vingt mille Mousquets à feu nous paraît fabuleux, surtout si nous nous en rapportons à l'*Echo britannique* qui, s'appuyant sur les plus habiles antiquaires anglais, affirme que l'usage du Mousquet ne devint commun qu'en 1567, mais qu'il s'en voyait en 1524, à la bataille de PAVIE. C'était une arme à CROSSE droite; elle succédait à la HAQUEBUSE, arme à CROSSE courbe. — En 1527, le connétable de Bourbon périt d'un coup de Mousquet; ce Mousquet était une petite PIÈCE DE CANON. — En 1529, il en était employé du même genre à la défense de VIENNE, en Autriche. — L'ARQUEBUSE à feu n'a été l'ARME que de quelques CORPS particuliers, soit à pied, soit à cheval, nommés par cette raison ARQUEBUSIERS; ceux à pied étaient amalgamés avec les PIQUES, mais sur un TERRAIN INDIVIDUEL dont la dimension différait. Le Mousquet à feu a été, depuis LOUIS TREIZE, l'ARME de tous ceux des FANTASSINS FRANÇAIS qui n'étaient pas PIQUIERS. — Les MOUSQUETS A FEU succédèrent aux ARQUEBUSES de petit échantillon, et leur furent préférés par les RÉGIMENTS D'INFANTERIE, dit MONTÉCUCULI 1704, D), parce qu'ils portaient plus loin et avaient des proportions plus fortes. — Sous FRANÇOIS PREMIER, les primitifs Mousquets n'étaient plus à SERPENTIN, et pesaient, en 1550, quinze livres. Les artisans FRANÇAIS commencèrent peu après, suivant DANIEL (1821, A), à fabriquer des Mousquets à SERPENTIN, et l'INFANTERIE adopta, en 1567, ceux dont la balle était

de seize à la livre. — Il n'était affecté d'abord qu'un certain nombre de Mousquets par COMPAGNIE; il y restait en outre des ARQUEBUSES A MÈCHE que portaient les hommes les moins robustes. — Suivant BRANTOME (1600, A), le Mousquet fut introduit dans les TROUPES de FRANCE par STROZZI; ce général en augmenta le nombre en 1574; mais M. le colonel CARRION (1824, A) ne regarde les MOUSQUETS A SERPENTIN comme répandus dans les TROUPES FRANÇAISES, que depuis 1610. — COURTIN (au mot *Division*) pense que la FRANCE reçut de VIENNE les premiers Mousquets; ils remplacèrent, dit-il, sous CHARLES NEUF, les ARQUEBUSES. Cette proposition est loin d'être complète et, exacte; c'est de l'ITALIE et des ESPAGNOLS que nos Mousquets sont venus. — Les ARQUEBUSES ayant été trop allégées dans le seizième siècle ainsi que s'en plaignait GUISE le Balafré, au siége de ROUEN en 1562, il contribua, ainsi que STROZZI, à faire forger de plus forts CANONS à MILAN; voilà, dit BRANTOME (1600, A), *d'où nous avons eu l'usage de ce gros canon de calibre que, quand on le tirait, vous eussiez dit des mousquetades.* C'est-à-dire qu'un COUP semblait une SALVE. — Les Mousquets, ou du moins les MOUSQUETAIRES, que les FRANÇAIS ont pris pour modèles, ont été institués par le duc d'ALBE; témoin ce passage de BRANTOME : *Ce duc d'Albe passa vers Flandres, et introduisit, le premier, et mena les mousquetaires. Charles neuf dit à Strozzi qu'il falloit qu'il en fist avoir parmi ses bandes, et qu'il avoit commandé d'en faire (des Mousquets) à Metz une centa ne, et qu'il vouloit que ses gardes en eussent. Ceux qu'il fit faire n'étaient pas maniables à raison de leur lourdeur;* STROZZI en fit la remarque et proposa d'en faire venir de MILAN, comme modèles, et pareils à ceux de l'INFANTERIE ESPAGNOLE; *depuis, se sont (les Mousquets, usités parmi les bandes.* — Ce même AUTEUR dit encore, au sujet de l'ARMÉE que d'ALBE amena à Anvers : *Il fut le premier (d'Albe) qui leur en donna de gros (des Mousquets aux Espagnols); nous n'en avions point vu encore dans leurs bandes, quand nous allâmes pour le secours de Malthe; nous en avons pris l'usage avec difficulté pour y accoustumer nos soldats; voilà ce qui prouve que notre milice empruntoit tout de la milice espagnole; ces Mousquets estonnèrent fort les Flamands.* — L'INFANTERIE ESPAGNOLE, dans les PAYS-BAS, en avait été pourvue généralement en 1567 par d'Albe, à ce qu'affirme M. MORITZ MEYER et l'*Echo britan-*

nique. Ils étaient d'un si fort CALIBRE qu'on ne pouvait les tirer que sur la FOURCHETTE et avec un COUSSINET, à cause de la violence du recul. On voit que l'art du TIR D'INFANTERIE était encore bien grossier. — Ce même ÉCRIVAIN dit qu'en 1599 le Mousquet des PAYS-BAS était de dix BALLES à la livre, et pesait avec sa FOURCHETTE seize livres; l'ARQUEBUSE était de vingt à la livre et ne pesait que dix livres. — WALHAUSEN (1615, A) se plaignait également de la lourdeur des Mousquets ALLEMANDS, et proposait d'en réduire le poids dans la proportion de dix BALLES à la livre. — M. MEYRICK parle des SOIES DE COCHON, espèces de longues BAIONNETTES qui s'adaptaient aux Mousquets. — Les gravures de GHEYN (1608, A) témoignent que les Mousquets HOLLANDAIS se tiraient sur FOURCHETTE, mais que les ARQUEBUSES faisaient feu sans cet appui. Une des punitions du dix-septième siècle, qu'on nommait le MORION, s'administrait avec le Mousquet. — Les MOUSQUETS D'INFANTERIE du dix-septième siècle ne furent que de deux espèces, DE REMPART et DE CAMPAGNE ou à SERPENTIN ; ils avaient des BAGUETTES de bois; ceux de REMPART avaient sept à huit pieds; ceux de CAMPAGNE en avaient cinq, et servirent aussi dans l'origine aux DRAGONS. Il n'était pas attaché de bretelle aux Mousquets. Ils ne commencèrent à prendre que depuis 1640 des BAIONNETTES. — Les CHENAPANS furent une amélioration des Mousquets. — L'emploi des Mousquets comme ARMES DE SUPPLICE, avait continué à s'appeler ARQUEBUSADE. — GUSTAVE-ADOLPHE augmenta dans son ARMÉE le nombre des Mousquets et en allégea le volume. Ce système influa sur la TACTIQUE de France. — Au milieu du dix-septième siècle, le Mousquet servait à jeter la GRENADE. — Soit que la détermination de supprimer les FOURCHETTES ait nécessité la réduction du CALIBRE, soit que l'utilité de l'allégement de l'ARME ait motivé l'abandon de la FOURCHETTE, cette double modification eut lieu à la fois. Tout se tient dans la chose militaire par d'intimes rapports ; ainsi l'affaiblissement du moyen de DÉFENSE des PLACES résultant de la moindre PORTÉE du Mousquet, préjudicia au système de l'ingénieur PAGAN, parce que le CHAMP DE FEU des PETITES ARMES et la mesure des LIGNES DE DÉFENSE ne furent plus d'accord. Aussi les anciens Mousquets étaient-ils conservés dans les ARSENAUX pour défendre les PLACES ASSIÉGÉES, comme le témoignent GUIGNARD (1725, B), LEBLOND (1758, B), RAY DE SAINT-GÉNIES (1755, A). Ces lourdes armes se nommèrent d'abord MOUSQUETS BISCAYENS, ils prirent ensuite le nom de MOUSQUETS DE REMPART ; leur CALIBRE était de

quatre, de dix, de douze balles à la livre, leur longueur était de sept à huit pieds. — MAIZEROY (1765, B) et M. le général COTTY (1822, A) regardent les Mousquets comme ayant été des ARQUEBUSES rendues plus légères : ils sont ainsi en opposition avec les opinions que nous avons résumées, puisqu'on a vu de successifs essais rendre tour à tour et plus lourds et plus légers les Mousquets. Il est vrai que les ARQUEBUSES A CROC étaient en effet bien plus lourdes ; l'assertion prend donc de l'exactitude, si, comparativement à ces anciennes arquebuses, elle s'applique aux modernes et derniers MOUSQUETS DE CAMPAGNE ou d'INFANTERIE, dont le CANON avait quarante-quatre pouces, et dont le CALIBRE était de seize et dix-huit à la livre. — CARRÉ (1785, E) décrit et dessine des MOUSQUETS A ROUET ; c'était une invention ITALIENNE que les ANGLAIS avaient adoptée sous le règne de HENRI HUIT ; d'autres, en même temps à SERPENTIN et à ROUET, étaient des Mousquets de luxe ou de caprice. — La CAVALERIE LÉGÈRE française cessa de porter arquebuse et CARABINE, et reçut en 1621 des Mousquets, comme le témoigne AUDOUIN ; une partie des CORPS à cheval de cette arme en était entièrement pourvue : d'autres avaient une COMPAGNIE DE MOUSQUETAIRES. — L'ORDONNANCE DE 1636 (8 AOUT) témoigne que Charleville fabriquait des Mousquets d'INFANTERIE, mais que ceux de Hollande étaient plus estimés. — Le nombre des ESCOPETTES d'INFANTERIE était sous CHARLES HUIT dans la proportion du dixième des ARMES dont se servait une BANDE OU COMPAGNIE ; il y en eut ensuite une fois plus, ou une ARME A FEU par cinq hommes. Depuis 1515 les ARQUEBUSIERS sont par manches ; en d'autres termes, il y a une ARQUEBUSE à feu par deux PIQUES ; depuis l'institution des RÉGIMENTS D'INFANTERIE, il y a, comme le témoigne ROHAN (1638, C), autant de PIQUES que de Mousquets ; depuis l'ORDONNANCE DE 1651 (4 NOVEMBRE) il y avait dans le BATAILLON une PIQUE par deux Mousquets ; enfin, peu avant l'abolition des PIQUES, il y en avait une par deux Mousquets dans certains CORPS, et dans d'autres une par quatre Mousquets, à ce qu'affirme MAIZEROY (1773, A). Il en était ainsi dans la GUERRE DE 1688. — Pendant le cours de la GUERRE DE 1655, ou plutôt de 1648, le MOUSQUET A MAIN faisait feu par des moyens différents, suivant qu'il était A ROUET ou A MÈCHE ; dans l'emploi de ce dernier, on commençait par souffler sur le BASSINET pour en repousser les flammèches d'étoupe que la MÈCHE avait pu y laisser au départ du dernier coup. Le FOURNIMENT et la

MESURE DE CHARGE, ou bien le COFFIN, donnaient la POUDRE ; le PULVÉRIN fournissait l'AMORCE ; le MOUSQUETAIRE prenait sa BALLE, ou dans sa bouche, ou dans son SAC A BALLES, parce que les CARTOUCHES n'étaient pas encore en usage. Après avoir AMÉCHÉ l'ARME et en avoir COMPASSÉ LA MÈCHE, il posait le fût sur la FOURCHETTE, METTAIT EN JOUE, et TIRAIT en faisant jouer, au moyen de la CLEF, le SERPENTIN OU CHIEN de la PLATINE. Cette charge était en quatre-vingt-quatorze temps, si l'on en croit le *Journal de l'Armée* (t. 1, p. 232).—DANIEL (1721, A) fournit les preuves qu'en 1689 la MILICE AUTRICHIENNE avait renoncé aux PIQUES pour s'armer entièrement de Mousquets, seul moyen de résistance contre les TURCS. Elle avait en cela pris l'initiative sur l'ARMÉE FRANÇAISE. — Ordinairement le MOUSQUETAIRE laissait aux pieds de ses camarades les PIQUIERS, son HAVRE-SAC, pour être moins chargé en TIRANT et escarmouchant. — L'habitude de PORTER LE MOUSQUET, non verticalement, mais horizontalement, sur l'épaule, nécessitait un grand ESPACE entre les RANGS, et ne permettait point le PAS CADENCÉ. — BOTTÉE (1750, B) décrit avec détails ces usages et le genre d'EXERCICE du Mousquet, exercice dans lequel les HOLLANDAIS ont été nos précepteurs. — La surveillance de l'existence, de l'uniformité et de l'entretien des Mousquets regardait les COMMISSAIRES DES GUERRES. — Des TROUPES qui obtenaient, après avoir capitulé, les HONNEURS DE LA GUERRE, défilaient BALLE EN BOUCHE et MÈCHE ALLUMÉE. — L'ORDONNANCE DE 1653 (28 AVRIL) établissait la proportion numérique des Mousquets. — Les ORDONNANCES DE 1666 (16 NOVEMBRE) et 1670 (6 FÉVRIER) réglaient à quarante-quatre pouces la longueur du CANON ; elles en fixaient le CALIBRE à vingt BALLES à la livre. Ce nombre allait jusqu'à vingt-deux et vingt-quatre. — La PORTÉE du Mousquet était de cent vingt à cent cinquante toises de BUT EN BLANC. — A la bataille de STEINKERKE, dit l'auteur des campagnes de Luxembourg, les SOLDATS FRANÇAIS jetèrent leurs Mousquets pour se servir des FUSILS arrachés à l'ennemi, ou abandonnés sur le terrain ; ainsi les étrangers combattaient déjà avec le FUSIL, et l'INFANTERIE FRANÇAISE en goûtait l'usage parce qu'elle avait éprouvé combien était incommode le Mousquet, sa FOURCHETTE et sa MÈCHE quand il s'agissait d'exercer une CHARGE, l'épée à la main, ou de résister à une CHARGE DE CAVALERIE. — VAUBAN essaya d'introduire un MOUSQUET-FUSIL, c'est-à-dire qui était à la fois à SERPENTIN et à PIERRE ; il fut de peu de service. — Les INVALIDES à qui il restait quelque aptitude au service étaient armés

de Mousquets, les autres n'avaient que la PERTUISANE. — LES COMPAGNIES DE GRENADIERS, dès l'époque de leur création, prirent le FUSIL ; ils n'avaient jusque-là pour armes que les grenades, le sabre et la hache. Les Mousquets commencent à être retirés aux RÉGIMENTS D'INFANTERIE en 1699, et depuis l'ORDONNANCE DE 1703 (20 MARS) il n'était plus employé que des FUSILS ; ce fut l'époque d'un nouveau système de PORT D'ARMES. — Les MILICES CHINOISE, PERSANE, TURQUE, se sont servies, des dernières, du Mousquet. — Ainsi que nous l'avons expliqué, la forme actuelle des COMMANDEMENTS de l'exercice de l'INFANTERIE se ressent encore du temps où le Mousquet était en usage. — Les AUTEURS qu'on peut consulter à l'égard du Mousquet sont : BARRIFF (1739, A), BOSSI, BOTTÉE (1751, A), BOXEL (1675, C), CARRÉ (1785, E), CHÉVRY (1649, A), COTTY (1822, A), DANIEL (1721, A), GAYA (1670, D), GHEYN (1608, A), GIFFART (1696, A), GUILLET (1678, D), KNOCK (1759, A), ISSELBOURG (1620, B), LACHESNAIE (1758, I, au mot *Fusil*), LECOUTURIER (1825, A), MAIZEROY (1775, A), MAROLLES, MÉNAGE, OGILVUS (1641, D), PISTOFILO, RAY DE SAINT-GÉNIES (1755, A), RENOL, SAINT-REMY, le *Journal militaire* (1806, p. 199), le *Journal de l'Armée* (t. II, p. 564), la *Sentinelle de l'Armée* (t. III, p. 207).

MOUSQUET A FEU. V. A FEU. V. GUERRE DE 1655. V. MILICE AUTRICHIENNE, N° 4. V. MOUSQUET.

MOUSQUET A FORQUINE. V. A FORQUINE. V. MILICE ESPAGNOLE, N° 8. V. MOUSQUET.

MOUSQUET A MAIN. V. A MAIN. V. CHARGE DE MOUSQUET. V. INFANTERIE LÉGÈRE N° 7. V. MESURE DE CHARGE.

MOUSQUET A MÈCHE. V. A MÈCHE. V. CHENAPAN. V. MILICE CHINOISE N° 5. V. MILICE PERSANE, N° 3. V. MILICE SIKE N° 3. V. MILICE TURQUE N° 4. V. MOUSQUET. V. PIERRE A FEU. V. PLATINE A BATTERIE.

MOUSQUET A ROUET. V. A ROUET. V. ARQUEBUSE A FEU. V. CHENAPAN. V. FUSIL. V. MÈCHE DE MOUSQUET. V. MOUSQUET.

MOUSQUET A SERPENTIN. V. A SERPENTIN. V. ARQUEBUSE A SERPENTIN. V. FUSIL. V. MOUSQUET. V. MOUSQUETAIRE DE LA GARDE. V. RENOL.

MOUSQUET BISCAYEN. V. BISCAYEN, adj. V. BISCAYEN, subs. V. FUSIL DE REMPART. V. MOUSQUET.

MOUSQUET DE CAMPAGNE. V. CAMPAGNE. V. MOUSQUET.

MOUSQUET DE GUERRE. V. ECCLÉSIASTIQUE.

V. GUERRE. V. MOUSQUET. V. SERGENT DE BA-
TAILLE.

MOUSQUET DE REMPART. V. BALLE DE
MOUSQUET DE R... V. FUSIL DE REMPART. V.
MOUSQUET. V. REMPART. V. REMPART DE FORTE-
RESSE.

MOUSQUET D'UNIFORME. V. ARQUEBUSIER.
V. MOUSQUET. V. UNIFORME.

MOUSQUET FUSIL. V. FUSIL. V. MOUS-
QUET.

MOUSQUET NÉVROBALISTIQUE. V. MOUS-
QUET. V. NÉVROBALISTIQUE.

MOUSQUETADE, subs. fém. V. MOUS-
QUET.

MOUSQUETAIRE, subs. masc. V. BAS
OFFICIER DE M... V. BATAILLON DE M... V. CHE-
VAL DE M... V. COMPAGNIE DE M... V. COMPOSI-
TION DE M... V. COUSSINET A M... V. DRAPEAU
DE M... V. ENSEIGNE DE M... V. ÉQUIPEMENT
DE M... V. ESCADRON DE M... V. FILE DE M...
V. FORCE DE M... V. GUIDON DE M... V. HABIT
DE M... V. MANCHE (subs. fém.) DE M... V.
NOMBRE DE M... V. PEINES DE M... V. PUNITIONS
DE M... V. RANGS DE M... V. RÉGIMENT DE M...
V. SERVICE DE M... V. SOLDE DE M... V. TACTI-
QUE DE M... V. TAMBOUR DE M... V. UNIFORME
DE M...

MOUSQUETAIRE (mousquetaires),
(term. génér.), ou MOUSQUETIER, comme
s'exprime le traducteur de WALHAU-
SEN. Ces mots signifiaient, dans le principe, SOLDAT combattant avec un MOUSQUET :
le terme s'est conservé longtemps après la
disparition de cette ARME ; il est même encore usité, quoique improprement, en quelques MILICES. — MONTÉCUCULI appelait MOUS-
QUETERIE, l'ensemble de ses MOUSQUETAIRES
— Les premiers Mousquetaires formés en
troupes réglées appartiennent au seizième
siècle ; ils succédaient aux ARQUEBUSIERS et
aux CARABINS. — On lit dans BRANTOME (1600,
A), que quand GUISE le Balafré vainquit, en
Champagne, Thoré *qui conduisoit deux
mille reitres, les harquebusiers (du duc
de Guise) firent très-bien, et surtout les
Mousquetaires qu'ils (les reitres) n'a-
voient guères veus ni ouis.* — Les AUTEURS
qui traitent de ce sujet sont : AUDOUIN, BRAN-
TOME (1600, A), BILLON (1641, A), CARRÉ
(1763, E), CARRION (1824, A), DANIEL (1721,
A), DELAFONTAINE (1675, A), GAYA (1679,
A), GUIGNARD (1725, B), GUILLET (1686, B;
id. au mot *aile d'un bataillon*), LACHESNAIE
(1758, I), MAIZEROY (1765, B), MANESSON
(1685, B), MONTÉCUCULI (1704, D), PISTO-
FILO, ROGNIAT (1816, B.) WALHAUSEN (1615,
A), SICARD (1850), ROHAN (1658, C). — Les
Mousquetaires français se sont distingués en

MOUSQUETAIRES A PIED et en MOUSQUETAIRES DE
LA GARDE.

MOUSQUETAIRE A CHEVAL. V. A CHE-
VAL. V. CARTOUCHE A FUSIL. V. GUIDON D'ÉQUI-
PEMENT. V. MOUSQUETAIRE DE LA GARDE. V.
MUSIQUE. V. RÉGIMENT DE CAVALERIE FRANÇAISE
N° 5. V. SABRE. V. TAMBOUR INSTRUMENTAL.
V. TIMBALE.

MOUSQUETAIRE (mousquetaires) A
PIED (F). Sorte de MOUSQUETAIRES dont on retrouve le type primitif dans les MILICES SUISSE
ET ESPAGNOLE, dans les TERZES de CHARLES-
QUINT, dans l'INFANTERIE des HOLLANDAIS.
— Ils servirent d'abord concurremment avec
des ARQUEBUSIERS. — Le DÉNOMBREMENT de
l'INFANTERIE se faisait à raison de tant de PI-
QUIERS, tant de Mousquetaires ; ceux-ci, ou
plutôt leurs devanciers les ARQUEBUSIERS, pri-
rent surtout de l'importance depuis la ba-
taille de COUTRAS, action dans laquelle les
ARQUEBUSIERS et les Mousquetaires mirent à
mal les GENS D'ARMES. — Quand l'usage du
MOUSQUET s'introduisit, une fraction des CENT-
SUISSES devint Mousquetaires, et l'on appelait encore ARCHERS de vrais Mousquetaires.
— Le sujet est à examiner par rapport à la
COMPOSITION, à la FORCE, au NOMBRE, à l'UNI-
FORME, aux ALLOCATIONS, à la SOLDE, à la TAC-
TIQUE, aux PUNITIONS et PEINES des Mousquetaires. — N° 1. COMPOSITION. — Les Mousquetaires faisaient partie des COMPAGNIES
D'INFANTERIE, leur nombre y a considérablement varié. — Ils constituèrent d'abord une
sorte d'ARTILLERIE et servirent des PIÈCES DE
PETIT CALIBRE. Quand leurs MOUSQUETS s'allégé-
rent, ils devinrent l'INFANTERIE LÉGÈRE de CORPS
dont les PIQUIERS étaient l'INFANTERIE DE BA-
TAILLE. D'abord peu nombreux, les TIREURS
de PETITES ARMES A FEU, soit PISTOLIERS, ESCOPET-
TIERS, ARQUEBUSIERS ou Mousquetaires, étaient
enfants perdus. Quand le nombre des mousquetaires s'augmenta, quelques-uns d'entre
eux, seulement, furent ENFANTS PERDUS ; ceux-
ci sont devenus GRENADIERS, et se sont ensuite
incorporés en COMPAGNIE DE GRENADIERS vers
1670. — Les Mousquetaires n'étaient attachés
aux COMPAGNIES qu'administrativement, non
tactiquement : c'était le grand vice de la COM-
POSITION du temps, parce que leurs OFFICIERS
restaient attachés, en manœuvres, au corps
des PIQUIERS, et qu'il fallait que ce fussent
des chefs postiches qui commandassent les
Mousquetaires. — Les GOUJATS des COMPA-
GNIES étaient surtout destinés à aider au transport du matériel des Mousquetaires. — Il fut
question même, sous CHARLES NEUF, d'adjoindre, à la manière ESPAGNOLE, un GOUJAT
à chaque Mousquetaire. — N° 2. FORCE, NOM-
BRE. — L'INFANTERIE ÉTRANGÈRE de CHARLES
NEUF comprenait un dixième d'ESCOPETTIERS,

—Le nombre des TIREURS tendit sans cesse à s'accroître, comme le remarque DANIEL, parce qu'ils étaient plus propres, par le genre de leurs ARMES, à FAIRE FACTION, ce qui les surchargeait par trop de service et laissait oisifs les PIQUIERS une grande partie du temps. — A l'époque où écrivait ROHAN (1638, C), les SUISSES avaient plus de PIQUIERS que de Mousquetaires ; les FRANÇAIS avaient, à peu près, autant des uns que des autres — Une BRIGADE de GUSTAVE-ADOLPHE comprenait onze cents PIQUIERS et neuf cents Mousquetaires. — Dans le projet de constitution militaire que proposait MONTÉCUCULI (1704, D), il veut quatre-vingt-huit Mousquetaires pour quarante-huit PIQUIERS. — GAYA (1679, A) déclare que, de son temps, les COMPAGNIES sont de trois quarts de Mousquetaires sur un quart de PIQUIERS. — Dans la GUERRE DE 1688 il y a quatre Mousquetaires pour un PIQUIER. — N° 3. UNIFORME. — L'HABILLEMENT des Mousquetaires est le premier qui ait été uniforme et en drap. Il différait surtout de celui des PIQUIERS en ce que les Mousquetaires ne portaient pas CORSELET OU HALECRET, parce que la pesanteur des ARMES DÉFENSIVES n'eût pas convenu au genre de leur service ; ils avaient les épaules chargées de nœuds ou d'enjolivures, que les ÉPAULETTES des GRENADIERS rappellent en quelque chose. — Leur COIFFURE était un CHAPEAU de feutre A LA HENRI QUATRE. Ils ont eu la FOURCHETTE de diverses mesures et la SOIE DE COCHON. — Depuis 1676, ils eurent l'ÉPÉE. — Dans le principe, ils portaient un COUSSINET destiné à amortir le contre-coup ou le recul de leur ARME. — MANESSON (1685, B), les montre d'abord ayant de larges BAUDRIERS et BANDEROLES auxquels pendaient, d'un côté, une ÉPÉE de trois pieds, de l'autre, des CHARGES OU COFFINS Ils eurent plus tard la POIRE A POUDRE. — Ils n'eurent ensuite, en tout, qu'un CEINTURON ; la MÈCHE y était attachée ; une GIBECIÈRE OU SAC A BALLES, un FOURNIMENT OU POUDRIÈRE et un PULVÉRIN complétaient leur ÉQUIPEMENT. — Quelque chose de l'uniforme du Mousquetaire à pied se retrouve encore dans la MILICE DANOISE. — N° 4. ALLOCATIONS, SOLDE. — Les Mousquetaires étaient moins payés que les PIQUIERS, parce que les recrues se présentaient en bien plus grand nombre pour servir comme ARQUEBUSIERS ou Mousquetaires, à ce que disent DELANOUE (1559, A), DUBELLAY (1535, A), et MAIZEROY (1767, E). Cette différence venait en partie de la répugnance des recrues à porter le CORSELET, et en partie de ce que les capitaines voulaient pour PIQUIERS, comme le dit BILLON (1611, A), *des hommes portant barbe, et pour Mousquetaires des jeunes gens dis-*

posts et esveillez. — Brantôme (1600, A) dit, en parlant de l'ARMÉE du duc d'Albe dans les Pays-Bas : Ceux (les Espagnols) qui les *portoient* (les gros mousquets), *on les nommoit Mousquetaires* (mousqueteros), *très-bien appointez , jusques à avoir de grands goujats qui les leur portoient* (ces mousquets), *et avoient quatre ducats de paye.* — On lit dans le même ÉCRIVAIN (1600, A) : *Si* (aussi) *nostre soldat qui avoit entendu* (qui savait) *la grande paye que tiroit le Mousquetaire espagnol et son goujat pour le porter* (le MOUSQUET), *vouloit fort pratiquer à telle paye et party ; mais leur ayant montré* (il leur fit démontrer) *la volonté du Roy par ses commissaires n'être telle , ils se contentèrent d'une paye assez grande et raisonnable.* — N° 5. TACTIQUE, PUNITIONS, PEINES. — Rien de réglementaire n'existait touchant la FORMATION, l'ORDRE DE BATAILLE, la manière de manœuvrer des Mousquetaires. Les explications de DELAFONTAINE (1675, A) et les gravures de MANESSON (1685, B) et de WALHAUSEN (1606, A) sont les principaux documents à consulter ; mais leurs descriptions sont plutôt des systèmes que des règles, parce que chaque CORPS EXERÇAIT à peu près à sa manière. — Les Mousquetaires n'agirent longtemps qu'en ENFANTS PERDUS, en TIRAILLEURS, et jusqu'au règne de LOUIS QUATORZE ils ne FAISAIENT FEU qu'à la manière des ARQUEBUSIERS, à la RIBAUDE, c'est-à-dire individuellement et en quittant le rang. — MANESSON montre un régiment en ORDRE DE BATAILLE ayant autant de RANGS que de FILES ; c'est un CARRÉ PLEIN à un seul aspect ; il avait vingt soldats sur vingt soldats ; son FRONT étroit avait pour bordure contiguë, à droite et à gauche, les Mousquetaires sur deux FILES et sur autant de RANGS que les PIQUIERS : tel était leur arrangement primitif. — D'autres renseignements donnent des solutions différentes, mais sans expliquer par leurs dates les variations. — Les Mousquetaires ne furent ensuite qu'à douze RANGS comme les PIQUIERS. — En 1609, le FRONT d'un RÉGIMENT D'INFANTERIE FRANÇAISE était de cent vingt PIQUIERS et de quatre-vingts Mousquetaires ; mais les Mousquetaires étaient sur moitié moins de RANGS que les PIQUIERS. Ainsi un RÉGIMENT qui comprenait sur huit RANGS neuf cent soixante PIQUIERS , avait trois cent vingt Mousquetaires sur quatre RANGS. — L'institution des MANCHES de Mousquetaires produisit un changement considérable ; chacune d'elles eut son drapeau ; les RANGS eurent bien plus de FRONT que le CORPS ne conserva de PROFONDEUR. Depuis ce développement, le RÉGIMENT s'entrecoupait de deux INTERVALLES. — Rien n'était plus difficile que de former en bataille un RÉGIMENT de seize ou de douze COMPAGNIES, comme ils étaient d'abord. Il fallait de chacune faire deux parts : celle des PIQUIERS qui restaient au centre, celle des Mousquetaires qui se rendaient aux AILES. Aucun des soldats d'un RÉGIMENT n'était directement sous les ordres des OFFICIERS ou des BAS OFFICIERS de sa COMPAGNIE ; tout se mêlait et s'organisait ensuite homme à homme sur le terrain ; les OFFICIERS MAJORS s'y reconnaissaient comme ils pouvaient. — L'ORDRE DE BATAILLE a varié en proportion du nombre des ARMES A FEU, dont la progression fut toujours croissante de CHARLES HUIT aux dernières années de LOUIS QUATORZE. — Les Mousquetaires de GUSTAVE-ADOLPHE exécutaient, sur six rangs, des FEUX A GÉNUFLEXION. — Le système s'appliqua plus en grand à la création des BRIGADES ; les Mousquetaires en formèrent les AILES. — La manière de servir des Mousquetaires varia surtout à l'époque de la création des BATAILLONS, à la naissance des COMPAGNIES DE GRENADIERS et de l'usage du PIQUET. Ils cessèrent d'être VÉLITES, et devinrent des soldats graves et des TIREURS à feu réglé. L'ORDRE DE BATAILLE était alors de cinq masses à trois intervalles ; on rompait ou par quatre, système qui s'est conservé dans la CAVALERIE, ou par QUART DE MANCHE, ou par DEMI-MANCHE, ou par MANCHE. L'ORDRE PAR QUATRE était habituellement celui de la marche de route. — Les RANGS et les FILES présentaient autant de vide que de plein ; de là la facilité des ÉVOLUTIONS toutes grecques, nommées DOUBLEMENT et DÉDOUBLEMENT. — Cette proportion différente du TERRAIN INDIVIDUEL était une des nuances caractéristiques de la TACTIQUE de l'antiquité, appliquée alors et abolie ensuite. — Nous avons décrit la manière dont s'exécutait la CHARGE du MOUSQUET ; GAYA (1670, D) et GHEYN s'en expliquent avec détails. — GUSTAVE-ADOLPHE avait appris à ses Mousquetaires à exécuter sur six RANGS des FEUX A GÉNUFLEXION et des FEUX DE RANGS. Les Mousquetaires français les imitèrent ; ils exécutèrent des FEUX DE CHAUSSÉE, des FEUX A TERRE et des FEUX EN AVANÇANT et en HAIE. — Quand les piquiers se formaient en CARRÉ VIDE, les Mousquetaires, protégés par eux, débordés et fraisés par leurs piques, les encadraient sur deux rangs et exécutaient des FEUX A GÉNUFLEXION. — Une autre manœuvre défensive des Mousquetaires contre la CAVALERIE, consistait à BORDER LA HAIE au moyen des DOUBLEMENTS DE FILES. — Dans quelques circonstances, les Mousquetaires combattirent entremêlés parmi les ESCADRONS ; la MILICE SUÉDOISE avait perfectionné ce MÉLANGE D'ARMES. — Les quatre ou six plus habiles TIREURS parmi les Mousquetaires de chaque COMPAGNIE D'INFANTERIE, étaient employés en ENFANTS PERDUS. Ils devinrent ensuite GRENADIERS depuis l'invention de la GRENADE. — L'usage de faire des FEUX éparpillés ne cessa absolument que vers 1700. — Les Mousquetaires étaient dispensés du service des PARCS D'ARTILLERIE, et faisaient FACTION la FOURCHETTE à la main. — Une punition nommée le MORION était infligée aux Mousquetaires avec le MOUSQUET ; l'ESTRAPADE punissait les fautes qu'ils commettaient en SENTINELLES. — Le SUPPLICE des Mousquetaires condamnés à mort consistait à être PASSÉS PAR LES ARMES, c'est-à-dire ARQUEBUSÉS.

MOUSQUETAIRE (mousquetaires) de la GARDE (F), ou MOUSQUETAIRE A CHEVAL, ou MOUSQUETAIRE DE LA MAISON. Sorte de MOUSQUETAIRES qui ont fait partie de la GARDE de nos rois. Ils étaient la CAVALERIE LÉGÈRE de la GENDARMERIE ; ils avaient une ENSEIGNE en outre d'un GUIDON ; ils étaient, non de la MAISON MILITAIRE, mais de la MAISON DU ROI, comme appartenant à l'ordre de la NOBLESSE. Ils se divisaient en deux COMPAGNIES dont la force a varié de cent cinquante à trois cents hommes chacune ; la première avait été créée en 1622, au Pas-de-Suze, par LOUIS TREIZE, ou plutôt les GARDES DU CORPS nommés CARABINS changèrent de nom en devenant Mousquetaires. — Ces Mousquetaires et les GARDES DU CORPS du cardinal MAZARIN vivaient dans une rivalité qui engendrait fréquemment des duels ; quoique les rencontres fussent sévèrement défendues, le roi et son ministre se réjouissaient, chacun de son côté, quand l'avantage du champ de bataille était resté à des hommes de sa COMPAGNIE. La COMPAGNIE des Mousquetaires du roi, qui était de cent hommes en 1650, fut cassée en 1646 ; elle fut rétablie en 1657 et reçut des CHEVAUX blancs ; en 1665 elle eut des CHEVAUX gris : de là le nom de MOUSQUETAIRES GRIS. — Une seconde COMPAGNIE, créée comme GARDES DU CORPS de MAZARIN et comme TROUPE A PIED, devint GARDES DU CORPS du roi en 1660 ; elle fut mise à cheval en 1663. Elle fut désignée sous le nom de MOUSQUETAIRES NOIRS, à cause de la couleur de ses CHEVAUX. — Ces COMPAGNIES prenaient rang après les COMPAGNIES ÉCOSSAISES. — Les Mousquetaires n'eurent d'abord pour tout UNIFORME que la CASAQUE D'ARMES ; ils ne devaient jamais la quitter étant de service ; ils s'habillaient, du reste, à leur guise. — En 1673, l'HABIT écarlate fut donné aux Mousquetaires et leur valut vulgairement le nom de MAISON ROUGE ; celui de la première était galonné d'or, celui de la seconde, d'argent. — Leur CASAQUE, quoique moins grande que celle des GENDARMES, ayant été reconnue d'un usage embarrassant à la guerre et dans les fonctions du SERVICE A PIED, fut remplacée par un MANTEAU de CHEVAL et par la COTTE D'ARMES OU SOUBREVESTE en drap bleu, ornée d'une croix en galon d'argent. CARRÉ (1783, E) compare à tort cette SOUBREVESTE à une SALADINE ; c'était la CASAQUE qui ressemblait à la SALADINE. — Les Mousquetaires avaient le MOUSQUET A SERPENTIN ; il fut remplacé plus tard par le FUSIL OU MOUSQUETON ; leur chaussure comprenait des GAMACHES ; leur ÉQUIPEMENT différait pour le SERVICE A PIED et à CHEVAL ; car en TEMPS DE PAIX ils étaient assimilés aux DRAGONS, mais étaient pure CAVALERIE en TEMPS DE GUERRE. A pied, la totalité des Mousquetaires formait BATAILLON, avait pour ENSEIGNE un DRAPEAU, se servait de FIFRES et de petits TAMBOURS qui battaient même à cheval comme ceux des DRAGONS. A cheval, les Mousquetaires formaient deux ESCADRONS et avaient des ÉTENDARDS et des TROMPETTES. — En 1665, leurs TROMPETTES et leurs FIFRES furent supprimés ; des HAUTBOIS y furent substitués et figuraient encore dans l'ORDONNANCE DE 1776 (16 FÉVRIER). — Les BAS OFFICIERS avaient à pied la HALLEBARDE. — Les Mousquetaires donnèrent d'une manière brillante dans les campagnes de LOUIS QUATORZE et surtout dans la GUERRE DE 1672. — Le ministre SAINT-GERMAIN les supprime en 1775 (25 MAI). — Ils ont reparu sous LOUIS DIX-HUIT, mais ont été réformés après la seconde restauration. — On peut sur ces matières consulter : DANIEL (1721, A). l'ENCYCLOPÉDIE (1751, C), GUIGNARD (1725, B), LACHESNAIE (1758, I ; id. au mot *Paye*), RUMPF (1824, F, n° 5512), SICARD (1850), VILLEDOMBE.

MOUSQUETAIRE de la MAISON. V. ARME PERSONNELLE N° 2. V. MAISON DU ROI. V. MOUSQUETAIRE DE LA GARDE.

MOUSQUETAIRE d'INFANTERIE. V. HAUSSE-COL. V. INFANTERIE. V. MARCHE DE BATAILLON EN COLONNE. V. MARCHE EN BATAILLE. V. MARCHE EN SUITE. V. MOUSQUETAIRE A PIED. V. PAL.

MOUSQUETAIRE ESPAGNOL. V. ESPAGNOL, adj. V. TERZE.

MOUSQUETAIRE GRIS. V. GRIS, adj. V. MAISON DU ROI N° 2. V. MOUSQUETAIRE DE LA GARDE.

MOUSQUETAIRE HESSOIS. V. HESSOIS, adj. V. MILICE HESSOISE.

MOUSQUETAIRE NOIR. V. MAISON DU ROI N° 2. V. MOUSQUETAIRE DE LA GARDE. V. NOIR, adj.

MOUSQUETAIRE PRUSSIEN. V. MILICE PRUSSIENNE N° 2, 4. V. PRUSSIEN, adj.

MOUSQUETAIRE RUSSE. V. MILICE RUSSE N° 5. V. RUSSE, adj.

MOUSQUÈTE, subs. fém. et masc. V. ARBALÈTE. V. MOUCHETTE. V. MOUSQUET. V. MOUSQUETON.

MOUSQUETERIE, subs. fém. V. AUTEURS MILITAIRES (1759, A ; 1780, L ; 1806, E). V. CHEVAL DE FRISE. V. COMMANDEMENT DOMINANT. V. CRÉMAILLÈRE. V. DÉCHARGE DE M... V. ESCOPETTE. V. FEU DE M... V. FEU TACTIQUE. V. KNOCK V. METZ (1806, E). V. MINEUR FRANÇAIS. V. MILICE RUSSE N° 6. V. MOUSQUET. V. MOUSQUETAIRE. V. POUDRE DE MOUSQUETERIE. V. RANG DE TAILLE. V. SARISSE. V. TIR D'INFANTERIE.

MOUSQUETIER, subs. masc. V. MOUSQUET. V. MOUSQUETAIRE. V. SECONDE LIGNE DE BATAILLE. V. SOLDAT. V. SORTIE EXTÉRIEURE.

MOUSQUETON, subs. masc. V. A MOUSQUETON V. BAGUETTE DE M... V. BAIONNETTE DE M... V. BALLE DE M... V. BOITE DE M... V. BOUCHE DE M... V. BRETELLE DE M... V. CALIBRE DE CANON DE M... V. CANON DE M... V. CARTOUCHE A M... V. CHARGE DE M... V. CHAUSSON DE M... V. CROSSE DE M... V. PLATINE DE M... V. PORTE-M... V. VERGETTE DE M...

MOUSQUETON (B, 1). Mot qui, dans les idiomes du Midi, a été l'augmentatif des mots MOUCHETTE OU MOUSQUÈTE ; de là le *moschettone* des ITALIENS, que les FRANÇAIS appelaient MOUSQUETON DE POSTE, comme le témoigne HANZELET. La BALLE de ce gros MOUSQUET pesait cinq onces, et se nommait POSTE. — Dans la LANGUE FRANÇAISE, au contraire, Mousqueton a été un diminutif du substantif MOUSQUET. On pourrait citer, mais il est difficile d'expliquer de nombreux exemples d'un pareil contraste. — L'ENCYCLOPÉDIE (1751, C) regarde le nom du Mousqueton comme créé quand le MOUSQUET prit, au lieu de SERPENTIN, un SILEX. L'explication n'est pas satisfaisante ; Mousqueton et FUSIL seraient donc même chose. Voici la différence. La CAVALERIE nomma Mousqueton son PISTOLET primitif quand le SILEX s'y adapta ; l'INFANTERIE nomma FUSIL son MOUSQUET. — On a pris l'un pour l'autre, mais incorrectement, les mots Mousqueton et CARABINE ; tous deux sont un FUSIL court et léger ; mais la CARABINE est à tube rayé intérieurement, le Mousqueton à tube cylindrique. Cette synonymie fautive résulta de ce que les CARABINS, devenus MOUSQUETAIRES, continuérent à appeler CARABINE leur ARME nouvelle. — Les ARCHERS DE CONNÉTABLIE portaient le Mousqueton au moyen de la BANDOULIÈRE. — La

GROSSE CAVALERIE avait, avant la GUERRE DE LA RÉVOLUTION, un Mousqueton qui lui fut retiré ensuite. — Les Mousquetons en usage dans l'ARMÉE FRANÇAISE se sont nommés modèle de l'an neuf et modèle de 1816. Ils pesaient six livres et demie. C'étaient surtout des ARMES propres à la CAVALERIE LÉGÈRE; leur CALIBRE était tel qu'une BALLE de FUSIL y entrât. Les cavaliers portaient cette arme suspendue au moyen des anneaux d'une VERGETTE, qui se rattachaient à une BANDEROLE PORTE-MOUSQUETON. Le bout du CANON appuyait, à cheval, sur une portion de cylindre en cuir qu'on nommait BOTTE. — Une CIRCULAIRE DE L'AN DOUZE (11 FRUCTIDOR) donnait le MOUSQUETON A BAIONNETTE longue aux MUSICIENS, aux SAPEURS et aux TAMBOURS de l'INFANTERIE française de ligne; les CORNETS aussi devaient le porter. Il n'a été conservé qu'aux SAPEURS et aux CLAIRONS; il a été retiré aux MUSICIENS en vertu de la CIRCULAIRE DE 1816 (20 SEPTEMBRE). — Le Mousqueton des GENDARMES était aussi à BAIONNETTE. — Le RÉGLEMENT DE L'AN TREIZE (1er VENDÉMIAIRE) tarifait les réparations du Mousqueton. — Le Mousqueton, d'abord particulier aux HUSSARDS et aux CHASSEURS, surchargeait, depuis le DÉCRET DE 1811 (25 DÉCEMBRE), les CUIRASSIERS, quoique cette arme leur convînt peu, ainsi qu'aux HULLANS ou LANCIERS; ceux de la GARDE IMPÉRIALE, cependant, le portaient, et le MINISTRE Bernard avait fait revivre cette blâmable disposition. — Les DRAGONS FRANÇAIS ont, dans la GUERRE DE 1792, quitté le FUSIL pour prendre le Mousqueton que le ministre Soult a remplacé peu utilement par un FUSIL sans BAIONNETTE. — Une DÉCISION DE 1818 (25 SEPTEMBRE) accompagnait d'une BRETELLE le MOUSQUETON A BAIONNETTE. — Une CIRCULAIRE DE 1820 (16 JUIN) déterminait le mode du numérotage des Mousquetons. — Une décision de 1855 fixait à trente-trois francs vingt-quatre centimes le prix du Mousqueton de la cavalerie, modèle de l'an neuf; à trente francs quatre-vingt-dix-sept centimes le Mousqueton de gendarmerie, modèle de 1825; à vingt-quatre francs le Mousqueton d'artillerie, modèle de 1829. — Le Mousqueton, en outre des différences de proportion et de poids, différait du FUSIL par la GARNITURE; ainsi il avait en cuivre, la CONTRE-PLATINE, l'ÉCUSSON et son PONTET, l'EMBOUCHOIR, la PLAQUE DE COUCHE. Ces complications du travail des MANUFACTURES sont des variétés que rien ne justifie; les PIÈCES DE GARNITURE ne devraient pas être plus dissemblables que les PLATINES. — Les Mousquetons des diverses MILICES ont été à peu près de la dimension de ceux de FRANCE; d'autres ont été beaucoup plus courts. — Le principal inconvénient du Mousqueton, c'est que, porté à cheval, la CROSSE en haut, la BALLE est susceptible d'en sortir et la BAGUETTE de se perdre; aussi a-t-on maintes fois essayé, à l'exemple de MAURICE DE SAXE, de confectionner des Mousquetons suivant le système des FUSILS A LA MONTALEMBERT, pour que la CHARGE y fût solidement retenue; et, dans des ARMÉES étrangères, on avait appliqué un mécanisme qui en retenait la BAGUETTE, de manière qu'elle n'en pût être séparée qu'en la démontant, quoiqu'elle pût jouer pour BOURRER. — Le prix du remboursement des Mousquetons perdus était réglé par une CIRCULAIRE DE 1855 (6 JUIN). — Du reste, rien de plus divers que le Mousqueton, ou du moins le sens du mot, si l'on passe en revue l'ARME qu'on nomme ainsi en parlant des MILICES PERSANE, PRUSSIENNE, TURQUE, WURTEMBERGEOISE, etc. — Il est traité du Mousqueton par CARRÉ (1785, E), CARRION (1824, A), COTTY (1822, A), FURETIÈRE, M. GALLAND (Ch.-Ph.), GASSENDI (1819), HANZELET, PUYSÉGUR (1748, C), l'*Encyclopédie du dix-neuvième siècle* (au mot *Arme*).

MOUSQUETON A BAIONNETTE. V. BAIONNETTE. V. CORNET IDIOPLIQUE N° 4. V. CLAIRON IDIOPLIQUE. V. MUSICIEN; id. N° 4. V. SAPEUR D'INFANTERIE. V. TAMBOUR IDIOPLIQUE D'INFANTERIE FRANÇAISE N° 5.

MOUSQUETON d'ARTILLERIE. V. ARTILLERIE. V. MOUSQUETON.

MOUSQUETON de CAVALERIE. V. CAVALERIE. V. HUSSARD N° 5. V. LANCIER. V. MILICE ANGLAISE N° 4. V. MOUSQUETON.

MOUSQUETON de CORNET. V. CORNET. V. CORNET IDIOPLIQUE N° 4.

MOUSQUETON de GENDARMERIE. V. GENDARMERIE. V. MOUSQUETON.

MOUSQUETON de MINEUR. V. MINEUR. V. MINEUR FRANÇAIS.

MOUSQUETON de POSTE. V. MOUSQUETON. V. POSTE, subs. fém. V. POSTE PROJECTILE.

MOUSQUETON de SAPEUR. V. SAPEUR D'INFANTERIE.

MOUSSILE. V. NOMS PROPRES.

MOUSTACHE (moustaches), subs. fém. (B, 1), ou CROC, ou GERNON, ou GUERNON, ou GRENON, ou GUERNON, comme le témoignent BOREL (Pierre), CHRESTIENS, LORRIS, ROQUEFORT, WACE (Robert). — Le mot Moustache est peu ancien; DUANE, MÉNAGE, VOLTAIRE, le dérivent du GREC *mystax*, qui était usité dans le patois lacédémonien. FURETIÈRE le fait venir du GREC *mystakis*, lèvre supérieure. — Les Italiens exprimaient par *mostacchio* l'ensemble de la face humaine : ils rendent par *baffo* ce que les Français appellent Moustache. Il est plus probable que le mot français vient de l'italien que du grec. — Des aventuriers d'Italie, des escopetiers avaient une face à barbe, à Moustaches de forme particulière ; des soldats français, corrompant le mot italien, et prenant la partie pour le tout, ont appelé Moustache ce genre de barbe. — Le mot grenon et ses analogues n'étaient pas uniquement militaires, et sont tombés en désuétude quand l'usage des Moustaches des bourgeois s'est éteint. Le terme Moustache, absolument militaire, s'est répandu depuis les premières expéditions des Français en Italie, et s'est conservé dans l'armée. Son nom, celui de la barbe a l'escopette, la forme de celle des vieux soudards,

> Qui, la moustache, en la tasse lavoient,

comme le dit Ronsard, témoignent que les Français imitaient les Italiens, les Hongrois, etc. Il y avait des Moustaches à la turque, d'autres en poignard. On appelait crocs les grosses Moustaches à l'espagnole. — De l'histoire du mot passons à celle de la chose. — Tacite affirme que, chez les Germains, le port de la Moustache n'était permis qu'aux guerriers qui s'étaient distingués par quelque fait d'armes. — Les Francs, conquérants des Gaules, ont les Moustaches longues et la barbe rasée. — Sydonius témoigne que, de son temps, il en était encore ainsi ; *leur visage*, dit cet historien, *est entièrement rasé, si vous en exceptez la lèvre supérieure où ils laissent croître deux petites Moustaches.* — Les variations que la mode des grenons a subies serait ici un hors d'œuvre ; qu'il suffise d'une courte recherche depuis les derniers règnes. — Chez les Français, la mode de la Moustache militaire a été tour à tour admise par caprice, ou rejetée par esprit de changement. — A la barbe que portent les troupes de Henri quatre, succède, sous Louis treize et à son imitation, une paire de moustaches a la royale : elles sont effilées, et forment triangle avec un bouquet de poils qui est réservé sous la lèvre inférieure. On appelait bouquet, ou mouche, cette pointe de la moustache a la royale, ou bouquetée. — Sous Louis quatorze, la royale ou l'escopette se modifient ; la seule Moustache se conserve, et n'est bientôt plus qu'un trait presque invisible : c'est l'époque où les hommes de cour échangent, contre la perruque volumineuse, la Mous-

tache amaigrie. Le roi renonce en 1680 à la Moustache, et les officiers imitent son exemple. Mais les sergents continuent à la porter ; Giffart (1696, A) en fournit la preuve. — La Moustache était oubliée sous Louis quinze, quand, à l'imitation des régiments étrangers, et surtout des hussards hongrois, elle fut prise par quelques corps français, sans que, pendant longtemps, les règlements s'en occupassent. — Celui de 1779 (21 février) défendait seulement de la cirer ou graisser ; car des compagnies ou des corps s'étaient ingérés de la poisser à la manière des Suisses, afin de la faire pointer en poignard. — Le règlement de 1792 (24 juin) déclarait que les seuls grenadiers devaient avoir Moustaches. Les officiers eussent dédaigné un ornement réservé aux suisses de portes et aux cochers de grands seigneurs. — La révolution française rasa les Moustaches civiles, et remit cette mode en honneur parmi des officiers de tout grade et de toute arme. — Rien n'était décidé légalement encore à l'égard de la Moustache militaire, et des barbes de sapeurs sous le règne de Bonaparte ; le caprice des chefs de corps décidait à cet égard. — L'ordonnance de 1816 (21 février) voulait que les Moustaches des condamnés au boulet fussent rasées, et que celles des condamnés aux travaux ne le fussent pas. — Depuis la restauration, tous les corps a cheval ont été autorisés à porter Moustache. — La circulaire de 1822 (21 juin) ne la permettait dans l'infanterie qu'aux compagnies de carabiniers, grenadiers et voltigeurs. — La circulaire de 1826 (6 juillet) la défendait aux officiers du corps de l'état-major. — La Moustache était donnée à toutes les armes par décision de 1832 (20 mars), modifiée par la note de 1852 (4 juin) qui en dispensait la gendarmerie, l'état-major général, et l'état-major du génie et de l'artillerie. — Le port de la Moustache était une victoire remportée par la secte nommée romantique. Le ministre Soult, en cédant à ce caprice, ne songeait pas qu'il manifestait une triste vérité, c'est que, dans une infanterie imberbe, les grenadiers eux-mêmes en seraient apparemment réduits, pour obéir, à porter des Moustaches postiches. — Une décision de 1856 (3 juin) et une note de 1856 (22 août) s'occupaient des Moustaches ; leur dimension permise y était réglée ; la royale y était attribuée aux officiers supérieurs. — La *Sentinelle de l'Armée* (t. ii, p. 101) attaquait comme puériles ces dispositions. Le journal *le Siècle* (25 juin 1836) disait, à cet égard, du comité permanent de l'infanterie et de la cavalerie : *Il a sérieu-*

sement résolu que, à partir du 18 juin 1836, les Moustaches doivent être coupées au niveau de la lèvre supérieure ; elles s'étendront, sans discontinuité, sur toute la longueur de la lèvre, et s'avanceront aux coins de la bouche. — Cette critique, ici adoucie, est bien plus amère dans ce journal ; mais on doit avouer que le ministre Maison eût mieux fait de ne pas exiger qu'une armée aux trois quarts imberbe portât Moustaches. Une simple lithographie qui eût offert l'image de la Moustache, comme le faisait faire, en 1817, le duc de Feltre, eût été bien préférable à une description réglementaire, fût-elle même plus intelligible que celle-ci. — Combien le caprice n'agissait-il pas sur les modes militaires ! Le premier consul infligeait comme une flétrissure les Moustaches aux condamnés aux travaux ; le ministre Maison les octroyait comme une distinction à l'état-major. — Il paraissait à Paris, en 1836, une *Histoire des Moustaches et de la barbe,* brochure in-12. — Cette même histoire était esquissée dans le *Dictionnaire de la Conversation.*

MOUSTACHE A LA ROYALE. V. A LA ROYALE. V. BRAVE. V. MOUSTACHE.

MOUSTACHE de CONDAMNÉ AU BOULET. V. CONDAMNÉ AU BOULET. V. MOUSTACHE.

MOUSTACHE de CONDAMNÉ AUX TRAVAUX. V. CONDAMNÉ AUX TRAVAUX. V. MOUSTACHE.

MOUSTACHE de HUSSARD. V. HUSSARD ; id. N° 4.

MOUNTAIN. V. NOMS PROPRES.

MOUTON, subs. masc. V. BÉLIER OFFENSIF. V. MILICE ROMAINE N° 11.

MOUVANCE, subs. fém. V. FIEF.

MOUVANT (mouvante), adj. V. AILE MOUVANTE.

MOUVEMENT, subs. masc. V. AVEC M… V. CHANGEMENT DE FRONT A DEUX M… V. COMMISSION DE L'ORGANISATION ET DU M… V. CONTRE-M… V. CONTROLE DE M… V. CONTROLE GÉNÉRAL DE M… V. DÉMASQUER UN M… V. DÉROBER UN M… V. DEUX M… V. ÉCLAIRCIR UN M… V. ÉTAT DE M… V. FEUILLE DE M… V. JOURNAL DE M… V. MASQUER UN M… V. REGISTRE DE M… V. SANS M…

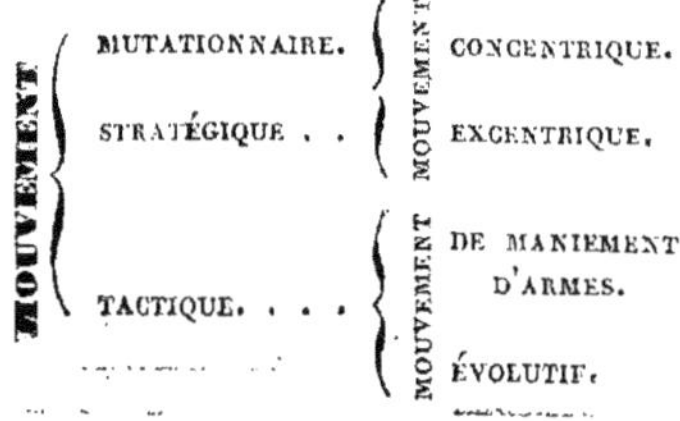

MOUVEMENT (term. génér.) OU MOUVEMENT MILITAIRE. Ce mot, dont le latin *movere* donne l'origine, se prend sous des significations différentes, s'il s'agit de l'ADMINISTRATION MILITAIRE, de l'ART DE LA GUERRE, de la TACTIQUE. Il ne s'appliquait encore ni à la STRATÉGIE, ni à la TACTIQUE au temps ou écrivait GANEAU. Il se distingue en MOUVEMENT A DROITE, — A GAUCHE, — AGRÉGATIF, CENTRAL, — COMPOSÉ, — CONCENTRIQUE, CONTINU, — D'AILE, — D'ARMÉE, — D'ARMES, — DE BIAIS, — DE CAISSE, — DE CHARGE, DE COMPAGNIE, — DE CONVERSION, — DE FLANC, — DE FONDS, — DE JAMBES, — DE LIGNES, DE LOGEMENT, — DE NATATION, — DE PRISON, — DE PROJECTILES, — DE TERRAIN, — DE TÊTE, — DE TROUPES, — D'ÉPÉE, — DES VINGT-QUATRE HEURES, — D'ESCRIME, — D'EXERCICE, — D'INFANTERIE, — INDIVIDUEL, — INTÉRIEUR, — JOURNALIER, — MUTATIONNAIRE, — PAR LE FLANC, — PAR QUATRE, — MILITAIRE, — STRATÉGIQUE, — TACTIQUE.

MOUVEMENT A DROITE. V. A DROITE. V. CHANGEMENT DE FRONT. V. MOUVEMENT ÉVOLUTIF.

MOUVEMENT A GAUCHE. V. A GAUCHE. V. CHANGEMENT DE FRONT. V. MOUVEMENT ÉVOLUTIF.

MOUVEMENT AGRÉGATIF. V. AGRÉGATIF. V. MOUVEMENT ÉVOLUTIF.

MOUVEMENT CENTRAL. V. CHANGEMENT DE FRONT. V. CENTRAL. V. MOUVEMENT TACTIQUE.

MOUVEMENT COMPOSÉ. V. COMPOSÉ, adj. V. ÉVOLUTION COMPOSÉE. V. MOUVEMENT TACTIQUE.

MOUVEMENT (mouvements) CONCENTRIQUE (G, 2). Sorte de MOUVEMENTS STRATÉGIQUES combinés dans la direction d'une LIGNE D'OPÉRATIONS, soit en cas d'OFFENSIVE, soit en cas de RETRAITE.

MOUVEMENT CONTINU. V. A MOUVEMENT G… V. CONTINU.

MOUVEMENT D'AILE. V. AILE. V. AILE DE SUBDIVISION. V. CHANGEMENT DE FRONT.

MOUVEMENT D'ARMÉE. V. ARMÉE. V. ARMÉE AGISSANTE N° 5. V. ATTAQUE DE GUERRE. V. DÉFENSE EN RASE CAMPAGNE. V. GRANDE TACTIQUE. V. HISTORIQUE. V. LEFÉBURE, 1806. V. MARCHE D'ARMÉE. V. MOUVEMENT STRATÉGIQUE. V. REVUE ÉCRITE. V. STRATAGÈME. V. STRATÉGIE. V. TOPOGRAPHIE.

MOUVEMENT D'ARMES. V. APPRÊTEZ VOS ARMES. V. ARMES. V. FLIEGELMAN.

MOUVEMENT de BIAIS. V. BIAIS. V. MARCHE OBLIQUE. V. MOUVEMENT TACTIQUE. V. PAS OBLIQUE.

MOUVEMENT de caisse. v. caisse. v. caisse a argent. v. compte pécuniaire.

MOUVEMENT de charge. v. charge. v. charge impulsive.

MOUVEMENT de combat. v. combat. v. évolution.

MOUVEMENT de compagnie. v. compagnie. v. feuille d'appel de compagnie. v. feuille de journée de compagnie. v. mouvement mutationnaire.

MOUVEMENT de conversion. v. conversion. v. cavalerie française n° 7.

MOUVEMENT de flanc. v. flanc. v. mouvement stratégique. v. mouvement tactique.

MOUVEMENT de fonds. v. état de situation. v. fonds.

MOUVEMENT de jambes, de pieds. v. infanterie française n° 8. v. jambe. v. mouvement de maniement d'armes. v. pas cadencé. v. pas libre. v. pied.

MOUVEMENT de lignes. v. changement de front sur deux lignes. v. ligne. v. ligne tactique. v. palmier.

MOUVEMENT de logement. v. conservateur de batiments. v. logement.

MOUVEMENT (mouvements) de maniement d'armes (G, 6). Sorte de mouvements tactiques qui sont une subdivision de certains temps du maniement des armes, et un moyen de démonstration employé par les instructeurs. — L'infanterie française a connu un autre genre de Mouvements empruntés des usages des milices du Nord ; c'étaient des mouvements de jambes qui étaient l'accompagnement de certains temps du maniement d'armes ; il y a bientôt un siècle qu'elle y a renoncé. — L'instruction de 1774 (11 juin) est la première qui ait divisé en Mouvements les temps. — L'étude de ces Mouvements est l'a, b, c, de l'étude des mouvements évolutifs. — Il y a des temps en un Mouvement, d'autres en plusieurs Mouvements, comme le témoignent les détails du port d'armes, les maniements appelés baionnette au canon, bourrez, croisez la baionnette, charge a volonté, charge en douze temps, inspection des armes, reposez-vous sur vos armes, présentez vos armes, etc. — Les anciennes ordonnances sur l'exercice appelaient Mouvement ce qu'ensuite on a appelé temps. — Pictet (1781, I) distingue des Mouvements communs et des Mouvements de combat. On pourrait aussi distinguer des mouvements de pied ferme et des Mouvements en marche ; les ordonnances n'ont pas admis ces différences. — L'ordonnance de 1851 (4 mars) fixait la vitesse des Mouvements de la charge en douze temps à un quatre-vingt-dixième de minute, à l'exception de celui relatif à la cartouche dans le canon ; le Mouvement baguette dans le canon, le placement et le déplacement de la baïonnette, ne sont pas soumis non plus à cette durée.

MOUVEMENT de natation. v. natation.

MOUVEMENT de prison. v. prison. v. prison de place.

MOUVEMENT de projectiles. v. amplitude. v. balistique. v. Heimius. v. Heinsius. v. projectile. r v. Tempelhoff. v. Torricelli.

MOUVEMENT de terrain. v. carte géographique. v. carte topographique. v. coup d'œil. v. reconnaissance de terrain. v. terrain.

MOUVEMENT de tête. v. alignement individuel de pied ferme. v. défiler. v. école de soldat. v. pivotement de tête. v. revue sur le terrain. v. tête.

MOUVEMENT de troupes. v. commandant de division. v. commandement hiérarchique. v. corps d'intendance n° 8, 9, 10. v. correspondance ministérielle. v. couvrir. v. front tactique. v. inspecteur général n° 4. v. infanterie française n° 8. v. journal de guerre. v. milice suisse n° 2. v. ministère de la guerre. v. ministre de la guerre n° 13, 14. v. obstacle. v. place a garnison. v. préfet du prétoire. v. quartier-maitre général. v. secrétaire a la guerre. v. troupe. v. stratégie. v. terrain.

MOUVEMENT d'épée. v. batterie de caisse. v. épée. v. sémantique.

MOUVEMENT des vingt-quatre heures. v. mouvement mutationnaire. v. vingt-quatre heures. v. trésorier de corps n° 6.

MOUVEMENT d'escrime. v. escrime. v. seconde.

MOUVEMENT d'exercice. v. exercice. v. exercice tactique. v. musique. v. remettez la baionnette.

MOUVEMENT d'infanterie. v. Dundas (1788, D). v. infanterie. v. milice grecque n° 6. v. mouvement stratégique. v. passage de lignes. v. réversion. v. scie tactique. v. Smézo.

MOUVEMENT (mouvements) évolutif (G, 6) ou motion suivant Delafontaine (1675, A) et Puységur (1748, C). Sorte de mouvements tactiques considérés par rapport à l'infanterie française, et par opposition aux mouvements de maniement d'armes. — Motion pris sous acception tactique est resté dans l'anglais, comme le témoigne

DUANE. — Les ordonnances prennent les mots Mouvement et ÉVOLUTION l'un pour l'autre, et l'ENCYCLOPÉDIE (1785, C, suppl. au mot *Exercice*, témoigne avec combien d'autres synonymes on le confondait. Mais il y aurait à établir cette différence que le terme ÉVOLUTION a un sens plus général, et que les Mouvements évolutifs peuvent être considérés comme AGRÉGATIFS, ou par troupe, ou comme INDIVIDUELS, ou par homme. Déjà LEBLOND (1758, p. 58) avait senti le besoin d'établir ces distinctions. Les ÉVOLUTIONS sont toujours agrégatives; ainsi la théorie et l'étude des ÉVOLUTIONS comprennent celles des Mouvements. — Les ANTISTROPHES et la DANSE PERSIQUE des PHALANGES GRECQUES, le DEMI-TOUR, FAIRE PAR LE FLANC, faire sur la droite par file en bataille, RENVERSER UNE LIGNE, sont des Mouvements individuels. — Les CHANGEMENTS DE DIRECTION, DE FRONT, les déploiements, les FORMATIONS EN BATAILLE, les INVERSIONS, les ploiements, les Mouvements d'aile, sur le centre, et certains RENVERSEMENTS, sont MOUVEMENTS AGRÉGATIFS. — Quant aux MOUVEMENTS A DROITE OU A GAUCHE, ils sont de l'une et de l'autre nature. — Les Mouvements évolutifs s'accomplissent au moyen de JALONNEMENT ou de GUIDES.

MOUVEMENT (mouvements) EXCENTRIQUE (H, 2). Sorte de MOUVEMENTS STRATÉGIQUES appliqués surtout aux RETRAITES, que, de même, les théoriciens appellent par cette raison RETRAITES EXCENTRIQUES. — Les Mouvements excentriques sont indépendants d'une LIGNE D'OPÉRATIONS.

MOUVEMENT INDIVIDUEL. V. A DROITE (interjec.). V. INDIVIDUEL. V. MOUVEMENT ÉVOLUTIF. V. MOUVEMENT TACTIQUE.

MOUVEMENT INTÉRIEUR. V. CONTROLE ANNUEL. V. INTÉRIEUR, adj. V. MOUVEMENT MUTATIONNAIRE.

MOUVEMENT JOURNALIER. V. CONTROLE DE MOUVEMENT. V. JOURNALIER. V. MOUVEMENT MUTATIONNAIRE.

MOUVEMENT MILITAIRE. V. MILITAIRE, adj. V. MOUVEMENT. V. TESSÈRE.

MOUVEMENT (mouvements) MUTATIONNAIRE (B, 1), ou MOUVEMENTS ET MUTATIONS. Sorte de MOUVEMENTS ou d'événements qui intéressent les travaux des CONSEILS D'ADMINISTRATION, la COMPTABILITÉ militaire, la confection des REVUES, la police des CORPS et des ARMÉES; ils sont inscrits, à mesure et journellement, dans un CONTROLE GÉNÉRAL, dans le CAHIER PORTATIF, etc., dans les RAPPORTS DE COMPAGNIE par les FOURRIERS ou les SERGENTS-MAJORS. — On donne également le nom de Mouvements à un ÉTAT, à une FEUILLE dont les inscriptions présentent le détail des MUTATIONS survenues pendant une durée de temps déterminée. Ces comptes rendus résument les modifications que, pendant vingt-quatre heures, une semaine, dix ou quinze jours, etc., etc., un certain nombre d'hommes ou de choses ont pu éprouver. — Les RÈGLEMENTS DE 1792 (24 JUIN) et DE 1816 (24 JUILLET) appelaient MOUVEMENT DES VINGT-QUATRE HEURES les renseignements du RAPPORT JOURNALIER, tels que l'énonciation des BILLETS D'HOPITAUX, l'évasion des DÉSERTEURS, etc. — Le TRÉSORIER DE CORPS reçoit journellement le relevé des Mouvements de la veille. — Il est tenu dans les CORPS un JOURNAL DE MOUVEMENTS. — Les Mouvements des CORPS et COMPAGNIES ou MOUVEMENTS INTÉRIEURS font partie de l'ÉTAT DE SITUATION, et expliquent les variations d'EFFECTIF. — Les FEUILLES DE JOURNÉES, DE SUBSISTANCE, DE RAPPORT, sont l'exposé raisonné des MOUVEMENTS ET MUTATIONS des COMPAGNIES, et sont conformes aux enregistrements apposés au fur et mesure sur les CAHIERS D'APPEL, les CONTROLES ANNUELS et les FEUILLES D'APPEL. — Au renouvellement des CONTROLES ANNUELS, les CAPITAINES y font inscrire les dernières MUTATIONS des ABSENTS AU PREMIER JANVIER. — Quantité de décisions, telles que celle DE 1807 (24 JUILLET), ont interdit, ou assujetti à des conditions rigides, les CHANGEMENTS DE COMPAGNIE ou de CORPS, ou, pour mieux parler, le passage des militaires d'une COMPAGNIE ou d'un CORPS dans d'autres, parce qu'un principe sage en ADMINISTRATION est de multiplier le moins possible les MUTATIONS, et de ne pas tolérer celles qu'il y a moyen d'éviter. — S'assurer que les Mouvements sont à jour, est un des devoirs des INSPECTEURS GÉNÉRAUX. — La DÉCISION DE 1816 (12 AVRIL) voulait que la SITUATION et les MUTATIONS D'OFFICIERS fussent adressées au MINISTRE DE LA GUERRE le premier de chaque mois. — On peut consulter au sujet des Mouvements et mutations les ORDONNANCES DE 1818 (13 MAI) et DE 1825 (19 MARS), 1833 (21 NOVEMBRE, art. 27), 1835 (15 JUILLET), et les auteurs qui ont traité de l'ADMINISTRATION et de la COMPTABILITÉ des corps, et particulièrement BARDIN (1807, D; 1814, E. M. BERRIAT (1812, A, au mot *Mutation*), ODIER (1818, E; 1824, E), LECOUTURIER (au mot *Mutation*), et M. QUILLET.

MOUVEMENT PAR LE FLANC. V. CLISE. V. PAR LE FLANC. V. PELOTONNEMENT. V. PORTE-DRAPEAU N° 7.

MOUVEMENT PAR QUATRE. V. MARCHE TACTIQUE. V. PAR QUATRE.

MOUVEMENT MILITAIRE. v. DUNDAS (1788, D). v. MILITAIRE, adj. v. MOUVEMENT.

MOUVEMENT (mouvements) STRATÉGIQUE (term. sous-génér.), ou MOUVEMENT D'ARMÉE. Sorte de MOUVEMENTS qui se rapportent aux grands déplacements, ou locomotions, que les ARMÉES AGISSANTES, des DÉTACHEMENTS ou des CORPS DE TROUPES exécutent, soit en GUERRE, soit dans des simulacres de GUERRE. Ils sont principalement considérés ici comme MOUVEMENTS D'INFANTERIE, et comme la principale opération de la GRANDE TACTIQUE. — M. LEFREN et M. XILANDER considèrent les Mouvements comme les produits et les divisions des OPÉRATIONS, et comme générateurs ou producteurs des MANOEUVRES. C'est un système qu'en FRANCE aucun document officiel, aucuns préceptes, en fait de STRATÉGIE, ne justifient encore. — Les Mouvements ont pour objet ou d'accomplir une ATTAQUE, ou de s'emparer de points importants, ou d'opérer dans des vues de la DÉFENSIVE, ou de LIVRER BATAILLE. — Dans les temps ordinaires le MINISTRE DE LA GUERRE seul décide des Mouvements des ARMÉES; en TEMPS DE GUERRE le droit de les ordonner est déféré au GÉNÉRAL EN CHEF. — L'art des Mouvements consiste à n'en faire que d'indispensables et de décisifs devant l'ENNEMI, à les MASQUER ou les lui DÉROBER pour que les apparences le trompent, à en simuler pour lui DONNER DE LA JALOUSIE, à n'en entreprendre qu'après avoir ÉCLAIRÉ les siens et reconnu ses POSITIONS, à ne les DÉMASQUER qu'aux instants opportuns, à les APPUYER par de l'ARTILLERIE A CHEVAL, à éviter ceux qui désajustent la COMPOSITION tactique de l'ARMÉE, ceux qui éparpillent les CORPS ou dérangent l'ORDRE DE BATAILLE, ceux dont l'exécution longue et compliquée laisserait pendant trop de temps une TROUPE dans une position d'une faible DÉFENSIVE, enfin à les accomplir en parcourant le moins de terrain possible. — Certain genre de SIGNAUX dénonce aux TROUPES DE TERRE les Mouvements de l'ENNEMI. — L'ordre en MASSE ou la disposition bien combinée des MASSES est la plus sûre garantie de la rapidité des Mouvements. — L'oubli de ce principe produisait, a dit BONAPARTE, la timidité des Mouvements de la MILICE AUTRICHIENNE. — Les grands Mouvements n'ont jamais été ni plus fréquents ni plus habiles que dans la GUERRE DE 1792. — Les MOUVEMENTS TACTIQUES sont, à l'égard des Mouvements stratégiques, ce que les moyens sont à l'égard de l'exécution. — Les Mouvements exécutés à l'improviste sont de puissants moyens de DIVERSION. — On a appelé MOUVEMENTS DE FLANCS, soit ceux qui consistent à MANOEUVRER sur le

FLANC de l'ENNEMI, soit ceux qui lui prêtent le flanc; il y a ainsi une amphibologie que la langue eût dû éviter. — L'étude théorique et pratique des Mouvements n'a jamais été plus savante que dans la MILICE PRUSSIENNE. — Ce qui a été dit des MARCHES D'ARMÉE rendrait superflus ici de plus grands détails. — Un système de TACTICOGRAPHIE qui représenterait clairement les Mouvements serait à imaginer. — Les AUTEURS qu'on peut consulter concernant la science des Mouvements sont : BONAPARTE, BOISROGER (1775), CARRION (1824, A), DUCHATEAU, DUNDAS (1788, D), l'ENCYCLOPÉDIE (1785, C, au mot *Bataille*), FRÉDÉRIC DEUX (1761, G), GUIBERT (1773, H), GUILLET (1686, A), JARRY (1789, H), JOMINI (1818, H), LACHESNAIE (1758, I), LEFÉBURE (1896), LLOYD (1766, N), MAIZEROY (1765, B; 1767, E), PICTET (1761, I), PUYSÉGUR (1748, C), et un AUTEUR anonyme (1766, B, p. 39). — Les Mouvements stratégiques se distinguent en MOUVEMENTS CONCENTRIQUES et en MOUVEMENTS EXCENTRIQUES.

MOUVEMENT (mouvements) TACTIQUE (term. sous-génér.). Sorte de MOUVEMENTS qui s'exécutent diversement suivant les ordonnances qui, dans chaque MILICE, concernent les MANOEUVRES, l'EXERCICE des troupes, l'ORDRE qui leur est propre sur le terrain, la manière d'y opérer les SERREMENTS. — Les Mouvements tactiques sont les éléments des MOUVEMENTS STRATÉGIQUES; ils seront surtout examinés ici par rapport à l'INFANTERIE FRANÇAISE DE LIGNE. — La simplicité, la sûreté, la rapidité, le petit nombre des Mouvements en font le mérite; ceux qui obligent une troupe à tourner le dos à l'ennemi, ceux qui entraînent un certain décousu, tels que la SCIE, la RETRAITE EN ÉCHIQUIER, s'écartent de ces conditions. — On représente, sur le papier, les Mouvements au moyen de la TACTICOGRAPHIE, mais cet art de les tracer demanderait des perfectionnements. — Les Mouvements tactiques sont de deux espèces; les uns sont locomouvants, ou en changeant de place; ils sont le moyen des ÉVOLUTIONS, et s'opèrent à l'aide de POINTS DE VUE et de ROMPEMENTS; les autres sont, ou sur place, ou en changeant de place, et se rapportent au MANIEMENT D'ARMES; ils ont, pendant longtemps, constitué la seule GYMNASTIQUE des TROUPES. — Les uns et les autres s'accomplissent au moyen de CONMAMDEMENTS, mais ils se sont exécutés plus anciennement au moyen de SIGNAUX télégraphiques, ou de certains AIRS DE MUSIQUE, chez l'étranger, au moyen des gestes du FLIEGELMAN, en FRANCE, au moyen de SIGNAUX bruyants ou céleustiques; ainsi le voulait l'ORDONNANCE DE 1766 (1er JANVIER). — On a appelé MOUVEMENT central ou Mouvements sur le centre, ceux qui ont pour pivot le centre ou un point intermédiaire du front d'un bataillon ou d'une ligne, et dont les deux ailes sont marchantes. — On appelle mouvements composés ceux qui sont instantanés, mais qui, quoique à même fin, ne sont pas identiques. — Sinclaire (1773, L) appelle mouvements de biais ceux qui se font par le pas oblique, et mouvements de flanc ceux qui se font en marchant par le flanc. Cette dernière locution prête à l'équivoque : l'ordonnance de 1831 (4 mars) pouvait être consultée à cet égard, et les auteurs qui ont traité spécialement de ce genre de Mouvements sont : Bardet (1740, A), Carrion (1824, A), Delafontaine (1675, A), Despagnac (1751, D), Dubousquet (1769, B), l'Encyclopédie (1785, C ; id. supplément au mot *Exercices*), Guibert (1773, E), Lachesnaie (1758, I, au mot *Tactique*), Leblond (1758, B), Lecouturier (1825, A), Lloyd (1762, M), Macdonald, Pictet (1761, I), Puységur (1748, C), Russell (1805, B), Schultz d'Ascheraden, Servan (1780, B), Sinclaire (1773, L), Sionville (1756, E), Smith (1779, H), Traverse (1758, D). — Les Mouvements tactiques se distinguent en mouvements de maniement d'armes et en mouvement évolutif.

MOUVEMENTS et mutations. v. comptabilité. v. mouvement mutationnaire. v. mutation.

MOUZÉ. v. noms propres.

MOYEN (moyenne), adj. v. armure m... v. état-major m... v. homme m... v. place m... v. soldat m...

MOYEN, subs. masc. v. coursier.

MOYEN AGE. v. noms propres.

MOYENNE (F), bouche a feu a tir direct. C'était le nom d'une pièce de deux et demi, de trois et demi et ensuite de quatre ; elle pesait treize cents livres, elle avait dix pieds de long. Gassendi et Lachesnaie (1758, I) en rendent témoignage.

MOYENNE garde. v. garde. v. garde des consuls. v. garde impériale n° 2. v. régiment de moyenne garde.

MOYNEAU, subs. masc. v. moineau.

MOYSE, v. noms propres.

MOYRIAUX, subs. masc. plur. v. fausse braie. v. moineau.

MUELDER. MUELLER. v. noms propres.

MUET (muette), adj. v. a la muette. v. signal m...

MUETE (muetes), subs. fém. (F). Mot dont on ignore l'étymologie ; il signifiait,

suivant M. Roquefort, expédition militaire ou guerre ; suivant Borel (Pierre), sédition. Peut-être est-ce une corruption ou une variété du terme meute, puisque ameuter se prenait dans le sens d'enrégimenter.

MUETTE (muettes), subs. fém. v. donjon. v. tour de fortification.

MULET, subs. masc. v. a mulet. v. adjudant de m... v. brigade de m... v. brigadier de m... v. capitaine de m... v. capitaine général des m... v. chef de brigade de m... v. compagnie de m... v. couverture de m... v. maréchal des logis de m...

MULET (term. génér.). Mot dérivé du latin *mulus*. Il s'applique ici, soit positivement, soit allégoriquement, à un genre de bêtes de somme ou de trait. Gassendi s'est étendu à leur égard en quelques détails. — Le terme se distingue en mulet a feu, — de bat, — de Marius, — de trait.

MULET a feu (F). Sorte de mulet ou de bouche a feu a tir direct dont parle Furetière, mais sans en donner la description.

MULET (mulets) de bat (B, 1). Sorte de mulets dont les armées devraient, suivant l'opinion de quelques écrivains, être pourvues même en temps de paix, pour éviter de trahir le secret des guerres de nature à être entreprises en pays de montagnes ; car ce secret est éventé quand il faut, à la hâte, acheter des bêtes de somme pour cette destination. — L'usage des Mulets d'armée, de convois, de peloton, d'artillerie, n'est pas nouveau dans les troupes françaises : dès le milieu du seizième siècle, un capitaine général des Mulets était reconnu. — Dans les anciennes campagnes d'Italie, il était stipulé, dans les marchés des entrepreneurs, qu'ils devaient fournir un muletier par trois Mulets, et une bonne couverture qui pût tenir à l'abri le bat et la charge de l'animal. — L'artillerie de montagnes a été, en général, servie par des Mulets ; ceux de la milice piémontaise portaient à dos les pièces. — Sous le règne de Marie-Thérèse, des Mulets étaient employés au transport des chevaux de frise. — Dans le cours du dix-huitième siècle, un fanion dirigeait les Mulets de bagages des régiments français. — Le décret de 1813 (27 mars) et le règlement de 1813 (1er avril), s'occupaient des Mulets, de leur bat, de leurs cantines, et du poids de leur charge proportionnellement avec celle des chevaux de bat. — Les Mulets doivent avoir de cinq à six ans ; le minimum de leur taille doit être d'un mètre cinq cents millimètres. Leur charge est de 120 kilogrammes. — Ils s'organisaient, sauf ceux des RÉGIMENTS, par BRIGADES de cent vingt BÊTES; les employés qui en avaient la direction étaient un CHEF DE BRIGADE, un ADJUDANT, deux MARÉCHAUX DES LOGIS, quatre BRIGADIERS. — Il y avait un MULETIER par deux Mulets, et de plus, huit MULETIERS AUXILIAIRES; en tout soixante-huit. Telle était la méthode usitée en ESPAGNE dans la GUERRE DE 1823. Il est délivré, pour la nourriture des Mulets, une RATION DE FOURRAGE DE CAVALERIE LÉGÈRE. — L'ORDONNANCE DE 1823 (29 JANVIER) et le RÈGLEMENT DE 1823 (8 FÉVRIER) déterminaient ce qui concernait les MULETS DE PELOTON accordés à chaque CORPS. — L'ORDONNANCE DE 1823 (11 JUIN) les nommait COMPAGNIES DE MULETS et les attachait au TRAIN des équipages. — Dans la guerre de 1823 les OBUSIERS DE MONTAGNES étaient portés à dos de Mulets. — Les Mulets mal équipés des SIÉGES de CONSTANTINE ont été une des causes de nos désastres. — On trouve dans ODIER (1824, E, t. VII, p. 185) des recherches intéressantes touchant le service administratif des Mulets.

MULET de CONVOIS. V. CONVOI. V. CONVOI MILITAIRE. V. GUERRE DE 1833. V. MULET DE BAT.

MULET (mulets) de MARIUS (F). Sorte de MULETS dont parle FRONTIN, *muli mariani*, et qui étaient en usage dans les LÉGIONS ROMAINES. Cet AUTEUR donnait ironiquement au mot un sens détourné, en l'appliquant ou aux SOLDATS que MARIUS écrasait de bagages, ou à un instrument de TRANSPORT de l'invention de ce général et qu'on pourrait appeler un porte-bagage. — Des ÉCRIVAINS ont cru que l'emploi de cette expression venait de ce que les BÊTES DE SOMME que MARIUS avait à sa suite pliaient sous le faix du pillage. — Cet instrument se composait d'un long manche surmonté d'une raquette carrée ou d'un châssis en grille; les pièces du bagage s'attachaient à ses barreaux. — D'autres pensent que MARIUS avait seulement remis en vigueur une coutume négligée, parce qu'on appelait en GREC *œrumna* ce porte-CHARGE. — On trouve les preuves et la description de ces faits dans JABRO (1777, G), VÉGÈCE (590, A); on voit dans FABRETTI, JUSTE LIPSE (1598, A), MAUBERT (1762, F) le dessin représentant des soldats chargés de cette espèce de bourdon dont le châssis est d'un pied carré.

MULET de PELOTON. V. MULET DE BAT. V. PELOTON. V. TACTIQUE.

MULET (mulets) de TRAIT (F). Sorte de MULETS qui ont été employés comme ATTELAGES dans diverses MILICES. — Les ARMES NÉVROBALISTIQUES DE GRANDE DIMENSION, que la MILICE ROMAINE parvint à rendre mobiles au temps des EMPEREURS, étaient traînées par des Mulets. — Les ATTELAGES des ARTILLERIES BRÉSILIENNE et PORTUGAISE se composaient de Mulets.

MULETIER, subs. masc. V. ARTILLERIE DE MONTAGNES. V. CAPITAINE DE MULETS. V. CONSEIL PERMANENT Nº 3. V. MULET DE BAT. V. OBUSIER DE MONTAGNE. V. SARRAU.

MULETIER AUXILIAIRE. V. AUXILIAIRE, adj. V. MULET DE BAT.

MULIER. V. NOMS PROPRES.

MUNICIPAL (municipale), adj. V. CONSUL M... V. CORPS M... V. GARDE M... V. OFFICIER M... V. SOLDAT M...

MUNICIPALITÉ, subs. fém. V. COLONEL EN ROUTE. V. ENGAGEMENT DE RECRUE.

MUNITION, subs. fém. V. A MUNITIONS. V. ACHAT DE M... V. CAISSON A M... V. CARTOUCHE DE M... V. COUP DE M... V. DISTRIBUTION DE M... V. FUSIL DE M... V. JETER DES M... V. MUNITIONS. V. PAIN DE M... V. PARALLÈLE, subs. V. PARC. V. PARTISAN. V. PASSAGE DE LIGNES. V. POUDRE DE M... V. RETRANCHEMENT. V. TIRAILLEUR. V. TRANSPORT DE M...

MUNITIONNAIRE, subs. masc. (term. génér.). Mot dont le substantif pluriel MUNITIONS donne l'étymologie. Mais il est à remarquer que munitions n'a plus trait aux SUBSISTANCES et ne s'applique qu'à l'artillerie, tandis que Munitionnaire n'a aucun rapport à l'artillerie et ne concerne que les SUBSISTANCES; telles sont les incohérences de la LANGUE. — Le Munitionnaire ici examiné répond au *frumentator* des ROMAINS, ou au BUCCELLAIRE, suivant ROQUEFORT (1833). — M. MONTEIL rapporte qu'au seizième siècle les Munitionnaires étaient tenus de souscrire l'engagement de fournir aux ARMÉES, PAIN, VIANDE, etc., mais même d'établir à la suite des CAMPS un marché où les MILITAIRES trouveraient *fruits, épiceries, brandevin, étoffes, cuir, merceries,* etc. On sent combien de difficultés s'opposaient, en TEMPS DE GUERRE, à la rigoureuse exécution d'un pareil traité. — Les Munitionnaires étaient chargés de la conservation et de la DISTRIBUTION des vivres, du rassemblement des FOURNITURES et des APPROVISIONNEMENTS; ils étaient à cet égard sous la surveillance des COMMISSAIRES DES GUERRES, et sous les ordres du COMMISSAIRE GÉNÉRAL DES VIVRES. C'est sous cette acception que le mot est mentionné dans le *Dictionnaire de la Conversation.* — On a pris Munitionnaire dans le sens de MANUTENTIONNAIRE de BOULANGERIE militaire; celui-ci n'est qu'un

GARDE-MAGASIN chargé de faire fabriquer le PAIN DE MUNITION et le BISCUIT. — La loi a appelé aussi Munitionnaires les EMPLOYÉS du service des VIVRES VIANDES. — Le CODE PÉNAL DE L'AN CINQ (24 BRUMAIRE) rendait justiciables des CONSEILS PERMANENTS les Munitionnaires infidèles. — Le mot comporte une idée plus élevée, il signifie dans NODOT chef des services, et ne se prend pour ainsi dire plus que dans le sens de MUNITIONNAIRE GÉNÉRAL, ou des Munitionnaires membres d'une agence. — Examinons-le sous l'acception de MUNITIONNAIRE GÉNÉRAL.

MUNITIONNAIRE EN CHEF. V. EN CHEF. V. MUNITIONNAIRE GÉNÉRAL.

MUNITIONNAIRE (munitionnaires) GÉNÉRAL (A, 1, F) OU MUNITIONNAIRE EN CHEF, comme dit l'ENCYCLOPÉDIE (1785, C). Sorte de MUNITIONNAIRES qui se sont appelés d'abord GÉNÉRAUX DES VIVRES, comme le témoignent DUPRÉ D'AULNAY et FEUQUIÈRES (1750, A). — LACHESNAIE (1758, I) les confond avec les COMMISSAIRES GÉNÉRAUX DES VIVRES; mais ceux-ci étaient pourvus d'un OFFICE, et les Munitionnaires étaient employés en vertu d'un traité; aussi s'appelaient-ils traitants, comme on le voit dans FURETIÈRE. — L'institution des Munitionnaires généraux appartient au règne de HENRI TROIS, en 1574; Amaury Bourguignon était *Munitionnaire et entrepreneur général*. — Suivant ODIER 1824, E), cet emploi était à la fois celui d'un intendant des besoins et d'un fournisseur en chef des matières. — Le nombre des Munitionnaires a dépendu du nombre des ARMÉES; il y en avait ordinairement un par chacune. — Suivant quelques opinions, ou quelques théories, les Munitionnaires sont employés surtout par les princes ou les gouvernements qui en sont réduits à recourir à un crédit ruineux. — AUDOUIN considère les Munitionnaires généraux comme ayant la direction des MUNITIONS DE BOUCHE. — Un Munitionnaire général doit être rompu aux détails des VIVRES, être doué d'un génie particulier, posséder la science du change, connaître le THÉÂTRE de la guerre, la langue du pays, ses routes, ses ressources, son genre de commerce, ses marchés, leurs prix, poids et mesures, les mœurs des habitants, etc. Il doit faire concorder ses moyens de transport avec ses achats, ses ordres de fabrication de PAIN DE MUNITION avec les ressources et les facilités des localités, régler les lieux de versements sur la prévision des besoins, les éventualités des saisons, les chances de batailles et d'expéditions. — Les mémoires de M. Ouvrard donnent idée de la difficulté de la profession, de ses théories économiques, de la haute sagacité qu'exige la conduite des VIVRES. — Il a été traité de ces questions dans AUDOUIN, BERRIAT, DELASIMONNE, l'ENCYCLOPÉDIE (1785, C), FEUQUIÈRES, (1750, A), DUPRÉ D'AULNAY, LACHESNAIE (1758, I), NODOT, POTIER (1779, X), PRANGE.

MUNITIONS, subs. fém. plur. (term. génér.). Mot qui n'est employé au singulier que comme génitif; il a donné naissance au terme MUNITIONNAIRE; il viendrait, suivant quelques savants, du LATIN *munitio*; dans cette supposition l'ACADÉMIE a voulu qu'il s'écrivît Munition au lieu de AMMONITION, AMONITION, ou AMMUNITION qui était le français primitif, comme le fait connaître HONDIUS. Ces expressions étaient, comme le témoignent DUCANGE et GANEAU, la traduction du bas LATIN *amonitio*; la LANGUE ANGLAISE l'a emprunté à la nôtre et lui a conservé la forme originaire AMMUNITION. — Le mot LATIN *munitio* avait un autre sens que le terme français Munition. L'expression romaine se rapportait à toutes FOURNITURES de FORTERESSE, à tous moyens fortificatoires; munir, c'était garnir; en ce sens une GARNISON était une Munition. Plus techniquement, le mot signifiait FORTIFICATION, REMPART, RETRANCHEMENT; le pavé des voies romaines s'appelait *munitio riarum*. Ainsi le terme appartenait à toutes les branches de l'ADMINISTRATION antique; en FRANCE, il n'appartient au contraire qu'à l'ADMINISTRATION de l'ARMÉE et aux combinaisons de la STRATÉGIE. FURETIÈRE prend encore le mot dans le sens d'APPROVISIONNEMENT MILITAIRE de tout genre; de là l'usage de FUSIL DE MUNITION et de PAIN DE MUNITION. GASSENDI ne le prend que dans le sens d'APPROVISIONNEMENT MILITAIRE. — La puissance des traditions a laissé, en dépit de l'ACADÉMIE, le mot amonition dans la bouche des soldats illettrés, des hommes du peuple, et surtout des habitants du Midi. — Munition à d'abord signifié toutes FOURNITURES, principalement de comestibles, nécessaires à l'avitaillement ou au ravitaillement d'une place ou des troupes; de là le nom de MUNITIONNAIRE donné à un chef du service des vivres; ensuite s'est établie la distinction des MUNITIONS DE BOUCHE et de GUERRE. — Mais l'acception ancienne s'est altérée, et on n'a plus appelé techniquement Munitions que le MATÉRIEL nécessaire au service des ARMES A FEU; quand un soldat dit, en parlant d'une troupe aux ABOIS, d'une CAPITULATION : la DÉFENSE de la CITADELLE, la DÉFENSE du CONVOI étaient impossibles faute de Munitions, cela signifie les coups des pièces ou les CARTOUCHES manquaient. — Diverses lois prohibitives, mais oubliées, renvoyaient par devant les tribunaux les particuliers coupables d'ACHATS DE MUNITIONS. — Des COMMANDANTS DE PLACE ASSIÉGÉE, forcés de se rendre, ont quelquefois profité de la ressource des CHARIOTS COUVERTS pour conserver à leurs troupes des Munitions dont ils cachaient ainsi l'existence. — A l'égard des Munitions, de leur genre divers, de l'acception actuelle ou ancienne de ce genre de PRESTATION, on peut consulter M. BERRIAT (1812, A), BOTTÉE (1750, B), M. COURTIN (au mot *Approvisionnement*), l'ENCYCLOPÉDIE (1751, C; 1785, C), GASSENDI, JACOBY, LACHESNAIE (1758, I; id. au mot *Garde d'une place*), MONTÉCUCULI (1704, D), PUYSÉGUR (1748, C), TURPIN (1754, B), enfin le *Dictionnaire d'antiquités* (au mot *Annona*).

MUNITIONS d'ARTILLERIE. V. AFFUT. V. ARTILLERIE. V. ARTILLERIE STRATOPÉDIQUE. V. CAISSON A M... V. CAMP D'INSTRUCTION. V. CARTOUCHE DE M... V. COUP DE CANON. V. GARGOUSSE. V. GRAND MAITRE DE L'ARTILLERIE. V. MILICE ANGLAISE N°. 9. V. MILICE AUTRICHIENNE N° 2. V. MUNITIONS. V. OBUSIER. V. TRAIN.

MUNITIONS de BOUCHE (B, 1). Sorte de MUNITIONS que la LANGUE connaît plutôt actuellement sous le nom de SUBSISTANCES MILITAIRES. — Les ROMAINS appelaient techniquement, *cibaria*, ce genre d'APPROVISIONNEMENT des COHORTES et des ARMÉES. — CICÉRON dit que le SOLDAT des LÉGIONS ROMAINES en était pourvu pour quinze jours. TITE LIVE dit qu'il les recevait pour un mois entier. Il ne faut jamais accepter d'une manière absolue de telles assertions. Le fond en a pu être vrai, suivant les temps, suivant les lieux, mais jamais HAVRE-SAC n'eût eu capacité suffisante pour pareille DISTRIBUTION. — Dans l'ARMÉE FRANÇAISE les Munitions de bouche, quand ce terme était en usage, étaient du ressort du MUNITIONNAIRE GÉNÉRAL en temps de guerre; mais dans les villes, le pain était du ressort de l'INTENDANT DE PROVINCE. — On peut consulter à l'égard des Munitions de bouche : AUDOUIN, l'ENCYCLOPÉDIE (1785, au mot *Approvisionnement*), LACHESNAIE (1758, I, aux mots *Garde, Subsistances*), ODIER (1824, E), POTIER (1779, X), RAY DE SAINT-GÉNIÈS (1755).

MUNITIONS de CANON. V. CANON. V. CANON D'ARTILLERIE. V. COFFRE A MUNITIONS.

MUNITIONS de GUERRE. V. APPROVISIONNEMENT D'ARMÉE. V. ARSENAL. V. CARTOUCHE A BALLE. V. CHEF DE POSTE FERMÉ. V. FORTERESSE. V. GÉNÉRAL D'ARMÉE N° 9. V. MILICE POLONAISE N° 3. V. MILICES ITALIENNES. V. PARC. V. PASSE-PORT. V. PESCHEL (1825). V. PIQUET CORRECTIONNEL. V. POUDRE A FEU. V. PRESTATION EN NATURE. V. REDDITION DE PLACE. V. STATISTIQUE. V. STRATÉGIE. V. TRAIN.

MUNITIONS de SIÉGE. V. PARALLÈLE, subs. V. QUEUE DE TRANCHÉE. V. SIÉGE. V. SORTIE EXTÉRIEURE. V. TOUR BASTIONNÉE.

MUNITIONS d'EXERCICE (G, 6). Sorte de MUNITIONS délivrées par les OFFICIERS D'ARTILLERIE aux troupes de diverses ARMES comme moyen d'étude; cette DÉLIVRANCE a lieu sur DEMANDE formée par le CONSEIL D'ADMINISTRATION et adressée au COMMANDANT de la division territoriale. — Les documents que cite BRIQUET (1761, H) et l'ORDONNANCE DE 1768 (1er MARS, tit. 22) fournissent les plus anciens renseignements légaux touchant les DISTRIBUTIONS de Munitions pour les EXERCICES des CORPS. — Il était fait annuellement à l'INFANTERIE FRANÇAISE deux DISTRIBUTIONS de Munitions, conformément au RÈGLEMENT DE L'AN TREIZE (1er VENDÉMIAIRE) et à l'INSTRUCTION DE 1822 (17 AOUT). Elles étaient envoyées aux CORPS, si les DÉPOTS D'ARTILLERIE étaient à plus de dix lieues; sinon, le corps les y faisait prendre. — Leur DÉLIVRANCE est inscrite sur le LIVRET D'ARMEMENT. Leur conservation regarde l'ADJUDANT DU CORPS. — Au nombre des CARTOUCHES D'EXERCICE sont comprises les BALLES OU CARTOUCHES A BALLES distribuées, au besoin, aux SOLDATS DE GARDE. — L'ORDONNANCE DE 1768 prévoyait le cas de culpabilité des militaires détournant à leur profit des Munitions. — Après les FEUX D'EXERCICE de l'INFANTERIE, les BALLES DE CIBLE sont recherchées et retirées. — La MILICE ANGLAISE était, suivant M. Ch. DUPIN, celle qui avait les Munitions les plus parfaites ; elle en recevait les deux tiers au 20 mars, le reste au 25 septembre. — La MILICE PRUSSIENNE est celle qui fait le plus de consommation de MUNITIONS d'exercice; un SOLDAT présent toute l'année au corps ne tire pas moins de deux mille COUPS DE FUSIL. — Les AUTEURS qu'on peut consulter sur quelques détails de ce sujet, sont : BARDIN (1807, D; 1809, B ; 1816, E), BERRIAT (1812), HOYER (1828), LECOUTURIER.

MUNITIONS d'OBUSIER. V. COFFRE A MUNITIONS. V. OBUSIER.

MUNKE; MUNNO; MUNSTER. V. NOMS PROPRES.

MUR, subs. masc. V. AVANT-MUR. V. BRISE-MUR. V. COUP DE MUR. V. PASSE-MUR. V. TERRAIN FORTIFICATOIRE DE POSTE. V. TIRER AU MUR.

MUR de BLINDE (H, 1), ou simplement

blinde suivant Gassendi, ou blinde verticale. Le Mur est une abréviation du latin *murus*; il est analogue au latin barbare *murallia, murahla*, qui, suivant M. Roquefort, ont produit muriax, muraille. — Le Mur, ou la paroi, se compose de cadres ou de châssis qui ont chacun deux mètres de haut sur un mètre de large. Les montants ont une longueur qui excède l'entretoise inférieure, et ils se prolongent en piquets qui s'enfoncent en terre. — Les Murs supportent la terrasse de blinde, espèce de toiture en claies et en fascines recouvertes de terre. — Les châssis formant le Mur de la blinde ne diffèrent des châssis formant sa terrasse, qu'en ce que les premiers se ferment au moyen de fascines, et que les autres sont sans piquets et se ferment au moyen de claies.

MUR d'escrime. v. assaut d'escrime. v. escrime. v. tirer au mur.

MURAILLE, subs. fém. v. a murailles. v. assiégé. v. assiégeant. v. attaque de place. v. bélier. v. boulevard. v. brèche praticable. v. bretèche. v. chemin de ronde. v. circonvallation. v. coin d'airain. v. contrevallation. v. courtine. v. courtine de forteresse. v. créneau. v. défense de place. v. démanteler. v. doloire. v. échelle d'escalade. v. écuyer de suite n° 4. v. en muraille. v. enceinte. v. escarpe. v. espingarde. v. étançon. v. forteresse. v. fortification. v. garnison. v. guerre. v. hélépole. v. hercotectonique. v. ligne fortifiée. v. machine. v. merlon. v. milice chinoise n° 5, 6. v. milice communale. v. mine. v. mine a ruine. v. moineau. v. mouchette. v. mur. v. muscule. v. parement. v. rempart. v. rempart de forteresse. v. retirade. v. ribaudequin. v. tortue mécanique. v. tour de fortification. v. tour permanent. v. tour roulante.

MURAILLE de marquise. v. parasol. v. marquise. v. pavillon de camp.

MURAILLE de tente. v. tente. v. tente d'officiers.

MURAILLE tactique. v. charge d'infanterie. v. charge en muraille. v. escadron français n° 4. v. intervalle de cavalerie. v. ligne a intervalles. v. ligne pleine. v. milice prussienne n° 8. v. ordre de bataille. v. ordre en muraille. v. passage de lignes. v. pique. v. prince de légion romaine. v. prostaxe. v. seconde ligne de bataille. v. tactique, adj.

MURAL (murale), adj. v. couronne m... v. machine m... v. pile m...

MURALTO; MURATORI. v. noms propres.

MUREATIQUE, adj. v. poudre m...

MUREAUX (muriaux), subs. masc. v. moineau. v. mur.

MUREREAU. v. noms propres.

MUSCLE, subs. masc. v. muscule.

MUSCULE, subs. masc. (F), ou muscle suivant Ganeau. Mot dérivé du latin *musculus*, sur le sens duquel on n'est pas d'accord. Végèce (590, A) dit que le Muscule de guerre prenait ce nom par analogie à celui d'un petit poisson qui servait de guide à la baleine. Cette confraternité de deux poissons, cette servilité instinctive, étaient une des erreurs de l'histoire naturelle des anciens. — Suivant cet écrivain, le Muscule était une machine qui en précédait une plus grande, et qui servait à aplanir le terrain où l'autre engin devait passer. Suivant M. Liskenne, les Grecs l'appelaient *chéloné*. — Cette définition ne ressemble guère à celle que donnent César (54 avant J.-C.) et Vigenère; ils parlent, au sujet du siége de Marseille, d'un Muscule en charpente, ou galerie couverte, de soixante pieds de long et de deux d'épaisseur; son toit était en briques maçonnées et caché sous des cuirs et des matelassures. Cette machine était traînée sur cylindres ou rouleaux, comme un vaisseau qu'on lance; elle partait d'une des tours de l'armée assiégeante et venait s'appuyer au rempart de l'assiégé; elle servait à garantir les ouvriers qui arrachaient les pierres et étançonnaient les brèches. — Une autre définition du Muscule est donnée par Isidore; il le compare au trou même qui échancre les murailles d'une ville assiégée; il s'appelait, suivant lui, *musculus*, comme abrégé de *murusculus*. — Le moine Abbon mentionne les Muscules des Normands comme des machines à l'aide desquelles ils sapaient les défenses de Paris. — Guillaume le Breton donne le même nom à l'engin sous lequel des assiégeants se tenaient à couvert, comme le faisaient les Romains sous la vigne antique; il dit que les Français appelaient *galus*, ou chat poliorcétique, le Muscule. Ducange donne à cet égard des éclaircissements au mot *Catus*. — Guillaume Guyart parle de Muscules au sujet du siége de Boves. — Stewechius (1569, A) décrit le Muscule comme un travail en charpente de forme carrée porté sur quatre pieds; il y figure une tête pointue comme celle d'un rat. Ce Muscule contenait un corbeau qui démolissait les murailles de l'ennemi, ou bien une manivelle qui mettait en jeu un trépan ou une tarière. Juste Lipse (1596, A) donne les dimensions de ces diverses parties. — Folard (1727, A) tourne en dérision les descriptions de Stewechius (1569, A) et de Juste Lipse (1596, A); il prétend que le Muscule était une espéce de tortue, de mantelet ou d'épavesade; l'Encyclopédie (1751, C) partage cette opinion. — Suivant Carré (1783, E), Muscule était *à peu près même chose que pluteus*, tandis qu'au contraire Daniel (1721) distingue l'un de l'autre. — Lachesnaie (1758, I) et Maizeroy (1771, A) regardent le Muscule comme le moyen de l'aplanissement du terrain et du comblement du fossé. Ce dernier écrivain représente les Muscules comme des espéces de baraques à six montants ou poteaux, sur six roues et à claire-voie; il leur donne un plancher, tandis que Daniel et d'autres auteurs disent positivement qu'ils n'en avaient pas. — Le jésuite Maffei, dans son histoire des Indes, appelle Muscules les galeries couvertes dont les Indiens se servaient contre les Portugais. — Lachesnaie (1758, I) confond les Muscules et les tortues; elles avaient cependant des emplois différents, puisque César rappelle souvent les opérations où il agissait, *testudinibus et musculis*. — Au milieu de tels dissentiments, qui oserait prononcer? — Probablement le mot vient de *musculus*, rat, souris, mulot; parce que, à l'aide de Muscules, les assiégeants se glissaient comme des rats sous les murailles. Des allusions justes et tirées des noms d'animaux servaient à désigner chaque machine ancienne; c'est ce qui autorise la supposition de cette étymologie. — Peut-être y avait-il des Muscules destinés à mettre le mineur à l'abri; peut-être y en avait-il en manière de tortues et sous lesquelles travaillaient des pionniers, ou peut-être étaient-elles de petites tortues. Et en effet, au moyen age, la langue italienne a emprunté du latin son substantif *moscolo, muscolo,* pour signifier une galerie couverte à l'abri de laquelle les assiégeants allaient excaver le pied de la muraille de la place assiégée. — On peut consulter à l'égard des Muscules : Abbon, Carré (1785, E), César (51 avant J.-C.), Daniel (1721, A), Duane, Ducange, l'Encyclopédie (1751, C), Folard (1727, A), Ganeau, Guillaume Guyart, Guillaume le Breton, Isidore, Jabro (1777, G), Juste Lipse (1596, A), Kennet, Lachesnaie (1758, I, au mot *Comblement*), Maizeroy (1771, A), Potier (1779, X), Stewechius (1569, A), Végèce (590, A), Vigenère, Vitruve.

MUSÉE (subs. masc.) d'artillerie. v. artillerie. v. cabinet d'armes. v. canon de cuir. v. casque.

MUSEQUIN, subs. masc. (F). Mot dont on ignore l'étymologie, et que M. Roquefort

mentionne comme synonyme de dos de cuirasse.

MUSEROLE, subs. fém. v. bride de harnachement. v. filet de harnachement.

MUSETTE, subs. fém. v. cornemuse. v. instrument de haut bruit. v. langue française. v. musette de cavalier. v. musique.

MUSETTE de cavalier (B, 1). Mot employé par allusion à la musette instrumentale, ou cornemuse; l'étymologie de l'une est celle de l'autre. — La Musette en usage dans la cavalerie française s'est d'abord appelée havre-sac; c'est un petit sac de toile dans lequel le cheval mange l'avoine, soit en route, soit au bivac.

MUSÉUM (subs. masc.) d'artillerie. v. arme a vapeur. v. armure. v. artillerie. v. cabinet d'armes. v. fusil a la Montalembert. v. fusil a soufflet. v. fusil d'infanterie. v. gendarme du moyen age n° 3. v. Marchais. v. milice espagnole n° 2.

MUSICAL (musicale), adj. v. basse m... v. gymnase m... v. langue m... v. marche m... v. répétition m... v. taille m...

MUSICIEN, subs. masc. v. administration de m... v. age d'enrolement de m... v. allocation de m... v. appel de m... v. baudrier de m... v. caporal m... v. capote de m... v. ceinturon de m... v. chambre de m... v. chef m... v. collet d'habit de m... v. composition de m... v. création de m... v. dénomination de m... v. désertion de m... v. discipline de m... v. enrolement de m... v. épée de m... v. équipement de m... v. galon de m... v. habillement de m... v. habit de m... v. indemnité de route de m... v. inspection de m... v. localisation de m... v. instruction de m... v. logement de m... v. nombre de m... v. ordinaire de m... v. pension de m... v. service de m... v. soldat m... v. solde de m... v. subordination de m... v. tenue de m... v. uniforme de m...

MUSICIEN (musiciens), subs. masc. (A, 1; F). Le mot Musicien a la même racine que le terme musique, et tous deux ne sont en usage dans la langue des ordonnances que depuis des époques peu anciennes. — Dans les milices grecque et romaine les Musiciens jouissaient d'une haute considération, à raison du commandement qu'ils exerçaient en donnant les signaux auxquels agissaient les troupes; telle était surtout leur destination. Les historiens témoignent que les instruments ne jouaient que pour des motifs d'utilité; ils ne servaient ni à amuser les officiers, ni à faire danser les dames. — Les Musiciens de Grèce, d'Egypte, de Crète, de Tartarie, d'Orient, portaient des harpes, des FLUTES, des SISTRES, des ROUETS, des GROSSES CAISSES, des TAMTAMS; ils apparte-naient autant aux rits religieux qu'aux céré-monies militaires. — Chez les GRECS, le Mu-sicien TYRTÉE était un GÉNÉRAL du grade le plus élevé. — VÉGÈCE (590, A) classe les Mu-siciens des LÉGIONS au rang des OFFICIERS ou principaux SOLDATS. — Des BARDES étaient les Musiciens de guerre des GAULOIS. — Au MOYEN AGE, les Musiciens CHANTEURS des TROUPES d'OCCIDENT étaient des personnages de MÉ-RAUDERIE; les montagnards avaient des COR-NABOUX et des CORNETS; la CHEVALERIE avait des CLAIRONS à la manière ARABE; des Musi-ciens sacrés entouraient la BANNIÈRE de France et jouaient du haut du CARROUZE. — Dans le chaos de la FÉODALITÉ, on trouve les TROUBADOURS, les TROUVÈRES, les MÉNESTRELS marchant avec les armées, et, sous LOUIS QUATORZE et LOUIS QUINZE, les violons, que des princes tels que CONDÉ et SAXE attachaient à leur maison et emmenaient à la GUERRE. — Telles étaient les coutumes changeantes ou mal connues de ces époques; mais la loi était muette à l'égard des Musiciens attachés par-ticulièrement à des CORPS. Cette imperfection s'est effacée tard; on en trouve un témoi-gnage dans le *Spectateur militaire* (t. XV, p. 529, et t. XXV, p. 201). — L'ORDONNANCE DE 1853 (2 NOVEMBRE) traitait de la SUBORDI-NATION et du SERVICE des Musiciens; le jour-nal *de l'Armée* contenait un projet d'or-donnance les concernant. Ce qui va être dit aura surtout rapport à l'INFANTERIE DE LIGNE de l'ARMÉE FRANÇAISE, et comprendra : CRÉA-TION, COMPOSITION, DÉNOMINATION, NOMBRE, UNIFORME, LOCALISATION, LOGEMENT, SOLDE, SUBORDINATION, SERVICE, ADMINISTRATION. — Nº 1. CRÉATION. — Depuis la renaissance de l'ART MILITAIRE jusqu'au dix-huitième siècle, il n'y avait, en fait de MUSIQUE, que des ac-compagnateurs de TAMBOURS; c'étaient d'a-bord des FIFRES soldés au compte de l'Etat; c'étaient des CLARINETS ou des joueurs de HAUTBOIS entretenus au compte du COLONEL, comme le témoigne LACHESNAIE 1758. I, au mot *Instrument*). — Les plus anciens Mu-siciens d'harmonie furent ceux des GARDES FRANÇAISES, institués au nombre de seize en vertu de l'ORDONNANCE DE 1764 (29 JANVIER). — L'ORDONNANCE DE 1766 (19 AVRIL) attacha à l'ÉTAT-MAJOR de chaque RÉGIMENT D'INFAN-TERIE, à commencer du 1er juin, par chaque BATAILLON, deux FIFRES et un CLARINET qui ne faisaient partie d'aucune compagnie; les RÉ-GIMENTS étant alors de quatre, de trois ou de deux BATAILLONS, c'était un total de MUSICIENS D'ÉTAT-MAJOR égal à six, neuf ou douze par chaque CORPS : ce fut la faible souche de nos larges musiques. — TURPIN (1785, O, t. II,

p. 8) prétend que cette ordonnance recon-naissait des CORS, des BASSONS, des CLARINET-TES. TURPIN se trompe matériellement; il n'est question dans l'ordonnance que de FI-FRES et de CLARINETS. KÉRENVEYER le témoi-gne, et la preuve s'en retrouve dans l'OR-DONNANCE DE 1766 (15 DÉCEMBRE) et dans le RÈGLEMENT DE 1767 (25 AVRIL). Celui-ci dé-clare formellement que les FIFRES et le CLA-RINET ne sont institués *que pour l'accom-pagnement des tambours.* — L'ORDON-NANCE DE 1771 (19 JUIN) abolissait ces MU-SICIENS D'ÉTAT-MAJOR, et ne reconnaissait qu'un FIFRE et un CLARINET dans quatre des COMPAGNIES DE FUSILIERS de chaque BATAILLON. — Le RÈGLEMENT DE 1776 (1er JUIN) mentionnait une MUSIQUE qui marchait entre le TAMBOUR-MAJOR et les TAMBOURS. Cette MUSIQUE, c'étaient les FIFRES et les CLA-RINETS. - Qu'on ne croie cependant pas que depuis la GUERRE DE SEPT ANS, l'INFANTERIE DE LIGNE n'eût pas de MUSIQUE proprement dite, et que tout se bornât à des BRUITS DE CAISSE et à des INSTRUMENTS DE HAUT BRUIT. On voit dans DAUTHVILLE 1762, K) qu'il commençait de son temps à s'introduire des CLARINETTES: dans TURPIN (1785, O, t. II, p. 9) *que la plupart des régiments sup-primaient la moitié des tambours pour avoir des instruments;* dans BOISROGER (1773, G) que des RÉGIMENTS avaient, en outre des FIFRES, *une musique composée de cla-rinettes, bassons, cors de chasse et autres instruments.* — Les COLONELS D'INFANTERIE tenaient peu de cas de la lettre des ordon-nances; suivant qu'ils étaient plus ou moins opulents ou qu'ils en avaient plus ou moins le goût, ils entretenaient, à l'imitation des MI-LICES ALLEMANDES, une MUSIQUE; sa force nu-mérique était arbitraire et disparate dans chaque CORPS. — De 1781 à 1784, il entrait dans les dispositions du projet de CODE MI-LITAIRE, discuté sous le ministère de SÉGUR, de sanctionner ce qui jusque-là était le fait de la mode et le fruit de dispositions arbi-traires, d'attacher à l'ÉTAT-MAJOR de chaque RÉGIMENT D'INFANTERIE huit Musiciens d'har-monie. — L'ORDONNANCE DE 1785 (27 MAI), qui créait un nouveau régiment sous le nº 106, le gratifiait d'une brillante musique. — L'ORDONNANCE DE 1788 (17 MARS) étendit l'institution des MUSIQUES à tous les RÉGIMENTS D'INFANTERIE; ils eurent huit Musiciens, plus un MAITRE DE MUSIQUE. — Nº 2. COMPO-SITION, DÉNOMINATION. — Les Musiciens étaient ordinairement des GAGISTES que le COLONEL ou le CONSEIL D'ADMINISTRATION en-gageaient pour un an ou deux; mais il a toujours été difficile d'en trouver, à cause de la modicité des émoluments; aussi a-t-il été plusieurs fois question de créer, à l'instar du DÉPOT DES GARDES, et à l'imitation de la MILICE PRUSSIENNE, des établissements où des ENFANTS recevraient une éducation nationale et publique qui pût en faire des MUSICIENS DE CORPS. L'école de LIANCOURT avait en partie cet objet ; l'école dont le Conservatoire est provenu, était créée dans des vues pareilles ; mais ces sages projets ont toujours échoué. —Faute de GAGISTES, les COLONELS prenaient comme Musiciens des HOMMES DE TROUPE qui savaient la MUSIQUE ou qui l'apprenaient au CORPS. Des décisions ministérielles l'avaient cependant défendu. La DÉCISION DU 1823 (31 MAI) permettait de rengager comme Musiciens des soldats libérés, s'il y avait des vacances dans les emplois de la MUSIQUE. — L'ARRÊTÉ DE L'AN HUIT (7 THERMIDOR) fixait l'AGE D'ENROLE-MENT des ENFANTS D'HOMMES DE TROUPE qui, dans les ÉCOLES DU RÉGIMENT, avaient fait des progrès en MUSIQUE ; elle permettait que, par exception, ils fussent admis à quatorze ans comme Musiciens, avec paye entière.— Dans les GARDES CONSULAIRE et IMPÉRIALE, où tout dépendait du vouloir des chefs, où rien ne reposait sur des documents réguliers, la composition des Musiciens était toute différente ; la force en était démesurée et le luxe excessif. Ce n'était pas un caporal qui guidait la MUSIQUE de l'INFANTERIE, mais un Musicien en épaulettes, qui marchait en tête l'épée à la main. Au mépris des ordonnances de l'époque, un bambin qu'on eût pris de loin pour un lingot sur un cheval, était timbalier de cavalerie et marchait flanqué de deux cavaliers qui tenaient en lesse sa monture. — En 1833, le dispositif des lois et ordonnances relatives aux MUSIQUES n'était ni plus clair ni plus complet. Des GAGISTES admis par les CONSEILS D'ADMINISTRATION signaient un engagement de deux ans au plus ; une clause permettait d'annuler le contrat, pourvu que, de part ou d'autre, avis de renvoi ou de départ fût donné suffisamment à l'avance. Les GAGISTES consentaient par écrit à être soumis aux règlements militaires, mais tels d'entre eux ne signaient l'engagement comme valable, qu'autant que le corps ne ferait pas la guerre. — Quelques Musiciens contractaient leur engagement devant l'AUTORITÉ CIVILE : des décisions ministérielles y avaient donné les mains ; ils pouvaient dans ce cas être admissibles, après le temps voulu, à la PENSION MILITAIRE. — Dans les différents RÉ-GIMENTS, ces usages variaient, ces dispositions étaient dissemblables. — Plus d'une fois des GAGISTES se refusèrent à entrer en campagne avec le corps, encore bien que leur ENGAGE-MENT n'eût pas prévu le cas. — On voit que cette partie de la LÉGISLATION est dans l'en-fance, et que ces détails de l'ART MILITAIRE sont à créer ou à remanier. — La décision de 1837 (15 novembre) témoignait que des Musiciens envoyés au GYMNASE MUSICAL pour y achever leur instruction, comptaient au nombre des vingt-sept Musiciens reconnus. — L'emploi du mot Musicien est militairement si moderne, que l'ORDONNANCE DE 1771 (19 JUIN) ne le mentionnait pas encore. — L'INSTRUCTION DE 1774 (11 JUIN) commença à s'occuper nominalement des Musiciens ; mais ces instrumentistes ne jouaient encore que le DESSUS des BATTERIES DE CAISSE et n'exécutaient rien à part des TAMBOURS. — Le RÈ-GLEMENT DE 1776 (1er JUIN) distinguait des TAMBOURS, la MUSIQUE ; mais ce n'était encore, dans l'esprit de la loi, que des FIFRES et des CLARINETS. — Le genre d'INSTRUMENTS dont chaque Musicien devait jouer a été longtemps indéterminé. La DÉCISION DE 1820 (24 JUIN) reconnaissait dans les MUSIQUES de huit Musiciens, deux CLARINETTES, deux CORS, deux BASSONS, une GROSSE CAISSE, une PAIRE DE CYMBALES. — La CIRCULAIRE DE 1821 (24 NOVEMBRE) disposait que, sauf exception, les Musiciens ne pouvaient être GAGISTES et non IMMATRICULÉS, du moins les termes de ce document laissent du doute à cet égard. La DÉCISION DE 1829 (16 JUILLET) les comprenait dans le PETIT ÉTAT-MAJOR. — N° 3. NOMBRE. —L'ORDONNANCE DE 1771 (19 JUIN) instituait deux FIFRES et deux CLARINETS par BATAILLON. — Les RÉGIMENTS étant en général à deux BATAILLONS ; c'était par RÉGIMENT huit FIFRES et CLARINETS. — L'ORDONNANCE DE 1776 (26 MARS) attachait deux TAMBOURS ou autres INS-TRUMENTS à chaque COMPAGNIE. Alors les BA-TAILLONS étaient à cinq COMPAGNIES ; ainsi vingt personnages composaient le total des TAMBOURS et des autres INSTRUMENTS d'un RÉ-GIMENT. — En 1784, les INSTRUMENTS commencent à compter à part des TAMBOURS ; le nombre des Musiciens, fixé à neuf par RÉGI-MENT y compris le CHEF, fut en 1791 réduit à huit. — La LOI DE L'AN SEPT (23 FRUCTIDOR) ne reconnaissait par DEMI-BRIGADE que huit Musiciens dont un CHEF. — L'ORDONNANCE DE 1820 (23 OCTOBRE) en reconnaissait, y compris un CHEF, huit dans les RÉGIMENTS A DEUX BATAILLONS, douze dans les RÉGIMENTS A TROIS BATAILLONS. — La CIRCULAIRE DE 1807 (2 NOVEMBRE) et l'INSTRUCTION DE 1822 (3 JUIL-LET), etc., etc., témoignaient des efforts que faisait le MINISTÈRE pour réduire le nombre des Musiciens au total voulu par des lois toujours violées ; car les COLONELS, en outre des GAGISTES qu'on nommait MUSICIENS D'ÉTAT-MA-JOR, attachaient à leur MUSIQUE comme surnuméraires quantité de SOLDATS, s'efforçant ainsi d'imiter les MUSIQUES de la GARDE CONSULAIRE et de la GARDE IMPÉRIALE, qui étaient d'une force démesurée. — La DÉCISION DE 1826 (6 MAI) et l'ORDONNANCE DE 1831 (7 MAI) reconnaissaient dans les RÉGIMENTS soit à TROIS, soit à QUATRE BATAILLONS, vingt-sept Musiciens, un CHEF DE MUSIQUE et un CAPORAL. — L'instruction sur l'inspection de 1832 témoignait que deux GAGISTES étaient admis dans chaque MUSIQUE DE CAVALERIE. — Malgré ce que nous avons dit du chiffre des Musiciens, nous en comptions quarante en 1856 dans le vingt-deuxième régiment d'infanterie ; mais peut-être les ÉLÈVES MUSICIENS que mentionne l'INSTRUCTION DE 1857 (24 MAI) y étaient-ils compris. — En 1838, le total des Musiciens des troupes françaises était, suivant le *Spectateur militaire* (t. XXV, p. 215), de deux mille sept cent vingt-cinq ; mais ce nombre était bien inférieur au chiffre vrai. — N° 4. UNIFORME. — L'ORDONNANCE DE 1767 (25 AVRIL) réglait cet objet. L'HABIT d'uniforme des FIFRES, des CLARINETS, des Musiciens était bleu, et ne différait de l'HABILLEMENT des TAMBOURS, qu'en ce qu'il n'était pas chamarré de GALONS DE LIVRÉE. Le MAITRE DE MUSIQUE seul était distingué par un GALON d'or ou d'argent au COLLET. — L'ARRÊTÉ DE L'AN ONZE (17 FRIMAIRE) donnait uniquement aux Musiciens un GALON de dix lignes sur le PAREMENT. — Leur HABIT a été sans cesse s'enrichissant et s'enchérissant ; le MAITRE DE MUSIQUE avait DOUBLE GALON au COLLET et portait en outre les GALONS DE SERGENT-MAJOR. — Les DÉCISIONS DE 1816 (2 FÉVRIER), DE 1820 (6 AVRIL), DE 1821 (16 JANVIER) décidaient que leur HABIT aurait le COLLET et la TAILLE galonnés. — L'INSTRUCTION DE 1822 (30 AVRIL) leur accordait pour HABILLEMENT le DRAP DE SOUS-OFFICIERS. — La DÉCISION DE 1825 (29 MARS) donnait aux Musiciens la CAPOTE à taille comme celle des SOUS-OFFICIERS. — La décision de 1827 (6 avril) voulait que les SOLDATS MUSICIENS eux-mêmes fussent habillés en drap de SOUS-OFFICIERS. — La DÉCISION DE 1853 (28 FÉVRIER) réglait leur TENUE. — La CIRCULAIRE DE 1827 (5 OCTOBRE) leur donnait le SABRE-BRIQUET ; mais ils avaient l'ÉPÉE dans beaucoup de CORPS. — La DÉCISION DE 1829 (16 JUILLET) comprenait dans le PETIT ÉTAT-MAJOR les MUSICIENS GAGISTES. — Les Musiciens ont eu, suivant les temps, le BAUDRIER ou le CEINTURON. — Une CIRCULAIRE DE L'AN DOUZE (11 FRUCTIDOR) voulait que les Musiciens de la ligne fussent armés de MOUSQUETONS À BAIONNETTE ; ils leur ont été retirés à l'époque de la restauration. — La CIRCULAIRE DE 1853 (28 FÉVRIER) interdisait aux Musiciens l'usage des BOTTES, et voulait qu'ils portassent le HAVRE-SAC quand la TROUPE le porte elle-même. — N° 5. LOCALI-

SATION, LOGEMENT, ALLOCATIONS, SOLDE. — L'INSTRUCTION DE 1774 (11 JUIN) plaçait en ligne les Musiciens de tout le RÉGIMENT, derrière les TAMBOURS DU PREMIER BATAILLON. — L'ORDONNANCE DE 1818 (15 MAI) disposait qu'en cas de séparation des BATAILLONS, la MUSIQUE accompagnerait celui que commande le COLONEL. — L'ORDONNANCE DE 1831 (4 MARS) plaçait, en ordre de bataille, les Musiciens sur trois rangs, à deux pas en arrière des TAMBOURS du premier BATAILLON. — Le RÈGLEMENT DE 1792 (24 JUIN) logeait les Musiciens avec le TAMBOUR-MAJOR et leur chef : ils faisaient ORDINAIRE ensemble. — La CIRCULAIRE DE L'AN TROIS (16 PLUVIOSE) accordait, pour LOGEMENT du TAMBOUR-MAJOR, du CAPORAL-TAMBOUR et de huit Musiciens, une TENTE du nouveau modèle ou deux de l'ancien. — En garnison et à la CASERNE, ils ont toujours eu une CHAMBRE à part ; elle était à portée de la chambre de leur CHEF, qui logeait avec le TAMBOUR-MAJOR. — L'INSTRUCTION DE L'AN SEPT (19 FLORÉAL) leur accordait en outre une CHAMBRE pour salle d'études ; le RÈGLEMENT DE 1824 (17 AOUT) n'en consacrait qu'une seule à ce double objet. — L'INSTRUCTION DE 1827 (15 AOUT) leur accordait la RATION DE CHAUFFAGE DE SOUS-OFFICIER. — La CIRCULAIRE DE 1827 (15 DÉCEMBRE) déterminait les prestations qui leur étaient allouées. — La LOI DE L'AN SEPT (25 FRUCTIDOR) leur donnait une solde de deux cent un francs trente centimes par an ; c'était, par régiment, une somme de mille six cent dix francs quarante centimes. Cette dépense était sextuplée en 1827. — La CIRCULAIRE DE 1822 (24 NOVEMBRE) ne les considérait en général que comme GAGISTES, et par conséquent sans aucun droit à la HAUTE PAYE et à la PENSION DE RETRAITE. — La DÉCISION DE 1856 (15 JUILLET) traitait des FOURNITURES DE CONVOI et de l'INDEMNITÉ DE ROUTE des GAGISTES. — L'ORDONNANCE DE 1823 (19 MARS, n° 144) n'accordait de HAUTE PAYE qu'aux Musiciens liés au service comme APPELÉS ou comme ENROLÉS VOLONTAIRES. Cette ordonnance (art. 216) accordait aux Musiciens ENGAGÉS comme SOLDATS, une PREMIÈRE MISE DE PETIT ÉQUIPEMENT. — En 1834, on évaluait à neuf mille francs par an, habillement non compris, la dépense d'une musique de régiment. — En 1838, le total de la dépense que les musiques entraînent était, suivant le *Spectateur militaire* (t. XXV, p. 215), de 2,490,268 fr. — N° 6. SUBORDINATION, SERVICE. — L'ORDONNANCE DE 1788 (17 MARS) plaçait les Musiciens sous les ordres du CHEF DE MUSIQUE et le chargeait de leur instruction, mais elle ne le reconnaissait que comme CAPORAL et le subordonnait au TAMBOUR-MAJOR ; cette dernière disposition était reproduite dans le RÈGLEMENT DE 1791 (1er JANVIER). — Le RÈGLEMENT DE 1792 (24 JUIN) voulait que l'APPEL des Musiciens fût fait par le TAMBOUR-MAJOR. — Cette hiérarchie a duré ou a été censée maintenue jusqu'à la restauration ; mais si elle était dans la lettre de la loi, elle n'était pas dans les mœurs. Le TAMBOUR-MAJOR était souvent un sujet illettré qui ne pouvait pas dresser un résultat de l'APPEL. — Toutefois la MUSIQUE est restée subordonnée au TAMBOUR-MAJOR, en ce sens que lors de l'alternation des BATTERIES DE CAISSE et des MARCHES MUSICALES, la MUSIQUE cesse ou commence aux SIGNAUX que lui donne le TAMBOUR-MAJOR. — Depuis longtemps le MAITRE DE MUSIQUE ne recevait plus d'ordres du TAMBOUR-MAJOR, et, comme la troupe musicale se pliait difficilement à l'obéissance, il était passé en usage de la placer sous la direction d'un officier désigné sous le nom de CAPITAINE DE MUSIQUE ou de LIEUTENANT DE MUSIQUE. — L'ORDONNANCE DE 1818 (15 MAI) a consacré l'institution d'un OFFICIER DE MUSIQUE. — Quant à leur SERVICE, les Musiciens étaient sous la surveillance des ADJUDANTS et principalement du plus ANCIEN ; il en faisait l'APPEL aux divers RASSEMBLEMENTS ORDONNÉS ; l'ADJUDANT-MAJOR en passait l'INSPECTION quand il y avait lieu. — L'ADJUDANT DE SEMAINE recevait journellement du CHEF DE MUSIQUE le BILLET D'APPEL et le remettait à l'ADJUDANT-MAJOR DE SEMAINE. — L'ORDONNANCE DE 1831 (17 JANVIER) plaçait à la tête des MUSICIENS un CHEF DE MUSIQUE et un CAPORAL MUSICIEN. — Une question qui n'a jamais été résolue est celle-ci : Les Musiciens tirés des ENFANTS DE TROUPE qui n'ont pas encore atteint seize ans, ou les Musiciens non IMMATRICULÉS comme MILITAIRES, sont-ils passibles des PEINES contre la DÉSERTION ? Les uns étant trop jeunes pour agir avec discernement, les autres n'ayant souscrit qu'un contrat différent de celui des autres ENRÔLÉS, un contrat pour ainsi dire privé, tombent-ils sous l'empire de la JUSTICE MILITAIRE ? — On n'est pas mieux éclairé à l'égard du genre de DISCIPLINE répressive des fautes des Musiciens non SOLDATS. — Si des GAGISTES enrôlés par le corps désobéissaient à un CHEF DE MUSIQUE enrôlé devant l'AUTORITÉ CIVILE, sous prétexte qu'il serait moins habile qu'eux ; si des Musiciens s'insurgeaient contre le COLONEL lui-même, l'injuriaient publiquement ou chez lui, le mettaient au défi de les livrer à la justice pour insubordination ; si enfin ils se refusaient à suivre le CORPS dans des instants critiques, sous prétexte qu'ils ne sont point SOLDATS, que faudrait-il en conclure ? — Or ces inconvénients, ces défec-

tuosités de la loi ne sont point des suppositions, ce sont des faits. — Le RÈGLEMENT DE 1791 (1er AOUT, n° 624, *Des évol. de ligne*), l'ORDONNANCE DE 1818 (13 MAI, n° 424, 429), l'ORDONNANCE DE 1831 (4 MARS) réglaient tant bien que mal ce qui concerne le SERVICE DES MUSICIENS, soit quand le CORPS est EN ROUTE, soit à la PARADE, soit dans les grands DÉFILEMENTS. — N° 7. ADMINISTRATION. — Jusqu'à la restauration il n'y avait pas, dans les ordonnances, une seule ligne écrite concernant la nature des DÉPENSES administratives que la MUSIQUE pouvait occasionner. — Pour acquitter des frais partout dissemblables, d'une utilité souvent équivoque, et qu'il était difficile de prouver sur pièces, les COLONELS des RÉGIMENTS D'INFANTERIE DE LIGNE instituèrent d'eux-mêmes une MASSE DE MUSIQUE formée de RETENUES exercées sur les APPOINTEMENTS des OFFICIERS. Elles s'élevaient par mois à une JOURNÉE ou même à une JOURNÉE et demie. Cet abus a duré soixante ou quatre-vingts ans avant que les MINISTRES DE LA GUERRE aient songé à le faire disparaître ; s'ils chargeaient des INSPECTEURS GÉNÉRAUX d'y remédier, leurs efforts étaient vains. — La CIRCULAIRE DE 1807 (2 NOVEMBRE) autorisait en style ambigu cette RETENUE. M. BERRIAT cependant (1812, A, t. III, p. 107, al. 1er) déclare *que cette retenue est uniquement fondée sur l'usage et n'est prescrite par aucune décision réglementaire.* — L'INSTRUCTION DE 1816 (16 SEPTEMBRE, art. 61) autorisait formellement la retenue pour MUSIQUE à raison d'un jour de SOLDE ; elle a été abolie en 1828. — La MASSE DE MUSIQUE, souvent insuffisante, était aidée par la masse noire. — La CIRCULAIRE DE 1822 (23 DÉCEMBRE) réglait le nombre, l'espèce, le prix, jusque-là indéterminés, des INSTRUMENTS de musique. — L'ORDONNANCE DE 1830 (21 FÉVRIER) disposait que l'HABILLEMENT et l'ÉQUIPEMENT des Musiciens étaient au compte de la MASSE GÉNÉRALE. — Depuis 1827 les MINISTRES ont tempéré les abus de l'administration mystérieuse qui gérait les musiques, ou plutôt ils ont mis ces abus au compte de l'Etat. En 1790 les Musiciens coûtaient autant qu'un effectif de douze SOLDATS ; en 1830, autant que soixante, non compris la dépense occasionnée par un armement et un habillement plus dispendieux. — Sous le régime de la restauration, les deux MUSIQUES DES RÉGIMENTS SUISSES de la GARDE coûtaient soixante-quinze mille francs par an ; la musique de chaque RÉGIMENT de l'INFANTERIE DE LIGNE coûtait six mille francs. — Une décision de 1836 (15 juillet) traitait des MUSICIENS GAGISTES.

MUSICIEN ANGLAIS. V. ANGLAIS, adj. V. TAMBOUR IDIOPLIQUE.

MUSICIEN AUTRICHIEN. V. AUTRICHIEN, adj. V. MILICE AUTRICHIENNE Nº 2.

MUSICIEN D'ARTILLERIE. V. ARTILLERIE. V. RÉGIMENT D'ARTILLERIE Nº 2.

MUSICIEN DE CAVALERIE. V. CAVALERIE. V. CAVALERIE FRANÇAISE Nº 5.

MUSICIEN DE CORPS. V. CORPS. V. MUSICIEN Nº 2. V. RÉCEPTION DE DRAPEAUX.

MUSICIEN D'ÉTAT-MAJOR. V. ÉTAT-MAJOR. V. MUSICIEN Nº 1, 3.

MUSICIEN GAGISTE. V. APPELÉ. V. ENROLÉ VOLONTAIRE. V. GAGISTE. V. MUSICIEN Nº 4, 5.

MUSICIEN PORTUGAIS. V. MILICE PORTUGAISE Nº 1. V. PORTUGAIS, adj.

MUSICIEN RUSSE. V. AUBADE. V. RUSSE, adj.

MUSIQUE, subs. fém. V. AIR DE M... V. CAPITAINE DE M... V. DESSOUS DE M... V. DESSUS DE M... V. FRAIS DE M... V. GRANDE M... V. INSTRUMENT DE M... V. LEÇON DE M... V. LIEUTENANT DE M... V. MASSE DE M... V. OFFICIER DE M... V. PETITE M... V. RETENUE POUR FRAIS DE M...

MUSIQUE (term. génér.), OU MUSIQUE DE CORPS, OU MUSIQUE MILITAIRE. Le mot Musique est dérivé du GREC *musa*, ou du LATIN *musica*, et a produit le substantif MUSICIEN. — La Musique et les CHANTS MILITAIRES appartiennent à tous les temps, à toutes les contrées. Quantité de peuplades sauvages se servent d'INSTRUMENTS aigus, bruyants, discords ; ce moyen d'enflammer le courage, d'étourdir les combattants sur le danger, est une inspiration de la nature. — C'est à la fureur, non à l'amour, quoi qu'en disent les romanciers, que la Musique doit la naissance Cet art si doux serait ignoré peut-être, si l'homme n'eût fait de la GUERRE un ART, et s'il n'eût demandé aux INSTRUMENTS primitifs des SIGNAUX DE COMBAT. L'effrayante trompette renversait Jéricho bien avant que le SISTRE efféminé construisît Thèbes. Les joueurs d'instruments ont accompagné les combattants avant d'accompagner les cantiques. Les temples, les cérémonies ont emprunté de la guerre l'usage de la Musique : le théâtre l'a empruntée à son tour des établissements de dévotion. Mais que cet art était loin de ce qu'il est devenu !..... Avant que les flûtes à trous plus nombreux, avant que les lyres heptacordes vinssent adoucir le rocailleux langage des instruments plus anciens, les fouets éthiopiens, les cornes de buffle, les conques, les cythares grossières, les cloches portatives de toutes formes, de tous métaux, se prêtaient également aux

pompes du culte, à la fureur des combats, aux fêtes publiques. — Plus de deux mille ans avant l'ère vulgaire, les CHINOIS connaissaient les INSTRUMENTS SONNANTS que les temps postérieurs ont imités, et que le langage moderne a supposés TURCS. Si l'on donnait créance au roman du passé et aux récits que reproduit CARRÉ (1785, E), on redirait qu'une armée sybarite fut vaincue au moyen d'une ruse musicale. Les CHEVAUX de Sybaris étaient dressés à danser à la CADENCE de certains AIRS ; les Crotoniates ayant surpris le secret de ces sarabandes, les firent exécuter sur le champ de bataille ; les CHEVAUX de Sybaris, oubliant la GUERRE pour la walse ou la farandole, jetèrent dans un tel désordre leurs cavaliers qu'ils furent taillés en pièces. — Un pareil stratagème aurait donné la victoire aux Bisálies, peuple de la MACÉDOINE, combattant les Cardiens. — Il faut voir ici, non la futilité de l'anecdote, mais la preuve de l'antiquité de la Musique guerrière. — Elle a été en haute estime dans les TROUPES RÉGULIÈRES dès qu'il s'en est formé ; en tout temps, elle a servi à animer les SOLDATS et à régler leurs MOUVEMENTS. — *Rien n'est plus propre,* dit PLUTARQUE, *que la Musique à porter les hommes aux grandes actions, et particulièrement à exciter en eux le degré de courage nécessaire pour braver les dangers de la guerre ; c'est à cette fin que les uns employaient la flûte, les autres la lyre, dans les armées.* — Cet ÉCRIVAIN nous apprend que chez les SPARTIATES, l'AIR de Castor était le signal de la CHARGE ; il nous montre ce peuple déférant le commandement de l'ARMÉE à l'Athénien TYRTÉE, chez qui le rang de GÉNÉRAL n'excluait pas le don de la poésie et de la Musique : il était passé au service de LACÉDÉMONE lors de la seconde guerre contre les Messéniens, et fut admis au droit de cité en reconnaissance des progrès qu'il fit faire à l'ART MILITAIRE par l'invention d'un CLAIRON ou d'une nouvelle FLUTE militaire. — Nous comprenons mal ce crédit et cette puissante influence des INSTRUMENTS des anciens ; il paraît indubitable que l'art de l'orateur était caché sous l'art prétendu du MUSICIEN. — La célèbre DANSE PYRRHIQUE, regardée comme l'âme et le secret de la TACTIQUE et de la DISCIPLINE GRECQUES, était une série de MOUVEMENTS et d'ÉVOLUTIONS cadencées. — La CLOCHE, appropriée au SERVICE DES GARNISONS, était un des INSTRUMENTS portatifs des GRECS. — Le retentissement des BOUCLIERS, que les anciens GERMAINS frappaient de leurs ARMES au-dessus de leur tête, se mariait, dit TACITE, aux sons de leurs TROMPETTES et de leurs

CHANTS de COMBAT. De même les ESPAGNOLS entrechoquaient en CADENCE les BOUCLIERS, qui se nommaient CÈTRES, comme le témoigne SILIUS ITALICUS. — Clément d'Alexandrie dit, dans son *Pédagogue* : *Que les Toscans font usage de la trompette ; les Arcadiens, du fifre ou de la flûte ; les Siciliens, d'un instrument qu'ils appellent Pyctides ; les Crétois, de la lyre ; les Lacédémoniens, de la flûte ; les Thraces, du cornet ; les Égyptiens, du tambour ; les Arabes, de la cymbale.* — ATHÉNÉE dépeint les Lydiens marchant au combat au son des FLUTES et d'un instrument qu'il en distingue. Cet AUTEUR, s'appuyant sur HÉRODOTE, dit d'eux : *Cum tibiis ac syringibus in acie instruuntur.* C'est au son de la FLUTE et de la SYRINGE (peut-être un SIFFLET) qu'ils manœuvrent. — D'autres peuples tiraient du claquement des FOUETS une harmonie de guerre. — Jusqu'aux temps de CICÉRON, la Musique ROMAINE ne différa pas de celle des MILICES GRECQUES ; elle avait pris ensuite un raffinement dont VÉGÈCE (590, A) témoigne. — Le CORNET des LÉGIONS donnait aux SOLDATS le SIGNAL du décampement ; la BUCCINE sonnait le CLASSICON, et annonçait le passage du GÉNÉRAL ; la TROMPETTE indiquait le RASSEMBLEMENT des TROUPES ; le COR ordonnait la RETRAITE, et réglait l'heure des GARDES de nuit ; le concert de la TROMPETTE et du COR était le signal du COMBAT. — Toute trace d'un pareil artifice avait disparu au MOYEN AGE, parce qu'il n'y avait plus sur pied que de la CAVALERIE, et parce que c'est surtout à la TACTIQUE et au SERVICE de l'INFANTERIE que la Musique est utile et applicable. — En ITALIE, elle reprit naissance dans les COMPAGNIES D'AVENTURE. — La CHEVALERIE FRANÇAISE avait des CLAIRONS qui appelaient aux armes, sonnaient la CALVAGUÈTE (*cavalcata*) et annonçaient le COMBAT. — Le COR des bains, si fréquemment cité dans les romans, appartient à des traditions fondées ; l'OLIFANT, ou TROMPE des CHEVALIERS, leur servait à hucher leurs HOMMES DE CORPS, à les appeler à la RECOUSSE, comme le faisait, dit-on, ROLAND à RONCEVAUX, et comme le permettait l'échancrure du MASQUE de certains GRANDS CASQUES. — Les GUERRES du MOYEN AGE ont eu leurs MÉNESTRELS jouant du rebec. — A l'imitation de quelques États d'ITALIE, les QUADRILLES ou ballets de CHEVAUX des CARROUSELS s'exécutaient au son des INSTRUMENTS. — L'INFANTERIE avait des instruments du genre des TROMPES ou TROMPETTES ; mais c'est un fait mal débrouillé. — Au siècle des MÉDICIS, des ÉCRIVAINS commencent à sentir l'importance militaire du jeu des INSTRUMENTS. MACHIAVEL (1510, A) en fournit

la preuve ; ce qu'il dit du TABOURIN, que les TROUPES D'ITALIE savaient depuis longtemps toucher de diverses manières pour en obtenir des SIGNAUX différents, prouve que les CONDOTTIERI ont, les premiers, mis en usage le TABOURIN accompagné de l'ARIGOT ou du GALOUBET. — Les FRANÇAIS ont commencé, sous LOUIS DOUZE, à emprunter quelque chose de ce système de CÉLEUSTIQUE ; mais ce n'est que bien plus tard qu'ils ont approprié à la SCIENCE DES ARMES la Musique proprement dite. — On lit dans BRANTOME (1600, A) que, en 1550, à Saint-Ya, où BONNIVET était assiégé, *il fist venir derrière le rampart sa bande de violons qui montoient tousjours à une demie douzaine (car il n'en estoit jamais despourveu) et les fist tousjours sonner et jouer, tant que l'allarme dura ; sous quel sonnet des tambours et des trompettes, tout le monde se trésailloit de joie.* — Au siège de LÉRIDA, en 1647 (8 mai), le régiment de Champagne, précédé des vingt-quatre VIOLONS du prince de CONDÉ, ouvrit LA TRANCHÉE au son de ces INSTRUMENTS en plein jour. L'Europe cria à la fanfaronnade ; *on ne savait pas*, dit VOLTAIRE, *que c'était l'usage en Espagne.* — A un SIÈGE DÉFENSIF, sous le même règne, des officiers précédés de six VIOLONS vinrent, après boire, danser le soir sur la brèche ; une FOUGASSE fit justice de cette bravade d'ivrognes. — Ce vieux usage des INSTRUMENTS A CORDES employés à la GUERRE se renouvelait ainsi chez les modernes, avant qu'ils n'adoptassent un système d'INSTRUMENTS mieux appropriés aux usages des TROUPES et à l'atmosphère brumeuse de l'OCCIDENT. — Dans le dix-septième siècle, le HAUTBOIS s'était introduit dans quelques CORPS ; les ordonnances de LOUIS QUATORZE en défendirent, en 1685, l'usage à l'INFANTERIE FRANÇAISE. — Au commencement du dix-huitième siècle, toute la Musique des TROUPES DE FRANCE consistait dans la CORNEMUSE des DRAGONS, le FIFRE et le TAMBOUR de l'INFANTERIE, la TROMPETTE et les TIMBALLES de la CAVALERIE, les HAUTBOIS des MOUSQUETAIRES A CHEVAL. C'étaient autant d'emprunts à des MILICES ÉTRANGÈRES ; nous devions l'ARIGOT et le FIFRE aux SUISSES, le TAMBOUR aux ITALIENS, la MUSETTE aux PIÉMONTAIS, la TROMPETTE aux MAURES de la Péninsule, les TIMBALLES aux ORIENTAUX, le HAUTBOIS aux ALLEMANDS. — Dès la GUERRE DE 1741, les HULLANS du maréchal de SAXE, un régiment de CROATES et les GARDES FRANÇAISES avaient une musique à HAUTBOIS, à BASSONS, à CYMBALES. Mais l'institution régulière des Musiques ne peut être rapportée qu'à l'ORDONNANCE DE 1763 (1er JUIN) relative aux GARDES SUISSES, et à l'ordonnance de 1764 (29 janvier) qui attachait également seize musiciens aux gardes françaises. — Dans la cavalerie, comme dans l'infanterie, ce sont les corps étrangers venus au service de France qui y ont donné l'exemple des Musiques. — Avant le milieu du siècle dernier, les grands et les petits souverains d'Allemagne avaient tous un théâtre et une Musique nombreuse adaptée, d'abord à l'église, ensuite à la chambre, en dernier lieu aux armes. L'orchestre de Manheim était le plus parfait. — Mais en France la Musique était peu savante. Avant l'arrivée de Gluck, le maître de Musique de l'Opéra, devait, dit-on, dans les instants difficiles, dire : Gare l'ut ; ce qui, traduit en langue vulgaire, signifiait : *Prenez garde de fausser quand vous toucherez sur la chanterelle l'ut par extension.* — Alors l'infanterie française commençait à emprunter la clarinette aux Allemands de Nuremberg, le cor aux Hanovriens, le basson aux Italiens, la grosse caisse aux Turcs par l'intermédiaire des troupes du Nord. — Jabro (1777, G) rendait témoignage de cette innovation : *Quelques-uns de nos régiments, dit-il, ajoutent aux tambours et aux fifres quelques instruments comme la clarinette, le cor de chasse, etc.* — Des régiments d'infanterie de ligne et des corps suisses les adoptaient à l'envi, mais sans autorisation de la cour ; les Rêveries de Maurice de Saxe (1757, A) les avaient mis en vogue ; Zimmerman (1769, A) publiait des hymnes et des marches notées pour hautbois, clarinettes, cors, bassons et tambours. On mettait de la vanité à avoir une Musique que les bourgeois citassent avec éloge ; dans bien des villes on proportionnait le mérite d'une troupe à celui de sa Musique. Les généraux n'étaient pas insensibles aux plaisirs que cette nouveauté promettait aux garnisons ; la Musique était l'ornement des parades, et se faisait entendre à la retraite battue sur les remparts ; au camp, elle embellissait les banquets des états-majors, se trouvait sous la main de la troupe dramatique du général en chef, et jouait au centre des régiments depuis la prière du soir jusqu'au coup de canon de la retraite. — La Musique avait un côté d'utilité ; elle attirait des recrues. — Dans les troupes à cheval de France, la cavalerie légère avait quelques marches ; les timbales de la grosse cavalerie ne donnaient qu'un roulis assourdissant ; les frapper s'appelait faire bouillir la timbale ; ses trompettes n'avaient qu'un son presque monotone, et s'essayaient à peine à quelques fanfares. — L'infanterie de France n'avait, en gé-

néral, que des marches de tambours et de fifres, en petit nombre et mal faites, comme le témoigne l'Encyclopédie (1751, C, au mot *Marche*). Nous avons reproduit dans leur style noté, au mot batterie de caisse, celles que l'ordonnance de 1754 (14 mai) consacrait, et dont la partie musicale était pour fifres ou hautbois. — Les troupes allemandes avaient, au contraire, un grand nombre de marches bien composées ; on les leur empruntait ; de là cette longue vogue de la marche du roi de Prusse. — Mais, en fait de musique d'harmonie, l'armée de Prusse était en arrière du reste de l'Allemagne, parce qu'à la guerre et aux exercices elle ne marchait qu'à la muette. Au temps où écrivait Gisors (1770, H), la Musique d'un régiment prussien de deux bataillons n'avait, en tout, que six hautbois et quatre ou six fifres ; ils étaient attachés à l'état-major. Nos règlements imitaient tout de la Prusse ; voilà pourquoi ils n'avouaient pas une musique d'harmonie, quoique ce fût un usage qui gagnait chaque jour. J.-J. Rousseau dit des autres milices allemandes (*Dictionnaire de Musique*) que, de 1765 à 1770, elles avaient *les meilleurs instruments militaires ; les Français avaient les instruments les plus discordants ; il n'y avait pas en France une trompette qui sonnât juste.* — Dans la guerre de 1756, *les paysans autrichiens, bavarois, bohémiens, tous musiciens nés, ne pouvant croire,* dit le même écrivain, *que les troupes réglées eussent des instruments si faux et si détestables, prirent tous les vieux corps pour de nouvelles levées qu'ils commencèrent à mépriser ; l'on ne saurait dire à combien de braves gens des tons faux ont coûté la vie.* — Le tome xiii de ses œuvres (édition de 1819) renferme deux marches qu'il composait et proposait comme modèles : l'une, en mineur, pour le fifre ; l'autre, en majeur, pour la Musique. — Il veut *que l'alternation du tambour et de la Musique n'occasionne aucune interruption de mesure ;* qu'on partage en groupes distincts la Musique et les tambours (car les caisses et les instruments étaient pêle-mêle), et que les fifres soient intermédiaires. Il propose d'adjoindre aux instruments à vent une caisse roulante, et témoigne qu'il préfère l'accompagnement de cet instrument à peau *à la ferraille des cymbales.* — Il veut que la Musique soit accordée sur la dominante *ré*, les tambours, sur la tonique *sol*. — Il se plaint de la suppression des fifres ; *ils égayaient beaucoup,* dit-il, *la marche, mais étaient excellents dans les troupes étrangères et détestables dans les nôtres.* — Cette suppression des

FIFRES n'était pas du fait de la loi ; elle en était, au contraire, la violation ; depuis la GUERRE DE SEPT ANS, des COLONELS avaient donné, de leur propre mouvement, à leurs joueurs de FIFRES, des instruments différents et non avoués par les ordonnances. — Il reproche aux CHEFS DE MUSIQUE *de n'avoir pas établi de distinction entre les airs de marches et les airs de parade, et de jouer des symphonies qui n'ayant pas de rapport aux batteries de tambours, troublent plutôt la cadence qu'ils ne la soutiennent.* — Cet écrivain, seul entre tous, a approfondi ce que la Musique militaire était ou devait être sous le rapport de l'art : *Que le goût, dit-il, en soit guerrier, sonore, quelquefois gai, quelquefois grave ; qu'elle soit bien cadencée, d'une mélodie simple ; qu'elle récrée le soldat, l'anime, se grave dans sa mémoire, l'excite à chanter ; trompe ses fatigues, ses souffrances, ses dangers.* — SINCLAIRE (1783, L) conseille dans son ouvrage l'emploi des airs à deux temps ; il faut choisir, dit-il, *les mieux cadencés, les plus convenables pour être exécutés par le tambour, le fifre, ou la clarinette, qui sont les meilleurs instruments de guerre.* — SINCLAIRE était colonel de Royal suédois, et, à cette époque, les corps étrangers au service de France avaient les meilleures Musiques. — POTIER (1779, X, au mot *Instrument*) témoigne qu'en 1776, *presque tous les régiments entretiennent à leurs dépens une Musique composée de hautbois, clarinettes, cors et dessous ; mais ils n'y sont autorisés par aucune ordonnance ; c'est une dépense superflue qu'on fait payer aux officiers, malgré l'ordre du roy qui veut qu'ils reçoivent leurs appointements sans retenue.* Ce même AUTEUR (au mot *Musique*) dit que des hautbois furent donnés d'abord aux DRAGONS, et que depuis la GUERRE DE SEPT ANS, l'INFANTERIE FRANÇAISE imita les RÉGIMENTS ÉTRANGERS qui avaient SIX MUSICIENS, joueurs de BASSON, CLARINETTE, COR et HAUTBOIS. — L'INFANTERIE FRANÇAISE outre-passa même, dit-il, ce nombre *jusqu'à l'extravagance ; plusieurs régiments ont eu jusqu'à vingt musiciens jouant des instruments susdits ; quelques-uns ont mêlé la Musique turque à la mélodie européenne, en introduisant de longs tambours dont les peaux distendues rendaient un son sourd et lugubre, deux plaques de cuivre (les cymbales) qui donnaient des sons aigres et désagréables. Aucune ordonnance ne prescrit cette Musique ; l'économie ordonnée la condamne ; cependant on la conserve, on la tolère.* — Les INSTRUMENTS

en cuivre et ceux à ANCHE et à CLEFS, ont commencé à exister légalement dans l'INFANTERIE DE LIGNE, en 1785 et 1788. Depuis ces époques, les ordonnances ont prescrit aux Musiques de jouer quand ON APPORTE LES DRAPEAUX, et de se faire entendre aux MESSES MILITAIRES, aux PARADES, aux CONVOIS des DIGNITAIRES, aux DÉFILEMENTS D'HONNEURS et aux ENTRÉES D'HONNEURS. — La MUSIQUE A POUDRE ou les concerts pyrotechniques datent de 1784. Le célèbre musicien italien Sarti, appelé à Pétersbourg comme maître de chapelle, y donnait un concert spirituel orné de décharges de canon. En 1788 un concert tout militaire de cors, de chanteurs, de tambours, célébrait la prise d'Oczakoff, avec accompagnement obligé de salves qui étaient la basse de certains morceaux. L'Allemand Charles Stamitz imita à Nuremberg cette assourdissante harmonie, et dans le camp de plaisance de Krasnoe-Selo, en 1836, une bordée de cent vingt coups de canon terminait un chant guerrier, jusque-là soutenu du retentissement de seize cents TAMBOURS RUSSES. — Mais reprenons l'ordre des temps ici interrompu. — En 1789, quarante-cinq INSTRUMENTISTES du DÉPOT DES GARDES FRANÇAISES, la plupart ENFANTS DE TROUPE de ce CORPS, sont recueillis et rassemblés par M. Sarrette ; il en élève à quatre-vingts le nombre. Le corps municipal se charge, en 1790, de pourvoir à cette dépense. — Ils deviennent, de 1790 à 1792, la Musique de la garde nationale parisienne ; ils sont rassemblés en 1795, tous en bonnets rouges, devant Hébert, procureur de la commune, qui les écoute jouer et leur promet protection ; ils forment, de cette époque à 1795, une école gratuite destinée à fournir à la CAVALERIE, des TROMPETTES, et à toute l'ARMÉE, des MUSICIENS de corps. Cette école est devenue le Conservatoire. — TURPIN (1783, O, t. II, p. 8), frappait d'une vive critique l'usage naissant de la Musique des CORPS. SAINT-GERMAIN (1779, C, p. 184) lui reprochait de ne plus servir à transmettre, comme elle le faisait jadis, les ordres des MOUVEMENTS TACTIQUES, de n'avoir rien à faire quand le TAMBOUR battait la CHARGE, et de n'être propre *qu'à faire danser les dames.* — Effectivement une Musique est, en TEMPS DE PAIX, un attirail de luxe, en TEMPS DE GUERRE, une dépense de peu d'utilité. Un JOUR DE BATAILLE un MUSICIEN n'est propre qu'à être transformé en PORTE-BRANCARD ; cependant les INSTRUMENTS D'HARMONIE et le charivari TURC sont devenus une nécessité militaire ; la loi en est imposée par l'empire de l'usage, l'adoucissement des mœurs, l'estime que la société accorde à la culture des arts, et le besoin de consolation et d'éclat dans un métier dur et sombre; enfin, tactiquement parlant, il faut à l'INFANTERIE de la Musique, comme CHRONOMÈTRE des MARCHES à PAS CADENCÉS, MARCHES que les TAMBOURS ne peuvent indéfiniment soutenir seuls. — Ces propositions ne s'appliquent, du reste, qu'à l'INFANTERIE et même qu'à l'INFANTERIE DE BATAILLE; car, s'il s'agit des autres ARMES, le roulis du MATÉRIEL d'ARTILLERIE et le cliquetis de son attirail, le piétinement des escadrons, les bruyants travaux des TROUPES DU GÉNIE, la vélocité de l'INFANTERIE LÉGÈRE, là perpétuelle séparation des compagnies d'artillerie, leur rendent inutile une Musique; il faut aux TROUPES LÉGÈRES, aux BATAILLONS DE CHASSEURS, aux TIRAILLEURS, les CLAIRONS et les SIFFLETS, à l'ARTILLERIE et à la CAVALERIE, des TROMPETTES et peut-être des TAM-TAMS de MAMELOUCKS. — L'ARTILLERIE A PIED cependant avait conservé des MUSICIENS quand elle avait cessé de se regarder comme INFANTERIE et qu'elle en avait quitté les fusils; car rien de plus difficile que d'amener les CORPS à renoncer aux habitudes et aux frivolités qui ont pour avocat la gloriole. Cette Musique de l'ARTILLERIE, corps toujours dispersé par petites fractions, était le joujou de l'ÉTAT-MAJOR; elle imposait une charge sans jouissance ni dédommagement à une très-grande partie des OFFICIERS. Dans l'infanterie, les BATAILLONS DÉTACHÉS éprouvaient le même désavantage. — La CAVALERIE aussi avait des Musiques, parce que depuis l'institution des HULLANS de Saxe, nos COLONELS DE CAVALERIE, seigneurs riches et élégants, créérent des Musiques payées à leur compte, ou qui du moins n'étaient pas censées soldées au compte du roi. — BONAPARTE, arrivé au consulat, supprima les MUSIQUES DE CAVALERIE; une considération puissante et militaire l'y décida; il reconnut que l'emploi des CHEVAUX que ce luxe nécessite équivaut par vingt RÉGIMENTS à la quantité des montures nécessaires à un RÉGIMENT. La question se réduisait donc à ceci : *à dépense égale, lequel vaut le mieux pour un gouvernement d'avoir vingt régiments ou d'en avoir vingt et un.* — A part l'économie, d'autres raisons aussi avaient du poids. — Qu'un RÉGIMENT DE CAVALERIE manœuvre, ce n'est pas la CADENCE de la Musique qui donnera aux CHEVAUX le pas, le trot, le galop, ni qui fera mouvoir les TIRAILLEURS. On suspendra le feu du pistolet pour le jeu du sabre. Qu'un RÉGIMENT DE CAVALERIE DÉFILE, le cliquetis des armes et le bruit de la MARCHE étouffent le son des INSTRUMENTS. — Il est vrai qu'une Musique se présente avec avantage aux REPAS DE CORPS, aux processions extérieures, à la fête natale ou patronymique du COLONEL, aux AUBADES du jour de l'an, et aux SÉRÉNADES données aux jolies femmes et à l'INSPECTEUR D'ARMES. — Le MINISTRE CLERMONT-TONNERRE ne partageait pas l'opinion vieillie de BONAPARTE; il a rétabli en 1827 (1er JANVIER) les MUSIQUES DE CAVALERIE, et les a dotées à raison de trois mille francs de solde; celles de soixante régiments, à raison de deux mille francs de première mise, ont coûté cent vingt mille francs; des MAITRES DE MUSIQUE ont été payés plus cher qu'un SOUS-LIEUTENANT; les douze cents CHEVAUX de musiciens ont coûté avec le HARNACHEMENT six cent mille francs. Notre ARMÉE a eu en plus un peu d'éclat, un peu de plaisir; elle a eu en moins ce qui eût constitué trois excellents RÉGIMENTS; car ce ne sont pas les plus mauvais CHEVAUX qu'on donne à la troupe dorée. — Un trait de plume a grevé la FRANCE d'une dépense annuelle de douze cents mille francs, ou plus; car on ne peut guère estimer à moins de mille francs par an l'entretien, le payement, la nourriture d'un MUSICIEN et de son CHEVAL. — Occupons-nous de quelques considérations relatives directement aux Musiques actuelles des RÉGIMENTS D'INFANTERIE, envisagées sous le rapport des coutumes et des ordonnances. — Les temps modernes se sont approprié tous les INSTRUMENTS militaires de l'antiquité, à l'exception du SISTRE et de la HARPE; à l'exception du *pyctides*, du *syrinx*, du *subulo*, qu'on ne sait pas précisément dans quelle classe ranger. Le fouet d'Ethiopie lui-même revit dans la CLAQUETTE; mais quantité d'INSTRUMENTS ignorés de l'antiquité ont grossi le nombre de ceux qu'elle connaissait; tels sont, ou ont été, les CAISSES ROULANTES, les CASTAGNETTES, les OCTAVINS, les OPHICLÉIDES, les SERPENS, les TROMBONES, etc. — Une LOI DE L'AN TROIS (26 MESSIDOR) enjoignait aux Musiques militaires *de jouer des airs civiques et patriotiques.* — Les réglements ont disposé qu'en CAS DE SÉPARATION DES CORPS EN ROUTE, la Musique resterait à celui des BATAILLONS DÉTACHÉS que le COLONEL commande en personne. — Il y a eu, depuis longtemps, un conflit entre la loi et l'usage quant à la quantité de MUSICIENS dont devait se composer la bande, comme s'expriment les étrangers. — On ne peut pas, dit ODIER (1818, E), *avoir une bonne Musique à moins de vingt-quatre musiciens, et tout régiment les aura en dépit des ordonnances.* — Mais où mènerait le raisonnement d'ODIER, si un jour l'esprit de perfectionnement et l'empire de la mode exigent, non pas vingt-quatre, mais cent MUSICIENS? Déjà, en effet, les corps AUTRICHIENS, quoique régis avec tant d'économie, en ont presque cette quantité ; il n'y a pas de MILICE où ils soient si nombreux, si habiles, si peu chers. Quand des troupes arrivent dans une ville, à Florence par exemple, les indigènes, en émoi pour une ravissante Musique, inondent les places, encombrent les rues, gravissent les croisées, couvrent les toits. L'oreille fait taire le cœur. — Les ministres de France se sont débattus longtemps contre le luxe de nos Musiques toujours croissantes, toujours plus dorées, plus coûteuses ; ils ont été vaincus. Ils ont d'abord dit : *Vous n'aurez que des* FIFRES *et des* CLARINETTES, tout en sachant que les TROUPES avaient des CLARINETTES, des BASSONS et des CORS ; ils ont dit ensuite : *Vous aurez neuf* MUSICIENS, tout en n'ignorant pas qu'il existait de nombreuses et dispendieuses MUSIQUES TURQUES ; ils ont dit, de 1791 à 1807 : *Vous n'aurez que huit* MUSICIENS, et ils n'ont jamais été obéis. Ils ont souffert qu'en fait de Musique les GARDES CONSULAIRE, IMPÉRIALE et ROYALE se jetassent dans de ruineux abus. Ils ont dit en 1825 : *Vous aurez douze* MUSICIENS *par* RÉGIMENT *de quatre* BATAILLONS, sans qu'on leur ait tenu compte de ce qu'ils croyaient une libéralité. Enfin, M. de CLERMONT-TONNERRE a émis sa CIRCULAIRE DE 1827 (1er JANVIER) qui, pour ôter tout prétexte à l'établissement d'une MASSE D'ÉCONOMIE secrète, supprimait la RETENUE imposée AUX OFFICIERS pour frais de Musique, et portait à vingt-sept le nombre des MUSICIENS de ligne ; il était reconnu neuf MUSICIENS GAGISTES au plus, le reste était compris dans l'effectif du corps. C'était en réalité autant de SOLDATS de moins, autant d'instrumentistes de plus, soit qu'on les appelle ou non MUSICIENS. Ce MINISTRE autorisait ce que tous ses prédécesseurs, à partir de SAINT-GERMAIN inclusivement, s'étaient évertués à prohiber ; c'était comme s'il eût dit aux RÉGIMENTS : *Je mets l s musiciens au compte de l'État, puisque je n'ai pu vous empêcher de les avoir à votre propre compte;* c'était comme s'il eût dit aux contribuables de la France : *Que ceux qui ne jouissent pas de la Musique des régiments la payent; que les militaires qui en veulent une, en jouissent et ne l'a payent pas.* — Avant cette décision, le REGISTRE DE MUSIQUE, il faut en convenir, n'était pas toujours sincère ; aussi les instructions sur l'inspection prescrivaient-elles AUX INSPECTEURS GÉNÉRAUX de s'assurer si les dépenses qui y étaient inscrites étaient réelles, s'il n'était pas retenu plus d'un jour de solde. L'avenir nous apprendra si la transaction du ministre rendra plus véridique le registre, et si le nombre des musiciens inscrits sera le nombre vrai. — En 1854 il n'y avait pas de corps qui n'eût quarante musiciens, non compris la Musique de cuivre. — La CIRCULAIRE DE 1827 (22 JANVIER) allouait neuf mille francs à chaque RÉGIMENT de TROUPES A PIED DE LIGNE pour dépenses de Musique, pour première mise des SOLDATS élèves, appointements de GAGISTES, entretien, fournitures, etc. La MASSE D'ENTRETIEN devait y pourvoir. — Ce nombre exagéré de MUSICIENS est maintenu par le ministre SOULT, même dans les RÉGIMENTS A TROIS BATAILLONS. Les Musiques coûtent annuellement plus de deux millions et demi, et un MAITRE DE MUSIQUE est payé plus cher qu'un capitaine de cavalerie. — Une DÉCISION DE 1835 (2 JUILLET) composait les Musiques de CAVALERIE et d'ARTILLERIE de deux MUSICIENS GAGISTES, au plus, en outre des trompettes. — L'instruction de 1837 (24 mai. art. 29) en reconnaissait, non compris les ÉLÈVES MUSICIENS, vingt-sept dans l'INFANTERIE. — Le *Journal d'harmonie et de Musique militaire*, dont le MINISTÈRE DE LA GUERRE adressait une livraison à l'état-major de chaque division militaire, et que mentionnait la DÉCISION DE 1822 (9 DÉCEMBRE) était écrit dans le TON de mi bémol ; le MINISTRE prescrivait aux MUSIQUES de jouer constamment dans ce TON. — Dans la MILICE WURTEMBERGEOISE les Musiques sont attachées non aux RÉGIMENTS, mais aux BRIGADES. — Les AUTEURS ou les OUVRAGES dans lesquels on peut trouver quelques renseignements, mais bien incomplets, touchant les diverses Musiques militaires, sont : AMIOT (1779, G), AUDOUIN, AULUGELLE, BAWR (Mme DE... *Histoire de la Musique*, 1823), BLESSON (1827), BOISROGER (1773, G), BURNEY (*Histoire générale de la Musique* en anglais), CARRION (1825, A), CARRÉ (1783, E, p. 366), M. CASTIL-BLAZE (*Dictionnaire de Musique moderne*), CHABANON (*De la Musique considérée en elle-même*, p. 272), M. CHORON *Dictionnaire historique des musiciens*), DAUTHVILLE (1762, K), DESPAGNAC (1751, D), DUBELLAY (1549, A, l'ENCYCLOPÉDIE (1751, C), FÉTIS (*Revue musicale*), GRÉTRY (*Essai sur la Musique*, 3 vol., 1797), GUIBERT (1773, E, t. 1, p. 221), JABRO (1777, G), LABORDE (*Histoire de la Musique*, 5 vol. in-4°), LACHESNAIL (1758, I, au mot *Instrument*), LLOYD (1801, B), MACHIAVEL (1546, A), MAIZEROY (1767, E ; 1771, A), MAURICE DE SAXE (1757, A), MIRABEAU (1788, C), ORLOFF, PLUTARQUE, POTIER (1779, X), ROUSSEAU (J.–J.), SAINT-GERMAIN (1779, C), STAFFORD (*Histoire de la Musique*, traduit de l'anglais par Fétis, in-12), THUCYDIDE,

TURPIN (1785, O), VANDER-HOOP, VÉGÈCE (390, A), WEYRICH, ZIMMERMAN (1769, A) et le règlement espagnol : *Ordonnanzas*, etc. (1728, A), le *Journal de l'Armée*, (t. III, p. 579 ; t. IV, p. 100), la *Sentinelle de l'Armée* (t. IV, p. 5), le journal *l'Armée* (p. 234). — La Musique d'infanterie est susceptible de se distinguer en MUSIQUE DE HAUT BRUIT, — D'HARMONIE, — TURQUE, et en PETITE MUSIQUE.

MUSIQUE A POUDRE. V. A POUDRE. V. MUSIQUE.

MUSIQUE AUTRICHIENNE. V. AUTRICHIEN, adj. V. MILICE AUTRICHIENNE N° 2, 6. V. MUSIQUE.

MUSIQUE CHINOISE. V. CHINOIS, adj. V. INSTRUMENT SONNANT. V. MILICE CHINOISE N° 3. V. MUSIQUE.

MUSIQUE D'ARTILLERIE. V. ARTILLERIE. V. MUSIQUE.

MUSIQUE DE CAVALERIE. V. AUMONIER DE CORPS N° 5. V. CAVALERIE. V. CAVALERIE FRANÇAISE N° 2, 5. V. CHEF DE MUSIQUE DE CAVALERIE. V. COMPOSITION. V. MESSE MILITAIRE. V. MUSIQUE. V. MUSIQUE TURQUE. V. OFFICIER DE CAVALERIE N° 5.

MUSIQUE DE CORPS. V. CORPS. V. MUSIQUE. V. RÉGIMENT FRANCO-ÉTRANGER.

MUSIQUE DE CUIVRE. V. CAVALERIE FRANÇAISE N° 5. V. CUIVRE.

MUSIQUE DE GARDE ROYALE. V. BONNET CHINOIS. V. CAISSE ROULANTE. V. CLARINETTE. V. COR HARMONIQUE. V. CYMBALE. V. FIFRE. V. GARDE ROYALE N° 5. V. INFANTERIE FRANÇAISE DE GARDE ROYALE N° 2. V. OPHICLÉIDE.

MUSIQUE DE HAUT BRUIT (G, G). Sorte de MUSIQUE qui consistait autrefois dans l'ensemble des TAMBOURS, des FIFRES, des hautbois jouant en même temps ; elle n'a plus consisté que dans les BATTERIES DE CAISSE, quand les FIFRES ont été abolis ; elle a de nouveau été un ensemble d'INSTRUMENTS différents, quand les CORNETS et les CLAIRONS ont été affectés à des BATAILLONS DE CHASSEURS ; tandis qu'il n'était pratiqué, dans le reste de l'infanterie, que de simples BRUITS DE CAISSE.

MUSIQUE DE LIGNE. V. COR HARMONIQUE. V. LIGNE. V. MUSIQUE.

MUSIQUE DES INVALIDES. V. HOTEL DES INVALIDES. V. INVALIDES. V. MINISTRE DE LA GUERRE, 1850 (29 JUILLET).

MUSIQUE D'ÉTAT-MAJOR. V. ÉTAT-MAJOR DE CORPS N° 2. V. PETITE MUSIQUE.

MUSIQUE D'HARMONIE (A, 1 ; G, 6). Sorte de MUSIQUE d'abord composée de BASSONS, de CLARINETTES, de CORS et de HAUTBOIS,

et plus tard de TROMBONES, d'OPHICLÉIDES, de SERPENTS, d'OCTAVINS, et en général de tous les INSTRUMENTS A VENT, sauf le FIFRE. — On l'appelait Musique d'harmonie comme considérée à part de la MUSIQUE TURQUE.

MUSIQUE D'INFANTERIE. V. AUMONIER DE CORPS N° 5. V. BASSON. V. COR IDIOPLIQUE. V. DÉFILEMENT ADMINISTRATIF. V. DÉFILEMENT D'HONNEUR. V. GARDE ROYALE N° 5. V. INFANTERIE. V. INTERVALLE D'INFANTERIE EN COLONNE. V. MUSIQUE. V. MUSIQUE TURQUE.

MUSIQUE GRECQUE. V. GREC, adj. V. MILICE GRECQUE N° 4. V. MUSIQUE.

MUSIQUE MILITAIRE. V. ÉCOLE DE MARS N° 2. V. GARDE ROYALE N° 5. V. MILITAIRE, adj. V. MUSIQUE. V. OPHICLÉIDE. V. RÉGIMENT FRANÇAIS N° 4. V. SERPENT.

MUSIQUE PRUSSIENNE. V. MILICE PRUSSIENNE N° 7. V. MUSIQUE. V. PRUSSIEN, adj.

MUSIQUE ROMAINE. V. MILICE ROMAINE N° 7. V. MUSIQUE. V. ROMAIN, adj.

MUSIQUE TURCO-ÉGYPTIENNE. V. MILICE TURCO-ÉGYPTIENNE N° 2, 3, 5. V. TURCO-ÉGYPTIEN, adj.

MUSIQUE TURQUE (G, G). Sorte de MUSIQUE qui serait plus convenablement nommée Musique à la turque ; mais tel n'était pas l'usage. Elle aurait aussi bien pu s'appeler ORIENTALE, ARABE, CHINOISE ; car ce n'était pas précisément les TURCS qu'elle imitait, en s'appropriant les INSTRUMENTS SONNANTS, les CYMBALES, le TONNANT, les TRIANGLES, et ce que JEAN-JACQUES appelle, dans son *Dictionnaire de Musique, la ferraille*. — Elle commençait à être en usage dans les TOURNOIS à la fin du douzième siècle ; elle y avait été apportée par quelques CROISÉS revenant de la Palestine. — Elle figure dans les TROUPES FRANÇAISES depuis la GUERRE DE 1741. — DESPAGNAC (1751, D) témoigne que celle de la légion du maréchal de SAXE se composait d'une PAIRE DE TIMBALES, de quelques CLÉRINETS (CLARINETTES), de BASSONS et de HAUTBOIS. — Telle a été en FRANCE la plus ancienne MUSIQUE DE CAVALERIE et le premier exemple des Musiques turques de l'INFANTERIE. — POTIER (1779, X, au mot *Ordonnance*), qui écrivait peu avant la révolution, blâme l'introduction toute nouvelle *des instruments turcs inconnus jusqu'à nos jours*. — Celle que le prince de LIGNE avait formée à la suite des campagnes des AUTRICHIENS contre les TURCS, a été ensuite, pour les TROUPES DE FRANCE, un objet d'émulation. Ce genre de Musique, créé par caprice, s'est maintenu par tolérance, et n'a été consacré par la loi française que depuis 1820. — Elle joue ordinairement à part des tambours ; mais quelquefois ils l'accompagnent en manière de basse continue. — La Musique turque s'appelait ainsi par opposition à la musique d'harmonie ; celle-ci était de chambre, l'autre de plein air. — La Musique turque ne pouvait jouer qu'avec la musique d'harmonie ; celle-ci jouait quelquefois sans la Musique turque. — Aujourd'hui la Musique turque, c'est-à-dire celle de la milice turque, est une imitation, on pourrait même dire un enfant de celle des Français.

MUSSET ; MUSSENAN. v. noms propres.

MUSTER, subs. masc. ou fém. v. revue.

MUSULMAN ; MUT. v. noms propres.

MUTATION, subs. fém. v. controle annuel. v. état de mouvement. v. fourrier d'infanterie française de ligne n° 10. v. maréchal de camp n° 6. v. mouvement mutationnaire. v. mouvements et mutations. v. registre de mutations. v. relevé de mutations. v. transcorporation. v. transmutation.

MUTATION de corps en route. v. adjudant-major précédant le corps. v. appel en route. v. colonel en route. v. corps en route. v. feuille de route de corps. v. trésorier en route.

MUTATION de détachement. v. détachement. v. détachement administratif. v. chef de détachement administratif n° 5. v. major chef de bataillon n° 12.

MUTATION de logement. v. colonel d'infanterie française de ligne n° 14. v. logement. v. officier de casernement.

MUTATION d'école de bataillon. v. école de bataillon.

MUTATION d'état-major de corps. v. adjudant-major de semaine n° 5. v. état-major de corps n° 5.

MUTATION d'officier. v. classe hiérarchique. v. grade d'officier. v. ministre de la guerre n° 14. v. mouvement mutationnaire. v. officier. v. officier d'infanterie française n° 1.

MUTATIONNAIRE, adj. v. changement m... v. mouvement m...

MUTE, subs. fém. v. cible.

MUTELETTE, subs. fém. v. cible.

MUTILANT (mutilante), adj. v. peine m...

MUTILATION, subs. fém. v. amputation. v. infirmité. v. milice anglaise n° 10. v. peine mutilante.

MUTILATION de blessé. v. blessé. v. crime. v. justice militaire. v. peine de mort. v. pension de retraite.

MUTILATION volontaire (C, 5). Le mot Mutilation est tout latin ; il est considéré ici sous un point de vue pénal, et comme un crime dont la loi ou le pouvoir militaire poursuivent la réparation. — Se soustraire au service, en se mutilant, n'était pas sans exemple chez les Romains dégénérés ; des réfractaires se coupaient le pouce pour se rendre inhabiles à manier le pilum ou l'épée. On les appelait *pollex truncatus*, d'où serait venu, dit-on, le mot poltron. — Ammian (380, A), qui rapporte que cette lâcheté était commune de son temps, dit qu'au contraire elle était inconnue des Gaulois. Des lois de Valentinien et de Valens de 567 (25 avril) et de 568 (24 avril), une loi de Théodose de 581 (septembre) imposèrent aux mutilés un service plus rude et des fonctions dégradantes. — Nombre de paysans de la Bohême se mutilèrent, lors de l'établissement de la conscription autrichienne, pour se soustraire au service à vie. — Les temps modernes ont connu aussi ce genre de défection ou de couardise ; se faire arracher les dents antérieures, se faire inoculer la teigne, se créer artificiellement des ulcérations passagères, se faire amputer la première phalange de l'index de la main droite, ont été les cas les plus communs de Mutilation. Les bataillons coloniaux, les compagnies de discipline, etc., ont été institués comme dépôt de militaires ainsi mutilés. — Le décret de l'an treize (8 fructidor) prononçait la déportation des mutilés aux îles. — Le décret de 1806 (12 mars) institua des compagnies de pionniers où seraient reçus les conscrits qui seraient jugés s'être mutilés spontanément. — Le décret de 1807 (janvier) soumettait tout conscrit mutilé volontairement à servir cinq ans comme pionnier. L'instruction de 1807 (25 mars) s'occupait du même objet. La loi de 1820 (11 octobre) maintenait leur renvoi dans les pionniers. La circulaire de 1852 (14 janvier) les incorporait dans les compagnies de discipline ; l'instruction de 1852 (30 mars) maintenait cette pénalité, et comprenait comme mutilés volontaires les appelés qui, pour se soustraire au service, simulaient des infirmités ou se retranchaient une phalange d'un ou de plusieurs des doigts d'une main ou d'un pied, ou s'inoculaient la teigne. — Les inspecteurs généraux proposent au ministre l'envoi des mutilés aux corps de punition.

MUTILÉ, adj. et subs. v. cas de réforme. v. compagnie de discipline. v. honneurs. v. infirmité. v. inspecteur général d'infanterie n° 2. v. méhaigné. v. mutilation volontaire. v. salut.

MUTINERIE, subs. fém. v. BATAILLON COLONIAL.

MUTONE. v. NOMS PROPRES.

MUTUEL, adj. v. ENSEIGNEMENT M...

MUZIO; MYLÉE. v. NOMS PROPRES.

MYOPIE, subs. fém. (D, 4, 5). Mot tout GREC, dérivé du grec *muô*, je ferme, et de *ops*, œil. C'est une des INFIRMITÉS emportant CAS DE RÉFORME. — La Myopie, étant souvent simulée, est un des cas que les instructions ministérielles recommandent particulièrement à l'examen attentif des INSPECTEURS GÉNÉRAUX. — En 1829, le roi de Prusse a décidé que les myopes de l'ARMÉE PRUSSIENNE *qui portent lunettes* seraient placés dans le second rang, mais que la Myopie n'est pas considérée comme une INFIRMITÉ qui puisse motiver l'exemption du SERVICE.

MYRIARQUE, subs. masc. (F). Mot tout GREC qui servait de dénomination à un GÉNÉRAL qui commandait dix mille hommes dans certaines MILICES GRECQUES.

MYRE (myres), subs. masc. (F), ou MAITRE-MYRE, ou MIRE, ou MIRRE. Ces mots, suivant BOREL (Pierre), dérivent du GREC *muron*, onguent; d'autres étymologistes les font venir du LATIN *mederi*, guérir. Ils ont produit les verbes mirer, mergiciner, signifiant médicamenter, suivant CARPENTIER. — Il est question des Myres dans LORRIS et dans CLOPINEL. — BARBAZAN et M. ROQUEFORT témoignent qu'on appelait Myres des empiriques qui, au MOYEN AGE, exerçaient les fonctions de CHIRURGIENS militaires, et qui étaient distincts des MÉDECINS qu'on nommait FICISIENS. Ces opérateurs malhabiles étaient, pour la plupart, des ECCLÉSIASTIQUES; ils s'attachaient aux CHEFS MILITAIRES, et les accompagnaient comme domestiques; ils offraient les seuls secours qu'on pût réclamer dans un temps où il n'existait pas encore d'HOPITAUX MILITAIRES. — Jean Pitard, MAITRE-MYRE de Louis NEUF, avait enrôlé, comme Myres, des CHAPELAINS, pour accompagner dans ses CROISADES le saint roi, et exercer la CHIRURGIE grossière de ces époques.

NABAB, subs. masc. v. LANGUE PERSANE. v. MILICE SIKE N° 1.

NACAIRE, subs. fém. (F), ou ANACAIRE, ou ANACARE, ou NACCAIRE suivant VELLY, ou NAGARAU suivant GÉBELIN, ou NACHAIRE, ou NAKAIRE, ou NAQUAIRE suivant BOREL (Pierre), ou NAQUÈRE, ou NAQUERRE, ou NASQUÈRE suivant ROQUEFORT. Cet ÉCRIVAIN retrouve les analogues de ces mots dans l'HÉBREU, dans l'ÉGYPTIEN, dans l'ARABE : *anakerra*, *anacara*, *nakarah*, *naqr*. Ces racines ont produit, suivant WACHTER, le bas LATIN *nacara*, *nacaria* et *anacara*, qu'on trouve dans SUGER (*Vie de Louis le Gros*); de là viennent l'ITALIEN *nacchara* et, suivant CARPENTIER, les verbes français NAGUAISER, NAQUAIRER, battre la Nacaire. — La Nacaire était un INSTRUMENT DE MUSIQUE ORIENTAL, à l'égard duquel les ÉCRIVAINS ne sont pas d'accord. CASENEUVE, GÉBELIN, HUET, MÉNAGE, croient qu'il répond à l'ARABE *nakar*, traduit par nacre et synonyme de coquillage, et que c'était une espèce de conque ou de TROMPE. JAERO (1777, G) est d'avis qu'on a pu appeler Nacaires des CYMBALES de métal ou de bois. — CARRÉ (1785, E), DANIEL (1721, A), DUCANGE, FURETIÈRE, LACHESNAIE (1758, I, au mot *Récompense*). TURPIN (1785, O), WACHTER, sont persuadés, au contraire, que les Nacaires étaient des INSTRUMENTS A PEAU, des TAMBOURS DE CAVALERIE SARRASINE, et des vases de cuivre recouverts de cuir. — VELLY, à la date de 1249, appelle NACCAIRES d'énormes TIMBALES portées sur un ÉLÉPHANT. — Nous savons mal quelle différence il a pu y avoir entre les Nacaires et les ATTABALES; ce dernier INSTRUMENT était peut-être un TAMBOUR à deux peaux ou la Nacaire en petit. — JOINVILLE parle des Nacaires et TROMPES en usage parmi les troupes de Louis NEUF en EGYPTE. FROISSART rapporte que le roi d'Angleterre faisait, par dérision, mener un prisonnier *par trompes et Nacaires*; ce rapprochement des deux mots a induit en erreur ceux qui ont cru qu'il s'agissait, dans ce cas, de deux INSTRUMENTS à vent. — DUCANGE croit que les Nacaires nous sont venues des TURCS; DANIEL pense que nous les devons aux ALLEMANDS. Tous deux ont raison : ce qu'on appelait Nacaires, au temps du bas LATIN et de la langue romane, était un TAMBOUR DE CAVALERIE imité des SARRASINS; ce qu'on a appelé TIMBALES, depuis le commencement du dix-septième siècle, était une imitation de celles des RÉGIMENTS DE CAVALERIE ALLEMANDE.

NACCAIRE, subs. fém. V. NACAIRE.

NACHAIRE, subs. fém. V. NACAIRE.

NADAL. V. NOMS PROPRES.

NAFFRÉ (naffrée), adj. et subs. V. BLESSÉ.

NAGARAU, subs. fém. V. NACAIRE. V. TAMBOUR INSTRUMENTAL.

NAGEUR, subs. masc. V. BATAILLON DE N... V. COMPAGNIE DE N... V. ÉVOLUTION DE N... V. FUSIL DE N... V. GIBERNE DE N... V. HAVRE-SAC DE N... V. INFANTERIE N° 8. V. MANOEUVRE DE N... V. MÉTROBATE. V. NATATION. V. ORDONNANCE D'EXERCICE. V. RETRAITE DE N...

NAGUAIRER, verb. neut. V. NACAIRE.

NAISSANCE, subs. fém. V. ACTE DE N... V. ACTE DE N... EN FRANCE. V. ACTE DE N... EN PAYS ÉTRANGER. V. ACTE DE RECONNAISSSANCE. V. CONSCRIPTION. V. DATE DE N... V. ÉTAT CIVIL. V. LIEU DE N... V. OFFICIER D'ÉTAT CIVIL.

NAISSANCE de CROSSE. V. CROSSE. V. CROSSE DE FUSIL. V. MATRICULE. V. NEZ DE BUSC.

NAMAIRE, subs. fém. V. NACAIRE.

NAMUR; NANCY; NANGIS; NAPIER; NAPLES; NAPOLÉON; NAPOLI; NAPOLETAIN. V. NOMS PROPRES.

NAPHTE (subs. fém.) TONNANTE. V. POUDRE A FEU. V. TONNANT, adj.

NAPOLETAIN (napolitaine), adj. V. ARMÉE N... V. ARMURIER N... V. ARTILLERIE N... V. BATAILLON N... V. BRIGADE N... V. CAVALERIE N... V. CHASSEUR N... V. CHEVAU LÉGER N... V. COMPAGNIE N... V. CORPS N... V. ÉCOLE N... V. ESCADRON N... V. FUSILIER N... V. GARDE N... V. GARDES DU CORPS N... V. GENDARMERIE N... V. GÉNIE N... V. GRENADIER N... V. INFANTERIE N... V. INVALIDE N... V. LIGNE N... V. MAISON N... V. MILICE N... V. OFFICIER N... V. POMPIER N... V. RECRUTEMENT N... V. RÉGIMENT N... V. SAPEUR N... V. SERVICE N... V. SOLDAT N... V. SOUS-OFFICIER N... V. TRAIN N... V. TROUPES N... V. VÉTÉRAN N.

NAQUAIRE, subs. fém. V. NACAIRE.

NAQUAIRER, verb. neut. V. NACAIRE.

NAQUÈRE, subs. fém. V. NACAIRE.

NAQUERRE, subs. fém. V. NACAIRE.

NAQUET, subs. masc. V. LAQUAIS. V. PAGE.

NARBONNE. V. NOMS PROPRES.

NARQUOIS, subs. masc. V. ARMÉE FRANÇAISE N° 2. V. FLAMBE. V. SOLDAT.

NERSÈS; NARVA; NARVAEZ. V. NOMS PROPRES.

NASAL, subs. masc. (F), OU NASEL, OU NASELLE, OU NAZAL, OU NAZEL. Mots dérivés du LATIN *nasale*. — Le Nasal, en usage depuis le onzième siècle, a été appelé CACHE-NEZ par quelques AUTEURS, afin de le distinguer d'un autre genre de Nasal en usage bien plus tard. Le CACHE-NEZ formait la partie antérieure d'un CASQUE OUVERT; c'était une lame ou une branche de fer arquée attachée au-dessus du front; elle aboutissait au-dessous du nez: quelquefois elle régnait jusqu'au menton. Des casques étrusques ont le Nasal fixe. De forts anciens CASQUES ORIENTAUX ont le NASAL GLISSANT; tels étaient les casques attribués à ATTILA et à LOUIS NEUF. — Le Nasal avait pour objet de garantir des COUPS DE TAILLE, que les espadonneurs appellent COUPS DE FIGURE. — LES CASQUES à NASAL FIXE, ou CACHE-NEZ, étaient d'un usage commun au temps de GUILLAUME LE BATARD, comme le témoigne la tapisserie de Bayeux. — Les FRANÇAIS s'en servaient sous le règne de PHILIPPE AUGUSTE. — JOINVILLE portait un POT à Nasal; mais il se peut que ce fût un Nasal glissant. — Quand le HEAUME devint CASQUE FERMÉ, on a donné le nom de Nazal à la partie du MÉZAIL ou plutôt du MASQUE qui répondait au nez du GUERRIER. · Il y avait des MASQUES DE CASQUE dont le Nasal était une PIÈCE qui se mouvait à part; c'est en ce sens qu'il faut entendre CHRESTIENS (*le chevalier au lion*) : *Nazal, c'est-à-dire où le hiaume donnoit vent au nez*. Ces Nasals étaient quelquefois ornés de pierreries. Il y avait des BOURGUIGNOTES, des SALADES dont la VISIÈRE, le Nasal, le VENTAIL, et même le GORGERIN et le HAUSSE-COU ne faisaient qu'une seule et même PIÈCE. — On voit à Dijon des pots bien plus modernes ayant le NASAL GLISSANT; des BOURGUIGNOTES avaient aussi ce genre de Nasal. — On a surtout appelé NASEL le MOUFLARD d'un CHANFREIN; c'était une espèce de grillage. — Les HUSSARDS français de primitive création ont eu la BOURGUIGNOTE à Nasal. — On peut consulter sur ces sujets M. ALLOU, BOREL (Pierre), CARRÉ (1783, E), M. le général COTTY, M. PLANCHÉ, VILLEMIN.

NASAL de MASQUE. V. CASQUE. V. MASQUE DE BEAUME. V. NASAL.

NASAL fixe. v. bourguignote. v. casque. v. fixe, adj. v. nasal.

NASAL glissant. v. bourguignote. v. casque. v. glissant. v. nasal.

NASEL, subs. masc. v. nasal.

NASELLE, subs. masc. v. nasal.

NASQUÈRE, subs. fém. v. nacaire.

NASSAU. v. noms propres.

NAST. v. noms propres.

NATAL (natale), adj. v. département.

NATATION, subs. fém. (G, 5, 6 ; H). Mot tout latin exprimant une partie de la gymnastique et une des études de la tactique. — La Natation est, en quelques milices, une des branches trop négligées de l'art militaire; elle est, en plusieurs autres, une partie très-avancée. — Elle était familière aux Grecs. Alexandre passait à la nage le Granique. — Elle était cultivée dans la milice romaine par tout ce qui portait les armes; être illettré et ne pas savoir nager, c'était n'être propre à rien, comme le témoigne ce dictum : *Nec natat, nec legit.* Le légionnaire disait avec mépris, en parlant d'un recrue, d'un tiron : *Ne natare quidem scit.* Ce qui signifiait : *Il y a tout à lui apprendre.* — Hirtius peint César comme un habile nageur, et Caton, au dire de Plutarque, dressait lui-même son fils à l'art de nager. — Sous le nom d'*urinatores*, les Romains avaient des corps militaires de plongeurs, comme le témoigne le poëte Marcus Manilius (l. v). — En un temps où la navigation était si peu avancée, que les Francs manquaient de barques pour leurs excursions en deçà du Rhin, ils excellaient dans l'art de nager; aussi Sidonius Apollinaris a-t-il dit :

Cursu Herulus, jaculis Hunnus, Francusque na-
[tatu.

Le javelot, la course étaient le jeu guerrier
Des Lombards et des Huns, mais le Franc sait nager.

— Il y a longtemps que les écrivains militaires ont démontré le besoin d'établir des écoles de natation à la portée des garnisons de l'infanterie, et surtout de l'infanterie légère. Les officiers ne devraient pas être moins habiles dans ce genre d'exercice que les soldats; savoir nager devrait être une condition de l'avancement des sous-officiers. Dans le régiment de troupes légères qui avait été formé dans les guerres du milieu du dernier siècle par le général Lamorlière, il y avait une compagnie de cent nageurs qui contribuèrent au succès de plusieurs affaires, et notamment à la surprise de Lière et de Ma-

lines, dont ils escaladèrent les murailles et ouvrirent les portes après avoir traversé à la nage la Nethe et l'Escaut. — En 1785, un Français, M. de Saint-Ildephout, créa un bataillon de nageurs destiné à être attaché à la légion de Maillebois; mais la guerre qu'on prévoyait n'ayant pas éclaté, ce corps de nageurs fut attiré à Vienne par Joseph deux et fut ensuite licencié. — En 1795, quelques nageurs français des troupes assiégeant Mayence s'emparent d'un bateau qui portait sur le Rhin deux cents Prussiens et les font prisonniers. — Dans la campagne de l'an sept, où Masséna rendit à la France de si importants services en défendant la Suisse contre l'invasion des Russes, deux cents nageurs, réunis sous les ordres d'un adjudant-major, et armés de lances et de sabres, forment l'avant-garde des troupes de Soult, traversent la Linth le 25 novembre 1799, se portent au pas de charge sur les postes ennemis, les culbutent, et donnent le temps aux Français de mettre à l'eau quelques barques et de jeter sur l'autre rive un bataillon de grenadiers. — En 1800, à l'aide d'une manœuvre pareille, le passage du Danube est effectué par l'armée du Rhin, commandée par Moreau. — En 1809, Ney, combattant en Galice la Romana, fait traverser le grand bras de la Navia par une compagnie de nageurs, dont l'audace et le succès contribuèrent puissamment à améliorer la position critique où se trouvaient les Français. — M. le capitaine de Saint-Ildephont, fils du militaire qui a été cité plus haut, a essayé de faire revivre, en 1815, le projet en partie réalisé déjà par son père, et il a composé une théorie détaillée du soldat nageur. — Le ministère de la guerre s'est occupé fort tard de Natation; l'étude en était encouragée, mais non prescrite dans l'ordonnance de 1788 (1er juillet); celle de 1818 (15 mai) se prononçait touchant des écoles où elle serait enseignée. Par sa circulaire de 1827 (22 janvier), le ministre Clermont-Tonnerre réglait sur quels fonds seraient prélevés les frais de ce genre d'instruction. Le 6 juillet, M. le colonel de Courtivron a exécuté avec succès une manœuvre de nageurs dans la Seine et près du Pont-Royal; le *Journal des Sciences militaires* (22e livraison) en a rendu compte. — Malgré les efforts de plus d'un colonel, cette branche d'éducation est restée en arrière dans les troupes françaises, si on les compare aux milices autrichienne, bavaroise, néerlandaise, polonaise, prussienne, etc. Attendons des traités qui en prescrivent les règles, en déterminent la cadence, y appliquent le métrobate, en fixent à soixante-seize à la minute le mouvement, et en déterminent les évolutions. — En Allemagne, de larges établissements militaires de Natation ont pris racine. L'école de Prague, créée en 1811, celle de Vienne, qui date de 1813, sont l'une et l'autre remarquables. M. Scurls (1814) entre dans les détails des études de cette dernière. — La milice prussienne n'est pas restée en arrière, et l'école de Berlin, dirigée par un général major, a fait faire aux élèves de remarquables progrès. — Les écoles de natation se divisent par classes ; on arrive à la seconde lorsqu'on parvient à faire sans interruption quatre cents mouvements réguliers. — Les secondes classes sont exercées à passer et repasser des fleuves de trois cent cinquante à quatre cents mètres de largeur. Exécuter ce double trajet donne droit de passer à la première classe. — Les nageurs manœuvrent par subdivisions, sans cesser un instant d'y occuper une place analogue à celles des manœuvres ordinaires. — Les subdivisions exécutent les changements de front et de direction, les ploiements et les déploiements ; elles rompent et forment les divisions. — Cette classe de nageurs se précipite à l'eau de douze à quatorze mètres de haut ; elle est exercée pendant toute la saison de Natation, ou année scolaire. — En retraite, les nageurs font feu jusqu'au bord de l'eau, se déshabillent peu à peu sous la protection des tirailleurs, attachent les havre-sacs, fusils et gibernes sur des radeaux ou des planches, et les traînent à la remorque. — Les établissements de ce genre ne réussissaient pas moins en Pologne ; les régiments y fournissaient huit classes, comprenant en tout deux cents nageurs, qui s'exerçaient tous les jours pendant la belle saison. — Les six classes les moins habiles nageaient dans le bassin, qui a cent quatre-vingts pieds de long et soixante de large ; les deux plus habiles évoluaient dans la Vistule et avaient la tête couverte du bonnet de police ; elles plaçaient leurs gibernes, leurs sabres, leur buffleterie sur des radeaux, servis et traînés par les hommes de la huitième classe. — Les pelotons de nageurs étaient commandés par leurs officiers et sous-officiers, et manœuvraient tactiquement ; les officiers étaient vêtus en étoffe légère ; les soldats avaient des caleçons. — La traversée de la Vistule, qui est de deux cent cinquante pas, s'exécutait en dix minutes, malgré la rapidité du courant. À la dixième minute, les pelotons de nageurs abordaient, jetaient sur leur corps la buffleterie et tiraient les premiers coups de fusil, n'étant vêtus que du bonnet et du caleçon. — Il en a été ainsi jusqu'à l'insurrection polonaise. — En 1832 (6 septembre), l'école

de Ratisbonne fermait ses exercices ; le quatrième régiment bavarois traversait le Danube et le Regen à la nage, traînant sur des radeaux ses armes et effets, se rhabillait, manœuvrait, combattait, et repassait de suite les mêmes cours d'eaux. — Les auteurs qui ont traité de la Natation sont : Bardin (1807, D), Bernardi, M. Courtivron, M. Francorur, Gulsmuth, Hesse, Lecouturier (1825), Pfuel, Purkart, Rumpf (1824, F), M. Schels (1814), Servan (1780, B), Thévenot, Zanini, le *Journal des Travaux de l'académie de l'Industrie* (vol. viii, p. 75, et tous ceux qui se sont occupés des passages de rivières.

National. (nationale), adj. v. Armée N... v. Bannière N... v. Blanc N... v. Bleu N... v. Couleur N... v. Distinction N... v. Enseigne N... v. Garde N... (subs. masc). v. Garde N... (subs. fém.). v. Gardes N... v. Gendarmerie N... v. Guerre N... v. Rouge N... v. Signe N... v. Travaux N... v. Trésor N... v. Volontaire N...

Nature. v. Allocations en N... v. Chauffage en N... v. Comptabilité en N... v. en N...

Naturel (naturelle), adj. v. Arme N... v. But en blanc N... v. Formation N... v. Fortification N... v. Marche N... v. Obstacle N... v. Ordre N... v. Pivot N... v. Point de vue N...

Naudé ; Nauren. v. Noms propres.

Naustratégie. v. Art militaire de mer.

Naval (navale), adj. v. Armée N... v. Batiment N... v. Bord N... v. Corbeau N...

Navarre ; Navler. v. Noms propres.

Navire, subs. masc. v. Armée. v. Bastingue. v. Ordre du Navire. v. Passe-volant d'artillerie. v. Tactique.

Navré, adj. et subs. v. Blessé. v. Héraut. v. Jugement de Dieu. v. Mehaigné.

Naylles. v. Noms propres.

Nazal, subs. masc. v. Nasal.

Nazel, subs. masc. v. Mouflard. v. Nasal.

Néander ; Nebel. v. Noms propres.

Nécessaire d'armes. v. Armes. v. Boîte à tournevis. v. Petit nécessaire.

Necker. v. Noms propres.

Nécrose, subs. fém. v. Carie. v. Cas de réforme. v. Infirmité.

Néerlandais (néerlandaise), adj. v. Armée N... v. Artillerie N... v. Bataillon N... v. Brigade N... v. Budget N... v. Cadet

N... V. CANONNIER N... V. CAPITAINE N... V.
CAVALERIE N... V. CHASSEUR N... V. COMPAGNIE
N... V. CORPS N... V. CUIRASSIER N... V. DIVI-
SION N... V. ENROLÉ N... V. ESCADRON N... V.
ÉTAT-MAJOR N... V. FLANQUEUR N... V. FUSI-
LIER N... V. GARDE N... V. GÉNÉRAL N... V.
GÉNIE N... V. GRENADIER N... V. HUSSARD N...
V. INFANTERIE N... V. INVALIDE N... V. LAN-
CIER N... V. LIEUTENANT-COLONEL N... V. LIEU-
TENANT N... V. MAJOR N... V. MARÉCHAUSSÉE
N... V. MILICE N... V. MILICIEN N... V. MINIS-
TRE N... V. OFFICIER N... V. RÉGIMENT N... V.
RÉSERVE N... V. SERVICE N... V. SOLDAT N...
V. SOUS-OFFICIER N... V. TIRAILLEUR N... V.
TRAIN N... V. TROUPE N...

NÉGOCIATION, subs. fém. V. ARMIS-
TICE. V. HÉRAUT. V. JURISPRUDENCE.

NÈGRE, adj. V. PIONNIER NÈGRE.

NÈGRES; NÉPOS; NÉRAT; NERVA.
V. NOMS PROPRES.

NERVURE (subs. fém.) de TENTE. V.
TENTE. V. TENTE D'HOMMES DE TROUPE.

NERWINDE; NETTO. V. NOMS PRO-
PRES.

NETTOIEMENT, subs. masc. V. CAPORAL
D'ESCOUADE N° 2. V. CASERNE. V. COLONEL D'IN-
FANTERIE FRANÇAISE DE LIGNE N° 14. V. LOGE-
MENT.

NETTOIEMENT d'EFFETS D'UNIFORME. V.
BRONZER. V. CAPORAL D'ESCOUADE N° 2. V. CA-
PORAL D'INFANTERIE FRANÇAISE DE LIGNE N° 14.
V. EFFET D'UNIFORME.

NETTOYER, verb. act. (H). Mot dérivé
du LATIN nitidus, d'où est venu le bas LATIN
et l'ITALIEN nettare. Il signifie purger d'EN-
NEMIS une ligne, un point, un TERRAIN, soit
par des FEUX PLONGEANTS, des FEUX RASANTS,
l'ENFILADE, soit par des EXPÉDITIONS, des
COURSES de CAVALERIE.

NETTOYER la BRÈCHE, la CAMPAGNE, la
COURTINE, la TRANCHÉE, le TERRAIN, les AP-
PROCHES, un BASTION. V. APPROCHES. V. BASTION.
V. BRÈCHE DE SIÉGE. V. CAMPAGNE. V. COURTINE.
V. TERRAIN. V. TRANCHÉE.

NEUBAUER; NEUBRISACH. V. NOMS
PROPRES.

NEUF (neuve), adj. V. EFFET NEUF.

NEUF (nom de nombre) BATAILLONS. V. A
NEUF BATAILLONS. V. BATAILLON.

NEUF HEURES. V. GARDE EN GARNISON. V.
HEURE.

NEUF POUCES. V. OBUSIER DE NEUF POUCES.
V. POUCE.

NEUF QUEUES. V. A NEUF QUEUES. V.
QUEUE.

**NEUFCHATEL; NEUMAYR; NEUS-
TRIE.** V. NOMS PROPRES.

NEUTRALITÉ, subs. fém. (H). Mot
provenu du LATIN neuter. Il exprime l'attitude d'une ARMÉE NEUTRE ou d'un pays animé
de vues conservatrices et non offensives.
Telles sont les précautions prises par certains Etats limitrophes qui ont en vue de
défendre leur intégrité contre divers partis
contendants. — L'usage des NEUTRALITÉS AR-
MÉES vient surtout de la GUERRE DE TRENTE
ANS. En 1642, l'électeur de Brandebourg
s'était décidé à une NEUTRALITÉ ARMÉE, que
Tortenson ne respecta pas plus qu'on ne l'a
fait dans la GUERRE DE LA RÉVOLUTION à l'é-
gard de la SUISSE.

NEUTRALITÉ ARMÉE. V. ARMÉ, adj. V.
NEUTRALITÉ.

NEUTRE, adj. V. ARMÉE N...

NEVEU, subs. masc. V. ASCENDANT. V.
CONSEIL SPÉCIAL.

NEVELLE. V. NOMS PROPRES.

NÉVROBALISTIQUE, adj. V. ARME
N... V. ARQUEBUSE N... V. BOMBARDE N... V.
ÉCHEVEAU N... V. ENGIN N... V. MACHINE N...
V. MANGONNEAU N... V. MARTINET N... V. MOUS-
QUET N... V. SCORPION N...

NEWTON; NEY. V. NOMS PROPRES.

NEZ, subs. masc. V. CACHE-NEZ. V. PERTE
DU NEZ.

NEZ COUPÉ. V. AMPUTATION. V. COUPÉ. V.
CRIME. V. PASSE-VOLANT. V. PEINE.

NEZ de BUSQUE (B, 1., ou NAISSANCE DE
CROSSE. Ces mots, dont il serait superflu d'indiquer l'étymologie, expriment un ressaut
au-dessus de la POIGNÉE du fusil, à l'opposite
du TALON.

NEZ d'EMBOUCHOIR. V. EMBOUCHOIR.

**NICÉE; NICÉPHORE; NICÉRON;
NICÉTAS.** V. NOMS PROPRES.

NICHE (subs. fém.) de TOURNEVIS. V.
CLOISON DE COFFRET. V. TOURNEVIS.

**NICLE; NICOD; NICOLAE; NICO-
LAS; NICOLAW; NICOPOLIS; NI-
COT.** V. NOMS PROPRES.

NID (subs. masc.) de PIE (G, 4; H, 1).
Le mot Nid dérive du LATIN nidus. Il n'est
pris, dans la présente locution, que par une
allusion de langage soldatesque. Il exprime
un LOGEMENT construit par un ASSIÉGEANT
qui s'est rendu maître d'une DEMI-LUNE, etc.
Il assesoit le Nid de pie vers le milieu de l'ou-
VRAGE; il lui donne assez de capacité pour
contenir au moins une cinquantaine d'hommes. — Un Nid de pie assura aux Français
la possession de la lunette Saint-Laurent au
siége de la citadelle d'ANVERS.

NID d'HIRONDELLE. V. ÉCHAUGUETTE. V.

ÉCOLE DE MARS; id. N° 3. V. GUÉRITE. V. HIRONDELLE. V. MAHEUTRE (*ouvrage de fortification*). V. TAMBOUR IDIOPLIQUE D'INFANTERIE FRANÇAISE. V. TAMBOUR-MAJOR N° 4.

NIEBUHR; NIEPERG; NIKOLAI; NIMÈGUES; NITSCHE; NITSCHLUS. V. NOMS PROPRES.

NEZAM-DJÉDID, subs. masc. V. MILICE TURQUE; id. N° 1.

NOBILIAIRE, adj. V. ORDRE N...

NOBLE, adj. V. ARCHER N... V. ARME N... V. COMPAGNIE N... V. ÉCUYER N... V. GARDE N... V. INFANTERIE N... V. LANCE N...

NOBLE, subs. masc. (A, 1; F). Le mot Noble est tout LATIN, mais proviendrait, ainsi que NOBLESSE, suivant GÉBELIN, du CELTIQUE *no*, nom, et de l'adjectif *bel*, illustre. D'autres ÉCRIVAINS, au contraire, le font venir par contraction du LATIN *noscere*, *noscibilis*, resserré en *nobilis*; aussi aurait-il d'abord signifié, suivant le *Dictionnaire de la Conversation*, individu marquant, soit par ses vices ou ses infamies, soit par son mérite. Il n'en sera question ici que comme illustration et distinction sociale. — Il n'y a pas de nations, pas de hordes sauvages qui n'aient eu leurs Nobles, soit par naissance, RÉMUNÉRATION, usurpation, patriarcat, soit à terme, soit à vie; moins la peuplade est civilisée, plus la puissance du Noble participe de la tyrannie. — L'ORIENT et l'INDE n'ont eu que des Nobles de TENURE, des Nobles à terme ou à vie; il n'y avait de Noble à perpétuité que le despote. — La société se divisait, chez les ATHÉNIENS, en Nobles, en cultivateurs, en commerçants. A des époques plus modernes, l'image d'une sauterelle, portée comme ornement de la chevelure, a été le signe extérieur de la NOBLESSE GRECQUE. — A ROME, on était Noble quand on descendait de personnages politiques ou de magistrats civils, et qu'on possédait les images de ses ancêtres exposées dans les vestibules, dans les cénacles, et portées en public dans les CÉRÉMONIES FUNÈBRES; mais on n'était pas Noble par cela seul qu'on était patricien. — La lunule (*lunula*), agrafe de soulier en petit croissant brodé sur le cothurne, était l'INSIGNE nobiliaire des patriciens ROMAINS, comme le témoignent JUVÉNAL, MARTIAL et PLUTARQUE. Les TALONS ROUGES en ont été une imitation moderne. — Chez ce peuple, aussi bien que chez les GRECS, de grands priviléges étaient attachés au titre de Noble. Comment en eût-il été autrement? ceux qui avaient travaillé à la confection des lois, ou qui avaient exercé en GUERRE le pouvoir, à ROME les hautes fonctions, avaient été les créateurs de

la NOBLESSE; ils ne s'étaient oubliés ni dans leur personne ni dans leur postérité. — Chez nos ancêtres, des AMBACTES et des SOLDURIERS ont eu, dans la MILICE, un rang élevé; mais ces souvenirs touchent à l'histoire fabuleuse des GAULES. — Sous la PREMIÈRE RACE, être libre, être Noble, être SOLDAT, étaient même chose; de là, le nom d'ARMES LIBRES donné à l'ARMET, à la COTTE D'ARMES, au HAUBERT, au HEAUME, à la LANCE, parce que leur usage était interdit aux SERFS, aux ROTURIERS, et même, suivant les temps, aux Nobles non CHEVALIERS; de là aussi ces dons d'ARMES LIBRES qui étaient une des pratiques des CÉRÉMONIES D'AFFRANCHISSEMENT. — Le PORT D'ARME étant l'attribut, la prérogative du Noble, l'homme seul, au temps de la FÉODALITÉ, était Noble, c'est-à-dire apte à batailler; la FEMME ne l'était pas; toute la LOI SALIQUE est là. Quelques exceptions en ont décidé autrement. — Si l'ARMURE PÉDESTRE ou à CUISSARDS PLEINS et la LANCE ont été portées par de l'INFANTERIE, c'était de l'INFANTERIE NOBLE, un des modes de récompenses dans les TOURNOIS; mais, en général, le CHEVAL de MONTURE était originairement un attribut de NOBLESSE; la jument, une MONTURE indigne du Noble. — On appelait, à la manière FRANCO-TEUTONNE OU SAXONNE, ANTRUSTIONS, BARONS, LEUDES, les Nobles que la langue, en se latinisant, appela CLIENTS, FIDÈLES et SATELLITES; littéralement, les expressions *nobilis* et *nobilias*, employées dans l'acception que veut notre sujet, n'apparaissent que peu avant le neuvième siècle. — A titre de Nobles, quantité d'ECCLÉSIASTIQUES ont été GUERRIERS; quelques-uns ont rendu célèbres le MAIL et la MASSE D'ARMES. — La CHEVALERIE FIEFFÉE et les BÉNÉFICIERS, liés au monarque ou au SUZERAIN par la condition du SERVICE FORCÉ et par le SERMENT DE FOI ET HOMMAGE, ont été le premier anneau de la NOBLESSE FRANÇAISE. Le degré d'importance du BÉNÉFICE ou des SOUS-INFÉODATIONS déterminait la classe de la TENURE ou le rang dans la caste; ainsi, au temps de CHARLEMAGNE, les CENTENIERS commandaient les TROUPES dont les DUCS ordonnaient les LEVÉES, administraient la CONSCRIPTION et sous-déléguaient le COMMANDEMENT. — L'appauvrissement d'une partie de cette CHEVALERIE FROISSÉE par des catastrophes politiques, l'indigence des héritiers mal partagés, l'esprit d'aventure, les débordements de la vie privée, un amour désordonné de luxe, ont donné naissance aux CHEVALIERS ERRANTS et aux SOLDATS non plus à terme, mais à vie, ou à engagement contractuel diversement formulé. — La NOBLESSE ancienne a dû ses biens aux usurpations, au BUTIN, aux faveurs de cour, bien plus qu'aux hoiries. Elle a tiré une partie de son relief du droit de figurer avec les ARMES BLANCHES dans les COMBATS DE JUGEMENT, au lieu de ressortir, comme les prolétaires, à la JURISPRUDENCE des ORDALIES, ou ÉPREUVES des *éléments de nature*. Les VILAINS ont cru se SIGNORIR, s'anoblir, en recourant, par des moyens analogues, au JUGEMENT DE DIEU, et en obtenant, des papes et des chapitres, la permission de plaider à COUPS DE BATONS, *licentiam bellandi cum scuto et baculo* : de là cette manie du DUEL qui a si longtemps survécu à l'abolition du PLAID DE L'ÉPÉE, *placitum ensis*. — Nous ne connaissons que deux contrées où les Nobles l'aient été en vertu de constitution ou de charte et authentiquement : à ROME antique, au moyen des images conservées dans la branche principale des familles, et connues de tout le peuple comme des espèces d'idoles ; à VENISE, au moyen du livre d'or, genre de notoriété bien assorti aux mœurs d'un peuple de teneurs de livres. Cette impérissable immatriculation était la plaie de la sérénissime république. Les Nobles déchus des emplois, ou dépouillés de richesses par l'inconduite, les revers de commerce, les révolutions, ces Nobles, qui n'avaient ni le goût ni la ressource des ARMES dans un pays qui ne les confiait qu'à des STIPENDIAIRES étrangers, auraient cru déroger en se livrant à des travaux de plébéiens ; dans leur orgueilleuse oisiveté, dans leur crasseuse fainéantise, ils restaient à la charité de la SEIGNEURIE. Le livre d'or, destiné à maintenir pur l'ORDRE ÉQUESTRE et à en fermer l'accès à l'intrusion, en attestait aussi la décadence, la dégradation, les misères ; une vie avilissante avait flétri des noms distingués ; leur souillure avait gagné l'ORDRE entier ; de même des Castillans, descendus de ces *ricos hombres* qui avaient brillé dans la NOBLESSE DE CHAUDIÈRE, comme l'attestaient les marmites de leurs ARMOIRIES, mendiaient l'épée au côté. Mieux vaut, politiquement, l'intrusion d'un riche qui devient Noble, que l'avilissement d'un GENTILHOMME appauvri, dont l'orgueil se débat dans le désœuvrement et quelquefois dans la bassesse. L'anoblissement non justifié par des services publics ne préjudicie pas à l'Etat ; il froisse tout au plus quelques vanités privées ; tandis qu'il importe à la société que le descendant d'une illustre lignée tombée dans l'indigence, oublie ses aïeux et redevienne un manouvrier laborieux, ou un industriel intelligent qui puisse réhabiliter son nom, venir à RELIEF, comme on disait en style nobiliaire, et recommencer la fortune de ses descendants. — On a cherché un remède à ces vices politiques en instituant des MAJORATS ; ressource comparable au système d'un médecin qui sacrifierait le corps d'un malade à la conservation d'un de ses membres. — Pour caractériser mieux, plus légalement les NOMS PROPRES, les Nobles inventèrent le BLASON ; mais les cartulaires dressés par les HÉRAUTS D'ARMES, à titre de certificateurs jurés, n'ont pas renfermé uniquement des généalogies avérées ; plus d'un faux titre y avait été légitimé par de complaisants tabellions. — Les CROISADES ont remué, jusque dans ses fondements, la noblesse ; le SERVICE a cessé d'y être uniquement féodal ou de TENURE ; les peuples, mis en contact sur un théâtre commun, s'y sont mutuellement interrogés et imités. Le Noble s'y est changé en STIPENDIAIRE ; son HABILLEMENT y a été l'objet de lois somptuaires ; c'était un préliminaire des lois sur l'UNIFORME et une tendance à la centralisation. La profession du GUERRIER y a pris un caractère nouveau ; c'était un prélude à l'institution d'ARMÉES RÉGULIÈRES. Les CHEVALIERS s'y sont classés à part des GENDARMES ; c'était le germe de la classification en OFFICIERS et en TROUPE. LA POUDRE A FEU a nivelé les conditions ; c'était le premier pas vers les affranchissements politiques. — Les CROISADES ont fait des Nobles, mais elles en ont ruiné et abattu bien plus. Le trône a gagné ce que la FÉODALITÉ perdait ; il s'est vu en état d'interdire les GUERRES PRIVÉES, de s'appuyer sur un noyau d'INFANTERIE COMMUNALE, d'opposer des COMPAGNIES DE PAROISSE et des MILICES du tiers état aux DONJONS, aux ARMURES DE FER et aux CHEVAUX BARDÉS. — Les droits juridictionnels, conférés aux MARÉCHAUX DE FRANCE, et la rigueur de l'ORDRE DU TABLEAU, ont concouru à plier les Nobles à une subordination contre laquelle ils se débattaient. — Les institutions, les opinions sont si changeantes dans les détails, quand elles semblent se conserver dans le fond, que les FRANCS ARCHERS, qui ont servi peu longtemps et sans éclat, élevaient leurs prétentions jusqu'à se réputer Nobles, eux et leur lignée, parce qu'ils étaient SOLDATS non taillables. — Combien de Nobles nos contemporains, hommes pleins de bravoure, se sont étonnés que d'abord le COMMANDEMENT des ENFANTS PERDUS, des GRENADIERS, des PARTISANS, ait été dédaigné par les GENTILSHOMMES, et qui, plus tard, s'en sont fait plus d'une fois honneur. De là venait que, jusqu'à la GUERRE DE LA RÉVOLUTION, les LIEUTENANCES DE GRENADIERS étaient le bâton de maréchal des OFFICIERS DE FORTUNE. — Mais ce qui concerne les Nobles de FRANCE, considérés par rapport à la CONSTITUTION ancienne de l'ARMÉE FRAN-

ÇAISE, se développera à l'article NOBLESSE. — Donnons seulement quelque attention à l'acception logique de l'expression, ou plutôt fournissons la preuve de la difficulté, de l'impossibilité même de lui donner une signification rationnelle; car le sens en a tellement varié, que la qualité de Noble *a été inférieure à celle d'écuyer*, et qu'au contraire la déclaration de 1651 reconnaissait comme Nobles de la classe la moins élevée les ÉCUYERS. — Le terme s'est pris adjectivement et substantivement; il a été synonyme de GENTIL, de CHEVALIER, de CAVALIER, de SEIGNEUR, de SIRE; il était l'opposé des désignations d'INGÉNUS, HOMMES DE POESTÉ, ROTURIERS, SERFS, VILAINS. — Des SOULIERS A LA POULAINE ont été comme un enseigne de Nobles; la longueur de la POULAINE se proportionnait à l'élévation du RANG. — Les ANGLAIS n'appelaient Nobles que les personnages revêtus des titres de BARON, VICOMTE, COMTE, MARQUIS et DUC; en FRANCE, au contraire, il suffisait de sortir d'une souche nobiliaire pour se dire Noble. — Quelle est la différence entre Noble, GENTILHOMME et HOMME DE QUALITÉ? — Des débats maintenant sans but, des systèmes sans base, chercheraient en vain à formuler logiquement les différences de signification et à retrouver des règles concordantes; celles qu'on pourrait mentionner n'ont été que l'effet du caprice ou de causes tombées à jamais dans l'oubli. — On a appelé Noble l'anobli qui commence la tige d'un arbre généalogique; on a appelé GENTILSHOMMES ses descendants; on a appelé GENS DE QUALITÉ les descendants des GENTILSHOMMES. Mais à quelle époque, pendant quel temps ces définitions ont-elles été justes? c'est ce qu'aucun publiciste n'a déterminé. Originairement, être GENTILHOMME, ou homme de la nation conquérante, *gentis homo*, être Noble, être revêtu de hauts GRADES militaires, étaient même chose; le titre musqué de GENS DE QUALITÉ est moderne. Les détracteurs des distinctions honorifiques héréditaires ont demandé comment on pouvait appeler qualité l'hérédité qui n'était qu'un hasard heureux, tandis que, suivant eux, ce serait la seule NOBLESSE personnelle qui serait une qualité, et qu'elle ne le serait qu'autant que l'anoblissement serait lui-même le prix du mérite. Mais ces arguties n'éclaircissent rien. — L'ENCYCLOPÉDIE (1751, C) regarde le titre de Noble comme plus ancien que celui de GENTILHOMME et de CHEVALIER, et comme synonyme de *connu, nobilis, quasi noscibilis, seu notabilis*. — Pourtant la désignation de GENTILHOMME est de haute antiquité; elle l'a emporté sur celle

de Noble. Dans le dernier siècle, avoir eu titre d'ÉCUYER suffisait pour être réputé Noble, mais non GENTILHOMME. Pour se dire CHEVALIER DES ORDRES DU ROI, il ne suffisait pas d'être Noble; le modeste CATINAT refusait ce titre, faute d'être GENTILHOMME ou Noble à QUARTIERS. — Noble a signifié surtout qui possède JUSTICE, ou n'est soumis à JUSTICE qu'exceptionnellement, personnage ayant un pouvoir politique, ou qui est apte à en jouir: de là résulte que, dans les pays où les Nobles n'ont plus eu que le titre sans prérogatives politiques, l'obséquiosité peut les saluer du nom de Nobles, tandis que le langage rationnel ne les désignera que sous le nom de notables. — Autrefois, être CHEVALIER était plus qu'être GENTILHOMME; au déclin de la chevalerie féodale, on n'était, au contraire, admissible à la CHEVALERIE, si l'on n'était gentilhomme. De nos jours, les CHEVALIERS GENTILSHOMMES étaient de la classe la moins élevée de la NOBLESSE. — Les Nobles de peu d'importance ont été dédaigneusement nommés HOBEREAUX, parce que les ARCHERS qui marchaient à la suite des chevaliers se sont appelés HOBEREAUX, *hobillarius*. — Les règles qui concernaient les Nobles étaient si peu arrêtées au temps de MONTESQUIEU, que ce grand publiciste cherche à démontrer qu'un Noble, quelque parti qu'il embrasse, ne peut pas être argué de DÉSERTION; de vieilles ordonnances qu'il ignorait étaient contraires à cette opinion; mais MONTESQUIEU est, de tous les grands écrivains, celui de qui la LÉGISLATION militaire et la JUSTICE MILITAIRE ont le moins à attendre et à emprunter. — Le Noble dont le père, ou quelque ancêtre, s'était livré au commerce, ne pouvait recouvrer l'illustration de race, par là entachée, qu'en obtenant des LETTRES DE RELIEF; il en fut délivré encore sous la restauration, comme s'en plaignit amèrement le célèbre industriel Ternaux, qui, en ayant eu sans les avoir sollicitées, retrancha de sa signature le titre de BARON. — Dans des MILICES qui ont pour base l'égalité du SERVICE obligé, et où cependant certains CORPS, tels que ceux qu'on nomme la GARDE, la MAISON, les instituts de cadets, ouvrent, par préférence, leur cadre aux Nobles, il y a anomalie morale, alors même qu'il y a peut-être nécessité politique. Le philosophe FRÉDÉRIC DEUX, cet ennemi des prétentions des grands SEIGNEURS, jugeait indispensable de faire beaucoup en faveur de la NOBLESSE subalterne de ses États; il ne faisait de PROMOTIONS d'enseignes qu'au profit de cette noblesse. Tel est l'exemple que, peut-être, la MILICE PRUSSIENNE est obligée, aujourd'hui encore, de suivre en partie.

— Dans la MILICE ESPAGNOLE, les Nobles conservaient, en 1850, un droit à la possession des GRADES; les deux tiers leur revenaient. — Dans la MILICE POLONAISE, tout républicain que se crût le pays, l'on n'était officier, même PAYSANNE, si l'on n'était Noble. — La MILICE PIÉMONTAISE est de l'autre siècle quant au maintien des droits nobiliaires. — La MILICE AUTRICHIENNE reconnaît des ARCHERS NOBLES, des COMPAGNIES NOBLES.

NOBLE MAISON. V. MAISON. V. ORDRE DE LA M...

NOBLESSE, subs. fém. V. CLASSE DE N... V. DÉGRADATION DE N... V. JUGE D'ARMES DE LA N... V. LETTRES DE N... V. ORDRE DE N... V. PREUVE DE N... V. QUARTIERS DE N... V. TITRE DE N... V. USURPATION DE N...

NOBLESSE (F) ou ORDRE NOBILIAIRE. Ce mot a la même racine que le substantif NOBLE; il s'applique à une caste dont l'HISTOIRE se rattache inséparablement à celle de l'ARMÉE, et qui a ses racines dans une munificence créatrice de PRIVILÉGES et de BÉNÉFICES, comme moyen auxiliaire de gouvernement, et dans une concession de DOTATIONS, comme moyens d'émulation et de considération. Des Noblesses ont pu s'entretenir par anoblissement, toutes se sont fondées par DOTATIONS. Quand CÉSAR spoliait les GAULOIS, il substituait une Noblesse d'étrangers à celle des indigènes; quand Valens, pour raffermir un trône qui s'écroulait, donnait des bestiaux, des grains, des terres aux VÉTÉRANS, et déclarait que les fils des donataires seraient reconnus VÉTÉRANS, avec mêmes immunités, mêmes priviléges, cet EMPEREUR créait une Noblesse ou croyait restaurer l'ancienne, mais il se trompait d'époque; la direction des esprits ne s'y prêtait plus. — Depuis l'irruption des FRANCS dans la GAULE, depuis la spoliation qu'ils exerçaient à leur tour sur les ROMAINS, le terme Noblesse ou ses analogues en SAXON ou en LATIN, ont signifié d'abord qualité de NOBLE, quelle que fût la nature des FONCTIONS ou des DIGNITÉS militaires, quelles que fussent les CHARGES ou OFFICES de cour. Un soldat était un noble, quel que fût le genre du domaine, l'importance du BÉNÉFICE; ensuite, le terme a signifié ORDRE politique, caste, jouissant de DOMAINES héréditaires par primogéniture ou par MAJORAT; cet ORDRE est devenu un pouvoir souvent rival du trône, et a constitué une classe de personnages ayant ARMOIRIES, FIEFS, QUARTIERS, LIVRÉE, CRÉNEAUX, colombiers, GIROUETTES, PONTS-LEVIS, SCEAU. — Dans les derniers siècles, la Noblesse était PERSONNELLE, à FIEFS ou non, mais à QUARTIERS, sauf les anoblis; elle composait la GENDARMERIE.

la tête des armées et la classe qui y exerçait COMMANDEMENT. — Dans la plupart des gouvernements modernes, notabilité et Noblesse actuellement sont même chose, sans égard aux QUARTIERS. — Ces propositions sont justifiées aux articles BACHELIER, BARON, BLASON, CHEVALERIE, COMTE, DUC, ECCLÉSIASTIQUE, FÉODALITÉ, NOBLE, PROFESSION DES ARMES, SEIGNEUR, SERVICE FÉODAL, SOLDAT. — NOBLESSES, au pluriel absolu, ou NOBLOYS, sont pris, comme le témoigne CARRÉ (1785, E), dans le sens de faveurs, d'INSIGNES, de LIVRÉES, de RUBANS. — Il ne s'agit ici, ni de s'instituer le champion, ni de se déclarer l'improbateur des PRIVILÉGES nobiliaires; assez d'ÉCRIVAINS se sont montrés, les uns détracteurs, les autres apologistes. Dans les peuplades de sauvages, comme chez les peuples civilisés, il y aura toujours des NOBLES, quoi qu'on fasse et quelque nom que l'ergotisme leur donne, parce qu'il n'y a pas de société où ne soient en présence supériorité et infériorité, et en lutte, faibles et puissants. — Les nobles de l'Atlas seront les plus braves coupeurs de têtes; les nobles de l'Amérique du Nord seront des millionnaires; les nobles de l'Amérique du Sud, des ambitieux s'entr'arrachant le pouvoir; les nobles constitutionnels seront les plus éloquents parleurs. Se roidir contre cette loi du destin, ce serait appeler l'anarchie, ce serait vouloir que la brutalité détrônât la capacité, que l'audace triomphât de l'influence acquise, et que le souffle du vent détruisît ou rétablît le droit de propriété et les fortunes. — La différence dans les PRÉROGATIVES, leur modération ou leurs excès, constitue la Noblesse utile ou la Noblesse abusive. — Si la Noblesse a exercé chez nos ancêtres un pouvoir souvent acerbe, si elle a précipité dans des désastres le pays, elle avait sauvé, au dixième siècle, la FRANCE prête à périr et de convulsions et d'atonie; la NOBLESSE FIEFFÉE avait fait revivre, au onzième siècle, les NOMS PROPRES; ils sont redevenus l'élément de la civilisation et, plus tard, les repères de l'ÉTAT CIVIL; ils ont servi de complément à la chronologie et à l'ART HÉRALDIQUE, si utile lui-même aux études HISTORIQUES et aux recherches des antiquités. — La Noblesse prête, comme toutes choses, au blâme et à l'approbation; elle a été une des nécessités des époques où elle a dominé. La FRANCE n'est pas le royaume qui ait eu le plus à souffrir des inconvénients de l'hérédité que la Noblesse s'était arrogée; la nation est restée ou du moins est redevenue forte et grande, tandis que d'autres peuples ont décliné en proportion de la multiplication de leur Noblesse. En voici quelques preuves. Suivant Bernardin (*Vœux d'un so-*

litaire), l'hérédité aurait dû *varier suivant le besoin des États ; car on devait prévoir que les familles nobles se multiplieraient plus que les autres, parce qu'elles ont plus de crédit et, partant, plus de moyens de subsister ; et que les familles bourgeoises riches tendraient sans cesse à s'incorporer avec elles par les anoblissements : de sorte que le nombre des hommes oisifs allant toujours en augmentant, et celui des hommes laborieux toujours en diminuant, l'État, au bout de quelques siècles, se trouverait affaibli par sa propre constitution. — C'est en effet ce qui est arrivé à l'Espagne et à d'autres pays ; ce ne sont ni les guerres, ni les émigrations en Amérique qui ont affaibli l'Espagne, c'est au contraire la paix et la trop grande multiplication des familles nobles qui s'en est suivie. Les longues et cruelles guerres de la Ligue détruisirent, en France, beaucoup de gentilshommes, et la France, loin de s'affaiblir, augmenta en population jusqu'à Louis quatorze. — Les émigrations de l'Angleterre, qui est moins étendue que l'Espagne, ont formé, en Amérique, des colonies plus florissantes et plus peuplées que les colonies espagnoles, et loin de diminuer les forces de l'Angleterre, elles les auraient augmentées si elles avaient été mieux liées avec leur métropole, dont elles se sont séparées à cause de leur puissance même. — Enfin, plusieurs États en Italie, qui, comme Venise, Gênes, Naples, la Sicile, etc., n'ont ni guerres à supporter, ni colonies à entretenir, sont dans un état de faiblesse qui augmente de plus en plus, sans qu'on puisse l'attribuer à d'autres causes qu'à l'hérédité même de la Noblesse et aux anoblissements qui y multiplient la classe oisive des nobles aux dépens des classes laborieuses du peuple. — Suivons le sujet siècle par siècle. — Les castes nobiliaires dont nous avons à nous occuper datent de l'irruption des* soldats de fortune *qui se sont arraché les lambeaux de l'*empire romain. L'Europe *s'est partagée en deux grandes classes, la roture et la Noblesse, les battus et les vainqueurs. Cette forme sociale est analogue à ce qui se voyait en* Grèce *et à* Rome ; *mais les catégories y étaient fondées par la loi, tandis que, depuis* César, *l'oppression a décidé de la hiérarchie de la société dans tout l'*Occident. — *Ce que la violence et la spoliation avaient établi, est devenu permanent en vertu des lois souscrites, de gré ou de force, par les législateurs, les monarques, les prêtres, et sanctionnées*

par la puissance des temps. — Cependant l'époque où la Noblesse a pris naissance n'est pas unanimement convenue : les uns la croient la sœur, les autres l'enfant de la féodalité. Les savants allemands ont fait, avec peu de fruit, de profondes recherches ; il n'a guère jailli plus de lumières des études des Boulainvilliers, Dubos, Mably, Montesquieu ; leurs dissentiments viennent de ce qu'ils veulent rattacher à un principe unique, ou à une époque déterminée, la création de l'ordre nobiliaire tel que chacun d'eux s'en fait l'image ; tandis que l'institution n'a été que successive, qu'elle est sortie du hasard plus que de la combinaison, et que son caractère, son esprit, son influence politiques ont varié de siècle en siècle. — L'époque de l'origine est en partie restée obscure, parce que le mot *nobilitas*, appliqué à la dénomination d'une caste armée et revêtue de commandement, n'appartient qu'au neuvième siècle ; mais si le terme n'était pas usité encore, la chose, plus ou moins modifiée, n'en existait pas moins, puisque les hérauts d'armes et les généalogistes s'accordaient à considérer, dans les vieux titres, le terme *miles* et *eques* comme l'équivalent de noble ; de même, ordre équestre ou vassaux à cheval, et gendarmerie, *gens armata*, étaient synonymes d'ordre nobiliaire. — A peu d'exceptions près, la Noblesse de tous les temps et de tous les pays, même celle d'église, a tiré sa naissance de la guerre. D'abord on devenait noble parce qu'on était militaire ; tels étaient les gentils de l'empire romain, tels étaient les soldats de Clovis, devenu roi ; ensuite, être noble impliquait l'obligation de porter les armes ; tel était le cas de tous les Français usufruitiers ou possesseurs de terres sous la première race. — Sous les races suivantes et jusqu'à Louis quatorze, être noble et militaire, c'était avoir le droit de châtier ses soldats et ses vassaux ; de là, l'établissement des justices seigneuriales. Plus on était noble, c'est-à-dire plus on commandait de soldats, et plus s'étendait l'échelle des chatiments à infliger ; le nombre des piliers ou fourches patibulaires y répondait ; le roi en faisait dresser autant qu'il le jugeait à propos ; le duc en pouvait ériger huit ; le comte, six ; le baron, quatre ; le chatelain, trois ; le gentilhomme haut justicier, deux. Il ne pouvait pas y en avoir moins, puisqu'il fallait qu'une traverse appuyée de supports permît d'y suspendre les cadavres des justiciés. — Dans le principe, les antrustions, les barons, les leudes, cette Noblesse haute qui entourait et escortait le souverain, arrivaient à ce rang par sa seule faveur ; toute transmission de dignités était interdite à ceux qui en étaient revêtus ; la Noblesse d'origine n'était pas connue encore sous la SECONDE RACE, si ce n'est vers sa fin. — La Noblesse à FIEFS, si l'on s'en rapporte à HENRIQUEZ, écrivain pour ainsi dire notre contemporain, était la seule vraie ; *la possession d'un fief, même de dignité, n'anoblit pas le roturier qui en serait investi.* — L'opinion de Bacon est différente ; il distingue la Noblesse politique et la Noblesse de TITRES. La première est, suivant lui, un des tempéraments ou des contre-poids de la monarchie ; car, dans les Etats non constitutionnels, la royauté sans Noblesse tourne au despotisme. La seconde est d'ANOBLISSEMENT; elle est le marche-pied de la Noblesse politique, ou la branche cadette des notabilités auxquelles des FONCTIONS publiques étaient dévolues de droit.—Mais ces théories éclaireraient mal la question militaire, qui doit seule nous occuper ; il s'agit, pour nous, de faits historiques et militaires, non de systèmes. — La Noblesse, considérée non comme corps, mais comme qualité ou condition, a été temporaire, personnelle, héréditaire, terrienne, féodale. — En entreprendre l'HISTOIRE est difficile ; tout en est obscur, douteux, ambigu par bien des causes ; voici les principales. — La valeur nominale des TITRES d'AVOUÉ, BAILLI, BARON, CHATELAIN, CHEVALIER, COMTE, CONNÉTABLE, DUC, ÉCUYER, GOUVERNEUR, MARQUIS, PRÉVOT, etc., a perpétuellement varié ; les démarcations des possessions féodales, provinciales, royales même, n'ont eu aucune fixité géographique ou authentique. La condition, les droits, les obligations des VASSAUX ne se ressemblaient nulle part ; en certains pays, la haute Noblesse (*principes, proceres*) était mitrée ou abbatiale ; dans d'autres, elle n'était que guerrière. Dans aucune nation il n'existait légalement une hiérarchie nobiliaire; mais partout se déployaient les usurpations et les rivalités de la lance, le DROIT de la force ou la prétention à ce DROIT, *jus bellandi*.—Les GRANDS SEIGNEURS, dit M. SISMONDI, à la date 956, *se montraient tour à tour sous les titres d'évêques, d'abbés, de ducs, de marquis, de comtes, de vicomtes ; les quatre derniers n'étaient point régulièrement subordonnés.*— Jusqu'à l'institution héréditaire des FIEFS, la Noblesse demeure viagère et personnelle, quelquefois même temporaire, puisque les ROIS souverains, juges en fait de FÉLONIE, octroyaient ou reprenaient à leur gré, s'ils étaient les plus forts, les TERRES SALIQUES et les BÉNÉFICES. — Les héritiers de la couronne s'énervent, se reposent sur des seconds, apprennent et épousent les

usages BYZANTINS, s'entourent du dangereux appareil des DOMESTIQUES MILITAIRES, placent leurs BARONS à la tête des gouvernements civils sous le titre de COMTES, à la garde des FRONTIÈRES ou des MARCHES sous la qualification de MARQUIS, à la tête des ARMÉES sous le nom de DUCS, à la tête de la justice sous les noms de prévôts, de baillis, de sénéchaux. — Ces DIGNITAIRES par vicariat, oubliant leurs SERMENTS de BARONS, secouant violemment ou déclinant adroitement la VASSALITÉ, échappent au bras du monarque, s'emparent des débris du pouvoir, et, revêtus de TITRES qu'ils rendent transmissibles, ils créent eux-mêmes des BARONS et des AVOUÉS dans leur domesticité, et rendent dérisoire l'obligation du SERVICE MILITAIRE féodal auquel ils étaient tenus envers le monarque ; et au sein de leur DOMAINE, ils exigent à leur profit ce même genre de SERVICE de la part de tributaires de classes inférieures. — L'usurpation se consolide sous HUGUES CAPET ; la caste devient essentiellement terrienne; la QUALITÉ devient transportable au mâle légitime premier né. — Jusque-là il y avait eu des NOBLES, mais point de Noblesse ; voilà pourquoi plus d'un AUTEUR la regarde comme née avec le système des FIEFS ; mais elle est plus ancienne. — En FRANCE, dit BONAPARTE (M. LAS CASES, t. v, p. 141), *les nobles représentaient les Francs et les Bourguignons* (il aurait dû ajouter, et les Visigoths) ; *le reste de la nation, les Gaulois.*—Cette corporation, qui grandissait en proportion de l'abaissement du trône, se composait de deux catégories ; la moins avantagée demandait des TERRES et de la protection en échange du sang qu'elle s'engageait, par FOI ET HOMMAGE, à verser, n'importe pour quelle cause ; la plus opulente sous-inféodait les fractions de DOMAINES dont elle pouvait disposer, et soldait, à ce prix, les CLIENTS dont elle achetait l'épée. Cette chaîne d'INFÉODATIONS, forgée par hasard, par caprice, était si défectueuse que, quoique toute jouissance terrienne fût censée émanée du ROI, la CONSCRIPTION des CLIENTS en sous-ordre ne pouvait refuser de se battre contre le ROI. Tel était le cas des GUERRIERS qui, par VASSALITÉ, dépendaient de deux couronnes souvent opposées d'intérêts. Ce SERVICE FÉODAL obligé, ce droit princier d'ÊTRE EN ARMES, droit que les SUZERAINS s'arrogeaient, et le besoin d'appuyer de l'épée la jouissance du TITRE, étaient la source de déchirements politiques, l'aliment des GUERRES PRIVÉES, la cause de l'engourdissement de la nation et de la stérilité du sol. — La Noblesse ne produisait rien, elle ne tirait de la glèbe que des tributs en nature ; inhabile au commerce et aux échanges, elle manquait d'or ; et pourtant la vénerie et ses QUACHEORS, les CÉRÉMONIES et les CARROUSELS, les fêtes et l'état d'HOSTILITÉS, exigeaient des espèces monnayées ; il fallait donc se les procurer par les pillages de la GUERRE, par les extorsions nommées TAILLES AUX QUATRE CAS, par les brigandages de grandes routes, par la falsification des monnaies, par la spoliation des juifs et la proscription des usuriers, par l'extermination des hérétiques. C'était un cercle d'exactions, de crimes, de besoins. Les déportements de la Noblesse allemande devinrent tels, elle bravait à tel point les lois et l'empereur, que le pays ne sut y opposer qu'un épouvantable remède, l'institution sanguinaire des francs-juges. Ce tribunal secret de la terre rouge, qui exista de 1267 jusqu'à l'institution de la justice impériale, s'éteignit sans avoir été abrogé. Les assassinats wehmiques firent regretter le temps où du moins on voyait en face son assassin. — Orgueilleuse et dépourvue de lumières, la Noblesse de tous les pays eût cru déroger par toute autre occupation que celle des ARMES ; illettrée, elle végétait dans le désœuvrement quand elle ne se battait pas ; de là ce besoin de la paume, de la chasse, des TOURNOIS, des JEUX DE LANCE (*hastiludia*) et de tous les spectacles, de toutes les distractions, où la vue du sang et la présence des dangers la réveillaient de sa torpeur, la sortaient de sa vie de luxe et de sensualité. — La puissance et les TITRES des nobles dépendaient des FORCES dont ils pouvaient disposer ; les DUCS OU CHEFS D'ARMÉE tenaient le premier rang ; les MARQUIS conservaient de l'importance dans les pays entrecoupés de FRONTIÈRES, comme en ITALIE et dans les diverses MARCHES ; les COMITES ne se maintinrent qu'en devenant BANNERETS, autre manière d'être DUCS. Un simple DUC n'était pas à résidence absolument fixe ; un BANNERET était un DUC résidant. Le titre de BARON fut, pour quelques-uns, une qualification de cérémonial, une désignation de GRADE MILITAIRE, au lieu d'indiquer, comme dans l'origine, un personnage du premier rang ; mais ce sont autant de vérités relatives, nébuleuses, locales, jamais absolues. — L'époque où la grande révolution nobiliaire se consomme, répond au renversement du trône et à la phase comprise entre l'an 877 et l'an 960 ; l'anarchie produisait l'aristocratie et la théocratie. — Dans le neuvième siècle les invasions des NORMANDS remettent tout en question, et leur Noblesse, c'est-à-dire des poignées de brigands aquatiques, ne rencontrant que la faible résistance de castes divisées ou énervées, les dé-

truit ou s'y greffe. — Depuis 960 environ, la Noblesse reprend une énergie qui avait disparu d'un pays abâtardi ; la FRANCE, abandonnée du trône, se réfugie dans les CHATEAUX ; les SEIGNEURS élevaient des castels de toutes parts, ils deviennent l'abri des propriétés mobiliaires et l'asile des possesseurs circonvoisins ; sans cette révolution nobiliaire, la FRANCE allait se dépeupler d'hommes libres, et les SERFS s'y changer en anthropophages. — La première pensée des MAJORATS est due aux NORMANDS ; ils consacrèrent le principe de l'inégalité des partages héréditaires et la concession des deux tiers du bien en faveur du mâle premier né ; aussi, les simples paysans cauchois en observaient-ils la coutume ignorée de PARIS et de ses environs. — Les créateurs de ces lignées franco-normandes patrimonialisent les biens envahis par la férocité valeureuse ; quelques-uns de leurs successeurs les accroissent par la ruse, les conservent au milieu des déchirements politiques, par des chances heureuses, ou grossissent leurs FIEFS par les GUERRES PRIVÉES ; leurs arrière-neveux, dépossédés par les révolutions, s'en dédommagèrent par des obsessions de courtisans et par les dilapidations du fisc. — Les souvenirs nobiliaires antérieurs aux NORMANDS ayant été submergés dans les naufrages des PREMIÈRES RACES, les personnages qui font remonter si haut leur généalogie, s'abusent ou nous abusent. — Telle n'est pas l'opinion de MONTESQUIEU. Une souche inconnue, un berceau dans les nuages sont, à ses yeux, un gage de la pureté des QUARTIERS ; l'absence des PREUVES produit la preuve. Les casuistes en fait de BLASON vénèrent d'autant moins l'origine qu'elle est mieux constatée ; ils consacrent en principe que la Noblesse de race ou de parage était un état fondé *sur la possession, et si le titre paraissait, il le détruisait.* — Écoutons un moraliste plus logicien, plus judicieux ; c'est Charron qui parle (liv. 1er, chap. 55) : *Que sert à un aveugle que ses parens aient eu bonne vue, et à un bègue l'éloquence de son aïeul ! — La personnelle* (la Noblesse) *a ses conditions très-bonnes ; elle est propre à son possesseur, elle est tousiours en subject digne et très-utile à aultruy ; encore peut-on dire qu'elle est plus ancienne et plus rare que la naturelle* (il appelle ainsi celle de parage), *car c'est par elle que la naturelle a commencé ; en un mot, c'est la vraie qui consiste en bons et utiles effets, non en songe et imagination vaine et inutile, et provient de l'esprit et non du sang. — La Noblesse donnée et octroyée par le bé-

néfice et rescript du prince, si elle est seule, elle est honteuse et plus reprochable qu'honorable ; c'est une Noblesse en parchemins acheptée par argent ou faveur, et non par le sang comme elle doibt ; si elle est octroyée pour le mérite et les services notables, lors elle est censée personnelle et acquise. — M. Sismondi témoigne qu'à la fin du onzième siècle la Noblesse commençait à se partager en deux classes, celle des nobles à château et celle des cadets de famille, des seigneurs appauvris, qui commençaient à faire cause commune avec la bourgeoisie et qui cherchaient protection derrière les murailles des villes. — Ceux-ci constituèrent en partie la cavalerie des milices communales. — La vie désordonnée et la malhabileté militaire des croisés préparent les désastres de la Noblesse chrétienne en Orient ; celle d'Occident s'en affaiblit d'autant. Les confiscations et l'encan de quantité de fiefs en sont la conséquence. De puissantes maisons s'abîment sous des défaites sanglantes, ou s'éteignent après avoir dissipé leurs biens par la passion des tournois, par les folies du luxe, par les somptuosités de la vanité, par les meutes et les fauconneries. — *Notre Noblesse,* dit Lacurne, *toujours décidée à se ruiner par ostentation, s'est précipitée, surtout, dans l'appauvrissement, par sa fureur pour la chasse.* — Les Maures de la Péninsule, et, depuis leur expulsion, divers royaumes des Espagnes connaissaient deux genres de Noblesse, celle de bannière, celle de chaudière. Le blason, espèce de langue universelle d'alors, en porte le témoignage. — L'ordre nobiliaire n'avait été régi que par des règles coutumières, mais disparates, jusqu'à l'apparition tardive d'une législation dont les rescrits se sont nommés assises de Jérusalem, rôle de 1214, et établissements de Saint-Louis. — Ce rôle de 1214, espèce de charte conscriptionnelle, est le plus ancien document nobiliaire que la France ait conservé. Les archevêques et évêques qui devaient le service à raison de leurs fiefs, y figurent en première ligne ; viennent ensuite les abbés, ducs et comtes, et en troisième ordre les barons ; c'étaient les échelons de la haute Noblesse. Après eux sont mentionnés les chatelains et les vavasseurs ; c'était une Noblesse de seconde classe. — On a prétendu que, dans le cours de ce siècle, le blanc était la couleur de la Noblesse ; c'était peut-être une affaire de mode, non une disposition de la loi ; rien, au reste, de moins démontré, autrefois, que l'histoire des couleurs. — Vers ces temps, la chevalerie d'ap-

filiation était dans son éclat ; le titre de chevalier était, pour une partie de la caste, un surcroît de Noblesse ; greffé sur le droit héréditaire pour quelques guerriers, c'était un anoblissement ; pour tous une qualité viagère. — L'ancienne Noblesse se maintenait héréditaire et terrienne, à l'aide de la lance libre, et à l'ombre du haubert et de la cotte d'armes : il y avait, ainsi, une Noblesse personnelle, c'était celle des chevaliers ; une Noblesse transmise par héritage et juridiction, c'était celle de parage ; une Noblesse de faveur, c'était celle des bannerets par nomination. Toutes équivalaient au titre plus ou moins relevé d'officier de cavalerie. — Louis neuf, qui a passé sa vie à mériter le ciel par de pieuses actions, a commis, comme roi, plus d'une faute ; il a environné de lustre la noblesse fiefféé qui avait fait tant de mal à ses prédécesseurs. — Dans le décret nommé établissement, il décide que si un roturier se laisse instituer chevalier, *le porroit prendre li roys et li bers* (le roi ou le baron pourraient le faire arrêter) *en qui châtellenie se seroit* (en quelque lieu que ce fût) *et trencher ses esperons seur un feumier* (fumier). — Le décret du saint roi était un anachronisme ; il paraissait deux siècles trop tard ; il était bien plus voisin de la chute de la féodalité et de la chevalerie que de leur naissance. — Pendant les dernières croisades, la chevalerie vient se fondre dans la Noblesse française : elle lui redonne du ressort, mais l'appauvrit et la dépare. — C'est à ces époques que peut se rapporter l'usage de la Noblesse par le ventre, ou anoblissement du fait de la mère ; ce droit était l'équivalent et l'extension d'un droit jusque-là exceptionnel, puisque presque toutes les provinces françaises ne reconnaissaient que la *Noblesse de par le père.* Les preuves écrites de cette faveur concédée aux femmes sont difficiles à saisir et à débrouiller. Les uns veulent les retrouver dès le temps de Charles le Chauve, vers 844. La plupart des auteurs qui disent que le ventre anoblissait, ne remontent qu'à Louis neuf, parce que l'issue de l'expédition en Afrique, ayant privé plusieurs provinces de la fleur de la Noblesse, rendait nécessaire la restauration des races nobles. Cette coutume a régné en Champagne, en Artois, à Paris même. Les fils de femme noble pouvaient posséder des fiefs, mais non être chevaliers ; la seule Noblesse de parage donnait droit à chevalerie. — Par le contre-coup des expéditions en terre sainte, les communes acquièrent, sous le nom de tiers état, une influence menaçante pour l'ordre de la Noblesse. Le trône pactise avec la bourgeoisie ; elle passe de l'assujettissement aux hostilités envers les maîtres qu'elle abjure ; la Noblesse descend de l'état de domination à l'état de rivalité ; elle contribue, elle-même, à se déconsidérer par la quasi-légitimité qui dans les grandes familles décrassait la bâtardise ; celle-ci avait des ARMOIRIES, son HEAUME distinctif ; elle donnait des chefs aux AVENTURIERS, aux GRANDES COMPAGNIES, désolait à leur tête les provinces, et était l'effroi du trône. — Alors l'extravagance se mariait à la vanité ; avoir des SOULIERS dont la pointe montait à la hauteur des genoux, c'était être sur un grand pied. Les SOULIERS de la moindre Noblesse n'avaient la POULAINE que de douze à quinze pouces. Le reste du peuple n'avait pas de SOULIERS. — Les batailles de CRÉCY et de POITIERS portèrent à l'ORDRE le plus éminent de l'État un coup sans remède. Les ANOBLISSEMENTS par la CHEVALERIE, par les capitoulats, par les CHARGES de cour, par le ventre, par des usurpations ou tolérées ou ignorées, ne comblèrent qu'imparfaitement quelques pertes, embrouillèrent les tiges, obscurcirent les droits et rendirent indéchiffrables les cartulaires, et de peu d'utilité les enregistrements des ROIS D'ARMES. — L'autorité des CHATELAINS décroît dès l'instant où, dans les DOMAINES royaux, les habitants s'appellent BOURGEOIS du ROI ; ils commençaient à respirer au sein des COMMUNES affranchies, alors qu'une quantité de SERFS et un petit nombre de BOURGEOIS du SEIGNEUR peuplaient encore les DOMAINES seigneuriaux. — La FÉODALITÉ se dissout sous LOUIS ONZE, par la chute de CHARLES LE TÉMÉRAIRE et par l'introduction de la NOBLESSE DÉCORATIVE ; les FORTERESSES se démantèlent à mesure que les bras des SERFS manquent pour les réparer ; la CHEVALERIE tombe en langueur sous CHARLES HUIT, par l'institution des ARMÉES PERMANENTES et l'impulsion que les GUERRES NATIONALES donnent à l'ESPRIT MILITAIRE. La CAVALERIE de CHARLES HUIT, dit PAUL JOVE, était conscrite sur toute la Noblesse du royaume de FRANCE. La Noblesse VOLONTAIRE, dit BRANTOME, se rassemblait sous l'ÉTENDARD GÉNÉRAL. Les appels monarchiques et les inclinations de soldats succédaient à l'esprit seigneurial et domanial. — La mode des ÉCUYERS de chevalerie et des PAGES de SEIGNEURS CHATELAINS avait cessé ; la Noblesse se servait de LAQUAIS de résolution, nommés ESTAFIERS ; les NOBLES, SIMPLES SOLDATS, avaient, pour toute domesticité, un GOUJAT. — Les nuances des démarcations étaient tellement tranchées encore dans l'ARMÉE, au quatorzième siècle, que, suivant M. MONTEIL, le MILITAIRE de race NOBLE n'était tenu qu'à la simple pro-

messe d'observer les ordonnances, tandis que le MILITAIRE ROTURIER était obligé de jurer qu'il s'y conformerait. Etait-ce de là que MONTESQUIEU avait tiré la conséquence un peu sophistique qu'un Noble du dix-huitième siècle ne pouvait, en aucun cas, être argué de désertion, comme si une promesse pour un NOBLE devait être moins sacrée qu'un serment pour un ROTURIER ? — A la fin du quatorzième siècle, le ROI admet aux états généraux les COMMUNES ; la mesure était un pronostic fatal pour les classes privilégiées. — Une grande partie de la Noblesse continue à être terrienne, tout en se parant des COLLIERS et des RUBANS que décernent les souverains ; mais elle cesse d'être féodale : elle commence à admettre presque autant de TITRES de courtoisie que de TITRES par brevets. — Des nominations royales octroient des TITRES, à mesure que le sceptre reprend du pouvoir. Ce rajeunissement eût pu épurer la Noblesse, si les choix avaient été toujours la RÉCOMPENSE de SERVICES honorables et publics. L'ORDRE DE SAINT-MICHEL et du SAINT-ESPRIT témoignent combien les résultats répondirent mal aux intentions. — Les successeurs de la Noblesse féodale ont exercé le COMMANDEMENT des BANS du ROI, des BANDES de LOUIS DOUZE, des COMPAGNIES D'ORDONNANCE, des LÉGIONS des Valois : les GRADES de l'ARMÉE ont dédommagé, après l'extinction de la FÉODALITÉ, les arrière-neveux de la perte des DOMAINES confisqués sur leurs ancêtres ou dilapidés par les profusions. — La Noblesse commence à prendre du goût pour le SERVICE de l'INFANTERIE sous LOUIS DOUZE ; jusque-là, le moindre NOBLE ne croyait pouvoir servir que comme GENDARME. SOUS HENRI DEUX, comme le dit de LAVIEILLEVILLE, elle se porte aux PAYES ROYALES et aux ANSPESSADES. — Les premières idées touchant les droits à l'ANOBLISSEMENT militaire, par faveur royale, appartiennent à FRANÇOIS PREMIER ; les SIMPLES SOLDATS de ses LÉGIONS avaient promesse d'obtenir des TITRES de Noblesse, si leurs bons SERVICES les conduisaient au GRADE D'OFFICIER. — L'ORDONNANCE DE 1575 (1er JUILLET) disposait que, non-seulement les GENDARMES, mais même les ARCHERS des COMPAGNIES D'ORDONNANCE de HENRI DEUX, devaient être de NOBLE race. Il est plus facile de faire des ORDONNANCES que d'obtenir que la lettre s'en réalise : celle-ci fut bientôt inexécutable, parce que la passion du DUEL et la fureur des GUERRES CIVILES moissonnèrent des NOBLES par milliers ; on chercha à y rémedier en déclarant que le SERVICE A CHEVAL décrassait les VILAINS. Ainsi LOUIS TREIZE, dans ses ORDONNANCES, disait que les SOLDATS servant à cheval étaient censés GENTILSHOMMES ; c'était comme une Noblesse à terme. On capitulait ainsi avec les règles que le temps effaçait. — Pour tempérer cette rage des AFFAIRES D'HONNEUR, le TRIBUNAL des MARÉCHAUX et ses PRÉVOTS avaient été investis d'une sorte de POLICE qui s'exerçait sur la Noblesse. — HENRI QUATRE, par l'édit de 1600 sur les tailles, manifestait le dessein de créer une NOBLESSE MILITAIRE ; mais les lois postérieures annulèrent ce projet. — BOUILLÉ prétend que depuis *les Etats de 1614, la Noblesse avait perdu son ancienne splendeur, son existence, et était entièrement décomposée. Il y avait en France quatre-vingt mille familles nobles. Les lettres de Noblesse, prodiguées dans la guerre de la succession, se vendaient deux mille écus tournois. Il existait environ mille familles dont l'origine se perdait dans les temps reculés ; deux ou trois cents avaient échappé à la misère. Quelques grands noms, qui rappelaient de grands personnages, trop souvent étaient avilis par les vices de ceux qui en avaient hérité.* — Au temps de LOUIS QUATORZE, les BARONS, dit ODIER (1824, E), *qui avaient vu s'échapper leurs vassaux sous l'habit de paysan, les avaient ressaisis sous l'habit de soldat ; la gloire et les récompenses avaient tourné au profit des seuls favoris de la cour ; les capitaines propriétaires et fournisseurs se portaient à tous les excès de l'avarice,* etc. La seule Noblesse pouvait aspirer à des PENSIONS militaires. — On comptait, sous LOUIS QUATORZE, très-peu de familles qui pussent rattacher les racines de leur arbre au quatorzième siècle ; quelques-unes se vantaient de partir du treizième siècle ; mais celles qui élevaient de plus hautes prétentions les justifiaient difficilement, puisque c'est depuis le milieu du douzième siècle seulement que la naissance constitue et transmet la Noblesse, et que, plus anciennement, c'étaient la puissance et la force qui, seules, la donnaient. Il n'y avait de démontré que la Noblesse de naissance, c'est-à-dire les ANOBLISSEMENTS obtenus depuis le règne de PHILIPPE LE HARDI. — Suivant M. SISMONDI, *l'étude de l'enregistrement des généalogies est postérieure au milieu du onzième siècle.* Comment, en effet, aurait-elle pu avoir lieu avant le rétablissement des NOMS PROPRES, dont l'usage était tombé en oubli depuis la domination romaine ? Les partages, les acquisitions, les délimitations des DOMAINES, exigeaient le retour à un ordre d'écritures sans lequel il ne saurait y avoir d'hérédité assurée. Ainsi s'établirent les lignées, en prenant des NOMS fixes, en les inscrivant dans les cartulaires, et quelquefois en faisant forger, par les clercs, des chartes qui n'étaient pas toutes véridiques. — Au temps des CROISADES, ces NOMS PROPRES s'appuyèrent sur les ARMOIRIES, qui, dans un temps où si peu de gens savaient lire, étaient une écriture dessinée et symbolique. — Qui oserait, en supposant possible la recherche, nouer sa lignée aux maisons qui usurpèrent la Noblesse sous la SECONDE RACE, démembrèrent, en enfants sans entrailles, la monarchie, et lui préparèrent cinq siècles de plomb ? Qui oserait se vanter d'être plutôt ROMAIN que FRANC, ou GAULOIS, plutôt Alain que GOTH, plutôt LOMBARD que NORMAND ? Qui voudrait même tirer vanité d'être sorti d'une CHATELLENIE du douzième siècle, et de ces hommes que le saint abbé SUGER appelait *des loups dévorants ?* — Aux yeux de la raison et de la religion, il est plus honorable d'appartenir aux opprimés qu'aux oppresseurs. D'ailleurs, plus les parchemins sont en bon français, au lieu d'être en latin barbare, moins on peut supposer que la déesse Lucine, en secourant les ascendantes, aurait eu à leur reprocher quelque fragilité ; car le simple soupçon d'une équivoque provenance d'enfants fanerait le feuillage du plus bel arbre généalogique. Boileau, sur ce sujet, en a dit plus que nous. — Le testament politique de RICHELIEU témoigne qu'on cherchait à régénérer la Noblesse, *alors caduque et appauvrie ;* mais il n'était plus temps ; un nouvel échec la menaçait ; l'ordre du tableau commençait à subordonner le rang du noble au GRADE du GÉNÉRAL. — Cependant, au commencement du dix-huitième siècle, la Noblesse dédaignait encore le commandement des GRENADIERS et des PARTISANS, parce que des ROTURIERS y avaient été appelés en maintes circonstances. — Sous le sceptre languissant de LOUIS QUINZE, la Noblesse se ressent de la décadence du trône ; le MINISTÈRE s'efforçait de la faire refleurir, mais dépendante et monarchique, et non plus aristocratique et séditieuse. C'est à cet effet qu'il élevait l'ÉCOLE MILITAIRE, qu'il donnait aux ÉTATS-MAJORS un accroissement profitable à la haute Noblesse, et que BELLE-ISLE se prononçait contre les CONCORDATS, qu'il accusait d'être favorables aux ROTURIERS opulents au préjudice des NOBLES PAUVRES. — Un ÉDIT de Fontainebleau DE 1750 (NOVEMBRE), interprété dans une DÉCLARATION DE 1752 (6 MARS), créait une NOBLESSE MILITAIRE ; il en décorait les OFFICIERS GÉNÉRAUX en activité et tous ceux qui en obtiendraient le GRADE ; un long préambule exposait les motifs de l'institution et la nature de la RÉCOMPENSE. — CATHERINE DEUX rendit aussi, dans des vues militaires, un ukase sur la Noblesse ; elle la divisa en six CLASSES. Dans la sixième se trouva placée la Noblesse de race, et, ce qui ne fut pas moins étrange, c'est dans la première CLASSE que prirent place les anoblis ou la Noblesse créée par diplôme, comme si l'impératrice *eût voulu prouver*, dit M. de SÉGUR (le fils du maréchal, 1826), *que l'illustration acquise par des actions était préférée à l'ancienneté des titres.* — Le livre de HENRIQUEZ, cette jurisprudence de la barbarie, ce fragment interprétatif d'une charte déchirée depuis quatre ou cinq siècles, ce recueil des *us* gothiques de quelques localités, se réimprimait encore en 1780; car on pouvait tout exhumer comme LÉGISLATION dans un pays où aucune institution n'avait de base régulière, où aucune bibliothèque ne contenait de code. — L'ORDONNANCE intempestive DE 1781 (22 MAI), qui éveilla une si vive improbation, travaillait à consolider, à rendre même plus absolue une coutume aussi ancienne que nos RÉGIMENTS : elle déclarait qu'aucun FRANÇAIS, s'il n'était NOBLE, n'était habile à obtenir le GRADE D'OFFICIER. Ségur créait même les GRADES EN SECOND, comme voie plus rapide de l'AVANCEMENT de la haute Noblesse. — C'était outrer les coutumes de la MILICE PRUSSIENNE, où les PREUVES DE NOBLESSE n'étaient exigées que pour la CAVALERIE et l'INFANTERIE; c'était vouloir plus qu'on n'en exigeait dans la MILICE ANGLAISE, où, du moins, l'opulence avait autant de droits que la Noblesse; c'était demander davantage que la MILICE AUTRICHIENNE et toute l'ALLEMAGNE; c'était prendre pour modèles les CODES des MILICES ESPAGNOLE et PIÉMONTAISE, qui assuraient aux nobles le monopole des PROMOTIONS. — *Il y avait*, dit M. le colonel CARRION, *absurdité de recruter exclusivement de nobles un Etat où, de tout temps, la Noblesse s'était recrutée.* — La conduite d'une partie de la NOBLESSE MILITAIRE, qui repoussait les COULEURS que LOUIS SEIZE avait arborées, entraîna ce prince dans sa chute. — M. de TALLEYRAND (depuis prince), lisant à l'ASSEMBLÉE NATIONALE son discours sur l'égalité des partages dans les successions en ligne directe, y disait : *Le concours de la loi et de l'opinion a fait disparaître ce pouvoir magique que certain arrangement de lettres alphabétiques exerçait jadis parmi nous.* — L'ORDRE et les titres nobiliaires sont abolis, en FRANCE, par les DÉCRETS DE 1790 (19 et 20 JUIN), et cette destruction s'accomplit sur les propositions qu'articulèrent, avec tant de désintéressement, Montmorency, Montesquiou, la Rochefoucauld, Talleyrand, Clermont-Tonnerre. — Cependant une partie des NOBLES qui figuraient dans le côté droit de la CONSTITUANTE,

était loin de se soumettre au niveau de la déclaration des droits. *Le tiers état*, dit l'historien LABAUME (1839, t. V, p. 200), *alla fouiller dans les dépôts historiques, et fit des découvertes bien propres à rabaisser l'orgueil de la plupart de ceux qui osaient se targuer de leur généalogie.* — Il eût suffi au tiers état de reproduire ce qui avait été imprimé au temps des querelles entre le parlement et la cour, pour qu'une partie de la Noblesse de cour en fût cruellement discréditée. — La GUERRE DE LA RÉVOLUTION repousse ou dénature les débris de l'ORDRE nobiliaire; l'épée de BONAPARTE le relève par les DÉCRETS DE 1806 (30 MARS et 14 AOUT) et par les SÉNATUS-CONSULTES DE 1808 (1er et 11 MARS); il fait revivre, par le fait, les projets formés, en 1600, par HENRI QUATRE et les dispositions de l'ÉDIT de 1750; il accorde des TITRES à presque tous les OFFICIERS GÉNÉRAUX et à quantité d'OFFICIERS SUPÉRIEURS; ces TITRES sans priviléges, et les TITRES honorifiques et héréditaires de princes, ducs, barons, comtes et chevaliers, ajoutaient à l'éclat d'un jeune trône. — Par simple voie d'ordonnance, car c'était une ordonnance d'urgence que la Charte, la Restauration relève de la déchéance légale de 1789 l'ancienne Noblesse et essaye l'amalgame de la nouvelle; mais les tourmentes de la révolution et vingt ans de GUERRE avaient rendu difficile la production de TITRES anciens; quelques personnages s'en étaient attribués à leur guise. Excepté les noms historiques et les souches, que les provinces reconnaissaient de fait, il n'y avait de constaté et de constant que la Noblesse de fraîche date; c'était le contraire des anciennes méthodes. — La cour n'osa donc pas créer un nobiliaire général, un armorial authentique et complet, comme le proposait le duc de FELTRE; elle eût fait trop de mécontents en épluchant quelques droits équivoques. La rénovation manqua ainsi de base politique et patente, comme elle manqua de sanction législative. — La charte de LOUIS DIX-HUIT, confirmative, en apparence, de la Noblesse, la sacrifiait, en réalité, aux nécessités du temps; elle l'annihilait en la reconnaissant; elle la caressait, tout en éludant de l'inscrire et de la classer; elle la renfermait, au profit d'un petit nombre, dans les priviléges héréditaires de la pairie; elle l'invalidait en ne la faisant plus que politique et nullement militaire. Ce qui n'était pas Noblesse de PAIRS ne jouissait que de titres d'obséquiosité; il ne restait que des hochets en dédommagement des droits anciens. — Une des erreurs de GOUVION a été de donner aux COMPAGNIES DE FUSILIERS le nom de leur CAPITAINE, comme au

temps où les COMPAGNIES étaient une PRO-
PRIÉTÉ de la Noblesse. Cette disposition sur-
prit de la part d'un ministre qu'on eût supposé le moins disposé à une mesure aussi
fausse. — Si la Noblesse ne gît que dans le
FIEF, comme le prétend le *Code des seigneurs*, elle aurait cessé de subsister depuis
1789. Si les fonctions publiques héréditaires
la confèrent, le ROI serait donc, depuis 1850,
le seul NOBLE en FRANCE. Il existe pourtant,
aux yeux de la loi, une Noblesse de TITRES :
c'est celle qui peut exhiber des parchemins
avoués par le SCEAU DES TITRES ; mais elle
n'exerce plus de juridiction, a perdu ses priviléges, ne se distingue plus de la roture par
le droit d'avoir la tête tranchée, contribue
aux charges publiques, et a cessé d'être, dans
l'État, une exception, une entrave. — La
comparaison des phases diverses démontre
que, depuis l'érection des droits féodaux jusqu'au temps où les places d'OFFICIERS étaient
réservées à qui faisait exhibition de QUAR-
TIERS, pendant l'existence des duchés-pairies,
pendant l'institution des PAIRS de LOUIS DIX-
HUIT, la Noblesse était une réalité politique ;
elle n'est plus, depuis 1850, qu'une fiction
sociale. Cette prééminence de convention est
héréditaire par constitution de MAJORATS,
viagère par admission à la pairie, personnelle par l'obtention d'ordres décoratifs ;
cette dernière est susceptible de se perdre
par DÉGRADATION judiciaire. — Jusqu'à la révolution de 1850, l'USURPATION des TITRES
nobiliaires motivait poursuites devant les tribunaux. Depuis une loi de 1852, toute disposition pénale, appliquée à ce cas, s'est effacée des codes français : cette indifférence,
en fait d'intrusion, était le coup de grâce de
la Noblesse de TITRES, comme la multiplication des signes décoratifs serait le tombeau
de l'ordre de chevalerie qu'ils représente-
raient. — La DÉCISION DE 1850 (25 DÉCEMBRE)
prescrivait de n'employer, dans la correspondance ou les relations entre MILITAIRES gradés, aucun TITRE nobiliaire, et de faire simplement précéder de *monsieur* la désignation du GRADE ; mais le MINISTRE, oubliant
l'esprit de sa lettre, transgressait lui-même
sa défense en rappelant son duché dans l'apposition de sa signature au pied de l'ordonnance (*Journal militaire*, 1831, p. 87),
tant est puissante l'influence des habitudes,
tant est douce l'amorce de la vanité. — Des
PREUVES DE NOBLESSE sont encore exhibées,
par les OFFICIERS, dans les milices d'ESPAGNE,
de PIÉMONT, de PRUSSE, de SAXE ; mais, en
général, de nos jours et dans d'autres États,
plus encore qu'en FRANCE, des usages bien
opposés à ceux de nos pères ont restreint
ou éteint les droits nobiliaires. Presque par-

tout les études, les concours, la capacité dé-
montrée et l'ancienneté de service sont devenus la clef des GRADES de l'ARMÉE. — Une
nouvelle classe de NOBLES, mais à terme, a
succédé à l'ancienne Noblesse politique,
comme contrepoids du trône : ce sont les
électeurs et les députés. Ces hommes de la
nation, substitués aux anciens GENTILSHOMMES
(*gentis homines*), combattent d'un bulletin,
pour un intérêt national ou censé tel, au
lieu de combattre d'une LANCE, pour un intérêt de CHATELLENIE ou de paroisse. — En
outre de la Noblesse historique et politique,
il y a eu la Noblesse de fantaisie. — Le goût
des distinctions avait engendré, dans la
classe moyenne, des ambitieux qui répu-
gnaient à s'appeler comme leurs pères ; les
uns recherchaient, dans un changement de
nom, un supplément à leurs jeunes ARMOI-
RIES ; les autres, bons bourgeois des bonnes
villes, se dédommageaient d'être de la roture,
en ajoutant au-devant de leur signa-
ture les articles *de*, *de la*, *des*, *du*. Leur
illustration au petit pied, leur quasi-Noblesse,
étaient proclamées par des valets d'anti-
chambre ou des billets de faire part. Dé-
daigneux du nom trop sec de leurs ancêtres,
ils ne prévoyaient pas qu'en l'altérant ils
préparaient peut-être de vives contrariétés
à leurs descendants ; car, s'ils dénaturent
les lettres figuratives de leur seing sans y
être autorisés régulièrement, ils violent une
loi qui est le palladium de l'état civil, et ils
risquent d'occasionner à leurs arrière-neveux
de fâcheux procès. — Telles veuves, oubliant
que des lauriers militaires ou des palmes littéraires avaient couronné leur époux, changeaient, dans leur ingratitude, son noble et
simple nom contre un nom de NOBLES,
comme s'il y avait rien de commun entre
l'éclat d'un nom et le nombre de ses syllabes, comme si des castes pouvaient avoir le
mérite par monopole. — En 1815, une faute
d'orthographe, dans une liste de proscription, sauva d'un acte d'accusation le général
Laborde. L'altération d'un nom propre dé-
naturé ne pourrait-elle devenir, dans un cas
contraire, l'occasion d'une catastrophe ? —
Les ordonnances de création d'un cabinet
de CHARLES DIX mentionnaient les sieurs
Villèle, Peyronnet et Corbière ; l'extrait
mortuaire de ce MINISTÈRE mentionnait les
comtes de Corbière, de Peyronnet, de Villèle. — Les AUTEURS qu'on peut consulter sur
la question de la Noblesse, et surtout de la
NOBLESSE MILITAIRE, sont : BACON, BOHAN
(1781, H), BOUCHEL, BOULAINVILLIERS, BRI-
QUET (1761, H), CARRÉ (1783, E), CARRION
(1824, A), CHAMPIER, CHERIN, COURCELLES,
DARU (1821, p. 497, etc.), DANIEL (1787,

D), DECRAMMEVILLE, DUBOS, DELAROQUE, FÉRET, HENRIQUEZ, LACHESNAIE (*Dictionnaire de la Noblesse*), JACOB, LAINÉ, LECOUTURIER, MABLY, MONTESQUIEU, ODIER (1824, E, t. III, p. 215), M. SICARD, WIMPFEN (Christian), *le Dictionnaire de la Conversation*, aux mots *Anoblissement et Archer*.

NOBLESSE ARCHÈRE. V. ARCHER. V. FRANC ARCHER.

NOBLESSE DE BANNIÈRE. V. BANNIÈRE. V. MARMITE. V. NOBLESSE.

NOBLESSE DE CHAUDIÈRE. V. CHAUDIÈRE. V. MARMITE. V. MILICE TURQUE N° 4. V. NOBLESSE.

NOBLESSE DÉCORATIVE. V. DÉCORATIF. V. NOBLESSE.

NOBLESSE D'ÉPÉE. V. BLASON. V. ÉPÉE. V. GENTILHOMME. V. NOBLESSE.

NOBLESSE FIEFFÉE. V. FIEFFÉ. V. FUSÉE HÉRALDIQUE. V. NOBLESSE.

NOBLESSE MILITAIRE. V. MILITAIRE, adj. V. LÉGION DE FRANÇOIS PREMIER. V. NOBLESSE. V. RÉCOMPENSE. V. RÉPRESSION.

NOBLESSE PERSONNELLE. V. NOBLESSE. V. MILICE RUSSE N° 2. V. PERSONNEL, adj.

NOBLESSES, subs. fém. plur. V. NOBLESSE.

NOBLOYS, subs. fém. plur. V. INSIGNE. V. LIVRÉE. V. NOBLESSE.

NOCTURNE, adj. V. ATTAQUE N... V. MARCHE N... V. SORTIE N...

NOCKHERN ; NODALUS ; NODIN ; NODOT. V. NOMS PROPRES.

NŒUD, subs. masc. (term. génér.). Mot tout LATIN qui sera seulement mentionné ici comme NŒUD GÉOLOGIQUE.

NŒUD BOUFFANT. V. BOUFFANT. V. CORDON A CRAVATE. V. CRAVATE DE DRAPEAU.

NŒUD DE CAISSE. V. CAISSE. V. TIRANT.

NŒUD DE CORDELIÈRES. V. CAPITAINE D'INFANTERIE FRANÇAISE DE LIGNE N° 6. V. COLONEL D'INFANTERIE FRANÇAISE DE LIGNE N° 5. V. CORDELIÈRE. V. GRAINE D'ÉPINARDS.

NŒUD DE PONTET. V. BRANCHE D'ÉCUSSON. V. COCHE D'ÉCUSSON. V. CROCHET A BASCULE. V. EMBASE DE NŒUD.

NŒUD D'ÉPAULES. V. AIGUILLETTE. V. COCARDE. V. ÉPAULE.

NŒUD D'ÉPÉE. V. DEUIL. V. DRAGONNE D'OFFICIER. V. ÉPÉE. V. OFFICIER FRANÇAIS N° 7.

NŒUD GÉOLOGIQUE (G, 7). Sorte de NŒUD, ou de PLATEAU, auquel se rattachent une ou plusieurs CHAINES de MONTAGNES dont, en langage de TOPOGRAPHIE, il est la partie culminante.

NŒUD STRATÉGIQUE. V. STRATÉGIE. V. STRATÉGIQUE.

NOIR (noire), adj. V. BANDE N... V. BAUDRIER N... V. BUFFLETERIE N... V. CAVALERIE N... V. COCARDE N... V. COL N... V. COULEUR N... V. CRÊPE N... V. DIABLE N... V. DRAPEAU N... V. FIL N... V. GUÊTRE N... V. MOUSQUETAIRE N... V. PAVILLON N... V. PLUME N... V. PRINCE N... V. SERGE N... V. TÊTE N...

NOIRCI (noircie), adj. V. GUÊTRE N...

NOISET. V. NOMS PROPRES.

NOIX, subs. fém. V. ARBRE DE N... V. BOURRE-N... V. BRIDE DE N... V. CHASSE-N... V. COCHE DE N... V. CRAN DE N... V. ENTAILLE DE N...

NOIX (term. génér.). Mot tiré directement du LATIN. Il se distingue en NOIX D'ARBALÈTE et en NOIX DE PLATINE DE FUSIL.

NOIX D'ARBALÈTE (F), OU ROULETTE. Sorte de NOIX qui était comparable à une roue d'un pouce de diamètre et d'un pouce d'épaisseur. Elle était, ou en corne, ou en ivoire, ou en acier ; elle était engagée aux trois quarts environ, et sur champ, dans une fente pratiquée horizontalement dans l'ARBRIER, vers son milieu, dans le sens de sa longueur, et au delà du FRONTEAU ; elle jouait autour d'un axe ou essieu ; elle avait, à sa partie supérieure, une ENTAILLE, OU ENRAYOIR, qui servait à arrêter et à bander la CORDE de l'ARBALÈTE. Une moindre ENTAILLE pratiquée à la partie inférieure de la Noix servait à engrener un RESSORT de détente qui, au moyen d'une CLEF, imprimait à la Noix un mouvement de rotation, et laissait échapper la CORDE. Faire partir la Noix s'appelait DESENOQUER l'ARBALÈTE. — Des détails sur ce sujet se trouvent dans CARRÉ (1783, E), dans l'ENCYCLOPÉDIE (1751, C), dans MAROLLES.

NOIX DE PLATINE DE FUSIL (B, 1). Sorte de NOIX qui est une des PIÈCES INTÉRIEURES attachée près de la BOUTEROLLE. On appelle ARBRE sa partie principale ; GRIFFE, sa partie évidée du côté opposé aux CRANS ; et CARRÉ, son extrémité. Son TALON, ou arrière-partie, vient appuyer contre le PIED de la BRIDE quand on abat le CHIEN ; elle reçoit son impulsion du RESSORT de la GACHETTE. — Le chasse-noix ou bourre-noix sert à la disjoindre du chien. — Elle a deux PIVOTS, dont l'un traverse la BRIDE, l'autre, le CORPS DE PLATINE ; elle résiste à l'effort du GRAND RESSORT au moyen de COCHES où s'engrène le BEC de la GACHETTE ; elle agit par des mouvements identiques à ceux du CHIEN, avec lequel elle communique en en traversant le PIED. — La Noix est une PIÈCE ingénieusement construite, mais sujette à de fréquentes réparations ; la circulaire de 1817 (29 mai) en donnait le tarif. Elle était en fer trempé ; les décisions de 1826 (3 juin et 11 juillet) voulaient qu'elle fût en acier. — Le trait figuratif des Noix de platine et sa description se trouvent dans Bardin (1807, D) et dans l'instruction de 1822 (30 mars, fig. 10).

NOIZET ; NOLLET. v. noms propres.

NOM, subs. masc. v. changement de n... v. faux n... v. gentilhomme de n...

NOM (term. génér.). Mot qui est une abréviation de son analogue en latin ; il ne sera développé ici que comme nom de guerre et nom propre.

NOM de capitaine. v. capitaine. v. capitaine d'infanterie française de ligne n° 11. v. chambre de soldat.

NOM de caporal. v. caporal. v. chambre de soldat.

NOM de corps. v. corps. v. qui-vive.

NOM de décédé. v. acte de décès. v. décédé.

NOM de famille. v. appel énumératif. v. armoiries. v. controle annuel de compagnie. v. croisade. v. famille. v. nom propre. v. profession des armes. v. soldat.

NOM de fourrier. v. fourrier d'infanterie française de ligne n° 10.

NOM de guerre (A, 1). Sorte de nom qui, dans l'acception vulgaire, sert à déguiser le Nom véritable ; cet usage vient de loin. — Les aventuriers, les soudoyers ne se mettaient au service que sous des Noms d'emprunt, parce que bon nombre d'entre eux n'auraient pas voulu que la justice les retrouvât sous leur vrai Nom, et que, dans l'intérêt de leur avenir, c'était un moyen commode de changer de parti et de capitaine. Ces hommes, qui alliaient l'esprit de trahison à la superstition, se faisaient connaître, la plupart, sous une invocation sacrée. Au quinzième siècle, tels d'entre eux avaient adopté, comme M. Monteil le dit, les premiers mots d'un psaume, tels que *Laus Deo, Laudate pueri, Da nobis*, etc. — A des époques plus modernes, les soldats de la grosse cavalerie, ou les maîtres (car alors c'était tout un) ne portaient que des Noms de saints : de là le Nom de gros frères qui leur a été longtemps donné, parce qu'on les comparait à des moines, à des frères lais. — Dans le dix-huitième siècle, chaque soldat, en s'engageant, prenait ou recevait, au lieu d'un Nom de saint, un sobriquet, comme le faisait un laquais de grande maison ; car, dans l'opinion d'une certaine classe de la société, il n'était guère plus honorable

d'avoir été simple soldat que d'avoir été laquais ; en quittant à la fois et la profession des armes et le Nom de guerre, on faisait en quelque sorte oublier ce que la vanité des gens comme il faut regardait comme une tache. — L'ordonnance de 1749 (3 juillet) réservait sur les controles une colonne pour les Noms de guerre. — Depuis que les volontaires de la révolution ont été incorporés dans les corps de ligne, et surtout depuis que l'état civil de l'armée est devenu une chose sérieuse et d'une importance sentie, les Noms de guerre ont passé de mode ; il n'est resté, avec l'assentiment de la loi, et dans des circonstances prévues, que l'usage des sobriquets ; ainsi, toutes les fois qu'un enrôlé est porteur d'un nom propre pareil à celui d'un immatriculé actuellement au service dans le même corps, le surnom que reçoit le nouveau venu prend un caractère légal, par le fait de l'inscription dans le controle annuel de la compagnie et dans une des cases de la matricule.

NOM de militaire. v. appel de grand état-major. v. appel énumératif. v. billet d'hopital. v. bouclier. v. case de controle. v. changement de compagnie. v. colonne de controle annuel. v. controle annuel. v. feuille d'appel. v. militaire, subs. v. nom de guerre. v. noms propres. v. peine. v. remplaçant. v. service journalier. v. signalement.

NOM de nuit. v. mot. v. nuit. v. milices italiennes.

NOM de prisonnier. v. prison de place. v. prisonnier.

NOM de sergent. v. chambre de sergent. v. sergent. v. sergent d'infanterie française de ligne.

NOM de sergent-major. v. chambre de sergent-major. v. sergent-major n° 4.

NOM de soldat. v. chambre de soldat. v. enrôlé. v. lit de soldat. v. ratelier d'armes. v. soldat. v. sobriquet.

NOM d'enrôlé. v. case de controle annuel. v. enrôlé.

NOM d'homme de troupe. v. appel d'état-major de corps. v. appel de police. v. controle de demi-signalement. v. homme de troupe.

NOM d'officier. v. appel d'état-major de corps. v. controle annuel d'état-major. v. feuille d'appel. v. officier. v. officier de compagnie. v. officier de section en garnison. v. officier d'état-major de corps. v. sergent-major n° 4.

NOM faux. v. faux, adj. v. noms propres.

NOM personnel. v. nom propre. v. personnel.

NOM (noms) propre (A, 1 ; F), ou noms de famille, ou noms personnels. Sorte de noms que nous assimilons ici, mais qui n'ont pas été synonymes toujours ; nous les mentionnons surtout comme Noms de militaires ; nous les considérons comme distincts des noms de guerre, en ce que ceux-ci sont fictifs ou temporaires, et que les Noms propres ou personnels sont réels, permanents, et prouvés par les précautions et les constatations de l'état civil. — On prend comme équivalent au Nom propre les mots noms de famille ; mais il ne saurait y avoir absolument synonymie, puisque des militaires ont eu le malheur d'ignorer le Nom des parents à qui ils devaient le jour. Un général célèbre fut dans ce cas. — Depuis le temps où la puissance romaine dominait dans les Gaules, depuis l'établissement du christianisme, l'usage des Noms propres y avait disparu ; la désignation des individus n'était plus qu'une appropriation arbitraire et non héréditaire de celles qui avaient caractérisé les saints inscrits aux légendes ; ces dénominations patronymiques étaient accompagnées, au besoin, de l'indication du lieu natal, ou de la profession. — Au neuvième siècle, dit M. Sismondi, à la date de 877, on ne sait comment distinguer tous les Bernard, tous les Hugues. — La noblesse, ou les possesseurs de terres (car ces qualifications étaient presque identiques), sentirent le besoin de recourir à des désignations personnelles et transmissibles, qui fussent le témoignage et le gage de la propriété : de là l'usage des Noms propres adoptés du dixième au onzième siècle, ou plutôt l'usage des surnoms indépendants du Nom du saint, qui était censé le véritable Nom propre. — Les fiefs, devenant héréditaires sous Hugues Capet, dit Ménage (au mot *Gentilhomme*), les nobles, qui jusque-là n'avaient porté que des Noms de saints, commencèrent à y ajouter le nom des fiefs. — Depuis les croisades, les armoiries rendirent plus authentiques les Noms ; elles en devinrent l'accompagnement extérieur et public. — Qu'on ne s'étonne donc pas de l'obscurité des vieilles généalogies, et de tant de prétentions nobiliaires, dont la justification est difficile ; qu'on ne s'étonne plus que la particule *de* soit regardée comme anoblissante, parce qu'elle était le lieu du Nom de saint et du Nom de fiefs d'un personnage titré. — Les seigneuries ayant maintes fois changé de maîtres, et les mêmes Noms, les mêmes armoiries ayant appartenu à des familles diverses, comment s'y reconnaître ? — Mais, jusqu'au treizième siècle, les hommes non nobles, la classe inférieure, les serfs, restaient confondus, mé-

connaissables ; tels d'entre eux, n'avaient d'autres Noms que celui de leur maître ou seigneur ; ainsi s'expliquent les désordres, l'absence complète d'administration des armées, et d'état civil des familles. — A mesure de l'affranchissement des communes, les Noms des hommes rendus à l'indépendance ont été empruntés de la désignation des propriétés, des professions, des pays, du costume habituel, des qualités ou des défauts physiques de l'individu. — En 1097, suivant M. Bontemps (1838), les Noms de famille commencèrent à être en usage ; mais il est impossible d'assigner une date si positive à un événement de ce genre, et il y aurait à se demander s'il s'agit des Noms nobles, ou des Noms populaires. — Des recherches sur ces questions se trouvent dans Bouchel, dans M. Jacob et dans M. Noël. — — Maintenant les Noms propres sont le lien et la garantie de l'état civil, appliqué aux militaires, et le moyen fondamental d'administration et de tactique ; les controles, la matricule, les feuilles d'appel, les billets d'hopitaux, les constatent et les représentent ; la loi poursuit et frapperait de cinq ans de fers le militaire qui déclarerait, lors de l'immatriculation, un faux nom, ou qui substituerait faussement le sien au Nom vrai d'un congé. — Sous un point de vue différent, et non pas seulement comme noms personnels, nous offrirons sous la dénomination noms propres, au pluriel absolu, les tables, la série de tous les termes qui désignent, dans le présent ouvrage, les individus, villes, batailles, peuples, etc., afin que le lecteur puisse retrouver à l'instant, si besoin est, tous les passages où figure chacun de ces Noms.

NOMARQUE, subs. masc. v. milice byzantine.

NOMBRE d'adjudants de place. v. adjudant de place n° 1.

NOMBRE d'adjudants d'infanterie. v. adjudant d'infanterie française de ligne n° 3.

NOMBRE d'adjudants-majors. v. adjudant-major d'infanterie française de ligne n° 2.

NOMBRE d'aides-chirurgiens. v. aide-chirurgien n° 1.

NOMBRE d'aides de camp. v. aide de camp n° 2.

NOMBRE d'armées agissantes. v. armée agissante n° 2.

NOMBRE d'armées françaises. v. armée française n° 4. v. dénombrement.]

NOMBRE d'ARMURIERS DE CORPS. V. ARMURIER DE CORPS N° 1.

NOMBRE d'AUMONIERS DE CORPS. V. AUMONIER DE CORPS N° 3.

NOMBRE de BANNERETS. V. BANNERET N° 2.

NOMBRE de BARONS. V. BARON N° 2.

NOMBRE de BATAILLONS. V. BATAILLON. V. BATAILLON D'INFANTERIE FRANÇAISE DE LIGNE N° 4.

NOMBRE de CAPITAINES. V. CAPITAINE. V. CAPITAINE D'INFANTERIE FRANÇAISE DE LIGNE N° 3.

NOMBRE de CAPORAUX DE SEMAINE. V. CAPORAL DE SEMAINE N° 1.

NOMBRE de CAPORAUX D'INFANTERIE. V. CAPORAL D'INFANTERIE FRANÇAISE DE LIGNE N° 3.

NOMBRE de CENTURIONS. V. CENTURION N° 2.

NOMBRE de CHEVALIERS. V. CHEVALIER. V. CHEVALIER DU MOYEN AGE N° 2.

NOMBRE de COHORTES. V. COHORTE. V. COHORTE DE LÉGION ROMAINE N° 4.

NOMBRE de COLONELS. V. COLONEL. V. COLONEL D'INFANTERIE FRANÇAISE DE LIGNE N° 3. V. COLONEL EN SECOND.

NOMBRE de COMMANDANTS DE DIVISION. V. COMMANDANT DE DIVISION N° 1.

NOMBRE de COMPAGNIES DE GRENADIERS. V. COMPAGNIE DE GRENADIERS N° 3.

NOMBRE de COMPAGNIES D'ÉLITE. V. COMPAGNIE D'ÉLITE N° 3.

NOMBRE de COMPAGNIES D'INFANTERIE FRANÇAISE DE LIGNE. V. COMPAGNIE D'INFANTERIE FRANÇAISE DE LIGNE N° 5.

NOMBRE de COMPAGNIES D'ORDONNANCE. V. COMPAGNIE D'ORDONNANCE N° 3.

NOMBRE de COMTES. V. COMTE N° 2.

NOMBRE de CONSEILS PERMANENTS. V. CONSEIL PERMANENT N° 2.

NOMBRE de CORNETS. V. CORNET. V. CORNET IDIOPLIQUE N° 3.

NOMBRE de DRAGONS. V. DRAGON. V. DRAGON FRANÇAIS N° 3.

NOMBRE de DUCS. V. DUC. V. DUC N° 3.

NOMBRE de GÉNÉRAUX. V. GÉNÉRAL D'ARMÉE N° 3.

NOMBRE de GÉNÉRAUX DE BRIGADE. V. GÉNÉRAL DE BRIGADE N° 2.

NOMBRE de GÉNÉRAUX DE DIVISION. V. GÉNÉRAL DE DIVISION N° 3.

NOMBRE de GÉNÉRAUX EN CHEF. V. GÉNÉRAL EN CHEF N° 1.

NOMBRE de GÉNÉRAUX FRANÇAIS. V. GÉNÉRAL FRANÇAIS N° 2.

NOMBRE de HASTAIRES. V. HASTAIRE N° 2.

NOMBRE de HÉRAUTS D'ARMES. V. HÉRAUT D'ARMES N° 1.

NOMBRE de HUSSARDS. V. HUSSARD N° 3.

NOMBRE de LÉGIONS ROMAINES. V. LÉGION ROMAINE N° 3.

NOMBRE de LIEUTENANTS D'INFANTERIE. V. LIEUTENANT D'INFANTERIE FRANÇAISE DE LIGNE N° 1.

NOMBRE de LIEUTENANTS GÉNÉRAUX. V. LIEUTENANT GÉNÉRAL N° 3.

NOMBRE de MAITRES OUVRIERS. V. MAITRE OUVRIER N° 1.

NOMBRE de MAJORS DE PLACE. V. MAJOR DE PLACE N° 1.

NOMBRE de MAMELOUCKS. V. MAMELOUCK N° 2.

NOMBRE de MANIPULES. V. MANIPULE N° 3.

NOMBRE de MARÉCHAUX DE CAMP. V. MARÉCHAL DE CAMP N° 3.

NOMBRE de MARÉCHAUX DE FRANCE. V. MARÉCHAL DE FRANCE N° 3.

NOMBRE de MARÉCHAUX DES LOGIS D'ARMÉE. V. MARÉCHAL DES LOGIS D'ARMÉE N° 3.

NOMBRE de MESTRES DE CAMP. V. MESTRE DE CAMP N° 3.

NOMBRE de MINISTRES. V. MINISTRE. V. MINISTRE DE LA GUERRE N° 3.

NOMBRE de MOUSQUETAIRES. V. MOUSQUETAIRE. V. MOUSQUETAIRE A PIED N° 2.

NOMBRE de MUSICIENS. V. MUSICIEN N° 3.

NOMBRE de PIQUIERS. V. PIQUIER; id. N° 2.

NOMBRE de PORTE-DRAPEAU. V. PORTE-DRAPEAU N° 2.

NOMBRE de RÉGIMENTS. V. RÉGIMENT. V. RÉGIMENT D'ARTILLERIE N° 3. V. RÉGIMENT DE CAVALERIE FRANÇAISE N° 3. V. RÉGIMENT D'INFANTERIE FRANÇAISE N° 2. V. RÉGIMENT FRANÇAIS N° 3.

NOMBRE de SERGENTS. V. SERGENT. V. SERGENT D'INFANTERIE FRANÇAISE DE LIGNE N° 1.

NOMBRE de SOUS-INTENDANTS. V. SOUS-INTENDANT N° 2.

NOMBRE de SOUS-LIEUTENANTS. V. SOUS-LIEUTENANT N° 1.

NOMBRE de TAMBOURS. V. TAMBOUR. V. TAMBOUR IDIOPLIQUE D'INFANTERIE FRANÇAISE N° 1.

NOMBRE de TRÉSORIERS. V. TRÉSORIER. V. TRÉSORIER DE CORPS N° 1.

NOMBRE de TRIAIRES. V. TRIAIRE; id. N° 2.

NOMBRE de TRIBUNS. V. TRIBUN ROMAIN ; id. N° 2.

NOMBRE d'ÉCUYERS. V. ÉCUYER. V. ÉCUYER DE SUITE N° 1.

NOMBRE d'ENFANTS D'HOMME DE TROUPE. V. ENFANT D'HOMME DE TROUPE N° 2.

NOMBRE d'ESCADRONS. V. ESCADRON. V. ESCADRON FRANÇAIS N° 3.

NOMBRE d'INGÉNIEURS GÉOGRAPHES. V. INGÉNIEUR GÉOGRAPHE N° 2.

NOMBRE d'INSPECTEURS GÉNÉRAUX. V. INSPECTEUR GÉNÉRAL D'INFANTERIE N° 1.

NOMBRE d'INTENDANTS. V. INTENDANT. V. INTENDANT MILITAIRE N° 1.

NOMBRE d'OFFICIERS. V. OFFICIER N° 3.

NOMBRE d'OFFICIERS D'ARTILLERIE. V. OFFICIER D'ARTILLERIE N° 1.

NOMBRE d'OFFICIERS DE CAVALERIE. V. OFFICIER DE CAVALERIE N° 1.

NOMBRE d'OFFICIERS D'INFANTERIE. V. OFFICIER D'INFANTERIE N° 1.

NOMBRE d'OFFICIERS DU GÉNIE. V. OFFICIER DU GÉNIE N° 4.

NOMBRE d'OFFICIERS FRANÇAIS. V. OFFICIER FRANÇAIS N° 4.

NOMBRIL (subs. masc.) de PHALANGE. V. MILICE GRECQUE N° 6. V. PHALANGE. V. PHALANGE GRECQUE. V. TÉTRAPHALANGARCHIE.

NOMINAL (nominale), adj. V. APPEL NOMINAL.

NOMINATION, subs. fém. V. ACADÉMIE MILITAIRE. V. ACTION D'ÉCLAT. V. ADJUDANT GÉNÉRAL. V. ANCIENNETÉ DE GRADE. V. ASSEMBLÉE DE NOMINATION. V. AVANCEMENT. V. BAS OFFICIER. V. CAPITAINE D'INFANTERIE FRANÇAISE DE LIGNE N° 14. V. COLONEL D'INFANTERIE FRANÇAISE DE LIGNE N° 12. V. COLONEL GÉNÉRAL DE L'INFANTERIE N° 5. V. COMMANDEMENT HIÉRARCHIQUE. V. GRADE. V. MILICE ANGLAISE N° 2. V. MILICE WURTEMBERGEOISE N° 1. V. PLACE A LA NOMINATION. V. PROMOTION. V. RÉCOMPENSE. V. TOUR DE NOMINATION.

NOMINATION à l'EMPLOI D'OFFICIER. V. BAN DE RÉCEPTION. V. COLONEL D'INFANTERIE FRANÇAISE DE LIGNE N° 27. V. EMPLOI D'OFFICIER. V. TOUR D'ANCIENNETÉ.

NOMINATION AU CHOIX. V. AU CHOIX. V. AVANCEMENT. V. LIEUTENANT-COLONEL N° 2.

NOMINATION d'ADJUDANTS DE PLACE. V. ADJUDANT DE PLACE N° 2.

NOMINATION d'ADJUDANTS D'INFANTERIE. V. ADJUDANT D'INFANTERIE FRANÇAISE DE LIGNE N° 4. V. CONSEIL D'ADMINISTRATION N° 5.

NOMINATION d'ADJUDANTS-MAJORS D'INFANTERIE. V. ADJUDANT-MAJOR D'INFANTERIE FRANÇAISE DE LIGNE N° 5. V. CONSEIL D'ADMINISTRATION N° 5.

NOMINATION d'AIDES DE CAMP. V. AIDE DE CAMP N° 2.

NOMINATION d'ARMURIERS. V. ARMURIER DE CORPS N° 1.

NOMINATION d'AUMONIERS. V. AUMONIER DE CORPS N° 4. V. COLONEL D'INFANTERIE FRANÇAISE DE LIGNE N° 12.

NOMINATION de CAPITAINES. V. CAPITAINE. V. CAPITAINES DE CONSEIL D'ADMINISTRATION. V. CAPITAINE D'INFANTERIE FRANÇAISE DE LIGNE N° 4. V. CONCORDAT.

NOMINATION de CAPITAINES DE GRENADIERS. V. CAPITAINE DE GRENADIERS N° 2. V. COLONEL D'INFANTERIE FRANÇAISE DE LIGNE N° 12.

NOMINATION de CAPITAINES D'HABILLEMENT. V. CAPITAINE D'HABILLEMENT N° 2.

NOMINATION de CAPORAL. V. CAPORAL. V. ADJUDANT D'INFANTERIE FRANÇAISE N° 15. V. CAPORAL D'INFANTERIE FRANÇAISE DE LIGNE N° 4. V. SERGENT D'INFANTERIE FRANÇAISE DE LIGNE N° 7.

NOMINATION de CAPORAL D'ORDINAIRE. V. CAPORAL D'ORDINAIRE N° 1.

NOMINATION de CENTURIONS. V. CENTURION N° 5.

NOMINATION de CHEFS DE BATAILLON. V. CHEF DE BATAILLON D'INFANTERIE FRANÇAISE DE LIGNE N° 2, 3.

NOMINATION de CHEFS DE DÉTACHEMENT DE GUERRE. V. CHEF DE DÉTACHEMENT DE GUERRE N° 1.

NOMINATION de CHEFS DE DIVISION. V. CHEF DE DIVISION N° 2.

NOMINATION de CHEVALIERS. V. CHEVALIER. V. CHEVALIER DU MOYEN AGE N° 3.

NOMINATION de CHIRURGIENS-MAJORS. V. CHIRURGIEN-MAJOR D'INFANTERIE FRANÇAISE DE LIGNE N° 5. V. COLONEL D'INFANTERIE FRANÇAISE DE LIGNE N° 12.

NOMINATION de COLONELS. V. COLONEL D'INFANTERIE FRANÇAISE DE LIGNE N° 4. V. INSPECTEUR GÉNÉRAL D'INFANTERIE N° 2. V. MAJOR CAPITAINE N° 1.

NOMINATION de COMMANDANTS DE PLACE. V. COMMANDANT DE PLACE N° 3.

NOMINATION de COMMISSAIRES DES GUERRES. V. COMMISSAIRE DES GUERRES N° 5.

NOMINATION de CONSEIL PERMANENT. V. CONSEIL PERMANENT N° 2.

NOMINATION de FACTEURS. V. ACTE DE NOMINATION DE FACTEURS. V. FACTEUR.

NOMINATION de FOURRIERS. V. FOURRIER. V. FOURRIER D'INFANTERIE FRANÇAISE DE LIGNE n° 3.

NOMINATION de GÉNÉRAUX. V. GÉNÉRAL. V. GÉNÉRAL D'ARMÉE n° 4. V. GÉNÉRAL FRANÇAIS n° 2.

NOMINATION de GOUVERNEURS. V. GOUVERNEUR. V. GOUVERNEUR DE PLACE DE GUERRE n° 2.

NOMINATION de GRENADIERS. V. GRENADIER D'INFANTERIE FRANÇAISE n° 3, 5.

NOMINATION de LIEUTENANTS. V. COLONEL D'INFANTERIE FRANÇAISE DE LIGNE n° 1, 2. V. LIEUTENANT. V. LIEUTENANT D'INFANTERIE FRANÇAISE DE LIGNE n° 2.

NOMINATION de LIEUTENANTS-COLONELS. V. LIEUTENANT-COLONEL D'INFANTERIE n° 2.

NOMINATION de LIEUTENANTS GÉNÉRAUX. V. LIEUTENANT GÉNÉRAL n° 4.

NOMINATION de MAITRES OUVRIERS. V. MAITRE OUVRIER n° 2.

NOMINATION de MAJORS. V. MAJOR. V. MAJOR CAPITAINE n° 1. V. MAJOR CHEF DE BATAILLON n° 2.

NOMINATION de MARÉCHAUX DE CAMP. V. MARÉCHAL DE CAMP n° 4.

NOMINATION de MARÉCHAUX DE FRANCE. V. MARÉCHAL DE FRANCE n° 4.

NOMINATION de MEMBRES DE L'INTENDANCE. V. CORPS D'INTENDANCE n° 4. V. MEMBRE DE L'INTENDANCE.

NOMINATION de MESTRES DE CAMP. V. MESTRE DE CAMP n° 4.

NOMINATION de MINISTRES. V. MINISTRE. V. MINISTRE DE LA GUERRE n° 4.

NOMINATION de PORTE-DRAPEAU. V. PORTE-DRAPEAU n° 3.

NOMINATION de SERGENT. V. CAPORAL D'INFANTERIE FRANÇAISE DE LIGNE n° 5, 14. V. GRENADIER D'INFANTERIE FRANÇAISE n° 2. V. SERGENT. V. SERGENT D'INFANTERIE FRANÇAISE DE LIGNE n° 12.

NOMINATION de SERGENT-MAJOR. V. SERGENT-MAJOR n° 2.

NOMINATION de SOUS-INTENDANT. V. SOUS-INTENDANT n° 1, 3.

NOMINATION de SOUS-LIEUTENANT. V. SOUS-LIEUTENANT n° 2.

NOMINATION de SOUS-OFFICIER. V. ARMÉE FRANÇAISE n° 2. V. AVANCEMENT. V. ORDRE DE CORPS. V. SOUS-OFFICIER ; id. n° 3.

NOMINATION de TAMBOURS. V. TAMBOUR. V. TAMBOUR IDIOPLIQUE D'INFANTERIE FRANÇAISE n° 2, 7.

NOMINATION de TAMBOURS-MAJORS. V. TAMBOUR-MAJOR ; id. n° 3.

NOMINATION de TRÉSORIERS. V. TRÉSORIER. V. TRÉSORIER DE CORPS n° 2.

NOMINATION de TRIBUNS. V. TRIBUN ROMAIN ; id. n° 1, 5.

NOMINATION d'ÉCUYERS. V. ÉCUYER. V. ÉCUYER DE SUITE n° 1.

NOMINATION d'ENSEIGNES. V. COLONEL D'INFANTERIE FRANÇAISE DE LIGNE n° 12. V. ENSEIGNE. V. ENSEIGNE IDIOPLIQUE n° 3.

NOMINATION d'INTENDANTS. V. INTENDANT. V. INTENDANT MILITAIRE n° 1.

NOMINATION d'OFFICIERS. V. ACADÉMIE MILITAIRE. V. ANCIENNETÉ DE GRADE. V. APPOINTEMENTS. V. ARMÉE FRANÇAISE n° 2. V. BAN DE RÉCEPTION. V. BREVET D'OFFICIER. V. CAPITAINE D'INFANTERIE FRANÇAISE DE LIGNE n° 14. V. COLONEL D'INFANTERIE FRANÇAISE DE LIGNE n° 12, 27. V. COLONEL GÉNÉRAL DE L'INFANTERIE n° 4. V. GRACE. V. GRADE D'OFFICIER. V. MILICE AUTRICHIENNE n° 11. V. MINISTRE DE LA GUERRE. V. MINISTRE DE LA GUERRE n° 10; id. EN 1665; id. EN 1828; id. EN 1830 (18 NOVEMBRE). V. OFFICIER n° 4. V. OFFICIER FRANÇAIS n° 11. V. ORDRE DE CORPS. V. SOUS-INTENDANT n° 7. V. TOUR D'ANCIENNETÉ.

NOMINATION d'OFFICIERS D'ARTILLERIE. V. OFFICIER D'ARTILLERIE n° 2.

NOMINATION d'OFFICIERS DE CAVALERIE. V. OFFICIER DE CAVALERIE n° 1.

NOMINATION d'OFFICIERS DE SANTÉ. V. CONSEIL DE SANTÉ. V. OFFICIER DE SANTÉ.

NOMINATION d'OFFICIERS FRANÇAIS. V. OFFICIER FRANÇAIS n° 3, 5.

NOMINATION d'OFFICIERS SUPÉRIEURS. V. AVANCEMENT. V. GRADE D'OFFICIER SUPÉRIEUR. V. OFFICIER SUPÉRIEUR.

NOMMER (verb. neut.) d'EMBLÉE. V. COLONEL D'INFANTERIE FRANÇAISE DE LIGNE n° 4. V. D'EMBLÉE.

Noms propres ou Catalogue des personnages, pays, associations, etc. mentionnés dans le présent ouvrage.

Abréviations. — Allemand, all. ; Anglais, ang. ; artillerie, artil. ; auteur, aut. ; auteur de, aut. d. ; cavalerie, cav. ; écrivain, écr. ; Français, fr. ; Grec, gr.; Hollandais, holl.; infanterie, inf. ; Italien, ital.; Latin, lat. ; militaire, mil. ; Piémontais, piém. ; Polonais, pol.; Saxon, sax. ; tactique, tact.; Traducteur, trad. ; En langue allemande, en l. all. ; En langue française, en l. fr. ; etc.

Abaurit (Firmin), aut. fr. Genève. *OEuvres diverses*, 2 vol. in-8°, 1775. Il traite des camps de la milice romaine, des marches d'Annibal, etc. v. Annibal. v. camp romain. v. milice romaine.

Abbon, aut. et poëte fr. Ce moine a composé en bas latin le poëme de la relation du siége de Paris en 888, siége dont il avait été témoin. v. carcamuse. v. dard. v. drapeau. v. mangonneau. v. mantelet. v. muscule. v. Paris. v. perrier, subs. mac. v. siége.

Abelin. v. Gottfried.

Aboukir (bataille d'), 2 août 1798 ; 25 juillet 1799. v. bataille décisive. v. camp retranché. v. débarquement hostile.

Abrahamsohn. v. Sohn.

Académie française (considérée comme composée d'académiciens auxquels est dû le *Dictionnaire de la langue française*, 2 vol. in-4°, Paris, ouvrage créé en 1694, 2 vol. in-fol.—D'abord il n'était pas absolument alphabétique, et dérivait synoptiquement ses mots de leurs racines; il avait été précédé par les *Lexiques* de Richelet et de Furetière qui étaient alphabétiques. — Le *Dictionnaire de l'Académie*, refondu en 1718, devint alphabétique; mais s'il gagna sous ce rapport, il perdit sous d'autres. Deux éditions, celles de 1740 et de 1762, y apportèrent peu d'améliorations ; cette dernière cependant opéra l'utile disjonction des voyelles *i* et *u*, jusque-là confondues dans les consonnes *j* et *v*, et elle substitua l'accent circonflexe à quelques s supprimés dans l'intérieur des mots, tels que estat, mesme, etc. — D'autres éditions qui parurent ne furent pas avouées par l'Académie ; l'une, de 1786, fut publiée par Beaume, à Nîmes, et contenait les notes et corrections que Dalembert et Marmontel avaient minutées dans les marges d'un exemplaire de 1762. Une édition plus développée avait vu le jour en l'an sept, en vertu d'un décret de l'an trois (1er complémentaire), et celle-ci a été regardée comme la cinquième. A cette époque, il n'existait plus d'Académie ; la publication nouvelle était ainsi une entreprise particulière, mais dans laquelle Suard et Morellet, anciens académiciens, insérèrent les modifications qui avaient été préparées de 1762 à 1795. Cette édition, inférieure, quant au mérite, à celle de 1786, ne fut pas regardée comme plus authentique ; mais c'est elle que nous avons consultée de 1810 à 1835. A cette dernière époque, il en était publié une nouvelle édition qui, militairement parlant, laissait à désirer, et s'est améliorée par un complément publié par Didot, à partir de 1836. — L'Académie française travaillait, en 1838, à un large et complet Dictionnaire de la langue française, destiné à indiquer l'âge, l'histoire, les synonymes, les étymologies de chaque mot. Des rétributions étaient annuellement servies à chaque travailleur. M. Droz, Charles Nodier, etc., en faisaient partie. L'Académie traitait, à peu près, un mot par trois semaines. Quelquefois, dans les séances intermédiaires, des élucubrations plus pressantes venaient à la traverse, et l'on perdait de vue ce qui s'était discuté. En supposant que trente mille mots dussent former l'ensemble des articles, il eût malheureusement fallu trente fois dix siècles pour l'achèvement du colossal monument. — Les mots à l'égard desquels nous devons citer l'Académie sont : adjudant d'infanterie française de ligne n° 2, agent, agrégation, alignement tactique, allocation, amplitude, apointer, arbalète a jalet, arme contondante, arme personnelle n° 2, armée de terre, armure, arsenal, assener, attaque de guerre, aubette, babouin, bannière, batterie de plein fouet, berche, bivac, blason, blinde, blockhaus, bourguignote, bour-

RADE, BOUTEROLLE, BOYAU DE SIÉGE, BREVET, BRIN D'ESTOC, BRUIT DE GUERRE, BUT EN BLANC, BUTE, CAMP, CAMP ROMAIN, CANAPSA, CANON D'ARTILLERIE, CANONNIÈRE DE CAMPEMENT, CARLET, CARROUZE, CASSE, CATOGAN, CAVALIER DE TROUPE, CHAMBRÉE, CHARGE HIÉRARCHIQUE, CIBLE, COMBAT SINGULIER, CONTRE-BATTERIE, CONTUMACE, CORPS DE GARDE, COUCHETTE, COURSIER, CRÉNEAU, CRIC, CUISSARD, DÉCOMPTE, DÉCOUVREUR, DESTRIER, DICTIONNAIRE, DONNER, DRILLE, DROGUE, DUEL, ÉPERON DE BOTTES, ÉPINGARE, ESPINGARDE, ESTAFIER, ESTRAMAÇON, FACTION, FACTIONNAIRE, FÉODALITÉ, FLANQUER, FLÈCHE DE FORTIFICATION, FLIBUSTIER, FONCER, FORT, subs., FRAMÉE, FRONDE, FUSIL, GENDARMERIE DE LA MAISON, GÉNÉRALAT, GÉNIE IDIOPLIQUE Nᵒ 2, GÉRANCE, GIBERNE, GONFALON, GRADE, GRADE D'OFFICIER, GRAND'GARDE, GUERRE, GUÈT, GUIDON, GYMNASTIQUE, HAMPE, HAUSSECOL., HEIDUQUE, HERCOTECTONIQUE, HUSSARD Nᵒ 4, INCORPORATION, INSIGNE, JAQUE, LANGUE, LANGUE FRANÇAISE, LOCALISATION, MAILLE, MILICE PERSANE Nᵒ 1, MINE A FEU, MOUCHETER, MUNITION, ORDINAIRE DES GUERRES, PALEFROI, PANACHE, PANCRACE, PANDOURE, PARRAIN DE CONDAMNÉ, PASSE D'ARMES, PASSE-PAROLE, PLATE-FORME, QUARTIER, QUARTIER D'ASSEMBLÉE, RATÉ, RECRAND, RECRUE, REDAN, RÉGIE, RÈGLEMENT, ROMPEMENT, SARRAU, SAUCISSON A FEU, SCHABRAQUE, SCHAKO, SERRE-FILE, SOULIER, STRATÉGIE, TASSETTES, TIRAILLEUR, TOLPACHE, TRAINARD.

ACHAIE, ancienne province grecque entre l'Epire, la Thessalie, la mer Egée et le Péloponèse. On l'a nommée Livadie. V. FRONDE D'ACHAIE.

ACONTIO. V. ACONTIUS.

ACONTIUS, ou ACONTIO, aut. ital., l. lat., Gênes. *L'art de fortifier les villes*, 1585. V. ACONTIO. V. FORTIFICATION. V. VILLE FORTIFIÉE.

ACRE (ou Saint-Jean-d'Acre), tranchée ouverte le 18 mars, siége levé le 20 mai 1799. V. ASSAUT DE CORPS DE PLACE. V. BATTERIE DE BRÈCHE. V. CHEVALIER DU MOYEN AGE Nᵒ 2. V. CONNÉTABLE Nᵒ 1. V. CROISADE DE 1188, DE 1240. V. ÉCHELLE D'ESCALADE. V. ESCALADE. V. GRAND SÉNÉCHAL. V. FEU GRÉGEOIS. V. LIGNE FORTIFIÉE. V. MARÉCHAL DE CAMP Nᵒ 3. V. MILICE TURQUE Nᵒ 1, 6. V. RETIRADE. V. SIÉGE OFFENSIF.

ADAM, aut. fr. Paris. V. CATALOGUE ALPHABÉTIQUE DES AUTEURS MILITAIRES. V. HISTOIRE MILITAIRE V. MONTÉCUCULI (1756, G). V. TURPIN (1769, C).

ADENEZ, ou ADANS, surnommé le Roy, poëte et ménestrel du XIIIᵉ siècle, passe pour être l'auteur du 1ᵉʳ *man* manuscrit *de Guillaume au court-nez* (Guillaume d'Orange). V. CHEVALERIE.

ADER, aut. fr. Paris. *Histoire militaire des Français, depuis le commencement de la révolution jusqu'à la fin du règne de Napoléon, ou Résumé général de l'histoire militaire des Français;* ouvrage revu par Beauvais. In-8ᵒ, 1ᵉ partie, 1826. Traduit en all. Darmstadt, 2 vol., 1827. *L'Expédition d'Egypte et de Syrie,* 1 vol. V. BEAUVAIS. V. EXPÉDITION D'ÉGYPTE. V. FRANÇAIS. V. GUERRE DE 1792. V. HISTOIRE MILITAIRE.

ADOLPH (J.-G.-B.), aut. all., capit. d'artil. pruss. Mayence. *De la géographie militaire de l'Europe,* 2 vol. in-8ᵒ; 1829, 1830. V. GÉOGRAPHIE.

ADRIAN. V. CATALOGUE ALPHABÉTIQUE DES AUTEURS MILITAIRES.

ADRIANO, aut. ital. V. CATALOGUE ALPHABÉTIQUE DES AUTEURS MILITAIRES V. ARMÉE AGISSANTE. V. ART DE LA GUERRE. V. CAPITAINE GÉNÉRAL. V. CAMPEMENT. V. DISCIPLINE MILITAIRE. V. MARCHE D'ARMÉE. V. ORDRE DE BATAILLE. V. PASSAGE DE RIVIÈRE.

ADRIANUS, aut. flam. V. ROMANUS.

ADRIANUS, empereur romain et aut. lat. V. ADRIEN. V. CATALOGUE ALPHABÉTIQUE DES AUTEURS MILITAIRES.

ADRIEN, empereur romain, parvint à l'empire l'an 117 environ; meurt en l'an 138, âgé de soixante-deux ans. Il y a un auteur du même nom. V. CATALOGUE ALPHABÉTIQUE DES AUTEURS MILITAIRES. ADRIAN, ADRIANUS, APOLLODORE (150; 1566, A), ARRIEN (110). V. CAMP ROMAIN. V. CHAR DE GUERRE. V. COHORTE DE LÉGION ROMAINE Nᵒ 2. V. COHORTE MILLIAIRE. V. COMBAT CONTRE CAVALERIE. V. COMBAT CONTRE INFANTERIE. V. EXERCICE TACTIQUE. V. FRUMENTAIRE. V. HOPITAL MILITAIRE. V. HYGIN (120). V. INFANTERIE ROMAINE. V. LÉGION ROMAINE Nᵒ 1, 3, 5. V. MILICE ROMAINE; id. Nᵒ 3. V. PROMENADE. V. SAUMAISE. V. SCHOELL. V. TRAJAN. V. VÉGÈCE (390, A).

ADYE (Ralph-Willot), aut. angl., capit. Londres. *Le canonnier et le bombardier de poche,* 1802, 1815, 7ᵉ édit. augmentée par ELIOT (1827). *Sur les grandes cours martiales* (general court-martial). V. ARTILLERIE. V. BOMBARDIER. V. BOMBE. V. CANONNIER. V. COUR MARTIALE. V. DUANE (1810, E). V. ELIOT. V. JUSTICE MILITAIRE. V. MILICE ANGLAISE Nᵒ 10.

ÆLIANUS, aut. gr. V. CATALOGUE ALPHABÉTIQUE DES AUTEURS MILITAIRES. V. ELIEN.

ÆNEAS. V. CATALOGUE ALPHABÉTIQUE DES AUTEURS MILITAIRES. V. ENÉE.

ÆNEAS (Silvius) PICCOLOMINI, rhéteur ital. devenu pape sous le nom de Pie deux; mort en 1464 (14 août). V. CROISADE DE 1550. V. HÉRAUT D'ARMES. V. TAMBOUR INSTRUMENTAL.

ÆRTELMAIER, aut. all. Saltzbourg. *Avis*

sur la fortification, 1700. v. FORTIFICA-
TION.

AFFLITTO, aut. napol. *Court traité de fortification moderne.* In-8°, Florence, 1665, 1667. v. FORTIFICATION. v. OFFICIER DU GÉNIE N° 1.

AFRICAINS, peuples. v. ARZEGAIE. v. CÈTRE. v. FLÈCHE EMPOISONNÉE. v. GARDE DES CONSULS. v. MANIPULE N° 1. v. MILICE ROMAINE N° 7. v. TIMBALE.

AFRIQUE, partie du monde. v. ARMÉE FRANÇAISE N° 2; id. tableau. v. BALLE D'ARME A FEU PORTATIVE. v. BASTION. v. BATAILLON D'AFRIQUE. v. BLOCKHAUS. v. BRICOLE. v. CABINET D'ARMES. v. CHASSEUR D'AFRIQUE. v. COMPAGNIE DE FUSILIERS DISCIPLINAIRES. v. DÉPÔT DE LA GUERRE. v.- ÉLÉPHANT. v. FLÈCHE EMPOISONNÉE. v. FRONDEUR. v. FUSIL A PISTON. v. FUSIL DE REMPART. v. GÉNÉRAL D'ARMÉE. v. GUERRE DE 1756 (1850). v. LÉGION ROMAINE N° 5. v. MARÉCHAL DE FRANCE N° 3. v. MASSE D'ARMES. v. MILICE ANGLAISE N° 3, 6. v. MILICE CARTHAGINOISE. v. MILICE ESPAGNOLE N° 1. v. MINISTRE DE LA GUERRE EN 1829 (8 AOUT). v. NOBLESSE. v. ORDONNANCE IDIOPLIQUE. v. PEINE. v. SCHAKO D'HOMME DE TROUPE. v. SERF. v. SERGENT. v. SERVICE D'ARMÉE. v. TENTE. v. TRAVAUX MILITAIRES.

AGATHIAS, historien bysantin, l. gr. et lat., écrivait vers l'an 566, Smyrne. *Histoire des guerres faites par Justinien contre les Vandales et les Goths.* Agathias peut être regardé comme le continuateur de PROCOPE; il écrivait dans le milieu du sixième siècle, et son ouvrage va jusqu'à l'an 559; il fournit des détails sur les Francs; il s'est acquis peu d'estime, et a été traduit en français par FUMÉE en 1587 et par COUSIN. v. AILE STRATEUMATIQUE. v. ANGON A MAIN. v. ARC. v. ARMURE. v. ART MILITAIRE DE TERRE. v. BOTTES. v. CAVALERIE FRANÇAISE N° 1. v. COIN TACTIQUE. v. COUSIN. v. CUIRASSE. v. FRONDE. v. FUMÉE. v. HISTOIRE MILITAIRE. v. JAVELOT, v. JUSTINIEN. v. MILICE FRANÇAISE; id. N° 4. v. ORDRE DE BATAILLE. v. PROCOPE. v. TORTUE D'ESCALADE. v. TORTUE TACTIQUE.

AGÉSILAS DEUX, roi de Sparte; meurt l'an 361 avant J.-C. v. CARRÉ TACTIQUE. v. MILICE GRECQUE; id. N° 2, 4, 6. v. PHALANGE AMPHISTOME.

AGRIGENTE, ville de Sicile. Siége d'Agrigente par les Carthaginois, 409 avant J.-C.; par les Romains, 262 avant J.-C. v. SIÉGE.

AGRIPPA, aut. ital. Rome, Venise. *Traité de la science des armes.* In-fol., 1553, 1568; in-4°, 1604. v. ESCRIME. v. SCIENCE D'ARMES. v. SCIENCE DES ARMES.

AIMOIN, moine du dixième siècle, ou AIMOINUS MONACHUS (Lemoine), aut. fr. en l. lat. *Des actions des Français (de gestis Francorum),* histoire de France en cinq livres jusqu'au commencement du onzième siècle. C'est un livre peu estimé et tout empreint de l'esprit ecclésiastique; c'est un remaniement et une amplification de GRÉGOIRE DE TOURS et de FRÉDÉGAIRE. In-fol., Paris, 1602. On le trouve aussi dans le tome trois de la collection de Duchêne. v. CONNÉTABLE; id. N° 2. v. ESCADRON. v. FRANÇAIS. v. HISTOIRE MILITAIRE. v. MARQUIS. v. PAUL-EMILE.

AIX-LA-CHAPELLE, ville des Pays-Bas. v. PAIX D'AIX-LA-CHAPELLE.

ALAINS, peuple. v. COSAQUES. v. HONORIAQUES.

ALAVA (Diego d'), aut. espagn. Madrid. *Nouvelle science de l'artillerie,* 1590. *Le parfait capitaine (général d'armée),* en lat. In-fol. et in-4°, 1590. v. ARTILLERIE. v. CAPITAINE. v. GÉNÉRAL D'ARMÉE. v. MAMELOUCK N° 5.

ALBANAIS, peuple. v. MILICE RUSSE N° 6. v. SCHAKO. v. TACTIQUE, subs. v. TIRAILLEUR.

ALBE (duc d'). v. D'ALBE.

ALBERGHETTI, aut. ital. Venise. *Abrégé de fortification.* In-fol., 1694. v. FORTIFICATION.

ALBERGHETTI (Sigismondo). *Nouvelle artillerie vénitienne; examen des bombardiers.* Venise. v. ARTILLERIE. v. BOMBARDIER.

ALBÉRIC (Barbiano). v. CONDOTTIERE.

ALBERT DURE. v. DUERER.

ALBERTI, aut. all., l. lat. Halle. *Dissertation sur la manière de conserver la santé des soldats,* 1727. v. SANTÉ. v. SERVICE DE SANTÉ.

ALBERTI, aut. ital. Venise. *Pyrotechnie,* in-4°, et *Des feux d'artifice,* 1741, 1749, 1751. v. FEU D'ARTIFICE. v. PYROTECHNIE.

ALBIGEOIS (secte des). v. CHAT OFFENSIF. v. CROISADE DE 1208.

ALBRECHT DUERE. v. DUERER.

ALBRET (Charles d'). v. CONNÉTABLE N° 5.

ALBUQUERQUE. v. ARTILLERIE D'ARMEMENT.

ALCANTARA, Espagne. v. ORDRE D'ALCANTARA.

ALCIAT, ou ALCIATUS, aut. all., l. lat. Bâle. *Des choses militaires.* In-fol., 1552. v. CHOSE MILITAIRE. v. COMBAT DE JUGEMENT. v. COMBAT EN CHAMP CLOS. v. COMTE N° 2. v. MARQUIS.

ALDERETE (Bernard), aut. espagn. et castil. Salamanque; quelques-uns l'écrivent ALDRETTE. *Recueil d'ouvrages militaires grecs, latins, français, traduits en espagnol,* 1554. On y trouve, entre autres, Xénophon. v. BIBLIOTHÈQUE MILITAIRE. v. LANGUE ESPAGNOLE. v. XÉNOPHON (570, A).

ALESIA (siége d'), ou ALEXIE, ou ALISE, ville de Bourgogne, 52 avant J.-C. v. ABATIS DÉFENSIF. v. ALEXIE. v. ALISE. v. BOUCHES INUTILES. v. CIRCONVALLATION. v. CONTREVALLA-

TION. v. FRAISE DE FORTIFICATION. v. SIÉGE. v. SIÉGE OFFENSIF. v. TRAVAUX MILITAIRES.

ALEXANDER, aut. ital. v. ALEXANDRI.

ALEXANDRE, aut. fr. Paris. *Des subsistances militaires sous les rapports administratifs et politiques.* Opuscule in-8°, 1817. v. ADMINISTRATION DES VIVRES. v. SUBSISTANCE.

ALEXANDRE DE BERNAY, surnommé de Paris. *Le Roman ou la geste d'Alexandre.* Ouvrage manuscrit qu'on croit de 1210; neuf poëtes, entre autres Wace, passent pour y avoir travaillé; on doit à ce roman les vers alexandrins. v. ALEXANDRE LE GRAND. v. BERNAY. v. CHEVALERIE. v. HISTOIRE MILITAIRE. v. LANGUE ROMANE. v. TROUVÈRE. v. WACE.

ALEXANDRE TROIS dit *le Grand*, roi de Macédoine, monte sur le trône l'an 336 avant J.-C.; meurt 323 ou 324 ans avant J.-C. — ELIEN (70, A) prétend que ce prince avait composé un traité sur la tactique. v. ALEXANDRE DE BERNAY. v. ARGYRASPIDE. v. ARMÉE AGISSANTE N° 2. v. ARRIEN (110, A). v. AUTEUR MILITAIRE (texte préliminaire). v. BARBE. v. BARON. v. CARRÉ TACTIQUE. v. CATAPULTE. v. CAVALERIE FRANÇAISE N° 4. v. CHAR DE GUERRE. v. COIN TACTIQUE. v. COMBAT A OUTRANCE. v. CONGRÈS. v. CORBEAU DÉFENSIF. v. CORPS DE RÉSERVE. v. CROC. v. CUIRASSE. v. DABLANCOURT. v. DIMAQUE. v. DRAGON FRANÇAIS N° 6. v. ÉLÉPHANT. v. ELIEN (70, A). v. FILET D'ARMES. v. FLÈCHE EMPOISONNÉE. v. FOUET INSTRUMENTAL. v. FRONDE. v. GARDE DE PRINCE. v. GÉNÉRAL D'ARMÉE N° 9. v. GRADE D'OFFICIER. v. GUERRE. v. INGÉNIEUR MILITAIRE. v. INSTRUMENT DE MUSIQUE MILITAIRE. v. JOMINI (1827, I). v. MARCHE D'ARMÉE. v. MARIAGE. v. MILICE GRECQUE; id. N° 2, 3, 4, 6, 8. v. MILICE PERSE. v. MILICE RUSSE N° 5. v. MINE A RUINE. v. NATATION. v. OFFICIER D'ÉTAT-MAJOR GÉNÉRAL. v. ORDRE OBLIQUE. v. PELTASTE. v. PHALANGE ANTISTOME. v. PHALANGE GRECQUE. v. POLIORCÉTIQUE. v. PREUX. v. QUINTE-CURCE. v. RANGS D'INFANTERIE. v. SECONDE LIGNE DE BATAILLE. v. SERVICE CONSCRIPTIF. v. SIÉGE. v. TACTIQUE, subs. v. TAILLE DE MILITAIRE. v. TAMBOUR INSTRUMENTAL. v. TENTE. v. TOUR DE FORTIFICATION. v. TOUR ROULANTE.

ALEXANDRE PREMIER, empereur de Russie. v. AÉROSTAT. v. COLONISATION. v. DELIGNE (1780, I). v. DUPIN (1820, B). v. FUSIL DE GUERRE. v. GARDE DE PRINCE. v. MILICE POLONAISE N° 1, 5. v. MILICE RUSSE N° 1, 3, 5, 6, 8, 9. v. PAIX DE 1807.

ALEXANDRE SÉVÈRE, empereur romain. Proclamé empereur l'an 193, meurt l'an 211, âgé de soixante-six ans. v. ALLOCUTION. v. BÉNÉFICE MILITAIRE. v. BÊTE DE SOMME. v. BISCUIT. v. CAMPIDUCTEUR. v. CHAUSSARD (1802,

B). v. CHRYSASPIDE. v. CORPS PRIVILÉGIÉ. v. JULES AFRICAIN (220). v. LÉGION ROMAINE N° 5. v. MILICE ROMAINE N° 9. v. SERVICE FÉODAL.

ALEXANDRI, aut. ital., l. lat. Naples. Ce savant, mort en 1523, a été connu sous le nom de *Alexander ab Alexandro.* Il a composé une miscellanée intitulée ses *Loisirs* (*Genialium dierum libri sex*). Leyde, in-fol. et in-8°. 1673, 2 vol. — Quantité d'écrivains, tels que Apostolozeno, Mazzucchelli et son commentateur Tiraqueau, ont rendu témoignage, les uns de son savoir, les autres de sa crédulité. Son traité, au milieu de dissertations bien étrangères à la chose militaire, comprend des chapitres profonds et curieux sur la légion. v. COHORTE DE LÉGION. v. HÉRAUT D'ARMES. v. LÉGION ROMAINE. v. MILICE ROMAINE; id. N° 9. v. SERMENT.

ALEXIE. v. ALESIA.

ALEXIS (frère Guillaume), dit le bon Moine, aut. fr. du quinzième siècle, a composé le vieux roman intitulé : *Le grant blazon des faulces amours.* v. COCARDE.

ALEXIS, czar. v. COSAQUE.

ALFIO GRASSI, aut. ital. Venise. *Extrait historique sur la milice romaine et sur la phalange grecque*, 1815. Cet ouvrage, de peu d'étendue, n'est pas cité favorablement par M. Doisy. Il existe du même auteur, ou d'un auteur du même nom, un ouvrage en français, intitulé *Charte turque, ou Organisation religieuse, civile et militaire de l'empire ottoman*, 2 vol. in-8°. 1825. v. DOISY. v. MILICE GRECQUE. v. MILICE ROMAINE. v. MILICE TURQUE. v. PHALANGE GRECQUE. v. POUDRE A FEU.

ALGAROTTI, aut. ital. Livourne, Venise. *Lettres militaires.* (Œuvres d'), 1765, 1772, 1791, 1794. Le premier volume de la dernière édition traite de l'art de la guerre par Machiavel. v. ART DE LA GUERRE. v. MACHIAVEL.

ALGER, ville d'Afrique. v. FORTERESSE. v. FRONDEUR. v. FUSÉE DE GUERRE. v. GALIOTE A BOMBE. v. GÉNÉRAL EN CHEF N° 2. v. GÉNIE IDIOPLIQUE N° 5. v. GUERRE. v. GUERRE D'ALGER. v. GUERRE DE 1830. v. INGÉNIEUR GÉOGRAPHE N° 4. v. JURISPRUDENCE MILITAIRE. v. MILICE ANGLAISE N° 6. v. MORTIER. v. MORTIER A LA GOMER. v. ORDONNANCE D'EXERCICE D'INFANTERIE. v. PHÉCY. v. RAQUETIER.

ALGÉRIE, province africaine. v. GUERRE DE 1830, — DE 1833.

ALGÉSIRAS (siége d') en 1342. v. BOUCHE A FEU. v. CANON D'ARTILLERIE.

ALGHISI, aut. ital. Ferrare, Venise. *Des fortifications.* In-fol. 1570, 1575, 1584. v. FORTIFICATION.

ALIMANI, aut. ital. Venise. *Instructions appropriées à la guerre*, etc. Il traite surtout de la fortification, des ordres de bataille. 1692, 1705. v. FORTIFICATION. v. GUERRE. v. ORDRE DE BATAILLE.

ALISE. v. ALESIA.

ALKEMADE (Cornelius, van), aut. holl. *Dissertation sur les tournois.* 1664, 1740. v. TOURNOI.

ALLARD, aut. fr. Leyde. *Les principales forteresses d'Espagne, France, Hollande, Italie, Savoie, Allemagne, Pays-Bas.* In-fol. 1696. v. FORTERESSE.

ALLARD, officier français passé au service du royaume de Lahore. v. ART MILITAIRE DE TERRE. v. DRAPEAU TRICOLORE. v. MILICE SYKE N° 1, 3.

ALLEMAGNE (pays d'). v. ACIER. v. ADMINISTRATION MILITAIRE. v. AIDE DE CAMP N° 1. v. ALLEMAND. v. ARCHER. v. ARMÉE CONFÉDÉRÉE. v. ARMÉE D'EXÉCUTION. v. ARQUEBUSE A FEU. v. ARQUEBUSE A ROUET. v. ART MILITAIRE DE TERRE. v. ARTILLERIE DE CAMPAGNE. v. ARTILLERIE ÉTRANGÈRE. v. ARTILLERIE IDIOPLIQUE. v. AUDITEUR. v. AUTEURS MILITAIRES (*Introd.;* id. 1751, C). v. AVANCEMENT. v. AVENTURIER. v. BALISTIQUE. v. BANDE NOIRE. v. BASTION DE FORTERESSE. v. BOULET EN PIERRE. v. CABINET D'ARMES. v. CANON D'ARTILLERIE. v. CARABINE. v. CASEMATE A FEU. v. CASERNE. v. CAVALERIE FRANÇAISE N° 4, 5. v. CHEVALERIE FIEFFÉE. v. CHEVALERIE GUERRIÈRE. v. CHEVALIER A LA PROIE. v. COMMISSAIRE A LA CONDUITE. v. COMPOSITION. v. CONSEIL JUDICIAIRE. v. CONSEIL PERMANENT. v. CORPS DE GARDE DE GARNISON. v. COTTES DE MAILLE. v. COUR MARTIALE. v. CROATE. v. DÉFENSIVE. v. DISCIPLINE MILITAIRE. v. DOMESTIQUE MILITAIRE. v. DRAGON FRANÇAIS N° 1, 3, 4. v. DROIT DE LA GUERRE. v. ÉCOLE MILITAIRE. v. ENFANT PERDU N° 5. v. ESCRIME. v. ÉTAPE. v. EXERCICE D'INFANTERIE. v. FEMME D'OFFICIER GÉNÉRAL. v. FÉODALITÉ. v. FILE DE BATAILLON. v. FORTERESSE. v. FOURRIER. v. GENDARME DU MOYEN AGE N° 2, 4. v. GÉNÉRAL D'ARMÉE; id. N° 5, 6. v. GÉNÉRAL FRANÇAIS N° 1. v. GLAIS MILITAIRE. v. GRENADE. v. GUÉRITE. v. GUERRE DE 1741, DE 1756, DE 1792. v. GUERRE PRIVÉE. v. GUIDE D'ARMÉE. v. GYMNASTIQUE. v. HALLEBARDE. v. HAUSSE PARABALLE. v. HUSSARD N° 4. v. INFANTERIE N° 8. v. INFANTERIE COMMUNALE N° 1. v. INFANTERIE FRANÇAISE N° 2, 8. v. INFANTERIE FRANCO-ÉTRANGÈRE. v. JOURNAL MILITAIRE (1790, F). v. JURISPRUDENCE MILITAIRE. v. LANDWEHR. v. LANGUE FRANÇAISE. v. LANGUE ROMANE. v. LANSQUENET. v. MARÉCHAL DE FRANCE N° 2. v. MARÉCHAUSSÉE. v. MARQUIS. v. MILICE. v. MILICE ANGLAISE N° 2. v. MILICE AUTRICHIENNE; id. N° 4, 6, 11. v. MILICE BAVAROISE N° 5. v. MILICE CHINOISE N° 7. v. MILICE FRANÇAISE N° 1. v. MILICE PIÉMONTAISE N° 1. v. MILICE PRUSSIENNE N° 1. v. MILICE RUSSE N° 1, 2, 6. v.

MILICE SARDE. v. MILICE SUÉDOISE N° 2, 4, 5. v. MILICE SUISSE N° 2. v. MILICES ITALIENNES. v. MINISTÈRE DE LA GUERRE. v. MUSIQUE. v. NATATION. v. NOBLESSE. v. OBUS. v. OFFICIER D'ÉTAT-MAJOR GÉNÉRAL. v. ORDRE EN CARRÉ. v. PAIX DE 1648, DE 1748, DE 1762. v. PAL. v. PAPEGAIE. v. PAS CADENCÉ. v. PAYE. v. PLATINE A PISTON. v. POUDRE A FEU. v. PROJECTILE. v. RANGS DE CAVALERIE. v. RÉFORME D'OFFICIERS. v. RÉGIMENT DE CAVALERIE. v. REITRE. v. ROUTIER. v. SERF. v. SERVICE DE SANTÉ. v. SERVICE PERSONNEL. v. SIGNAL TACTIQUE. v. SUBSISTANCE. v. TACTIQUE, subs. v. TERZE. v. TIR D'INFANTERIE. v. TOURNOI.

ALLEMAND (Allemands). Peuple mentionné dans le cinquième siècle; il fond sur la Gaule avec peu de succès, se répand au delà du Rhin et y donne son nom à l'ALLEMAGNE. v. AIGLE. v. ALARME. v. ALLEMAGNE. v. ARBALÈTE. v. ARME A FEU. v. ARMÉE FRANÇAISE N° 1. v. ARME DÉFENSIVE PORTATIVE. v. ARME PERSONNELLE N° 3. v. ARMISTICE. v. ARQUEBUSE A FEU. v. ARQUEBUSE A ROUET. v. ARTILLERIE D'ARMEMENT. v. ARTILLERIE STRATOPÉDIQUE. v. AUTEUR MILITAIRE (introd.). v. AVENTURIER. v. BALISTIQUE. v. BRABANÇONS. v. BRAVE. v. CAMPAGNE. v. CANNE D'OFFICIER. v. CANTINE D'AMBULANCE. v. CARABINE. v. CARROUSEL. v. CAVALERIE. v. CAVALERIE FRANÇAISE N° 7. v. CIBLE. v. CIMIER. v. COCARDE. v. CODE PÉNAL MILITAIRE. v. COLONEL D'INFANTERIE FRANÇAISE DE LIGNE N° 2. v. COMPAGNIE D'ORDONNANCE N° 6. v. CONDOTTIERE. v. COR HARMONIQUE. v. CORPS ÉTRANGER. v. COUP D'ŒIL. v. COUP DE LANCE. v. COUTEAU D'ARMES. v. CRANEQUINIER. v. CRI D'ARMES. v. CROISADE DE 1096, DE 1188. v. CYMBALE. v. DEMI-CUIRASSE. v. DEMI-GIBERNE. v. DÉSERTION. v. DEUIL. v. DISCIPLINE. v. DISCIPLINE FRANÇAISE. v. DISSIMULER. v. DROIT DE LA GUERRE. v. DRAGON FRANÇAIS N° 1. v. DRAGONNE D'OFFICIER. v. DRAPEAU. v. DROIT PUBLIC MILITAIRE. v. ESPINGARDE. v. ESCADRON. v. ESTOCADE. v. FANTASSIN. v. FEU DOUBLE. v. FIFRE. v. FLAMBE. v. FORTERESSE. v. FORTIFICATION. v. FOURRAGE DE DISTRIBUTION. v. FOURRIER. v. FUSÉE DE GUERRE. v. FUSIL D'INFANTERIE. v. FUSTIGATION. v. GENDARME DU MOYEN AGE N° 7, 8. v. GÉNÉRAL. v. GIBERNE. v. GOUJAT. v. GRENADE. v. GRENADIER D'INFANTERIE FRANÇAISE N° 2, 4. v. GUERRE. v. GUERRE DE 1756. v. HABILLEMENT. v. HALLEBARDE. v. HAVRE-SAC. v. HOPITAL MILITAIRE. v. HUSSARD; id. N° 5. v. INFANTERIE N° 1. v. INFANTERIE DE BATAILLE N° 7. v. INFANTERIE FRANÇAISE N° 1, 2. v. INFANTERIE FRANÇAISE DE GARDE ROYALE N° 2. v. INFANTERIE FRANCO-ÉTRANGÈRE. v. INFIRMERIE. v. INGÉNIEUR. v. INSTRUMENT A VENT. v. INSTRUMENT DE MUSIQUE MILITAIRE. v. JUGEMENT DE DIEU. v. JURISPRUDENCE MILITAIRE. v. JUSTICE MILITAIRE. v. KNOUT. v. LANCE A

MAIN. V. LANSQUENET. V. LÉGION D'ÉTRANGERS. V. LÉGISLATION (Vᵉ siècle). V. MAHEUTRE. V. MAITRE. V. MAITRE DE L'ARTILLERIE. V. MARCHE TACTIQUE. V. MASSUE. V. MILICE. V. MILICE ANGLAISE Nº 4. V. MILICE AUTRICHIENNE; id. Nº 11. V. MILICE DANOISE Nº 1. V. MILICE FRANÇAISE Nº 2, 3. V. MILICE PORTUGAISE Nº 1. V. MILICE RUSSE Nº 10. V. MINE DÉFENSIVE. V. MOUSQUET. V. MUSIQUE. V. NACAIRE. V. NOBLESSE. V. ORDRE PROFOND. V. PALANGUE. V. PIQUIER. V. PISTOLET. V. PLATINE D'ARQUEBUSE. V. PLATINE DE FUSIL. V. PONTON. V. PROBOSCIDE. V. PUNITION. V. PUPILLE; id. Nº 3. V. QUARTIERS DE GUERRE. V. QUEUE DE CHEVELURE. V. RÉGIMENT. V. RÉGIMENT D'INFANTERIE FRANÇAISE Nº 3. V. RÉGIMENT FRANCO-ÉTRANGER. V. REITRE. V. SABRE. V. SALUT AVEC ARMES. V. SCHLAGUE. V. SERGENT. V. SERGENT D'INFANTERIE Nº 1. V. SERVICE DE SANTÉ. V. STRATAGÈME. V. TABLIER DE MAILLES. V. TAMBOUR INSTRUMENTAL. V. TAMBOUR INSTRUMENTAL D'INFANTERIE FRANÇAISE. V. TERRAIN STRATÉGIQUE. V. TERZE. V. TIRAILLEUR.

ALLENT (Pierre-Alexandre-Joseph), aut. fr., général, etc. Paris. *De la conscription*, etc., an VIII. *Reconnaissances militaires*, insérées dans le mémorial du dépôt de la guerre. *De la réunion de l'artillerie et du génie*, in-12, 1800. *Histoire du corps impérial du génie, des siéges et travaux qu'il a dirigés, et des changements que l'attaque, la défense et l'administration des forteresses ont reçus en France depuis l'origine de la fortification moderne.* 1805, 1810. Cet ouvrage n'était pas terminé en 1815; sa première partie s'arrêtait à Louis quatorze. *Précis de l'histoire des arts et des institutions militaires en France depuis les Romains*, 1808. In-12, 1830. L'*Encyclopédie des Gens du monde* mentionne en outre, mais comme inédit : *Histoire de France, considérée dans ses rapports avec l'établissement des frontières et les guerres défensives.* V. ADMINISTRATION DE FORTERESSE. V. ARME DE JET. V. ART MILITAIRE DE TERRE. V. ARTILLERIE. V. ATTAQUE DE PLACE. V. CONSCRIPTION. V. CORPS DU GÉNIE. V. DÉFENSE DE PLACE. V. FORTERESSE. V. FORTIFICATION. V. FRONTIÈRE. V. GÉNIE. V. GÉNIE IDIOPLIQUE. V. GUERRE DÉFENSIVE. V. HISTOIRE MILITAIRE. V. RECONNAISSANCE DE TERRAIN. V. RECONNAISSANCE MILITAIRE. V. RECRUTEMENT. V. SIÉGE. V. SIÉGE OFFENSIF. V. TRAVAUX DE SIÉGE.

ALLETZ, aut. fr. Paris. *Victoires mémorables des Français.* C'est un abrégé de DANIEL. V. CATALOGUE ALPHABÉTIQUE DES AUTEURS MILITAIRES.

ALLINGHAM, aut. angl. Londres. *Nouvelle méthode de fortification, suivant le système de Vauban; l'Art de tirer le canon*, etc. V. ARTILLERIE. V. FORTIFICATION. V. TIR D'ARTILLERIE. V. VAUBAN.

ALLIX (le général), aut. fr. Paris. Collaborateur du dictionnaire de M. COURTIN (1823, E) et d'ouvrages militaires périodiques. *Des systèmes d'artillerie de campagne*, in-8º, 1827. *Observations sur le nouveau système d'artillerie française*, in-8º, 1832. V. ARTILLERIE. V. ARTILLERIE DE CAMPAGNE. V. BOUCHE A FEU. V. DIVISION D'ARMÉE. V. OBUSIER. V. SYSTÈME D'ARTILLERIE.

ALLOBROGES, peuple. V. CULOTTE. V. GÈSE. V. MATRAS.

ALLOU, aut. fr., ingénieur en chef et collaborateur de l'*Encyclopédie des Gens du monde*. Paris. *Essai sur l'universalité de la langue française*, in-8º, 1828. *Etudes sur les casques du moyen âge*, in-8º, 1834, 1835. *Etudes sur les armes et armures du moyen âge*, in 8º. Paris, 1837. *Suite des Etudes sur les armes*, 1838. V. AILETTE. V. ARME. V. ARME DÉFENSIVE PORTATIVE. V. ARMET V. ARMOIRIES. V. ARMURE. V. ARMURE DE MAILLES. V. BACINET. V. BAVIÈRE, subs. fém. V. BLASON. V. BOUCLIER. V. BOURGUIGNOTE. V. BRAVE. V. CABINET D'ARMES. V. CAP DE MAILLES. V. CAPELLINE. V. CASQUE. V. CERVELIÈRE. V. CHAPERON DE MAILLES. V. CHAUSSURE DE MAILLES. V. CIMIER. V. CORNETTE DE CASQUE. V. COTTE D'ARMES. V. COTTE DE MAILLES. V. CUIRASSE. V. ÉCU. V. FRAC. V. FREMAILLET. V. HAUBERT. V. HEAUME. V. INSIGNE. V. JAQUE. V. JASERAN. V. LAMBREQUIN. V. LANGUE ALLEMANDE. V. LANGUE CELTIQUE. V. LANGUE FRANÇAISE. V. LANGUE GRECQUE. V. LANGUE ROMANE. V. LANGUE RUSSE. V. MAILLE. V. MASQUE DE CASQUE. V. MILICE PERSANE Nº 4. V. MORION. V. MOYEN AGE. V. NASAL. V. PANACHE. V. PANCHIÈRE. V. PARME. V. PAVOIS. V. PLAQUE. V. PLUMET. V. RONDACHE. V. RONDELLE. V. SALADE. V. SALADE A VISIÈRE. V. SCHAKO. V. SECRETTE. V. TAILLEVAS. V. TAMBOUR. V. TARGE. V. TORTIL. V. WACE.

ALPHONSE ONZE, roi de Castille en 1312, meurt en 1350. V. CANON D'ARTILLERIE. V. MORTIER. V. POUDRE A FEU.

ALPHONSE PREMIER, roi de Portugal, proclamé roi en 1139, meurt en 1185. V. ÉTENDARD ROYAL.

ALPHONSE SIX, roi de Castille, meurt en 1109. V. COMBAT DE JUGEMENT. V. JUGEMENT DE DIEU.

ALPHONSE TROIS, roi de Castille, meurt en 912. V. LANDWEHR.

ALSACE. V. CONGRÈS. V. ÉTAPE. V. GUERRE DE 1672, DE 1701. V. PAIN DE MUNITION. V. PAIX DE 1648.

ALTONI, aut. ital. Florence. *Le Soldat, ou la Science et l'Art de la guerre*, in-

fol. 1604. v. ARME A FEU. v. ART DE LA GUER-
RE. v. SCIENCE DE LA GUERRE. v. SOLDAT.

ALTROCK, aut. all. Berlin. *Précis sur le
service des officiers subalternes en campagne*, in-8, 1808. v. OFFICIER EN CAMPAGNE.
V. OFFICIER SUBALTERNE. V. SERVICE DE CAMPA-
GNE. V. SERVICE D'OFFICIER.

AMADE, aut. fr. Paris. *Voyage en Espagne, ou Histoire générale des dernières
guerres de la Péninsule.* 2 vol. in-8°, 1823.
V. GUERRE DE 1792.

AMBERT (M.-J.), aut. fr., officier de dra-
gons. Saumur. *Esquisses historiques des
différents corps qui composent l'armée
française.* 1835, in-fol. *Mémoire sur l'or-
ganisation régimentaire de la cavalerie.*
In-8°, Paris, 1838. v. ARMÉE FRANÇAISE. V.
ARMURE. V. ARTILLERIE. V. AVANCEMENT. V. CA-
RABIN. V. CARABINIER A CHEVAL. V. CAVALERIE.
V. CHASSEUR A CHEVAL. V. COLONEL. V. CUIRAS-
SIER. V. DÉPOT DE CORPS. V. DRAGON FRANÇAIS.
V. ÉCOLE MILITAIRE. V. ESCADRON. V. ÉTAT-MA-
JOR D'ARMÉE. V. GARDE NATIONALE. V. GÉNIE.
V. HISTOIRE MILITAIRE. V. HUSSARD. V. INFAN-
TERIE. V. INVALIDE. V. LANCIER. V. MILICE
RUSSE. V. MINISTRE EN 1775. V. OFFICIER DE
CAVALERIE. V. OFFICIER DU GÉNIE; id. N° 5. v.
ORGANISATION. V. SIÉGE.

AMBOISE, aut. fr. Naples. *Le Guide des
gens de guerre.* In-8, Paris, 1543. v. GENS
DE GUERRE.

AMELOT DE LA HOUSSAYE, aut. fr. *Mémoires historiques, politiques, critiques, littéraires.* In-8°, Paris, 1722, 2 vol.; 1741,
3 vol. in-12. Espèce de dictionnaire non
terminé. v. DUEL. V. DUELLISTE.

AMÉRICAIN (Américains), peuple des Etats-
Unis ou des Etats du Sud. v. ARC. V. ARME A
LACS. V. ARME A VAPEUR. V. ARME INONDANTE.
V. ARTILLERIE STRATOPÉDIQUE. V. CHIEN DE
GUERRE. V. DRAPEAU. V. FLÈCHE EMPOISONNÉE.
V. GUERRE DE 1775. V. MILICE ANGLAISE
N° 2.

AMÉRIQUE, (partie du monde). v. ARME
PERSONNELLE N° 2. V. ARMÉE MEXICAINE. V.
ART MILITAIRE DE TERRE. V. BOUILLON D'OS. V.
CHIEN DE GUERRE. V. CONGRÈS. V. COSAQUE.
V. CRÊPE. V. DRAPEAU. V. ÉPÉE. V. FANFARE.
V. FLÈCHE EMPOISONNÉE. V. FLÈCHE PROJECTILE.
V. FLIBUSTIER. V. FUSÉE DE GUERRE. V. GUERRE.
V. GUERRE DE 1756, 1775, 1792. V. LANGUE
FRANÇAISE. V. MILICE ANGLAISE N° 3, 6, 8, 12.
V. MILICE ANGLO-AMÉRICAINE N° 1, 2, 5. V.
MILICE ESPAGNOLE N° 1, 2, 5. V. MILICE PARA-
GUÉENNE. V. MILICE SYKE. V. NOBLESSE. V.
POUDRE ALIMENTAIRE. V. RAMSAY. V. RAYNAL
(l'abbé). v. SERF. V. SERVICE D'ARMÉE. V. SOU-
LIER CORIOCLAVE. V. TACTIQUE, subs. V. TAM-
BOUR INSTRUMENTAL.

AMICHEVOLI, aut. ital. Rome. *Architec-*

ture militaire, 1684. v. ARCHITECTURE MI-
LITAIRE.

AMIENS (siége d') en 1597. v. AMBULANCE.
V. BOMBARDE. V. FORTERESSE. V. GARNISON. V.
HOPITAL MILITAIRE. V. LIEUTENANT GÉNÉRAL
N° 4. V. MANUFACTURE D'ARMES. V. MINE A
FEU. V. PAIX D'AMIENS. V. PASTOUREAU. V.
SURPRISE DE PLACE. V. TRAVAUX DE SIÉGE. V.
TRAVAUX MILITAIRES.

AMIOT (le père), aut. fr. Paris. v. ARBA-
LÈTE. V. ARME A FEU. V. ARME MATÉRIELLE. V.
ART MILITAIRE DE TERRE. V. ARTIFICE. V. ARTIL-
LERIE D'ARMEMENT. V. ATTAQUE. V. BOMBE. V.
BOUCLIER. V. CAMPEMENT. V. CARRÉ TACTIQUE.
V. CATALOGUE ALPHABÉTIQUE DES AUTEURS MI-
LITAIRES. V. CAVALERIE. V. CHAR DE GUERRE.
V. CHEVAL DE FRISE. V. COTTE DE MAILLES.
V. CUIRASSE. V. DEGUIGNES (1772, D). V.
ÉCHELLE D'ESCALADE. V. ÉCHIQUIER. V. ÉTANÇON.
V. ÉTENDARD GÉNÉRAL. V. ÉVOLUTION. V. FEU
GRÉGEOIS. V. FLÈCHE PROJECTILE. V. FUSÉE DE
GUERRE. V. GUÉRITE. V. HARASSE. V. KING. V.
MACHINE. V. MANTELET. V. MILICE CHINOISE; id.
N° 3, 5, 7. V. MUSIQUE. V. PONT DE CAMPAGNE.
V. POUDRE A FEU. V. REMPART. V. TACTIQUE,
subs.

AMIOT (A.-P.-J.), aut. fr. Paris. *Pano-
rama militaire, ou Précis de l'histoire
des troupes françaises depuis la fonda-
tion de la monarchie jusqu'à nos jours*,
in-8°, 1830. v. ADMINISTRATION MILITAIRE.
V. ARMEMENT D'UNIFORME. V. ARTILLERIE. V.
CAVALERIE. V. CHARGE HIÉRARCHIQUE. V. COM-
POSITION. V. CORPS RÉGIMENTAIRES N° 1. V.
ÉQUIPEMENT. V. ÉTAT-MAJOR D'ARMÉE. V. GARDE
ROYALE N° 2. V. GÉNIE IDIOPLIQUE. V. GUERRE.
V. HISTOIRE MILITAIRE. V. INFANTERIE. V. MI-
NISTRE DE LA GUERRE. V. ORDRE DE BATAILLE. V.
ORDRE EN CARRÉ. V. ORGANISATION. V. PENNON
DE GÉNÉRAL. V. RECRUTEMENT. V. TACTIQUE. V.
TAMBOUR INSTRUMENTAL. V. TROUPE FRANÇAISE.

AMMIAN MARCELLIN, ou AMMIEN, *Ammia-
nus Marcellanus*, aut. lat. v. ALLOCUTION.
V. AMMIEN. V. ARME NÉVROBALISTIQUE. V. AR-
MURE. V. BALISTE. V. BATAILLON ROND. V. BÉ-
LIER. V. BOUCLIER. V. BRAS DE CATAPULTE. V.
CATALOGUE ALPHABÉTIQUE DES AUTEURS MILI-
TAIRES. V. CATAPHRACTE. V. CHANT MILITAIRE.
V. CILICE. V. COIN TACTIQUE. V. COMTE N° 1, 2.
V. CONGÉ ABSOLU. V. CRI DE GUERRE. V. CUIRASSE.
V. DEMOULINES (1775, F). V. ÉLÉPHANT. V. EM-
BOLON. V. EMPEREUR ROMAIN. V. ÉPÉE. V. ES-
CALADE. V. FALARIQUE. V. GENTIL. V. HÉLÉPOLE.
V. HÉRAUT. V. HISTOIRE MILITAIRE. V. LANGUE
CELTIQUE. V. LATRON. V. MACHINE. V. MAL-
LÉOLE. V. MARCHE D'ARMÉE. V. MATTIAIRE. V.
MILICE BYSANTINE. V. MILICE ROMAINE N° 9. V.
MUTILATION VOLONTAIRE. V. ONAGRE. V. PON-
TON. V. SCORPION NÉVROBALISTIQUE. V. SERMENT.

V. SIÉGE. V. TORTUE D'ESCALADE. V. TORTUE MÉCANIQUE. V. TOUR ROULANTE.

AMMIEN. V. AMMIAN.

AMMON, aut. all. Francfort. *Traité sur l'artillerie et les munitions de guerre.* In-fol., 1625. — *Laboratoire militaire.* In-4°, 1669. V. ARTILLERIE. V. MUNITION DE GUERRE.

AMOROS, aut. esp., l. fr. Paris. *Manuel de gymnastique,* 2 vol. in-8°. Paris, 1829. — *Manuel d'éducation physique, gymnastique et morale.* 1850. V. GYMNASTIQUE.

AMPOGNANI, aut. ital. *Ordonnances militaires.* V. MILICES ITALIENNES.

AMYOT, aut. fr. Paris. Traducteur de Plutarque. *Vies des grands hommes,* etc. 4 vol. in-fol., 1565, 1575. V. ATTAQUE. V. BASTON. V. BOURDON. V. LANGUE FRANÇAISE. V. PERTUISANE. V. PIQUE. V. PISTOLET. V. PLUTARQUE. V. PUYSÉGUR (1775, Q).

ANCONE, ville d'Italie, capitule vis-à-vis le général Frœlich, le 13 novembre 1799. V. ARMÉE INFERNALE. V. BALLE RAMÉE. V. BLOCUS. V. CROISADE PROJETÉE (1462, 1464). V. DÉFENSE DE PLACE. V. ECCLÉSIASTIQUE. V. GOUVERNEUR DE PLACE ASSIÉGÉE. V. GUERRE DÉFENSIVE. V. MONNAIE OBSIDIONALE. V. SÉMAPHORE. V. SIÉGE DÉFENSIF. V. SORTIE D'ASSIÉGÉS.

ANDERSON, aut. angl. Londres. *Effets de l'artillerie pratique et théorique (1664, 1667, 1674, 1690). OEuvres d'artillerie,* 1715, in-4°. Il y a d'un auteur du même nom et dans la même langue un ouvrage intitulé : *Essai sur l'Art de la guerre,* Londres, 1761. Il y a encore d'un auteur du même nom *l'art de faire des Rochettes du poids de mille livres.* V. ARTILLERIE. V. ART DE LA GUERRE. V. BALISTIQUE. V. FUSÉE DE GUERRE. V. ROCHETTE.

ANDRADE, aut. portug. Lisbonne. *Essais sur une méthode d'organisation de l'armée portugaise.* In-4°, 1806. V. ARMÉE PORTUGAISE. V. MILICE PORTUGAISE.

ANDRÉOSSY, aut. fr. Metz. *De quelques idées relatives à l'artillerie dans l'attaque et la défense.* In-8°, 1794. — *Campagne de l'armée gallo-batave aux ordres d'Augereau en 1800, 1801.* In-8°, 1802. — *Essai sur le tir des projectiles creux (Mémoires de l'Institut,* 1825), in-8°, 1826. Paris. V. ATTAQUE DE PLACE. V. BOMBE. V. BOULET CREUX. V. DÉFENSE DE PLACE. V. GUERRE DE 1792. V. ORIFLAMME. V. PROJECTILE. V. PROJECTILE CREUX. V. TIR D'ARTILLERIE.

ANDREU, aut. fr. V. AVANCEMENT. V. CATALOGUE ALPHABÉTIQUE DES AUTEURS MILITAIRES. V. DISCIPLINE MILITAIRE. V. HOPITAL MILITAIRE. V. MALADE D'ARMÉE. V. RÉGIE DES VIVRES. V. SERVAN (1780, B). V. SOLDE. V. TENTE.

ANDREWS, aut. angl. Londres, *Histoire de la guerre entre l'Amérique, l'Espagne, la France et la Hollande,* commencée en 1775 et finie en 1783. 4 vol. in-8°. V. GUERRE DE 1775. V. HISTORIE MILITAIRE V. HUSSARD N° 3.

ANGELI, aut. all. Francfort. *Aperçus sur la fortification.* In-12, 1665. V. FORTIFICATION.

ANGELO (H.), aut. fr. Londres. *L'Ecole des armes,* avec explications générales. In-fol., 1763 ; traduit en anglais sous le titre : *Exercice du sabre hongrois et des montagnes,* par ROWLANDSON. In-8°, 1787, 1799. V. ESCRIME. V. ROWLANDSON. V. SABRE.

ANGLAIS, peuple V. ADJUDANT GÉNÉRAL ANGLAIS. V. ADMINISTRATION D'ARMÉE. V. AFFUT. V. AILETTE. V. ANGLAIS, adj. V. APPROCHES. V. ARBALÈTE. V. ARC. V. ARCHER A CHEVAL. V. ARCHER A PIED. V. ARME A VAPEUR. V. ARME DE GRAND CALIBRE. V. ARME MATÉRIELLE. V. ARME PERSONNELLE N° 2. V. ARMÉE ALLIÉE. V. ARMÉE ANGLAISE. V. ARMÉE D'ENVAHISSEMENT. V. ARMÉE DE MER. V. ARMÉE FRANÇAISE N° 2, 5. V. ARMURE. V. ARRIÈRE-BAN. V. ART MILITAIRE DE TERRE. V. ARTILLERIE D'ARMEMENT. V. ARTILLERIE DE CAMPAGNE. V. ARTILLERIE DE SIÉGE. V. ARTILLERIE DE SIÉGE OFFENSIF V. ARTILLERIE IDIOPLIQUE. V. ASSAUT OFFENSIF. V. ATÉGAR. V. ATTAQUE PAR STRATAGÈME. V. BAIONNETTE. V. BAIONNETTE DE FUSIL. V. BALISTE. V. BALISTIQUE. V. BALLE DE FUSIL. V. BARON N° 2. V. BASTILLE FIXE. V. BATAILLE TACTIQUE. V. BATAILLON DE MILICES ÉTRANGÈRES. V. BERME. V. BIBLIOTHÈQUE DE CORPS. V. BIVAC. V. BLANC DE CIBLE. V. BLANC NATIONAL. V. BLEU NATIONAL. V. BOMBARDE. V. BOMBARDEMENT. V. BONNET A POILS. V. BOTTE DE FOIN. V. BOUCLIER. V. BOUILLON D'OS. V. BOULET EN PIERRE. V. BOULET ROUGE. V. BOULEVARD. V. BRÈCHE OFFENSIVE. V. BRONZER. V. BRULOT. V. BUDGET. V. CALIBRE DE FUSIL. V. CAMP DE SIÉGE. V. CAMPEMENT TACTIQUE. V. CANON A BOMBES. V. CANON D'ARTILLERIE. V. CAPITULATION EN RASE CAMPAGNE. V. CAPORAL D'INFANTERIE FRANÇAISE DE LIGNE N° 2. V. CARONADE. V. CARRÉ TACTIQUE. V. CASERNE D'INFANTERIE. V. CAVALERIE FRANÇAISE N° 4, 7. V. CHANT MILITAIRE. V. CHARGE D'INFANTERIE. V. CHAUSSE-TRAPE. V. CHEVAL DE FRISE. V. CHEVALERIE D'AFFILIATION N° 4. V. CHEVALIER DU MOYEN AGE N° 9. V. CHEVALIER ECCLÉSIASTIQUE. V. CHEVALIER GENTILHOMME. V. CHEVELURE. V. CHIEN DE GUERRE. V. CIBLE. V. CIRCONVALLATION. V. CLAIRON INSTRUMENTAL. V. CLEY-MORE. V. COCARDE. V. COIN TACTIQUE. V. COLONNE COMPACTE. V. COLONNE ÉPAGOGIQUE N° 2. V. COMMANDEUR. V. COMMANDEUR EN CHEF. V. COMMISSAIRE DES GUERRES N° 2. V. COMPAGNIE D'INFANTERIE. V. COMPAGNIE D'ORDONNANCE N° 6. V. COMTE N° 1. V. CONDOTTIERE. V. CONGRÈVE. V. CONNÉ-

TABLE N° 2. V. CONSCRIPTION. V. CORPS ÉTRAN-
GER. V. COTTE D'ARMES. V. COULEUR NATIONALE.
V. COULEVRINE. V. CRÉVANT. V. CRI DE GUERRE.
V. CRIC. V. CROISADE DE 1147, 1188. V. CU-
LOTTE. V. DAPIFER. V. DÉPOT DE LA GUERRE. V. DÉ-
PUTÉ. V. DISCIPLINE. V. DROIT DE LA GUERRE.
V. ÉCHARPE MILITAIRE. V. ÉCHELLE D'ESCALADE.
V. ÉCOLE D'ENSEIGNEMENT PRIMAIRE. V. ÉCOLE
MILITAIRE. V. ÉCOLE MILITAIRE DE SAINT-CYR.
V. ÉLÉPHANT. V. ENGAGEMENT DE RECRUE. V.
ENSEIGNE. V. ÉPÉE LONGUE IDIOPLIQUE N° 1. V.
ESPINGOLE. V. ÉTAT-MAJOR D'ARMÉE N° 5. V.
ÉTAT MILITAIRE. V. EXERCICE D'INFANTERIE. V.
EXERCICE TACTIQUE. V. FAUCONNEAU. V. FEMME
A LA SUITE DES CORPS. V. FEU. V. FEU DE BIL-
LEBAUDE. V. FEU D'INFANTERIE. V. FILE DE BA-
TAILLON. V. FLÈCHE. V. FLÈCHE PROJECTILE. V.
FLIBUSTIER. V. FORTERESSE. V. FRANC ARCHER.
V. FUSÉE A PARACHUTE. V. FUSÉE DE GUERRE. V.
FUSIL. V. FUSIL A PISTON. V. FUSIL D'UNIFORME.
V. GARDE ÉCOSSAISE. V. GARDE NATIONALE. V.
GARNITURE DE FUSIL. V. GENDARME DU MOYEN
AGE N° 5, 7. V. GENDARMERIE DE LUNÉVILLE.
V. GÉNÉRAL D'ARMÉE N° 9. V. GÉNÉRAL FRAN-
ÇAIS N° 2. V. GÉNÉTAIRE. V. GENTILHOMME. V.
GOUVERNEUR DE PLACE DE GUERRE N° 5. V.
GRENADE. V. GRENADIER A CHEVAL. V. GUERRE
DE 1665, — 1688, — 1701, — 1741, —
1756, — 1775, — 1792. V. HABILLEMENT. V.
HABIT. V. HARNACHEMENT. V. HAVRE-SAC. V.
HÉRAUT. V. HÉRAUT D'ARMES N° 4. V. HOPITAL
MILITAIRE. V. HOQUETON. V. HOURRA. V. HUS-
SARD N° 5. V. INFANTERIE N° 8. V. INFANTE-
RIE FRANÇAISE N° 2, 8. V. INFANTERIE LÉGÈRE
N° 2. V. INFANTERIE FRANÇAISE DE GARDE
ROYALE N° 2. V. INFANTERIE FRANCO-SUISSE
N° 6. V. INGÉNIEUR. V. INHABILELÉ AU SERVICE.
V. JAVELINE. V. JUSTICE MILITAIRE. V. LANCE A
MAIN. V. LANCE IDIOPLIQUE. V. LANGUE ITA-
LIENNE. V. LANGUE ROMANE. V. LEVÉE. V. LE-
VÉE EN MASSE. V. LIT MILITAIRE. V. LOI MAR-
TIALE. V. MACHINE. V. MACHINE INFERNALE. V.
MAIL D'ARMES. V. MAISON DU ROI N° 1. V. MAI-
TRE. V. MARCHE EN CROUPE. V. MARCHE EN
POSTE. V. MARCHE TACTIQUE. V. MARTELLO. V.
MARTINET. V. MIL. V. MILICE ANGLAISE ; id.
N° 1, 2, 4, 5, 8. V. MILICE ANGLO-AMÉRI-
CAINE N° 5. V. MILICE AUTRICHIENNE ; id. N° 9.
V. MILICE BRÉSILIENNE. V. MILICE DANOISE N° 5,
6. V. MILICE FRANÇAISE N° 2, 4. V. MILICE HANO-
VRIENNE ; id. N° 2. V. MILICE HOLLANDAISE N° 5.
V. MILICE NÉERLANDAISE N° 4. V. MILICE PERSANE
N° 1, 5. V. MILICE PIÉMONTAISE. V. MILICE
PORTUGAISE N° 1. V. MILICE PRUSSIENNE N° 7,
8. V. MILICE RUSSE N° 2. V. MILICE SYKE N° 5, 5.
V. MILICE SUISSE N° 5. V. MILICE TURQUE N° 6. V.
MINE DU MOYEN AGE. V. MINISTRE DE LA GUERRE
N° 2 ; id. EN 1821 (SEPTEMBRE). V. MORTIER. V.
MOUSQUET. V. NOBLE. V. OBUS. V. OBUS OVOIDE.
V. ORDONNANCE D'EXERCICE D'INFANTERIE. V.

ORDONNANCE D'UNIFORME. V. ORDRE CENTRAL.
V. ORDRE CONCAVE. V. ORDRE PROFOND. V. ORI-
FLAMME. V. PAIR DE FRANCE. V. PAIX DE 1762.
V. PAL. V. PAS OBLIQUE. V. PASSE-VOLANT D'AR-
TILLERIE. V. PAYE. V. PEINE DE MORT. V. PÉ-
TARD CATABALISTIQUE. V. PIÈCE DE BRONZE. V.
PIQUE. V. PLATINE DE FUSIL. V. PONTON. V. PO-
SITION STRATEUMATIQUE. V. POUDRE A FEU. V.
POUDRE A FUSIL. V. PRÉLART. V. PREMIER COM-
MIS. V. PRISONNIER DE GUERRE. V. PRISONNIER DE
GUERRE ÉTRANGER. V. PROJECTILE. V. PUPILLE.
V. RANÇON. V. RANG D'INFANTERIE. V. RAQUE-
TIER. V. RECRUE. V. RÉGIMENT. V. RÉGIMENT
D'INFANTERIE. V. RÈGLEMENT. V. RETRANCHE-
MENT. V. REVUE D'ADMINISTRATION. V. ROUTIER.
V. SAINT-SÉBASTIEN. V. SALLE D'EXERCICE. V.
SCHAKO. V. SENTINELLE. V. SERGENTERIE. V.
SERVICE FÉODAL. V. SERVICE PERSONNEL. V.
SHRAPNELL. V. SIÉGE OFFENSIF. V. SOLDE. V.
SONNERIE. V. SPAHI. V. TAMBOUR DE TROUPE. V.
TAMBOUR INSTRUMENTAL. V. TAMBOUR INSTRU-
MENTAL D'INFANTERIE FRANÇAISE. V. TARD-VE-
NUS. V. TERRAIN STRATÉGIQUE. V. TIMBALE. V.
TOUR DE FORTIFICATION. V. TOURNOI.

ANGLETERRE (ROYAUME D'), OU GRANDE-
BRETAGNE. V. ACADÉMIE MILITAIRE. V. ACCO-
LADE. V. ACIER. V. ADMINISTRATION MILITAIRE.
V. AGE MILITAIRE. V. AILETTE. V. ALBANAIS. V.
ALLIÉ. V. ARBALÈTE. V. ARC. V. ARME OFFEN-
SIVE PORTATIVE. V. ARMÉE AUXILIAIRE. V. ARMÉE
DE MER. V. ARMÉE FÉODALE. V. ARMÉE FRAN-
ÇAISE N° 5, 7. V. ARMOIRIES. V. ARTILLERIE. V.
ARTILLERIE A CHEVAL. V. ARTILLERIE DE CAMPA-
GNE. V. ARTILLERIE ÉTRANGÈRE. V. ART MILI-
TAIRE DE TERRE. V. ATTAQUE DE PLACE. V. AU-
TEUR MILITAIRE (1751, B ; 1783, A). V. AVAN-
CEMENT. V. AVANCEMENT AU GRADE D'OFFICIER.
V. AVENTURIER. V. BALISTIQUE. V. BARBE. V. BA-
RON N° 2. V. BATTERIE DE CAISSE. V. BIBLIOTHÈ-
QUE MILITAIRE. V. BOULET EN PIERRE. V. BLANG
NATIONAL. V. BRONZER. V. BUDGET DE DÉPENSES.
V. BUTIN. V. CABINET D'ARMES. V. CAMP RETRAN-
CHÉ. V. CANON A MAIN. V. CAPITAINE D'INFAN-
TERIE FRANÇAISE DE LIGNE N° 10. V. CASERNE
D'INFANTERIE. V. CHAMPION. V. CHANT MILI-
TAIRE. V. CHAPEAU. V. CHAR A FAUX. V. CHAR
DE GUERRE. V. CHEVALERIE D'AFFILIATION N° 4.
V. CHEVALERIE ERRANTE. V. CHIEN DE GUERRE.
V. CHIRURGIEN MILITAIRE. V. COCARDE. V. COIN
D'AIRAIN. V. COMBAT A OUTRANCE. V. COMBAT DE
JUGEMENT. V. COMMANDEUR EN CHEF. V. COMTE
N° 4. V. CONNÉTABLE N° 2. V. CONQUÊTE. V.
CONSEIL JUDICIAIRE. V. CORNEMUSE. V. COTE-
REAU. V. COTTE D'ARMES. V. COUR MARTIALE. V.
COUVRE-FEU. V. CRI DE GUERRE. V. CROISADE ; id.
DE 1195, 1270, 1500. V. CULOTTE. V. DAPI-
FER. V. DESSIN. V. DEUIL. V. DISCIPLINE FRAN-
ÇAISE. V. DRAGON FRANÇAIS N° 6. V. DUC N° 1.
V. DUPIN (1820, B). V. ÉCOLE D'ÉTAT-MAJOR.
V. ÉCOLE MILITAIRE. V. ÉCU. V. ÉCUAGE. V.

ÉCUYER. V. ÉLIEN. V. ESTAFIER. V. ÉTAPE. V. EXERCICE. V. FÉODALITÉ. V. FORTERESSE. V. FRAISE D'HABILLEMENT. V. FUSÉE DE GUERRE. V. GARDE DE PRINCE. V. GARDE ROYALE. V. GARDE ROYALE N° 2. V. GARDES DU CORPS N° 3. V. GENDARMERIE DE POLICE N° 1. V. GÉNÉRAL MAJOR. V. GÉNIE STRATOPÉDIQUE. V. GOUVERNEUR DE PLACE DE GUERRE N° 5. V. GRADE. V. GRANDE-BRETAGNE. V. GRAND MAITRE DE L'ARTILLERIE. V. GRAND SÉNÉCHAL. V. GUERRE. V. GUERRE DE 1667, — 1672, — 1688, — 1701, — 1733, — 1741, — 1756, — 1775, — 1792, — 1823, — 1852. V. GUERRE FRANÇAISE. V. GUIDE D'ARMÉE. V. GYMNASTIQUE. V. HABILLEMENT. V. HALLEBARDIER. V. HOPITAL MILITAIRE. V. INFANTERIE N° 4. V. INSPECTEUR GÉNÉRAL N° 5. V. JAQUE. V. JUGEMENT DE DIEU. V. JARRY (John). V. JUSTICE MILITAIRE. V. LABARUM. V. LANGUE ANGLAISE. V. LANGUE CELTIQUE. V. LANGUE FRANÇAISE. V. LANGUE ROMANE. V. LIEUTENANT-COLONEL D'INFANTERIE FRANÇAISE N° 1. V. LIT DE TROUPE. V. LOI MARTIALE. V. MAISON DU ROI. V. MAITRE DE L'ARTILLERIE. V. MARÉCHAL. V. MARÉCHAL DE FRANCE N° 9. V. MARÉCHAL DES LOGIS D'ARMÉE. V. MASSUE. V. MILICE. V. MILICE ANGLAISE; id. N° 1, 2, 3, 4, 5, 6, 8, 12. V. MILICE ANGLO-AMÉRICAINE N° 1, 2, 3. V. MILICE AUTRICHIENNE N° 2, 6. V. MILICE CARTHAGINOISE. V. MILICE ESPAGNOLE N° 4. V. MILICE FRANÇAISE N° 1, 2. V. MILICE HANOVRIENNE N° 2. V. MILICE HOLLANDAISE N° 2, 5. V. MILICE NÉERLANDAISE N° 7. V. MILICE PIÉMONTAISE N° 1, 3. V. MILICE PORTUGAISE N° 1, 3. V. MILICE PRUSSIENNE N° 2. V. MILICE RUSSE N° 1, 2, 6. V. MILICE TURQUE N° 2, 6. V. MILICE WURTEMBERGEOISE N° 1. V. MINISTRE DE LA GUERRE N° 6; id. EN 1828 (4 JANVIER). V. NOBLESSE. V. OBUS. V. OFFICIER D'INFANTERIE. V. ORDALIE. V. ORDONNANCE IDIOPLIQUE. V. ORDRE DE CHEVALERIE. V. ORDRE DE LA JARRETIÈRE. V. ORDRE DE SAINT-LOUIS. V. ORDRE DU BAIN. V. ORIFLAMME. V. ORPHELIN DE MILITAIRE. V. PAIX DE 1667, — 1668, — 1697, — 1713, — 1721, — 1748, — 1762, — 1782, — 1802 (25 MARS), — 1815 (26 SEPTEMBRE). V. PARC. V. PAS CADENCÉ. V. PAYE. V. PENNON. V. PERRUQUE A LA BRIGADIÈRE. V. PLAN DE CAMPAGNE. V. POUDRE A FEU. V. POUDRERIE. V. POURSUIVANT D'ARMES. V. PREUX. V. PROMOTION D'OFFICIER. V. PUPILLE. V. QUARTIER-MAITRE GÉNÉRAL. V. RANÇON. V. RÉGIMENT. V. RÈGLEMENT. V. REVUE D'ADMINISTRATION. V. RIZ. V. ROBSON. V. ROI D'ARMES. V. ROTURIER. V. SCAPHANDRE. V. SEIGNEUR. V. SENTINELLE. V. SERF. V. SERGENT D'ARMES. V. SERVICE FÉODAL. V. SOLDAT. V. SOULIER A LA POULAINE. V. SOUS-OFFICIER N° 1. V. TACTIQUE, subs. V. TARD-VENUS. V. TIRAILLEUR. V. TIR D'INFANTERIE. V. TOPOGRAPHIE. V. TOUR MAXIMILIENNE. V. TOURNOI. V. VOLZ.

ANGO (le père), jésuite, aut. fr. Moulins.

Pratique générale des fortifications, sans égard à aucune méthode particulière, 1679, 1693. V. FORTIFICATION.

ANGOULÊME.

ANHALT (principauté de). V. ARMÉE CONFÉDÉRÉE, tableau.

ANNE COMNÈNE, aut. byzantin, l. gr., fille de l'empereur Alexis; morte en 1148. Elle a donné, sous le nom d'*Alexiade*, ou *Alexios*, en quinze livres, l'histoire de son père : c'est un récit de la première CROISADE; elle s'y montre écrivain prévenu et passionné : elle y traite mal les Occidentaux — Son poëme a été publié à Paris, en 1610, in-4°; et, en 1651, il a été traduit en allemand par SCHILLER (*Mémoires historiques*, t. II), et en français par le président COUSIN. V. ARBALÈTE. V. COMNÈNE. V. COULEUR NATIONALE. V. COUSIN. V. CROISADE. V. CROISADE DE 1096, — 1202. V. FEU GRÉGEOIS. V. FUSÉE DE GUERRE. V. HISTOIRE MILITAIRE. V. MACHINE. V. MILICE BYZANTINE. V. PAVESADE. V. SCHILLER. V. TOUR ROULANTE.

ANNE D'AUTRICHE. V. BAGAGE D'ARMÉE. V. PENSION DE RETRAITE.

ANNE DE MONTMORENCY. V. CONNÉTABLE N° 4, 5. V. ÉTENDARD GÉNÉRAL.

ANNIBAL, général carthaginois, né 241 ans avant J.-C.; mort par suicide 181 ans avant J.-C. V. ABAURIT. V. ARMURE. V. CAVALERIE. V. CAVALERIE FRANÇAISE. V. CHANT MILITAIRE. V. DÉTAIL. V. DICTATEUR. V. DISCIPLINE. V. DIVERSION. V. DOLOIRE. V. ÉLÉPHANT. V. EMBUSCADE. V. ÉPÉE. V. GÉNÉRAL D'ARMÉE N° 9. V. GÉOLOGIE. V. GUERRE. V. GUERRE DE POSITION. V. HONNEURS FUNÈBRES. V. LANGUE FRANÇAISE. V. LÉGION ROMAINE N° 3, 5, 6. V. MARCHE EN POSTE. V. MARIAGE. V. MILICE CARTHAGINOISE. V. MILICE GRECQUE N° 2. V. MILICE ROMAINE N° 6, 7. V. ORDRE TACTIQUE. V. PEPHLEGMENON. V. POSITION STRATEUMATIQUE. V. PRÉTEUR. V. RETIRADE. V. SIÉGE. V. SORTIE D'ASSIÉGÉS. V. STRATAGÈME. V. TACTIQUE. V. TOUR DE FORTIFICATION.

ANQUETIL, aut. fr., mort en 1808. Paris. *Histoire de France*, 16 vol. in-8°, 1795, 1817. V. HISTOIRE MILITAIRE. V. VILLARS.

ANSÉATIQUE (ville). V. ARMÉE CONFÉDÉRÉE.

ANSELIN, aut. fr. ou libraire. Paris. *Catalogue des livres militaires de la librairie*, etc. V. BIBLIOTHÈQUE MILITAIRE.

ANSELME, moine du dix-septième siècle, dont le vrai nom était Guibours. *Histoire généalogique et chronologique de la maison de France et des grands officiers de la couronne*, 9 vol. in-fol., 1726. Il a été continué et augmenté par Dufourny. Vaffard, augustin déchaussé, en a donné une troisième édition en 1783. V. CHEVALERIE.

CONNÉTABLE. V. GRAND MAITRE DE L'ARTILLERIE. V. GRAND MAITRE DES ARBALÉTRIERS. V. GRAND OFFICIER DE LA COURONNE. V. HISTOIRE MILITAIRE. V. MARÉCHAL DE FRANCE; id. N° 1; id. N° 9. V. MARÉCHAL GÉNÉRAL DES CAMPS ET ARMÉES. V. ORIFLAMME. V. PORTE-ORIFLAMME. V. PREUX. V. VAFFARD.

ANTHE, aut. all. Francfort. *Des levées dans les Etats impériaux*, 1790. V. CONSCRIPTION. V. LEVÉE. V. MILICE AUTRICHIENNE. V. RECRUTEMENT.

ANTIOCHE, ville de Syrie. V. BEFFROI. V. CROISADE DE 1096.

ANTIOCHUS LE GRAND, roi de Syrie, 200 ans avant J.-C. V. CHAR A FAUX. V. CHAR DE GUERRE. V. ÉLÉPHANT. V. SOUS-CONSUL.

ANTOMMARCHI, aut. fr. Paris. Mort à Cuba en 1838. *Mémoires du docteur François A., ou les Derniers moments de Napoléon*, 2 vol. in-8°, 1824. V. BONAPARTE. V. HISTOIRE MILITAIRE.

ANTON, aut. all. Vienne. *Théorie de l'escrime; traité analytique de toutes les positions, coups, parades et feintes, en général de tous les mouvements dans l'attaque et la défense*, traduction libre du traité de Chatelain, avec une instruction de l'escrime et de l'espadon, etc., avec deux tables explicatives, in-8°, 1819. V. ATTAQUE D'ESCRIME. V. CHATELAIN. V. COUP D'ESCRIME. V. ESCRIME. V. ESPADON. V. FEINTE. V. PARADE D'ESCRIME. V. PAN DE CANON DE FUSIL.

ANTONI, aut. piém., l. ital. Turin. Est connu aussi sous le nom de Dantoni et de Papacino; il a composé dix-sept volumes traduits en français par Montrozard et Flavigny. *L'Architecture militaire*, 1769, 1778, 1797, Halle; traduit en allemand, Berlin, 1794. *Artillerie pratique*, 1775, Turin. *Service de l'artillerie à la guerre*, 1780, 1782; traduit en allemand par Malherbe, in-8°, Dresde. *Examen de la poudre*, 1765, 1773, 1785. *Institutions physico-mathématiques*, etc., 1764, 1768, 1773, 1775, 1777. *De l'usage des armes à feu*, traduit en français par Saint-Auban, in-8°, Paris; traduit en allemand par Tempelhof, Berlin, in-8°, 1764, 1768, 1775, 1786; traduit en anglais par Thompson. V. ARCHITECTURE MILITAIRE. V. ARME A FEU. V. ARTILLERIE. V. ARTILLERIE DE CAMPAGNE. V. BALISTIQUE. V. DANTONI. V. FLAVIGNY. V. FORTIFICATION. V. MALHERBE. V. MINE. V. MONTROZARD. V. PAPACINO. V. PORTÉE D'ARME A FEU. V. POUDRE A FEU. V. REDOUTE. V. SAINT-AUBAN. V. TEMPELHOF. V. THOMPSON.

ANTONIN, empereur romain, l'an 138, meurt l'an 173 de J.-C., âgé de soixante-quinze ans; il a écrit en grec; il a composé: *Réflexions sur sa vie*, en douze livres. V.

AMMIAN (380, A). V. ART MILITAIRE DE TERRE. V. BISCUIT. V. CARTE GÉOGRAPHIQUE. V. COHORTE DE LÉGION ROMAINE N° 5. V. CORPS PRIVILÉGIÉ. V. GUERRE. V. LÉGION ROMAINE N° 1, 2, 5. V. MARC AURÈLE. V. MÉDECIN. V. MILICE ROMAINE N° 2. V. POLYEN (176, A). V. SERGENTERIE. V. TACTIQUE, subs.

ANTONINI (Annibal), aut. ital. Paris. *Dictionnaire italien, latin, français*, 2 vol. in-4°, 1735. V. DISCOURS PRÉLIMINAIRE, 4ᵉ partie. V. LANGUE ITALIENNE.

ANTONIO, aut. esp. Bruxelles. *Avis aux soldats*, 1597. V. SOLDAT.

ANVERS, ville des Pays-Bas (siége d'). V. BASTION DE FORTERESSE. V. BOMBARDEMENT. V. BRÈCHE PRATICABLE. V. CANON D'ARTILLERIE. V. CAPONNIÈRE. V. CARNOT. V. CITADELLE. V. COUP DE CANON. V. DÉBARQUEMENT HOSTILE. V. DRAPEAU NOIR. V. ÉCHELLE D'ESCALADE. V. FASCINE. V. FORTERESSE. V. FUSÉE DE GUERRE. V. FUSIL DE REMPART. V. GÉNÉRAL D'ARMÉE. V. GOUVERNEUR DE PLACE ASSIÉGÉE. V. GUERRE DE 1832. V. HABILLEMENT. V. JURISPRUDENCE MILITAIRE. V. MACHINE INFERNALE. V. MILICE AUTRICHIENNE N° 8. V. MILICE HOLLANDAISE N° 5. V. MONNAIE OBSIDIONALE. V. MORTIER. V. MOUSQUET. V. NID DE PIE. V. OBUSIER. V. OFFICIER D'ADMINISTRATION. V. OFFICIER DU GÉNIE N° 7. V. OUVERTURE DE TRANCHÉE. V. PARALLÈLE. V. PÉTARD CATABALISTIQUE. V. PIÈCE DE BRONZE. V. PILLAGE. V. SAPEUR DU GÉNIE. V. SERPENTINE. V. SERVICE DE CAMPAGNE. V. SIÉGE. V. SIÉGE DÉFENSIF. V. SORTIE D'ASSIÉGÉS.

APOLLINAIRE. V. SIDONIUS.

APOLLODORE, aut. gr., ou APOLLODORUS. V. BÉLIER. V. BRULOT PROJECTILE. V. CATALOGUE ALPHABÉTIQUE DES AUTEURS MILITAIRES. V. FEU GRÉGEOIS. V. FUSÉE DE GUERRE. V. GUERRE DE SIÉGE. V. MACHINE. V. MILICE GRECQUE. V. SCHOELL. V. SIÉGE. V. SIPHON A MAIN.

APOLLODORUS. V. APOLLODORE. V. CATALOGUE ALPHABÉTIQUE DES AUTEURS MILITAIRES.

APPIAN, ou APPIANUS, ou APPIEN, aut. gr. V. APPIEN. V. ARME NÉVROBALISTIQUE. V. ANTIOCHE. V. BALISTE. V. BÉLIER. V. BRULOT PROJECTILE. V. CASERNE. V. CATALOGUE ALPHABÉTIQUE DES AUTEURS MILITAIRES. V. CATAPULTE. V. CHAR DE GUERRE. V. COMBES. V. DÉSERTION. V. ÉLÉPHANT. V. EMPEREUR. V. ENSEIGNE ROMAINE. V. FALARIQUE. V. FORTERESSE. V. FORTIFICATION. V. HISTOIRE MILITAIRE. V. MACHINE. V. MALLÉOLE. V. RETRANCHEMENT.

APPIANO, aut. ital. *De la poudre à feu.* V. POUDRE A FEU.

APPIEN. V. APPIAN. V. CATALOGUE ALPHABÉTIQUE DES AUTEURS MILITAIRES.

AQUINO. V. AQUINUS. V. CATALOGUE ALPHABÉTIQUE DES AUTEURS MILITAIRES.

AQUINUS, aut. ital. V. AQUINO. V. CATALOGUE ALPHABÉTIQUE DES AUTEURS MILITAIRES. V.

CHEVAL DE FRISE. V. DICTIONNAIRE MILITAIRE. V. MALLÉOLE. V. MILICE CARTHAGINOISE. V. MILICE ROMAINE; id. N° 5, 9. V. MINE A RUINE. V. SAMBUQUE DE GUERRE. V. SIÉGE. V. SIÉGE OFFENSIF. V. TAMBOUR INSTRUMENTAL. V. TORTUE MÉCANIQUE. V. TOUR ROULANTE.

ARABE (Arabes), peuple. V. AMORCE DE MOUSQUET. V. ARC. V. ARCHER. V. ARZEGAIE. V. ATTABALE. V. BALLE DE FUSIL. V. BARAQUE. V. BOUCHE A FEU. V. BOULET ROUGE. V. CABINET D'ARMES. V. CAMP ROMAIN. V. CANON D'ARTILLERIE. V. CARQUOIS. V. CHEVALERIE ERRANTE. V. CLAIRON. V. COLOUGLIS. V. CROISADE. V. DROMADAIRE. V. ÉLÉPHANT. V. ESCRIME. V. ÉVOLUTION. V. FEU GRÉGEOIS. V. FLÈCHE EMPOISONNÉE. V. FRONDEUR. V. FUSIL. V. GARDE AVANCÉE. V. HARNACHEMENT A LA GENETTE. V. GENETTE. V. GUERRE DE 1855. V. JANISSAIRE. V. LANGUE ROMANE. V. MALANDRIN. V. MARMITE. V. MÉDECIN. V. MILICE ESPAGNOLE N° 2, 8. V. MILICE PERSANE N° 1. V. MILICE PORTUGAISE N° 4. V. MILICE RUSSE N° 5. V. MILICE TURCO-ÉGYPTIENNE N° 1, 2. V. MILICES ITALIENNES. V. MUSICIEN. V. MUSIQUE. V. MUSIQUE TURQUE. V. PAVILLON DISTINCTIF. V. PIERRE A FEU. V. PIONNIER. V. PORTÉE DE FUSIL. V. POUDRE A FEU. V. SABRETACHE. V. SONNERIE. V. TACTIQUE, subs. V. TAM-TAM. V. TIRAILLEUR. V. TOUR MAXIMILIENNE.

ARABIE, pays. V. FLÈCHE EMPOISONNÉE.

ARBELLES, pays. V. BATAILLE D'A... 331 avant J.-C. ou 423 de Rome. V. CORPS DE RÉSERVE. V. MILICE GRECQUE N° 5, 6. V. ORDRE OBLIQUE. V. PHALANGE ANTISTOME. V. SECONDE LIGNE DE BATAILLE.

ARCADIE, pays. V. CORPS PRIVILÉGIÉ. V. MUSIQUE. V. PEPHLEGMENON.

ARCHENHOLTZ, aut. all. Berne. *Histoire de la guerre de sept ans, traduit en français* par Boch, imprimé en allemand. Berlin, 1793, 1827. *Histoire de la guerre de Vendée,* Leipzig, 1794. *Histoire de Gustave Vasa, traduit de l'allemand,* par Propriac. Paris, 2 vol in-8°, 1805. *Histoire des flibustiers, traduit de l'allemand,* in-8°. Paris, 1804. V. BOCH. V. CANON D'ARTILLERIE. V. CANON DE CUIR. V. FLIBUSTIER. V. GUERRE DE 1756; id. DE 1792. V. HISTOIRE MILITAIRE.

ARCHIMÈDE, meurt l'an 208 avant J.-C. ou 212, suivant Lenglet, ou l'an de Rome 545; célèbre géomètre de l'antiquité. V. ARTILLERIE D'ARMEMENT. V. BALISTE. V. CATAPULTE. V. CORBEAU. V. CORBEAU DÉFENSIF. V. FLURANCE. V. MACHINE. V. PERRIER, subs masc. V. SAMBUQUE DE GUERRE. V. TRAVAUX DE SIÉGE.

ARCOLE, Italie (bataille d') gagnée par Bonaparte sur Alvinzi, les 16 et 17 novembre 1796. V. BONAPARTE. V. DRAPEAU D'INFANTERIE FRANÇAISE DE LIGNE.

ARÇON, aut. fr. V. CATALOGUE ALPHABÉTIQUE DES AUTEURS MILITAIRES.

ARCY, aut. fr. V. CATALOGUE ALPHABÉTIQUE DES AUTEURS MILITAIRES. V. DARCY.

ARDERSOIF, ou, suivant Rumpf, ARDESOIF, aut. angl. Londres. *Essai sur la marine, la fortification et l'artillerie,* 1772. V. ARTILLERIE. V. FORTIFICATION. V. MARINE.

ARDERSON, aut. angl. Londres. *Ouvrages d'artillerie* (Gunnery), 1715. V. ARTILLERIE.

ARDUESER, aut. allem. Zurich. *Architecture des forteresses.* In-4°, 1651. En l. lat. et all. Francfort, 1653. V. ARCHITECTURE MILITAIRE. V. FORTERESSE.

ARELLANO, aut. esp. *Instruction pour la tactique et la discipline de la cavalerie et des dragons,* 1767. V. CAVALERIE. V. DISCIPLINE. V. DRAGON FRANÇAIS. V. INSTRUCTION DE CAVALERIE. V. TACTIQUE DE CAVALERIE.

ARGENTI, aut. ital. Milan. *Le militaire en campagne, ou Recueil d'exemples et de maximes, tirés des histoires romaine et grecque, et enseignant l'art de commander une armée,* in-12, 1817. V. ART DU GÉNÉRAL. V. COMMANDEMENT D'ARMÉE. V. GÉNÉRAL D'ARMÉE. V. MILITAIRE EN CAMPAGNE.

ARGENVILLERS, aut. fr. V. APPEL CONSCRIPTIF. V. ARMÉE FRANÇAISE N° 2. V. BAN ET ARRIÈRE-BAN. V. CATALOGUE ALPHABÉTIQUE DES AUTEURS MILITAIRES. V. CONSCRIPTION. V. ENRÔLEMENT VOLONTAIRE. V. FORCE PUBLIQUE. V. FORMATION. V. GARDE NATIONALE. V. HISTOIRE MILITAIRE. V. MILICE PROVINCIALE. V. RECRUTEMENT. V. REMPLAÇANT. V. REMPLACEMENT D'ENRÔLÉ. V. RÉQUISITION CONSCRIPTIVE. V. RÉSERVE CONSCRIPTIVE. V. SERVICE CONSCRIPTIF. V. SERVICE FÉODAL. V. STATISTIQUE. V. TAILLE DE MILITAIRE. V. TIRAGE A LA MILICE.

ARGOLIDE, pays. V. ARGOULET.

ARGOS, ville de Grèce, fondée 1475 ans avant J.-C. V. CORPS PRIVILÉGIÉ.

ARIOSTE, aut. ital. Ferrare. Il est surtout considéré ici comme auteur de *Roland furieux,* de 1500 à 1515. V. ARQUEBUSE A CROC. V. ARQUEBUSE A FEU. V. BLASON. V. CIMIER. V. COULEVRINE.

ARLETAN, aut. fr. au service de Prusse. *Essai sur une théorie pratique des mines.* Berlin et Potzdam 1767, 1770, 1804. V. MINE.

ARLES, ville de France. V. CONCILE. V. FÉODALITÉ. V. LANGUE LATINE. V. LANGUE ROMANE. V. LÉGISLATION DIXIÈME SIÈCLE (851).

ARMÉNIEN (Arméniens). V. BOULET ROUGE. V. CAMPESTRE. V. LABARUM.

ARMSTRONG, aut. angl. Londres. *Observations pratiques sur les fautes commises par des généraux d'armée ou des chefs de détachements, entremêlées d'exemples, de dispositions sages et de succès mérités, depuis l'année 1748 jusqu'à nos jours.* V.

CHEF DE DÉTACHEMENT DE GUERRE. V. DÉTACHE-
MENT DE GUERRE. V. GÉNÉRAL D'ARMÉE. V. MI-
LICE ANGLAISE.

ARNAUD (l'archiprêtre), ou ARNAUDE, ou
ARNOUT, ou ERNOUL. V. CERVOLES.

ARNAULT, aut. fr. Paris. *Vie politique et
militaire de Napoléon.* Il était paru 2 vol.
in-fol. en 1822, 1825. V. GUERRE DE 1792.
V. NAPOLÉON.

ARNAUTE (Arnautes), peuple. V. CHANT MI-
LITAIRE.

ARNO. V. CARBONE. V. LANGUE FRANÇAISE.

ARNOLD. V. AVANT-GARDE BRITANNIQUE. V.
AVANT-POSTE. V. CATALOGUE ALPHABÉTIQUE DES
AUTEURS MILITAIRES. V. CONVOI POLÉMONOMIQUE.
V. DÉTACHEMENT. V. FAUSSE ATTAQUE. V.
FOURRAGE. V. OFFICIER D'INFANTERIE. V. PA-
TROUILLE. V. RÉQUISITION. V. SOUS-OFFICIER
D'INFANTERIE.

ARNOLD (F.-N.), aut. all. Francfort. *L'Ingénieur praticien, où il est traité des fortifications, du siège et de la défense des
places, de l'art du lever,* etc. In-4°, 1795.
V. ATTAQUE DE PLACE. V. DÉFENSE DE PLACE.
V. FORTIFICATION. V. INGÉNIEUR MILITAIRE. V.
LEVER. V. SIÉGE. V. TOPOGRAPHIE.

ARNOULD, aut. all. Cologne. *L'Ingénieur
praticien,* 1795. *Traité sur l'instruction
théorique et pratique pour les militaires,*
etc. Francfort, 1797. V. INSTRUCTION. V. FOR-
TIFICATION. V. INGÉNIEUR MILITAIRE. V. MILI-
TAIRE, subs. V. THÉORIE.

ARNOUT (l'archiprêtre), ou ARNAUDE, ou
ERNOUT. V. CERVOLES.

ARAGON, royaume. V. ARMOIRIES. V. CONS-
CRIPTION. V. FÉODALITÉ. V. MENADIER. V. MILICE
ESPAGNOLE N° 2. V. MILICE TURQUE N° 4.

ARRAS, ville de France. V. ARMAGNAC. V.
BATAILLON DE GRENADIERS. V. CANON A MAIN.
V. CHEVELURE MILITAIRE. V. CIRCONVALLATION.
V. COMPAGNIE DE FUSILIERS DISCIPLINAIRES. V.
CONTREVALLATION. V. COULEVRINE A MAIN. V.
DEMI-LUNE DÉTACHÉE. V. FORMATION EN BA-
TAILLE. V. GÉNIE IDIOPLIQUE N° 5. V. GRENA-
DIERS D'ARRAS. V. GYMNASE. V. SCHAKO D'IN-
FANTERIE.

ARRIAN. V. ARRIEN. V. CATALOGUE ALPHABÉ-
TIQUE DES AUTEURS MILITAIRES.

ARRIANUS. V. ARRIEN. V. CATALOGUE DES AU-
TEURS MILITAIRES.

ARRIEN, aut. gr. V. AUTEUR MILITAIRE (texte,
p. 5). V. BLANCHARD. V. CATALOGUE ALPHABÉ-
TIQUE DES AUTEURS MILITAIRES. V. CHAR DE
GUERRE. V. CHATEAUBRIAND. V. CLISE. V. COIN
TACTIQUE. V. CYMBALE. V. DELIGNE (1805, A).
V. ELIEN (70, A). V. EMBOLON. V. ÉNOMOTIE.
V. ÉPAGOGUE. V. ÉPITAGME DE CAVALERIE. V.
GUERRE. V. GUISCHARDT (1758, H). V. HISTOIRE
MILITAIRE. V. IMPOSITION. V. LÉON (900, A).
V. LÉGION ROMAINE N° 5. V. MACHINE. V. MA-

NIPULE N° 1. V. MILICE GRECQUE ; id. N° 6, 7.
V. MILICE ROMAINE ; id. N° 7. V. PARAGOGUE.
V. PAREMBOLE. V. PASSAGE DE RIVIÈRE. V. PHA-
LANGE GRECQUE. V. PLÉSION. V. POSSIDONIUS.
V. RUMPF (1824, F). V. SIÉGE. V. SOULIER. V.
TACTIQUE. V. TOUR ROULANTE. V. XÉNOPHON
(370, A).

ARTAUD ou ARTHAUD, aut. fr. V. CATALOGUE
ALPHABÉTIQUE DES AUTEURS MILITAIRES. V.
CÉSAR (51 avant J.-C.).

ARTHUR, ou ARTHUS, roi. V. WACE.

ARTHUR, aut. angl. Londres. *Nouveau
traité d'escrime,* 1781. V. ESCRIME.

ARTHUR ROCHE, aut. fr. *Sur le mode
d'exécution des lois relatives au recrutement de l'armée.* In-8°, Montpellier, 1826.
Des abus en matière de recrutement. Paris, in-8°, 1829. V. RECRUTEMENT.

ARTHUS, aut. all. Francfort. *La fortification,* 1608, 1623. V. FORTIFICATION.

ASCALON, pays d'Orient. V. CROISADE DE
1796

ASIATIQUE (Asiatiques), peuple. V. ARMURE.
V. ARRIÈRE-BAN. V. BANNIÈRE. V. BARBE. V.
ÉLÉPHANT. V. FLÈCHE PROJECTILE. V. FRONDEUR.
V. LANCIER. V. LANGUE GRECQUE. V. MILICE
PERSE. V. MILICE RUSSE N° 2, 7. V. MILICE
TURQUE N° 3. V. PHALANGE GRECQUE. V. POSTE
D'HONNEUR. V. SECONDE LIGNE DE BATAILLE.

ASIE, partie du monde. V. ARBALÈTE. V. AR-
MÉE AGISSANTE N° 2. V. ART MILITAIRE DE TERRE.
V. ARTILLERIE D'ARMEMENT. V. BALISTE. V. BA-
LISTIQUE. V. BARBE. V. BARDE. V. BÉLIER. V.
CANON D'ARTILLERIE. V. CASQUE. V. CAVALERIE.
V. CAVALERIE FRANÇAISE N° 7. V. CHAR DE GUERRE.
V. CHEVELURE MILITAIRE. V. COTTE DE MAILLES.
V. DRAPEAU. V. DROMADAIRE. V. ÉLÉPHANT. V.
EMBOLON. V. FÉODALITÉ. V. FLÈCHE EMPOISON-
NÉE. V. FORTIFICATION. V. FRONDE. V. FUSÉE DE
GUERRE. V. GÉNÉRAL D'ARMÉE ; id. N° 1. V.
HABILLEMENT. V. INFANTERIE N° 1. V. INGÉNIEUR
MILITAIRE. V. JANISSAIRE. V. LANGUE. V. LAN-
GUE CELTIQUE. V. LATRON. V. LIGNE COMBINÉE.
V. MACHINE. V. MARCHE D'ARMÉE. V. MARIAGE.
V. MILICE ÉGYPTIENNE N° 2. V. MILICE GRECQUE
N° 2 ; id. N° 5. V. MILICE TURQUE ; id. N° 1,
2, 4, 6, 7. V. ORDRE PROFOND. V. PASSAGE DE
RIVIÈRE. V. PHALANGE GRECQUE. V. PIÉTON. V.
POLIORCÉTIQUE. V. POUDRE ALIMENTAIRE. V.
POSTE D'HONNEUR. V. SAINT-CYR. V. SERF. V.
SERGENT D'ARMES. V. SERVICE A VIE. V. SPAHIS.
V. TACTIQUE. V. TIMARIOT. V. TOURNOI.

ASSALINI (Pierre), aut. ital. *Manuel du
chirurgien et du médecin d'armée,* traduit
de l'italien en allemand par M. Grossi. In-8°,
1816. V. CHIRURGIEN. V. CHIRURGIEN D'ARMÉE.
V. CHIRURGIEN MILITAIRE. V. GROSSI. V. MÉDECIN
D'ARMÉE.

ASSEMBLÉE CONSTITUANTE, titre que prend
l'Assemblée nationale après l'événement de

Varennes, en 1791. La durée de l'Assemblée constituante fut d'un an. v. AGE D'APTITUDE A LA RETRAITE. v. ASSEMBLÉE NATIONALE. v. ARMÉE FRANÇAISE N° 4, 9 ; id. tableau. v. COMITÉ MILITAIRE. v. CONSEIL DE LA GUERRE. v. CONSTITUANT. v. FORCE PUBLIQUE. v. FORCE PUBLIQUE AUXILIAIRE. v. FORMATION CONSTITUTIVE. v. GARDE NATIONALE. v. GÉNÉRAL FRANÇAIS N° 2. v. JUSTICE MILITAIRE. v. INFANTERIE DE BATAILLE N° 5. v. INFANTERIE FRANÇAISE DE LIGNE N° 5. v. INFANTERIE LÉGÈRE N° 8. v. LAMETH (Alex.). v. MILICE FRANÇAISE. v. MINEUR FRANÇAIS. v. NOBLESSE. v. ORDONNANCE D'EXERCICE D'INFANTERIE. v. ORIFLAMME. v. PEINE. v. RECRUTEMENT. v. RÉGIMENT D'INFANTERIE FRANÇAISE N° 2.

ASSEMBLÉE LÉGISLATIVE. v. CONSCRIPTION. v. DÉSERTION D'OFFICIER. v. GARDE CONSTITUTIONNELLE. v. JUSTICE MILITAIRE. v. RÉCOMPENSE.

ASSEMBLÉE NATIONALE, succède aux états généraux. Elle se termine en Assemblée constituante ; sa durée est de deux ans et trois mois. v. ARMÉE AUXILIAIRE FRANÇAISE. v. ARMÉE FRANÇAISE N° 5. v. ARMOIRIES. v. AVANCEMENT. v. BANDEROLE DE CHEVALIER DU MOYEN AGE. v. CATÉGORIE MILITAIRE. v. CODE MILITAIRE. v. CODE PÉNAL. v. CONSCRIPTION. v. CONSEIL DE DISCIPLINE. v. CONSTITUTION MILITAIRE. v. CROIX DE SAINT-LOUIS. v. CORPS PRIVILÉGIÉ. v. DISCIPLINE. v. FÉODALITÉ. v. GÉNÉRAL D'ARMÉE N° 2. v. LIVRÉE. v. SAINT-GERMAIN (1780, A). v. MINISTRE DE LA GUERRE (1788). v. NOBLESSE. v. PAYE. v. SERF.

ASTER, aut. all. Dresde. *Instruction sur la fortification*, 1787, 1793, etc. Il est continuateur de GLASER et se trouve dans l'ouvrage intitulé *Boehms - magasin*. v. BOEHM. v. FORTIFICATION. v. GLASER.

ASTER (L.-H.), aut. all. Dresde. *Science de l'attaque et de la défense des places*, 2e édit., in-8°, 1816, 1819. Le 2e volume traite de la partie transcendante de la guerre, des devoirs des officiers de tous grades et de toutes armes. v. ATTAQUE DE PLACE. v. DÉFENSE DE PLACE. v. GUERRE. v. OFFICIER. v. PLACE FORTIFIÉE.

ASTORGA. v. ASSAUT POLIORCÉTIQUE.

ATH (siége d'), en 1697. v. ARTILLERIE DE SIÉGE OFFENSIF. v. BATTERIE A RICOCHET. v. CAMP DE FORTERESSE. v. FORTERESSE. v. PARALLÈLE.

ATHÉNÉE, aut. byzantin qui écrivait en grec. v. AUTEUR MILITAIRE (1751, D). v. BALISTE. v. BÉLIER. v. CATALOGUE ALPHABÉTIQUE DES AUTEURS MILITAIRES. v. CASAUBON. v. GÈSE. v. HÉLÉPOLE. v. INSTRUMENT DE MUSIQUE. v. MACHINE. v. MILICE GRECQUE. v. MUSIQUE. v. PERRIER, subs. masc. v. SAMBUQUE DE GUERRE. v. SIÉGE. v. TAMBOUR INSTRUMENTAL. v. TARIÈRE. v. TOUR ROULANTE.

ATHÈNES, capitale de l'Attique, fondée en 1558 avant J.-C. v. BOMBE. v. CATAPULTE. v. CHAR DE GUERRE. v. CROISADE. v. DILOCHIE. v. ÉCOLE TACTIQUE. v. ECCLÉSIASTIQUE. v. ÉNOMOTIE. v. ÉPERON. v. GÉNÉRAL D'ARMÉE N° 2. v. INSTRUCTEUR. v. INVALIDE. v. LANGUE GRECQUE. v. MILICE GRECQUE ; id. N° 2, 5, 6. v. MILICE HELLÉNIQUE. v. MORA. v. PELTASTE. v. PELTE. v. PHALANGE GRECQUE. v. POLÉMARQUE. v. STRATÉGIE. v. TAXIARQUE. v. TORTUE MÉCANIQUE.

ATHÉNIENS (Athéniens), peuple. v. AGE MILITAIRE. v. AMNISTIE. v. CASQUE. v. CHANT MILITAIRE. v. CHARGE D'INFANTERIE. v. CHEVELURE MILITAIRE. v. CORPS PRIVILÉGIÉ. v. DRAPEAU. v. DRAPERIE. v. LOCHOS. v. MILICE GRECQUE N° 2, 4, 6. v. NOBLE. v. PAS DE COURSE. v. PENTACOSIARCHIE. v. RANGS D'INFANTERIE. v. SIÉGE. v. SIÉGE DÉFENSIF. v. TAXIARQUE.

ATTILA, roi des Huns, surnommé le fléau de Dieu (de 440 à 450). On a révoqué en doute sa bataille contre Aétius, où l'on prétend que deux cent mille Huns auraient péri, mais dont le lieu est inconnu. Les uns disent que l'action eut pour théâtre l'Auvergne, d'autres la Champagne, d'autres la Sologne, le pays toulousain, etc. M. de MONTVÉRAN prétend que cette déconfiture eut lieu à Châlons-sur-Saône, et que cent soixante-cinq mille Huns y perdirent la vie. v. ADMINISTRATION MILITAIRE. v. ARMÉE D'ENVAHISSEMENT. v. ART MILITAIRE DE TERRE. v. CAMP RETRANCHÉ. v. GUERRE. v. HUNS. v. MILICE FRANÇAISE N° 1. v. MONTVÉRAN. v. NASAI. v. PRISONNIER DE GUERRE. v. RETRANCHEMENT.

AUBAN. v. SAINT-AUBAN.

AUBERT DE VITRY. v. ODELEBEN (1817).

AUBERT-DUBAYET. v. DUBAYET.

AUBIGNAC, aut. fr. *Abrégé de toutes les fortifications*, 1650. v. FORTIFICATION.

AUBRY, aut. fr. Paris. *Histoire pittoresque de l'équitation ancienne et moderne, dédiée aux officiers élèves de l'école de cavalerie*. v. ÉQUITATION.

AUCKLAND OU AUKLAND, aut. angl. Londres. *Remarques sur la guerre*. In-8°, 1795. v. GUERRE.

AUDIERNE, aut. fr. Paris. *Manière de lever les plans*, etc., 1782. v. LEVER UN PLAN. v. TOPOGRAPHIE.

AUDIGUIER, aut. fr. Paris, ou DAUDIGUIER. *L'usage des duels*. In-8°, 1617. v. AUTEUR MILITAIRE (texte). v. DUEL.

AUDORF, aut. all. Breslau. *Traité sur les fortifications de campagne*, 1680. v. FORTIFICATION DE CAMPAGNE.

AUDOUIN, aut. fr. Paris. *Histoire de l'administration de la guerre*, 4 vol. in-8°, 1811, ouvrage diffus, d'une érudition mal digérée, d'une marche incertaine, et dont les opinions sont claires, mais les conclusions obscures. Son titre tombe à faux ; c'est plutôt l'histoire des ministères que de l'administration de la guerre ; car cette administration n'y est considérée que d'une manière générale, incomplète et vague. Du reste, Audouin, gendre de Pache et ayant été un des principaux commis de la guerre, a puisé à bonnes sources ; mais l'étude de la guerre n'entrait ni dans les exercices de sa jeunesse ni dans l'ensemble de ses occupations, et son livre s'en ressent. Le DIRECTOIRE l'ayant chargé d'écrire l'histoire de la GUERRE, ouvrage qui resta inédit, il est probable que les matériaux qu'il avait rassemblés et qu'il avait voulu utiliser, seront devenus l'histoire de l'administration de la guerre. — On doit à la plume de ce même auteur plusieurs ouvrages politiques, des notices historiques sur les généraux Dugommier et Meunier, un traité sur la législation maritime, etc. V. ADMINISTRATION MILITAIRE. V. ARMÉE FRANÇAISE N° 2. V. AUMONIER ; id. N° 1, 7. V. BAILLI. V. CABASSET. V. CABINET D'ARMES. V. CAPITAINE D'INFANTERIE FRANÇAISE N° 2. V. CAVALERIE. V. CHIRURGIEN-MAJOR D'INFANTERIE FRANÇAISE DE LIGNE N° 7. V. CODE PÉNAL. V. COLONEL D'INFANTERIE FRANÇAISE N° 2. V. COMMISSAIRE ORDONNATEUR. V. COMPAGNIE DE GENTILSHOMMES. V. CONSEIL DE LA GUERRE. V. COULEUR D'HABILLEMENT. V. COULEUR NATIONALE. V. CRAVATE DE DRAPEAU. V. CYMBALE. V. DÉFENSE. V. DÉPOT DE LA GUERRE. V. DICTIONNAIRE. V. DISCIPLINE. V. DRAGON FRANÇAIS. V. DRAGONNE D'OFFICIER. V. DRAPEAU. V. ÉCOLE MILITAIRE. V. ENGIN. V. ENTREPRISE. V. FOUET INSTRUMENTAL. V. FOUR DE CAMPAGNE. V. FOURNITURE. V. FOURRAGE DE DISTRIBUTION. V. GARDE ROYALE. V. GARDES FRANÇAISES ; id. N° 1. V. GENDARME DU MOYEN AGE. V. GÉNIE. V. GONFALON. V. GOUVERNEMENT MILITAIRE. V. GRADE. V. GRAND PRÉVOT. V. GRAND PRÉVOT DE L'HOTEL. V. GRENADIERS ROYAUX. V. GUERRE. V. GUERRE DE 1775. V. GUET. V. HABIT. V. HACHE D'ARMEMENT. V. HALLEBARDE. V. HAUSSE-COL. V. HAVRE-SAC. V. HISTOIRE MILITAIRE. V. HOPITAL MILITAIRE. V. HOTEL DES INVALIDES. V. HULLAN. V. HUSSARD. V. INFANTERIE LÉGÈRE. V. INFIRMERIE. V. INFIRMIER. V. INGÉNIEUR GÉOGRAPHE. V. INGÉNIEUR MILITAIRE. V. INSPECTEUR GÉNÉRAL. V. INSTRUMENT DE MUSIQUE MILITAIRE. V. INTENDANT D'ARMÉE. V. JUGE MILITAIRE. V. JUSTICE MILITAIRE. V. LABARUM. V. LAMBREQUIN. V. LANCE A MAIN. V. LANSQUENET. V. LÉGION DE LOUIS QUINZE. V. LÉGION FRANÇAISE. V. LEVÉE. V. LIEUTENANT GÉNÉRAL. V. MACHINE. V. MAJOR CAPITAINE. V. MANŒUVRE. V. MARCHÉ ADMINISTRATIF. V. MARÉCHAL DE FRANCE ; id. N° 2, 8, 9. V. MARÉCHAL GÉNÉRAL DES CAMPS ET ARMÉES. V. MARÉCHAUSSÉE. V. MARIAGE. V. MARQUEUR. V. MÉDECIN. V. MÉDECIN MILITAIRE. V. MESSE MILITAIRE.

V. MILICE AUTRICHIENNE N° 7. V. MINISTRE DE LA GUERRE N° 2, 8, 14 ; id. en 1643, — 1662, — 1701, — 1715, — 1718, — 1743, — 1758, — 1771, — 1774 (28 janvier et 8 juin), — 1775, — 1780. V. MONTRE ADMINISTRATIVE. V. MUNITTIONNAIRE GÉNÉRAL. V. MUNITION DE BOUCHE. V. NOURRITURE. V. OFFICIER FRANÇAIS. V. ORDONNANCE OFFICIELLE. V. ORDONNANCE TACTIQUE. V. ORDRE DE SAINT-LOUIS. V. ORGANISATION. V. ORIFLAMME. V. PAIN DE MUNITION. V. PAIN. X. PASSE-VOLANT. V. PAYE. V. PAYEUR. V. PENNON. V. PENSION MILITAIRE. V. PHALANGE GRECQUE. V. PIERRE A FEU. V. PIERRIER. V. PILLAGE. V. PIONNIER. V. PIQUE. V. PISTOLET. V. PLAN EN RELIEF. V. PONT MILITAIRE. V. POUDRE A FEU. V. PRÉFET DE CAMP. V. PRÉFET DE MILICE ROMAINE. V. PRÉFET DU PRÉTOIRE. V. PRÊT. V. PRÉVOT. V. PRÉVOT DES MARÉCHAUX. V. PRISONNIER DE GUERRE. V. QUARTIER-MAITRE D'INFANTERIE FRANÇAISE DE LIGNE. V. RATION. V. RECRUE. V. RECRUTEMENT. V. RÉFORME. V. RÉGIMENT. V. RÉGIMENT DE CAVALERIE N° 1. V. RÉGIMENT D'INFANTERIE FRANÇAISE ; id. N° 1, 2, tableau. V. RÉGIMENT FRANÇAIS. V. RÈGLEMENT. V. RÉQUISITION. V. RETENUE. V. RETRAITE CÉLEUSTIQUE. V. REVUE. V. REVUE D'ADMINISTRATION. V. SABRE. V. SAINT-LOUIS. V. SAPE. V. SAPEUR DU GÉNIE. V. SATELLITE. V. SAYON. V. SÉNÉCHAL. V. SERGENT. V. SERGENT D'ARMES. V. SERMENT. V. SERVICE DE SANTÉ. V. SERVICE PERSONNEL. V. SIÉGE. V. SIGNAL. V. SOLDE. V. STRATAGÈME. V. STRATÉGIE. V. SUBSISTANCE. V. TABLIER DE MAILLES. V. TACTIQUE. V. TAMBOUR INSTRUMENTAL. V. TARGE. V. TENTE. V. TESSÈRE. V. TÊTE DE PONT. V. TIMBALE. V. TOPOGRAPHIE. V. TOUR ROULANTE. V. TRANSPORT. V. TRÉSOR. V. TRÉSORIER. V. TRIAIRE. V. TRIBUN ROMAIN. V. TRIBUNAL. V. XAVIER.

Augoyat, chef de bataillon du génie, puis lieutenant-colonel et professeur de l'école d'état-major, aut. fr. Paris. *Mémoires sur l'effet des feux verticaux, proposés par Carnot. suivis de notes sur la trajectoire des balles, sur le tir à ricochets*, in-4°, 1821. On doit au même écrivain la publication du *Traité des siéges et de l'attaque de place, par* VAUBAN, in-8°, 1829, et celle du *Mémorial de* CORMONTAINGNE *pour l'attaque des places*, in-8°, 1835 ; 2ᵉ édit. V. ATTAQUE DE PLACE. V. BALISTIQUE. V. CARNOT. V. CORMONTAINGNE. V. FEU D'ARTILLERIE. V. FEU VERTICAL. V. PÉTARD CATABALISTIQUE. V. RICOCHET. V. SIÉGE OFFENSIF. V. TIR A RICOCHET. V. TRAJECTOIRE. V. VAUBAN (1829, K).

Auguste, ou **Augustus**, empereur romain, règne l'an 725 de Rome, ou trente ans avant J.-C., meurt l'an 14 de J.-C., après un règne de quarante-quatre ans. V. ARMÉE PERMANENTE. V. AUGUSTALE. V. CAMP DE VÉTÉRANS. V. CAVALERIE. V. CHIFFRE STÉGANOGRAPHIQUE.

V. COHORTE PRÉTORIENNE. V. COLONISATION. V. COMTE Nº 1. V. CONGÉ ABSOLU. V. CULOTTE. V. DICTATEUR. V. DICTIONNAIRE MILITAIRE. V. DISCIPLINE MILITAIRE. V. EMPEREUR. V. GUERRE. V. HYGIN (120, A). V. INGÉNIEUR MILITAIRE. V. LANGUE GRECQUE. V. LANGUE LATINE. V. LARREY. V. MACHINE. V. MÉDECIN. V. MILICE ROMAINE; id. Nº 2, 3, 5, 9, 10. V. MOUSQUET. V. MOUSQUETAIRE. V. MUSIQUE. V. POSTE AUX LETTRES. V. PRÉFET DE LÉGION. V. PRÉTEUR. V. PROMENADE. V. QUESTEUR. V. RÉCOMPENSE. V. SERGENTERIE. V. SOUS-CONSUL. V. TRAVAUX MILITAIRES. V. VÉGÈCE (390, A).

AUGUSTIN, aut. allem. Austerlitz et Ulm. *Artifices de guerre*, 1680, in-4°. V. ARTIFICE.

AUGUSTUS. V. AUGUSTE.

AULUGELLE, grammairien romain qui vivait dans la première moitié du second siècle, écrivait vers l'an 125, mourut sous le règne de Marc-Aurèle vers l'an 165; il s'appelait AULUS GELLIUS, ou AGELLIUS. *Nuits attiques*, recueil d'observations de tout genre commencé à Athènes et terminé à Rome; livre sans ordre, mais curieux; espèce de cahier de souvenirs et de notes de la main d'un observateur savant. Venise, 1509; Leyde, 1666, 1706, in-4°; Leipzig, 1762, 2 vol. in-8°; traduits par l'abbé de Verteuil, 3 vol. in-12, 1776, Paris, et par Verger, 5 vol. in-8°, Paris, 1818, 1820. V. AUTEUR MILITAIRE (discours d'introduction). V. CHIFFRE STÉGANOGRAPHIQUE. V. CINCIUS. V. GLOBE TACTIQUE. V. HÉRAUT. V. LANCE. V. LINGULE. V. MILICE ROMAINE Nº 4, 7, 9. V. MUSIQUE. V. ORDRE DE BATAILLE. V. PANCRACE. V. PILE, subs. masc. V. PONTON. V. RÉCOMPENSE. V. SERMENT. V. SKYTALE. V. TAILLE DE MILITAIRE.

AURACH (von Auracher), aut. allem. Vienne. *Cours de tactique appliqué conformément aux principes de Venturini*, 4 vol. in-8°, 1813. V. TACTIQUE. V. VENTURINI.

AURÉLIEN, empereur romain, élevé à l'empire l'an 270, meurt en janvier 275. V. ART MILITAIRE DE TERRE.

AURÉLIUS VICTOR, aut. lat., né en Afrique. Il partagea le consulat de Valentinien en 369 et est mort vers 395. Il a traité des *Antiquités de Rome*, ou *Origo gentis Romanæ, a Jano ad Constantium*. Le fragment qui s'en est conservé s'arrête à la première année de la fondation de Rome. *Des Hommes illustres*, attribué aussi à Cornélius Népos, à Pline le Jeune, à Suétone. *Des Empereurs*, d'Auguste Octave à Julien troisième. Amsterdam, 1733, in-4°. V. CHAUSSURE. V. EMPEREUR ROMAIN.

AUSTERLITZ (bataille d'), gagnée le 2 décembre 1805 par BONAPARTE sur Kutusof, à la suite d'une campagne de trois mois. Elle est la plus savante des temps modernes, suivant FOY. V. ARMÉE D'ENVAHISSEMENT. V. BATAILLE STRATEUMATIQUE. V. BATTERIE DE BOUCHES A FEU. V. BLESSÉ. V. BONAPARTE. V. CAMP D'INSTRUCTION. V. COLONNE PAR BATAILLON. V. ÉCHELON. V. GARDE IMPÉRIALE. V. GRENADIERS RÉUNIS. V. GUERRE. V. HABILLEMENT. V. MARCHE EN POSTE. V. MILICE AUTRICHIENNE Nº 6. V. MILICE RUSSE Nº 2, 7.

AUSTRASIE, partie septentrionale de la Gaule. V. AUMONIER Nº 1. V. LANGUE FRANÇAISE. V. MAIRE DU PALAIS. V. MILICE FRANÇAISE Nº 2.

AUTRICHE. V. ARME D'UNIFORME D'OFFICIER. V. ARMÉE CONFÉDÉRÉE. V. ARMÉE D'ENVAHISSEMENT. V. ARMÉE FRANÇAISE Nº 2, 5, 6, 7. V. ART MILITAIRE DE TERRE. V. ARTILLERIE. V. ARTILLERIE A CHEVAL. V. ARTILLERIE D'ARMEMENT. V. ARTILLERIE ÉTRANGÈRE. V. BATAILLON DE GRENADIERS. V. BÉNÉFICE MILITAIRE. V. BOIS DE FUSIL. V. CABINET D'ARMES. V. CAMP D'INSTRUCTION. V. CAISSON D'ARTILLERIE. V. CANON DE CUIR. V. CAPITAINE D'INFANTERIE FRANÇAISE Nº 10. V. CARABINE. V. CARABINIER A CHEVAL. V. CARROUSEL. V. CAVALERIE FRANÇAISE Nº 5. V. CAVALERIE LÉGÈRE. V. CHEF D'ESCADRON. V. CHEVELURE MILITAIRE. V. COLONISATION MILITAIRE. V. COLONNE DOUBLE. V. CONSCRIPTION. V. CORPS D'ÉTAT-MAJOR. V. CROATE. V. CROISADE DE 1096. V. DÉMANTELER. V. DÉSERTEUR A L'ÉTRANGER. V. ÉCOLE D'ENFANT DE TROUPE. V. ÉCOLE D'ÉTAT-MAJOR. V. EFFET D'UNIFORME. V. ESCLAVON. V. ÉTOFFE D'HABILLEMENT. V. EXERCICE D'INFANTERIE. V. FELD-MARSCHALL. V. FORTERESSE. V. GARDE DE PRINCE. V. GARDE ROYALE. V. GENDARME DU MOYEN AGE Nº 2. V. GÉNÉRAL D'ARMÉE; id. Nº 1, 3. V. GÉNÉRAL FRANÇAIS Nº 1, 2. V. GUERRE. V. GUERRE DE 1629, — 1635, — 1741, — 1792, — 1832. V. GUERRE DÉFENSIVE. V. HEIDUQUE. V. HOPITAL MILITAIRE. V. HUSSARD; id. Nº 1. V. INFANTERIE Nº 1. V. INFANTERIE FRANCO-ÉTRANGÈRE. V. INSURRECTION HONGROISE. V. JURISPRUDENCE MILITAIRE. V. LANDWEHR. V. LÉGION D'HONNEUR. V. LICENCIEMENT. V. MAISON DU ROI. V. MARÉCHAL DE FRANCE Nº 9. V. MARÉCHAUSSÉE. V. MILICE. V. MILICE ANGLAISE Nº 2, 7. V. MILICE AUTRICHIENNE Nº 1, 2, 3, 4, 5, 6, 7. V. MILICE BADOISE. V. MILICE HOLLANDAISE. V. MILICE FRANÇAISE Nº 2. V. MILICE PIÉMONTAISE Nº 1. V. MILICE POLONAISE Nº 1, 5. V. MILICE PORTUGAISE Nº 1. V. MILICE PRUSSIENNE Nº 2, 3, 4. V. MILICE RUSSE Nº 2, 7. V. MILICE SAXONNE Nº 3. V. MILICE SUÉDOISE Nº 1. V. MILICE SUISSE Nº 1, 6. V. MILICE WURTEMBERGEOISE Nº 1. V. MILICES ITALIENNES. V. MINISTÈRE DE LA GUERRE. V. MINISTRE DE LA GUERRE Nº 14; id. EN 1761. V. MOUSQUET. V. MUSIQUE. V. OBUSIER. V. OFFI-

CIER D'ÉTAT-MAJOR GÉNÉRAL. V. OFFICIER D'INFANTERIE. V. OFFICIER FRANÇAIS N° 7. V. ORDRE D'AUTRICHE. V. ORDRE DE LA TOISON D'OR. V. ORDRE DE L'AIGLE BLANC. V. PAIX DE 1762, — 1797 (17 OCTOBRE), — 1805, — 1809, — 1814. V. PAS ALLONGÉ. V. PENSION DE RETRAITE. V. PIQUE. V. PROMOTION D'OFFICIER. V. PUNITION. V. RÉCOMPENSE. V. RÉGIMENT FRANCO-ÉTRANGER. V. RÉGIMENT-FRONTIÈRE. V. SALUT. V. SAUCISSON A FEU. V. STATISTIQUE. V. TACTIQUE, subs. V. TOPOGRAPHIE. V. TOUR MAXIMILIENNE. V. ZANTHIER (1779, F).

AUTRICHIEN (Autrichiens), peuple. V. AÉROSTAT MILITAIRE. V. ARME PERSONNELLE N° 2. V. ARMÉE AUTRICHIENNE. V. ARMÉE ÉTRANGÈRE. V. ART MILITAIRE DE TERRE. V. ARTILLERIE A CHEVAL. V. ARTILLERIE DE CAMPAGNE. V. ARTILLERIE D'INFANTERIE. V. BALLE DE FUSIL. V. BATTERIE INCENDIAIRE. V. BIBLIOTHÈQUE DE CORPS. V. BOMBARDEMENT. V. BONNET A POILS. V. BOUCHES INUTILES. V. BOULET ROUGE. V. BRIGADIER DES ARMÉES. V. CAMPEMENT POLÉMONOMIQUE. V. CAMPEMENT TACTIQUE. V. CARABINE A VENT. V. CARRÉ A SIX RANGS. V. CARTOUCHE INCENDIAIRE. V. CAVALERIE FRANÇAISE N° 7. V. CHARGE DE CAVALERIE. V. CHEVAL DE FRISE. V. CHIEN DE GUERRE. V. COCARDE. V. CONGRÈS. V. DIVISION D'ARMÉE. V. ÉCHARPE MILITAIRE. V. ESCADRON. V. ESPACE DE RANGS. V. FEU RÉGLÉ. V. FLIEGELMAN. V. FUSIL A VENT. V. GÉNÉRAL FRANÇAIS N° 2. V. GUERRE DE 1733, — 1741, — 1756. V. HABIT. V. INFANTERIE FRANÇAISE N° 8. V. LANCE IDIOPLIQUE. V. LÉGION D'HONNEUR. V. MILICE AUTRICHIENNE N° 1, 2, 7, 11. V. MILICE DES PAYS-BAS. V. MILICE ESPAGNOLE N° 8. V. MILICE PIÉMONTAISE; id. N° 1. V. MILICE PRUSSIENNE N° 8. V. MILICE WURTEMBERGEOISE N° 1. V. MUSIQUE. V. OBUS. V. ORDONNANCE D'EXERCICE. V. PANDOURE. V. L'ANSTÉRÈCHE. V. PRISONNIER DE GUERRE. V. PRISONNIER DE GUERRE ÉTRANGER. V. PROMOTION. V. RÈGLEMENT. V. RETRAITE STRATEUMATIQUE. V. SCHAKO. V. SERGENT MILITAIRE. V. SOLDE. V. SOUTACHE. V. SURPRISE DE QUARTIERS.

AUTUN, ville de France (ancienne Bourgogne). V. CRUPELLAIRE. V. MANUFACTURE D'ARMES.

AUXERRE, ville de France (ancienne Bourgogne). V. CHEVALIER ECCLÉSIASTIQUE. V. CONCILE. V. LANGUE ROMANE. V. LÉGISLATION (VIᵉ siècle).

AVELOURT. V. DAVELOURT.

AVENTIN (Jean-Tourmayer), écr. allem., historien bavarois. V. AUTEUR MILITAIRE (texte, 8ᵉ page).

AVIGNON, ville. V. ARMÉE FRANÇAISE N° 5. V. CAMP RETRANCHÉ. V. CROISADE DE 1362. V. HOTEL DES INVALIDES.

AVRIL, aut. fr., chef de bataillon. Paris. *Avantages d'une bonne discipline et* moyens de l'entretenir, etc.; *Essai historique sur l'infanterie française, etc.; Précis sur l'origine des grades, etc.; Notice sur la forme des armes offensives et défensives des Français, etc.;* In-8°, 1824. V. ARME DÉFENSIVE. V. ARME OFFENSIVE. V. DISCIPLINE. V. GRADE. V. HISTOIRE MILITAIRE. V. INFANTERIE FRANÇAISE.

AYALIUS, aut. flam. ou esp., l. lat. Douay, Anvers. *Du Droit des offices militaires, de la discipline,* 1582, 1597. V. CHARGE HIÉRARCHIQUE. V. DISCIPLINE. V. DROIT PUBLIC MILITAIRE. V. GRADE. V. GRADE D'OFFICIER. V. JURISPRUDENCE MILITAIRE. V. OFFICE.

AYRAL, aut. fr. V. CATALOGUE ALPHABÉTIQUE DES AUTEURS MILITAIRES. V. TACTIQUE.

AZEVEDO-FORTES, aut. portug. Madrid. *L'ingénieur portugais,* 1728, 1729. 2 vol. in-4°. — Lisbonne, 1741. V. INGÉNIEUR.

AZIN. V. DAZIN.

AZINCOURT, en Picardie, Pas-de-Calais, (bataille d') gagnée sur les Français par Henri cinq, roi d'Angleterre, en 1415 (14 ou 25 octobre). V. ARBALÉTRIER A PIED. V. ARMET. V. ART MILITAIRE DE TERRE. V. AVANT-GARDE D'ARMÉE AGISSANTE. V. BANNERET N° 2. V. BANNIÈRE. V. BEC DE FAUCON. V. CHEVALIER DU MOYEN AGE N° 5. V. CHEVALIER ECCLÉSIASTIQUE. V. CIMIER. V. COMMANDEMENT D'ARMÉE. V. COTTE D'ARMES. V. ECCLÉSIASTIQUE. V. FLÈCHE PROJECTILE. V. GUERRE. V. HENRI CINQ. V. GRAND MAITRE DES ARBALÉTRIERS. V. MILICE ANGLAISE N° 4, 5, 6, 7. V. ORIFLAMME. V. ORDRE CONCAVE. V. PAL. V. PIQUE. V. TACTIQUE, subs.

BABINGTON, aut. ang. Londres. *Pyrotechnie,* in-folio, 1635, 1655. V. ARTIFICE. V. PYROTECHNIE.

BACH. V. BOCH.

BACHELAY, aut. fr. Paris. *Exercice de la pique, essai historique sur cette arme,* an quatre. V. PIQUE.

BACHOT, aut. fr. Paris et Melun. *Le gouvernail de l'architecture des fortifications,* 1598. V. ARCHITECTURE MILITAIRE. V. FORTERESSE. V. FORTIFICATION.

BACHOVEN (Von Echt.), aut. all. Coblentz. *Essais et propositions relatives à la science militaire et aux écoles de division.* In-8°, 1820. *Essais sur les principes de construction des ponts,* etc., traduits de l'anglais, de Douglas. In-8°, 1821. *Mémoires du maréchal Jourdan,* traduits en allemand. In-8°, 1823. V. DOUGLAS. V. ÉCOLE MILITAIRE. V. JOURDAN. V. PASSAGE DE RIVIÈRE. V. PONT DE CAMPAGNE. V. PONTON. V. SCIENCE MILITAIRE.

BACKENBERG (F.-H.), aut. all. Dresde et Leipzig. *Traité de l'art militaire,* 2 vol.

in-8°, 1797, 1801, 1802. Le 2e vol. traite du lever des plans, de la connaissance des terrains, des reconnaissances, du dessin des lieux, appliqués à la théorie des plaines obliques, avec un traité sur l'estime, et des thèses de l'optique qui s'y rapportent. v. ART MILITAIRE. V. ESTIME. V. LEVER. V. RECONNAISSANCE MILITAIRE. V. TERRAIN STRATÉGIQUE. V. TOPOGRAPHIE.

BACKHAUSEN, aut. all. v. CATALOGUE ALPHABÉTIQUE DES AUTEURS MILITAIRES. V. EXERCICE. V. INFANTERIE. V. MILICE HESSOISE.

BACON (Roger, religieux de l'ordre de Saint-François, ou cordelier anglais), aut. angl. Oxford. Né en 1214; écrivait, suivant M. BONTEMPS, vers 1275, est mort en 1284; suivant les uns, en 1292 suivant les autres. *Le Grand Œuvre* (*Opus magnum*), recueilli en un vol. in-fol. par les soins de Jebb, 1733, in-fol., Londres; *De la Nullité de la magie, Livre des secrets de la nature et de l'art*, 1542, in-4°, et Strasbourg, 1660. v. POUDRE A FEU.

BACON, aut. fr. v. CATALOGUE ALPHABÉTIQUE DES AUTEURS MILITAIRES. V. GARDE NATIONALE. V. THÉORIE.

BACON-TACON, aut. fr. Paris. *Recherches sur les origines celtiques*, in-8°, an six. v. AUTEUR MILITAIRE (1782, II). V. LANGUE CELTIQUE. V. LANGUE FRANÇAISE.

BADAJOS (siége de), prise le 11 mars 1811; Soult s'en empare, Ymas la défendait; WELLINGTON la reprend sur Philippon le 6 avril 1812. v. APPROCHES. V. ASSAUT DE CORPS DE PLACE. V. ASSAUT OFFENSIF. V. BRÈCHE OFFENSIVE. V. MILICE ANGLAISE N° 7, 11. V. SIÉGE OFFENSIF. V. SOULT. V. WELLINGTON.

BADE (grand-duché de). v. ARMÉE CONFÉDÉRÉE, tableau. v. MILICE WURTEMBERGEOISE N° 1.

BADO-AURÉO, aut. angl., l. lat. Londres. *Traité des armes*, in-fol., 1654. v. ESCRIME. V. ARME MATÉRIELLE.

BAEGK, aut. all., l. lat. Vienne. *Architectonique, ou de la Défense et de l'Attaque des places*, 1650. v. ARCHITECTONIQUE. V. ATTAQUE DE PLACE. V. DÉFENSE DE PLACE.

BAEHRMANN, aut. all. *De la longueur à donner aux canons conformément aux règles de la mécanique.* v. CANON D'ARTILLERIE.

BAERENHORST, aut. all. Leipzig. *Considérations sur l'art militaire et ses progrès, sur ce qu'il a de contradictoire et de positif*, 2e édit., 3 vol. in-8°, 1798; il a paru à la suite de la 1re édit. un ouvrage intitulé: *Commentaires indispensables à l'intelligence du précédent ouvrage*, in-8°, 1780, 1797; *Préceptes sur l'art militaire*, Leipzig, 1805. v. ART MILITAIRE.

BAERSCH (G.), aut. all. Berlin. *Manuel du service de la cavalerie légère*, in-8°, 1814. v. CAVALERIE LÉGÈRE.

BAGENSKI. v. CATALOGUE ALPHABÉTIQUE DES AUTEURS MILITAIRES. V. ARME PERSONNELLE N° 5. V. INFANTERIE PRUSSIENNE. V. KLAATSCH. V. MILICE PRUSSIENNE.

BAHRDT, aut. all. Gluckstadt. *De l'Institution et de l'Etablissement des armées permanentes considérées dans leurs causes et leurs effets*, in-8°, 1806. v. ARMÉE PERMANENTE.

BAIF, ou BAYF, aut. fr., étymologiste. v. DISCOURS PRÉLIMINAIRE. V. MANTEAU. V. HOQUETON.

BAIL, aut. fr. Paris. *Essais historiques et critiques sur l'organisation des armées et sur l'administration militaire en France*, in-8°, 1817. v. ADMINISTRATION MILITAIRE. V. ARMÉE FRANÇAISE N° 2. V. ORGANISATION D'ARMÉE.

BAILLEUL, aut. fr. Paris. *Histoire de Napoléon*, 3 vol. in-8°, 1834, 1835. v. GUERRE DE 1792. V. NAPOLÉON.

BAILLY DE MERLIEUX, aut. fr. Paris. *Encyclopédie portative, ou Résumé universel des sciences, des arts*, etc. Cet ouvrage devait contenir dans la série des sciences, etc., un dictionnaire de l'art militaire en cinq volumes, savoir: l'organisation des armées et l'administration militaire, 1 vol.; la stratégie et la tactique, 1 vol.; la géodésie, la fortification, 1 vol.; la marine, 2 vol. 1826. v. ADMINISTRATION MILITAIRE. V. ARMÉE FRANÇAISE. V. ART MILITAIRE. V. ARTILLERIE. V. DICTIONNAIRE MILITAIRE. V. FORTIFICATION. V. GÉODÉSIE. V. MARINE.

BAJAZET, empereur turc, en 1390. v. ARTILLERIE D'ARMEMENT. V. CHEVALERIE D'AFFILIATION N° 4. V. CORDE D'ARC. V. NICOPOLIS. V. TAMBOUR INSTRUMENTAL.

BAKALOWICZ, aut. pol. Varsovie. *Essais sur la fortification; Manuel de l'attaque des places.* 1769. v. ATTAQUE DE PLACE. V. FORTIFICATION.

BAKER (Ezéchiel), aut. angl. Londres. *Pratiques et Observations relatives aux carabines* (*rifle gun*), in-8°, 1804, 1806, 1829, 10e édit. v. CARABINE.

BALBI, aut. génois. *Catholicon*, espèce d'encyclopédie, 1499. v. DICTIONNAIRE.

BALDELLI, aut. ital. Venise. *Traduction des Commentaires de César*, 1554, 1557, 1558, 1575, 1618, 1619, 1737. v. CÉSAR (51 avant J.-C.). v. HISTOIRE MILITAIRE. V. PALLADIO.

BALDINGER, aut. all., l. lat. et all. Berlin et Langensalz. *Notice sur les écrivains qui traitent de la médecine militaire*, 1764; *Traité des maladies qui règnent dans les* armées, 1774. v. BIBLIOTHÈQUE MILITAIRE. V. MALADIE. V. MÉDECINE MILITAIRE. V. SERVICE DE SANTÉ.

BALDUS, aut. all. v. CATALOGUE ALPHABÉTIQUE DES AUTEURS MILITAIRES. V. HÉRON (217 avant J.-C.). v. PROJECTILE. v. TRAIT.

BALE, ville de Suisse. v. PAIX DE BALE.

BALÉARES (îles ou peuple). v. ARCHER A PIED. V. BALISTE. V. COIFFURE. V. FRONDE. V. FRONDE D'ACHAIE. V. FRONDEUR. V. INFANTERIE FRANÇAISE N° 2. V. MILICE CARTHAGINOISE.

BALLEROI. V. AIDE MARÉCHAL GÉNÉRAL DES LOGIS.

BALLINO, aut. ital. Venise. *Plans des principales forteresses du monde*, in-4° et in-fol. v. FORTERESSE.

BALLYET, aut. fr., intendant militaire. v. CATALOGUE ALPHABÉTIQUE DES AUTEURS MILITAIRES. V. ADMINISTRATEUR MILITAIRE. V. ADMINISTRATION D'ARMÉE. V. ACHAT ADMINISTRATIF. V. ADMINISTRATION MILITAIRE. V. AGENCE. V. AGENT ADMINISTRATIF. V. AMBULANCE. V. APPROVISIONNEMENT. V. ARMÉE FRANÇAISE N° 2, 3, 4. V. AUTORITÉS CIVILES. V. BON, subs. V. CAPITAINE D'HABILLEMENT N° 3. V. CASSATION JUDICIAIRE. V. CAVALERIE FRANÇAISE N° 4 (tableau). V. CODE MILITAIRE. V. COMMISSAIRE DES GUERRES N° 4. V. COMMISSAIRE GÉNÉRAL DES ARMÉES. V. COMPAGNIE SÉDENTAIRE. V. COMPÉTENCE. V. COMPOSITION (tableau). V. COMPTABILITÉ. V. COMPTE. V. CONSCRIPTION. V. CONSEIL D'ADMINISTRATION DE RÉGIMENT; id. N° 2. v. CONSEIL DE LA GUERRE. V. CONSEIL DE RÉVISION. V. CONTROLE. V. CONTROLEMENT. V. CONTROLEUR DES GUERRES. V. CONTROLEUR D'HOPITAL. V. CORPS D'INTENDANCE N° 5, 6. V. DIRECTEUR MINISTRE. V. DIRECTOIRE D'HABILLEMENT. V. DISCIPLINE. V. DROIT ADMINISTRATIF. V. ENTREPRISE DE FOURNITURES. V. EXTRAORDINAIRE DES GUERRES. V. FEUILLE D'APPEL. V. FORCE MILITAIRE. V. GENDARMERIE DE POLICE N° 1, 2. V. GESTION. V. GRADE. V. GUERRE. V. GUIBERT. V. HABILLEMENT. V. HIÉRARCHIE. V. HOPITAL MILITAIRE. V. INFANTERIE FRANÇAISE (tableau). V. INSPECTEUR AUX REVUES. V. INSPECTEUR GÉNÉRAL. V. JUSTICE MILITAIRE. V. LÉGISLATION. V. LIEUTENANT COLONEL N° 1. V. MAGASIN. V. MAISON DU ROI N° 4. V. MASSE COMPTABILIAIRE. V. MASSE D'ÉCONOMIE. V. MATÉRIEL. V. MEMBRE DE CONSEIL. V. MILICE FRANÇAISE. V. MILICE PRUSSIENNE N° 1. V. MINISTÈRE DE LA GUERRE. V. MINISTRE DE LA GUERRE, id. N° 1, id. EN 1662, id. EN 1665, id. EN 1743. V. ORDINAIRE DES GUERRES. V. ORDONNANCE COMPTABILIAIRE. V. ORDONNANCE OFFICIELLE. V. ORGANISATION. V. OUVRIER D'ADMINISTRATION. V. OUVRIER D'ARMÉE. V. PAYE. V. PENSION DE RETRAITE. V. POLICE. V. PRESTATION. V. PRÊT. V. PRÉVOT D'ARMES. V. PROCÈS-VERBAL. V. QUARTIER-MAITRE D'INFANTERIE FRANÇAISE DE LIGNE N° 3.

V. RECRUTEMENT. V. RÉGIE. V. RÉGIE DES VIVRES. V. REGISTRE. V. RÉVISION. V. REVUE. V. REVUE ÉCRITE. V. REVUE SUR LE TERRAIN. V. SERMENT. V. SERVICE CONSCRIPTIF. V. SOUS-INSPECTEUR AUX REVUES. V. SUBSISTANCE. V. TRAIN DES ÉQUIPAGES. V. TRANSPORT. V. TRÉSOR. V. TRÉSORIER. V. TRÉSORIER DE CORPS. V. TRIBUNAL. V. VOITURE.

BALTARD, aut. fr., architecte. Paris. v. TOUR DE FORTIFICATION.

BALUZE, aut. fr. Paris. Il a recueilli et publié les *Formules* de MARCULFE, capitulaires de nos rois, rangés dans leur ordre, avec des notes; 1677, 2 vol. in-fol. v. CAPITULAIRE. V. FLEUR DE LIS. V. LANDWEHR. V. LÉGISLATION (neuvième siècle). v. LEVÉE EN MASSE. V. MARCULFE.

BALZAC, aut. fr. Lyon. *La Clef des princes et des batailles de noblesse*, in-4°, 1502. V. COMBAT CHEVALERESQUE. V. COMBAT SINGULIER.

BANDOLE, ou Jean BAUDOIN, aut. fr. v. CÉSAR (51 avant J.-C.).

BANIER, général suédois. v. AUTEURS MILITAIRES (texte). Il existe un ouvrage intitulé *Mémoires de*, etc. v. HISTOIRE MILITAIRE. V. MONTÉCUCULI (1704, D).

BARAGUAY D'HILLIERS (le général) (la *Biographie universelle classique* l'écrit Baraguey). v. CATALOGUE ALPHABÉTIQUE DES AUTEURS MILITAIRES. V. CUSTINE. V. GÉNÉRAL D'ARMÉE N° 9.

BARANTE, aut. fr., pair de France. Paris. *Mémoires de Mme de la Rochejacquelin*, in-8°, 1814; *Histoire des ducs de Bourgogne*, 1824, 1825, etc., in-12. Bruxelles. 24 vol., 2e édit. v. ACTION DE GUERRE. V. ADMINISTRATION D'ARMÉE. V. ARCHER A CHEVAL. V. ARMAGNAC. V. ARMOIRIES. V. ARMURE. V. ARMURE DE MAILLES. V. ARQUEBUSIER A PIED. V. AVENTURIER. V. BANNIÈRE. V. BANNIÈRE DE FRANCE. V. BLESSÉ. V. BOMBARDE. V. BRAIES D'HABILLEMENT. V. BRIGANDINE. V. BOUCHES INUTILES. V. BOULET EN PIERRE. V. BUTIN. V. CAMP D'INSTRUCTION. V. CANON A MAIN. V. CANON D'ARTILLERIE. V. CAPITAINE GÉNÉRAL. V. CASQUE. V. CHAPERON DE COIFFURE. V. CHAUSSETRAPE. V. CHEVALERIE. V. CHEVALIER ECCLÉSIASTIQUE N° 1. V. CHIEN DE GUERRE. V. CIMIER. V. COMPAGNIE D'ORDONNANCE N° 1. V. CONNÉTABLE N° 2. V. CORDE D'ARC. V. CROISADE. V. CROISADE DE 1464. V. COULEVRINE. V. DÉGAT. V. DRAPEAU D'INFANTERIE FRANÇAISE. V. ÉCHARPE MILITAIRE. V. ÉCU. V. ÉCUYER FIEFFÉ N° 4. V. ÉPÉE. V. ÉTENDARD. V. ÉTENDARD ROYAL. V. FEMME D'ARMÉE. V. FÉODALITÉ. V. FIEF. V. GARNISON. V. GENDARME DU MOYEN AGE N° 5. V. GÉNÉRAL D'ARMÉE N° 5. V. GUERRE DE 1792. V. GUINEGASTE. V. HACHE D'ARMES. V. HAUBERT. V. HEAUME. V. HÉRAUT D'ARMES N° 4. V. HISTOIRE

MILITAIRE. V. ROQUETON. V. HUGUE. V. JAQUE. V. JASERAN. V. JUSTICE MILITAIRE. V. LOUIS ONZE (1480, A). V. LÉGISLATION. V. MANTEAU D'ARTILLERIE. V. MILICE HOLLANDAISE. V. NOURRITURE. V. ORDRE DE LA GENETTE. V. ORIFLAMME. V. PAIR DE FRANCE. V. PENNON. V. PILLAGE. V. PORTE DE FORTERESSE. V. PRÉVOT DES MARÉCHAUX. V. PRISONNIER DE GUERRE. V. RANÇON. V. ROUTIER. V. SOLDE. V. SOULIER A LA POULAINE. V. TAMBOUR INSTRUMENTAL. V. TARGE. V. UNIFORME. V. VEUGLAIRE.

BARBARO, aut. ital. Venise. *Architecture de Vitruve*, etc., 1556, 1584, 1629; traduit en latin en 1567. On trouve au 1er livre, chap. 6, le tracé d'un ouvrage à six bastions et le plan en grand d'un bastion. V. BASTION DE FORTERESSE. V. FORTIFICATION. V. VITRUVE.

BARBAZAN (Étienne), aut. fr., mort en 1770. Paris. *Contes et Fabliaux des douzième et treizième siècles*, 3 vol. in-12, 1756, 1770. — *Ordene de chevalerie*, suivi d'*Observations sur les étymologies ou Glossaires de la langue française*; ce dernier ouvrage a paru en partie en 1759, mais n'était pas terminé. Les Glossaires proposés au public dans l'avant-propos ne virent pas le jour, parce que l'ouvrage de Lacurne était à la veille de paraître; on les trouve en manuscrit à la bibliothèque de l'Arsenal de Paris. — En 1808, Méon a publié en 4 vol. in-8°, à Paris, *Fabliaux et Contes des poëtes français, des onzième, douzième, treizième, quatorzième, quinzième siècles, tirés des meilleurs auteurs*, par Barbazan. Le premier volume est précédé d'une dissertation sur la LANGUE FRANÇAISE. V. ABATAGE. V. ABANDON. V. ACHAT. V. ACCOLADE. V. ARMOIRE. V. ARMOIRIES. V. ARQUEBUSE. V. ASSAUT. V. BACHELIER. V. BAN. V. BARON; id. N° 1, 2. V. BAUDRIER. V. BEC. V. BLIAUD. V. BOIS. V. BORD. V. BOULANGER. V. BRAND. V. BUTIN. V. CABARET. V. CANTON. V. CARREAU. V. CEINTURE. V. CEINTURON. V. CHAMAILLER. V. CHAPEAU. V. CHAPELAIN. V. CHAPELEIS. V. CHARGER. V. CHATELAIN. V. CHAUSSE. V. CHEMIN. V. CHEMISE. V. CHEVALERIE. V. CHEVALERIE D'AFFILIATION N° 2. V. CHEVALERIE DU MOYEN AGE N° 4, 9. V. COMBAT. V. COMTE N° 2. V. COR DE CHEVALIER. V. COUR. V. CRI D'ARMES. V. CULOTTE. V. ÉCOUTE. V. ÉCUYER. V. EMPEREUR. V. ÉPIEU. V. ÉQUIPEMENT. V. ESPINGARDE. V. ESTOC. V. FÉODALITÉ. V. FERRET. V. FEU. V. FOURREAU. V. GAMBISON. V. GARNISON. V. GEOLAGE. V. GLACIS. V. GUERRE. V. GUERRE PRIVÉE. V. GUET. V. GUISARME. V. HAUBERT. V. HEAUME. V. HÉRAUT D'ARMES. V. HOST. V. HOTE. V. HUE DE TABARIE. V. INGÉNIEUR. V. JAMBE. V. JOUTE. V. LACOMBE. V. LACURNE. V. LANGUE CELTIQUE. V. LANGUE FRANÇAISE. V. LANGUE ROMANE. V. MAITRE CORDONNIER. V.

MANCHE. V. MARCHE. V. MARQUIS. V. MASSUE. V. MÉDECIN. V. MÉGEDUX. V. MYRE. V. ORDÈNE. V. ORDONNANCE. V. OST. V. OUTIL. V. PAGE. V. PALEFROI. V. PERRIER. V. PERRUQUE. V. PLEIGE. V. QUINTANE. V. RANCON. V. RAVINE. V. RECOUSSE. V. ROELLE. V. ROUSSIN. V. ROUT. V. ROUTE. V. SACHER. V. SAETTE. V. SEIGNEUR. V. SÉNÉCHAL. V. SENTINELLE. V. SERF. V. SERGENT. V. SOLDAT. V. SOLDE. V. SOLERET. V. SOULIER. V. SURCOT. V. TAILLEVAS. V. TAMBOUR. V. TENCE. V. TOUR DE FORTIFICATION. V. TOURNOI. V. TRÊVE. V. TROMPETTE. V. TROUPE. V. TROUVÈRE. V. VAIR. V. VIVRES.

BARBER, aut. angl. Londres. *Instruction et formation des tirailleurs (scharp schooter)*. V. TIRAILLEUR.

BARBEYRAC, aut. fr. Amsterdam. *Traité du droit de la guerre et de la paix*, traduit de Grotius, 2 vol. in-4°, 1729. V. DROIT DE LA GUERRE. V. GROTIUS.

BARBEZIEUX, ministre. V. MINISTRE DE LA GUERRE N° 6; id. EN 1685 (5 décembre).

BARBIER, aut. fr. Paris. *Dictionnaire des ouvrages anonymes et pseudonymes*, 1806, 1824. V. AUTEUR MILITAIRE (texte, p. 4). V. BIBLIOTHÈQUE MILITAIRE. V. DELANOUE (1760, F). V. DHÉRICOURT (1756, G). V. DUBELLAY (1555, A). V. LARREY (1690). V. PICTET (1761, I). V. SERVAN (1780, B).

BARBIER DU BOCCAGE, aut. fr. V. CÉSAR (51 avant J.-C.). V. HISTOIRE MILITAIRE.

BARCA. V. BARK.

BARCA, aut. ital. Milan. *Abrégé de fortification moderne*, 1639. V. FORTIFICATION.

BARCELONE. V. BOUCLIER. V. DRAPEAU NOIR. V. INFANTERIE FRANCO-SUISSE N° 5. V. STRATAGÈME. V. SURPRISE DE PLACE.

BARDET, aut. fr. V. ARCHITECTURE MILITAIRE. V. ARME MATÉRIELLE. V. ART MILITAIRE. V. ARTIFICE. V. ARTILLERIE. V. ATTAQUE DE PLACE. V. BATAILLON EN CROIX. V. BATAILLON FRAISÉ. V. BATTERIE DE BOUCHE A FEU. V. CAMP. V. CANON D'ARTILLERIE. V. CANTONNEMENT. V. CAPITULATION DE SIÉGE. V. CATALOGUE ALPHABÉTIQUE DES AUTEURS MILITAIRES. V. CAVALERIE. V. COLONEL D'INFANTERIE FRANÇAISE N° 2. V. CONVERSION. V. COURONNADE. V. DÉBARQUEMENT HOSTILE. V. DÉFENSE DE CONVOI. V. DÉFENSE DE PLACE. V. DEMI-LUNE. V. DEMI-PARALLÈLE. V. DOUBLEMENT. V. EMBUSCADE. V. ENSEIGNE. V. ESCALADE. V. ESCORTE DE CONVOI. V. ESPION. V. ÉVOLUTION. V. EXERCICE. V. FEU DE RANGS. V. FORTERESSE. V. FORTIFICATION. V. FOSSÉ. V. FOURRAGE ARMÉ. V. GÉNIE. V. GOUVERNEUR DE PLACE DE GUERRE. V. GRENADIER D'INFANTERIE N° 7. V. GUIGNARD (1725, B). V. HABILLEMENT. V. HOPITAL MILITAIRE. V. INFANTERIE. V. INFANTERIE FRANÇAISE. V. INVESTISSEMENT. V. JUSTICE MILITAIRE. V. LÉGUME. V. LIEUTENANT-COLONEL D'INFANTERIE FRANÇAISE DE LIGNE. V.

LIEUTENANT GÉNÉRAL. V. MAJOR-CAPITAINE. V. V. MAJOR GÉNÉRAL. V. MANCHE TACTIQUE. V. MANIEMENT D'ARMES. V. MARCHE DE NUIT. V. MARCHE-ROUTE. V. MARÉCHAL DE CAMP. V. MARÉCHAL DES LOGIS D'ARMÉE. V. MINE. V. MONTE-RESSORT. V. MORTIER. V. MOT DE RALLIEMENT. V. MOULINET. V. MOUVEMENT TACTIQUE. V. OFFICIER FRANÇAIS. V. OFFICIER DE PLACE. V. OFFICIER GÉNÉRAL. V. OUTIL. V. OUVERTURE DE PORTE. V. OUVERTURE DE TRANCHÉE. V. OUVRAGE DE FORTIFICATION. V. PAIN DE MUNITION. V. PARALLÈLE. V. PARTI DE GUERRE. V. PAS CADENCÉ. V. PASSAGE DE DÉFILÉ. V. PATROUILLE. V. PIERRIER. V. POSTE D'HOMMES DE GARDE EN GARNISON. V. POUDRE A FEU. V. PREMIÈRE PARALLÈLE. V. PRÉVOT. V. PRISE DE PLACE. V. QUARTIER. V. QUARTIERS DE GUERRE. V. QUINCY (1741, E). V. RECONNAISSANCE DE SIÉGE. V. RETRAITE STRATEUMATIQUE. V. RETRANCHEMENT. V. ROMPEMENT. V. ROMPEMENT EN BATAILLE. V. RONDE. V. SALUT. V. SANTA-CRUZ (1758, A). V. SAPE. V. SAUVEGARDE. V. SENTENCE. V. SERGENT D'INFANTERIE FRANÇAISE DE LIGNE. V. SERGENT-MAJOR; id. nº 1. V. SIÉGE. V. SIÉGE DÉFENSIF. V. SOLDAT. V. SORTIE D'ASSIÉGÉS. V. SOUS-LIEUTENANT; id. nº 1. V. STRATAGÈME. V. SUBSISTANCE. V. SURPRISE. V. TACTIQUE. V. TAMBOUR-MAJOR. V. TROISIÈME PARALLÈLE. V. VILLE-NEUVE.

Bardin, aut. fr. Paris. V. A L'ORDRE. V. ABATIS DÉFENSIF. V. ACTE DE NOMINATION DE FACTEUR. V. ACTE D'ÉTAT CIVIL. V. ADMINISTRATION DE COMPAGNIE. V. ADMINISTRATION MILITAIRE. V. AIGRETTE. V. AIGUILLETTE. V. ALIGNEMENT DE CAMP. V. ARME A FEU PORTATIVE. V. ARME D'OFFICIER D'INFANTERIE. V. ARME MATÉRIELLE. V. ARMÉE FRANÇAISE Nº 5. V. ARMEMENT D'OFFICIER. V. ARMEMENT D'UNIFORME. V. ARTILLERIE. V. AVANCE A L'ORDRE. V. BANDEROLE D'ÉQUIPEMENT. V. BARAQUE. V. BATON DE MARÉCHAL. V. BATTERIE DE CAISSE. V. BISCUIT. V. BLANC A DUFFLE. V. BLANCHIMENT D'EFFET. V. BLOUSE. V. BONNET DE COIFFURE. V. BOUILLON D'OS. V. BOUTON MÉTALLIQUE. V. BRIDE DE HARNACHEMENT. V. BRIQUET. V. BRODERIE. V. BUCELLAR. V. BUFFLETERIE. V. CAMP. V. CAMPEMENT. V. CAMPEMENT TACTIQUE. V. CANNE D'ADJUDANT. V. CANNE DE TAMBOUR-MAJOR. V. CANON DE FUSIL. V. CAPITAINE D'INFANTERIE FRANÇAISE DE LIGNE Nº 25. V. CAPITAINE RAPPORTEUR. V. CAPORAL D'INFANTERIE FRANÇAISE DE LIGNE; id. nº 6. V. CARABINE. V. CARRÉ D'ÉGYPTE. V. CARRÉ PERPENDICULAIRE. V. CARTOUCHE A FUSIL. V. CASERNEMENT. V. CASQUE. V. CASTRAMÉTATION. V. CATALOGUE ALPHABÉTIQUE DES AUTEURS MILITAIRES. V. CHAPEAU A TROIS CORNES. V. CHAPEAU D'INFANTERIE. V. CHARGE DE SOLDAT. V. CHAUSSURE. V. CHEF DE SUBDIVISION ADMINISTRATIVE. V. CHEMINEMENT PÉDESTRE. V. CIRAGE DE GIBERNE. V. CIRE A GIBERNE. V. CLAIR.

V. COIFFURE. V. COLBACH. V. COLLIER DE TAMBOUR. V. COMPTABILITÉ. V. CONSEIL D'ADMINISTRATION DE RÉGIMENT. V. CONTRE-MARCHE ÉPAGOGIQUE. V. CORNET INSTRUMENTAL. V. CRAVATE DE DRAPEAU. V. CRIME. V. CUIRASSE. V. CUIRASSE DE CAVALERIE. V. DÉCAMPEMENT. V. DÉFILEMENT DE TROUPE. V. DÉFILEMENT EN TIROIR. V. DÉLÉGATION DE TRAITEMENT. V. DÉLIT. V. DÉMONTAGE DE FUSIL. V. DÉPART DE CORPS. V. DÉPOT DE LA GUERRE. V. DESCENTE DE GARDE. V. DÉSERTEUR. V. DETTE DE MILITAIRE. V. DICTIONNAIRE. V. DIRECTION. V. DISTRIBUTION DE RATIONS. V. DRAPEAU D'INFANTERIE FRANÇAISE DE LIGNE. V. EAU POTABLE. V. ÉCOLE DE FONTAINEBLEAU. V. EFFET D'UNIFORME. V. ÉGALISATION DE PELOTONS. V. EMBOUCHOIR. V. ENCYCLOPÉDIE. V. ÉPAULETTE D'OFFICIER. V. ÉPÉE D'OFFICIER. V. ÉPERON DE CAVALERIE. V. ÉQUIPAGE. V. ÉQUIPEMENT. V. ÉTAT CIVIL. V. ÉVOLUTION. V. FACTEUR. V. FAISCEAU DE CAMPEMENT. V. FASCINE. V. FEU DE RANGS. V. FEU D'INFANTERIE. V. FEUILLE DE SUBSISTANCE. V. FOURRIER D'INFANTERIE FRANÇAISE DE LIGNE Nº 15. V. FUSIL D'INFANTERIE. V. GABION. V. GARDE ARMÉE. V. HABILLEMENT. V. HABIT. V. HACHE DE SAPEUR. V. HALTE DE ROUTE. V. HARNACHEMENT. V. HAUTE PAYE PÉCUNIAIRE. V. HAVRE-SAC. V. HIÉRARCHIE MILITAIRE. V. HOMME DE TROUPE Nº 4. V. HONNEURS. V. HONNEURS FUNÈBRES. V. HOPITAL MILITAIRE. V. HOUSSE DE HARNACHEMENT. V. HUSSARD Nº 4. V. INDEMNITÉ. V. INSPECTEUR AUX REVUES. V. INSTRUCTION. V. INTERVALLE. V. INVESTISSEMENT. V. JALONNEMENT. V. JUGEMENT MILITAIRE. V. JUSTICE MILITAIRE. V. LAME D'ARME BLANCHE. V. LÉGISLATION. V. LÉGUME. V. LIGNE DE BATAILLE. V. LIGNE DE MIRE. V. LIGNE DE TIR. V. LIT MILITAIRE. V. LOGEMENT DE MILITAIRE. V. LOGEMENT D'HABITATION. V. MAJOR DE PLACE. V. MAJOR LIEUTENANT-COLONEL. V. MANIEMENT D'ARMES. V. MARAUDAGE. V. MARCHE CÉLEUSTIQUE. V. MARCHE DE NUIT. V. MARCHE-ROUTE. V. MARCHE TACTIQUE. V. MARIAGE. V. MARQUE DISTINCTIVE. V. MASSE COMPTABILIAIRE. V. MOUVEMENT MUTATIONNAIRE. V. MUNITIONS D'EXERCICE. V. NATATION. V. NOIX DE PLATINE. V. NOURRITURE. V. OFFICIER DE GARDE. V. OFFICIER D'INFANTERIE FRANÇAISE. V. ORDONNANCE D'UNIFORME. V. ORDONNANCE OFFICIELLE. V. ORDRE MINCE. V. ORDRE TACTIQUE. V. ORDRE TESSERAIRE. V. OUVERTURE DE PORTE. V. OUVERTURE DE TRANCHÉE. V. OUTIL DE CAMPAGNE. V. PAIN DE MUNITION. V. PARTI DE GUERRE. V. PAS CADENCÉ. V. PAS DE CAMP. V. PAS DE CHARGE. V. PAS D'ÉCOLE. V. PAS ORDINAIRE. V. PATROUILLE. V. PAYE. V. PEAU DE CAISSE. V. PEINE. V. PELOTON D'INFANTERIE, subs. V. PELOTONNEMENT. V. PENSION DE RETRAITE. V. PETIT PAS. V. PIERRE A FEU. V. PILLAGE. V. PIQUET ACTIF. V. PIQUET AU CAMP. V. PIVOT

TACTIQUE. V. PLATINE A BATTERIE. V. POLICE. V. POMME DE CANNE. V. POMPON. V. PORTE DE FORTERESSE. V. PORTE-ENSEIGNE. V. PORTÉE DE FUSIL. V. POSTE. V. POSTE D'HOMMES DE GARDE. V. POSTE D'HOMMES DE GARDE EN GARNISON. V. POSTE PÉRIBOLOGIQUE. V. PRÊT. V. PRISON. V. PRISONNIER DE GUERRE. V. PROCÉDURE. V. PROJECTILE. V. PUNITION. V. QUARTIER. V. RANG DE TAILLE. V. RANGS D'INFANTERIE. V. RAPPEL CÉLEUSTIQUE. V. RAPPORT. V. RATÉ. V. RATION. V. RECONNAISSANCE DE TROUPES ARRIVANTES. V. REDOUTE DE CAMPAGNE. V. RÉFORME. V. RÉFRACTAIRE. V. REGISTRE DE COMPTABILITÉ. V. RÈGLEMENT. V. REMPLAÇANT. V. REMPLACEMENT D'ENRÔLÉ. V. RESSORT. V. RETENUE. V. RETRAITE CÉLEUSTIQUE. V. RETRANCHEMENT. V. REVUE. V. ROMPEMENT EN BATAILLE. V. RONDE. V. ROULEMENT. V. ROUTE. V. SABRE. V. SAC DE CAMPAGNE. V. SALAISON. V. SALLE DE DISCIPLINE. V. SALUT. V. SAPEUR D'INFANTERIE. V. SARRAU. V. SAUVEGARDE. V. SCHABRAQUE. V. SCHAKO. V. SCIENCE MILITAIRE. V. SECRÉTAIRE ARCHIVISTE. V. SÉJOUR. V. SELLE DE CAVALERIE. V. SENTINELLE. V. SERGENT D'INFANTERIE FRANÇAISE DE LIGNE N° 10. V. SERGENT-MAJOR. V. SERGENT-MAJOR D'INFANTERIE FRANÇAISE DE LIGNE N° (adminis.). V. SERVICE. V. SERVICE DE CAMPAGNE. V. SERVICE DE GARNISON. V. SERVICE JOURNALIER. V. SIÉGE. V. SIGNALEMENT. V. SOLDAT. V. SOULIER CORIOCLAVE. V. SOUPE. V. SOUS-GARDE. V. SOUS-LIEUTENANT. V. SOUS-OFFICIER. V. SOUS-OFFICIER D'INFANTERIE. V. SUBDIVISION TACTIQUE. V. SUSPENSION DISCIPLINAIRE. V. TABLIER DE SAPEUR. V. TACTIQUE. V. TAILLE DE MILITAIRE. V. TALONS HUMAINS. V. TAMBOUR IDIOPLIQUE D'INFANTERIE FRANÇAISE. V. TAMBOUR INSTRUMENTAL D'INFANTERIE FRANÇAISE. V. TENTE. V. TIR D'INFANTERIE. V. TIRE-BALLE. V. TOURNE-VIS. V. TRANCHÉE. V. TRANSPORT. V. TRAVAIL. V. TRAVAILLEUR. V. TRAVAILLEUR A LA TRANCHÉE. V. TRÉSORIER DE CORPS. V. TRIBUNAL. V. TRIPOLI. V. UNIFORME.

BARK. ou BARCA (Pierre-Antoine), aut. ital. Milan. *Règles sur l'architecture militaire pour l'attaque et la défense des places*, 1620, 1639. Bologne, 1643. V. ARCHITECTURE MILITAIRE. V. ATTAQUE DE PLACE. V. DÉFENSE DE PLACE.

BARK, ou BARCA (Joseph, neveu du précédent), aut. ital., l. lat. *Du coup pyrobolique*, 1750. V. BALISTIQUE. V. COUP D'ARME A FEU. V. PYROBOLIE.

BARNAUD, aut. fr. Berlin. *Traité nouveau de fortification*, in-4°, 1705. V. FORTIFICATION.

BAROCIO. V. BAROCIUS. V. CATALOGUE ALPHABÉTIQUE DES AUTEURS MILITAIRES.

BAROCIUS, ou BAROCIO, aut. ital., l. lat. V. CANON A MAIN. V. CATALOGUE ALPHABÉTIQUE DES AUTEURS MILITAIRES. V. HÉRON (1572, A). V. MACHINE. V. TORTUE MÉCANIQUE.

BARRAL (Pierre, abbé), aut. fr. Paris. *Dictionnaire des antiquités romaines, etc.,* mentionnant les cérémonies militaires, etc., traduction et abrégé du grand Dictionnaire de Pitiscus, 2 vol. in-8°, 1756, 1766, etc. V. DICTIONNAIRE. V. HISTOIRE MILITAIRE. V. MILICE ROMAINE.

BARRIÈRE, aut. ou édit. fr. V. BERVILLE.

BARRIFF, aut. angl. V. ARTILLERIE. V. BATAILLE STRATEUMATIQUE. V. CATALOGUE ALPHABÉTIQUE DES AUTEURS MILITAIRES. V. DISCIPLINE. V. EXERCICE. V. MOUSQUET. V. PIQUE. V. TACTIQUE.

BARROS (Temeira). V. CATALOGUE ALPHABÉTIQUE DES AUTEURS MILITAIRES. V. INFANTERIE. V. MILICE PORTUGAISE.

BARTH, aut. all. Munich. *Application des mathématiques sublimes à l'artillerie,* etc., 2 vol. in-8°, 1772. V. ARTILLERIE. V. MATHÉMATIQUES.

BARTHÉLEMY (l'abbé J.-J.), mort en 1785, auteur du *Voyage du jeune Anacharsis,* 7 vol. in-8°, et un atlas. Paris, 1822. V. AVANCEMENT. V. CASQUE. V. CAVALERIE. V. CENTURION N° 1. V. CONSCRIPTION. V. ÉPERON. V. GYMNASTIQUE. V. HOMÈRE. V. INFANTERIE. V. MILICE GRECQUE ; id. N° 2, 6. V. MORA. V. PAYE. V. PHALANGE GRECQUE. V. POLÉMARQUE. V. SECRÉTAIRE GÉNÉRAL DES SUISSES. V. TAXIARQUE. V. TROIE (noms propres).

BARTHOLOMY, aut. fr. Paris. *Du meilleur système à adopter pour l'exécution des travaux publics en France,* etc., in-8°. V. TRAVAUX MILITAIRES.

BARTILLAT (de), aut. fr. Paris. *Relation de la campagne d'Afrique en 1830,* 2e édit. V. GUERRE DE 1830.

BARWICK ou BERWICK, aut. angl. Londres. *Brief discours concernant la force et l'effet de toutes les armes à feu manuelles, et l'impuissance des grands arcs (archery), comparativement avec d'autres (armes à feu) de plus grande force maintenant en usage.* In-4°, 1591, 1610. V. ARC. V. ARME A FEU PORTATIVE.

BAS-EMPIRE. V. CENTURION N° 1, 5. V. CONNÉTABLE N° 2. V. DÉDOUBLEMENT TACTIQUE. V. DUC N° 1. V. FEU GRÉGEOIS. V. LIEUTENANT GÉNÉRAL N° 2. V. MILICE GRECQUE. V. ORDRE CONVEXE. V. PRÉFET D'OUVRIERS. V. SOLDAT. V. STRATÉGIE.

BASCHKIR. V. BASKIR.

BASCHKOURTE. V. BASKIR.

BASILE, czar de Russie. V. ARTILLERIE DE CAMPAGNE.

BASKIR (Baskirs), ou BASCHKIR, suivant *l'Encylopédie des Gens du monde,* ou BASCHKOURTE, peuplade tartare soumise à la

Russie. v. ARC. v. BASCHKIR. v. CAVALERIE IRRÉGULIÈRE. v. DJÉRID. v. MILICE RUSSE; id. N° 2, 3. v. TAM-TAM.

BASNAGE DE BEAUVAL, aut. fr. Amsterdam. *Dissertation historique sur les duels et sur les ordres de chevalerie.* In-8°, 1720. v. CHEVALERIE. v. CHEVALERIE DÉCORATIVE. v. DUEL. v. HISTOIRE MILITAIRE. v. ORDRE DE CHEVALERIE.

BASQUE (Basques), peuple. v. BAIONNETTE. v. CANTABRE. v. CARABIN. v. GUÉRITE. v. GUÊTRE. v. LANGUE CELTIQUE.

BASSOMPIERRE (maréchal de France), aut. fr. *Journal de ma vie. — Nouveaux Mémoires de Bassompierre.* Ils vont de 1598 à 1631. Cologne, 3 vol. in-12, 1665. v. AUTEURS MILITAIRES (texte). v. CARROUSEL. v. ENFANT PERDU. v. MARÉCHAL DE CAMP N° 3.

BASTA, aut. esp., l. lat. Venise. *Le mestre de camp général,* in-8°, 1606; traduit en français et en allemand par Rodolphe et Debry. Francfort, 1617. *Le gouvernement de la cavalerie légère,* par Basta et Sertory. Francfort, 1612, 1624, 1627. Traduit en allemand, Francfort, 1614; traduit en français par Berthelin, in-fol., Rouen, 1616; traduit en espagnol, Madrid, 1642. *Du gouvernement de l'artillerie,* 1614, 1619, 1621. v. ARTILLERIE. v. BERTHELIN. v. CARTOUCHE DE MUNITION. v. CAVALERIE. v. CAVALERIE FRANÇAISE N° 7. v. CAVALERIE GRAVE. v. CAVALERIE LÉGÈRE. v. CORNETTE. v. CORNETTE D'ÉQUIPEMENT. v. ESCADRON FRANÇAIS N° 4. v. GÉNÉRAL D'ARMÉE. v. GROSSE CAVALERIE N° 2. v. LANCE A MAIN. v. MESTRE DE CAMP; id. N° 2. v. MESTRE DE CAMP GÉNÉRAL. v. OFFICIER FRANÇAIS N° 3. v. PRÉVOT D'ARMÉE. v. RANGS DE CAVALERIE. v. RODOLPHE. v. SERTORY.

BATAVE (Bataves), peuple. v. ARMÉE COMBINÉE. v. DÉSERTION. v. MACHINE. v. PUPILLE N° 3. v. TORTUE D'ESCALADE. v. TORTUE TACTIQUE.

BATHORY. v. COSAQUE.

BATINI, aut. ital. v. CÉSAR (51 avant J.-C.). v. HISTOIRE MILITAIRE.

BATTIER, aut. fr. Paris. *Théorie pratique de l'escrime pour la pointe, avec des remarques pour l'assaut.* In-12, 1770, 1772. v. ASSAUT D'ESCRIME. v. ESCRIME. v. POINTE D'ESCRIME.

BATTY, aut. angl. Londres. *Esquisse de la campagne de 1815.* v. GUERRE DE 1792.

BAUCHER (F.), aut. fr. Paris, professeur d'équitation. In-8°, 1835. v. ÉQUITATION.

BAUCLAS, aut. fr. *Dictionnaire de la maréchaussée.* v. COUR DES MARÉCHAUX. v. DICTIONNAIRE. v. GRAND PRÉVOT. v. GRAND PRÉVOT DE LA CONNÉTABLIE. v. MARÉCHAUSSÉE.

BAUDOUIN, comte de Flandres. v. CROISADE DE 1202. v. VILLEHARDOUIN.

BAUDOUIN ou BAUDOIN, aut. fr. v. CATALOGUE ALPHABÉTIQUE DES AUTEURS MILITAIRES. v. GARDES FRANÇAISES N° 5. v. INFANTERIE FRANÇAISE N° 4. v. MANIEMENT D'ARMES. v. RETROUSSIS D'HABIT. v. TACTIQUE.

BAUDRAN. v. CATALOGUE ALPHABÉTIQUE DES AUTEURS MILITAIRES. v. CASTRAMÉTATION. v. CONSTITUTION MILITAIRE. v. ÉVOLUTION. v. FOLARD (1727). v. FEU TACTIQUE. v. MASSE TACTIQUE. v. MÉLANGE D'ARMES. v. MESNIL (1780, K). v. ORDRE A TRIPLE ATTAQUE. v. ORDRE CENTRAL. v. ORDRE CONCAVE. v. ORDRE PROFOND. v. PIQUE. v. STRATÉGIE. v. TACTIQUE.

BAUMGÆRTNER, aut. all. v. AUTEUR MILITAIRE (introd.). v. CATALOGUE ALPHABÉTIQUE DES AUTEURS MILITAIRES. v. ÉLIEN. v. FRÉDÉRIC DEUX (1815, C). v. GÉNÉRAL D'ARMÉE. v. MILICE GRECQUE. v. ONOZANDRE. v. STRATÉGIE. v. TACTIQUE.

BAUMGÆRTNER, aut. et libr. all. Leipzig. *Catalogue de livres militaires,* etc. v. AUTEUR MILITAIRE. v. BIBLIOTHÈQUE MILITAIRE.

BAVAROIS, peuple. v. ARMÉE ÉTRANGÈRE. v. ARTILLERIE DE CAMPAGNE. v. COMBAT DE JUGEMENT. v. HABIT. v. HOST. v. JUGEMENT DE DIEU. v. LÉGISLATION (ve siècle). v. RÉGIMENT FRANCO-ÉTRANGER.

BAVIÈRE (royaume de). v. ARMÉE CONFÉDÉRÉE (tableau). v. ARMÉE FRANÇAISE N° 8. v. ARTILLERIE A CHEVAL. v. CHEF D'ESCADRON. v. COCARDE. v. DAPIFER. v. GÉNÉRAL MAJOR. v. GYMNASTIQUE. v. GUERRE DE 1741. v. JURISPRUDENCE MILITAIRE. v. GRENADIER D'INFANTERIE FRANÇAISE DE LIGNE N° 2. v. MILICE BAVAROISE N° 1. v. OFFICIER D'INFANTERIE. v. ORDRE DU MÉRITE MILITAIRE DE BAVIÈRE. v. PAIX DE 1648, DE 1801 (14 septembre). v. TOPOGRAPHIE.

BAYARD, aut. fr. v. HAYNE. v. LEVER. v. TOPOGRAPHIE.

BAYARD, guerrier fr. mort à Rebec. Sa vie, écrite par son secrétaire sous le nom du *Loyal serviteur,* 1527, a été publiée, retouchée, commentée nombre de fois; il faut s'en défier comme d'un roman. v. ARQUEBUSE A CROC. v. BOMBARDE. v. BOULET ROUGE. v. CHEVALERIE D'AFFILIATION N° 4. v. COMBAT A OUTRANCE. v. COMPAGNIE D'ORDONNANCE N° 3. v. COULEVRINE. v. GRADE. v. HURTE. v. INFANTERIE N° 3. v. INFANTERIE FRANÇAISE N° 2. v. INGÉNIEUR MILITAIRE. v. LACER LE HARNAIS. v. LANSQUENET. v. MESTRE DE CAMP N° 3. v. MILICE FRANÇAISE N° 7. v. RANÇON. v. REBEC. v. SECRETTE. v. SIÉGE. v. SUPPLICE. v. TALBERT.

BAYEUX (camp de). v. MESNIL (1774, E).

BAYF. v. BAIF.

BAYLE, aut. fr. Rotterdam. *Dictionnaire*

historique et critique, 4 vol. in-fol., 1720 ; une édition existe en 16 vol. in-8°. v. César (51 avant J.-C.). v. Dubellay (1555, A). v. historique.

Bayonne (ville de). v. arbalète. v. baionnette. v. baionnier. v. bidon d'homme de troupe. v. casque. v. chanfrein. v. citadelle. v. guerre de 1823. v. honneurs. v. l'avesade.

Bazilowitz, empereur moscovite. v. artillerie d'armement.

Bazinghen, aut. fr. *Dictionnaire des monnaies.* v. faye.

Beamish. v. Ludlow.

Béarn. v. congrès.

Beauchamp (Alph. de), aut. fr. mort en 1852. *Histoire de la guerre de la Vendée et des chouans*, 1806, 1820, 4 vol. in-8°, Paris. *Histoire des campagnes de 1814 et 1815*, 4 vol. in-8°, 1816. *Critique historique sur l'ouvrage de M. de Ségur* (Philippe). In-8°, Paris, 1825. *Vie de César*, in-8°. v. César, v. guerre de 1792. v. guerre de la Vendée. v. histoire militaire. v. Ségur.

Beauclerc. v. ministre de la guerre (1624, 5 février).

Beaufort (Louis de), aut. fr. *Dissertation sur l'incertitude des cinq premiers siècles de la république romaine*, Utrecht, 1758, in-8° ; 1750, 2 vol. in-12. *Histoire de Germanicus*, Leyde, 1741, in-12. *La république romaine, ou plan général de l'ancien gouvernement de Rome*, 1766, 2 vol. in-4° ; 1767, 6 vol. in-12. v. milice romaine ; id. n° 1.

Beaulac, aut. fr. Paris. *Mémoires sur la dernière guerre entre la France et l'Espagne*, in-8°, 1801. v. guerre de 1792. v. guerre d'Espagne. v. histoire militaire.

Beaulieu, auteur fr. Paris. *Plans des principales villes de France et du Brabant*, etc. v. forteresse.

Beaumanoir (Philippe de), aut. fr. du treizième siècle. *Les coutumes de Beauvoisis*, 1283. Il vivait sous Philippe le Hardi et était un écrivain instruit. v. baron. v. baron n° 2. v. duel. v. chevalier du moyen age n° 5. v. combat de jugement. v. féodalité. v. guerre privée. v. infanterie communale. v. milice communale. v. roturier. v. roussin. v. seigneur.

Beaunier et Rathier, aut. fr. Paris. *Recueil de costumes français.* 2 vol. grand in-4°, 1810. v. armure. v. casque. v. costume militaire. v. morion. v. Rathier.

Beaurain, père et fils, aut. fr. Paris. *Histoire militaire de France de 1690 à 1694, ou Campagne de Luxembourg*, 1755, 2 vol. in-fol.; 1757, 1758, 2 vol. in-4°. La Haye et Postdam, 1785, 1787. *Histoire de la* campagne de Condé en 1674, imprimée en 1774. *Histoire des campagnes de Turenne de 1672 à 1675*, imprimée en 1782, 1787. Grimoard a composé le texte de ce dernier ouvrage. *Atlas de la guerre de sept ans en 67 cartes*. v. Condé. v. Grimoard. v. guerre. v. guerre de 1672. v. histoire militaire. v. Luxembourg. v. Turenne.

Beauregard (Costa, marquis de), aut. piém. Turin. *Mélanges tirés d'un portefeuille militaire*, in-8°, 1817. Cet ouvrage, dû à un officier général, contient un catalogue raisonné des livres propres à composer la bibliothèque de l'état-major général. v. bibliothèque militaire. v. Costa. v. état-major d'armée.

Beausobre, aut. fr. v. académie militaire. v. catalogue alphabétique des auteurs militaires. v. bastille fixe. v. brèche offensive. v. défense de place. v. école tactique. v. Enée. v. milice grecque ; id. n° 5. v. milice romaine ; id. n° 3. v. siége.

Beauvais, aut. fr. v. Ader (1826). v. armée française n° 3. v. catalogue alphabétique des auteurs militaires. v. crique de fortification. v. dénoncer. v. guerre de 1792. v. guerre souterraine. v. histoire militaire. v. Mortonval (1827). v. Saint-Maurice (1827). v. traverse de fortification.

Beauval, aut. fr. v. catalogue alphabétique des auteurs militaires. v. combat d'infanterie. v. commandement tactique. v. signal de guerre. v. signal stratégématique. v. tactiqul, subs. v. tirailleur.

Becke, aut. all. Francfort. *Le Miroir du soldat*, 1605. v. jurisprudence militaire.

Becker, aut. all. Brême. *Abrégé d'arithmétique et de géométrie, appliquées à la pyrobologie.* v. pyrobologie.

Beer, aut. fr. Munich. *Éclaircissements sur les grandes opérations militaires, ouvrage destiné aux jeunes officiers*, 1776. *Principes élémentaires de l'art militaire*, 1777. v. art militaire de terre. v. guerre. v. officier. v. opération de guerre. v. stratégie.

Beeren, aut. all. Francfort. *L'art de l'artillerie de Siemienowicz*, traduit du latin, in-fol., 1676. v. artillerie. v. Siemienowicz.

Behame, aut. all., t. lat. Francfort. *Le soldat délinquant soumis à de justes peines*, 1692. v. jurisprudence militaire. v. justice militaire. v. peine. v. punition.

Behm (F.) ou Bem, ou Boehm, aut. pol. Weymar. *Expériences sur les fusées à la Congrève jusqu'en l'an 1819. Rapport fait au corps de l'artillerie polonaise et au grand-duc Constantin*, avec l'original français. Traduction allemande accompagnée de notes sur les rapports d'auteurs dignes de foi ; publiée par Schuh, in-4°, 1820. V. ARTILLERIE. V. FUSÉE GUERRE. V. MILICE POLONAISE. V. SCHUH.

BEHR, aut. all. Francfort, Leipzig. *Architecture militaire fondamentale*, in-8°, 1677, 1690. *Nouveaux princip.s de fortification*, 1714. V. ARCHITECTURE MILITAIRE. V. FORTIFICATION.

BEHREN, aut. all. Hildesheim. *Avis aux soldats faisant campagne sur la manière de se conserver en santé*, 1689. V. MILITAIRE EN CAMPAGNE. V. SANTÉ. V. SERVICE DE SANTÉ.

BEIER (Adrien), aut. all., l. lat. Iéna. *Jurisprudence militaire considérée comme un art*, 1712. V. JURISPRUDENCE MILITAIRE.

BEINL (Von Bienenburg), aut. all. Vienne. *Essai sur le service médical de l'armée*, in-8°, 1804. V. CHIRURGIE MILITAIRE. V. SERVICE DE SANTÉ. V. SERVICE MÉDICAL.

BEKER, aut. all., l. lat. *Recueil pyrobolique*, 1667. V. PYROBOLIE.

BELAIR (P.-Julienne), aut. fr. Paris et Berlin. *Nouvelle science de l'ingénieur*, 1787. *Manuel du citoyen armé de pique*, 1792. *De l'artillerie à cheval, de sa tactique*, etc., 1792, 1793. *Instruction aux officiers d'infanterie pour la défense des postes* ; traduit par Gaudi, 1792, 1793. *Eléments de fortification et dictionnaire militaire*, 1795. *Défense de Paris et de tout l'empire*, an IV. V. ANGLE D'ÉPAULE. V. ARTILLERIE A CHEVAL. V. ARÊTE DE GLACIS. V. BATTERIE A BARBETTE. V. BATTERIE CASEMATÉE. V. BERME DE FORTIFICATION. V. BONNEVILLE (1762, L). V. CASEMATE A FEU. V. COFFRE DE FOSSÉ. V. CONTRE-GARDE. V. CONTRE-MINE DE FORTERESSE. V. CONTRE-MINE PERMANENTE. V. CONTRESCARPE. V. CRÉMAILLÈRE. V. DÉFENSE DE PLACE. V. DÉFENSE DE POSTE. V. DEHORS. V. DEMI-LUNE. V. DEMI-LUNE A FLANCS. V. DEMI-REVÊTEMENT. V. DICTIONNAIRE MILITAIRE. V. ÉCLUSE. V. EMBRASURE. V. ÉPAULEMENT DE FORTIFICATION. V. ESCALADE. V. FAUSSE BRAIE. V. FER. V. FLANC DE FORTIFICATION. V. FLÈCHE DE FORTIFICATION. V. FORT. V. FORTERESSE. V. FORTIFICATION. V. FORTIFICATION IRRÉGULIÈRE. V. FORTIFICATION SOUTERRAINE. V. FORTIN. V. FOSSÉ. V. FOURNEAU DE MINE. V. FRAISE DE FORTIFICATION. V. FUSÉE DE GUERRE. V. FUSIL D'INFANTERIE. V. GALERIE DE MINE. V. GAUDI (1779, A ; 1793, D). V. GLOBE DE COMPRESSION. V. GUÉRITE. V. GÉNIE. V. HERSE. V. INGÉNIEUR MILITAIRE. V. LIGNE DE DÉFENSE. V. LUNETTE DE DEMI-LUNE. V. MACHICOULIS. V. MACHINE. V. MINE. V. MOINEAU. V. MORTIER. V. OBUSIER. V. OFFICIER D'INFANTERIE. V. ONAGRE. V. OREILLON DE BASTION. V. ORGUE. V. OUVRAGE A CORNE. V. OUVRAGE A COURONNE. V. OUVRAGE EXTÉRIEUR. V. PALISSADE. V. PATÉ. V. PIERRIER. V. PIQUE. V. PLATE-FORME. V. PONT-LEVIS. V. PONT MILITAIRE. V. POTERNE. V. POUDRE A FEU. V. POUDRERIE. V. QUEUE D'YRONDE. V. RAVELIN. V. REDOUTE. V. RÉDUIT. V. RÉDUIT CASEMATÉ. V. RÉDUIT DE LUNETTE. V. REMPART DE FORTERESSE. V. RETRANCHEMENT. V. REVÊTEMENT. V. RICOCHET. V. SAC A TERRE. V. SAUCISSON A FEU. V. SCIENCE DE L'INGÉNIEUR. V. SONNETTE. V. TACTIQUE. V. TACTIQUE D'ARTILLERIE. V. TALUS. V. TENAILLE. V. TENAILLON. V. TERRE-PLEIN DE REMPART. V. TOPOGRAPHIE. V. TORTUE MÉCANIQUE. V. TOUR BASTIONNÉE. V. TOUR DE FORTIFICATION. V. TRAVERSE DE FORTIFICATION.

BELGES (peuple). V. ARMOIRIES. V. CHAR DE GUERRE. V. CHASSEUR A PIED. V. CORPS BELGE. V. GUERRE DE 1831. V. HABIT. V. INFANTERIE FRANCO-ÉTRANGÈRE. V. MILICE NÉERLANDAISE. V. PUPILLE N° 2.

BELGIQUE. V. ART MILITAIRE. V. CONGRÈS. V. GARDES WALLONES. V. INFANTERIE DE LIGNE N° 4. V. MILICE NÉERLANDAISE ; id. N° 7. V. SERVICE PERSONNEL.

BELGRADE, capitale de la Servie (Siége de... 1546). (Bataille de... 1717). V. BOUCHE A FEU. V. BUTIN. V. CANON D'ARTILLERIE. V. CIRCONVALLATION. V. CONTRE-APPROCHE. V. GÉNÉRAL D'ARMÉE N° 1. V. MILICE AUTRICHIENNE N° 6. V. PALISSADE. V. SIÉGE. V. SIÉGE OFFENSIF. V. SUPPLICE.

BELICI, aut. ital. Venise. *Construction des forteresses de toutes formes*, 1598. V. BELLICI. V. FORTERESSE. V. FORTIFICATION.

BELIDOR (Bernard-Forest de), brigadier des armées, aut. fr. Paris et la Haye. *La Science des ingénieurs dans la conduite des travaux de fortification*, 1725, 1729, 1749, 1754, 1775, 1813. *Le Bombardier français*, 1731, 1734, 1785 ; trad. en allem., in-4°, Ruremonde, 1756 ; et 2 vol. in-4°, 1782, Leipzig ; nouvelle édition, avec notes, par Navier, in-4°, Paris, 1830. *Traité des fortifications*, 1735. *Dictionnaire portatif de l'Ingénieur*, 1751, 1755, 1756, 1758 ; trad. en allem., 1801, Nuremberg. *Œuvres diverses sur l'artillerie et le génie*, 1754, 1755, 1764, 1768, in-8°. *Mémoire sur les charges et portées*, 1741. *Le Manuel lexique de la science des ingénieurs*, 1758. *Sommaire d'un Cours d'architecture militaire*, etc., 1720. *Traité sur la guerre souterraine*, ouvrage resté inédit. — La plus grande partie de ces ouvrages ont été traduits en allemand par BION, GEUSS, KRAZENSTEIN, SCHNELLER. V. ARCHITECTURE MILITAIRE. V. ARTILLERIE. V. BALISTIQUE. V. BION. V. BOEHM. V. BOMBARDIER. V. BOMBE. V. CATALOGUE ALPHABÉTIQUE DES AUTEURS MILITAIRES. V. CHARGE DE CANON. V. DICTIONNAIRE MILITAIRE. V. ENTONNOIR. V. FORTIFICATION. V. GÉnie. v. Geuss. v. globe de compression. v. guerre souterraine. v. ingénieur militaire. v. Jombert. v. Krazenstein. v. mine. v. mortier. v. Navier. v. pièce de canon. v. portée d'artillerie. v. poterne. v. poudre a feu. v. poudrerie. v. Schneller. v. science de l'ingénieur. v. siége. v. talus. v. travaux. v. travaux de siége.

Bélisaire, général bysantin. Il commence, en 553, une guerre que termine Narsès, et qui, après une durée de trente ans, expulse d'Italie les Ostrogoths. v. art militaire de terre. v. cavalerie française n° 7. v. consul. v. gendarmerie du moyen age. v. général d'armée n° 1. v. infanterie n° 1. v. légion romaine n° 1. v. milice française n° 2. v. Narsès. v. Procope. v. sonnerie.

Bell, aut. angl. Londres. *Les premiers principes militaires*, 1770, in-8°, avec pl. v. instruction.

Bellair, aut. fr. Paris. *Précis des opérations de la division française du Levant pendant les années cinq, six, sept; De la défense des îles vénitiennes*, etc. In-8°, 1805. v. guerre de 1792.

Bellay. v. catalogue alphabétique des auteurs militaires. v. Dubellay.

Belleforest, aut. fr. *Conduite de l'art et Faits militaires*, trad. de l'ital., in-4°. — On doit à un Belleforest (François de), aut. fr. peu estimé, et qui vivait de 1530 à 1583: *Cosmographie des annales de France; Histoire des neuf rois qui ont eu le nom de Charles*, 1 vol. in-fol. Paris, 1568. *Les grandes Annales et Histoire générale de France, depuis la venue des Francs jusqu'au règne de Henri trois*, Paris, 2 vol. in-fol., 1600, continué par Chapuis, de 1574 à 1590; et enfin, *Harangues militaires et Concions des princes, capitaines*, etc. 2 vol. v. art militaire. v. harangue. v. histoire militaire.

Belle-Isle, ministre et auteur de mémoires, sous le titre de *Vie politique et militaire du maréchal*, etc. v. ambulance. v. Andreu (1762, I). v. année de grade pour avancement. v. artillerie française. v. auteur militaire. v. avancement. v. Belle-Isle. v. camp d'instruction. v. colonel d'infanterie française de ligne n° 4. v. concordat. v. Cremilles. v. épaulette d'officier. v. génie. v. Gisors (1767, D). v. grande manœuvre. v. guerre de 1741. v. Leblanc en 1718. v. ministère de la guerre. v. ministre de la guerre; id. en 1718, en 1758. v. noblesse. v. officier français n° 6. v. ordonnance d'exercice d'infanterie. v. recrutement. v. tactique, subs. v. tribunal du point d'honneur.

Bellenger (l'abbé), trad. de Denis d'Halicarnasse. v. Denis d'Halicarnasse.

Bellerive, aut. fr. Paris. *Histoire des campagnes du duc de Vendôme*, 1744, in-12. v. histoire militaire. v. Vendome.

Bellersheim, aut. all. Francfort. *Manière de défendre et de fortifier les places irrégulières*, etc., in-4°, 1767. Le même ouvrage est publié en allemand la même année, etc. v. défense de place. v. fortification. v. fortification de place. v. fortification irrégulière.

Belli (Silvio), aut. ital. Venise. L. lat. *Traité de la chose militaire et de la guerre*, in-4°, 1563. — L. ital. *Traité sur l'art de mesurer les distances à la vue*, in-4°, 1566. v. chose militaire. v. coup d'œil. v. gentilhomme. v. guerre. v. terrain.

Bellici. v. Belici.

Bello, aut. ital., l. lat. Venise. *Traité de la chose militaire et de la guerre*, 1563. v. chose militaire. v. guerre.

Belloste, aut. fr. Paris. *Le Chirurgien de l'hôpital, enseignant la manière douce et facile de guérir toutes sortes de plaies*, 1731, 1754. v. chirurgien d'hopital. v. plaie d'arme a feu.

Bellune (Victor, duc de). v. Bellune.

Bellune, ville. v. féodalité.

Belmas, chef de bataillon, puis lieutenant-colonel du génie, aut. fr. Paris. *Mémoire sur les bâtiments militaires*, 1825. *Journaux des siéges faits ou soutenus par les Français dans la Péninsule, de 1807 à 1814*, 4 vol. in-8° et atlas in-fol. 1836, 1837. v. batiment militaire. v. caserne. v. fourneau de cuisine. v. guerre de 1792. v. quartier de cavalerie. v. siége. v. soupe.

Beloi, aut. fr. *Origine de la chevalerie*. v. chevalerie. v. dégradation de chevalier. v. ordre de chevalerie.

Beneton, aut. fr. v. aide de camp n° 1. v. aigle. v. anspessade. v. argoulet. v. art de la guerre. v. banneret n° 5. v. bannière de France. v. bannière nationale. v. bannière paroissiale. v. baron n° 1. v. bataillon d'infanterie française de ligne n° 3. v. bige. v. blanc national. v. bleu national. v. camp. v. camp compacte. v. camp romain. v. campement tactique. v. cap d'escouade. v. capitaine d'infanterie française de ligne n° 2. v. capitaine en chef. v. caporal d'infanterie française de ligne n° 2. v. catalogue alphabétique des auteurs militaires. v. caterve. v. cavalerie. v. cavalerie française n° 1. v. chape de saint Martin. v. char de guerre. v. cheval de frise. v. chevalier du moyen age n° 2. v. cocarde. v. coin tactique. v. colonne épagogique n° 2. v. compagnie d'infanterie française de ligne n° 3.

V. COMPAGNIE D'ORDONNANCE ; id. N° 2. V. COR-
NETTE BLANCHE. V. CORNETTE DE CAVALERIE. V.
CORNETTE ROYALE. V. COTTE DE MAILLES. V. COU-
LEUR NATIONALE. V. COUP DE LANCE. V. COUTIL-
LIER. V. CRAVATE DE DRAPEAU. V. DESPAGNAC
(1751, D). V. DIXAINIER. V. DRAPEAU. V. DRA-
PEAU D'INFANTERIE FRANÇAISE DE LIGNE. V. EC-
CLÉSIASTIQUE. V. ÉCHARPE MILITAIRE. V. ÉCHI-
QUIER. V. ENSEIGNE. V. ENSEIGNE D'ÉQUIPEMENT.
V. FIEF. V. FRANC ARCHER. V. GARDE ROYALE.
V. GENDARME DU MOYEN AGE. V. GÉNÉRAL, subs.
V. GÉNÉRAL D'ARMÉE. V. GONFALON. V. GRAND
PRÉVOT. V. GRAND SÉNÉCHAL. V. GUERRE. V.
GUIDON. V. GUISARME. V. HACHE D'ARMEMENT.
V. HAUBERT. V. HÉRAUT. V. HISTOIRE MILITAIRE.
V. HOURT. V. LACHESNAIE (1758, I). V. INFAN-
TERIE COMMUNALE N° 2, 4. V. LABARUM. V. LANCE
A MAIN. V. LANCE FOURNIE. V. LANSQUENET. V.
LÉGION ROMAINE. V. LIEUTENANT GÉNÉRAL N° 1.
V. MAISON DU ROI. V. MANIPULE N° 1, 2, 6. V.
MARQUISE. V. MESTRE DE CAMP ; id. N° 1. V.
MILICE COMMUNALE. V. MILICE FRANÇAISE ; id.
N° 4. V. MILICE GRECQUE. V. MILICE PROVIN-
CIALE. V. MILICE ROMAINE. V. MOT. V. OFFICIER
FRANÇAIS. V. ORDRE BRISÉ. V. ORIFLAMME. V.
PAVILLON DE CAMP. V. PAYE. V. PENNON. V. PEN-
NON DE GÉNÉRAL. V. PENNON ROYAL. V. PHA-
LANGE AMPHISTOME. V. PHALANGE ANTISTOME.
V. PIQUIER ; id. N° 4. V. PRINCE FRANÇAIS. V.
QUADRILLE. V. RÉGIMENT. V. REITRE. V. ROU-
TIER. V. SATELLITE. V. SAYON. V. SEIGNEUR. V.
SÉNÉCHAL. V. SERGENT. V. SERGENT D'ARMES. V.
SERGENT DE BATAILLE. V. SERGENT GÉNÉRAL. V.
SERGENT MILITAIRE. V. SERGENTERIE. V. SERMENT.
V. SIGNAL STRATEUMATIQUE. V. SKYTALE. V. TEN-
TE. V. TERZE. V. TOUR. V. TRIAIRE.

BÉNÉVENT, ville d'Italie. Bataille de Bénévent 275 ans avant J.-C. suivant Peuchet, 274 avant J.-C. suivant Beauvais (*Biographie universelle classique*), 279 avant J.-C. suivant d'autres écrivains. Pyrrhus y est défait. Les Français combattent à Bénévent sous le règne de Louis neuf. V. AUMONIER N° 1. V. CAMP. V. CASTRAMÉTATION. V. FÉODA-LITÉ. V. LÉGION ROMAINE N° 5. V. MANIPULE N° 1. V. MILICE ROMAINE N° 7. V. SABRE.

BÉNÉVOIS DE SAINTE-MORE, aut. fr. du moyen âge. *Roman de la destruction de Troyes*, manuscrit qui renferme une peinture représentant une réception de chevalier. V. CHEVALERIE. V. RÉCEPTION DE CHEVA-LIER.

BENICKEN (F.-W.), aut. all. Weymar. *Les Eléments de la Géographie militaire de l'Europe, Essai pour faciliter l'étude primaire de cette science dans les écoles militaires*, in-8°. V. ÉCOLE MILITAIRE. V. GÉO-GRAPHIE.

BENITEZ (P.-N.-M.), aut. espagn. Madrid.

Traités militaires, in-fol., 1679. V. INS-TRUCTION.

BENITO (Cohelo), aut. portug. *Pratique de la guerre (milicia pratica)*, 2 vol. in-8°. Lisbonne, 1740. V. GUERRE.

BENKENDORFF (C. de), aut. all., général russe. *Des Cosaques et de leur utilité à la guerre*, présenté en 1816 à l'empereur de Russie ; trad. de l'allem. In-8°, Paris, 1831. V. COSAQUE.

BENNIGSEN OU BENIGSEN, aut. all. Riga. *Pensées sur les connaissances propres à l'officier de cavalerie*, 1794 et 1805. Wilna et Leipzig. V. OFFICIER DE CAVALERIE.

BENOISTON DE CHATEAUNEUF, aut. fr., académicien. Paris. *Mémoire sur la mortalité de l'armée*, in-8°, 1833. V. ARMÉE FRAN-ÇAISE N° 2. V. NOURRITURE.

BENOIT, aut. fr. *Cours complet de topographie et de géodésie*, in-8°. Paris, 1822. V. GÉODÉSIE. V. TOPOGRAPHIE.

BÉRAUDIÈRE. V. DELABÉRAUDIÈRE.

BÉRAULT STUART, seigneur d'Aulbigny, aut. fr. dont il reste un manuscrit sur vélin, intitulé : *l'Art militaire*, et accompagné d'enluminures précieuses. Bérault Stuart est probablement le même que le maréchal Daubigny, mort en 1543. V. ART MILITAIRE. V. FAUSSE BRAIE. V. GÉNETAIRE.

BÉRENGER, aut. fr., ancien professeur de belles-lettres. Paris. *Ecole historique et morale du soldat et de l'officier*, 3 vol. in-12, 1778, 1788. Cette compilation est une espèce de recueil d'ana. V. AUMONIER DE CORPS N° 8. V. OFFICIER DU GÉNIE N° 3. V. OF-FICIER FRANÇAIS. V. SOLDAT.

BERENHORST (G.-H. de), aut. all. Leipzig. *Considérations sur l'art de la guerre, sur ses progrès, les obstacles qui ont arrêté sa marche, et son état actuel*. 3e édit. in-8°, 1827. V. ART DE LA GUERRE. V. ART MILITAIRE. V. HISTOIRE MILITAIRE.

BERESFORD, général anglais. V. CAPITAINE GÉNÉRAL. V. MILICE ESPAGNOLE. V. MILICE POR-TUGAISE N° 1.

BERGER, aut. fr. V. CATALOGUE ALPHABÉ-TIQUE DES AUTEURS MILITAIRES. V. FUSIL D'IN-FANTERIE. V. MANIEMENT DE FUSIL.

BERGFELD, aut. all. Leipzig. *Le parfait dessinateur de position militaire d'après l'ouvrage français intitulé : Mémoires topographiques*, etc. In-4°. V. DESSIN. V. TOPOGRAPHIE.

BERGIER (Nicolas), aut. fr. *Histoire des grands chemins de l'empire romain*. 2 vol. in-4°. Bruxelles. V. CHEMIN MILITAIRE. V. TRAVAUX MILITAIRES.

BERGMAYR (Ignace-François), auditeur d'état-major, aut. all. Vienne. *Code criminel pour l'armée autrichienne*, in-8°,

1808. *Constitution de l'armée autrichienne*, in-8°, 1822. *Code martial*, 1823. *Droit civil de l'armée autrichienne et des frontières militaires*, in-8°, 1829. V. CONSTITUTION. V. DROIT MILITAIRE PUBLIC. V. ÉTAT CIVIL. V. MILICE AUTRICHIENNE.

BERG-OP-ZOOM, ville de Hollande. Siége de 1447, 1622, 1814. V. ASSAUT DE CORPS DE PLACE. V. ASSAUT GÉNÉRAL. V. ATTAQUE PAR STRATAGÈME. V. BASTION DE FORTERESSE. V. CONTRE-APPROCHE. V. GÉNÉRAL D'ARMÉE N° 9. V. LEGRAND. V. MILICE ANGLAISE N° 7. V. RÉDUIT DE LUNETTE. V. SAC A FEU. V. SIÉGE OFFENSIF. V. SURPRISE DE PLACE.

BERGSTRAESSER, aut. all. Francfort. *Des signaux de guerre, et de la transmission des ordres au moyen de l'écriture par points de vue* (télégraphique). 1795. V. COMMANDEMENT TÉLÉGRAPHIQUE. V. SIGNAL. V. SIGNAL DE GUERRE. V. TÉLÉGRAPHIQUE.

BERIS, aut. all. Dessau. *Précis d'art militaire et Encyclopédie pour les jeunes officiers.* 1786. V. ART MILITAIRE DE TERRE. V. ESTIMONVILLE. V. OFFICIER.

BERLIER, aut. fr. V. CATALOGUE ALPHABÉTIQUE DES AUTEURS MILITAIRES. V. CÉSAR (51 avant J.-C.). V. HISTOIRE MILITAIRE.

BERLIN, ville. V. ACADÉMIE MILITAIRE. V. BIBLIOTHÈQUE MILITAIRE. V. CABINET D'ARMES. V. CARROUSEL. V. COUP D'OEIL. V. ÉCOLE MILITAIRE. V. ENGIN. V. GUERRE DE 1756. V. JOURNAL MILITAIRE (1790, F). V. MILICE PRUSSIENNE N° 2, 6, 7. V. NATATION.

BERLINGHIERI. V. VACCA.

BERNADOTTE, roi de Suède en 1818. V. ARMÉE AUXILIAIRE. V. BATAILLON AUXILIAIRE. V. CONSCRIPTION. V. COUVRE-PLATINE. V. GÉNÉRAL D'ARMÉE N° 6. V. MILICE SUÉDOISE N° 1. V. MINISTRE DE LA GUERRE EN L'AN SEPT (14 messidor). V. RAQUETIER. V. SOLDAT. V. SOLDE.

BERNARD, aut. fr. Amsterdam et Paris. *Nouvelle manière de fortifier*, 1689, 1710, 1712. Cet ouvrage anonyme a été traduit par Horneck en anglais. V. FORTIFICATION. V. HORNECK.

BERNARD, général français. V. AGENCE. V. CARTOUCHE A FUSIL. V. FUSIL D'UNIFORME. V. HABILLEMENT. V. LANCIER. V. MINISTRE DE LA GUERRE. EN 1834 (10 NOVEMBRE). V. MOUSQUETON. V. RECONNAISSANCE DE TERRAIN.

BERNARDI (O.), aut. ital. *Instruction complète sur l'art de la natation* ; traduit de l'italien par J. Kriegs, 2 vol. in-8°, Weymar, 1797. Ouvrage reproduit ou résumé en allemand en 1834. V. GUTSMUTH. V. KRIEGS. V. NATATION.

BERNARDO (Pontio), aut. esp. Venise. *L'art de la guerre de Gaya* ; traduit par... 1684. V. ART DE LA GUERRE. V. GAYA (1679, A).

BERNAY. V. ALEXANDRE DE...

BERNEWITZ (J.-H.), aut. all. Leipzig et Weissenfels. *Instruction sur les connaissances préparatoires les plus nécessaires aux sous-officiers et à ceux qui veulent le devenir.* 2e édit. in-8°, 1806. V. SOUS-OFFICIER.

BERNIER, aut. fr., major de cavalerie. Paris. *Cours abrégé d'administration militaire à l'usage des officiers de cavalerie commandants de détachements.* In-18, 1835. V. ADMINISTRATION MILITAIRE. V. CAVALERIE. V. CAVALERIE FRANÇAISE N° 9. V. CHEF DE DÉTACHEMENT DE GUERRE. V. REMONTE.

BERNIÈRES (J.-C.), aut. fr. Paris. *Etymologie des mots français*, in-12. V. LANGUE FRANÇAISE.

BERNOUILLI (Jean), aut. suisse. Strasbourg. *Sur la trajectoire dans l'air*, 1698. *Recherches de balistique*, 1719. V. BALISTIQUE. V. TRAJECTOIRE.

BERNOUILLI (Daniel), de la famille du précédent. L. lat. *Du fluide produit par la poudre* (traité d'hydrodynamique). V. POUDRE A FEU.

BEROALDO-BIANCHINI, aut. all., colonel d'artillerie. Vienne. *Traité des armes à feu et des armes blanches, leur fabrication, objet, usage, etc.*, avec planches. 2 vol. gr. in-8°, 1829. V. ARME A FEU. V. ARME BLANCHE DE TROUPE.

BEROIL, aut. fr. *Manière de fortifier les villes et châteaux*, 1557. V. CHATEAU. V. FORTIFICATION.

BERRIAT, aut. fr. V. ACIER. V. ACQUIT PROVISOIRE. V. ACTE D'ÉTAT CIVIL. V. ADMINISTRATION MILITAIRE. V. ALLOCATION. V. APPOINTEMENT. V. ARMÉE FRANÇAISE N° 2, 4. V. ARMEMENT D'UNIFORME. V. AVANCEMENT. V. CANTINE STABLE. V. CAPITAINE RAPPORTEUR. V. CASERNEMENT. V. CATALOGUE ALPHABÉTIQUE DES AUTEURS MILITAIRES. V. CHAUFFAGE. V. COMMISSAIRE DES GUERRES. V. COMMISSARIAT. V. COMPTABILITÉ. V. CONGÉ DE SEMESTRE. V. CONNÉTABLE. V. CONSEIL D'ADMINISTRATION DE RÉGIMENT. V. CONVOI MILITAIRE. V. CORPS D'INTENDANCE. V. CRIME. V. DÉLÉGATION DE TRAITEMENT. V. DÉLIT. V. DÉSERTEUR. V. DEVIS. V. DICTIONNAIRE. V. DISCIPLINE. V. DISTRIBUTION DE RATIONS. V. ÉCOLE MILITAIRE. V. ENFANT DE CORPS. V. ÉQUIPEMENT. V. ÉTAT CIVIL. V. FEMME. V. FOURNITURE. V. FOURRAGE DE DISTRIBUTION. V. GARDE ROYALE. V. HABILLEMENT. V. HACHE DE SAPEUR. V. HAUSSE-COL. V. HAUTE PAYE PÉCUNIAIRE. V. HIÉRARCHIE MILITAIRE. V. HONNEURS. V. HOPITAL MILITAIRE. V. INDEMNITÉ. V. INDEMNITÉ DE PERTE EN CAMPAGNE. V. INDEMNITÉ DE ROUTE. V. INFIRMIER. V. INFIRMITÉ. V. INSPECTEUR AUX REVUES. V. INSPECTEUR GÉNÉRAL. V. INSPECTION AUX REVUES. V. INSU-

BORDINATION. V. INVALIDE. V. JOURNAL MILI-
TAIRE (1790, F). V. JUGE MILITAIRE. V. JUGE-
MENT MILITAIRE. V. HARNACHEMENT. V. LÉGION
D'HONNEUR. V. LÉGISLATION. V. LEVÉE. V. LI-
CENCIEMENT. V. LIEUTENANT-COLONEL D'INFAN-
TERIE FRANÇAISE DE LIGNE. V. LIEUTENANT DE
ROI. V. LIEUTENANT GÉNÉRAL. V. LIT MILITAIRE.
V. LOGEMENT DE MILITAIRES. V. LOGEMENT D'HA-
BITATION. V. MAJOR DE PLACE. V. MAJOR LIEU-
TENANT-COLONEL. V. MARAUDAGE. V. MARCHE-
ROUTE. V. MARÉCHAL DE FRANCE. V. MASSE
COMPTABILIAIRE. V. MOUVEMENT MUTATIONNAIRE.
V. MUNITIONNAIRE GÉNÉRAL. V. MUNITIONS. V.
MUNITIONS D'EXERCICE. V. MUSICIEN N° 7. V.
ORDONNANCE OFFICIELLE. V. ORDRE EN FRANÇAIS.
V. ORGANISATION. V. OUTIL DE CAMPAGNE. V.
PARTI DE GUERRE. V. PAS HIÉRARCHIQUE. V.
PAYE. V. PAYEUR. V. PEINE. V. PENSION DE
RETRAITE. V. PILLAGE. V. PIONNIER. V. POLICE.
V. PONTONNIER. V. POSTE D'HONNEUR. V. POU-
DRE A FEU. V. PRÉFET DE DÉPARTEMENT. V. PRÊT.
V. PRISON. V. PRISONNIER DE GUERRE. V. PRO-
CÉDURE. V. QUARTIER. V. QUARTIER-MAITRE
D'INFANTERIE FRANÇAISE DE LIGNE. V. RANG
HIÉRARCHIQUE. V. RAPPORT. V. RATION. V. RÉ-
CEPTION D'OFFICIER. V. RÉCOMPENSE. V. RECON-
NAISSANCE EN CAMPAGNE. V. RECRUTEMENT. V.
REDDITION DE PLACE. V. RÉFORME. V. RÉFRAC-
TAIRE. V. REGISTRE DE CAISSE. V. REGISTRE DE
COMPTABILITÉ. V. RÈGLEMENT. V. REMPLAÇANT.
V. REMPLACEMENT D'ENROLÉ. V. RENGAGEMENT.
V. RÉQUISITION. V. RETENUE. V. REVUE D'AD-
MINISTRATION. V. REVUE D'INSPECTEUR GÉNÉRAL.
V. REVUE ÉCRITE. V. REVUE SUR LE TERRAIN. V.
ROULEMENT. V. SABRE. V. SAC A TERRE. V. SA-
LAISONS. V. SALLE DE DISCIPLINE. V. SALPÊTRE.
V. SAPEUR. V. SAPEUR D'INFANTERIE. V. SCHAKO.
V. SECRÉTAIRE ARCHIVISTE. V. SENTINELLE. V.
SIGNALEMENT. V. SOUS-LIEUTENANT. V. SOUS-
OFFICIER. V. SUBSISTANCE. V. TABLIER DE SA-
PEUR. V. TAILLE DE MILITAIRE. V. TAMBOUR INS-
TRUMENTAL D'INFANTERIE FRANÇAISE. V. TÉ-
MOIN JUDICIAIRE. V. TENTE. V. TIERCEMENT. V.
TOURNEVIS. V. TRAHISON. V. TRANSPORT. V.
TRAVAIL. V. TRAVAILLEUR. V. TRAVAUX. V.
TRÉSORIER DE CORPS. V. TRIBUNAL.

BERTHELIN, aut. fr., traducteur de Basta.
V. BASTA.

BERTHELOT (Fr. marquis de Blaye), aut. fr.
Lunéville. *Campagne du maréchal de
Créqui en 1677*, in-8°, 1681. V. CRÉQUI.

BERTHIER (Alexandre, général, prince, etc.),
aut. fr. Paris. *Relations des campagnes de
Bonaparte en Egypte et en Syrie*, 1800,
in-8°. *Mémoires de Berthier*, etc., in-8°,
1827. V. AUTEUR MILITAIRE (texte). V. COLO-
NEL GÉNÉRAL DES SUISSES. V. GUERRE DE 1792.
V. HISTOIRE MILITAIRE. V. MAMELOUCK. V. MI-
NISTRE DE LA GUERRE EN L'AN HUIT (20 bru-
maire); AN NEUF (16 vendémiaire). V. TIER-
CEMENT.

BERTRRE, aut. fr. *Histoire des guerres
de la Vendée, depuis 1792 jusqu'en 1815*,
3 vol. in-8°, 1819. V. GUERRE DE 1792. V.
HISTOIRE MILITAIRE.

BERTIN, aut. fr. Paris. *Théorie et école
d'instruction pour la cavalerie française*,
1797. V. CAVALERIE.

BERTOCH, aut. all. *Droit privé du soldat,
en cas de mariage ou de filiation*, etc.,
1729. V. ÉTAT CIVIL. V. JURISPRUDENCE MILI-
TAIRE. V. MARIAGE.

BERTON, aut. fr. (le général). *Commen-
taire sur l'ouvrage de M. le général
Tarayre (De la force dans les gouvernements)*, in-8°, 1819. Paris. V. ARMÉE FRAN-
ÇAISE N° 2. V. GARDE NATIONALE. V. TARAYRE.

BERVILLE et BARRIÈRE, aut. fr. Paris. *Collection des mémoires relatifs à la révolution*, ouvrage non encore terminé en
1828. V. BARRIÈRE. V. HISTOIRE MILITAIRE.

BERWICK (le maréchal de), tué à Philis-
bourg en 1734, a laissé des mémoires en
partie écrits de sa main. Une édition peu
estimée des mémoires de Bervick a été publiée à Rouen par de Margon, 1737, 2 vol.
in-12. Une édition plus fidéle a été mise au
jour par son petit-fils le duc de Fitzjames,
et revue par Hook, à Paris, 2 vol. in-12,
1778, 1780. — On lit dans Berwick, qu'en
Flandre, il fit retraite en bon ordre après la
perte de la bataille de Malplaquet; or, à
cette époque, Berwick défendait le Dauphiné
et la Provence contre le duc de Savoie. V.
AUTEUR MILITAIRE (texte). V. AGE APOMAQUE
D'OFFICIER. V. CIRCONVALLATION. V. GÉNÉRAL
D'ARMÉE N° 9. V. GÉNÉRAL FRANÇAIS N° 1. V.
GUERRE DE 1733. V. GUERRE DÉFENSIVE. V. HIS-
TOIRE MILITAIRE. V. LIGNE FORTIFIÉE. V. MILICE
PORTUGAISE. V. POSTE STRATEUMATIQUE.

BERZÉ, ou BERZII., aut. fr. *La Bible au
chastelain (seigneur) de Berzé*, manuscrit
dont il est fait mention dans Caylus et les
mémoires de l'Académie, t. XXXI. V. BIBLE.
V. CHEVALIER D'AFFILIATION N° 3.

BESANÇON, ville de France. V. ÉCOLE D'AR-
TILLERIE. V. FORTIFICATION. V. GALÈRES DE
TERRE. V. TOUR BASTIONNÉE.

BESENVAL (Pierre-Victor, baron de), lieutenant général suisse au service de France.
Mémoires de..... Paris, 4 vol. in-8°, 1805,
1807. Ouvrage désavoué par la famille, et
publié par le vicomte de Ségur. V. CAPITU-
LATION SUISSE. V. DUEL.

BESNARD, aut. fr. Rennes. *Le maître
d'armes libéral*, in-4°, 1655. V. ESCRIME.

BÉSOLD, ou BESOLDUS, aut. all., l. lat.
Strasbourg. *Dissertation historique sur
les bombardes (bouches à feu)*, 1642. V. AR-

TILLERIE. V. BOMBARDE. V. BOUCHE A FEU. V. POUDRE A FEU.

BESOLDUS. V. BESOLD.

BESSEL, aut. all. V. ART DE LA GUERRE. V. CAMPEMENT V. CATALOGUE ALPHABÉTIQUE DES AUTEURS MILITAIRES. V. CONVOI POLÉMONOMIQUE. V. ÉVOLUTION. V. EXERCICE. V. MANOEUVRE. V. MARCHE-MANOEUVRE. V. POSTE PÉRIBOLOGIQUE. V. SIÉGE. V. TACTIQUE.

BEULWITZ (L.), aut. all. Leipzig. *Manuel pour les officiers de chasseurs et de tirailleurs et pour ceux qui aspirent à ces grades*, avec trois planches, in-8°, 1818. V. CHASSEUR A CHEVAL. V. OFFICIER DE CHASSEURS. V. OFFICIER DE TIRAILLEURS. V. TIRAILLEUR.

BEURMANN (J. de), aut. fr., capitaine d'infanterie. V. AUTEUR MILITAIRE. V. CROATE. V. INFANTERIE LÉGÈRE. V. MILICE AUTRICHIENNE. V. MILICE PRUSSIENNE. V. MILICE RUSSE N° 5. V. PANDOURE. V. RECRUTEMENT. V. TIRAILLEUR. V. TOLPACHE. V. UNIFORME.

BEURNONVILLE, ministre, officier général, ambassadeur, mort en 1821. V. AGENCE. V. MINISTRE DE LA GUERRE EN 1793 (6 février).

BEUSCHER, aut. néerlandais, lieutenant d'artillerie, l. holl. *Manuel des connaissances théoriques et pratiques de la science de l'artillerie pour les sous-officiers*, in-8°, 1830. V. ARTILLERIE.

BEUST (Von) aut. all., l. lat. Gotha. *Observations militaires ou remarques sur la guerre*, 5 vol. in-4°, 1743, 1757. V. GUERRE. V. JURISPRUDENCE MILITAIRE.

BEZOUT, aut. fr. Paris. *Cours de mathématiques à l'usage de l'artillerie*, 4 vol. in-8°, 1770. V. BALISTIQUE.

BIANCO. V. CAPOBIANCO.

BIBERSTEIN. V. BIEBERSTEIN.

BICOQUE en Milanais (combat de la...., 22 avril 1522) ; les Impériaux y triomphent du général français Lautrec. V. ARBALÈTE. V. BICOQUE. V. ENFANT PERDU.

BIDONE, aut. ital. Turin., l. fr. *Mémoire sur les ricochets*, etc., 1811. V. RICOCHET.

BIEBERSTEIN, ou, suivant Rumpf, BIBERSTEIN (A.-F.), aut. all. *Complément à la tactique, à la stratégie*, in-8°, Glogau, 1805. *La tactique ou science des combinaisons de la guerre*, in-8°, Magdebourg, 1816. *Sur le rapport des sciences militaires entre elles ; traité relatif à l'art de la guerre considéré relativement à l'histoire des guerres modernes*, in-8°. Breslau, Leipzig, 1817. *Instruction théorique pratique sur l'art du dessin de situation* (plan militaire) *basé sur des principes simples et appliqués principalement à des objets militaires et économiques* (administratifs), in-4°, Berlin. *Modèle du dessin de situation à l'usage des écoles militaires*

de Prusse, in-4°, 1818, Berlin. V. ART DE LA GUERRE. V. DESSIN. V. ÉCOLE MILITAIRE. V. GUERRE. V. SCIENCE MILITAIRE. V. STRATÉGIE. V. TACTIQUE.

BIGOT. V. MOROGUES.

BIGOT, aut. fr. *Traité des artifices de guerre tant pour l'attaque et la défense des places que pour le service de campagne*, 1809. *Manœuvre de forces en usage dans l'artillerie*, an treize, 1814. V. ARTIFICE. V. ARTILLERIE. V. ATTAQUE DE PLACE. V. DÉFENSE DE PLACE. V. ÉTOUPILLE. V. SERVICE DE CAMPAGNE.

BILFINGER, aut. all. Stuttgard. *Nouveau système de fortification*, in-4°, 1735. *Idée d'une citadelle*, in-4°, 1730, 1756. V. CITADELLE. V. FORTIFICATION.

BILGUER, aut. all. Bâle, Glogau, Leipzig. *Dissertation de médecine relative aux amputations*, etc., l. lat., in-8°, 1761. *Instruction sur la pratique de la chirurgie dans les hôpitaux d'armée*, in-8°, 1763. V. AMPUTATION. V. CHIRURGIEN MILITAIRE. V. HOPITAL MILITAIRE.

BILLON, aut. fr. ANSPESSADE. V. ART MILITAIRE DE TERRE. V. BRIGADE. V. BUTIN. V. CAPITAINE D'INFANTERIE FRANÇAISE DE LIGNE N° 1. V. CAPORAL D'INFANTERIE FRANÇAISE DE LIGNE N° 1. V. CARABIN. V. CATALOGUE ALPHABÉTIQUE DES AUTEURS MILITAIRES. V. CHATIMENT. V. COLONEL D'INFANTERIE FRANÇAISE DE LIGNE N° 2. V. COMPAGNIE D'INFANTERIE FRANÇAISE DE LIGNE, tableau. V. CORPS DE GARDE DE CAMP. V. COUP DE BATON. V. DOUBLEMENT. V. ÉCHELON. V. ÉCHIQUIER TACTIQUE. V. ENGAGEMENT DE RECRUES. V. ENSEIGNE. V. ENSEIGNE D'ÉQUIPEMENT. V. ENSEIGNE IDIOPLIQUE N° 3. V. ESCADRE. V. ESCARMOUCHE. V. FUSTIGATION. V. GARDE DE CAMP. V. GRÈVE. V. HENRI QUATRE. V. HUTTE. V. JUSTICE MILITAIRE. V. LIEUTENANT D'INFANTERIE FRANÇAISE DE LIGNE N° 7. V. MARCHE-ROUTE. V. MARÉCHAL DE CAMP. V. MARÉCHAL DES BANDES. V. MESTRE DE CAMP. V. MILICE ESPAGNOLE. V. MILICE HOLLANDAISE ; id. N° 5. V. MOT. V. MOUSQUETAIRE. V. MOUSQUETAIRE A PIED N° 4. V. OFFICIER D'INFANTERIE FRANÇAISE N° 5. V. OFFICIER FRANÇAIS. V. ORDONNANCE OFFICIELLE. V. ORDRE TACTIQUE. V. PEINE. V. PIQUIER. V. POIGNARD. V. PRÉVOT. V. RANGS OUVERTS. V. RÉGIMENT D'INFANTERIE FRANÇAISE. V. RONDACHE. V. SALADE. V. SALADE A VISIÈRE. V. SERGENT DE BATAILLE. V. SERGENT D'INFANTERIE FRANÇAISE DE LIGNE. V. SERMENT. V. SERREMENT DE RANGS. V. SERVICE DE CAMPAGNE. V. SERVICE DE GARNISON. V. SERVICE DE ROUTE. V. SERVICE JOURNALIER. V. SOLDAT. V. TACTIQUE. V. TAMBOUR-MAJOR ; id. N° 2. V. TAMBOURIN. V. TRAVAUX DE SIÉGE.

BINGHAM, aut. et trad. angl. V. CATA-

LOGUE ALPHABÉTIQUE DES AUTEURS MILITAIRES. V. ELJEN. V. FLÈCHE.

BINNING, aut. angl. Londres. *Eclaircissement concernant l'artillerie, l'énergie de la poudre, les dimensions du vent, etc.,* in-4°, 1689. V. ARTILLERIE. V. POUDRE A FEU. V. VENT DE PROJECTILE.

BINZEL (L.-F. de), aut. all. KIEL. *Sur la guerre défensive et l'instruction des milices, 1801. Sur les ouvrages militaires de Bulow,* in-8°, 1804. *Manuel propre au corps des chasseurs de la milice danoise,* 1801. V. BULOW. V. CHASSEUR. V. GUERRE DÉFENSIVE. V. MILICE DANOISE.

BION. V. BITON.

BION, aut. fr. V. BELIDOR. V. CATALOGUE ALPHABÉTIQUE DES AUTEURS MILITAIRES. V. VÉGÈCE (390, A).

BIRAC, aut. fr. V. CAPITAINE D'INFANTERIE FRANÇAISE N° 17. V. CATALOGUE ALPHABÉTIQUE DES AUTEURS MILITAIRES. V. COLONEL D'INFANTERIE FRANÇAISE DE LIGNE N° 2. V. LIEUTENANT-COLONEL D'INFANTERIE FRANÇAISE DE LIGNE. V. SERMENT. V. SOLDE. V. PASSE-VOLANT.

BIRDWINE, aut. angl., professeur de fortification. Londres. *Projet d'un nouveau système de fortification permanente.* V. FORTIFICATION PERMANENTE.

BIRINGUCCIO, aut. ital. Venise. Connu aussi sous le nom de Vannuccio. Il a traduit Tartaglia et composé la *Pyrotechnie,* etc., 1540, 1550, 1558, réimprimée à Paris, 1559, et en langue latine, 1572. Une édition latine paraît à Bologne, 1678, et à Rouen en 1627. V. ARTIFICE. V. FUSÉE DE GUERRE. V. POUDRE A FEU. V. PYROTECHNIE. V. TARTAGLIA. V. VANNUCCIO.

BIRNBAUM, aut. all. Dresde. *Instruction concernant l'artilleur,* etc., 1752, in-4°. V. ARTILLERIE.

BIRON (Armand-Gontaut, baron de), maréchal de France, tué en 1592, aut. fr. V. ACCENSE. V. AGEMA. V. ART DE LA GUERRE. V. CATALOGUE ALPHABÉTIQUE DES AUTEURS MILITAIRES. V. COLONEL. V. DELANOUE (1559, A). V. ÉVOCAT. V. ESPION. V. EXERCITE. V. GÉNÉRAL D'ARMÉE. V. GRADE D'OFFICIER. V. GUERRE. V. GUIDE D'ARMÉE. V. GUIDON AGRÉGATIF. V. LIEUTENANT DE ROI N° 2. V. LIEUTENANT GÉNÉRAL N° 1. V. MARÉCHAL DE CAMP; id. N° 3. V. MARÉCHAL DE FRANCE N° 9. V. PHALANGE GRECQUE. V. RÉGIMENT. V. VÉGÈCE.

BIRON (Louis-Antoine), descendant du précédent, maréchal de France, colonel des gardes françaises, né en 1701, a laissé un manuscrit intitulé : *Traité de la guerre.* V. BOUILLON D'OS. V. GARDES FRANÇAISES. N° 2. V. GUERRE.

BIRON, aut. fr., médecin en chef d'armée et attaché aux Invalides. *Hygiène militaire,* insérée dans le journal de médecine. V. HABILLEMENT. V. HYGIÈNE. V. RECRUE. V. SERVICE DE SANTÉ.

BISACCIONI, aut. ital. V. CAPITAINE D'INFANTERIE FRANÇAISE DE LIGNE N° 2. V. CATALOGUE ALPHABÉTIQUE DES AUTEURS MILITAIRES. V. GÉNÉRAL D'ARMÉE. V. LÉON. V. TACTIQUE.

BISMARK (Frédéric-Guillaume, comte de), aut. all., général wurtembergeois, Carlsruhe, Stuttgard. *Le général d'armée suivant les exemples des anciens,* in-12, 1820. *Leçons sur la tactique de la cavalerie,* Berlin, in-8°, 1818, 1819, 1822; ouvrage traduit en français par SCHAUENBURG, 1821. *Les éléments des manœuvres d'un régiment de cavalerie,* in-8°, 1819. *Le service de la cavalerie en campagne,* Carlsruhe, in-8°, 1820; cet ouvrage et celui intitulé : *Général d'armée,* suivant le modèle des anciens, ont eu une seconde édition à Berlin en 1822. *Système de la cavalerie,* 1822; cet ouvrage a été traduit en anglais, en français, en polonais, en russe. *Instruction sur le service des tirailleurs à cheval,* in-8°, 1824, 1825. *Leçons ou idées sur la tactique de la cavalerie,* in-12, Carlsruhe, 5e édition, 1826, 1829. *Des forces militaires de l'empire russe, en l'année 1835, ou mon Voyage à Saint-Pétersbourg,* in-8°, traduit de l'allemand en 1836. Le comte de Bismark est Hanovrien et aide de camp du roi de Wurtemberg. Il a constitué, suivant le système qu'il professe, la cavalerie wurtembergoise. Quelques puissances d'un ordre secondaire ont adopté les bases de ce système, ainsi que le Danemark. M. de Bismark publie une bibliothèque du cavalier, dont il a paru par année un volume de 1825 à 1829. V. ART MILITAIRE DE TERRE. V. CABINET D'ARMES. V. CAVALERIE. V. CAVALERIE FRANÇAISE N° 7. V. CHEF D'ARMÉE. V. COSAQUE. V. DIVISION DE CAVALERIE. V. ÉCLAIREUR A CHEVAL. V. ESCADRON-COMPAGNIE. V. GÉNÉRAL D'ARMÉE. V. GRANDE MANŒUVRE. V. JOHNSTON. V. LUDLOW. V. MILICES ANCIENNES. V. MILICE DANOISE; id. N° 1, 5. V. MILICE HANOVRIENNE; id. N° 2. V. MILICE RUSSE; id. N° 2, 7. V. MILICE WURTEMBERGEOISE; id. N° 5. V. PIONNIER A CHEVAL. V. SCHAUENBURG. V. SERVICE DE CAMPAGNE. V. SERVICE DE CAVALERIE. V. STRATÉGIE. V. TACTIQUE DE CAVALERIE. V. TIRAILLEUR. V. TIRAILLEUR A CHEVAL.

BISSET, aut. angl. Londres. *Essai sur la théorie et la construction de la fortification,* 1751. V. FORTIFICATION.

BISSENGHEIM, aut. all. *Courte instruction à l'usage des canonniers,* 1677. V. ARTILLERIE.

BITAINVIEU, ou plutôt DUBREUIL (jésuite), car Bitainvieu est allonyme; aut. fr. Paris.

L'Art universel des fortifications, 1664, 1665, 1674, 1680. v. DUBREUIL. v. FORTIFICATION.

BITON, aut. lat. que quelques auteurs ont appelé BION. v. BION. v. CATALOGUE ALPHABÉTIQUE DES AUTEURS MILITAIRES. v. CATAPULTE. v. MACHINE. v. MILICE GRECQUE.

BLACAS, aut. fr. v. ART MILITAIRE DE TERRE. v. CATALOGUE ALPHABÉTIQUE DES AUTEURS MILITAIRES. v. GUERRE.

BLACK, aut. angl. *Treatise on light infantry and on the practice of the target, with a new mode of platoon exercise.* v. ÉCOLE DE PELOTON. v. INFANTERIE LÉGÈRE.

BLADEN, aut. angl. v. CÉSAR (51 av. J.-C.). v. HISTOIRE MILITAIRE.

BLAINVILLE, aut. fr. Paris. *Histoire de la musique*, in-4°, 1768. v. MUSIQUE MILITAIRE.

BLAIR, aut. angl. Londres. *L'Ami du soldat*, ou moyen de maintenir en santé les militaires appelés au service dans la crise présente, 1798. v. SANTÉ. v. SERVICE DE SANTÉ.

BLANCH (M. Luigi), aut. ital. Naples. *Discours*, ou plutôt *Traité sur la science militaire*, in-8°, 1834. C'est le recueil d'articles publiés dans le journal intitulé : *Progresso. Considérations sur la guerre d'Espagne, de 1808 à 1814.* C'est un résumé inséré dans le journal militaire napolitain, intitulé : *Antologia militare.* v. BAIONNETTE. v. GUERRE DE 1792. v. GUERRE D'ESPAGNE. v. SCIENCE MILITAIRE.

BLANCHARD, aut. fr. v. ARRIEN. v. CATALOGUE ALPHABÉTIQUE DES AUTEURS MILITAIRES. v. HISTOIRE MILITAIRE.

BLANCHARD, aut. fr. Paris. *Histoire des batailles, siéges, combats des Français, de 1792 à 1815.* 4 vol. in-8°, 1818. v. GUERRE DE 1792.

BLAND (Humphrey), aut. ou trad. angl. Bruxelles, la Haye, Londres. *Ordonnances militaires de Sa Majesté britannique*, ou *Discipline militaire*, 1701, 1706, 1711, 1727, 1734, 1740, 1762, 1771. C'est une traduction du réglement hollandais du roi Guillaume (1720, Amsterdam); il avait force de loi dans la milice anglaise. Il a été revu et publié depuis par Fawcett; il traite de la discipline, de la guerre, des honneurs, des peines, du service, des siéges et de la tactique. v. DISCIPLINE. v. FAWCETT. v. GUERRE. v. HONNEURS. v. HUMPHREY. v. MANŒUVRE. v. MILICE ANGLAISE. v. ORDONNANCE OFFICIELLE. v. PEINE. v. SERVICE. v. SIÉGE. v. TACTIQUE.

BLANKENBURG, aut. all. Leipzig (*V.* Catalogue alphabétique des auteurs militaires). Il a aussi composé : *Sages conseils aux jeunes officiers*, 1792. v. FRÉDÉRIC DEUX. v. HISTOIRE MILITAIRE. v. MAUVILLON. v. MILICE PRUSSIENNE. v. MIRABEAU. v. OFFICIER.

BLANQUI, aut. fr. et académicien. v. TRAVAUX MILITAIRES.

BLEIN, aut. fr. *Quelques idées sur l'organisation*, 1820. v. ARMÉE FRANÇAISE N° 2. v. GÉNIE IDIOPLIQUE N° 1. v. MARÉCHAL. v. MARÉCHAL DE FRANCE N° 10. v. ORGANISATION. v. RECRUTEMENT.

BLESSON (Louis), capitaine du génie au service de Prusse, aut. all. et l'un des collaborateurs de la *Bibliothèque portative de l'officier.* Berlin. *Expédition de Russie*, trad. de l'ouvrage de M. le colonel Chambray. 2 vol. in-8°, 1824. *Traité de fortification pour toutes les armes*, in-8°, 1825; 2 vol. in-8°, 1830. *Coup d'œil sur les fortifications*, in-8°, 1827. *Chansons militaires*, avec musique pour trois voix, 1827. *Histoire de la grande fortification*, in-12. v. ARME PERSONNELLE N° 3. v. AUTEUR MILITAIRE (1790, F). v. BIBLIOTHÈQUE MILITAIRE. v. CHAMBRAY. v. CHANT MILITAIRE. v. DECKER. v. FORTIFICATION. v. FORTIFICATION DE CAMPAGNE. v. MILICE PRUSSIENNE N° 7. v. MUSIQUE. v. SIÉGE.

BLOND. v. CATALOGUE ALPHABÉTIQUE DES AUTEURS MILITAIRES. v. LEBLOND.

BLONDEL (Jacques), aut. ou trad. fr. Anvers. *Chirurgie militaire, très-utile à tous ceux qui veulent suivre un régime en temps de guerre, pareillement à tous autres en conditions pestilente ou dyssentrique;* écrite en latin par Godin. In-8°, 1558. v. CHIRURGIE MILITAIRE. v. GODIN.

BLONDEL, aut. fr. et poëte estimé. La Haye. *Nouvelle manière de fortifier les places*, 1686, 1688, 1699. 1711, 1721, 1779; trad. en anglais, in-8°, 1688. *Art de jeter les bombes*, 1683, 1685, 1689, 1690, 1698, in-8° et in-12; trad. en allem. Sulzbach, in-8°, 1686. — Louis quatorze défendit la publication du premier de ces ouvrages avant l'achèvement des forteresses alors en construction suivant ce système. v. BALISTIQUE. v. BOMBE. v. FORTERESSE. v. FORTIFICATION. v. MILICE ROMAINE. v. MORTIER. v. PALISSADE.

BLONDEL (A.-L.), aut. fr., capitaine d'état-major. Paris. *Coup d'œil sur les devoirs et l'esprit militaires*, brochure in-8°, 1835. *Observations sur les tarifs de solde et les appointements des officiers*, in-8°, Paris, 1840. v. AIDE DE CAMP. v. APPOINTEMENTS. v. DEVOIR. v. DISCIPLINE. v. ESPRIT MILITAIRE. v. GRADE. v. OBÉISSANCE. v. PAYE. v. SOLDE. v. TARIF.

BLUM, aut. allem. Leipzig. *L'Artillerie* (*Buechsen-megsterey*), in-fol., 1534. v. ARTILLERIE.

BOCERUS, aut. all., l. lat. Tubingen. *De la guerre et du duel*, in-4°, 1615. v. DUEL. v. GUERRE.

BOCH, aut. all. Vienne. *Le Service du chasseur en campagne*, 2 vol. in-8°, 1779. *Le même*, où un auteur homonyme a traduit Archenholtz, 1789, 2 vol. in-12. RUMPF (1824, F) l'écrit : Bach. v. ARCHENHOLTZ. v. CHASSEUR. v. RUMPF.

BOCHART (Samuel), étymologiste. Leyde. Œuvres de..... 3 vol. in-fol. 1712. v. AILE DE TROUPE. v. DANSE. v. DISCOURS PRÉLIMINAIRE. v. ÉPÉE. v. GALÉAIRE. v. MORION. v. SAYON. v. SERVICE MILITAIRE. v. TARGE. v. VALET.

BOCHAT (Loys de), aut. suisse., lang. fr. *Mémoires pour et contre les services militaires*, 5 vol. in-8°, Lausanne. v. JURISPRUDENCE MILITAIRE. v. SERVICE MILITAIRE.

BODIN (Félix), aut. fr. *Etudes historiques et politiques sur les assemblées législatives*. v. FÉODALITÉ.

BOECKLER, ou BOEKLER, aut. all., l. lat. et allem. Francfort. *Fortification*, 1689; *Architecture militaire*, 1659, 1672; *Nouvelle école militaire*, 1661, 1668, 1673, 1674, 1684, in-8°. C'est un mélange confus à la suite duquel est un dictionnaire, ou plutôt un essai de nomenclature alphabétique en allemand et en français. v. ARCHITECTURE MILITAIRE. v. DICTIONNAIRE. v. FORTIFICATION.

BOECLER (Jean-Henri), aut. all. *Commentaires sur Polybe*, in-4°, 1666, 1670, 1681. v. POLYBE.

BOEHM (André), aut. all. Giessen et Cassel. *Magasin de l'artilleur et de l'ingénieur*, de 1777 à 1795. Ce recueil, nommé *Boehms-Magasin*, composé de 12 volumes in-8°, paraissait périodiquement, et contenait surtout des traités ou des traductions de traités relatifs à l'artillerie, au génie et à la topographie. Le premier volume renferme un essai de bibliothèque d'artillerie; on y trouve des traités de BELIDOR, Geuss, Kæstner, Hutton, Meister, Montalembert, Mueller, Robins. Le douzième volume, qui parut en 1795, est de Hauf. On doit aussi à Bœhm : *Instruction sur l'architecture militaire*. Francfort, in-4°, 1776. v. ARTILLERIE. v. ASTER. v. BELIDOR. v. BIBLIOTHÈQUE MILITAIRE. v. BORDA. v. GÉNIE. v. GEUSS. v. HAUF. v. HUTTON. v. INGÉNIEUR MILITAIRE. v. KÆSTNER. v. MEISTER. v. MONTALEMBERT. v. MUELLER (Lud.). v. ROBINS. v. TOPOGRAPHIE.

BOEHM (F.-W.-A.), aut. all. Berlin. *Livre de guerre de Fronsberg*, retouché par.... In-8°, 1819. v. FRONSBERG. v. GUERRE.

BOEMMER, aut. all., l. lat. Wittemberg. *Dissertation consacrée à l'examen des maladies à la guerre*, 1763. v. MALADIE.

BOESSIÈRE. v. LABOESSIÈRE.

BOHAN, aut. fr. v. ACADÉMIE MILITAIRE. v. ADMINISTRATION DE CORPS. v. ADMINISTRATION MILITAIRE. v. APLOMB. v. ATTAQUE DE LIGNE. v. BAIONNETTE DE FUSIL. v. BRONZER. v. CAMP DE VAUSSIEUX. v. CAMP D'INSTRUCTION. v. CASERNEMENT. v. CASQUE. v. CATALOGUE ALPHABÉTIQUE DES AUTEURS MILITAIRES. v. CAVALERIE. v. CAVALERIE FRANÇAISE N° 7. v. CHAPEAU. v. CHARGE D'INFANTERIE. v. CHÂTIMENT MILITAIRE. v. CHEVELURE. v. COIFFURE. v. COL D'ÉQUIPEMENT. v. COLONEL D'INFANTERIE FRANÇAISE. v. COLONNE DE TROUPES. v. COMBAT CONTRE CAVALERIE. v. COMPTABILITÉ. v. CONSCRIPTION. v. CONSEIL DE LA GUERRE N° 1. v. CONSTITUTION MILITAIRE. v. COUP DE PLAT DE SABRE. v. CUIRASSE. v. CUIRASSIER. v. DÉFILEMENT EN TIROIR. v. DÉPLOIEMENT. v. DÉPLOIEMENT CENTRAL. v. DÉSERTEUR. v. DÉSERTEUR A L'ÉTRANGER. v. DICTIONNAIRE. v. DIRECTION. v. DIVISION D'ARMÉE. v. DRAGON FRANÇAIS. v. DRAPEAU D'INFANTERIE FRANÇAISE DE LIGNE. v. ÉCOLE TACTIQUE. v. EFFET D'HABILLEMENT. v. ENCYCLOPÉDIE (1751, C). v. ENFANT TROUVÉ. v. ENSEIGNE. v. ÉQUITATION. v. ÉVOLUTION. v. EXERCICE. v. FORMATION CONSTITUTIVE. v. FUSIL D'INFANTERIE. v. GARNISON. v. GÉNÉRAL FRANÇAIS; id. N° 2. v. GRADE. v. GRADE D'OFFICIER. v. GRENADIER D'INFANTERIE FRANÇAISE N° 3. v. GROSSE CAVALERIE N° 2. v. GUERRE. v. GUERRE DE 1756. v. GUERRE DÉFENSIVE. v. GUERRE OFFENSIVE. v. GUIBERT (1773, E). v. HABIT. v. HAUTFUR TACTIQUE. v. HONNEURS. v. HOTEL DES INVALIDES. v. INFANTERIE N° 8. v. INSTRUCTION. v. INTERVALLE. v. INTERVALLE D'INFANTERIE. v. LEBLOND (1758, B). v. LÉGISLATION. v. LIEUTENANT GÉNÉRAL N° 3. v. LIGNE DE MIRE. v. MANIEMENT D'ARMES. v. MANŒUVRE. v. MARCHE D'ARMÉE. v. MARCHE TACTIQUE. v. MASSE COMPTABILIAIRE. v. MASSE D'ÉCONOMIE. v. MASSE RÉGIMENTAIRE. v. MÉLANGE D'ARMES. v. MESNIL (1780, K). v. MILICE PIÉMONTAISE. v. MILICE PRUSSIENNE. v. MINISTÈRE DE LA GUERRE. v. MINISTRE DE LA GUERRE N° 14; id. EN 1775, 1777. v. NOBLESSE. v. ORDONNANCE OFFICIELLE. v. ORDONNANCE D'EXERCICE D'INFANTERIE. v. ORDRE CENTRAL. v. ORDRE DE SAINT-LOUIS. v. ORDRE EN ÉCHELON. v. ORDRE MINCE. v. ORDRE OBLIQUE. v. ORDRE PROFOND. v. PANTALON. v. PAS CADENCÉ. v. PAS DE CHARGE. v. PAS DE FLANC. v. PAS OBLIQUE. v. PAS ORDINAIRE. v. PENSION DE RETRAITE. v. PIED D'ARMÉE. v. PORT D'ARMES. v. POSITION STRATÉGMATIQUE. v. PROMOTION. v. PUNITION. v. PUPILLE. v. RANG DE TAILLE. v. RÉCOMPENSE. v. RECRUTEMENT. v. RÉGIMENT. v. RÉGIMENT D'INFANTERIE FRANÇAISE. v. RÉGIMENT FRANÇAIS. v. RÈGLEMENT.

v. REVUE. v. SALLE DE DISCIPLINE. v. SECONDE LIGNE DE BATAILLE. v. SERVICE DE GARNISON. v. SOLDE. v. SOULIER. v. SUBORDINATION. v. TALONS HUMAINS. v. TENUE. v. TIR D'INFANTERIE.

Bohême (province). Bohémiens (peuple). v. BÉNÉFICE MILITAIRE. v. GUERRE DE 1741. v. MILICE AUTRICHIENNE Nº 2, 4, 11. v. MILICE RUSSE Nº 10. v. MUTILATION VOLONTAIRE. v. ORDRE DE L'AIGLE BLANC. v. PIQUE. v. SERF.

Boileau. v. DESPRÉAUX.

Boillot (Joseph), aut. all. et fr. Strasbourg. *Artifices pour l'attaque et la défense*, 1598, 1602. *Modèles artifices de feu*, etc. *Divers instruments de guerre*, Chaumont, in-4º, 1588; Strasbourg, 1693. v. ARTIFICE. v. ARTILLERIE IDIOPLIQUE. v. ATTAQUE DE PLACE. v. DÉFENSE DE PLACE. v. HABIT D'UNIFORME. v. MACHINE. v. MORTIER. v. PÉTARD. v. POUDRE A FEU.

Bois-Deffre, aut. fr. Paris. *Courtes réflexions sur les mémoires de Dumouriez*, 1794. *Principes de cavalerie*, 1788, 1790, 1803. v. CAVALERIE. v. DUMOURIEZ.

Bois-Minard. v. DAUZON.

Boisroger, aut. fr. v. ART DE LA GUERRE. v. ART MILITAIRE DE TERRE. v. ARTILLERIE IDIOPLIQUE. v. ATTAQUE DE CONVOI. v. BAIONNETTE DE FUSIL. v. BAS OFFICIER. v. CAMP. v. CAMP DÉSEMPARÉ. v. CAMP RETRANCHÉ. v. CATALOGUE ALPHABÉTIQUE DES AUTEURS MILITAIRES. v. CHAMP DE BATAILLE. v. CORPS D'ARMÉE. v. CORPS D'ÉTAT-MAJOR. v. DÉFENSE DE POSTE. v. DÉTACHEMENT DE GUERRE. v. DIVERSION POLÉMONOMIQUE. v. DIVISION D'ARMÉE. v. DRAGON FRANÇAIS Nº 3. v. ÉCOLE D'ÉTAT-MAJOR. v. ESPION. v. EXERCICE. v. FOURRAGE ARMÉ. v. GRAND'GARDE. v. GRAND'GARDE DE CAVALERIE. v. GROSSE CAVALERIE Nº 2. v. GUERRE. v. INSTRUCTION. v. INSTRUMENT DE MUSIQUE MILITAIRE. v. LÉGION DE LOUIS QUINZE. v. LEROI DE B... v. LIEUTENANT GÉNÉRAL. v. LIGNE FORTIFIÉE. v. MAJOR GÉNÉRAL. v. MANOEUVRE. v. MARCHE D'ARMÉE. v. MARÉCHAL DE CAMP. v. MARÉCHAL DES LOGIS D'ARMÉE; id. Nº 5. v. MOUVEMENT STRATÉGIQUE. v. MUSICIEN Nº 1. v. MUSIQUE. v. OBUS. v. OBUSIER. v. OFFICIER D'ORDONNANCE. v. OFFICIER FRANÇAIS. v. OFFICIER INFÉRIEUR. v. OPÉRATION DE GUERRE. v. PASSAGE DE RIVIÈRE. v. PATROUILLE. v. PIQUET EN CAMPAGNE. v. PLAN DE CAMPAGNE. v. POSTE D'HOMMES DE GARDE. v. POSTE D'HOMMES DE GARDE EN CAMPAGNE. v. POUDRE A FEU. v. QUARTIER. v. QUARTIER GÉNÉRAL. v. QUARTIERS DE GUERRE. v. REDAN. v. REDOUTE DE CAMP RETRANCHÉ. v. RÉSERVE DE BATAILLE. v. RETRAITE STRATEUMATIQUE. v. RETRANCHEMENT. v. SENTINELLE. v. SIGNAL STRATEUMATIQUE. v. SOLDAT. v. SOLDE. v. SUBORDINATION. v. SURPRISE DE PLACE. v. TACTIQUE. v. TERRAIN STRATÉGIQUE. v. TRANCHÉE.

Boissy, aut. fr. Paris. *Bonaparte en Egypte, ou expédition au Caire*, an sept. v. BONAPARTE. v. GUERRE DE 1792.

Boiste, aut. fr. *Dictionnaire universel de la langue française*, 1822, Paris, in-12 oblong. v. ANSPESSADE. v. ANTESTATURE. v. AVENTURIER. v. BIVAC. v. BOURRADE. v. BUGLE. v. CAMPEMENT. v. CIBLE. v. COMBAT A LA MAZZA. v. INSIGNE. v. LOCHOS. v. MAHEUTRE. v. MAMELOUCK. v. MARASME. v. MERLETTE. v. PANCRACE. v. PASTOUREAU. v. PAYEMENT. v. PROLONGE. v. TALUS. v. TOLPACHE.

Boitard, aut. fr. trad. de JUSTIN. v. JUSTIN.

Bolivar, célèbre général colombien. v. BARBE DE SAPEUR. v. MILICE COLOMBIENNE.

Bollstern, aut. all. Magdebourg. *La petite guerre, ou maximes de cavalerie et d'infanterie légère, de tirailleurs et de chasseurs*, 1798. v. CAVALERIE LÉGÈRE. v. CHASSEUR. v. INFANTERIE LÉGÈRE. v. PETITE GUERRE. v. TIRAILLEUR.

Bolton, aut. angl. *Remarques sur l'état actuel des armes à feu*, 1795. v. ARME A FEU.

Bombelles, aut. fr. v. APPEL DE POLICE. v. ART MILITAIRE DE TERRE. v. ASSEMBLÉE DE TROUPES. v. ATTAQUE DE LIGNE. v. BAS OFFICIER. v. BATTERIE DE CAISSE. v. BILLET D'APPEL DE POLICE. v. CAMP. v. CAMPEMENT TACTIQUE. v. CANNE D'OFFICIER. v. CAPITAINE D'HABILLEMENT. v. CASTRAMÉTATION. v. CATALOGUE ALPHABÉTIQUE DES AUTEURS MILITAIRES. v. CERCLE DE POLICE. v. CHAMBRÉE. v. CHAPEAU. v. COLONNE DE TROUPE. v. CONGÉ. v. CONGÉ DE SEMESTRE. v. COUP DE FUSIL. v. CORDEAU DE CAMPEMENT. v. CORPS EN ROUTE. v. COUVRE-PLATINE. v. DÉCAMPEMENT. v. DÉFILEMENT DE TROUPE. v. DÉPART DE CORPS. v. DESCENTE DE GARDE. v. DÉSERTEUR. v. DÉTACHEMENT DE GUERRE. v. DISCIPLINE. v. DISTANCE. v. DISTRIBUTION DE RATIONS. v. DOUBLEMENT. v. ÉTAPE. v. EMPRISONNEMENT. v. ÉVOLUTION. v. EXERCICE. v. EXERCICE A FEU. v. EXERCICE DE DÉTAIL. v. EXTINCTION DE FEUX. v. FEU DE CHAUSSÉE. v. FEU DE PELOTON. v. FEU DE QUATRE RANGS. v. FEU D'INFANTERIE. v. FEU EN AVANÇANT. v. FEU EN RETRAITE. v. FORTIFICATION. v. GARDE ARMÉE. v. GIBERNE. v. GITE. v. GOUJAT. v. GUIDE DE ROUTE. v. HABIT. v. HALLEBARDE. v. HALTE DE ROUTE. v. HONNEURS. v. INTERVALLE. v. JUSTAUCORPS. v. JUSTICE MILITAIRE. v. LÉGISLATION 1746 (1er MARS). v. LIEUTENANT-COLONEL D'INFANTERIE FRANÇAISE DE LIGNE. v. LOGEMENT DE MILITAIRES. v. LOGEMENT D'HABITATION. v. MAJOR-CAPITAINE. v. MAJOR-CAPITAINE Nº 4. v. MAJOR DE BRIGADE. v. MARAUDAGE. v. MARCHE DE NUIT. v. MARCHE EN BATAILLE. v. MARCHE-ROUTE. v. MINISTÈRE DE LA GUERRE. v. MOULINET. v. OFFICIER DE COMPAGNIE. v. OFFICIER DE GARDE. v. OFFICIER

D'INFANTERIE FRANÇAISE ; id. N° 5. V. ORDONNANCE D'EXERCICE. V. ORDONNANCE D'UNIFORME. V. ORDRE DE BATAILLE. V. ORDRE TACTIQUE. V. OUVERTURE DE PORTE. V. PARADE DE TROUPE. V. PARTI DE GUERRE. V. PAS CADENCÉ. V. PAS D'ÉCOLE. V. PAS OBLIQUE. V. PASSAGE DE DÉFILÉ. V. PATROUILLE. V. PEINE. V. PIERRE A FEU. V. PIQUET AU CAMP. V. PIQUET TACTIQUE. V. PLATINE DE FUSIL. V. POLICE. V. PORTE DE FORTERESSE. V. PORTE-ENSEIGNE. V. POSTE D'HOMMES DE GARDE. V. POSTE D'HOMMES DE GARDE EN CAMPAGNE. V. POSTE D'HOMMES DE GARDE EN GARNISON. V. POSTE PÉRIBOLOGIQUE. V. PRÊT. V. PROCÉDURE MILITAIRE. V. RANGS D'INFANTERIE. V. RANGS OUVERTS. V. RAPPORT. V. RECONNAISSANCE DE TROUPES ARRIVANTES. V. RECRUE. V. RÈGLEMENT. V. RETRAITE STRATEUMATIQUE. V. ROMPEMENT. V. ROMPEMENT EN BATAILLE. V. RONDE. V. SALUT. V. SENTENCE. V. SENTINELLE. V. SERGENT CHEF DE POSTE. V. SERGENT D'INFANTERIE FRANÇAISE DE LIGNE ; id. N° 10. V. SERVICE DE CAMPAGNE. V. SERVICE DE GARNISON. V. SERVICE DE SEMAINE. V. SERVICE JOURNALIER. V. SIGNAL TACTIQUE. V. SIGNALEMENT. V. SORTIE D'ASSIÉGÉS. V. SOUS-LIEUTENANT. V. SOUS-OFFICIER DE SEMAINE. V. TACTIQUE, subs. V. TAMBOUR-MAJOR. V. TAMPON DE FUSIL. V. TENTE. V. TIR D'INFANTERIE. V. TRANCHÉE. V. TRANSPORT. V. TRAVAILLEUR A LA TRANCHÉE. V. TROISIÈME CÉLEUSTIQUE.

BONAJUTI, aut. all. Francfort. *De la construction des forteresses*, 1621. V. FORTERESSE. V. FORTIFICATION.

BONAMY (le général), aut. fr. Paris. *Coup-d'œil rapide sur les opérations de la campagne de Naples.* Broch. in-8°, an huit. V. GUERRE DE 1792.

BONAPARTE (Napoléon [le général]), né en 1769 (15 août), entré à Brienne en 1779, à l'école militaire de Paris en 1783 ; lieutenant d'artillerie en 1785 (1er septembre), capitaine en 1792 (6 février), chef de bataillon en 1793 (19 octobre), général de brigade en 1794 (6 février), général de l'armée de l'intérieur en l'an trois (13 vendémiaire), général de division en 1795 (16 octobre), général en chef en 1796 (23 février). Premier consul en l'an huit (18 brumaire), 1799 (13 décembre), consul à vie le 2 août 1802, président de la république cisalpine en 1802, empereur l'an douze (28 floréal), 1804 (18 mai), sacré le 2 décembre, roi d'Italie en 1805 (26 mai). Son abdication est proclamée le 11 avril 1814. Le 20 mars 1815, il rentre à Paris, et reparaît pendant les cent jours. Seconde abdication en 1815 (21 juin). Transporté dans la même année à Sainte-Hélène ; mort en cette île le 5 mai 1821. — Il est considéré comme auteur véritable ou supposé du *Manuscrit de Sainte-Hélène*, 1817 ; comme interlocuteur du *Prisonnier de Sainte-Hélène*, 1820 : de *Napoléon en exil*, par O'Méara, 1822 ; des *Mémoires de M. Antomarchi*, 1824 ; des *Mémoires de MM. Gourgaud, Montholon*, 1823, etc. ; du *Précis des guerres de Jules César*, écrit sous sa dictée, à Sainte-Hélène, par son valet de chambre Marchand, in-8°, 1836. — On a attribué à Bonaparte, en outre du *Manuscrit de Sainte-Hélène* et du *Prisonnier de Sainte-Hélène* dont nous venons de parler, la collection intitulée *Correspondance inédite*, etc., 1819, Paris, 7 vol. in-8° ; *Œuvres de Napoléon Bonaparte*, 1821, 5 vol. in-8°, Paris. V. ACADÉMIE MILITAIRE. V. ACTION D'ÉCLAT. V. ADMINISTRATION D'ARMÉE. V. ADMINISTRATION DE LA GUERRE. V. ADMINISTRATION MILITAIRE. V. AFFAIRE DE POSTE. V. AIDE DE CAMP N° 2, 4. V. AIGLE. V. ALLEMAND. V. AMINCISSEMENT. V. ANTOMMARCHI. V. AMIRAL. V. ARCHER A CHEVAL. V. ARCOLE. V. ARME A FEU. V. ARME D'HONNEUR. V. ARME DE LANCIER. V. ARME NÉVROBALISTIQUE. V. ARMÉE. V. ARMÉE AGISSANTE N° 2. V. ARMÉE ALLIÉE. V. ARMÉE ASSIÉGEANTE. V. ARMÉE AUXILIAIRE. V. ARMÉE DE MER. V. ARMÉE FRANÇAISE N° 2, 3, 4, 5, 9. V. ARMÉE NATIONALE. V. ARMÉE PERMANENTE. V. ARMOIRIES. V. ARNAULT. V. ART DE LA GUERRE. V. ART MILITAIRE DE TERRE. V. ARTILLERIE. V. ARTILLERIE A PIED. V. ARTILLERIE A PIED DE LIGNE. V. ARTILLERIE D'ARMEMENT. V. ARTILLERIE DE CAMPAGNE. V. ARTILLERIE FRANÇAISE. V. ARTILLERIE IDIOPLIQUE. V. ARTILLEUR. V. ASSAUT DE CORPS DE PLACE. V. AUGMENTATION DE FORCE. V. AUSTERLITZ. V. AUTEUR MILITAIRE (1783, A). V. AUTEUR MILITAIRE (texte). V. AVANCEMENT AU GRADE D'OFFICIER. V. AVANT-GARDE STRATEUMATIQUE. V. AVENTURIER. V. BAGAGE. V. BAN ET ARRIÈRE-BAN. V. BATAILLE STRATEUMATIQUE. V. BATAILLON D'ARTILLERIE. V. BATAILLON D'INFANTERIE FRANÇAISE DE LIGNE N° 4. V. BATON DE MARÉCHAL. V. BATTERIE DE COTE. V. BÉNÉFICE MILITAIRE. V. BÉNÉFICIAIRE. V. BERTHIER. V. BICOQUE. V. BISCUIT. V. BLANC D'HABILLEMENT. V. BLIAUD. V. BOISSY. V. BOMBARDEMENT. V. BOULANGER MILITAIRE. V. BOULET ROUGE. V. BRIQUET. V. CABINET D'ARMES. V. CADENCE. V. CAMP DE VÉTÉRANS. V. CAMP RETRANCHÉ. V. CAMP ROMAIN. V. CAMPAGNE. V. CAMPEMENT. V. CAMPEMENT POLÉMONOMIQUE. V. CANON D'ARTILLERIE. V. CANON DE CAMPAGNE. V. CANON DE FUSIL. V. CANONNIER. V. CAPITAINE DE PREMIÈRE CLASSE. V. CAPITAINE D'INFANTERIE FRANÇAISE DE LIGNE N° 2, 4. V. CAPITULATION DE GUERRE. V. CAPITULATION DÉSHONORANTE. V. CARABINE. V. CARRÉ D'EGYPTE. V. CARRÉ TACTIQUE. V. CARRION (1823, D). V. CARTE BLANCHE. V. CARTE GÉOGRAPHIQUE. V. CATAPULTE. V. CATÉGORIE D'ARMÉE. V. CAVALERIE. V. CAVALERIE

DE LIGNE. V. CAVALERIE FRANÇAISE DE LIGNE N° 2, 4, 5. V. CAVALERIE GRAVE. V. CAVALERIE IRRÉGULIÈRE. V. CAVALERIE LÉGÈRE. V. CÉSAR (51 avant J.-C.). V. CHANGEMENT DE DIRECTION DU COTÉ DU GUIDE. V. CHANT MILITAIRE. V. CHARGE DE CAVALERIE. V. CHARGE DE SOLDAT. V. CHARROI. V. CHAS (1804). V. CHAROULON. V. CHEF DE BATAILLON D'INFANTERIE FRANÇAISE DE LIGNE N° 2. V. CHEVRON D'ANCIENNETÉ. V. CHICANE. V. CHIEN DE GUERRE. V. CHIFFRE STÉGANOGRAPHIQUE. V. CHIRURGIE MILITAIRE. V. CIRCONVALLATION. V. CLOCHE DE FORTERESSE. V. COALITION. V. COLONEL D'INFANTERIE FRANÇAISE DE LIGNE N° 1. V. COLONEL EN SECOND. V. COLONEL GÉNÉRAL. V. COLONEL GÉNÉRAL DE L'INFANTERIE FRANÇAISE DE LIGNE N° 1. V. COLONEL GÉNÉRAL DES SUISSES. V. COLONISATION. V. COLONNE PAR BATAILLON. V. COLONNE STRATEGMATIQUE. V. COLONNE SUBDIVISIONNAIRE. V. COMMANDANT DE PLACE ASSIÉGÉE. V. COMMANDEMENT HIÉRARCHIQUE. V. COMMISSION MILITAIRE. V. COMPAGNIE DE GRENADIERS N° 4. V. COMPAGNIE DE VOLTIGEURS D'INFANTERIE LÉGÈRE N° 4. V. COMPOSITION; id. tableau n° 2. V. CONGÉ DE SEMESTRE. V. CONGRÈS. V. CONQUÊTE. V. CONSCRIPTION. V. CONSEIL D'ÉTAT. V. CONSEIL POLÉMONOMIQUE. V. CONSTITUTION. V. CONTROLE SIGNALÉTIQUE. V. CORNET DE VOLTIGEURS. V. CORPS D'ARMÉE. V. CORPS DE RÉSERVE. V. CORPS D'ÉTAT-MAJOR. V. CORPS ÉTRANGER. V. CORPS PRIVILÉGIÉS. V. COSAQUE. V. COULEVRINE. V. COUP D'ARQUEBUSE. V. COUP DE CANON. V. COUP D'OEIL. V. CRÊPE. V. CRI D'ARMES. V. CROISADE DE 1248. V. CUIRASSE DE CAVALERIE. V. CUIRASSE DE SOIE. V. DÉBORDER. V. DÉCORATION DE LA LÉGION D'HONNEUR. V. DÉFENSE DE PLACE. V. DÉFILEMENT DE TROUPE. V. DÉFILEMENT EN TIROIR. V. DELIGNE (1780, A). V. DEMI-BRIGADE. V. DÉPLOIEMENT A REPOS. V. DÉPOT DE LA GUERRE. V. DESTITUTION. V. DISCIPLINE. V. DISCIPLINE FRANÇAISE. V. DIVISION D'ARMÉE. V. DIVISION D'ARTILLERIE. V. DIVISION D'ARTILLERIE A CHEVAL. V. DIVISION D'ARTILLERIE A PIED. V. DIVISION DE BATAILLON. V. DRAGON FRANÇAIS N° 1, 3, 6. V. DRAPEAU. V. DRAPEAU D'INFANTERIE FRANÇAISE DE LIGNE. V. DRESDE. V. DROMADAIRE. V. DUC N° 4. V. DUCHATEAU. V. DUFFY. V. DUMAS. V. DUMOURIEZ. V. ÉCHIQUIER. V. ÉCOLE DE MARS. V. ÉCOLE RÉGIMENTAIRE. V. EMPEREUR. V. EMPLOI. V. EN PANNE. V. ENTREPRISE. V. ÉPAULETTE DE LIEUTENANT-COLONEL. V. ÉPAULETTE DE MAJOR. V. ÉPAULETTE D'OFFICIER. V. ÉQUIPAGES D'ARTILLERIE. V. ESSLING. V. ÉTAT CIVIL. V. ÉTAT DE SIÉGE. V. ÉTAT DE SITUATION. V. ÉTAT-MAJOR D'ARMÉE N° 1, 2. V. ÉTENDARD. V. ÉTOILE DE LA LÉGION. V. ÉVOLUTION. V. EYLAU. V. FEMME A LA SUITE DES CORPS. V. FEMME D'ARMÉE. V. FÉODALITÉ. V. FEU DE DEUX RANGS. V. FEU DE RANGS. V. FEU D'INFANTERIE. V. FEU GRÉGEOIS. V. FIEF. V. FILE

DE BATAILLON. V. FLEUR DE LIS. V. FLEURY. V. FORCE ARMÉE. V. FORMATION EN BATAILLE. V. FORTERESSE. V. FORTIFICATION. V. FORTIFICATION DE CAMPAGNE. V. FOY. V. FRIEDLAND. V. FRONT DE BATAILLON. V. FUSIL A VENT. V. FUSIL DE DRAGON. V. FUSIL D'INFANTERIE. V. GARDE DE PARIS. V. GARDE DE PRINCE. V. GARDE NATIONALE. V. GARDE ROYALE N° 2. V. GARDES D'HONNEUR. V. GARDES WALLONES. V. GARNISON. V. GENDARMERIE DE POLICE N° 1, 2, 4. V. GÉNÉRAL D'ARMÉE N° 1, 5, 6, 7, 8, 9. V. GÉNÉRAL D'AVANT-GARDE. V. GÉNÉRAL DE DIVISION N° 4. V. GÉNÉRAL EN CHEF N° 2. V. GÉNÉRAL FRANÇAIS N° 1. V. GÉNÉRALISSIME. V. GÉOLOGIE. V. GOURGAUD (1815, 1827). V. GOUVERNEUR DE PLACE ASSIÉGÉE. V. GRADE D'OFFICIER. V. GRAND'GARDE. V. GRAND OFFICIER DE LA COURONNE. V. GRAND PRÉVOT. V. GRANDE TACTIQUE. V. GRATIFICATION. V. GUERRE. V. GUERRE DE 1655, — 1667, — 1756, — 1792. V. GUERRE DE MONTAGNE. V. GUERRE DE SIÉGE. V. GUERRE DÉFENSIVE. V. GUERRE D'INVASION. V. GUERRE MÉTHODIQUE. V. GUERRE OFFENSIVE. V. GUIDE D'ARMÉE. V. GUIDE D'ÉTAT-MAJOR. V. HABILLEMENT. V. HARNACHEMENT. V. HAUSSE-COL. V. HAUTE PAYE PÉCUNIAIRE. V. HAVRE-SAC. V. HÉRAUT D'ARMES N° 4. V. HISTOIRE MILITAIRE. V. HISTORIQUE MILITAIRE. V. IÉNA. V. INFANTERIE FRANÇAISE N° 1, 2, 8. V. INFANTERIE FRANCO-ÉTRANGÈRE. V. INFANTERIE FRANCO-SUISSE N° 4. V. INSIGNE. V. INSPECTEUR-GÉNÉRAL. V. INSURRECTION HONGROISE. V. INTENDANT GÉNÉRAL. V. INVALIDE. V. INVERSION. V. JOMINI (1811, E; 1819, B; 1827, I). V. JOURNAL MILITAIRE (1790, F). V. JURISPRUDENCE MILITAIRE. V. JUSTICE MILITAIRE. V. KAUSLER (1827). V. KERALIO (1757, F). V. LABAUME. V. LANCE A MAIN. V. LANCIER. V. LAS-CAZES. V. LÉGISLATION. V. LEIPZIG. V. LIEBENSTEIN. V. LIEUTENANT-COLONEL D'INFANTERIE N° 1. V. LIEUTENANT GÉNÉRAL N° 1, 4. V. LIGNE D'OPÉRATIONS. V. LUTZEN. V. MAINGARNAUD (1827, A). V. MAISON DU ROI N° 1. V. MAJOR. V. MAJOR EN SECOND. V. MAJOR GÉNÉRAL. V. MAJOR LIEUTENANT-COLONEL. V. MAMELOUCK N° 5. V. MANOEUVRE. V. MANOEUVRE DE FLANC. V. MANTOUE. V. MARBOT (1820, A). V. MARCHAND (noms propres). V. MARCHE D'ARMÉE. V. MARCHE DE BRIGADE D'INFANTERIE EN BATAILLE. V. MARCHE DE FLANC. V. MARCHE-ROUTE. V. MARÉCHAL DE CAMP N° 2. V. MARÉCHAL DE FRANCE N° 2, 3, 4, 10. V. MARENGO. V. MARQUIS. V. MAURICE DE SAXE (1757, A). V. MÉLANGE D'ARMES. V. MÉTROBATE. V. MILICE. V. MILICE ANGLAISE N° 2, 6, 8, 9. V. MILICE AUTRICHIENNE N° 2, 6, 7. V. MILICE CARTHAGINOISE. V. MILICE HOLLANDAISE. V. MILICE NAPOLITAINE N° 1, 2. V. MILICE PIÉMONTAISE. V. MILICE POLONAISE; id. N° 1. V. MILICE PORTUGAISE; id. N° 5. V. MILICE PRUSSIENNE; id. N° 6, 7, 8. V. MILICE ROMAINE N° 2. V. MILICE

RUSSE, N° 1, 2, 3. V. MILICE SUÉDOISE N° 1. V. MILICE SUISSE N° 3. V. MILICE TURQUE N° 1, 6. V. MILICE WURTEMBERGEOISE N° 1. V. MILICES ITALIENNES. V. MILITAIRE, subs. V. MINISTÈRE DE LA GUERRE. V. MINISTRE DE LA GUERRE N° 3, 5, 13, 14, 15; id. année 1780, en l'an sept (14 messidor, 50 fructidor); 1807 (9 août), 1814 (5 avril). V. MONTHOLON. V. MORTIER A LA VILLANTROYS. V. MOSCOW. V. MOT. V. MOUSTACHE. V. MOUVEMENTS STRATÉGIQUES. V. MUSIQUE. V. NAPOLÉON. V. NOBLESSE. V. NORVINS. V. OBUSIER. V. OFFENSIVE. V. OFFICIER D'ARTILLERIE; id. N° 3. V. OFFICIER D'ÉTAT-MAJOR GÉNÉRAL. V. OFFICIER FRANÇAIS N° 7, 11, 14. V. OFFICIER D'ORDONNANCE. V. O'MEARA. V. ORDONNANCE OFFICIELLE. V. ORDONNANCE TACTIQUE. V. ORDONNANCE D'EXERCICE D'INFANTERIE. V. ORDRE DU JOUR. V. ORDRE DE BATAILLE. V. ORDRE DE LA TOISON D'OR. V. ORDRE EN CARRÉ. V. ORDRE MINCE. V. ORDRE OBLIQUE, V. ORDRE OFFENSIF. V. ORDRE TACTIQUE. V. ORIFLAMME. V. PAGE. V. PAIN DE MUNITION. V. PAIX DE 1762, DE 1802 (25 mars), DE 1807. V. PAL. V. PANNE. V. PARADE GÉNÉRALE. V. PARTISAN. V. PAS ACCÉLÉRÉ. V. PAS ORDINAIRE. V. PASSAGE DE RIVIÈRE. V. PAYE. V. PENSION DE RETRAITE. V. PIC-BOYAU. V. PIÈCE D'ARTILLERIE. V. PIED D'ARMÉE. V. PILLAGE. V. PIONNIER. V. PLAN DE CAMPAGNE. V. PONT DE CAMPAGNE. V. PORTE-DRAPEAU N° 1. V. POSITION STRATEUMATIQUE. V. POUDRE A FEU. V. POUDRERIE. V. PREMIER COMMIS. V. PRISONNIER DE GUERRE. V. PUPILLE N° 1, 2. V. RANGS D'INFANTERIE. V. RÉCOMPENSE. V. RECRUTEMENT. V. RÉGIMENT D'ARTILLERIE N° 5. V. RÉGIMENT FRANÇAIS N° 2. V. RÉGIMENT FRANCO-ÉTRANGER. V. RÉGIMENT FRANCO-SUISSE. V. RÉMUNÉRATION. V. RÉSERVE DE BATAILLE. V. RETRAITE STRATEUMATIQUE. V. REVERONI (1826). V. REVERS D'HABIT. V. RIVOLI. V. ROGNIAT (1816, B). V. ROMPEMENT EN BATAILLE. V. SÉGUR (Philippe), 1826. V. SERGENT D'INFANTERIE FRANÇAISE DE LIGNE N° 11. V. SERMENT. V. SERVICE CONSCRIPTIF. V. SERVICE DE CAMPAGNE. V. SIÉGE. V. SIÉGE DÉFENSIF. V. SIÉGE OFFENSIF. V. SMOLENSK. V. SOLDAT. V. STRATÉGIE. V. SUBORDINATION. V. SUBSISTANCE. V. SURPRISE DE PLACE. V. TACTIQUE, subs. V. TAILLE DE MILITAIRE. V. TAMBOUR IDIOPLIQUE D'INFANTERIE FRANÇAISE N° 5. V. TAMBOUR INSTRUMENTAL D'INFANTERIE FRANÇAISE. V. TENTE. V. TÊTE DE PONT. V. THÉÂTRE DE GUERRE. V. THÉORIE. V. TIRAILLEUR. V. TISSOT. V. TOUR DE FORTIFICATION. V. TRAIN. V. TRAVAUX DE CAMPAGNE. V. TRAVAUX MILITAIRES. V. TROISIÈME RANG D'INFANTERIE. V. WAGRAM. V. WATELR-SCOTT. V. WATERLOO.

BONAPARTE (Louis-Napoléon), fils de l'ex-roi de Hollande, aut. fr., capitaine d'artillerie suisse; t. fr. *Manuel d'Artillerie, à l'usage des officiers d'Artillerie de la République Helvétique*, in-8°, 1836; ouvrage en partie calqué sur les traités publiés par M. LAMY 1826, par M. RAVICHIO, etc. Suivant quelques opinions, le savant officier suisse DUFOUR aurait coopéré à la rédaction de ce manuel. S'il n'en a pas été collaborateur, du moins son aide-mémoire et son mémorial ont été mis à contribution en ce qui concerne la fortification passagère. Il en est question dans le *Spectateur militaire* (t. XXI, p. 286). V. AFFUT. V. ARME A VAPEUR. V. ARTIFICE. V. ARTILLERIE. V. ARTILLERIE DE CAMPAGNE. V. ARTILLERIE DE SIÉGE V. ATTAQUE DE PLACE. V. BALISTIQUE. V. BOUCHE A FEU. V. DÉFENSE DE PLACE. V. DIVISION D'ARMÉE. V. DUFOUR. V. FUSÉE DE GUERRE. V. JUSTICE MILITAIRE. V. MILICE SUISSE. V. MORTIER. V. OBUSIER. V. POUDRE A FEU. V. PROJECTILE. V. SCHRAPNELL. V. SIÉGE. V. TIR.

BONBRA, aut. all., l. lat. STRAUBING. *L'Art de la guerre et de la paix, ou manière de faire la guerre avec succès et la paix avec solidité*, 1655. V. ART DE LA GUERRE. V. GUERRE. V. PAIX.

BONGARS (Jacques) né en 1546, aut. fr., *Gesta Dei per Francos*, ou recueil des croisades; Hanau, 1611. V. CROISADE.

BONGARS (Jacques, chevalier de), lieutenant de roi à l'école militaire, aut. fr. V. AUTEUR MILITAIRE (1772, B). V. CATALOGUE ALPHABÉTIQUE DES AUTEURS MILITAIRES. V. VÉGÈCE (590, A).

BONIÈRES (Carlos), aut. esp. Sarragosse. *Art militaire*, in-fol., 1644. V. ART MILITAIRE.

BONJOUAN DE LA VARENNE, chef de bataillon, aut. fr.; Paris, *Mémorial de l'officier d'État-major, en Campagne*, in-8°, 1833. V. ARTIFICE. V. ATTAQUE DE CONVOI. V. BAGAGES D'ARMÉE AGISSANTE. V. BIVAC. V. BLANCHISSEUSE. V. CAMP. V. CAMPEMENT. V. CONSIGNE EN CAMPAGNE. V. CONTRIBUTION DE GUERRE. V. CONVOI MILITAIRE V. CORPS D'ÉTAT-MAJOR. V. CORPS D'INTENDANCE. V. DÉCOUVERTE. V. DÉFENSE DE POSTE. V. DÉPOT DE DÉSERTEURS. V. DÉTACHEMENT DE GUERRE. V. DISTRIBUTION DE RATIONS. V. ESPION. V. ÉTAT-MAJOR D'ARMÉE. V. ÉTAT-MAJOR D'ARTILLERIE. V. FORTIFICATION DE CAMPAGNE. V. FOURRAGE ARMÉ. V. GARDE EN CAMPAGNE. V. GENDARMERIE DE POLICE, N° 5. V. MOT. V. OFFICIER D'ÉTAT-MAJOR GÉNÉRAL. V. ORDONNANCE IDIOPLIQUE. V. ORDRE DE BATAILLE. V. ORGANISATION. V. PARTI. V. PARTI DE GUERRE. V. PAYEUR. V. PIQUET EN CAMPAGNE. V. PONT DE CAMPAGNE. V. POSITION STRATEUMATIQUE. V. POSTE D'HOMMES DE GARDE EN CAMPAGNE. V. QUARTIER GÉNÉRAL. V. RECONNAISSANCE EN CAMPAGNE. V. RONDE. V. SAUVEGARDE. V. SERVICE D'ÉTAT-MAJOR. V. SERVICE EN CAMPAGNE. V. VAGUEMESTRE. V. VISITE D'HOPITAL. V. VIVANDIER.

BONN, ville d'Allemagne (siége de... 1689).

v. BOULET ROUGE. v. PÉTARD CATABALISTIQUE.

BONNARD (Camille), aut. fr., Paris. *Costumes français des treizième, quatorzième et quinzième siècles.* 1 vol. petit in-folio, 1829. v. ARMURE. v. COSTUME MILITAIRE. v. MORION.

BONNEVILLE, aut. fr. v. ART MILITAIRE DE TERRE. v. AUMONIER DE CORPS. v. BELAIR. v. BIBLIOTHÈQUE DE CORPS. v. CATALOGUE ALPHABÉTIQUE DES AUTEURS MILITAIRES. v. COMPOSITION. v. DÉPLOIEMENT. v. ÉVOLUTION. v. INSPECTEUR GÉNÉRAL N° 5. v. MANOEUVRE. v. MAURICE DE SAXE (1757, A). v. MUSIQUE. v. PLASTRON. v. RADEAU. v. RÉSERVE DE BATAILLE. v. REVUE D'INSPECTEUR GÉNÉRAL. v. TACTIQUE.

BONNIVET (l'amiral). v. AMIRAL. v. COMBAT SINGULIER. v. GUERRE. v. LIEUTENANT DE ROI N° 1. v. MUSIQUE. v. SALADE A VISIÈRE.

BONNOR, ou, suivant Roquefort, BONNET (Honoré, prieur de), aut. fr. v. ART MILITAIRE DE TERRE. v. BATAILLE. v. BATAILLE TACTIQUE. v. BLESSÉ. v. BUTIN. v. CAPITAINE. v. CATALOGUE ALPHABÉTIQUE DES AUTEURS MILITAIRES. v. CHEVALERIE. v. COMPAGNIE. v. DROIT DE LA GUERRE. v. DUC; id. N° 2. v. ECCLÉSIASTIQUE. v. ÉCHELLER. v. FÉODALITÉ. v. FRONTIN. v. GAGE DE BATAILLE. v. GÉNÉRAL subs. v. JURISPRUDENCE MILITAIRE. v. JUSTICE MILITAIRE. v. MARÉCHAL DE L'OST. v. MONTRE ADMINISTRATIVE. v. OFFICIER N° 2. v. PAYE. v. PHILIPPE DE CLÈVES. v. SOLDAT. v. TACTIQUE. v. VALÈRE. v. VÉGÈCE.

BONTEMPS (F.), aut. fr. Paris. *Recherches sur la solde des troupes et la valeur comparative de cette solde à différentes époques.* Broch. in-8°, 1818. *Chronographie, ou Description des temps.* Paris, 1838, gr. in-fol. v. ARCHER A CHEVAL. v. ARTILLERIE IDIOPLIQUE. v. AUTEUR MILITAIRE (70, A). v. BACON. v. BANNERET N° 4. v. BÉLIER OFFENSIF. v. BOUCLIER. v. CANON D'ARTILLERIE. v. CARTOUCHE A BALLE. v. CHAR A FAUX. v. CHEVALIER DU MOYEN AGE N° 5. v. COLONEL D'INFANTERIE FRANÇAISE DE LIGNE N° 1. v. COUTILLIER. v. CROISADE DE 1096, — 1147, — 1202, — 1270. v. ÉCUYER DE SUITE N° 2. v. FEU GRÉGEOIS. v. FLÈCHE PROJECTILE. v. FRANC ARCHER. v. FUSIL A VENT. v. FRONDE. v. GENDARME DU MOYEN AGE N° 5. v. HISTOIRE. v. HOMÈRE. v. LÉGISLATION (v° siècle). v. MILICE ANGLAISE N° 5. v. MILICE ÉGYPTIENNE N° 1. v. MOYEN AGE. v. NOMS PROPRES (au mot *Postumius*). v. PAGE DE LANCE FOURNIE. v. PAYE. v. PIQUIER. v. POUDRE A FEU. v. QUINTE-CURCE. v. REDINGOTTE. v. SERVICE FÉODAL. v. SOLDE. v. SUBSISTANCE. v. SUIDAS. v. TAMBOUR IDIOPLIQUE D'INFANTERIE FRANÇAISE N° 5. v. TAMBOUR INSTRUMENTAL. v. TAMBOUR-MAJOR N° 2. v. TOURNOI.

BONVICINO, aut. fr. Padoue. *Traité mo-*

thématique mentionnant la fortification, etc., 1665. v. FORTIFICATION. v. MATHÉMATIQUES.

BORATH, aut. suédois. Stockholm. *La Palestre suédoise, ou l'Art des armes,* in-fol. 1693. v. ESCRIME.

BORDA (le chevalier de), aut. fr., capitaine de marine fr. Francfort. *Des Courbes que décrivent les bombes et les boulets,* traité compris dans le recueil de Boehm. 1769. v. BALISTIQUE. v. BOEHM. v. BOMBE.

BORDEAUX, ville de France. v. BOURDON. v. DUEL. v. EFFET D'HABILLEMENT. v. ÉPÉE. v. FÉODALITÉ. v. LANCE A MAIN.

BORDINO, aut. piém. *Fabrication et usage du fusil d'infanterie.* 1820. v. FUSIL D'INFANTERIE.

BOREL, aut. fr. v. CATALOGUE ALPHABÉTIQUE DES AUTEURS MILITAIRES. v. MANIEMENT D'ARMES.

BOREL (Pierre), aut. fr. et étymologiste. Paris. *Dictionnaire des termes du vieux français, ou Trésor de recherches et antiquités gauloises et françaises,* 1650, 1655, 1665, 1750, in-fol. Roquefort relève plusieurs erreurs qui lui sont échappées. v. ABOIS. v. ACINACE. v. ACQUÉRAUX. v. ALLUMELLE. v. AMORCE. v. ANCONE. v. ANIME. v. ARBALÈTE. v. ARC. v. ARCANGELET. v. ARIGOT. v. ARMÉE. v. ARMOIRIES. v. ARMURE. v. ARQUEBUSE. v. ARRIÈRE-BAN. v. ARROY. v. ARTILLIER. v. AS-HEAUME. v. ASSIÉGÉ. v. AUTEUR MILITAIRE (texte). v. BACELE. v. BAILLE. v. BANNIÈRE DE FRANCE. v. BARBUTE. v. BARON N° 1. v. BARRICADE. v. BASTON. v. BATTRE LA CAISSE. v. BAUDRIER. v. BEDAINE. v. BEFFROI. v. BERCHE. v. BERSAULT. v. BIDAU. v. BIVAC. v. BLIAUD. v. BLOCKHAUS. v. BONCON. v. BOUHOURDER. v. BOULE. v. BOULTEIS. v. BRANC. v. BRAQUEMART. v. BRETELLE. v. BRICOLE. v. BRIGANDINE. v. BRIGANT. v. BRUGNE. v. BRUNIE. v. CAMP. v. CAMOUFLET. v. CAPE. v. CAPELLINE. v. CAPUCHON. v. CARNON. v. CARQUOIS. v. CARREAU. v. CASAQUE D'ARMES. v. CASQUE. v. CATAPULTE. v. CATEIE. v. CATTUS. v. CHAGRINER. v. CHAPERON DE COIFFURE. v. CHAR DE GUERRE. v. CIMETERRE. v. CLIDE. v. CLOCHE INSTRUMENTALE. v. COCARDE. v. COMBAT. v. COMTE N° 2. v. COR DE CHEVALIER. v. CORNETTE ROYALE. v. COTEREAU. v. COTEREL. v. COTTE D'ARMES. v. COUIN. v. COUVRE-FEU. v. CRAMOISI. v. CRANEQUIN. v. CRÉANCE. v. CRÉNEAU. v. CROMORNE. v. CULOTTE. v. DAGUE. v. DARD A MAIN. v. DESTRIER. v. DICTIONNAIRE. v. ÉCHELLE TACTIQUE. v. ÉCHELLER. v. EMBAUCHAGE. v. EMPRISE. v. ENHERDURE. v. ENTOISER. v. ÉPÉE. v. ESPINADE. v. ESPINGARDE. v. ESCADRON. v. ESCARMOUCHE. v. ESCRIME. v. ESTRAMAÇON. v. ÉTAPE. v. ÉTENDARD. v. ÉVAGINER. v. FAUCRE. v. FAUSSE BRAIE. v. FLÈCHE PROJECTILE. v. FLUTE. v. FRAMÉE. v. FRONDE. v. GAMBESON. v. GARDE

NATIONALE. V. GARGOUSSE. V. GAUCHE. V. GÉNÉRAL D'ARMÉE. V. GENETTE. V. GENTILHOMME. V. GÈSE. V. GLAIVE. V. GONFALON. V. GORGERIN DE CASQUE. V. GOUJAT. V. GRAND MAITRE DE L'ARTILLERIE. V. GRENADE. V. GUÉRITE. V. GUÊTRE. V. GUIGE. V. HALLEBARDE. V. HALTE. V. HAMPE. V. HARCELER. V. HARNACHEMENT A LA GENETTE. V. HARNOIS. V. HARPE. V. HASTE. V. HAUBERT. V. HAUNET. V. HAVET. V. HEAUME. V. HÉRAUT. V. HERSE. V. HEUSE. V. HOPITAL MILITAIRE. V. HOQUETON. V. HOST. V. HOUR. V. HOUSSE. V. HUGUE. V. ISSIR. V. JALET. V. JAQUE. V. JASERAN. V. JAVELOT. V. JOUTE. V. LAISCHES. V. LAMBEL. V. LAMBREQUIN. V. LANGUE ROMANE. V. LAQUAIS. V. LIT DE CORPS DE GARDE. V. MACHICOULIS. V. MANGONNEAU. V. MANIEMENT D'ARMES. V. MARÉCHAL. V. MARÉCHAUSSÉE. V. MARQUIS. V. MARRON. V. MASQUE. V. MASSE D'ARMES. V. MASSUE. V. MATRAS. V. MÉDECIN. V. MEGEDUX. V. MEZAIL. V. MIRMILONIUM. V. MISÉRICORDE. V. MOINEAU. V. MONET. V. MOREL. V. MOUSTACHE. V. MOUSQUET. V. MUÈTE. V. MYRE. V. NAGAIRE. V. NASAL. V. NICOT. V. OBSIDION. V. ORIFLAMME. V. OST. V. OTAGE. V. PAGE. V. PAIR DE FRANCE. V. PALEFRENIER. V. PALEFROI. V. PALETOT. V. PALISSADE. V. PANON. V. PARAPET. V. PARC. V. PASSEVOLANT D'ARTILLERIE. V. PAUMOYER, verb. act. V. PAVESADE. V. PAVOIS. V. PENNON. V. PERRIER. V. PETAU. V. PETIT, adj. V. PÉTRINAL. V. PIERRE A FEU. V. PIONNIER. V. PIQUE. V. PIQUIER. V. PLOMBÉE. V. POIGNARD. V. PONT-LEVIS. V. QUACHEOR. V. QUINTANE. V. RANÇON. V. RAPIÈRE. V. RAVELIN. V. REITRE. V. RIBAUD. V. RIBAUDEQUIN. V. RONDELLE. V. RONDELLIER. V. ROQUEFORT. V. ROUSSIN. V. ROUTIER. V. RUSTRE. V. SACHER. V. SAETTE. V. SALADE. V. SAMBUE. V. SARISSE. V. SAYON. V. SEIGNEUR. V. SÉNÉCHAL. V. SERF. V. SERGENT. V. SOLDAT. V. SOLDE. V. SOLDURIER. V. SOLERET. V. SPARE. V. STRADIOT. V. SURCOT. V. TABAR. V. TAILLEVAS. V. TAMBOUR. V. TAMBOUR IDIOPLIQUE. V. TARGE. V. TAUDIS. V. TENCE. V. TERMULON. V. THEUMIELLE. V. TOURNOI. V. TRABAN. V. TRAIT PROJECTILE. V. TRÉBUCHET. V. TRIMACRÉSIE. V. TROIE. V. WACE.

BOREL, libraire à Naples. *Catalogue de livres militaires français et italiens, avec un supplément*, 1818. V. BIBLIOTHÈQUE MILITAIRE.

BOREL (Roh.), aut. all. Grafenhag et la Haye. *Enseignement sur l'exercice de la pique et du mousquet*, 1675. V. MOUSQUET. V. PIQUE.

BOREUX, aut. all., t. all. Leipzig. *Art de la guerre à l'usage des commençants*, in-8°, 1816. V. ART DE LA GUERRE.

BOREUX, aut. fr. Dresde. *Moyen d'augmenter considérablement l'effet des armes à feu. — Méthode de faire passer les fleuves à une troupe sans ponts, radeaux, ni bateaux*, in-8°, 1779. V. ARME A FEU. V. PASSAGE DE RIVIÈRE.

BORGIA (César), prince romain, bâtard du pape Alexandre six. V. CITADELLE. V. COMPAGNIE D'ORDONNANCE. V. CROISADE DE 1500. V. ECCLÉSIASTIQUE. V. FORTIFICATION. V. TAMBOUR INSTRUMENTAL. V. TIMBALE.

BORGO, aut. ital. Venise. *Analyse et essai raisonné de la fortification et défense des places*, 1777. V. DÉFENSE DE PLACE. V. FORTIFICATION.

BORGSDORF, aut. all. Ulm. *La Forteresse inexpugnable*, in-8°. — *Inventions pour faire brèche au moyen des mines*, Nuremberg, 1686. — *Le plus sûr boulevard d'un Etat, ou défense des places contre l'artillerie, les mines, etc.* Nuremberg, 1686, 1687. — *Essai sur la fortification*, Vienne, 1700, traduit en russe, in-fol. Moskou, 1709. — *Le triomphe de la fortification moderne*, Vienne, 1705. V. ARTILLERIE. V. BRÈCHE OFFENSIVE. V. DÉFENSE DE PLACE. V. FORTERESSE. V. FORTIFICATION. V. MINE.

BORIE, aut. fr. Paris. *Sur le recrutement et les hôpitaux militaires en France*, in-8, 1822. V. HOPITAL MILITAIRE. V. RECRUTEMENT.

BORKENSTEIN, aut. all. Berlin. *Essai sur la science théorique et pratique de l'artillerie*, traduit par M. Terquem (*Mémorial d'artillerie*, 1826). V. ARTILLERIE. V. CARTOUCHE A BALLES. V. POUDRE A FEU. V. TERQUEM.

BORMANN. V. MAX.

BORMANN (Charles), aut., capitaine d'artil. *Considérations et expériences sur le tir des obus à balles*, in-8, Paris, 1836. V. OBUS. V. OBUS A BALLES. V. TIR D'OBUS.

BOSRÉDON RANSYAT, aut. fr. Paris. *Journal et blocus de Malte*, du 16 fructidor an 6 au 22 fructidor an 8, in-8, 1 vol. an neuf. V. GUERRE DE 1792. V. MALTE.

BOSSI, aut. ital. Anvers. *Petit traité relatif à quelques inventions propres à renforcer le tir de l'arquebuse et des mousquets*, in-8°. V. ARQUEBUSE. V. MOUSQUET.

BOTTE, V. BOTTÉE.

BOTIDOUX, aut. fr. V. CATALOGUE ALPHABÉTIQUE DES AUTEURS MILITAIRES. V. CÉSAR (51 avant J.-C.). V. DEIST. V. HISTOIRE MILITAIRE.

BOTTA (Charles), mort en 1837, aut. ital., t. ital. *Histoire de la guerre de l'indépendance des Etats-Unis d'Amérique.* Cet ouvrage est traduit en français par Sevelinges, 2 vol. in-8°, Paris. Il a publié en t. fr. *Histoire d'Italie de 1789 à 1814*, 5 vol. in-8°, Paris, 1824 ; le même en italien, 4 vol. in-4°, 1824. V. GUERRE DE 1775. V. GUERRE DE 1792. V. HISTOIRE MILITAIRE. V. ITALIE. V. SEVELINGES.

Botté, aut. fr., collaborateur de Riffaut. Ils ont composé : *Traité de l'art de fabriquer la poudre à canon*, 1811, traduit en all. par Wolff. in-8°, Berlin, 1816. v. poudre a canon. v. Riffaut. v. Wolff.

Botté, aut. fr. v. ampoulette. v. bas officier. v. bataillon en croix. v. bataillon géométrique. v. catalogue alphabétique des auteurs militaires. v. compagnie de grenadiers n° 4. v. contre-marche phalangique. v. défiler. v. drapeau. v. escarmouche. v. évolution. v. exercice d'infanterie. v. feu d'infanterie. v. grenade a main. v. grenadière d'équipement. v. guerre de montagne. v. guerre offensive. v. guerilla. v. guide général. v. guide de route. v. hache de campagne. v. infanterie. v. infanterie française. v. intervalle. v. investissement. v. marche d'armée. v. marche de brigade d'infanterie en bataille. v. marche en bataille. v. mousquet. v. munitions. v. offensive. v. ordonnance d'exercice d'infanterie. v. ordre oblique. v. ordre profond. v. pique. v. poudre a feu. v. rangs d'infanterie. v. rangs ouverts. v. retraite strateumatique. v. sabre. v. subdivision tactique.

Bouchaud, aut. fr. v. arme de jet. v. Arrien (110, A). v. balistique. v. catalogue alphabétique des auteurs militaires. v. cavalerie. v. clise. v. tactique. v. décurie grecque. v. école tactique v. ecpérispasme. v. éléphant. v. Élien (70, A). v. embolon. v. épixénage. v. fronde. v. guerre de 1756. v. hécatontarchie. v. ile équestre. v. intervalle. v. lochague. v. mérarchie. v. milice grecque ; id. n° 5. v. officier français n° 14. v. ordonnance tactique. v. ordre profond. v. pentacosiarchie. v. pephlegmenon. v. phalange amphistome. v. phalange grecque. v. polémarque. v. psilite. v. rangs d'infanterie. v. sarisse. v. signal. v. stratégie. v. styphe. v. syntagme. v. systase. v. systrème. v. tactique. v. taxiarchie. v. taxiarque. v. terrain individuel. v. tétrarchie.

Bouchel (Laurent), aut. fr. *Bibliothèque ou Trésor du droit français*, Paris, 1671, 3 vol. in-fol. v. arrière-ban. v. baron. v. extraordinaire des guerres. v. infanterie française n° 5. v. morte-paye. v. noblesse. v. noms propres. v. ordinaire des guerres. v. paye. v. service féodal. v. trésorier.

Bouchotte, ministre. v. armée révolutionnaire. v. ministre en 1792 (10 août), 1793 (4 avril).

Boufflers. v. Bouflers.

Bouflers ou Boufflers (maréchal de). v. art militaire de terre. v. Boufflers. v. brèche de courtine. v. carte blanche. v. catalogue alphabétique des auteurs militaires. v. connétable. v. guerre de 1688. v. infanterie française. v. Malplaquet.

Boufflers (le marquis de). v. chevelure militaire. v. ecclésiastique.

Bougeant (le P.), aut. fr. Paris. *Histoire des guerres et des négociations qui précédèrent le traité de Westphalie*, 6 vol. in-12, 1751. v. guerre de 1635. v. paix de 1648.

Bougie, ville d'Afrique, ancienne capitale des Vandales. v. chien de guerre. v. guerre de 1833. v. Vandale.

Bouhours (le père), aut. fr. Paris. *Doutes sur la langue française*, in-12, 1674. *Nouvelles remarques sur la langue française*, in-4° et in-12, 1675. v. devise. v. langue française.

Bouillé (le comte de), aut. fr. Londres. *Mémoires sur la Révolution française*, 2 vol. in-8°, 1798, traduit en all. à Hambourg, 1798. v. guerre de 1775. v. guerre de 1792. v. guerre de la Vendée. v. législation. v. ministre de la guerre en 1761. v. noblesse.

Boulainvilliers, aut. fr. Londres. *Histoire de l'ancien gouvernement de France. Etat de la France, extrait des Mémoires dressés par les intendants. Recherches sur l'ancienne noblesse de France. Histoire de France jusqu'à Charles huit. Mémoires historiques. Lettres sur le parlement. Essais sur la noblesse. Supplément aux Essais.* 3 vol. in-fol. 1728. Ce vieux gentilhomme était un érudit systématique et passionné ; il croyait à l'astrologie ; il avait prédit à Voltaire qu'il mourrait à trente-deux ans. Il s'est fait dans ses écrits le champion de la féodalité et l'apologiste des conquérants. Il place le bonheur des rois et des peuples dans l'assujettissement à une aristocratie féodale. v. arrière-fief. v. aventurier. v. baron. v. chevalerie fieffée. v. écuyer. v. féodalité. v. grand maitre des arbalétriers. v. leude. v. noblesse. v. paye.

Boullier, aut. fr. Paris. *Histoire des divers corps de la maison militaire des rois de France*, in-8°, 1818. v. bec de corbin. v. compagnie de gentilshommes. v. garde royale. v. gardes françaises. v. maison militaire.

Boulogne, ville. v. armée de mer. v. armée expéditionnaire. v. camp de Boulogne. v. fusée de guerre. v. guerre de 1701, — 1792. v. lieutenant général n° 1. v. pupille n° 2, 5. v. tournoi. v. travaux militaires.

Bouquet (don, le bénédictin), né en 1685, mort en 1754, aut. fr. Paris. Ecrivain considéré ici comme rédacteur du recueil des historiens des Gaules et de la France, quoique, depuis lui, plusieurs savants aient mis la main à cette grande collection, dont la moitié à peine a vu le jour. 15 vol. in-fol., 1758. v. EGINHARDT. v. HISTOIRE MILITAIRE.

BOURBON. v. ILE B...

BOURBON (Jacques de, connétable en 1361). v. AVENTURIER. v. LANSQUENET.

BOURBON (le connétable de), mort en 1537. v. AVANT-GARDE STRATEUMATIQUE. v. ÉTENDARD GÉNÉRAL.

BOURCET, aut. fr. Paris. *Mémoires historiques sur la guerre que les Français ont soutenue en Allemagne, de 1757 à 1762, 5 vol. in-8°, 1792. Mémoires militaires sur les frontières de France, de l'embouchure du Var au lac de Genève, 1801. Mémoire (non imprimé) sur les reconnaissances militaires*, attribué à Bourcet et donné en extrait au *Journal des Sciences militaires*, 1827, 19ᵉ livraison. v. FRONTIÈRES. v. GUERRE DE 1756. v. POSITION STRATEUMATIQUE. v. RECONNAISSANCE DE TERRAIN.

BOURCIER DE MONTUREUX, aut. fr. Paris. *Instruction pour mon fils aîné qui prend le parti de la guerre*, 1740. v. INSTRUCTION.

BOURDEILLES, aut. fr. v. BRANTOME. v. CATALOGUE ALPHABÉTIQUE DES AUTEURS MILITAIRES. v. GUERRE.

BOURDELOT (Jean), aut. fr. *Dictionnaire étymologique de la langue française*, manuscrit petit in-fol. v. LANGUE FRANÇAISE.

BOURDET, aut. fr. Tournay. *Attaque et défense des places*, 1720. v. ATTAQUE DE PLACE. v. DÉFENSE DE PLACE.

BOURDIN (le père, jésuite), aut. fr. Paris. *Architecture et perspective militaire*, 1655, 2 vol. in-8°. v. ARCHITECTURE MILITAIRE. v. FORTIFICATION.

BOURDON DE SIGRAIS, aut. fr. v. CATALOGUE ALPHABÉTIQUE DES AUTEURS MILITAIRES. v. COIN TACTIQUE. v. COMMANDEMENT INSTRUMENTAL. v. COMMANDEMENT VOCAL. v. VÉGÈCE (390, A). v. SIGRAIS.

BOURGELAT, aut. fr. v. CATALOGUE ALPHABÉTIQUE DES AUTEURS MILITAIRES. v. MILICE PROVINCIALE.

BOURGEOIS, aut. fr. Paris. *Tableau de la campagne de Moskou*, in-8°, 1814. v. GUERRE DE 1792.

BOURGES, ville (siége de), en 1412. v. ARMOIRIES. v. AVANCEMENT. v. BARON N° 1. v. BOMBARDE. v. CAPELLINE. v. CAVALIER DE TRANCHÉE. v. CHEVALIER DU MOYEN AGE. v. DUEL. v. ÉCOLE D'ARTILLERIE. v. FÉODALITÉ. v. FORTERESSE. v. JAQUE. v. PASTOUREAU. v. REMPART DE FORTERESSE. v. SIÉGE OFFENSIF. v. SORTIE D'ASSIÉGÉS.

BOURGOGNE (duché de). v. BOURGUIGNOTE.

v. COCARDE. v. COMPAGNIE D'ORDONNANCE N° 3. v. CHEF D'ESCADRE. v. CROISADE DE 1147. v. DUC N° 1. v. ÉCORCHEUR. v. ÉTENDARD. v. EXERCICE TACTIQUE. v. FOURRIER D'INFANTERIE FRANÇAISE DE LIGNE N° 1. v. GENDARME DU MOYEN AGE N° 2, 3. v. GUERRE DE 1792. v. HEAUME. v. INFANTERIE N° 1. v. LANCE FOURNIE. v. LANGUE FRANÇAISE. v. LÉGISLATION. v. LIEUTENANT GÉNÉRAL N° 1. v. LIMAÇON. v. MAIRE DU PALAIS. v. MAISON DU ROI N° 1. v. MARÉCHAL DE CAMP N° 2, 6. v. MARÉCHAL DE FRANCE N° 2. v. MILICE AUTRICHIENNE N° 1. v. MILICE ESPAGNOLE N° 2. v. MILICE HOLLANDAISE N° 5. v. ORDONNANCE D'UNIFORME. v. ORDRE DE BATAILLE D'INFANTERIE. v. POTEAU D'ESCRIME. v. SERF. v. SIÉGE. v. TACTIQUE. v. TARD-VENUS. v. TRAVAUX MILITAIRES.

BOURGUIGNON (Bourguignons), ou BOURGONSIONS. Peuple vandale qui, du temps de Clovis, régnait sur le territoire qui s'étend de Langres à Avignon, à Genève, aux sources de la Seine. v. ARCHER A PIED. v. ARMAGNAC. v. ARME A FEU PORTATIVE. v. AVENTURIER. v. BASTILLE FIXE. v. BOMBARDE. v. BOULET EN PIERRE. v. CARRÉ TACTIQUE. v. CASAQUE D'ARMES. v. CHANT MILITAIRE. v. CHEVELURE. v. COMPAGNIE D'ORDONNANCE N° 6. v. CIRCONVALLATION. v. CONSCRIPTION. v. DRAPEAU D'INFANTERIE FRANÇAISE DE LIGNE. v. ÉVOLUTION. v. FEMME D'ARMÉE. v. FÉODALITÉ. v. GENDARMERIE DE LUNÉVILLE. v. GUERRE. v. HEAUME. v. JUGEMENT DE DIEU. v. LANGUE CELTIQUE. v. LANGUE FRANÇAISE. v. MILICE BELGE. v. MILICE DES PAYS-BAS. v. MILICE FRANÇAISE N° 1, 2, 7. v. NOBLESSE. v. ORIFLAMME. v. PAL. v. SALADE. v. SALADE DE CAVALERIE. v. SERPENTINE. v. SOLDAT. v. TACTIQUE.

BOURJOT. v. ADJUDANT D'INFANTERIE FRANÇAISE DE LIGNE N° 16. v. ADJUDANT-MAJOR D'INFANTERIE FRANÇAISE DE LIGNE N° 10. v. CATALOGUE ALPHABÉTIQUE DES AUTEURS MILITAIRES. v. OFFICIER D'INFANTERIE FRANÇAISE. v. PORTE-DRAPEAU. v. SOUS-OFFICIER D'INFANTERIE.

BOURMONT (général et maréchal, comte de). v. ENTREPRISE. v. GUERRE DE 1830. v. LÉGION D'HONNEUR. v. LÉGISLATION 1831 (11 avril). v. MINISTÈRE DE LA GUERRE. v. MINISTRE DE LA GUERRE EN 1829 (8 août), 1830 (18 novembre). v. ORDRE DE SAINT-LOUIS.

BOURN, aut. angl. Londres. *L'art de tirer la grosse artillerie*, 1587, 1597 ; 1643, in-4°. v. ARTILLERIE. v. BALISTIQUE. v. GROSSE ARTILLERIE. v. PORTÉE D'ARTILLERIE. v. TIR D'ARTILLERIE.

BOURRIENNE, ministre d'Etat, aut. fr. Paris. *Mémoires de, etc. sur Napoléon*, etc. 10 vol. in-8°, 1829. v. GUERRE DE 1792. v. NAPOLÉON.

BOURSCHEID, aut. all. v. AUTEUR MILITAIRE

(introd.). v. BIBLIOTHÈQUE MILITAIRE. v. CATALOGUE ALPHABÉTIQUE DES AUTEURS MILITAIRES. v. CAVALERIE. v. LÉON (900, A). v. LOGISTIQUE. v. OUVRAGE DE LITTÉRATURE. v. STRATÉGIE. v. TACTIQUE. v. XÉNOPHON (370 avant J.-C.).

BOUSMARD, aut. fr. au service de Prusse, ingénieur émigré en 1793 et tué le 5 mai 1807 en défendant Dantzig. *Projets sur la construction des casernes*, 1789 (février et avril), resté en manuscrit. *Essai général de fortification, d'attaque et de défense des places*, Berlin, 1797, 1799; Paris, 1814, 2e édit., 4 vol. in-4°, et un atlas in-fol.; 1857, 4 vol. in-8°. *Mémorial de Cormontaingne*, Berlin, 1805; traduit du français par Kausman et par WENZEL, 5 vol. in-8°, Hof et Berlin, 1806, 1822, 5e édit. en 1858. v. ATTAQUE DE PLACE. v. CASERNE. v. CORMONTAINGNE. v. DÉFENSE DE PLACE. v. FORTERESSE. v. FORTIFICATION. v. GARNISON. v. KAUSMAN. v. PÉTARD CATABALISTIQUE. v. WENZEL.

BOUSSANELLE (Louis de), aut. fr. Paris. *Commentaires sur la cavalerie*, 1758, in-12. *Observations militaires*, 1758, 1761, in-8°, 1774. *Réflexions militaires*, 1761, 1764, in-12. *Le bon militaire*, 1764, 1770, in-8°. *Principes élémentaires de tactique, ou Nouvelles observations sur l'art militaire*, 1778. *Aux soldats*, in-8°, 1770; 1786, grand in-8°. Ce sont des déclamations entremêlées de compilations et de citations de pédagogue. v. ART MILITAIRE DE TERRE. v. CAVALERIE. v. DÉSERTION. v. DUEL. v. EMBOLON. v. EXERCICE. v. MILICE PIÉMONTAISE; id. n° 5. v. SOLDAT. v. SUBORDINATION. v. TACTIQUE.

BOUTHILLIER, aut. fr. Paris; membre du comité militaire de l'assemblée constituante. Il a composé: *Plan de constitution militaire*, 1 vol. in-8°, 1790. On lui doit un rapport sur la discipline, lu à la séance du 14 septembre 1790. v. ARME PERSONNELLE. v. CONSCRIPTION. v. CONSTITUTION MILITAIRE. v. DISCIPLINE MILITAIRE. v. GÉNIE IDIOPLIQUE N° 1. v. MINEUR FRANÇAIS. v. PENSION DE RETRAITE. v. RÉCOMPENSE.

BOUVIER, aut. fr., ingénieur en chef. *De l'emploi des troupes pour l'exécution des travaux d'utilité publique*, Paris, 1833. v. TRAVAUX MILITAIRES.

BOUVINES, ou BOVINES, en Flandres, département du Nord (bataille de), gagnée par Philippe Auguste contre l'empereur Othon, le 25, ou 26, ou 27 juillet 1214, car les AUTEURS y donnent des dates différentes. v. AIGLE. v. ANGON A MAIN. v. ARBALÈTE. v. ARMURE. v. ARMURE DE MAILLES. v. ART MILITAIRE DE TERRE. v. BANNERET N° 2. v. BANNIÈRE DE FRANCE. v. BATAILLE STRATEUMATIQUE.

v. BATAILLON CARRÉ. v. BATAILLON ROND. v. BOVINES. v. CARROUZE. v. CAVALERIE FRANÇAISE N° 7. v. CAVALERIE LÉGÈRE. v. CHANT MILITAIRE. v. CHEVAL BARDÉ. v. CHEVALIER DU MOYEN AGE N° 2. v. CIMIER. v. CLIENT. v. COMMANDEMENT TÉLÉGRAPHIQUE. v. CONNÉTABLE N° 1. v. COUTEAU D'ARMES. v. DAGUE. v. ECCLÉSIASTIQUE. v. ÉCUYER FIEFFÉ. v. ENFANT PERDU. v. ÉTENDARD ROYAL. v. FRANC ARCHER. v. FRONDE. v. GENDARME DU MOYEN AGE N° 6, 7. v. HEAUME. v. INFANTERIE N° 1. v. INFANTERIE COMMUNALE; id. n° 4. v. MÉLANGE D'ARMES. v. OTHON. v. ORIFLAMME. v. PANACHE. v. PENNON ROYAL. v. PHILIPPE AUGUSTE. v. PIQUE. v. RANGS DE CAVALERIE. v. RIBAUD. v. RIGORD. v. SERGENT D'ARMES. v. SIGNAL TACTIQUE.

BOVINES. v. BOUVINES.

BOXEL, aut. all. v. CATALOGUE ALPHABÉTIQUE DES AUTEURS MILITAIRES. v. EXERCICE. v. MILICE HOLLANDAISE; id. n° 5. v. MOUSQUET. v. PIQUE.

BOYER, aut. angl. Londres. *Dessins des tours de fortification les plus remarquables d'Europe, avec une introduction à l'architecture militaire*, 1701. v. ARCHITECTURE. v. FORTIFICATION. v. TOUR DE FORTIFICATION.

BOYLE (Roger), aut. angl. Londres. *Traité sur l'art de la guerre*, 1677. v. ART DE LA GUERRE.

BOZZOLINO (Ignacio-Andrea), aut. piém., l. ital. Turin. *De l'architecture militaire, de l'attaque et de la défense des places*, in-8°, 1779. v. ARCHITECTURE MILITAIRE. v. ATTAQUE DE PLACE. v. DÉFENSE DE PLACE.

BRABANT. v. BRABANÇONS. v. GUERRE DE 1667, DE 1741. v. SOLDAT.

BRACK (F. de), aut. fr., colonel de cavalerie. Paris. *Avant-postes de cavalerie légère*, in-18, 1832. *De la tactique des trois armes*, traduit de l'allemand. *Collection de manuels à l'usage des sous-officiers et brigadiers, arithmétique, géométrie, lever des plans, fortifications*, Paris, in-18. v. AVANT-POSTE. v. CAVALERIE LÉGÈRE. v. DECKER. v. FORTIFICATION. v. LEVER. v. MILICE BRÉSILIENNE. v. TACTIQUE.

BRADDOCK (John), aut. angl. Londres. *Mémoire sur la poudre à canon*, 1832. v. POUDRE A CANON. v. POUDRE A FEU.

BRÆNDEL, aut. all. Munich. *La balistique, ou application de la théorie de la parabole au jet de la bombe*, in-8°, 1820. v. BALISTIQUE. v. BOMBE.

BRAMBILLA, aut. all. Vienne. *Règlement pour les chirurgiens d'armée de la milice autrichienne*, 1794. *Instruction pour les professeurs de l'académie militaire chirurgicale d'Autriche*. v. CHIRURGIE. v. CHIRURGIEN D'ARMÉE. v. MILICE AUTRICHIENNE.

Brancaccio, aut. ital. Venise. *Nouvelle discipline et véritable art militaire*, 1582, 1585, 1685 ; traduit en espagnol et en latin, sous le titre *De la chose militaire*, etc., Anvers, 1610. *Les charges et préceptes militaires*, Anvers, in-4°, 1617 ; Venise, 1641 ; traduit en espagnol par Scavino. v. ART MILITAIRE DE TERRE. V. ASSAUT OFFENSIF. V. CAMPEMENT. V. CHOSE MILITAIRE. V. DISCIPLINE. V. ORDRE DE BATAILLE. V. ROHAN (1729, A). V. SCAVINO. V. SIÉGE.

Brand, aut. all. Francfort. *Le canonnier instruit*, in-8°, 1713. Cet ouvrage anonyme est présenté comme la traduction de Saint-Julien, mais c'est un plagiat de Mieth. v. ARTILLERIE. V. MIETH. V. SAINT-JULIEN.

Brandebourg (province de). v. CONSCRIPTION. V. FEU D'INFANTERIE. V. GRENADE. V. GUERRE DE 1672. V. MILICE PRUSSIENNE N° 1, 2, 8.

Brandenstein (de), aut. all. Gotha. *L'art de la guerre d'après les nouvelles expériences*, in-8°, 1824. V. ART DE LA GUERRE.

Brandes, aut. all. Hanovre. *Traité des règles et des principes militaires empruntés des dernières campagnes, et éclairés par les exemples des anciens*, in-8°, 1774. V. ART DE LA GUERRE. V. GUERRE.

Brandt (Henri von), aut. all., capitaine prussien, Berlin. *Sur la réorganisation des dragons, constitués en troupes propres à combattre à pied et à cheval*, in-8°, 1823. *Sur l'Espagne, considérée sous le point de vue militaire en cas de guerre*, in-8°, 1823. *Considérations sur l'art de la guerre moderne et sur les meilleurs écrits anciens et nouveaux, et notamment sur les mémoires de Napoléon*, in-8°, 1829. *Manuel pour l'instruction relative à la grande tactique*, in-8°, 1829. *Principes de tactique des trois armes*, 6 vol., dans la *Bibliothèque portative de l'officier*, 1833. V. ART DE LA GUERRE. V. BATAILLE STRATEUMATIQUE. V. CAMP RETRANCHÉ. V. DRAGON FRANÇAIS. V. ESPAGNE. V. GÉNÉRAL D'ARMÉE. V. GRANDE TACTIQUE. V. GUERRE. V. GUERRE DE 1792. V. GUERRE DE MONTAGNES. V. MARCHE D'ARMÉE. V. MILICES ÉTRANGÈRES. V. NAPOLÉON. V. ROGNIAT. V. TACTIQUE.

Brandt, aut. all. *Le parfait artilleur*, 1713, 1733. V. ARTILLERIE. V BOMBE.

Brantome, ou Bourdeilles (Pierre de), aut. fr. V. ACTION DE GUERRE. V. AFFRONTER. V. ALFIER. V. ALLEMAND. V. ANSPESSADE. V. APERTISE D'ARMES. V. ARBALÈTE A JALON. V. ARBALÈTE DE PASSE. V. ARMET. V. ARMURE. V. ARQUEBUSE A CROC. V. ARQUEBUSE A SERPENTIN. V. ARQUEBUSIER A CHEVAL. V. ART MILITAIRE DE TERRE. V. ASSAILLIR. V. ASSENER. V. AUTEUR MILITAIRE (texte). V. AVANCEMENT. V. AVOIR

CHARGE. V. AVENTURIER. V. BALLE D'ARQUEBUSE A MAIN. V. BANDE AGRÉGATIVE. V. BANDE NOIRE. V. BARBE. V. BASTION. V. BATAILLE. V. BATAILLE STRATEUMATIQUE. V. BATAILLON D'INFANTERIE FRANÇAISE N° 3. V. BATTRE LA CAISSE. V. BÉNÉFICE MILITAIRE. V. BISOGNE. V. BOUCLIER. V. BOURGUIGNOTE. V. BRIGANT. V. BUFFLE DÉFENSIF. V. CABINET D'ARMES. V. CADÈNE. V. CAMISADE. V. CAMP. V. CAMP D'INSTRUCTION. V. CAMP RETRANCHÉ. V. CAMPAGNE. V. CANON D'ARTILLERIE. V. CANONNIÈRE DE REMPART. V. CAPE. V. CAPITAINE D'INFANTERIE FRANÇAISE DE LIGNE N° 1. V. CAPITAINE ENTRETENU. V. CAPITULATION DE SIÉGE. V. CAPORAL D'INFANTERIE FRANÇAISE N° 2. V. CASAQUE D'ARMES. V. CASQUE. V. CASTELAN. V. CATALOGUE ALPHABÉTIQUE DES AUTEURS MILITAIRES. V. CAVALERIE LÉGÈRE. V. CÉSAR (51 avant J.-C.). V. CHANT MILITAIRE. V. CHARROI MILITAIRE. V. CHATEAU. V. CHEVALIER DE JUSTICE. V. CHEVALIER DU MOYEN AGE N° 3. V. CHEVAU-LÉGER. V. COELEMBOLON. V. COLLIER DE CHEVALIER. V. COLONEL D'INFANTERIE FRANÇAISE DE LIGNE N° 1, 2. V. COLONEL GÉNÉRAL D'INFANTERIE N° 3, 5. V. COMBAT A LA BARRIÈRE. V. COMBAT A LA MAZZA. V. COMBAT CHEVALERESQUE. V. COMBAT SINGULIER. V. COMBAT STRATEUMATIQUE. V. COMMISSAIRE DES GUERRES N° 2, 6. V. COMPAGNIE COLONELLE. V. COMPAGNIE D'INFANTERIE FRANÇAISE DE LIGNE N° 1. V. COMPAGNIE D'ORDONNANCE N° 3. V. CONNÉTABLE N° 2. V. CORSECQUE. V. CORVÉE. V. COTTE D'ARMES. V. COUP FOURRÉ. V. COURIR LA BAGUE. V. CUIRASSE. V. DÉGRADATION JUDIDIQUE. V. DRAPEAU. V. DRAPEAU BLANC. V. DUEL. V. ÉCHELONNEMENT. V. ÉCUYER. V. EMPLOYÉ MILITAIRE. V. ENFANT PERDU. V. ENROLEMENT. V. ENSEIGNE D'ÉQUIPEMENT. V. ÉPIEU. V. ESCARMOUCHE. V. ESCOPÉTERIE. V. ESCRIME. V. ESTAFIER. V. ESTOC. V. ÉTENDARD. V. ÉTENDARD GÉNÉRAL. V. ÉTENDARD ROYAL. V. FACTION. V. FACTIONNAIRE. V. FASCINE. V. FEMME D'ARMÉE. V. FORT, subs. masc. V. FORTIFICATION. V. FOUGASSE. V. FOURNIMENT. V. GARDE ROYALE N° 2. V. GARDES DU CORPS N° 3. V. GARDES FRANÇAISES N° 1. V. GENDARME DU MOYEN AGE N° 3. V. GENDARMERIE. V. GENDARMERIE DU MOYEN AGE. V. GÉNÉRAL, subs. V. GÉNÉRAL D'ARMÉE N° 1, 5. V. GENÉTAIRE. V. GENETTE. V. GORGERIN DE CASQUE. V. GOUJAT. V. GOUVERNEUR. V. GRADE. V. GRAND PRÉVOT DE L'HOTEL. V. GRÈVE. V. GUERRE. V. GUERRE DE 1792. V. GUIDON AGRÉGATIF. V. GUIDON D'ÉQUIPEMENT. V. GUIDON IDIOPLIQUE. V. HALLEBARDE. V. HARNACHEMENT A LA GENETTE. V. HAUT-DE-CHAUSSE. V. HISTOIRE MILITAIRE. V. HURTE. V. INFANTERIE N° 3, 5. V. INFANTERIE FRANÇAISE N° 2, 10. V. INFANTERIE LÉGÈRE N° 1. V. JAQUE. V. JAQUE DE MAILLE. V. LANGEY (1535, A). V. LANSQUENET. V. LAQUAIS. V. LIEUTENANT DE ROI ; id. N° 1 et 2. V. LIEUTENANT GÉNÉRAL N° 1. V. MA-

CHIAVEL (1510, A). v. MAITRE D'ARMES. v. MARÉCHAL DE CAMP N° 6. v. MARÉCHAL DE FRANCE N° 10. v. MARTEAU D'ARMES. v. MASSE D'ARMES. v. MASSUE. v. MÉDECINE MILITAIRE. v. MESTRE DE CAMP ; id. N° 2, 3, 4, 5. v. MESTRE DE CAMP GÉNÉRAL. v. MILICE ESPAGNOLE ; id. N° 4, 6, 7, 8, 9. v. MINISTRE DE LA GUERRE N° 1. v. MONTLUC (1592, B). v. MONTRE ADMINISTRATIVE. v. MORION. v. MORTE-PAYE. v. MOUSQUET. v. MOUSQUETAIRE. v. MOUSQUETAIRE A PIED ; id. N° 4. v. MUSIQUE. v. NOBLESSE. v. OFFICIER N° 2. v. OFFICIER DE FORTUNE. v. ORDONNANCE OFFICIELLE. v. ORDRE DE CHEVALERIE. v. ORDRE DE LA TOISON. v. ORDRE DU SAINT-ESPRIT. v. OST. v. PAGE, subs. masc. v. PANTALON. v. PARC. v. PASSAGE DE DÉFILÉ EN RETRAITE. v. PASSAGE DE LIGNES. v. PAVANE. v. PAYE. v. PENNON. v. PENSION DE RETRAITE. v. PÉTRINAL. v. PILLAGE. v. PIONNIER. v. PISTOLET. v. PISTOLIER. v. PLUMET. v. PORTE-ENSEIGNE. v. QUADRILLE. v. RANÇON. v. RAVELIN. v. RECRUE. v. RECRUTEMENT. v. RÉGIMENT. v. REITRE. v. RENCONTRE DE GUERRE. v. RÉSERVE DE BATAILLE. v. RETRAITE. v. REVUE. v. ROBE. v. ROI DES RIBAUDS. v. RONDELLE. v. SALADE. v. SALADE A VISIÈRE. v. SAPE. v. SAYON. v. SECRETTE. v. SEIGNEUR. v. SALLE D'ARMES. v. SERGENT DE BATAILLE. v. SERGENT MILITAIRE. v. SOLDAT. v. SORTIE D'ASSIÉGÉS. v. SOUS-LIEUTENANT ; id. N° 1. v. STRADIOT. v. SUPPLICE. v. TABOURIN. v. TAMBOUR INSTRUMENTAL. v. TAMBOUR INSTRUMENTAL D'INFANTERIE FRANÇAISE. v. TERZE. v. TIMBALE. v. TORRION. v. TRANCHÉE. v. TRANSCORPORATION.

BRASSIER, trad. fr. de HECKER, 1803. v. HECKER.

BRAUN, ou BRAUNIUS, aut. all., l. lat. Dantzig, Amsterdam, Paris. *Nouveaux principes d'artillerie*, 1682, 1687, in-fol. *Règles de l'attaque et de la défense des places*, 1762. v. ARTILLERIE. v. ATTAQUE DE PLACE. v. DÉFENSE DE PLACE. v. MOULIN PORTATIF. v. OBUSIER.

BRECHTEL, aut. all., Nuremberg. *Artillerie et artifices*, 1591, 1599, 1613, in-8°. v. ARTIFICE. v. ARTILLERIE.

BRÉDA, ville de Hollande. v. BOMBARDEMENT. v. DEHORS. v. GLACIS. v. PAIX DE BRÉDA. v. SIÉGE OFFENSIF.

BREEN, aut. fr. v. CAPITAINE. v. CATALOGUE ALPHABÉTIQUE DES AUTEURS MILITAIRES. v. COMMANDEUR. v. ÉPÉE. v. ESCRIME. v. MANIEMENT D'ARMES. v. PIQUE. v. RONDELLE. v. TACTIQUE. v. TARGE.

BREITHAUPT (M.-L. de), aut. all., colonel d'artillerie wurtembergeoise. Berlin. *Manuel technique à l'usage des jeunes artilleurs*, 2 vol. in-8°, avec figures, 1821, 1822, 1825. *Sur le système de l'artillerie légère*, 1825, Leipzig. *Projets de perfectionnement* à apporter au matériel de l'artillerie, pour servir de base à un nouveau système, 5 vol. in-8°, 1826. *L'artillerie pour les officiers de toutes armes, sous les rapports systématique, tactique et technique*, 5 vol. in-8°, 1831, avec atlas. Stuttgard. *Esquisse générale d'une nouvelle organisation de l'artillerie ;* traduite par le général Ravichio, in-8°, Paris, 1857. *Considérations sur la force et la nature de la poudre, traduites par le même,* Paris. 1838. v. ARTILLERIE. v. ARTILLERIE A CHEVAL. v. ARTILLERIE LÉGÈRE. v. FUSÉE DE GUERRE. v. MATÉRIEL. v. OFFICIER D'ARTILLERIE. v. POUDRE A FEU. v. RAVICHIO. v. SYSTÈME D'ARTILLERIE.

BRENKENHOF, aut. all. Berlin. v. CATALOGUE ALPHABÉTIQUE DES AUTEURS MILITAIRES. v. DELIGNE. v. LABALME. v. PETITE GUERRE. v. TROUPE LÉGÈRE.

BRÉQUIGNY, aut. fr., a concouru à la composition du recueil des ordonnances des rois de France, comme le témoigne la préface du t. XIII : on lui en doit les six derniers volumes. v. FÉODALITÉ. v. ORDONNANCE OFFICIELLE.

BRERETON, aut. angl. Londres. *Les dix-neuf manœuvres voulues par les régulations (ordonnances), avec des notes explicatives.* v. MANŒUVRE. v. MILICE ANGLAISE. v. TACTIQUE.

BRESCIA, ville d'Italie. v. BOMBARDE. v. CANON D'ARMEMENT. v. DÉFENSE DE PLACE. v. SIÉGE DÉFENSIF.

BRÉSIL, empire d'Amérique. v. CONSCRIPTION. v. MILICE ANGLAISE N° 7. v. MILICE BRÉSILIENNE. v. MILICE PORTUGAISE N° 1, 2.

BRESSENDORF, aut. ou traduct. all. v. CARNOT. v. CATALOGUE ALPHABÉTIQUE DES AUTEURS MILITAIRES.

BREST, ville. v. ACADÉMIE MILITAIRE. v. ARMÉE DE MER. v. BALISTE. v. BOULET EN MÉTAL. v. CANON A BOMBES. v. FORTERESSE. v. MARCHE EN POSTE. v. PUPILLE N° 2, 5.

BRETAGNE, province. v. CHEVALIER DU MOYEN AGE N° 9. v. COIN D'AIRAIN. v. COMBAT DE JUGEMENT. v. CONNÉTABLE N° 5. v. CORPS DE TROUPE. v. DISCIPLINE FRANÇAISE. v. GRANDE-BRETAGNE. v. LANGUE ANGLAISE. v. LANGUE CELTIQUE. v. LÉGION DÉPARTEMENTALE. v. LÉGISLATION. v. LIEUTENANT DE ROI N° 1. v. MAIL D'ARMES. v. MARÉCHAL DE CAMP N° 6. v. MARÉCHAL DE FRANCE N° 2. v. MARQUIS. v. ORDONNANCE D'UNIFORME. v. RÉGIMENT DE PRINCE. v. ROQUEFORT. v. SAYON. v. SOLDAT.

BRETEUIL, ministre. v. CAMP D'INSTRUCTION. v. COMPOSITION. v. MINISTÈRE DE LA GUERRE. v. MINISTRE DE LA GUERRE EN 1725, — EN 1740.

BRETON (Bretons), peuple. v. CAVALERIE

FRANÇAISE N° 1. V. CHEVALIER DU MOYEN AGE N° 9. V. LANGUE ANGLAISE. V. SALADE D'INFANTERIE. V. SAYON.

BRÉVIL, aut. fr., lang. lat. *Art fortificatoire*, in-4°, 1665. V. ART DE L'INGÉNIEUR. V. FORTIFICATION. V. PÉRIBOLOGIE.

BRÉZÉ, aut. ital., l. fr. Turin et Paris. *Observations historiques et critiques sur les commentaires de Folard et sur la cavalerie*, 2 vol. in-8°, 1772. *Réflexions sur les préjugés militaires*, Hanovre, Turin, in-8°, 1779. Ouvrage trad. en allem., in-8°, 1787. V. ARME MATÉRIELLE. V. ARMÉE. V. ARRANGEMENT TACTIQUE. V. ATTAQUE DE GUERRE. V. BAIONNETTE DE FUSIL. V. BATAILLE STRATEUMATIQUE. V. CAVALERIE. V. DICTIONNAIRE. V. DISCIPLINE. V. EMBUSCADE. V. FOLARD. V. FORTERESSE. V. GÉNÉRAL D'ARMÉE. V. GUERRE. V. HABILLEMENT. V. JUSTICE MILITAIRE. V. MANIEMENT D'ARMES. V. MILICE RUSSE N° 2, 8. V. ORDONNANCE OFFICIELLE. V. ORDRE MINCE. V. PAS CADENCÉ. V. POSTE STRATEUMATIQUE. V. RÉMUNÉRATION. V. RETRAITE STRATEUMATIQUE. V. RUSE. V. SOLDE. V. STRATAGÈME. V. SURPRISE. V. TACTIQUE. V. TROUPE LÉGÈRE.

BRÉZILLAC, aut. fr. *Cours de mathématiques de Woff, contenant la fortification, l'attaque et la défense de place, l'artillerie, l'artifice*, etc. 3 vol. in-8°, 1747. V. ARTIFICE. V. ARTILLERIE. V. ATTAQUE DE PLACE. V. DÉFENSE DE PLACE. V. FORTIFICATION. V. MATHÉMATIQUES.

BRIANCHON, aut. fr. Paris. *Mémoire sur la poudre à tirer, inséré au tome XCV du Journal de physique, de chimie, d'histoire naturelle et des arts*, 1822. V. POUDRE A FEU. V. POUDRE A TIRER.

BRICARD, aut. fr. Paris. *Manœuvre d'une pièce de quatre*, in-12, 1792. V. ARTILLERIE D'ARMEMENT. V. PIÈCE DE QUATRE.

BRICHE, aut. fr. Paris. *Manuel de l'ingénieur républicain, ou Eléments de fortification de campagne, suivi d'autres détails militaires*, 1795, 1797, in-12. V. FORTIFICATION DE CAMPAGNE. V. INGÉNIEUR MILITAIRE.

BRIENNE, ministre. V. CONSEIL DE LA GUERRE. V. COMPOSITION. V. MINISTRE ; id. EN L'ANNÉE 1787. V. ORDONNANCE OFFICIELLE.

BRIGNAIS EN LYONNAIS (Rhône). Bataille de... en 1361. Jacques de Bourbon, comte de la Marche, y est défait et tué par les aventuriers. V. AVENTURIER.

BRINK, aut. holl. Grafenhag et la Haye. *Description de l'artillerie*, in-8°, 1681, 1699. V. ARTILLERIE.

BRINKEN (M.), aut. all. Berlin. *Instruction sur la manière que les officiers peuvent adopter pour instruire de vive voix les sous-officiers et soldats, et surtout ceux de la cavalerie, rédigée pour le service prussien*. In-8°, 1817. V. CAVALERIE. V. OFFICIER DE CAVALERIE. V. SOLDAT. V. SOUS-OFFICIER. V. SOUS-OFFICIER DE CAVALERIE.

BRION, aut. lat. dont les œuvres sont perdues. V. AUTEURS MILITAIRES (texte).

BRIOT, aut. fr. Paris. *Histoire de la chirurgie militaire en France*, 1817. V. CHIRURGIE MILITAIRE.

BRIOYS, aut. fr. Metz. *Nouvelle manière de fortification*. 1666, 1668, in-4°. V. FORTIFICATION.

BRIQUET, aut. fr. V. AMBULANCE. V. ARME PERSONNELLE ; id. N° 3. V. ARTILLERIE. V. BAN ET ARRIÈRE-BAN. V. CADET. V. CAPITAINE DE GRENADIERS D'INFANTERIE N° 2. V. CATALOGUE ALPHABÉTIQUE DES AUTEURS MILITAIRES. V. CAVALERIE FRANÇAISE. V. COMMANDEMENT HIÉRARCHIQUE. V. COMPAGNIE D'INFANTERIE FRANÇAISE DE LIGNE N° 2. V. CONGÉ. V. CONGÉ DE SEMESTRE. V. CONNÉTABLIE. V. CONSEIL JUDICIAIRE. V. CONTREBANDE. V. CRIME. V. DÉLIT. V. DÉSERTEUR. V. DETTE DE MILITAIRE. V. DISCIPLINE. V. DRAGON FRANÇAIS. V. DUEL. V. ÉCOLE MILITAIRE. V. ENRÔLEMENT. V. ÉTAPE. V. ÉTAT CIVIL. V. EXTRAORDINAIRE DES GUERRES. V. FORTERESSE. V. GARDES DU CORPS. V. GENDARMERIE DE LA MAISON. V. HABILLEMENT. V. HALLEBARDE. V. HONNEURS. V. HOPITAL MILITAIRE. V. HOTEL DES INVALIDES. V. INFANTERIE FRANÇAISE. V. INFANTERIE FRANCO-SUISSE. V. JUSTE-AU-CORPS. V. JUSTICE MILITAIRE. V. LEVÉE. V. LIT MILITAIRE. V. LOGEMENT D'HABITATION. V. LOI MILITAIRE. V. MAJOR CAPITAINE. V. MARCHE-ROUTE. V. MARÉCHAUSSÉE. V. MARIAGE. V. MÉTROBATE. V. MILICE PROVINCIALE. V. MINISTÈRE DE LA GUERRE. V. MUNITION D'EXERCICE. V. NOBLESSE. V. OFFICIER FRANÇAIS N° 10. V. ORDONNANCE D'EXERCICE D'INFANTERIE. V. ORDONNANCE OFFICIELLE. V. ORDRE DE SAINT-LOUIS. V. OUTIL. V. PAIN DE MUNITION. V. PAYEMENT. V. PERTUISANE. V. PRÉVOT. V. RANG HIÉRARCHIQUE. V. RATION. V. RÉCOLEMENT. V. RÉGIMENT D'INFANTERIE FRANÇAISE N° 5. V. RÉGIMENT FRANÇAIS ; id. N° 6. V. RÈGLEMENT. V. RETENUE. V. REVUE D'ADMINISTRATION. V. SEMESTRE. V. SERGENT D'INFANTERIE FRANÇAISE DE LIGNE ; id. N° 10. V. SERMENT. V. SERVICE DE SEMAINE. V. SUPPLICE. V. TABAC. V. TACTIQUE, subs. V. TAMBOUR IDIOPLIQUE D'INFANTERIE FRANÇAISE. V. TAMBOURIN. V. TENUE. V. TRÉSORIER.

BRISSAC (Cossé de), maréchal de France. V. CAVALERIE LÉGÈRE. V. COMPOSITION. V. DRAGON FRANÇAIS N° 1. V. DROIT DE LA GUERRE. V. GUIDON AGRÉGATIF. V. RECRUTEMENT.

BRIXEN (J.-V.), aut. allem. Berlin. *Essai d'une théorie du terrain*, in-4°. V. JOURNAL MILITAIRE (1790, F). V. TERRAIN STRATÉGIQUE.

BROGLIE (François-Marie), maréchal de

France, né en 1671, mort en 1745. v. SURPRISE DE QUARTIERS.

BROGLIE (Victor-François, duc de), aut. fr., troisième maréchal du nom, né en 1718, mort en 1804, après avoir servi les princes émigrés, l'Angleterre et la Russie. Il est publié sous son nom : *Instructions pour l'armée commandée par le duc de Broglie pendant les campagnes de 1760*, etc. Francfort, 1761. *Mémoires et Campagnes du maréchal duc de Broglie*, avec plans, 1761. v. ADMINISTRATION MILITAIRE. v. BRIGADE D'INFANTERIE. v. CAMP DE VAUSSIEUX. v. CHASSEUR D'INFANTERIE. v. COMMANDEMENT HIÉRARCHIQUE. v. COMPAGNIE DE GRENADIERS N° 5. v. COMPOSITION. v. CONSEIL DE LA GUERRE N° 3. v. COUP DE BATON. v. DISCIPLINE MILITAIRE. v. DIVISION D'ARMÉE. v. DIVISION MILITAIRE. v. DRAGON FRANÇAIS N° 6. v. GÉNÉRAL D'ARMÉE N° 6. v. GÉNÉRAL FRANÇAIS N° 1, 5, 6. v. GUERRE DE 1755, — 1741, — 1756. v. INSPECTEUR GÉNÉRAL N° 5. v. MESNIL (1774, E). v. MINISTRE DE LA GUERRE EN 1788. v. ORDRE MINCE. v. ORDRE PROFOND. v. SERVICE DE CAMPAGNE. v. SURPRISE DE QUARTIERS. v. TACTIQUE, subs. v. WARNERY.

BROKLESBY, aut. all. *Méthode de guérison des maladies de gens de guerre*, trad. de l'angl. 1772. v. MÉDECINE MILITAIRE. v. SERVICE DE SANTÉ.

BRONNER, aut. all., t. fr. Francfort. *Description d'une petite place de guerre, et Invention pour l'attaque*, etc. 1764. v. ATTAQUE DE PLACE. v. FORTERESSE.

BROUTTA (A.-F.-E.), aut. fr., professeur à l'école de Saint-Cyr. Paris. *Cours de droit militaire*, in-8°, 1837.

BROWN (Henri), aut. angl. Londres. *Principes d'artillerie*, etc.; *Tables mathématiques publiées à la suite des OEuvres de Robins, et comprenant les observations d'Euler*. In-4°, 1777. v. ARTILLERIE. v. EULER. v. ROBINS.

BROWNE, aut. .... Vienne. *Réflexions politiques et militaires*, in-8°, 1785. v. CHOSE MILITAIRE. v. ÉTAT MILITAIRE.

BRUECH, aut. all. Dresde. *Moyen de reconnaître une position militaire*, 1767. *École de l'officier*, trad. en fr. par Bruehl, 1770. *Coup d'œil militaire, ou Observations sur la guerre*, 1775, 1777. v. BRUEHL (1770, F). v. COUP D'OEIL. v. GUERRE. v. OFFICIER. v. POSITION STRATEUMATIQUE. v. RECONNAISSANCE.

BRUÈCHE, aut. holl. Leyde. *Description de l'escrime*, in-4°, 1671. v. ESCRIME.

BRUECKNER (G.-L.), aut. all. Berlin. *Manuel propre à ceux qui veulent s'instruire par eux-mêmes sur l'administration des caisses militaires et de la tenue des livres de l'armée prussienne, conformément aux lois et règlements qui existent à cet égard*, in-8°, 1819. v. ADMINISTRATION MILITAIRE. v. COMPTABILITÉ. v. MILICE PRUSSIENNE; id. n° 10.

BRUEHL, aut. all. v. BRUECH. v. CATALOGUE ALPHABÉTIQUE DES AUTEURS MILITAIRES. v. MAIZEROY (1766, F). v. OFFICIER D'ÉTAT-MAJOR GÉNÉRAL. v. TURPIN (1769, C).

BRUGSDORF, aut. all. *Art des mines*, 1678. v. MINE.

BRULART, v. MINISTRE DE LA GUERRE, 1606 (4 mars), 1617 (1er mai).

BRUNE, général français et maréchal, assassiné en 1815 à Avignon. v. CAPITULATION EN RASE CAMPAGNE. v. COMMANDEMENT HIÉRARCHIQUE. v. COMPOSITION. v. ÉCOLE DE MARS. v. GÉNÉRAL D'ARMÉE N° 6. v. MILICE SIKE N° 1.

BRUNET, aut. fr. Paris. *Abrégé chronologique des grands fiefs de la couronne*, 1759. v. FÉODALITÉ.

BRUNET (Jacques-Charles), aut. fr. Paris. *Supplément au Dictionnaire bibliographique de Duclos (l'abbé)*, 4e vol. 1802. *Manuel du libraire et de l'amateur de livres*, 1810; 3e édit., 4 vol. in-8°, 1820. Le quatrième volume renferme la table raisonnée des ouvrages de sciences militaires. *Nouvelles Recherches bibliographiques pour servir de supplément au Manuel du libraire*, 3 vol. in-8. v. BIBLIOTHÈQUE MILITAIRE.

BRUNSWICK, général prussien. v. ARMÉE CONFÉDÉRÉE, tableau. v. CREVELT. v. GUERRE DE 1778, — 1786, — 1792. v. IÉNA.

BUBILAN, aut. fr. v. CATALOGUE ALPHABÉTIQUE DES AUTEURS MILITAIRES. v. PROFESSION DES ARMES. v. SCIENCE DE LA GUERRE.

BUCELLAR (Huet, ou, suivant Rumpf, Bacellar), aut. port. v. ARME A FEU PORTATIVE. v. BARDIN (1807, D). v. CATALOGUE ALPHABÉTIQUE DES AUTEURS MILITAIRES. v. FUSIL D'INFANTERIE. v. RUMPF.

BUCHENROLDER, aut. all. Hanau, Hanovre. *L'Art des signaux télégraphiques à l'usage des armées et Essai sur l'art de la guerre*, in-8°, 1795. v. ART DE LA GUERRE. v. SIGNAL STRATEUMATIQUE. v. SIGNAL TÉLÉGRAPHIQUE.

BUCHNER, ou BUCHNERUS, aut. all. Nuremberg. *Théorique et Pratique de l'artillerie*, 3 vol. in-fol. 1682, 1685, 1690. v. ARTILLERIE. v. GROSSE ARTILLERIE.

BUDRINUS, aut. all. Montbéliard. *Du Gouvernement des choses de la guerre, ou Règles de guerre*, in-8°, 1594. v. GUERRE.

BUECHNER, aut. all., t. lat. Halle. *Sur la nécessité d'assortir au climat le traitement sanitaire des troupes*, 1758, 1766.

v. Buchner. v. médecine militaire. v. service de santé.

Buenau, ou Bunau, ou Bunacus, aut. all. Halle. *Instruction sur la fortification*, 1774. *Instruction complète sur l'artillerie et les artifices*, 1779. v. artifice. v. artillerie. v. Bunau. v. fortification.

Buenos-Ayres, république de l'Amérique du Sud. v. coulevrine. v. milice buénos-ayrienne.

Buerger, ou Burger, aut. all. Strasbourg. *Règles pour traîner, charger et tirer la grosse artillerie*, etc., in-4°, 1591. v. balistique. v. Burger. v. grosse artillerie.

Bufsching, aut. all. Leipzig. *Les Temps et les usages de la chevalerie*, 2 vol. in-8°. 1825. v. chevalerie.

Buffon, aut. fr. Paris. *Histoire naturelle*, 1749. v. éléphant.

Bugeaud, aut. fr. (*V.* Catalogue alphabétique des auteurs militaires). Quelques *Lettres sur le service d'avant-poste* ont été publiées par le même écrivain dans le *Spectateur militaire*, 7° vol., p. 119. v. armée de terre. v. attaque de poste. v. avant-poste. v. combat d'infanterie. v. déploiement. v. distance. v. infanterie française. v. manœuvre. v. manœuvre d'infanterie. v. organisation. v. reconnaissance. v. reconnaissance en campagne. v. tactique.

Bugnot (Y.-D.-C.), aut. fr., capitaine du génie et inspecteur des études de l'école polytechnique. Paris. *De l'école polytechnique*. 1857, in-8°. C'est une réfutation de l'écrit de M. de Chambray sur le même sujet. v. Chambray. v. école polytechnique.

Buhlen, aut. all., l. all. et ital. Hambourg. *Manuel de l'artificier*, in-4°, 1618. v. artifice.

Bulgarie. v. croisade de 1096.

Bulle d'Or. v. armée d'exécution.

Bullet (J.-B.), aut. fr. et étymologiste. Besançon. *Mémoires sur la langue celtique*, 3 vol. in-fol., 1754, 1756, 1760. *Dissertations sur différents sujets de l'histoire de France*, in-8°, 1759. v. bleu national. v. langue celtique. v. langue française. v. oriflamme. v. preux.

Bulow, aut. all. v. art de la guerre. v. art militaire de terre. v. base d'opération. v. Binzer. v. catalogue alphabétique des auteurs militaires. v. Folard. v. Gaugreben. v. guerre. v. guerre de 1792, — 1805. v. histoire militaire. v. Jomini (1819, B). v. journal militaire (1790, F). v. Laverne (1801, D). v. ligne d'opérations. v. ligne fortifiée. v. Maizeroy. v. Malorty. v. retraite excentrique. v. Scharnhorst (1790, E). v. Sevelinges. v. stratégie. v. tactique. v. Xilander.

Bunau. v. Buenau.

Bundschuh (C.), aut. all. Prague. *Aperçu du système d'économie militaire* (administration) *de l'armée autrichienne et de toutes les lois qui s'y rapportent*, 3 vol., et 5 vol. de supplément, avec un tableau, 2° édit. in-4°, 1816, 1819. — *Manuel de tous les règlements normaux ayant force de loi depuis l'année 1767, époque à laquelle a commencé le système de l'économie* (administration ou organisation) *actuelle de l'armée autrichienne*, 5 vol. in-4°, 1822. — *Instructions pour tous ceux qui sont employés dans l'économie* (l'administration) *de l'armée autrichienne, suivies de formulaires* (tableaux) *qui s'y rapportent*, 2 vol. in-8°, 1822. v. administration militaire. v. comptable. v. milice autrichienne; id. n° 2.

Bureau, grand maître d'artillerie au quinzième siècle. v. artillerie française. v. artillerie stratopédique.

Bureaux de Pusy (Jean-Xavier), né en 1750, aut. fr., capitaine du génie et membre de la constituante. *La Réunion des mineurs au génie, et du génie à l'artillerie*, 1790. *Rapports sur la situation des places de guerre*, 1791. v. artillerie. v. conscription. v. forteresse. v. génie. v. mineur français. v. recrutement.

Burg (M.), aut. all. Berlin. *L'Art du dessin géométrique*, ou *Instruction complète sur le dessin linéaire, le lavis, la projection des ombres, pour les artilleurs, ingénieurs, etc., les écoles militaires de Prusse*, etc., 2 vol. in-4°, 1821, 1822. v. artilleur. v. dessin. v. ingénieur. v. milice prussienne.

Burger. v. Buerger.

Burgoz, ville d'Espagne. v. approches.

Burnouf (Jean-Louis), né en 1775, aut. fr., professeur, inspecteur général des études. v. Tacite.

Burns, aut. angl. *Voyage dans l'Inde*, 3 vol. trad. en franç. en 1835. v. milice sike.

Burrow, aut. angl. Londres. *Sur les inclinaisons balistiques et l'artillerie*, in-4°, 1779. v. artillerie. v. balistique.

Busca (Gabriello), aut. ital. Turin et Carmagnole. *Instruction des bombardiers* (tireurs de bombardes). 1584, 1594, 1598. *De l'attaque et de la défense des places*, 1598, in-4°, trad. en allem., Francfort, 1619. *De l'architecture militaire*, Milan, 1601, 1619. v. architecture militaire. v. attaque de place. v. bombarde. v. bombe. v. défense de place. v. Patrizzi (1594, A).

Busmark (de), aut. all. Berlin. *Essai général de fortification*, 1799. v. fortification.

BUSSY, aut. fr. v. CATALOGUE ALPHABÉTIQUE DES AUTEURS MILITAIRES. v. COUTELAS.

BUSSY (J.-A.), aut. fr., trad. de César. v. CÉSAR (51 avant J.-C.).

BUSSY-RABUTIN (Roger, comte de), né en 1618, aut. fr., mestre de camp général de la cavalerie légère. Paris. *Histoire abrégée de Louis le Grand*, 1699 ; panégyrique peu estimé. *Commentaires sur le fait des guerres en Belgique entre Henri deux et Charles-Quint*, in-8°, 1574, 1721, 1754. *Mémoires de ...*, plusieurs fois réimprimé, 1731. v. ARCHER A CHEVAL. v. AUTEURS MILITAIRES (texte). v. CAVALERIE LÉGÈRE. v. COMMISSAIRE GÉNÉRAL DES ARMÉES. v. COMPAGNIE D'ORDONNANCE N° 5, 6. v. CORPS PRIVILÉGIÉ. v. FÉODALITÉ. v. GARDE DE CAMP. v. GENDARME DU MOYEN AGE N° 2, 8. v. HISTOIRE MILITAIRE. v. JUSTICE MILITAIRE. v. LOUIS QUATORZE. v. MARÉCHAL DES LOGIS DE LA CAVALERIE. v. MARÉCHAL GÉNÉRAL DES CAMPS ET ARMÉES. v. PISTOLET. v. RECRUE. v. RENCONTRE DE GUERRE. v. ROUSSIN. v. STRADIOT.

BUTLER (Samuel), aut. angl. Poëme d'*Hudibras*, 1678, trad. en vers franç. par Townlay et Larcher, 3 vol. in-12, 1757, 1819. v. CHEVALERIE ERRANTE.

BUTTURLIN, ou BOUTTOURLIN (si ce dernier nom est le bon, de savants bibliographes emploient pourtant l'autre), aut. russe, t. fr. *Histoire militaire de la campagne de Russie en 1812*, 2 vol. in-8° avec planches, 1824. v. GUERRE DE 1792. v. HISTOIRE MILITAIRE. v. JOMINI. v. LANGUE FRANÇAISE. v. MILICE RUSSE N° 5.

BYSANCE. v. ART MILITAIRE. v. BASTAGAIRE. v. BOMBE. v. CASQUE. v. COTTE D'ARMES. v. CROISADE. v. CROISADE DE 1202. v. DISCIPLINE. v. DOMESTIQUE. v. DOMESTIQUE MILITAIRE. v. DUC N° 1, 2. v. EMPEREUR. v. ENSEIGNE DE COHORTE. v. ÉTAT MILITAIRE. v. FLAMME A HAMPE. v. FORTERESSE. v. GRADE D'OFFICIER. v. GRAND SÉNÉCHAL. v. HOPITAL MILITAIRE. v. HYPERSTRATÈGUE. v. INFANTERIE N° 1. v. LÉGION ROMAINE N° 5. v. MACHINE. v. MILICE. v. MILICE BYSANTINE. v. MILICE GRECQUE. v. MILICE RUSSE N° 2. v. OFFICIER N° 2. v. ORDRE MINCE. v. RECRUTEMENT. v. SABRE. v. SIPHON A MAIN. v. TOUR ROULANTE.

BYSANTIN (Bysantins), peuples dont la métropole était Bysance, ou Grecs du Bas-Empire. v. AMIRAL. v. ARMOIRIES. v. ARSENAL. v. ARTILLERIE D'ARMEMENT. v. BANNIÈRE NATIONALE. v. BLESSÉ. v. CAPITAINE D'INFANTERIE FRANÇAISE DE LIGNE N° 2. v. CARROUSEL. v. CAVALERIE. v. CHEVALIER DU MOYEN AGE N° 4. v. COIN TACTIQUE. v. COMPULSEUR. v. CONNÉTABLE N° 1. v. CRIEUR. v. CORPS PRIVILÉGIÉ. v. CROISADE. v. CROISADE DE 1096, — 1147. v. CUIRASSE. v. DÉCURIE GRECQUE. v. DÉCURION. v.

DOMESTIQUE MILITAIRE. v. DRONGUAIRE. v. DUC N° 5. v. ÉCUYER DE SUITE N° 1. v. ÉCUYER FIEFFÉ. v. ENGIN A FEU. v. ENSEIGNE. v. EXERCICE TACTIQUE. v. FEU GRÉGEOIS. v. FLÈCHE PROJECTILE. v. FUSÉE DE GUERRE. v. GÉNÉRAL. v. GÉNÉRAL EN CHEF. v. GÉNÉRALISSIME. v. GOUVERNEUR DE PROVINCE. v. GREC DU BAS-EMPIRE. v. GUÉRITE. v. HABIT. v. HOPITAL MILITAIRE. v. LANGUE FRANÇAISE. v. MACHINE. v. MARCHE DE BATAILLON EN BATAILLE. v. MARQUIS. v. MILICE FRANÇAISE N° 6. v. MILICE TURQUE N° 7. v. MILICES ITALIENNES. v. MINISTRE DE LA GUERRE. v. NOBLESSE. v. PERRIER, subs. masc. v. RÉSERVE DE BATAILLE. v. SIGNAL TACTIQUE. v. SIGNE DISTINCTIF. v. SIPHON A MAIN. v. TACTIQUE, subs.

CAAMANO, aut. esp. v. CATALOGUE ALPHABÉTIQUE DES AUTEURS MILITAIRES. v. LECOINTE (1759, B).

CACAULT, aut. fr. v. CATALOGUE ALPHABÉTIQUE DES AUTEURS MILITAIRES. v. CAVALERIE.

CADIX, ville d'Espagne. v. OBUSIER. v. OBUSIER DE SIX POUCES.

CADORE. v. FÉODALITÉ.

CÆSAR, aut. lat. v. CATALOGUE ALPHABÉTIQUE DES AUTEURS MILITAIRES. v. CÉSAR.

CALAIS, ville de France. v. TAMBOUR INSTRUMENTAL.

CALATRAVA (Espagne). v. ORDRE DE CALATRAVA.

CALONNE. v. ARMÉE FRANÇAISE N° 3.

CALORI, aut. ital. *Le Canonnier praticien*. v. CANONNIER.

CAMBRAY, aut. fr. et holl. Amsterdam. *Véritable manière de fortifier de Vauban*, 1689, 1691, 1692, 1693, 1694, 1702, 1707, 1727. Il a eu Dufay pour collaborateur. v. ARC. v. DUFAY. v. FORTIFICATION. v. VAUBAN (1779, C).

CAMBRAY, ville de France. v. BUT EN BLANC. v. CAMP ROMAIN. v. ÉCHAUGUETTE. v. ÉCOLE DE CAMBRAY. v. GÉNÉRAL D'ARMÉE N° 6. v. INFANTERIE FRANÇAISE N° 8. v. MARCHE TACTIQUE. v. MILICE NÉERLANDAISE N° 5. v. MINISTRE DE LA GUERRE (1793, 4 AVRIL). v. PUPILLE N° 2. v. QUARTIER DE CAVALERIE.

CAMERARIUS. v. AUTEUR MILITAIRE (texte). v. CATALOGUE ALPHABÉTIQUE DES AUTEURS MILITAIRES. v. CAVALERIE. v. XÉNOPHON (370 avant J.-C.).

CAMERER, aut. danois, l. allem. Schleswig. *Recueil de toutes les ordonnances qui concernent la milice danoise*, in-4°, 1762. *Pensées sur le duel*, Wolfenbuttel, 1756. *Moyen d'ajouter à l'extérieur du soldat*, Schleswig, 1764. v. DUEL. v. MILICE DANOISE. v. SOLDAT. v. SOLDAT DANOIS.

CAMERINE (siége de). v. BALISTE.

CAMILLE, tribun et consul romain, mort l'an 365 avant l'ère chrétienne, ou l'an de

Rome 388. V. BOUCLIER. V. CASQUE. V. DROIT DE LA GUERRE. V. MILICE ROMAINE N° 4. V. PIQUE.

CAMPANA, aut. ital. V. CATALOGUE ALPHABÉTIQUE DES AUTEURS MILITAIRES. V. SAVORGNANO.

CAMPBELL, aut. angl. Londres. *Instruction pour l'infanterie légère et les carabiniers (Riflemen)*, 2ᵉ édit. V. CARABINIER D'INFANTERIE. V. INFANTERIE LÉGÈRE. V. TIRAILLEUR.

CAMPO-FORMIO, ville d'Italie. V. PAIX DE CAMPO-FORMIO.

CANADA, contrée d'Amérique. V. PAIX DE 1762.

CANCRIN (le comte George), général d'infanterie et ministre russe, aut. germano-russe, l. allem. V. ADMINISTRATION D'ARMÉE. V. APPROVISIONNEMENT. V. ARMEMENT D'UNIFORME. V. ART DE LA GUERRE. V. BARAQUEMENT. V. BISCUIT. V. CAMP. V. CAMP D'INSTRUCTION. V. CAMPEMENT. V. CANTONNEMENT. V. CASERNEMENT. V. CATALOGUE ALPHABÉTIQUE DES AUTEURS MILITAIRES. V. CONVOI MILITAIRE. V. CONVOI POLÉMONOMIQUE. V. ÉQUIPAGES. V. FOUR DE CAMPAGNE. V. FOURNITURE DE GUERRE. V. GUERRE DE 1792. V. HABILLEMENT. V. HOPITAL MILITAIRE. V. LÉGUME. V. LEVÉE. V. LOGEMENT DE MILITAIRE. V. MAGASIN DE VIVRES. V. MALADE D'ARMÉE. V. MARCHE D'ARMÉE. V. MILICE ANGLAISE N° 12. V. MILICE GRECQUE. V. MILICE PRUSSIENNE; id. N° 10. V. MILICE RUSSE; id. N° 10. V. MILICE SUÉDOISE; id. N° 6. V. OPÉRATION DE GUERRE. V. PAIN DE MUNITION. V. RATION. V. REVUE ADMINISTRATIVE. V. SERVICE DE SANTÉ. V. SOLDE. V. SUBSISTANCES. V. TENTE. V. TRAIN DES ÉQUIPAGES. V. UNIFORME. V. VIANDE. V. VIVRES.

CANDIE (île de). Siège de..... commencé en 1648 par les Turcs contre les Vénitiens, se resserre en 1667, se termine en 1669. V. ARCHER A PIED. V. ARMÉE FRANÇAISE N° 2. V. BASTION DE FORTERESSE. V. BOMBE. V. MARÉCHAL DE CAMP N° 5. V. MINE A FEU. V. PARALLÈLE. V. SIÉGE. V. SIÉGE OFFENSIF.

CANE (Facino). V. CONDOTTIERE.

CANITZ (baron de), colonel prussien, envoyé extraordinaire en Turquie, aut. all. Berlin. *Réflexions sur le sort de la cavalerie dans les campagnes de Frédéric deux et dans celles des temps modernes, de 1740 à 1806*, in-8°, 1823. V. CAVALERIE.

CANNES. Bataille de... en 536 ou 538 de Rome, 215 ou 217 avant J.-C. V. ARMÉE AGISSANTE N° 2. V. LÉGION ROMAINE N° 3. V. MILICE ROMAINE N° 2. V. PÉPHLEGMENON. V. SERMENT.

CANTARUTTI, aut. ital. Udine. *Essai philosophico-médical sur les moyens de con-*

server la santé des soldats, 1807. V. SANTÉ. V. SERVICE DE SANTÉ.

CANTELOUBE, aut. fr. V. BARAQUE. V. CAMP. V. CAMPEMENT. V. CAMPEMENT TACTIQUE. V. CATALOGUE ALPHABÉTIQUE DES AUTEURS MILITAIRES. V. DÉFENSE DE POSTE. V. GUERRE. V. LIGNE DE TIR. V. LUNETTE DE DEMI-LUNE. V. MANŒUVRE. V. MANŒUVRE DE BATAILLON. V. OBSTACLE. V. OBUSIER. V. OFFICIER D'INFANTERIE FRANÇAISE. V. ORDONNANCE D'EXERCICE D'INFANTERIE. V. OUTIL DE CAMPAGNE. V. PALISSADE. V. PIOCHE. V. PIQUET EN CAMPAGNE. V. POSITION STRATEÜMATIQUE. V. POTEAU DE BARAQUE. V. REDAN. V. RÉSERVE DE BATAILLE. V. RETRANCHEMENT. V. SAPEUR D'INFANTERIE. V. SENTINELLE. V. SORTIE D'ASSIÉGÉ. V. TACTIQUE. V. TALUS. V. TENTE. V. TERRAIN STRATÉGIQUE. V. TÊTE DE PONT. V. TIRAILLEUR. V. TRANCHÉE. V. VOLTIGEUR.

CANUEL, aut. fr. Paris. *Mémoires sur la guerre de la Vendée*, in-8°, 1815. V. GUERRE DE 1792. V. GUERRE DE LA VENDÉE.

CANY, ministre. V. MINISTRE DE LA GUERRE N° 6; id. 1707.

CAPEFIGUE, aut. fr. Paris. *Récit des opérations de l'armée française en Espagne en 1823*, in-8°, 1823. *Histoire de Philippe Auguste*, 2 vol. in-8°, 1829. *Richelieu, Mazarin, la Fronde, le règne de Louis quatorze*, 8 vol. in-8°, 1835. V. CARROUSEL. V. CHEVALERIE. V. GUERRE DE 1792, — DE 1823. V. TOURNOI.

CAPET. V. HUGUES CAPET.

CAPÉTIEN. V. TROISIÈME RACE.

CAPITOLE (siège du). V. ARME NÉVROBALISTIQUE. V. CHIEN DE GUERRE. V. FORTERESSE. V. GARNISON. V. MILICE ROMAINE N° 7, 10. V. REMPART DE FORTERESSE. V. SENTINELLE.

CAPITOLIN. V. JULES CAPITOLIN.

CAPITULAIRES, subs. masc. plur. V. LÉGISLATION (IXᵉ SIÈCLE).

CAPO, aut. ital. Sienne. *Tableau de l'art et de l'usage de l'escrime*, in-fol., 1610. V. ESCRIME.

CAPO BIANCO, aut. ital. Venise. *La Couronne et la palme de l'artillerie*, 1598, 1602, 1618, 1647, in-fol. V. ARTILLERIE.

CAPPE (de), aut. fr. V. CATALOGUE ALPHABÉTIQUE DES AUTEURS MILITAIRES. V. ÉCOLE DE LA FLÈCHE. V. ÉCOLE DE SAINT-CYR. V. INSTRUCTION. V. LÉGISLATION. V. RENGAGEMENT.

CAPRA, aut. ital. Bologne. *La nouvelle architecture militaire*, 3 vol. in-4°, 1672, 1685, 1717. V. ARCHITECTURE MILITAIRE.

CARACALLA, empereur romain, assassiné l'an 211. V. ART MILITAIRE DE TERRE. V. CASAQUE D'ARMES. V. MILICE ROMAINE N° 5.

CARAMAN (le général), mort après la prise de Constantine (1837), aut. fr. Paris. *Essai sur l'organisation militaire de la Prusse*, in-8°, 1831. *Réflexions sur l'emploi de la* cavalerie dans les batailles, in-8°, 1855. V. ARMÉE FRANÇAISE N° 2. V. CAVALERIE. V. CHARGE DE CAVALERIE. V. MILICE PRUSSIENNE.

CARAMUEL (Jérôme), aut. ital. La Théologie régulière (Teologia regolare), c'est-à-dire Chevalerie monastique; la Stéganographie, 1655. V. CHEVALERIE. V. CHEVALERIE DÉCORATIVE. V. CHIFFRE STÉGANOGRAPHIQUE. V. ORDRE DE CHEVALERIE.

CARANI, aut. ital. V. CARRANI. V. CATALOGUE ALPHABÉTIQUE DES AUTEURS MILITAIRES. V. ÉLIEN.

CARAVELLI, aut. ital. Naples. Éléments de l'artillerie, 2 vol. in-8°, 1775. Éléments de l'architecture militaire, in-8°, 1776. V. ARCHITECTURE MILITAIRE. V. ARTILLERIE.

CARBONE, capitaine d'artillerie, aut. piém., l. ital. V. ARNO. V. ARTILLERIE. V. CATALOGUE ALPHABÉTIQUE DES AUTEURS MILITAIRES. V. DICTIONNAIRE. V. LANGUE FRANÇAISE.

CARCASSONNE, ville de France. V. CARQUOIS. V. CASQUE.

CARDONE, aut. espagn. Naples. Géométrie, Fortification, etc., in-fol., 1671. V. FORTIFICATION.

CARDOSO (Jose, marques), aut. portug. Lisbonne. Éléments d'art militaire, comprenant les actions de guerre considérées par rapport à l'offensive et à la défensive, in-8°, 1785. V. ACTION DE GUERRE. V. ART MILITAIRE DE TERRE. V. GUERRE DÉFENSIVE. V. OFFENSIVE.

CAREL, aut. fr. Paris. Précis historique de la guerre d'Espagne, de 1808 à 1814, in-8°, 1815. V. GUERRE DE 1792. V. HISTOIRE MILITAIRE.

CARLET DE LA ROZIÈRE, officier d'état-major, maréchal de camp et collaborateur d'une Encyclopédie, aut. fr. Paris. Campagnes de Villars en 1705, 1766. Les Stratagèmes de guerre dont se sont servis les plus grands capitaines depuis plusieurs siècles jusqu'à la paix dernière, in-12, 1756. Campagne de Créqui en Lorraine et en Alsace en 1677, in-12, 1764. Campagne de Louis (prince de Condé) en Flandre en 1674, in-12, Paris, 1765. V. CONDÉ. V. CRÉQUI. V. DE LA ROZIÈRE. V. GUERRE DE 1672, — 1701. V. HISTOIRE MILITAIRE. V. POSITION STRATÉMATIQUE. V. RECONNAISSANCE DE TERRAIN. V. ROZIÈRE. V. STRATAGÈME. V. VILLARS.

CARLOIS. V. VIEILLEVILLE.

CARLOVINGIEN, race qui dure 235 ans. V. SECONDE RACE.

CARLSBAD. V. CONGRÈS.

CARMAGNOLE, ou Buffo, paysan, natif de Carmagnole, général et prince célèbre. V. COMPAGNIE D'ORDONNANCE N° 6. V. CONDOTTIERE. V. GENDARME DU MOYEN AGE N° 7.

CARNICERO (don J.-C.), aut. espagn. Madrid. Histoire raisonnée des principaux événements de la guerre d'Espagne, 4 vol. 1825. V. GUERRE DE 1792.

CARNOT, aut. fr., général célèbre, défenseur d'Anvers, mort dans l'exil en 1825. V. ARME NÉVROBALISTIQUE. V. ASSISTANT QUARTIER-MAITRE GÉNÉRAL. V. ATTAQUE DE PLACE. V. AUGOYAT. V. BRESSENDORF. V. CATALOGUE ALPHABÉTIQUE DES AUTEURS MILITAIRES. V. CATAPULTE. V. CHIEN DE GUERRE. V. CITADELLE. V. DÉFENSE DE PLACE. V. DÉPOT DE LA GUERRE. V. DUCHATEAU. V. ÉCOLE DE MARS N° 1. V. ÉCOLE POLYTECHNIQUE. V. FORTIFICATION. V. GÉNÉRAL D'ARMÉE. V. HISTOIRE MILITAIRE. V. MACHINE. V. MARCHE-ROUTE. V. MINISTÈRE DE LA GUERRE. V. MINISTRE DE LA GUERRE N° 5; id. EN L'AN HUIT (12 germinal). V. MONNAIE OBSIDIONALE. V. MONTALEMBERT. V. OFFICIER DU GÉNIE; id. N° 7. V. PASSAGE DE FOSSÉ. V. PIQUE. V. POTERNE. V. RUERLE. V. SAPE. V. SERVICE DE ROUTE. V. SIÉGE. V. SIÉGE DÉFENSIF. V. SIÉGE OFFENSIF. V. SORTIE D'ASSIÉGÉS. V. VAUBAN.

CARPENTIER (don P.), aut. fr., l. lat. Paris. Nouveau Glossaire tiré des écrivains du moyen âge, ou Supplément au Glossaire de Ducange, 4 vol. in-fol., 1766. V. ARBALÉTRIER. V. ARMURE DE TÊTE. V. AVENTURIER. V. BOUCLIER. V. CASQUE. V. CRIC. V. DUCANGE. V. ÉCUYER. V. ESPION. V. GIBAULT. V. HACHE D'ARMEMENT. V. LACOMBE. V. LANGUE FRANÇAISE. V. LAQUAIS. V. MAHEUTRE. V. MAILLE. V. MARÉCHAL. V. MOYEN AGE. V. MYRE. V. NACAIRE. V. PAFFUS. V. PALEFROI. V. ROI DES RIBAUDS. V. TAILLEVAS. V. TOUR DE FORTIFICATION. V. TOURNOI.

CARRANI, aut. ital. V. CATALOGUE ALPHABÉTIQUE DES AUTEURS MILITAIRES. V. POLYEN (176, A).

CARRÉ (J.-B.), aut. fr. V. ACQUEREAUX. V. ANGIGNOUR. V. ANIME. V. ANSPESSADE. V. ARBALÈTE. V. ARBALÈTE A JALETS. V. ARC. V. ARGOT. V. ARME DE JET. V. ARME DÉFENSIVE PORTATIVE. V. ARMÉE FRANÇAISE N° 5. V. ARMET. V. ARMOIRIES. V. ARMURE. V. ARMURE DE MAILLES. V. ARMURE PÉDESTRE. V. ARQUEBUSE. V. ARTILLERIE D'ARMEMENT. V. ARTILLERIE DE CAMPAGNE. V. ATTABALE. V. BACHELIER. V. BALISTE. V. BANNIÈRE DE FRANCE. V. BARBOLE. V. BASILIC. V. BASTILLE FIXE. V. BEDEAU. V. BEHOURD. V. BESAIGUE. V. BLANC NATIONAL. V. BLINDE. V. BOMBARDE. V. BOTTES. V. BOUCLE EN MÉTAL. V. BOUCLIER. V. BOURDON. V. BOURGUIGNOTE. V. BRACONNIÈRE. V. BRANC. V. BRAQUEMART. V. BRASSARD D'ARMURE. V. BRIDE. V. BRIGANDINE. V. BRISE-MUR. V. BUT EN BLANC. V. CABINET D'ARMES. V. CANON D'ARTILLERIE. V. CAPELLINE. V. CARQUOIS. V. CARREAU. V. CASSINE. V. CATALOGUE ALPHABÉTIQUE DES AUTEURS MILITAIRES. V. CATAPULTE. V. CATEIL. V. CERVELIÈRE. V. CHASSE. V. CHEVALERIE. V. CHEVALERIE D'AFFI-

LIATION. V. CHEVALERIE DU MOYEN AGE N° 6, 9. V. CHEVALIER DU MOYEN AGE; id. N° 2, 6. V. CODE MILITAIRE. V. COLLET DE MAILLES. V. COMBAT DE JUGEMENT. V. COMPAGNIE D'ORDONNANCE. V. CONTRE-MINE DE FORTERESSE. V. COR DE CHEVALIER. V. CORDE DE TIMBRE. V. CORNETTE DE TOURNOI. V. CORSECQUE. V. CORSELET. V. COTTE D'ARMES. V. COTTE DE MAILLES. V. COULEUR NATIONALE. V. COULEVRINE. V. COUTEAU DE BRÈCHE. V. COUTELAS. V. COUTILLE. V. COUTILLIER. V. CRANEQUIN. V. CRÊTE DE CASQUE. V. CROC. V. CUIRASSE. V. CYMBALE. V. DÉFI. V. DEMI-CUISSARD. V. DEMI-ESPADON. V. DESTRIER. V. DÉTENTE. V. DICTIONNAIRE. V. DOLOIRE. V. DONDAINE. V. DRAGON A HAMPE. V. DRAPEAU. V. DRAPEAU D'INFANTERIE FRANÇAISE DE LIGNE. V. DUEL. V. ÉCHARPE MILITAIRE. V. ÉCHEVEAU. V. ÉCU. V. ÉCUYER. V. EMPRISE. V. ENCYCLOPÉDIE (1751, C). V. ENFANT PERDU. V. ENGIN. V. ENSEIGNE. V. ÉPÉE. V. ESPADON. V. ESPIE. V. ESTAPE. V. ESTRAMAÇON. V. ÉTANÇON. V. ÉVAGINER. V. FALARIQUE. V. FAPIFARE. V. FAUCHARD. V. FAUCHON A GARDE. V. FAUCON. V. FAUCRE. V. FAUX DE DÉFENSE. V. FEU GRÉGEOIS. V. FLAMBE. V. FLANCOIS. V. FLÈCHE PROJECTILE. V. FOURNEAU DE MINE. V. FRAMÉE. V. FRANCISQUE. V. FREMAILLET. V. FRONDE. V. FRONDEUR. V. FUSIL A VENT. V. FUSIL D'INFANTERIE. V. GABION. V. GALERIE D'APPROCHES. V. GAMBESON. V. GANTELET. V. GARDES DU CORPS. V. GARGOUSSE. V. GASTADOUR. V. GENDARME DU MOYEN AGE; id. N° 4. V. GÉNIE. V. GÈSE. V. GIBEL. V. GIROUETTE. V. GLAIVE. V. GONFALON. V. GONFALONNIER. V. GORGERIN. V. GRAND MAITRE DE L'ARTILLERIE. V. GRAND MAITRE DES ARBALÉTRIERS. V. GRENADE. V. GRENADE A MAIN. V. GRENADIER A CHEVAL. V. GRENADIER D'INFANTERIE N° 6. V. GRÈVE. V. GROSSE CAISSE. V. GUERRE. V. GUIDON. V. GUISARME. V. HABILLEMENT. V. HABIT. V. HACHE D'ARMEMENT. V. HALECRET. V. HALLEBARDE. V. HAMPE. V. HANAPIER. V. HARNACHEMENT. V. HAST. V. HAUBERT. V. HAVET. V. HEAUME. V. HÉLÉPOLE. V. HÉRAUT. V. HÉRISSON ROULANT. V. HÉRISSON STABLE. V. HERSE. V. HERSE D'ATTRAPE. V. HEUSE. V. HOQUETON. V. HOST. V. HOUR. V. HOURT. V. HUSSARD; id. N° 2, 3, 4. V. INGÉNIEUR MILITAIRE. V. INSTRUMENT DE MUSIQUE MILITAIRE. V. JALET. V. JAQUE. V. JASERAN. V. JAVELINE. V. JAVELOT. V. JOUTE. V. JUGEMENT DE DIEU. V. LABARUM. V. LAISCHES. V. LAMBREQUIN. V. LANCE A FEU. V. LANCE A MAIN. V. LANCE FOURNIE. V. LANSQUENET. V. LEVÉE. V. LIEUTENANT GÉNÉRAL. V. LIVRÉE. V. MACHICOULIS. V. MACHINE. V. MACHINE INFERNALE. V. MAILLE. V. MAISON DU ROI. V. MALLÉOLE. V. MANGANELLE. V. MANGONNEAU. V. MANTEAU. V. MANUFACTURE D'ARMES. V. MARÉCHAL DE FRANCE. V. MARÉCHAUSSÉE. V. MARTEAU D'ARMES. V. MARTIOBARBULE. V. MASSE D'ARMES. V. MASSUE. V. NATRAS. V. MATTAIRE. V. MÈCHE.

V. MÉNESTREL. V. MENTONNIÈRE. V. MÉZAIL. V. MILICE FRANÇAISE; id. N° 4. V. MINE. V. MINE A FEU. V. MINISTRE DE LA GUERRE EN 1761. V. MISÉRICORDE. V. MITRAILLE. V. MORION. V. MORNE. V. MORTIER. V. MOUCHETTE. V. MOUFLARD. V. MOUSQUET. V. MOUSQUETAIRE. V. MOUSQUETAIRE DE LA GARDE. V. MOUSQUETON. V. MUSCULE. V. MUSIQUE. V. NACAIRE. V. NASAL. V. NOBLESSE. V. NOIX D'ARBALÈTE. V. OBUS. V. OBUSIER. V. OLIFANT. V. ONAGRE. V. ORDRE DE SAINT-LOUIS. V. OREILLON DE CUBITIÈRE. V. ORGUE A FEU. V. ORGUE DE MORT. V. OUVRAGE A COURONNE. V. PAGE. V. PALEFROI. V. PAILLER. V. PANACHE. V. PANETIÈRE. V. PANIER A FEU. V. PANSTÉRÈCHE. V. PARME. V. PAS D'ARMES. V. PASSE-VOLANT D'ARTILLERIE. V. PAVANE. V. PAVESADE. V. PAVILLON DE CAMP. V. PAVOIS. V. PAVE. V. PELTE. V. PENNON. V. PERRIER. V. PERTUISANE. V. PÉTARD CATABALISTIQUE. V. PÉTAU. V. PÉTRINAL. V. PIÈCE D'ARTILLERIE. V. PIERRIER. V. PILE, SUBS. MASC. V. PIONNIER. V. PIQUE. V. PIQUIER. V. PISTOLET. V. PLASTRON. V. PLATE. V. PLATE-FORME. V. PLATINE A BATTERIE. V. PLATINE DE BRACONNIÈRE. V. PLOMBER. V. PLUTEUS. V. POIGNARD. V. PORTE DE FORTERESSE. V. PORTÉE D'ARTILLERIE. V. POT A FEU. V. POT DÉFENSIF. V. POUDRE A FEU. V. POURPOINT. V. POURSUIVANT D'ARMES. V. PREUX. V. PROJECTILE. V. QUACHÉOR. V. QUADRILLE. V. QUARTIER. V. QUARTIER-MAITRE D'INFANTERIE FRANÇAISE DE LIGNE. V. QUINTANE. V. RAPIÈRE. V. RÉCEPTION DE CHEVALIER. V. REFOULOIR. V. RÉGIMENT. V. RÉGIMENT D'INFANTERIE FRANÇAISE. V. REITRE. V. REVUE. V. RIBAUD. V. RIBAUDEQUIN. V. ROCHET. V. ROI D'ARMES. V. ROI DES RIBAUDS. V. RONDACHE. V. RONDELLE. V. RONDELLIER. V. ROTURIER. V. ROUET. V. ROUSSIN. V. ROUTIER. V. SABRE. V. SAC A TERRE. V. SACHÉ. V. SACHER. V. SACHEBOUTE. V. SAETTE. V. SALADE. V. SALPÊTRE. V. SALUT A POUDRE. V. SAMBUC. V. SAMBUQUE. V. SAPEUR. V. SARBACANE. V. SARISSE. V. SATELLITE. V. SAUCISSON A FEU. V. SAUTEREAU. V. SAUTOIR. V. SAYON. V. SCARE. V. SCHABRAQUE. V. SCHAKO. V. SCORPION A MAIN. V. SECRETTE. V. SELLE D'ARMES. V. SERGENT. V. SERGENT D'ARMES. V. SERPE. V. SERPE D'ARMES. V. SERPENTEAU. V. SERPENTIN. V. SIÉGE. V. SIGNAL. V. SOLDAT. V. SOLERET. V. SOUBREVESTE. V. SOULIER. V. SOUS-GARDE. V. SPIROLE. V. STRADIOT. V. TABAR. V. TABLIER DE TIMBALE. V. TABOURIN. V. TACTIQUE. V. TAILLEVAS. V. TAMBOUR. V. TAMBOUR IDIOPLIQUE D'INFANTERIE FRANÇAISE. V. TAMBOUR INSTRUMENTAL. V. TAMBOUR INSTRUMENTAL D'INFANTERIE FRANÇAISE. V. TARGE. V. TARIÈRE. V. TARIÈRE DE GUERRE. V. TASSETTES. V. TENANT DE TOURNOI. V. TENANT HÉRALDIQUE. V. TESTIÈRE. V. TIMBALE. V. TIMBRE. V. TIR D'INFANTERIE. V. TORQUAT. V. TORTUE A FEU. V. TORTUE D'ESCALADE. V. TORTUE MÉCANIQUE. V. TOUR ROULANTE. V. TOURNOI. V. TRABAN. V

TRÉBUCHET. V. TRAIT PROJECTILE. V. TRANCHÉE. V. TRÉBUCHET. V. TREF. V. TRÉPIGNÉ. V. TRÉSORIER. V. TREUIL. V. TRIANGLE INSTRUMENTAL. V. TRIANGLE TACTIQUE. V. TROIE.

CARRION-NISAS, aut. fr. V. ACCENSE. V. ADMINISTRATION D'ARMÉE. V. ADMINISTRATION MILITAIRE. V. AGEMA. V. ALLIÉ. V. AMINCISSEMENT. V. AMINCISSEMENT CONSTITUTIF. V. ANIME. V. APPROVISIONNEMENT. V. ARGYRASPIDE. V. ARME A FEU. V. ARME DÉFENSIVE PORTATIVE. V. ARME PERSONNELLE Nº 5. V. ARMÉE AGISSANTE Nº 2. V. ARMÉE DE RÉSERVE. V. ARMÉE FÉODALE. V. ARMÉE FRANÇAISE Nº 2, 4, 9. V. ARMURE LÉGÈRE. V. ART DE LA GUERRE. V. ART MILITAIRE DE TERRE. V. ARTILLERIE D'ARMEMENT. V. ARTILLERIE DE CAMPAGNE. V. AUTEUR MILITAIRE (introduction). V. AVANCEMENT. V. BALISTE. V. BANDE AGRÉGATIVE. V. BATAILLE STRATEUMATIQUE. V. BATAILLON D'INFANTERIE FRANÇAISE Nº 1. V. BIBLIOTHÈQUE MILITAIRE. V. BOURDON. V. BRIGADE D'ARMÉE. V. BROQUEL. V. BUDGET. V. CANON. V. CANON D'ARTILLERIE. V. CARRÉ D'EGYPTE. V. CARRÉ TACTIQUE. V. CATALOGUE ALPHABÉTIQUE DES AUTEURS MILITAIRES. V. CATAPULTE. V. CAVALERIE. V. CAVALERIE FRANÇAISE Nº 2, 5, 7. V. CÉLÈRE. V. CENTURION Nº 1. V. CENTURION EN CHEF. V. CÉSAR (51 avant J.-C.). V. CHALCASPISTE. V. CHAMBRAY. V. CHAR DE GUERRE. V. CHATIMENT MILITAIRE. V. CHEVALIER DE SAINT-LOUIS. V. COHORTE DE LÉGION ROMAINE ; id. Nº 3, 5, 6. V. COHORTE MILLIAIRE. V. COIN TACTIQUE. V. CONDOTTIÈRE. V. COMPOSITION Nº 2. V. CONSCRIPTION. V. CONSEIL DE LA GUERRE. V. CONSTANTIN PORPHYROGÉNÈTE. V. CONSTITUTION. V. CORPS PRIVILÉGIÉ. V. CROISADE. V. DAGUE. V. DÉCURIE GRECQUE. V. DÉFENSIVE. V. DÉPLOIEMENT. V. DÉPOT DE LA GUERRE. V. DICTIONNAIRE. V. DISCIPLINE. V. DISTANCE. V. DIVISION D'ARMÉE. V. DIVISION DE CAVALERIE. V. DOS DE CUIRASSE. V. ÉCOLE MILITAIRE. V. ÉCUYER Nº 4. V. ELIEN (70, A). V. ENCYCLOPÉDIE (1785, C). V. ÉNOMOTIE. V. ÉPAGOGUE. V. ÉPHIPPARCHIE. V. ÉPITAGME D'INFANTERIE. V. ESCADRON. V. ESPONTON. V. ÉVOCAT. V. ÉVOLUTION. V. EXERCICE TACTIQUE. V. FEU D'INFANTERIE. V. FOLARD (1761, A). V. FORCE ARMÉE. V. FORTERESSE. V. FORTIFICATION. V. GARDE NATIONALE. V. GÉNÉRAL D'ARMÉE. V. GÉNÉRAL FRANÇAIS ; id. Nº 6. V. GÉNIE. V. GLOBE TACTIQUE. V. GRADE. V. GRANDE TACTIQUE. V. GRENADIER D'INFANTERIE Nº 1. V. GRÈVE. V. GUERRE. V. GUERRE DE 1792. V. GUERRE DE MONTAGNES. V. GUERRE DE POSITION. V. GUERRE DÉFENSIVE. V. GUERRE OFFENSIVE. V. GUIDE D'ARMÉ. V. GYMNASTIQUE. V. HABILLEMENT. V. HACQUEBUTE. V. HALLEBARDE. V. HASTAIRE Nº 4. V. HÉCATONTARCHIE. V. HÉRAUT. V. HÉRISSON TACTIQUE. V. HERSE. V. HEUSE. V. HISTOIRE MILITAIRE. V. HOQUETON. V. HUSSARD. V. ILE ÉQUESTRE. V. INFANTERIE FRANÇAISE ; id. Nº 2,

5, 6, 8. V. INFANTERIE FRANCO-ÉTRANGÈRE. V. INFANTERIE FRANCO-SUISSE. V. INFANTERIE LÉGÈRE. V. INGÉNIEUR MILITAIRE. V. INSIGNE. V. INSTRUMENT DE MUSIQUE. V. INTENDANT D'ARMÉE. V. INTERVALLE TACTIQUE. V. JANISSAIRE. V. JAVELOT. V. JUSTE-AU-CORPS. V. JUSTE LIPSE (1658, A). V. LAMARQUE. V. LANCE A MAIN. V. LANCE FOURNIE. V. LANSQUENET. V. LÉGION D'HONNEUR. V. LÉGION FRANÇAISE. V. LÉGION ROMAINE ; id. Nº 5. V. LÉGISLATION. V. LEVÉE. V. LICENCIEMENT. V. LIEUTENANT-COLONEL D'INFANTERIE FRANÇAISE DE LIGNE Nº 1. V. LIEUTENANT GÉNÉRAL ; id. Nº 1, 6. V. LIGNE D'OPÉRATIONS. V. LIGNE PLEINE. V. LLOYD (1762, M). V. LOCHAGUE. V. LOCHOS. V. MACHINE. V. MAGASIN. V. MAISON DU ROI ; id. Nº 4. V. MANIPULE Nº 1, 5, 6. V. MANOEUVRE V. MANUBALISTE. V. MARCHE D'ARMÉE. V. MARCHE DE FLANC. V. MARCHE DE NUIT. V. MARCHE EN POSTE. V. MARCHE-ROUTE. V. MARÉCHAL DE CAMP ; id. Nº 1, 6. V. MÉLANGE D'ARMES. V. MÉRARCHIE. V. MESNIL-DURAND (1780, K). V. MESTRE DE CAMP. V. MILICE ANGLAISE Nº 2. V. MILICE AUTRICHIENNE Nº 8. V. MILICE ESPAGNOLE ; id. Nº 4, 8. V. MILICE FRANÇAISE. V. MILICE GRECQUE ; id. Nº 2, 6, 8. V. MILICE HOLLANDAISE ; id. Nº 5. V. MILICE NAPOLITAINE. V. MILICE PROVINCIALE. V. MILICE PRUSSIENNE. V. MILICE ROMAINE ; id. Nº 7. V. MILICE SUEDOISE. V. MILICE SUISSE ; id. Nº 6. V. MINISTRE DE LA GUERRE EN 1643, EN 1662, 1718, 1743, 1761, 1774, 1775, 1777. V. MONTRE ADMINISTRATIVE. V. MORA. V. MORION. V. MOUSQUET. V. MOUSQUETON. V. MOUVEMENT STRATÉGIQUE. V. MOUVEMENT TACTIQUE. V. MUSIQUE. V. NOBLESSE. V. NOURRITURE. V. OBUS. V. OBUSIER. V. OFFENSIVE. V. OFFICIER D'ÉTAT-MAJOR GÉNÉRAL. V. OFFICIER D'INFANTERIE. V. OFFICIER DU GÉNIE. V. OFFICIER FRANÇAIS ; id. Nº 5. V. OPLITE. V. ORDONNANCE OFFICIELLE. V. ORDONNANCE TACTIQUE. V. ORDONNANCE D'EXERCICE D'INFANTERIE. V. ORDRE DE BATAILLE. V. ORDRE DU TABLEAU. V. ORDRE MINCE. V. ORDRE OBLIQUE. V. ORDRE OUVERT. V. ORDRE PARALLÈLE. V. ORDRE PROFOND. V. ORDRE QUATERNAIRE. V. ORDRE SERRÉ. V. ORDRE TACTIQUE. V. ORDRE TERNAIRE. V. ORGANISATION. V. OURAGUE. V. OUVRAGE EXTÉRIEUR. V. PAGE. V. PAGE DE LANCE FOURNIE. V. PALANGUE. V. PARAGOGUE. V. PARASTATE. V. PAS CADENCÉ. V. PAS HIÉRARCHIQUE. V. PAS OBLIQUE. V. PASSAGE DE RIVIÈRE. V. PASSE-VOLANT. V. PAVOIS. V. PAYE. V. PAYEUR. V. PELTASTE. V. PENTACOSIARCHIE. V. PENTECOSTYS. V. PERTUISANE. V. PHALANGE GRECQUE. V. PIÈCE D'ARTILLERIE. V. PIED D'ARMÉE. V. PIED DE GUERRE. V. PIERRE PROJECTILE. V. PIERRIER. V. PILE, subs. masc. V. PILLAGE. V. PIQUE. V. PIQUET TACTIQUE. V. PIQUIER. V. PISTOLET. V. PLACE A GARNISON. V. PLASTRON. V. PLATE. V. PLÉSION. V. POLÉMARQUE. V. POLYBE (150 ans avant J.-C.). V. POLYEN (176, A). V. PON-

TONNIER. V. PORTE-ENSEIGNE. V. POSITION STRA-TEUMATIQUE. V. POSTE D'HONNEUR. V. POT DÉFENSIF. V. POUDRE A FEU. V. PRÉFET DE LÉGION ROMAINE. V. PRÉFET DE MILICE ROMAINE. V. PRÉVOT. V. PRINCE DE LÉGION ROMAINE. V. PROJECTILE. V. PROMOTION. V. PROTOSTATE. V. PSILITE. V. QUARTIER. V. QURRTIER-MAITRE D'INFANTERIE FRANÇAISE DE LIGNE. V. QUESTEUR. V. RANÇON. V. RANGS D'INFANTERIE. V. RAVIN. V. RÉCOMPENSE. V. RECRUE. V. RECRUTEMENT. V. RÉDUIT PERMANENT. V. RÉFORME. V. RÉGIMENT D'INFANTERIE. V. RÉGIMENT D'INFANTERIE FRANÇAISE ; id. Nº 5. V. RÉGIMENT FRANÇAIS. V. RÈGLEMENT. V. REITRE. V. RETRAITE STRATEUMATIQUE. V. REVUE. V. RICOCHET. V. RONDACHE. V. RONDELLE. V. ROUSSIN. V. ROUTE. V. RUMPF (1826, G). V. SALADE. V. SANTA-CRUZ (1758, A). V. SAPE. V. SARISSE. V. SAYON. V. SCIRITES. V. SCORPION NÉVROBALISTIQUE. V. SECONDE LIGNE DE BATAILLE. V. SEL. V. SERGENT. V. SERGENT DE BATAILLE. V. SERMENT. V. SERRE-FILE. V. SERVICE. V. SERVICE DE JOUR. V. SIÉGE. V. SIGNAL STRATEUMATIQUE. V. SORTIE D'ASSIÉGÉS. V. SOUS-LIEUTENANT ; id. Nº 2, 3. V. SOUS-OFFICIER Nº 2. V. STRADIOT. V. STRATAGÈME. V. STRATÉGIE. V. STYPHE. V. SYNASPISME. V. SYSTASE. V. SYSTRÈME. V. TACTIQUE. V. TAILLE DE MILITAIRE. V. TAMBOUR. V. TARENTINARCHIE. V. TARGE. V. TASSETTES. V. TAXIARCHIE. V. TAXIARQUE. V. TÉLOS. V. TERRAIN STRATÉGIQUE. V. TESSÈRE. V. TÉTRAPHALANGARCHIE. V. TÉTRARCHIE. V. THÉATRE DE GUERRE. V. THÉORIE. V. TIMBALE. V. TIRAGE A LA MILICE. V. TORTUE MÉCANIQUE. V. TOUR DE FORTIFICATION. V. TOURNOI. V. TRAIT PROJECTILE. V. TRANCHÉE. V. TRIAIRE. V. TRIANGLE INSTRUMENTAL. V. TRIANGLE TACTIQUE. V. TRIBUN ROMAIN. V. URBICIUS. V. VÉGÈCE (390, A).

CARRION-NISAS, fils aîné, aut. fr. Paris. *Coup d'œil sur l'état de la liberté publique en France*, in-8º, 1815. V. COULEUR NATIONALE.

CARRION-NISAS, fils du précédent, lieutenant à la garde royale, aut. fr. Paris, *De la nécessité et des moyens de combiner le remplacement avec le rengagement*, in-8º, Paris, 1827. Cette brochure était anonyme. *De quelques détails d'organisation et d'administration militaire*, in-8º, 1829. V. ADMINISTRATION MILITAIRE. V. ORGANISATION. V. REMPLAÇANT. V. REMPLACEMENT D'ENRÔLÉ. V. RENGAGEMENT.

CARTHAGE (siége de), termine la troisième guerre punique, l'an de Rome 605. V. ARME NÉVROBALISTIQUE. V. ARMÉE DE MER. V. CASERNE. V. CAVALERIE LÉGÈRE. V. CROISADE DE 1270. V. CATAPULTE. V. DÉSERTION. V. DIVERSION. V. ECPÉRISPASME. V. ÉLÉPHANT. V. ÉPISTROPHE. V. ÉTAT MILITAIRE. V. EXERCICE TACTIQUE. V. FORTERESSE. V. GUERRE PUNIQUE. V. INFANTERIE Nº 1. V. LÉGION ROMAINE Nº 1. V. MILICE. V. MILICE CARTHAGINOISE. V. MILICE ROMAINE Nº 7, 9. V. MILICE VÉNITIENNE. V. SIÉGE. V. SCORPION NÉVROBALISTIQUE. V. TOUR ROULANTE.

CARTHAGINOIS, peuple. V. ARMÉE AGISSANTE Nº 2. V. ARMÉE D'ENVAHISSEMENT. V. ARMURE. V. CORPS DE RÉSERVE. V. ÉLÉPHANT. V. FORTIFICATION. V. HISTORIQUE MILITAIRE. V. MACHINE. V. MILICE CARTHAGINOISE. V. MILICE GRECQUE Nº 6. V. PAYE. V. RECRUTEMENT. V. RÉSERVE DE BATAILLE. V. SAINT-CYR. V. SECONDE LIGNE DE BATAILLE. V. SIÉGE.

CARTHENY (Jehan de), aut. fr. *Le Chevalier errant*. V. CHEVALERIE ERRANTE. V. CHEVALIER ERRANT.

CASAL, ou CAZAL, dans le Montferrat (bataille de, 1640 [29 avril]). Turenne, d'Harcourt et Lamotte-Houdancourt y défont Leganès. V. CARTE BLANCHE. V. ECCLÉSIASTIQUE. V. HOPITAL MILITAIRE.

CASANI. V. CASSANI.

CASAUBON (Casaubonus), aut. fr. et garde de la bibliothèque royale sous Henri quatre. *Édition grecque et latine de Polyen*, avec des notes, la Haye, 1589, in-12 ; 1691, in-8º. *Commentaires sur Polybe, Athénée, Strabon, Suétone, Enée*, in-fol., Paris, 1609. V. AUTEURS MILITAIRES (texte). V. ATHÉNÉE. V. ENÉE. V. POLYBE. V. POLYEN. V. RÉCOMPENSE. V. STRABON. V. SUÉTONE.

CASENEUVE, aut. fr. *Origines*, ou *Etymologies françaises*, 1652, insérées par Jault à la suite des *Etymologies* de Ménage. V. ARBALÈTE. V. BOULE. V. CORNETTE. V. DEUIL. V. EMPEIGNE. V. ÉPERON DE BOTTES. V. GONFALON. V. HAUBERT. V. HAUSSE-COL. V. JAULT. V. JAVELOT. V. HEAUME. V. HÉRAUT. V. HOUPPE. V. LANCE. V. MARCHE. V. MATRAS. V. MÉNAGE. V. MÉDAILLE. V. MOUCHETTE. V. MOUSQUET. V. NACAIRE. V. ORIFLAMME. V. PAGE. V. PISTOLET. V. POTERNE. V. SAC DE VILLE. V. SOLDAT. V. SOUPE. V. TAMBOUR. V. TASSETTES. V. TOUR DE FORTIFICATION. V. TOURNOI. V. TRÊVE.

CASILIN, ou CASILINUM (bataille de), perdue sous la conduite de Bucelin contre Narsès, près Capoue, en 553, ou 554. V. ANGON A MAIN. V. ART MILITAIRE DE TERRE. V. BATAILLE STRATEUMATIQUE. V. BRAIE D'HABILLEMENT. V. CAVALERIE FRANÇAISE Nº 1. V. COIN TACTIQUE. V. CULOTTE. V. HABILLEMENT. V. MILICE FRANÇAISE ; id. Nº 2, 3. V. ORDRE CONCAVE. V. ORDRE CONVEXE. V. SAYON. V. TORTUE TACTIQUE. V. UNIFORME.

CASIMIR. V. SIMIENOWICZ.

CASIRI (Michel), aut. esp., ecclésiastique syro-maronite, l. lat. Madrid. *Catalogue des manuscrits arabes de l'Escurial*, sous le titre *Bibliotheca arabico-hispanica*,

1760, 1770, 2 vol. in-fol. v. CANON D'AR-
TILLERIE.

CASPART, aut. all. Stuttgard. *Instruction
générale sur la jurisprudence militaire,
ses cas particuliers, les décisions qui y
ont trait,* etc., 1746. v. JURISPRUDENCE.

CASS, aut. all. Cassel. *L'ingénieur moderne,* in-fol., 1722, 1735. v. FORTIFICA-
TION.

CASSANI (Joseph), ou CASANI, aut. esp.
Madrid. *École militaire de fortification
offensive et défensive,* etc., *avec les théories des mouvements d'un escadron,* 1704.
v. ESCADRON. v. FORTIFICATION. v. MILICE ES-
PAGNOLE. v. SIÉGE DÉFENSIF. v. SIÉGE OFFENSIF.
v. TACTIQUE DE CAVALERIE.

CASSEL, ville du département du Nord
(bataille de), gagnée par Philippe premier
en 1070. — (bataille de), gagnée par Philippe de Valois en 1328. — (bataille de), gagnée par Philippe d'Orléans en 1677.

CASSIODORE, aut. lat., mort presque cen-
tenaire vers 565. On lui doit 12 livres de
l'*Histoire des Goths,* dont un extrait a été
donné par Jornandès. v. DUC N° 1. v. EXER-
CICE TACTIQUE. v. GOTH. v. HISTOIRE MILITAIRE.
v. MARCHE-ROUTE. v. MILICE ROMAINE N° 9, 10.

CASSIUS. v. DION CASSIUS.

CASTEL, ecclésiastique, aut. fr. *Exercice
sur la tactique,* ou *la Science du héros,*
œuvres posthumes, in-8°. v. TACTIQUE.

CASTELLANE (le général comte de). *Manuel
des houzards,* in-12, Paris, 1819. v. HUS-
SARD.

CASTELNAU (Michel), aut. fr. Paris,
Bruxelles. *Mémoires de .....,* 1621, in-4°;
2 vol. in-fol., 1659, 1669; Bruxelles, 3 vol.
in-fol., 1731. Ces *Mémoires* sont estimés
et embrassent de 1559 à 1570. v. AUTEURS
MILITAIRES (texte). v. CONTRE-MARCHE TACTIQUE.
v. GRENADE. v. TACTIQUE, subs.

CASTRIOT. v. SCANDERBERG.

CASTRIOTTO. v. MAGGI.

CATANÉO, aut. ital. (il faut distinguer
Pierre et Jérôme). v. ARCHITECTURE MILITAIRE.
v. ARME D'UNIFORME DE TROUPE. v. ART DE LA
GUERRE. v. ARTIFICE. v. ARTILLERIE. v. ATTA-
QUE DE PLACE. v. BATAILLE TACTIQUE. v. BOM-
BARDE. v. BOMBE. v. CAMP. v. CAMPEMENT. v.
CAPITAINE D'INFANTERIE FRANÇAISE DE LIGNE
N° 2. v. CASEMATE. v. CATALOGUE ALPHABÉTI-
QUE DES AUTEURS MILITAIRES. v. DALEMBERT. v.
DÉFENSE DE PLACE. v. FORTERESSE. v. FORTIFI-
CATION. v. GÉNÉRAL D'ARMÉE. v. INFANTERIE. v.
INFANTERIE ITALIENNE. v. MONTAG. v. ORDRE DE
BATAILLE. v. ZANCHI.

CATHERINE DE MÉDICIS, reine et régente de
France, meurt en 1589. v. ARBALÈTE A JALET.
v. AVANCEMENT. v. INGÉNIEUR MILITAIRE. v.

LANGUE ITALIENNE. v. MONTLUC (1592, B). v.
MORION. v. REITRE.

CATHERINE DEUX, czarine en 1762, meurt
en 1796. v. BÉNÉFICE MILITAIRE. v. CANON
D'ARTILLERIE. v. CARROUSEL. v. COLONISATION.
v. CROISADE DE 1462, — 1464, — 1500. v.
COSAQUE. v. FUSÉE DE GUERRE. v. MILICE RUSSE
N° 1, 3, 5, 10. v. NOBLESSE.

CATHERINOT, aut. fr. *Traité sur l'artillerie,* in-4°, 1685. v. ARTILLERIE.

CATINAT (le maréchal), mort en 1712. On
a de la plume de Catinat : *Mémoires et
Correspondance de Catinat,* 3 vol. in-8°,
1819. Le marquis de Créqui a publié : *Mémoire pour servir à la Vie de Catinat,*
in-12, Amsterdam, 1772 ; Paris, 1775,
2 vol. La Harpe obtint le prix de l'éloge
académique de Catinat, éloge pour lequel
avait aussi concouru GUIBERT. v. AUTEURS MI-
LITAIRES (texte). v. ARTILLERIE DE SIÉGE OFFEN-
SIF. v. ESPION. v. FEU DE BILLEBAUDE. v. FEU-
QUIÈRES (1750, A). v. GÉNÉRAL D'ARMÉE N° 8,
9. v. GÉNÉRAL FRANÇAIS N° 2. v. GRADE D'OF-
FICIER. v. GUERRE DE 1688, — 1701. v. GUERRE
DE MONTAGNES. v. GUIBERT (1803, C). v. HIS-
TOIRE MILITAIRE. v. INSPECTEUR GÉNÉRAL N° 5.
v. LAMARSAILLE. v. LIGNE FORTIFIÉE. v. MAJOR
GÉNÉRAL. v. MARÉCHAL DE FRANCE N° 8. v.
MARIAGE. v. MILICE PIÉMONTAISE. v. NOBLE. v.
ORDRE DU SAINT-ESPRIT. v. POSTE STRATEUMA-
TIQUE. v. STAFFARDE.

CATON L'ANCIEN, ou le CENSEUR, aut. lat.
Il avait composé, à ce que dit Végèce, l'ou-
vrage de la discipline militaire (*De disci-
plinâ militari*) en 7 livres. v. AUTEURS MILI-
TAIRES (texte). v. CASQUE. v. CÉSAR (51 avant
J.-C.). v. FRONTIN (86, A). v. GUERRE. v. MI-
LICE ROMAINE N° 1, 2. v. NATATION. v. VÉGÈCE
(390, A). v. ORDRE DE BATAILLE. v. PIQUE.

CAUSSIN DE PERCEVAL, aut. fr. Paris. *Précis historique de la destruction du corps
des janissaires par Mahmoud,* in-8°, 1833.
v. JANISSAIRE.

CAVALCA, aut. ital. Venise. *Examen militaire,* in-4°, 1620. Cet ouvrage renferme
un traité de fortification. v. FORTIFICATION.

CAVALCADO, aut. all. Iéna. *Traité sur l'escrime,* in-4°, 1612. v. ESCRIME.

CAVALCANTI, aut. ital. Florence. v. AR-
MURE. v. CASTRAMÉTATION. v. CATALOGUE AL-
PHABÉTIQUE DES AUTEURS MILITAIRES. v. MILICE
GRECQUE. v. MILICE ROMAINE. v. POLYBE.

CAVALLERO, aut. esp. *Défense de Sara-
gosse en 1808 et 1809,* trad. par de Labaumelle, 1815, in-8°. v. GUERRE DE 1792.
v. LABAUMELLE.

CAZAL, ville. v. CASAL.

CAZAUX, aut. fr., chef de bataillon d'artillerie. Paris. *Essai sur les effets de la
poudre dans les armes à feu et dans les*